D1688222

Walter Doberenz
Thomas Gewinnus

Borland Delphi 2005

Microsoft .NET
Framework-Entwicklung

Bleiben Sie einfach auf dem Laufenden:
www.hanser.de/newsletter
Sofort anmelden und Monat für Monat
die neuesten Infos und Updates erhalten.

Walter Doberenz
Thomas Gewinnus

**Grundlagen
Profiwissen
Kochbuch**

Borland Delphi 2005

Microsoft .NET Framework-Entwicklung

HANSER

Die Autoren:
Prof. Dr. –Ing. habil. Walter Doberenz, Altenburg
Dipl.-Ing. Thomas Gewinnus, Frankfurt/Oder

Alle in diesem Buch enthaltenen Informationen wurden nach bestem Wissen zusammengestellt und mit Sorgfalt getestet. Dennoch sind Fehler nicht ganz auszuschließen. Aus diesem Grund sind die im vorliegenden Buch enthaltenen Informationen mit keiner Verpflichtung oder Garantie irgendeiner Art verbunden. Autor und Verlag übernehmen infolgedessen keine Verantwortung und werden keine daraus folgende oder sonstige Haftung übernehmen, die auf irgendeine Art aus der Benutzung dieser Informationen – oder Teilen davon – entsteht, auch nicht für die Verletzung von Patentrechten, die daraus resultieren können.

Ebenso wenig übernehmen Autor und Verlag die Gewähr dafür, dass die beschriebenen Verfahren usw. frei von Schutzrechten Dritter sind. Die Wiedergabe von Gebrauchsnamen, Handelsnamen, Warenbezeichnungen usw. in diesem Werk berechtigt also auch ohne besondere Kennzeichnung nicht zu der Annahme, dass solche Namen im Sinne der Warenzeichen- und Markenschutz-Gesetzgebung als frei zu betrachten wären und daher von jedermann benutzt werden dürften.

Bibliografische Information Der Deutschen Bibliothek
Die Deutsche Bibliothek verzeichnet diese Publikation in der Deutschen Nationalbibliografie; detaillierte bibliografische Daten sind im Internet über http://dnb.ddb.de abrufbar.

Dieses Werk ist urheberrechtlich geschützt.
Alle Rechte, auch die der Übersetzung, des Nachdruckes und der Vervielfältigung des Buches, oder Teilen daraus, vorbehalten. Kein Teil des Werkes darf ohne schriftliche Genehmigung des Verlages in irgendeiner Form (Fotokopie, Mikrofilm oder ein anderes Verfahren), auch nicht für Zwecke der Unterrichtsgestaltung, reproduziert oder unter Verwendung elektronischer Systeme verarbeitet, vervielfältigt oder verbreitet werden.

© 2005 Carl Hanser Verlag München Wien
Gesamtlektorat: Fernando Schneider
Copy-editing: Sabine Wagner, Altenburg
Herstellung: Monika Kraus
Datenbelichtung, Druck und Bindung: Kösel, Krugzell
Printed in Germany

ISBN 3-446-40202-0

www.hanser.de/computer

Vorwort

Das vorliegende Buch ist ein faires Angebot für künftige als auch für fortgeschrittene Delphi-Programmierer. Seine Philosophie knüpft an die zahlreicher anderer Programmiertitel an, die wir in den vergangenen 10 Jahren zu Delphi und anderen Hochsprachen wie Visual Basic und C# geschrieben haben:

- Programmieren lernt man nicht durch lineares Durcharbeiten eines Lehrbuchs, sondern nur durch unermüdliches Ausprobieren von Beispielen, verbunden mit ständigem Nachschlagen in der Referenz.
- Der Umfang von Delphi ist mittlerweile so gewaltig, dass ein seriöses Programmierbuch das Prinzip der Vollständigkeit nicht mehr für sich in Anspruch nehmen kann und stattdessen Schwerpunkte setzen muss. Dabei kann es sich gemäß dem Motto "soviel wie nötig" lediglich eine "Initialisierungsfunktion" auf die Fahnen schreiben.

Das ist auch der Grund, dass das vorliegende Buch keinen Lehrbuchcharakter trägt, sondern mehr ein mit sorgfältig gewählten Beispielen ergänztes Nachschlagewerk der wichtigsten Elemente der .NET-Programmierung mit Delphi ist.

Was ist neu in Delphi 2005?

Delphi 2005 unterscheidet sich von seinem Vorgänger Delphi 8 vor allem durch die neu gestaltete Entwicklungsumgebung, die – nach dem Vorbild von Visual Studio .NET – die drei Sprachprodukte Delphi .NET, Delphi Win32 und C#-Builder unter einem Dach vereinigt.

Die Integration dieser drei Sprachprodukte scheint ein cleverer Schachzug von Borland zu sein, da viele Entwickler, die .NET-Anwendungen programmieren, auch noch Win32-Anwendungen unterstützen müssen und sich noch nicht sicher sind, ob sie Delphi oder C# verwenden wollen. Mit der jetzigen Lösung können alle Delphi-Entwickler leben, unabhängig von zukünftigen Entwicklungsentscheidungen.

Während Delphi .NET seit der Version 8 diverse Bugfixes und kleinere Überarbeitungen erfahren hat, die – vor allem mit Blick auf die VCL – auf eine bessere Integration verwalteten Delphi-Codes in die bestehende .NET-Landschaft abzielen, verbirgt sich hinter Delphi für Win32 ein geringfügig überarbeiteter Delphi 7-Compiler und hinter C# wie gehabt der zum .NET-Framework gehörige C#-Compiler von Microsoft.

Zum Buchinhalt

Das "Große Buch zu Delphi 2005" gibt es nicht und wird es niemals geben – zu gewaltig ist der Sprachumfang, zu umfangreich sind die Komponenten- bzw. Klassenbibliotheken.

Stattdessen wagt das vorliegende Werk den Spagat zwischen einem Anfänger- und einem Profibuch. Sinn eines solchen Buches kann es nicht sein, eine umfassende Schritt für Schritt-Einführung in Delphi 2005 zu liefern oder all die teilweise recht mageren Informationen noch einmal zur Verfügung zu stellen, die Sie in der Online-Hilfe ohnehin schon haben.

- Für den *Einsteiger* wollen wir den einzig vernünftig gangbaren Weg beschreiten, nämlich nach dem Prinzip "soviel wie nötig" eine schmale Schneise durch den Urwald der Delphi-Programmierung schlagen, bis eine Lichtung erreicht ist, die erste Erfolgserleb-

- nisse vermittelt. Diesem Ziel dienen zum Beispiel die zahlreichen Lernrezepte und die zwei im Praxiskapitel 15 enthaltenen Crashkurse zu Grundlagen der Sprache und der OOP.
- Für den *Profi* wollen wir in diesem Buch eine Vielzahl von Informationen bereitstellen, nach denen er bisher vergeblich gesucht hat. Dabei haben die Autoren vor allem aus ihrer eigenen Programmierertätigkeit, vielen Vorlesungen und Programmierer-Workshops sowie aus den zahlreichen Leserfeedbacks zu ihren Delphi-Vorgängertiteln, die seit der ersten Delphi Version 1995 auf dem Markt sind, geschöpft.

Wie Sie bereits dem Buchtitel entnehmen, setzt das Buch seinen Schwerpunkt auf den Einsatz von Delphi für das Microsoft .NET-Framework. Die Autoren stehen nicht allein mit der Überzeugung, dass dies der einzig zukunftsträchtige Weg ist, um mit der modernen Entwicklung (Internet, verteilte Anwendungen) Schritt zu halten. Damit aber die Anhänger des "alten" Delphi für Win32 nicht ganz leer ausgehen, ist auf der Buch-CD die PDF-Datei zu unserem Buch "Win32-Datenbankprogrammierung mit Borland Delphi" nebst zahlreichen Quellcode-Beispielen beigefügt.

Wenig Aufmerksamkeit widmen wir hingegen der Anwendungsentwicklung auf Basis der VCL.NET-Komponenten, obwohl damit ebenfalls reinrassiger .NET-Code erzeugt wird. Hier kann es sich nur um eine relativ kurzfristige Übergangslösung für all diejenigen handeln, die ihren vorhandenen Win32-Code mit geringstem Aufwand nach .NET portieren wollen. Wir bevorzugen stattdessen die FCL-Klassenbibliothek bzw. Windows Forms-Anwendungen. Das bedeutet für Sie zwar eine steilere Lernkurve, hebt Sie aber sofort auf ein Niveau, das Sie befähigt, die volle Leistungsbreite des .NET-Frameworks auszuschöpfen und auf Augenhöhe mit anderen .NET-Sprachen, wie VB .NET und C#, zu arbeiten. Für den Einsteiger ist die Konzentration auf die FCL unbestritten der ideale Weg, denn so wird er gar nicht erst mit dem Erbe der Vergangenheit belastet.

Dass wir auf die moderne Sprache C# .NET nur am Rande eingehen können, wird jeder verstehen, der sich für ein Delphi-Buch entschieden hat. Wir verweisen dazu auf unser ebenfalls bei Hanser erschienenes "Visual C#.NET Kochbuch".

Ebenfalls um Verständnis bitten wir dafür, dass wir bei unseren mit der Datenbankprogrammierung verknüpften Themen – wie ADO.NET, ASP.NET, Webservices und ECO II – den Schwerpunkt auf die Microsoft .NET-Datenprovider gesetzt haben und damit vor allem auf Access und den MS SQL Server bzw. die MSDE zugreifen. Aufgrund der einheitlichen ADO.NET-Programmierschnittstelle ist diese Einschränkung aber eher zweitrangig, so dass die vermittelten Grundlagen vom Prinzip her auch für andere Datenbanken, wie zum Beispiel InterBase oder MySQL, verwendbar sind.

Das Kochbuch als ideale Ergänzung

Die 14 Grundlagenkapitel unseres Buchs sind so gegliedert, dass sie einerseits eine logische Aufeinanderfolge bilden, andererseits aber auch quergelesen werden können.

Programmieren lernt man aber nur durch Beispiele! Getreu diesem Motto wird die vermittelte Theorie stets mit zahlreichen Quellcode-Schnipseln untermauert. Hunderte weitere "Kochbuch"-Rezepte aus den unterschiedlichsten Themengebieten finden Sie im Kapitel 15, welches den zweiten Teil des Buchs ausmacht.

Sie werden trotz des superdicken Umfangs in diesem Buch manche Lücke entdecken und einiges finden, was in der einen oder anderen Quelle besser oder ausführlicher beschrieben ist. Trotzdem halten Sie einen halbwegs überschaubaren Breitband-Mix in den Händen, der sowohl vertikal vom Einsteiger bis zum Profi als auch horizontal von den einfachen Sprachelementen bis hin zu .NET Remoting und Design Pattern jedem etwas bietet und sich dabei bemüht, nicht den Blick für das Wesentliche im .NET-Dschungel zu verlieren.

Zur Buch-CD

Die zu diesem Buch mitgegebene CD enthält alle wesentlichen Quelltexte dieses Buchs sowie eine Testversion von *Delphi 2005 Architect*. Auch eine Installationsdatei für die *Northwind*-Datenbank des MS SQL Servers ist dabei.

Beachten Sie bitte folgende Hinweise:

- Einige wenige der Datenbankprojekte verwenden absolute Pfadnamen, die Sie vor dem Kompilieren des Beispiels erst noch anpassen müssen.
- Um auch Delphi 8-Usern die Möglichkeit zum Nachvollzug der Beispiele zu geben, verwenden wir die neue *for-in-do*-Schleife nicht immer, sondern nur gelegentlich.
- Wir bitten um Nachsicht bei Zeilenumbrüchen innerhalb von Strings im gedruckten Code, die nicht immer mit dem "+"-Operator getrennt wurden.
- Für einige Beispiele ist der Microsoft SQL Server (bzw. die MS SQL Server Desktop Engine), der Microsoft Internet Explorer (ab Version 5) sowie der Microsoft Internet Information Server erforderlich.
- Beachten Sie die zu einigen Beispielen beigefügten *Liesmich.txt* -Dateien, die Sie auf besondere Probleme hinweisen.
- Informieren Sie sich auf unserer Website www.doko-buch.de über Ergänzungen und Bugfixes zum Buch.

Nobody is perfect

... und so können auch die Autoren nicht ausschließen, dass sich auf rund 1500 Seiten dieser und jener Fehler eingeschlichen hat oder dass sogar etwas ganz Wichtiges einfach vergessen wurde. Deshalb sind wir für alle sachlich fundierten Hinweise und Kritiken zu diesem Buch dankbar.

Andererseits wollen wir auch nicht zu jenen renommierten Vertretern der Delphi-Szene gehören, die gemäß der Devise "Wessen Brot ich esse, dessen Lied ich singe" mit dem Rücken zur Wand euphorisch das Produkt ihrer Brötchengeber hochjubeln und die, wenn schon nicht gänzlich blind, so doch zumindest schönfärberisch bezüglich offenkundiger Mängel geworden sind.

Vor allem unseren Lesern wäre nicht geholfen, würden wir die schlechten Erfahrungen gänzlich unter den Tisch kehren, die wir gerade mit dieser Delphi-Version sammeln mussten und wo wir nur hoffen können, dass die nächsten Service Packs etwas Linderung bringen.

Obwohl wir auch im Text darauf hinweisen, so wollen wir hier noch einmal ganz knapp einige der wichtigsten Ungereimtheiten aufzählen:

- Die Delphi 2005-Entwicklungsumgebung neigt zur Instabilität. Lassen Sie sich durch nichts sagende Fehlermeldungen und überraschende Abstürze nicht in die Verzweiflung treiben!
- Die automatische Syntaxkontrolle des Code-Editors steckt noch in den Kinderschuhen, es werden Passagen angemeckert, die offensichtlich völlig fehlerfrei sind!
- Die Abwärtskompatibilität ist nicht immer gewährleistet! Wollen Sie Ihre mit der Vorgängerversion Delphi 8 entwickelten Projekte unter Delphi 2005 laden, so kann es zu Problemen beim Einbinden von Borland-Bibliotheken kommen (zum Beispiel mit den Bdp-Komponenten).
- Verzichten Sie auf den Einsatz der Borland Data Provider, wenn Sie auf MS Access oder den MS SQL Server zugreifen wollen (Probleme mit der Gleitkommadarstellung).
- Vermeiden Sie Umlaute etc. im Dateipfad des Projektverzeichnisses (das kann dazu führen, dass sich das Projekt nicht compilieren lässt).

Dank an alle Helfer

Beide Autoren wollen es auch diesmal nicht versäumen, sich bei Frau und Kindern mit einem großen Blumenstrauß ausdrücklich für deren arg strapazierte Geduld und Nachsicht zu bedanken, die ein solches Mammutprojekt erfordert.

Einen herzlichen Dank auch für die netten Damen und Herren vom Carl Hanser Verlag (allen voran unser tapferer Lektor Fernando Schneider), die trotz Vertröstungen, Täuschungen und "fauler Ausreden" nie den Glauben an uns und an die Fertigstellung des immer gewaltiger aufquellenden Hefeteigs verloren haben und immer wieder eine weitere Woche Terminaufschub gewährten.

Last but not least wollen wir uns auch bei Herrn Bernd Ua für seine konstruktiven Kritiken an unseren Delphi 8-Büchern sowie seine fundierten Ratschläge zur inhaltlichen Gestaltung des vorliegenden Buchs bedanken.

Ihnen, liebe Leserin und lieber Leser, wünschen wir die notwendige Kraft und Ausdauer auf dem Weg zum erfolgreichen Delphi .NET- Programmierer!

Walter Doberenz und Thomas Gewinnus　　　　*Altenburg und Frankfurt/O. im März 2005*
www.doko-buch.de

Inhaltsverzeichnis

1 Der Schnelleinstieg in Delphi 2005 35

   1.1 Die Werkstatt einrichten 37
      1.1.1 Software Borland Delphi 2005 37
      1.1.2 Hardware 39
      1.1.3 Vorbereitende Installationen 39
      1.1.4 Installation von Delphi 2005 42
      1.1.5 Die Dokumentation 46
   1.2 Unser erstes Delphi.NET-Programm 47
      1.2.1 Vorbereitungen 47
      1.2.2 Programm schreiben 51
      1.2.3 Programm compilieren 51
      1.2.4 Programm testen 52
      1.2.5 Eine Konsolenanwendung ist langweilig! 53
   1.3 Die Entwicklungsumgebung von Delphi 2005 53
      1.3.1 Die Startseite 53
      1.3.2 Die wichtigsten Fenster 54
   1.4 Unsere ersten Windows Forms-Anwendungen 59
      1.4.1 Einfachste Windows Forms-Anwendung 59
      1.4.2 Windows Forms-Anwendung für fortgeschrittene Einsteiger 64
      1.4.3 Einfache Datenbankanwendung 71
      1.4.4 Verteilte Anwendung mit C#-Komponente 73

2 Delphi.NET-Grundlagen 79

   2.1 Delphi und .NET – ein Überblick 81
      2.1.1 Besonderheiten der Sprache Delphi 81
      2.1.2 Microsofts .NET-Technologie 82
      2.1.3 .NET-Features und Begriffe 84
      2.1.4 Metadaten und Reflexion 88
      2.1.5 Attribute 89
      2.1.6 Serialisierung 90
      2.1.7 Multithreading 91

2.1.8 Objektorientierte Programmierung pur 91
2.2 Die wichtigsten Neuheiten in Delphi .NET 92
    2.2.1 Bezeichner (Identifiers) 92
    2.2.2 Was passierte mit den Units? 92
    2.2.3 Grundlegende Datentypen 94
    2.2.4 Records 96
    2.2.5 Strings und andere Verweistypen 98
    2.2.6 Benutzen des Typs PChar 100
    2.2.7 Sichere Typkonvertierung 101
    2.2.8 Neuigkeiten bei den Klassen 102
    2.2.9 Class Helpers 106
    2.2.10 Eigenschaften 107
    2.2.11 Array-Properties 107
    2.2.12 Neues Ereignismodell 108
    2.2.13 Saubere Interfaces 110
    2.2.14 Operatoren auf neuen Fundamenten 111
    2.2.15 Garbage Collection 113
    2.2.16 Weitere Features 116
2.3 Was ist neu in Borland Delphi 2005? 117
    2.3.1 Entwicklungsumgebung 117
    2.3.2 Datenbankentwicklung 119
    2.3.3 Webapplikationen 120
    2.3.4 Win32-Entwicklung 121
    2.3.5 Änderungen zu Object Pascal 121
    2.3.6 ECO 2 – das Highlight von Delphi 2005 122

3 Grundlegende Sprachelemente 123

3.1 Ein erster Blick auf Object Pascal 125
    3.1.1 Schreibweise 125
    3.1.2 Bezeichner 128
3.2 Datentypen, Variablen und Konstanten 131
    3.2.1 Einfache vordefinierte Datentypen 131
    3.2.2 Deklaration von Variablen 133

Inhaltsverzeichnis

    3.2.3 Konstanten deklarieren 134
  3.3 Operatoren 134
    3.3.1 Arithmetische Operatoren 135
    3.3.2 Logische Operatoren 135
    3.3.3 Rangfolge der Operatoren 137
  3.4 Konvertieren von Datentypen 138
    3.4.1 Implizite Typkonvertierung 139
    3.4.2 Explizite Typkonvertierung 139
    3.4.3 Konvertieren von String 140
    3.4.4 Boxing/Unboxing 142
  3.5 Kontrollstrukturen 142
    3.5.1 Schleifenanweisungen 143
    3.5.2 Verzweigungen 145
  3.6 Benutzerdefinierte Datentypen 146
    3.6.1 Records 146
    3.6.2 Statische Arrays 148
    3.6.3 Dynamische Arrays 152
    3.6.4 Mengen 158
    3.6.5 Packen von strukturierten Typen 159
  3.7 Selbst definierte Funktionen und Prozeduren 160
    3.7.1 Die Parameterliste 160
    3.7.2 Parameterübergabe als Wert oder Referenz 160
    3.7.3 Funktion oder Prozedur? 161
    3.7.4 Überladene Routinen 163

4 Formulare und Komponenten 165
  4.1 Allgemeines über Steuerelemente 167
    4.1.1 Standardeigenschaften 167
    4.1.2 Standardereignisse 169
    4.1.3 Standardmethoden 177
  4.2 Windows-Formulare 178
    4.2.1 Übersicht 178
    4.2.2 Festlegen des Startfensters (MainForm) 184

4.2.3 Fenster aufrufen 185
4.2.4 Ausrichten und Platzieren von Komponenten 187
4.2.5 Tabulatorreihenfolge 190
4.2.6 Menüs erzeugen 190
4.2.7 Menüs zur Laufzeit erzeugen 193
4.2.8 Mehr Transparenz bitte 194
4.2.9 Von echten und falschen MDI-Fenstern 194
4.3 Die Windows Forms-Komponenten 200
    4.3.1 Label 200
    4.3.2 LinkLabel 201
    4.3.3 Button 202
    4.3.4 TextBox 203
    4.3.5 MainMenu 205
    4.3.6 CheckBox 205
    4.3.7 RadioButton 206
    4.3.8 GroupBox 207
    4.3.9 PictureBox 207
    4.3.10 Panel 207
    4.3.11 Splitter 209
    4.3.12 ListBox 209
    4.3.13 CheckedListBox 211
    4.3.14 ComboBox 212
    4.3.15 TabControl 212
    4.3.16 HScrollBar, VScrollBar 214
    4.3.17 DateTimePicker 215
    4.3.18 MonthCalendar 215
    4.3.19 Timer 216
    4.3.20 DomainUpDown 217
    4.3.21 NumericUpDown 217
    4.3.22 TrackBar 218
    4.3.23 ProgressBar 218
    4.3.24 ImageList 219
    4.3.25 ListView 220

Inhaltsverzeichnis

- 4.3.26 TreeView 221
- 4.3.27 ToolBar 224
- 4.3.28 StatusBar 226
- 4.3.29 RichTextBox 226
- 4.3.30 DataGrid 227
- 4.3.31 HelpProvider 227
- 4.3.32 ToolTip 227
- 4.3.33 ContextMenu 227
- 4.3.34 NotifyIcon 228
- 4.3.35 PrintPreviewControl 229
- 4.3.36 PrintDocument 229
- 4.3.37 OpenFileDialog/SaveFileDialog 229
- 4.4 Weitere wichtige Objekte 231
  - 4.4.1 Application 231
  - 4.4.2 Screen 232
  - 4.4.3 Clipboard 232
  - 4.4.4 Debug 232

5 Grafikprogrammierung 233

- 5.1 Übersicht und erste Schritte 235
  - 5.1.1 Was ist neu? 236
  - 5.1.2 Das Grundkonzept von GDI+ 237
  - 5.1.3 Änderungen an der PaintBox-Komponente 238
  - 5.1.4 Namespaces für die Grafikausgabe 238
  - 5.1.5 Einige Hinweise für den Umsteiger von Delphi (Win32) 240
- 5.2 Darstellen von Grafiken 240
  - 5.2.1 Die PictureBox-Komponente 241
  - 5.2.2 Das Image-Objekt 242
  - 5.2.3 Laden von Grafiken zur Laufzeit 243
  - 5.2.4 Sichern von Grafiken 243
  - 5.2.5 Grafikeigenschaften ermitteln 244
  - 5.2.6 Erzeugen von Vorschaugrafiken (Thumbnails) 245
  - 5.2.7 Die Methode RotateFlip 246

5.2.8 Skalieren von Grafiken 247
5.3 Das .NET-Koordinatensystem 248
    5.3.1 Globale Koordinaten 249
    5.3.2 Seitenkoordinaten (globale Transformation) 249
    5.3.3 Gerätekoordinaten (Seitentransformation) 252
5.4 Grundlegende Zeichenfunktionen von GDI+ 253
    5.4.1 Das zentrale Graphics-Objekt 253
    5.4.2 Punkte zeichnen/abfragen 255
    5.4.3 Linien 256
    5.4.4 Kantenglättung mit Antialiasing 256
    5.4.5 PolyLine 258
    5.4.6 Rechtecke 258
    5.4.7 Polygone 260
    5.4.8 Splines 261
    5.4.9 Bézierkurven 263
    5.4.10 Kreise und Ellipsen 264
    5.4.11 Tortenstück (Segment) 264
    5.4.12 Bogenstück 266
    5.4.13 Wo sind die Rechtecke mit den "runden Ecken"? 267
    5.4.14 Textausgabe 268
    5.4.15 Ausgabe von Grafiken 273
5.5 Unser Werkzeugkasten 275
    5.5.1 Einfache Objekte 275
    5.5.2 Vordefinierte Objekte 276
    5.5.3 Farben/Transparenz 279
    5.5.4 Stifte (Pen) 280
    5.5.5 Übersicht Pinsel (Brush) 284
    5.5.6 SolidBrush 285
    5.5.7 HatchBrush 285
    5.5.8 TextureBrush 286
    5.5.9 LinearGradientBrush 287
    5.5.10 PathGradientBrush 288
    5.5.11 Fonts 290

        5.5.12 Path-Objekt 291

        5.5.13 Clipping/Region 294

    5.6 Low Level-Grafikmanipulationen 298

        5.6.1 Worauf zeigt Scan0? 299

        5.6.2 Anzahl der Spalten bestimmen 300

        5.6.3 Anzahl der Zeilen bestimmen 300

        5.6.4 Der Zugriff im Detail 300

        5.6.5 Invertieren 303

        5.6.6 In Graustufen umwandeln 304

        5.6.7 Heller/Dunkler 305

        5.6.8 Kontrast 307

        5.6.9 Ausblick 309

    5.7 Standarddialoge 309

        5.7.1 Schriftauswahl 309

        5.7.2 Farbauswahl 311

6 Druckausgabe 313

    6.1 Einstieg und Übersicht 315

        6.1.1 Nichts geht über ein Beispiel! 315

        6.1.2 Programmiermodell 317

        6.1.3 Kurzübersicht der Objekte 318

    6.2 Auswerten der aktuellen Druckereinstellungen 318

        6.2.1 Die vorhandenen Drucker 319

        6.2.2 Der Standarddrucker 319

        6.2.3 Verfügbare Papierformate/Seitenabmessungen 320

        6.2.4 Der eigentliche Druckbereich 321

        6.2.5 Seitenausrichtung ermitteln 322

        6.2.6 Ermitteln der Farbfähigkeit 323

        6.2.7 Die Druckauflösung abfragen 323

        6.2.8 Ist beidseitiger Druck möglich? 323

        6.2.9 Einen "Informationsgerätekontext" erzeugen 324

        6.2.10 Abfragen von Werten während des Drucks 324

    6.3 Festlegen von Druckereinstellungen 325

6.3.1 Einen Drucker auswählen 325
6.3.2 Drucken in Millimetern 325
6.3.3 Festlegen der Seitenränder 326
6.3.4 Druckjobname 327
6.3.5 Anzahl der Kopien 328
6.3.6 Beidseitiger Druck 328
6.3.7 Seitenzahlen festlegen 329
6.3.8 Druckqualität 331
6.4 Die Druckdialoge 331
6.4.1 PrintDialog 331
6.4.2 PageSetupDialog 332
6.4.3 PrintPreviewDialog 335
6.4.4 Ein eigenes Druckvorschau-Fenster realisieren 336
6.5 Komplexbeispiel für die Printer-Komponenten 337
6.5.1 Oberfläche (Hauptformular WinForm1) 337
6.5.2 Oberfläche (Druckvorschau WinForm2) 338
6.5.3 Quelltext (WinForm1) 338
6.5.4 Quelltext (WinForm2) 345
6.6 Drucken mit OLE-Automation 347
6.6.1 Übersicht OLE mit MS Word 348
6.6.2 Mit MS Word neue Dokumente erstellen 350

7 Dateien, Streams und XML 357

7.1 Operationen mit Verzeichnissen und Dateien 359
7.1.1 Klassen für Verzeichnis- und Dateioperationen 359
7.1.2 Verzeichnisse erzeugen und löschen 360
7.1.3 Verzeichnisse verschieben und umbenennen 360
7.1.4 Aktuelles Verzeichnis ermitteln bzw. festlegen 360
7.1.5 Unterverzeichnisse ermitteln 361
7.1.6 Anwenden der Path-Klasse 361
7.1.7 Dateien kopieren, verschieben und umbenennen 362
7.1.8 Dateiattribute feststellen 363
7.1.9 Weitere Datei-Eigenschaften 364

Inhaltsverzeichnis

- 7.1.10 Statische oder Instanzen-Klasse? 366
- 7.1.11 Überwachung von Änderungen im Dateisystem 366
- 7.2 Lesen und schreiben von Dateien 367
  - 7.2.1 Übersicht 368
  - 7.2.2 Dateiparameter 369
  - 7.2.3 Textdateien 370
  - 7.2.4 Binärdateien 372
  - 7.2.5 Sequenzielle (typisierte) Dateien 373
- 7.3 XML – etwas Theorie 375
  - 7.3.1 Übersicht 375
  - 7.3.2 Der XML-Grundaufbau 378
  - 7.3.3 Wohlgeformte Dokumente 380
  - 7.3.4 Processing Instructions (PI) 382
  - 7.3.5 Elemente und Attribute 383
- 7.4 XSD-Schemas 384
  - 7.4.1 XSD-Schemas und ADO.NET 384
  - 7.4.2 XSD-Schema in Delphi .NET erstellen 386
- 7.5 Verwendung des DOM unter .NET 388
  - 7.5.1 Übersicht 388
  - 7.5.2 DOM-Integration in Delphi .NET 390
  - 7.5.3 Laden von Dokumenten 390
  - 7.5.4 Erzeugen von XML-Dokumenten 392
  - 7.5.5 Auslesen von XML-Dateien 394
  - 7.5.6 Direktzugriff auf einzelne Elemente 395
  - 7.5.7 Einfügen von Informationen 396
  - 7.5.8 Suchen in den Baumzweigen 398
  - 7.5.9 Die relationale Sicht auf XML-Daten 402

8 Datenbankzugriff mit ADO.NET 405

- 8.1 Grundlagen des Datenbankzugriffs 407
  - 8.1.1 Das Prinzip von ADO.NET 407
  - 8.1.2 Klassenübersicht von ADO.NET 409
  - 8.1.3 Die Klassen der Datenprovider 410

8.2 Das Connection-Objekt ... 413
8.2.1 Allgemeiner Aufbau ... 413
8.2.2 OleDbConnection ... 414
8.2.3 SQLConnection ... 416
8.2.4 Fehlerbehandlung beim Öffnen einer Verbindung ... 418
8.2.5 Schließen einer Verbindung ... 419
8.2.6 Verbindungspooling ... 420
8.2.7 Transaktionen ... 420
8.2.8 Wichtige Eigenschaften ... 421
8.2.9 Wichtige Methoden ... 423
8.3 Das Command-Objekt ... 425
8.3.1 Erzeugen und Anwenden ... 425
8.3.2 Wichtige Eigenschaften ... 426
8.3.3 Wichtige Methoden ... 429
8.4 Parameter-Objekte ... 431
8.4.1 Erzeugen und Anwenden ... 431
8.4.2 Wichtige Eigenschaften ... 432
8.5 Das DataReader-Objekt ... 433
8.5.1 Erzeugen und Anwenden ... 433
8.5.2 Wichtige Eigenschaften ... 435
8.5.3 Wichtige Methoden ... 435
8.6 Das DataAdapter-Objekt ... 436
8.6.1 DataAdapter erzeugen ... 436
8.6.2 Command-Objekte als Eigenschaften ... 437
8.6.3 Fill-Methode ... 437
8.6.4 Update-Methode ... 439
8.6.5 UpdateCommand-Objekt ... 440
8.6.6 SourceVersion- und SourceColumn-Eigenschaft ... 441
8.6.7 InsertCommand- und DeleteCommand-Objekt ... 441
8.6.8 RowUpdating- und RowUpdated-Ereignis ... 444
8.7 Das CommandBuilder-Objekt ... 447
8.7.1 Erzeugen ... 447
8.7.2 Anwenden ... 447

Inhaltsverzeichnis

  8.7.3 Einsatzbeschränkungen 448
  8.7.4 Einige Regeln 448
  8.7.5 Optimistisches Konkurrenzmodell 449
 8.8 Das DataSet-Objekt 449
  8.8.1 Besonderheiten 449
  8.8.2 Das Zusammenspiel der ADO.NET-Klassen 450
  8.8.3 Das Objektmodell 451
  8.8.4 Methoden zum Erzeugen eines DataSet 452
 8.9 Das DataTable-Objekt 454
  8.9.1 DataTable erzeugen 455
  8.9.2 Spalten hinzufügen 455
  8.9.3 Primärschlüssel ergänzen 456
  8.9.4 Berechnete Spalten einfügen 457
  8.9.5 Einbinden von Constraints 457
  8.9.6 Hinzufügen von Relationen 459
  8.9.7 Zeilen zur DataTable hinzufügen 462
  8.9.8 Auf den Inhalt einer DataTable zugreifen 463
  8.9.9 Hinweise zum Bearbeiten von Zeilen 466
  8.9.10 Zeilen löschen 467
  8.9.11 Zeilenstatus und Zeilenversion 468
  8.9.12 Ereignisse des DataTable-Objekts 470
 8.10 Datenansichten mit DataView 472
  8.10.1 Erzeugen eines DataView 472
  8.10.2 Sortieren und Filtern von Datensätzen 473
  8.10.3 Suchen von Datensätzen 474
  8.10.4 Zeilenansicht mit DataRowView 475
 8.11 Datenanbindung von Steuerelementen 477
  8.11.1 DataGrid anbinden 477
  8.11.2 Einfache Steuerelemente anbinden 478
  8.11.3 Navigieren mit BindingManagerBase 479
  8.11.4 Die Anzeige formatieren 480
  8.11.5 Datenanbindung von ComboBox und ListBox 481

9 Crystal Report 483

9.1 Übersicht 485
9.1.1 Der Report-Designer 485
9.1.2 Der Reportaufbau 486
9.1.3 Die Druckvorschau-Komponente 488

9.2 Wichtige Funktionen im Überblick 489
9.2.1 Formelfelder 489
9.2.2 Parameterfelder 490
9.2.3 Gruppennamenfelder 491
9.2.4 Spezialfelder 491
9.2.5 Laufende Summe-Felder 492
9.2.6 Unterberichte 492
9.2.7 Diagramme und Bilder 493
9.2.8 Weitere Komponenten 494

9.3 Das Ereignis-Modell 494

9.4 Reports entwerfen 496
9.4.1 Wer sucht, der findet … 496
9.4.2 Ein erster Crystal Report 496
9.4.3 Sortieren und Gruppieren 501
9.4.4 Verwenden von Parameterfeldern 506
9.4.5 Verwendung von eigenen Dialogfeldern 508
9.4.6 Berechnungen im Report 510
9.4.7 Gestalten mit bedingter Formatierung 512
9.4.8 Kreuztabellenberichte 514

9.5 Programmieren der Druckvorschau 518
9.5.1 Der CrystalReportViewer im Überblick 518
9.5.2 Wichtige Eigenschaften 519
9.5.3 Report zuordnen 519
9.5.4 Ändern des Datenbankpfades zur Laufzeit 521
9.5.5 Wichtige Methoden und Ereignisse 522

9.6 Ausgabe auf dem Drucker 523
9.6.1 Die Lizenz zum Drucken 523
9.6.2 Druckerauswahl und Konfiguration 524

9.6.3 Drucken mit Druckerdialog 525
9.7 Exportieren von Reports 526
    9.7.1 Bestimmen des Exportformats 526
    9.7.2 Export als Datei 527
    9.7.3 Export als E-Mail 528

10 Webbasierte Anwendungen 529

10.1 ASP.NET – eine Übersicht 531
    10.1.1 ASP – der Blick zurück 531
    10.1.2 Was ist bei ASP.NET anders? 532
    10.1.3 Was gibt es noch in ASP.NET? 535
    10.1.4 Vorteile von ASP.NET gegenüber ASP 535
    10.1.5 Voraussetzungen für den Einsatz von ASP.NET 536
    10.1.6 Und was hat das alles mit Delphi.NET zu tun? 536

10.2 Unsere erste Web-Anwendung 539
    10.2.1 Visueller Entwurf der Bedienoberfläche 540
    10.2.2 Zuweisen der Objekteigenschaften 541
    10.2.3 Verknüpfen der Objekte mit Ereignissen 543
    10.2.4 Programm compilieren und testen 545

10.3 Die ASP.NET-Projektdateien 546
    10.3.1 Die Projektdatei 546
    10.3.2 Die Datei Global.pas 547
    10.3.3 ASPX-Datei(en) 548
    10.3.4 Die PAS-Datei(en) 550
    10.3.5 Das Startformular 551
    10.3.6 Die Datei Web.config 552

10.4 Lernen am Beispiel 553
    10.4.1 Erstellen des Projekts 554
    10.4.2 Oberflächengestaltung 555
    10.4.3 Ereignisprogrammierung 556
    10.4.4 Ein Fehler, was nun? 558
    10.4.5 Ereignisse von Textboxen 559
    10.4.6 Ein gemeinsamer Ereignis-Handler 560

10.4.7 Ausgaben in einer Tabelle... 560
10.4.8 Zusammenspiel mehrerer Formulare 563
10.4.9 Ärger mit den Cookies 565
10.5 Die Validator-Controls... 567
  10.5.1 Übersicht 567
  10.5.2 Wo findet die Fehlerprüfung statt? 568
  10.5.3 Verwendung 568
  10.5.4 RequiredFieldValidator.. 569
  10.5.5 CompareValidator.. 570
  10.5.6 RangeValidator.. 572
  10.5.7 RegularExpressionValidator.. 573
  10.5.8 CustomValidator.. 574
  10.5.9 ValidationSummary... 576
  10.5.10 Validierung zeitweise verhindern... 577
10.6 Wichtige ASP.NET-Objekte.. 577
  10.6.1 Session.. 577
  10.6.2 Application... 579
  10.6.3 Page.. 582
  10.6.4 Request... 585
  10.6.5 Response... 588
  10.6.6 Cookies verwenden.. 593
10.7 ASP.NET-Fehlerbehandlung 596
  10.7.1 Fehler beim Entwurf 596
  10.7.2 Laufzeitfehler 597
  10.7.3 Eine eigene Fehlerseite 599
  10.7.4 Fehlerbehandlung im WebForm 599
  10.7.5 Fehlerbehandlung in der Anwendung.. 601
  10.7.6 Lokale Fehlerbehandlung... 601
  10.7.7 Seite nicht gefunden! – Was nun? 602
10.8 Und wo bleibt die Datenbindung?... 603
  10.8.1 Einstiegsbeispiel – die Microsoft-Variante.. 603
  10.8.2 Einstiegsbeispiel – Verwendung der Borland-Controls 606
  10.8.3 Vergleich Microsoft und Borland-Komponenten.................................... 611

Inhaltsverzeichnis

10.8.4 Paging im DataGrid 612
10.8.5 Daten im DataGrid sortieren 614
10.8.6 Daten im DataGrid editieren 616
10.8.7 Einträge im DataGrid löschen 620
10.8.8 Master-Detailbeziehungen mit dem DataGrid darstellen 621
10.9 E-Mail-Versand in ASP.NET 623
10.9.1 Übersicht 623
10.9.2 Einfache Text-E-Mails 624
10.9.3 E-Mails mit Dateianhang 625
10.10 Sicherheit von Webanwendungen 626
10.10.1 Authentication 626
10.10.2 Realisierung Forms Authentication 628
10.10.3 Impersonation 633
10.10.4 Authorization 636

11 Webdienste & .NET-Remoting 639

11.1 Einsteigerbeispiel 641
11.1.1 Projekt vorbereiten 641
11.1.2 Webmethode implementieren 643
11.1.3 Programm testen 645
11.1.4 Unser Endverbraucher – der Webdienst-Client 647
11.2 Grundlagen 650
11.2.1 Wozu braucht man einen Webdienst? 650
11.2.2 Was versteht man unter SOAP? 651
11.2.3 WSDL – noch eine Sprache? 651
11.2.4 Wozu dient das DISCO-Dokument? 651
11.2.5 Wie funktioniert ein Webdienst? 652
11.2.6 Darf ich meine lokalen Klassen weiter verwenden? 654
11.2.7 Was ist mit der Schnittstellen-Kompatibilität? 654
11.3 Ein Webdienst im Detail 654
11.3.1 Aufgabenstellung 655
11.3.2 Webdienst-Projekt eröffnen 655
11.3.3 Die Projektdateien 656

- 11.3.4 Namensgebung ... 658
- 11.3.5 Ihr Quellcode ... 659
- 11.3.6 Webdienst testen ... 661
- 11.4 Ein Webdienstclient im Detail ... 665
  - 11.4.1 Aufgabenstellung ... 666
  - 11.4.2 Webdienstclient-Projekt eröffnen ... 666
  - 11.4.3 Webverweis hinzufügen ... 666
  - 11.4.4 Die Projektdateien ... 667
  - 11.4.5 Ihr Quellcode ... 670
  - 11.4.6 Webdienstclient testen ... 673
  - 11.4.7 Verbesserungen ... 673
  - 11.4.8 Zugriff verweigert (Access denied) ... 673
- 11.5 Web-Methoden asynchron abrufen ... 675
  - 11.5.1 Synchrone und asynchrone Methoden ... 675
  - 11.5.2 Bedienoberfläche für Testclient ... 675
  - 11.5.3 Quellcode für Testclient ... 676
  - 11.5.4 Client testen ... 678
  - 11.5.5 Bemerkungen ... 678
- 11.6 Ausführung von Webmethoden überwachen ... 679
  - 11.6.1 Benutzerschnittstelle ... 679
  - 11.6.2 Die Implementierung ... 680
- 11.7 Probleme mit Zugriffsrechten ... 682
  - 11.7.1 Fehlende Schreibrechte bei Access-Datenbanken ... 682
  - 11.7.2 Benutzer ASPNET hinzufügen ... 683
  - 11.7.3 Impersonation ... 684
  - 11.7.4 Fehler beim Aufrufen einer WebService-Methode ... 685
- 11.8 Sicherheit von Webdiensten ... 686
  - 11.8.1 Digitale Signatur von SOAP-Nachrichten ... 687
  - 11.8.2 Verschlüsseln von SOAP-Nachrichten ... 688
- 11.9 .NET-Remoting ... 689
  - 11.9.1 Grundlagen ... 689
  - 11.9.2 Objektaktivierung/Instanziierung ... 689
  - 11.9.3 Weitere Begriffe ... 691

11.9.4 Bereitstellen der Objekte ... 692
11.10 Komplexbeispiel Remote Objects ... 693
    11.10.1 Die Interface-Assembly ... 693
    11.10.2 Oberfläche Serveranwendung ... 694
    11.10.3 Namespaces einbinden ... 695
    11.10.4 Das eigentliche Server-Objekt ... 696
    11.10.5 Die Server-Implementierung ... 699
    11.10.6 Die Client-Oberfläche ... 701
    11.10.7 Client-Quellcode ... 701
    11.10.8 Test ... 704
11.11 Remoting mit den Borland-Komponenten ... 706
    11.11.1 Grundlagen ... 706
    11.11.2 Beispielprogramm (Server) ... 707
    11.11.3 Beispielprogramm (RemoteClient) ... 711
    11.11.4 Beispiel testen ... 713
    11.11.5 Schlussbemerkung ... 714

12 Komponentenentwicklung ... 715

12.1 Überblick ... 717
    12.1.1 Benutzerdefiniertes Steuerelement (Komponente für Windows Forms) ... 718
    12.1.2 Benutzersteuerelement (User Control für Windows Forms) ... 721
    12.1.3 Komponentenklasse ... 724
12.2 Eigenschaften ... 725
    12.2.1 Einfache Eigenschaften ... 725
    12.2.2 Schreib-/Lesezugriff (Read/Write) ... 725
    12.2.3 Nur Lese-Eigenschaft (ReadOnly) ... 728
    12.2.4 Nur-Schreibzugriff (WriteOnly) ... 728
    12.2.5 Ausblenden im Objektinspektor ... 729
    12.2.6 Hinzufügen von Beschreibungen ... 730
    12.2.7 Einfügen in Kategorien ... 730
    12.2.8 Standard-Eigenschaft (Default-Property) ... 731
    12.2.9 Wertebereichsbeschränkung und Fehlerprüfung ... 732
    12.2.10 Klasseneigenschaften ... 732

12.2.11 Eigenschaften von Aufzählungstypen 733
12.2.12 Objekt-Eigenschaften 735
12.2.13 Indexers/Array-Eigenschaften 738
12.3 Methoden 741
12.3.1 Konstruktor 741
12.3.2 Class-Konstruktor 743
12.3.3 Destruktor 744
12.3.4 Aufruf von Basisklassen-Methoden 745
12.4 Ereignisse (Events) 745
12.4.1 Vergessen Sie read und write! 745
12.4.2 Ereignis mit Standardargument definieren 747
12.4.3 Ereignis mit eigenen Argumenten 749
12.4.4 Ein Default-Ereignis festlegen 750
12.4.5 Mit Ereignissen auf Windows-Messages reagieren 750
12.5 Namespaces richtig verwenden 752
12.5.1 Beispiel-Package (Erster Versuch) 752
12.5.2 Beispiel-Package (Zweiter Versuch) 755
12.5.3 Direktes Zuweisen von Namespace-Namen 757
12.6 Assembly, Library, Package? 758
12.6.1 Package 758
12.6.2 Library (Bibliothek) 760
12.6.3 Assembly-Informationen festlegen 762
12.6.4 Assemblies signieren 763

13 Techniken der Programmentwicklung 765
13.1 Arbeiten mit dem Debugger 767
13.1.1 Arbeitszyklus des Programmierers 767
13.1.2 Vorbereitungen zum Debugging 768
13.1.3 Die verschiedenen Debug-Möglichkeiten 769
13.1.4 Beispielprogramm für das Debugging 770
13.1.5 Haltepunkte setzen 772
13.1.6 Abbruchbedingung setzen 772
13.1.7 Durchlaufzähler verwenden 773

- 13.1.8 Einzelschritt-Modus 774
- 13.1.9 Prozedurschritt 774
- 13.1.10 Auswerten von Ausdrücken 774
- 13.1.11 Das Debug-Objekt 775
- 13.2 Fehlerbehandlung in Delphi.NET 777
  - 13.2.1 Anweisungen zur Fehlerbehandlung 778
  - 13.2.2 Try-Except 779
  - 13.2.3 Ausnahmen über Fehlerklassen auswerten 780
  - 13.2.4 Spezifische Fehlerklassen auswerten 780
  - 13.2.5 Fehler erneut auslösen 782
  - 13.2.6 Verschachtelte Fehlerbehandlung 782
  - 13.2.7 Try-Finally 784
  - 13.2.8 Anwendungsweite Fehlerbehandlung 786
  - 13.2.9 Die Exception-Klasse 787
  - 13.2.10 Fehler/Ausnahmen auslösen 788
  - 13.2.11 Eigene Fehlerklassen 789
- 13.3 Dialogfenster 792
- 13.4 Zwischenablage 795
  - 13.4.1 Das Clipboard-Objekt 795
  - 13.4.2 Zwischenablage-Funktionen für Textboxen 796
- 13.5 Registry 797
  - 13.5.1 Allgemeines 797
  - 13.5.2 Registry-Unterstützung in Delphi.NET 799
  - 13.5.3 Dateiverknüpfungen erzeugen 801
- 13.6 Multithreading 803
  - 13.6.1 Einführungsbeispiel Thread-Klasse 803
  - 13.6.2 Thread-Methoden 805
  - 13.6.3 Thread-Locking 809
  - 13.6.4 Interaktion mit der Programmoberfläche 812
  - 13.6.5 Timer-Threads 815
  - 13.6.6 Asynchrone Delegate-Aufrufe mit BeginInvoke 816
- 13.7 .NET-Reflection 817
  - 13.7.1 Übersicht 817

13.7.2 Assembly laden 817
13.7.3 Mit Type Informationen sammeln 818
13.7.4 Late Binding mit Invoke 819
13.7.5 Ressourcen mit Reflection auslesen 823
13.7.6 Der .NET-Reflector 824
13.7.7 Gegen die Neugier 825
13.8 Hilfedateien programmieren 826
13.8.1 Übersicht HTML-Hilfedateien 826
13.8.2 Der HTML Help Workshop 827
13.9 Hilfe in Delphi.NET einbinden 831
13.9.1 Das Help-Objekt 831
13.9.2 Die HelpProvider-Komponente 833
13.10 Distribution von Anwendungen 835
13.10.1 System- und Softwarevoraussetzungen 836
13.10.2 Das Setup-Projekt 836
13.10.3 Zielsystem konfigurieren 841
13.10.4 Setup-Darstellung anpassen 842
13.10.5 Release vorbereiten 843

14 OOP-Spezial 847

14.1 Das Microsoft Event Pattern 849
14.1.1 Was sind Design Pattern und wozu braucht man sie? 849
14.1.2 Aufbau und Bedeutung des Observer Pattern 850
14.1.3 Implementierung mit Interfaces und Callbacks 855
14.1.4 Implementierung auf Basis von Delegates und Events 866
14.1.5 Implementierung auf Basis des Microsoft Event-Pattern 871
14.1.6 Implementierung mit weiteren Event Pattern 876
14.1.7 Schlussbemerkungen 882
14.2 OOP und ECO-Technologie 883
14.2.1 Wozu braucht man ECO? 883
14.2.2 Einfaches ECO-Beispiel mit nur einer Klasse 884
14.2.3 Mehrere Klassen mit Beziehungen 893
14.2.4 Datenbankzugriff mit ECO II 900

15 Rezepte 913

1 Delphi-Crashkurs für Einsteiger 915
R 1.1 Es lebe das EVA-Prinzip! 915
R 1.2 Ein Array bringt Flexibilität! 918
R 1.3 Speicher sparen mit dynamischen Arrays! 921
R 1.4 Beenden Sie doch wann Sie wollen! 923
R 1.5 Schluss mit langweiliger Konsole! 927
R 1.6 Alles lässt sich noch verbessern! 930

2 Sprache 934
R 2.1 Vom alten Delphi nach Delphi .NET umsteigen 934
R 2.2 Schleifenanweisungen verstehen 937
R 2.3 Eine Collection durchlaufen 940
R 2.4 Records in einem statischen Array speichern 942
R 2.5 Mit Format-Strings experimentieren 946
R 2.6 Strings vergleichen 950
R 2.7 Einen String zerlegen und wieder zusammensetzen 951
R 2.8 Ein Byte-Array in einen String konvertieren 954
R 2.9 Ein String-Array in ein Object-Array umwandeln 955
R 2.10 Eine einzelne Spalte aus einer Matrix kopieren 957
R 2.11 Funktionen überladen 961
R 2.12 Ein Array als Parameter übergeben 963
R 2.13 In einer ArrayList suchen und sortieren 967
R 2.14 Einen Text verschlüsseln 970
R 2.15 Zahlen sortieren 974
R 2.16 Zufallszahlen erzeugen 977
R 2.17 Eine Iteration verstehen 978
R 2.18 Funktionen rekursiv aufrufen 981
R 2.19 Zeitdifferenzen ermitteln 982
R 2.20 Das korrekte Alter einer Person bestimmen 984
R 2.21 Geldbeträge kaufmännisch runden 986
R 2.22 Fehler bei mathematischen Operationen behandeln 987

3 Oberfläche 992
R 3.1 In einer Textbox suchen 992

R 3.2 Nur Zahleneingaben zulassen 994
R 3.3 Dezimalkomma in Dezimalpunkt umwandeln 995
R 3.4 Eingaben validieren 996
R 3.5 Die ListBox kennen lernen 999
R 3.6 Die CheckedListBox einsetzen 1003
R 3.7 ListView und ImageList verwenden 1006
R 3.8 Objekte in ListBox/ComboBox anzeigen 1010
R 3.9 Mit Drag und Drop arbeiten 1013
R 3.10 Zur Laufzeit ein Steuerelement erzeugen 1017
R 3.11 Eine Control-Matrix zur Laufzeit erzeugen 1019
R 3.12 Mit mehreren Formularen arbeiten 1022
R 3.13 Das Startformular ändern 1026
R 3.14 Eine MDI-Applikation erstellen 1027
R 3.15 Formulare im Formular anzeigen 1031
R 3.16 Formularereignisse richtig behandeln 1033
R 3.17 Mit einem PopUp-Menü arbeiten 1037
R 3.18 Einfache Datenbindung praktizieren 1040
R 3.19 Komplexe Datenbindung anwenden 1044

4 Grafikprogrammierung 1047
R 4.1 Graphics-Objekte erzeugen 1047
R 4.2 Eine Grafik erzeugen und speichern 1051
R 4.3 Den Abstand zwischen zwei Punkten bestimmen 1052
R 4.4 Ein Balkendiagramm zeichnen 1054
R 4.5 Einen Farbmixer bauen 1058
R 4.6 Eine 2D-Vektorgrafik manipulieren 1063
R 4.7 Geometrische Transformationen durchführen 1069
R 4.8 Einen Desktop-Screenshot realisieren 1072
R 4.9 Grafiken aus den Ressourcen laden 1075

5 Kleiner OOP-Crashkurs 1077
R 5.1 Klassen und Objekte verstehen 1077
R 5.2 Einen eigenen Konstruktor verwenden 1083
R 5.3 Read-Only-Eigenschaften programmieren 1084
R 5.4 Ereignisse programmieren 1087

R 5.5 Vererbung und Polymorphie verstehen 1090
6 .NETte Neuigkeiten in Delphi 1099
    R 6.1 Strings addieren 1099
    R 6.2 Auf geschützte Felder zugreifen 1103
    R 6.3 Klassen mit ClassHelper erweitern 1107
    R 6.4 Arrayeigenschaften überladen 1111
    R 6.5 Mit Interfaces arbeiten 1114
    R 6.6 Überladene Operatoren einsetzen 1119
    R 6.7 Den Garbage Collector verstehen 1122
    R 6.8 Objekte und externe Ressourcen freigeben 1126
7 Dateien und Streams 1131
    R 7.1 Die Datei-Infos lesen 1131
    R 7.2 Alle Unterverzeichnisse auflisten 1133
    R 7.3 Eine Textdatei lesen und schreiben 1134
    R 7.4 Auf eine Datei byteweise zugreifen 1136
    R 7.5 Eine sequenzielle Datei lesen und schreiben 1138
    R 7.6 Serialisierte Objekte als Datei abspeichern 1143
    R 7.7 Ein DataSet in einer XML-Datei speichern 1146
    R 7.8 Durch XML-Dokumente navigieren 1149
    R 7.9 XML-Daten in eine TreeView einlesen 1153
8 ADO.NET 1156
    R 8.1 Eine Datenbankverbindung mit dem Assistenten einrichten 1156
    R 8.2 Die Bdp-Komponenten benutzen 1162
    R 8.3 Auf eine Access-Datenbank zugreifen 1164
    R 8.4 Auf den Microsoft SQL Server zugreifen 1167
    R 8.5 Den DataReader kennen lernen 1169
    R 8.6 Access-Auswahlabfragen abrufen 1171
    R 8.7 Die Spalten im DataGrid formatieren 1174
    R 8.8 Master-Detailbeziehungen im DataGrid anzeigen 1176
    R 8.9 Mit der ComboBox zwei Tabellen verknüpfen 1179
    R 8.10 Steuerelemente an die Datenquelle binden 1184
    R 8.11 Bilder aus der Datenbank anzeigen 1191
9 Drucken 1197

R 9.1 Die verfügbaren Drucker ermitteln 1197
R 9.2 Einen Drucker auswählen 1198
R 9.3 Die aktuellen Druckjobs abfragen 1199
R 9.4 Eine einfache Grafik drucken 1202
R 9.5 Den Inhalt einer TextBox ausdrucken 1204
R 9.6 Eine Textdatei drucken 1207
R 9.7 Mit Word Formulare drucken 1210
R 9.8 Drucken mit Microsoft Access 1213

10 Tipps für den Crystal Report 1215
R 10.1 Ein Deckblatt erzeugen 1215
R 10.2 Seitenzahlen, Druckdatum etc. einblenden 1215
R 10.3 Spaltensatz oder Etiketten drucken 1215
R 10.4 Die Seitenränder festlegen 1216
R 10.5 Einen Seitenumbruch erzwingen 1217
R 10.6 Die Position und Größe der Druckvorschau vorgeben 1217
R 10.7 Querdruck auswählen 1217
R 10.8 Summe, Anzahl, Mittelwerte etc. berechnen 1217
R 10.9 Farbliche und optische Formatierungen 1218
R 10.10 So ändern Sie das Layout eines Berichts 1219
R 10.11 Datenbankpfad zur Laufzeit anpassen 1219
R 10.12 Verbinden mit einem ADO.NET-DataSet 1220

11 ASP.NET-Anwendungen 1225
R 11.1 Verwenden des Cassini Web-Servers 1225
R 11.2 ASP.NET-Anwendung von CD installieren 1227
R 11.3 ASP.NET-Projekte exportieren 1229
R 11.4 Doppelte Anmeldung verhindern 1230
R 11.5 Probleme mit dem SQL Server-Login lösen 1231

12 OOP und Komponentenentwicklung 1232
R 12.1 Eine einfache Klasse entwickeln 1232
R 12.2 Mit einem Konstruktor arbeiten 1236
R 12.3 Ereignisse auslösen und benutzen 1239
R 12.4 Vererbung verstehen und anwenden 1242
R 12.5 Polymorphie verstehen 1250

R 12.6 Eigenschaften mit Zugriffsmethoden kapseln 1253
R 12.7 Mit statischen Eigenschaften arbeiten 1258
R 12.8 Statische Methoden kennenlernen 1260
R 12.9 OOP beim Kartenspiel erlernen 1262
R 12.10 Aggregation oder Vererbung verwenden 1267
R 12.11 Objekte serialisieren 1275
R 12.12 Einen einfachen Taschenrechner entwickeln 1278
R 12.13 Eine Klasse zur Matrizenrechnung entwickeln 1282
R 12.14 Ein wieder verwendbares Formular erstellen 1289
R 12.15 Von einem Formular erben 1293
R 12.16 Eine Farbauswahlbox-Komponente entwickeln 1299
R 12.17 Eine Digitalanzeige-Komponente programmieren 1306
R 12.18 Eine Bitmap für die Tool-Palette zuweisen 1312

13 Techniken 1314
R 13.1 DoEvents verwenden 1314
R 13.2 Eine Pause realisieren 1317
R 13.3 Die Zwischenablage überwachen 1319
R 13.4 Verwendung der Registry 1323
R 13.5 Selbstdefinierte Attribute und Reflection 1325
R 13.6 Typinformationen gewinnen 1332
R 13.7 Kommandozeilenparameter an eine Anwendung übergeben 1335
R 13.8 Delegates und Callback verstehen 1337
R 13.9 Einen Multicast-Delegaten verwenden 1344
R 13.10 Delegates und Events verstehen 1346
R 13.11 Multithreading verstehen 1349
R 13.12 Spieltrieb & Multithreading erleben 1355
R 13.13 Informationen zu laufenden Prozessen und Threads gewinnen 1366
R 13.14 Formel-Rechner mit dem CodeDOM 1371
R 13.15 Ein externes Programm starten 1377
R 13.16 Ein externes Programm starten und überwachen 1380
R 13.17 Quellcode versionsabhängig compilieren 1383
R 13.18 Environment-Variablen auslesen 1385
R 13.19 Eine E-Mail versenden 1386

Anhang **1389**

    A Verzeichnis der Abkürzungen 1391

    B Die wichtigsten ADO.NET-Objekte 1395

        B.1 Das Connection-Objekt 1395

        B.2 Das Command-Objekt 1396

        B.3 Das Parameter-Objekt 1397

        B.4 DataReader-Objekt 1397

        B.5 DataAdapter 1398

        B.6 CommandBuilder 1399

        B.7 DataSet 1400

        B.8 DataTable 1401

        B.9 DataColumn 1403

        B.10 DataRow 1404

        B.11 DataView 1405

    C Northwind versus Nordwind 1406

    D ANSI-Tabelle 1409

Index **1411**

Der Schnelleinstieg in Delphi 2005

- ✔ **Installation**
- ✔ **Unser erstes Delphi .NET-Programm**
- ✔ **Entwicklungsumgebung**
- ✔ **Unsere ersten Windows-Forms Anwendungen**

Dieses Kapitel wendet sich vor allem an den Einsteiger, der zwar "irgendwann" schon einmal programmiert hat, aber mit einer modernen Sprache wie Delphi, Visual Basic, C++ oder Java selbst noch keinerlei Erfahrungen sammeln konnte[1]. Ihn wollen wir an die Hand nehmen und nach dem Prinzip "so viel wie nötig" zu ersten Erfolgserlebnissen in der Programmierung mit Borland Delphi 2005 verhelfen.

Was Sie also in diesem Kapitel erwartet, ist ein Sprung ins kalte Wasser der Windows-Programmierpraxis ohne langwierige Aufwärmübungen:

- Gleich nachdem Sie durch die Installation von Borland Delphi 2005 geführt wurden,
- schreiben Sie Ihr erstes Delphi -Programm,
- unternehmen einen Streifzug durch die Entwicklungsumgebung von Delphi 2005
- und schreiben vier weitere kleine Windows Forms-Anwendungen, die Ihnen ein erstes Gefühl für die Arbeit mit Delphi 2005 geben sollen.

Die sich garantiert einstellenden Erfolgserlebnisse und ein gelegentlicher "Aha"-Effekt werden Sie motivieren, die nachfolgenden anspruchsvolleren Kapitel mit dem notwendigen Schwung und Optimismus in Angriff zu nehmen.

1.1 Die Werkstatt einrichten

Bevor es so richtig losgehen kann, wollen wir unser Handwerkszeug zurechtlegen.

1.1.1 Software Borland Delphi 2005

Folgende drei Pakete von Borland Delphi 2005 sind im Angebot, für welches davon Sie sich entscheiden, ist nicht zuletzt eine Frage des Geldbeutels:

- *BD 2005 Professional*
- *BD 2005 Enterprise*
- *BD 2005 Architect*

Der Unterschied besteht sowohl in der Anzahl und Mächtigkeit der enthaltenen Komponenten als auch in den zusätzlichen Tools. Wir wollen hier nur auf einige der wichtigsten Features der drei Versionen hinweisen.

---

[1] Wer schon intensiv mit einer anderen Programmiersprache, wie z.B. dem alten Delphi, gearbeitet hat, kann dieses Kapitel im Schnelldurchgang querlesen und erst im zweiten Kapitel richtig einsteigen, wo es um die Besonderheiten der .NET-Programmierung geht.

Delphi 2005 Professional

Bereits mit diesem Basispaket können mit Delphi sowohl die klassischen Win32-Anwendungen als auch Anwendungen für das Microsoft .NET Framework entwickelt werden. Als weitere .NET-Programmiersprache ist C# enthalten.

Zusätzlich sind beigefügt:

- *Borland Interbase 7.5 Developer Edition*
  Eine plattformübergreifende Datenbank mit einfachem Deployment als Entwicklerversion.

- *Delphi Partner CD*
  Beinhaltet diverse Produktivitätswerkzeuge und -Komponenten von Drittanbietern für den kombinierten Einsatz mit Delphi.

- *ComponentOne Studio Enterprise*
  Eine Sammlung von WinForms- und ASP.NET-Komponenten.

- *Wise Owl Demeanor für .NET*
  Ein .NET Verschlüsselungswerkzeug, welches die Entschlüsselung Ihres Codes mittels Reverse-Engineering verhindert und somit Ihr geistiges Eigentum schützt.

- *Indy Components*
  Ein Open Source Internet-Komponentenpaket.

- *Install Shield Express*
  Erstellt Installationsprogramme zum Verteilen Ihrer Anwendungen.

- *Rave Reports und Crystal Reports*
  Zwei alternativ einsetzbare Berichtsgeneratoren für Win32- und .NET-Anwendungen.

Delphi 2005 Enterprise

Zusätzlich zu den Features der Professional Version sind enthalten:

- *Borland Star Team 6.0*
  Die Standard-Edition eines *Software Configuration Management* (SCM) -Systems für die automatisierte Verwaltung von Entwicklungsprojekten.

- *IBM DB2 Universal Developers Edition*
  Eine vollständige DB2-Datenbank und dazugehörige Entwicklungswerkzeuge für Client- oder Server-Plattformen.

- *Microsoft SQL Server 2000*
  Die komplette Entwicklerversion nebst Tools für Entwurf und Prototyperstellung (E-Commerce, Line of Business, Warehousing).

- *MSDE 2000*
  Die abgerüstete Version des MS SQL Servers für Desktop- und kleinere Workgroup- und Webanwendungen.

Delphi 2005 Architect

Zusätzlich zu den Features der Enterprise Edition sind im Maximalpaket enthalten:

- *Borland Enterprise Core Objects (ECO II)*
  Modellgetriebene Anwendungsentwicklung für das Microsoft .NET Framework zum Erstellen von Web Services, ASP.NET-, WebForms- und WinForms-Anwendungen.

- *Borland Optimizeit Profiler für das Microsoft .NET Framework*
  Bietet Funktionen zur Leistungsverwaltung (z.B. Analyse der CPU- und Speicherausnutzung zwecks Beseitigung von Performance-Problemen in .NET-Code).

Hinweis: Eine Testversion von *Delphi 2005 Architect* befindet sich auf der Buch-CD bzw. kann kostenlos von der Borland Homepage unter der Adresse *www.borland.de* heruntergeladen werden.

Das vorliegende Buch bezieht sich – mit Ausnahme des Abschnitts 14.2 über die ECO-Technologie – hauptsächlich auf die Möglichkeiten der Professional-Version.

1.1.2 Hardware

Festplattenspeicher

Rund 2 Gigabyte sollten Sie schon einplanen, denn laut Borland müssen für eine vollständige Delphi 2005 Installation 821 MB Festplattenspeicher zur Verfügung stehen. Hinzu kommen ca. 150 MB für die .NET Framework-Version 1.1 bzw. satte 850 MB für die .NET Framework SDK-Version 1.1.

Die übrigen Forderungen

- Der Rechner sollte mindestens ein Pentium II mit 450 MHz sein, empfohlen wird allerdings ein Pentium III ab 850 MHz[1].

- Der Arbeitsspeicher muss mindestens 256 MB anbieten, noch besser sind 512 MB.

- Ein SVGA (1024 x 768) oder höher auflösender Bildschirm sollte zur Verfügung stehen, selbstverständlich auch CD-ROM-Laufwerk und Maus.

1.1.3 Vorbereitende Installationen

Bevor Sie nun voller Ungeduld die erste Borland Delphi 2005 Installations-CD einlegen, lohnt sich ein kritischer Blick auf die bereits vorhandene Software.

---

[1] Diese Angaben sind allerdings eher für Schlafmützen geeignet, nehmen Sie das Schnellste was für Geld zu haben ist!

Betriebssystem

Delphi 2005 läuft unter Windows Server 2003, Windows XP Professional, Windows 2000 Professional und Windows 2000 Server (Windows 98 hat hier ausgedient!).

Hinweis: Installieren Sie immer das aktuelle Microsoft Windows Service Pack und kritische Updates von *http://www.windowsupdate.microsoft.com* und suchen Sie auf der Website von *Microsoft .NET Framework Security* nach aktuellen Informationen und Updates!

Wie aber sieht es beim Endanwender aus? Falls dieser nicht bereits mit Windows 2003 arbeitet benötigt er nur die Laufzeitdateien des .NET-Frameworks (*Microsoft .NET Framework Version 1.1 Redistributable Package*), die mit dem Programm *dotnetfx.exe* installiert werden.

Microsoft Access

Nach wie vor ist Microsoft Access das am weitesten verbreitete Datenbankprogramm. Als Grundlage der datenbankspezifischen Kapitel werden wir deshalb statt der BDE[1] den Zugriff auf Access-Datenbanken favorisieren. Wir empfehlen daher die Installation von Microsoft Office XP (oder 2000 bzw. 2003) auf Ihrem Entwicklungsrechner.

Allerdings müssen Sie sich darüber im Klaren sein, dass Access-Datenbanken relativ schlecht skalierbar sind, also nicht für viele gleichzeitige Zugriffe entwickelt wurden, was ihren Einsatz insbesondere in ASP.NET- oder Webdienst-Anwendungen möglicherweise einschränkt.

Hinweis: Bei der zu Access mitgelieferten Beispieldatenbank *Nordwind.mdb* handelt es sich um eine eingedeutschte und etwas abgerüstete Version der *Northwind*-Datenbank des MS SQL-Servers.

MSDE

Vereinbarungsgemäß werden wir für die zahlreichen ADO.NET- und ASP.NET-Beispiele auf Borlands hauseigene Interbase-Datenbank verzichten und stattdessen auf den Microsoft SQL Server und die dort enthaltene Beispieldatenbank *Northwind* zurückgreifen Wer den MS SQL Server nicht bereits sein Eigen nennt oder geringere Ansprüche stellt, für den ist die abgerüstete Version, nämlich die *SQL Server 2000 Desktop Engine* (MSDE), eine sehr gute Alternative.

---

[1] Borland Database Engine

1.1 Die Werkstatt einrichten

Hinweis: Die Installationsdateien für die MSDE finden Sie im Verzeichnis *\MSDE* Ihrer Delphi 2005 Installations-CDs (CD 3): *\MSDE\msdesp3a.exe*.

Nach Aufruf von *msdesp3a.exe* werden die Setup-Dateien entpackt und auf Ihren PC kopiert. Starten Sie jetzt die *Setup.exe*, so werden Sie wahrscheinlich durch ein Meldungsfenster zur Eingabe eines sicheren Kennwortes für "sa" aufgefordert.

In "alten Zeiten" hatte der SQL Server bei der Installation standardmäßig den Benutzer "sa" mit dem Kennwort "sa" angelegt, doch damit ist es vorbei, seitdem genau diese Schwachstelle ein bevorzugtes Ziel bösartiger Viren-Attacken geworden ist.

Öffnen Sie deshalb die Datei *setup.ini* mit einem Texteditor und geben Sie Ihr Passwort ein, z.B.

```
[Options]
SAPWD = "xyz"
```

Hinweis: Für unsere Buchbeispiele hat die Vergabe des Passwortes keinerlei Bedeutung, da wir für den Zugriff auf den SQL Server in der Regel die Integrierte Windows Sicherheit (OS Authentication) verwenden.

Die weitere Installation läuft ohne Benutzereingaben ab. Die MSDE kann über den *SQL Server-Dienst-Manager* aufgerufen werden. Dieser erscheint gewöhnlich erst nach einem Neustart des Rechners auf der Taskleiste, kann aber auch separat gestartet werden (*C:\Programme\Microsoft SQL Server\80\Tools\Binn\sqlmangr.exe*).

Hinweis: Im Unterschied zur MS SQL Server-Vollversion gehören zur MSDE keine weiteren Dienst- bzw. Konfigurationsprogramme.

Internet Information Server

Grundlage aller Web-Anwendungen ist der mit dem Betriebssystem gelieferte *Internet Information Server* (IIS) bzw. *Internet Information Services*[1].

Handelt es sich bei Windows 2000 und XP noch um den IIS 5, so wird ab *Windows Server* die Version 6 ausgeliefert. Die Funktionsfähigkeit des IIS können Sie überprüfen, indem Sie im Internet Explorer (IE) die folgende URL eingeben:

```
http://localhost
```

Es müsste nun die Standard-Webseite des IIS im IE angezeigt werden. Sollte dies nicht der Fall sein, so überprüfen Sie, ob der IIS überhaupt installiert ist. Wählen Sie dazu das Menü *Start|Einstellungen|Systemsteuerung|Software* und dort die Option "Windows-Komponenten hinzufügen/entfernen". Setzen Sie dann einfach das Häkchen bei "Internet-Informationsdienste (IIS)":

Hinweis: Installieren Sie den IIS unbedingt **vor** Delphi 2005!

1.1.4 Installation von Delphi 2005

Nach all den Vorbereitungen ist es endlich so weit, und Sie können das Delphi 2005-Setup starten, welches weitestgehend automatisch abläuft.

---

[1] Eine Alternative für diejenigen, die mit der Windows XP Home Edition vorlieb nehmen müssen, wäre der kostenlos erhältliche Cassini-Webserver (*www.asp.net/Projects/Cassini/Download*).

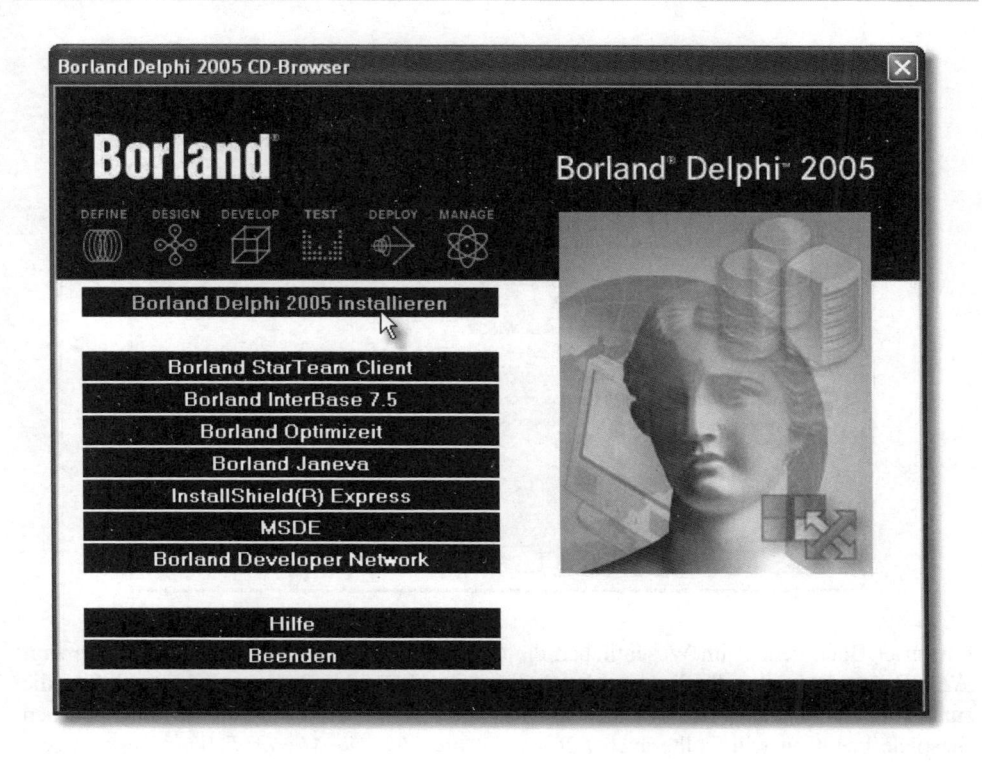

Etappe 1: Bootstrap-Setup

Die Installation von Delphi 2005 beginnt immer mit dem Bootstrap-Setup. Dieses vorgeschaltete Programm prüft, ob alle notwendigen Voraussetzungen vorliegen und veranlasst gegebenenfalls ein Nachinstallieren folgender Teile:

- *Microsoft Internet Explorer 6.0 (SP1)*
- *Microsoft .NET Framework v1.1*
- *Microsoft .NET Framework SDK v1.1*
- *Microsoft Visual J#.NET v1.1 Redistributable*
- *Microsoft XML Core Services (MSXML) 4.0 SP2*

Etappe 2: Delphi 2005

Nach Abschluss der ersten Etappe beginnt die eigentliche Installation, die weitestgehend automatisch abläuft und bei der Sie die vorbelegte Verzeichniskonfiguration möglichst beibehalten sollten.

Zu Beginn dürfen Sie die Entscheidung treffen, ob Sie alle der drei Haupt-Projekttypen, die Delphi 2005 unter seinem Dach vereinigt, tatsächlich benötigen.

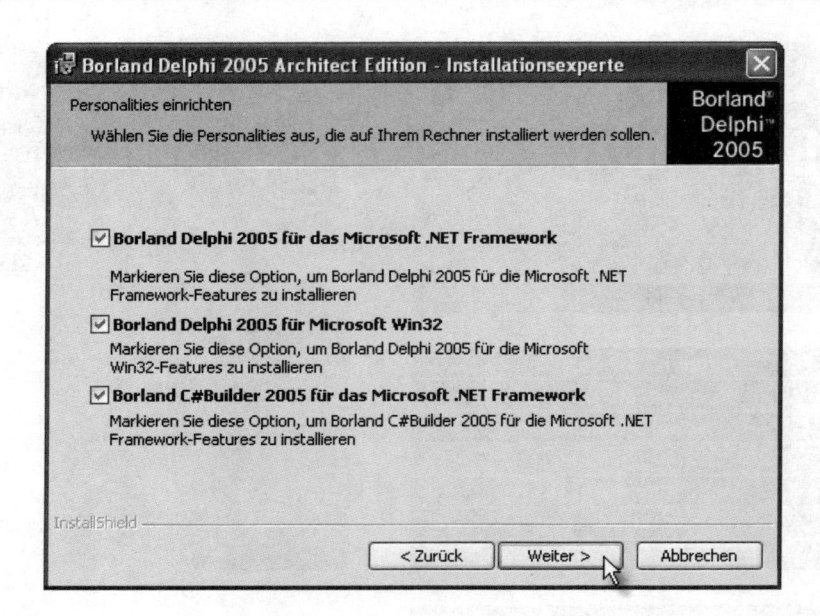

Für unser Buch genügt im Wesentlichen die Option *Borland Delphi 2005 für das Microsoft .NET Framework*, wer allerdings noch mit dem "alten" Delphi arbeiten möchte und dazu die zur PDF-Datei "Borland Delphi Datenbankprogrammierung" auf der Buch-CD mitgegebenen Beispiele benutzen will, sollte auch *Borland Delphi 2005 für Microsoft Win32* installieren. Letztlich schadet es nichts und erhöht Ihre Flexibilität, wenn Sie alle drei Optionen übernehmen, denn auch der *Borland C#Builder 2005 für das Microsoft .NET Framework* kann in manchen Situationen hilfreich sein (zum Beispiel bei der Übernahme von C#-Code aus der Originalhilfe zum Microsoft .NET Framework nach Delphi).

Wenn Ihnen gegen Ende der Vorschlag unterbreitet wird, einige zusätzliche Komponenten und Tools mit zu installieren (*ComponentOne Studio Enterprise, Wise Owl Demeanor for .NET, Borland Interbase 7.1 Client, Caliber RMIDE Plugin, ...*), so verzichten Sie im Interesse eines schlanken Systems zunächst auf diese vielleicht verlockenden, für den Inhalt dieses Buchs aber bedeutungslosen, Angebote – Sie können das alles bei Bedarf später nachinstallieren.

Nachdem der erfolgreiche Abschluss verkündet wurde, klicken Sie den Windows-"Start"-Button. Unter "Programme" entdecken Sie jetzt auch "Borland Delphi 2005".

1.1 Die Werkstatt einrichten

Hinweis: Da der Start von Delphi 2005 über drei Menüebenen doch ziemlich umständlich ist, sollten Sie eine Desktop-Verknüpfung zu ...\Programme\Borland\BDS\3.0\Bin\bds.exe einrichten, um die Entwicklungsumgebung sofort aufrufen zu können.

In der Regel dauert es 60 und mehr Sekunden, bis alle Delphi 2005-Komponenten geladen sind, wobei Sie das Startfenster über den Fortschritt informiert:

Delphi 2005-Updates

Bereits wenige Monate nach dem Erscheinen von Delphi 2005 im Herbst 2004 hat Borland das Service Pack 1 herausgebracht, da sich – wie könnte es auch anders sein – in die Erstausgabe doch eine ganze Reihe von Fehlern bzw. Unzulänglichkeiten (IDE, VCL für .NET, Compiler, Debugger, ECO ...) eingeschlichen hatten[1].

Zur Zeit der Drucklegung dieses Buchs (März 2005) war von Borland zu hören, dass sich ein weiteres Update für Delphi 2005 momentan in der Testphase befindet. Offiziell war bis dato nicht sicher, ob es ein zweites Update für Delphi 2005 geben wird.

Hinweis: Unmittelbar nach Installation von Delphi 2005 sollten Sie das aktuelle Update von http://info.borland.com/04/delphi2005/del2005reg_updates_down.html herunterladen und einspielen, wobei auf die richtige Sprachversion zu achten ist.

---

[1] Keiner der großen Softwarehersteller ist sich heute zu schade dafür, um beim Kampf um das Markenzeichen "Bananensoftware" kräftig mitzumischen.

1.1.5 Die Dokumentation

Für den direkten Zugang zur Delphi.NET Dokumentation wählen Sie im Windows-Startmenü den Eintrag *Programme|Borland Delphi 2005|Dokumentation* oder Sie rufen unter Delphi das Hilfemenü auf (*Hilfe|Borland-Hilfe*).

Da wir in diesem Buch vor allem *Windows Forms-Anwendungen* (also die FCL[1]) behandeln, ist als Filter-Einstellung *NET Framework SDK* zu empfehlen. Allerdings ist der Beispielcode in der Regel nur in den Sprachen VB.NET oder C#.NET verfügbar.

Direkt vom Delphi 2005-Hilfemenü aus können Sie die Online-Hilfe aufrufen und von dort aus zu weiteren Links verzweigen:

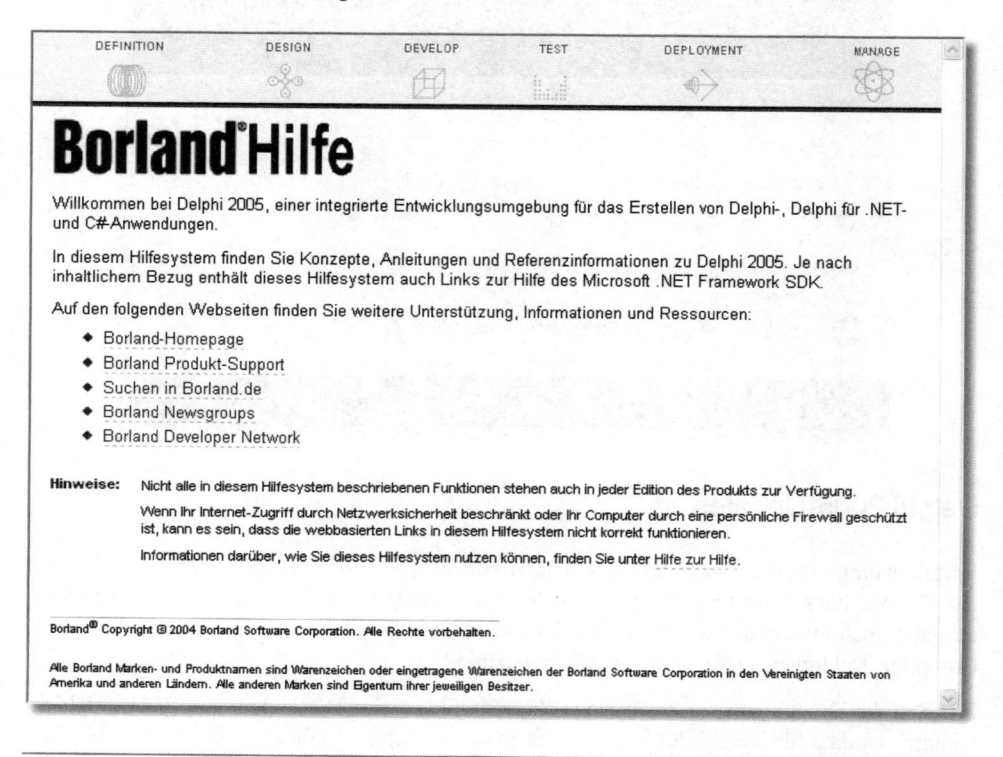

Hinweis: Leider ist der aus der Vergangenheit bekannte Klick auf die F1-Taste wenig ergiebig, besonders wenn es sich um Delphi-Interna oder Sprachelemente handelt.

---

[1] Framework Components Library

1.2 Unser erstes Delphi.NET-Programm

Nachdem unsere Werkstatt eingerichtet ist, wird es Zeit für ein einfaches Delphi-Programm. Wir verzichten auf das geistreiche "Hello World" und wollen lieber gleich mit etwas Nützlichem beginnen, nämlich der Umrechnung von Euro in Dollar.

Obwohl Delphi 2005 uns vor die Qual der Wahl zwischen mehreren Anwendungstypen stellt, favorisieren wir aus guten Gründen (siehe Vorwort) den Delphi für .NET Projekttyp.

Da wir aber unser Handwerk von der Pike auf lernen wollen, soll das gesteckte Ziel zunächst mit einfachsten Werkzeugen erreicht werden. Dazu genügen uns ein normaler Texteditor und der Delphi .NET-Compiler.

Hinweis: Die Delphi 2005-IDE wird in unserem ersten Programm noch nicht benötigt!

Im Ergebnis erhalten wir eine so genannte Konsolenanwendung. Als einfaches Hilfsmittel zum Erlernen von Delphi und als Notnagel für all jene, die sich das teure Delphi 2005 vorerst nicht leisten wollen, hat dieser einfache Anwendungstyp durchaus noch seine Daseinsberechtigung.

1.2.1 Vorbereitungen

Compilerpfad eintragen

Den Delphi.NET Compiler *dccil.exe* finden Sie in der Regel im Verzeichnis ...*Programme\Borland\BDS\3.0\Bin*.

Weil das Compilieren an der Kommandozeile ausgeführt wird, sollten Sie den Compiler in den Windows-Pfad aufnehmen, um so den Aufruf von jedem Ordner des Systems aus zu ermöglichen.

Sie finden den Dialog zur Einstellung der *Path*-Umgebungsvariablen in der Windows-Systemsteuerung unter dem Eintrag "System" im Register "Erweitert".

- Klicken Sie dort auf die Schaltfläche "Umgebungsvariablen".
- Suchen Sie in der Liste "Systemvariablen" den *Path*-Eintrag und klicken Sie auf "Bearbeiten".

- Falls noch nicht vorhanden fügen Sie, durch Semikolon (;) getrennt, den Namen des Verzeichnisses, in welchem sich *dccil.exe* befindet, in den bisherigen Eintrag ein:

- Die Übernahme der Änderungen an den *Path*-Umgebungsvariablen und die prinzipielle Funktion des Delphi.NET-Kommandozeilencompilers können Sie in einem kleinen Test überprüfen, bei dem Sie sich als durchaus nützlichen Nebeneffekt gleich die vielfältigen Optionen des Compilers anzeigen lassen.
  Wechseln Sie dazu über das Windows-Startmenü zur Eingabeaufforderung (*Start|-Programme|Zubehör|Eingabeaufforderung*) und geben Sie (von einem beliebigen Verzeichnis aus) den folgenden Befehl ein, den Sie mit ENTER abschließen:

```
dccil /?
```

1.2 Unser erstes Delphi.NET-Programm

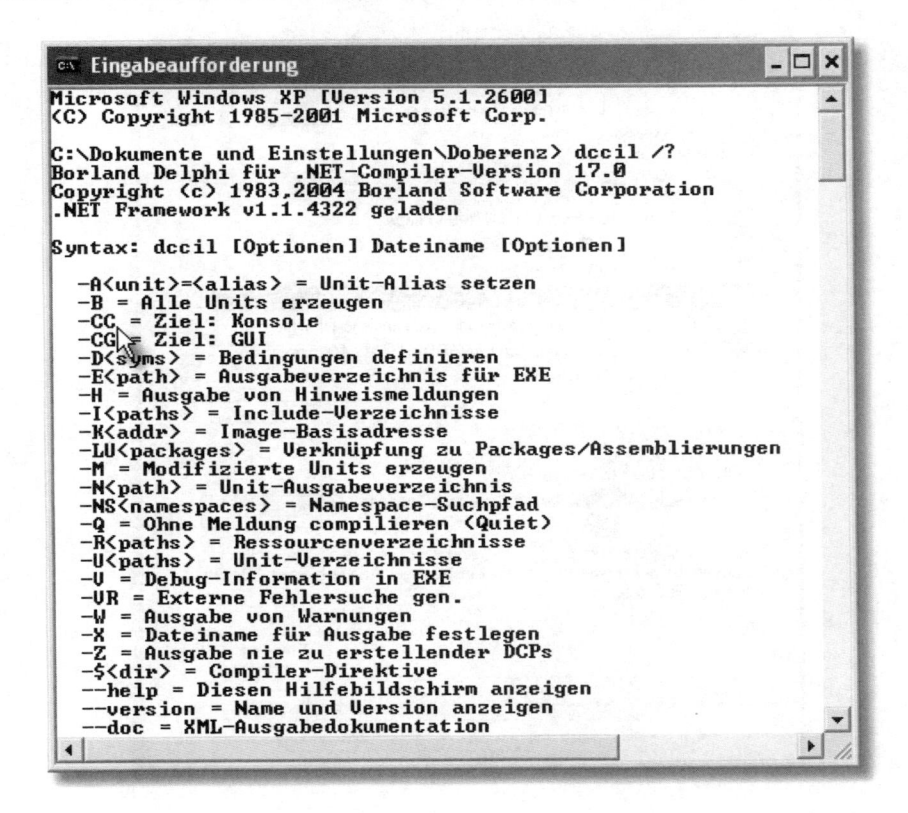

```
Eingabeaufforderung

Microsoft Windows XP [Version 5.1.2600]
(C) Copyright 1985-2001 Microsoft Corp.

C:\Dokumente und Einstellungen\Doberenz> dccil /?
Borland Delphi für .NET-Compiler-Version 17.0
Copyright (c) 1983,2004 Borland Software Corporation
.NET Framework v1.1.4322 geladen

Syntax: dccil [Optionen] Dateiname [Optionen]

  -A<unit>=<alias> = Unit-Alias setzen
  -B = Alle Units erzeugen
  -CC = Ziel: Konsole
  -CG = Ziel: GUI
  -D<syms> = Bedingungen definieren
  -E<path> = Ausgabeverzeichnis für EXE
  -H = Ausgabe von Hinweismeldungen
  -I<paths> = Include-Verzeichnisse
  -K<addr> = Image-Basisadresse
  -LU<packages> = Verknüpfung zu Packages/Assemblierungen
  -M = Modifizierte Units erzeugen
  -N<path> = Unit-Ausgabeverzeichnis
  -NS<namespaces> = Namespace-Suchpfad
  -Q = Ohne Meldung compilieren (Quiet)
  -R<paths> = Ressourcenverzeichnisse
  -U<paths> = Unit-Verzeichnisse
  -V = Debug-Information in EXE
  -VR = Externe Fehlersuche gen.
  -W = Ausgabe von Warnungen
  -X = Dateiname für Ausgabe festlegen
  -Z = Ausgabe nie zu erstellender DCPs
  -$<dir> = Compiler-Direktive
  --help = Diesen Hilfebildschirm anzeigen
  --version = Name und Version anzeigen
  --doc = XML-Ausgabedokumentation
```

Aus der schier endlosen Parameterliste, die angezeigt wird, ist für uns die -*CC* -Option besonders interessant, da wir damit später unser Programm in eine Konsolenanwendung compilieren wollen.

Kommandozeile per Kontextmenü aufrufen

Da wir an der Kommandozeile arbeiten kann es ziemlich unbequem sein, von dort aus mit den ungewohnten DOS-Befehlen (*cd* ...) in beliebige Ordner zu wechseln. Abhilfe schaffen die folgenden Einstellungen unter Windows:

- Öffnen Sie ein beliebiges Fenster des Windows-Explorers.
- Klicken Sie im Menü *Extras* auf *Ordneroptionen*....
- Öffnen Sie die Registerkarte *Dateitypen*, wählen Sie die "DPR"-Extension und klicken Sie unten rechts die Schaltfläche "Erweitert".

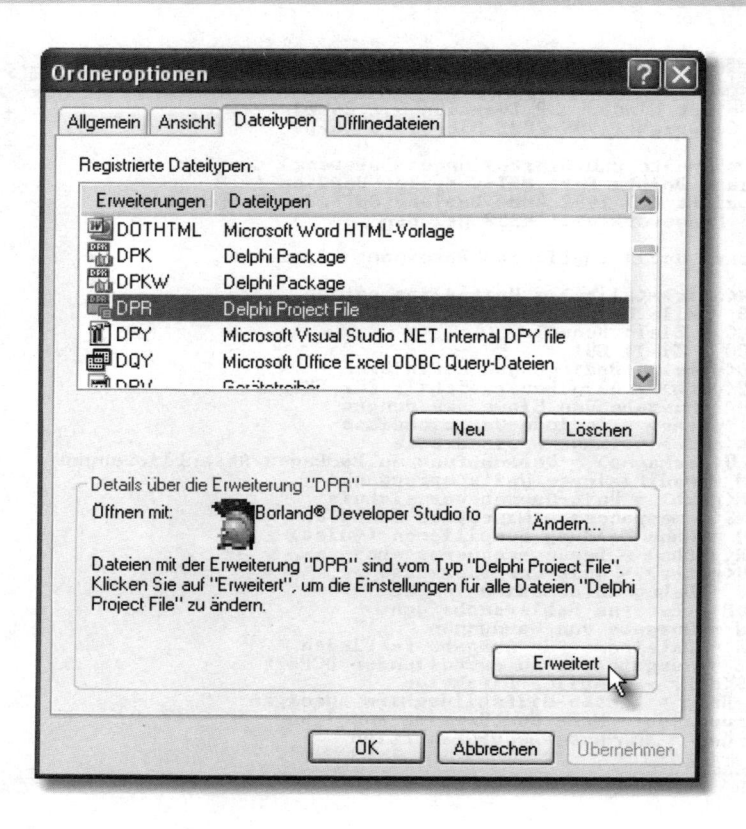

- Im Dialogfenster *Dateityp bearbeiten* klicken Sie auf "Neu".
- Im anschließenden Dialog *Neue Aktion* tragen Sie als Vorgang z.B. "Eingabeaufforderung" ein und geben als Anwendung für diesen Vorgang den Pfad zur Kommandozeile an, im Allgemeinen ist dies *C:\Windows\System32\cmd.exe* oder manchmal auch *C:\WINNT\System32\cmd.exe*.

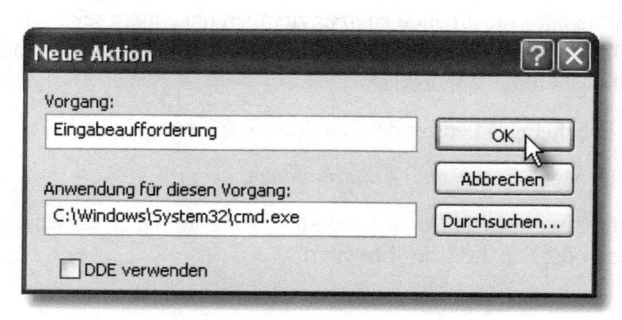

1.2.2 Programm schreiben

Öffnen Sie den im Windows-Zubehör enthaltenen Texteditor und tippen Sie – ohne lange darüber nachzugrübeln – folgenden Pascal-Quellcode ein, wobei Sie die mit // eingeleiteten Kommentare auch weglassen können:

```pascal
program EuroDollar;

{$APPTYPE CONSOLE}                      // Compilerschalter für Konsolenanwendung

var kurs, euro, dollar: Single;         // Variablendeklarationen
    c: Char;

begin
  repeat
    WriteLn('Umrechnung Euro in Dollar');   // Überschrift
    WriteLn;                                // Leerzeile
    repeat
      Write('Kurs 1 : ');
      kurs := Convert.ToSingle(Console.ReadLine);   // Eingabe Umrechnungskurs
    until kurs > 0;
    repeat
      Write('Euro: ');
      euro := Convert.ToSingle(Console.ReadLine);   // Eingabe Euro
    until euro > 0;
    dollar := euro * kurs;                          // Berechnung Dollar
    WriteLn('Sie erhalten ' + dollar.ToString('0.00 $'));   // formatierte Ausgabe
    WriteLn('Programm beenden? (j/n)');
    ReadLn(c);
    until c = 'j';
end.
```

Speichern Sie diese Textdatei unter dem Namen *EuroDollar.dpr* in ein extra dafür angelegtes Verzeichnis ab (z.B. *\EuroDollarKonsole*).

1.2.3 Programm compilieren

Klicken Sie mit der rechten Maustaste auf die Datei *EuroDollar.dpr* und wählen Sie im Kontextmenü den Eintrag "Eingabeaufforderung" (dieser Eintrag ist nur dann vorhanden, wenn Sie die oben beschriebenen Änderungen in den Ordneroptionen vorgenommen haben):

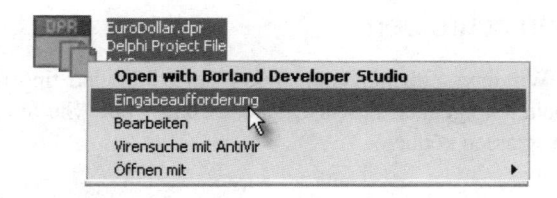

Rufen Sie dann den Compiler wie folgt auf:

```
dccil -cc EuroDollar.dpr
```

Nach dem erfolgreichen Compilieren muss sich eine neue Datei *EuroDollar.exe* im Anwendungsverzeichnis befinden, ansonsten gibt der Compiler eine oder auch mehrere Fehlermeldungen aus.

1.2.4 Programm testen

Klicken Sie doppelt auf die Datei *EuroDollar.exe* und führen Sie Ihr erstes Delphi.NET-Programm aus!

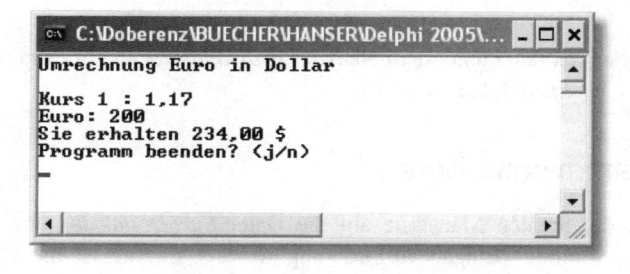

Hinweis: Wir haben uns in beiden obigen Abbildungen erlaubt, den standardmäßig hässlichen schwarzen Hintergrund der Konsolenanwendung in ein freundliches Weiß zu ändern (Kontextmenü *Eigenschaften* der Titelleiste).

1.2.5 Eine Konsolenanwendung ist langweilig!

Wie Sie eben gesehen haben, können Sie auch ohne das teure Delphi 2005 bereits einfache .NET-Programme entwickeln, falls das (kostenlose!) .NET-Framework installiert ist und der benötigte Borland-Compiler *dccil.exe* zur Verfügung steht. Zum Schreiben des Quellcodes genügt ein normaler Texteditor!

Aber bei wem weckt das trostlose Outfit einer Konsolenanwendung – außer nostalgischen Erinnerungen an die DOS-Steinzeit – noch positive Emotionen? Mit solch einer langweiligen Benutzeroberfläche lässt sich heute kein Blumentopf mehr gewinnen!

Mit Delphi 2005 wollen wir im Folgenden das gleiche Problem wie im Vorgängerbeispiel lösen, diesmal allerdings mit einer attraktiven Windows-Oberfläche. Aber gemach, gemach – bevor es richtig losgehen kann, sollten wir uns etwas mit der Entwicklungsumgebung Delphi 2005 anfreunden.

1.3 Die Entwicklungsumgebung von Delphi 2005

Borland Delphi 2005 ist eine universelle Entwicklungsumgebung (IDE[1]) für Windows- und für Web-Anwendungen, die sowohl auf Microsofts klassischer Win32- als auch auf der neuen .NET-Technologie basieren. Alle notwendigen Tools, wie z.B. für den visuellen Oberflächenentwurf, für die Codeprogrammierung, für Compilierung und für Fehlersuche, werden bereitgestellt.

1.3.1 Die Startseite

Wenn Sie Delphi 2005 starten, werden Sie von der "Willkommen"-Seite begrüßt, welche mit den wichtigsten Startoptionen verlinkt ist. Beispielsweise werden die zuletzt geöffneten Projekte gezeigt mit der Möglichkeit, diese weiter zu bearbeiten bzw. ein neues Projekt zu öffnen (siehe Abbildung).

---

[1] Integrated Developers Environment

Wählen Sie die "Neu"-Schaltfläche, so öffnet sich die Objektgalerie mit einem reichhaltigen Angebot unterschiedlicher Projekttypen.

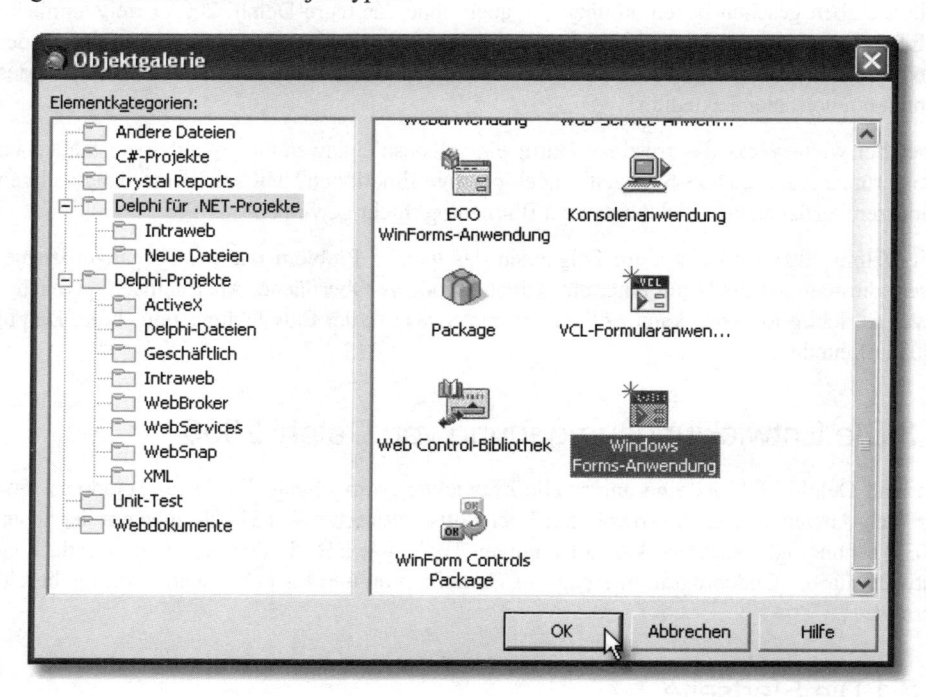

1.3.2 Die wichtigsten Fenster

Haben Sie als Projekttyp "Windows Forms-Anwendung" gewählt, könnte Ihnen die Entwicklungsumgebung von Delphi 2005 etwa den folgenden Anblick bieten, wobei wir zunächst nur die für den Einsteiger besonders wichtigen Fenster zeigen.

Hinweis: Falls sich eines der Fenster versteckt hat, können Sie es über das *Ansicht*-Menü oder über die entsprechende Tastenkombination wieder herbeizaubern.

1.3 Die Entwicklungsumgebung von Delphi 2005

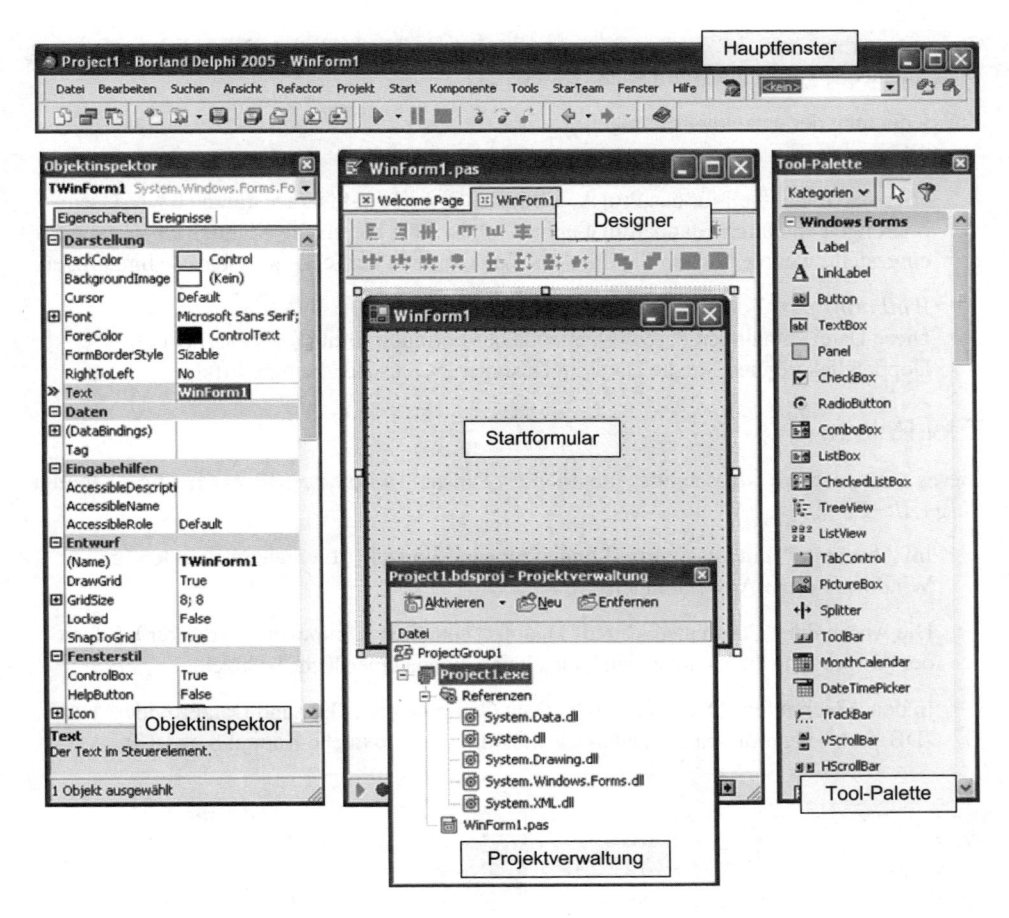

Projektverwaltung

Da es in Delphi 2005 möglich ist, mehrere Projekte gleichzeitig zu bearbeiten, gibt es eine Projektgruppendatei mit der Extension *.bdsproj* (Borland Delphi Studio Projekt), deren Inhalt in der Projektverwaltung (*Strg+Alt+F11*) übersichtlich angezeigt wird. Sie können dieses Fenster deshalb ohne Übertreibung als "Schaltzentrale" betrachten.

Die zu jedem einzelnen Delphi-Projekt gehörigen Dateien werden in der Projektdatei mit der Extension *.dpr* (Delphi-Projekt) verwaltet.

Hinweis: Öffnen Sie Ihre Projekte immer über die *.bdsproj*-Projektgruppendatei statt über die *.dpr*-Projektdatei, selbst wenn nur ein einziges Projekt enthalten ist!

Bei der vom Delphi.NET-Compiler erzeugten Datei *Project1.exe* handelt es sich **nicht** um eine herkömmliche Exe-Datei, sondern um eine so genannte *Assemblierung*, die erst in

Zusammenarbeit mit der CLR (*Common Language Runtime*) des .NET Frameworks in Maschinencode verwandelt wird (siehe Kapitel 2).

Zur Bedeutung der einzelnen Einträge:

- *Referenzen*
  Hier sind die aktuell für das Projekt gültigen Verweise auf Namensräume bzw. Assemblierungen enthalten. Standardmäßig hat Delphi 2005 bereits die wichtigsten Verweise eingestellt, weitere können Sie über das Kontextmenü der rechten Maustaste hinzufügen.

- *WinForm1.pas*
  Diese Datei enthält den Pascal-Quellcode der Formular-Unit *WinForm1*. Durch Doppelklick können Sie die Datei im Designer zwecks Bearbeitung öffnen

Tool-Palette

Dieses in mehrere Abschnitte unterteilte Fenster wird besonders häufig benötigt (*Strg+Alt+P*):

- Im Abschnitt "Windows Forms" finden Sie eine Vielzahl von Steuerelementen für Windows Forms-Anwendungen.

- Die Abschnitte "Components" und "Dialogs" enthalten Komponenten, die zur Laufzeit der Anwendung "unsichtbar" sind, also keine eigene Oberfläche besitzen.

- In den Abschnitten "Data Controls", "Data Components", "Borland DataProvider" und "DB Web"-Seite finden Sie Datenzugriffskomponenten (siehe Kapitel 8 und 10).

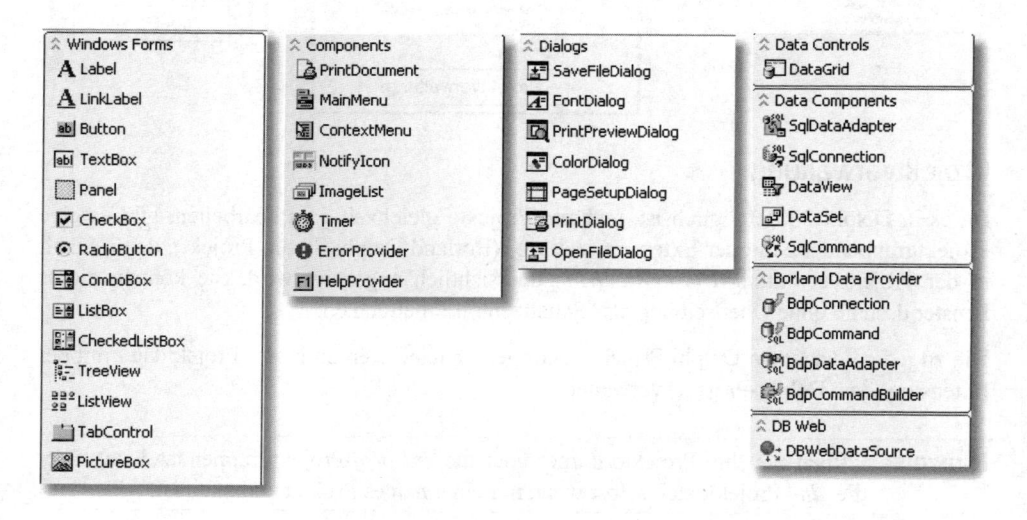

Windows Forms	Components	Dialogs	Data Controls
Label	PrintDocument	SaveFileDialog	DataGrid
LinkLabel	MainMenu	FontDialog	**Data Components**
Button	ContextMenu	PrintPreviewDialog	SqlDataAdapter
TextBox	NotifyIcon	ColorDialog	SqlConnection
Panel	ImageList	PageSetupDialog	DataView
CheckBox	Timer	PrintDialog	DataSet
RadioButton	ErrorProvider	OpenFileDialog	SqlCommand
ComboBox	HelpProvider		**Borland Data Provider**
ListBox			BdpConnection
CheckedListBox			BdpCommand
TreeView			BdpDataAdapter
ListView			BdpCommandBuilder
TabControl			**DB Web**
PictureBox			DBWebDataSource

Designer

Im Designer-Fenster entwerfen Sie die Programmoberfläche bzw. Benutzerschnittstelle. Ähnlich wie bei einem Zeichenprogramm entnehmen Sie dazu der Tool-Palette Steuerelemente bzw. Komponenten und ziehen diese per Drag & Drop auf ein Formular. Hier können Sie weitere Eigenschaften, wie z.B. Größe und Position, direkt mit der Maus und andere, wie z.B. Farbe und Schriftart, über den Objektinspektor ändern.

Objektinspektor

Im Objektinspektor (*F11*) werden die zur Entwurfszeit editierbaren Eigenschaften des gerade aktiven Steuerelements und die dafür zur Verfügung stehenden Ereignisse aufgelistet. Normalerweise hat jede Eigenschaft bereits einen Standardwert, den Sie in vielen Fällen übernehmen können. Wie Sie später noch sehen werden (Einführungsbeispiele 1.4.1 und 1.4.2), unterstützt Sie der Objektinspektor auch beim Anfertigen des Rahmencodes für die Ereignisbehandlungen.

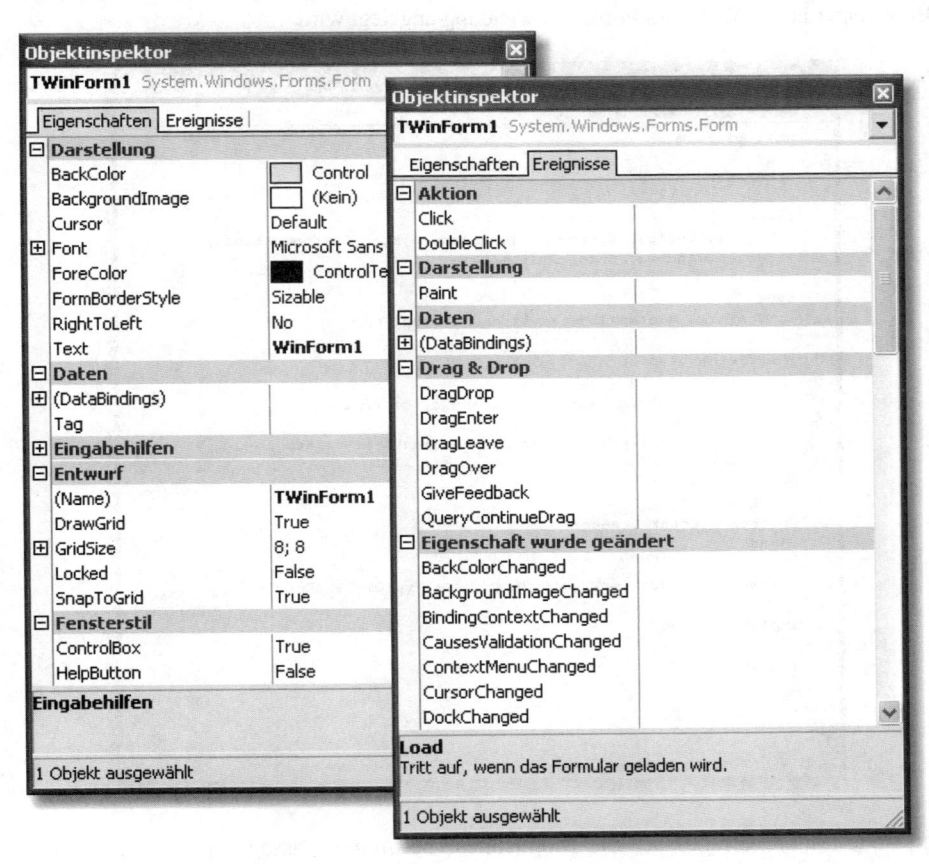

Hinweis: Die Auswahl eines bestimmten Steuerelements geschieht entweder durch Anklicken desselben auf dem Formular oder durch Auswahl in der Klappbox am oberen Rand des Objektinspektors.

Codefenster

Zu jedem Formular gehört Programmcode, der in einer so genannten Unit gekapselt ist. Die Programmierung der Unit erfolgt im Codefenster, welches Bestandteil des Designers ist. Logischerweise wird das Codefenster damit zu Ihrem Hauptbetätigungsfeld als Delphi-Programmierer. Um von der Entwurfsansicht eines bestimmten Formulars zum zugehörigen Codefenster zu wechseln, wählen Sie das Menü *Ansicht|Code anzeigen* (*F12*) oder die entsprechende Schaltfläche im Hauptfenster.

Die folgende Abbildung zeigt den oberen Abschnitt des Codefensters für die Unit *WinForm1*, wie sie ohne Ihr Zutun von der Delphi 2005-Entwicklungsumgebung automatisch nach Öffnen einer neuen Windows Forms-Anwendung angelegt wird.

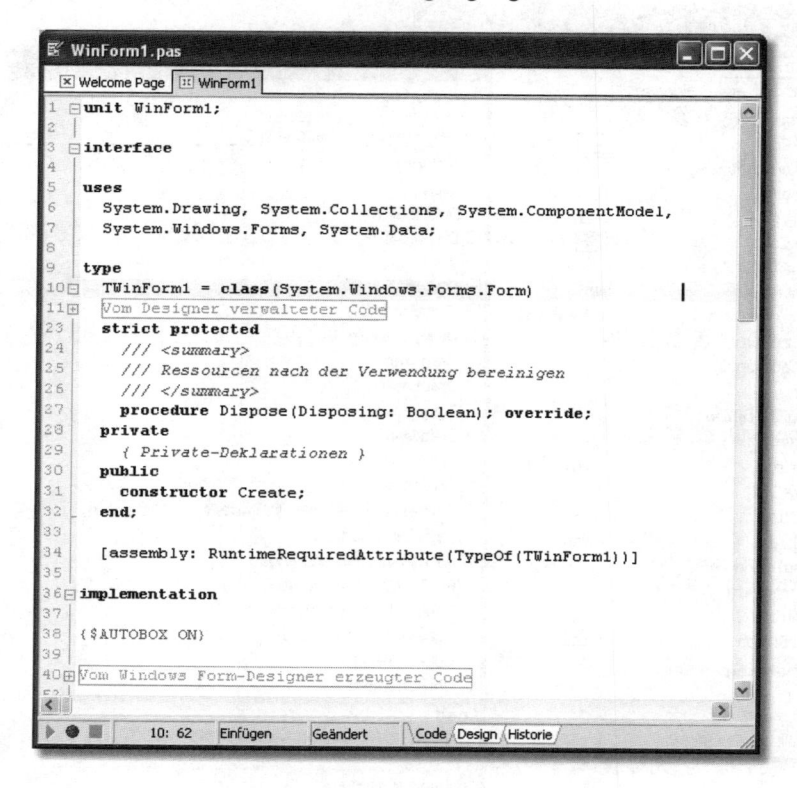

```
unit WinForm1;

interface

uses
  System.Drawing, System.Collections, System.ComponentModel,
  System.Windows.Forms, System.Data;

type
  TWinForm1 = class(System.Windows.Forms.Form)
  {Vom Designer verwalteter Code}
  strict protected
    /// <summary>
    /// Ressourcen nach der Verwendung bereinigen
    /// </summary>
    procedure Dispose(Disposing: Boolean); override;
  private
    { Private-Deklarationen }
  public
    constructor Create;
  end;

  [assembly: RuntimeRequiredAttribute(TypeOf(TWinForm1))]

implementation

{$AUTOBOX ON}

{Vom Windows Form-Designer erzeugter Code}
```

Der Code-Editor verfügt über die Möglichkeit, bestimmte Passagen ("Regionen") auszublenden, wodurch die Übersichtlichkeit gesteigert wird. Durch Klick auf das vorangestellte "+"- bzw. "-"-Zeichen können die Regionen auf- bzw. zugeklappt werden.

Erwähnt werden soll in diesem Zusammenhang auch ein brandneues Delphi-Feature, das so genannte "Refactoring", welches Teile der "Codeschreiberei" automatisiert (z.B. Umbenennung von Variablen, siehe Kapitel 2).

Langsam reicht es – aufhören!

O.k., Ihre Ungeduld ist verständlich, und wir hören jetzt mit dem Trockenschwimmen auf. Obwohl zur Entwicklungsumgebung von Delphi 2005 bei weitem noch nicht alles gesagt und erklärt ist, sollen Sie den Rest viel besser en passant[1] im Kontext mit praktischen Beispielen erkunden.

Dieser "Sprung ins kalte Wasser" wird durch erste Erfolgserlebnisse und "Aha"-Effekte belohnt. Das (hoffentlich) erwachte Interesse wird Sie befähigen, die teilweise recht langen Durststrecken der nachfolgenden trockenen Theoriekapitel zu überstehen.

1.4 Unsere ersten Windows Forms-Anwendungen

Im Unterschied zur einfachen Konsolenanwendung verläuft die Programmentwicklung unter Delphi 2005 objekt- und ereignisorientiert und besteht in der Regel aus vier Etappen:

- Visueller Entwurf der Benutzerschnittstelle im Designer
- Zuweisen der Objekteigenschaften im Objektinspektor
- Verknüpfen der Objekte mit Ereignissen im Codefenster
- Compilieren und Testen der Anwendung

In den folgenden Beispielen werden die einzelnen Etappen anhand konkreter Projekte erklärt.

Unter dem Dach von Borland Delphi 2005 tummeln sich eine ganze Reihe von Projekttypen. Da der klare Fokus dieses Buchs auf der Delphi-Programmierung für das zukunftsweisende Microsoft .NET-Framework liegt, haben wir die folgenden Einführungsbeispiele auf den Projekttyp "Windows Forms-Anwendung" beschränkt.

Hinweis: Spezielle Delphi-Programmierkenntnisse sind für die folgenden vier Beispiele nicht erforderlich, es geht in erster Linie darum, ein Gefühl für die Arbeit mit Delphi 2005 zu entwickeln!

1.4.1 Einfachste Windows Forms-Anwendung

Die Funktionalität beschränkt sich auf ein Fensterchen mit gelbem Hintergrund und einer Schaltfläche, über welche per Mausklick die Beschriftung der Titelleiste in "Hallo Delphi-Freunde" geändert werden kann.

---

[1] im Vorübergehen

Wie Sie bereits wissen, sind bei jedem Programmentwurf vier Etappen zu bewältigen.

1. Etappe: Visueller Entwurf der Bedienoberfläche

Auf der Startseite von Delphi 2005 klicken Sie auf die Schaltfläche "Neu". Wählen Sie in der Objektgalerie ein neues *Delphi für .NET-Projekt* vom Typ *Windows Forms-Anwendung*.

Nach dem "OK" erscheint die Entwicklungsumgebung mit dem Startformular *WinForm1*. Darauf platzieren Sie eine Komponente vom Typ *Button*. Die dazu notwendige Vorgehensweise unterscheidet sich kaum von der bei einem normalen Zeichenprogramm:

Sie wählen einfach die gewünschte Komponente in der Tool-Palette (*Ansicht|Tool-Palette* oder *Strg+Alt+P*) aus.

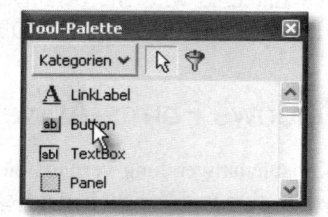

Ein schneller Doppelklick befördert die Komponente direkt auf das Formular. Sie können aber auch den gewünschten *Button* erst mit einem einfachen Mausklick in der Tool-Palette aktivieren, um ihn anschließend auf dem Formular abzusetzen und auf die gewünschte Größe zu zoomen.

2. Etappe: Zuweisen der Objekteigenschaften

Um den Formularhintergrund gelb einzufärben, klicken Sie zunächst auf *WinForm1* und betätigen anschließend die Taste F11. Es erscheint der Objektinspektor für *WinForm1*. Klicken Sie auf den *BackColor*-Eintrag und öffnen Sie den Farbdialog. Wählen Sie von der Seite "Benutzerdefiniert" die gewünschte Farbe aus.

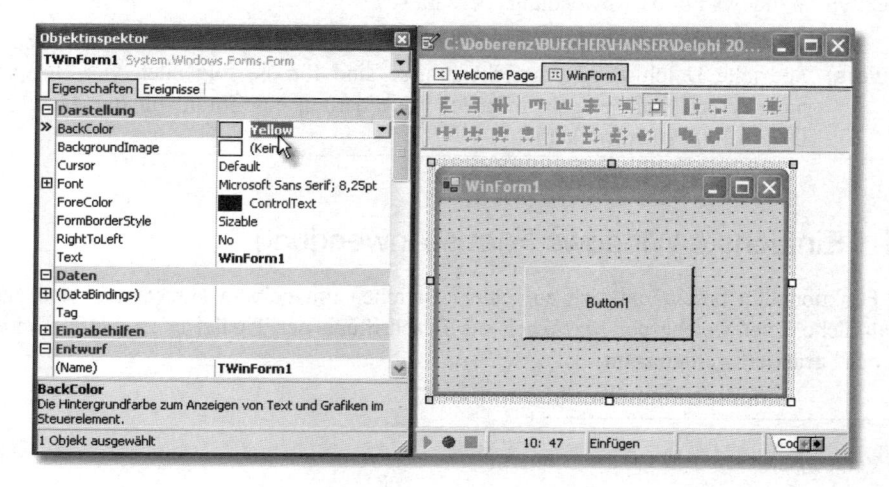

1.4 Unsere ersten Windows Forms-Anwendungen

Nun können Sie auf analoge Weise eine weitere Eigenschaft korrigieren, nämlich die Beschriftung von *Button1*. Klicken Sie auf dieses Objekt und ändern Sie im Objektinspektor den Wert der *Text*-Eigenschaft von ihrem Standardwert "Button1" in "Start".

Es dürfte Ihnen nun auch keine Schwierigkeiten mehr bereiten, über die *Font*-Eigenschaft von *Button1* auch noch die Schriftgröße zu ändern.

3. Etappe: Verknüpfen der Objekte mit Ereignissen

Doppelklicken Sie auf die Komponente *Button1*, so öffnet sich das Code-Fenster. Richten Sie Ihr Augenmerk auf die Schreibmarke, welche im vorgefertigten Rahmencode in der *Click*-Ereignisbehandlungsroutine (Event-Handler) blinkt.

Hier tragen Sie den Pascal-Code ein, der festlegt, **was** passieren soll, wenn zur Programmlaufzeit (also nicht jetzt zur Entwurfszeit!) der Anwender auf diese Schaltfläche klickt:

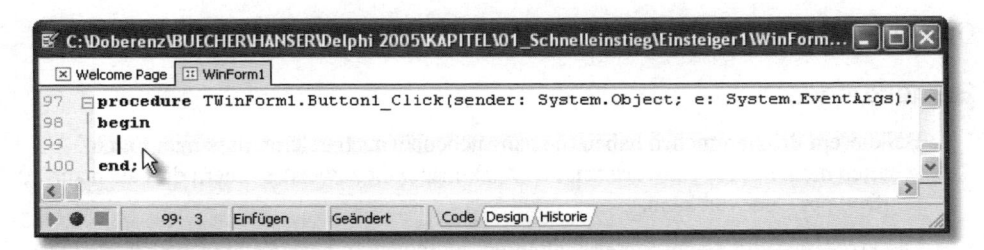

```
procedure TWinForm1.Button1_Click(sender: System.Object; e: System.EventArgs);
begin

end;
```

In unserem Fall wollen wir erreichen, dass sich die Beschriftung der Titelleiste ändert. Das bedeutet, dass Sie die *Text*-Eigenschaft des Formulars, dessen Standardwert bislang ebenfalls "WinForm1" lautete, neu zuweisen müssen.

Fügen Sie dazu die unterstrichene Anweisung in den Rahmencode ein:

```
procedure TWinForm1.Button1_Click(sender: System.Object; e: System.EventArgs);
begin
  Self.Text := 'Hallo Delphi-Freunde!';
end;
```

Anstatt des Objektbezeichners haben wir *Self* geschrieben, was den Quellcode unabhängig von der konkreten Namensgebung des Formulars macht.

> **Hinweis:** Speichern Sie das Projekt in ein vorher angelegtes Verzeichnis ab (*Datei|Projekt speichern unter ...*).

4. Etappe: Programm compilieren und testen

Compilieren Sie das Programm durch Klicken des grünen ▶-Buttons oben in der Symbolleiste (oder Menü *Start|Start* oder F9). Sie befinden sich jetzt im Ausführungsmodus. Ihr Programm funktioniert, denn die Schaltfläche lässt sich drücken, und die Beschriftung der Titelleiste ändert sich tatsächlich.

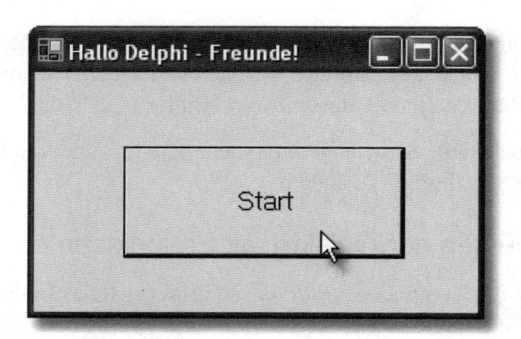

Das Programm beenden Sie, indem Sie den ▣-Button in der Symbolleiste klicken oder das Menü *Start|Programm zurücksetzen* (*Strg+F2*) wählen oder aber das Formular einfach in altbekannter Windows-Manier schließen.

Gratulation – Sie haben soeben Ihre erste Windows Forms-Anwendung geschrieben!

Bemerkungen

- Bei diesem Prögrämmchen haben Sie ganz nebenbei auch gelernt, dass man Eigenschaften nicht nur zur Entwurfszeit im Objektinspektor zuweist, sondern dies auch zur Laufzeit per Code tun kann.

- Die Properties, die Sie im Eigenschaftenfenster zuweisen, bezeichnet man auch als *Starteigenschaften*. Zur Laufzeit können diese – wie im Beispiel für die *Text*-Eigenschaft des Formulars gezeigt – durchaus ihren Wert ändern.

- Insgesamt hat der Quellcode Ihrer ersten Windows Forms-Anwendung folgendes Aussehen, wobei nur die unterstrichene Zeile von Ihnen selbst getippt werden musste, den Rest hat Delphi 2005 für Sie erledigt!

```
unit WinForm1;

interface

uses
  System.Drawing, System.Collections, System.ComponentModel,
  System.Windows.Forms, System.Data;

type
  TWinForm1 = class(System.Windows.Forms.Form)
+ Vom Designer verwalteter Code
  strict protected
    /// <summary>
    /// Ressourcen nach der Verwendung bereinigen
    /// </summary>
```

1.4 Unsere ersten Windows Forms-Anwendungen

```
    procedure Dispose(Disposing: Boolean); override;
  private
    { Private-Deklarationen }
  public
    constructor Create;
  end;

  [assembly: RuntimeRequiredAttribute(TypeOf(TWinForm1))]

implementation

{$AUTOBOX ON}
+Windows Form-Designer erzeugter Code
procedure TWinForm1.Dispose(Disposing: Boolean);
begin
  if Disposing then
  begin
    if Components <> nil then
      Components.Dispose();
  end;
  inherited Dispose(Disposing);
end;

constructor TWinForm1.Create;
begin
  inherited Create;
  //
  // Erforderlich für die Unterstützung des Windows Forms-Designers
  //
  InitializeComponent;
  //
  // TODO: Fügen Sie nach dem Aufruf von InitializeComponent Konstruktorcode hinzu.
  //
end;

procedure TWinForm1.Button1_Click(sender: System.Object; e: System.EventArgs);
begin
  Self.Text := 'Hallo Delphi-Freunde!';
end;
end.
```

Wie Sie sehen, können Sie einzelne Regionen des Codefensters durch das Plus- bzw. Minus-Symbol am linken Rand auf- bzw. zuklappen. So befinden sich beispielsweise innerhalb der Region "Windows Form- Designer erzeugter Code" die durch die Delphi-IDE automatisch erzeugten Initialisierungen des Formulars (z.B. das Erzeugen der Steuerelemente aufgrund deren Lage im Designer). Sie dürfen durchaus einen neugierigen Blick in das Innere der Region werfen, aber dann sollten Sie sie zugeklappt lassen, denn das erleichtert die Übersicht innerhalb des Quellcodes ungemein.

1.4.2 Windows Forms-Anwendung für fortgeschrittene Einsteiger

Diesmal soll es keine Spielerei, sondern ein durchaus nützliches Prográmmchen sein – die Umrechnung von Euro in Dollar, also ein simpler Währungsrechner. Durch Vergleichen mit der von uns bereits in 1.2 geschriebenen ersten Delphi.NET-Anwendung dürften auch die Unterschiede der klassischen Konsolentechnik zur visualisierten, objekt- und ereignisorientierten Windows-Programmierung deutlich werden.

Das vorliegende Einsteiger-Rezept benutzt einen simplen Währungsrechner), um ausführlich alle Etappen der Programmentwicklung zu erläutern. Gleichzeitig dürften dabei auch die Unterschiede der klassischen Konsolentechnik zur visualisierten, objekt- und ereignisorientierten Windows-Programmierung deutlich werden.

1. Etappe: Visueller Entwurf der Bedienoberfläche

Öffnen Sie eine neues *Delphi für .NET*-Projekt vom Typ *Windows Forms-Anwendung*. Ziel ist die folgende Bedienoberfläche, die wir im Designer-Fenster erstellen wollen:

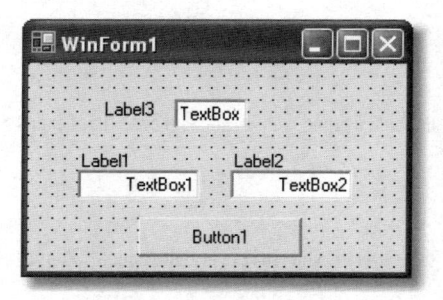

Sie brauchen außer dem bereits vorhandenen Startformular *WinForm1* drei *Label* zur Beschriftung, drei *TextBox*en für die Eingabe und einen *Button* zum Beenden des Programms. Für die Namensgebung sorgt Delphi automatisch, es sei denn, Sie möchten den Objekten eigene Namen verleihen.

Hinweis: Konzentrieren Sie sich in der ersten Etappe nur auf Lage und Abmessung der Komponenten, nicht auf deren Beschriftung, da Eigenschaften erst in der nächsten Etappe angepasst werden!

1.4 Unsere ersten Windows Forms-Anwendungen

Beim Platzieren und bei der Größenanpassung der Komponenten gehen Sie ähnlich vor, wie Sie es bereits von vektororientierten Zeichenprogrammen (PowerPoint, Visio) gewöhnt sind: In der Tool-Palette (*Strg+Alt+P*) wählen Sie die *Label*-Komponente aus. Danach bewegen Sie den Mauszeiger zu der Stelle, an welcher sich die linke obere Ecke von *Label1* befinden soll, drücken die Maustaste nieder und zoomen (bei gedrückt gehaltener Maustaste) das Label auf seine endgültige Größe. Völlig analog verfahren Sie mit *Label2* und *Label3*. Nun klicken Sie die Schaltfläche für die *TextBox*-Komponenten und erzeugen nacheinander *TextBox1*, *TextBox2* und *TextBox3*. Schließlich bleibt noch *Button1*, den Sie an den unteren Rand setzen.

2. Etappe: Zuweisen der Objekteigenschaften

Unser kleines Programm besteht aus insgesamt acht Objekten: einem Formular und sieben Steuerelementen (Controls) bzw. Komponenten (Components). Alle Eigenschaften haben bereits Standardwerte. Einige davon müssen wir allerdings noch ändern. Dies geschieht mit Hilfe des Objektinspektors. Wenn Sie mit der Maus auf eine Komponente klicken und danach die *F11*-Taste betätigen, erscheint der Objektinspektor mit der Liste aller zur Entwurfszeit verfügbaren Eigenschaften und Ereignisse dieser Komponente.

Beginnen wir mit *Label1*, das die Beschriftung "Euro" tragen soll. Die Beschriftung kann mit der *Text*-Eigenschaft geändert werden. Standardmäßig entspricht diese der *Name*-Eigenschaft, in unserem Fall also "Label1". Um das zu ändern, klicken Sie auf das Label und tragen anschließend im Objektinspektor in der Spalte rechts neben dem *Text*-Feld die neue Beschriftung ein.

Analog verfahren Sie mit den beiden anderen Labels ("Dollar" und "Kurs 1 :"), auch *Button1* muss natürlich seine neue *Text*-Eigenschaft ("Beenden") erhalten.

Schließlich klicken Sie auf eine leere Fläche von *WinForm1*, um dann mit F11 den Objektinspektor für das Formular aufzurufen und die *Text*-Eigenschaft entsprechend der gewünschten Beschriftung der Titelleiste zu modifizieren.

Die folgende Tabelle gibt eine Zusammenstellung aller Objekteigenschaften, die wir zur Entwurfszeit geändert haben:

Name des Objekts	Eigenschaft	Neuer Wert
WinForm1	Text	Umrechnung Euro-Dollar
	Font.Size	10
Label1	Text	Euro
Label2	Text	Dollar
Label3	Text	Kurs 1 :
TextBox1	TextAlign	Right
TextBox2	TextAlign	Right
TextBox3	TextAlign	Center
Button1	Text	Beenden

3. Etappe: Verknüpfen der Objekte mit Ereignissen

Erst jetzt beginnt Ihre eigentliche Arbeit als Delphi-Programmierer! Wechseln Sie zum Codefenster *WinForm1.pas* durch Klick auf die Schaltfläche ▣ in der Symbolleiste (auch F12 oder *Ansicht|Code anzeigen*). Was Sie erwartet, ist der zunächst verwirrende Anblick der Unit *WinForm1* mit der von Delphi .NET vorbereiteten Klassendeklaration von *TWinForm1*.

Direkt am (vorläufigen) Ende des Rahmenskeletts der Unit *WinForm1* geht es für Sie richtig los:

Zunächst fügen Sie eine Anweisung ein, mit der drei Gleitkommavariablen des *Single*-Datentyps deklariert werden. Gleichzeitig werden alle Variablen mit dem Wert 1 initialisiert:

```
var euro: Single = 1;
    dollar: Single = 1;
    kurs: Single = 1;
```

```
36   implementation
37
38   Windows Form-Designer erzeugter Code
50
51   procedure TWinForm1.Dispose(Disposing: Boolean);
52   begin
53     if Disposing then
54     begin
55       if Components <> nil then
56         Components.Dispose();
57       end;
58     inherited Dispose(Disposing);
59   end;
60
61   constructor TWinForm1.Create;
62   begin
63     inherited Create;
64     //
65     // Erforderlich für die Unterstützung des Windows Forms-Designers
66     //
67     InitializeComponent;
68     //
69     // TODO: Fügen Sie nach dem Aufruf von InitializeComponent Konstruktorcode hinzu.
70     //
71   end;
72
73   var euro: Single = 1;
74       dollar: Single = 1;
75       kurs: Single = 1;
76
77   end.
```

Im Unterschied zur Konsolenanwendung, bei welcher immer das Programm "den Hut auf hat" und die Einhaltung einer bestimmten Eingabereihenfolge erzwingt, soll in unserer Windows Forms-Anwendung die Berechnung erst dann neu gestartet werden, wenn bei der Eingabe in eine der drei Textboxen eine Taste losgelassen wurde. Wir müssen also für jede der Textboxen eine so genannte *Ereignisbehandlungsroutine* (*Eventhandler*) für das *KeyUp*-Ereignis schreiben!

1.4 Unsere ersten Windows Forms-Anwendungen

Dabei ist eine fast schon rituelle Erstellungsreihenfolge zu beachten, die Sie mit fortschreitender Programmierpraxis sehr bald im Schlaf beherrschen werden:

- **Objekt auswählen**
  Zur Objektauswahl klicken Sie auf das gewünschte Objekt (hier *TextBox*) im Designer-Fenster und öffnen mit F11 den Objektinspektor. Wählen Sie die "Ereignisse"-Seite, um die Ereignisliste zur Anzeige zu bringen.

- **Ereignis auswählen**
  Zur Ereignisauswahl doppelklicken Sie auf das gewünschte Ereignis. Als Resultat werden automatisch die erste und die letzte Zeile (Rahmencode) des Eventhandlers generiert und im Codefenster angezeigt.

- **Eventhandler programmieren**
  Füllen Sie den Eventhandler mit den gewünschten Pascal-Anweisungen aus.

Wir beginnen in unserem Beispiel mit dem *KeyUp*-Eventhandler für *TextBox1*, der immer dann ausgeführt wird, wenn der Benutzer den Euro-Betrag ändert:

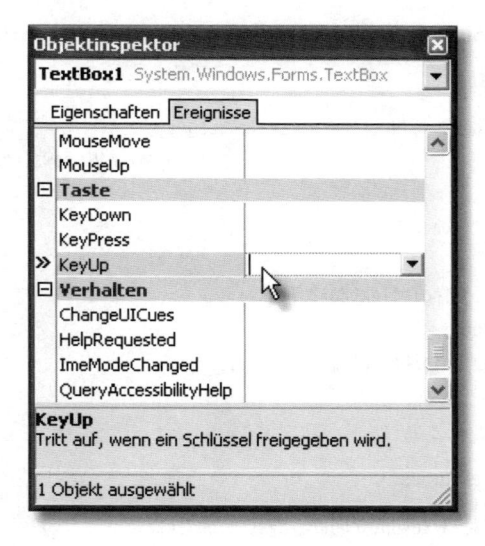

Hinweis: Langes Suchen nach dem Ereignis können Sie sich sparen, wenn Sie eine alphabetische Reihenfolge der Ereignisse einstellen (Kontextmenü *Anordnen| Nach Name*).

Doppelklicken Sie mutig auf den leeren *KeyUp*-Eintrag (siehe obige Abbildung) und füllen Sie anschließend den Rahmencode wie folgt aus:

```
procedure TWinForm1.TextBox1_KeyUp(sender: System.Object;
                      e: System.Windows.Forms.KeyEventArgs);
begin
```

```
      if TextBox1.Text <> '' then
      begin
         euro := Convert.ToSingle(TextBox1.Text);
         dollar := euro * kurs;
         TextBox2.Text := dollar.ToString('#,##0.00');
      end;
end;
```

Hinweis: Sie müssen nur die Anweisungen zwischen *begin* und *end* selbst einfügen, der übrige Rahmencode wird automatisch erzeugt, wenn Sie die oben erläuterte Erstellungsreihenfolge genau beachten!

Der standardmäßig von Delphi vergebene Name des Eventhandlers (*TextBox1_KeyUp*) verweist **vor** dem Unterstrich (_) auf den Namen des Objekts und **danach** auf das entsprechende Ereignis.

Völlig analog erzeugen Sie nun die Eventhandler für *TextBox2* und *TextBox3*.

Ändern des Dollar-Betrags:

```
procedure TWinForm1.TextBox2_KeyUp(sender: System.Object;
                                  e: System.Windows.Forms.KeyEventArgs);
begin
   if TextBox2.Text <> '' then
   begin
      dollar := Convert.ToSingle(TextBox2.Text);
      euro := dollar / kurs;
      TextBox1.Text := euro.ToString('#,##0.00');
   end;
end;
```

Ändern des Umrechnungskurses:

```
procedure TWinForm1.TextBox3_KeyUp(sender: System.Object;
                                  e: System.Windows.Forms.KeyEventArgs);
begin
   if TextBox3.Text <> '' then
   begin
      kurs := Convert.ToSingle(TextBox3.Text);
      dollar := euro * kurs;
      TextBox2.Text := dollar.ToString('#0.00');
   end;
end;
```

1.4 Unsere ersten Windows Forms-Anwendungen

Hinweis: Das in alle der drei Eventhandler eingefügte *if-then*-Konstrukt unterbindet den hoffnungslosen Versuch, den Inhalt eines leeren Textfeldes in eine Zahl zu konvertieren.

Damit Sie bereits unmittelbar nach dem Programmstart sinnvolle Werte in den drei Textboxen sehen, ist folgender Eventhandler für das *Load*-Ereignis des *WinForm1*-Objekts hinzuzufügen. Wählen Sie dazu in der Ereignisauswahlliste des Objektinspektors für *Form1* das *Load*-Event:

```
procedure TWinForm1.TWinForm1_Load(sender: System.Object; e: System.EventArgs);
begin
    TextBox1.Text := euro.ToString();
    TextBox2.Text := dollar.ToString();
    TextBox3.Text := kurs.ToString();
end;
```

Beim Klick auf den "Beenden"-Button soll das Formular geschlossen werden. Wählen Sie in der Ereignisauswahlliste des Objektinspektors für *Button1* das *Click*-Event:

```
procedure TWinForm1.Button1_Click(sender: System.Object; e: System.EventArgs);
begin
  Self.Close;
end;
```

Hinweis: Da das *Click*-Ereignis immer das Standardereignis eines *Button*s ist, können Sie hier den Rahmencode auch direkt durch Doppelklick auf *Button1* erzeugen.

Kontrollieren Sie abschließend, ob die Variablendeklarationen *euro*, *dollar* und *kurs* **vor** dem ersten Eventhandler stehen. Ansonsten werden Sie vom Compiler eine Fehlermeldung erhalten die darauf hinweist, dass die Variablen *euro*, *dollar* und *kurs* unbekannt sind.

4. Etappe: Programm compilieren und testen

Klicken Sie auf den ▷-Button in der Symbolleiste (oder *Start|Start* oder F9-Taste), und im Handumdrehen ist Ihre Windows Forms-Anwendung compiliert und ausgeführt!

Spielen Sie ruhig ein wenig mit verschiedenen Werten herum, um sich den Unterschied zwischen Konsolen- und Windows-Programmen so richtig zu verinnerlichen. Da es keine vorgeschriebene Reihenfolge für die Benutzereingaben mehr gibt, werden die anderen Felder sofort aktualisiert. Eine spezielle "="-Schaltfläche (etwa wie bei einem herkömmlichen Taschenrechner) ist deshalb nicht erforderlich.

Bemerkungen

- Auf eine spezielle Fehlerbehandlung haben wir aus Übersichtlichkeitsgründen verzichtet. Achten Sie deshalb auf korrekte Eingaben. Falls es doch zu einem Programmabsturz kommen sollte, so ist das keine Katastrophe: Über den Menüpunkt *Start|Programm zurücksetzen* (*Strg+F2*) kehren Sie wieder in den Entwurfsmodus zurück.

- In unserem Beispiel haben wir die Inhalte der drei TextBoxen im *Load*-Eventhandler des Formulars initialisiert. Der fortgeschrittene Programmierer wird diese Arbeiten allerdings lieber in den Konstruktor des Formulars verlagern (*constructor TWinForm1.Create*) oder aber die *OnLoad*-Methode der Basisklasse überschreiben.

Arbeiten mit Intellisense

Eines der bemerkenswertesten und nützlichsten Features des Code-Editors ist die so genannte *Intellisense*, auf die Sie mit Sicherheit bereits beim Eintippen des Quellcodes aufmerksam geworden sind. Sobald Sie den Namen eines Objekts bzw. eines Steuerelements mit einem Punkt abschließen, erscheint wie von Geisterhand eine Liste mit allen Eigenschaften und Methoden des Objekts. Das befreit Sie von dem lästigen Nachschlagen in der Hilfe und bewahrt Sie vor Schreibfehlern.

```
181     // Kurs geändert:
182     procedure TWinForm.TextBox3_KeyUp(sender: System.Object; e: System.Wi
183     begin
184         kurs := Convert.ToSingle(TextBox3.Text);
185         dollar := euro * kurs;
186         TextBox2.Te
187     end;
188
189     // Dollar geä
190     procedure TWi
191     begin
192         dollar :=
193         euro := dollar / kurs;
194         TextBox1.Text := euro.ToString('#,##0.00');
195     end;
196
197     // Euro geändert:
198     procedure TWinForm.TextBox1_KeyUp(sender: System.Object; e: System.Wi
```

property **TextAlign** : HorizontalAlignment;
property **TextAlignChanged** : procedure(sender: TObject; e: EventArgs);
property **TextLength** : Integer;
property **Text** : string;
property **TextChanged** : procedure(sender: TObject; e: EventArgs);

Hinweis: Wenn Sie das markierte Element übernehmen wollen, genügt ein Doppelklick!

1.4.3 Einfache Datenbankanwendung

Da heute ohne Datenbanken kaum noch etwas läuft und ein großer Teil von Delphi 2005 sich auf Datenbankanwendungen bezieht, soll auch hierzu ein kleines Einsteigerbeispiel nicht fehlen (so richtig zur Sache geht es erst im Kapitel 8).

Wir wollen den Zugriff auf die Access-Datenbank *Nordwind.mdb* demonstrieren. Alle Kunden aus London sollen in einem Datengitter angezeigt werden.

1. Etappe: Visueller Entwurf der Bedienoberfläche

Öffnen Sie ein neues Delphi für .NET Projekt vom Typ "Windows Forms-Anwendung". Mit dem Startformular *WinForm1*, zwei *Button*s und einem *DataGrid* (Seite "DataControls" der Tool-Palette) gestalten Sie die im Folgenden abgebildete Bedienoberfläche:

2. Etappe: Zuweisen der Objekteigenschaften

Beschriften Sie die Steuerelemente entsprechend obiger Abbildung.

3. Etappe: Verknüpfen der Objekte mit Ereignissen

Wechseln Sie zur Code-Ansicht von *WinForm1*. Doppelklicken Sie auf *Button1*, um sich den Rahmencode für den Eventhandler von der IDE automatisch erzeugen zu lassen und tippen Sie den Quellcode ein:

```
procedure TWinForm1.Button1_Click(sender: System.Object; e: System.EventArgs);
var connStr, selStr: System.String;
    conn: OleDbConnection;
    da: OleDbDataAdapter;
    ds: DataSet;
begin
```

```
connStr := 'Provider=Microsoft.Jet.OLEDB.4.0; Data Source=Nordwind.mdb';
conn := OleDbConnection.Create(connStr);
selStr := 'SELECT * FROM Kunden WHERE Ort = "London"';
da := OleDbDataAdapter.Create(selStr, conn);
ds := DataSet.Create;
try
  conn.Open;
  da.Fill(ds, 'Londoner Kunden');
except
  on ex: Exception do MessageBox.Show(ex.Message, 'Fehler beim Datenbankzugriff');
end;
conn.Close;
DataGrid1.DataSource := ds.Tables['Londoner Kunden']
end;
```

Das Beenden der Anwendung ist (wie immer) trivial:

```
procedure TWinForm1.Button2_Click(sender: System.Object; e: System.EventArgs);
begin
  Self.Close
end;
```

4. Etappe: Programm compilieren und testen

Kopieren Sie die Datenbank *Nordwind.mdb* in das Projektverzeichnis und compilieren Sie das Projekt. Nach Klick auf die Schaltfläche werden alle Kunden aus London angezeigt:

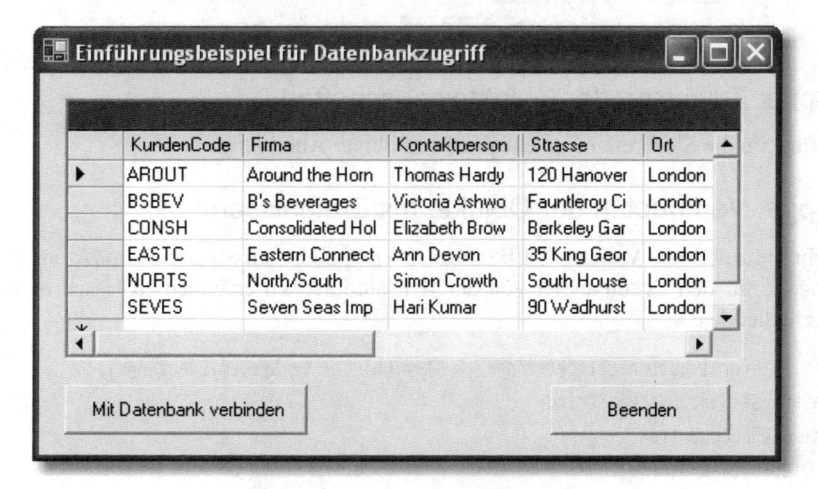

	KundenCode	Firma	Kontaktperson	Strasse	Ort
▶	AROUT	Around the Horn	Thomas Hardy	120 Hanover	London
	BSBEV	B's Beverages	Victoria Ashwo	Fauntleroy Ci	London
	CONSH	Consolidated Hol	Elizabeth Brow	Berkeley Gar	London
	EASTC	Eastern Connect	Ann Devon	35 King Geor	London
	NORTS	North/South	Simon Crowth	South House	London
	SEVES	Seven Seas Imp	Hari Kumar	90 Wadhurst	London

Einführungsbeispiel für Datenbankzugriff

Mit Datenbank verbinden — Beenden

1.4.4 Verteilte Anwendung mit C#-Komponente

Die komponentenbasierte Anwendungsentwicklung ist ein Grundkonzept der .NET-Technologie, deshalb wollen wir den Blick des Einsteigers so zeitig wie möglich auf diese fundamentale Thematik richten und zeigen, wie einfach sich eine solche "verteilte" Anwendung[1] mit Delphi 2005 realisieren lässt.

Eine .NET-Anwendung kann sich aus mehreren Assemblies (Komponenten) zusammensetzen, die in verschiedenen Sprachen programmiert wurden. In unserem Beispiel werden wir eine einfache Klasse *CPerson* in der Sprache C# entwickeln und als Komponente in eine Delphi .NET-Anwendung einbinden. Dabei werden im allgemeinen OOP-Sprachgebrauch der Teil der Anwendung, der die Funktionalität zur Verfügung stellt, als "Server" und der, der sie nutzt, als "Client" bezeichnet.

Entwurf der Server-Komponente (C#)

Öffnen Sie ein neues C#-Projekt vom Typ "Klassenbibliothek" und speichern Sie es unter dem Namen "Kunde" ab.

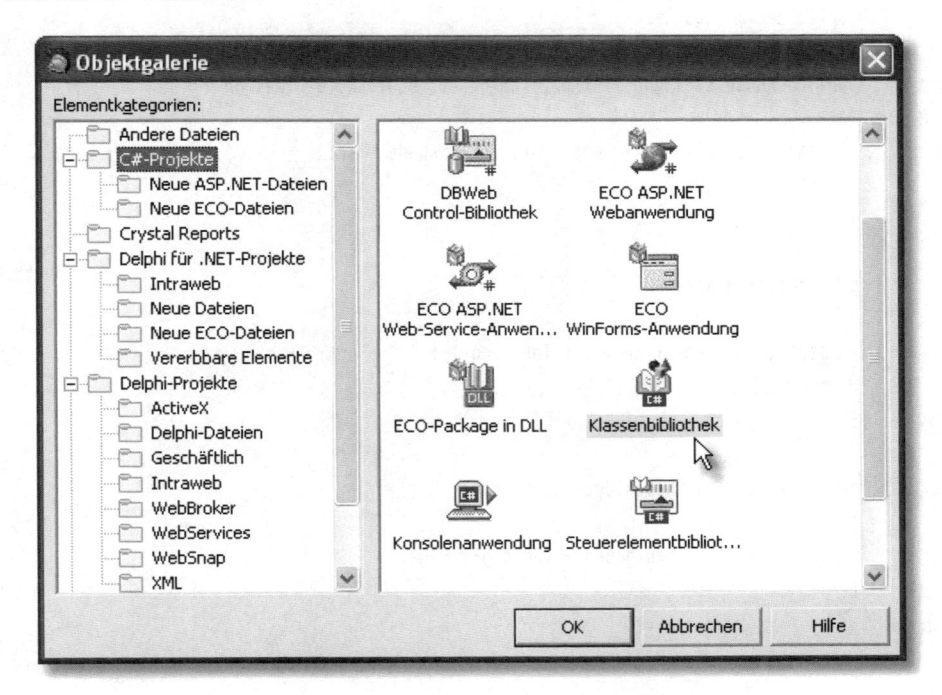

---

[1] Na ja, eine richtige "verteilte" Anwendung ist das noch nicht, denn deren Komponenten befinden sich in der Regel auf verschiedenen Computern.

Es wird ein C#-Codeskelett angeboten, in welches wir eine Klasse *CKunde* einbauen, die wir – damit es nicht gar zu trivial wird – mit einigen beliebigen Eigenschaften und Methoden ausstatten:

```csharp
using System;

namespace Kunde
{
  public class CKunde
  {
        private const char LF = (char) 10;
        public string name;
        public int plz;
        public string ort;
        public bool stammkunde;
        public decimal guthaben;

        public CKunde(string n, int pz, string ot, bool sk, decimal gh )
        {
           name = n;  plz = pz;  ort = ot;  stammkunde = sk;
           guthaben = gh;
        }

        public string adresse()
        {
           string s = name + LF + plz.ToString() + " " + ort;
           return(s);
        }

        public void addGuthaben(decimal betrag)
        {
           if (stammkunde) guthaben += betrag;
        }
  }
}
```

Die Klasse *CKunde* hat die öffentlichen Variablen *name*, *plz*, *ort*, *stammkunde* und *guthaben*. Außer dem Konstruktor *CKunde* (in C# entspricht sein Name dem der Klasse) gibt es noch die Methoden *adresse* (liefert die Adresse als zweizeilige Zeichenkette) und *addGuthaben* (addiert nur für Stammkunden einen bestimmten Betrag zum Guthaben).

Hinweis: Mehr zu den Grundlagen der Objektorientierten Programmierung bzw. der Komponentenentwicklung finden Sie in den Kapiteln 12 und 14.

Speichern Sie das Projekt ab. Hat sich kein Tippfehler eingeschlichen, so führt der Menüpunkt *Projekt|Kunde compilieren* (Strg+F9) zur Entstehung der Assembly *Kunde.dll*, die im *bin\Debug*-Unterverzeichnis des Projekts abgelegt wird.

Dieser Assembly sieht man ihre Herkunft nicht an (sie könnte auch aus VB.NET oder Delphi.NET entstanden sein). Als Komponente steht sie uns nun für andere .NET-Anwendungen zur Verfügung.

Entwurf der Clientanwendung (Delphi .NET)

Öffnen Sie ein neues Delphi für .NET-Projekt vom Typ "Windows Forms-Anwendung". Zum Testen der Assembly genügen zwei *Label* und ein *Button*, die wir auf das Startformular setzen.

Richten Sie nun eine Referenz auf die Assembly *Kunde.dll* ein. Dies können Sie entweder über den Menüpunkt *Projekt|Referenz hinzufügen...* tun, oder aber über das gleichnamige Kontextmenü der Projektverwaltung (Menü *Ansicht|Projektverwaltung*).

Über die "Durchsuchen" Schaltfläche öffnen Sie den Dateidialog und fügen die Datei *Kunde.dll* hinzu.

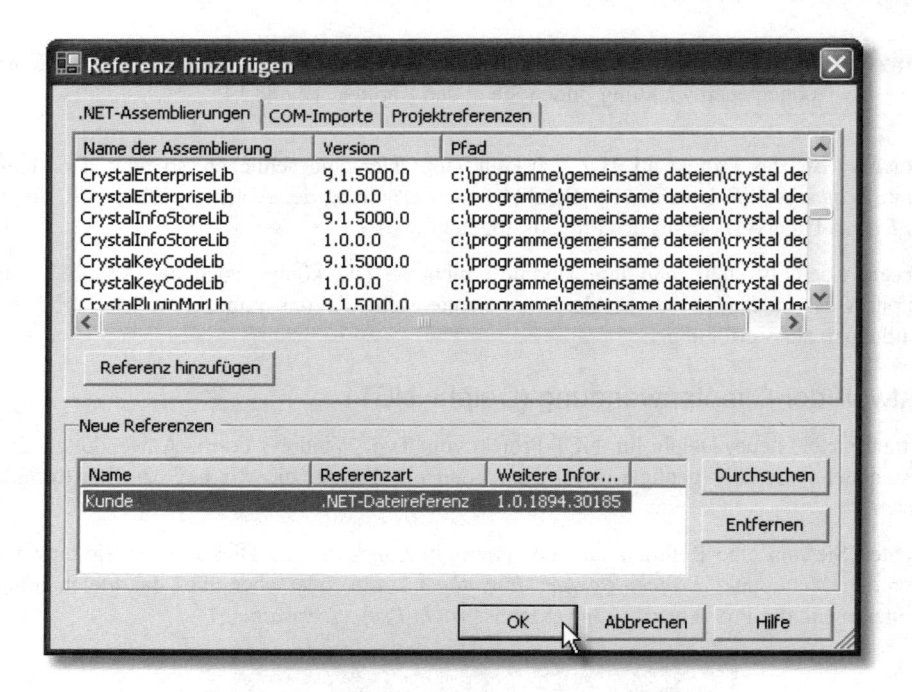

Sie können jetzt mit der Klasse *CKunde* so arbeiten, als würde sie sich in einer zum Projekt gehörigen Unit *Kunde* befinden.

Im folgenden Formularcode sind die von Ihnen einzufügenden Anweisungen durch Kommentare gekennzeichnet:

```
...
implementation

uses Kunde;              // Namespace der Assembly einbinden
...
var kunde1: CKunde;      // Objektvariable für Klasse aus Assembly Kunde.dll
...
constructor TWinForm1.Create;
begin
  inherited Create;
  InitializeComponent;

  // Nach Start Objekt erzeugen und initialisieren:
  kunde1 := CKunde.Create('Müller', 13447, 'Altenburg', True, 100);
  Label1.Text := kunde1.adresse;                    // Adresse anzeigen
end;
```

1.4 Unsere ersten Windows Forms-Anwendungen

```
// Bei Klick auf die Schaltfläche das Guthaben erhöhen und anzeigen:
procedure TWinForm1.Button1_Click(sender: System.Object; e: System.EventArgs);
begin
  kunde1.addGuthaben(5);
  Label2.Text := 'Guthaben ist ' + kunde1.guthaben.ToString('C');
end;

end.
```

Test

Überzeugen Sie sich davon, dass die Assembly ordnungsgemäß eingebunden wurde und dass die Funktionalität der Klasse *CKunde* tatsächlich zur Verfügung steht!

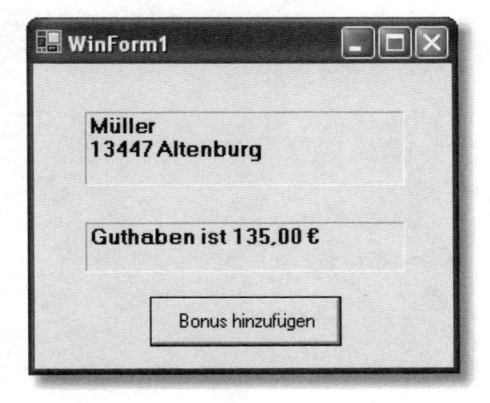

Hinweis: Wenn Sie das Programm von der Buch-CD ausprobieren, müssen Sie gegebenenfalls die Referenz auf die Assembly *Kunde.dll* neu einrichten!

Delphi.NET-Grundlagen

- ✓ **Microsofts .NET-Technologie**
- ✓ **Delphi Win32 versus Delphi.NET**
- ✓ **Neuigkeiten in Delphi 2005**

2.1 Delphi und .NET – ein Überblick

In diesem Kapitel wollen wir den schon etwas fortgeschrittenen Programmierer detaillierter mit Microsofts neuer .NET-Technologie und mit den Leistungsmerkmalen von Delphi .NET bekannt machen.

Hinweis: Es sollte Sie nicht stören, wenn wir von *Delphi .NET* sprechen, gemeint ist natürlich immer *Borland Delphi 2005 für das Microsoft .NET Framework* (so die exakte Bezeichnung).

Das Kapitel gliedert sich in drei Abschnitte:

- Im ersten Abschnitt geben wir einen Überblick über Delphi und Microsofts .NET-Technologie.
- Der zweite Abschnitt widmet sich den fundamentalen Neuerungen, die der Umstieg vom alten Win32-Delphi nach Delphi .NET mit sich gebracht hat.
- Die Neuigkeiten, die Borland Delphi 2005 gegenüber dem Vorgänger Borland Delphi 8 aufweist, sind Gegenstand des dritten Abschnitts.

2.1 Delphi und .NET – ein Überblick

Bevor es richtig losgeht, wollen wir unseren Blick auf die allgemeinen Merkmale richten, die Delphi in den vergangenen zehn Jahren zu einer der erfolgreichsten Programmiersprachen gemacht haben.

2.1.1 Besonderheiten der Sprache Delphi

Delphi ist eine moderne OOP[1]-Sprache, die auf Pascal basiert, Pascal ist gewissermaßen die "Nicht-OOP"-Teilmenge von Delphi.

Seinen Pascal-Wurzeln hat Delphi eine Reihe von Besonderheiten zu verdanken:

- Delphi-Code wirkt etwas "aufgebläht" bzw. wortreich (z.B. *begin* statt *{*), aber das macht den Code lesbarer.
- Durch den Zwang klaren Code zu schreiben, werden weniger Compilerfehler produziert.
- Die Sprache ist relativ typsicher, implizite Typumwandlungen sind nur ziemlich begrenzt möglich.

Bezogen auf seine OOP-Features repräsentiert Delphi eine sehr moderne Sprache, viel näher an C# und Java als z.B. C++. In Delphi werden Objekte auf dem Heap abgelegt, es gibt eine

---

[1] Objektorientierte Programmierung

einzige Wurzelklasse für alle Klassen, Eigenschaften und Interfaces sind in die Sprache integriert und RAD[1] basiert auf der einfachen Idee, dass alle Komponenten Klassen sind.

Delphi hat selbst einige Features eingeführt, die dann später nach .NET übernommen wurden. Wie war so etwas möglich? Der Chefarchitekt von Turbo Pascal und Delphi 1 war Anders Hejlsberg, der später bei Microsoft das .NET-Framework und die Sprache C# entwickelte. Sein Einfluss (und der von Delphi) sind klar ersichtlich. Logisch, dass sich deshalb Delphi wesentlich leichter nach .NET portieren ließ als z.B. Visual Basic oder C++. So hat der OOP-spezifische Delphi 7 Code einen hohen Grad von Kompatibilität zu Delphi für .NET.

Einer der großen Vorzüge von Delphi ist, dass Sie den Source-Code für unterschiedliche Plattformen compilieren können: für Win32, für .NET und mit gewissen Einschränkungen sogar auch für Linux.

Andererseits fehlen beim traditionellen Delphi und seiner .NET-Erweiterung einige wichtige Features von C# oder Java, umgekehrt sind aber auch viele Delphi-Konstrukte in jenen Sprachen unbekannt. Doch dazu später, denn jetzt wollen wir unseren Blick auf Microsofts neue .NET-Technologie richten.

2.1.2 Microsofts .NET-Technologie

Vier Jahre lang hat Microsoft nach eigenen Angaben an .NET herumgewerkelt, bis es am 16. Januar 2002 endlich so weit war und das .NET Framework und die neue Entwicklungsumgebung Visual Studio.NET der Entwicklergemeinde präsentiert werden konnten.

Das Kürzel .NET ist die Bezeichnung für eine gemeinsame Plattform für viele Programmiersprachen. Beim Compilieren von .NET-Programmen wird der jeweilige Quelltext in MSIL (*Microsoft Intermediate Language*) übersetzt. Es gibt nur ein gemeinsames Laufzeitsystem für alle Sprachen, die so genannte CLR (*Common Language Runtime*), das die MSIL-Programme ausführt.

Der MSIL – und damit .NET – liegt ein Programmiermodell zugrunde, dessen Konzept von den üblichen Programmiermodellen der jeweils verwendeten speziellen Sprache, hier Delphi, abweicht.

Die neue .NET-Technologie wurde deshalb notwendig, weil sich die Anforderungen an moderne Softwareentwicklung in den letzten Jahren dramatisch verändert haben, wobei das Internet mit seinen hohen Ansprüchen an die Skalierbarkeit einer Anwendung, die Verteilbarkeit auf mehrere Schichten und ausreichende Sicherheit der hauptsächliche Motor war, sich nach einer grundlegend neuen Sprachkonzeption umzuschauen.

Mit .NET findet ein radikaler Umbruch in der Geschichte der Softwareentwicklung statt. Nicht nur dass jetzt "echte" objektorientierte Programmierung zum obersten Dogma erhoben wird, nein, auch eine langjährig bewährte Sprache wie das alte Visual Basic wurde völlig umgekrempelt und die einst hoch gelobte COM-Technologie zum Auslaufmodell erklärt!

---

[1] Rapid Application Development

2.1 Delphi und .NET – ein Überblick

Wie funktioniert eine .NET-Sprache?

Jeder in einer beliebigen .NET-Programmiersprache geschriebene Code wird beim Compilieren in einen Zwischencode, den so genannten MSIL-Code (*Microsoft Intermediate Language Code*) übersetzt, der unabhängig von der Plattform bzw. der verwendeten Hardware ist und dem man es auch nicht mehr ansieht, in welcher Sprache seine Source geschrieben wurde.

Hinweis: Das .NET-Konzept sieht fast wie ein Java-Plagiat aus, allerdings mit dem "feinen" Unterschied, dass es nicht an eine bestimmte Programmiersprache gebunden ist!

Erst wenn der MSIL-Code von einem Programm zur Ausführung genutzt werden soll, wird er vom *Just-in-Time(JIT)-Compiler* in Maschinencode übersetzt[1]. Ein .NET-Programm wird also vom Entwurf bis zu seiner Ausführung auf dem Zielrechner tatsächlich zweimal compiliert (siehe folgende Abbildung).

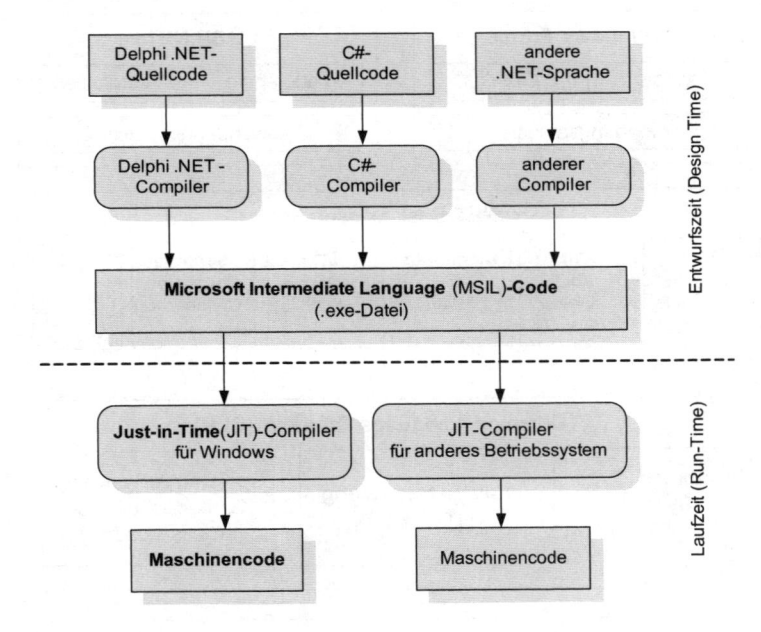

Hinweis: Für die Installation eines Programms ist in der Regel lediglich die Weitergabe des MSIL-Codes erforderlich. Voraussetzung ist allerdings das Vorhandensein der .NET-Laufzeitumgebung (CLR), die Teil des .NET Frameworks ist, auf dem Zielrechner.

---

[1] Der Begriff "jeder Code" schließt z.B. auch den Code der ASP.NET-Seiten ein. Da die ASP-Seiten nicht sofort, sondern erst beim ersten Zugriff compiliert werden, verbessert sich das Laufzeitverhalten deutlich.

2.1.3 .NET-Features und Begriffe

Mit Einführung von Microsofts .NET-Technologie prasselte auch eine Vielzahl neuer Begriffe auf die Entwicklergemeinde ein. Wir wollen hier nur die wichtigsten erklären.

.NET Framework

.NET ist die Infrastruktur für die gesamte .NET-Plattform, es handelt sich hierbei gleichermaßen um eine Entwurfs- wie um eine Laufzeitumgebung, in welcher Windows- und Web-Anwendungen erstellt und verteilt werden können.

Die nachfolgende Abbildung versucht, einen groben Überblick über die Komponenten des .NET Frameworks zu geben.

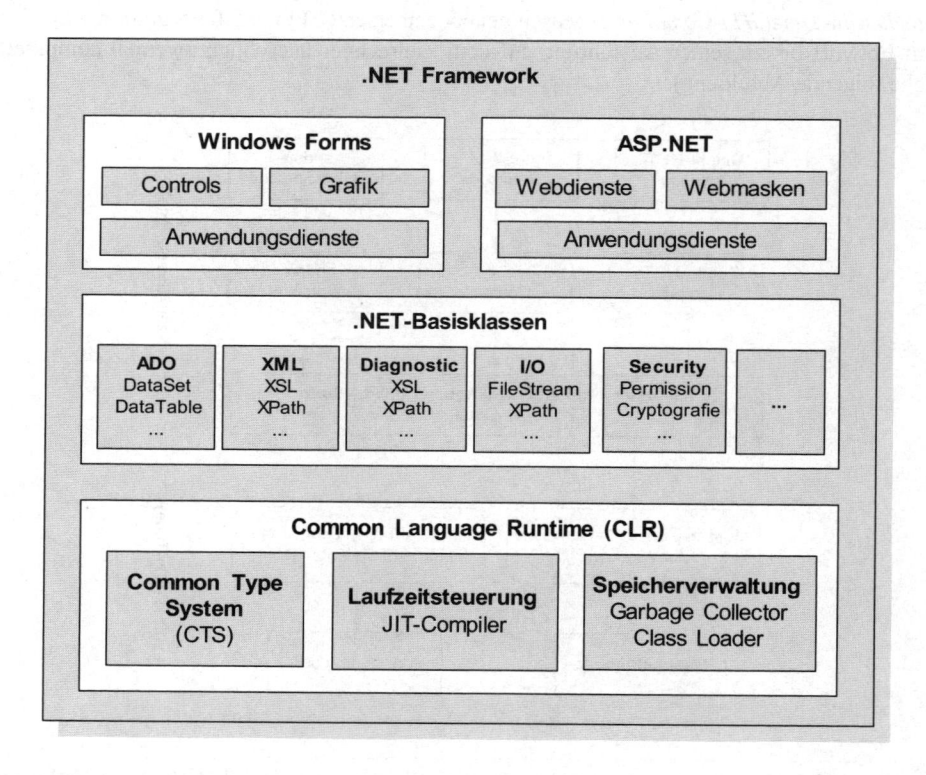

```
┌─────────────────────────────────────────────────────────────┐
│                      .NET Framework                         │
│  ┌───────────────────────────┐  ┌───────────────────────┐   │
│  │     Windows Forms         │  │       ASP.NET         │   │
│  │  ┌─────────┐ ┌─────────┐  │  │ ┌─────────┐┌────────┐ │   │
│  │  │Controls │ │ Grafik  │  │  │ │Webdienste││Webmasken│ │   │
│  │  └─────────┘ └─────────┘  │  │ └─────────┘└────────┘ │   │
│  │  ┌─────────────────────┐  │  │ ┌───────────────────┐ │   │
│  │  │ Anwendungsdienste   │  │  │ │ Anwendungsdienste │ │   │
│  │  └─────────────────────┘  │  │ └───────────────────┘ │   │
│  └───────────────────────────┘  └───────────────────────┘   │
│  ┌───────────────────────────────────────────────────────┐  │
│  │                .NET-Basisklassen                      │  │
│  │  ADO      XML      Diagnostic   I/O       Security    │  │
│  │ DataSet   XSL      XSL         FileStream Permission  │  │
│  │ DataTable XPath    XPath       XPath      Cryptografie│  │
│  │  ...       ...      ...         ...        ...        │  │
│  └───────────────────────────────────────────────────────┘  │
│  ┌───────────────────────────────────────────────────────┐  │
│  │          Common Language Runtime (CLR)                │  │
│  │  ┌──────────┐  ┌──────────────┐  ┌─────────────────┐  │  │
│  │  │Common    │  │              │  │ Speicherver-    │  │  │
│  │  │Type      │  │Laufzeit-     │  │ waltung         │  │  │
│  │  │System    │  │steuerung     │  │ Garbage Collector│ │  │
│  │  │(CTS)     │  │JIT-Compiler  │  │ Class Loader    │  │  │
│  │  └──────────┘  └──────────────┘  └─────────────────┘  │  │
│  └───────────────────────────────────────────────────────┘  │
└─────────────────────────────────────────────────────────────┘
```

Zu den wichtigsten Komponenten des .NET Frameworks und den damit zusammenhängenden Begriffen zählen:

- Common Language Specification (CLS)
- Common Type System (CTS)
- Common Language Runtime (CLR)

- .NET-Klassenbibliothek
- Diverse Basisklassenbibliotheken wie ADO.NET und ASP.NET
- Diverse Compiler z.B. für C#, VB.NET ...

Im Folgenden sollen die einzelnen .NET-Bestandteile einer näheren Betrachtung unterzogen werden.

Die Common Language Specification (CLS)

Um den sprachunabhängigen MSIL-Zwischencode erzeugen zu können, müssen allgemein gültige Richtlinien und Standards für die .NET-Programmiersprachen existieren. Diese werden durch die *Common Language Specification* (CLS) definiert, die eine Reihe von Eigenschaften festlegt, die jede .NET-Programmiersprache erfüllen muss.

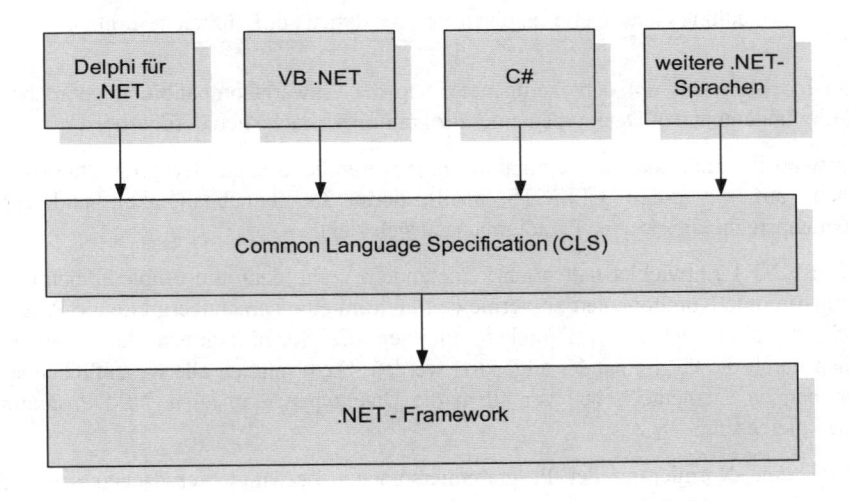

```
┌──────────┐  ┌──────────┐  ┌──────────┐  ┌──────────────┐
│Delphi für│  │  VB .NET │  │    C#    │  │weitere .NET- │
│  .NET    │  │          │  │          │  │  Sprachen    │
└────┬─────┘  └────┬─────┘  └────┬─────┘  └──────┬───────┘
     │             │             │               │
     ▼             ▼             ▼               ▼
┌─────────────────────────────────────────────────────────┐
│         Common Language Specification (CLS)             │
└─────────────────────────┬───────────────────────────────┘
                          │
                          ▼
┌─────────────────────────────────────────────────────────┐
│                   .NET - Framework                      │
└─────────────────────────────────────────────────────────┘
```

Hinweis: Ganz egal, ob Sie eine Komponente in Delphi .NET, VB.NET oder C# schreiben, der Quellcode wird immer in ein und dieselbe Intermediate Language (MSIL) compiliert.

Besonders für die Entwicklung von .NET-Anwendungen im Team haben die Standards der CLS weitreichende positive Konsequenzen, denn es ist nun zweitrangig, in welcher .NET-Programmiersprache Herr Müller die Komponente X und Herr Meier die Komponente Y schreibt. Alle Komponenten werden problemlos miteinander interagieren!

Auf einen wichtigen Bestandteil des CLS kommen wir im folgenden Abschnitt zu sprechen.

Das Common Type System (CTS)

Ein Kernbestandteil der CLS ist das *Common Type System (CTS)*, es definiert alle Typen[1], die von der .NET-Laufzeitumgebung (CLR) unterstützt werden.

Alle diese Typen lassen sich in zwei Kategorien aufteilen:

- Wertetypen (werden auf dem Stack abgelegt)
- Referenztypen (werden auf dem Heap abgelegt)

Zu den Wertetypen gehören beispielsweise die ganzzahligen Datentypen und die Gleitkommazahlen, zu den Referenztypen zählen die Objekte, die aus Klassen instanziiert wurden.

Hinweis: Dass unter .NET auch die Wertetypen letztendlich als Objekte betrachtet und behandelt werden, liegt an einem als *Boxing* bezeichneten Verfahren, das die Umwandlung eines Werte- in einen Referenztypen zur Laufzeit besorgt.

Warum hat Microsoft mit dem heiligen Prinzip der Abwärtskompatibilität gebrochen und selbst die fundamentalen Datentypen einer Programmiersprache neu definiert?

Als Antwort kommen wir noch einmal auf eine wesentliche Säule der .NET-Philosophie zu sprechen, auf die durch CLS/CTS manifestierte Sprachunabhängigkeit und auf die Konsequenzen, die dieses neue Paradigma nach sich zieht.

Microsofts .NET-Entwickler hatten gar keine andere Wahl, denn um Probleme beim Zugriff auf sprachfremde Komponenten zu vermeiden und um eine sprachübergreifende Programmentwicklung überhaupt zu ermöglichen, mussten die Spezifikationen der Programmiersprachen durch die CLS einander angepasst werden. Dazu müssen alle wesentlichen sprachbeschreibenden Elemente – wie vor allem die Datentypen – in allen .NET-Programmiersprachen gleich sein.

Da .NET eine Normierung der Programmiersprachen erzwingt, verwischen die Grenzen zwischen den verschiedenen Sprachen, und Sie brauchen nicht immer umzudenken, wenn Sie tatsächlich einmal auf eine andere .NET-Programmiersprache umsteigen wollen.

Als Lohn für die Mühen und den Mut, die eingefahrenen Gleise seiner altvertrauten Sprache zu verlassen, winken dem Entwickler wesentliche Vereinfachungen. So sind die Zeiten des alltäglichen Ärgers mit den Datentypen – wie z.B. bei der Übergabe eines Integers an eine C-DLL – endgültig vorbei.

Die Common Language Runtime (CLR)

Die Laufzeitumgebung bzw. *Common Language Runtime* (CLR) ist die Umgebung, in welcher .NET-Programme auf dem Zielrechner ausgeführt werden, sie muss auf einem Computer nur einmal installiert sein, und schon laufen sämtliche .NET-Anwendungen, egal

---

[1] Unter .NET spricht man allgemein von Typen und meint damit Klassen, Interfaces und Datentypen, die als Wert übergeben werden.

2.1 Delphi und .NET – ein Überblick

ob sie in Delphi.NET, C# oder VB.NET programmiert wurden. Die CLR zeichnet für die Ausführung der Anwendungen verantwortlich und kooperiert auf Basis des CTS mit der MSIL.

Mit ihren Fähigkeiten bildet die *Common Language Runtime* (CLR) gewissermaßen den Kern von .NET. Den Code, der von der CLR ausgeführt wird, bezeichnet man auch als verwalteten bzw. *Managed Code*.

Die CLR ist innerhalb des .NET Frameworks nicht nur für das Ausführen von verwaltetem Code zuständig, der Aufgabenbereich der CLR ist weitaus umfangreicher und umfasst zahlreiche Dienste, die als Bindeglied zwischen dem verwalteten MSIL-Code und dem Betriebssystem des Rechners die Anforderungen des .NET Frameworks sicherstellen, wie z.B.

- ClassLoader
- Just-in-Time(JIT)-Compiler
- ExceptionManager
- Code Manager
- Security Engine
- Debug Machine
- Thread Service
- COM-Marshaller

Die Verwendung der sprachneutralen MSIL erlaubt die Nutzung des CTS und der Basisklassen für alle .NET-Sprachen gleichermaßen. Einziger hardwareabhängiger Bestandteil des .NET Frameworks ist der JIT. Deshalb kann der MSIL-Code im Prinzip frei zwischen allen Plattformen bzw. Geräten, für die ein .NET Framework existiert, ausgetauscht werden.

Namespaces ersetzen Registry

Alle Typen des .NET Frameworks werden in so genannten Namensräumen (Namespaces) zusammengefasst. Unabhängig von irgendeiner Klassenhierarchie wird jede Klasse einem bestimmten Anwendungsgebiet zugeordnet.

Die folgende Tabelle zeigt beispielhaft einige wichtige Namespaces für die Basisklassen des .NET Frameworks:

Namespace	... enthält Klassen für ...
System.Windows.Forms	... Windows-basierte Anwendungen
System.Collections	... Objekt-Arrays
System.Drawing	... die Grafikprogrammierung
System.Data	... den ADO-Datenbankzugriff
System.Web	... die HTTP-Webprogrammierung
System.IO	... Ein- und Ausgabeoperationen

Mit den Namespaces hat auch der Ärger mit der Registrierung von (COM-)Komponenten bei Versionskonflikten sein Ende gefunden, denn eine unter .NET geschriebene Komponente wird von der .NET-Runtime nicht mehr über die ProgID der Klasse mit Hilfe der Registry lokalisiert, sondern über einen in der Runtime enthaltenen Mechanismus, welcher einen Namespace einer angeforderten Komponente sowie deren Version für das Heranziehen der "richtigen" Komponente verwendet.

Assemblierungen

Unter einer Assemblierung (*Assembly*) versteht man eine Basiseinheit für die Verwaltung von Managed Code und für das Verteilen von Anwendungen, sie kann sowohl aus einer einzelnen als auch aus mehreren Dateien (Modulen) bestehen. Eine solche Datei (*.dll* oder *.exe*) enthält MSIL-Code (compilierter Zwischencode).

Die Klassenverwaltung in Form von selbst beschreibenden Assemblies vermeidet Versionskonflikte von Komponenten und ermöglicht vor allem dynamische Programminstallationen aus dem Internet. Anstatt der bei einer klassischen Installation bisher erforderlichen Einträge in die Windows-Registry genügt nunmehr einfaches Kopieren der Anwendung.

Normalerweise müssen Sie die Assemblierungen referenzieren, in welchen die von Ihrem Programm verwendeten Typen bzw. Klassen enthalten sind. Eine Ausnahme ist die Assemblierung *mscorlib.dll*, welche die Basistypen des .NET Frameworks in verschiedenen Namensräumen umfasst (siehe obige Tabelle).

Zugriff auf COM-Komponenten

Verweise auf COM-DLLs werden so eingebunden, dass sie zur Entwurfszeit quasi wie .NET-Komponenten behandelt werden können.

Über das Menü *Projekt|Referenz hinzufügen...* und Auswahl des "COM-Importe"-Registers erreichen Sie die Liste der verfügbaren COM-Bibliotheken. Nachdem Sie die gewünschte Bibliothek selektiert haben, können Sie die COM-Komponente wie gewohnt ansprechen.

Hinweis: Wenn Sie COM-Objekte, wie z.B. alte ADO-Bibliotheken, in Ihre .NET-Projekte einbinden wollen, müssen Sie auf viele Vorteile von .NET verzichten. Durch den Einbau der zusätzlichen Interoperabilitätsschicht sinkt die Performance meist deutlich ab.

2.1.4 Metadaten und Reflexion

Das .NET Framework stellt im *System.Reflection*-Namespace einige Klassen bereit, die es erlauben, die Metadaten (Beschreibung bzw. Strukturinformationen) einer Assembly zur Laufzeit auszuwerten, womit z.B. eine Untersuchung aller dort enthaltenen Typen oder Methoden möglich ist. Dieses Feature stellt für den "alten" Delphi-Entwickler eine besondere Überraschung dar, war er es doch bislang gewohnt, dass die Beschreibung der Interface-

2.1 Delphi und .NET – ein Überblick

Methoden in separaten Typbibliotheken der COM-Objekte enthalten ist und von anderen Anwendungen über die *ITypeLib*- bzw. *ITypeInfo*-Schnittstellen ausgewertet werden kann.

Die Beschreibung durch die .NET-Metadaten ist allerdings wesentlich umfassender als es in den gewohnten COM-Typbibliotheken üblich war. Außerdem werden die Metadaten direkt in der Assembly untergebracht, die dadurch selbst beschreibend wird und z.B. auf Registry-Einträge verzichten kann. Metadaten können daher nicht versehentlich verloren gehen oder mit einer falschen Dateiversion kombiniert werden.

Hinweis: Es gibt unter .NET nur noch eine einzige Stelle, an der sowohl der Programmcode als auch seine Beschreibung gespeichert wird!

Metadaten ermöglichen es, zur Laufzeit festzustellen, welche Typen benutzt und welche Methoden aufgerufen werden. Daher kann .NET die Umgebung an die Anwendung anpassen, so dass diese effizienter arbeitet.

Der Mechanismus zur Abfrage der Metadaten wird Reflexion (*Reflection*) genannt. Das .NET-Framework bietet dazu eine ganze Reihe von Methoden an, mit denen jede Anwendung – nicht nur die CLR – die Metadaten von anderen Anwendungen abfragen kann.

Auch Entwicklungswerkzeuge wie Borland Delphi 2005 oder Microsoft Visual Studio .NET benutzen die Reflexion, um z.B. den Mechanismus der Intellisense zu implementieren. Sobald Sie einen Methodennamen eintippen, zeigt die Intellisense bekanntlich eine Liste mit den Parametern der Methode an oder auch eine Liste mit allen Elementen eines bestimmten Typs.

Weitere nützliche Werkzeuge, die auf der Basis von Reflexionsmethoden arbeiten, sind der IL-Disassembler (ILDASM) des .NET Frameworks oder der .NET-Reflector von Roeder.

Hinweis: Eine besondere Bedeutung hat Reflexion im Zusammenhang mit dem Auswerten von Attributen zur Laufzeit (siehe folgender Abschnitt).

2.1.5 Attribute

Wer noch im alten Delphi zu Hause ist, der kennt Attribute als Variablen, die zu einem Objekt gehören und damit seinen Zustand beschreiben und meistens mit *F* (Field) beginnen. Wie auch beim *T* vor Klassennamen handelt es sich hierbei aber lediglich um eine Vereinbarung.

Unter .NET haben Attribute eine grundsätzlich andere Bedeutung:

Hinweis: .NET-Attribute stellen einen Mechanismus dar, mit welchem man Typen und Elemente einer Klasse schon beim Entwurf kommentieren und mit Informationen versorgen kann, die sich zur Laufzeit mittels Reflexion abfragen lassen.

Auf diese Weise können Sie eigenständige selbstbeschreibende Komponenten entwickeln, ohne die erforderlichen Infos separat in Ressourcendateien oder Konstanten unterbringen zu müssen. So erhalten Sie mobilere Komponenten mit besserer Wartbarkeit und Erweiterbarkeit.

Man kann Attribute auch mit "Anmerkungen" vergleichen, die man einzelnen Quellcode-Elemente wie Klassen oder Methoden "anheftet". Solche Attribute gibt es eigentlich in jeder Programmiersprache, sie regeln z.B. die Sichtbarkeit eines bestimmten Datentyps. Allerdings waren diese Fähigkeiten bislang fest in den Compiler integriert, während sie unter .NET nunmehr direkt im Quellcode zugänglich sind. Das heißt, dass .NET-Attribute typsichere, erweiterbare Metadaten sind, die zur Laufzeit von der CLR (oder von beliebigen .NET-Anwendungen) ausgewertet werden können.

Mit Attributen können Sie Design-Informationen definieren (z.B. zur Dokumentation), Laufzeit-Infos (z.B. Namen einer Datenbankspalte für ein Feld) oder sogar Verhaltensvorschriften für die Laufzeit (z.B. ob ein gegebenes Feld an einer Transaktion teilnehmen darf). Die Möglichkeiten sind quasi unbegrenzt.

Beispiel: Ihre Anwendung speichert einen Teil der erforderlichen Informationen in der Registry ab. Es muss also bereits beim Entwurf festgelegt werden, wo die Registrierschlüssel abzulegen sind. Bislang wurden solche Informationen in Konstanten oder in einer Ressourcendatei untergebracht oder sogar fest in die Aufrufe der entsprechenden Registrierfunktionen eingebaut. Wesentliche Bestandteile der Klasse mussten also von der übrigen Klassendefinition abgetrennt werden. Der Attribute-Mechanismus erlaubt es nun, derlei Informationen direkt an die Klassenelemente "anzuheften", so dass letztendlich eine sich vollständig selbst beschreibende Komponente vorliegt.

Hinweis: Eine ausführliche Anleitung zur Definition eigener Attribute, der Anwendung zum Markieren von Klassenelementen und deren Befragung finden Sie im Rezept R 13.5.

2.1.6 Serialisierung

Fester Bestandteil des .NET-Frameworks ist auch ein Mechanismus zur Serialisierung von Objekten.

Unter Serialisierung versteht man das Umwandeln einer Objektinstanz in sequenzielle Daten, d.h. in binäre oder XML-Daten oder in eine SOAP-Nachricht mit dem Ziel, die Objekte als Datei permanent zu speichern oder überNetzwerke zu verschicken.

Auf umgekehrtem Weg rekonstruiert die Deserialisierung aus den Daten wieder die ursprüngliche Objektinstanz.

Das .NET-Framework unterstützt zwei verschiedene Serialisierungsmechanismen:

- Die *Shallow-Serialisierung* mit der Klasse *System.Xml.Serialization.XmlSerializer*.
- Die *Deep-Serialisierung* mit den Klassen *BinaryFormatter* und *SoapFormatter* aus dem *System.Runtime.Serialization*-Namespace.

Aufgrund ihrer Einschränkungen (geschützte und private Objektfelder bleiben unberücksichtigt) ist die Shallow-Serialisierung für uns weniger interessant. Hingegen werden bei der Deep-Serialisierung alle Felder berücksichtigt, Bedingung ist lediglich die Kennzeichnung der Klasse mit dem Attribut *[Serializable]*.

Anwendungsgebiete der Serialisierung finden sich bei ASP.NET, ADO.NET ebenso wie beim .NET Remoting.

Hinweis: Eine konkrete Anwendung zur Objektserialisierung zeigt das Rezept R 12.11.

2.1.7 Multithreading

Multithreading ermöglicht es einer Anwendung, ihre Aktivitäten so aufzuteilen, dass diese unabhängig voneinander ausgeführt werden können bei gleichzeitig besserer Auslastung der Prozessorzeit. Allgemein sind Threads keine Besonderheit von .NET, sondern auch in anderen Programmierumgebungen durchaus üblich. Unter .NET laufen Threads in einem Umfeld, das Anwendungsdomäne genannt wird, Erstellung und Einsatz erfolgen mit Hilfe der Klasse *System.Threading.Thread*.

Nicht in jedem Fall ist die Aufnahme zusätzlicher Threads die beste Lösung, da man sich dadurch auch zusätzliche Probleme einhandeln kann. So ist beim Umgang mit mehreren Threads die Threadsicherheit von größter Bedeutung, d.h., aus Sicht der Threads müssen die Objekte stets in einem gültigen Zustand vorliegen und das auch dann, wenn sie von mehreren Threads gleichzeitig benutzt werden.

Hinweis: Eine umfangreiche Multithreading-Demo finden Sie unter R 13.12.

2.1.8 Objektorientierte Programmierung pur

Last but not least wollen wir am Ende unserer kleinen Rundreise durch die .NET-Higlights noch einmal auf das allem zugrunde liegende OOP-Konzept verweisen, denn .NET ist komplett objektorientiert aufgebaut – unabhängig von der verwendeten Sprache oder der Zielumgebung, für die programmiert wird (Windows- oder Web-Anwendung).

Jeder .NET-Code ist innerhalb einer Klasse verborgen, und sogar einfache Variablen sind zu Objekten mutiert!

Hinweis: Auch der letzte OOP-Muffel ist nun mehr oder weniger gezwungen, sich total mit den OOP-Konzepten anzufreunden, will er nicht ganz den Anschluss verlieren.

2.2 Die wichtigsten Neuheiten in Delphi .NET

Der Übergang von Delphi 7 nach Delphi 8 Ende des Jahres 2003 markierte den bisher größten Sprung in der Geschichte von Delphi, vergleichbar nur mit dem Übergang von Object Pascal nach Delphi 1 vor mehr als zehn Jahren[1]. Zahlreiche gravierende Änderungen waren notwendig, um maximale Kompatibilität mit der darunter liegenden .NET-Architektur zu erreichen. Damit wurde gleichzeitig auch Kompatibilität zu den anderen .NET-Programmiersprachen, wie VB .NET oder C#, erreicht und es können Assemblies genutzt werden, die in anderen .NET-Sprachen geschrieben wurden.

Im vorliegenden Abschnitt wollen wir den vom alten Win32-Delphi kommenden Umsteiger mit den wichtigsten sprachlichen Änderungen vertraut machen.

2.2.1 Bezeichner (Identifiers)

Damit die verschiedenen .NET-Sprachen konfliktfrei mit der CLR zusammenarbeiten können, muss vermieden werden, dass reservierte Wörter miteinander kollidieren. Delphi .NET führt dazu ein spezielles Symbol (&) ein, welches Sie als Präfix für ein reserviertes Wort benutzen können, um es dann ganz legitim als Bezeichner zu verwenden (*Qualified Identifier*).

Genauer gesagt erlaubt Ihnen das & den Zugriff auf CLR-Symbole (oder auf andere definierte Symbole), aber es verbietet Ihnen die Deklaration von Bezeichnern in Ihrem Code, die die eigenen Syntaxregeln von Delphi verletzen würden.

Beispiel: Der Gebrauch des *Label*-Steuerelements der *Windows Forms*-Bibliothek. Weil das Wort *Label* zu den reservierten Delphi-Wörtern gehört, können Sie entweder den vollen Namespace oder aber nur ein & voranstellen. Die folgenden zwei Deklarationen sind deshalb identisch:

```
Label1: System.Windows.Forms.Label;
Label1: &Label;
```

2.2.2 Was passierte mit den Units?

Units sind nach wie vor die Grundbausteine eines Delphi-Programms. Unter .NET scheinen sie allerdings keinen rechten Sinn mehr zu ergeben, denn ab sofort ist sämtlicher Code in Klassen gekapselt. Um zu verstehen, wie Borland dieses Problem gelöst hat, sei ein kurzer Vergleich mit C# – der wichtigsten .NET-Programmiersprache – gestattet[2].

---

[1] Die Unterschiede zwischen Delphi 8 und Delphi 2005 für .NET sind demgegenüber vergleichsweise gering.

[2] Die meisten neuen Delphi-Implementierungen folgen denen von C#.

Delphi versus C#

Als einer der wichtigsten Unterschiede zwischen Delphi und C# gilt, dass C# eine pure OOP-Sprache ist, d.h., der gesamte Code ist in Methoden verpackt, was globale Funktionen/Prozeduren praktisch ausschließt. Delphi aber ermöglicht (wie z.B. auch C++) beide Programmier-Paradigmen.

Die Frage, ob eine pure OOP-Sprache grundsätzlich besser ist als reines prozedurales Programmieren, würde zu endlosen Diskussionen um des Kaisers Bart führen. Deshalb hier nur so viel: In jeder OOP-Sprache findet man bestimmt auch Bibliotheken mit Klassen, die nicht instanziiert werden, sondern nur zum Benutzen von Klassenfunktionen bestimmt sind. In diesem Fall sind die Klassen lediglich Container von globalen Routinen, machen also auch nichts anderes als Module in fortgeschrittenen prozeduralen Sprachen.

Units mutieren zu Klassen

Beim Überführen von Delphi nach .NET musste Borland einen Weg finden, um das existierende Unit-Modell mit seinen globalen Variablen/Funktionen/Prozeduren zu unterstützen. Erreicht wurde dies dadurch, dass im Hintergrund eine Klasse für jede Unit erzeugt wird, wobei die globalen Member als Klassenvariablen bzw. Klassenmethoden in Erscheinung treten.

Sie als Programmierer merken davon nichts, Sie verwenden weiter Ihre Units und überlassen das Generieren der entsprechenden Klasse dem Compiler.

Hinweis: Um sich davon zu überzeugen, dass aus jeder Unit tatsächlich eine Klasse geworden ist, können Sie Ihre Assemblies mit einem Tool wie z.B. dem MSIL-Disassembler (*Ildasm.exe*) untersuchen, den Sie zusammen mit zahlreichen anderen Tools im Verzeichnis *c:\Programme\Microsoft.NET\SDK\v1.1\Bin* finden.

Units als Namespaces

Units werden unter Delphi.NET auch als Namespaces benutzt. Eine mit Delphi compilierte Assembly hat so viele Namespaces wie sie Units im Quellcode verwendet. Neu ist auch, dass Units lange Namen haben können, die die Dot-Notation nutzen.

Beispiel:

```
uses System.IO.Text, System.Web;

uses DoKo.Test;
```

Hinweis: Achten Sie auch darauf, dass den klassischen Delphi Win32 Bibliotheken-Units wie (z.B. *SysUtils*, *Classes*) der Präfix *Borland.Vcl* voranzustellen ist.

Beispiel: Statt

```
uses Classes, SysUtils;
```

gilt

```
uses Borland.Vcl.Classes, Borland.Vcl.SysUtils;
```

Achten Sie auch auf folgende Verwechslungsmöglichkeit:

Hinweis: Assembly-Dateinamen sehen oft aus wie Namespace-Namen, aber die Dateinamen müssen nicht notwendigerweise den/die Namensraum/Namensräume wiedergeben, zu denen die Assembly gehört. *System.Windows.Forms.dll* gehört z.B. zu anderen Namensräumen als zu *System.Windows.Forms*.

Unit Initialisierung

Was wird aus den *initalization* und *finalization* Sektionen einer Unit, welche (bei Delphi für Win32) globalen Code zu Beginn und Ende eines Programms ausführen?

Weil sich in Delphi für .NET Units in Klassen verwandeln, wird der Initialisierungscode zu einer statischen Methode der Klasse, die vom Konstruktor aufgerufen wird. Da die Konstruktoren einer Klasse automatisch durch die CLR angestoßen werden, bevor jede Klasse verwendet wird, ist das resultierende Verhalten ähnlich dem gewohnten.

Einziger wichtiger Unterschied ist, dass es keine bestimmte Reihenfolge der Ausführung der Klassen-Konstruktoren eines Programms mehr gibt. Das bedeutet, dass die Reihenfolge der Ausführung der verschiedenen *initialization*-Sektionen unbekannt ist und sich während der Programmausführung ändern kann.

2.2.3 Grundlegende Datentypen

Musste man früher die Delphi-Datentypen mitunter an die darunter liegende CPU anpassen (z.B. bei Gleitkommazahlen), muss die Sprache nun mit der *Common Type System* (CTS) Spezifikation der CLR klarkommen. Natürlich sind die meisten der Basistypen noch vorhanden, andere hat Borland auf Basis der verfügbaren nachgebaut.

Die CLR trifft eine klare Unterscheidung zwischen zwei unterschiedlichen Familien von Datentypen:

- **Wertetypen** (*Value Types*)
  Diese liegen direkt auf dem Stack. Wenn Sie einen Wertetyp kopieren oder zuweisen wird vom System eine komplette Kopie dieses Wertes angelegt. Wertetypen sind alle primitiven Datentypen (Integer und Gleitkommazahlen, Zeichen, boole'sche Werte) und Records.

- **Verweistypen** (*Reference Types*)
  Diese liegen auf dem Heap und unterliegen dem Garbage Collector. Dazu gehören alle anderen Typen wie Objekte, Strings, dynamische Arrays ...

2.2 Die wichtigsten Neuheiten in Delphi .NET

Man könnte natürlich argwöhnen, dass eine pure OOP-Sprache den Gebrauch von primitiven Typen ausschließen und generell für alles Objekte verwenden müsste[1]. Es sind aber vor allem Effizienzgründe, die fordern, primitive Typen systemnah zu verwalten.

Primitive Datentypen

Die folgende Tabelle zeigt eine Zusammenstellung der "primitiven" CLR-Typen, die nicht unmittelbar Objekten zugeordnet werden können. Zwecks Vergleich werden auch die äquivalenten C#-Datentypen mit angegeben:

Delphi.NET-Datentyp	C#.NET-Datentyp	.NET-CLR-Typ
Byte	*byte*	*System.Byte*
ShortInt		*System.SByte*
SmallInt	*short*	*System.Int16*
Integer	*int*	*System.Int32*
Word	*ushort*	*System.UInt16*
LongWord / Cardinal	*uint*	*System.UInt32*
Int64 / Comp	*long*	*System.Int64*
Single	*float*	*System.Single*
Double / Real	*double*	*System.Double*
Decimal	*decimal*	*System.Decimal*
Char / WideChar	*char*	*System.Char*
Boolean	*bool*	*System.Boolean*
Extended		*Borland.Delphi.System.Extended*
Currency		*Borland.Delphi.System.Currency*
ByteBool		*Borland.Delphi.System.ByteBool*
WordBool		*Borland.Delphi.System.WordBool*
LongBool		*Borland.Delphi.System.LongBool*

Hinweis: Der alte *Real48* Typ (6 Byte Gleitkommazahl) ist nicht mehr verfügbar. Der *Real* Type hingegen wird vom Compiler direkt *Double* zugeordnet.

Wie Sie sehen, haben die letzten fünf in der Tabelle aufgelisteten Delphi-Typen kein CLR-Äquivalent. Wir empfehlen Ihnen daher, diese Typen nicht zu verwenden, wenn sie wollen, dass Ihre Klassen auch von anderen .NET-Sprachen benutzt werden sollen. Nichts spricht

---

[1] Wie z.B. SmallTalk, die "Mutter aller OOP-Sprachen".

aber gegen eine Benutzung innerhalb Ihres Programms zwecks Kompatibilität mit existierendem Delphi Code!

Hinweis: Wenn immer es möglich ist, sollten Sie die Typen mit direkter CLR Zuordnung benutzen!

Boxing von primitiven Typen

Um primitive Typen und Objekte gemeinsam zu verwalten (z.B. in einer Container-Klasse) können sie in Object Wrappers "geboxt" werden. Das entspricht quasi einer expliziten Typkonvertierung nach *TObject* alias *System.Object*.

Beispiel: Boxing eines Integer-Wertes

```
var x1: Integer;
    o1: TObject;
begin
  x1 := 10;
  o1 := TObject (x1);           // Boxing bzw. explizite Typkonvertierung
```

Boxing ermöglicht es, dass sich eine Objektreferenz auch auf einen primitiven Wert beziehen kann.

Hinweis: Durch Boxing können einfache Zahlen quasi wie Objekte behandelt werden!

Beispiel: Die vordefinierte *ToString*-Methode der Basisklasse *TObject* wird auf einen Integer angewendet.

```
var x1: Integer;
    st: String;
begin
  x1 := 10;
  st := TObject (x1).ToString;
```

2.2.4 Records

Wir kommen jetzt zu einer anderen wichtigen Familie von Wertetypen, den Records (in C# als Strukturen bezeichnet). Obwohl Records schon lange Bestandteil von Delphi sind und mit zum Pascal-Urgestein gehören, haben sie beträchtliche Erweiterungen erfahren, so können sie Methoden haben, Konstruktoren und auch Operatoren.

Record versus Klasse

Ein mit Methoden ausgestatteter Record ähnelt einer Klasse, der wichtigste Unterschied (außer dem Fehlen von Vererbung und Polymorphie) ist, dass die Record-Variablen den

2.2 Die wichtigsten Neuheiten in Delphi .NET

lokalen Speicher nutzen (Stack) und ein "Werte-Kopier-Verhalten" (*by value*) bei Zuweisungen bzw. bei der Parameterübergabe an Funktionen zeigen.

Im Unterschied dazu werden Variablen vom Typ einer Klasse auf dem Heap (dynamischer Speicher) angelegt und zeigen bei Zuweisungen ein "Referenz-Kopier-Verhalten" (*by reference*), sie kopieren nicht das Objekt selbst, sondern nur einen Verweis (eine Adresse) zum Objekt.

Wenn Sie eine Record-Variable deklarieren können Sie diese – so wie jeden anderen Wertetyp – sofort benutzen, ohne dazu einen Konstruktor bemühen zu müssen.

Hinweis: Record-Variablen sind schlanker und effizienter als reguläre Objekte, weil sie am dynamischen Speichermanagement nicht teilhaben.

Dies ist auch der Hauptgrund dafür, dass Sie für kleine und einfache Datenstrukturen Records den Vorzug geben sollten.

Deklaration und Verwendung

Beispiel: Ein Record, wie Sie ihn jetzt in Delphi.NET deklarieren können.

```
type  TPerson = record
   private
     _name: string;  _wohnort: string;
   public
     function Adresse: String;
     constructor Create (name, wohnort: string);
end;

function TPerson.Adresse: string;
begin  Result := _name + Environment.NewLine + _wohnort  end;

constructor TPerson.Create (name, wohnort: string);
begin _name := name;  _wohnort := wohnort end;
...
var
    person: TPerson;
begin
  person := TPerson.Create('Müller', 'Berlin');
  Label1.Text := person.Adresse;
...
```

Wie Sie sehen, kann ein Record auch einen Konstruktor besitzen, aber dieser muss Parameter haben. Wenn Sie es trotzdem mit *Create()* versuchen, erhalten Sie eine Fehlermeldung.

Neue vordefinierte Records in Delphi

Wegen der komplizierter gewordenen Record-Definition und wegen der Option zur Operatorenüberladung hat Borland einige der vordefinierten Delphi-Typen in Records verwandelt (*Variant, DateTime, Currency* ...).

Insbesondere betrifft dies den *Variant*-Datentyp, denn es gibt z.B. keine Unit *VarUtils* und keinen Typ *TVarData* mehr. Delphi für .NET implementiert Varianten mittels Operatorenüberladung und ClassHelpers.

Die Implementierung von *Currency* ist ein Record mit Operatorenüberladung und Unterstützung bestimmter .NET-Interfaces wie *IConvertible*.

Varianten Records

Dies sind Datenstrukturen, deren Felder unterschiedliche Datentypen haben können in Abhängigkeit von einem gegebenen Feld.

Die wichtigste Regel für Varianten-Records in Delphi .NET ist, dass Sie im überlappenden Teil der Typdeklaration keine Verweistypen benutzen können.

Beispiel: Die folgende (unsichere) Typdeklaration funktioniert nicht, wenn *feld4* vom *String*-Datentyp ist.

```
type TVarRecord = record
     public
       feld1: Integer;
       case test: Boolean of
         True: (feld2: Integer; feld3: Char);
         False: (feld4: Integer);        // (feld4: String); => funktioniert leider nicht!
end;
```

2.2.5 Strings und andere Verweistypen

Zu dieser Kategorie gehört so ziemlich alles, was außerhalb der primitiven Datentypen noch Rang und Namen hat, also beliebige Objekte, wie sie aus dem *class*-Type instanziiert werden, aber vor allem auch Strings, Arrays und die zahlreichen Collections.

Wie bereits erwähnt, ist der Hauptunterschied zwischen Werte- und Verweistypen der, dass Referenztypen dem Heap zugewiesen werden und dem Garbage Collector unterliegen.

Strings

Der größte Unterschied zwischen Delphi für Win32- und Delphi für .NET-Strings besteht darin, dass der *String*-Typ nun ein Unicode Wide-String und kein Ansi-String mehr ist.

- Win32-Strings liegen auf dem Heap (Long Strings), werden durch einen Referenzzähler bedient und unterliegen der so genannten *copy on write*-Technik (mit jeder Änderung an einer String-Variablen wird ein neuer String erzeugt).

2.2 Die wichtigsten Neuheiten in Delphi .NET

- .NET-Strings sind ziemlich ähnlich, benutzen aber den UTF16 Unicode Zeichensatz (jedes Zeichen wird mit 16Bit dargestellt = 2Bytes). Der Index richtet sich nach dem Zeichen und nicht nach dem Byte!

Hinweis: Ein .NET-String belegt demzufolge doppelt so viel Speicherplatz wie ein Win32-String (es sei denn, Sie benutzen den WideString-Typ von Win32).

Allgemein gilt für einen Delphi.NET-String: *String = WideString = System.String*. Im Gegensatz dazu werden ein *AnsiString* und ein *ShortString* nun als *Array of Byte* betrachtet.

Die folgende Tabelle zeigt die Zuordnung der verfügbaren Delphi-Strings zu den korrespondierenden CLR-Typen:

Delphi.NET-Datentyp	.NET-CLR-Typ
String/WideString	System.String
AnsiChar	Borland.Delphi.System.AnsiChar
ShortString	Borland.Delphi.System.ShortString
AnsiString	Borland.Delphi.System.AnsiString

Die grundsätzliche Verwendung des UTF16-Unicode Zeichensatzes unter .NET vereinfacht die Programmierung, da Sie sich nun nicht mehr um Multibyte-Zeichensätze kümmern müssen. Dennoch muss der Code bei der Übernahme auf die *Char*-Größe überprüft werden, da es sich nun nicht mehr um Ein-Byte-, sondern um Zwei-Byte-Zeichen handelt.

Hinweis: Sie können weiterhin Strings mit Ein-Byte-Zeichen verwenden, müssen diese aber nun als *AnsiString* anstatt als *String* deklarieren.

Der Compiler führt eine Konvertierung zwischen diesen Strings durch, wenn Sie eine explizite Typumwandlung verwenden oder wenn Sie die Strings implizit umwandeln, indem Sie sie einer Variablen oder einem Parameter des jeweils anderen Typs zuweisen.

Stringaddition

Ein anderer bemerkenswerte Fakt ist, dass auf Grund der *copy on write* Technik auch unter .NET das Zusammenfügen von Strings sehr umständlich ist, wenn es traditionell mit + gemacht wird (die *AppendStr*-Methode gibt es nicht mehr). Dabei muss selbst dann ein neuer String im Speicher erzeugt werden, wenn nur ein paar Zeichen zu einem String zu addieren sind. Um diese langsame Implementation zu überwinden, stellt das .NET Framework eine spezielle Klasse *StringBuilder* zum Zusammenfügen von Strings bereit.

Hinweis: Einen sehr aussagekräftigen Beweis für den Geschwindigkeitsvorteil des *StringBuilder*-Objekts finden Sie im Rezept R 6.1.

Nicht initialisierte Strings

In Delphi .NET hat ein nicht initialisierter String den Wert *nil*. Der Compiler berücksichtigt diese Tatsache, wenn Sie einen nicht initialisierten String mit einem leeren String vergleichen. Für die Code-Zeile

```
if S <> '' then ...
```

führt der Compiler beispielsweise den Vergleich durch und behandelt den nicht initialisierten String als leeren String. Bei anderen String-Operationen wird ein nicht initialisierter String nicht automatisch als leerer String behandelt (darin besteht ein Unterschied zu Code, der auf der Win32-Plattform compiliert wurde). Dies kann zu einer Laufzeit-Exception aufgrund eines leeren Objekts führen.

ToString-Methode

Und zum Abschluss unserer Betrachtungen zum *String*-Datentyp soll ein wichtiges und nützliches Feature nicht vergessen werden:

> **Hinweis:** In der .NET FCL (*Framework Class Library*) – und als Konsequenz auch in Delphis RTL – hat jedes Objekt eine String-Repräsentation, verfügbar durch Aufruf der virtuellen *ToString*-Methode.

Beispiel: Anzeige einer Zahl

```
var i: Integer;
begin
  i := 5;
  Label1.Text := i.ToString;
```

2.2.6 Benutzen des Typs PChar

In Delphi .NET ist die Benutzung von Pointern und anderen unsicheren Typen zwar verpönt, aber immer noch möglich, Sie brauchen einfach nur den Code als *unsafe* zu markieren.

Nachdem Sie den Compilerschalter

```
{$UNSAFECODE ON}
```

gesetzt haben, können Sie globale Routinen oder Methoden mit der *unsafe* Direktive markieren. Ihre Applikation ist dann zwar eine legale .NET Anwendung, allerdings keine sichere.

Wenn Sie den *PChar*-Typ anwenden wollen, erhalten Sie eine Compilerwarnung "Unsicherer Code ist nur in unsicheren Prozeduren erlaubt.." Das Problem ist lösbar, wenn Sie die *unsafe*-Direktive einsetzen, um damit die betreffende Prozedur zu markieren.

2.2 Die wichtigsten Neuheiten in Delphi .NET

Beispiel: Der Inhalt einer TextBox wird zeichenweise auf Großbuchstaben getestet.

```
{$UNSAFECODE ON}
function isUpper(c: Char): Boolean;
begin
  Result := c in ['A'..'Z', 'Ä', 'Ö', 'Ü']
end;

procedure pCharGB(p: PChar); unsafe;
begin
  while (p^ <> #0) do begin
    if isUpper(p^) then MessageBox.Show(p^ + ' ist ein Großbuchstabe!');
    Inc(p)
  end
end;

procedure TWinForm1.Button1_Click(sender: System.Object; e: System.EventArgs); unsafe;
var ca: array of Char;
begin
  ca := TextBox1.Text.ToCharArray;
  pCharGB(@ca[0])
end;
```

Obiger Code funktioniert zwar, aber es ist schwer zu verstehen, warum man stattdessen nicht eine einfachere und pointerfreie Lösung wählt.

Daraus ergibt sich die generelle Frage, ob man den *PChar*-Typ überhaupt noch benötigt, denn sein Hauptanwendungsgebiet – die Parameterübergabe beim Direktzugriff auf die Windows-API – hat unter .NET so gut wie keine Bedeutung mehr.

Hinweis: Beachten Sie, dass viele RTL-Funktionen, die den Typ *PChar* unterstützt haben, aus der RTL entfernt wurden. Sie müssen diese Funktionen nun durch die entsprechenden Versionen vom *String*-Typ ersetzen.

2.2.7 Sichere Typkonvertierung

Da die .NET CLR höhere Anforderungen an die Typsicherheit stellt, wurden einige der in Delphi bislang möglichen direkten Typumwandlungen abgeschafft bzw. geändert.

Casting eines Objekts in einen anderen Objekttyp

Nach wie vor ist ein direktes Typecasting möglich:

```
ObjectA := TClassA (ObjectB);
```

Die .NET-konforme Regel ist aber, dass jedes Objekt auf Kompatibilität zu jedem seiner Basisklassentypen überprüft wird. Das ist zwar langsamer als eine direkte Typumwandlung, dafür aber sicherer:

```
ObjectA := ObjectB as TClassA;
```

Anders als bei Delphi für Win32 besteht in Delphi .NET also kein Unterschied zwischen einer expliziten Typumwandlung und dem Operator *as*. In beiden Fällen ist die Umwandlung nur dann erfolgreich, wenn die zu konvertierende Variable eine Instanz des Typs ist, in den sie umgewandelt werden soll. Dies bedeutet, dass Code, der vorher problemlos ausgeführt wurde (durch Umwandlungen zwischen nicht kompatiblen Datentypen), nun unter Umständen eine Laufzeit-Exception generiert.

Casting primitiver Datentypen

Etwas anders verhält es sich bei den primitiven Datentypen (z.B. Integer), die wir in einen *TObject*-Typ verpacken wollen. Hier landen wir – wie bereits beschrieben – beim Boxing des nativen Wertes:

```
ObjectA := TObject (aNr);
```

So erlangen Sie ein neues Objekt, welches den Wert der Umwandlung kapselt.

Die Rückumwandlung in den Originalwert:

```
aNr := Integer (ObjectA);
```

2.2.8 Neuigkeiten bei den Klassen

Obwohl das CLR-Klassenmodell voll unterstützt wird, bleiben die meisten der traditionellen Delphi-Klassen-Features unverändert. Wichtige Neuerungen betreffen z.B. die Sichtbarkeitsregeln, Änderungen bei statischen Mitgliedern, das Konzept der ClassHelpers und die Garbage Collection. Wir aber wollen bei einem scheinbar belanglosen Feature beginnen:

Geerbter Konstruktor muss aufgerufen werden

Delphi war bis jetzt eine der wenigen OOP-Programmiersprachen, die nicht verlangten, dass zunächst die Basisklasse im Konstruktor der erbenden Klasse initialisiert werden muss. Dadurch wurden Tür und Tor für gemeine Fehler und schwammiges Verhalten geöffnet.

Hinweis: Delphi .NET verlangt, dass Sie im Konstruktor der Subklasse den Konstruktor der Basisklasse aufrufen und zwar **bevor** Sie irgendein Feld oder irgendeine Methode der Basisklasse benutzen.

Beispiel: Der folgende triviale Code wird nicht mehr compiliert (Fehlermeldung: *'Self' ist nicht initialisiert. Ein geerbter Konstruktor muss aufgerufen werden*):

2.2 Die wichtigsten Neuheiten in Delphi .NET

```
type TTestclass = class
private
   f1: Integer;
public
   constructor Create;
end;
constructor TTestclass.Create;
begin
   f1 := 10;
end;
```

TTestClass erbt von *TObject* und ist somit an dieselbe Regel wie auch jede andere Klasse gebunden (obwohl der *TObject*-Konstruktor ja eigentlich nutzlos ist), also:

```
constructor TTestclass.Create;
begin
   f1 := 10;
   inherited Create;
end;
```

Bevorzugen sollten Sie aber die folgende sichere Reihenfolge:

```
constructor TTestclass.Create;
begin
   inherited Create;
   f1 := 10;
end;
```

Strengere Sichtbarkeitsregeln

Im Unterschied zu den meisten anderen OOP-Sprachen hat das "alte" Delphi eine ziemlich lockere private Sichtbarkeit. Diese wirkt nur zwischen Units, nicht aber zwischen Klassen innerhalb derselben Unit. Eine Klasse konnte also auf die privaten Felder bzw. Methoden einer anderen Klasse derselben Unit zugreifen. Gleiches galt für die Protected Members.

Um mit der CLR kompatibel zu sein, hat Borland zwei weitere Zugriffsspezifizierer hinzugefügt: *strict private* und *strict protected*. Diese verhalten sich erwartungsgemäß im Sinne der CLR: Andere Klassen innerhalb derselben Unit können nicht darauf zugreifen. Der Zugriff auf *strict protected* Symbole ist nur bei abgeleiteten Klassen möglich.

Die folgende Tabelle zeigt die Zuordnung der Sichtbarkeitsattribute:

Delphi.NET	CLR
private	*assembly*
strict private	*private*
protected	*family/assembly*

Delphi.NET	CLR
strict protected	*family*
public	*public*
published	*public*

Protected-Hacking funktioniert noch!

In Delphi .NET hat *protected* seine Bedeutung beibehalten, nämlich dass die damit deklarierten Elemente nur innerhalb der Klassendeklaration und in allen davon abgeleiteten Klassen sichtbar sind. Mit dieser Sichtbarkeit werden also Elemente deklariert, die nur in den Implementierungen abgeleiteter Klassen verwendet werden sollen.

Gestandene Delphianer wissen aber von einem Trick, wie man auf protected Daten einer anderen Klasse zugreifen kann, selbst wenn sich diese Klasse in einer anderen Unit befindet.

Die Kernidee des "protected hacking" ist die Fähigkeit, eine andere Klasse in eine vorgetäuschte Subklasse zu casten. Wenn auch die CLR das nicht erlaubt, so ignoriert der Compiler dies und lässt Sie trotzdem auf das protected Member zugreifen.

Beispiel: In einer Klasse *TKunde* gibt es ein geschütztes Feld *Kontostand*:

```
type  TKunde = class
  protected
    Kontostand: Currency;
  public
    Nachname: String;
end;
```

Das Hauptformular benutzt *Protected Hacking* wie folgt für den Zugriff:

```
type THackKunde = class(TKunde);         // Referenz auf abgeleitete Klasse!

procedure TWinForm1.Button2_Click(sender: System.Object; e: System.EventArgs);
var ks: Decimal;
    kunde: TKunde;
begin
  kunde := TKunde.Create('Müller', 10000);
  ks := THackKunde(kunde).Kontostand;         // Typecasting nach abgeleiteter Klasse!
  Label1.Text := 'Der Kontostand von ' + kunde.Nachname + ' beträgt ' + ks.ToString('c');
end;
```

Hinweis: Den kompletten Quellcode finden Sie im Rezept R 6.2!

2.2 Die wichtigsten Neuheiten in Delphi .NET

Die einzig gute Nachricht ist, dass das *Protected Hacking* nur innerhalb einer Assembly funktioniert. Falls sich die Unit, in welcher die Basisklasse definiert ist, in einer anderen Assembly befindet, wird es nicht funktionieren.

Klassendaten

Ein weiteres neues Feature von Delphi betrifft die Einführung von Klassendaten (*class data*). Erlaubt waren bisher nur Klassenmethoden (statische Methoden, die nicht an ein bestimmtes Objekt gebunden sind, sondern an die Klasse).

Klassendaten können gemeinsam von allen Objekten der Klasse benutzt werden. Früher musste man dieses Verhalten mit globalen Variablen in der *implementation*-Sektion simulieren, dies aber kann bei der Ableitung von Klassen Schwierigkeiten bereiten.

Klassendaten werden – ähnlich wie Klassenmethoden – durch Voranstellen der Schlüsselwörter *class var* markiert.

Beispiel:

```
type TTest = class
    private
        class var anzahl: Integer;
    public
        class procedure getAnzahl: Integer;
```

Statische Klassenmethoden

Außerdem können Sie jetzt auch *class properties* und *static class procedures* deklarieren.

Statische Klassenmethoden wurden zwecks CLS-Kompatibilität eingeführt. Weil relevante Unterschiede in der Implementierung bestehen, hat sich Borland für zwei getrennte Sprach-Features entschieden.

Der Unterschied besteht darin, dass statische Klassenmethoden keine Referenz zu ihrer eigenen Klasse besitzen (kein *Self*) und nicht virtuell sein können (also nicht überschrieben werden dürfen). Positiv ist, dass sie zur Definition von Klasseneigenschaften benutzt werden können.

Beispiel: Eine Demoklasse mit verschiedenen statischen Mitgliedern.

```
type TTestStatic = class
    private
        class var _name: string;
    public
        class procedure Test1;
        class procedure Test2; static;
        class function getName: string; static;
        class procedure setName (Value: string); static;
```

```
    class property Name: string
      read getName write setName;
end;
```

2.2.9 Class Helpers

Als Borland mit der Arbeit zu Delphi.NET begann, musste zunächst ein Hauptproblem gelöst werden: Wie kann man die Delphi-Basisklassen (*TObject*, *Exception*, ...) mit den korrespondierenden Klassen des .NET Frameworks in Einklang bringen?

Als trickreicher Ausweg entstanden die ClassHelpers. Ein Class Helper ist eine spezielle Klasse, die mit einer anderen Klasse verbunden wird, um dort zusätzliche Eigenschaften und Methoden – allerdings keine Daten! – verfügbar zu machen. Auf diese Weise können Sie eine Methode auf ein Objekt dieser Klasse anwenden, auch wenn diese Klasse keinerlei Ahnung von der Existenz einer solchen Methode hat.

Wie Sie sehen, erinnert dieses Konstrukt stark an die Mehrfachvererbung von Klassen, die allerdings bei OOP-Puristen nicht den besten Ruf genießt.

Beispiel: Der folgende Code deklariert eine Klasse *TKreis* und einen Helper für diese Klasse, der die Eigenschaft *Umfang* hinzufügt.

```
type  TKreis = class
  private
    _rad : Double;
  public
    constructor Create(rad : double);
    property Radius: Double read _rad write _rad;
  end;

type TKreisHelper = class Helper for CKreis
    function getUmfang: Double;
    procedure setUmfang(Value: Double);
  public
    property Umfang: Double read getUmfang write setUmfang;
  end;
```

Die Helper-Methode wird zu einer Methode der Klasse und kann wie jede andere Methode benutzt werden. Der Class Helper selbst wird nicht instanziiert!

```
kreis1 := TKreis.Create(10);
Label1.Text := kreis.Umfang.ToString;
```

Hinweis: Den ausführbaren und leicht modifizierten Quellcode finden Sie im Rezept R 6.3!

Eine Class Helper-Methode kann auch die originale Methode überschreiben! Auf diese Weise lassen sich Klassen erweitern, die in einer externen Assembly definiert sind und z.B. auch in einer anderen Sprache geschrieben wurden.

Borland selbst macht in seiner Delphi RTL regen Gebrauch von Class Helpers, um die standardmäßigen .NET-Klassen zu erweitern und in die .NET RTL-Unterstützung zu integrieren.

2.2.10 Eigenschaften

Da ist (fast) alles beim Alten geblieben, denn Properties in Delphi für .NET unterstützen dieselben Kern-Features, wie sie bereits seit Delphi-Urzeiten vorhanden waren.

Einziger relevanter Unterschied ist das "Wie" der Transformation nach Delphi .NET, denn die CLS-Properties sind an *get*- und *set*-Zugriffsmethoden anzupassen.

Hinweis: Falls Sie sich von Ihrem (unsauberen?) Programmierstil – nämlich der Verwendung von öffentlichen Variablen als Eigenschaften – nicht trennen können, so macht das nichts, denn der Delphi .NET Compiler erzeugt für Sie diese Zugriffsmethoden automatisch.

2.2.11 Array-Properties

Schon immer hat Delphi Array-Properties unterstützt, die als Parameter einen Wert – eingeschlossen in eckige Klammern – entgegennehmen. Da eine Array-Eigenschaft als Standardeigenschaft (*default*) deklariert werden kann, ist ein bequemer Indexer-Zugriff quasi wie in C# möglich. Der "feine" Unterschied ist allerdings, dass C# multiple Indexer erlaubt, basierend auf verschiedenen Indextypen. Um dieses Feature auch in Delphi .NET verfügbar zu machen, wurde eine Möglichkeit zum Überladen der Standard-Array-Eigenschaft hinzugefügt.

Hinweis: Beachten Sie aber, dass Sie nicht wirklich multiple Array-Properties haben, sondern nur multiple Definitionen einer einzigen Eigenschaft!

Beispiel: Auf eine Stringliste wird mit zwei Versionen einer einzigen Standardeigenschaft zugegriffen.

```
type  TTestclass = class
private
  list: TStringList;
public
  constructor Create;
  function get_Item(i: Integer): String; overload;
  function get_Item(id: String): String; overload;
```

```
  procedure set_Item(i: Integer; const value: String); overload;
  procedure set_Item(id: String; const value: String); overload;
public
  property Item [i: Integer]: String read get_Item write set_Item; default;
  property Item [id: String]: String read get_Item write set_Item; default;
end;
```

Sie können beide Überladungen der Standardeigenschaft nutzen, indem Sie einfach unterschiedliche Parametertypen übergeben:

```
ttc := TTestclass.Create;
ttc ['text'] := 'Hallo';
Label1.Text := ttc [0];
```

2.2.12 Neues Ereignismodell

Im alten Delphi gibt es lediglich Singlecast-Events, d.h., ein Ereignis kann immer nur an eine einzige Methode gebunden werden. Die Implementierung der Ereigniseigenschaft erfolgt mit *read*- und *write*-Accessoren.

Hinweis: Neu in Delphi .NET sind **Multicast-Events**, bei denen beliebig viele Methoden (Ereignisbehandlungen) auf ein einziges Event reagieren können.

Dieses Feature ist von größter Wichtigkeit für die Umsetzung des .NET-Ereignismodells und von zentraler Bedeutung für moderne Programmentwicklungen (Observer-Pattern, siehe Abschnitt 14.2).

Singlecast-Events

Beispiel: Ein Ereignis, wie es im alten Delphi deklariert und angewendet wird und wie es auch unter Delphi .NET noch funktioniert:

```
TGuthabenLeer = procedure(sender: TObject; e: String);    // Ereignis-Delegate

TKunde = class
private
  FGuthaben: Decimal;
  FGuthabenLeer: TGuthabenLeer;
public
  procedure addGuthaben(betrag: Decimal);
  property OnGuthabenLeer: TGuthabenLeer read FGuthabenLeer write FGuthabenLeer;    // 1
end;
```

2.2 Die wichtigsten Neuheiten in Delphi .NET

Das Auslösen des Events:

```
procedure TKunde.addGuthaben(betrag: Decimal);
var msg: String;
begin
  FGuthaben := FGuthaben + betrag;
  if FGuthaben < 0 then begin
    msg := 'Das Konto ist leer!';
    if assigned(OnGuthabenLeer) then OnGuthabenLeer(Self, msg);      // Ereignis feuert
  end;
end;
```

In der Klasse *TWinForm1*, in welcher die Klasse *TKunde* instanziiert wird, muss das Ereignis erst mit seinem Handler verbunden werden:

```
var kunde: TKunde;
constructor TWinForm1.Create;
begin
   kunde := TKunde.Create;
   kunde.OnGuthabenLeer := Self.GuthabenLeer;                         // 2
end;
```

Die Ereignisbehandlung:

```
procedure TWinForm1.GuthabenLeer(sender: TObject; e: String);
begin
   MessageBox.Show(e, 'Warnung');
end;
```

Multicast-Events

Wollen Sie Multicast-Unterstützung, so müssen Sie lediglich die zwei im obigen Code mit *//1* und *//2* kommentierten Zeilen abändern.

Zuerst müssen die *read-* und *write*-Accessoren durch *add* und *remove* ersetzt werden:

```
property OnGuthabenLeer: TGuthabenLeer add FGuthabenLeer remove FGuthabenLeer;      // 1
```

Um das Ereignis anschließend mit einem oder mehreren Handler(n) zu verbinden, setzen Sie die *Include*-Anweisung ein:

```
Include(kunde.OnGuthabenLeer, Self.GuthabenLeer);                    // 2
```

Es steht Ihnen nun frei, auf die gleiche Weise weitere Ereignisbehandlungen für das Ereignis *kunde.OnGuthabenLeer* hinzuzufügen bzw. diese mit *Exclude* wieder zu lösen.

Die Existenz von Multicast-Events zwingt auch zu einem Überdenken bei der Benutzung von traditionellen Ereignisbehandlungen wie z.B. *Form_Load* zwecks Unterbringung von Initialisierungscode. Falls mehrere Eventhandler dieses Ereignis abonniert haben, kann die Reihenfolge der Abarbeitung durchaus unklar sein, so dass sich Fehlermöglichkeiten einschleichen können. Aus diesem Grund empfiehlt Microsoft anstatt der Benutzung der Basisklassenereignisse die Überschreibung der das Ereignis auslösenden Basisklassenmethoden.

Hinweis: Eine ausführliche Beschreibung und Anwendung des .NET-Multicast-Mechanismus im Zusammenhang mit der Umsetzung des Microsoft Event-Pattern finden Sie im Kapitel 14 (Abschnitt 14.2).

2.2.13 Saubere Interfaces

Den meisten Delphi-Programmierern ist der *interface* Type als eine strikt COM-bezogene Technologie bekannt. In Delphi .NET steht COM grundsätzlich nicht mehr im Mittelpunkt, so dass sich einige relevante Implementierungsdetails der Interfaces geändert haben. So ist die Definition von *IInterface* zwar noch vorhanden, aber trotzdem grundsätzlich verschieden, weil nun eine leere Definition zugrunde liegt (in *Borland.Delphi.System*):

```
type IInterface = interface
end;
```

Das heißt, die Referenzzählung ist nicht mehr da, auch die Typprüfung basiert nicht mehr auf *QueryInterface*, sondern auf speziellen Compiler/Laufzeit-Features. Als durchaus willkommenen Nebeneffekt brauchen Sie Interfaces nicht mehr mit GUIDs auszustatten.

Diese Änderungen führen dazu, dass Interfaces nun 100%-ig ein Language-Feature geworden sind (mit keinerlei Beziehung mehr zu COM etc.). Interfaces arbeiten damit unter Delphi .NET besser als unter Delphi 7[1].

Beispiel: Ein Interface *IKreis*, welches die Eigenschaften *Radius* und *Umfang* nebst den zugehörigen Zugriffsmethoden bereitstellt.

```
type IKreis = interface(IInterface)
    function get_Radius: String;
    procedure set_Radius(value: String);
    function get_Umfang: String;
    procedure set_Umfang(value: String);
    property Radius: String read get_Radius write set_Radius;
    property Umfang: String read get_Umfang write set_Umfang;
end;
```

Hinweis: Beachten Sie die in Kleinbuchstaben geschriebenen Namen für die *get* and *set* Methoden und den Unterstrich (_) vor der Property!

---

[1] Eine Garbage Collection für Interfaces ist sehr praktikabel, weil das nichts mehr mit dem traditionellen *Free* des "alten" Delphi zu tun hat.

2.2 Die wichtigsten Neuheiten in Delphi .NET

Falls Sie dieser Konvention nicht folgen, so erhalten Sie Hinweise wie:

> [Hinweis] InterfaceClasses.pas(17): Schreibweise der Methode für den Eigenschaftszugriff ISimple.Get_Value sollte ISimple.get_Value sein

Diese Hints helfen Ihnen beim Schreiben von CLS-kompatiblem Code. Falls Sie sich nicht daran halten, können möglicherweise einige andere .NET-Sprachen diese Property nicht nutzen, einige davon (VB und C#) werden Ihnen das aber trotzdem erlauben.

Hinweis: Die komplette Interface-Demo finden Sie im Rezept R 6.5!

2.2.14 Operatoren auf neuen Fundamenten

Brandneu in Delphi .NET ist das Prinzip der Operatorenüberladung, d.h. die Fähigkeit, dass Sie Ihre eigenen Implementierungen für die Standardoperationen (Summieren, Multiplizieren, Vergleichen...) auf Ihren Datentypen definieren, z.B. können Sie einen *Add*-Operator implementieren (eine spezielle *Add*-Methode) und dann das + Symbol benutzen, um ihn aufzurufen.

Hinweis: Zur Definition eines Operators benutzen Sie die Direktive *class operator*.

Der Term *class* bezieht sich hier auf Klassenmethoden, weil Operatoren wie Klassenmethoden keinen *Self*-Parameter, also kein aktuelles Objekt haben. Nach der Direktive schreiben Sie den Namen des Operators:

Beispiel: Überladung des *Add*-Operators

```
type TPointRecord = record
  public
     class operator Add (a, b: TPointRecord): TPointRecord;
```

Der Operator *Add* wird dann mit dem + Symbol aufgerufen.

Die Menge der verfügbaren Operatoren entspricht der vollständigen Menge an Operatoren wie sie Delphi bereitstellt, Sie können also keine völlig neuen Operatoren definieren:

Gruppe	Operatoren
Einstellig (Unär)	*Positive, Negative, Inc, Dec, LogicalNot, BitwiseNot, Trunc, Round*
Vergleich (Compare)	*Equal, NotEqual, GreaterThan, GreaterThanOrEqual, LessThan, LessThenOrEqual*
Zweistellig (Binär)	*Add, Subtract, Multiply, Divide, IntDivide, Modulus, ShiftLeft, ShiftRight, LogicalAnd, LogicalOr, LogicalXor, BitwiseAnd, BitwiseOr, BitwiseXor*

Hinweis: Im aufrufenden Code benutzen Sie natürlich nicht die obigen Namen, sondern das korrespondierende Symbol (z.B. + für *Add* oder >= für *GreaterThan*).

Beispiel: Die folgende Unit implementiert einen Rekord *TKomplex* zum Rechnen mit komplexen Zahlen mit Überladungen für Addition und Multplikation:

```
unit Komplex;

interface
type TKomplex = record
  Re, Im: Double;
  // Operatorenüberladungen:
  class operator Add (a, b: TKomplex): TKomplex;         // "+"
  class operator Multiply (a, b: TKomplex): TKomplex;    // "*"
end;

implementation

class operator TKomplex.Add(a, b: TKomplex): TKomplex;        // für +
begin
  Result.Re := a.Re + b.Re;
  Result.Im := a.Im + b.Im;
end;

class operator TKomplex.Multiply(a, b: TKomplex): TKomplex;   // für *
begin
  Result.Re := a.Re * b.Re - a.Im * b.Im;
  Result.Im := a.Re * b.Im + a.Im * b.Re;
end;
end.
```

Das Benutzen des Records:

```
procedure TWinForm1.Eingabe;      // Zahlen einlesen
begin
  A.Re := Convert.ToDouble(TextBox1.Text);
  A.Im := Convert.ToDouble(TextBox2.Text);
  B.Re := Convert.ToDouble(TextBox3.Text);
  B.Im := Convert.ToDouble(TextBox4.Text);
end;

procedure TWinForm1.Verarbeitung;    // Rechenoperationen mit überladenen Operatoren
begin
```

2.2 Die wichtigsten Neuheiten in Delphi .NET

```
    if RadioButton1.Checked then Z := A + B;   // Addition
    if RadioButton2.Checked then Z := A * B;   // Multiplikation
end;
```

Hinweis: Das komplette Programm finden Sie im Rezept R 6.6!

2.2.15 Garbage Collection

Eines der meistdiskutierten Features der .NET Plattform (wie auch der Java Plattform) ist die Garbage Collection. Diese "Müllabfuhr" sorgt in unregelmäßigen Abständen dafür, dass nicht mehr benötigte Ressourcen aus dem Speicher entfernt werden. Sobald ein Objekt nicht mehr referenziert wird, löscht es der Garbage Collector beim nächsten Durchlauf. Allerdings hat der Entwickler in der Regel keinerlei Einfluss auf den Zeitpunkt, an welchem sich der Müllmann an die Arbeit macht.

Daher verschiebt sich auch die Bedeutung des Destruktors, da Sie sich als Entwickler nicht mehr um das Aufräumen von verwalteten Objektinstanzen kümmern müssen. Leider gilt dieser Komfort nicht für externe Ressourcen (Dateien, Datenbankverbindungen, Bitmaps, GDI-Ressourcen...). Für deren Freigabe trägt nach wie vor der Entwickler die volle Verantwortung. Wenn aber der Garbage Collector in Aktion ist, können Sie nicht einfach den Bereinigungscode in den Klassendestruktor legen, weil das Objekt evtl. erst sehr viel später zerstört werden kann und damit die Ressourcen nach wie vor nicht freigegeben werden (oder möglicherweise überhaupt nicht!).

Hinweis: Ein entsprechendes Beispiel, bei welchem die vom Garbage Collector aufgerufene *Finalize*-Methode zum Einsatz kommt, finden Sie unter R 6.8!

Bei genauer Betrachtung gibt es in .NET (und somit auch in Delphi .NET) keine echten Destruktoren, um eine Objektinstanz zu einem definierten Zeitpunkt löschen zu können. Stattdessen gibt es eine spezifische Vorschrift, um deren Implementierung Sie sich selbst kümmern müssen:

Hinweis: Jede Klasse die auf das Bereinigen von Ressourcen angewiesen ist, muss die *Dispose*[1] Methode des *IDisposable* Interface implementieren.

So müssen Sie – falls erforderlich – diese Methode in Ihren Klassen definieren und dann aufrufen, bevor alle Objektreferenzen aufgelöst werden[2]. Aber keine Sorge – als Delphi

---

[1] *dispose* = beseitigen

[2] Nur in einigen spezifischen Klassen, z.B. wenn sich das Objekt in einem Container befindet, kann eine Bibliotheksklasse den Aufruf von *Dispose* für Sie erledigen.

.NET-Entwickler werden Sie von dieser lästigen Aufgabe weitgehend entbunden, denn hier implementieren alle Objekte implizit *IDisposable* und leiten *Dispose*-Aufrufe an den *Destroy*-Destruktor weiter. Wie der folgende Beispielcode zeigt, bleibt dabei die vertraute Delphi-Syntax weitestgehend erhalten.

Beispiel: Eine Klasse *TKunde* wird mit einem *Destroy*-Destruktor ausgerüstet.

```
unit Kunde;
interface
type TKunde = class
  strict protected
    destructor Destroy; override;
```

Hinweis: Falls Sie einen Destroy-Destruktor *Destroy* schreiben und dabei das *override* Schlüsselwort vergessen, so werden Sie die Fehlermeldung *Sprach-Feature wird nicht unterstützt: 'destructor'* erhalten.

```
  private
    _name: System.String; _saldo: Decimal;
  public
    constructor Create(name: System.String; saldo: Decimal);
    property saldo: Decimal read _saldo;
  end;
implementation
constructor TKunde.Create(name: System.String; saldo: Decimal);
begin
  inherited Create;
  _name := name; _saldo := saldo;
end;

destructor TKunde.Destroy;
begin
  try
    // ...
```

Hier könnten Sie Destruktorcode unterbringen, z.B. das *saldo* des Kunden in einer Datei sichern!

```
  finally
    inherited Destroy;
  end
end;

end.
```

2.2 Die wichtigsten Neuheiten in Delphi .NET

Obwohl im obigen Code nicht sichtbar, implementiert die Klasse das *System.IDisposable*-Interface. Damit wird die *Destroy* Methode zu einer Implementation von *Dispose*!

In Delphi .NET wurde der Aufruf von *Free* zu einem Aufruf der *Dispose* Methode des *IDisposable* Interface umgeleitet.

Hinweis: Wenn Sie aus alter Gewohnheit immer noch *Destroy* verwenden wollen, um das Freigeben von Ressourcen zu definieren, so rufen Sie aber bitte niemals *Destroy* auf (wie in Delphi 1 bis 7), sondern immer *Free*.

Im obigen Code wird der Aufruf von *Destroy* von außerhalb der Klasse allein schon dadurch verhindert, dass die Methodenüberschreibung in den *strict protected*-Abschnitt der Klassendeklaration verlegt wurde.

Zur ordnungsgemäßen Freigabe externer Ressourcen können Sie nach wie vor *try-finally* Blocks benutzen.

Beispiel: Der Code zeigt Erzeugen, Benutzen und Freigabe einer Instanz von *TKunde*:

```
var kunde: TKunde;
begin
  kunde := TKunde.Create('Müller', 5000);
try
```

M dem Objekt *kunde* arbeiten, z.B.

```
  Label1.Text := kunde.saldo.ToString('c');
finally
```

Dispose verdeckt aufrufen:

```
  kunde.Free;
end;
```

Damit die *Free*-Methode zu einem *Dispose*-Aufruf umgeleitet werden konnte, hat Borland einen *ClassHelper* zu *TObject* hinzugefügt. Class Helper stellen einen effektiven Mechanismus zur Verfügung, um bestehende Klassen zur Laufzeit nachzurüsten (siehe R 6.3). Im Ergebnis können Sie *Free* auf beliebigen FCL-Objekten oder anderen Objekten, die z.B. in C# geschrieben wurden, aufrufen.

Die abschließende Botschaft aus dem Dunkel des Garbage Collection-Mysteriums klingt recht beruhigend:

Hinweis: Schreiben Sie weiter *Destroy*-Destruktoren und rufen Sie weiterhin *Free* auf Ihren Objekten auf. Ihr Delphi Code bleibt derselbe, nur das Verhalten ändert sich beträchtlich, denn ab nun wird der Garbage Collector Ihnen dabei helfen, unreferenzierte Objekte zu beseitigen.

Und noch etwas sollten Sie stets im Auge behalten: Auch in einem Garbage Collection-System sind "Speicherlöcher" nach wie vor noch möglich, z.B. wenn Sie eine globale Variable "herumliegen" lassen: Alles, auf das sie verweist, und alles, worauf das sich bezieht, bleibt stehen.

Hinweis: Ein Beispiel, bei welchem die Freigabe externer Ressourcen im Konstruktor erfolgt, finden Sie im Rezept R 6.8!

2.2.16 Weitere Features

Da wir hier nicht auf alle Unterschiede von Delphi für .NET gegenüber Delphi für Win32 ausführlich eingehen konnten, sollen hier noch einige wichtige neue Features kurz erwähnt werden:

- Nicht mehr unterstützt werden die Funktionen *GetMem*, *FreeMem* und *ReAllocMem* zur dynamischen Speicheranforderung und -freigabe, da sie mit Pointern arbeiten.

- Es gibt auch keine *FillChar*-Prozedur mehr, um alle Bytes eines Puffers mit einem Wert zu initialisieren, ebenso haben Inline-AssemblerAnweisungen in der Welt des verwalteten Codes nichts mehr verloren.

- Das neue Schlüsselwort *sealed* ermöglicht die Definition von Klassen, von denen keineNachfahren abgeleitet werden können.

- Mit *final* gekennzeichnete virtuelle Methoden dürfen nicht überschrieben werden.

- Delphi .NET-Code kann problemlos Prozeduren in Win32-DLLs aufrufen. Die Datei *Borland.Vcl.Windows.pas* enthält die Deklarationen einer Vielzahl von Windows API-Funktionen.

- Aber auch der umgekehrte Weg ist möglich. So kann eine Win32-Anwendung auf Funktionen zugreifen, die von einer .NET-Assembly exportiert werden, ohne dabei den Umweg über COM gehen zu müssen. Dazu müssen Sie die Nutzung unsicheren Codes mit dem Compiler-Schalter *{$UNSAFECODE ON}* aktivieren und die gewünschte Funktion über die Anweisung *exports [Funktionsname]* exportieren.

- Die *dbExpress*-Treiber für .NET sind Teil von ADO.NET. Die *Borland Data Provider*s werden vor allem eingesetzt, um die Server zu versorgen, die Microsoft nicht abdeckt (z.B. InterBase).

2.3 Was ist neu in Borland Delphi 2005?

In diesem Abschnitt wollen wir auf die wichtigsten Neuerungen von Borland Delphi 2005 gegenüber der Vorgängerversion Borland Delphi 8 eingehen. Der relativ kurze Zeitabstand zwischen beiden Versionen von nur knapp einem Jahr lässt darauf schließen, dass es bezüglich der .NET-Programmierung kaum dramatische Änderungen gegeben hat, denn den radikalen Umbruch hatte Borland bereits mit dem Übergang von Version 7 nach Version 8 vollzogen (siehe vorhergehender Abschnitt 2.2).

2.3.1 Entwicklungsumgebung

Delphi 2005 unterscheidet sich von seinem Vorgänger vor allem durch die neu gestaltete IDE, die – nach dem Vorbild von Visual Studio .NET – die drei Sprachprodukte Delphi .NET, Delphi Win32 und C#-Builder unter einem Dach vereinigt[1]. Während Delphi .NET seit der Version 8 diverse Bugfixes und kleinere Überarbeitungen erfahren hat, die – vor allem mit Blick auf die VCL – auf eine bessere Integration verwalteten Delphi-Codes in die bestehende .NET-Landschaft abzielen, verbirgt sich hinter Delphi für Win32 ein geringfügig überarbeiteter Delphi 7-Compiler und hinter C# wie gehabt der zum .NET-Framework gehörige C#-Compiler von Microsoft.

An einem Symbol im Hauptfenster der IDE ist die aktuelle Entwicklungsumgebung zu erkennen (bei den beiden Delphi-Projekttypen allerdings erst nach genauerem Hinschauen):

- Delphi für .NET
- Delphi für Win32
- C#

Tool-Palette

Das ehemalige Textfeld "Suchen" wurde durch das Filtersymbol ersetzt. Um die in der Tool-Palette angezeigten Komponenten zu filtern, klicken Sie einfach in die Tool-Palette, und geben den gewünschten Komponentennamen (bzw. die ersten Buchstaben) ein. Die folgende Abbildung zeigt die Tool-Palette bei eingeschaltetem Filter und Eingabe des Buchstabens "b":

---

[1] Die Integration dieser drei Sprachprodukte scheint ein cleverer Schachzug von Borland zu sein, da viele Entwickler, die .NET-Anwendungen programmieren möchten, auch noch Win32-Anwendungen unterstützen müssen und sich noch nicht sicher sind, ob sie Delphi oder C# verwenden wollen. Mit der jetzigen Lösung können alle Delphi-Entwickler leben, unabhängig von zukünftigen Entwicklungsentscheidungen.

Über das Menü *Tools|Optionen...* können Sie das Outfit der Tool-Palette Ihrem Geschmack anpassen. Auch lässt sich die Reihenfolge der Anordnung der Komponenten per Drag&Drop verändern.

Unit Testing

Mit Assistentenhilfe können Sie ein **Unit-Test-Projekt** für Ihre Anwendung erstellen, welches die Funktionen von *DUnit* (für Win32-Anwendungen) und *NUnit* (für .NET-Anwendungen) unterstützt. Nach dem Beantworten einer Reihe von Fragen lassen sich leere Unit-Test-Klassen für die Klassen eines bestehenden Projekts generieren. Die Tests können mittels grafischer Testoberfläche oder im Konsolenmodus durchgeführt werden.

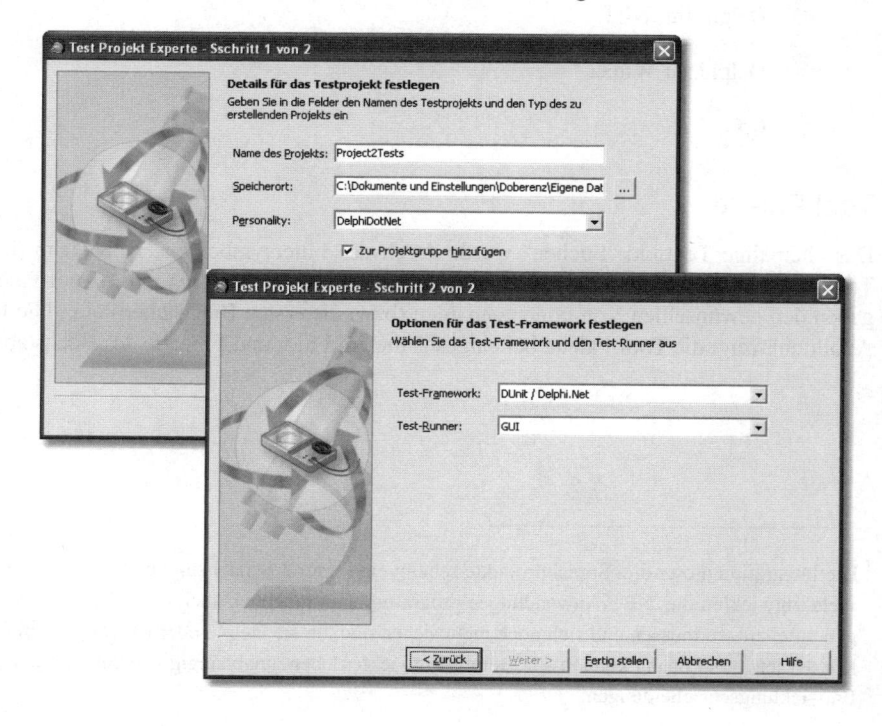

Der Code Editor

- Der Editor von Delphi 2005 ist deutlich leistungsfähiger als seine Vorgänger und bietet **Anzeige der Zeilennummern** und eine **Aufzeichnung der Änderungshistorie** an.

- Highlight ist der **Refactoring-Support**, ein deutlicher Fortschritt gegenüber den vorherigen Delphi-Code-Editoren. Die Refactoring-Funktionen erlauben das Bearbeiten Ihres Quellcodes, ohne dessen Funktionalität zu beeinträchtigen. Ihr Code wird dadurch vereinheitlicht und gleichzeitig lesbarer. Sie können Methoden extrahieren, Bezeichner umbenennen, Variablen und Felder deklarieren, Units und Namespaces suchen und viele weitere Operationen durchführen.

- Der neue **Sync-Bearbeitungsmodus** ermöglicht das gleichzeitige Bearbeiten von mehrfach vorkommenden Bezeichnern. Wählen Sie einen Quelltextabschnitt aus und klicken Sie auf das Symbol "Sync-Bearbeitungsmodus" auf der linken Randleiste, so werden alle gleichnamigen Bezeichner hervorgehoben, und der Cursor wird auf den ersten Bezeichner gesetzt.

```
188
189    // Euro geändert:
190    procedure TWinForm1.TextBox1_KeyUp(sender: System.Object;
191    begin
192      if TextBox1.Text <> '' then
193      begin
194        euro := Convert.ToSingle(TextBox1.Text);
195        dollar := euro * kurs;
196        TextBox2.Text := dollar.ToString('#,##0.00');
197      end;
198    end;
199
```

2.3.2 Datenbankentwicklung

Hier gibt es zahlreiche kleinere Änderungen bzw. Verbesserungen, wobei wir uns verabredungsgemäß nur auf die für MS SQL Server bzw. Microsoft Access interessanten Features beschränken wollen:

- Ein **verbesserter Datenexplorer** ermöglicht unter anderem das Testen von Gespeicherten Prozeduren (*Stored Procedures*) und unterstützt die Datenmigration von einem Datenprovider zu einem anderen. Das Kontextmenü für Tabellen bietet jetzt die Befehle *Datenmigration*, *Tabelle kopieren* und *Tabelle einfügen*, mit denen Sie eine mit Daten gefüllte Tabelle eines Providers kopieren und anschließend in einem anderen Provider als neue Tabelle einfügen können.

- **Gespeicherte Prozeduren** können nun mit der Maus von einem Provider im Daten-Explorer in ein Formular im Designer gezogen werden. Dadurch werden die beiden Komponenten *BdpConnection* und *BdpCommand* hinzugefügt und konfiguriert.

- Die **dbExpress**-Komponenten wurden aktualisiert.

- Die folgenden *DataSnap*-Komponenten wurden nach .NET portiert: *TLocalConnection*, *TConnectionBroker* und *TSharedConnection*.

- **Typisierte Datenmengen** können jetzt in eigenständige Assemblierungen compiliert werden, ohne dass das gesamte Projekt compiliert werden muss. Auch Datenmengen von Web-Services werden nun unterstützt. Mit neuen Befehlen im Kontextmenü der Projektverwaltung können typisierte Datenmengen einfacher bearbeitet werden.

- Für die Eigenschaft *ConnectionString* der Komponente *SQLConnection* kann im Objektinspektor ein **Verbindungsassistent** aufgerufen werden.

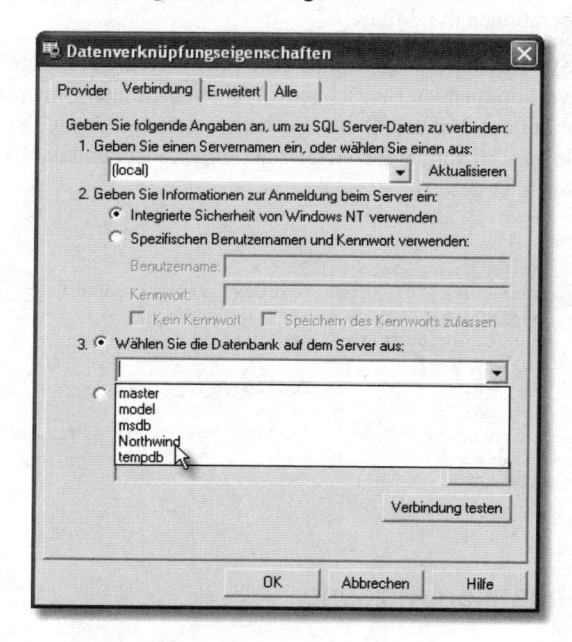

- Die Klassen *DataHub* und *DataSync* können zusammen mit den neuen Klassen *RemoteConnection* und *RemoteServer* zur Entwicklung einer mehrschichtigen verteilten Datenbankarchitektur verwendet werden. Dabei sind *DataHub* und *RemoteConnection* Bestandteil der Client-Anwendung und kommunizieren mit den sich auf anderen Computern befindlichen Klassen *DataSync* und *RemoteServer*.

2.3.3 Webapplikationen

Auch bezüglich der ASP .NET-Anwendungsentwicklung werden viele kleinere Wünsche erfüllt, wie z.B. die **Konvertierung einer HTML-Steuerung in eine Server-Steuerung** oder die Fähigkeit, **Vorlagenspalten in einem DataGrid** zu ändern. Weitere Neuigkeiten:

- Im **neuen Struktureditor** wird der HTML-Editor auf benutzerfreundliche Weise angezeigt, auch gibt es hilfreiche Features zur Code-Erstellung von HTML-, ASPX- und CSS-Seiten.

2.3 Was ist neu in Borland Delphi 2005?

- Die neue **Bibliothek** *Borland.dbkasp.dll* ermöglicht ein besseres Debuggen von ASP.NET-Anwendungen.

- Die **DB Web Controls** verfügen jetzt über eine **Navigations-API** und über die Komponente *Navigation* Extender, mit der Web-Standardsteuerelemente während des Entwurfs in Navigationssteuerelemente umgewandelt werden können. Mit dem **DB Web Control-Experten** können vorhandene DB Web Controls erweitert oder anhand von Vorlagen eigene Steuerelemente erstellt werden.

- Mit den Komponenten **DB Web Sound** und **DB Web Video** können Sie Klänge bzw. Streaming-Videos zu Ihren Anwendungen hinzufügen. Dazu wird der installierte Media Player verwendet.

- Mit dem neuen **Dialogfeld URL auswählen** können Sie eine benutzerdefinierte URL oder eine URL relativ zum Dokument bzw. Stammverzeichnis festlegen und eine Vorschau anzeigen.

- Ein neuer **ASP.NET-Deploymentmanager** unterstützt Sie beim Verteilen Ihrer Anwendung.

2.3.4 Win32-Entwicklung

- Auch Win32-Delphi-Entwickler profitieren von den bereits genannten **Verbesserungen der IDE** (Refactoring, Unit Testing-Wizards, Star Team-Integration, Datenbank-Explorer).

- Viele ehemalige **Win32-VCL-Komponenten** unterstützen nun das .NET Framework. Zu ihnen gehören die WebSnap- und IntraWeb-Komponenten.

- Für die Entwicklung von Webapplikationen unter Win32 unterstützt Delphi noch immer **Intraweb**, doch ist auch eine **.NET-Version** enthalten, damit vorhandene Intraweb-Anwendungen ebenfalls auf das .NET-Framework zugreifen können.

2.3.5 Änderungen zu Object Pascal

- Die wohl bemerkenswerteste Änderung ist die Einführung des *for..in..do*-**Schleifenkonstrukt**s, das dem *foreach*-Konstrukt in Sprachen wie C# entspricht. Diese Veränderung beschränkt sich nicht nur auf das .NET-Framework, sondern kann auch in Win32-Applikationen verwendet werden.

- Weiterhin unterstützt der Delphi-Compiler für .NET jetzt die **dynamische Zuweisung ein- und mehrdimensionaler Arrays**, wobei auch eine Initialisierung möglich ist.

Beispiel: Ein dynamisches Array wird mit 5 Integer-Zahlen initialisiert und über eine *for-in-do*-Schleife ausgelesen. Die Summe aller Elemente wird angezeigt.

```
var a: array[] of Integer;        // neue dynamische Array-Deklaration!
    z, sum : Integer;
begin
```

```
a := New(array[] of Integer,(0, 10, 20, 30, 40));   // erzeugt und initialisiert Array
for z in a do                                        // neues Schleifenkonstrukt!
  sum := sum + z;
MessageBox.Show('Die Summe ist ' + sum.ToString);   // zeigt Summe (100)
...
```

Hinweis: Den vollständigen Quellcode finden Sie auf der Buch-CD!

Weitere Verbesserungen:

- Der Compiler unterstützt jetzt **Inline-Funktionen und -Prozeduren**.

- In Delphi können nun **alphabetische und alphanumerische Unicode-Zeichen in Bezeichnern** verwendet werden (gilt nicht für *published*-Abschnitte von Klassen oder in Typen, die von *published*-Elementen verwendet werden).

- Delphi unterstützt jetzt die **Aggregation von mehreren Units in einem Namespace**, siehe dazu Kapitel 12 (Komponentenentwicklung).

2.3.6 ECO 2 – das Highlight von Delphi 2005

Obwohl ECO (*Enterprise Core Objects*) bereits unter Delphi 8 eingeführt wurde, ist es mit der Version 2 möglich, Klassen mit **Borlands Together-Technologie** zu entwickeln und diese dann für einen Permanentspeicher, wie etwa einen Microsoft SQL Server oder eine andere unterstützte Datenbank wie Oracle, Interbase, DB2 oder sogar eine XML-Datei, zu verwenden.

Weitere wichtige Features von ECO 2:

- Das ECO 2-Framework unterstützt nun auch **ASP.NET- und ASP.NET-Web-Service-Anwendungen**.

- Der ECO-Space-Designer enthält jetzt ein Tool, mit dem **Quelltext und ein UML-Klassendiagramm für eine vorhandene Relationale Datenbank** generiert werden kann.

- Sie können ein **ECO-Modell in einer DLL** erstellen und dann in einem anderen Projekt diese DLL referenzieren.

- Die DB Web Controls enthalten jetzt eine **ECO-fähige Datenquellenkomponente**, mit der die Steuerelemente in ECO-Anwendungen verwendet werden können. Die Komponente *ECODataSource* bietet eine Schnittstelle zwischen der ECO-Persistenzschicht und den DB Web Controls.

Hinweis: Eine Einführung in die ECO 2-Technologie finden Sie im Kapitel 14!

Grundlegende Sprachelemente

- ✓ **Überblick**
- ✓ **Datentypen und Variablen**
- ✓ **Operatoren und Kontrollstrukturen**
- ✓ **Benutzerdefinierte Datentypen**
- ✓ **Funktionen und Prozeduren**

3.1 Ein erster Blick auf Object Pascal

Dem *absoluten Programmier-Anfänger* soll dieses Kapitel den Einstieg ermöglichen, denn hier werden die wichtigsten sprachlichen Grundlagen von Delphi.NET (und die liegen nun mal nicht nur in Delphi sondern im alten *Object Pascal*) vermittelt. Die typischen objektorientierten Features stehen dabei allerdings noch nicht im Mittelpunkt, sondern folgen in den weiteren Kapiteln.

Vor einem sturen linearen Durcharbeiten des Stoffes wird gewarnt, weil zunächst das algorithmische Denken und das Umsetzen praktischer Probleme in eine Programmstruktur geübt werden sollte. Viel effektiver ist es deshalb, wenn der Newcomer gleich mit den Rezepten ab R 1.1 beginnt und den theoretischen Teil des Kapitels nur zum gelegentlichen Nachschlagen benutzt.

Hinweis: Für den schon einschlägig vorbelasteten Delphi-Programmierer dürfte dieses Kapitel weniger von Interesse sein, und er kann es getrost überblättern!

3.1 Ein erster Blick auf Object Pascal

Bereits in den Einführungsbeispielen des Kapitels 1 hatten Sie festgestellt, dass ein Delphi-Programm aus einer Folge von Anweisungen besteht, die durch ein Semikolon (;) voneinander getrennt sind. Um den Rahmencode des Programms (Projekt-Quelltext, Einbinden der visuellen Komponenten) brauchen wir uns im Allgemeinen nicht zu kümmern, denn das erledigt Delphi für uns.

3.1.1 Schreibweise

Bevor wir uns in die Arbeit stürzen, sollten Sie über einige Eigenheiten beim Schreiben von Quelltext Bescheid wissen.

Zeilenlänge

Der Quelltexteditor verkraftet Zeilen mit einer maximalen Länge von 256 Zeichen, auf eine Druckzeile dieses Buches passen aber höchstens 75 Zeichen. Im Interesse der Lesbarkeit des Codes wird angestrebt, diesen Wert nicht zu überschreiten. Das ist problemlos möglich, da ein Zeilenumbruch für den Compiler ohne Bedeutung ist. Die Ausnahme sind Zeichenketten (Strings), denn diese müssen Sie mittels "+"-Operator verknüpfen.

Beispiel:

```
s1 := 'Das, was Sie hier sehen, ist eine sehr lange und unübersichtliche Zeile.';
s2 := 'Das, was Sie hier sehen, ist eine kurze Zeile,' +
      'die übersichtlicher ist.';
```

Positionsmarken

Um im Gewirr umfangreicher Quelltexte die Orientierung nicht zu verlieren, können Sie eigene Positionsmarken im Sinn von "Lesezeichen" setzen. Platzieren Sie die Einfügemarke in die gewünschte Zeile, klicken Sie mit der rechten Maustaste in den Quelltexteditor und wählen Sie "Positionsmarken umschalten". Um zu einer Positionsmarke zu springen, brauchen Sie nur mittels rechter Maustaste "Zu Positionsmarken gehen" zu wählen.

Die Blockstruktur

Object Pascal (bzw. Delphi) ist eine streng strukturierte Sprache. Mehrere Anweisungen sind oft in Blocks zusammengefasst, die man damit auch als "Makroanweisungen" auffassen kann. Die einzelnen Blocks, die sich beliebig ineinander verschachteln lassen, werden im Allgemeinen durch die reservierten Wörter *begin* und *end* begrenzt. Um die Lesbarkeit des Codes zu erhöhen, sollten Sie durch Einrückungen die Blockstruktur deutlich hervortreten lassen.

Jede Anweisung (wie auch jeder Block) wird durch ein Semikolon (;) abgeschlossen, beachten Sie dabei bitte Folgendes:

Hinweis: Vor einem Blockende (*end, until* ...) kann, muss aber kein Semikolon stehen!

Der Grund hierfür ist der gleiche wie für den Blockanfang (*begin*, ...), denn auch nach diesem steht kein Semikolon. Fügen Sie das Semikolon trotzdem vor *end* ein (was leider auch in den zahlreichen Beispielprogrammen der Delphi-Dokumentation praktiziert wird), so ist das zwar kein Fehler, bewirkt aber eine nutzlose Leeranweisung.

Beispiel: Der gut strukturierte Quelltext einer Prozedur

```
procedure fillArray;
var i,j: Word;
    a: array[1..10, 1..20] of Integer;
begin
  for i := 1 to 10 do
  begin
    for j := 1 to 20 do
    a[i,j] := i * j
  end
end;
```

Verstehen brauchen Sie die einzelnen Anweisungen innerhalb obigen Beispiels (noch) nicht, denn dazu ist der Rest des Kapitels da.

Zulässige Zeichen

Da Groß- und Kleinschreibung in Pascal keine Rolle spielen, sollte man diese Freiheit dazu nutzen, um die Lesbarkeit des Codes zu erhöhen. Wir wollen uns an folgender Konvention orientieren: Die "hauseigenen" Delphi-Sprachelemente (mit Ausnahme der reservierten

3.1 Ein erster Blick auf Object Pascal

Wörter) beginnen mit einem Groß-, die vom Programmierer selbst definierten mit einem Kleinbuchstaben. Großbuchstaben werden innerhalb eines Wortes auch dann eingesetzt, wenn sich dadurch die Verständlichkeit steigern lässt.

Beispiel: Die Variable *gruenesEingabefeld* liest sich besser als *grueneseingabefeld*.

Als Zeichen sind Groß- und Kleinbuchstaben (außer ß und Umlaute), der Unterstrich "_" sowie die Ziffern 0 ... 9 zulässig. Da der Compiler nicht zwischen Groß- und Kleinschreibung unterscheidet, dient diese Option allein der besseren Lesbarkeit des Quelltextes durch den Programmierer.

Außerdem gibt es eine ganze Reihe weiterer Zeichen bzw. Zeichenkombinationen, die als Operatoren fungieren bzw. andere Aufgaben zu erfüllen haben:

Symbol(e)	Erklärung
:=	Zuweisung
+	Addition, Vorzeichen, Vereinigungsmenge, Stringverkettung
-	Subtraktion, Vorzeichen, Differenzmenge
*	Multiplikation
/	reelle Division
=	Gleichheitsabfrage
> <	Abfragen "größer als" bzw. "kleiner als"
>= <=	Abfragen "größer/gleich als" bzw. "kleiner/gleich als"
<>	Abfrage auf Ungleichheit
.	Dezimalpunkt, Qualifizierung von Bezeichnern, Programm- oder Unit-Ende
..	Bereichsangabe
,	Trennung von Listenelementen
;	Trennung von Deklarationen bzw. Anweisungsblöcken
:	Variablendeklaration, Case-Separator
'	Zeichenkettenanfang bzw. -ende
[ ]	Anfang bzw. Ende von Mengenkonstanten
( )	Anfang bzw. Ende von Listen bzw. Klammerausdrücken
{ }	Anfang bzw. Ende von Kommentaren
//	Einleitung einer Kommentarzeile
^	Zeichen für Zeiger (Pointer)
$	Einleitung einer Hexadezimalzahl
#	Einleitung einer ASCII-Darstellung
(. .)	Ersatzdarstellung für [ ]
(* *)	Ersatzdarstellung für { }

Kommentare

Diese dienen zur Erläuterung des Quelltextes. Für das Kennzeichnen von Kommentaren gibt es drei verschiedene Möglichkeiten (siehe obige Tabelle).

Beispiel:

```
{ Das ist ein Kommentar für Leute, die sich gerne die Finger verrenken! }

(* Das ist ein Kommentar,
wie wir ihn gern bei mehreren
Zeilen verwenden! *)

// Das ist ein Kommentar für eine Zeile!
```

Die letzte Variante ist besonders interessant, genügt doch hier lediglich die Markierung des Kommentaranfangs, das Ende wird automatisch mit dem Zeilenumbruch gesetzt. Die Delphi-Entwicklungsumgebung sorgt für eine farbliche Hervorhebung von Kommentaren, was die Lesbarkeit des Quelltextes erheblich steigert.

Hinweis: Neu in Delphi 2005 ist die Möglichkeit, einen ganzen Quelltextblock mit der Tastenkombination *Strg+/* in einen Kommentar zu verwandeln..

Normalerweise werden Kommentare vom Compiler ignoriert, allerdings gibt es folgende wichtige Ausnahme, bei der genau das Gegenteil der Fall ist:

Hinweis: Hinter einem "Kommentar", der unmittelbar mit einem Dollarzeichen eingeleitet wird (also ohne Leerzeichen dazwischen), verbirgt sich eine Compileranweisung.

Beispiel: für Compiler-Befehle

```
{$D+}
```

aktiviert das Erzeugen von Debug-Informationen.

```
{$APPTYPE CONSOLE}
```

kennzeichnet eine Konsolenanwendung (Textbildschirm).

3.1.2 Bezeichner

Jedes Sprachelement ist durch einen so genannten Bezeichner (Identifier) gekennzeichnet. Man unterscheidet:

- reservierte Wörter und Standardbezeichner
- benutzerdefinierte Bezeichner

3.1 Ein erster Blick auf Object Pascal

Im Folgenden wollen wir die wichtigsten Vertreter dieser Gattungen näher vorstellen.

Reservierte Wörter und Standardbezeichner

Die meisten der in der Tabelle aufgeführten Wörter sind von Object Pascal reserviert, also für jegliche Verwendung als benutzerdefinierte Bezeichner tabu. Einige sind so genannte Standardbezeichner, die vom Benutzer umdefiniert (quasi überschrieben) werden können, es wird jedoch dringend davon abgeraten[1].

Bezeichner	Erklärung
and	logisches UND
array	Feld (Tabelle)
as	Überprüfung von Typumwandlungen
begin	Blockanfang
case	Fallunterscheidung
const	Konstantendeklaration
div	ganzzahlige Division
do	Schleifenausführung
downto	unterer Endwert einer Schleife
else	Nein-Zweig einer Abfrage
end	Blockende
except	Abschnitt für Fehlerbehandlungscode
exports	Export einer Funktion/Prozedur (DLL)
forward	Deklaration einer Funktion/Prozedur im Voraus
finally	immer ausgeführter Abschnitt eines geschützten Blocks
for	Beginn einer Schleife
function	Funktionsdeklaration
goto	Sprungbefehl
if	Beginn einer Bedingung
in	Element (Teilmenge)
label	Sprungmarke
mod	Divisionsrest
near	Aufrufkonvention *Near*
nil	undefinierter Zeiger

---

[1] Das Warum werden Sie sich denken können.

Bezeichner	Erklärung
not	Verneinung
of	Benennung eines Grundtyps
or	logisches ODER
on	... bildet zusammen mit *do* eine Fehlerbehandlungsroutine
overload	Überladen einer Routine
packed	gepackte Struktur
procedure	Prozedurdeklaration
program	Programmdeklaration
raise	Auslösen einer Exception (Fehlerbehandlung)
record	Datensatz
repeat	Wiederholung mit Endabfrage
set	Menge
shl	Verschieben nach links
shr	Verschieben nach rechts
string	Zeichenkette
then	Ja-Zweig einer Abfrage
to	oberer Endwert einer Schleife
try	geschützter Code innerhalb einer Exception-Behandlung
type	Datentyp
until	Ende einer Repeat-Schleife
var	Daten-Variable
while	Wiederholung mit Anfangsabfrage
with	Zugriff auf Record-Strukturen
xor	Exclusiv-ODER

Der Delphi-Quelltexteditor formatiert die reservierten Wörter automatisch in Fettschrift.

Benutzerdefinierte Bezeichner

Folgenden Elementen Ihres Delphi-Programms können Sie eigene Namen verleihen:

- Units
- Typen, Variablen, Konstanten, Recordfelder
- Funktionen, Prozeduren

Groß- und Kleinschreibung spielen keine Rolle, allerdings gibt es für die Namensgebung folgende Beschränkungen:

- Nur die ersten 63 Zeichen sind signifikant.
- Das erste Zeichen **muss** ein Buchstabe oder der Unterstrich (_) sein.
- Alle übrigen Zeichen können Buchstaben, Zahlen oder Unterstriche sein.
- Leerzeichen sind nicht zugelassen.

Beispiel: für zulässige Bezeichner

```
a
TextFile
mathFunc
Real2String
```

Beispiel: für verbotene Bezeichner

```
2Halbe     // falsch, weil erstes Zeichen eine Ziffer ist
&Exit      // falsch, weil erstes Zeichen kein Buchstabe/Unterstrich
String     // falsch, weil String ein reserviertes Wort ist
x 1        // falsch, weil Leerzeichen enthalten ist
```

3.2 Datentypen, Variablen und Konstanten

Jedes Programm "lebt" in erster Linie von seinen Variablen. Mit Variablen wird gerechnet, oder ihnen wird mittels Ergibtanweisung (:=) ein Wert zugewiesen, oder sie werden als Parameter an Funktionen bzw. Prozeduren übergeben.

Beispiel:

```
a := 2 * b;
y := Sin(x);
```

Variablen haben im Allgemeinen einen bestimmten Datentyp (*Single, Integer, String* ...). Konstanten werden ähnlich wie Variablen behandelt, ihr Wert aber ist unveränderlich.

3.2.1 Einfache vordefinierte Datentypen

Bevor Sie Variablen deklarieren, sollte Ihnen klar sein, um welchen Datentyp es sich handeln soll. Grundsätzlich ist zwischen vordefinierten und benutzerdefinierten Datentypen zu unterscheiden.

Eine Zusammenstellung der wichtigsten vordefinierter Datentypen finden Sie in der folgenden Tabelle.

Delphi.NET-Datentyp	.NET-CLR-Typ	Erläuterung	Länge [Byte]
Byte	System.Byte	positive Ganzzahl zwischen 0...255	1
ShortInt	System.SByte	vorzeichenbehaftete Ganzzahl zwischen -128 ... 127	1
SmallInt	System.Int16	kurze Ganzzahl zwischen -2^{15} ... $2^{15}-1$ (-32.768 ... 32.767)	2
Word	System.UInt16	vorzeichenlose Ganzzahl zwischen 0 ... 65.535	2
LongWord	System.UInt32	vorzeichenlose Ganzzahl zwischen 0 ... 4.294.967.295	4
Integer	System.Int32	Ganzzahl zwischen -2^{31} ... $2^{31}-1$ (-2.147.483.648 ... 2.147.483.647)	4
Int64	System.Int64	lange Ganzzahl -2^{63} ... $2^{63}-1$ (-9.223.372.036.854.775.808 ... 9.223.372.036.854.775.807)	8
Single	System.Single	einfachgenaue Gleitkommazahl mit 7-stelliger Genauigkeit zwischen ca. +/- 3.4E-45 und +/-3.4E+38	4
Double	System.Double	doppeltgenaue Gleitkommazahl mit 16-stelliger Genauigkeit zwischen ca. +/- 4.9E-324 und +/-1.8E+308	8
Decimal	System.Decimal	hochgenaue Gleitkommazahl zwischen 0 ... +/- 79E+27 (ohne Dezimalpunkt) und ca. +/-1.0E-29 ...7.9E+27 (mit DP)	16
Boolean	System.Boolean	Wahrheitswert (*True/False*)	2
Char	System.Char	beliebiges Unicode-Zeichen	2
String	System.String	beliebige Unicode-Zeichenfolge mit einer maximalen Länge von ca. 2 000 000 000 Zeichen	2 pro Zeichen plus 10
TObject	System.Object	universeller Datentyp	4

Zwar gibt es auch noch weitere Datentypen, z.B. *DateTime* (siehe Datums- und Zeitfunktionen) oder *Record* (siehe 3.6.1), diese lassen sich aber alle auf die oben angeführten elementaren Typen zurückführen.

Ehe wir weiter ins Detail gehen, wollen wir kurz auf die beiden fundamentalen Arten von Datentypen verweisen, mit denen es wir zu tun haben:

- Wertetypen (werden im *Stack* des Rechners abgespeichert)
- Verweis- bzw. Referenztypen (werden im *Heap* des Rechners abgespeichert).

3.2 Datentypen, Variablen und Konstanten

Stack und Heap sind bestimmte Bereiche im Arbeitsspeicher jedes Computers.

Hinweis: Bis auf die Verweistypen *String* und *TObject* sind alle übrigen Datentypen in obiger Tabelle Wertetypen.

3.2.2 Deklaration von Variablen

Eine Variable wird immer mit dem reservierten Wort *var* deklariert. Nach dem Variablenbezeichner folgt, durch Doppelpunkt (:) getrennt, der Datentyp. Mehrere Variablen des gleichen Typs können durch Komma voneinander getrennt werden. Mehrere Deklarationen sind durch Semikolon (;) zu separieren. Das reservierte Wort *var* braucht dabei nur einmal am Anfang eines Deklarationsblocks zu stehen.

Syntax: var *Variable1* [*Variable2, Variable3,...*] : *Datentyp*;

Beispiel:

```
var kurs,dm, dollar: Single;
    s: String;
```

Gültigkeitsbereiche

Außerhalb von Prozeduren und Funktionen deklarierte Variablen bezeichnet man als *global*, innerhalb von Prozeduren/Funktionen deklarierte als *lokal*.

Hinweis: Falls Sie einer lokalen Variablen den gleichen Bezeichner wie einer bereits existierenden globalen Variablen geben, so erzeugt dies eine neue Variable, die in diesem lokalen Bereich die gleich lautende globale Variable außer Kraft setzt.

Beispiel: für Gültigkeitsbereiche von Variablen

```
var s1, s2: string;        // deklariert globale Variablen

procedure testA;           // wird zuerst aufgerufen
var s2: string;            // deklariert lokale Variable
begin
 s1 := 'Mueller';          // initialisiert globales s1
 s2 := 'Meier'             // initialisiert lokales s2
end;

procedure testB;           // wird später aufgerufen
var s3: string;            // deklariert lokale Variable
begin
```

```
s3 := s1;   // s3 erhält den Wert 'Mueller'
s3 := s2    // s3 erhält unbestimmten Wert, da globales s2 nicht initialisiert ist
end;
```

Initialisierte Variablen

Globalen Variablen können Sie bereits bei deren Deklaration einen Anfangswert zuweisen.

Beispiel:

```
var s: string = 'Hallo';
    i: Integer = 5;
```

Hinweis: Lokale Variablen können nicht initialisiert werden!

3.2.3 Konstanten deklarieren

Im Unterschied zu Variablen bleibt der Wert einer Konstanten während der gesamten Laufzeit eines Programms unverändert. Sie legen ihn einmalig mit dem *const*-Schlüsselwort fest. Die Deklaration ist ähnlich wie bei initialisierten Variablen.

Syntax: `const Datentyp Konstantenname = Wert;`

Beispiel: verschiedene Konstantendeklarationen

```
const int c = 119;
const float PI = 3.1415F;
const double X1 = 3 * 0.4, X2 = 5.3 + 0.68;
const string s = "Hallo";
```

Sammlungen von Konstanten werden üblicherweise in Mengen oder Aufzählungstypen "zusammengehalten" (siehe Abschnitt 3.6.4).

3.3 Operatoren

Operatoren verknüpfen Variablen bzw. Operanden miteinander und führen Berechnungen durch. Die meisten Operatoren in Object Pascal benötigen zwei Operanden.

Beispiel: Im folgenden Ausdruck ist der *Operator* das Symbol := (Zuweisungsoperator), die beiden *Operanden* sind die Variable *i* und die Literalkonstante *12*.

```
i := 12;
```

Hinweis: Delphi erlaubt seit der Version 8 auch das Überladen von Operatoren (siehe Rezept R 6.6).

3.3 Operatoren

Auf die wichtigsten Gruppen,

- arithmetische Operatoren und
- logische Operatoren

wollen wir im Folgenden kurz eingehen.

3.3.1 Arithmetische Operatoren

Hier handelt es sich um die üblichen Operatoren für die Grundrechenarten:

Operator	Erklärung	Beispielausdruck
+	Addition	$a + b$
-	Subtraktion	$anzahl - n$
*	Multiplikation	$x * y * z$
/	Gleitkommadivision	$x / 2$
div	Ganzzahlige Division	$total\ div\ size$
mod	Modulo-Division (Restwert)	$Y\ mod\ 3$

Beispiel:

```
var i, j: Integer;
    d: Double;
...
j := 6;
i := 3 *(4 + 5) * j;    // ergibt 162
d := 7 / 3;             // ergibt 2,33333...
i := 7 div 3;           // ergibt 2
i := 7 mod 3;           // ergibt 1 (Rest!)
```

3.3.2 Logische Operatoren

Logische Operatoren basieren auf Ja-/Nein- bzw. *True-/False*-Werten. In Object Pascal ist dazu ein reichhaltiges Angebot enthalten.

Vergleichsoperatoren

Vergleichs- oder relationale Operatoren vergleichen zwei Ausdrücke miteinander und liefern als Ergebnis einen *True/False*-Wahrheitswert.

Operator	Erklärung
=	x gleich y?
<>	x ungleich y?

Operator	Erklärung
<	x kleiner y?
<=	x kleiner oder gleich y?
>	x größer y?
>=	x größer oder gleich y?

Beispiel: Vergleich von zwei Integer-Zahlen

```
var b: Boolean;
...
b := 10 < 5;              // b ist False
```

Besondere Bedeutung haben Vergleichsoperatoren im Zusammenhang mit Verzweigungsbefehlen, wie wir sie in Abschnitt 3.5.2 noch näher kennen lernen werden. Das folgende Beispiel liefert einen Vorgeschmack.

Beispiel: Wenn der Wert der Integer-Variablen *min* gleich 59 ist, wird ihr Wert auf 0 gesetzt, ansonsten um 1 erhöht.

```
if min = 59 then min = 0
        else min := min + 1;
```

Beispiel: Zwei Strings werden verglichen.

```
var x, y : String;
    b : Boolean;
...
x := 'Hallo';
y := 'H';
y := y + 'allo';          // y wird zu 'Hallo'
b := (x=y);               // b wird True, da x und y gleich sind
```

Boolesche Operatoren

Diese Operatoren werden auf boole'sche Variablen (*True/False*) angewendet:

Operator	Erklärung
and	**Und:** liefert *True*, wenn beide Operanden *true* sind
or	**Oder:** liefert *True*, wenn mindestens einer der Operanden *True* ist
xor	**Exklusiv-Oder (XOR):** liefert *True*, wenn genau nur einer der beiden Operanden *True* ist
not	**Negation:** aus *True* wird *False* und aus *False* wird *True*.

3.3 Operatoren

Beispiel:

```
var b: Boolean;
...
b := (True and True) or (False and True);    // b wird True
b : = (10 < 5) xor (11 > 11);                // b wird False
b:= True; b := not b;                        // b wird False
```

Bitweise Operationen

Mit den folgenden Operatoren (von denen Ihnen die ersten drei bereits bekannt sein dürften) lassen sich bitweise Verknüpfungen durchführen. Sie verknüpfen also nicht mehr die booleschen Variablen *True* und *False*, sondern die einzelnen Bits (0 bzw. 1) von zwei Zahlen.

Operator	Erklärung
and	bitweise "UND"-Verknüpfung der beiden Operanden
or	bitweise "ODER"-Verknüpfung der beiden Operanden
xor	bitweise "XOR"-Verknüpfung der beiden Operanden
shr	Rechtsverschiebung aller Bits eines Operanden um eine bestimmte Anzahl
shl	Linksverschiebung aller Bits eines Operanden um eine bestimmte Anzahl

Beispiel: Die XOR-Verknüpfung der Integer-Zahlen 1 und 7 ergibt 6

```
var a, b: Integer;
...
a := 1;              // Bitmuster = 001
b := 7;              // Bitmuster = 111
a := a xor b;        // Bitmuster = 110  (a erhält den Wert 6)
```

Beispiel: Die Bitfolge der Zahl 1 wird um zwei Stellen nach links "geshiftet" und ergibt 4.

```
var a: Integer = 1;    // Bitmuster = 001
...
a := a shl 2;          // Bitmuster = 100  (a erhält den Wert 4)
```

3.3.3 Rangfolge der Operatoren

Es dürfte klar sein, dass bei einem Zuweisungsoperator (:=) immer erst die rechte Seite ausgerechnet und dann der linken Seite zugewiesen wird. Aber in welcher Reihenfolge werden die Operationen auf der rechten Seite ausgeführt? Antwort gibt die folgende Tabelle, welche die Operatoren in ihrer hierarchischen Rangfolge zeigt.

Operator
not
* / div mod and shl shr
+ - or xor
= <> < <= > >=

Die weiter oben in der Hierarchie stehenden Operationen werden immer **vor** den weiter unten stehenden ausgeführt.

Hinweis: Durch Einschließen in runde Klammern () kann die hierarchische Reihenfolge außer Kraft gesetzt werden.

Beispiel: Arithmetische Operationen

```
var x, y: Double;
...
x := 2.0;
y := x * x + 1 + x / 4;       // y = 5,5
```

aber

```
y := x * (x + 1 + x / 4);     // y = 7
```

Beispiel: Boolesche Operationen

```
var b: Boolean;
    z: Integer = 50;
...
b := not True and False or 5 > 6;     // b = False
b := z > 47 and z < 58;               // b = True
```

3.4 Konvertieren von Datentypen

Ziemlich häufig kommt es vor, dass bei Zuweisungsoperationen auf der linken und rechten Seite Variablen unterschiedlichen Datentyps stehen. Falls eine solche Zuweisung überhaupt Sinn ergibt, findet dann eine Datentypkonvertierung (Typecasting) statt, von der es zwei grundsätzlich verschiedene Arten gibt:

- Implizite Typkonvertierung
- Explizite Typkonvertierung

Beide Arten wollen wir im Folgenden kurz beleuchten:

3.4 Konvertieren von Datentypen

3.4.1 Implizite Typkonvertierung

Wenn der Wert des rechten Datentyps in den linken "passt", brauchen Sie als Programmierer in der Regel nicht einzugreifen, der Compiler erledigt das automatisch. Allerdings lauert hier ein heimtückischer Fehlerteufel namens "Datenverlust", der nur dann zuschlägt, wenn der Wertebereich des linken Typs kleiner als der des rechts stehenden Typs ist.

Beispiel: Problematische Umwandlung eines *Integer*-Typs in einen *Byte*-Typ

```
var b: Byte;
    i: Integer = 100;
...
b := i;              // ergibt 100  (richtig)
```

aber

```
var b: Byte;
    i: Integer = 300;
...
b := i;              // ergibt 44 (falsch!)
```

Das Ergebnis ist falsch, weil der *Byte*-Zahlenbereich nur die Zahlen 0...255 abdeckt und bei Überschreitung wieder von vorne weitergezält wird.

3.4.2 Explizite Typkonvertierung

So weit das prinzipiell möglich ist, können Sie in Delphi Variablen in einen anderen Datentyp umwandeln, wobei als Umwandlungsfunktion der Typbezeichner dient.

Syntax: *neueVariable := neuerDatentyp(alteVariable);*

Beispiel: Umwandlung *Integer* in *Char* und umgekehrt

```
var i: Integer; c: Char;
...
i := 65;              // ASCII von 'A'
c := Char(i);         // ergibt das Zeichen 'A'
i := Integer(c);      // ergibt 65
```

Leider funktioniert die implizite Typumwandlung nicht immer.

Beispiel: Der Versuch, eine Gleitkommazahl in einen Integer zu verwandeln, führt zu einem Compilierfehler.

```
var i: Integer; d: Double = 6.25;
...
i := Integer(d);      // ungültige Typumwandlung!
```

Hingegen ist es problemlos möglich, einer Gleitkommazahl einen Integer zuzuweisen.

> **Hinweis:** Denken Sie immer daran, dass insbesondere explizite Typkonvertierungen zu Datenverlusten führen können!

Einsatz der Convert-Klasse

Als Alternative zu den eben gezeigten expliziten Typkonvertierungen bietet die *Convert*-Klasse für jeden Datentyp eine spezielle Konvertierungsfunktion an, der man die zu konvertierende Variable als Argument übergibt.

Syntax: `neueVariable := Convert.ToNeuerDatentyp(alteVariable);`

Beispiel: Das Vorgängerbeispiel unter Verwendung der *Convert*-Klasse führt zum Erfolg.

```
var i: Integer; d: Double = 6.25;
...
i := Convert.ToInt32(d);        // ergibt 6
```

Beispiel: Umwandlung *Integer* in *Char* und umgekehrt

```
var i: Integer = 65; c: Char;
...
c := Convert.ToChar(i);         // ergibt das Zeichen 'A'
i := Convert.ToInt32(c);        // ergibt 65
```

3.4.3 Konvertieren von String

Die Notwendigkeit zum Umwandeln einer Zeichenkette in eine Zahl tritt – ebenso wie der umgekehrte Fall – in der Programmierpraxis ziemlich häufig auf.

ToString-Methode

Der *TObject*-Datentyp – gewissermaßen die "Mutter aller Objekte" – vererbt an alle Nachkommen die *ToString*-Methode, auf die Sie bereits hin und wieder in den bisherigen Beispielen gestoßen sind, nämlich dann, wenn es darum geht, Zahlenwerte zur Anzeige zu bringen.

> **Hinweis:** Jeder Datentyp kann mittels seiner *ToString*-Methode in den Datentyp *String* umgewandelt werden!

Beispiel: Anzeige einer Gleitkommazahl in einem Meldungsfenster

```
var d: Double = 12.75;
```

3.4 Konvertieren von Datentypen

```
...
MessageBox.Show(d.ToString);
```

oder umständlicher

```
MessageBox.Show(Convert.ToString(d));
```

[Dialogfenster zeigt: 12,75 OK]

String in Zahl verwandeln

Zwar können wir mit der *ToString*-Methode alle Datentypen in den *String*-Typ konvertieren, wie aber sieht es mit dem umgekehrten Weg aus, wie holen wir eine Zahl aus einem String heraus?

Das übliche explizite Typecasting scheint zu versagen.

Beispiel: Das geht leider nicht.

```
var s: String = '12,75'; d: Double;
...
d := Double(s);          // Compiler-Fehler!
```

Rettung naht auch hier in Gestalt der *Convert*-Klasse. Als Alternative zu den expliziten Typkonvertierungen bietet diese Klasse auch für den *String*-Datentyp spezielle (überladene) Konvertierungsmethoden.

Beispiel: Das Vorgängerbeispiel kann wie folgt gelöst werden.

```
...
d := Convert.ToDouble(s);   // d erhält den Wert 12,75
```

Für bestimmte andere Datentypen gibt es spezifische Lösungen, z.B. zum Umwandeln von *String* in *Char*.

Beispiel: Einem *Char* wird das zweite Zeichen eines *String* zugewiesen.

```
var name: String; c: Char;
...
name := 'Max';
c := name[2];              // zweites Zeichen
MessageBox.Show(c);        // zeigt 'a'
```

Das EVA-Prinzip

Abschließend soll nochmals auf die besondere Bedeutung der Typkonvertierung von und in den *String*-Datentyp hingewiesen werden, denn für (fast) jede Windows-Anwendung gilt noch das uralte EVA-Prinzip (Eingabe, Verarbeitung, Ausgabe). Da unter Windows sehr häufig die Eingabewerte als Zeichenketten vorliegen, müssen sie zunächst in Zahlentypen umgewandelt werden, um dann nach ihrer Verarbeitung wieder in Zeichenketten rückverwandelt und zur Anzeige gebracht zu werden.

Beispiel: Ein Ausschnitt aus dem Einführungsbeispiel 1.5.2 .

```
euro := Convert.ToSingle(TextBox1.Text);      // Eingabe: String => Single
dollar := euro * kurs;                        // Verarbeitung
TextBox2.Text := dollar.ToString('#,##0.00'); // Ausgabe: Single => String
```

3.4.4 Boxing/Unboxing

Begriffe wie *Boxing/Unboxing* gehören zu den häufiger strapazierten .NET-Schlagwörtern. Was verbirgt sich dahinter? Sie wissen bis jetzt, dass Sie dem universellen *TObject*-Datentyp jeden Wert direkt zuweisen können, d.h. durch *implizite* Typkonvertierung. Umgekehrt kann, falls es der *TObject*-Inhalt erlaubt, jeder Datentyp durch *explizite* Typkonvertierung (Typecasting) aus *TObject* wieder "herausgezogen" werden. Das direkte Zuweisen würde in diesem Fall nicht funktionieren.

Beispiel: Eine *Boolean*-Variable wird in ein *TObject* "verpackt" (Boxing) und dieses anschließend einer zweiten *Boolean*-Variablen zugewiesen (Unboxing).

```
var b1, b2: Boolean;
    o: TObject;
...
b1 := True;
o := b1;              // o.k., implizite Konvertierung (Boxing)
b2 := o;              // Fehler!!! (implizite Konvertierung)
b2 := Boolean(o);     // o.k., explizite Konvertierung (Unboxing, b2 ist True)
```

Hinweis: Die besondere Bedeutung von Boxing/Unboxing liegt darin, dass damit Wertetypen quasi wie Objekte behandelt werden können.

3.5 Kontrollstrukturen

Anweisungen dieser Spezies gehören zum Einmaleins des Delphi-Programmierers. Durch sie wird der lineare Programmablauf unterbrochen.

3.5 Kontrollstrukturen

3.5.1 Schleifenanweisungen

Delphi stellt leistungsfähige Schleifenanweisungen zur Verfügung, die sich auf drei Grundtypen zurückführen lassen: *for-*, *while-* und *repeat-*Schleifen.

Schleifenanweisung	Erklärung

for *Zähler* := *Anfangswert* **to** *Endwert* **do**
 begin
   Anweisungen
 end;
	for-Zählschleife
	 Vorzeitiger Abbruch mit **break** möglich, beim Abwärtszählen muss **downto** verwendet werden.

repeat *Anweisungen* **until** *Bedingung*;	**repeat...until-Bedingungsschleife** Abbruchbedingung am Schleifenende

while *Bedingung* **do**
 begin
   Anweisungen
 end;
	while...do-Bedingungsschleife
	 Abbruchbedingung am Schleifenanfang

Beispiel: Die folgenden Schleifenkonstruktionen (vollständiger Code siehe Buch-CD) führen alle zum gleichen Ergebnis, sie schreiben zehnmal untereinander *'Hallo'* in eine *ListBox*:

```
var i: Integer;
...
```

Aufwärts zählende *for*-Schleife:

```
for i := 1 to 10 do
    ListBox1.Items.Add(i.ToString + ' Hallo!');
```

Abwärts zählende *for*-Schleife:

```
for i := 10 downto 1 do
    ListBox1.Items.Add(i.ToString + ' Hallo!');
```

repeat...until-Schleife:

```
i := 0;
repeat
    i := i + 1;
    ListBox1.Items.Add(i.ToString + ' Hallo!');
until i = 10;
```

while...do-Schleife:

```
i := 0;
while i < 10 do
```

```
begin
   i := i + 1;
   ListBox1.Items.Add(i.ToString + ' Hallo!');
end;
```

Break und Continue

Beide Anweisungen ermöglichen das vorzeitige Verlassen einer Schleife.

Break bewirkt, dass der von einer *for*-, *while*- oder *repeat*-Anweisung eingeschlossene Block sofort verlassen wird.

Beispiel: Die folgende Schleife erzeugt, genauso wie die Vorgängerbeispiele, zehnmal *'Hallo'* auf dem Bildschirm.

```
i := 1;
while i > 0 do
begin
   ListBox1.Items.Add(i.ToString + ' Hallo!');
   i := i + 1;
   if i > 10 then break;
end;
```

Im Gegensatz zu *Break* veranlasst das weniger interessante *Continue*, dass der **nächste** Wiederholungsschritt bearbeitet wird.

Hinweis: Ein Schleifentestprogramm finden Sie im Rezept R 2.2!

Die for-in-do-Schleife

Neu in Delphi 2005 ist dieser Schleifentyp, der ohne Zählvariable auskommt und ein so genanntes "Iterieren über einen Container" ermöglicht. Unter dem Begriff "Container" sind z.B. beliebige Auflistungen (Collections) oder Arrays zu verstehen.

Beispiel: Der C#-Code, um den Inhalt einer ersten ListBox in eine zweite zu übertragen:

```
foreach (object o in ListBox1.Items)
{
   ListBox2.Items.Add(o.ToString());
}
```

... hat jetzt folgendes Delphi-Äquivalent:

```
var o: TObject;
begin
   for o in ListBox1.Items do
```

3.5 Kontrollstrukturen

```
            ListBox2.Items.Add(o.ToString);
end;
```

Man beachte, dass der Schleife die Anzahl der Array-Elemente nicht übergeben werden muss und eine Abbruchbedingung ebenfalls nicht erforderlich ist.

Hinweis: Den vollständigen Quellcode finden Sie im Rezept R 2.3.

3.5.2 Verzweigungen

Auch hier hält Delphi ein ausreichendes Angebot bereit.

Bedingte Verzweigungen

Verzweigung	Erklärung
if *Bedingung* **then** *Anweisung* [**else** *Anweisung*];	einfache Verzweigung **if...then...else**

if *Bedingung* **then**
begin
  Anweisungen
end else begin
  Anweisungen
end;
	Blockstruktur
	if...then...else

case *Selector* **of**
  Bereich1 : *Anweisungen;*
  Bereich2 : *Anweisungen;*
[**else** *Anweisung*]
end;
	Blockstruktur
	case...of...else
	Als Selektoren sind nur **ordinale** Typen (*Byte, Word, Integer, Char*) zulässig! Bereiche durch Punkte (..) bzw. Komma (,) separieren.

Beispiel:

Einfache Verzweigung:

```
if zensur = 1 then Label1.Text := 'Gratuliere'
          else Label1.Text := 'Verbessern!';
```

if-then-else-Blockstruktur:

```
if zensur = 1 then  Label1.TextOut := 'Sehr gut'
          else
if zensur = 2 then Label1.Text := 'Gut'
          else begin
             Label1.Text := 'Befriedigend bis Ungenügend!';
```

```
            Label1.Text := 'Schauen Sie in die Bücher!'
         end;
```

case-Blockstruktur:

```
case zensur of
  1:    Label1.Text := 'Ausgezeichnet!';
  2,3:  Label1.Text := 'Das geht so!';
  4..6: Label1.Text := 'Kampf der Faulheit!'
else
  Label1.Text := 'Das ist keine Zensur!'
end;
```

Exit

Exit löst einen Sprung zum Ende des Anweisungsblocks aus. Die Ausführung von *Exit* innerhalb des Hauptprogramms beendet das gesamte Programm. Ist der aktuelle Block verschachtelt, so bewirkt *Exit* die Fortsetzung durch den nächsten äußeren Block.

Falls der aktuelle Block eine Prozedur/Funktion ist, veranlasst *Exit* die Fortsetzung der Anweisungen des aufrufenden Blocks unmittelbar nach der Aufrufstelle.

Beispiel:

```
procedure test(a:Integer);
begin
  if a > 10 then Exit;
  ...
end;
```

3.6 Benutzerdefinierte Datentypen

Ihre eigenen Datentypen definieren Sie durch das reservierte Wort *type*. Es ist üblich, bei der Namensvergabe ein "T" voranzustellen. Zu den wichtigsten benutzerdefinierten Datentypen zählen die strukturierten Typen (Records), Arrays, Aufzählungs-/Teilbereichstypen und Mengen.

3.6.1 Records

Deklaration und Zugriff

Die so genannten Strukturvariablen, gekennzeichnet durch das reservierte Wort *record*, haben eine feste Struktur mit eindeutigen Zugriffsmöglichkeiten.

3.6 Benutzerdefinierte Datentypen

Syntax: type TRecordName = record
       feld1: Datentyp;
       feld2: Datentyp;
       ...
    end;

Beispiel: Ein Datentyp zum Speichern von Namen und Alter einer Person.

```
type TPerson = record
    name: String;
    alter: Integer
  end;
```

Die Deklaration einer Variablen ist damit jedoch noch nicht erfolgt! Dazu dient z.B. die Anweisung

```
var person1, person2: TPerson;
```

die eine Datenspeicherung für zwei Personen zulässt.

Der Schreib- bzw. Lesezugriff erfolgt z.B. mit

```
person1.name := 'Müller';
person1.alter := 66;
Label1.Text := person2.name;
```

Wie Sie erkennen, wird der Name der Record-Variablen durch einen so genannten *Qualifizierer*, d.h. einen Punkt (.), vom Feldnamen abgetrennt.

Bereiche innerhalb eines Records

Anstatt den Feldern einen bestimmten Datentyp zuzuweisen, können Sie auch die untere und obere Grenze eines Bereichs angeben.

Beispiel:

```
type  TDatum = record
        jahr: Integer;
        monat: 1..12;
        tag: 1..31
      end;
var datum: TDatum;
```

Der Zugriff:

```
datum.jahr := 1995;
datum.monat := 10;
datum.tag := 24;
heute := datum.tag;
```

Zugriff auf Datensätze und With-Anweisung

Man kann nicht nur auf jedes einzelne Feld, sondern auch auf den gesamten Record zugreifen.

Beispiel: Eine Person wird "geklont".

```
person2 := person1;
```

Wie Sie den vorhergehenden Beispielen entnehmen, gestaltet sich der Zugriff auf die Record-Felder ziemlich umständlich. Eine Vereinfachung schafft die *with*-Anweisung, die es gestattet, dass innerhalb eines Blocks nur noch die Feldbezeichner angegeben werden müssen.

Beispiel: Der Datenzugriff lässt sich wie folgt vereinfachen:

```
with person1 do begin
   student := True;
   name := 'Waldmann';
   immatJahr := 1985
end;
```

Da die Records mit den in den nächsten Kapiteln eingeführten Objekten eng verwandt sind, spielt auch dort die *with*-Anweisung eine wichtige Rolle.

Hinweis: Über die in Delphi .NET eingeführten zusätzlichen Record-Features informieren Sie sich bitte in Kapitel 2, Abschnitt 2.2.4.!

3.6.2 Statische Arrays

Deklaration und Zugriff

Typen für ein- und mehrdimensionale Felder (Arrays) werden durch das reservierte Wort *array* definiert:

Syntax: type ArrayTypName = **array** [IndexTyp] **of** ElementeTyp

Es können auch mehrere, durch Komma getrennte Indextypen angegeben werden. Als Elementtyp ist jeder Typ erlaubt, während der Indextyp ein ordinaler (d.h. abzählbarer) Typ sein muss.

Beispiel:

```
type TIntListe = array[1..10] of Integer;
     TZeichen  = array['a'..'z'] of Byte;
     TMatrix   = array[10..20, 0..5] of Single;

var intL: TIntListe; z: TZeichen; m: TMatrix;
```

3.6 Benutzerdefinierte Datentypen

Der Zugriff:

```
intL[4] := 100;
z['a'] := 5;
m[17, 0] := 12.34;
```

Man kann sich die Typdeklaration auch sparen und sie zusammen mit der Variablendeklaration erledigen. Das ist vor allem dann zweckmäßig, wenn nur eine einzige Variable dieses Typs im Programm benötigt wird.

Beispiel: Ein gleichwertiger Ersatz für obige Deklarationen

```
var intL: array[1..10] of Integer;
    z: array['a'..'z'] of Byte;
    m: array[10..20, 0..5] of Single;
```

Mehrdimensionale Arrays

Ein mehrdimensionales Array ist ein Array, das andere Arrays enthält. Die Deklaration ist entweder durch aufeinanderfolgende *array-of*-Konstruke oder aber durch kommaseparierte Bereiche innerhalb eines einzigen *array-of*-Konstrukts möglich.

Beispiel: Die Deklaration eines zweidimensionalen Arrays mit 10 Zeilen und 20 Spalten

```
type TMatrix = array[1..10] of array[1..20] of Double;
```

ist gleichbedeutend mit

```
type TMatrix = array[1..10, 1..20] of Double;
```

Unabhängig von der Art der Deklaration repräsentiert *TMatrix* immer ein Array mit 200 reellen Werten, wobei der Zugriff identisch ist.

Beispiel: Verwendung einer Variablen *m* vom obigen Typ *TMatrix*

```
var m: TMatrix;
    d: Double;
```

Der Zugriff ist so

```
d := m[2, 15];
```

oder so möglich:

```
d := m[2][15];
```

Arrays aus Strukturvariablen

Von besonderem Interesse sind Arrays, deren Elementtypen Strukturvariablen (Records) sind.

Beispiel: Mit einem Typ *TPerson* soll ein Array für 100 Personen aufgebaut werden:

```
type TPersListe = array[1..100] of TPerson;
var list1: TPersListe;
```

Der Zugriff auf die fünfte Person erfolgt z.B. mit

```
list1[5].name := 'Einstein';
```

Hinweis: Ein entsprechendes Programm finden Sie unter R 2.4 im Rezeptekapitel.

Übrigens ist auch bei Array-Variablen eine Zusammenfassung von Typ- und Variablendeklaration in nur einer Anweisung möglich.

Beispiel: Obige Deklaration kann vereinfacht werden.

```
var list1: array[1..100] of TPerson;
```

Strukturvariablen mit Arrays

Auch die Felder von Strukturvariablen können Arrays sein. Es bedarf allerdings eines gewissen Abstraktionsvermögens, um dabei nicht den Überblick zu verlieren.

Hinweis: Denken Sie immer daran, dass durch eine Typdeklaration (mittels *type*) noch keine Variable entsteht. Diese erhalten Sie erst durch Deklarieren mit *var*!

Schauen Sie sich das folgende Beispiel genauer an, dann dürfte die Vorgehensweise anschaulich deutlich werden.

Beispiel: Die folgenden Typdeklarationen definieren die Struktur einer Fußballmannschaft.

```
type TSpieler = record
  name: String;
  alter: Integer;
  tore: Integer;
  nationalspieler: Boolean
end;

type TTrainer = record
  name: String;
  alter: Integer;
```

3.6 Benutzerdefinierte Datentypen

```
  gehalt: Single
end;

type TMannschaft = record
  name: String;
  trainer: TTrainer;
  spieler: array[1..11] of TSpieler
end;
```

Durch diese Deklaration entstehen zwei Fußballmannschaften:

```
var mannschaft1, mannschaft2: TMannschaft;
```

Beide Mannschaften sind noch "gesichtslos", sie könnten beispielsweise wie folgt initialisiert werden:

```
mannschaft1.name := 'ZFC Meuselwitz';
mannschaft2.name := 'FC Sachsen Leipzig';
mannschaft1.trainer := 'Maxhelm';
mannschaft1.spieler[1].name := 'Siegbast';
mannschaft1.spieler[2].name := 'Tobalt';
...
```

Damit dürfte auch klar sein, wie der Schreib-/Lesezugriff funktioniert.

Um beispielsweise alle Spieler von *mannschaft1* mit mehr als zehn Toren zu Nationalspielern zu machen:

```
for i := 1 to 11 do with mannschaft1.spieler[i] do
    if bundesligatore > 10 then nationalspieler := True;
```

Array-Konstanten

Auch Konstanten lassen sich in einem Array übersichtlich speichern.

Beispiel:

```
const tage: array[1..7] of string = ('Mo', 'Di', 'Mi', 'Do', 'Fr', 'Sa', 'So');
var woBeginn: String;
...
woBeginn := tage[1];
```

Etwas komplizierter wird es bei mehreren Dimensionen.

Beispiel:

```
const tabs: array[1..5, 1..2] of Word = ((50,20), (55,21), (63,35), (110,77), (200,5));
var tab1: Word;
```

Die Anordnung der Elemente:

	1	2	3	4	5
1	50	55	63	110	200
2	20	21	35	77	5

Damit dürfte auch der Zugriff klar sein:

```
tab1 := tabs[4,2];       // weist den Wert 77 zu
```

3.6.3 Dynamische Arrays

Die Abmessungen der bisher besprochenen **statischen** Arrays können zur Laufzeit nicht geändert werden, was in vielen Fällen ein Nachteil ist, so dass man um **dynamische** Arrays nicht herumkommt.

Programmierung auf einen Blick

Einen ersten Überblick vermittelt die folgende Aufzählung:

- Die Deklaration eines dynamischen unterscheidet sich von der eines statischen Arrays nur dadurch, dass einfach die eckigen Klammern mit den Array-Dimensionen weggelassen werden.
- Die Festlegung der Dimension erfolgt erst zur Laufzeit mittels *SetLength*-Anweisung.
- Um ein nicht mehr benötigtes dynamisches Array freizugeben, weisen Sie der Array-Variablen den Wert *nil* zu.
- Dynamische Arrays sind *nullbasiert*, beginnen also immer mit dem Index 0.
- Die bereits von statischen Arrays und von der Stringverarbeitung her bekannten Funktionen *Length*, *High* und *Low* lassen sich auch auf dynamische Arrays anwenden. *Length* liefert die Anzahl der Zellen im Array, *High* den höchsten Index (*Length–1*) und *Low* stets den Wert 0.

Beispiel: Zwei dynamische *Double*-Arrays werden referenziert, das erste davon wird mit vier Zellen erzeugt und mit Werten gefüllt. Anschließend wird versucht, den Inhalt in das zweite Array zu kopieren.

```
var aA, aB: array of Double;    // Referenzierung
begin
  SetLength(aA, 4);             // Dimensionierung
  aA[0] := 3.1415; aA[1] := 0.26134;
  aA[2] := 300.34; aA[3] := 0.0815;
  aB := aA;                     // Zeiger wird verbogen, kein Kopieren!!!
  aB[0] := 99.99;
```

3.6 Benutzerdefinierte Datentypen

```
  aA := nil; aB := nil      // Freigabe (Dereferenzierung)
end;
```

Wenn Sie jetzt den Wert von *aA[0]* auslesen, werden Sie erstaunt feststellen, dass dieser nicht mehr *3.1415* ist, sondern ebenfalls den Wert von *aB[0]* angenommen hat (*99.99*). Die Ursache: Wir haben es beim Zuweisen von Zeigerreferenzen mit keinem Kopieren des Inhalts, wie wir es von statischen Arrays gewohnt sind, zu tun. Der Zeiger *aB* wird lediglich auf *aA* "verbogen", so dass letztendlich *aA* und *aB* dasselbe Array referenzieren.

Kopieren dynamischer Arrays

Um ein echtes Kopieren dynamischer Arrays zu realisieren, müssen die Feldinhalte einzeln zugewiesen werden.

Beispiel: Wie Vorgängerbeispiel, aber diesmal mit einem echten Kopierprozess (geänderte Anweisungen fett).

```
var aA, aB: array of Double;
    i : Word;
begin
  SetLength(aA, 4);
  SetLength(aB, 4);
  aA[0] := 3.1415;  aA[1] := 0.26134;
  aA[2] := 300.34;  aA[3] := 0.0815;
  for i := 0 to High(aA) do aB[i] := aA[i];      // Kopieren!!!
  aB[0] := 99.99;
  aA := nil; aB := nil
end;
```

Wenn Sie diesmal *aA[0]* auslesen, werden Sie feststellen, dass *aA[0]* seinen zugewiesenen Wert von *3.1415* beibehält. Das "Herumdoktern" an *aB* hatte also keinen Einfluss, denn sowohl *aA* als auch *aB* zeigen auf unterschiedliche Speicherbereiche.

Hinzufügen und Entfernen von Zellen

Die *SetLength*-Anweisung erlaubt sowohl das Vergrößern als auch das Verkleinern der Array-Dimensionen zur Laufzeit (die noch vorhandenen Felder behalten dabei ihre Originalinhalte!).

Beispiel:

```
type TPersDat = record
  name: string[20];         // max. 20 Buchstaben
  geburt: TDateTime;        // Geburtsdatum
  student: Boolean;         // Student ja/nein
  tel: LongInt              // Telefonnummer
end;
```

```
var personen: array of TPersDat;   // dynamisches Array wird deklariert
    pm,                            // Anzahl Datensätze
    index: Word;                   // aktuelle Datensatznummer (1,2,3 ... pm)
```

Datensatz an aktueller Position (*index*) einfügen:

```
procedure TPerson.dsNeu;
var i: Word;
begin
  Inc(pm);
  SetLength(personen, pm);         // Dimension erhöhen
  for i:= pm downto index+2 do Personen[i-1] := Personen[i-2];
  Inc(index)
end;
```

Datensatz an aktueller Position (*index*) löschen:

```
procedure TPerson.dsLoesch;
var i: Word;
begin
  for i := index to pm-1 do personen[i-1] := personen[i];
  Dec(pm);
  SetLength(personen,pm)           // Dimension verkürzen
end;
```

Zum "Abschneiden" von dynamischen Arrays kann man auch die von der Stringverarbeitung her bekannte *Copy*-Funktion anstatt *SetLength* verwenden.

Beispiel: Alternative zur vorletzten Zeile des obigen Beispiels

```
personen := Copy(personen,0,pm);
```

Auch das "Herausschneiden" einzelner Zellen ist mit dieser Funktion zu bewerkstelligen.

Beispiel: Ein dynamisches Integer-Array wird mit sechs Zellen dimensioniert, denen die Werte von 0 bis 5 zugewiesen werden. Ab dem Feldindex 2 werden drei Zellen herauskopiert.

```
var a: array of Word;
    i: Word;
begin
SetLength(a, 6);
for i:= 0 to High(a) do a[i] := i;          // Besetzen der Zellen mit 0,1,2,3,4,5
a := Copy(a, 2,3);                          // Herausschneiden von 2,3,4
for i := 0 to High(a) do ShowMessage(IntToStr(a[i]))   // Anzeigen der Zellinhalte
end;
```

Mehrdimensionale dynamische Arrays

Mit aufeinander folgenden *array of*-Konstrukten können Sie mehrdimensionale dynamische Arrays deklarieren. Zum Instantiieren (Erzeugen) ruft man *SetLength* mit zwei Integer-Argumenten auf. Sind z.B. *x* und *y* Integer-Variablen, wird Speicherplatz für ein x mal y großes Array zugewiesen. Der Index *[0,0]* bezeichnet dann die Zelle in der linken oberen Ecke dieses Arrays.

Beispiel: Ein zweidimensionales String-Array mit sieben Spalten und drei Zeilen

	0	1	2	3	4	5	6
0	Mo	Di	Mi	Do	Fr	Sa	So
1	Vormittag	Vormittag	Vormittag	Vormittag	Vormittag	Vormittag	Vormittag
2	Nachmittag	Nachmittag	Nachmittag	Nachmittag	Nachmittag	Nachmittag	Nachmittag

```
var woche: array of array of string;
    i: Word;
begin
  SetLength(woche, 7, 3);
  woche[0,0] := 'Mo';  woche[1,0] := 'Di';  woche[2,0] := 'Mi';
  woche[3,0] := 'Do';  woche[4,0] := 'Fr';  woche[5,0] := 'Sa';
  woche[6,0] := 'So';
  for i := 0 to 6 do begin          // Kontrollanzeige aller Spalten
    woche[i,1] := 'Vormittag';  woche[i,2] := 'Nachmittag';
    MessageBox.Show(woche[i,0] + ' ' + woche[i,1] + ' ' + woche[i,2])
  end
end;
```

Hinweis: Den kompletten Code finden Sie auf der Buch-CD!

Ein Novum ist die Möglichkeit, auch ungleichförmige mehrdimensionale dynamische Arrays anlegen zu können. Gehen Sie dazu in folgenden Schritten vor:

- Rufen Sie *SetLength* auf, und übergeben Sie die Parameter für die erste Dimension des Arrays.
- Rufen Sie *SetLength* nacheinander für jede Zelle der ersten Dimension auf, und weisen Sie dabei den Speicherplatz für die zweite Dimension zu.
- Wiederholen Sie diese Schritte für die nächsthöhere Dimension.

Beispiel: Ein dynamisches String-Array mit sieben Spalten jeweils unterschiedlicher Zeilenzahl.

	0	1	2	3	4	5	6
0	Mo	Di	Mi	Do	Fr	Sa	So
1		Vormittag	Vormittag	Vormittag	Vormittag	Vormittag	
2		Nachmittag		Nachmittag			

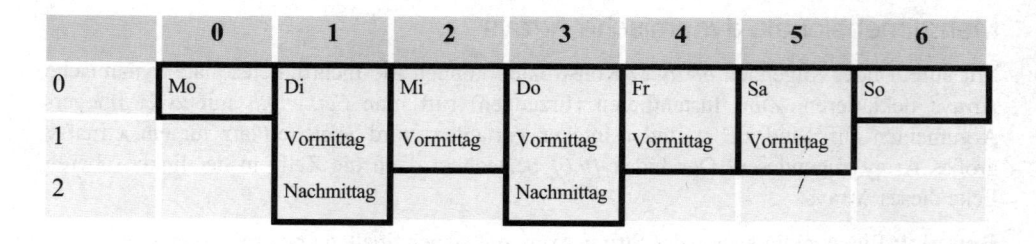

```
var woche: array of array of string;
    i: Word;
begin
  SetLength(woche, 7);           // Spaltenanzahl festlegen
  // pro Spalte die Zeilenzahl festlegen:
  SetLength(woche[0],1); SetLength(woche[1],3); SetLength(woche[2],2);
  SetLength(woche[3],3); SetLength(woche[4],2); SetLength(woche[5],2);
  SetLength(woche[6],1);
  // Zellen füllen:
  woche[0,0] := 'Mo';  woche[1,0] := 'Di'; woche[2,0] := 'Mi';
  woche[3,0] := 'Do'; woche[4,0] := 'Fr'; woche[5,0] := 'Sa';
  woche[6,0] := 'So';
  for i := 1 to 5 do woche[i,1] := 'Vormittag';
  woche[1,2] := 'Nachmittag'; woche[3,2] := 'Nachmittag';

  MessageBox.Show(woche[5,0] + ' ' + woche[5,1])      // Beispiel: 'Sa   Vormittag'
end;
```

Hinweis: Den kompletten Code finden Sie auf der Buch-CD!

Mehrdimensionale dynamische Arrays mit New

Als eine der Neuerungen von Delphi 2005 können multidimensionale Arrays – ähnlich wie unter C# – mit der Standardfunktion *New* dynamisch zugewiesen werden (nur .NET-Plattform).

Syntax: `array[, ..., ] of Basistyp;`

In der Syntax wird für die Anzahl der Dimensionen lediglich ein Komma als Platzhalter verwendet; die tatsächliche Größe wird erst zur Laufzeit durch den Aufruf der Funktion *New* festgelegt.

Beispiel: Deklarieren und Dimensionieren eines zweidimensionalen dynamischen *Double*-Arrays auf bisher übliche Weise.

```
var a: array of array of Double;
```

3.6 Benutzerdefinierte Datentypen

```
  x, y: Integer;
  ...
  SetLength(a, x, y);
```

Mit der neuen Syntax gilt auch die folgende Schreibweise:

```
var a: array[,] of Double;
    x, y: Integer;
    ...
    a := New(array[x, y] of Double);
```

Es gibt zwei Formen der Funktion *New*, die erste übernimmt den Elementtyp und die Größe des Arrays, die zweite den Elementtyp und eine Liste zum Initialisieren des Arrays.

Beispiel: Im folgenden Code werden beide Formen demonstriert:

```
var
  a: array [,,] of Integer;   // dreidimensionales Array
  b: array [,] of Integer;    // zweidimensionales Array
begin
  // New übernimmt Elementtyp und Größe jeder Dimension:
  a := New(array[2,5,8] of Integer);
  // New übernimmt Elementtyp und Initialisierungsliste:
  b := New(array[,] of Integer, ((2,3,4), (5,6,7)));
end.
```

Das Array können Sie zuweisen, indem Sie Variablen- oder Konstantenausdrücke an die Funktion *New* übergeben:

Beispiel:

```
var
  a:    array[,] of Integer;
  x, y: Integer;
begin
  x := 4;
  y := 17;
  a := New(array [x, y] of Integer);
```

Sie können das Array aber auch mit der Prozedur *SetLength* zuweisen.

Beispiel:

```
var
  a: array[,] of Integer;
  b: array[,,] of Integer;
begin
```

```
    SetLength(a, 4, 5);
    SetLength(b, 3, 5, 7);
end.
```

Bemerkungen

- Mit der Funktion *Copy* kann nur eine Kopie des **gesamten** Arrays angelegt werden.
- Ein dynamisch zugewiesenes Array kann nicht an die Funktionen *Low* und *High* übergeben werden (Compiler-Fehler).

3.6.4 Mengen

Das reservierte Wort *set* definiert eine Menge von Elementen eines Typs. Beim Feststellen der Mengenzugehörigkeit verwenden Sie das reservierte Wort *in* als Bezugsoperator.

Einfache Mengentypen

Bei diesem Typ muss es sich um *Integer*, *Boolean* oder *Char* handeln.

Beispiel: Platzieren Sie einen *Button*, eine *TextBox* und ein *Label* auf einem Formular.

```
type TVokal = set of Char;
var vokale: TVokal = ['a','e','i','o','u'];
```

Im *Click*-Event des Buttons erfolgt der Test auf Mengenzugehörigkeit des ersten Buchstabens in der TextBox:

```
procedure TWinForm.Button1_Click(sender: System.Object; e: System.EventArgs);
begin
   if TextBox1.Text[1] in vokale then Label1.Text := 'Das ist ein Vokal!'
   else Label1.Text := 'Das ist kein Vokal!'
end;
```

Aufzählungstypen

Man kann Mengentypen auch durch eine in Klammern gefasste Liste von Ausdrücken (Aufzählungstyp) definieren, wobei die Ordinalwerte der oberen und unteren Grenzen im Bereich 0..255 liegen müssen.

Beispiel: Zunächst werden die (ordinalen) Elemente definiert, die in der Menge vorkommen dürfen:

```
type TMonat = (Januar, Februar, Maerz, April, Mai, Juni,
               Juli, August, September, Oktober, November, Dezember);
```

Nun wird ein neuer Mengentyp definiert, der aus obigen Elementen besteht. Beachten Sie, dass in dieser Menge beliebig viele Monate, auch gleiche Monate, vorkommen dürfen!

3.6 Benutzerdefinierte Datentypen

```
type TJahreszeit = set of TMonat;
```

Nachdem die Struktur der Menge klar ist, kann eine konkrete Mengenvariable deklariert werden:

```
var sommer: TJahreszeit;
```

Der Zugriff:

```
sommer := [Juni, Juli, August];
if Juli in sommer then ... ;
```

Hinweis: Die von den ordinalen Datentypen (siehe 3.2.1) her bekannten Standardfunktionen (*Pred*, *Succ*, ...) lassen sich auf alle Aufzählungstypen anwenden.

Beispiel: Der "Nachfolger" von ROT ist GRUEN[1].

```
type TFarben = (ROT, GRUEN, BLAU);
var clr: TFarben;
...
if Succ(ROT) = GRUEN then clr := BLAU;
if clr = BLAU then ...;
```

3.6.5 Packen von strukturierten Typen

Standardmäßig sind die Werte in einem strukturierten Typ (Array, Record, Menge) in einem *Word*- oder *LongWord*-Raster ausgerichtet, um den Zugriff zu beschleunigen.

Sie können aber das reservierte Wort *packed* einfügen, um die Daten in komprimierter Form zu speichern.

Beispiel:

```
type TNumbers = packed array [1..10] of Double;
```

Die Verwendung von *packed* verlangsamt den Zugriff auf die Daten[2].

Hinweis: Auch Datei-, Klassen-, Klassenreferenz- und Interface-Typen zählen zu den strukturierten Typen!

---

[1] Politische Parallelen sind rein zufällig!
[2] Im Falle eines Zeichen-Arrays beeinflusst *packed* auch die Kompatibilität der Typen.

3.7 Selbst definierte Funktionen und Prozeduren

Falls Sie mit dem von Delphi bereitgestellten Standardsortiment nicht auskommen, müssen Sie eine eigene Funktion/Prozedur entwickeln. Funktionen und Prozeduren können auch als "Unterprogramme" betrachtet werden, aus denen sich Ihre Applikation bausteinartig zusammensetzt[1].

3.7.1 Die Parameterliste

Parameter dienen dazu, Daten an Prozeduren/Funktionen zu übertragen und von diesen zu erhalten. Mit der Deklaration einer Prozedur/Funktion legen Sie die Liste der formalen Parameter fest. Innerhalb dieser Routinen werden diese Parameter dann wie (lokale) Variablen behandelt.

Hinweis: Während bei der Deklaration die Parameterauflistungen durch Semikolon (;) voneinander getrennt werden, sind sie beim Aufruf grundsätzlich durch Komma (,) separiert.

Die Deklarationsreihenfolge innerhalb der Parameterliste muss selbstverständlich mit der Reihenfolge beim Aufruf übereinstimmen.

Beispiel: Die Prozedur

```
procedure zylinder(r,h: Double);    // Deklaration
begin
...
end;
```

... kann wie folgt aufgerufen werden:

```
zylinder(23.7, 50);                 // Aufruf
```

Neben den Standardtypen können auch benutzerdefinierte Typen oder sogar Objekte in der Parameterliste übergeben werden.

3.7.2 Parameterübergabe als Wert oder Referenz

Wird eine Prozedur/Funktion aufgerufen, so erfolgt die Parameterübergabe normalerweise als **Wert** (*by value*). Da man hier mit einer Kopie des Originalwertes arbeitet, ist es unmöglich, am Original etwas zu ändern. Man kann das aber durch Voranstellen des reservierten Wortes *var* erreichen. In diesem Fall erfolgt die Datenübergabe als **Referenz** (*by reference*). Dabei wird intern auf das Original, also auf die Adresse der Variablen verwiesen. Der aufgerufenen

---

[1] In der Objektorientierten Programmierung spricht man anstatt von Funktionen/Prozeduren von Methoden.

3.7 Selbst definierte Funktionen und Prozeduren

Funktion/Prozedur ist es nunmehr möglich, am Wert "herumzudoktern", um auf diese Weise z.B. das Ergebnis einer Berechnung an den Aufrufer zurückzugeben.

Beispiel: Bei der folgenden Deklaration wird eine Referenz auf die Variable *v* (Volumen des Zylinders) übergeben.

```
procedure zylinder(r,h: Double; var v: Double);
begin
  v := Pi * Sqr(r) * h           // Ergebnisrückgabe über v
end;
```

Der Aufruf:

```
var vol: Double;
...
zylinder(23.7, 50, vol);
Label1.Text := vol.ToString;    // Anzeige des Volumens
```

3.7.3 Funktion oder Prozedur?

In Delphi hat man die Qual der Wahl zwischen beiden Alternativen. Die Entscheidung, ob man eine Routine nun besser in eine Prozedur, z.B.

```
procedure zylinder(r,h: Double; var v: Double);
begin ... end;
```

oder in eine Funktion

```
function zylinder(r,h: Double): Double;
begin ... end;
```

verpacken sollte, bleibt letztendlich Ihnen überlassen. Prinzipiell sind beide Wege gangbar, da nicht nur Funktionen, sondern auch Prozeduren Werte zurückliefern können, wie die nachfolgenden Ausführungen beweisen sollen. Allerdings gelten folgende Empfehlungen:

- Ein Funktionsaufruf wird innerhalb des Programms wie eine Variable behandelt, er kann deshalb auch als Argument in anderen Ausdrücken und Anweisungen eingesetzt werden.
- Ist man nur an einem einzigen Rückgabeparameter interessiert, so sollte man dafür eine Funktion schreiben, bei mehreren Rückgabeparametern sind aber Prozeduren vorzuziehen.

Bei Funktionen ist außerdem Folgendes zu beachten:

- Bei der Deklaration ist ein Datentyp zuzuordnen.
- Im Funktionskörper muss dem Namen der Funktion der Rückgabewert zugewiesen werden. Statt des Funktionsnamens sollte man aber besser *Result* verwenden.

Beispiel: Das Volumen eines Zylinders soll zunächst mit einer **Funktion** berechnet werden. Um diese gleich "vor Ort" auszuprobieren, setzen wir sie in den Deklarationsabschnitt der *Click*-Ereignisbehandlungsroutine eines Buttons, der neben einem Label auf einem Formular platziert ist:

```
procedure TWinForm.Button1_Click(sender: System.Object; e: System.EventArgs);
  function zylinder(r, h: Double): Double;  // Übergabe: Radius und Höhe
                                             // Rückgabe: Volumen
  begin
    Result := Pi * Sqr(r) * h              // Volumen = Grundfläche mal Höhe
  end;

var v: Double;
begin
  v:= zylinder(23.7, 50);         // Volumen für Radius 23.7 und Höhe 50
  Label1.Text := v.ToString;      // Ergebnisanzeige = 88 230.06
end;
```

Zum Vergleich soll das Zylindervolumen nun über eine **Prozedur** ermittelt werden.

```
procedure TWinForm.Button1_Click(sender: System.Object; e: System.EventArgs);
  procedure zylinder(r,h: Double; var vol: Double);
      // Übergabeparameter: Radius und Höhe, Rückgabeparameter: Volumen
  begin
    vol := Pi * Sqr(r) * h                 // Volumen = Grundfläche mal Höhe
  end;
var v: Double; s: string;         // Zwischenvariablen
begin
  zylinder(23.7, 50, v);          // Volumen für Radius 23.7 und Höhe 50
  Label1.Text := v.ToString       // Ergebnisanzeige
end;
```

Soll die Routine nicht nur das Volumen, sondern auch noch die Oberfläche des Zylinders ermitteln, so wäre folgende Realisierung als Prozedur der als Funktion vorzuziehen:

```
procedure zylinder(r,h: Double;var fl,vol: Double);
 // Übergabeparameter: Radius und Höhe, Rückgabeparameter: Oberfläche, Volumen
begin
  fl := 2 * Pi * r * (r + h);     // Oberfläche
  vol := Pi * Sqr(r) * h          // Volumen
end;
```

3.7.4 Überladene Routinen

Dieses Feature erlaubt es, mehrere Funktionen/Prozeduren mit identischen Namen im gleichen Gültigkeitsbereich zu verwenden. Die Deklarationen haben mit *overload* zu erfolgen und müssen unterscheidbare(!) Parameterlisten haben.

Beispiel: Beide Funktionen haben den gleichen Namen, aber unterschiedliche Parameterlisten.

```
function zylinder(r,h: Double): Double; overload;   // Parameter: Radius und Höhe
                                                    // Rückgabewert: Volumen
begin
  Result:= Pi * Sqr(r) * h          // Volumen = Grundfläche mal Höhe
end;
```

```
function zylinder(r: Double): Double; overload;   // Übergabeparameter: Radius
                                                  // Rückgabewert: Grundfläche
begin
  Result := Pi * Sqr(r)          // Grundfläche = Pi*r*r
end;
```

In Abhängigkeit vom Aufruf wird entweder das Volumen oder die Grundfläche berechnet:

```
v := zylinder(5, 10);     // Volumen
f := zylinder(20);        // Grundfläche
```

Hinweis: Ein komplettes Programm zum Thema "Überladen von Funktionen" finden Sie in R 2.11!

Formulare und Komponenten

- ✔ **Formulare**
- ✔ **Standardkomponenten**
- ✔ **Wichtige Objekte**

Ziel dieses Kapitels soll es sein, dem Einsteiger mit einem Minimum an Aufwand einen Überblick über die Standardkomponenten von Windows Forms-Anwendungen zu verschaffen. Da dieses Kapitel keine vollständige Referenz bereitstellt – diese Rolle kann die integrierte Online-Help viel effektiver übernehmen – werden nur die aus der Sicht des Praktikers wichtigsten Eigenschaften, Ereignisse und Methoden in Gestalt von Übersichten und knappen Beispielen vorgestellt.

4.1 Allgemeines über Steuerelemente

Die wichtigsten sichtbaren Komponenten, mit denen wir es beim visuellen Entwurf der Bedienoberfläche zu tun haben, sind Formulare (*Forms*) und Steuerelemente (auch als Controls, Dialogelemente oder Komponenten bezeichnet), wie z.B. *Button*, *TextBox*, *Label* etc. Bekanntlich verfügen diese Objekte über Eigenschaften (Properties), Methoden (Methods) sowie über Ereignisse (Events), auf welche sie reagieren können.

In Delphi.NET haben Sie es mit drei grundsätzlichen Arten von Komponenten zu tun:

- .NET-Framework-Komponenten (FCL)
- VCL.NET-Komponenten[1]
- COM-Steuerelemente

Hinweis: In diesem Kapitel werden wir uns ausschließlich mit den .NET-Framework-Komponenten beschäftigen, da die VCL/COM-Komponenten nicht im Mittelpunkt dieses Buchs stehen[2].

4.1.1 Standardeigenschaften

Eigenschaften (Properties) können Sie zur Entwurfszeit (über den Objektinspektor) oder zur Laufzeit per Programmcode setzen. Es gibt eine Vielzahl von Standard-Properties, über die (fast) alle Komponenten verfügen. Dabei ist zu beachten, dass nicht alle Steuerelemente über die in der folgenden Tabelle angekreuzten Eigenschaften verfügen, sondern dass es sich nur um typische Angaben handelt.

Auf viele Eigenschaften kann nur zur Entwurfszeit, auf andere erst zur Laufzeit zugegriffen werden. Das ist auch der Grund, warum Letztere nicht im Eigenschaften-Fenster der Entwicklungsumgebung zu finden sind. Die Eigenschaften können zur Entwurfszeit (E) und/oder zur Laufzeit (L) verfügbar sein (r = nur lesbar).

---

[1] Visual Components Library

[2] Das schließt nicht aus, dass Sie trotz allem auf derartige Komponenten angewiesen sind, da es noch nicht für alle Einsatzfälle entsprechende Framework-Komponenten gibt.

Eigenschaft	Erläuterung	E	L
Anchor	Ausrichtung bezüglich des umgebenden Objekts	x	x
BackColor	Hintergrundfarbe	x	x
BorderStyle	Art des Rahmens	x	r
Cursor	Art des Cursors über dem Steuerelement	x	x
CausesValidation	siehe *Validate*-Ereignis		
ContextMenu	Auswahl eines Kontextmenüs	x	x
Dock	Andockstellen bezüglich des umgebenden Objekts	x	x
Enabled	aktiv/nicht aktiv	x	x
Font	Schriftattribute (Namen, Größe, fett, kursiv etc.)	x	
ForeColor	Vordergrundfarbe, Zeichenfarbe	x	x
Handle	Fensterhandle		r
Location	Position der linken oberen Ecke	x	x
Locked	Sperren des Steuerelements gegen Veränderungen	x	
Name	Bezeichner	x	
TabIndex	Tab-Reihenfolge	x	x
TabStop	Tabulatorstopp Ja/Nein	x	x
Tag	Hilfseigenschaft	x	x
Text	Beschriftung oder Inhalt	x	x
Visible	Sichtbar Ja/Nein	x	x

In den Einführungsbeispielen des Kapitels 1 haben Sie bereits die Arbeit mit dem Objektinspektor hinreichend kennen gelernt. Er öffnet sich nach Anklicken des betreffenden Objekts und Drücken von F11. Alle für das Objekt in Frage kommenden Eigenschaften und Ereignisse sind dort enthalten und können von Ihnen editiert werden. Klicken Sie auf einen Eintrag, so erscheint sogar im unteren Teil des Fensters eine kurze Erläuterung.

4.1 Allgemeines über Steuerelemente

[Objektinspektor-Screenshot: TextBox1 System.Windows.Forms.TextBox mit Eigenschaften Darstellung: BackColor Window, BorderStyle Fixed3D, Cursor IBeam, Font Microsoft Sans Serif; 8,25pt, ForeColor WindowText, Lines String[]-Array, RightToLeft No, ScrollBars None, Text TextBox1, TextAlign Left. Beschreibung: Text – Der Text im Steuerelement. 1 Objekt ausgewählt]

4.1.2 Standardereignisse

Wir wollen uns zunächst nur auf die Ereignisse beschränken, die für die meisten Objekte gleichermaßen zutreffen, und auf einige grundsätzliche Programmieransätze eingehen.

Die Eventhandler-Argumente

Wie bereits im Einsteigerkapitel 1 mehrfach gezeigt, werden jedem Ereignis-Handler zwei Parameter übergeben:

- zum einen der *sender*,
- zum anderen die eigentlichen Parameter als Objekt mit dem kurzen Namen *e*.

Was können Sie mit beiden Werten anfangen?

Sender

Da Ereignis-Handler einen beliebigen Namen erhalten und auch "artfremde" Komponenten sich ein und denselben Eventhandler teilen können, muss es ein Unterscheidungsmerkmal für den Aufrufer des Ereignisses geben.

Zunächst werden Sie sicher enttäuscht sein, wenn Sie sich die einzelnen Eigenschaften bzw. Methoden des *sender*-Objekts ansehen, lediglich eine Methode *GetType* ist zu finden. Doch keine Sorge, typisieren Sie das Objekt, haben Sie Zugriff auf alle objekttypischen Eigenschaften und Methoden.

Beispiel: Ein Ereignis-Handler (*TextChanged*) für mehrere Textboxen zeigt in der Kopfzeile die jeweils bearbeitete Textbox an.

```
procedure TWinForm1.TextBox1_TextChanged(sender: System.Object; e: System.EventArgs);
begin
  Self.Text := TextBox(sender).Name;
end;
```

Es geht auch so:

```
Self.Text := (sender as TextBox).Name;
```

Doch was, wenn zum Beispiel ein *TextChange* von einer *TextBox* und einer *ComboBox* kommt? Die obige Definition ist zwar noch möglich, aber spätestens beim Testen der Anwendung gibt es Ärger (Benachrichtigung über Debugger-Exception), da der Typ nicht stimmt:

Kein Problem: Wie immer im Leben einigt man sich in diesem Fall auf den kleinsten gemeinsamen Nenner, was in diesem Fall besser "gemeinsamer Vorfahre" heißen müsste.

Beispiel: Anzeige des Control-Bezeichners in der Kopfzeile

```
procedure TWinForm1.TextBox1_TextChanged(sender: System.Object; e: System.EventArgs);
begin
  Self.Text := (sender as Control).Name;
end;
```

Der Typ *Control* weist zwar nicht alle Eigenschaften und Methoden einer *TextBox* bzw. einer *ComboBox* auf, hat jedoch zumindest eine *Name*-Eigenschaft, ein Handle etc.

Brauchen Sie unbedingt den speziellen Objekttyp, können Sie auch wie folgt vorgehen:

```
procedure TWinForm1.TextBox1_TextChanged(sender: System.Object; e: System.EventArgs);
begin
  if sender is TextBox then Self.Text := (sender as TextBox).Text;
  if sender is ComboBox then Self.Text := (sender as ComboBox).Text;
end;
```

Der Parameter e

Was sich hinter dem Parameter *e* versteckt, ist vom jeweiligen Ereignis abhängig. So werden bei einem *MouseDown*-Ereignis unter anderem die gedrückten Tasten und die Koordinaten des Mausklicks im Parameter *e* übergeben:

4.1 Allgemeines über Steuerelemente

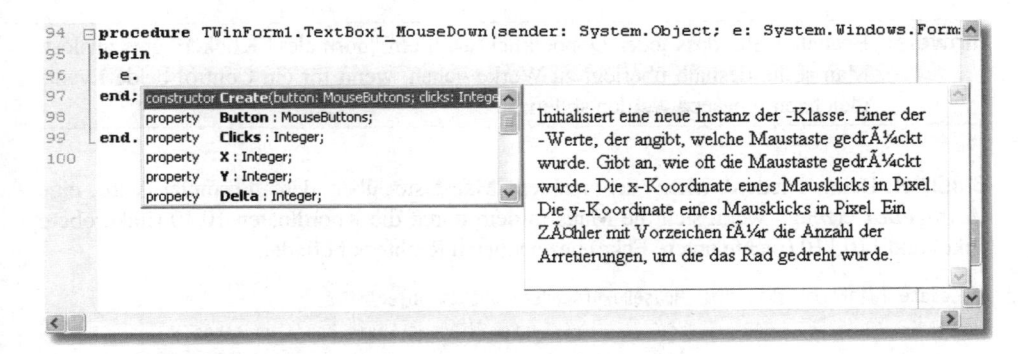

```
94  procedure TWinForm1.TextBox1_MouseDown(sender: System.Object; e: System.Windows.Form
95  begin
96      e.
97  end;        constructor Create(button: MouseButtons; clicks: Intege
98              property   Button : MouseButtons;
99  end.        property   Clicks : Integer;
100             property   X : Integer;
                property   Y : Integer;
                property   Delta : Integer;
```

Initialisiert eine neue Instanz der -Klasse. Einer der -Werte, der angibt, welche Maustaste gedrückt wurde. Gibt an, wie oft die Maustaste gedrückt wurde. Die x-Koordinate eines Mausklicks in Pixel. Die y-Koordinate eines Mausklicks in Pixel. Ein Zähler mit Vorzeichen für die Anzahl der Arretierungen, um die das Rad gedreht wurde.

Teilweise werden über diesen Parameter auch Werte an das aufrufende Programm zurückgegeben.

Beispiel: Setzen von Werten über den Parameter *e*

```
procedure TWinForm1.TWinForm1_Closing(sender: System.Object;
                                     e       : System.ComponentModel.CancelEventArgs);
begin
  e.Cancel := False;
end;
```

Mausereignisse

Wenn sich der Mauscursor über einem Objekt befindet, können die folgenden Mausaktivitäten (teilweise mit Übergabeparametern) ausgewertet werden:

Ereignis	... tritt ein, wenn
Click	... auf das Objekt geklickt wird.
DblClick	... auf das Objekt doppelt geklickt wird.
MouseDown	... eine Maustaste niedergedrückt wird.
MouseUp	... eine Maustaste losgelassen wird.
MouseMove	... die Maus bewegt wird.
MouseEnter	... wenn die Maus in das Control hinein bewegt wird.
MouseLeave	... wenn die Maus aus dem Control hinaus bewegt wird.

Bei einem *MouseDown* können Sie über *e.Button* unterscheiden, welcher Button gerade gedrückt wurde (*Left, Middle, Right*). Gleichzeitig können Sie über *e.x* bzw. *e.y* die Koordinaten bezüglich des jeweiligen Objekts ermitteln.

Hinweis: Beachten Sie, dass jeder Doppelklick auch ein "normales" Klickereignis auslöst. Man sollte deshalb überlegt zu Werke gehen, wenn für ein Control beide Events gleichzeitig besetzt werden sollen.

Beispiel: Beim Niederdrücken der rechten Maustaste über dem Formular wird eine *MessageBox* erzeugt, wenn sich die Maus in dem durch die Koordinaten 10,10 (linke obere Ecke) und 110,110 (rechte untere Ecke) bezeichneten Rechteck befindet:

```
procedure TWinForm1.TWinForm1_MouseDown(sender: System.Object;
                                  e: System.Windows.Forms.MouseEventArgs);
begin
  if (e.Button = System.Windows.Forms.MouseButtons.Right) and
     (Rectangle.Create(10, 10, 100, 100).Contains(e.X, e.Y)) then  MessageBox.Show('Erfolg');
end;
```

Beispiel: Ändern des Control-Rahmens, wenn die Maus darüber bewegt wird

```
procedure TWinForm1.ListBox1_MouseLeave(sender: System.Object; e: System.EventArgs);
begin
  ListBox(sender).BorderStyle := BorderStyle.None;
end;

procedure TWinForm1.ListBox1_MouseEnter(sender: System.Object; e: System.EventArgs);
begin
  ListBox(sender).BorderStyle := BorderStyle.Fixed3D;
end;
```

Tastaturereignisse

Wenn ein Steuerelement den Fokus hat, können für dieses Objekt folgende Keyboard-Events ausgewertet werden:

Ereignis	... tritt ein, wenn
KeyPress	... eine Taste gedrückt wird.
KeyDown	... die Taste nach unten bewegt wird (mit Intervall).
KeyUp	... eine Taste losgelassen wird.

KeyPress registriert das Zeichen der gedrückten Taste, während *KeyDown* und *KeyUp* auf alle Tasten der Tastatur (einschließlich Funktionstasten und Tastenkombinationen mit den Tasten *Umschalt*, *Alt* und *Strg*) reagieren können.

Beispiel: Beim Loslassen einer Zifferntaste innerhalb eines Editierfeldes wird ein Piepton erzeugt (48 ... 57 sind die ANSI-Codes der Ziffern 0 ... 9).

4.1 Allgemeines über Steuerelemente

```
procedure TWinForm1.TextBox1_KeyUp(sender: System.Object;
                                  e: System.Windows.Forms.KeyEventArgs);
begin
  if (e.KeyValue > 46)and(e.KeyValue < 58) then Beep(2000,50);
end;
```

Die Funktion *Beep* müssen Sie leider als API-Funktion einbinden (eine derartige .NET-Funktion gibt es (noch) nicht)[1]:

```
implementation
uses Windows;
```

KeyPreview

KeyPreview ist kein Ereignis, sondern eine Formulareigenschaft! *KeyPreview* steht aber im engen Zusammenhang mit den Tastaturereignissen und soll deshalb ausnahmsweise bereits an dieser Stelle erwähnt werden. Wenn *KeyPreview* den Wert *False* hat (Voreinstellung), werden die Ereignisse sofort zur Komponente weitergegeben. Hat *KeyPreview* aber den Wert *True*, so gehen, unabhängig von der aktiven Komponente, die Tastaturereignisse *KeyDown*, *KeyUp* und *KeyPress* zuerst an das Formular. Erst danach wird das Tastaturereignis an das Steuerelement weitergereicht. Damit kann an zentraler Stelle auf Tastaturereignisse reagiert werden.

Beispiel: Entsprechend dem vorhergehenden Beispiel soll beim Drücken einer Zifferntaste ein Piepton ausgegeben werden; in diesem Fall jedoch bei **allen** Controls des aktuellen Fensters.

Setzen Sie dazu die Eigenschaft *KeyPreview* auf *True* und erzeugen folgenden Event-Handler für das Formular (zu *Beep* siehe vorhergehendes Beispiel):

```
procedure TWinForm1.TWinForm1_KeyUp(sender: System.Object;
                                   e: System.Windows.Forms.KeyEventArgs);
begin
  if (e.KeyValue > 46)and(e.KeyValue < 58) then Beep(2000,50);
end;
```

Hinweis: Wenn bei *KeyPreview=True* ein bestimmtes Ereignis nur im Event-Handler des Formulars verarbeitet werden soll (also anschließend nicht an das aktuelle Steuerelement weitergereicht wird), dann setzen Sie *e.Handled* auf *True*.

---

[1] Und schon sind wir wieder in der guten alten Win32-Welt gelandet.

Weitere Ereignisse

Die folgenden Events finden Sie ebenfalls bei einer Vielzahl von Objekten:

Ereignis	... tritt ein, wenn
Change	... der Inhalt der Komponente geändert wird.
Enter	... die Komponente den Fokus erhält.
DragDrop	... das Objekt über der Komponente abgelegt wird.
DragOver	... das Objekt über die Komponente gezogen wird.
HelpRequested	... die Hilfe angefordert wird (F1).
Leave	... die Komponente den Fokus verliert.
Paint	... das Steuerelement gezeichnet wird.
Resize	... die Komponente in der Größe verändert wird.
Validate	... der Inhalt von Steuerelementen überprüft wird.

Beispiel: Wenn die Textbox den Eingabefokus erhält, soll sich die Hintergrundfarbe ändern.

```
procedure TWinForm1.TextBox1_Enter(sender: System.Object; e: System.EventArgs);
begin
  TextBox1.BackColor := Color.Yellow;
end;
```

Beim Verlassen stellen wir die normale Farbe ein:

```
procedure TWinForm1.TextBox1_Leave(sender: System.Object; e: System.EventArgs);
begin
  TextBox1.BackColor := Color.White;
end;
```

Im Zusammenhang mit dem Auftreten der Fokus-Ereignisse spielt häufig auch die Reihenfolge eine Rolle:

Enter ⇨ *GotFocus* ⇨ *Leave* ⇨ *Validating* ⇨ *Validated* ⇨ *LostFocus*

Validätsprüfungen

Das *Validate*-Ereignis ermöglicht, zusammen mit der *CausesValidation*-Eigenschaft den Inhalt von Steuerelementen zu prüfen, **bevor** der Fokus das Steuerelement verlässt. Das *Validate*-Ereignis eignet sich besser zum Überprüfen der Dateneingabe als das *LostFocus*-Ereignis, da *LostFocus* erst **nach** dem Verschieben des Fokus eintritt.

Validate wird nur dann ausgelöst, wenn der Fokus in ein Steuerelement wechselt, bei dem die *CausesValidation*-Eigenschaft *True* ist (Standardeinstellung). *CausesValidation* sollte nur bei den Controls auf *False* gesetzt werden, deren Aktivierung keine Validätskontrolle auslösen soll, wie z.B. eine "Abbrechen"- oder eine "Hilfe"-Schaltfläche.

4.1 Allgemeines über Steuerelemente

Hinweis: Ist die Prüfung innerhalb des *Validating*-Events nicht erfolgreich, können Sie mit *e.Cancel* die weitere Ereigniskette (siehe oben) abbrechen.

Beispiel: Der Fokus wandert nur dann zum nächsten Steuerelement, wenn in die Textbox mehr als fünf Zeichen eingegeben werden.

```
procedure TWinForm1.TextBox1_Validating(sender: System.Object;
                                 e: System.ComponentModel.CancelEventArgs);
begin
  if TextBox1.Text.Length < 5 then begin
    MessageBox.Show('Bitte mehr als 5 Zeichen eingeben!');
    e.Cancel := True;
  end;
end;
```

SendKeys

Mit diesem Objekt werden Tastatureingaben durch den Bediener simuliert, daher ist es zweckmäßig, es bereits an dieser Stelle im Zusammenhang mit Tastaturereignissen zu erwähnen. Zwei Methoden stehen zur Auswahl:

- Send
- SendWait

Während Erstere sich damit begnügt, die Tastatureingaben einfach an die aktive Anwendung zu senden, wartet *SendWait* auch darauf, dass die Daten verarbeitet werden. Insbesondere bei etwas langsameren Operationen kann es sonst schnell zu einem Fehlverhalten kommen.

Das Argument der beiden Methoden ist eine Zeichenkette. Jede Taste wird dabei durch mindestens ein Zeichen repräsentiert.

Hinweis: Das Pluszeichen (+), Caret-Zeichen (^) und Prozentzeichen (%) sind für die UMSCHALT-, STRG- und ALT-Taste vorgesehen. Sondertasten sind in geschweifte Klammern einzuschließen.

Beispiel: Die Anweisung sendet die Tastenfolge Alt+F4 an das aktive Fenster und bewirkt damit ein Schließen der Applikation.

```
procedure TWinForm1.Button1_Click(sender: System.Object; e: System.EventArgs);
begin
  SendKeys.Send('%{F4}');
end;
```

Häufig soll sich die "Tastatureingabe" nicht auf das aktuelle Formular, sondern auf das aktive Steuerelement beziehen. Dann muss dieses Steuerelement vorher den Fokus erhalten.

Beispiel: Die folgende Sequenz füllt das Textfeld *TextBox1* mit den Ziffern 12345678 und setzt danach die Ausführung fort.

```
procedure TWinForm1.Button1_Click(sender: System.Object; e: System.EventArgs);
begin
  TextBox1.Focus();
  SendKeys.SendWait('12345678');
end;
```

SendKeys macht es auch möglich, quasi "wie von Geisterhand" andere Windows-Programme (z.B. den integrierten Taschenrechner) aufzurufen.

Beispiel: Aufruf des Windows-Taschenrechners

```
implementation
uses System.Diagnostics;

procedure TWinForm1.Button1_Click(sender: System.Object; e: System.EventArgs);
var proc : Process;
begin
  proc := Process.Create;
  proc.StartInfo.FileName := 'calc.exe';
  proc.Start();
  SendKeys.SendWait('10{ADD}25=');
end;
```

So weit, so gut, aber teilweise passiert es, dass die neu gestartete Anwendung nicht die aktive Anwendung ist. Damit gehen auch die Tastatureingaben in die falsche Richtung. Abhilfe schafft folgende Erweiterung:

```
implementation
uses System.Diagnostics, Windows;

procedure TWinForm1.Button1_Click(sender: System.Object; e: System.EventArgs);
var proc : Process;
begin
  proc := Process.Create;
  proc.StartInfo.FileName := 'calc.exe';
  proc.Start();
  SetForegroundWindow(HWnd(proc.MainWindowHandle));
  SendKeys.SendWait('10{ADD}25=');
end;
```

Hinweis: Leider kann *SendKeys* den Code der Druck-Taste (PrtScr) nicht senden, deshalb sind z.B. auch keine per Programm auslösbaren Screenshots möglich.

4.1.3 Standardmethoden

Hier ein Auszug aus dem reichhaltigen Sortiment:

Methode	Erläuterung
Contains	... kontrolliert, ob ein angegebenes Steuerelement dem aktuellen untergeordnet ist.
CreateGraphics	... erzeugt ein Graphics-Objekt zum Zeichnen im Steuerelement (mehr dazu in Kapitel 6).
DoDragDrop	... beginnt eine Drag & Drop-Operation.
FindForm	... ruft das übergeordnete Formular ab.
Focus	... setzt den Fokus auf das Objekt.
GetContainerControl	... ruft das übergeordnete Steuerelement ab.
GetType	... ruft den Typ des Steuerelements ab.
Hide	... verbirgt das Steuerelement.
Invalidate	... veranlasst das Neuzeichnen des Controls.
Refresh	... erneuert den Aufbau des Steuerelements.
Scale	... skaliert das Steuerelement.
SelectNextControl	... aktiviert das folgende Steuerelement.
SetBounds	... setzt die Größe des Steuerelements.
Show	... zeigt das Steuerelement nach dem Verbergen wieder an.

Über die an die Methoden zu übergebenden Parameter informieren Sie sich am besten in der Online-Help.

Beispiel: Die folgende Anweisung verschiebt das aktuelle Formular an die Position 10,10 und verändert gleichzeitig die Größe auf 100 x 100 Pixel.

```
procedure TWinForm1.Button1_Click(sender: System.Object; e: System.EventArgs);
begin
   Self.SetBounds(10, 10, 100, 100);
end;
```

Beispiel: Skalieren einer Groupbox mit dem Faktor 1,5

```
GroupBox1.Scale(1.5, 1.5);
```

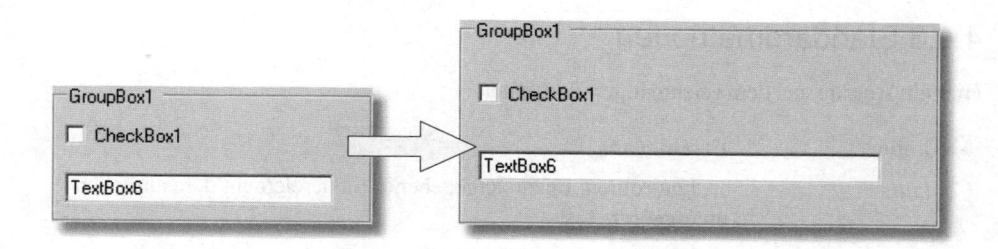

4.2 Windows-Formulare

Fast jede Windows-Applikation läuft in einem oder mehreren Fenstern ab, die sozusagen als Container für die Anwendung fungieren. Schon deshalb ist das Formular (*Form*) das wichtigste Objekt, wir werden uns also damit etwas ausführlicher auseinander setzen müssen.

4.2.1 Übersicht

Haben Sie ein neues Windows Forms-Anwendungsprojekt geöffnet, werden Sie bereits von einem ersten Formular im Delphi.NET-Designer begrüßt.

Wie ein Formular aussieht, brauchen wir sicher nicht weiter zu erklären, welche Eigenschaften jedoch für das Aussehen verantwortlich sind, soll die folgende Abbildung darstellen:

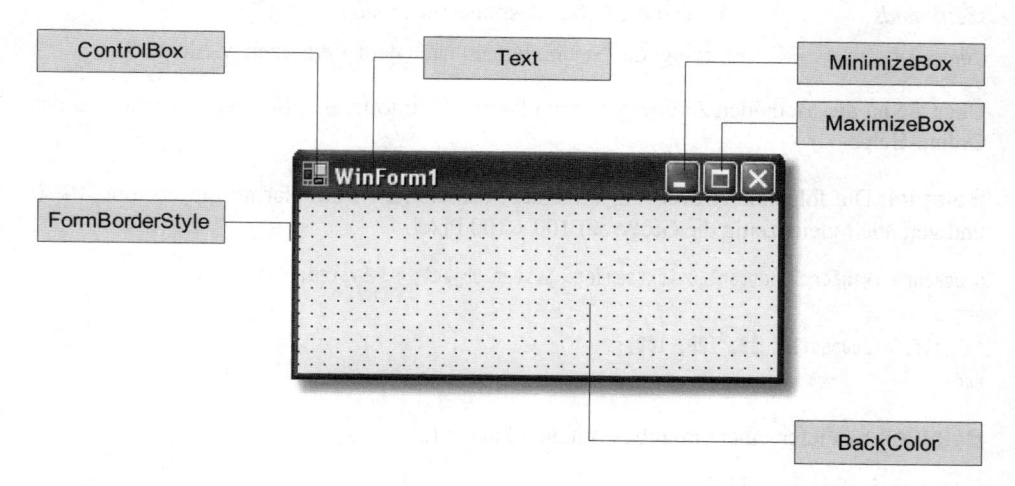

Für die weitere Orientierung sollen die folgenden Tabellen sorgen, die in Kürze die wichtigsten Eigenschaften, Methoden und Ereignisse des Formulars erläutern. In den weiteren Abschnitten wenden wir uns dann spezifischen Themen rund um das Formular zu.

Wichtige Eigenschaften

Eigenschaft	Beschreibung
AcceptButton *CancelButton*	Diese Eigenschaften legen fest, welche Buttons mit den Standardereignissen *Enter*-Taste bzw. *Esc*-Taste verknüpft werden. Diese Funktionalität wird häufig in Dialogboxen verwendet (siehe auch *DialogResult*). Löst der Nutzer eine der beiden Aktionen aus, wird der Ereigniscode der jeweiligen Taste verarbeitet.
ActiveControl	Bestimmt das gerade aktive Control. **Beispiel:** Diese Eigenschaft können Sie beispielsweise verwenden, um *Changed*-Ereignisse nur auszuführen, wenn das Control auch aktiv ist. ```procedure TWinForm1.TextBox1_TextChanged(sender: System.Object;
e: System.EventArgs);
begin
if sender = Self.ActiveControl then berechne();
end;```
ActiveForm	... bestimmt das aktive Formular der Anwendung.
ActiveMdiChild	... ermittelt das gerade aktive MDI-Child-Fenster.
AutoScroll	... bestimmt, ob das Formular automatisch Scrollbars einfügen soll, wenn der Clientbereich nicht komplett darstellbar ist. **Beispiel:** [Abbildung: Form1 mit TextBox1, TextBox2, TextBox3 und Scrollbars]
BackgroundImage	... eine Grafik für den Hintergrund. **Beispiel:** [Abbildung: Form1 mit TextBox1 und gemustertem Hintergrund]
ClientSize	... ermittelt die Größe des Formular-Clientbereichs.
ContextMenu	... das Kontextmenü des Formulars.
ControlBox	... Anzeige des Systemmenüs (*True/False*).

Eigenschaft	Beschreibung
| Controls | ... eine Collection aller enthaltenen Controls.<br><br>**Beispiel:** Alle Controls im aktuellen Formular um zehn Pixel nach links verschieben<br><br>```
procedure TWinForm1.Button1_Click(sender: System.Object;
                                  e: System.EventArgs);
var i : Integer;
begin
  for i := 0 to Self.Controls.Count-1 do
    Self.Controls[i].Left := Self.Controls[i].Left - 10;
end;
``` |
Cursor	... legt die Cursorform für das aktuelle Formular fest.
DesktopBounds	... legt Position und Größe des Formulars auf dem Desktop fest. **Beispiel:** `Self.DesktopBounds := Rectangle.Create(10, 10, 100, 100));`
DesktopLocation	... legt die Position des Formulars fest.
| DialogResult | ... über diesen Wert können Dialog-Statusinformationen an ein aufrufendes Programm zurückgegeben werden.<br><br>**Beispiel:**<br>```
procedure TWinForm1.Button1_Click(sender: System.Object;
                                  e: System.EventArgs);
var f2 : TwinForm2;
begin
  f2 := TwinForm2.Create;
  if f2.ShowDialog = System.Windows.Forms.DialogResult.Abort then begin
  end;
end;
``` |
Dock	... setzt die Ausrichtung gegenüber einem übergeordneten Fenster.
DockPadding	... setzt den Zwischenraum beim Docking von Controls.
FormBorderStyle	... setzt den Formularrahmen. Dieser hat auch Einfluss auf das Verhalten (Tool-Window, Dialog etc.) **Beispiel:** Verschiedene *FormBorderStyles*

4.2 Windows-Formulare

Eigenschaft	Beschreibung
HelpButton	... soll der Hilfe-Button angezeigt werden?
Icon	... das Formular-Icon.
IsMdiChild	... handelt es sich um ein MDI-Child-Fenster?
IsMdiContainer	... handelt es sich um ein MDI-Container-Fenster?
Location	... die linke obere Ecke des Formulars.
MaximizeBox *MinimizeBox*	... Anzeige der beiden Formular-Buttons (*True/False*).
MaximumSize *MinimumSize*	... setzt maximale bzw. minimale Maße für das Fenster.
MdiChildren	... eine Collection der untergeordneten MDI-Child-Fenster.
MdiParent	... ermittelt den MDI-Container.
Menu	... das Hauptmenü des Formulars.
Modal	... wird das Formular (Dialog) modal angezeigt?
Opacity	... Transparenz des Formulars in Prozent.
OwnedForms	... eine Collection der untergeordneten Formulare.
Owner	... das übergeordnete Formular.
ShowInTaskbar	... soll das Formular in der Taskbar angezeigt werden?
Size	... die Formulargröße.
StartPosition	... wo wird das Fenster beim ersten Aufruf angezeigt (zentriert etc.)?
Text	... der Text in der Titelleiste.
TopMost	... soll das Formular an oberster Position angezeigt werden?
TransparencyKey	... welche Formularfarbe soll transparent dargestellt werden? **Beispiel:** *TransparencyKey=White*
Visible	... ist das Formular sichtbar?
WindowState	... ist das Fenster maximiert, minimiert oder normal dargestellt?

Wichtige Ereignisse

Neben den bereits im vorhergehenden Abschnitt aufgelisteten sind für ein Formular die folgenden Events von Bedeutung:

Ereignis	... tritt ein, wenn
Activate	... das Formular aktiviert wird.
Closing	... das Formular geschlossen werden soll. Sie können den Vorgang über den Parameter *e.Cancel* abbrechen und so ein Schließen des Formulars verhindern.
Closed	... das Formular geschlossen ist.
Deactivate	... ein anderes Formular aktiviert wird.
Load	... das Formular geladen wird.
Paint	... das Formular neu gezeichnet werden muss.
Resize	... die Größe eines Formulars verändert wird.
HelpRequested	... Hilfe vom Nutzer angefordert wird (F1).
Layout	... die untergeordneten Controls neu positioniert werden müssen (Größenänderung des Formulars oder Hinzufügen von Steuerelementen).
LocationChanged	... sich die Position des Formulars ändert.
MdiChildActivated	... wenn ein MDI-Child-Fenster aktiviert wird.

Beispiel: Sicherheitsabfrage vor dem Schließen des Formulars

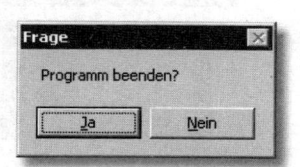

```
procedure TWinForm1.TWinForm1_Closing(sender: System.Object;
                         e: System.ComponentModel.CancelEventArgs);
begin
    e.Cancel := MessageBox.Show('Programm beenden?', 'Frage',
           MessageBoxButtons.YesNo) = System.Windows.Forms.DialogResult.No;
end;
```

Beispiel: Verwenden des *Paint*-Events

```
procedure TWinForm1.TWinForm1_Paint(sender: System.Object;
                         e: System.Windows.Forms.PaintEventArgs);
begin
```

4.2 Windows-Formulare

```
    e.Graphics.DrawEllipse(Pen.Create(Color.Black), 0, 0, 100, 100);
end;
```

Mit jedem Anzeigen oder jeder Größenänderung wird obiges Ereignis abgearbeitet. Das Ergebnis:

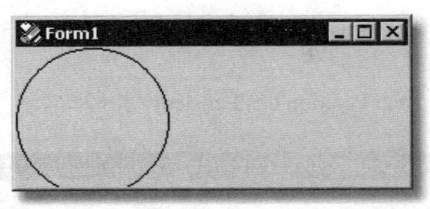

Hinweis: Weitere Informationen zur Grafikprogrammierung finden Sie im Kapitel 5.

Methoden

Die wichtigsten Methoden für Formulare sind im Folgenden zusammengestellt.

Methode	Beschreibung
Activate	... aktiviert das Formular.
BringToFront	... verschiebt das Formular an die oberste Position (innerhalb der Anwendung).
Close	... schließt das Formular.
CreateControl	... erzeugt ein neues Steuerelement.
CreateGraphics	... erstellt ein *Graphics*-Objekt für die grafische Ausgabe.
DoDragDrop	... startet eine Drag & Drop-Operation.
Focus	... setzt den Fokus auf das Formular.
GetNextControl	... liefert das folgende Control in der Tab-Reihenfolge.
Hide	... verbirgt das Formular.
Invalidate	... erzwingt ein Neuzeichnen des Formularinhalts.
PointToClient *RectangleToClient*	... rechnet Screen-Koordinaten in Fensterkoordinaten um (je nach Fensterposition).
PointToScreen *RectangleToScreen*	... rechnet Fensterkoordinaten in Screen-Koordinaten um.
Refresh	... erzwingt ein Neuzeichnen des Fensters und der untergeordneten Controls.
SelectNextControl	... verschiebt den Eingabefokus bei den untergeordneten Controls.
Show	... zeigt das Fenster an.
ShowDialog	... zeigt das Fenster als Dialogbox (modal) an.

Beispiel: Umrechnen in Screen-Koordinaten

```
procedure TWinForm1.TWinForm1_MouseDown(sender: System.Object;
                                   e: System.Windows.Forms.MouseEventArgs);
begin
  Self.Text := 'Screen-Koordinaten: ' + Self.PointToScreen(Point.Create(e.X, e.Y)).ToString;
end;
```

Die Anzeige ändert sich je nach Position des Fensters:

Hinweis: Statt des Names des Formulars (z.B. *WinForm1*) können Sie auch *Self* verwenden oder den Bezeichner völlig weglassen, da der Code ja in der aktuellen Klasse ausgeführt wird.

4.2.2 Festlegen des Startfensters (MainForm)

Besteht Ihre Anwendung aus mehr als einem Formular, was wohl die Regel sein wird, stehen Sie häufig vor der Frage, welches Formular denn das Hauptformular bzw. das Startobjekt sein soll.

Standardmäßig ist nach dem Erstellen eines Windows Forms-Projekts *WinForm1* (bzw. *WinForm*) als Startobjekt definiert, d.h., mit diesem Fenster beginnt die Ausführung der Anwendung bzw. das Programm wird mit dem Schließen des Fensters beendet.

Nachträglich können Sie jederzeit auch ein anderes Fenster oder auch eine spezielle Prozedur als Startobjekt festlegen. Wählen Sie routiniert den Menüpunkt *Projekt|Optionen*, werden Sie enttäuscht feststellen, dass diese Variante für Windows Forms-Projekte nicht zur Verfügung steht.

Besser Sie wenden sich gleich der Projektdatei zu. Hier finden sich im *begin-end*-Abschnitt die gewünschte Information:

```
program Project1;
...
[STAThread]
begin
  Application.Run(WinForm1.TWinForm1.Create);
end.
```

4.2 Windows-Formulare

Nicht in jedem Fall ist es erwünscht, dass gleich ein Formular beim Start der Anwendung angezeigt wird. Sollen beispielsweise Übergabeparameter ausgewertet werden, ist es häufig günstiger, zunächst diese zu bearbeiten und dann erst das geeignete Formular anzuzeigen. In diesem Fall ändern Sie einfach obigen Abschnitt entsprechend Ihren Wünschen.

Beispiel: Eine Startprozedur, die zunächst eine Messagebox-Abfrage startet

```
...
[STAThread]
begin
  if MessageBox.Show('Wollen Sie diese grauenhafte Programm wirklich ausführen?', 'Frage',
    MessageBoxButtons.YesNo) = System.Windows.Forms.DialogResult.Yes then
  Application.Run(WinForm5.TWinForm1.Create);
end.
```

Ein Aufruf der Anwendung hat jetzt zur Folge, dass zunächst die Messagebox-Abfrage aufgerufen wird. Mit dem Druck auf den *Ja*-Button wird der Anwendung ein Hauptformular zugewiesen und ausgeführt. Andernfalls endet die Programmausführung an dieser Stelle.

4.2.3 Fenster aufrufen

Wie Sie aus einer Startprozedur heraus ein Fenster aufrufen, wurde im vorhergehenden Abschnitt beschrieben. Wie Sie aus dem Hauptfenster heraus weitere Formulare aufrufen, soll Mittelpunkt dieses Abschnitts sein.

Zwei grundsätzliche Typen von Formularen müssen Sie unterscheiden:

- modale Fenster (Dialoge)
- nichtmodale Fenster

Die Unterscheidung zwischen beiden Varianten findet erst beim Aufruf bzw. bei der Anzeige eines *Form*-Objekts statt, zur Entwicklungszeit wird diese Unterscheidung nicht getroffen (sieht man einmal von unterschiedlichen Rahmentypen etc. ab).

Nichtmodale Fenster

Hierbei handelt es sich um ein Fenster, das den Fokus auch an andere Fenster abgeben bzw. das auch verdeckt werden kann.

Die Anzeige erfolgt mit Hilfe der Methode *Show*, die asynchron ausgeführt wird, d.h., es wird mit der Programmverarbeitung nicht auf das Schließen des Formulars gewartet.

Hinweis: Vor der Anzeige des Formulars muss dieses mit *Create* instanziiert werden!

Beispiel: Instanziieren und Anzeigen eines weiteren Formulars

```
procedure TWinForm1.Button1_Click(sender: System.Object; e: System.EventArgs);
var f2 : TWinForm2;
begin
  f2 := TWinForm2.Create;
  f2.Text := 'Mein zweites Formular';
  f2.Show;
end;
```

Der "Nachteil" dieser Fenster: Sie können zum einen verdeckt werden, zum anderen wissen Sie als Programmierer nie, wann der Anwender das Fenster schließt[1]. Für die Eingabe von Werten und deren spätere Verarbeitung sind sie also ungeeignet.

Modale Fenster (Dialoge)

Abhilfe schaffen die Dialogfenster, auch modale Fenster genannt. Diese werden statt mit *Show* mit der Methode *ShowDialog* angezeigt. Die Programmausführung wird mit dem Aufruf der Methode an dieser Stelle so lange gestoppt, bis der Nutzer das Formular wieder geschlossen hat.

Beispiel: Anzeige einer Dialogbox und anschließendes Auswerten der Eingabe

```
procedure TWinForm1.Button1_Click(sender: System.Object; e: System.EventArgs);
var f2 : TWinForm2;
begin
  f2 := TWinForm2.Create;
  f2.Text := 'Mein zweites Formular';
```

Die Anzeige des Eingabewertes:

```
  f2.ShowDialog;
  MessageBox.Show(f2.TextBox1.Text);
end;
```

Hinweis: Bevor Sie auf Controls in *WinForm2* zugreifen können, müssen Sie deren *Modifiers*-Eigenschaft auf *Public* festgelegt haben. Andernfalls können Sie nicht mit den Controls arbeiten.

Zu einer ordentlichen Dialogbox gehören im Allgemeinen auch ein OK- und ein Abbruch-Button. Auf diese Weise kann im aufrufenden Programm schnell entschieden werden,

---

[1] Natürlich könnten Sie die entsprechenden Ereignisse auswerten, aber übersichtlicher wird Ihr Programm dadurch sicher nicht, vor allem, wenn es um eine sychrone Programmabarbeitung geht.

4.2 Windows-Formulare

welcher Meinung der Anwender beim Schließen der Dialogbox war. Von zentraler Bedeutung ist in diesem Fall der Rückgabewert der Methode *ShowDialog*.

Beispiel: Auswerten des Rückgabewertes

```
f2 := TWinForm2.Create;
if f2.ShowDialog = System.Windows.Forms.DialogResult.Abort then
   ...
```

Die möglichen Rückgabewerte:

DialogResult
Abort
Cancel
Ignore
No
None
OK
Retry
Yes

In der Dialogbox selbst stellen Sie den Rückgabewert entweder durch das direkte Setzen der Eigenschaft *DialogResult* ein oder Sie weisen den beiden Buttons (OK, Abbruch) die gewünschte *DialogResult*-Eigenschaft zu.

4.2.4 Ausrichten und Platzieren von Komponenten

An dieser Stelle hat sich gegenüber den bisherigen MS-Programmiersprachen recht viel getan. War es früher eine Qual bzw. ein riesiger Aufwand, Komponenten in einem Formular sauber auszurichten, stellt dies nun kaum noch ein Problem dar. Zwei wesentliche Verfahren bieten sich an:

- Docking (Andocken an die Außenkanten einer übergeordneten Komponente)
- Anchoring (Ausrichten relativ zu den Außenkanten einer übergeordneten Komponente)

Verantwortlich für das Ausrichten sind die beiden nahe liegenden Eigenschaften *Dock* und *Anchor*.

Hinweis: Natürlich wollen wir der Vollständigkeit halber nicht vergessen, auf die Eigenschaften *Location* (linke obere Ecke) und *Size* (Breite, Höhe) hinzuweisen.

Dock

Öffnen Sie den Objektinspektor und wählen Sie die Eigenschaft *Dock*, steht Ihnen der folgende Eigenschaften-Editor zur Verfügung:

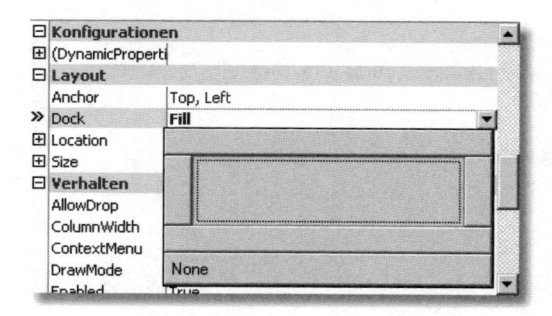

Eine Komponente lässt sich mit dieser Eigenschaft fest an den vier Außenkanten oder in der verbleibenden Clientfläche ausrichten. Dabei verändert sich die Größe der Komponente nur so, dass die Ausrichtung an den Außenkanten erhalten bleibt.

Beispiel: Ausrichten zweier Listboxen in einem Fenster

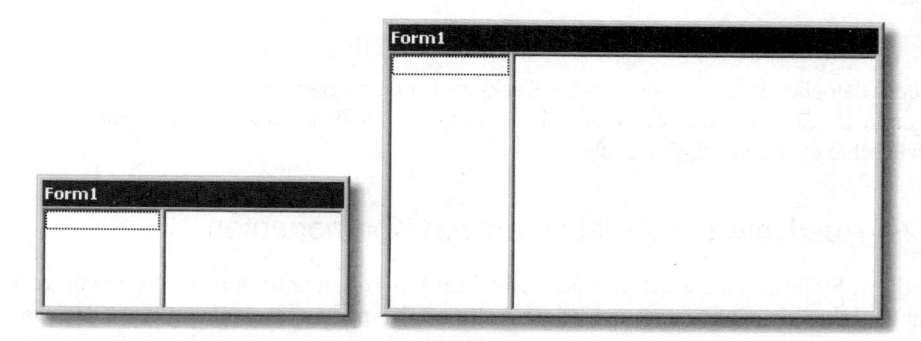

Die linke *ListBox* ändert lediglich ihre Höhe, die rechte *ListBox* füllt immer den gesamten freien Formbereich aus.

Hinweis: Möchten Sie die Ausrichtung aufheben, wählen Sie im Objektinspektor die unterste Schaltfläche (*None*).

Damit stellt jetzt auch das Ausrichten von Bildlaufleisten kein Problem mehr dar, einfach die Komponenten am rechten bzw. am unteren Rand ausrichten.

Hinweis: Mit der Formulareigenschaft *DockPadding* können Sie einen Mindestabstand beim Docking vorgeben. Auf diese Weise lassen sich Ränder zu den Formularkanten definieren.

Anchor

Etwas anders als die *Dock*-Eigenschaft verhält sich die *Anchor*-Eigenschaft. Grundsätzlich ist Anchor immer mit *Left, Top* aktiv, bei Größenänderungen des Formulars bleibt der Abstand der Komponente zum linken und oberen Rand der umgebenden Komponente immer gleich.

Auch hier steht ein eigener Eigenschaften-Editor zur Verfügung:

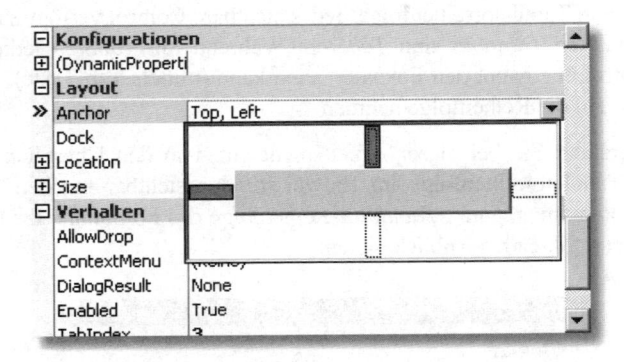

Die folgenden Abbildungen zeigen Ihnen die Auswirkung verschiedener *Anchor*-Einstellungen auf ein Formular:

Original Fenstergröße

Fenster vergrößert
(*Anchor=Left,Top*)

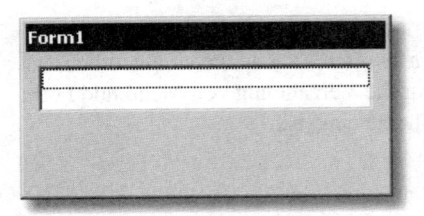

Fenster vergrößert
(*Anchor=Left,Top,Right*)

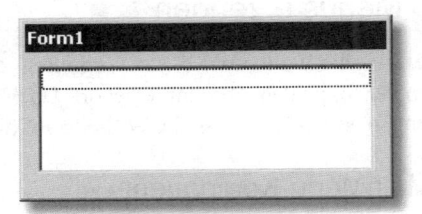

Fenster vergrößert
(*Anchor=Left,Top,Right,Bottom*)

4.2.5 Tabulatorreihenfolge

Gerade bei Dialogboxen ist die Eingabereihenfolge von übergeordnetem Interesse. Was nützt dem Anwender eine Dialogbox, in der der Eingabefokus unvorhergesehen und willkürlich zwischen den Text- und Comboboxen hin und her springt?

Da der Wechsel von einem Eingabe-Control zum nächsten mit der Tabulatortaste erfolgt, spricht man auch von Tabulatorreihenfolge. Jedes sichtbare Control verfügt zu diesem Zweck über die Eigenschaften *TabIndex* und *TabStop*. Während mit *TabStop* lediglich festgelegt wird, ob das Control überhaupt den Fokus erhalten kann (mittels Tab-Taste), können Sie mit *TabIndex* Einfluss auf die Reihenfolge nehmen.

Delphi.NET unterstützt Sie bei dieser Arbeit recht gut. Um den Überblick zu verbessern, können Sie die Tabulatorreihenfolge im Entwurfsmodus sichtbar machen. Aktivieren Sie diese über den Kontextmenüpunkt *Tabulatur-Reihenfolge* des Formulars. Ihr Formular dürfte danach zum Beispiel folgenden Anblick bieten:

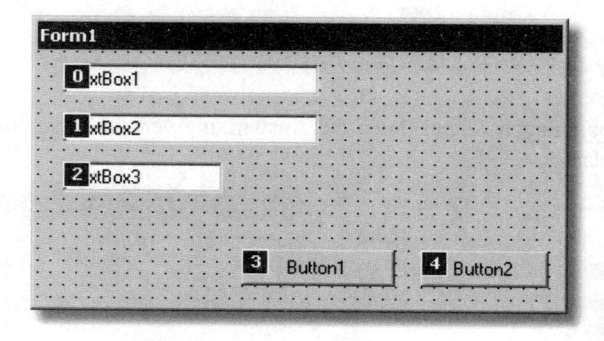

Klicken Sie jetzt einfach in der gewünschten Reihenfolge in die kleinen Fähnchen, um die Tabulatorreihenfolge zu ändern.

4.2.6 Menüs erzeugen

An dieser Stelle wollen wir etwas vorgreifen, da die *MainMenu*-Komponente eigentlich erst in einen der folgenden Abschnitte gehört. Doch die optische Verzahnung von Menü und Form ist so eng, dass wir bereits an dieser Stelle auf dieses Thema eingehen.

Die MainMenu-Komponente

Möchten Sie zur Entwurfszeit ein Menü erzeugen, platzieren Sie einfach eine *MainMenu*-Komponente auf das Formular.

Es handelt sich zunächst um eine nicht sichtbare Komponente, doch auch in der Kopfzeile des Formulars tut sich etwas, sobald die Komponente markiert wird:

4.2 Windows-Formulare

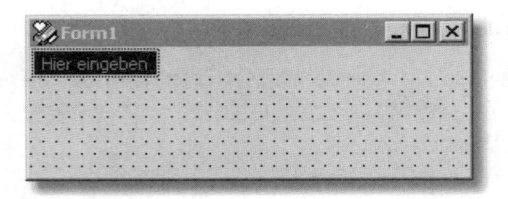

Das Menü wird genau da bearbeitet, wo es sich zur Laufzeit auch befindet. Klicken Sie also in den Text "Hier eingeben" und tragen Sie beispielsweise "Datei" ein. Automatisch werden bereits zwei weitere potenzielle Menüpunkte erzeugt (ein Menüpunkt auf der gleichen Ebene, ein untergeordneter Menüpunkt), die Sie auf die gleiche Weise bearbeiten können:

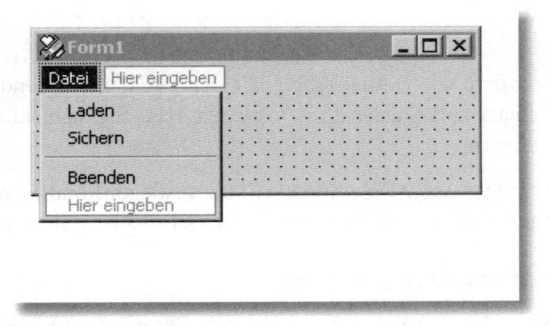

Um für einen Menüpunkt die Ereignisprozedur zu erzeugen, genügt ein Doppelklick, und schon befinden Sie sich wieder im Code-Editor und programmieren die Funktionalität.

Hinweis: Möchten Sie eine Trennzeile wie in obiger Abbildung einfügen, genügt die Eingabe eines Minuszeichens (-) als Beschriftung.

Eigenschaften der Menüpunkte

Jeder Menüeintrag wird durch ein *MenuItem*-Objekt dargestellt, hat also auch eigene Eigenschaften, von denen die *Text*-Eigenschaft die offensichtlichste ist.

Mit der Eigenschaft *Checked* bestimmen Sie, ob vor dem Menüpunkt ein Häkchen angezeigt werden soll oder nicht.

In der Ereignisprozedur können Sie den Wert entsprechend setzen oder auslesen.

Beispiel: Verwenden der *Checked*-Eigenschaft

```
procedure TWinForm1.MenuItem2_Click(sender: System.Object; e: System.EventArgs);
begin
  if MenuItem2.Checked then anzeigen;
  MenuItem2.Checked := not MenuItem2.Checked;
end;
```

Über die Eigenschaft *Visible* steuern Sie die Sichtbarkeit des Menüeintrags. Besser als das Ausblenden ist meist das Deaktivieren mit der *Enabled*-Eigenschaft. Über *Shortcut* bzw. *ShowShortcut* können Sie den Menüpunkt mit einer Tastenkombination verbinden (z.B. Alt+G oder F7).

Mehr Optik

Mit weiteren Eigenschaften, wie Bitmaps etc., hält sich .NET weitgehend zurück, Sie können "lediglich" mit der Eigenschaft *OwnerDraw* festlegen, dass Sie sich selbst um das Zeichnen der Menüeinträge kümmern.

Mit Hilfe der beiden Ereignisse *MeasureItem* (Maße festlegen) und *DrawItem* stehen Ihnen alle Möglichkeiten der Gestaltung offen, wie ein kleines Beispiel zeigen soll.

Beispiel: Grafische Menüeinträge realisieren

Definieren Sie zunächst drei Menüeinträge und legen Sie die *Text*-Eigenschaft wie gewohnt fest. Setzen Sie zusätzlich die Eigenschaft *OwnerDraw* auf *True*.

Das Festlegen der Menümaße (dieses Ereignis wird für alle drei Menüeinträge ausgeführt):

```
procedure TWinForm1.MenuItem2_MeasureItem(sender: System.Object;
                                   e: System.Windows.Forms.MeasureItemEventArgs);
begin
   e.ItemHeight := 34;
   e.ItemWidth := 100;
end;
```

Das eigentliche Zeichnen der Menüeinträge:

```
procedure TWinForm1.MenuItem2_DrawItem(sender: System.Object;
                                   e: System.Windows.Forms.DrawItemEventArgs);
begin
   case e.Index of
     0 : e.Graphics.DrawIcon(SystemIcons.Application, 2, e.Bounds.Y + 1);
     1 : e.Graphics.DrawIcon(SystemIcons.Asterisk, 2, e.Bounds.Y + 1);
     2 : e.Graphics.DrawIcon(SystemIcons.Error, 2, e.Bounds.Y + 1);
   end;
```

4.2 Windows-Formulare

Den Text ausgeben

```
e.Graphics.DrawString(MenuItem(sender).Text,
          System.Drawing.Font.Create('Arial', 12, FontStyle.Italic),
          SolidBrush.Create(Color.Black), 40, e.Bounds.Y + 10);
end;
```

Das Resultat:

Hinweis: Über die Hintergründe der Grafikprogrammierung wollen wir uns an dieser Stelle nicht weiter auslassen, dafür ist Kapitel 5 zuständig.

4.2.7 Menüs zur Laufzeit erzeugen

Nicht in jedem Fall wissen Sie schon zur Entwurfszeit, welche Menüpunkte benötigt werden, denken Sie nur einmal an die Liste der letzten bearbeiteten Dateien/Datenbanken oder an eine Liste von Schriftarten.

Beispiel: Hinzufügen von Menüeinträgen zur Laufzeit

```
procedure TWinForm1.Button1_Click(sender: System.Object; e: System.EventArgs);
begin
  MenuItem1.MenuItems.Add('Neuer Eintrag ' +
                    MenuItem1.MenuItems.Count.ToString(),MenuItem1_Click);
end;
```

Nach mehrfachem Klicken auf den Button erhalten Sie folgendes Ergebnis:

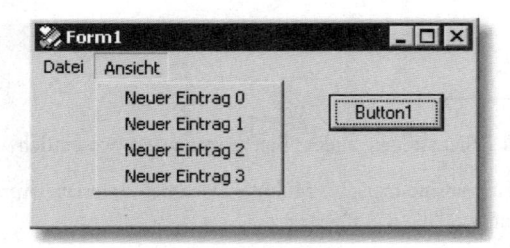

Hinweis: Obwohl alle neuen Menüeinträge die gleiche Ereignisprozedur verwenden, können Sie über den *Sender*-Parameter leicht den jeweiligen Menüpunkt bestimmen.

4.2.8 Mehr Transparenz bitte

Sind Ihnen die bisherigen Formulare zu schlicht, können Sie Ihre Anwendung auch mit einem Transparenzeffekt aufpeppen[1]. Setzen Sie einfach die *Opacity*-Eigenschaft auf einen Wert zwischen 0 (vollständige Transparenz) und 100. Das Ergebnis zeigt folgender Bildschirmausschnitt:

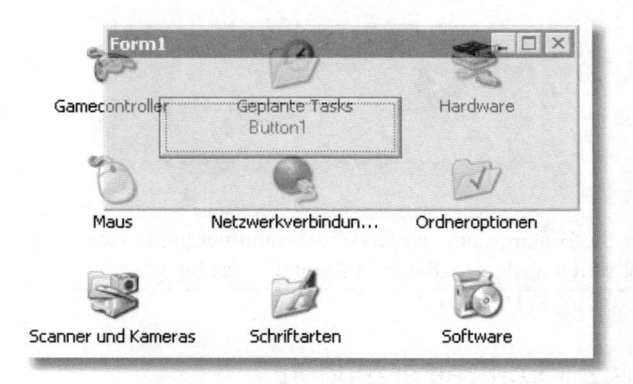

4.2.9 Von echten und falschen MDI-Fenstern

Ein Windows-Programm läuft oft als MDI-Applikation ab, d.h., innerhalb eines Rahmen- bzw. Mutterfensters können sich mehrere so genannte Kindfenster tummeln[2]. Diese werden vom Mutterfenster verwaltet und so "an der Leine gehalten", dass sie z.B. auch dessen Bereich nicht verlassen können.

---

[1] Über den Sinn lässt sich sicher streiten, andere Funktionen wären wesentlich wichtiger gewesen.

[2] Textverarbeitungsprogramme sind meist als Multiple Document Interface-Applikation aufgebaut. Die einzelnen Dokumente sind die Kindfenster.

4.2 Windows-Formulare 195

Beispiel: MS Access:

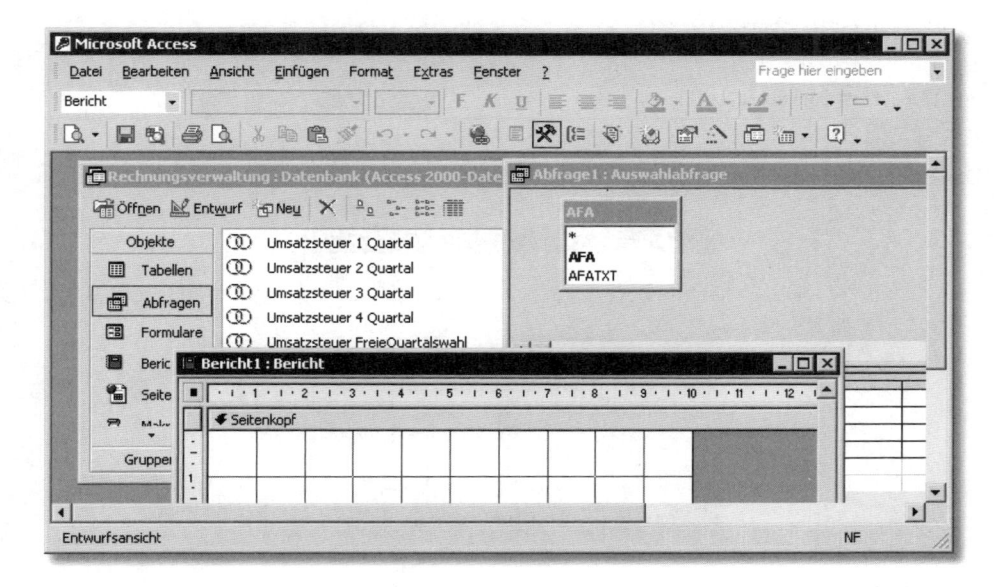

Mit Delphi.NET können Sie neben den bekannten MDI-Anwendungen, die gewisse Einschränkungen haben, auch einen funktionell ähnlichen Effekt erzielen.

Die "falschen" MDI-Fenster bzw. Verwenden von Parent

Formulare verfügen, wie auch die einfachen Controls, über die Eigenschaft *Parent*. Mit Hilfe dieser Eigenschaft können Sie ein Formular wie ein Control behandeln und in ein übergeordnetes Formular einfügen.

Das Resultat dieses Vorgehens: Das Formular kann den Clientbereich des Parent nicht mehr verlassen, Sie können es aber wie gewohnt verschieben, skalieren oder auch schließen. Von besonderem Interesse dürfte die Möglichkeit sein, die untergeordneten Formulare wie Controls anzudocken. Damit steht der Programmierung von Toolbars etc. kaum noch etwas im Wege.

Beispiel: Einfügen des Formulars *WinForm2* in den Clientbereich von *WinForm1*

```
procedure TWinForm1.Button1_Click(sender: System.Object; e: System.EventArgs);
var f2 : TWinForm2;
begin
  f2 := TWinForm2.Create;
  f2.TopLevel := False;
  f2.Parent   := Self;
  f2.Show();
end;
```

In *WinForm2* realisieren wir das Docking:

```
procedure TWinForm2.Button1_Click(sender: System.Object; e: System.EventArgs);
begin
  Self.Dock := DockStyle.Left;
end;
```

Das Endergebnis der Bemühungen:

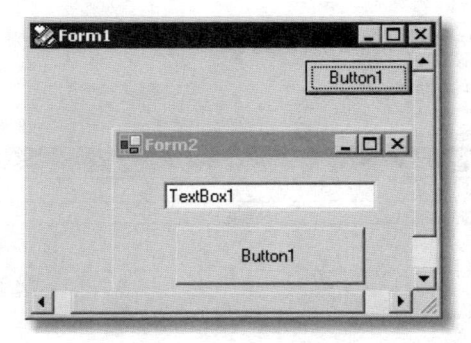

bzw. angedockt:

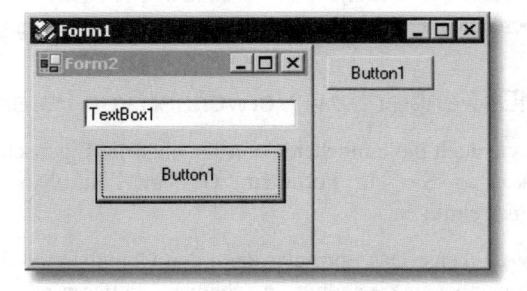

Die echten MDI-Fenster

Möchten Sie "echte" MDI-Anwendungen programmieren, brauchen Sie wie im vorhergehenden Beispiel ebenfalls mindestens zwei Formulare, von denen jedoch eines als MDI-Container definiert ist (Eigenschaft *IsMdiContainer=True*). Nachfolgend ändert sich schon zur Entwurfszeit das Aussehen des Formulars:

4.2 Windows-Formulare

Hinweis: Sie sollten keine weiteren Controls im MDIContainer platzieren, es sei denn, Sie richten diese mit Hilfe der *Dock*-Eigenschaft an den Außenkanten des Formulars aus (z.B. ein *Panel*).

Die Kind- oder auch Child-Fenster werden über die Eigenschaft *MdiParent* kenntlich gemacht. Weisen Sie dieser Eigenschaft ein MDIContainer-Fenster zu, werden die Kindfenster automatisch in den Clientbereich des MDIContainers verschoben.

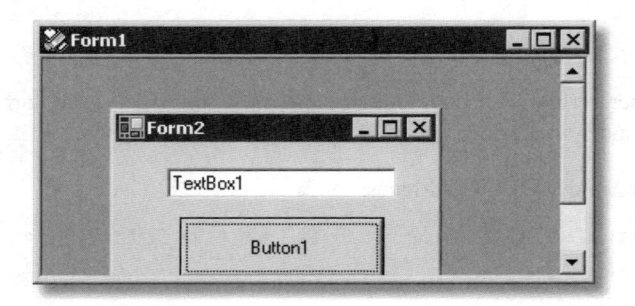

Die Umsetzung:

```
procedure TWinForm1.TWinForm1_Load(sender: System.Object; e: System.EventArgs);
var f2 : TWinForm2;
begin
  f2 := TWinForm2.Create;
  f2.MdiParent := Self;
  f2.Show();
end;
```

Wenn Sie ein MDI-Kindfenster auf Vollbild vergrößern, so erscheint dessen Titel eingefasst in eckigen Klammern neben dem Titel des Hauptfensters:

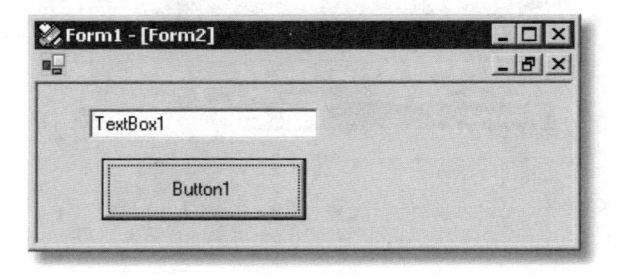

Verfügen beide Fenster über eigene Menüs, was wohl der Fall sein wird, werden diese standardmäßig im Menü des MDIContainers kombiniert:

Anordnen der Kindfenster

Ein MDIContainer verfügt über die Methode *LayoutMdi,* mit der Sie die vorhandenen Kindfenster nebeneinander, überlappend oder als Symbole anordnen können.

Beispiel: Anordnen der MDI-Child-Icons:

```
procedure TWinForm1.MenuItem2_Click(sender: System.Object; e: System.EventArgs);
begin
  Self.LayoutMdi(MdiLayout.ArrangeIcons);
end;
```

Beispiel: *Self.LayoutMdi(MdiLayout.Cascade)*

4.2 Windows-Formulare

Beispiel: *Self.LayoutMdi(MdiLayout.TileHorizontal)*

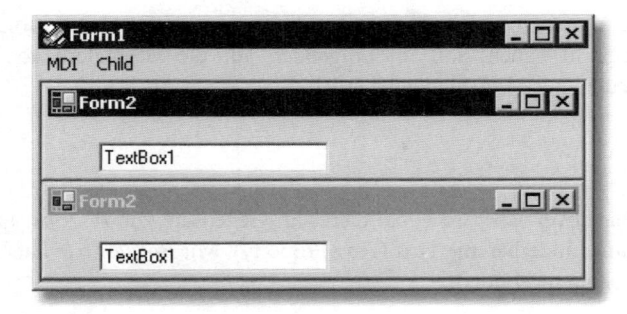

Beispiel: *Self.LayoutMdi(MdiLayout.TileVertical)*

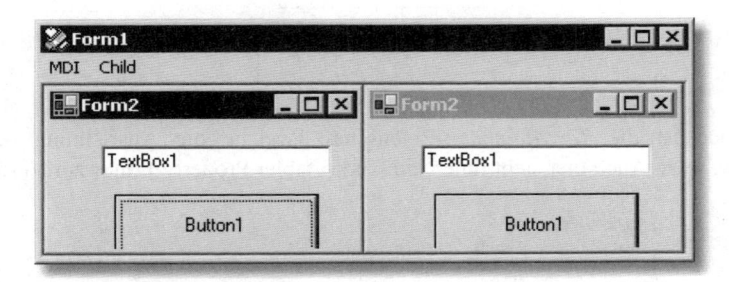

In diesem Zusammenhang ist auch die Collection *MdiChildren* interessant. Mit dieser Collection werden alle vorhandenen Kindfenster des MDIContainers verwaltet.

Beispiel: Minimieren aller MDI-Kindfenster

```
var i : Integer;
begin
   for i := 0 to Length(Self.MdiChildren)-1 do
       Self.MdiChildren[i].WindowState := FormWindowState.Minimized;
end;
```

4.3 Die Windows Forms-Komponenten

Nachdem Sie die allgemeinen Eigenschaften, Methoden und Ereignisse von Komponenten bereits kennen gelernt haben, soll im Folgenden auf die Besonderheiten der einzelnen Standardkomponenten kurz eingegangen werden.

4.3.1 Label

Das harmlose, aber unverzichtbare *Label* dient, im Gegensatz zur *TextBox,* nur zur Anzeige von statischem (unveränderbarem) Text (*Text*-Property). Mit *BorderStyle* haben Sie die Wahl zwischen drei Erscheinungsbildern:

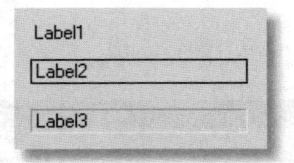

Hervorzuheben ist die *TextAlignment*-Eigenschaft, welche die Ausrichtung des Textes ermittelt bzw. setzt. Auch hier steht Ihnen ein komfortabler Property-Editor zur Verfügung:

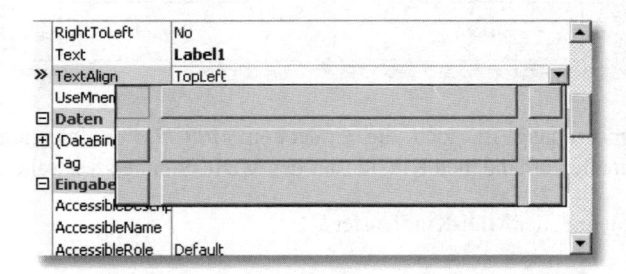

Wenn die *AutoSize*-Eigenschaft auf *True* gesetzt wird, passt sich die Breite des Labels dem aufzunehmenden Text an. Belässt man die Eigenschaft auf ihrem Standardwert (*False*), so ist auch die Anzeige von mehrzeiligem Text möglich.

Beispiel: Der Zeilenumbruch erfolgt "intelligent", also beim nächsten passenden Leerzeichen.

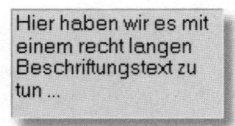

Hinweis: Möchten Sie ein &-Zeichen im *Label* verwenden, können Sie entweder die Eigenschaft *UseMnemonic* auf *False* setzen oder Sie müssen zwei &-Zeichen einfügen.

4.3.2 LinkLabel

Im Grunde handelt es sich bei dieser Komponente auch nur um ein Label, das mit etwas Funktionalität ergänzt wurde, um einen Hyperlink nachzubilden.

Konzeptionell kann dieses Control nur als missglückt angesehen werden. Mit viel Aufwand und Verspieltheit (Sie können mehrere Hyperlinks innerhalb des Controls definieren) wurde am Problem vorbeiprogrammiert. Statt einer simplen *Link*-Eigenschaft, die den Hyperlink enthält und die sich auch zur Entwurfszeit zuweisen lässt, wurde noch eine Klasse integriert, die sich nur zur Laufzeit sinnvoll ansprechen lässt. Zu allem Überfluss muss auch noch die eigentliche Funktionalität, d.h. der Aufruf des Hyperlinks, selbst programmiert werden. Da ist man mit einem einfachen Label fast schneller am Ziel.

Zur Gestaltung des optischen Erscheinungsbildes können Sie folgende Eigenschaften verwenden:

- *ActiveLinkColor* (der Hyperlink ist aktiv)
- *DisabledLinkColor* (der Hyperlink ist gesperrt)
- *LinkColor* (die Standardfarbe)
- *VisitedLinkColor* (der Hyperlink wurde bereits angeklickt)
- *LinkBehavior* (wie bzw. wann wird der Hyperlink unterstrichen)

Hyperlink einfügen

Verwenden Sie die *Links.Add*-Methode, um zur Laufzeit einen Hyperlink in das Control einzufügen. Übergabewerte sind der Bereich des Hyperlinks bezüglich der *Text*-Eigenschaft und der URL.

Beispiel: Aufruf der MS-Homepage

Platzieren Sie einen Hyperlink mit dem Text "Microsoft im Internet" auf dem Formular. Weisen Sie im Formular-Konstruktor den Hyperlink zu:

```
constructor TWinForm1.Create;
begin
  inherited Create;
  InitializeComponent;
  LinkLabel1.Links.Add(12, 9, 'www.microsoft.com');
end;
```

Hinweis: Die Zahlenangaben bewirken, dass lediglich das Wort "Internet" als Hyperlink verwendet wird.

Mit dem Klick auf den *LinkLabel* wird das *LinkClicked*-Ereignis ausgelöst. Hier können Sie der Komponente zum einen mitteilen, dass der Hyperlink besucht wurde, zum anderen sind Sie dafür verantwortlich, den URL auszuwerten (wird im Parameter e übergeben) und aufzurufen:

```
implementation
uses System.Diagnostics;

procedure TWinForm1.LinkLabel1_LinkClicked(sender: System.Object;
                         e: System.Windows.Forms.LinkLabelLinkClickedEventArgs);
begin
  LinkLabel1.Links[linkLabel1.Links.IndexOf(e.Link)].Visited := True;
  Process.Start(e.Link.LinkData.ToString);
end;
```

Das Ergebnis zur Laufzeit:

Wie Sie sehen, erhält der eigentliche Hyperlink auch den Fokus, Sie können also auch mit der Tabulator- und der Enter-Taste arbeiten.

4.3.3 Button

Dieses Steuerelement ist wohl aus (fast) keiner Applikation wegzudenken, über die Funktionalität brauchen wir deshalb kaum Worte zu verlieren.

Die folgende Abbildung zeigt vier Vertreter dieser Gattung mit unterschiedlich gesetzter *FlatStyle*-Eigenschaft:

Hinweis: Entgegen der üblichen Vorgehensweise legen Sie die *Default*-Taste in Dialogboxen nicht mehr über eine Eigenschaft des Buttons, sondern über die *AcceptButton*-Eigenschaft des Formulars fest. Das Gleiche gilt für *CancelButton*.

Mit der *Image*-Eigenschaft bietet sich ein weiteres gestalterisches Mittel, um die trostlosen Buttons etwas aufzupeppen. Alternativ können Sie auch eine *ImageList* verwenden, in diesem Fall wählen Sie die Grafik mit der *ImageIndex*-Eigenschaft aus.

4.3.4 TextBox

Im Unterschied zum *Label* besteht hier die Möglichkeit, den Text zur Laufzeit zu editieren oder zu markieren. All dies geschieht durch Zugriff auf die *Text*-Eigenschaft. Bei mehrzeiligem Text können Sie über die *Lines*-Eigenschaft auf die einzelnen Textzeilen zugreifen.

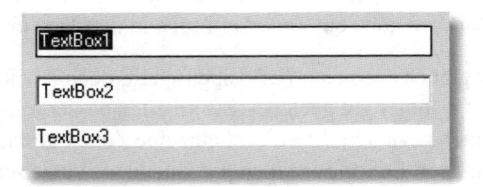

Hervorzuheben sind folgende Properties:

Eigenschaft	Beschreibung
TextAlign	... bestimmt die Ausrichtung des Textes (*Left, Right, Center*).
MaxLength	... legt die maximale Anzahl einzugebender Zeichen fest (Standardeinstellung 32.767 Zeichen).
ReadOnly	... das Control ist schreibgeschützt.

Mehrzeilige Textboxen

Wichtige Eigenschaften in diesem Zusammenhang:

Eigenschaft	Beschreibung
MultiLine	... erlaubt die Eingabe mehrzeiliger Texte (*True*). Für diesen Fall ist auch eine vertikale Scrollbar sinnvoll.
ScrollBars	... bestimmt, ob Bildlaufleisten enthalten sind. **Beispiel:** Die Eigenschaft zeigt nur bei *MultiLine=True* Wirkung.
AcceptsReturn	Ist diese Eigenschaft *True*, so können Sie mittels Enter-Taste einen Zeilenumbruch einfügen. Ein eventuell vorhandener *AcceptButton* wird damit außer Kraft gesetzt! Bleibt *WantReturns* auf *False,* müssten Sie nach wie vor *Strg+Enter* für einen Zeilenumbruch verwenden.

Eigenschaft	Beschreibung
WordWrap	Damit bestimmen Sie, ob der Text im Eingabefeld am rechten Rand umbrochen wird (*True*). Der Umbruch wird lediglich auf dem Bildschirm angezeigt, der Text selbst enthält keinerlei Zeilenumbrüche, die nicht eingegeben wurden. Wenn *WordWrap False* ist, entsteht eine neue Zeile nur dort, wo auch ein Zeilenumbruch in den Text eingefügt wurde.
Lines	Zwar gibt es auch eine *Text*-Eigenschaft, doch ist diese für die praktische Arbeit weniger gut geeignet. Sie arbeiten besser mit der *Lines*-Eigenschaft, die einen gezielten Zugriff auf einzelne Zeilen gestattet und die Sie im Stringlisten-Editor oder auch per Quellcode zuweisen können. **Beispiel:** Auslesen einer Zeile `TextBox2.Text := TextBox1.Lines[3];`

Markieren von Text

SelectionLength, SelectionStart, SelectedText gelten für markierte Textausschnitte. *SelectionLength* bestimmt bzw. liefert die Zeichenzahl, *SelectionStart* ermittelt die Anfangsposition, und *SelectedText* setzt bzw. ermittelt den Inhalt.

Hinweis: Auf diese Properties kann nur zur Laufzeit zugegriffen werden, sie befinden sich nicht im Objektinspektor!

Alternativ können Sie auch die Methoden *SelectAll* bzw. *Select* verwenden.

Beispiel: Wenn man mit der Tab-Taste zur *TextBox* wechselt, wird das erste Zeichen markiert.

```
procedure TWinForm1.TextBox1_Enter1(sender: System.Object; e: System.EventArgs);
begin
   TextBox2.Select(0, 1);
end;
```

oder

```
   TextBox2.SelectionStart  := 0;
   TextBox2.SelectionLength := 1;
```

Hinweis: Übrigens können Sie zur Laufzeit für jedes Editierfeld ein PopUp-Menü aufrufen, über das die wichtigsten Operationen direkt ausführbar sind:

4.3 Die Windows Forms-Komponenten

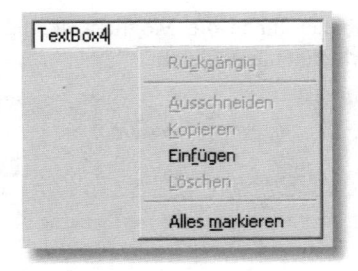

PasswordChar

Diese Eigenschaft erlaubt das verdeckte Eingeben eines Passwortes. Sie können das gewünschte Zeichen im Eigenschaften-Fenster oder per Quellcode zuweisen.

Beispiel:

```
TextBox4.PasswordChar := '*';
```

4.3.5 MainMenu

Diese Komponente wurde bereits im Zusammenhang mit dem Aufbau von Formularen vorgestellt (siehe 4.2.6, "Menüs erzeugen").

4.3.6 CheckBox

Bei der *CheckBox* entscheidet die *Checked*-Eigenschaft (*True/False*) darüber, ob die Option gewählt wurde oder nicht.

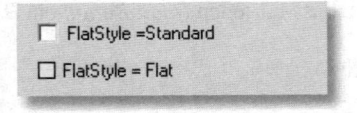

Für den Programmierer bietet sich zusätzlich die Möglichkeit, über *CheckState* alle drei Zustände zu bestimmen:

- *Checked*
- *Indeterminate*
- *Unchecked*

Die *Appearance*-Eigenschaft bietet Ihnen die Möglichkeit, die *CheckBox* optisch in einen Button zu verwandeln, das Verhalten bleibt gleich:

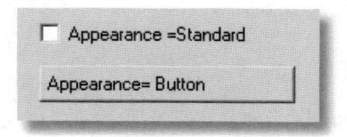

4.3.7 RadioButton

Diese Komponente dient zur Auswahl von Optionen innerhalb einer Anwendung. Wie bei der *CheckBox* gibt es auch beim *RadioButton* eine *Checked*-Eigenschaft. Im Unterschied zu dieser kann aber innerhalb einer Gruppe immer nur ein einziger *RadioButton* aktiv sein.

Meist fasst man mehrere *RadioButtons* mittels *GroupBox* (oder *Panel*) zu einer Optionsgruppe zusammen:

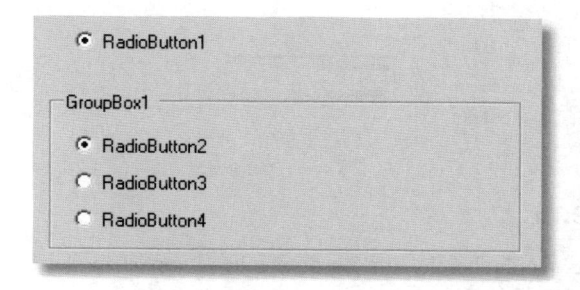

Ausgewertet wird der Status über die *Checked*-Eigenschaft.

Beispiel:

```
if RadioButton1.Checked then ...
```

Auch bei dieser Komponente können Sie die *Appearance*-Eigenschaft dazu nutzen, das Erscheinungsbild so zu ändern, dass für jeden *RadioButton* ein *Button* dargestellt wird[1]:

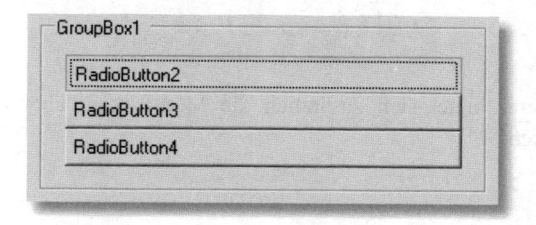

---

[1] Spätestens jetzt werden Kindheitserinnerungen an alte Radios wieder wach, und der Name "RadioButton" macht auch einen Sinn.

4.3.8 GroupBox

Wenn man mehrere Steuerelemente mit einem Rahmen umgibt, können diese zu einer Einheit zusammengefasst werden. Insbesondere beim Gruppieren von *RadioButtons* dürfte die *GroupBox* die erste Wahl sein.

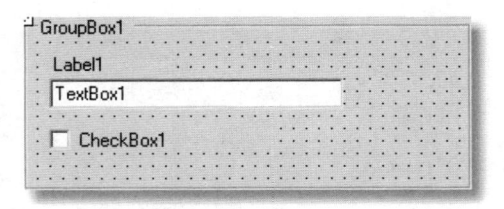

Hinweis: Beachten Sie beim Entwurf, dass zuerst der Rahmen angelegt werden muss und erst dann Steuerelemente innerhalb desselben abgelegt werden können.

4.3.9 PictureBox

Dieses Control dient der Darstellung von fertigen Grafiken diverser Formate (BMP, GIF, TIFF, PNG ...):

Über die *SizeMode*-Eigenschaft steuern Sie, wie die Grafik in den Clientbereich des Controls eingepasst wird bzw. ob sich das Control an die Grafik anpasst.

Mehr zu dieser ebenso interessanten wie leistungsfähigen Komponente erfahren Sie in Abschnitt 6.2.1 im Kapitel "Grafikprogrammierung".

4.3.10 Panel

Diese auf den ersten Blick etwas schlicht wirkende Komponente dürfte eines der wichtigsten Gestaltungsmittel für Dialog-Oberflächen sein. Die wichtigste Fähigkeit dieser Komponente: sie kann weitere Komponenten in ihrem Clientbereich aufnehmen. Damit verhält sie sich fast wie ein Formular, ja sogar eine *AutoScroll*-Eigenschaft ist vorhanden!

Wie auch bei der *GroupBox* gilt:

Hinweis: Beachten Sie beim Entwurf, dass zuerst das Panel angelegt werden muss und erst dann Steuerelemente innerhalb desselben abgelegt werden können.

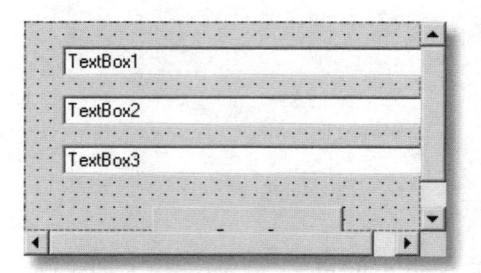

Oberflächen gestalten

Im Zusammenhang mit der *Dock-* bzw. *Anchor*-Eigenschaft bieten sich fast unbegrenzte Möglichkeiten, den Clientbereich des Formulars in einzelne Arbeitsbereiche aufzuteilen und dynamisch auf Größenänderungen zu reagieren.

Beispiel: Mehrere mit *Dock* ausgerichtete Panels

Hinweis: Nutzen Sie die *Splitter*-Komponente, kann der Nutzer zur Laufzeit die Größe der Panels ändern.

4.3.11 Splitter

Wie bei den *Panel*-Komponenten bereits angedeutet, können Sie den Nutzern des Programms auch die Möglichkeit bieten, die Breite bzw. Höhe von Panel-Komponenten zur Laufzeit anzupassen.

Platzieren Sie dazu einfach neben dem jeweils angedockten Panel eine *Splitter*-Komponente, deren *Dock*-Eigenschaft denselben Wert wie das zugehörige Panel hat. Alles, was Sie jetzt noch tun müssen, ist das Anpassen der *Cursor*-Eigenschaft, je nachdem, ob Sie einen senkrechten oder einen waagerechten Splitter verwenden.

Beispiel: Verwenden von *Splitter*-Komponenten

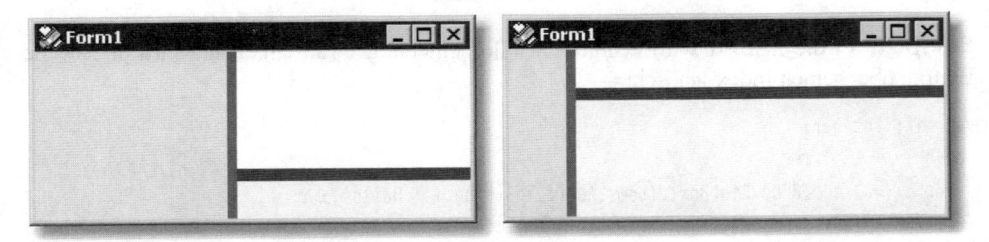

Hinweis: Über die *Size*-Eigenschaft passen Sie die Dicke des *Splitters* an, mit *MinSize* legen Sie eine minimale Breite für das zu verändernde Control fest.

4.3.12 ListBox

In einer *ListBox* kann eine Auflistung von Einträgen angezeigt werden, von denen der Benutzer mittels Maus oder Tastatur einen oder mehrere auswählen kann.

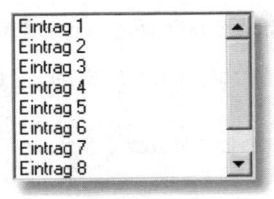

Die wichtigsten Eigenschaften zeigt die folgende Tabelle, auf datenbezogene Eigenschaften wird im Kapitel 8 eingegangen.

Eigenschaft	Beschreibung
Items *Items.Count*	... ist die Liste der angezeigten Werte. Über *Items.Count* können Sie die Anzahl bestimmen.

Eigenschaft	Beschreibung
Sorted	... legt fest, ob die Einträge alphabetisch geordnet erscheinen sollen (*True/False*).
SelectedIndex	... setzt bzw. ermittelt die Position (Index) des aktuellen Eintrags (-1, wenn nichts ausgewählt wurde).
SelectionMode	... entscheidet, ob Einzel- oder Mehrfachauswahl zulässig ist.
SelectedItem	... der Text des ausgewählten Eintrags.

Die Methoden *Items.Add* und *Items.Remove/ItemsRemoveAt* fügen Einträge hinzu bzw. entfernen sie, *Items.Clear* löscht den gesamten Inhalt.

Beispiel: In die *ListBox* wird zehnmal "Hallo" eingetragen, anschließend wird der zweite Eintrag über seinen Index gelöscht.

```
var i : Integer;
begin
  for i := 1 to 10 do ListBox1.Items.Add(i.ToString + ' Hallo');
  ListBox1.Items.RemoveAt(1);
end;
```

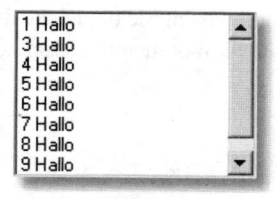

```
1 Hallo
3 Hallo
4 Hallo
5 Hallo
6 Hallo
7 Hallo
8 Hallo
9 Hallo
```

Häufig will man auch den Inhalt eines (eindimensionalen) Arrays anzeigen.

Beispiel: Der Inhalt eines statischen Arrays wird in eine *ListBox* übertragen.

```
var a : array[0..3] of string = ('Sesam','Weizen','Hafer', 'Gerste');
...
procedure TWinForm1.Button1_Click(sender: System.Object; e: System.EventArgs);
var i : Integer;
begin
  for i := 0 to Length(a) -1 do ListBox1.Items.Add(a[i]);
  ListBox1.SelectedIndex := 3;
end;
```

Für den Programmierer ist das *SelectedIndexChanged*-Ereignis von besonderem Interesse, da es bei jedem Wechsel zwischen den Einträgen aufgerufen wird.

4.3 Die Windows Forms-Komponenten

Beispiel: Nach Auswahl eines Eintrags aus einem Listenfeld wird dieser in eine Textbox übernommen.

```
procedure TWinForm1.ListBox1_SelectedIndexChanged(sender: System.Object;
                                                 e: System.EventArgs);
begin
  TextBox1.Text := ListBox1.SelectedItem.ToString;
end;
```

Ob der Wechsel mittels Maus oder Tastatur erfolgt, ist in diesem Fall egal.

Hinweis: Ist die Eigenschaft *SelectionMode* auf *MultiSimple* oder *MultiExtended* festgelegt, können Sie auch mehrere Einträge gleichzeitig auswählen. Über *SelectedItems* greifen Sie auf diese Einträge zu.

4.3.13 CheckedListBox

Hierbei handelt es sich um einen nahen Verwandten der "gemeinen" Listbox mit dem Unterschied, dass die einzelnen Einträge gleichzeitig einen *True/False*-Wert (*Checked*) verwalten können.

Für das Setzen der Häkchen per Programm verwenden Sie die *SetItemChecked*-Methode.

Beispiel:

```
CheckedListBox1.SetItemChecked(10, True);
```

Über die *CheckedItems*-Collection haben Sie Zugriff auf alle markierten Einträge.

Beispiel: Anzeige aller markierten Einträge in einer weiteren Listbox

```
procedure TWinForm1.Button1_Click(sender: System.Object; e: System.EventArgs);
var i : Integer;
begin
  for i := 0 to CheckedListBox1.CheckedItems.Count-1 do
                   ListBox1.Items.Add(CheckedListBox1.CheckedItems[i]);
end;
```

> **Hinweis:** Das Standardverhalten der *CheckedListBox* dürfte recht gewöhnungsbedürftig sein. Setzen Sie besser die Eigenschaft *CheckOnClick* auf *True*, damit nicht zweimal geklickt werden muss.

4.3.14 ComboBox

Eine *ComboBox* ist eine Mischung aus Text- und Listenfeld. Sie erlaubt also Eingaben und kann, im Unterschied zum Listenfeld, auch "aufgeklappt" werden.

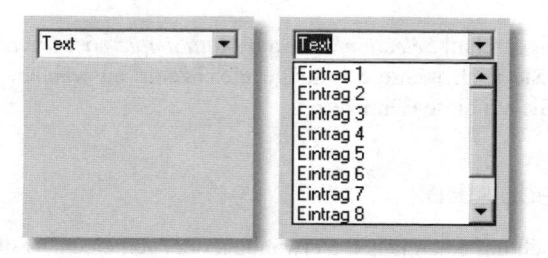

Hervorzuheben sind folgende Eigenschaften:

Eigenschaft	Beschreibung
DropDownStyle	... *Simple* (nur Texteingabe), *DropDown* (Texteingabe und Listenauswahl, *DropDownList* (nur Listenauswahl).
Items Items.Count	... ist die Liste der angezeigten Werte. Über *Items.Count* können Sie die Anzahl bestimmen.
MaxDropDownItems	... die maximale Höhe der aufgeklappten Listbox in Einträgen.
Sorted	... legt fest, ob die Einträge alphabetisch geordnet erscheinen sollen (*True*/*False*).
SelectedIndex	... setzt bzw. ermittelt die Position (Index) des aktuellen Eintrags (-1, wenn nichts ausgewählt wurde).
SelectionMode	... entscheidet, ob Einzel- oder Mehrfachauswahl zulässig ist.
Text	... der Text des ausgewählten Eintrags.

Die Methoden *Items.Add* und *Items.Remove/ItemsRemoveAt* fügen Einträge hinzu bzw. entfernen sie, *Items.Clear* löscht den gesamten Inhalt.

4.3.15 TabControl

Geht Ihnen der Platz in der Dialogbox aus oder wollen Sie die Optionen in Dialogboxen thematisch ordnen, bietet sich das *TabControl* an. Diese Komponente bietet die Funktionalität eines Panels (weitere Komponenten im Clientbereich) und die Möglichkeit, über ein Register auf weitere Seiten zuzugreifen:

4.3 Die Windows Forms-Komponenten

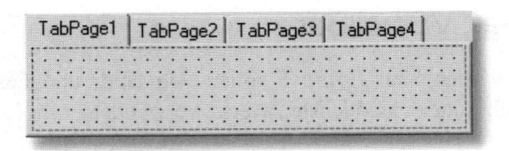

Für das Zuweisen der Eigenschaften und für das Hinzufügen neuer *TabPages* steht Ihnen ein eigener Editor zur Verfügung (Property *TabPages*):

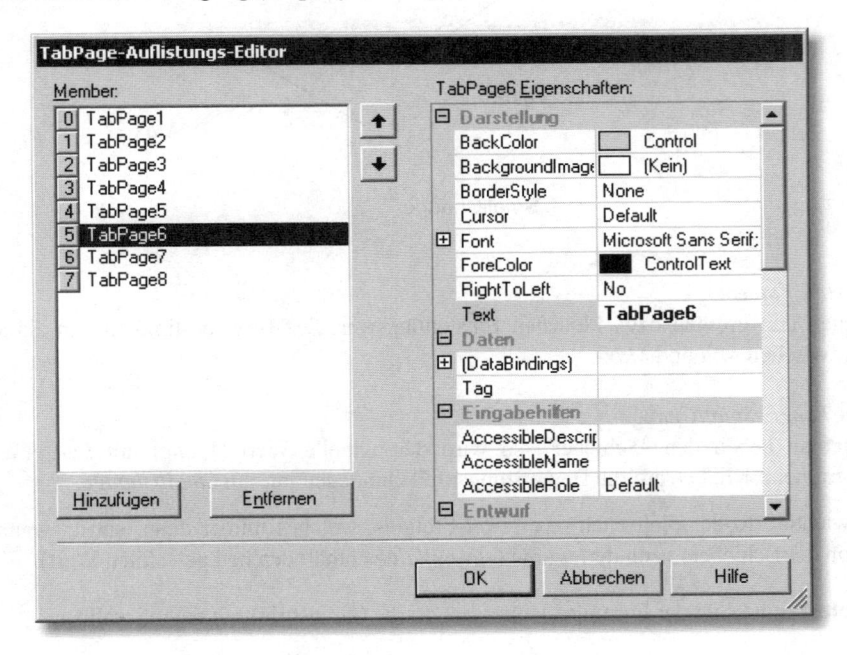

Neben obigen Eigenschaften können Sie auch das Erscheinungsbild der gesamten Komponente zum Beispiel mit *Appearance* an den Stil Ihrer Anwendung anpassen:

Beispiel: *Appearance = Buttons*

Beispiel: *Appearance = FlatButtons*

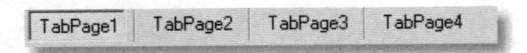

Interessant ist vor allem das *SelectedIndexChanged*-Ereignis, über das Sie auf einen Seitenwechsel reagieren können (z.B. Sichern der Eingabewerte oder Initialisieren der enthaltenen Controls).

4.3.16 HScrollBar, VScrollBar

Diese Komponenten werden häufig zum Scrollen von Bild- und Fensterinhalten oder im Sinne eines "Reglers" für unterschiedlichste Zwecke verwendet.

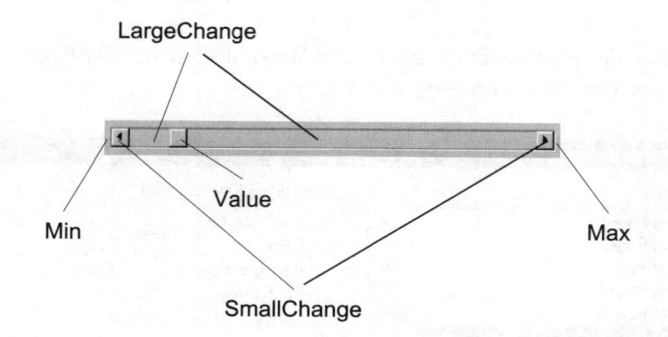

Max, Min, Value
Sie legen den größten bzw. kleinsten Einstellungswert fest bzw. bestimmen den aktuellen Wert (zwischen *Min* und *Max*).

LargeChange, SmallChange
Klickt man neben den "Schieber", so wird der aktuelle Wert (*Value*) um *LargeChange* geändert, beim Klicken auf die Begrenzungspfeile hingegen nur um *SmallChange*.

Eine wichtige Rolle spielt auch das *Scroll*-Ereignis, welches immer dann eintritt, wenn die Position des Schiebers verändert wurde (*e.NewValue* enthält den neu gewählten Wert).

Beispiel: Einstellen der Formular-Hintergrundfarbe (Graustufe) mit einer Scrollbar

```
procedure TWinForm1.HScrollBar1_Scroll(sender: System.Object;
                                 e: System.Windows.Forms.ScrollEventArgs);
begin
  Self.BackColor := Color.FromArgb(255, e.NewValue, e.NewValue, e.NewValue);
end;
```

Das Ergebnis je nach Scrollbar-Einstellung:

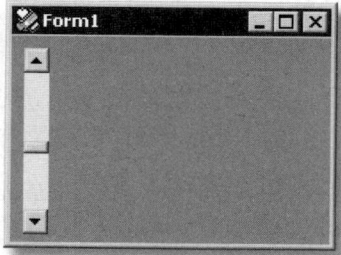

4.3.17 DateTimePicker

Geht es um die Platz sparende Auswahl eines Datums- oder eines Zeitwertes, sollten Sie sich mit der *DateTimePicker*-Komponente anfreunden. Diese funktioniert wie eine *ComboBox*, nach dem Aufklappen steht Ihnen ein recht komfortabler Kalender zur Verfügung:

Alternativ kann auch nur eine Uhrzeit bearbeitet werden (Eigenschaft *Format*):

Auf alle Möglichkeiten der Konfiguration einzugehen, dürfte den Rahmen dieses Kapitels sprengen. Die wohl wichtigsten Eigenschaften dürften *MinDate*, *MaxDate* für die Beschränkung der Auswahl bzw. *Value* für den Inhalt des Controls sein.

Beispiel: Anzeige des Auswahlwertes

```
procedure TWinForm1.DateTimePicker1_ValueChanged(sender: System.Object; e: System.EventArgs);
begin
   MessageBox.Show(DateTimePicker1.Value.ToLongDateString);
end;
```

4.3.18 MonthCalendar

Funktionell ist diese Komponente dem *DateTimePicker* sehr ähnlich, der wesentliche Unterschied besteht darin, dass diese Komponente nicht auf- und zugeklappt werden kann und damit natürlich auch mehr Platz auf dem Formular verbraucht:

4.3.19 Timer

Diese (zur Laufzeit unsichtbare) Komponente löst in bestimmten Zeitabständen das *Tick*-Ereignis aus. Wesentlich ist die *Interval*-Eigenschaft, sie legt die Zeit (in Millisekunden) fest.

Hinweis: Der Wert 0 (null) ist nicht zulässig. Zum Ausschalten des Timers müssen Sie *Enabled* auf *False* setzen.

Beispiel: Die Uhrzeit wird im Sekundentakt im Formularkopf angezeigt.

```
procedure TWinForm1.Timer1_Tick(sender: System.Object; e: System.EventArgs);
begin
  Self.Text := 'Uhrzeit : ' + System.DateTime.Now.ToLongTimeString;
end;
```

Leider hat der oben gezeigte Timer auch so seine Probleme, da er im aktuellen Thread läuft. Starten Sie eine recht aufwändige Rechenoperation oder schicken Sie die Anwendung mit *Thread.Sleep* für ein paar Sekunden in den Tiefschlaf, steht auch der *Timer*[1].

Aus diesem Grund bietet sich eine weitere Variante für das Erzeugen des *Timers* an, die Verwendung einer Callback-Methode. Leider müssen Sie in diesem Fall auch etwas mehr programmieren als gewohnt.

Beispiel: Timer mit Callback

```
uses windows, System.Threading;

procedure TWinForm1.MyCallBack(state : TObject);
begin
 Beep(3000,200);
end;
```

Einrichten des Timers im Form-Konstruktor:

```
constructor TWinForm1.Create;
var myTimer : System.Threading.Timer;
```

---

[1] Wenn das im realen Leben möglich wäre ...

4.3 Die Windows Forms-Komponenten

```
begin
  inherited Create;
  InitializeComponent;
  myTimer := System.Threading.Timer.Create((@MyCallBack), nil, 1000, 1000);
end;
```

Hinweis: Zu *Beep* siehe Abschnitt 4.1.2 (Tastaturereignisse).

4.3.20 DomainUpDown

Für die Auswahl von Werten aus einer vorgegebenen Liste können Sie entweder eine *ListBox*, eine *ComboBox* oder, Sie ahnen es sicher, eine *DomainUpDown*-Komponente verwenden[1].

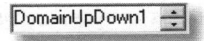

Die zulässigen Auswahlwerte übergeben Sie der Komponente in der Collection *Items*, den gewählten Wert ermitteln Sie mit der *Text*-Eigenschaft oder Sie können auch den Listenindex mit *SelectedIndex* abrufen.

4.3.21 NumericUpDown

Hier haben wir es – im Gegensatz zur vorhergehenden Komponente – mit einem recht nützlichen Control zu tun. Wer hatte nicht schon die Aufgabe, einen Integer- oder Währungswert abzufragen und war an den diversen Fehlermöglichkeiten gescheitert? *NumericUpDown* verspricht Abhilfe.

Angefangen vom Definieren eines zulässigen Bereichs (*Maximum, Minimum*) über die Anzahl der Dezimalstellen (*DecimalPlaces*) bis hin zum Inkrement (*Increment*) bzw. zur Anzeige von Tausender-Trennzeichen (*ThousandsSeparator*) ist alles vorhanden, was das Programmiererherz begehrt. Last but not least soll die *Value*-Eigenschaft nicht vergessen werden, hier fragen Sie den eingegebenen Wert ab.

---

[1] Sicher lässt sich darüber streiten, ob diese Komponente sinnvoll ist, allein die beiden Tasten sind winzig, und der Typ der Komponente ist auch nicht jedem Nutzer geläufig.

4.3.22 TrackBar

Neben den Scrollbars bietet sich auch die *TrackBar* für das schnelle Einstellen von Werten an. Die folgende Abbildung zeigt zwei Varianten dieser durchaus nützlichen Gattung:

Da die Eigenschaften und die Verwendung weitgehend mit den Scrollbars übereinstimmen, möchten wir Sie an dieser Stelle auf den Abschnitt 4.3.16 verweisen.

4.3.23 ProgressBar

Ist der Computer nicht schnell genug[1], ist es sinnvoll, dem Nutzer ein Lebenszeichen zum Beispiel in Form eines Fortschrittbalkens zu geben. Genau diese Aufgabe übernimmt die *ProgressBar*:

Legen Sie die Eigenschaften wie folgt fest:

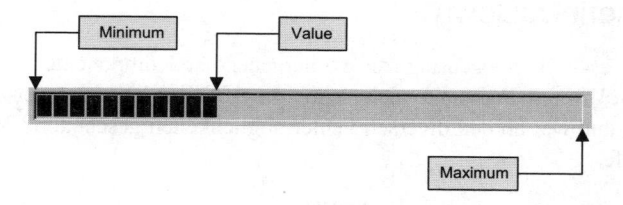

Beispiel: Verwendung bei Berechnungen

```
var i : Integer;
begin
  ProgressBar1.Maximum := 10000;
  for i := 0 to 10000 do begin
    if (i mod 10 = 0) then ProgressBar1.Value := ++i;
    berechne;
  end; ...
```

Hinweis: Es ist meist sinnvoll, nicht bei jedem Schleifendurchlauf den Status zu aktualisieren, deshalb die *If*-Anweisung.

---

[1] Wann ist das schon der Fall ...

4.3.24 ImageList

Um es gleich vorwegzunehmen, das *ImageList*-Steuerelement allein ist nur von begrenztem Nutzen, es fungiert lediglich als (zur Laufzeit unsichtbarer) Container für mehrere (gleich große) Bitmaps, die sie über ihren Index in der Liste ansprechen und in einigen Controls anzeigen können.

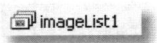

In folgenden Steuerelementen können Sie unter anderem Bilder aus der *ImageList* verwenden:

- *Label, Button*
- *ListView, TreeView*
- *ToolBar*
- *TabControl*

Um die Controls miteinander zu verbinden, setzen Sie einfach die jeweils vorhandene *ImageList*-Eigenschaft. Dies kann zur Entwurfszeit erfolgen, Sie dürfen aber auch zur Laufzeit diese Eigenschaft zuweisen.

Bevor Sie die Grafik in die Komponente einlesen, sollten Sie sich für die endgültige Größe (Eigenschaft *ImageSize*) entscheiden, da alle Grafiken auf diese Werte skaliert werden, egal wie groß sie vorher waren.

Über die *Images*-Collection rufen Sie zur Entwurfszeit einen eigenen Editor auf, in den Sie die Grafiken einfügen und, was auch wichtig ist, sie dann sortieren können:

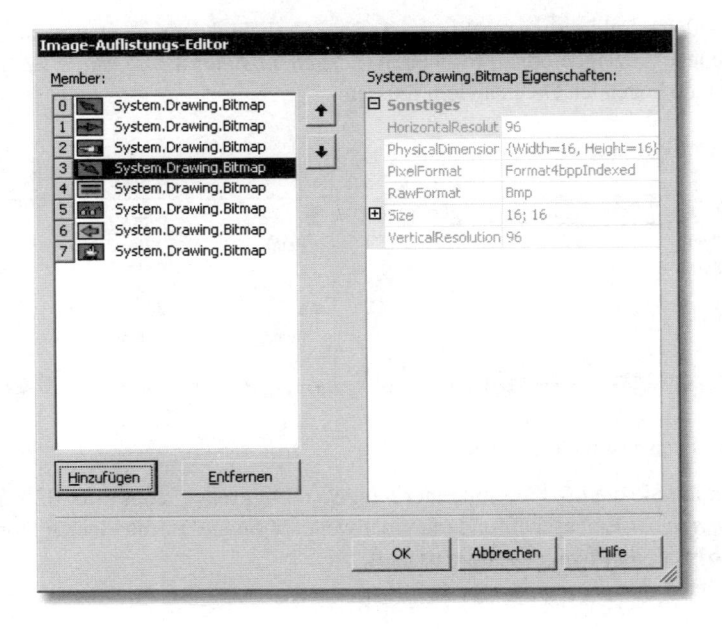

Hinweis: Möchten Sie die Grafiken zur Laufzeit laden, verwenden Sie die *Add*-Methode der *Images*-Collection.

Beispiel: Zuweisen von Grafiken zur Laufzeit

```
ImageList1.Images.Add(Bitmap.Create('C:\temp\Bold.bmp'));
ImageList1.Images.Add(Icon.Create('C:\temp\Italic.ico'));
```

Beispiel: Anzeige in einem Label

```
Label1.ImageList := ImageList1;
Label1.ImageIndex := 0;
```

Hinweis: Verwenden Sie die Eigenschaft *ImageAlign*, um die Grafik in der jeweiligen Komponente auszurichten.

4.3.25 ListView

Als Windows-Nutzer haben Sie garantiert schon mit diesem Control gearbeitet, jeder einzelne Ordner auf dem Desktop ist im Grunde ein *ListView*-Objekt. Eine *ListView* fungiert als Container für eine Anzahl von einzelnen Items, die über Grafik und Text verfügen können.

Von den Windows-Foldern wissen Sie auch, dass *ListView*-Komponenten in der Lage sind, vier verschiedene Anzeigemodi zu realisieren (*LargeIcon, SmallIcon, Details, List*), ohne dass Sie die zugrunde liegenden Daten ändern müssen.

Beispiel: zwei Varianten

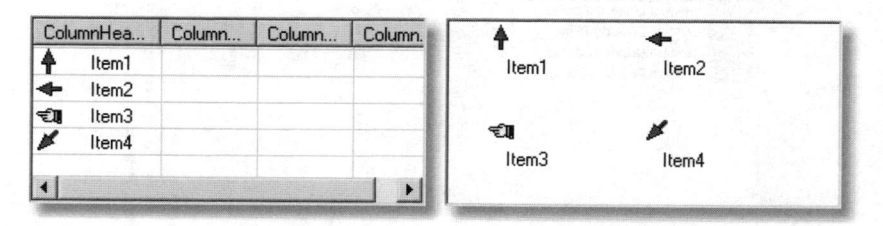

Die Vorgehensweise ist recht einfach:

- Verknüpfen Sie die *ListView* mit einer *ImageList* mit großen Icons (z.B. 32 x 32) per *LargeImageList*-Eigenschaft und mit einer weiteren *ImageList* die kleinen Icons (16 x 16) per *SmallImageList*-Eigenschaft.

4.3 Die Windows Forms-Komponenten

- Neue Einträge erstellen Sie zur Entwurfszeit über die *Items*-Eigenschaft, die auch einen eigenen Editor bereitstellt. Wie Sie der folgenden Abbildung entnehmen können, verfügt jeder Eintrag wiederum über eine Auflistung *SubItems*, die den einzelnen Spalten in der Detailansicht entsprechen.

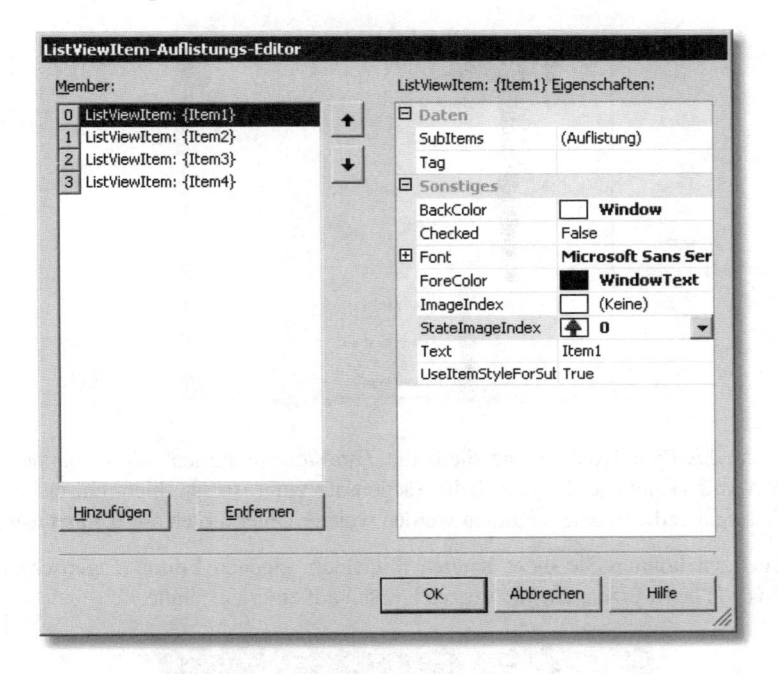

- Wichtig sind vor allem die Eigenschaften *ImageIndex* und *Text*, da beide das Aussehen des *Items* beeinflussen.

- Möchten Sie in der Detailansicht weitere Daten (Spalten) anzeigen, können Sie diese mit der *Columns*-Eigenschaft hinzufügen. Eingetragen werden später die *Text*-Eigenschaften der *SubItems*.

- Die Art der Anzeige legen Sie mit der *View*-Eigenschaft der *ListView* fest (Liste, Details etc.).

Leider können wir an dieser Stelle nicht auf alle Aspekte der *ListView*-Programmierung eingehen. Wie Sie mit der *ListView* auch Daten aus Tabellen visualisieren, Einträge zur Laufzeit hinzufügen usw., zeigt Ihnen jedoch das Rezept R 3.7 (ListView und ImageList kennen lernen).

4.3.26 TreeView

Wollen Sie den Anwendern Ihrer Programme mehr bieten als nur langweilige Listendarstellungen und primitive Eingabemasken? Oder müssen Sie hierarchische Abhängigkeiten grafisch darstellen? Falls ja, dann kommen Sie wohl kaum um die Verwendung der *TreeView*-

Komponente herum. Ganz abgesehen davon, dass hier eine Baumdarstellung wesentlich übersichtlicher ist als eine Tabelle, können Sie durch den Einsatz grafischer Elemente auch noch reichlich Eindruck schinden.

Beispiel:

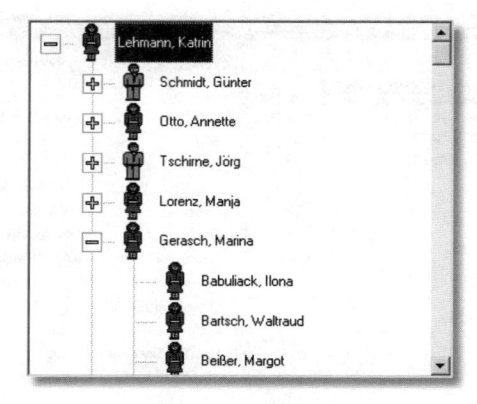

Wie auch die *ListView*-Komponente dient die *TreeView* "lediglich" als Container für eine Liste von *Nodes* (Knoten), die jedoch im Gegensatz zur *ListView* hierarchisch angeordnet sind. D.h., ausgehend von einem Knoten werden weitere Unterknoten angeordnet usw.

Zur Entwurfszeit können Sie diese Knoten mit einem eigenen Editor (Eigenschaft *Nodes*) hinzufügen (wie beim Erzeugen von Verzeichnissen auf einer Festplatte.):

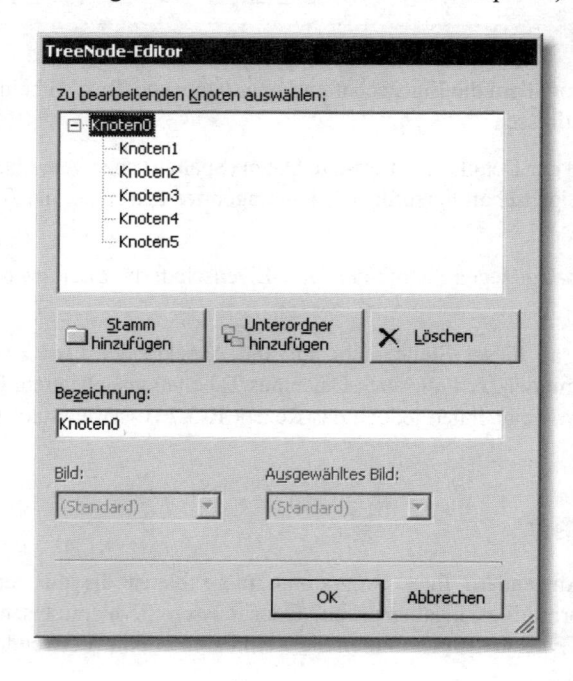

4.3 Die Windows Forms-Komponenten

Knoten zur Laufzeit erzeugen

Zur Laufzeit gestaltet sich dieses Vorgehen schon etwas aufwändiger und erfordert vom Programmierer etwas Vorstellungsvermögen, gilt es doch, sich mit Hilfe von Collections und Methoden durch den Baum zu "hangeln".

Beispiel: Erzeugen einer Baumansicht entsprechend folgender Abbildung

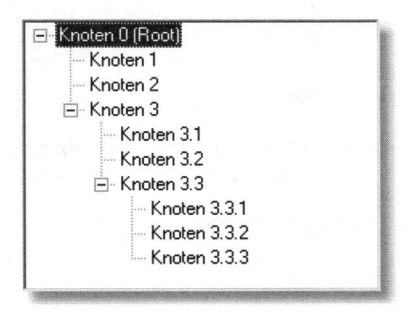

```
□ Knoten 0 (Root)
    Knoten 1
    Knoten 2
 □ Knoten 3
       Knoten 3.1
       Knoten 3.2
    □ Knoten 3.3
          Knoten 3.3.1
          Knoten 3.3.2
          Knoten 3.3.3
```

Zunächst den Baum löschen und die automatische Aktualisierung ausschalten (bessere Performance):

```
TreeView1.BeginUpdate;
TreeView1.Nodes.Clear;
```

Wir fügen den ersten (Root-)Knoten ein:

```
TreeView1.Nodes.Add(TreeNode.Create('Knoten 0 (Root)'));
```

Da der erste Knoten den Index 0 in der *Nodes*-Collection erhält, können wir direkt über den Index auf diesen Knoten zugreifen und weitere untergeordnete Knoten erzeugen (die Knoten-Namen sollen die Orientierung erleichtern):

```
TreeView1.Nodes[0].Nodes.Add(TreeNode.Create('Knoten 1'));
TreeView1.Nodes[0].Nodes.Add(TreeNode.Create('Knoten 2'));
TreeView1.Nodes[0].Nodes.Add(TreeNode.Create('Knoten 3'));
```

Das Gleiche können Sie auch für die nächstfolgende Knotenebene realisieren:

```
TreeView1.Nodes[0].Nodes[2].Nodes.Add(TreeNode.Create('Knoten 3.1'));
TreeView1.Nodes[0].Nodes[2].Nodes.Add(TreeNode.CReate('Knoten 3.2'));
```

Doch eigentlich wird jetzt die Schreiberei etwas zu aufwändig.

Besser ist folgende Variante, bei der ein *TreeNode*-Objekt von der *Add*-Methode zurückgegeben wird:

```
var n : TreeNode;
...
    n := TreeView1.Nodes[0].Nodes[2].Nodes.Add('Knoten 3.3');
```

Es genügt, dass wir uns auf diesen Knoten beziehen, um weitere Unterknoten zu erzeugen:

```
n.Nodes.Add('Knoten 3.3.1');
n.Nodes.Add('Knoten 3.3.2');
n.Nodes.Add('Knoten 3.3.3');
```

Zum Schluss noch die Aktualisierung einschalten, sonst ist nichts zu sehen:

```
TreeView1.EndUpdate;
```

Auswerten des aktiven Knotens

Über das *AfterSelect*-Ereignis können Sie auswerten, welcher Knoten gerade aktiviert wurde. Der Knoten selbst wird als *e.Node*-Objekt als Parameter übergeben:

```
procedure TWinForm1.TreeView1_AfterSelect(sender: System.Object;
                              e: System.Windows.Forms.TreeViewEventArgs);
begin
```

Zwei Varianten der Auswertung bieten sich an:

```
    MessageBox.Show(e.Node.Text);
    MessageBox.Show(e.Node.FullPath);
end;
```

Während *Node.Text* lediglich die Beschriftung des aktuellen Knotens zurückgibt, enthält *Node.FullPath* den kompletten Pfad bis zur Root.

Beispiel:

4.3.27 ToolBar

Grundsätzlich müssen Sie sich eine Werkzeugleiste (Toolbar) als Sammlung von einzelnen Schaltflächen (Buttons) vorstellen, was auch in der Objekthierarchie zum Ausdruck kommt: Das *ToolBar*-Objekt verfügt über eine *Buttons*-Collection, über die Sie die einzelnen Schaltflächen konfigurieren bzw. abfragen können.

4.3 Die Windows Forms-Komponenten

Über die *Buttons*-Eigenschaft erreichen Sie den Auflistungseditor:

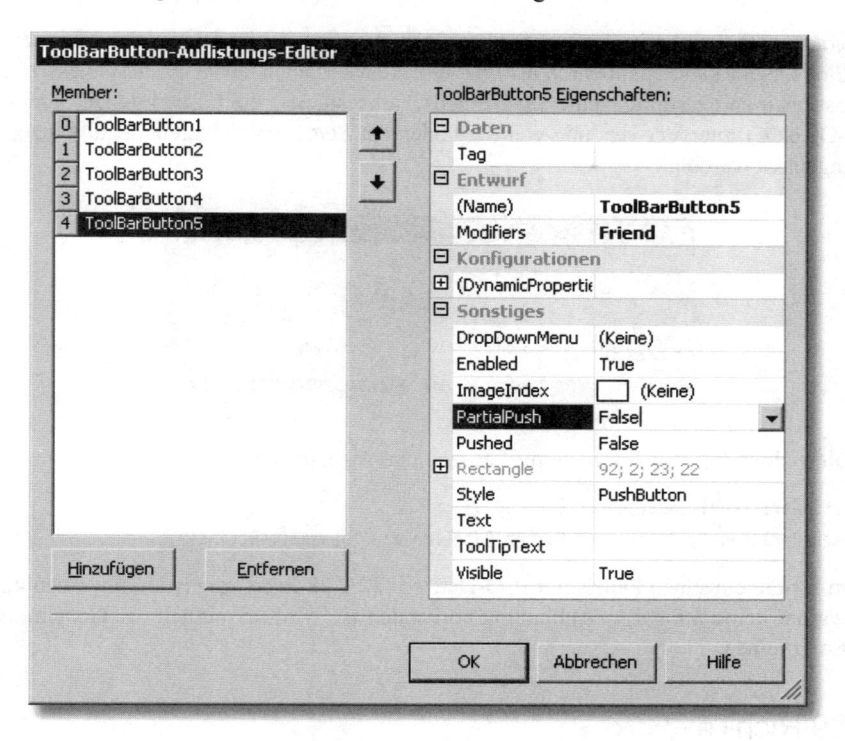

[ToolBarButton-Auflistungs-Editor Dialog]

Hier können Sie neue Buttons hinzufügen und deren Erscheinungsbild anpassen. Wesentlich ist die Unterscheidung der Buttons in folgende Gruppen (*Style*-Eigenschaft):

Style	Beschreibung/Verwendung
PushButton	Funktionsweise wie eine Befehlsschaltfläche, nach dem Loslassen der Maustaste geht die Schaltfläche in die Ausgangslage zurück (Tasterprinzip).
ToggleButton	Die Schaltfläche rastet ein, funktioniert also wie ein Schalter (ein/aus).
DropDownButton	Der Button funktioniert wie eine Combobox, Sie können über die Eigenschaft *DropDownMenu* ein *PopupMenu* zuweisen. Dieses Menü wird zur Laufzeit direkt unter dem Button angezeigt.
Separator	Begrenzung einer "Button Group" sowohl auf der linken als auch auf der rechten Seite.

Hinweis: Über das *ButtonClick*-Ereignis können Sie auswerten, welcher Button gedrückt wurde. Dazu steht Ihnen mit *e.Button* das jeweilige Objekt zur Verfügung.

4.3.28 StatusBar

Die *Statusleiste* (englisch Statusbar) dient zur Anzeige zusätzlicher Informationen. Ein *StatusBar*-Objekt kann aus mehreren *Panel*-Objekten bestehen. Jedes *Panel*-Objekt zeigt die Informationen an, die durch seine *Style*-Eigenschaft festgelegt sind. Zur Laufzeit können die *Panel*-Objekte (unter Verwendung von Methoden der *StatusBar*-Steuerelemente) hinzugefügt oder angepasst werden.

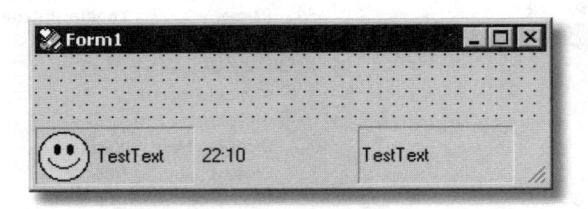

Beispiel: Hinzufügen von *Panels* zur Laufzeit und Ausgabe der Uhrzeit

```
StatusBar1.Panels.Add('Neuer Eintrag');
StatusBar1.Panels[0].Text := System.DateTime.Now.ToLongTimeString();
```

Warum für die einzelnen Panels nur ICO-Dateien (32 x 32 Pixel) zugewiesen werden können bzw. warum keine *ImageList*-Anbindung vorhanden ist, wird vermutlich das Geheimnis von Microsoft bleiben.

4.3.29 RichTextBox

Wollten Sie nicht schon immer einmal Ihre Anwendungen mit einem kleinen Texteditor vervollständigen, der auch verschiedene Schriftarten, Schrift- und Absatzformate sowie Grafiken zulässt? Dann sollten Sie sich unbedingt das *RichTextBox*-Control ansehen.

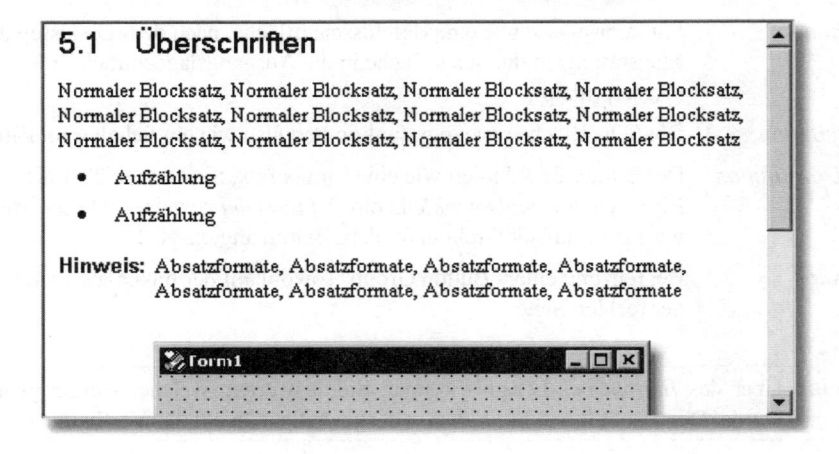

4.3 Die Windows Forms-Komponenten

Hinweis: Mit RTF ist das "Rich Text"-Format gemeint, das als Austauschformat zwischen verschiedenen Textverarbeitungsprogrammen fungiert.

Allerdings handelt es sich nur auf den ersten Blick um einen kompletten Texteditor, versuchen Sie einmal, eine Schriftart zu ändern oder eine andere Absatzformatierung einzustellen. Sie werden schnell feststellen, dass Sie ja auch ein Menü bzw. ein Toolbar benötigen. Ein Blick auf die vorhandenen Eigenschaften bringt die Ernüchterung, die gesamte Bedienfunktionalität müssen Sie schon selbst programmieren.

4.3.30 DataGrid

Mit diesem recht komplexen Control zur Darstellung von Tabellendaten wollen wir uns erst im Datenbankkapitel 8 näher beschäftigen.

Geburtsdatu	Monatsgehalt	Nachname	Vorname
03.04.1975	13000	Müller	Werner
11.11.1963	1489	Schultze	Manfred
11.11.1939	15000	Eisenfaust	Tobalt

4.3.31 HelpProvider

Hierbei handelt es sich um eine nicht sichtbare Komponente zur Einbindung der Hilfefunktionalität in ein Formular. Weitere Informationen finden Sie im Abschnitt 13.8.

4.3.32 ToolTip

Über dieses Control steuern Sie, wie und vor allem wann Tooltips (die kleinen gelben Hinweisfähnchen) angezeigt werden. Der eigentliche Tooltip wird immer bei den jeweiligen Eigenschaften der Anzeige-Controls verwaltet.

4.3.33 ContextMenu

Ähnlich der *MainMenu*-Komponente können Sie hiermit eine Menüstruktur aufbauen, die jedoch im Gegensatz zu dieser nicht fest an den Formularkopf gebunden ist. Weiterhin ist ein *ContextMenu* dahingehend eingeschränkt, dass lediglich eine Menüspalte zulässig ist, von der jedoch weitere Untereinträge verzweigen können.

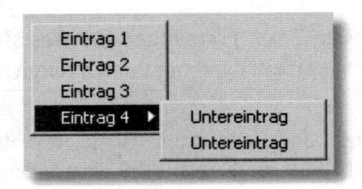

Für die Anzeige des Menüs genügt es, wenn Sie das Control der *ContextMenu*-Eigenschaft z.B. einer *ListBox* zuweisen. Klickt der Anwender mit der rechten Maustaste auf das Control, erscheint auch das Popup-Menü.

Alternativ können Sie ein *ContextMenu* an jeder gewünschten Stelle einblenden. Verwenden Sie dazu die *Show*-Methode, der Sie ein Control übergeben, auf das sich die folgenden Koordinaten beziehen.

Beispiel: Anzeige des Menüs im Abstand von je 100 Pixeln von der linken oberen Ecke des Buttons

```
ContextMenu1.Show(Button1, Point.Create(100, 100));
```

4.3.34 NotifyIcon

Sicher ist Ihnen auch schon aufgefallen, dass am rechten Ende der Taskbar neben der Uhrzeit manchmal auch Anwendungen bzw. deren Icons zu finden sind. Dieser Bereich wird als *Taskbar Notification Area*, kurz TNA, bezeichnet:

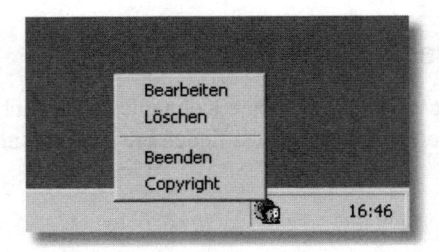

Mit dem *NotifyIcon*-Control haben Sie die entsprechende Funktionalität in wenigen Minuten selbst programmiert. Es genügt, wenn Sie eine derartige Komponente in das Formular ziehen.

Übergeben Sie jetzt noch ein Icon, das zur Laufzeit in der Taskbar angezeigt werden soll, und einen Text, der als Tooltip angezeigt werden soll. Mit den bekannten Mausereignissen (*Click*, *DoubleClick*, MouseDown etc.) können Sie auf Aktionen des Anwenders reagieren.

Alternativ können Sie auch der Komponente ein Kontextmenü zuweisen, das dann entsprechend im TNA angezeigt wird (siehe obige Abbildung).

4.3.35 PrintPreviewControl

Diese Komponente bündelt alle Aktivitäten rund um die Anzeige einer Druckvorschau. An dieser Stelle wollen wir allerdings nicht vorgreifen, sondern Sie gleich an das Kapitel 6 (Drucken) verweisen.

4.3.36 PrintDocument

Mit dieser Komponente sind Sie in der Lage, beliebige Grafiken zu Papier zu bringen. Den kompletten Überblick über die Verwendung finden Sie ebenfalls im Druckerkapitel 6.

4.3.37 OpenFileDialog/SaveFileDialog

Fast jedes Windows-Programm hat eine Menüoption zum Laden (Öffnen) bzw. Sichern (Speichern) von Dateien. Sollten Sie einen solchen Dateidialog schon einmal "zu Fuß" programmiert haben, so wissen Sie, welcher Aufwand dafür nötig ist. Delphi.NET bietet Ihnen dafür die Controls *OpenFileDialog* und *SaveFileDialog*, welche direkt die Windows-Ressourcen "anzapfen". Ihre eigenen Programmschöpfungen erhalten damit die gleichen Dateidialoge wie auch andere "professionelle" Windows-Applikationen.

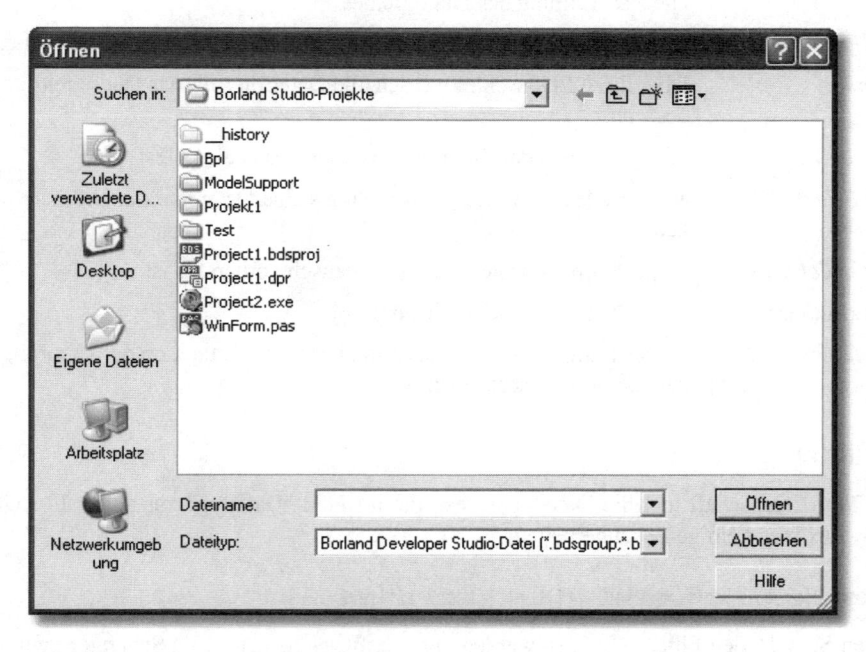

Durch Aufruf der Methode *ShowDialog* wird die entsprechende Dialogbox angezeigt. Über den Rückgabewert können Sie auswerten, welche Taste (OK/Abbruch) der Nutzer gedrückt hat, die Eigenschaft *FileName* enthält den Namen und den kompletten Pfad der ausgewählten Datei.

Beispiel: Auswahl einer einzelnen Datei

```
var dateiname: String;
begin
    if OpenFileDialog1.ShowDialog = System.Windows.Forms.DialogResult.OK then
        dateiname := OpenFileDialog1.FileName;
```

Beispiel: Auswahl von mehreren Dateien (*MultiSelect=True*)

```
var i : Integer;
begin
    if OpenFileDialog1.ShowDialog = System.Windows.Forms.DialogResult.OK then
        for i := 0 to Length(OpenFileDialog1.FileNames)-1 do
            MessageBox.Show(OpenFileDialog1.FileNames[i]);
end;
```

Wichtige Eigenschaften

Eigenschaft	Beschreibung
Title	Die Beschriftung des Dialogfeldes.
FileName	Das Ausgangsverzeichnis bzw. ein bereits vorgegebener Dateiname.
Filters	Über diese Eigenschaft werden alle Dateifilter für das Dialogfeld bestimmt.
FilterIndex	... legt den Standardfilter beim Öffnen des Dialogs fest.
MultiSelect	Mit *True* legen Sie fest, dass mehr als eine Datei markiert werden kann.
CheckFileExists	... prüft, ob die Datei auch physikalisch vorhanden ist.
CheckPathExits	... prüft, ob der Pfad vorhanden ist.
DereferenceLinks	... bestimmt, ob Hyperlinks aufgelöst werden, d.h., ob der Ursprungs- dateiname zurückgegeben wird.

Dateifilter

Die *Filter*-Eigenschaft legt die Dateitypen fest, die im Feld "Dateityp" zur Auswahl stehen. Die Syntax bietet einige Besonderheiten:

Syntax: `Dialog.Filter[ = descr1 |filter1 |descr2 |filter2 ...]`

Wählen Sie z.B. den Filter **.TXT*, so werden nur Textfiles angezeigt. Als Separator zwischen der Beschreibung (*descr*) und dem Filter wird der senkrechte Strich verwendet.

Hinweis: Vor und nach diesem Trennstrich dürfen keine Leerzeichen stehen!

Beispiel:

```
OpenFileDialog1.Filter := 'Text (*.txt)|*.txt|Bild(*.bmp;*.ico)|*.bmp;*.ico';
```

Dieser Filter erlaubt es, sowohl Textdateien als auch Grafiken (Bitmaps und Icons) zur Anzeige auszuwählen. Die *FilterIndex*-Eigenschaft legt fest, welcher Filter der aktuelle ist.

4.4 Weitere wichtige Objekte

Delphi verfügt über eine ganze Reihe vordefinierter Objekte, die beim Start standardmäßig zur Verfügung stehen und die für die Programmierpraxis unentbehrlich sind. Wir möchten Ihnen die wichtigsten kurz vorstellen.

4.4.1 Application

Jedes Delphi.NET-Programm bietet automatisch das Objekt *Application*, welches die laufende Anwendung repräsentiert. Den ersten Kontakt mit diesem Objekt haben Sie bereits im "Hauptprogramm" (Projektdatei), wo das Hauptformular der Anwendung bestimmt wird. Das Objekt bietet weiterhin einige interessante Eigenschaften, die vor allem für den Programmierer von Bedeutung sind:

Eigenschaft	Beschreibung
AllowQuit	... darf die Anwendung beendet werden (readonly)?
CommonAppDataPath	... ein gemeinsamer Anwendungspfad.
CommonAppDataRegistry	... ein gemeinsamer Registry-Eintrag.
CompanyName	... der in den Anwendungsressourcen angegebene Firmenname.
ExecutablePath	... der Name der Anwendung inklusive Pfadangabe.
LocalUserAppDataPath	... Anwendungspfad für die Daten des lokalen Benutzers.
ProductName	... der in den Ressourcen angegebene Produktname.
ProductVersion	... die in den Ressourcen angegebene Produktversion.
StartupPath	... der Anwendungspfad.

Die wichtigsten Methoden:

Methode	Beschreibung
DoEvents	... ermöglicht ein Verarbeiten der ausstehenden Windowsbotschaften.
EnableVisualStyles	... aktiviert XP-Styles.
Exit	... Anwendung beenden.
ExitThread	... schließt aktuellen Thread.
Run	... startet das Hauptfenster der Anwendung.

> **Hinweis:** Rezept R 13.1 zeigt, wie Sie *DoEvents* richtig verwenden. R 3.13 (Festlegen des Startfensters (MainForm)) informiert Sie über die *Run*-Methode.

4.4.2 Screen

Das *Screen*-Objekt bietet Ihnen Informationen rund um das Hauptausgabegerät, d.h. den Bildschirm bzw. die Bildschirme.

Haben Sie bisher mit Delphi programmiert, werden Sie vergeblich nach einigen Eigenschaften dieses Objekts Ausschau halten. Wer dennoch die entsprechenden Informationen braucht, sollte sich an folgenden Stellen umsehen:

Delphi (Win32)	Delphi.NET
ActiveControl	*Form.ActiveForm.ActiveControl*
ActiveForm	*Form.ActiveForm*
Height,	*Screen.PrimaryScreen.Bounds.Height*
Width	*Screen.PrimaryScreen.Bounds.Width*
Monitors	*Screen.AllScreens*
Forms	Nicht vorhanden! Hier hilft nur Eigeninitative, erstellen Sie sich eine eigene Collection, die Sie selbst füllen und leeren müssen.

4.4.3 Clipboard

Für den Zugriff auf die Zwischenablage wird das *Clipboard*-Objekt verwendet. Mehr Infos finden Sie im Kapitel 13 (Techniken der Programmentwicklung, Abschnitt 13.4).

4.4.4 Debug

Dieses Objekt ermöglicht unter anderem die Ausgabe von Meldungen im Ausgabefenster von Delphi 2005. Wie Sie das *Debug*-Objekt für die Fehlersuche einsetzen können, zeigt Abschnitt 13.1.

Grafikprogrammierung

- ✔ Darstellen von Grafiken
- ✔ Koordinatensystem
- ✔ GDI+
- ✔ Zeichenwerkzeuge
- ✔ Low Level-Funktionen

Grafikprogrammierung

- Darstellen von Grafiken
- Koordinatensystem
- GDI+
- Zeichenwerkzeuge
- Low-Level-Funktionen

Im vorliegenden Kapitel wollen wir uns mit dem Erzeugen, Anzeigen und Verarbeiten von Grafiken beschäftigen. Bevor Sie aber erwartungsfroh mit der Lektüre beginnen, gleich eine wichtige Einschränkung vorweg:

Hinweis: Wir gehen, mit wenigen Ausnahmen, nur auf die Grafikprogrammierung mit Hilfe der .NET-Klassen ein[1]. Wer sich für die ebenfalls mögliche Verwendung der VCL-Klassen interessiert, wird in unseren Delphi 7-Büchern fündig. Fast alle der dort beschriebenen Verfahren gelten uneingeschränkt auch für die VCL-Programmierung unter Delphi.NET.

Delphi.NET bietet dem Programmierer drei grundsätzliche Varianten an:

- Anzeige von "vorgefertigten" Grafikdateien (z.B. Bitmaps) in der *PictureBox*-Komponente[2]
- Einsatz von Grafikmethoden (z.B. *DrawLine*, *DrawEllipse* ...) im Zusammenhang mit dem neuen *Graphics*-Objekt
- Arbeiten mit GDI-Funktionen

Während bei der ersten Variante die Grafik bereits zur Entwurfszeit (Design Time) entsteht, wird sie bei den anderen beiden Varianten erst zur Laufzeit (Run Time) erzeugt. Erst hier kann man von eigentlicher "Grafikprogrammierung" sprechen, da diese ausschließlich per Quellcode (also ohne Zuhilfenahme der visuellen Entwicklungsumgebung von Delphi.NET) funktioniert. Das vorliegende Kapitel wird sich also schwerpunktmäßig mit diesen beiden Varianten beschäftigen.

Hinweis: Auch wenn in diesem Kapitel bereits die Grundlagen für die Druckausgabe gelegt werden, die eigentliche Beschreibung der Vorgehensweise inklusive der erforderlichen Komponenten finden Sie erst im Kapitel 6.

5.1 Übersicht und erste Schritte

Wie immer sollten am Anfang die Neuigkeiten stehen, doch mit der Einführung von GDI+ ändert sich die gesamte bisher bekannte Vorgehensweise.

---

[1] Die Auswahl ist keine Wertung hinsichtlich der Leistungsfähigkeit. Mit der Entscheidung für die .NET-Klassen erleichtern wir Ihnen die Portierung von C#- und VB.NET-Code nach Delphi .NET. Zu beiden Programmiersprachen gibt es bereits reichlich Beispiele und Code-Schnipsel. Außerdem fehlen mittlerweile in den VCL-Klassen einfach zu viele Grafikfunktionen.

[2] Sollten Sie ein Anhänger der guten alten *Shape*-Komponenten sein, müssen wir Sie enttäuschen. Diese Komponenten werden von Delphi.NET (WinForms) nicht mehr unterstützt.

5.1.1 Was ist neu?

Nachdem mit dem GDI (*Graphics Design Interface*) die bisher unter Windows übliche Methode der Grafikausgabe etwas in die Jahre gekommen ist, steht Ihnen nun mit GDI+ der Nachfolger zur Verfügung.

GDI+ ist natürlich schneller, besser, umfangreicher und vor allem einfacher. Halt, halt, stopp! Die Attribute "schneller" und "einfacher" vergessen Sie am besten gleich wieder. Über "besser" lässt sich sicher streiten, aber umfangreicher ist GDI+ allemal geworden. Vieles, was Sie bisher nur umständlich mit externen GDI-Aufrufen oder eigenen Routinen realisieren konnten, steht Ihnen jetzt als Methodenaufruf zur Verfügung. Doch wie es schon angemerkt wurde, das "Mehr" an Funktionalität wird teuer mit Performance und Aufwand erkauft. Auch die Übersichtlichkeit ist durch die vielfach überladenen Methoden nicht besser geworden.

Ein zentrales Grafikausgabe-Objekt

Im Gegensatz zur bisherigen Vorgehensweise, bei der Sie die Grafikmethoden von einzelnen Komponenten genutzt haben, arbeiten Sie jetzt mit einem einzigen *Graphics*-Objekt, das Sie bestimmten Objekten zuordnen können bzw. von diesen ableiten. Nur dieses Objekt verfügt über relevante Grafikmethoden und -eigenschaften (GDI+).

Die Grafikausgabe ist zustandslos

Eine der wichtigsten und zugleich einschneidensten Änderungen betrifft die Organisation der Grafikausgabe. Haben Sie bisher zunächst die Parameter für Linien (Breite, Farbe, Style etc.), Pinsel oder Schriftarten gesetzt und nachfolgend mit diesen Grafikausgaben getätigt, ist dafür nun jede einzelne Grafikmethode zuständig. D.h., für eine Grafikmethode ist es vollkommen unerheblich, welche Linienart vorher genutzt wurde, alle nötigen Parameter werden an die Methode bei **jedem** Aufruf übergeben. Die gleiche Vorgehensweise trifft auch auf Texte oder Pinsel zu.

Weitere Neuerungen/Änderungen

Die wichtigsten Neuerungen auf einen Blick:

- GDI+ bietet eine verbesserte Farbverwaltung sowie mehr vordefinierte Farben,
- GDI+ unterstützt eine breite Palette an Bildformaten (*.bmp, .gif, .jpeg, .exif, .png, .tiff, .ico, .wmf, .emf*),
- Antialiasing-Funktionalität,
- Farbverläufe für Pinsel,
- Splines,
- Bildtransformationen (Rotation, Translation, Skalierung),
- Gleitkommaunterstützung,
- Unterstützung des Alpha-Kanals und damit auch Alpha-Blending.

5.1.2 Das Grundkonzept von GDI+

GDI+ ist zwar aus Sicht des Delphi.NET-Programmierers ein Ersatz für die alten GDI-bzw. VCL-Funktionen[1], aus Sicht des Systems ist GDI+ jedoch lediglich ein zusätzlicher Layer über den bisherigen GDI-Funktionen, d.h., Aufrufe an GDI+ werden über GDI an die Grafiktreiber weitergereicht (siehe folgende Abbildung).

Wenn Sie sich diese Software-Architektur ansehen und sich die Aussage "GDI+ ist zustandslos!" ins Gedächtnis rufen, wird dem erfahrenen GDI-Programmierer schnell klar, wo einige der Performance-Probleme von GDI+ herkommen.

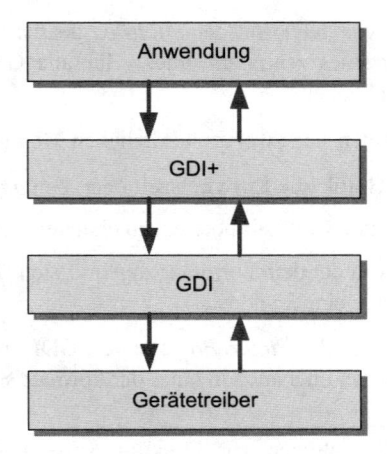

```
Anwendung
   ↕
  GDI+
   ↕
  GDI
   ↕
Gerätetreiber
```

Wurde bisher nach dem Schema

- Grafikobjekte (*Pen*, *Brush* etc.) erzeugen,
- beliebige Zeichenfunktionen (z.B. *LineTo*) aufrufen und
- Grafikobjekte löschen

verfahren, müssen bei einer zustandslosen GDI+-Programmierung genau diese Operationen **für jeden** einzelnen Methodenaufruf ausgeführt werden, da GDI+ die GDI-Objekte im alten Zustand zurücklassen muss. Auf den ersten Blick ist diese Vorgehensweise nicht ganz einsichtig, entwickeln Sie jedoch Multitasking-Programme, ist es schon von Vorteil, wenn jede Grafikoperation in sich abgeschlossen ist.

Beispiel: Zeichen einer Linie im Formular

```
var g : Graphics;
    p : Pen;
...
  p := Pen.Create(Color.Aqua);        // Neuen Stift erzeugen
```

---

[1] Ähnlichkeiten zum VCL-*Canvas*-Objekt sind sicher nicht rein zufällig ...

```
g := Self.CreateGraphics;        // Graphics-Objekt erzeugen
g.DrawLine(p, 10, 10, 200, 200); // Linie mit dem neuen Stift zeichnen
...
```

5.1.3 Änderungen an der PaintBox-Komponente

Für die Anzeige und einfache Manipulation von Grafikdateien bietet sich in Delphi.NET nach wie vor eine eigene Komponente an, die jedoch statt *Image* bzw. *PaintBox* jetzt *PictureBox*-Komponente heißt.

Haben Sie bereits in Delphi vor .NET mit der *PaintBox* gearbeitet, müssen Sie zwar etwas umdenken, der Grundansatz eines zentralen Objekts für alle Grafikmethoden (*Canvas* ↔ *Graphics*) ist jedoch gleich geblieben.

Für das Laden einer Grafik bieten sich zwei grundsätzlichen Möglichkeiten:

- Entweder Sie laden die Grafik **zur Entwurfszeit** über die *Image*-Eigenschaft oder
- Sie laden die Grafik erst **zur Laufzeit** über ein zu erstellendes *Image*-Objekt.

Im ersten Fall wird die Grafik in der dem Formular zugeordneten Datei **.resx* gespeichert und beim Compilieren als Ressource eingebunden.

Selbstverständlich können Sie in die *PictureBox* alle von GDI+ unterstützten Grafikformate (*BMP, TIFF, JPG, PNG* ...) laden oder auch in eines der Formate sichern.

Hinweis: Ausführliche Informationen zur Funktionsweise und den Möglichkeiten der Komponente finden Sie im Abschnitt 5.2 (Darstellen von Grafiken).

5.1.4 Namespaces für die Grafikausgabe

Bevor Sie im weiteren Verlauf mit der Fehlermeldung "Der Typ XYZ ist nicht definiert." konfrontiert werden, möchten wir Ihnen die im Zusammenhang mit der Grafikausgabe relevanten Namespaces kurz vorstellen:

- *System.Drawing*,
- *System.Drawing.Drawing2D*,
- *System.Drawing.Imaging*,
- *System.Drawing.Printing*,
- *System.Drawing.Design*,
- *System.Drawing.Text*.

Die ausführliche Behandlung der einzelnen Strukturen und Objekte erfolgt in den weiteren Abschnitten, hier nur eine kurze Übersicht.

System.Drawing

Dieser standardmäßig eingebundene Namespace enthält die meisten Klassen, Typen, Auflistungen etc., die Sie für die Basisfunktionen der Grafikausgabe benötigen.

Typ	Beschreibung
Color	... verwaltet ARGB-Farbwerte (Alpha-Rot-Grün-Blau), Konvertierungsfunktionen sowie diverse vordefinierte Farbkonstanten.
Point *PointF*	... verwaltet 2-D-Koordinaten (x, y) als Integer- bzw. als Floatwert.
Rectangle *RectangleF*	... verwaltet die Koordinaten eines Rechtecks als Integer- bzw. Floatwert.
Size	... verwaltet die Größe eines rechteckigen Bereichs (Breite, Höhe).

Objekt	Beschreibung
Graphics	**Das zentrale Grafikausgabe-Objekt**
Pen	Objekt für die Definition des Linientyps
Brush, Brushes, SolidBrush, TextureBrush	Objekte für die Definition des Füllstils (Pinsel) von Objekten (Kreise, Rechtecke etc.)
Font, FontFamily	Objekt für die Definition von Schriftarten (Farbe, Größe etc.)
Bitmap, Image	Objekt für die Verwaltung von Bitmaps bzw. Grafiken

System.Drawing.Drawing2D

Dieser Namespace bietet Funktionen für Farbverläufe sowie Unterstützung für 2D- und Vektorgrafiken (Matrix für geometrische Transformationen).

System.Drawing.Imaging

Mit Hilfe dieses Namespace können Sie erweiterte Funktionen wie

- Direktzugriff auf Bitmap-Daten (Pointer),
- Unterstützung für Metafiles,
- Farbverwaltung,
- Grafikkonvertierung,
- Abfrage von Grafikeigenschaften

realisieren.

System.Drawing.Printing

Basisklassen für die Druckausgabe. Mehr dazu im Kapitel 6 (Druckausgabe).

System.Drawing.Design

Dieses Namespace enthält einige Klassen, die für die Entwurfszeit-Oberfläche genutzt werden.

System.Drawing.Text

Abfrage von Informationen über die installierten Schriftarten.

5.1.5 Einige Hinweise für den Umsteiger von Delphi (Win32)

Sollten Sie bereits in Delphi ein Programm geschrieben haben, das sich mit der Grafikausgabe beschäftigt, ist ein sinnvolles Konvertieren in ein **Windows Forms**-Projekt[1] meist nicht möglich.

Das einfache Umbenennen von Ausgabemethoden des bisherigen Ausgabeobjekts *Canvas* in gleichwertige Methoden des neuen *Graphics*-Objekts ist zwar kein Problem, die Parameterlisten und Aufruf-Konventionen unterscheiden sich jedoch zu sehr voneinander. Auch die zustandslosen Grafikmethoden dürften die Umstellung wesentlich erschweren, konnten Sie doch bisher davon ausgehen, dass nachfolgende Anweisungen immer die gleichen Stifte, Pinsel oder Schriftarten nutzten.

Auf der anderen Seite fehlen einige Funktionen ganz (*Pixels*) oder einige Eigenschaften sind nicht verfügbar (XOR-Mode beim Zeichnen). In diesen Fällen bleibt Ihnen nur der Blick zurück und damit auf die bewährten GDI-Funktionen. Doch auch hier ist Vorsicht angebracht. Zum einen können Sie keinen globalen HDC erzeugen (dieser ist nur noch innerhalb einer Ereignisprozedur gültig), zum anderen haben sich die Parametertypen für die GDI-Aufrufe geändert (*HDC* $\to$ *IntPtr*).

Der wohl schmerzlichste Verlust ist die Fähigkeit der bisherigen *Image*-Komponente, nach dem Verdecken den ursprünglichen Zustand wiederherzustellen. Wie im Programmier-Mittelalter müssen Sie sich jetzt selbst darum kümmern, dass die Bitmap gesichert wird und gegebenenfalls wiederhergestellt wird.

5.2 Darstellen von Grafiken

Bevor wir Sie in den folgenden Abschnitten mit Dutzenden von Objekten, Methoden und Eigenschaften überfrachten, wollen wir uns die wohl trivialste Form der Grafikdarstellung etwas näher ansehen.

---

[1] Sie können natürlich auch eine VCL.NET-Formularanwendung erstellen, die weitgehend den bisherigen Delphi-Programmen entspricht, müssen dann jedoch mit deren Einschränkungen leben.

5.2 Darstellen von Grafiken

Die Rede ist von der *PictureBox*-Komponente, die in diesem Zusammenhang alle wesentlichen Aufgaben übernehmen kann. Untrennbar mit dieser Komponente ist auch das *Image*-Objekt verbunden, das die eigentlichen Grafikdaten verwaltet (Laden, Manipulieren, Eigenschaften).

5.2.1 Die PictureBox-Komponente

Platzieren Sie zunächst eine *PictureBox*-Komponente im Formular, können Sie diese wie jedes andere Objekt positionieren und die Größe bestimmen. Über die Eigenschaft *Image* können Sie bereits zur Entwurfszeit eine Grafikdatei zuweisen, die nachfolgend fest in das Projekt und damit auch in die EXE-Datei übernommen wird.

Wie diese Grafik formatiert, d.h. skaliert wird, bestimmen Sie mit der *SizeMode*-Eigenschaft. Wie Sie den folgenden Abbildungen entnehmen können, skaliert die *Stretch*-Variante zwar die Grafik auf die gewünschte Größe, leider bleibt dabei aber das Seitenverhältnis der Grafik auf der Strecke.

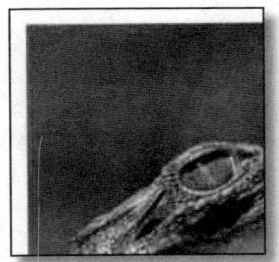

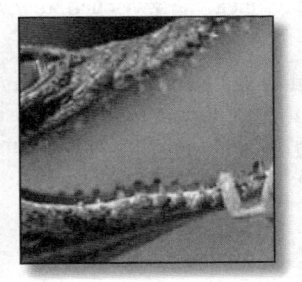

Normal   *Center*   *Stretch*

AutoSize

Wie Sie die Proportionen zur Laufzeit wiederherstellen können, zeigt das folgende Beispiel:

Beispiel: Bild proportional skalieren

```
var xy : Single;
...
  PictureBox1.Visible := True;
  xy := PictureBox1.Image.Width / PictureBox1.Image.Height;
  if PictureBox1.Image.Width > PictureBox1.Image.Height then
    PictureBox1.Height := Round(PictureBox1.Width / xy)
  else
    PictureBox1.Width := Round(PictureBox1.Height * xy);
```

Die Vorgehensweise: Sie weisen der Eigenschaft *SizeMode* den Wert *Stretch* zu und skalieren jeweils die Außenmaße der *PictureBox* so, dass die Grafik möglichst optimal in der *PictureBox* angezeigt wird.

Über die *BorderStyle*-Eigenschaft können Sie zwischen *keinem*, *einfachem* und *dreidimensionalem* Rahmen wählen.

Damit sind auch schon alle wesentlichen Eigenschaften der *PictureBox* beschrieben. Ziemlich dürftig, werden Sie sicher denken. Aber dieser Eindruck täuscht, wenn wir uns die bereits erwähnte Eigenschaft *Image* näher ansehen, bei der es sich um ein recht komplexes Objekt handelt.

5.2.2 Das Image-Objekt

Mit dem *Image*-Objekt bietet sich nicht nur die Möglichkeit, zur Entwurfszeit eine Grafik in die *PictureBox* einzubetten, sondern auch diverse Grafikbearbeitungsfunktionen und die dazu nötigen Informationen über die Grafik.

Zwei Wege führen zum *Image*-Objekt:

- Haben Sie bereits zur Entwurfszeit eine Grafik geladen, können Sie direkt über *Picture.Image* auf die gewünschten Eigenschaften/Methoden zugreifen.
- Andernfalls müssen Sie zunächst ein *Image*-Objekt erzeugen und es der *PictureBox* zuweisen.

Beispiel: Erzeugen eines neuen *Image*-Objekts (eine Bitmap 100 x 100 Pixel)[1]

```
var img : Image;
...
  img := Bitmap.Create(100, 100);
  PictureBox1.Image := img;
```

---

[1] Dies ist nur eine Variante!

5.2 Darstellen von Grafiken

Alternativ lässt sich ein Image auch aus einer Grafikdatei erzeugen:

```
var img : Image;
...
   img := Image.FromFile('c:\test.jpg');
   PictureBox1.Image := img;
```

Womit wir auch schon beim Laden von Grafiken angekommen sind.

5.2.3 Laden von Grafiken zur Laufzeit

Wie bereits im vorhergehenden kurzen Beispiel gezeigt, stellt es kein Problem dar, ein *Image* aus einer bereits existierenden Datei[1] zu laden. Je nach Dateityp handelt es sich beim *Image* nachfolgend um eine Pixel-, Vektorgrafik (*WMF, EMF*) oder ein Icon (*ICO*)[2].

> **Hinweis:** Nicht jedes Grafikformat unterstützt auch alle Grafikmethoden des *Image*-Objekts!

Laden Sie beispielsweise eine WMF-Grafik in das Image, können Sie diese nicht mit der Funktion *RotateFlip* drehen oder spiegeln.

Statt mit

```
var img : Image;
...
   img := Image.FromFile('c:\test.bmp');
   PictureBox2.Image := img;
```

können Sie auch direkt den gewünschten Imagetyp erzeugen:

```
var img : Image;
...
  img := Bitmap.FromFile('c:\test.bmp');
  PictureBox1.Image := img;
```

Das Resultat ist in beiden Fällen das gleiche.

5.2.4 Sichern von Grafiken

Ähnlich einfach wie das Laden ist auch das Speichern von Grafiken. Mit der *Image*-Methode *Save* können Sie die Grafik in einem der unterstützten Dateiformate sichern.

---

[1] Die unterstützten Dateiformate wurden bereits im Abschnitt 5.1.1 vorgestellt

[2] Nicht zum ersten und letzten Mal werden Delphi-Programmierer frappierende Ähnlichkeiten entdecken, .NET empfindet hier nach, was Delphi seit Jahren bietet.

Beispiel: Speichern im PNG-Format

```
PictureBox1.Image.Save('c:\test.png');
```

Auf diese Weise können Sie auch einen Dateikonverter programmieren, Sie brauchen nicht einmal eine *PictureBox* dafür.

Beispiel: Konvertieren vom BMP- ins PNG-Format

```
implementation
uses System.Drawing.Imaging;
...
var img : Image;
...
  img := Bitmap.FromFile('c:\test.bmp');
  img.Save('c:\test.png', ImageFormat.Png);
```

Leider, und das scheint bei allen universellen Bibliotheken der Fall zu sein, ist die praktische Verwendung teilweise recht eingeschränkt bzw. umständlich. Möchten Sie beispielsweise im JPEG-Format speichern, ist dies kein Problem, doch was, wenn Sie auch den Kompressionsfaktor beeinflussen wollen?

In diesem Fall müssen Sie zunächst ein *EncoderParameters*-Objekt erzeugen, diesem die nötigen Parameter zuweisen und dann die Methode *Save* mit diesem Objekt aufrufen.

5.2.5 Grafikeigenschaften ermitteln

Breite und Höhe der Grafik

Breite und Höhe der Grafik können Sie über die Eigenschaften *Width* und *Height* des **Image**-Objekts abrufen.

> **Hinweis:** Die Maße des *Image*-Objekts, d.h. der Grafik, stehen in keinem Zusammenhang mit den Maßen der *PictureBox*!

Auflösung

Die vertikale bzw. horizontale Auflösung der Grafik können Sie mit den Eigenschaften *VerticalResolution* bzw. *HorizontalResolution* abfragen. Beide geben einen Wert in dpi (Punkte pro Inch) zurück.

Grafiktyp

Den aktuell geladenen Grafiktyp fragen Sie über die Eigenschaft *RawFormat* ab. Rückgabewerte sind die verschiedenen Bildtypen, die von der *Image*-Komponente unterstützt werden (BMP, GIF etc.).

5.2 Darstellen von Grafiken

Interner Bitmap-Aufbau

Um welchen Typ von Bitmap (Farbtiefe) bzw. um welches Speicherformat (RGB, ARGB etc.) es sich handelt, verrät Ihnen die Eigenschaft *PixelFormat*. An dieser Stelle handelt es sich jedoch lediglich um eine schreibgeschützte Eigenschaft. Möchten Sie Einfluss auf das Speicherformat nehmen, sollten Sie sich näher mit dem Abschnitt 5.6 (Low Level-Grafikmanipulationen) beschäftigen.

5.2.6 Erzeugen von Vorschaugrafiken (Thumbnails)

Sicher sind Ihnen unter Windows auch schon die kleinen Vorschaugrafiken in den Explorerfenstern aufgefallen. Bevor Sie jetzt an aufwändige Algorithmen und Funktionen zur Skalierung von Bitmaps denken, vergessen Sie es besser wieder. GDI+ unterstützt Sie an dieser Stelle mit einer einfach verwendbaren Methode:

Syntax: function GetThumbnailImage(Breite, Höhe : Integer;
                                      callback : Image.GetThumbnailImageAbort;
                                      callbackData : IntPtr) : Image;

Die beiden ersten Parameter dürften leicht verständlich sein, die beiden anderen vergessen Sie (zumindest bis GDI+ 2.0 erscheint) am besten wieder (übergeben Sie einfach *nil*).

Leider müssen Sie sich um die Proportionen des zu erzeugenden Image selbst kümmern. Übergeben Sie beispielsweise 100 für Breite und Höhe und haben Sie eine Ausgangsgrafik mit anderem Höhen-/Seitenverhältnis, so wird die Vorschaugrafik gestaucht, was sicher nicht sehr professionell aussieht. Fragen Sie also vorher das Höhen-/Seitenverhältnis der Grafik ab und setzen Sie Breite und Höhe entsprechend.

Beispiel: Funktion zum Erzeugen einer proportionalen Vorschaugrafik

```
function GetThumb(size : Integer; img : Image) : Image;
var xy : Single;
begin
  xy := img.Width / img.Height;
  if xy > 1 then
    GetThumb := img.GetThumbnailImage(size, Round(size / xy), nil, nil)
  else
    GetThumb := img.GetThumbnailImage(Round(size * xy), size, nil, nil);
end;
```

Der Aufruf ist selten einfach:

```
PictureBox1.Image := GetThumb(100, PictureBox1.Image)
```

Hinweis: Dass diese Funktion bzw. die Methode *GetThumbnailImage* nicht durch übermäßige Schnelligkeit glänzt, dürfte aus der Vorgehensweise ersichtlich werden: Erst die ganze Grafik z.B. mit *FromFile* in den Speicher schaufeln, nachfolgend ein winziges Bildchen erzeugen. Gerade für TIFF- und JPEG-Grafiken gibt es wesentlich effizientere Wege.

5.2.7 Die Methode RotateFlip

Mit der Methode *RotateFlip* stehen Ihnen rudimentäre Manipulationsfunktionen für die Grafikausgabe zur Verfügung (Drehen, Spiegeln). Übergeben Sie der Methode einfach die gewünschte Konstante und aktualisieren Sie gegebenenfalls die übergeordnete *PictureBox*-Komponenten, schon ist die Grafik gedreht oder gespiegelt.

Beispiel: Drehen um 180°, vertikal kippen

```
PictureBox1.Image.RotateFlip(RotateFlipType.Rotate180FlipY);
PictureBox1.Refresh;
```

Ein "Schweizer Taschenmesser", was die Funktionalität anbelangt, könnte man auf den ersten Blick denken, doch wer sich die Liste der verschiedenen Möglichkeiten (Konstanten) einmal näher ansieht wird feststellen, dass einige Varianten schlicht überflüssig sind. Ausgangspunkt für die Beispielgrafiken ist folgende "aufwändige" Grafik:

Konstante	Beschreibung	Resultat
Rotate180FlipNone	Drehung um 180 Grad.	
Rotate180FlipX	Drehung um 180 Grad, horizontal kippen.	
Rotate180FlipXY	Drehung um 180 Grad, horizontal und vertikal kippen.	
Rotate180FlipY	Drehung um 180 Grad, vertikales kippen.	
Rotate270FlipNone	Drehung um -90 Grad.	
Rotate270FlipX	Drehung um -90 Grad, horizontal kippen.	
Rotate270FlipXY	Drehung um -90 Grad, horizontal und vertikal kippen.	
Rotate270FlipY	Drehung um -90 Grad, vertikal kippen.	
Rotate90FlipNone	Drehung um 90 Grad.	

5.2 Darstellen von Grafiken

Konstante	Beschreibung	Resultat
Rotate90FlipX	Drehung um 90 Grad, horizontal kippen.	
Rotate90FlipXY	Drehung um 90 Grad, horizontal und vertikal kippen.	
Rotate90FlipY	Drehung um 90 Grad, vertikal kippen.	
RotateNoneFlipX	horizontal kippen.	
RotateNoneFlipXY	horizontal und vertikal kippen.	
RotateNoneFlipY	vertikal kippen.	

Eine Rotation um 180° (*Rotate180FlipNone*) entspricht einem Kippen in vertikaler und horizontaler Richtung (*RotateNoneFlipXY*). Auch bei der Kombination *Rotate90FlipXY* bzw. *Rotate270FlipXY* scheint mit den Entwicklern der Spieltrieb durchgegangen zu sein, das gleiche Ergebnis kann auch mit *Rotate270FlipNone* bzw. mit *Rotate90FlipNone* erreicht werden.

Unangefochtener Spitzenreiter in der Tabelle ist *Rotate180FlipXY*[1].

5.2.8 Skalieren von Grafiken

Eine Grafik mit GDI+ zu skalieren stellt eines der kleinsten Probleme dar[2]. Mit einer einzigen Zeile Code können Sie beispielsweise die Größe einer Grafik verdreifachen.

Beispiel: Bitmap auf dreifache Größe skalieren

```
PictureBox1.Image := Bitmap.Create(Pictureox1.Image,
                    System.Drawing.Size.Create(PictureBox1.Image.Width * 3,
                                               PictureBox1.Image.Height * 3));
PictureBox1.Refresh;
```

Wahrscheinlich bekommen nur verkappte C-Programmierer bei diesem Anblick "feuchte Augen". Für alle anderen nehmen wir die Anweisung noch einmal auseinander bzw. deklarieren die Objekte für eine bessere Übersicht:

Eine temporäre Bitmap deklarieren:

```
var b : Bitmap;
```

---

[1] Hoffentlich haben die Programmierer nicht wirklich Code hinter die Funktion gelegt.

[2] Sieht man einmal von potenziellen Speicherproblemen bei großen Bitmaps ab.

Eine Variable für die neue Größe deklarieren:

```
s : System.Drawing.Size;
```

Die neue Größe bestimmen:

```
s.Width := PictureBox1.Image.Width * 3;
s.Height := PictureBox1.Image.Height * 3;
```

Die neue Bitmap erzeugen :

```
b := Bitmap.Create(PictureBox1.Image, s);
```

Die Bitmap dem Image zuweisen:

```
PictureBox1.Image := b;
```

Damit sind die wichtigsten Möglichkeiten von *PictureBox* und *Image* aufgezählt und wir können uns der eigentlichen Grafikprogrammierung, d.h. dem Erzeugen von Grafiken, zuwenden.

5.3 Das .NET-Koordinatensystem

Bevor Sie sich mit dem Zeichnen von Linien, Kreisen oder der Ausgabe von Bitmaps beschäftigen, sollten Sie auch einen Blick auf das .NET-Koordinatensystem werfen.

Auf den ersten Blick bietet sich nichts Ungewohntes, der Koordinatenursprung für alle Grafikmethoden liegt in der linken oberen Ecke des jeweils gewählten Ausgabefensters (das kann auch ein Steuerelement sein). Positive x-Werte werden nach rechts, positive y-Werte nach unten abgetragen:

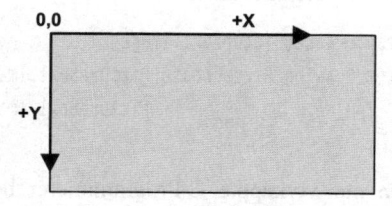

Hinweis: Die Maßeinheit für alle Grafikoperationen ist das Pixel.

GDI+ unterscheidet im Zusammenhang mit der Grafikausgabe drei verschiedene Koordinatensysteme:

- globale Koordinaten,
- Seitenkoordinaten und
- Gerätekoordinaten.

5.3.1 Globale Koordinaten

Hierbei handelt es sich um das ursprüngliche Koordinatensystem. Dieses wird über bestimmte Transformationen in Seiten- und damit auch Gerätekoordinaten umgewandelt.

Für die Maßeinheit Pixel gilt folgender Ausgangspunkt:

Hinweis: Ein Pixel in globalen Koordinaten entspricht zunächst einem Pixel auf dem endgültigen Ausgabegerät (Bildschirm, Drucker).

Beispiel: Es soll ein Kreis mit dem Radius 50 (Pixel) auf dem Formular gezeichnet werden

An dieser Stelle müssen wir leider etwas vorgreifen, mit den folgenden Anweisungen wird im *Paint*-Ereignis des Formulars der Kreis gezeichnet:

```
e.Graphics.DrawEllipse(Pen.Create(Color.Black), -50, -50, 100, 100);
```

Das Ergebnis auf dem Bildschirm:

5.3.2 Seitenkoordinaten (globale Transformation)

Möchten Sie den Nullpunkt des Koordinatensystems verschieben, so dass der gesamte Kreis sichtbar wird, müssen Sie den Nullpunkt verschieben, d.h. eine globale Transformation durchführen.

Translation (Verschiebung)

Mit Hilfe der Methode *TranslateTransform* lässt sich diese Aufgabe bewältigen.

Beispiel: Verschieben des Nullpunkts um jeweils 50 Pixel in x- und y-Richtung

```
e.Graphics.TranslateTransform(50, 50);
e.Graphics.DrawEllipse(Pen.Create(Color.Black), -50, -50, 100, 100);
```

Das Ergebnis der Grafikausgabe:

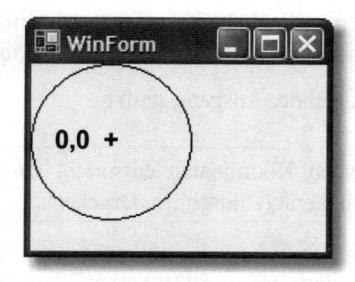

Skalierung (Vergrößerung/Verkleinerung)

Ähnlich verhält es sich mit einer Skalierung zwischen globalen und Seitenkoordinaten: Möchten Sie beispielsweise den Kreis auf dem Bildschirm doppelt so groß ausgeben, können Sie dies mit der Eigenschaft *PageScale* steuern.

Beispiel: Ein Pixel global soll zwei Pixeln Seiteneinheit entsprechen

```
e.Graphics.TranslateTransform(50, 50);
e.Graphics.PageScale := 2;
e.Graphics.DrawEllipse(Pen.Create(Color.Black), -50, -50, 100, 100);
```

Wie Sie sehen, sind alle Zeichenanweisungen **inklusive der Strichstärke** von dieser Skalierung betroffen:

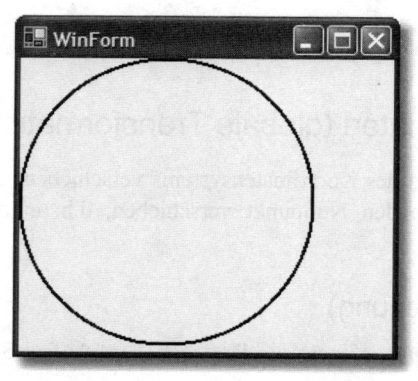

Alternativ können Sie mit *ScaleTransform* auch unterschiedliche Skalierungsfaktoren für x und y einführen.

Beispiel: Skalierung in x-Richtung (zweifach)

```
e.Graphics.ScaleTransform(2, 1);
e.Graphics.TranslateTransform(50, 50);
e.Graphics.DrawEllipse(Pen.Create(Color.Black), -50, -50, 100, 100);
```

5.3 Das .NET-Koordinatensystem

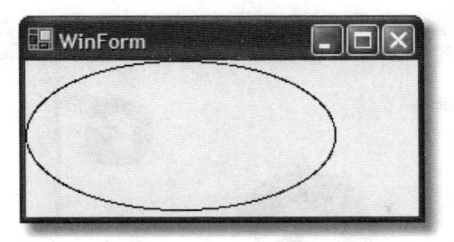

Hinweis: Sollen auch Images im korrekten Verhältnis wiedergegeben werden, müssen Sie *ScaleTransform* benutzen!

Rotation

Als letzte Variante bleibt das Drehen des Koordinatensystems. Verantwortlich dafür ist die Methode *RotateTransform*, der Sie einfach den Drehwinkel übergeben.

Beispiel: Drehen des Koordinatensystems um 45° (Uhrzeigersinn)

```
e.Graphics.RotateTransform(45);
e.Graphics.DrawEllipse(Pen.Create(Color.Black), 0, 0, 100, 100);
e.Graphics.DrawLine(Pen.Create(Color.red),0,0,200,0);
```

Die folgende Abbildung zeigt das Resultat, die eingezeichnete Linie deutet die Position der x-Achse (y = 0) an:

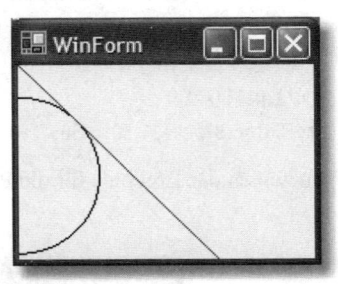

Dass nicht nur einfache Objekte wie Linien oder Kreise von den Transformationen betroffen sind, zeigt das folgende Beispiel.

Beispiel: Drehen einer Bitmap um 25°, Skalieren um 100%, verschieben des Nullpunkts in das Formular (50, 50)

```
e.Graphics.TranslateTransform(50, 50);
e.Graphics.RotateTransform(25);
e.Graphics.ScaleTransform(2, 2);
e.Graphics.DrawImage(PictureBox1.Image, 0, 0);
```

5.3.3 Gerätekoordinaten (Seitentransformation)

Das dritte Koordinatensystem bezieht sich auf das endgültige Ausgabegerät, z.B. auf einen Drucker oder einen Bildschirm. Diese Geräte verfügen über vorgegebene Auflösungen, die in Dots per Inch (dpi) angegeben werden. Beispielsweise verfügt der Bildschirm meist über eine Auflösung von 96 dpi, Laserdrucker werden mit Auflösungen von 300 bis weit über 1000 dpi angeboten.

Solange Sie nicht mit Geräteeinheiten arbeiten, werden Sie je nach Geräteauflösung zu unterschiedlichen Ergebnissen kommen. Aus diesem Grund unterstützt das .NET-Koordinatensystem auch gerätespezifische Einheiten wie Millimeter oder Inch. Über die Eigenschaft *PageUnit* können Sie die Einheit für Ihr Koordinatensystem ändern.

Beispiel: Bildschirmanzeige in Millimetern

```
e.Graphics.PageUnit := GraphicsUnit.Millimeter;
e.Graphics.DrawEllipse(Pen.Create(Color.Black), -50, -50, 100, 100);
```

Die beiden folgenden Abbildungen zeigen das Ergebnis für die Pixel bzw. Millimeter:

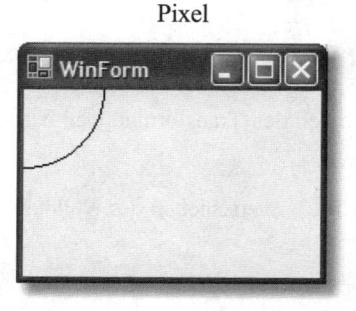

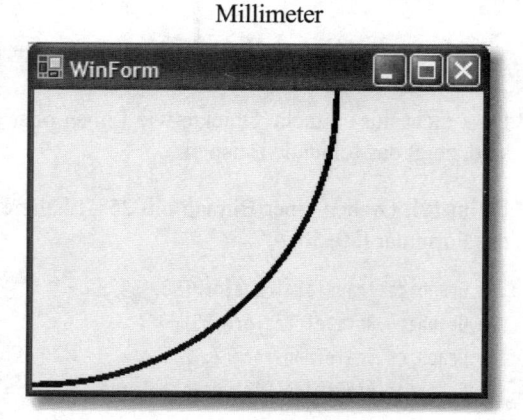

Pixel   Millimeter

5.4 Grundlegende Zeichenfunktionen von GDI+

Die Frage: Wie groß ist bei der rechten Abbildung der Radius in Pixeln?

Die Antwort: Bei einer Bildschirmauflösung von 96 dpi ergibt sich ein Faktor von ca. 3,7 Pixeln pro Millimeter. Multipliziert mit dem Radius von 50 mm erhalten Sie 188 Pixel. Sie können das berechnete Ergebnis zum Beispiel mit Paintbrush "nachmessen".

Hinweis: Weitere Anwendungsbeispiele für Koordinatentransformationen finden Sie im Kapitel 6 (Druckausgabe).

5.4 Grundlegende Zeichenfunktionen von GDI+

Im vorhergehenden Abschnitt hatten Sie ja bereits ersten Kontakt mit einigen Zeichenfunktionen, auf die wir in diesem Abschnitt näher eingehen wollen.

5.4.1 Das zentrale Graphics-Objekt

Wie bereits mehrfach angedeutet, sind die Zeiten des unbekümmerten Programmierens vorbei. Um den ausufernden Möglichkeiten etwas Einhalt zu gebieten und eine einheitliche Schnittstelle für die Grafikausgabe zu schaffen, wurde die *Graphics*-Klasse eingeführt.

Nur Objekte diesen Typs verfügen über Grafikausgabemethoden und die dafür nötigen Parameter. Alle anderen Komponenten – und dazu zählen auch Formulare und Drucker – können lediglich *Graphics*-Objekte zur Verfügung stellen.

Wie erzeuge ich ein Graphics-Objekt?

Drei wesentliche Varianten bieten sich an:

- Für Formulare können Sie das **Paint-Ereignis** nutzen, der übergebene Parameter *e* stellt auch ein *Graphics*-Objekt zur Verfügung.
- Für alle anderen Komponenten nutzen Sie die **CreateGraphics-Methode** des jeweiligen Objekts. Diese gibt ein *Graphics*-Objekt zurück.
- Möchten Sie auch auf *Images* (BMP etc.) per *Graphics*-Objekt zugreifen, verwenden Sie einfach die **Graphics.FromImage-Methode**.

Beispiel: Zeichnen mit *Paint*-Ereignis

```
procedure TWinForm2.TWinForm2_Paint(sender: System.Object;
                                   e: System.Windows.Forms.PaintEventArgs);
begin
  e.Graphics.DrawEllipse(Pen.Create(Color.Black), -50, -50, 100, 100);
end;
```

Beispiel: Verwenden von *CreateGraphics*

```
procedure TWinForm2.Button5_Click(sender: System.Object; e: System.EventArgs);
var g : Graphics;
begin
   g := Self.CreateGraphics;
   g.DrawEllipse(Pen.Create(Color.Black), 0, 0, 100, 100);
end;
```

Um die Ausgabe auf einem Button statt auf dem Formular vorzunehmen genügt es, wenn Sie das *Graphics*-Objekt mit *Button1.CreateGraphics* erzeugen.

Beispiel: Verwenden von *Graphics.FromImage*

```
var g : Graphics;
...
   g := Graphics.FromImage(PictureBox1.Image);
   g.DrawEllipse(Pen.Create(Color.Black), 0, 0, 100, 100);
   PictureBox1.Refresh();
```

Hinweis: Im Gegensatz zur *Image*-Komponente von Delphi (< 8.0) müssen Sie sich um das Aktualisieren der Bildschirmanzeige nach dem Verdecken selbst kümmern. Einzige Ausnahme ist die *PictureBox*, wenn Sie, wie im letzten Beispiel gezeigt, über *Graphics* in das *Image* schreiben.

Die Invalidate-Methode

Nutzen Sie das *Paint*-Ereignis für die Ausgabe der Grafik und muss diese zwischenzeitlich aktualisiert werden, können Sie die Methode *Invalidate* zum Aktualisieren der Anzeige verwenden.

Beispiel: Mittels *Timer* soll ein kontinuierlich größer werdender Kreis gezeichnet werden

Globale Variable für den Offset:

```
var x : Integer = 1;
```

Das *Tick*-Ereignis:

```
procedure TWinForm2.Timer1_Tick(sender: System.Object; e: System.EventArgs);
begin
   Inc(x);
   Self.Invalidate();
end;
```

5.4 Grundlegende Zeichenfunktionen von GDI+

Die eigentliche Zeichenroutine im *Paint*-Ereignis:

```
procedure TWinForm2.TWinForm2_Paint(sender: System.Object;
                                    e: System.Windows.Forms.PaintEventArgs);
begin
  e.Graphics.DrawEllipse(Pen.Create(Color.Black), 0, 0, 100 + x, 100 + x);
end;
```

Im Weiteren wollen wir uns mit den grundlegenden Grafikoperationen beschäftigen, auch wenn Sie bereits einige in den vorhergehenden Beispielen kennen gelernt haben.

5.4.2 Punkte zeichnen/abfragen

Tja, da sieht es gleich ganz düster aus. Eine entsprechende Funktion existiert nicht.

Einzige Ausnahme: Die *GetPixel-/SetPixel*-Methoden des *Bitmap*-Objekts.

Syntax: function GetPixel(x, y : Integer) : Color

Syntax: procedure SetPixel(x, y : Integer; farbe : Color)

Beiden Methoden übergeben Sie die gewünschten Koordinaten, *GetPixel* gibt Ihnen einen *Color*-Wert zurück, *SetPixel* müssen Sie einen *Color*-Wert übergeben.

Hinweis: Mehr zu Farben und dem *Color*-Objekt finden Sie im Abschnitt 5.5.3.

Beispiel: Setzen von Pixeln in einer Bitmap in Abhängigkeit der vorhergehenden Farbe

```
var b : Bitmap;
    c : Color;
    x : Integer;
...
  b := Bitmap(PictureBox1.Image);           // Erzeugen bzw. Abfragen einer Bitmap
  for x := 1 to 50 do begin
    if b.GetPixel(x, x).ToArgb = Color.Black.ToArgb then
      b.SetPixel(x, x, c.Red)
    else
      b.SetPixel(x, x, c.Aqua);
  end;
  PictureBox1.Refresh;                       // Zum Schluss muss aktualisiert werden
end;
```

Die folgende Ausschnittsvergrößerung zeigt das Resultat:

5.4.3 Linien

Das Zeichnen von Linien gestaltet sich unter .NET relativ einfach, sieht man einmal davon ab, dass Sie bei **jedem** Aufruf von *DrawLine* auch einen geeigneten *Pen* übergeben müssen. An dieser Stelle wollen wir zunächst noch nicht auf die verschiedenen Stifttypen eingehen, mit denen Sie sowohl Farbe, Muster, Endpunkte etc. beeinflussen können. Mehr Infos zu diesem Thema finden Sie erst in Abschnitt 5.5.

Die weiteren Parameter der *DrawLine*-Methode: Entweder Sie übergeben jeweils ein Paar x, y-Koordinaten oder Sie verwenden gleich die vordefinierte Struktur *Point* (eine x- und eine y-Koordinate).

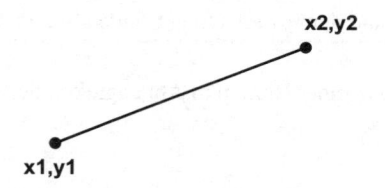

Beispiel: Verwendung von *DrawLine*

```
var g : Graphics;
...
  g := Self.CreateGraphics;
  g.DrawLine(Pen.Create(Color.Black), 10, 10, 100, 100);
```

Mit *Pen.Create(Color.Black)* erzeugen wir einen schwarzen Stift mit der Linienbreite 1.

5.4.4 Kantenglättung mit Antialiasing

Im Zusammenhang mit der Ausgabe von Linien kommen wir auch schnell mit einem ersten "Problem" in Berührung. Die Rede ist von der "Treppchen"- bzw. "Stufen"-Bildung von Linien, die einen von 0° bzw. 90° verschiedenen Winkel aufweisen.

5.4 Grundlegende Zeichenfunktionen von GDI+

Beispiel: (Ausschnittsvergrößerung)

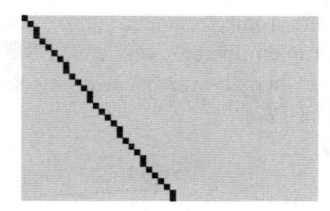

Ursache ist die begrenzte Bildschirmauflösung, es können nur die Pixel gesetzt werden, die in das xy-Raster passen. Zwangsläufig kommt es bei einer Abweichung von Raster und gewünschtem Linienverlauf zu Sprüngen, die sich als hässliche Treppchen bemerkbar machen.

Mit Hilfe der Antialiasing-Technik können diese Effekte vermindert werden. Hintergrund dieser Technik ist ein "Glätten" des Linienrandes durch Auffüllen mit Pixeln, deren Farbe aus Linien- **und** Hintergrundfarbe berechnet wird.

GDI+ bietet Ihnen zu diesem Zweck die Eigenschaft *SmoothingMode*, mit der Sie die Form der Kantenglättung beeinflussen können. Zwei Extreme sind möglich:

- *Smoothing.ModeHighSpeed* (schnell, aber kantig)
- *Smoothing.ModeHighQuality* (langsam(er), aber sauber)

Beispiel: Ein- und Ausschalten der Kantenglättung

```
var g : Graphics;
...
  g := Self.CreateGraphics;            // Graphics-Objekt erzeugen
  g.SmoothingMode := SmoothingMode.HighQuality;
  g.DrawLine(Pen.Create(Color.Aqua), 10, 10, 100, 100);
  g.SmoothingMode := SmoothingMode.HighSpeed;
```

Die folgende Abbildung zeigt das Ergebnis:

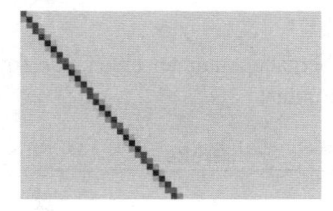

Hinweis: Diese Form der Kantenglättung wirkt sich nicht auf Textausgaben, sondern nur auf alle Arten von Linien aus. Für Textausgaben verwenden Sie bitte die Eigenschaft *TextRenderingHint*.

5.4.5 PolyLine

Möchten Sie mehr als nur eine Linie zeichnen und stimmen die Endpunkte mit den Anfangspunkten der folgenden Linien überein, verwenden Sie zum Zeichnen von Linien am besten die Methode *DrawLines*. Übergabewert ist wie gewohnt ein initialisierter *Pen* sowie ein Array von Punkten (*Point* oder *PointF*).

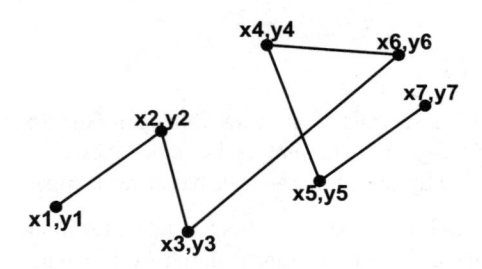

Beispiel: Zeichnen von zwei Linien

```
var g     : Graphics;
    punkte : array of PointF;
...
  g := Self.CreateGraphics;
  SetLength(punkte, 3);
  punkte[0] := PointF.Create(0, 0);
  punkte[1] := PointF.Create(100, 100);
  punkte[2] := PointF.Create(20, 80);
  g.DrawLines(Pen.Create(Color.Black), punkte);
```

5.4.6 Rechtecke

Für das Zeichnen von Rechtecken können Sie entweder die Methode *DrawRectangle* (nur Rahmen) oder *FillRectangle* (gefülltes Rechteck) verwenden.

DrawRectangle

Diese Methode erwartet als Übergabeparameter einen *Pen* sowie die Koordinaten (als x, y, Breite, Höhe oder *Rectangle*-Struktur).

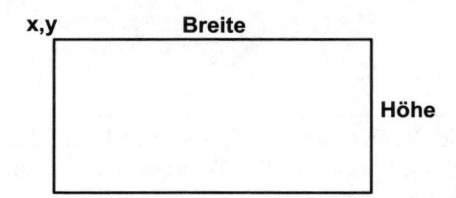

5.4 Grundlegende Zeichenfunktionen von GDI+

Beispiel: Zeichnen von Rechtecken

```
var g      : Graphics;
...
  g := Self.CreateGraphics;
  g.DrawRectangle(Pen.Create(Color.Black), 10, 10, 100, 100);
```

Alternativ können Sie auch die folgenden Anweisungen verwenden:

```
var g      : Graphics;
    rec    : Rectangle;
...
  g := Self.CreateGraphics;
  rec := Rectangle.Create(10, 10, 100, 100);
  g.DrawRectangle(Pen.Create(Color.Black), rec);
```

FillRectangle

Im Unterschied zur *DrawRectangle*-Methode erwartet *FillRectangle* einen initialisierten *Brush*, d.h. die Information, wie das Rechteck zu füllen ist.

Hinweis: Die Methode füllt lediglich das Rechteck, es wird kein Rahmen gezeichnet!

Beispiel: Rotes Rechteck zeichnen

```
var g      : Graphics;
...
  g := Self.CreateGraphics;
  g.FillRectangle(SolidBrush.Create(Color.Red), 10, 10, 100, 100);
```

Wie auch bei *DrawRectangle* können Sie alternativ eine *Rectangle*-Struktur übergeben. Dies bietet sich beispielsweise an, wenn man das Rechteck auch mit einem Rahmen versehen möchte.

Beispiel:

```
var g      : Graphics;
    rec    : Rectangle;
...
  g := Self.CreateGraphics;
  rec = Rectangle.Create(10, 10, 100, 100);
  g.FillRectangle(SolidBrush.Create(Color.Red), rec);
  g.DrawRectangle(Pen.Create(Color.Black), rec);
```

DrawRectangles/FillRectangles

Nicht genug der Pein, neben den beiden genannten Methoden können Sie auch *DrawRectangles* und *FillRectangles* verwenden, um mehrere Rechtecke auf einmal zu zeichnen. Übergeben wird in diesem Fall ein Array von *Rectangle*-Strukturen.

Beispiel: Zeichnen zweier gefüllter Rechtecke

```
var g      : Graphics;
    rec    : array[0..1] of Rectangle;
...
  g := Self.CreateGraphics;
  rec[0] := Rectangle.Create(10, 10, 100, 100);
  rec[1] := Rectangle.Create(50, 50, 200, 120);
  g.FillRectangles(SolidBrush.Create(Color.Red), rec);
```

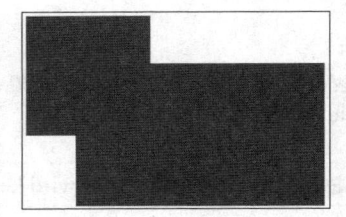

5.4.7 Polygone

Möchten Sie ein n-Eck zeichnen, nutzen Sie die Methode *DrawPolygon*. Soll dieses Vieleck auch gefüllt werden, können Sie dies mit *FillPolygon* realisieren. Beide Funktionen arbeiten ähnlich wie die Funktionen zum Zeichnen von Rechtecken, der einzige Unterschied: *DrawPolygon* bzw. *FillPolygon* erwarten als Übergabeparameter ein Array von *Point*-Strukturen (x- und y-Koordinate) sowie jeweils einen *Pen* bzw. einen *Brush*.

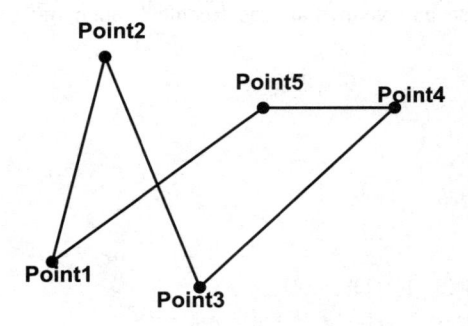

5.4 Grundlegende Zeichenfunktionen von GDI+

Beispiel: Zeichnen eines Vielecks

```
var g     : Graphics;
    ps    : array[0..5] of Point;

begin
  g     := Self.CreateGraphics;
  ps[0] := Point.Create(30, 60);
  ps[1] := Point.Create(150, 40);
  ps[2] := Point.Create(212, 1);
  ps[3] := Point.Create(190, 50);
  ps[4] := Point.Create(244, 150);
  ps[5] := Point.Create(130, 180);
  g.DrawPolygon(Pen.Create(Color.Red), ps);
```

Hinweis: Die letzte Linie (zurück zum ersten Punkt) wird automatisch mitgezeichnet, um die Figur zu schließen.

5.4.8 Splines

Möchten Sie Diagramme zeichnen, stehen Sie häufig vor dem Problem, dass die entstehende Kurve ziemlich eckig ist, da Sie aus Zeitgründen nur wenige Stützpunkte berechnet haben. Das lineare Verbinden ist in diesem Fall nicht der ideale Weg. Besser ist hier die Verwendung von Splines, d.h. Linienzügen, die bei einem Wechsel des Anstiegs weiche Übergänge realisieren.

GDI+ bietet Ihnen die Methode *DrawCurve*, der Sie zunächst die gleichen Parameter wie *DrawLines* übergeben können (Stift, Point-Array).

Syntax: DrawCurve(*Stift* : Pen; *Punkte* : Point[]; *Start, Anzahl* : Integer; *Spannung* : Single)

Zusätzlich können Sie bestimmen, ab welchem Punkt in der Liste die Spline-Kurve gezeichnet wird bzw. wie viele Punkte gezeichnet werden. Der letzte Parameter bestimmt die Spannung, d.h., wie der Übergang zwischen zwei Teilstrecken hergestellt wird. Ein Beispiel wird für mehr Klarheit sorgen.

Beispiel:

Neues *Graphics*-Objekt erzeugen:

```
var g     : Graphics;
```

Array für die Punkte erstellen:

```
    ps    : array[0..5] of PointF;
    u     : Single;
...
  g := Self.CreateGraphics;
```

Die Spannung, verändern Sie diesen Wert wie gewünscht:

```
u := 0.6;
ps[0] := PointF.Create(0, 100);
ps[1] := PointF.Create(100, 0);
ps[2] := PointF.Create(200, 100);
ps[3] := PointF.Create(300, 200);
ps[4] := PointF.Create(400, 100);
ps[5] := PointF.Create(500, 0);
g.DrawLines(Pen.Create(Color.Black, 2), Ps);
```

Und jetzt die Spline-Kurve:

```
g.DrawCurve(Pen.Create(Color.Red, 2), Ps, 0, 5, u);
...
```

Die Ansicht:

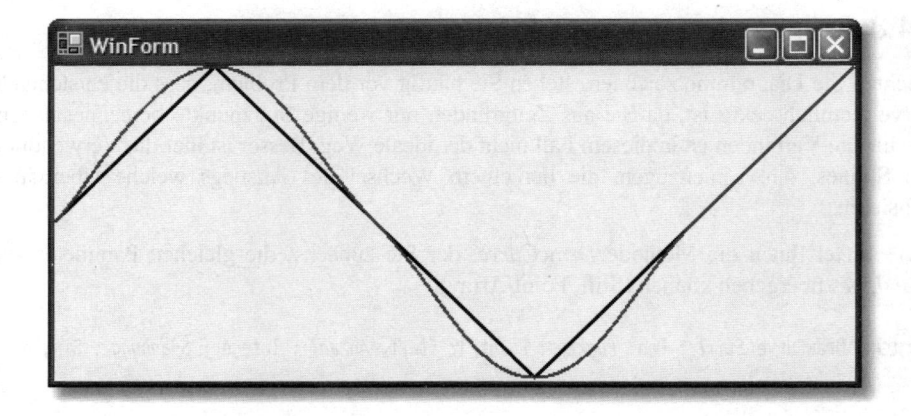

5.4.9 Bézierkurven

Für einfache Zeichnungen dürften die bisherigen Zeichenfunktionen ausreichen, komplizertere Gebilde bekommen Sie mit der Bézierfunktion in den Griff. Wie bei einer "normalen" Linie übergeben Sie Anfangs- und Endpunkt, zusätzlich jedoch noch zwei Stützpunkte, mit denen die Linie wie ein Gummiband "gezogen" werden kann.

Syntax: DrawBezier(*Stift* : Pen; *Start, Stütz1, Stütz2, Ende* : Point)

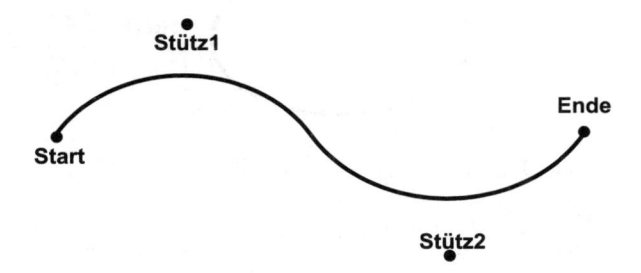

Beispiel: Zeichnen einer Bézierkurve

```
var g      : Graphics;
    start, stuetz1, stuetz2, ende : Point;
...
  g := Self.CreateGraphics;
  start   := Point.Create(0, 100);
  stuetz1 := Point.Create(100, 0);
  stuetz2 := Point.Create(200, 200);
  ende    := Point.Create(300, 100);
  g.DrawBezier(Pen.Create(Color.Black, 2), start, stuetz1, stuetz2, ende);
```

Das Ergebnis:

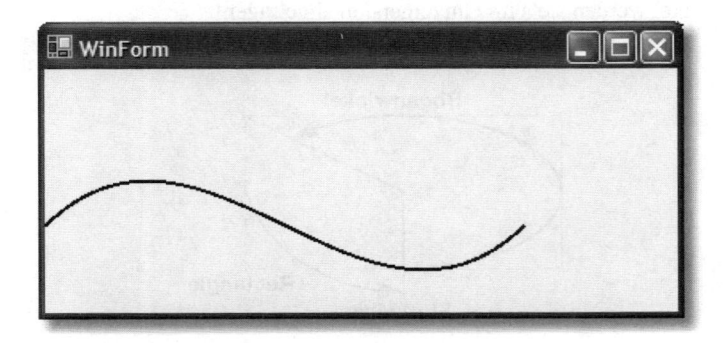

Hinweis: Mit *DrawBeziers* können Sie mehrere Bézierkurven gleichzeitig zeichnen.

5.4.10 Kreise und Ellipsen

Kreise und Ellipsen zeichnen Sie mit *DrawEllipse* (bzw. *FillEllipse*, wenn Sie eine Kreis-/Ellipsenfüllung erzeugen wollen). Übergabeparameter ist eine *Rectangle*-Struktur bzw. die linke obere Ecke sowie die Breite und Höhe der Ellipse.

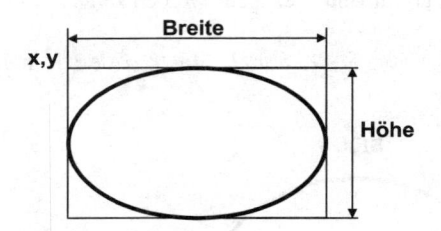

Beispiel: Zeichnen einer Ellipse

```
var g    : Graphics;
    rec  : Rectangle;
...
  g := Self.CreateGraphics;
  rec := Rectangle.Create(10, 10, 150, 100);
  g.DrawEllipse(Pen.Create(Color.Black, 2), rec);
```

5.4.11 Tortenstück (Segment)

Die Methode *DrawPie* zeichnet ein Tortenstück, das durch eine Ellipse und zwei Linien begrenzt ist. Die Begrenzungslinien werden über den Startwinkel bzw. den Bogenwinkel bestimmt.

Syntax: DrawPie(Pen; Rectangle; Startwinkel; Bogenwinkel)

Hinweis: Winkel werden stets im Uhrzeigersinn abgetragen!

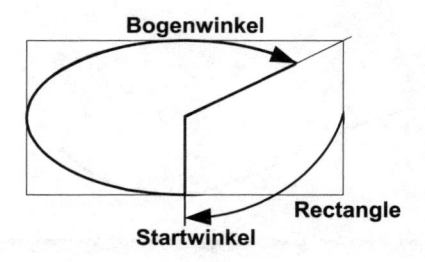

Hinweis: Mit *FillPie* erstellen Sie ein gefülltes Tortenstück.

5.4 Grundlegende Zeichenfunktionen von GDI+

Beispiel:

```
var g     : Graphics;
    rec   : Rectangle;
...
  g := Self.CreateGraphics;
  rec := Rectangle.Create(10, 10, 150, 100);
  g.DrawPie(Pen.Create(Color.Black, 2), rec, 10, 90);
```

Ergebnis ist folgendes Tortenstück:

Kuchendiagramme

Da die Funktionen Winkel als Parameter erwarten, gestaltet sich das Zeichnen von Kuchendiagrammen besonders leicht. Ausgehend von einer einheitlichen *Rectangle*-Struktur brauchen Sie lediglich die Winkelangaben zu variieren.

Beispiel: Zeichnen eines Kuchendiagramms (100°, 60°, 200°)

```
var g     : Graphics;
    rec   : Rectangle;
...
  g := Self.CreateGraphics;
  rec := Rectangle.Create(10, 10, 200, 200);
  g.FillPie(SolidBrush.Create(Color.Red), rec, 0, 100);
  g.FillPie(SolidBrush.Create(Color.Green), rec, 100, 60);
  g.FillPie(SolidBrush.Create(Color.Blue), rec, 160, 200);
```

Das Ergebnis kann sich schon sehen lassen:

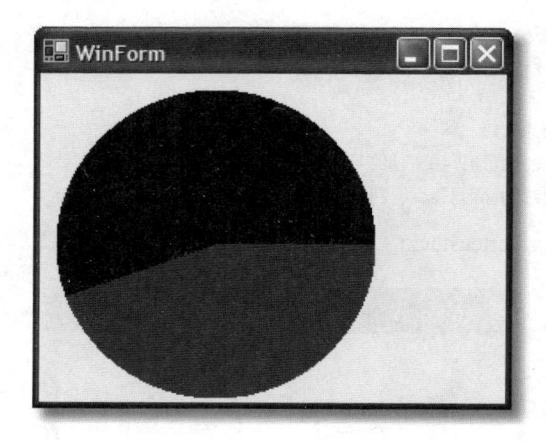

5.4.12 Bogenstück

Die Methode *DrawArc* zeichnet im Gegensatz zur Methode *DrawPie* nur den Bogen, nicht die Verbindungen zum Ellipsenmittelpunkt. Aus diesem Grund kann diese Figur auch nicht gefüllt werden.

Syntax: DrawArc(Pen, Rectangle, Startwinkel, Bogenwinkel)

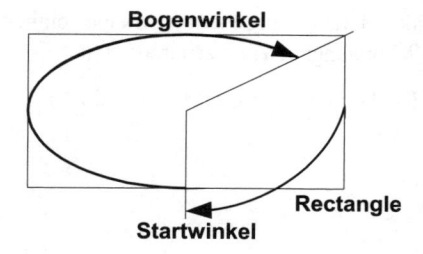

Hinweis: Positive Winkelangaben werden im Uhrzeigersinn abgetragen!

Beispiel:

```
var g     : Graphics;
    rec   : Rectangle;
...
  g := Self.CreateGraphics;
  rec := Rectangle.Create(10, 10, 200, 200);
  g.DrawArc(Pen.Create(Color.Black, 2), rec, 45, 180);
```

5.4 Grundlegende Zeichenfunktionen von GDI+

Das Ergebnis:

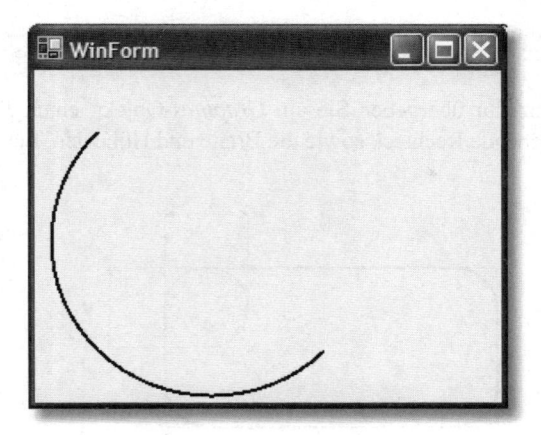

5.4.13 Wo sind die Rechtecke mit den "runden Ecken"?

Ersatzlos gestrichen! Es bleibt Ihnen nichts anderes übrig, als sich eine eigene Funktion zu schreiben, oder Sie nutzen die Möglichkeiten von GDI.

Beispiel: Eine "selbst gestrickte" *RoundRect*-Methode (die Grundlagen finden Sie in den vorhergehenden Abschnitten).

```
procedure RoundRect(g : Graphics; p : Pen; rect : Rectangle; x,y : integer);
begin
```

Rundung oben links:

```
g.DrawArc(p, Rectangle.Create(rect.Left, rect.Top, 2 * x, 2 * y), 180, 90);
```

Rundung oben rechts:

```
g.DrawArc(p, Rectangle.Create(rect.Left + rect.Width - 2 * x,
                              rect.Top, 2 * x, 2 * y), 270, 90);
```

Rundung unten rechts:

```
g.DrawArc(p, Rectangle.Create(rect.Left + rect.Width - 2 * x,
                              rect.Top + rect.Height - 2 * y, 2 * x, 2 * y), 0, 90);
```

Rundung unten links:

```
g.DrawArc(p, Rectangle.Create(rect.Left, rect.Top
                              + rect.Height - 2 * y, 2 * x, 2 * y), 90, 90);
```

Die vier Linien:

```
g.DrawLine(p, rect.Left + x, rect.Top, rect.Right - x, rect.Top);        // obere Kante
g.DrawLine(p, rect.Left + x, rect.Bottom, rect.Right - x, rect.Bottom);  // untere Kante
```

```
    g.DrawLine(p, rect.Left, rect.Top + y, rect.Left, rect.Bottom - y);     // linke Kante
    g.DrawLine(p, rect.Right, rect.Top + y, rect.Right, rect.Bottom - y);   // rechte Kante
end;
```

Beim Aufruf der Prozedur übergeben Sie ein *Graphics*-Objekt, einen *Pen*, eine *Rectangle*-Struktur für das umgebende Rechteck sowie die Breite und Höhe der "Ecken":

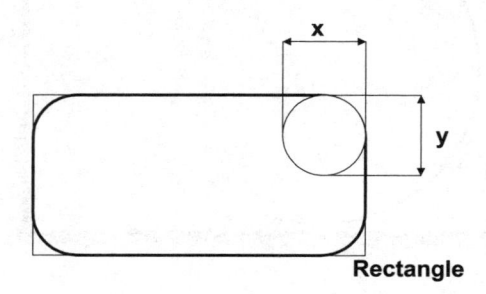

Die Verwendung:

```
var g      : Graphics;
...
  g := Self.CreateGraphics;
  RoundRect(g, Pen.Create(Color.Black, 3), Rectangle.Create(50, 30, 250, 150), 20, 10);
```

Wie Sie sehen können, ist das Ergebnis schon recht ansprechend:

5.4.14 Textausgabe

Neben den grafischen Primitiven wie Kreis oder Linie wird auch Text unter Windows als Grafik ausgegeben. GDI+ bietet dafür die recht universelle Methode *DrawString*. Leider (oder auch Gott sei Dank!) gibt es reichlich Variationen dieser Methode, was es dem Anfänger sicher nicht einfacher macht. Wir beschränken uns auf zwei wichtige Vertreter:

5.4 Grundlegende Zeichenfunktionen von GDI+

Syntax: DrawString(String, Font, Brush, X, Y, [StringFormat])

... Ausgabe eines Textes *String* mit der Schrift *Font* und der Füllung *Brush* an der Stelle *XY*. Wenn nötig, können Sie weitere Formatierungsanweisungen in *StringFormat* übergeben.

Syntax: DrawString(String, Font, Brush, Rectangle)

... Ausgabe eines Textes *String* mit der Schrift *Font* und der Füllung *Brush* in einem Rechteck *Rectangle*.

Hinweis: Details über das Erstellen von *Font*- bzw. *Brush*-Objekten finden Sie im Abschnitt 5.5.

Beispiel: Ausgabe eines Textes an der Position 70,70

```
var g      : Graphics;
...
  g := Self.CreateGraphics;
  g.DrawString('Textausgabe', System.Drawing.Font.Create('Arial', 18),
         SolidBrush.Create(Color.Black), 70, 70);
```

Texteigenschaften

Haben Sie einen String, wie zum Beispiel

```
s := 'Rotationswinkel 27"';
```

... und möchten Sie diesen **zentriert** ausgeben, brauchen Sie Informationen darüber, wie hoch und wie breit der auszugebende Text ist. Die Methode *MeasureString* ist in diesem Zusammenhang interessant.

Für einen vorgegebenen String mit dem gewählten Font werden Breite und Höhe in einer *SizeF*-Struktur zurückgegeben. Während *SizeF.Height* der Schrifthöhe in der jeweils gewählten Skalierung entspricht, ist *SizeF.Width* von der Anzahl der Buchstaben und der Schriftart abhängig:

Die Ausgabeposition berechnen Sie wie folgt:

```
var g      : Graphics;
    mySize : SizeF;
```

```
   myFont : System.Drawing.Font;
...
 g := Self.CreateGraphics;
 myFont := System.Drawing.Font.Create('Arial', 36);
 mySize := g.MeasureString('Textausgabe', myFont);
 g.DrawString('Textausgabe', myFont, SolidBrush.Create(Color.Black),
                            (Self.Width - mySize.Width) / 2, 150);
```

Ausgabe von mehrzeiligem Text

Für die Ausgabe von mehrzeiligem Text nutzen Sie eine überladene Variante von *DrawString*, die zusätzlich eine *Rectangle*-Struktur als Parameter akzeptiert.

Beispiel: Ausgabe von mehrzeiligem Text

```
var g      : Graphics;
    mySize : SizeF;
    myFont : System.Drawing.Font;
...
  g := Self.CreateGraphics;
  myFont := System.Drawing.Font.Create('Arial', 12);
  g.DrawString('Textausgabe im Rechteck', myFont, Brushes.Red,
                       RectangleF.Create(10, 10, 60, 180));
  g.DrawRectangle(Pen.Create(Color.Black), Rectangle.Create(10, 10, 60, 180))
```

Das Ergebnis:

Hinweis: Möchten Sie die Anzahl der entstehenden Zeilen und Spalten ermitteln, können Sie ebenfalls die Methode *MeasureString* nutzen.

Textattribute

Über den Parameter *StringFormat* können Sie zusätzliche Formatierungsanweisungen an die *DrawString*-Methode übergeben. Auf die einzelnen Parameter wollen wir an dieser Stelle nicht eingehen, da Sie diese im Normalfall kaum gebrauchen werden. Lediglich der Parameter *DirectionVertical* dürfte Ihr Interesse wecken, zu vermuten ist, dass Sie damit einen senkrechten Text ausgeben können.

```
var g       : Graphics;
    myFont : System.Drawing.Font;
...
  g := Self.CreateGraphics;
  myFont := System.Drawing.Font.Create('Arial', 12);
  g.DrawString('Warum so ?', myFont, Brushes.Black,150,30,
               StringFormat.Create(StringFormatflags.DirectionVertical));
```

Sicher, die Autoren müssen immer meckern, aber warum *StringFormatFlags.DirectionVertical* einen Text erzeugt, der folgende Ausrichtung hat, ist schon etwas merkwürdig:

Die Autoren haben bisher kein deutsches Buch oder eine technische Zeichnung gefunden, die eine derartige Textausrichtung aufweisen. Unsere amerikanischen Freunde hätten es mal bei der schlichten Angabe eines Drehwinkels belassen sollen.

Ausgabequalität

Wem die Darstellungsqualität des Textes nicht passt bzw. wer sich nach einer Antialiasing-Funktion sehnt, wird bei der Eigenschaft *TextRenderingHint* fündig.

Beispiel: Antialiasing einschalten

```
uses System.Drawing.Imaging,
     System.Drawing.Text;
var g    : Graphics;
...
  g := Self.CreateGraphics;
  g.DrawString('Textausgabe', System.Drawing.Font.Create('Arial', 40),
                              SolidBrush.Create(Color.Black), 30, 10);
```

```
    g.TextRenderingHint := TextRenderingHint.AntiAlias;
    g.DrawString('Textausgabe', System.Drawing.Font.Create('Arial', 40),
                             SolidBrush.Create(Color.Black), 30, 60);
    g.TextRenderingHint := TextRenderingHint.ClearTypeGridFit;
    g.DrawString('Textausgabe', System.Drawing.Font.Create('Arial', 40),
                             SolidBrush.Create(Color.Black), 30, 110);
```

Das Ergebnis zeigt die folgende Abbildung, die beste Darstellung dürfte der Wert *ClearTypeGridFit* liefern.

Hinweis: Bevor Sie jetzt alle Texte auf diese Weise ausgeben wollen, vergessen Sie bitte nicht, dass dafür auch jede Menge Rechenzeit benötigt wird!

Und wo bleibt eine Methode zum Drehen von Text?

Sie werden auch bei intensivster Suche weder beim *Font*-Objekt noch bei der Methode *DrawString* einen Weg finden, gedrehten Text auszugeben. Wer das Kapitel bis hier aufmerksam gelesen hat, wird sich an die *Graphics*-Methode *RotateTransform* erinnern[1]. Für alle anderen gilt: "Gehe zurück zum Abschnitt 5.3.2 ..."

Beispiel: Rotation von Text um 15°

```
var g       : Graphics;
...
  g := Self.CreateGraphics;
  g.RotateTransform(15);
  g.DrawString('Textausgabe', System.Drawing.Font.Create('Arial', 18),
                           SolidBrush.Create(Color.Black), 70, 70);
```

---

[1] Diese Form der Umsetzung ist allerdings recht "sinnfrei", berechnen Sie mal schnell die neuen x,y-Koordinaten, wenn Sie einen Text im Winkel von 90° an einem Rechteck ausrichten wollen.

5.4 Grundlegende Zeichenfunktionen von GDI+

Doch kommen wir noch einmal auf unser Antialiasing-Beispiel aus dem vorhergehenden Abschnitt zurück. Testen Sie das Beispiel einmal mit gedrehtem Text, werden Sie folgendes Ergebnis erhalten:

Jetzt liefert *TextRenderingHint.AntiAlias* das bessere Ergebnis, *ClearType* kommt gar nicht zum Zuge.

Hinweis: Möchten Sie nacheinander Text mit verschiedenen Winkeln ausgeben, entscheiden Sie mit dem optionalen Parameter *MatrixOrder*, ob die Winkel inkrementell oder absolut angegeben werden.

Beispiel: Absolute Angabe

```
g.RotateTransform(10, System.Drawing.Drawing2D.MatrixOrder.Prepend);
```

Beispiel: Inkrementelle Angabe

```
g.RotateTransform(10, System.Drawing.Drawing2D.MatrixOrder.Append);
```

5.4.15 Ausgabe von Grafiken

Unter "Ausgabe von Grafiken" möchten wir an dieser Stelle die Wiedergabe von fertigen Grafiken (Bitmaps, Icons, Metafiles) auf einem *Graphics*-Objekt verstehen.

Syntax: `DrawImageUnscaled|DrawIcon(Image|Icon,X,Y)`

... zeichnet die angegebene Grafik an der durch x und y angegebenen Position.

Hinweis: Die anderen Varianten von *DrawImageUnscaled* können Sie getrost vergessen, trotz angekündigtem Beschneiden der Grafik erfolgt dies nicht.

Beispiel: Verwendung von *DrawImageUnscaled*

```
var g     : Graphics;
...
  g := Self.CreateGraphics;
  g.DrawImageUnscaled(PictureBox1.Image, 0, 0)
```

Skalieren

Für die skalierte Ausgabe von Grafiken können Sie *DrawImage* verwenden:

Syntax: `DrawImage (Image, X, Y, Breite, Höhe)`

Syntax: `DrawImage (Image, Rectangle, GraphicsUnit)`

Während die erste Überladung neben der Position auch die Breite und Höhe erwartet, können Sie bei der zweiten Variante zusätzlich die Einheiten (*GraphicsUnit*) angeben (z.B. beim Drucker).

Beispiel: Verkleinerte, aber proportionale Ausgabe eines Image

```
var g     : Graphics;
    faktor : Single;
...
  g := Self.CreateGraphics;
  faktor := PictureBox1.Image.Height / PictureBox1.Image.Width;
  g.DrawImage(PictureBox1.Image, 30, 30, 500, 500 * faktor)
```

5.5 Unser Werkzeugkasten

Nachdem Sie sich im vorhergehenden Abschnitt mit diversen Grafikmethoden herumgeschlagen haben, wollen wir Ihnen jetzt die einzelnen "Werkzeuge" des Grafikprogrammierers sowie deren Konfigurationsmöglichkeiten näher vorstellen.

5.5.1 Einfache Objekte

Zunächst sollten wir kurz auf einige grundlegende Strukturen im Zusammenhang mit der Grafikausgabe eingehen.

Point, FPoint

Für die Angabe von Koordinaten wird bei vielen Grafikmethoden ein *Point*-Objekt (Integer) bzw. ein *PointF* (Gleitkommawert) verwendet. Die beiden wichtigsten Eigenschaften: *x, y*.

Beispiel: Deklaration eines neuen *Point*-Objekts (x = 10, y = 10)

```
var p : Point;
...
  p := Point.Create(10, 10);
```

Als globale Variable geht es in Delphi.NET auch so:

```
var p : Point = Point.Create(100,100);
```

Beispiel: Direktes Verändern der x-Koordinate:

```
...
  p.X := 100;
```

Beispiel: Verschieben des Punktes:

```
var p : Point;
...
  p := Point.Create(10, 10);
  p.Offset(10, 10);
```

Beispiel: Vergleich von zwei Punktkoordinaten:

```
var p1, p2 : Point;
...
  if p1.Equals(p2) then MessageBox.Show('Punkte sind gleich');
```

Konvertieren in einen Gleitkomma-Point (*PointF*):

```
var p1 : Point;
    p2 : PointF;
```

```
p1 := Point.Create(10, 10);
p2 := PointF(p1);
```

Size, FSize

Ähnlich wie *Point* verwalten *Size* bzw. *SizeF* ein Koordinatenpaar, nur dass es sich in diesem Fall um die Breite (*Width*) bzw. Höhe (*Height*) handelt.

Beispiel: Deklarieren und Verändern der Breite:

```
var mySize : Size;
...
  mySize := Size.Create(100, 80);
  mySize.Width := 130;
```

Rectangle, FRectangle

Das dritte Grundobjekt ist die Kombination der beiden vorhergehenden Objekte. Die folgende Skizze zeigt die verschiedenen Formen des Zugriffs auf die Koordinatenpaare:

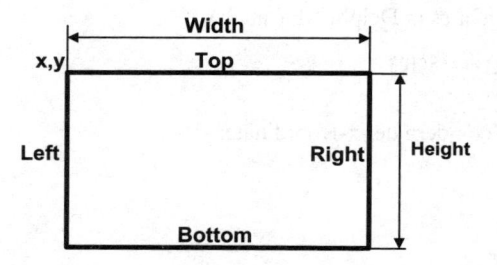

Beispiel: Deklarieren und Verwenden von *Rectangle*

```
var g     : Graphics;
    rec   : Rectangle;
...
  g   := Self.CreateGraphics;
  rec := Rectangle.Create(10, 10, 200, 100);
  g.DrawRectangle(Pen.Create(Color.Black), rec);
```

5.5.2 Vordefinierte Objekte

Vielleicht hatte irgendein Microsoft-Programmierer ein Einsehen und entschied sich dafür, wenigstens einige Grafikobjekte vorzudefinieren, d.h., ohne dass Sie diese erst mit viel Aufwand und umfangreichen Parameterlisten initialisieren müssen.

5.5 Unser Werkzeugkasten

Vier Gruppen können Sie unterscheiden:

- vordefinierte Pinsel (Brushes),
- vordefinierte Stifte (Pens),
- vordefinierte Farben (Colors),
- vordefinierte Grafiken (Icons).

Vordefinierte Pinsel

Neben *Brushes* (alle relevanten Farben) können Sie auch *SystemBrushes* (die vordefinierten Systemfarben) verwenden.

Beispiel:

```
var g     : Graphics;
    rec   : Rectangle;
...
  g   := Self.CreateGraphics;
  rec := Rectangle.Create(10, 10, 200, 100);
  g.FillRectangle(SystemBrushes.Info, rec);
```

... erzeugt im Normalfall eine leicht gelb getönte Fläche (Farbe der Hints).

Vordefinierte Stifte

Über das *SystemPens*-Objekt bzw. dessen Eigenschaften rufen Sie vordefinierte Stifte (Breite = 1 Pixel) für alle Windows-Farben ab:

```
SystemPens.h
property   Highlight : Pen;
property   HighlightText : Pen;
```

Beispiel: Verwendung von *SystemPens*

```
var g     : Graphics;
...
  g   := Self.CreateGraphics;
  g.DrawRectangle(SystemPens.ControlText, 10, 10, 100, 100);
```

Vordefinierte Farben

Farben können Sie entweder über *SystemColors* (die Farben der Windows-Elemente) oder über *Color* abrufen.

Beispiel: Verwendung von *Colors*

```
var g     : Graphics;
    rec   : Rectangle;
...
  g   := Self.CreateGraphics;
  rec := Rectangle.Create(10, 10, 200, 200);
  g.FillPie(SolidBrush.Create(Color.Red), rec, 0, 100);
```

Vordefinierte Icons

Über *SystemIcons* können Sie die wichtigsten System-Icons direkt abrufen:

Eigenschaft
Application
Asterisk
Error
Exclamation
Hand
Information
Question
Warning
WinLogo

Beispiel: Verwendung eines System-Icons

```
var g     : Graphics;
...
  g := Self.CreateGraphics;
  g.DrawIcon(SystemIcons.Information, 0, 0);
```

Die Grafikausgabe:

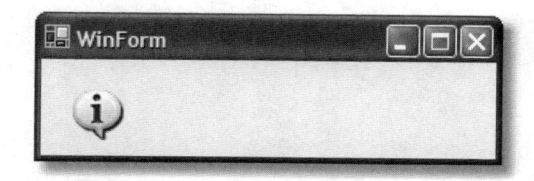

5.5.3 Farben/Transparenz

Farben setzen sich auch unter Windows aus der additiven Überlagerung der drei Grundfarben Rot, Grün und Blau zusammen (RGB). Da jeder Farbanteil in 256 Farbstufen unterteilt ist, ergibt sich eine maximale Anzahl von ca. 16 Mio. Farben. Bei dieser Auflösung ist das menschliche Auge nicht mehr in der Lage, einzelne Abstufungen wahrzunehmen, man spricht von Echtfarben.

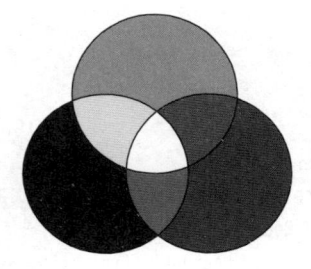

ARGB-Farben

GDI+ verwendet für die Verwaltung von Farbinformationen so genannte ARGB-Werte, d.h. 4 Byte- bzw. Integer-Werte. Auch die bereits vordefinierten Farbwerte (siehe vorhergehender Abschnitt) verwenden dieses Farbmodell.

Um zu verstehen, wie die Farbwerte gespeichert werden können, müssen wir wissen, dass zur Darstellung **eines** Bytes **zwei** Hexziffern benötigt werden. Eine einzelne Hexziffer wird durch eines der 16 Zeichen 0, 1, 2, 3, 4, 5, 6, 7, 8, 9, A, B, C, D, E, F dargestellt. Die drei niederwertigen Bytes geben die RGB-Farbintensität für Blau, Grün und Rot an.

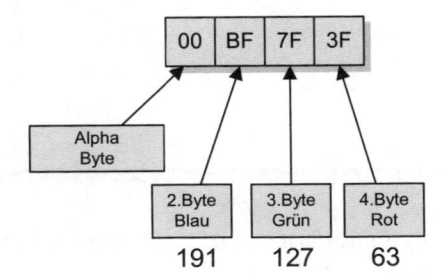

Beispiel: Da pro Byte 256 Werte gespeichert werden können, entspricht der Wert H00FF0000 einem reinen Blau mit voller Intensität, der Wert H0000FF00 einem reinen Grün und der Wert H000000FF einem reinen Rot. H00000000 gibt Schwarz und H00FFFFFF Weiß an. In obiger Abbildung wird eine graublaue Farbe definiert.

Hinweis: Möchten Sie einen Graustufenwert erzeugen, müssen die einzelnen Farbanteile jeweils den gleichen Wert aufweisen.

Was ist mit dem höchstwertigen Byte?

Bei ARGB-Werten wird in diesem Byte die Information über die Transparenz dieser Farbe gespeichert. Ein Wert von 255 entspricht der vollen Deckkraft, 0 entspricht vollständiger Transparenz. Mit Hilfe der Methode *FromARGB* können Sie einen beliebigen Farbwert mit der gewünschten Transparenz erzeugen.

Beispiel: Erzeugen von zwei teiltransparenten Ellipsen

```
var c1, c2 : Color;
    g      : Graphics;
...
  g  := Self.CreateGraphics;
  c1 := Color.FromArgb(125, Color.Red);
  g.FillEllipse(SolidBrush.Create(c1), Rectangle.Create(10, 10, 150, 100));
  c2 := Color.FromArgb(12, Color.Red);
  g.FillEllipse(SolidBrush.Create(c2), Rectangle.Create(50, 50, 250, 200));
```

Das Ergebnis auf dem Formular:

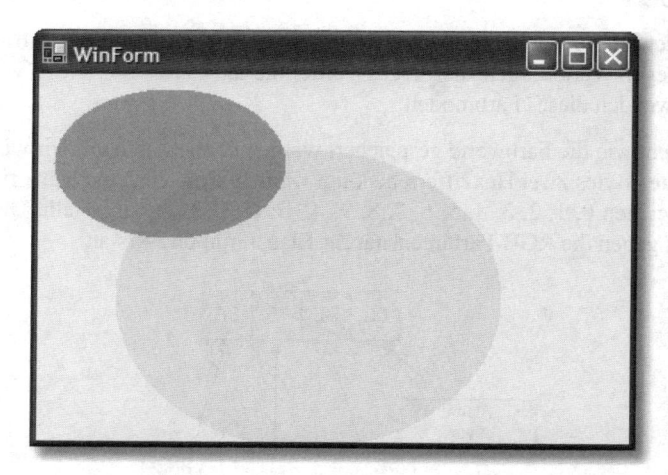

Rufen Sie obige Anweisungen mehrfach auf, addieren sich die Farbwerte immer weiter, bis eine vollständige Deckung erreicht wird.

Beispiel: Möchten Sie zwei Farbwerte vergleichen, verwenden Sie die Methode *ToArgb*.

```
if c1.ToArgb = c2.ToArgb then MessageBox.Show('Beide Farben sind gleich!')
```

5.5.4 Stifte (Pen)

Für Grafikmethoden, die Linien verwenden, benötigen Sie ein initialisiertes *Pen*-Objekt. Dieses enthält unter anderem Informationen über:

5.5 Unser Werkzeugkasten

- die Farbe
- die Dicke
- die Linienenden
- die Verbindung zweier zusammenhängender Linien
- den Füllstil

Hinweis: Im Gegensatz zu den Linien in Delphi (< 8.0) können Linien in .NET auch mit einem *Brush*, d.h. Mustern, Farbverläufen etc., gefüllt sein.

Bevor wir Sie mit einer Fülle von Eigenschaften erschlagen, sollen einige Beispiele für mehr Klarheit sorgen.

Einfarbige Stifte

Einfarbige Stifte werden mit einer der vordefinierten Farben oder einem ARGB-Wert als Parameter erzeugt.

Beispiel: Erzeugen eines roten Stifts

```
var myPen : Pen;
...
  myPen := Pen.Create(Color.Red);
```

Beispiel: Erzeugen eines einfarbigen Pens mit 50 % Transparenz und 10 Pixeln Breite

```
var myPen : Pen;
...
  myPen := Pen.Create(Color.FromArgb(128, 17, 69, 137), 10);
```

Beispiel: Zeichnen von zwei aufeinander folgenden roten Linien (15 Pixel breit) mit einem Pfeil am Anfang und einem runden Ende.

```
var g      : Graphics;
    myPen  : Pen;
    punkte : array[0..2] of PointF;
...
  g := Self.CreateGraphics;
```

Einen einfarbigen Pen der Stärke 15 erzeugen:

```
  myPen := Pen.Create(Color.Red, 15);
```

Ein Punkte-Array für die Linienenden definieren und initialisieren:

```
  punkte[0] := PointF.Create(100, 50);
  punkte[1] := PointF.Create(300, 150);
```

```
punkte[2] := PointF.Create(100, 250);
```
Der Linienstart (als Pfeil):
```
myPen.StartCap := LineCap.ArrowAnchor;
```
Das (runde) Linienende:
```
myPen.EndCap := LineCap.Round;
```
Verbindung der zwei Linien (rund):
```
myPen.LineJoin := LineJoin.Round;
```
Linien zeichnen:
```
g.DrawLines(myPen, punkte)
```

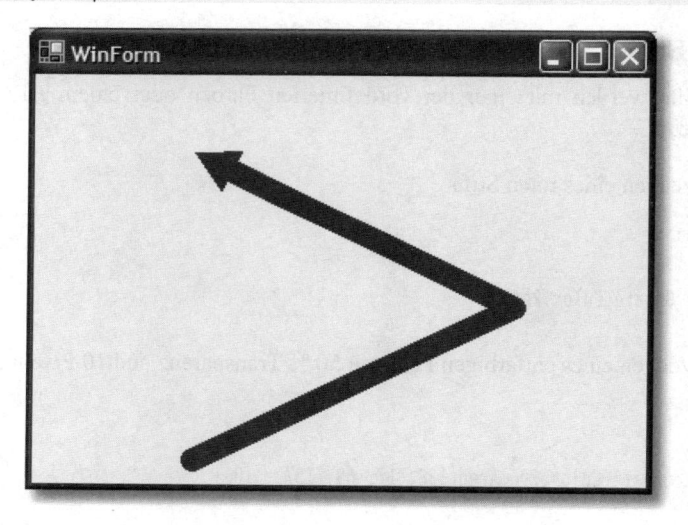

Einige wichtige Linieneigenschaften auf einen Blick:

Eigenschaft	Beschreibung
Alignment	... beschreibt die Position (*Center, Inset, Outset, Left, Right*) der Linie bezüglich der gedachten Ideallinie zwischen zwei Punkten. Beispiel:
Color	... die Füllfarbe des Stifts.
LineJoin	... beschreibt den Übergang (*Bevel, Miter, MiterClipped, Round*) zwischen zwei aufeinander folgenden Linien.

5.5 Unser Werkzeugkasten

Eigenschaft	Beschreibung
StartCap, EndCap	... beschreibt die Form der Linienenden (*Flat, Round, Square* ..., siehe vorhergehendes Beispiel).
DashCap	... beschreibt die Form der einzelnen Punkte/Linienabschnitte bei gestrichelten Linien (*Flat, Round Triangle*).
DashStyle	... beschreibt die Form von gestrichelten Linien (*Custom, Dash, DashDot, DashDotDot, Dot, Solid*).
PenType	... beschreibt die Stiftart (*SolidColor, HatchFill, LinearGradient, PathGradient, TextureFill*). Diese Eigenschaft ist schreibgeschützt.

Stifte mit Füllung

Im Unterschied zu den bisher vorgestellten Stiften, die lediglich unterschiedliche Linienmuster bzw. -farben aufweisen konnten, lassen sich auch Stifte erzeugen, die mit einem *Brush* statt mit einer Farbe initialisiert werden.

Beispiel: Erzeugen eines Stifts mit *Brush* als Füllung.

```
var myPen : Pen;
    g     : Graphics;
...
    g     := Self.CreateGraphics;
    myPen := Pen.Create(Brushes.Azure, 10);
    g.DrawLine(myPen, 10, 10, 100, 100);
```

Auf den ersten Blick werden Sie keinen Unterschied zu den bisherigen Pens erkennen, da wir einen *SolidBrush* verwendet haben.

Etwas anders sieht die Linie allerdings aus, wenn Sie zum Beispiel einen *HatchBrush* (siehe auch folgender Abschnitt) für die Linienfüllung verwenden.

Beispiel: *HatchBrush* für Linie erzeugen (vergessen Sie nicht, den entsprechenden Namespace einzubinden!)

```
uses System.Drawing.Drawing2D ...
...
var myBrush : HatchBrush;
    myPen   : Pen;
    g       : Graphics;
...
    g       := Self.CreateGraphics;
    myBrush := HatchBrush.Create(HatchStyle.DiagonalCross, Color.Black, Color.Yellow);
    myPen   := Pen.Create(myBrush, 20);
    g.DrawLine(myPen, 10, 10, 200, 100);
```

Das Ergebnis unterscheidet sich doch wesentlich von den bisher bekannten Linienarten:

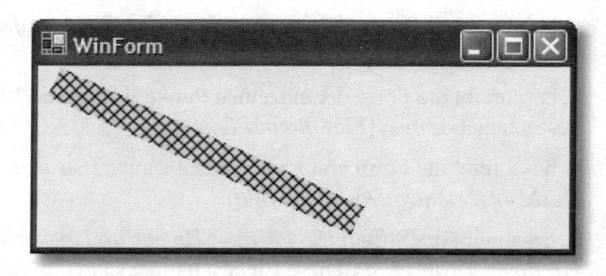

Wie Sie sehen, können Sie fast beliebige Stiftfüllungen erzeugen, Sie müssen nur einen entsprechenden Brush (siehe folgender Abschnitt) zur Verfügung stellen.

Doch Achtung:

Hinweis: Verwechseln Sie nicht Stifte (*Pen*) mit Pinseln (*Brush*). Mit Stiften können Sie niemals eine Figur füllen, mit Pinseln können Sie keine Figuren zeichnen, sondern nur füllen.

5.5.5 Übersicht Pinsel (Brush)

Damit sind wir bei einem der wohl komplexesten Zeichenobjekte angelangt. Neben den bereits mehrfach in diesem Kapitel verwendeten *SolidBrushs* und dem im vorhergehenden Abschnitt bereits angesprochenen *HatchBrush* finden Sie noch weitere drei Varianten dieser Gattung.

Alle Pinsel auf einen Blick:

Typ	Beschreibung
SolidBrush	... ein Pinsel mit einheitlicher Farbe und ohne Muster.
HatchBrush	... ein Pinsel mit einem Linienmuster sowie Vordergrund- (Linie) und Hintergrundfarbe.
TextureBrush	... ein Pinsel mit Images/Bitmaps als Füllmuster.
LinearGradientBrush	... ein Pinsel mit einem Farbverlauf als Füllung (Verlauf zwischen zwei Farben).
PathGradientBrush	... ein Pinsel mit mehreren Farbverläufen (Verlauf zwischen einer Farbe und mehreren anderen).

Gefüllte Objekte, basierend auf den oben genannten Pinseln, erzeugen Sie mit den entsprechenden *Fill*xyz-Methoden (z.b: *FillRectangle*) des *Graphics*-Objekts.

5.5.6 SolidBrush

Das Erzeugen eines *SolidBrush* dürfte Sie kaum vor Probleme stellen, übergeben Sie eine Farbe oder verwenden Sie die Methode *FromArgb*, um eine neue Farbe zu definieren.

Beispiel: Roter Pinsel

```
var myBrush : SolidBrush;
...
  myBrush := SolidBrush.Create(Color.Red);
```

Beispiel: teilweise transparenter Pinsel mit selbst definierter Farbe

```
...
  myBrush := SolidBrush.Create(Color.FromArgb(123, 10, 17, 36));
```

5.5.7 HatchBrush

Bevor Sie sich näher mit dieser Pinselvariante beschäftigen können, müssen Sie den nötigen Namespace einbinden:

```
uses System.Drawing.Drawing2D;
```

Ein *HatchBrush* besteht aus einem Vordergrundmuster mit eigener Farbe und einer Hintergrundfarbe.

Der Konstruktor:

Syntax: `HatchBrush.Create(HatchStyle, Vordergrundfarbe, Hintergrundfarbe)`

Übergeben können Sie unter anderem folgende Konstanten:

HatchStyle
BackwardDiagonal
Cross
DarkDownwardDiagonal
DarkHorizontal
DarkUpwardDiagonal
DarkVertical
DashedDownwardDiagonal
DashedHorizontal
DashedVertical
DiagonalBrick

HatchStyle
DiagonalCross
Divot
DottedDiamond
DottedGrid
ForwardDiagonal

Beispiel: Erzeugen und Verwenden einer *HatchBrush*

```
var myBrush : HatchBrush;
    g       : Graphics;
...
  g       := Self.CreateGraphics;
  myBrush := HatchBrush.Create(HatchStyle.SolidDiamond, Color.Black, Color.Yellow);
  g.FillRectangle(myBrush, 10, 10, 200, 100);
```

Das erzeugte Rechteck:

Hinweis: Eine Skalierung des Ausgabegeräts (*ScaleTransform*) hat keinen Einfluss auf die Mustergröße.

5.5.8 TextureBrush

Mit einem *TextureBrush* lassen sich Flächen mit Bitmap-Mustern füllen. Ist die Bitmap zu klein, um die gesamte Fläche auszufüllen, wird diese wiederholt dargestellt.

Beispiel: Basierend auf den System-Icons soll ein Rechteck mit Error-Symbolen gefüllt werden.

```
var myBrush : TextureBrush;
    g       : Graphics;
...
  g       := Self.CreateGraphics;
  myBrush := TextureBrush.Create(SystemIcons.Error.ToBitmap);
  g.FillRectangle(myBrush, 10, 10, 200, 100);
```

Die Ausgabe:

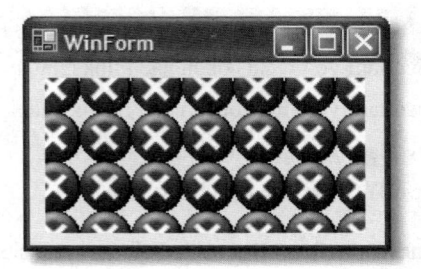

Natürlich stellt es auch kein Problem dar, die Grafik aus einer Datei zu laden.

Beispiel: Laden Datei *Bitmap1.bmp* als *TextureBrush*

```
var myBrush : TextureBrush;
    g       : Graphics;
    img     : Image;
...
    g       := Self.CreateGraphics;
    img     := Bitmap.Create('c:\bitmap1.bmp');
    myBrush := TextureBrush.Create(img);
    g.FillRectangle(myBrush, 10, 10, 200, 100);
```

5.5.9 LinearGradientBrush

Mit dem *LinearGradientBrush* bringen Sie im wahrsten Sinne des Wortes mehr Farbe in Ihre Anwendungen. Das Grundprinzip: Sie geben zwei Farben und eine Richtung (daher das "linear") an, und GDI+ berechnet Ihnen den zugehörigen Farbverlauf.

An den Konstruktor müssen Sie folgende Werte übergeben:

Syntax: New(Rectangle, StartFarbe, EndFarbe, LinearGradientMode)

Rectangle gibt ein Rechteck an (es sind auch zwei *Point*-Werte zulässig), in dem der Farbverlauf berechnet wird. Die Betonung liegt auf "berechnet", welche Ausgabefläche Sie später mit dem neuen *Brush* füllen, ist eine ganz andere Frage.

Start- und Endfarbe sind normale ARGB-Color-Werte mit Transparenzangabe, d.h., wenn Sie beispielsweise zwei gleiche Farben, aber unterschiedliche Alpha-Werte angeben, können Sie einen Farbverlauf mit zu- bzw. abnehmender Transparenz realisieren.

Folgende *LinearGradientMode*-Werte sind zulässig:

Konstante	Beschreibung
BackwardDiagonal	Farbverlauf von rechts oben nach links unten
ForwardDiagonal	Farbverlauf von links oben nach rechts unten
Horizontal	Farbverlauf von links nach rechts
Vertical	Farbverlauf von oben nach unten

Beispiel: Ein vertikaler Farbverlauf von Rot nach Gelb soll realisiert werden

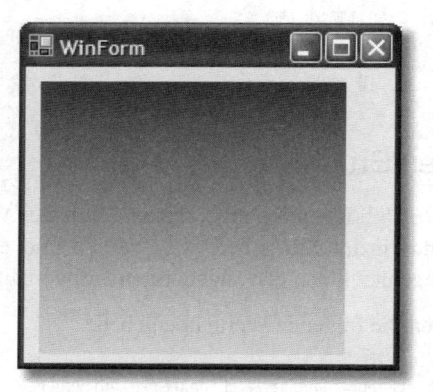

```
var myBrush : LinearGradientBrush;
    g       : Graphics;
    rect    : Rectangle;
...
    g       := Self.CreateGraphics;
    rect    := Rectangle.Create(10, 10, 200, 185);
    myBrush := LinearGradientBrush.Create(rect, Color.Red, Color.Yellow,
                                          LinearGradientMode.Vertical);
    g.FillRectangle(myBrush, rect);
```

5.5.10 PathGradientBrush

Hier haben wir es mit speziellen Gradienten zu tun, die es uns erlauben, recht eindrucksvolle Farbeffekte zu realisieren. Ausgehend von einer zentralen Farbe können Sie innerhalb eines *Path*-Objekts (siehe dazu Abschnitt 5.4.12) mehrere Farbverläufe zu verschiedenen Farben realisieren.

Beispiel: Erzeugen und Verwenden eines *PathGradientBrush*

```
var g    : Graphics;
    path : GraphicsPath;
```

5.5 Unser Werkzeugkasten

```
  myBrush  : PathGradientBrush;
  myColors : array[0..4] of Color;
...
  g    := Self.CreateGraphics;
  path := GraphicsPath.Create();
  path.AddLine(10, 10, 300, 10);
  path.AddLine(300, 10, 250, 200);
  path.AddLine(250, 200, 150, 250);
  path.AddLine(150, 250, 50, 200);
```

Jetzt können wir mit diesem *Path* den *PathGradientBrush* erzeugen und konfigurieren:

```
myBrush := PathGradientBrush.Create(path);
```

Ein Array mit den Farben für die jeweiligen Eckpunkte im *Path*:

```
myColors[0] := Color.Yellow;  myColors[1] := Color.Green;
myColors[2] := Color.Red;     myColors[3] := Color.Cyan;
myColors[4] := Color.Blue;
```

Die Farbe im Mittelpunkt[1] und an den Ecken des *Path*:

```
myBrush.CenterColor := Color.Blue;
myBrush.SurroundColors := myColors;
```

Wir geben den *Path* aus:

```
g.FillPath(myBrush, path);
```

Das Ergebnis:

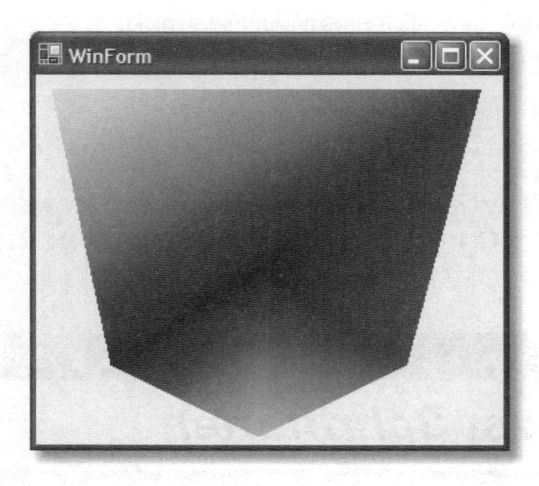

---

[1] Den Mittelpunkt sollten Sie nicht zu genau nehmen, über die Eigenschaft *CenterPoint* können Sie den Mittelpunkt selbst definieren.

5.5.11 Fonts

Wie bei Stiften und Pinseln handelt es sich auch bei Schriften (Fonts) um Objekte, die Sie zunächst erzeugen müssen. Sage und schreibe dreizehn(!) verschiedene Konstruktoren werden Ihnen angeboten, wir belassen es bei den beiden folgenden Varianten:

Syntax: System.Drawing.Font.Create(Name, Größe)

Syntax: System.Drawing.Font.Create(Name, Größe, Attribute)

Was mit *Name* und *Größe* gemeint ist, dürfte klar sein, über *Attribute* können Sie eine Kombination der folgenden *FontStyle*-Werte zuweisen:

- *Bold* (Fett)
- *Italic* (Kursiv)
- *Regular* (Normal)
- *Strikeout* (Durchgestrichen)
- *Underline* (Unterstrichen)

Kombinieren können Sie die Werte durch die Verknüpfung mit dem OR-Operator.

Hinweis: Die Farbe bzw. die Füllung der Schriftart legen Sie erst bei der Ausgabe mittels *DrawString* über einen entsprechenden *Brush* fest. Damit können Sie auch Farbverläufe oder Transparenzeffekte bei Fonts erreichen.

Genug der Theorie, ein praktisches Beispiel zeigt die Verwendung.

Beispiel: Erzeugen und Verwenden eines neuen *Font*-Objekts

```
var g : Graphics;
    f : System.Drawing.Font;
...
  g := Self.CreateGraphics;
  f := System.Drawing.Font.Create('Arial', 24, FontStyle.Italic Or FontStyle.Bold);
  g.DrawString('Test Schriftarten', f, SolidBrush.Create(Color.Blue), 10, 10);
```

Das Ergebnis:

Ein Blick auf die Eigenschaften des *Font*-Objekts macht uns neugierig: Mit *Bold, Italic, Size* etc. stehen uns alle Möglichkeiten zur Konfiguration der Schriftart zur Verfügung. Doch ach:

5.5 Unser Werkzeugkasten

Alle wünschenswerten Eigenschaften sind schreibgeschützt, Sie müssen also wohl oder übel eine neue Schriftart erzeugen.

5.5.12 Path-Objekt

Path-Objekte fassen mehrere Zeichenoperationen (*DrawLine, DrawString, DrawEllipse* ...) bzw. mehrere grafische Primitive (Linien, Kreise etc.) quasi in einem Objekt zusammen. Sie können *Paths* am besten mit der Gruppieren-Funktion eines Grafikprogramms vergleichen. Ähnlich wie mit der Gruppe können Sie den kompletten *Path* mit einer Anweisung auf einem *Graphics*-Objekt wiedergeben (*DrawPath* oder *FillPath*). Welche Linientypen bzw. welcher Füllstil benutzt wird, entscheiden Sie erst beim Zeichnen auf dem *Graphics*-Objekt, nicht beim Erstellen des Objekts.

Beispiel: Erzeugen eines einfachen *Path* (nur zwei Ellipsen und zwei Linien) und Wiedergabe auf dem *Form*-Objekt.

```
uses System.Drawing.Drawing2D;
...
var g      : Graphics;
    myPath : GraphicsPath;
...
  g      := Self.CreateGraphics;
  myPath := GraphicsPath.Create();
  myPath.AddEllipse(10, 10, 200, 100);
  myPath.AddEllipse(100, 50, 278, 170);
  myPath.AddLine(10, 10, 150, 10);
  myPath.AdcLine(150, 10, 200, 100);
```

Wie Sie sehen, wird erst bei der Wiedergabe ein entsprechender *Pen* zugeordnet:

```
  g.DrawPath(Pen.Create(Color.Red, 2), myPath);
```

Füllen

Sie können ein beliebig zusammengesetztes *Path*-Objekt mit einem Pinsel Ihrer Wahl füllen lassen. Ein Beispiel hatten Sie ja bereits im Abschnitt 5.5.10 (*PathGradientBrush*) kennen gelernt. Das Grundprinzip ist immer gleich. Sie erzeugen ein *Path*-Objekt, fügen diesem die gewünschten Grafikanweisungen hinzu und geben dann diesen *Path* auf einem *Graphics*-Objekt aus.

Beispiel: Füllen mit einem Bitmap-Muster

```
var g      : Graphics;
   myPath : GraphicsPath;
   myBrush : TextureBrush;
...
   g      := Self.CreateGraphics;
   myPath := GraphicsPath.Create();
   myBrush := TextureBrush.Create(SystemIcons.Error.ToBitmap);
   myPath.AddEllipse(10, 10, 200, 100);
   myPath.AddEllipse(100, 50, 278, 170);
   g.FillPath(myBrush, myPath);
```

Das Ergebnis:

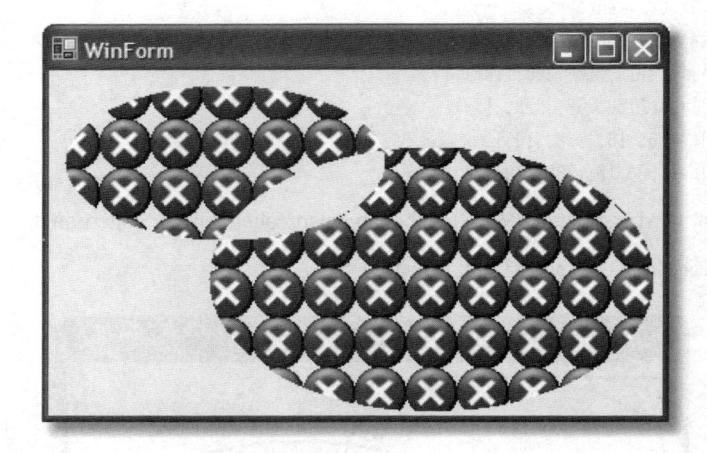

FillMode

In diesem Zusammenhang ist Ihnen sicher aufgefallen, dass der sich überschneidende Bereich beider Ellipsen nicht gefüllt worden ist.

Wie überlappende bzw. sich schneidende Objekte gefüllt werden, bestimmen Sie mit der Eigenschaft *FillMode*. Statt vieler Worte über die Funktionsweise dürften die beiden folgenden Abbildungen mehr aussagen:

5.5 Unser Werkzeugkasten

FillMode = FillMode.Winding *FillMode = FillMode.Alternate*

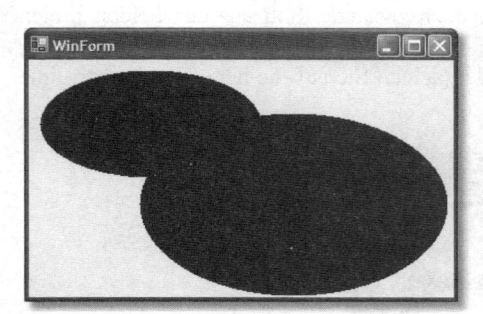

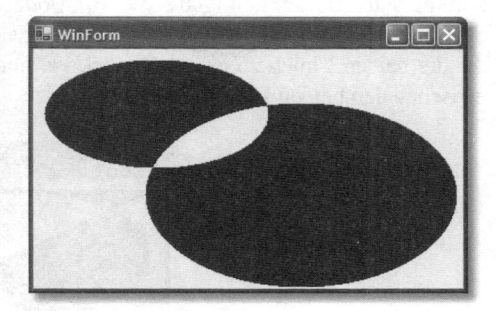

Sehen wir uns mit diesem Wissen noch einmal unser Einstiegsbeispiel an, verwenden jedoch statt der *DrawPath*- die *FillPath*-Methode.

Beispiel: Füllen eines Paths

```
var g      : Graphics;
    myPath : GraphicsPath;
...
  g      := Self.CreateGraphics;
  myPath := GraphicsPath.Create();
  myPath.AddEllipse(10, 10, 200, 100);
  myPath.AddEllipse(100, 50, 278, 170);
  myPath.AddLine(10, 10, 150, 10);
  myPath.AddLine(150, 10, 200, 100);
  g.DrawPath(Pen.Create(Color.Red, 2), myPath);
  g.FillPath(Brushes.Blue, myPath);
```

Im Ergebnis werden Sie feststellen, dass beim Füllen auch die beiden Linien eine wichtige Rolle spielen.

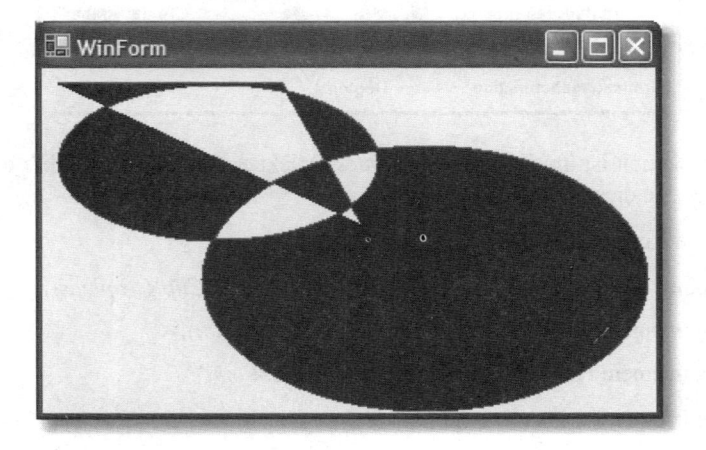

Zwischen den beiden Endpunkten der Linien wird zwar keine Linie gezeichnet, eine Füllung kommt unter Berücksichtigung von *FillMode* jedoch zustande. Soll aus den beiden Linien eine in sich geschlossene Fläche erzeugt werden, rufen Sie die Methode *CloseAllFigures* auf, die die beiden Linien zu einem Dreieck verbindet (achten Sie auf die neue Verbindungslinie zwischen den beiden Linienendpunkten):

Ein weiteres Einsatzgebiet für *Path*-Objekte findet sich im Zusammenhang mit dem Clipping, das wir im folgenden Abschnitt näher betrachten wollen.

5.5.13 Clipping/Region

In Ihren Delphi-Programmen sind Sie es gewohnt, dass Zeichenoperationen, die über den Clientbereich des Formulars bzw. der Komponente hinausgehen, einfach abgeschnitten werden. Damit haben Sie auch schon die einfachste Form von Clipping kennen gelernt.

Für bestimmte visuelle Effekte ist es häufig wünschenswert, dass diese Ausgabebereiche nicht nur rechteckig, sondern zum Beispiel auch mal rund oder aus verschiedenen grafischen Primitiven zusammengesetzt sind.

Die Abbildung zeigt das Ergebnis von Grafikausgaben in einem runden Clipping-Bereich:

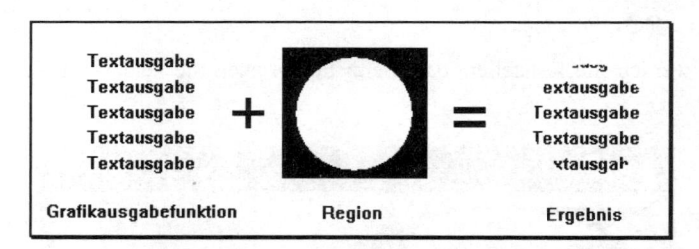

Ein Clipping-Bereich ist immer einem *Graphics*-Objekt zugewiesen, mit Hilfe der Methode *SetClip* können Sie diesen Bereich verändern.

Unter GDI+ bieten sich mehrere Varianten an:

- Übernahme von anderem *Graphics*-Objekt (*Graphics.SetClip(Graphics)*),
- Clipping in einem Rechteck (*Graphics.SetClip(Rectangle)*),
- Clipping in einem Path (*Graphics.SetClip(GraphicsPath)*),
- Clipping in einer *Region* (*Graphics.SetClip(Region)*).

5.5 Unser Werkzeugkasten

Im Folgenden beschränken wir uns auf die letzte Variante, die Vorgehensweise ist auch bei einem *Path* oder einem Rechteck immer gleich.

Regions

Regions können, im Zusammenhang mit dem Clipping, quasi wie eine Schablone betrachtet werden. Da Sie *Regions* recht einfach zusammensetzen können (mit unterschiedlichen Verknüpfungen), dürften Sie die erste Wahl für die meisten Clipping-Aufgaben sein.

Das Erzeugen einer Region ist relativ simpel. Über den Konstruktor des *Region*-Objekts können Sie bereits entscheiden, worauf die Region aufgebaut wird:

- ein *Path*-Objekt
- ein Rechteck
- ein anderes *Region*-Objekt

Beispiel: Erzeugen und Füllen einer rechteckigen Region

```
uses System.Drawing.Drawing2D;
...
var g         : Graphics;
    blueBrush : SolidBrush;
    Reg1      : System.Drawing.Region;
...
    g         := Self.CreateGraphics;
    blueBrush := SolidBrush.Create(Color.Blue);
    Reg1      := System.Drawing.Region.Create(Rectangle.Create(100, 100, 200, 200));
    g.FillRegion(blueBrush, Reg1);
```

Zwei Regionen können Sie mit Hilfe der *Region*-Methoden auch kombinieren:

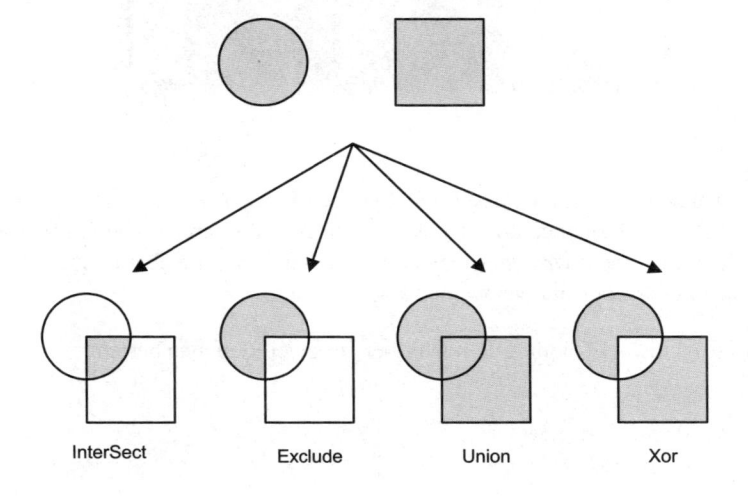

InterSect   Exclude   Union   Xor

Beispiel: Kombination zweier rechteckiger Regionen

```
var g        : Graphics;
    Reg1     : System.Drawing.Region;
    Reg2     : System.Drawing.Region;
...
   g         := Self.CreateGraphics;
   Reg1      := System.Drawing.Region.Create(Rectangle.Create(100, 100, 200, 200));
   Reg2      := System.Drawing.Region.Create(Rectangle.Create(50, 50, 150, 150));
```

Region2 wird mit Region1 XOR-verknüpft:

```
Reg2.&Xor(Reg1);
```

Die Region füllen:

```
g.FillRegion(blueBrush, Reg2);
```

Das Ergebnis:

Clipping

Nach diesem Kurzeinstieg in die Arbeit mit Regionen können wir uns wieder dem Clipping zuwenden. Nutzen Sie Regionen oder Paths, um den Ausgabebereich von Grafikoperationen (Füllen, Zeichnen) in einem *Graphics*-Objekt zu beschränken. Alle über den Clippingbereich hinausgehenden Zeichenoperationen werden abgeschnitten.

Beispiel: Erzeugen eines Clipping-Bereichs, der aus zwei Regionen besteht.

```
var g        : Graphics;
    Reg1     : System.Drawing.Region;
    Reg2     : System.Drawing.Region;
```

5.5 Unser Werkzeugkasten

```
...
g          := Self.CreateGraphics;
```
Zwei Regionen erzeugen:
```
Reg1       := System.Drawing.Region.Create(Rectangle.Create(100, 100, 200, 200));
Reg2       := System.Drawing.Region.Create(Rectangle.Create(50, 50, 150, 150));
```
Verbinden beider Regionen
```
Reg2.Union(Reg1);
```
Clipping-Bereich festlegen:
```
g.SetClip(Reg2, CombineMode.Replace);
```
Normales Zeichnen einer Bitmap, die normalerweise die gesamte Fensterfläche füllen würde.
```
g.DrawImage(PictureBox1.Image, 0, 0);
```
Im Ergebnis wird die Grafikausgabe auf den gewünschten Clipping-Bereich eingeschränkt:

5.6 Low Level-Grafikmanipulationen

Möchten Sie Grafiken nicht nur anzeigen, sondern auch verändern, bietet sich auf den ersten Blick die *GetPixels-/SetPixels*-Methode an. Beide Methoden ermöglichen den Zugriff auf die einzelnen Bildpunkte einer **Bitmap**[1], es ist demnach auch kein Problem, zum Beispiel eine Farbe durch eine andere auszutauschen.

Doch wer bereits erste Schritte auf diesem Gebiet unternommen hat, wird schnell enttäuscht. Das Auslesen und Setzen der einzelnen Punkte verbraucht bei komplexeren Aufgaben so viel Zeit, dass es wohl kaum einem Programmnutzer zumutbar ist, es sei denn, man möchte ihn ärgern.

Beispiel: Drehen einer Bitmap[2] (in *PictureBox1.Image*) um 90°

```
var x, y : Integer;
    b1, b2 : Bitmap;
    myPix : Color;
begin
  b1 := Bitmap(PictureBox1.Image);
  b2 := Bitmap.Create(b1.Height, b1.Width);
  for x := 0 to b1.Width - 1 do begin
    for y := 0 To b1.Height - 1 do begin
      myPix := b1.GetPixel(x, y);
      b2.SetPixel(b1.Height - y - 1, x, myPix);
    end;
  end;
  PictureBox1.Image := b2;
  PictureBox1.Refresh;
end;
```

Als Alternative bietet sich dem begeisterten GDI-Programmierer die Arbeit mit den Device Independent Bitmaps (DIB) an. Doch die Verwendung der entsprechenden Funktionen erfordert nicht nur eine genaue Kenntnis des GDI, sondern auch unnötigen Schreibaufwand, muss doch die DIB wieder in das Bitmap-Format zurückgewandelt werden. Vom zusätzlichen Speicherverbrauch wollen wir an dieser Stelle gar nicht erst sprechen.

Die Zauberworte für unsere Probleme heißen *LockBits* und *Scan0*. Dabei handelt es sich um Eigenschaften des *Bitmap*-Objekts. Mit *LockBits* wird eine Bitmap im Arbeitsspeicher für uns gesperrt, gleichzeitig können wir die Bitmap in einen für uns günstigen Datentyp umwandeln. Der eigentliche Clou ist *Scan0*, ein Pointer auf das erste Bitmap-Byte.

---

[1] Dies ist wichtig, Sie müssen eine Pixelgrafik in das Image geladen haben.
[2] Ja, ja, es gibt dafür eine extra Methode, doch an dieser Stelle geht es nur um das Grundprinzip!

5.6 Low Level-Grafikmanipulationen

> **Hinweis:** Auch wenn es auf den ersten Blick so scheinen mag, *Scan0* ist kein direkter Ersatz für *GetPixels* und *SetPixels*. Wie die Bitmap-Daten aufgebaut sind, wie viele Spalten und Zeilen es gibt, wird nicht berücksichtigt. Ein Fehler bei der Arbeit mit diesem Pointer führt meist zu einem Programmabsturz.

5.6.1 Worauf zeigt Scan0?

Ganz allgemein kann gesagt werden: auf das erste Byte der Bitmap. Wie die folgenden Daten aufgebaut sind und aus wie vielen Bytes sie bestehen, wird durch das Bitmap-Format bestimmt. Die Anzahl können Sie mit *LockBits* direkt angeben:

Syntax: `Function LockBits(rect : Rectangle; flags : ImageLockMode;`
`                  format : PixelFormat ) : BitmapData`

Übergeben wird der gewünschte Ausschnitt der Bitmap (im Zweifel alles), der Lockmode (meist *ReadWrite*) und das gewünschte Bitmap-Format.

Delphi.NET unterstützt unter anderem folgende wichtige Bitmap-Formate:

Format	Beschreibung
Format1bppIndexed	Schwarz-Weiß-Bilder, bei denen jedes Pixel durch ein Bit dargestellt wird.
Format4bppIndexed	Bilder mit 16 Farben, ein Byte stellt somit die Informationen für zwei benachbarte Pixel zur Verfügung.
Format8bppIndexed	Bilder dieses Typs können 256 Farben darstellen. Damit entspricht ein Byte auch einem Pixel. Doch freuen Sie sich nicht zu früh, es handelt sich nicht um den direkten Farbwert, sondern nur um den Index in einer getrennt gespeicherten Farbpalette.
Format16bppRgb555, *Format16bppRgb565*	Bei diesem Format werden mit jeweils 5 bzw. 6 Bit für die drei Grundfarben die Farbwerte dargestellt bzw. abgespeichert. Das interne Format: pf15bit:0rrrrrgggggbbbbb pf16bit: rrrrrggggggbbbbb Dass die Arbeit mit derart verschachtelten Daten nicht unbedingt einfach ist, dürfte schnell ersichtlich sein.
Format24bppRgb	Das Wunschformat jedes Grafikprogrammierers: Jeder Punkt wird mit drei Bytes (RGB) zu je 8 Bit dargestellt. Der Zugriff auf derartige Bitmaps ist problemlos realisierbar.
Format32bppArgb	Noch etwas schneller lassen sich 32-Bit-Bilder bearbeiten. Dies wird durch die bessere Speicherausrichtung (4 Byte) erreicht. Das vierte Byte hat im Normalfall keine Bedeutung, kann aber für Transparenzinformationen genutzt werden. Beachten Sie jedoch, dass derartige Bilder auch sehr groß werden können.

5.6.2 Anzahl der Spalten bestimmen

Eigentlich müsste die Frage anders gestellt werden, da meist nicht die Anzahl der Bildpunkte, sondern die Anzahl der nötigen Bytes von Bedeutung ist. Die Pixelanzahl können Sie mit *Bitmap.Width* bestimmen, die Byte-Anzahl berechnet sich aus den jeweiligen Bildformaten, wie sie im vorhergehenden Abschnitt vorgestellt wurden.

Beispiel: 32-Bit-Bild, Bitmap.Width = 300

$$4 * \text{Bitmap.Width} = 1200 \text{ Bytes/Zeile}$$

Doch Vorsicht: Ein 24-Bit-Bild mit einer Breite von 299 Pixeln hat nicht etwa

$$3 * \text{Bitmap.Width} = 897 \text{ Bytes/Zeile}$$

sondern

$$((3 * \text{Bitmap.Width} + 3) \text{ DIV } 4) * 4 = 900 \text{ Bytes/Zeile}$$

Hinweis: Die Bitmaps werden in jeder Zeile auf das Vielfache von 4 Bytes aufgefüllt!

Aus diesem Grund finden Sie in .NET auch eine zusätzliche Eigenschaft *Stride*, die uns die tatsächliche Länge einer Bitmap-Zeile in Pixeln liefert.

Beispiel: Bestimmen der Anzahl von Füll-Bytes (24-Bit-Bitmap)

```
var b       : Bitmap;
    bmpData : BitmapData;
...
  b := Bitmap(PictureBox1.Image);
  bmpData := b.LockBits(Rectangle.Create(0, 0, b.Width, b.Height),
                      ImageLockMode.ReadWrite, PixelFormat.Format24bppRgb);
  lineoffs := bmpData.Stride - b.Width * 3;
```

5.6.3 Anzahl der Zeilen bestimmen

Die Antwort ist schnell gegeben: Über die Eigenschaft *Bitmap.Height* steht Ihnen dieser Wert direkt zur Verfügung.

5.6.4 Der Zugriff im Detail

Folgende Reihenfolge müssen Sie beim direkten Zugriff auf die einzelnen Bitmap-Bytes beachten:

- Bitmap mit *LockBits* sperren,
- mit *Scan0* einen Pointer auf das erste Byte ermitteln,

5.6 Low Level-Grafikmanipulationen

- über *Marshal.ReadXYZ* die gewünschten Bytes/Integers etc. lesen,
- über *Marshal.WriteXYZ* die gewünschten Bytes/Integers schreiben,
- die Bitmap mit *UnlockBits* freigeben,
- eventuell die zugehörige *PictureBox* mit *Refresh* aktualisieren.

Den wohl wichtigsten Punkt dürfen wir natürlich auch nicht vergessen:

Hinweis: Auch wenn die Konstanten *Format24bppRgb* oder *Format32bppArgb* heißen, lassen Sie sich nicht verwirren! Die Bytes liegen immer in der Reihenfolge Blau-Grün-Rot bzw. Blau-Grün-Rot-Alpha im Speicher!

Beispiel: Alle Pixel der Grafik sollen auf Schwarz gesetzt werden (24-Bit-Bitmap).

```
uses System.Drawing.Imaging,
     System.Runtime.InteropServices;
...
procedure TWinForm1.Button2_Click(sender: System.Object; e: System.EventArgs);
var b       : Bitmap;
    x, y    : Integer;
    bmpData : BitmapData;
    p : Byte;
    ptr : IntPtr;
    offset : Integer;

begin
  b := Bitmap(PictureBox1.Image);
```

Sperren der Bitmap:

```
  bmpData := b.LockBits(Rectangle.Create(0, 0, b.Width, b.Height),
                        ImageLockMode.ReadWrite, PixelFormat.Format24bppRgb);
```

Pointer ermitteln:

```
  ptr := bmpData.Scan0;
  offset := 0;
  for y := 0 to b.Height - 1 do begin
    for x := 0 to b.Width * 3 - 1 do begin
      p := 0;
```

Schreiben in den gewünschten Speicherbereich (alle Farbwerte = 0)

```
      Marshal.WriteByte(ptr, offset, p);
```

Offset für *Marshal.Write* setzen:

```
    offset := offset + 1;
  end;
end;
```

Freigabe der Bitmap und Picturebox aktualisieren:

```
b.UnlockBits(bmpData);
PictureBox1.Refresh()
end;
```

Beispiel: Nur die Farbe Blau soll bearbeitet werden:

```
uses System.Drawing.Imaging,
    System.Runtime.InteropServices;
...
var b      : Bitmap;
   x, y   : Integer;
   bmpData : BitmapData;
   p      : Byte;
   ptr    : IntPtr;
   offset : Integer;
   blau   : Byte;
begin
   b      := Bitmap(PictureBox1.Image);
   bmpData := b.LockBits(Rectangle.Create(0, 0, b.Width, b.Height),
                   ImageLockMode.ReadWrite, PixelFormat.Format32bppArgb);
   ptr    := bmpData.Scan0;
   offset := 0;
   for y := 0 to b.Height - 1 do begin
     for x := 0 to b.Width - 1 do begin
```

Achtung: Der Blauwert ist immer der erste der vier Bytes:

```
       blau := Marshal.ReadByte(ptr, offset);
       p    := 0;
       Marshal.WriteByte(ptr, offset, p);
       offset := offset + 4;
     end;
   end;
   b.UnlockBits(bmpData);
   PictureBox1.Refresh();
```

5.6 Low Level-Grafikmanipulationen

Hinweis: Wollen Sie auf den Rotwert zugreifen, müssen Sie bei *Marshal.ReadByte* bzw. *Marshal.WriteByte* jeweils 2 zum Offset addieren!

Damit dürften Sie schon einen ersten Eindruck gewonnen haben. Die folgenden Beispiele zeigen an verschiedenen Aufgabenstellungen die Möglichkeiten, die Ihnen mit *Scan0* offen stehen.

Hinweis: Ein Testprogramm für diese Funktionen finden Sie auf der Buch-CD.

Im Folgenden wollen wir uns damit beschäftigen, das Aussehen der Bilder, d.h. die einzelnen Farbwerte, zu verändern.

5.6.5 Invertieren

Eine der einfachsten Operationen ist das Invertieren einer Bitmap, die einzelnen RGB-Werte brauchen nur negiert zu werden, d.h., der Farbwert ist von 255 abzuziehen:

```
procedure Invert(b : Bitmap);
var x, y    : Integer;
    bmpData : BitmapData;
    p       : Byte;
    ptr     : IntPtr;
    offset  : Integer;
begin
  bmpData := b.LockBits(Rectangle.Create(0, 0, b.Width, b.Height),
                    ImageLockMode.ReadWrite, PixelFormat.Format24bppRgb);
  ptr    := bmpData.Scan0;
  offset := 0;
  for y := 0 to b.Height - 1 do begin
    for x := 0 to b.Width * 3 - 1 do begin
      p := 255 - Marshal.ReadByte(ptr, offset);
      Marshal.WriteByte(ptr, offset, p);
      inc(offset);
    end;
  end;
  b.UnlockBits(bmpData)
end;
```

Das Resultat:

Hinweis: Sollte die Bitmap aus einer *PictureBox* stammen, vergessen Sie nicht, mit einem *Refresh* die neue Grafik anzuzeigen.

5.6.6 In Graustufen umwandeln

Beim Umwandeln einer Farbgrafik in ein Graustufenbild werden die einzelnen Farben entsprechend ihrer Leuchtkraft bewertet und daraus ein Graustufenwert (8 Bit) berechnet. Dieser Wert wird nachfolgend allen drei Farbkanälen zugewiesen:

```
procedure Gray(b : Bitmap);
var x, y    : Integer;
    bmpData : BitmapData;
    rv, bv,
    gv      : Byte;
    grau    : Byte;
    ptr     : IntPtr;
    offset  : Integer;
begin
```

32 ist nötig wegen der Byte-Ausrichtung:

```
  bmpData := b.LockBits(Rectangle.Create(0, 0, b.Width, b.Height),
                  ImageLockMode.ReadWrite, PixelFormat.Format32bppRgb);
  ptr := bmpData.Scan0;
```

5.6 Low Level-Grafikmanipulationen

```
  offset := 0;
  for y := 0 to b.Height - 1 do begin
    for x := 0 to b.Width - 1 do begin
```

Auslesen der drei Farbwerte:

```
      bv := Marshal.ReadByte(ptr, offset);
      gv := Marshal.ReadByte(ptr, offset + 1);
      rv := Marshal.ReadByte(ptr, offset + 2);
```

Berechnen des Grauwertes:

```
      grau := (77 * rv + 151 * gv + 28 * bv) div 256;
```

Zurückschreiben der Farbwerte:

```
      Marshal.WriteByte(ptr, offset, grau);
      Marshal.WriteByte(ptr, offset + 1, grau);
      Marshal.WriteByte(ptr, offset + 2, grau);
      Inc(offset,4);
    end
  end;
  b.UnlockBits(bmpData);
end;
```

5.6.7 Heller/Dunkler

Um ein Bild aufzuhellen oder dunkler zu machen, genügt es, dass zu jedem Wert eine Konstante addiert wird. Um Werteüberläufe zu verhindern, müssten wir entweder bei jedem Wert abfragen, ob das Berechnungsergebnis den Wertebereich (255) überschreitet, oder wir legen gleich ein Array an, in dem für jeden der möglichen 256 Werte der neue Wert gespeichert ist. Insbesondere bei großen Bildern können Sie so wertvolle Sekunden gewinnen, da nur noch der Wert aus dem Array ausgelesen werden muss:

```
procedure HellerDunkler(b : Bitmap; wert : SByte);
var x, y       : Integer;
    bmpData    : BitmapData;
    rv, bv, gv : Byte;
    grau       : Byte;
    ptr        : IntPtr;
    offset     : Integer;
    lineoffs   : Integer;
    ar         : array[0..255] of Byte;
begin
```

Zunächst die Tabelle berechnen:

```
for x := 0 to 255 do begin
  if (x + wert) > 255 then
    ar[x] := 255
  else if (x + wert) < 0 then
    ar[x] := 0
  else
    ar[x] := Byte(x + wert);
end;
bmpData := b.LockBits(Rectangle.Create(0, 0, b.Width, b.Height),
                ImageLockMode.ReadWrite, PixelFormat.Format24bppRgb);
lineoffs := bmpData.Stride - b.Width * 3;
ptr := bmpData.Scan0;
offset := 0;
for y := 0 to b.Height - 1 do begin
  for x := 0 to b.Width - 1 do begin
```

Die Farbwerte auslesen:

```
    bv := Marshal.ReadByte(ptr, offset);
    gv := Marshal.ReadByte(ptr, offset + 1);
    rv := Marshal.ReadByte(ptr, offset + 2);
```

Die neuen Farbwerte aus dem Array auslesen und schreiben:

```
    Marshal.WriteByte(ptr, offset, ar[bv]);
    Marshal.WriteByte(ptr, offset + 1, ar[gv]);
    Marshal.WriteByte(ptr, offset + 2, ar[rv]);
    Inc(offset, 3);
  end;
  Inc(offset, lineoffs);
end;
b.UnlockBits(bmpData);
end;
```

Übergeben Sie der Funktion einen positiven oder negativen Wert, um das Bild aufzuhellen oder abzudunkeln.

5.6 Low Level-Grafikmanipulationen

5.6.8 Kontrast

Um den Kontrast eines Bildes zu erhöhen, normieren wir zunächst die Farbwerte, indem wir diese in einen Integerwert umwandeln und 128 abziehen. Den resultierenden Wert multiplizieren wir mit einem konstanten Faktor, nachfolgend wird die Normierung durch Addition von 128 wieder aufgehoben. Da wir die Gleitkomma-Operationen nicht für jeden Pixel ausführen möchten (Performance!), verwenden wir wieder ein Array, in welchem wir die Farbwerte vorberechnen.

```
procedure Kontrast(b : Bitmap; wert : SByte);
var bmpData     : BitmapData;
    rv, bv, gv, grau : Byte;
    ptr         : IntPtr;
    x, y, offset, k, lineoffs   : Integer;
    ar          : array[0..255] of Byte;
    fak         : Single;
begin
```

Tabelle berechnen:

```
    fak := 1 + wert / 100;
    for x := 0 to 255 do begin
      k := Round((x - 128) * fak) + 128;
      if k > 255 then
        ar[x] := 255
      else if k < 0 then
```

```
        ar[x] := 0
      else
        ar[x] := k;
    end;
  bmpData := b.LockBits(Rectangle.Create(0, 0, b.Width, b.Height),
                        ImageLockMode.ReadWrite, PixelFormat.Format24bppRgb);
  lineoffs := bmpData.Stride - b.Width * 3;
  ptr := bmpData.Scan0;
  offset := 0;
  for y := 0 to b.Height - 1 do begin
    for x := 0 to b.Width - 1 do begin
      bv := Marshal.ReadByte(ptr, offset);
      gv := Marshal.ReadByte(ptr, offset + 1);
      rv := Marshal.ReadByte(ptr, offset + 2);
      Marshal.WriteByte(ptr, offset, ar[bv]);
      Marshal.WriteByte(ptr, offset + 1, ar[gv]);
      Marshal.WriteByte(ptr, offset + 2, ar[rv]);
      Inc(offset, 3);
    end;
    Inc(offset, lineoffs);
  end;
  b.UnlockBits(bmpData);
end;
```

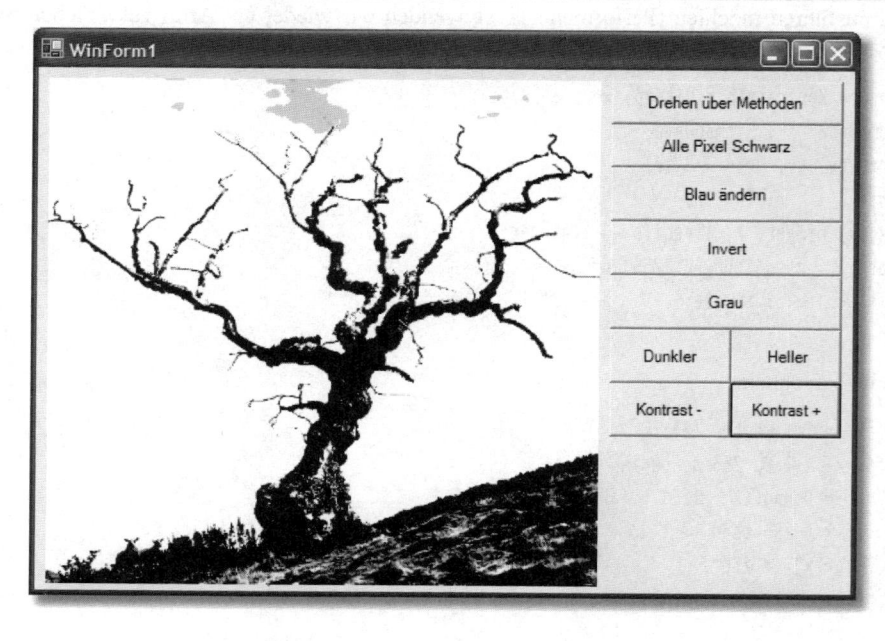

5.6.9 Ausblick

An dieser Stelle könnten wir uns noch mit diversen anderen Filtern (Verwischen, Schärfen etc.) beschäftigen, was jedoch den Rahmen dieses Buchs sprengen würde.

Das Grundprinzip derartiger Verfahren ist die Verarbeitung der Farbwerte aus den umliegenden Pixeln als gewichtete Summe der Einzelwerte (Multiplizieren der Farbwerte mit dem jeweiligen Filtermatrixwert und nachfolgendes Addieren), das nachfolgende Teilen sowie das Addieren eines Offsets.

Beispiel: Ein Schärfefilter

Matrix			Teiler	Offset
0	-2	0		
-2	11	-2	/ 3	+ 0
0	-2	0		

5.7 Standarddialoge

Was wäre der Windows-Programmierer ohne die Standarddialoge? Auch im Zusammenhang mit der Bearbeitung von Grafiken stehen Ihnen zwei wesentliche Dialoge zur Verfügung:

- Schriftauswahl und
- Farbauswahl.

5.7.1 Schriftauswahl

Der wohl jedem bekannte Dialog zur Auswahl einer Schrift bzw. deren Parameter (Größe, Farbe etc.) lässt sich über die entsprechende Komponente *FontDialog* (z.B. aus der Tool-Palette) in Ihre Anwendung einbinden.

Die Anzeige erfolgt zur Laufzeit mittels *ShowDialog*-Methode.

Beispiel:

```
FontDialog1.Font := Label1.Font;
if FontDialog1.ShowDialog = System.Windows.Forms.DialogResult.OK then
    Label1.Font := FontDialog1.Font;
```

Über den Rückgabewert der Methode können Sie den Status beim Beenden der Dialogbox ermitteln (*DialogResult.OK* oder *DialogResult.Abort*).

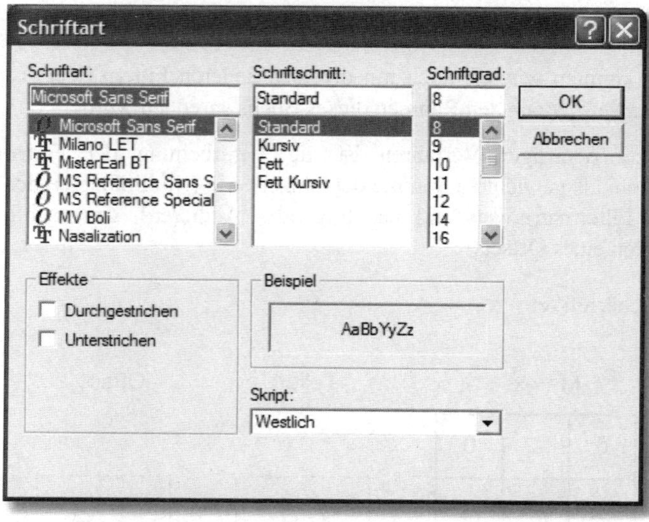

Die wohl interessanteste Eigenschaft dieser Komponente ist *Font*. Sie können diese Eigenschaft sowohl vor dem Aufruf des Dialogs initialisieren als auch nach der Anzeige der Dialogbox auswerten.

Das Zuweisen der Fontattribute gestaltet sich absolut simpel.

Beispiel: Fontattribute für einen *Button*

```
Button1.Font := FontDialog1.Font;
```

Außer *Font* sind die in der folgenden Tabelle aufgeführten Eigenschaften für das Verhalten bzw. das Aussehen der Dialogbox von Bedeutung:

Eigenschaft	Beschreibung
AllowScriptChange	Skript (Westlich, Arabisch, Türkisch etc.) kann geändert werden
AllowSimulations	Windows (GDI) darf Schriften simulieren
AllowVectorFonts	Auswahl von Vektorschriftarten zulassen
AllowVerticalFonts	vertikale Fonts sind zulässig
Color	die aktuelle Schriftfarbe
FixedPitchOnly	es werden nur Schriftarten mit fester Zeichenbreite angezeigt
FontMustExist	es können nur vorhandene Schriftarten ausgewählt werden
MaxSize, MinSize	maximaler und minimaler Schriftgrad, der ausgewählt werden kann
ShowColor	Anzeige der Farbauswahl-Combobox
ShowEffects	Anzeige der Effekte (Durchstreichen, Unterstreichen, Farbe)
ShowHelp	Anzeige des Hilfe-Buttons

5.7.2 Farbauswahl

[ColorDialog1] Für die Auswahl von Farben zur Laufzeit können Sie den Standarddialog *ColorDialog* verwenden. Wie auch beim *FontDialog* genügt der einfache Aufruf der Methode *ShowDialog*, um den Dialog anzuzeigen:

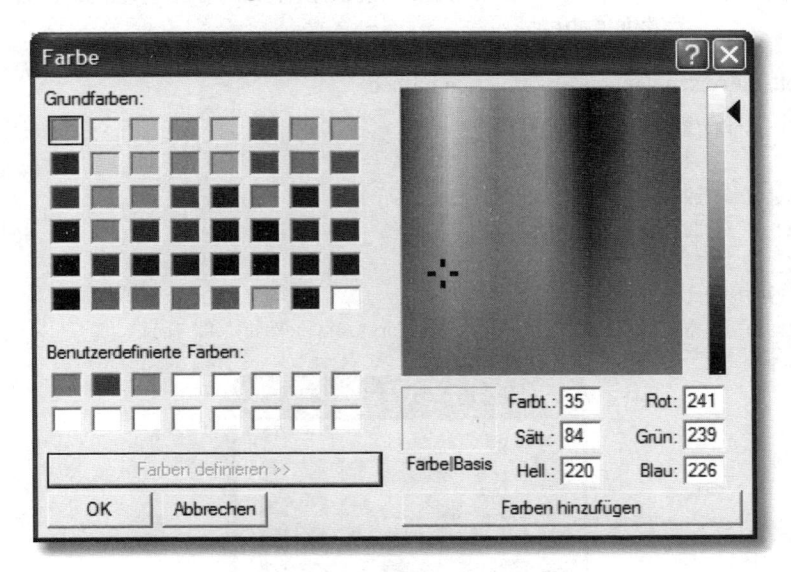

Über den Rückgabewert der Methode können Sie den Status beim Beenden der Dialogbox ermitteln (*DialogResult.OK* oder *DialogResult.Abort*).

Im Mittelpunkt der Komponente steht die Eigenschaft *Color* (ein ARGB-Wert), die Sie sowohl vor dem Aufruf des Dialogs initialisieren als auch nach der Anzeige der Dialogbox auswerten können.

Beispiel: Verändern der Formularfarbe

```
ColorDialog1.Color := Label1.BackColor;
if ColorDialog1.ShowDialog = System.Windows.Forms.DialogResult.OK then
   Label1.BackColor := ColorDialog1.Color;
```

Die wichtigsten Eigenschaften des Dialogs zeigt die folgende Tabelle:

Eigenschaft	Bemerkung
AllowFullOpen, FullOpen	Ein-/Ausblenden der rechten Seite des Dialogs zum Definieren eigener Farben zulassen
AnyColor	Anzeigen aller verfügbaren Farben
Color	Ruft die von den Benutzern ausgewählte Farbe ab oder legt diese fest
CustomColors	Definieren oder Abfragen von nutzerdefinierten Farben (siehe Beispiel)

Eigenschaft	Bemerkung
FullOpen	Ein-/Ausblenden der rechten Seite des Dialogs zum Definieren eigener Farben beim Öffnen des Dialogs
SolidColorOnly	Nur Volltonfarben können ausgewählt werden (hängt von der aktuellen Farbtiefe ab)

Beispiel: Zuweisen von nutzerdefinierten Farben

```
var myCol : array[0..2] of Integer;
...
  myCol[0] := 6975964;
  myCol[1] := 231202;
  myCol[2] := 1294476;
  ColorDialog1.CustomColors := myCol;
  if ColorDialog1.ShowDialog = System.Windows.Forms.DialogResult.OK then
```

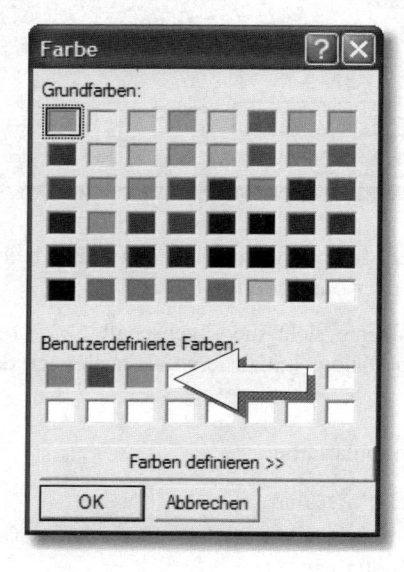

Druckausgabe

- ✓ Überblick
- ✓ PrintDocument-Objekt
- ✓ Druckvorschau
- ✓ Druckdialoge
- ✓ Drucken mit OLE-Automation

Die Kapitelüberschrift deutet es schon an: In den folgenden Abschnitten wollen wir uns ausgiebig mit den Möglichkeiten beschäftigen, unter Delphi.NET etwas aufs Papier zu bringen. Fünf Varianten bietet Delphi.NET dafür an:

- Drucken über die *PrintDocument*-Komponente,
- Drucken mit Hilfe von OLE-Automation,
- Drucken mit den Crystal Report-Komponenten,
- Drucken über das VCL.NET-*Printer*-Objekt,
- Drucken mit den Rave Report-Komponenten.

Im vorliegenden Kapitel beschränken wir uns auf die beiden ersten Möglichkeiten, auf den Rave Report verzichten wir lieber, da es hierzu leider noch keine Managed Komponenten für die Windows Forms gibt. Mehr zum Crystal Report finden Sie im Kapitel 9.

6.1 Einstieg und Übersicht

Bevor wir Sie nun gleich mit viel Faktenwissen, endlosen Tabellen etc. peinigen werden, möchten wir Ihnen zunächst an einem Kurzbeispiel das Grundkonzept der Druckausgabe über *PrintDocument* demonstrieren.

6.1.1 Nichts geht über ein Beispiel!

Beispiel: Druckausgabe eines 10 x 10 cm großen Rechtecks auf dem Standarddrucker

Fügen Sie zunächst in Ihr Formular eine *PrintDocument*-Komponente ein:

PrintDocument1

Ergänzen Sie dann das *PrintPage*-Ereignis um folgende Zeilen:

```
procedure TWinForm1.PrintDocument1_PrintPage(sender: System.Object;
                                   e: System.Drawing.Printing.PrintPageEventArgs);
begin
   e.Graphics.PageUnit := GraphicsUnit.Millimeter;
   e.Graphics.FillRectangle(SolidBrush.Create(Color.Blue), 30, 30, 100, 100);
end;
```

Fügen Sie nun noch einen Button ein, mit dem Sie die *Print*-Methode von *PrintDocument1* aufrufen:

```
procedure TWinForm1.Button1_Click(sender: System.Object; e: System.EventArgs);
begin
   PrintDocument1.Print()
end;
```

Das war es auch schon, nach dem Klick auf den Button dürfte Ihr Drucker sich in Bewegung setzen.

Doch was ist der Vorteil einer derartigen ereignisorientierten Programmierung beim Drucken? Die Antwort finden Sie, wenn Sie statt der Druckausgabe zunächst eine Druckvorschau am Bildschirm realisieren möchten.

Fügen Sie einfach eine *PrintPreviewDialog*-Komponente in das Formular ein

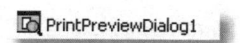

> PrintPreviewDialog1

und verknüpfen diese über die Eigenschaft *Document* mit der bereits vorhandenen *PrintDocument*-Komponente.

Der folgende Aufruf zeigt Ihnen bereits die Druckvorschau mit dem Rechteck an:

```
procedure TWinForm1.Button2_Click(sender: System.Object; e: System.EventArgs);
begin
  PrintPreviewDialog1.ShowDialog()
end;
```

Das erzeugte Druckvorschaufenster:

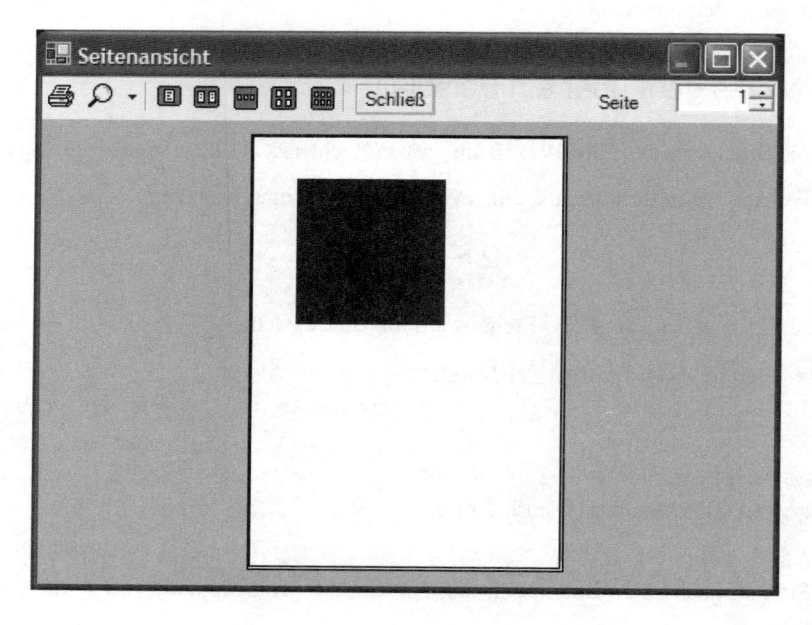

Hinweis: Eine Trennung beim Ausgabemedium (Papier, Druckvorschau am Bildschirm) gibt es nicht mehr, Sie entwickeln lediglich **eine** Ausgabelogik im *PrintPage*-Ereignis. Alle Ausgaben erfolgen systemneutral über ein dort bereitgestelltes *Graphics*-Objekt.

6.1.2 Programmiermodell

Wie Sie bereits dem Einsteigerbeispiel entnehmen konnten, handelt es sich um ein ereignisorientiertes Programmiermodell. Die folgende Skizze soll Ihnen das Grundprinzip noch einmal vor Augen führen:

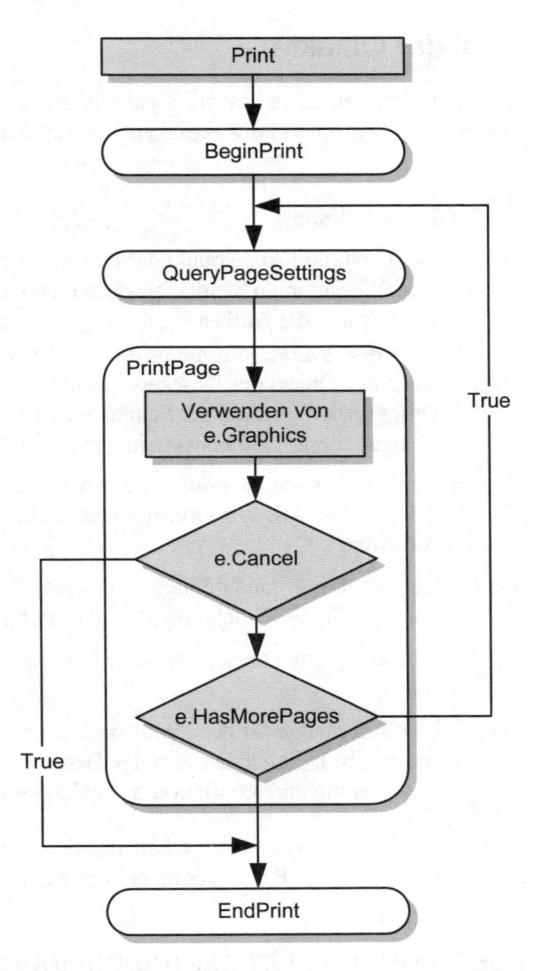

```
                    Print
                      │
                      ▼
                  BeginPrint
                      │
                      ▼◄──────────────────┐
               QueryPageSettings          │
                      │                   │
         ┌─PrintPage──┼──────────────┐    │
         │            ▼              │    │
         │      Verwenden von        │    │ True
         │       e.Graphics          │    │
         │            │              │    │
         │            ▼              │    │
         │        e.Cancel ──────────┼────┘
         │            │              │
         │            ▼              │
         │     e.HasMorePages ───────┼────┐
         │            │              │  True
         └────────────┼──────────────┘    (zurück zu QueryPageSettings)
            True ─────┘
                      ▼
                  EndPrint
```

Mit dem Aufruf der *Print*-Methode wird zunächst das *BeginPrint*-Ereignis von *PrintDocument* ausgelöst. Hier bietet sich Ihnen die Möglichkeit, diverse Einstellungen einmalig zu konfigurieren. Nachfolgend wird das Ereignis *QueryPageSettings* vor dem Druck jeder Seite aufgerufen. Darauf folgt das wohl wichtigste Ereignis: *PrintPage*. Über den Parameter *e* erhalten Sie Zugriff auf das *Graphics*-Objekt des Druckers. Weiterhin legen Sie hier fest, ob weitere Seiten gedruckt werden sollen (*e.HasMorePages*) oder ob der Druck abgebrochen (*e.Cancel*) werden soll. Steht der Druck weiterer Seiten an, wird die Ereigniskette, wie oben abgebildet, erneut durchlaufen.

Damit wird auch klar, dass Sie selbst dafür verantwortlich sind, welche Seite zu welchem Zeitpunkt gedruckt werden soll. Insbesondere im Zusammenhang mit den Druckersetup-Dialogen werden wir noch einigen Aufwand treiben müssen, aber das sind Sie ja bereits nicht anders gewohnt.

6.1.3 Kurzübersicht der Objekte

Gegenüber dem guten alten Delphi hat sich sowohl qualitativ als auch quantitativ einiges getan. Folgende Komponenten stehen Ihnen im Zusammenhang mit der Druckausgabe mittlerweile zur Verfügung:

Komponente	Beschreibung
PrintDocument1	Der Dreh- und Angelpunkt der Druckausgabe. Über dieses Objekt bestimmen Sie den gewünschten Drucker, die Papierausrichtung, die Auflösung, die zu druckenden Seiten usw. Über das *PrintPage*-Ereignis erhalten Sie Zugriff auf das *Graphics*-Objekt des Druckers. Weiterhin steuern Sie hier den Druckverlauf (Anzahl der Seiten, Seitenauswahl, Abbruch). Mehr zu dieser Komponente in den folgenden Abschnitten.
PrintDialog1	Der Windows-Standarddialog zur Auswahl eines Druckers sowie der wichtigsten Druckparameter (Seiten, Exemplare, Auflösung).
PageSetupDialog1	Der Windows-Standarddialog zur Konfiguration der Druckausgabe (Seitenausrichtung, Papierausrichtung, Seitenränder).
PrintPreviewDialog1	Eine komplette Druckvorschau mit Navigationstasten, Zoom etc.
PrintPreviewControl	Eine Alternative für den *PrintPreviewDialog*. Bei dieser Komponente ist lediglich der Preview-Bereich vorhanden, für die Ansteuerung und Konfiguration sind Sie selbst verantwortlich.

Alle Komponenten können über die *Document*-Eigenschaft mit der *PrintDocument*-Komponente verknüpft werden, Sie müssen also die Parameter nicht "von Hand" übergeben.

6.2 Auswerten der aktuellen Druckereinstellungen

In den folgenden Abschnitten wollen wir versuchen, Ihnen die "Vorzüge" der relativ unübersichtlichen Objektstruktur zu ersparen. Aus diesem Grund werden wir auf die endlose Auflistung von Eigenschaften und Methoden für die einzelnen Objekte verzichten, stattdessen stellen wir die zu lösende Aufgabe in den Vordergrund.

6.2.1 Die vorhandenen Drucker

Einen Überblick, welche Drucker auf dem aktuellen System installiert sind, können Sie sich über die Collection *InstalledPrinters* verschaffen.

Beispiel: Ausgabe aller Druckernamen in einer Combobox und markieren des aktiven Druckers

```
var doc : PrintDocument;
    i   : Integer;
...
    doc := PrintDocument.Create;
```

Füllen der Listbox:

```
for i := 0 to PrinterSettings.InstalledPrinters.Count-1 do
    ComboBox1.Items.Add(PrinterSettings.InstalledPrinters[i].ToString);
```

Auswahl des aktiven Druckers:

```
ComboBox1.Text := doc.PrinterSettings.PrinterName;
```

Hinweis: Wenn nicht vorhanden, müssen Sie den Namespace *System.Drawing.Printing* in Ihr Projekt einfügen.

6.2.2 Der Standarddrucker

Möchten Sie überprüfen, ob der aktuell gewählte Drucker gleichzeitig auch der Systemstandarddrucker ist, können Sie dies mit Hilfe der Eigenschaft *IsDefaultPrinter* realisieren.

Beispiel:

```
if PrintDocument1.PrinterSettings.IsDefaultPrinter then
    MessageBox.Show('Ja');
```

Hinweis: Den Standarddrucker erkennen Sie in der Systemsteuerung an dem kleinen Häkchen (siehe folgende Abbildung).

6.2.3 Verfügbare Papierformate/Seitenabmessungen

Geht es um die Abfrage, welche Papierarten der Drucker unterstützt, können Sie einen Blick auf die *PaperSizes*-Collection werfen. Diese gibt Ihnen nicht nur Auskunft über die Blattgröße (*Height, Width*), sondern auch über die Blattbezeichnung (*PaperName*) und den Typ (*Kind*).

Beispiel: Anzeige aller Papierformate in einer Listbox

```
procedure TWinForm1.Button4_Click(sender: System.Object; e: System.EventArgs);
var i : Integer;
begin
  ListBox1.Items.Clear;
  for i := 0 to PrintDocument1.PrinterSettings.PaperSizes.Count -1 do
    ListBox1.Items.Add(PrintDocument1.PrinterSettings.PaperSizes[i]);
end;
```

Die Anzeige in der Listbox:

```
[PaperSize Letter Kind=Letter Height=1100 Width=850]
[PaperSize Tabloid Kind=Tabloid Height=1700 Width=1100]
[PaperSize Ledger Kind=Ledger Height=1100 Width=1700]
[PaperSize Legal Kind=Legal Height=1400 Width=850]
[PaperSize Executive Kind=Executive Height=1050 Width=725]
[PaperSize A3 Kind=A3 Height=1654 Width=1169]
[PaperSize A4 Kind=A4 Height=1169 Width=827]
[PaperSize 11 x 17 Kind=Custom Height=1700 Width=1100]
[PaperSize Screen Kind=Custom Height=518 Width=650]
[PaperSize Benutzerdefinierte Seitengröße für PostScript Kind=Custom Heigh
```

Hinweis: Die Blattabmessungen werden in 1/100 Zoll zurückgegeben! Der Umrechnungsfaktor in Millimetern ist 0,254.

6.2 Auswerten der aktuellen Druckereinstellungen

Beispiel: Anzeige der aktuellen Blattabmessungen in Millimetern

```
ListBox1.Items.Add('Auflösung aktuell (mm):');
ListBox1.Items.Add('   ' +
      Single(PrintDocument1.PrinterSettings.DefaultPageSettings.PaperSize.Height *
          0.254).ToString);
ListBox1.Items.Add('   ' +
      Single(PrintDocument1.PrinterSettings.DefaultPageSettings.PaperSize.Width *
          0.254).ToString);
```

Gleichzeitig steht Ihnen mit *System.Drawing.Printing.PaperKind* eine Aufzählung der Standardpapierformate zur Verfügung (Auszug):

Element	Beschreibung
A2	A2 (420 x 594 mm)
A3	A3 (297 x 420 mm)
A3Extra	A3 Extra (322 x 445 mm)
A3ExtraTransverse	A3 Extra quer (322 x 445 mm)
A3Rotated	A3 gedreht (420 x 297 mm)
A3Transverse	A3 quer (297 x 420 mm)
A4	A4 (210 x 297 mm)

6.2.4 Der eigentliche Druckbereich

Leider druckt nicht jeder Drucker bis zu den Blatträndern, was den MS-Programmierern wohl verborgen geblieben ist. Die Autoren konnten keine Eigenschaft/Methode finden, mit der sich der eigentliche Druckbereich und insbesondere der Offset des Druckbereichs bestimmen ließe.

Hinweis: Vergessen Sie in diesem Zusammenhang die Eigenschaft *Margins* ganz schnell wieder, es handelt sich lediglich um theoretische Seitenränder, die Sie selbst definieren können.

Wie fast immer, kommen Sie mit GDI-Programmierung weiter als mit GDI+.

Beispiel: Ausgabe des bedruckbaren Blattbereichs sowie der physikalischen Seitenränder im Ausgabefenster.

Binden Sie zunächst die Unit Windows ein:

```
uses windows;
```

Das nächste Problem: Woher bekommen wir einen DC für die GDI-Funktion? Ein *Graphics*-Objekt, mit dem sich ein DC erzeugen lässt, steht uns zu diesem Zeitpunkt nicht zur Verfügung.

Doch ein aufmerksamer Blick in die Online-Hilfe verrät uns, dass die Methode *CreateMeasurementGraphics* doch ein *Graphics*-Objekt zurückgibt, das vom konzeptionellen Ansatz her einem Informationsgerätekontext entspricht. Der mit der Methode *GetDC* erzeugte DC genügt uns für die Abfrage von Eigenschaften des aktuellen Druckers:

```
var g : Graphics;
    dc : HDC;
...
  g := PrintDocument1.PrinterSettings.CreateMeasurementGraphics();
  dc := HDC(g.GetHdc);
  ListBox1.Items.Clear;
  ListBox1.Items.add('Offset X: ' + Single(GetDeviceCaps(dc, PHYSICALOFFSETX)
                    * 25.4 / GetDeviceCaps(dc, LOGPIXELSX)).ToString);
  ListBox1.Items.add('Offset Y: ' + Single(GetDeviceCaps(dc, PHYSICALOFFSETY)
                    * 25.4 / GetDeviceCaps(dc, LOGPIXELSY)).ToString);
  ListBox1.Items.add('Druckbreite: ' + GetDeviceCaps(dc, HORZSIZE).ToString);
  ListBox1.Items.add('Druckhöhe  : ' + GetDeviceCaps(dc, VERTSIZE).ToString);
  g.ReleaseHdc(IntPtr(dc))
```

Hinweis: Die etwas umständliche Rechnerei ist dem Maßsystem unserer amerikanischen Freunde geschuldet.

Die Anzeige in der Listbox:

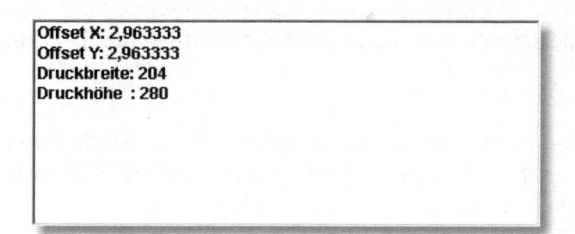

```
Offset X: 2,963333
Offset Y: 2,963333
Druckbreite: 204
Druckhöhe : 280
```

6.2.5 Seitenausrichtung ermitteln

Die Blatt- bzw. Seitenausrichtung können Sie über die Eigenschaft *Landscape* abfragen.

Beispiel:

```
if PrintDocument1.PrinterSettings.DefaultPageSettings.Landscape then   // wenn Querformat
  ...
```

6.2.6 Ermitteln der Farbfähigkeit

Ob Ihr aktuell gewählter Drucker auch in der Lage ist, mehr als nur Schwarz zu Papier zu bringen, lässt sich mit der Eigenschaft *SupportsColor* ermitteln.

Beispiel:

```
if PrintDocument1.PrinterSettings.SupportsColor then
  ...
```

6.2.7 Die Druckauflösung abfragen

Möchten Sie sich über die physikalische Druckauflösung des aktiven Druckers informieren, sollten Sie sich mit der Eigenschaft *PrinterResolution* näher beschäftigen.

Beispiel: Druckauflösung (readonly):

```
ListBox1.Items.add('Auflösung X: ' +
            PrintDocument1.DefaultPageSettings.PrinterResolution.X.ToString);
ListBox1.Items.add('Auflösung Y: ' +
            PrintDocument1.DefaultPageSettings.PrinterResolution.Y.ToString);
```

Hinweis: Die Rückgabewerte entsprechen Punkten pro Zoll (Dots per Inch: dpi).

Alternativ können Sie über die *Kind*-Eigenschaft einen der folgenden Werte abrufen:

Kind	Beschreibung
Custom	Benutzerdefinierte Auflösung
Draft	Auflösung in Entwurfsqualität
High	Hohe Auflösung
Low	Niedrige Auflösung
Medium	Mittlere Auflösung

Beispiel:

```
ListBox1.Items.Add(PrintDocument1.DefaultPageSettings.PrinterResolution.Kind);
```

6.2.8 Ist beidseitiger Druck möglich?

Ob der Drucker duplexfähig ist, d.h., ob er beidseitig drucken kann, ermitteln Sie über die Eigenschaft *CanDuplex*.

Beispiel:

```
if PrintDocument1.PrinterSettings.CanDuplex then
   ...
```

6.2.9 Einen "Informationsgerätekontext" erzeugen

Wer bisher mit GDI-Funktionen gearbeitet hat, dem wird der Begriff "Informationsgerätekontext" sicher nicht unbekannt sein. Der Hintergrund: Bei einem Drucker wird für die Abfrage von Gerätemerkmalen (Auflösung, Seitenränder etc.) häufig ein DC benötigt, der zum Beispiel im Zusammenhang mit der Funktion *GetDeviceCaps* genutzt wird. Dieser DC ist nur für die Abfrage von Werten vorgesehen.

Den DC selbst erhalten Sie nur über einen kleinen Umweg: Mit Hilfe der Methode *CreateMeasurementGraphics* erzeugen Sie zunächst ein *Graphics*-Objekt. Dieses stellt bekanntlich die Methode *GetDC* zur Verfügung.

Beispiel: Erzeugen eines Informationsgerätekontext

```
var g   : Graphics;
    dc  : HDC;
...
  g  := PrintDocument1.PrinterSettings.CreateMeasurementGraphics;
  dc := HDC(g.GetHdc);
  ListBox1.Items.add('Druckbreite: ' + GetDeviceCaps(dc, HORZSIZE).ToString);
  ListBox1.Items.add('Druckhöhe   : ' + GetDeviceCaps(dc, VERTSIZE).ToString);
  g.ReleaseHdc(IntPtr(dc))
```

Hinweis: Vergessen Sie nicht, den DC wieder freizugeben. Das muss innerhalb der aktuellen Ereignisroutine geschehen – Sie können den Wert **nicht** in einer globalen Variablen speichern!

6.2.10 Abfragen von Werten während des Drucks

Statt wie in den vorhergehenden Beispielen mit der *PrintDocument*-Komponente nutzen Sie besser den im *PrintPage*-Ereignis angebotenen Parameter *e*. Über diesen erhalten Sie Zugriff auf die gewünschten Eigenschaften.

Beispiel:

```
procedure TWinForm1.PrintDocument1_PrintPage(sender: System.Object;
                    e: System.Drawing.Printing.PrintPageEventArgs);
...
  MessageBox.Show(e.PageSettings.PaperSize.ToString);
```

6.3 Festlegen von Druckereinstellungen

Nachdem wir im vorhergehenden Abschnitt recht passiv mit den Druckeroptionen umgegangen sind und uns auf das reine Auslesen beschränkt haben, wollen wir uns im Weiteren um das Konfigurieren des Druckers kümmern.

6.3.1 Einen Drucker auswählen

Der wohl erste Schritt, wenn mehr als ein Drucker zur Verfügung steht, ist die Auswahl des Druckers. Zwei Varianten bieten sich an:

- Verwendung der Eigenschaft *PrinterName*
- Verwendung der *PrintDialog*-Komponente (siehe Abschnitt 6.4)

Hinweis: Nach dem Setzen der Eigenschaft bzw. vor dem endgültigen Drucken sollten Sie mit der Eigenschaft *IsValid* überprüfen, ob die Konfiguration auch realisierbar ist.

Beispiel: Setzen der *PrinterName*-Eigenschaft und nachfolgende Prüfung mit *IsValid*

```
PrintDocument1.PrinterSettings.PrinterName := ComboBox1.Text;
if PrintDocument1.PrinterSettings.IsValid then PrintPreviewDialog1.ShowDialog();
```

Beispiel: Verwendung des *QueryPageSettings*-Ereignisses zur Auswahl eines Druckers

```
procedure TWinForm1.PrintDocument1_QueryPageSettings(sender: System.Object;
                      e: System.Drawing.Printing.QueryPageSettingsEventArgs);
begin
  e.PageSettings.PrinterSettings.PrinterName := 'FRITZFax Drucker';
end;
```

6.3.2 Drucken in Millimetern

Sie werden hoffentlich nicht auf die Idee kommen, Zeichnungen in Pixeln auf dem Drucker auszugeben, je nach Modell ist sonst Ihre Grafik mikroskopisch klein oder riesengroß. Bleibt die Frage, wie Sie die Maßeinheit auf Millimeter umstellen können. Die Lösung ist schnell gefunden, über die Eigenschaft *PageUnit* können Sie eine der folgenden Maßeinheiten auswählen:

Konstante	Beschreibung
Display	Eine Einheit entspricht 1/75 Zoll.
Document	Eine Einheit entspricht 1/300 Zoll.
Inch	Eine Einheit entspricht 1 Zoll.
Millimeter	Eine Einheit entspricht einem Millimeter.

Konstante	Beschreibung
Pixel	Eine Einheit entspricht einem Gerätepixel.
Point	Eine Einheit entspricht 1/72 Zoll (Point).

Beispiel: Setzen der Maßeinheit im *PrintPage*-Ereignis

```
procedure TWinForm1.PrintDocument1_PrintPage(sender: System.Object;
                            e: System.Drawing.Printing.PrintPageEventArgs);
begin
   e.Graphics.PageUnit := GraphicsUnit.Millimeter;
   e.Graphics.FillRectangle(SolidBrush.Create(Color.Blue), 30, 30, 100, 100);
...
```

6.3.3 Festlegen der Seitenränder

Tja, welche Ränder meinen wir denn? Geht es um Seitenränder wie zum Beispiel in MS Word, nutzen Sie die Eigenschaft *Margins*. Allerdings bedeutet das Festlegen per Code oder mit Hilfe der Dialogbox *PageSetupDialog* noch lange nicht, dass diese Ränder auch zwingend eingehalten werden. Dafür sind Sie im *PrintPage*-Ereignis selbst verantwortlich.

Die folgende Abbildung soll Ihnen die Problematik verdeutlichen. In jedem der drei Fälle werden, beginnend mit der Koordinate 0,0 (linke obere Ecke), Zufallslinien gezeichnet, die maximal die Abmessungen des Blattes erreichen.

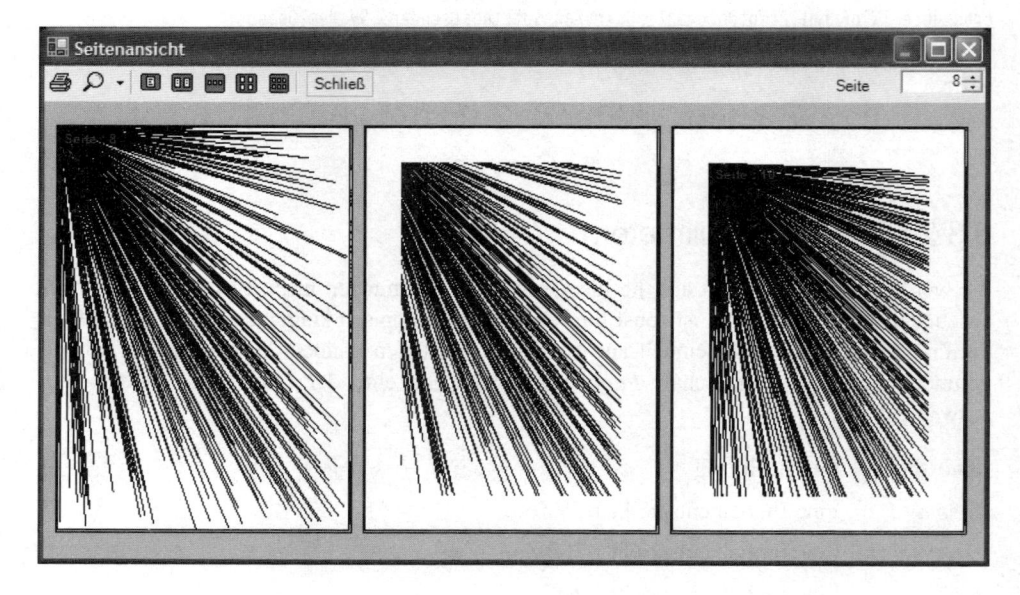

6.3 Festlegen von Druckereinstellungen

Beispiel: Die eingestellten Seitenränder (100,100,100,100) werden vollkommen ignoriert

```
c.PageUnit := GraphicsUnit.Display;
for i := 0 to 300 do
  c.DrawLine(p, 0, 0, Rnd.Next(e.PageBounds.Width), rnd.Next(e.PageBounds.Height));
```

Beispiel: Die eingestellten Seitenränder werden durch Verwendung eines Clipping-Bereichs berücksichtigt

```
c.DrawString('Zufallslinien mit Clipping',
   System.Drawing.Font.Create('Arial', 10, FontStyle.Bold, GraphicsUnit.Millimeter),
   Brushes.White, 70, 50);
c.PageUnit := GraphicsUnit.Display;
c.SetClip(e.MarginBounds);
for i := 0 to 300 do
  c.DrawLine(p, 0, 0, Rnd.Next(e.PageBounds.Width), rnd.Next(e.PageBounds.Height));
```

Beispiel: Auch der Koordinatenursprung wird an die richtige Position gebracht

```
c.PageUnit := GraphicsUnit.Display;
c.SetClip(e.MarginBounds);
c.TranslateTransform(e.MarginBounds.Left, e.MarginBounds.Top);
for i := 0 to 300 do
  c.DrawLine(p, 0, 0, Rnd.Next(e.PageBounds.Width), rnd.Next(e.PageBounds.Height));
```

Damit brauchen Sie sich beim Zeichnen eigentlich nur noch um die Breite und Höhe des bedruckbaren Bereichs (*e.MarginBounds.Width* bzw. *e.MarginBounds.Height*) zu kümmern, die linke obere Ecke ist bereits korrekt gesetzt.

Hinweis: Die Eigenschaft *Margins* hebt natürlich keine physikalischen Grenzen auf. Wenn der Drucker einen entsprechenden Offset aufweist, müssen Sie diesen auch berücksichtigen (siehe Abschnitt 6.2.4).

6.3.4 Druckjobname

Was im Normalfall eher sekundär ist, kann in Netzwerk- bzw. Multiuser-Umgebungen für mehr Übersicht sorgen. Über die Eigenschaft *DocumentName* können Sie vor dem Drucken einen aussagekräftigen Druckjobnamen festlegen, der im Druckerspooler angezeigt wird.

Beispiel:

```
PrintDocument1.DocumentName := 'Mein erster Delphi.NET-Druckversuch';
```

6.3.5 Anzahl der Kopien

Die Anzahl der Druckkopien kann zum einen mit Hilfe des Dialogs *PrintDialog*, zum anderen auch per Code festgelegt werden. Nutzen Sie die Eigenschaft *Copies*.

Beispiel:

```
PrintDocument1.PrinterSettings.Copies := 3;
```

Hinweis: Mit *MaximumCopies* können Sie einen Maximalwert für die Druckdialoge vorgeben!

Beispiel:

```
PrintDocument1.PrinterSettings.MaximumCopies := 5;
```

6.3.6 Beidseitiger Druck

Geht es um das beidseitige Bedrucken von Papier, was auch aus ökologischer Sicht sicherlich begrüßenswert ist, müssen Sie sich zunächst vergewissern, dass der Drucker auch über dieses Feature verfügt (siehe Abschnitt 6.2.8). Nachfolgend können Sie über die *Duplex*-Eigenschaft den gewünschten Wert einstellen.

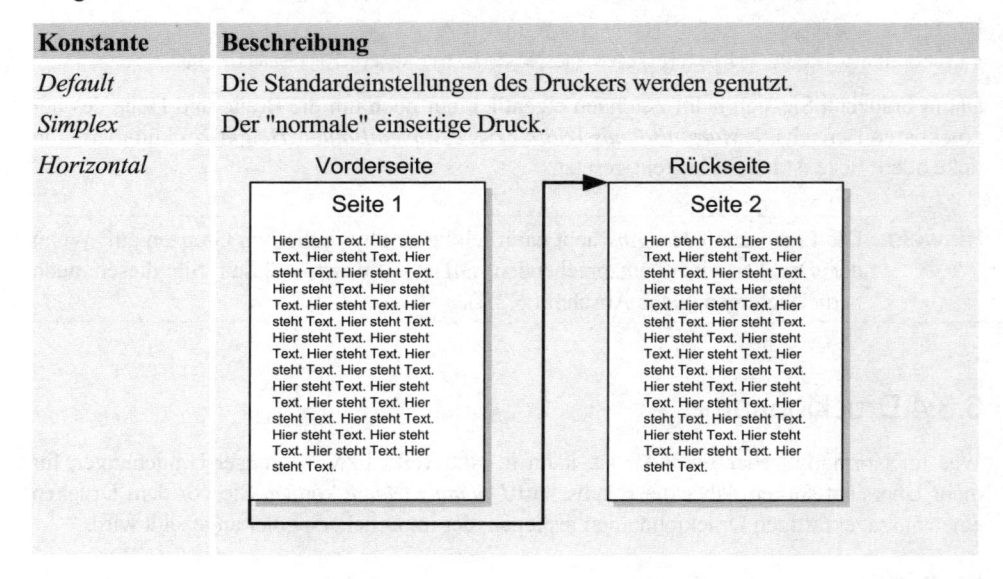

Konstante	Beschreibung
Default	Die Standardeinstellungen des Druckers werden genutzt.
Simplex	Der "normale" einseitige Druck.
Horizontal	Vorderseite → Rückseite (Seite 1 → Seite 2)

6.3 Festlegen von Druckereinstellungen

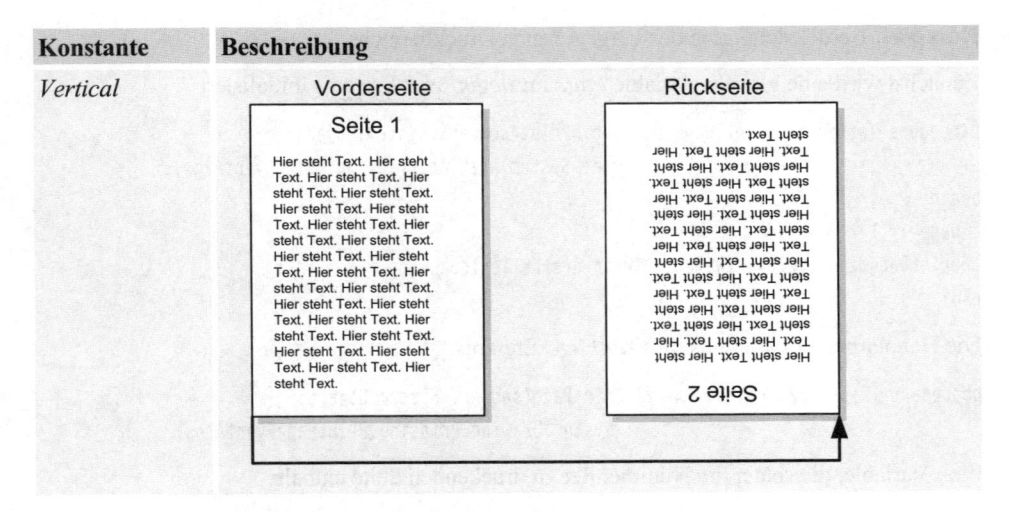

Konstante	Beschreibung
Vertical	Vorderseite / Rückseite (Seite 1 aufrecht, Seite 2 auf dem Kopf stehend auf der Rückseite)

Beispiel: Einstellen der *Duplex*-Eigenschaft

```
PrintDocument1.PrinterSettings.Duplex := Duplex.Horizontal;
```

6.3.7 Seitenzahlen festlegen

Die Überschrift dürfte auf den ersten Blick etwas missverständlich klingen, da Sie doch selbst über den zu druckenden Inhalt entscheiden. Wenn Sie sich jedoch an den Druckerdialog erinnern, sind dort auch Optionen für die Seitenauswahl möglich:

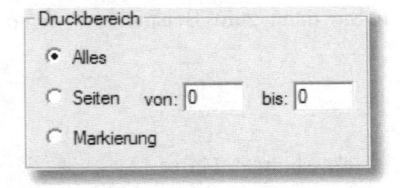

Wie bereits angekündigt, ist gerade diese Option ein nicht ganz leicht verdaulicher Brocken.

Zunächst einmal unterscheiden Sie die drei gewählten Optionen (*Alles*, *Seiten* und *Markierung*) mit Hilfe der folgenden Konstanten über die *PrintRange*-Eigenschaft.

Konstante	Beschreibung
AllPages	Alle Seiten drucken.
Selection	Die ausgewählte Seite drucken (was auch immer das sein mag).
SomePages	Die Seiten zwischen *FromPage* und *ToPage* sollen gedruckt werden.

Beispiel: Berücksichtigung des vorgegebenen Druckbereichs

Zunächst wird eine globale Variable *Page* im *BeginPrint*-Ereignis initialisiert

```
procedure TWinForm2.PrintDocument1_BeginPrint(sender: System.Object;
                                 e: System.Drawing.Printing.PrintEventArgs);
begin
  page := 1;
  PrintDocument1.DocumentName := 'Mein erstes Testdokument ';
end;
```

Die Hauptarbeit erwartet uns im *PrintPage*-Ereignis:

```
procedure TWinForm2.PrintDocument1_PrintPage(sender: System.Object;
                                 e: System.Drawing.Printing.PrintPageEventArgs);
```

Eine Variable, die später die Nummer der zu druckenden Seite enthält:

```
var printPage, i : Integer;
```

Die Berücksichtigung des Druckbereichs:

```
  case e.PageSettings.PrinterSettings.PrintRange of
    PrintRange.SomePages : printPage := page + e.PageSettings.PrinterSettings.FromPage - 1;
    PrintRange.AllPages  : printPage := page;
    PrintRange.Selection : begin end;
  end;
```

Wie Sie sehen, wird die aktuell zu druckende Seite je nach *PrintRange* bestimmt.

Im weiteren Verlauf können Sie dann zum Beispiel mit *Select Case* die jeweilige Seite aufbereiten:

```
  case printPage of
    1 : begin
         c.FillRectangle(SolidBrush.Create(Color.Blue), 30, 30, 100, 100);
         c.FillRectangle(SolidBrush.Create(Color.Green), 40, 40, 100, 100);
         ...
    2 : begin
         ...
```

Doch auch die Feststellung, ob weitere Seiten zu drucken sind, muss jetzt unter Berücksichtigung des Druckbereichs getroffen werden:

```
...
Inc(page);
// Berücksichtigung des Druckbereichs
case e.PageSettings.PrinterSettings.PrintRange of
     PrintRange.SomePages :
```

```
                e.HasMorePages := (printPage < e.PageSettings.PrinterSettings.ToPage);
       PrintRange.AllPages :
                e.HasMorePages := page < 12;
       PrintRange.Selection :
                begin end;
end;
...
```

Noch einmal zusammengefasst: Ist *PrintRange* auf *SomePages* eingestellt, drucken Sie statt der ersten Seite gleich den Inhalt der mit *FromPage* festgelegten Seite. Der Druckvorgang wird so lange wiederholt, bis *ToPage* erreicht ist.

Hinweis: Über die Eigenschaften *MinimumPage* und *MaximumPage* können Sie maximale Grenzen für die Auswahl des Druckbereichs festlegen.

Beispiel: Druckbereich maximal von Seite 1 bis Seite 10

```
PrintDocument1.PrinterSettings.MinimumPage := 1;
PrintDocument1.PrinterSettings.MaximumPage := 10;
```

6.3.8 Druckqualität

Unter diesem Punkt verstehen wir zum einen die Einstellung der dpi-Zahl des Druckers, zum anderen die Optionen bei der Ausgabe von Grafiken (*Antialiasing, CompositingQuality*).

Beispiel: Setzen der Druckauflösung (es wird die zweite verfügbare Auflösung verwendet)

```
PrintDocument1.DefaultPageSettings.PrinterResolution :=
                        PrintDocument1.PrinterSettings.PrinterResolutions[2];
```

Beispiel: Verbessern der Textausgabequalität

```
e.Graphics.TextRenderingHint := System.Drawing.Text.TextRenderingHint.AntiAlias;
```

6.4 Die Druckdialoge

Im Folgenden wollen wir Ihnen kurz die wesentlichen Druckdialoge und deren wichtigste Parameter im Zusammenspiel mit der Druckausgabe vorstellen.

6.4.1 PrintDialog

Der wohl jedem bekannte Standarddruckdialog wird mit der Komponente *PrintDialog* eingebunden.

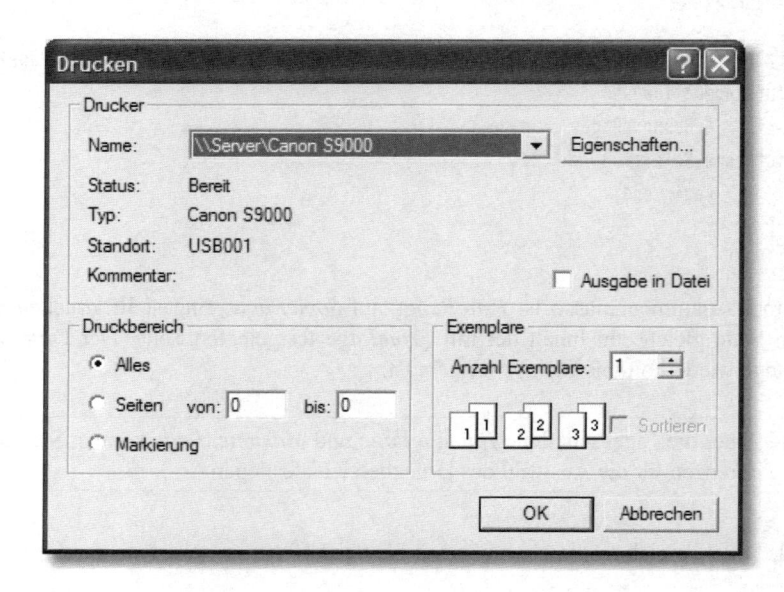

Die Komponente selbst können Sie mittels *Document*-Eigenschaft direkt an eine *PrintDocument*-Komponente binden. Alle gewählten Parameter werden automatisch an *PrintDocument* übergeben.

Eigenschaft	Beschreibung
AllowPrintToFile	... aktiviert das Kontrollkästchen "Ausgabe in Datei".
AllowSelection	... aktiviert das Optionsfeld "Seiten von ... bis ... ".
AllowSomePages	... aktiviert das Optionsfeld "Seiten".
ShowHelp	... aktiviert die Schaltfläche "Hilfe".
ShowNetwork	... aktiviert die Schaltfläche "Netzwerk" (nur in der Theorie).
PrinterSettings	... damit können Sie Standardwerte vorgeben sowie die Einstellungen des Dialogfelds abfragen.
PrintToFile	... fragt den Wert des Kontrollkästchens "Ausgabe in Datei" ab.

Beispiel: Anzeige des Dialogs und Abfrage des gewählten Druckers

```
if PrintDialog1.ShowDialog = System.Windows.Forms.DialogResult.OK then
  System.Windows.Forms.MessageBox.Show(PrintDialog1.PrinterSettings.PrinterName, 'Hinweis',
                         MessageBoxButtons.OK, MessageBoxIcon.Exclamation);
```

6.4.2 PageSetupDialog

Neu für den Delphi-Programmierer dürfte der folgende Dialog sein, mit dem Sie einen Menüpunkt "Seite einrichten" realisieren können.

6.4 Die Druckdialoge

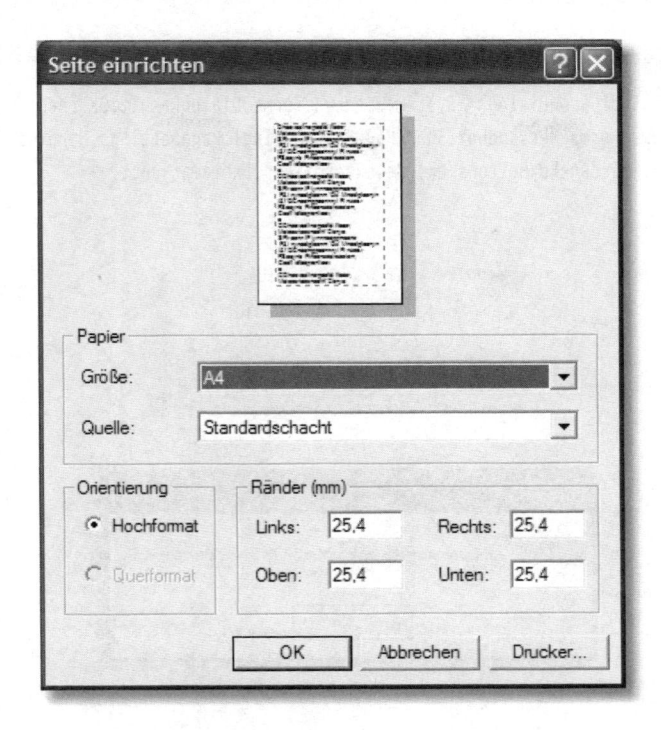

Auch diese *PageSetupDialog*-Komponente können Sie mittels *Document*-Eigenschaft direkt an eine *PrintDocument*-Komponente binden, um die eingestellten Parameter automatisch zu übernehmen.

Eigenschaft	Beschreibung
AllowMargins	... aktiviert den Bereich "Ränder (mm)".
AllowOrientation	... aktiviert den Bereich "Orientierung".
AllowPaper	... aktiviert den Bereich "Papier".
AllowPrinter	... aktiviert die Schaltfläche "Drucker...".
ShowHelp	... aktiviert die Schaltfläche "Hilfe".
MinMargins	... legt die minimalen Werte für die Ränder fest.
PageSettings *PrinterSettings*	... damit können Sie Standardwerte vorgeben bzw. die geänderten Werte abfragen.

Hinweis: Über das Ereignis *HelpRequest* können Sie auf den Button "Hilfe" reagieren!

Beispiel: Aufruf der Dialogbox und Anzeige der neu gesetzten Ränder

```
if PageSetupDialog1.ShowDialog = System.Windows.Forms.DialogResult.OK then
  System.Windows.Forms.MessageBox.Show(PageSetupDialog1.PageSettings.Margins.ToString,
    'Hinweis', MessageBoxButtons.OK, MessageBoxIcon.Exclamation);
```

Das Ergebnis:

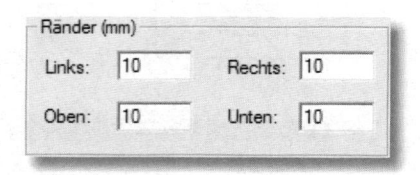

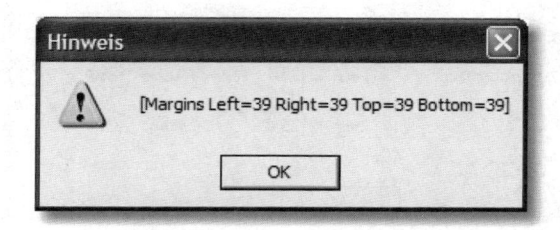

Probleme mit den Rändern

Doch wo es viel Licht gibt, da ist auch Schatten, ein kleiner Bug hat sich in die Komponente eingeschlichen, der wahrscheinlich nur in den lokalisierten Varianten von .NET auftritt:

Hinweis: Die Werte der eingestellten Ränder stimmen nicht mit den Werten der Eigenschaft *Margins* überein (aus einem Zoll Vorgabewert werden in der Anzeige 10 Millimeter und aus diesen wiederum korrekte 0,39 Zoll). Eine fragwürdige Umrechnung.

Deshalb der folgende Workaround:

Rufen Sie **vor** dem Aufruf der Dialogbox jedes Mal die folgenden Anweisungen auf.

```
PageSetupDialog1.PageSettings.Margins.Left :=
    Round(PageSetupDialog1.PageSettings.Margins.Left * 2.54);
PageSetupDialog1.PageSettings.Margins.Top :=
    Round(PageSetupDialog1.PageSettings.Margins.Top * 2.54);
PageSetupDialog1.PageSettings.Margins.Right :=
    Round(PageSetupDialog1.PageSettings.Margins.Right * 2.54);
PageSetupDialog1.PageSettings.Margins.Bottom :=
    Round(PageSetupDialog1.PageSettings.Margins.Bottom * 2.54);
PageSetupDialog1.ShowDialog;
```

6.4 Die Druckdialoge

Nach dem Aufruf stehen Ihnen die Seitenränder wieder in der korrekten 1/100-Zoll-Angabe zur Verfügung. Beachten Sie jedoch, dass mit eventuellen Service-Packs dieses Problem zwischenzeitlich von Microsoft korrigiert sein könnte!

6.4.3 PrintPreviewDialog

Im Grunde ist die Verwendung des *PrintPreviewDialog* recht simpel. Nach dem Einfügen der Komponente brauchen Sie diese lediglich über die *Documents*-Eigenschaft mit der *PrintDocument*-Komponente verknüpfen und die Methode *ShowDialog* aufrufen.

Bis auf die Eigenschaft *UseAntialias* (Verbessern der Anzeigequalität) können Sie kaum weitere Einstellungen vornehmen. Die Ausnahme stellt die Eigenschaft *PrintPreviewControl* dar, mit der Sie direkt das Aussehen und Verhalten der Vorschau beeinflussen können.

Beispiel: Gleichzeitige Anzeige von zehn Seiten

```
PrintPreviewDialog1.PrintPreviewControl.Rows := 2;
PrintPreviewDialog1.PrintPreviewControl.Columns := 5;
PrintPreviewDialog1.ShowDialog;
```

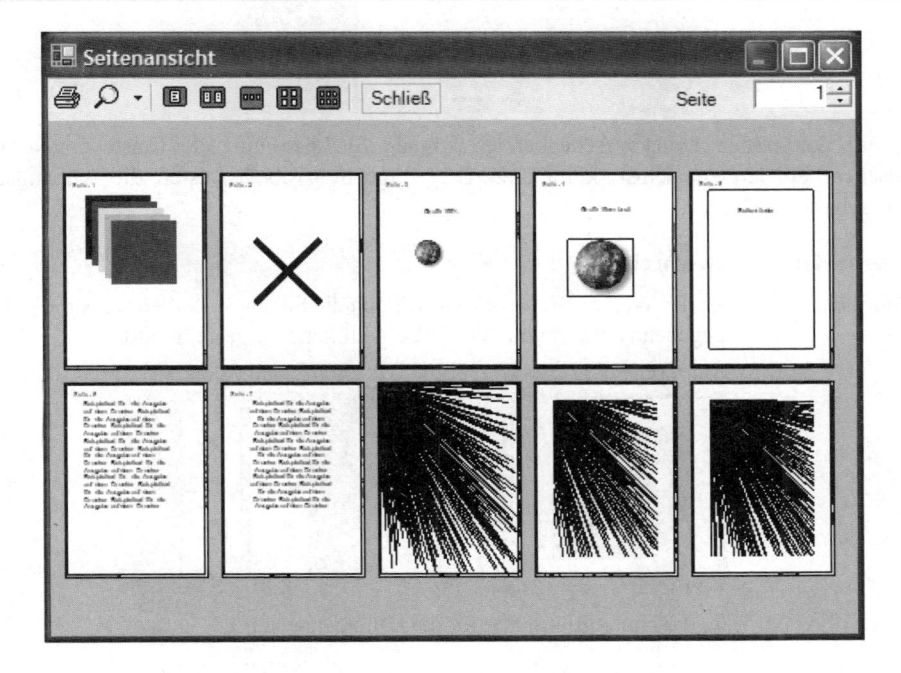

Hinweis: Mehr zur Konfiguration und Verwendung der *PrintPreviewControl*-Komponente finden Sie im Abschnitt 6.4.4.

Weiterhin dürfte die Eigenschaft *WindowState* in Zusammenhang mit der Anzeige der Dialogbox von Interesse sein. Hiermit steuern Sie die Art der Anzeige (Vollbild etc.).

Beispiel: Vollbildanzeige aktivieren

```
PrintPreviewDialog1.WindowState := FormWindowState.Maximized;
PrintPreviewDialog1.ShowDialog;
```

6.4.4 Ein eigenes Druckvorschau-Fenster realisieren

Wem die *PrintPreview*-Komponente zu wenig Eingriffsmöglichkeiten bietet, der kann sich mit der *PrintPreviewControl*-Komponente seine eigene Druckvorschau zusammenbauen.

Bis auf den reinen Druckvorschaubereich können Sie sich um alle Einstellungen und optischen Spielereien selbst kümmern. Die folgende Tabelle listet die wichtigsten Eigenschaften auf:

Eigenschaft	Beschreibung
AutoZoom	Ist der Wert auf *True* gesetzt, werden die Seiten so skaliert, dass die vorgegebene Anzahl von Seiten flächenfüllend dargestellt wird. *AutoZoom = False* *AutoZoom = True*
BackColor	... die Hintergrundfarbe für die Druckvorschau.
Columns	... die Anzahl von Spalten, d.h., wie viele Seiten nebeneinander dargestellt werden.
Rows	... die Anzahl von Zeilen, d.h., wie viele Seiten untereinander dargestellt werden.
Document	... die Verknüpfung zum *PrintDocument*-Objekt.

6.5 Komplexbeispiel für die Printer-Komponenten

Eigenschaft	Beschreibung
StartPage	... die Seitenzahl der linken oberen Seite. Durch Verändern dieses Wertes können Sie die weiteren Seiten anzeigen.
Zoom	... legt explizit einen Zoomfaktor fest.

Wie Sie die *PrintPreviewControl*-Komponente im Zusammenhang verwenden, zeigt Ihnen das folgende Komplexbeispiel, das Sie auch auf der Buch-CD finden.

6.5 Komplexbeispiel für die Printer-Komponenten

Das Ziel des folgenden Beispielprogramms ist eine umfassende Darstellung über das Zusammenspiel der einzelnen Drucker-Komponenten sowie deren Konfiguration per Code bzw. per Dialogbox. Auf eine umfassende Fehlerbehandlung wurde bewusst verzichtet, um Ihnen Schwachpunkte innerhalb des Druckkonzepts besser zu verdeutlichen.

6.5.1 Oberfläche (Hauptformular WinForm1)

Entwerfen Sie eine Oberfläche entsprechend folgender Abbildung:

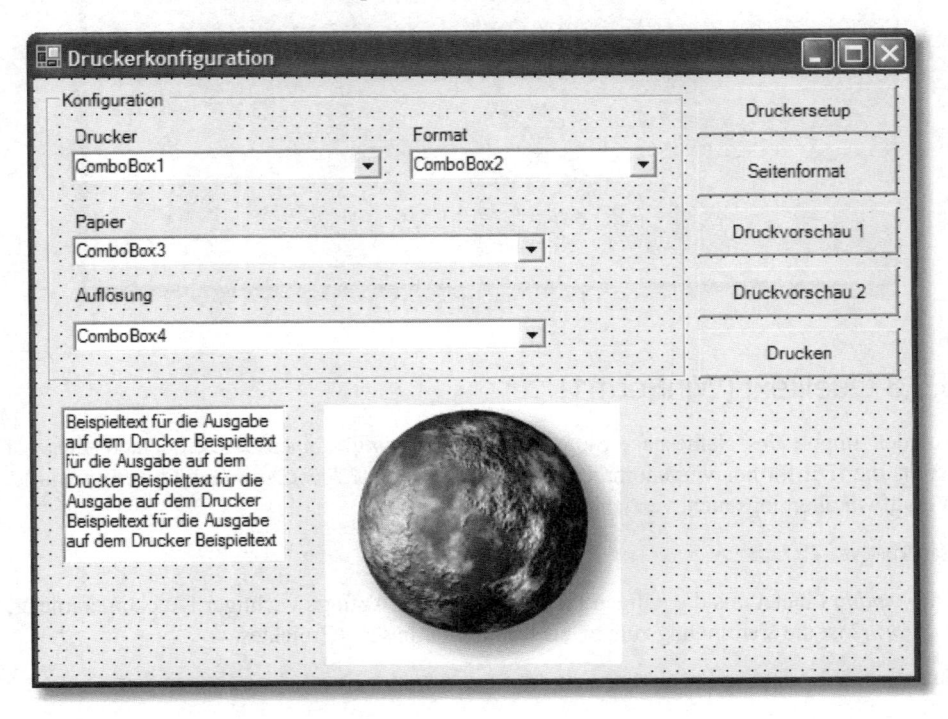

Sowohl die *TextBox* als auch die *PictureBox* dienen uns lediglich als Container für einen zu druckenden Text bzw. eine zu druckende Grafik.

Verknüpfen Sie die vier nicht sichtbaren Komponenten (siehe unterer Bildrand) über die *Documents*-Eigenschaft mit *PrintDocument1*.

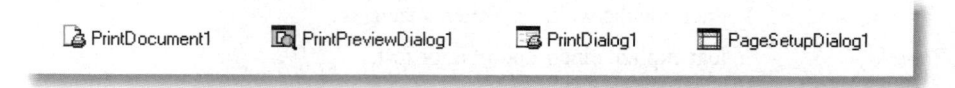

PrintDocument1   PrintPreviewDialog1   PrintDialog1   PageSetupDialog1

6.5.2 Oberfläche (Druckvorschau WinForm2)

Mit der folgenden Oberfläche wollen wir keinen Schönheitspreis gewinnen, es geht lediglich um die Darstellung des Grundprinzips. Welche Komponenten Sie für die Oberflächengestaltung nutzen, bleibt Ihrer Fantasie überlassen.

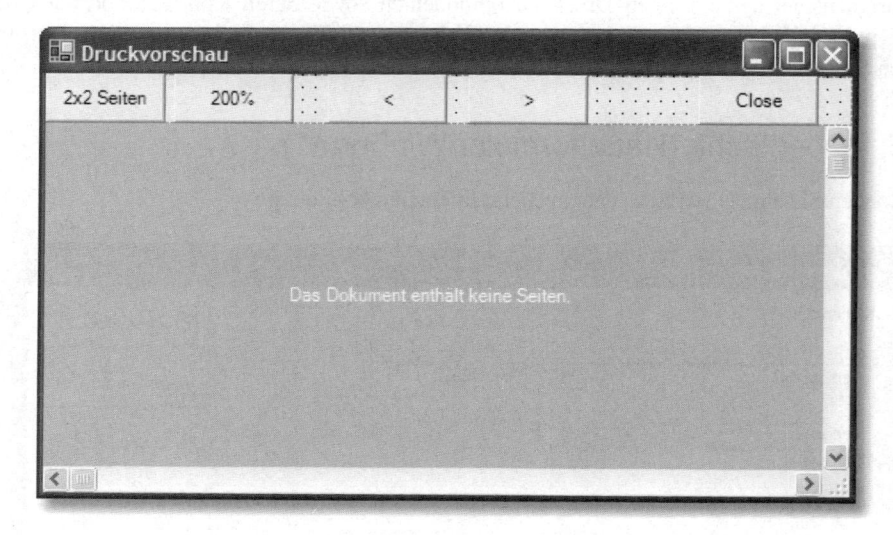

6.5.3 Quelltext (WinForm1)

Auf den Import des Namespace *System.Drawing.Printing* können wir verzichten, dies hat bereits die IDE für uns vorgenommen, als die Komponente *PrintDocument* eingefügt wurde. Worauf wir allerdings nicht verzichten können:

```
uses windows, WinForm2;
```

Unit *windows* bietet uns die nötigen Funktionen für die Abfrage wichtiger Druckerparameter, *WinForm2* ist die Verbindung zum zweiten Formular unseres Projektes.

Eine globale Variable erleichtert uns die Anzeige bzw. den Druck der richtigen Seite:

```
var page : Integer;
```

6.5 Komplexbeispiel für die Printer-Komponenten

Die folgende Routine aktualisiert die Comboboxen nach Änderungen über die Standarddialoge:

```
procedure TWinForm1.aktualisieren();
var i : Integer;
begin
```

Der aktuelle Drucker:

```
ComboBox1.Text := PrintDocument1.PrinterSettings.PrinterName;
```

Die Seitenausrichtung:

```
if PrintDocument1.DefaultPageSettings.Landscape then
  ComboBox2.SelectedIndex := 0
else
  ComboBox2.SelectedIndex := 1;
```

Die verschiedenen Papierformate:

```
ComboBox3.Items.Clear;
for i := 0 to PrintDocument1.PrinterSettings.PaperSizes.Count -1 do
     ComboBox3.Items.Add(PrintDocument1.PrinterSettings.PaperSizes[i]);
ComboBox3.Text := PrintDocument1.DefaultPageSettings.PaperSize.ToString;
```

Die Druckauflösung:

```
ComboBox4.Items.Clear;
for i := 0 to PrintDocument1.PrinterSettings.PrinterResolutions.Count -1 do
        ComboBox4.Items.Add(PrintDocument1.PrinterSettings.PrinterResolutions[i]);
ComboBox4.Text := PrintDocument1.DefaultPageSettings.PrinterResolution.ToString;
end;
```

Beim Programmstart füllen wir zunächst die *ComboBox1* mit den Namen der verfügbaren Drucker und aktualisieren die Anzeige:

```
constructor TWinForm1.Create;
var i : Integer;
begin
  inherited Create;
  InitializeComponent;
  for i := 0 to PrinterSettings.InstalledPrinters.Count -1 do
              ComboBox1.Items.Add(PrinterSettings.InstalledPrinters[i]);
  ComboBox2.Items.Add('Hochformat');
  ComboBox2.Items.Add('Querformat');
  aktualisieren();
end;
```

Die Anzeige des Standard-Druckerdialogs:

```
procedure TWinForm1.Button1_Click(sender: System.Object; e: System.EventArgs);
begin
  PrintDialog1.ShowDialog;
  aktualisieren;
end;
```

Das Einrichten der Seite (Fehler bei der Umrechnung beachten):

```
procedure TWinForm1.Button2_Click(sender: System.Object; e: System.EventArgs);
begin
    PageSetupDialog1.PageSettings.Margins.Left :=
          Round(PageSetupDialog1.PageSettings.Margins.Left * 2.54);
    PageSetupDialog1.PageSettings.Margins.Top :=
          Round(PageSetupDialog1.PageSettings.Margins.Top * 2.54);
    PageSetupDialog1.PageSettings.Margins.Right :=
          Round(PageSetupDialog1.PageSettings.Margins.Right * 2.54);
    PageSetupDialog1.PageSettings.Margins.Bottom :=
          Round(PageSetupDialog1.PageSettings.Margins.Bottom * 2.54);
    PageSetupDialog1.ShowDialog;
    aktualisieren;
end;
```

Start des Druckvorgangs bzw. der Druckvorschau:

```
procedure TWinForm1.PrintDocument1_BeginPrint(sender: System.Object;
                                   e: System.Drawing.Printing.PrintEventArgs);
begin
  page := 1;
  PrintDocument1.DocumentName := 'Mein erstes Testdokument ';
end;
```

Das eigentliche Drucken der Seiten:

```
procedure TWinForm1.PrintDocument1_PrintPage(sender: System.Object;
                               e: System.Drawing.Printing.PrintPageEventArgs);
var p : Pen;
    c : Graphics;
```

Die aktuell zu druckende Seite:

```
    printPage, i : Integer;
    rect         : RectangleF;
    format       : StringFormat;
    rnd          : System.Random;
    mydc         : IntPtr;
```

6.5 Komplexbeispiel für die Printer-Komponenten

Einen Pen definieren:

```
begin
  p := Pen.Create(System.Drawing.Color.Black, 1);
```

Eine Variable für den einfacheren Zugriff auf das *Graphics*-Objekt:

```
c := e.Graphics;
rnd := System.Random.Create;
```

Umschalten in Millimeter:

```
c.PageUnit := GraphicsUnit.Millimeter;
```

Berücksichtigung des Druckbereichs:

```
case e.PageSettings.PrinterSettings.PrintRange of
  PrintRange.SomePages : printPage := page + e.PageSettings.PrinterSettings.FromPage - 1;
  PrintRange.AllPages  : printPage := page;
  PrintRange.Selection : begin end;
end;
```

Drucken der jeweiligen Seite:

```
case printPage of
  1 : begin
```

Ein paar Rechtecke (10 x 10 cm):

```
        c.FillRectangle(SolidBrush.Create(Color.Blue), 30, 30, 100, 100);
        c.FillRectangle(SolidBrush.Create(Color.Green), 40, 40, 100, 100);
        c.FillRectangle(SolidBrush.Create(Color.Yellow), 50, 50, 100, 100);
        c.FillRectangle(SolidBrush.Create(Color.Cyan), 60, 60, 100, 100);
        c.FillRectangle(SolidBrush.Create(Color.Red), 70, 70, 100, 100);
      end;
  2 : begin
```

Einige Linien auf Seite 2:

```
        c.DrawLine(Pen.Create(Color.Black, 10), 50, 100, 150, 200);
        c.DrawLine(Pen.Create(Color.Black, 10), 50, 200, 150, 100);
      end;
```

Ausgabe der Grafik in Originalgröße:

```
  3 : begin
        c.DrawString('Grafik 100%', System.Drawing.Font.Create('Arial', 10,
                     FontStyle.Bold, GraphicsUnit.Millimeter), Brushes.Black, 70, 50);
        c.DrawImage(PictureBox1.Image, 50, 100);
      end;
```

Skalieren der Grafik auf 10 cm Breite:

```
4 : begin
        c.DrawString('Grafik 10cm breit', System.Drawing.Font.Create('Arial', 10,
                    FontStyle.Bold, GraphicsUnit.Millimeter), Brushes.Black, 70, 50);
        c.DrawImage(PictureBox1.Image, 50, 100, 100, PictureBox1.Image.Height * 100 div
                    PictureBox1.Image.Width);
        c.DrawRectangle(Pen.Create(Color.Black, 0.1), 50, 100, 100,
                    PictureBox1.Image.Height * 100 div PictureBox1.Image.Width);
    end;
```

Anzeige der Seitenränder:

```
5 : begin
        c.DrawString('Seitenränder', System.Drawing.Font.Create('Arial', 10,
                    FontStyle.Bold, GraphicsUnit.Millimeter), Brushes.Black, 70, 50);
        c.PageUnit := GraphicsUnit.Display;
        c.DrawRectangle(Pen.Create(Color.Black), e.MarginBounds);
        c.PageUnit := GraphicsUnit.Millimeter;
    end;
```

Ausgabe von Text (linksbündig):

```
6 : begin
        rect := RectangleF(e.MarginBounds);
        c.PageUnit := GraphicsUnit.Display;
        c.DrawString(TextBox1.Text, System.Drawing.Font.Create('Arial', 10,
                    FontStyle.Bold, GraphicsUnit.Millimeter), Brushes.Black, rect);
        c.PageUnit := GraphicsUnit.Millimeter;
    end;
```

Ausgabe von Text (zentriert):

```
7 : begin
        format := StringFormat.Create;
        format.Alignment := StringAlignment.Center;
        rect := RectangleF(e.MarginBounds);
        c.PageUnit := GraphicsUnit.Display;
        c.DrawString(TextBox1.Text, System.Drawing.Font.Create('Arial', 10,
               FontStyle.Bold, GraphicsUnit.Millimeter), Brushes.Black, Rect, format);
        c.PageUnit := GraphicsUnit.Millimeter;
    end;
```

Ausgabe von Linien über den gesamten Blattbereich:

```
8 : begin
        c.DrawString('Zufallslinien ohne Clipping', System.Drawing.Font.Create('Arial',
```

6.5 Komplexbeispiel für die Printer-Komponenten

```
            10, FontStyle.Bold, GraphicsUnit.Millimeter), Brushes.White, 70, 50);
    c.PageUnit := GraphicsUnit.Display;
    for i := 0 to 500 do
      c.DrawLine(p, 0, 0, Rnd.Next(e.PageBounds.Width),
                                    rnd.Next(e.PageBounds.Height));
  end;
```

Hinweis: Vergleichen Sie den Ausdruck mit der Druckvorschau, werden Sie feststellen, dass die Druckvorschau die physikalischen Seitenränder nicht berücksichtigt.

Berücksichtigung der Seitenränder bei der Druckausgabe:

```
  9 : begin
        c.DrawString('Zufallslinien mit Clipping', System.Drawing.Font.Create('Arial',
            10, FontStyle.Bold, GraphicsUnit.Millimeter), Brushes.White, 70, 50);
        c.PageUnit := GraphicsUnit.Display;
        c.SetClip(e.MarginBounds);
        for i := 0 to 500 do
          c.DrawLine(p, 0, 0, Rnd.Next(e.PageBounds.Width),
                                        rnd.Next(e.PageBounds.Height));
      end;
```

Berücksichtigung der Seitenränder sowie Verschieben des Offsets bei der Druckausgabe:

```
 10 : begin
        c.PageUnit := GraphicsUnit.Display;
        c.SetClip(e.MarginBounds);
        c.TranslateTransform(e.MarginBounds.Left, e.MarginBounds.Top);
        for i := 0 to 500 do
          c.DrawLine(p, 0, 0, Rnd.Next(e.PageBounds.Width),
                                        rnd.Next(e.PageBounds.Height));
      end;
```

GDI-Grafikausgabe:

```
 11 : begin
        mydc := e.Graphics.GetHdc;
        SetMapMode(HDC(mydc), MM_LOMETRIC);
        Rectangle(HDC(mydc), 100, -100, 1100, -1100);
        e.Graphics.ReleaseHdc(mydc)
      end;
```

Seitennummer einblenden:

```
c.DrawString('Seite : ' + printPage.ToString, System.Drawing.Font.Create('Arial',
             10, FontStyle.Bold, GraphicsUnit.Millimeter), Brushes.Red, 10, 10);
```

Vorbereiten der nächsten Seite:

```
inc(page);
```

Berücksichtigung des Druckbereichs:

```
case e.PageSettings.PrinterSettings.PrintRange of
  PrintRange.SomePages : e.HasMorePages :=
                         (printpage < e.PageSettings.PrinterSettings.ToPage);
  PrintRange.AllPages  : e.HasMorePages := page < 12;
  PrintRange.Selection : begin end;
  end;
end;
```

Aktuellen Drucker wechseln:

```
procedure TWinForm1.ComboBox1_SelectedIndexChanged(sender: System.Object;
                                                   e: System.EventArgs);
begin
  PrintDocument1.PrinterSettings.PrinterName := ComboBox1.Text;
  aktualisieren;
end;
```

Seitenausrichtung ändern:

```
procedure TWinForm2.ComboBox2_SelectedIndexChanged(sender: System.Object;
                                                   e: System.EventArgs);
begin
  PrintDocument1.DefaultPageSettings.Landscape := (ComboBox2.SelectedIndex = 0);
  aktualisieren;
end;
```

Papierformat ändern:

```
procedure TWinForm2.ComboBox3_SelectedIndexChanged(sender: System.Object;
                                                   e: System.EventArgs);
begin
  PrintDocument1.DefaultPageSettings.PaperSize :=
            PrintDocument1.PrinterSettings.PaperSizes[ComboBox3.SelectedIndex];
end;
```

6.5 Komplexbeispiel für die Printer-Komponenten

Druckauflösung ändern:

```
procedure TWinForm1.ComboBox4_SelectedIndexChanged(sender: System.Object;
                                                  e: System.EventArgs);
begin
  PrintDocument1.DefaultPageSettings.PrinterResolution :=
        PrintDocument1.PrinterSettings.PrinterResolutions[ComboBox4.SelectedIndex];
end;
```

Druckvorschau anzeigen (Vollbild):

```
procedure TWinForm1.Button3_Click(sender: System.Object; e: System.EventArgs);
begin
   PrintPreviewDialog1.WindowState := FormWindowState.Maximized;
   PrintPreviewDialog1.ShowDialog;
end;
```

Die eigene Druckvorschau anzeigen:

```
procedure TWinForm1.Button4_Click(sender: System.Object; e: System.EventArgs);
var f2 : TWinForm2;
begin
   f2 := TWinForm2.Create;
   f2.PrintPreviewControl1.Document := PrintDocument1;
   f2.ShowDialog;
end;
```

Den "echten" Druckvorgang starten:

```
procedure TWinForm1.Button5_Click(sender: System.Object; e: System.EventArgs);
begin
   PrintDocument1.Print;
end;
```

6.5.4 Quelltext (WinForm2)

Im Formular *WinForm2* geht es im Wesentlichen um die Konfiguration der *PrintPreview-Control*-Komponente.

Die Navigation zwischen den Seiten:

```
procedure TWinForm2.Button3_Click(sender: System.Object; e: System.EventArgs);
begin
   PrintPreviewControl1.StartPage := PrintPreviewControl1.StartPage - 1 ;
end;
```

```
procedure TWinForm2.Button4_Click(sender: System.Object; e: System.EventArgs);
begin
  PrintPreviewControl1.StartPage := PrintPreviewControl1.StartPage +1 ;
end;
```

Seite auf 200 Prozent skalieren:

```
procedure TWinForm2.Button2_Click(sender: System.Object; e: System.EventArgs);
begin
   PrintPreviewControl1.AutoZoom := False;
   PrintPreviewControl1.Zoom := 200;
end;
```

Vier Seiten gleichzeitig anzeigen (eingepasst in die Komponente):

```
procedure TWinForm2.Button1_Click(sender: System.Object; e: System.EventArgs);
begin
   PrintPreviewControl1.Columns := 2;
   PrintPreviewControl1.Rows := 2;
   PrintPreviewControl1.AutoZoom := True;
end;
```

Test

Nach dem Programmstart sollten alle Druckerparameter korrekt in den Comboboxen angezeigt werden. Testen Sie, was passiert, wenn Sie Änderungen in den Comboboxen bzw. mit Hilfe der Druckdialoge vornehmen.

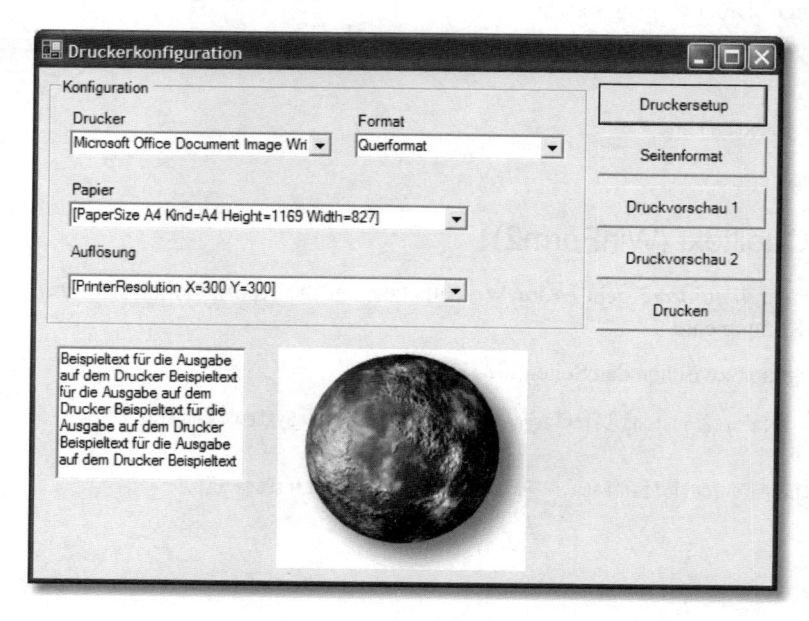

Die "selbst gebastelte" Druckvorschau in Aktion:

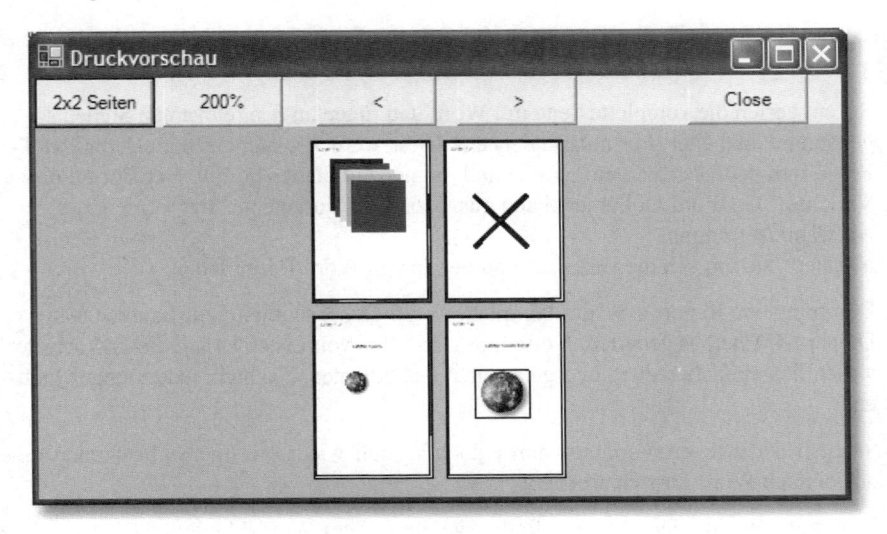

6.6 Drucken mit OLE-Automation

Die Überschrift deutet es schon an, wir wollen versuchen, mit Hilfe der bekannten Office-Programme Druckausgaben zu realisieren. Schnell kommt der Verdacht auf, dass der Programmierer versucht, das Brett an der dünnsten Stelle anbohren zu wollen. Doch warum sollen nicht die Möglichkeiten von Office-Programmen genutzt werden, wenn doch häufig der Wunsch besteht, Reportausgaben nachträglich zu bearbeiten oder in umfangreichere Dokumentationen aufzunehmen? Nicht zuletzt bieten sich gerade die Office-Anwendungen an, wenn es um eine sinnvolle Archivierung von Dokumenten geht.

Unser Favorit ist, wie sollte es auch anders sein, Microsoft Word, ein Allround-Talent, was die Gestaltung von ansprechenden Druckausgaben angeht. Als zweite Variante bietet sich – insbesondere bei der Verwendung von Desktop-Datenbanken – Microsoft Access an. Hier kann der integrierte Report-Generator zeigen, was er kann.

Hinweis: Ein Nachteil der im Folgenden beschriebenen Verfahrensweise soll natürlich nicht unerwähnt bleiben: Geben Sie Ihre Anwendungen an andere Anwender weiter, muss auf dem jeweiligen Rechner natürlich auch die OLE-Anwendung (Access oder Word) installiert sein.

6.6.1 Übersicht OLE mit MS Word

Verwenden Sie Word für die Druckausgabe, können Sie zwei verschiedene Varianten einsetzen:

- Sie entwerfen die komplette Seite mit Word und fügen an den relevanten Stellen so genannte Platzhalter (Formularfelder) ein. Diese werden später aus dem Delphi.NET-Programm heraus gezielt aufgerufen und mit neuen Inhalten gefüllt. Der Vorteil dieser Variante: Das Word-Dokument kann quasi wie eine Vorlage genutzt werden, der Aufwand ist minimal.
  Nachteil: Sie müssen die Datei zur Laufzeit in den Word-Editor laden.

- Der komplette Report bzw. das komplette Word-Dokument wird zur Laufzeit aus Delphi.NET heraus generiert. Vorteil: das Erstellen von Listen ist mit dieser Variante wesentlich einfacher als mit vorgefertigten Dokumenten. Nachteil: jede Menge Quellcode.

Der Nachteil der zweiten Variante kann jedoch schnell wieder wettgemacht werden, lassen Sie doch einfach Word für sich arbeiten!

Was ist damit gemeint? Die Antwort findet sich unter dem Word-Menüpunkt *Extras|Makro|Aufzeichnen*. Öffnen Sie Word und rufen Sie den genannten Menübefehl auf. Alle weiteren Aktionen die Sie durchführen (Text eingeben, formatieren, Tabellen erstellen etc.) werden durch den Makrorekorder aufgezeichnet. Sie müssen nur noch das aufgezeichnete Makro in Ihr Delphi.NET-Programm einfügen und "geringfügig" anpassen.

Beispiel: Sie erstellen ein neues Dokument und geben eine 16 Punkt große Überschrift ein. Das Resultat ist folgender Bandwurm (**Word-VBA**):

```
Sub Makro1()
' Makro1 Makro
'
  Documents.Add Template:="E:\Programme\Ms\Vorlagen\Normal.dot", NewTemplate :=False
    With Selection.Font
        .Name = "Times New Roman"
        .Size = 16
        .Bold = False
        .Italic = False
        .Underline = wdUnderlineNone
        .StrikeThrough = False
        .DoubleStrikeThrough = False
        .Outline = False
        .Emboss = False
        .Shadow = False
        .Hidden = False
        .SmallCaps = False
```

6.6 Drucken mit OLE-Automation

```
        .AllCaps = False
        .ColorIndex = wdAuto
        .Engrave = False
        .Superscript = False
        .Subscript = False
        .Spacing = 0
        .Scaling = 100
        .Position = 0
        .Kerning = 0
        .Animation = wdAnimationNone
    End With
    Selection.TypeText Text:="Überschrift"
    Selection.HomeKey Unit:=wdLine
End Sub
```

Aus diesem Quellcode-Haufen filtern wir uns erst einmal die relevanten Daten heraus:

```
Sub Makro1()
  Documents.Add
  Selection.Font.Size = 16
  Selection.TypeText Text:="Überschrift"
End Sub
```

Das sieht doch schon viel freundlicher aus, das Resultat beider Makros ist dasselbe. Kopieren Sie nun den Quellcode in Ihre Delphi-Anwendung. Erster Schritt ist jetzt das Erzeugen einer Word-Instanz bzw. einer *Word.Application*-Instanz.

```
procedure TWinForm2.Button1_Click(sender: System.Object; e: System.EventArgs);
var ma : Microsoft.Office.Interop.Word.Application;
    n  : System.Object;
begin
  n := System.Reflection.Missing.Value;
  ma := Microsoft.Office.Interop.Word.Applicationclass.Create;
```

Hier definieren wir eine Variable, die statt der optionalen Argumente übergeben werden muss:

```
  ma.Visible := True;
  ma.Documents.Add(n,n,n,n);
  ma.Selection.Font.Size := 16;
  ma.Selection.TypeText('Hello Delphi.NET-World');
end;
```

Hinweis: Der ehemalige Makrocode ist fett hervorgehoben.

Im Gegensatz zu VBA bzw. VB.NET müssen Sie als Delphi.NET-Programmierer immer **alle** Parameter an die jeweiligen Methoden übergeben. Dies erfordert zum Teil einen beträchtlichen Mehraufwand und ein intensives Studium der VBA-Hilfe. Im obigen Beispiel nutzen wir die Möglichkeit, einen "Leer"-Parameter zu übergeben.

Hinweis: Beachten Sie, dass alle Methoden-Parameter mittels Referenz zu übergeben sind, Sie brauchen also eine Variable.

6.6.2 Mit MS Word neue Dokumente erstellen

Das Beispiel zeigt Ihnen, wie Sie aus einem Delphi.NET-Programm heraus ein neues Word-Dokument erstellen, Kopf- und Fußzeilen einfügen und Daten übertragen (das Beispiel lässt sich problemlos so anpassen, dass die Daten statt aus den Eingabefeldern gleich aus einer Datenbank kommen).

Oberfläche

Den Grundaufbau können Sie der folgenden Abbildung entnehmen:

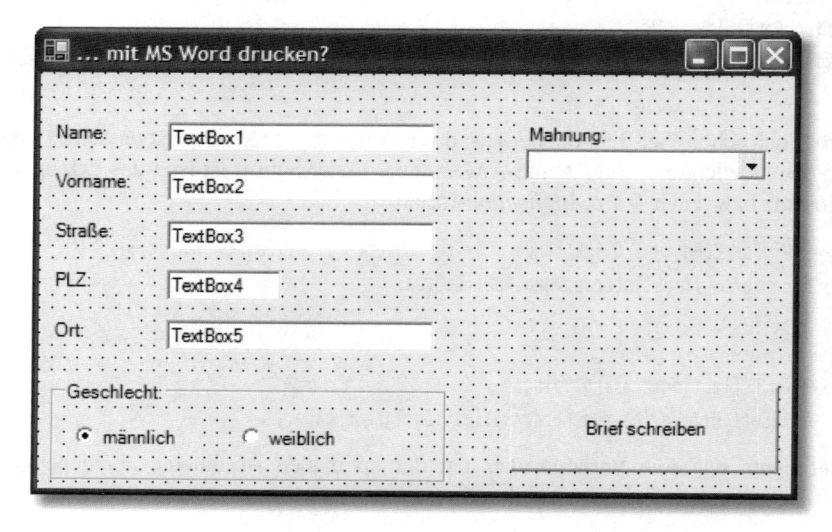

In der ComboBox finden sich drei Einträge: "1. Mahnung" ... "3. Mahnung", die Sie im Eigenschaftenfenster über die *Items*-Auflistung hinzufügen.

Referenzen

In diesem Beispiel lohnt es sich, in einem eigenen Abschnitt auf die Einbindung der nötigen Referenzen einzugehen.

6.6 Drucken mit OLE-Automation

Falls noch nicht vorhanden, sollten Sie die *Microsoft Office XP Primary Interop Assemblies* (PIAs) herunterladen und installieren:

http://msdn.microsoft.com/library/default.asp?url=/downloads/list/office.asp

Diese Assemblies erleichtern Ihnen als .NET-Programmierer den Zugriff auf die Office XP COM Type Libraries, ein direkter Zugriff wie in Delphi vor .NET ist nicht mehr möglich.

Naheliegend und damit der erste Schritt ist das Einbinden von *Microsoft.Office.Interop. Word* für die MS Word-Unterstützung.

Klicken Sie dazu in der Projektverwaltung mit der rechten Maustaste auf den Projektnahmen und wählen den Menüpunkt *Referenz hinzufügen*.

Im sich daraufhin öffnenden Dialog (es dauert eine Weile) müssen Sie sich zwischen .NET-Assemblies und COM-Importen entscheiden. Wir wählen Letzteres und suchen in der Liste die *Microsoft Word 11.0 Object Library* (11.0 steht für 2003 bzw. XP):

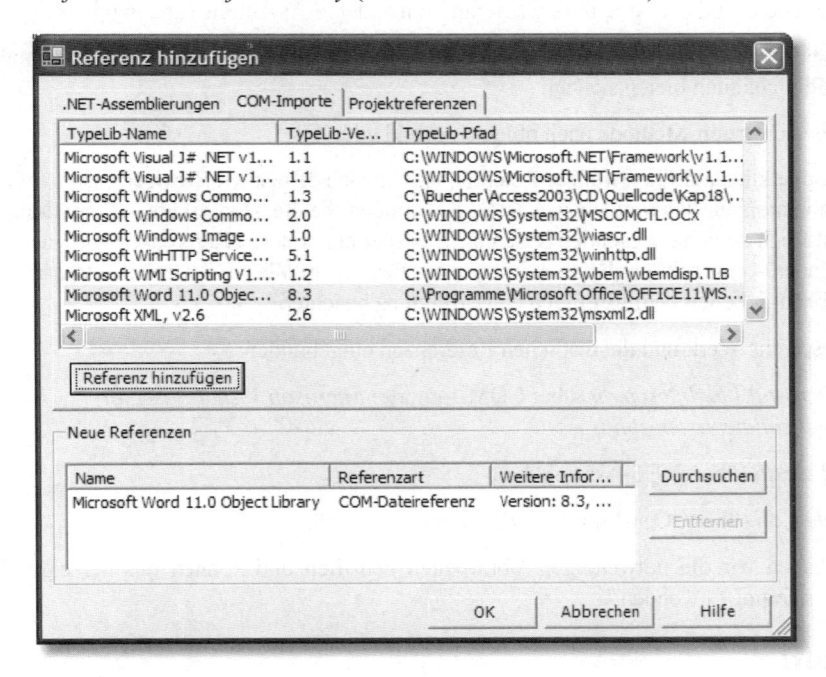

Nach dem Hinzufügen sollten Sie die Eigenschaften der Referenz kontrollieren:

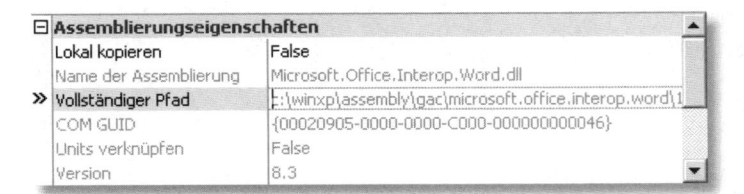

Der Pfad sollte auf den Global Assembly-Cache (GAC) zeigen, nur so ist sichergestellt, dass Sie auch die Interop-Assemblies von Microsoft benutzen.

Mit diesem Verweis sind wir jedoch noch lange nicht am Ende angelangt. Ein Versuch, mit dieser Interop-Assembly eine *Word.Application*-Instanz zu erstellen, werden Sie kläglich scheitern:

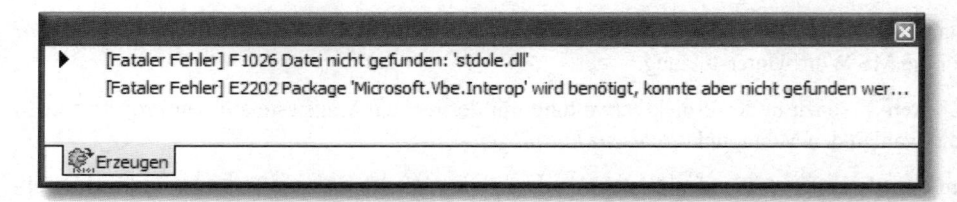

```
[Fataler Fehler] F1026 Datei nicht gefunden: 'stdole.dll'
[Fataler Fehler] E2202 Package 'Microsoft.Vbe.Interop' wird benötigt, konnte aber nicht gefunden wer...
Erzeugen
```

Wie Sie sehen, ist diese Assembly wiederum von anderen Assemblies abhängig.

Woher bekommen wir die Informationen, welche Referenzen wir noch einbinden müssen? Zwei Möglichkeiten bieten sich an:

- Versuch-Irtum-Methode nach obigen Vorbild oder
- Doppelklick auf die jeweilige Referenz und im sich öffnenden Browserfenster auf die Tabulatorseite *Verwendete* wechseln. Hier finden Sie die gewünschte Information, wobei natürlich auch die folgenden Referenzen wieder auf anderen Referenzen aufbauen können – ein recht unglücklich integriertes Feature, in VB.NET werden automatisch alle Abhängigkeiten beim Einfügen einer Referenz beachtet.

Also frisch ans Werk und die restlichen Referenzen eingebunden:

- *Microsoft.Vbe.Interop.dll* (über COM-Importe: *Microsoft Visual Basic for Applications Extensibility*),
- *Office.dll* (über .NET-Assemblies),
- *stdole.dll* (über COM-Importe: *OLE Automation 2.0*).

Damit haben wir die notwendigen Vorarbeiten getroffen und können uns der eigentlichen Programmierung zuwenden.

Quelltext

Einbinden der Interop-Assembly:

```
implementation
uses Microsoft.Office.Interop.Word, System.Reflection;
...
```

6.6 Drucken mit OLE-Automation

Und schon kann es losgehen:

```
procedure TWinForm1.Button1_Click(sender: System.Object; e: System.EventArgs);
var wordapp : Microsoft.Office.Interop.Word.Application;
    n       : System.Object;
begin
```

Grundlage für die Verbindung zu Word ist eine allgemeine Variable vom Typ *Word.ApplicationClass*:

```
wordapp := Microsoft.Office.Interop.Word.Applicationclass.Create;
```

Der Ablauf ist mit wenigen Worten erklärt: Nach der Initialisierung der Variablen können Sie alle Methoden des *Word.Application*-Objekts verwenden. Bevor Sie lange in der Online-Hilfe von Word herumstochern, ist es sinnvoller, ein Word-Makro aufzuzeichnen und dieses entsprechend zu modifizieren. Zum einen haben Sie gleich die korrekte Syntax, zum anderen sparen Sie sich jede Menge Arbeit.

Da Sie beim Aufruf der Methoden immer alle Parameter angeben müssen, verwenden Sie eine Dummy-Variable:

```
n := System.Reflection.Missing.Value;
```

Bei Problemen kneifen wir an dieser Stelle:

```
if (wordapp = nil) then begin
  MessageBox.Show('Konnte keine Verbindung zu Word herstellen!');
  Exit;
end;
```

Word sichtbar machen (standardmäßig wird Word nicht angezeigt):

```
wordapp.Visible := True;
```

Ein neues Dokument erzeugen:

```
wordapp.Documents.Add(n,n,n,n);
if (Integer(wordapp.ActiveWindow.View.SplitSpecial) <> 0) then
            wordapp.ActiveWindow.Panes.Item[2].Close();
if (Integer(wordapp.ActiveWindow.ActivePane.View.&Type) = 1) or
   (Integer(wordapp.ActiveWindow.ActivePane.View.&Type) = 2) or
   (Integer(wordapp.ActiveWindow.ActivePane.View.&Type) = 5) then
        wordapp.ActiveWindow.ActivePane.View.&Type := WdViewType.wdPrintView;
```

Kopfzeile erzeugen:

```
wordapp.ActiveWindow.ActivePane.View.SeekView := WdSeekView.wdSeekCurrentPageHeader;
wordapp.Selection.Font.Name := 'Times New Roman';
wordapp.Selection.Font.Size := 12;
wordapp.Selection.Font.Bold := 1;
```

```
wordapp.Selection.ParagraphFormat.Alignment := WdParagraphAlignment.wdAlignParagraphCenter;
wordapp.Selection.TypeText('Kohlenhandel Brikett-GmbH & Co.-KG. -' +
                           ' Holzweg 16 - 54633 Steinhausen');
```

Fußzeile erzeugen:

```
wordapp.ActiveWindow.ActivePane.View.SeekView := WdSeekView.wdSeekCurrentPageFooter;
wordapp.Selection.TypeText('Bankverbindung: Stadtsparkasse Steinhausen BLZ 123456789 ' +
                           ' KtoNr. 782972393243');
```

In den Textteil wechseln und die Adresse eintragen:

```
wordapp.ActiveWindow.ActivePane.View.SeekView := WdSeekView.wdSeekMainDocument;
wordapp.Selection.TypeText(TextBox2.Text + ' ' + TextBox1.Text);
wordapp.Selection.TypeParagraph;
wordapp.Selection.TypeText(TextBox3.Text);
wordapp.Selection.TypeParagraph();
wordapp.Selection.Font.Name := 'Times New Roman';
wordapp.Selection.Font.Size := 12;
wordapp.Selection.Font.Bold := 1;
wordapp.Selection.TypeText(TextBox4.Text + ' ' + TextBox5.Text);
wordapp.Selection.TypeParagraph;
wordapp.Selection.TypeParagraph;
wordapp.Selection.Font.Name := 'Arial';
wordapp.Selection.Font.Size := 14;
wordapp.Selection.Font.Bold := 1;
wordapp.Selection.TypeText(ComboBox1.Text);
wordapp.Selection.TypeParagraph;
wordapp.Selection.Font.Name := 'Times New Roman';
wordapp.Selection.Font.Size := 12;
wordapp.Selection.Font.Bold := 1;
if (radiobutton2.Checked) then
  wordapp.Selection.TypeText('Sehr geehrter Herr ' + TextBox1.Text)
else
  wordapp.Selection.TypeText('Sehr geehrte Frau ' + TextBox1.Text);
end;
```

Test

Starten Sie das Programm, füllen Sie die Maske aus und übertragen Sie die Daten in ein Word-Dokument!

6.6 Drucken mit OLE-Automation

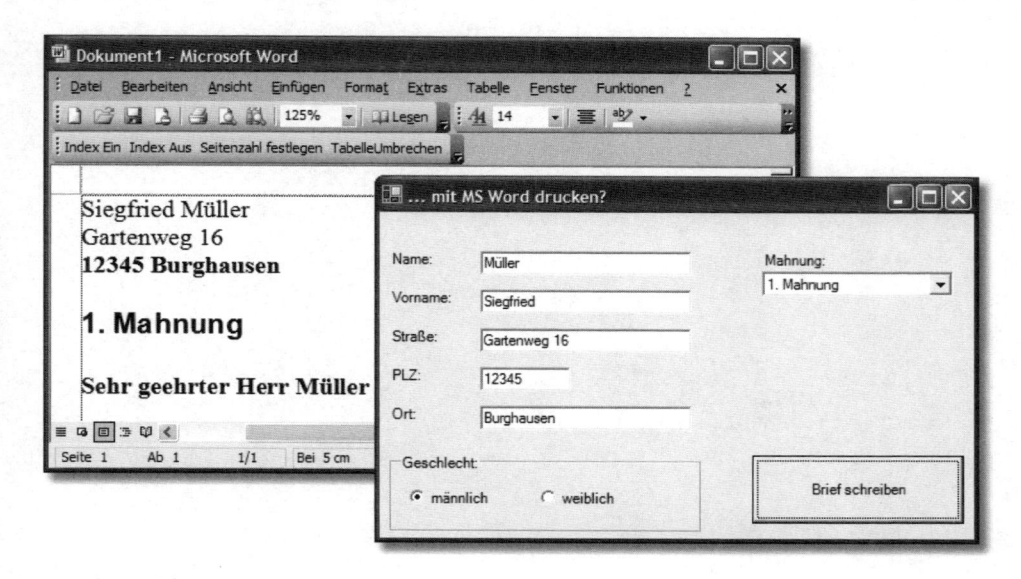

Bemerkung

Weitere Beispiele finden Sie im Rezeptekapitel:

☞　　R 9.7 Mit Word Formulare drucken

☞　　R 9.8 Drucken mit Microsoft Access

Dateien, Streams und XML

- ✔ **Operationen mit Verzeichnissen und Dateien**
- ✔ **Lesen und Schreiben von Dateien**
- ✔ **Serialisierte Objekte abspeichern**
- ✔ **XML in Theorie und Praxis**

7.1 Operationen mit Verzeichnissen und Dateien

Zu den wichtigsten Aufgaben des Programmierers zählt es, Daten auf der Festplatte (oder Diskette, CD, ...) permanent abzuspeichern bzw. von dort zu laden. Das .NET-Framework stellt dafür im *System.IO*-Namensraum eine Anzahl leistungsfähiger Klassen zur Verfügung, die diese Aufgabe vereinfachen sollen. Dieses Kapitel vermittelt Ihnen die dazu erforderlichen Grundkenntnisse.

Da XML unter .NET von zentraler Bedeutung ist, werden wir in der zweiten Hälfte dieses Kapitels auch auf Grundlagen und wichtige Features von XML-Dateien eingehen.

7.1 Operationen mit Verzeichnissen und Dateien

Bevor wir uns dem Lesen und Schreiben von Dateien zuwenden, betrachten wir zunächst die Arbeit auf Verzeichnisebene, womit das Erstellen, Löschen, Kopieren, Verschieben, Umbenennen, Durchsuchen und Überwachen von Verzeichnissen und Dateien gemeint ist.

7.1.1 Klassen für Verzeichnis- und Dateioperationen

Für Manipulationen mit Verzeichnissen und Dateien gibt es neben der *Path*-Klasse die Pärchen *Directory/DirectoryInfo* und *File/FileInfo*, die sich vor allem hinsichtlich ihrer Instanziierbarkeit unterscheiden (statische oder Instanzen-Methoden, siehe 7.1.10).

Hinweis: Alle fünf Klassen befinden sich im *System.IO*-Namensraum!

Klasse	Beschreibung
Directory	... die **statischen** Methoden erlauben das Erstellen, Verschieben und Benennen von Verzeichnissen und Unterverzeichnissen.
DirectoryInfo	... ähnelt der *Directory*-Klasse, enthält aber nur **Instanz-Methoden**.
Path	... die **statischen** Methoden erlauben die plattformübergreifende Arbeit mit Verzeichnissen.
File	... die **statischen** Methoden erlauben das Erzeugen, Kopieren, Löschen, Verschieben und Öffnen von Dateien.
FileInfo	... ähnelt der *File*-Klasse, enthält aber nur **Instanz-Methoden**.
FileSystemWatcher	... löst Ereignisse zum Überwachen des Dateisystems aus.

Hinweis: Methoden der Klassen *File* und *FileInfo* liefern auch die Voraussetzungen für den Schreib- und Lesezugriff auf Dateien (siehe 7.2).

7.1.2 Verzeichnisse erzeugen und löschen

Mit Directory-Klasse

Die einfachsten Möglichkeiten zum Erzeugen und Löschen von Verzeichnissen bieten die statischen Methoden *CreateDirectory()* und *Delete()* der *Directory*-Klasse.

Beispiel: Ein Verzeichnis erzeugen und anschließend wieder löschen

```
var pfad: String = 'c:\temp';
...
Directory.CreateDirectory(pfad);     // falls Verzeichnis bereits vorhanden, passiert nichts!
Directory.Delete(pfad, True);        // löscht auch vorhandene Unterverzeichnisse und Dateien
```

Mit DirectoryInfo-Klasse

Das gleiche Ziel, allerdings etwas umständlicher, erreicht man mit der *Create*-Methode der *DirectoryInfo*-Klasse, wobei mittels *CreateSubdirectory* auch das Hinzufügen von Unterverzeichnissen möglich ist.

Beispiel: Ein Verzeichnis und ein Unterverzeichnis anlegen und wieder löschen.

```
var di: DirectoryInfo;
...
di := DirectoryInfo.Create('c:\temp');
di.CreateSubdirectory('temp1');
di.Delete(True);                     // löscht inklusive vorhandener Unterverzeichnisse und Dateien
```

Hinweis: Der parameterlose Aufruf von *Delete()* funktioniert nur, wenn das Verzeichnis leer ist!

7.1.3 Verzeichnisse verschieben und umbenennen

Für diese Aufgaben verwenden Sie am besten die *Move*-Methode der statischen *Directory*-Klasse.

Beispiel: Verzeichnis *c:\tempX* wird nach *c:\beispiele* verschoben und umbenannt in *tempY*.

```
Directory.Move('c:\tempX', 'c:\beispiele\tempY');
```

7.1.4 Aktuelles Verzeichnis ermitteln bzw. festlegen

Verwenden Sie dazu die *GetCurrentDirectory*- bzw. *SetCurrentDirectory*-Methode der (statischen) *Directory*-Klasse.

7.1 Operationen mit Verzeichnissen und Dateien

Beispiel: Festlegen und Anzeigen des aktuellen Arbeitsverzeichnisses

```
Directory.SetCurrentDirectory('c:\test');
Label1.Text := Directory.GetCurrentDirectory();     // zeigt c:\test
```

Hinweis: Wenn der Dateiname **ohne** Pfad angegeben wird, bezieht sich die Datei automatisch auf das Projekt- bzw. Arbeitsverzeichnis.

Beispiel: Im Projektverzeichnis wird ein Verzeichnis \temp angelegt.

```
Directory.CreateDirectory('temp');
```

7.1.5 Unterverzeichnisse ermitteln

Um **alle** Unterverzeichnisse zu ermitteln, verwenden Sie die *GetDirectories*-Methode der *DirectoryInfo*-Klasse.

Beispiel: Es werden alle Unterverzeichnisse von *c:* in einer ListBox angezeigt.

```
var myDir : DirectoryInfo;              // neues DirectoryInfo-Objekt
    myDirs: array of DirectoryInfo;     // Array zum Speichern der Unterverzeichnisse
    i     : Integer;
...
myDir := DirectoryInfo.Create('c:/');
myDirs := myDir.GetDirectories();       // Unterverzeichnisse ermitteln und im Array ablegen
// alle Unterverzeichnisse durchlaufen und Verzeichnisnamen zur ListBox hinzufügen:
for i := 0 to High(myDirs) do ListBox1.Items.Add(myDirs[i].Name);
```

Hinweis: Die im Verzeichnis enthaltenen Dateien ermitteln Sie mit der *GetFiles*-Methode.

7.1.6 Anwenden der Path-Klasse

Die (statischen) Methoden der *Path*-Klasse sollen lediglich anhand eines Beispiels demonstriert werden.

Beispiel: Ausgabe von Dateiinfos in einer *ListBox*

```
var verz: String = 'c:\test\info.txt';
...
with ListBox1.Items do begin
     Add('Verzeichnis : ' + System.IO.Path.GetDirectoryName(verz));
     Add('Dateiname : ' + System.IO.Path.GetFileName(verz));
     Add('Dateiname ohne Extension : ' + System.IO.Path.GetFileNameWithoutExtension(verz));
```

```
      Add('Dateiextension : ' + System.IO.Path.GetExtension(verz));
      Add('Rootverzeichnis : ' + System.IO.Path.GetPathRoot(verz));
      Add('Temporäres Verzeichnis : ' + System.IO.Path.GetTempPath());
      Add('Neues Tempfile : ' + System.IO.Path.GetTempFileName());
end;
```

```
Verzeichnis : c:\test
Dateiname : info.txt
Dateiname ohne Extension : info
Dateiextension : .txt
Rootverzeichnis : c:\
Temporäres Verzeichnis : C:\DOKUME~1\doberenz\LOKALE~1\Temp\
Neues Tempfile : C:\DOKUME~1\doberenz\LOKALE~1\Temp\tmp53.tmp
```

Doch Vorsicht ist geboten: Die meisten Member der *Path*-Klasse wirken nicht mit dem Dateisystem zusammen und überprüfen deshalb nicht, ob die durch eine Pfadzeichenfolge angegebene Datei tatsächlich vorhanden ist.

Hinweis: Das komplette Beispiel finden Sie auf der Buch-CD!

7.1.7 Dateien kopieren, verschieben und umbenennen

Kopieren und verschieben

Am einfachsten realisieren Sie diese Aufgabe mit den statischen *Copy*- bzw. *Move*-Methoden der *File*-Klasse.

Beispiel: Datei kopieren und anschließend verschieben

```
var sourcePath: String = 'c:\sample.txt';
    destPath: String = 'c:\sample1.txt';
    movePath: String = 'c:\temp\sample1.txt;
...
File.Copy(sourcePath, destPath);
File.Move(sourcePath, movePath);
```

Falls Sie lieber mit Instanzen arbeiten, können Sie die Methoden *CopyTo* und *MoveTo* der Klassen *FileInfo* bzw. *DirectoryInfo* verwenden.

Hinweis: Auch die *Directory*-Klasse verfügt über eine *Move*-Methode zum Verschieben von Verzeichnissen.

7.1 Operationen mit Verzeichnissen und Dateien

Umbenennen

Das .NET-Framework bietet leider keine Möglichkeit zum direkten Umbenennen einer Datei, da die *Name*-Eigenschaft der *FileInfo*-Klasse schreibgeschützt ist und eine *Rename*-Methode fehlt. Verwenden Sie zum Umbenennen also die Methoden *Move* der Klasse *File* bzw. *MoveTo* der Klasse *FileInfo*.

Beispiel: Umbenennen der Datei *info.txt* in *info_1.txt*

```
var fi: FileInfo;
...
fi := FileInfo.Create('c:\test\info.txt');
fi.MoveTo('c:\test\info_1.txt');
```

7.1.8 Dateiattribute feststellen

FileAttributes-Enumeration

Die verschiedenen Attribute für Dateien und Verzeichnisse sind in der *FileAttribute*-Enumeration anzutreffen. Die Tabelle zeigt die wichtigsten:

Mitglied	Beschreibung
Archive	... entspricht dem Archiv-Status der Datei, wie er oft zum Markieren einer zu löschenden oder einer Backup-Datei verwendet wird.
Compressed	... entspricht einer gepackten Datei.
Directory	... zeigt an, dass die Datei in Wirklichkeit ein Verzeichnis ist.
Encrypted	... die Datei ist verschlüsselt.
Hidden	... die Datei ist versteckt und demzufolge in einem gewöhnlichen Verzeichnis unsichtbar.
Normal	... es wurden keine Datei-Attribute gesetzt.
ReadOnly	... die Datei kann nicht verändert, sondern nur gelesen werden.
System	... die Datei gehört zum Betriebssystem oder wird exklusiv von diesem benutzt.
Temporary	... die Datei ist temporär, d.h., sie wird vom Programm bei Bedarf angelegt und wieder gelöscht.

Wichtige Eigenschaften und Methoden

Um die Dateiattribute zu ermitteln, kann man entweder auf die Eigenschaften der *FileInfo*-Klasse oder aber auch auf die entsprechenden (statischen) Methoden der *File*-Klasse zugreifen:

Eigenschaft *FileInfo*-Klasse	Methode *File*-Klasse	Beschreibung
Attributes	GetAttributes() SetAttributes()	... Wert basiert auf Datei-Attribute-Flags (*archive, compressed, directory, hidden, ...*).
CreationTime	GetCreationTime() SetCreationTime()	... Datum/Zeit der Erstellung.
LastAccessTime	GetLastAccessTime() SetLastAccessTime()	... Datum/Zeit des letzten Zugriffs.
LastWriteTime	GetLastWriteTime() SetLastWriteTime()	... Datum/Zeit des letzten Schreibzugriffs.
Exists	Exists()	... liefert *True*, falls Datei physikalisch existiert.

Beispiel: Feststellen, ob Datei im Arbeitsverzeichnis existiert

```
if File.Exists('Liesmich.txt') then MessageBox.Show('Datei ist vorhanden!');
```

oder

```
var fi: FileInfo;
...
fi := FileInfo.Create('Liesmich.txt');
if fi.Exists then MessageBox.Show('Datei ist vorhanden!');
```

Beispiel: Anzeige des Erstellungsdatums einer Datei

```
Label1.Text := File.GetCreationTime('Liesmich.txt').ToString;
```

Beispiel: In einer CheckBox wird angezeigt, ob es sich um eine Archiv-Datei handelt.

```
var attbs: FileAttributes;
...
attbs := File.GetAttributes('c:\beispiele\test.dat');
if attbs = (attbs or FileAttributes.Archive) then
    CheckBox2.Checked := True
else
    CheckBox2.Checked := False;
```

Siehe

☞   R 7.1. Die Datei-Infos lesen

7.1.9 Weitere Datei-Eigenschaften

Die folgende Tabelle zeigt einige weitere wichtige Eigenschaften der *FileInfo*-Klasse.

7.1 Operationen mit Verzeichnissen und Dateien

Eigenschaft *FileInfo*-Klasse	Beschreibung
Directory	... liefert Instanz des übergeordneten Verzeichnisses.
DirectoryName	... liefert den vollständigen Dateipfad.
Extension	... liefert Dateiextension (z.B. *txt* für Textdateien).
FullName	... liefert vollständigen Dateipfad plus Dateinamen.
Length	... liefert Dateigröße in Bytes.
Name	... liefert Dateinamen.

Beispiel: Der Pfad der Datei *Liesmich.txt* wird in einem *Label* angezeigt.

```
var fi: FileInfo;
...
fi := FileInfo.Create('Liesmich.txt');
Label1.Text := fi.DirectoryName;
```

Im Zusammenhang mit der *Directory*-Eigenschaft der *FileInfo*-Klasse verdient die *GetFileSystemInfos*-Methode der *DirectoryInfo*-Klasse besondere Beachtung.

Beispiel: In einer *TextBox* (*MultiLine := True*) werden neben dem Verzeichnis einer Datei alle weiteren sich im gleichen Verzeichnis befindlichen Dateien und Unterverzeichnisse angezeigt.

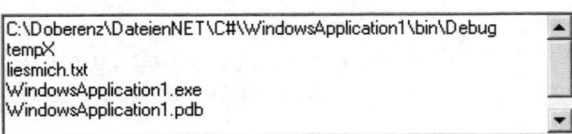

```
var myFile: FileInfo;
    myDir: DirectoryInfo;
    fsi: array of FileSystemInfo;
    i: Integer;
...
myFile := FileInfo.Create('Liesmich.txt');      // öffnet existierende Datei oder neue
myDir := myFile.Directory;                       // Verzeichnis zuweisen
fsi := myDir.GetFileSystemInfos;                 // alle Einträge ermitteln
TextBox1.Text := myDir.FullName + Environment.NewLine;   // Verzeichnispfad anzeigen ...
for i := 0 to High(fsi) do         // ... dann alle weiteren Unterverzeichnisse und Dateien
      TextBox1.Text := TextBox1.Text + fsi[i].Name + Environment.NewLine;
```

```
C:\Doberenz\DateienNET\C#\WindowsApplication1\bin\Debug
tempX
liesmich.txt
WindowsApplication1.exe
WindowsApplication1.pdb
```

Hinweis: Das komplette Beispiel finden Sie auf der Buch-CD!

7.1.10 Statische oder Instanzen-Klasse?

Wenn Sie mit den Methoden der statischen Klassen *File*, *Directory* und *Path* arbeiten, werden Sicherheitsüberprüfungen bei jedem Methodenaufruf vorgenommen, bei den Instanzen-Methoden der Klassen *FileInfo* und *DirectoryInfo* geschieht dies nur ein einziges Mal.

Bei statischen Methoden müssen Sie jeder Methode den Dateinamen oder den Verzeichnispfad übergeben. Das kann dann ziemlich lästig werden, wenn Sie diese Methoden öfters hintereinander aufrufen müssen. Die entsprechenden Eigenschaften der Instanzen-Klassen *FileInfo* und *DirectoryInfo* hingegen erlauben es Ihnen, den Datei- oder Verzeichnisnamen bereits im Konstruktor einmalig zu spezifizieren.

Beispiel: Zwei alternative Möglichkeiten zum Anzeigen von Erstellungsdatum und Zeitpunkt des letzten Zugriffs auf die Datei *c:\test\info.txt*

```
Label1.Text := File.GetCreationTime('c:\test\info.txt').ToString;
Label2.Text := File.GetLastAccessTime('c:\test\info.txt').ToString;
```

oder

```
var myFile: FileInfo;
...
myFile := FileInfo.Create('c:\test\info.txt');
Label1.Text := myFile.CreationTime.ToString;
Label2.Text := myFile.LastAccessTime.ToString;
```

Hinweis: Nicht immer werden, wie im obigen Beispiel, alle Eigenschaften/Methoden von beiden Klassen gleichermaßen angeboten, dann haben Sie nur **eine** Wahl.

7.1.11 Überwachung von Änderungen im Dateisystem

Die Klasse *FileSystemWatcher* dient dem einfachen Beobachten des Dateisystems, so löst sie z.B. Ereignisse aus, wenn Dateien oder Verzeichnisse geändert werden.

Beispiel: Das Überwachen von vier Ereignissen von *.txt*-Dateien im Verzeichnis *c:\Beispiele*:

```
var watcher: FileSystemWatcher;
...
watcher := FileSystemWatcher.Create('c:\Beispiele');
watcher.NotifyFilter := NotifyFilters.LastAccess or NotifyFilters.FileName;
watcher.Filter := '*.txt';              // nur *.txt-Dateien werden überwacht
// Eventhandler zuweisen:
Include(watcher.Changed, Self.OnChanged);   // Datei wurde geändert
Include(watcher.Created, Self.OnChanged);   // Datei wurde neu hinzugefügt
Include(watcher.Deleted, Self.OnChanged);   // Datei wurde gelöscht
```

7.2 Lesen und schreiben von Dateien

```
Include(watcher.Renamed, Self.OnRenamed);      // Datei wurde umbenannt
watcher.EnableRaisingEvents := True;           // Start der Überwachung
```

Die beiden folgenden Event-Handler spezifizieren die Reaktion auf die obigen vier Ereignisse (Anzeige in einer ListBox):

```
// Bei Änderungen:
procedure TWinForm1.OnChanged(Source: System.Object; e: FileSystemEventArgs);
var ct: System.Object;
begin
  ct := e.ChangeType;
  ListBox1.Items.Add('Datei: ' + e.FullPath + ' ' + ct.ToString);
end;

// Bei Umbenennungen:
procedure TWinForm1.OnRenamed(Source: System.Object; e: RenamedEventArgs);
begin
  ListBox1.Items.Add('Datei: ' + e.OldFullPath + ' umbenannt in ' + e.FullPath);
end;
```

```
Datei: c:\Beispiele\test.txt Changed
Datei: c:\Beispiele\test.txt umbenannt in c:\Beispiele\test_1.txt
Datei: c:\Beispiele\test_2.txt Created
Datei: c:\Beispiele\test_2.txt Changed
Datei: c:\Beispiele\test_1.txt Deleted
```

Hinweis: Das vollständige Programm finden Sie auf der Buch-CD!

7.2 Lesen und schreiben von Dateien

In diesem Abschnitt geht es um das zentrale Anliegen des Kapitels, nämlich um das Abspeichern von Daten. Die wichtigsten Dateitypen sind:

- Textdatei
- Binärdatei (Bilddateien etc.)
- sequenzielle Datei
- Random-Access-Datei

Hinweis: Da .NET keine typisierten Dateien unterstützt, müssen sequenzielle und Random-Access-Dateien durch geeignete Programmiermaßnahmen auf Binärdateien zurückgeführt werden.

7.2.1 Übersicht

Dateien und Streams

Während man die in einer Datei gespeicherten Informationen auch als *persistente Daten* bezeichnet, arbeitet das Programm mit *temporären* bzw. *transienten Daten*. Wie Sie der folgenden Abbildung entnehmen, gewährleisten Streams quasi als "Verbindungskanäle" die Kommunikation zwischen Datei und Programm.

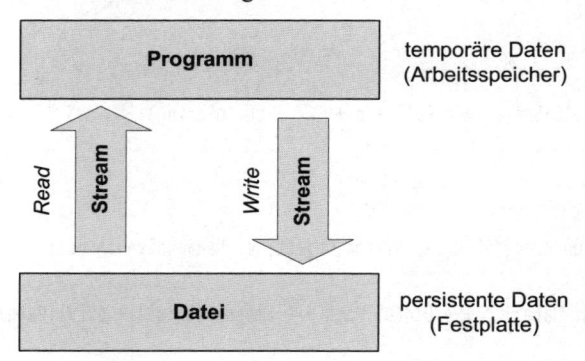

Klassen

Auch für Datei- und Stream-Operationen werden zunächst die Klassen *File* bzw. *FileInfo* benötigt (siehe Abschnitt 7.1). Die folgende Tabelle zeigt weitere wichtige Klassen.

Klasse	Beschreibung
FileStream	... erlaubt, basierend auf einer Datei, das Erstellen einer Stream-Instanz.
StreamReader	... implementiert ein *TextReader*-Objekt, welches Zeichen von einem Byte-Stream in einer bestimmten Kodierung liest.
StreamWriter	... implementiert ein *TextWriter*-Objekt, welches Zeichen in einen Stream in einer speziellen Kodierung liest.
StringReader	... implementiert ein *TextReader*-Objekt, das Daten von einem String liest.
StringWriter	... implementiert ein *TextWriter*-Objekt, das Daten in einen String schreibt. Die Daten werden in einer darunter liegenden *StringBuilder*-Klasse gespeichert.
BinaryReader	...erlaubt das binäre Lesen von Dateien.
BinaryWriter	.. erlaubt das binäre Schreiben in Dateien.
BinaryFormatter	...kann Objekte in einen Stream serialisieren bzw. von dort deserialisieren.

7.2 Lesen und schreiben von Dateien

Erzeugen einer Stream-Instanz

Voraussetzung für jeglichen Dateizugriff ist das Vorhandensein eines *Stream*-Objekts (siehe obige Abbildung). Letzteres kann entweder über die *Open*-Methode eines *FileInfo*-Objekts oder der (statischen) *File*-Klasse erzeugt werden.

Beispiel: Die (im Arbeitsverzeichnis befindliche) Datei *temp.txt* soll für den exklusiven Schreib-/Lesezugriff geöffnet werden. Falls sie nicht vorhanden ist, wird sie neu erzeugt.

```
var fi: FileInfo;
    fs: FileStream;
...
fi := FileInfo.Create('temp.txt');
fs := fi.Open(FileMode.OpenOrCreate, FileAccess.ReadWrite, FileShare.None);
```

oder

```
fs := File.Open('temp.txt', FileMode.OpenOrCreate, FileAccess.ReadWrite, FileShare.None);
```

Zur Bedeutung der einzelnen Parameter der *Open*-Methode kommen wir im folgenden Abschnitt.

7.2.2 Dateiparameter

In den Methoden bzw. Konstruktoren der Klassen *File*, *FileInfo* und *FileStream* werden bestimmte Parameter übergeben, die in Aufzählungstypen (Enumerationen) gekapselt sind.

FileAccess

Diese Enumeration bezeichnet den Zugriffslevel auf eine Datei.

Mitglied	Beschreibung
Read	... erlaubt Lesezugriff
ReadWrite	... erlaubt Lese- und Schreibzugriff
Write	... erlaubt Schreibzugriff

Die FileMode-Enumeration

Diese Enumeration bestimmt den Öffnungsmodus einer Datei.

Mitglied	Beschreibung
Append	Eine existierende Datei wird geöffnet und der Dateizeiger an das Ende bewegt, oder eine neue Datei wird erstellt (*FileAccess.Write* ist erforderlich, Leseversuche schlagen fehl).
Create	Eine neue Datei wird erzeugt. Falls die Datei bereits existiert, wird sie überschrieben.

Mitglied	Beschreibung
Open	Eine existierende Datei wird geöffnet.
OpenOrCreate	Falls die Datei existiert, wird sie geöffnet, andernfalls wird sie neu erzeugt.
Truncate	Eine existierende Datei wird geöffnet und die Dateigröße auf null Bytes beschnitten.

Die FileShare-Enumeration

Diese Enumeration verwenden Sie, um festzulegen, ob auf eine Datei gleichzeitig von mehreren Prozessen aus zugegriffen werden kann.

Mitglied	Beschreibung
None	Die Datei ist für den gleichzeitigen Zugriff gesperrt. Alle weiteren Anforderungen zum Öffnen werden abgelehnt, es sei denn, die Datei ist geschlossen.
Read	Auch andere Benutzer bzw. Prozesse dürfen die Datei lesen. Versuche zum Schreiben bzw. Abspeichern schlagen fehl.
ReadWrite	Die Datei kann von mehreren Benutzern bzw. Prozessen sowohl zum Lesen als auch zum Schreiben geöffnet werden (problematisch, da der letzte Benutzer auch die Änderungen anderer Benutzer abspeichert).
Write	Die Datei ist für den gleichzeitigen Schreibzugriff geöffnet. In Kombination mit *Read* kann das den *ReadWrite*-Parameter ersetzen.

Beispiel: Mit dem folgenden *FileStream*-Konstruktor wird eine vorhandene Datei geöffnet und weiteren Benutzern der schreibgeschützte Zugriff gewährt (*FileShare.Read*).

```
var myStream: FileStream;
...
myStream := FileStream.Create('c:\test.txt', FileMode.Open, FileAccess.Read, FileShare.Read);
```

7.2.3 Textdateien

Das Lesen und Schreiben von Textdateien gestaltet sich im .NET-Framework mit den Klassen *StreamReader* und *StreamWriter* (beide von *TextReader/TextWriter* abgeleitet) ziemlich einfach.

Neu anlegen und schreiben

Um eine neue Textdatei anzulegen, verwenden Sie die Methode *CreateText* der *File*- bzw. *FileInfo*-Klasse.

7.2 Lesen und schreiben von Dateien

Beispiel: Textdatei im Arbeitsverzeichnis erzeugen und mit dem Inhalt einer Textbox füllen

```
var writer : StreamWriter;
    i      : Integer;
...
writer := File.CreateText('Test.txt');
for i := 0 to High(TextBox1.Lines) do writer.WriteLine(TextBox1.Lines[i]);
writer.Close;
```

Hinweis: Das komplette Programm finden Sie auf der Buch-CD.

Die *AppendText*-Methode erstellt einen *StreamWriter* zum Hinzufügen von Text zu einer Textdatei. Falls die Datei nicht vorhanden ist, wird sie neu erzeugt.

Beispiel: Zehnmal "Hallo" an das Ende einer vorhandenen Textdatei schreiben

```
var file : FileInfo;
    writer : StreamWriter;
    i      : Integer;
...
file := FileInfo.Create('Test.txt');
writer := file.AppendText();
for i := 0 To 9 do begin
    writer.Write('Hallo');
    writer.Write(Environment.NewLine);
end;
writer.Close();
```

Lesen

Sowohl die *File*- als auch die *FileInfo*-Klasse bieten eine Methode *OpenText*, die das Öffnen einer Textdatei und das Auslesen mit Hilfe der zurückgegebenen *StreamReader*-Instanz ermöglicht.

Hinweis: Mit der *Peek*-Eigenschaft des *StreamReader* kann das Dateiende geprüft werden.

Beispiel: Der Inhalt einer Textdatei wird in einer Textbox angezeigt.

```
var reader: StreamReader;
...
reader := File.OpenText('Test.txt');
while (reader.Peek() > -1) do                // Dateiende prüfen
    TextBox1.Text := TextBox1.Text + reader.ReadLine() + Environment.NewLine;
reader.Close();
```

Die *ReadToEnd*-Methode vereinfacht den Leseprozess.

Beispiel: Eine alternative Variante des Vorgängerbeispiels

```
var reader: StreamReader;
...
reader := StreamReader.Create('Test.txt');
TextBox1.Text := TextBox1.Text + reader.ReadToEnd();
reader.Close();
```

Siehe

☞   R 7.3 Eine Textdatei lesen und schreiben

7.2.4 Binärdateien

Der Zugriff auf binäre Daten ist dem auf die zuvor beschriebenen Textdateien sehr ähnlich. Die Methoden *Create*, *Open*, *OpenRead* und *OpenWrite* liefern jeweils eine Instanz der *FileStream*-Klasse, auf deren Basis die Klassen *BinaryReader* und *BinaryWriter* zum Lese-/Schreibzugriff instanziiert werden können.

Zum Auslesen des jeweils nächsten Zeichens stehen Ihnen vielfältige Methoden zur Verfügung (*ReadBoolean*, *ReadByte*, *ReadInt32*, *ReadDouble*, *ReadChar*, *ReadString*, ...).

Hinweis: Über die Methode *PeekChar* kann das Dateiende abgefragt werden (liefert -1).

Beispiel: Byteweises Auslesen eines Bildes und Kopieren in ein anderes

```
var file_A, file_B : FileInfo;
    reader : BinaryReader;
    writer : BinaryWriter;
...
file_A := FileInfo.Create('c:\Bild_A.bmp');
file_B := FileInfo.Create('c:\Bild_B.bmp');
reader := BinaryReader(file_A.OpenRead);
writer := BinaryWriter(file_B.OpenWrite);
while reader.PeekChar > -1 do writer.Write(reader.ReadByte);
writer.Close();
reader.Close();
```

Siehe

☞   R 7.4 Auf eine Datei byteweise zugreifen

Bemerkungen

- Wesentlich einfacher als im obigen Beispiel können Sie natürlich eine komplette Datei durch Anwenden der (statischen) *Copy*-Methode der *File*-Klasse kopieren (siehe 7.1.7).

7.2 Lesen und schreiben von Dateien

- Der Konstruktor von *BinaryReader/BinaryWriter* erwartet als Argument ein *FileStream*-Objekt. Es bleibt Ihnen überlassen, ob Sie dieses direkt erzeugen oder aber indirekt über die *OpenRead/OpenWrite*-Methode eines *FileInfo*-Objekts.

Beispiel: Zwei Varianten zum Erzeugen eines *BinaryReader*-Objekts.

Variante 1:

```
var readStream: FileStream;
    reader: BinaryReader;
...
readStream := FileStream.Create(pfad, FileMode.OpenOrCreate, FileAccess.Read);
reader := BinaryReader.Create(readStream);
```

Variante 2 (siehe Vorgängerbeispiel):

```
var file: FileInfo;
    reader: BinaryReader;
...
file := FileInfo.Create(pfad);
reader := BinaryReader(file.OpenRead);
```

7.2.5 Sequenzielle (typisierte) Dateien

Sequenzielle Dateien sind gewöhnlich auch typisiert, d.h., sie enthalten viele gleichartig aufgebaute Datensätze. Ein wahlfreier Zugriff (Random Access) ist in der Regel nicht möglich, denn um z.B. einen bestimmten Datensatz zu erreichen, müssen zunächst die davor stehenden Datensätze hintereinander ausgelesen werden.

Lesen und schreiben von strukturierten Daten

Da .NET direkt keine typisierten Dateien unterstützt, müssen Sie sich selbst um deren Strukturierung kümmern, Sie müssen also typisierte Dateien quasi wie Binärdateien (siehe 7.2.4) behandeln.

Beispiel: Das Array *pListe = array[1..pmax] of Person*, welches die Personaldaten des *record*-Datentyps *Person* (Nachname, Geburtsdatum, Student (Ja/Nein)) speichert, kann in einer sequenziellen Datei abgelegt werden. Das komplette Programm finden Sie in

☞ R 7.5 Eine sequenzielle Datei lesen und schreiben

Serialisieren von Objekten

Nicht nur einfache und strukturierte Datentypen, auch komplette Objekte können in eine Datei geschrieben bzw. von dort gelesen werden. Voraussetzung ist eine Serialisierung, wie sie durch Voranstellen des *Serializable*-Attributs vor die Klassendeklaration vorbereitet wird.

Eine zentrale Rolle spielt dabei das *BinaryFormatter*-Objekt, welches quasi *BinaryReader* und *BinaryWriter* ersetzt.

Beispiel: Ein *CPerson*-Objekt in eine sequenzielle Datei schreiben und anschließend wieder lesen

```
uses System.IO,
    System.Runtime.Serialization.Formatters.Binary;
...
type
  [Serializable] CPerson = class
     ...         // irgendeine Klassenimplementierung
end;
```

Personenliste mit Objekten:

```
var pListe: array[1..pmax] of CPerson;
...
```

Objekt serialisieren und in Datei schreiben:

```
var wStream: FileStream;
    binWriter: BinaryFormatter;
    i: Integer;
...
wStream := FileStream.Create(pfad, FileMode.OpenOrCreate, FileAccess.Write);
binWriter := BinaryFormatter.Create;
for i := 1 to High(pListe) do binWriter.Serialize(wStream, pListe[i]);
wStream.Close;
```

Objekt aus Datei zurücklesen und wieder "zusammenbauen" (deserialisieren):

```
var rStream: FileStream;
    binReader: BinaryFormatter;
    i: Integer;
...
rStream := FileStream.Create(pfad, FileMode.OpenOrCreate, FileAccess.Read);
binReader := BinaryFormatter.Create;
if rStream.Length > 0 then
    for i := 1 to High(pListe) do pListe[i] := CPerson(binReader.Deserialize(rStream));
rStream.Close;
```

Das komplette Programm finden Sie in

☞ R 7.6 Serialisierte Objekte als Datei abspeichern

7.3 XML – etwas Theorie

Mit XML (*eXtensible Markup Language*) hat sich in den letzten Jahren eine mächtige Metasprache für das Speichern und Austauschen von Daten, insbesondere im Internet, etabliert. Es gibt inzwischen kaum noch eine Anwendung, die nicht mit XML-Unterstützung beworben wird.

XML ist vor allem auch unter .NET allgegenwärtig, vieles bleibt dabei aber für den Programmierer unsichtbar, da es in Objekten gekapselt ist bzw. von den Tools der Entwicklungsumgebung für Sie automatisch im Hintergrund erledigt wird.

Ob Sie sich näher mit XML beschäftigen sollten oder müssten, will dieser Abschnitt klären, ohne dabei den Anspruch auf Vollständigkeit erheben zu können.

Weitere Informationen zum Thema finden Sie im Rezeptekapitel 15:

- R 7.7 Ein DataSet in einer XML-Datei speichern
- R 7.8 Durch XML-Dokumente navigieren
- R 7.9 XML-Daten in eine TreeView einlesen

7.3.1 Übersicht

Eine der wesentlichsten Ideen, die hinter dem Konzept von XML stehen, ist der Ansatz, Informationen nicht nur darzustellen (wie zum Beispiel in HTML mit seiner festgelegten Syntax), sondern auch deren Inhalt bzw. deren Struktur zu beschreiben. Gleichzeitig soll ein möglichst flexibler und einfacher Datenaustausch zwischen verschiedenen Anwendungen und System-Plattformen möglich sein.

Wie auch bei HTML werden in XML Informationen im Textformat gespeichert. Die einzelnen Elemente des Dokuments werden durch so genannte Tags gekennzeichnet, diese können ineinander verschachtelt sein.

Im Unterschied zu HTML handelt es sich bei XML jedoch um eine Metasprache, mit deren Hilfe sich neue Sprachen zum Beschreiben von Dokumenten definieren lassen. Die Metasprache XML liefert quasi die grammatikalischen Regeln für den Aufbau von Dokumenten.

HTML, eine klassische Beschreibungssprache, umfasst im Gegensatz dazu lediglich einen festen Satz von vordefinierten Befehlen, der nicht einfach erweiterbar ist. HTML dient im Wesentlichen nur der Darstellung von Informationen.

Das einfache Beispiel einer Adressliste soll den Unterschied verdeutlichen.

In einer HTML-Datei würden auch Sie die Informationen sicherlich in Form einer Tabelle darstellen.

Beispiel: Adressliste als HTML-Datei

```
<html><head><title>Adressen</title></head><body>
<table>
  <tr>
    <td>Name</td>
    <td>Vorname</td>
    <td>Strasse</td>
    <td>PLZ</td>
    <td>Ort</td>
  </tr>
  <tr>
    <td>Müller</td>
    <td>Norbert</td>
    <td>Wiesenweg 3</td>
    <td>12345</td>
    <td>Waldhausen</td>
  </tr>
  <tr>
  ...
  </tr>
</table></body></html>
```

Die obigen Anweisungen sagen lediglich etwas über die Gestaltung der HTML-Seite aus. Einen Zusammenhang zwischen der Tabellenzelle "Name" und dem Inhalt "Müller" kann ein Programm nur schwer herstellen. Eine automatische Analyse und Weiterverarbeitung der Datei wird damit fast unmöglich.

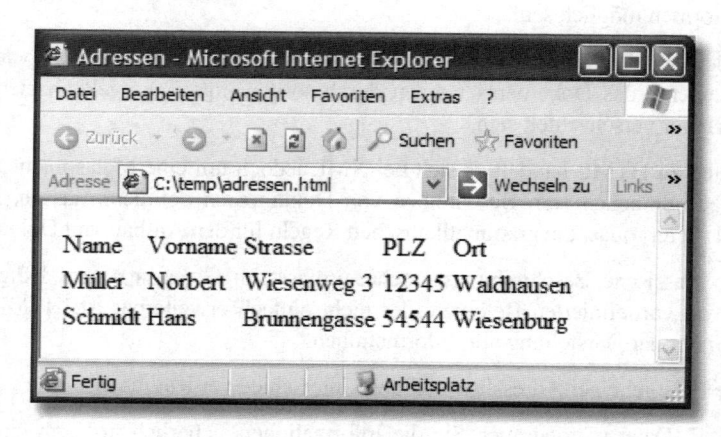

7.3 XML – etwas Theorie

Beispiel: Ein einfaches XML-Dokument (Adressverwaltung).

```xml
<Adressen>
   <Adresse>
      <Name>Müller</Name>
      <Vorname>Norbert</Vorname>
      <Strasse>Wiesenweg 3</Strasse>
      <PLZ>12345</PLZ>
      <Ort>Waldhausen</Ort>
   </Adresse>
   <Adresse>
      <Name>Schmidt</Name>
      <Vorname>Hans</Vorname>
      <Strasse>Brunnengasse 27</Strasse>
      <PLZ>23451</PLZ>
      <Ort>Wiesenburg</Ort>
   </Adresse>
</Adressen>
```

Wie Sie sehen, steht bei XML die Datenstruktur im Vordergrund. Eine Datenbank-Anwendung, wie zum Beispiel Access, kann relativ leicht feststellen, welche Elemente sich als relationale Tabelle(n) abbilden und importieren lassen.

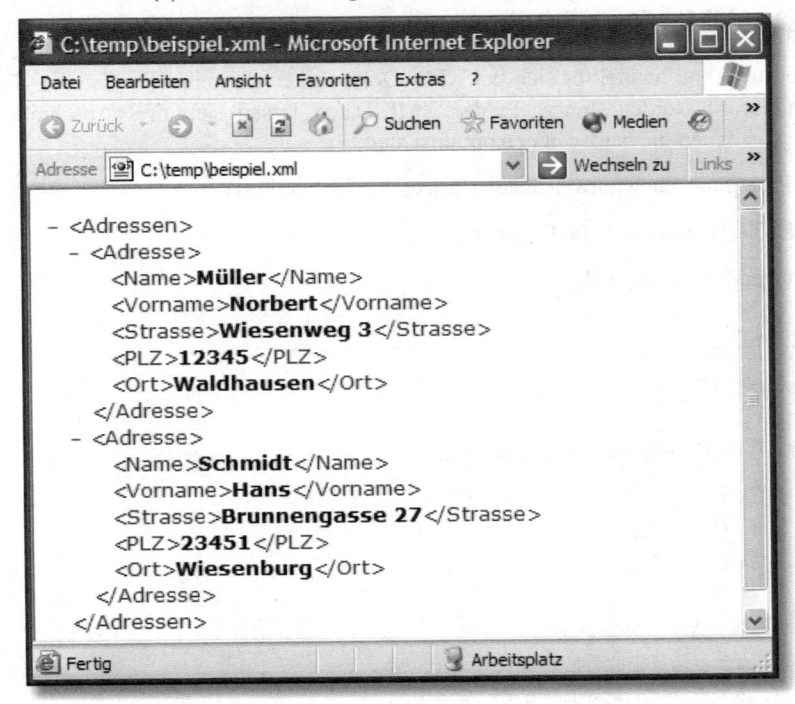

Im Unterschied zu einer Relationalen Datenbank stellt es für ein XML-Dokument kein Problem dar, zum Beispiel einen zweiten Vornamen oder eine zweite Wohnadresse zu speichern.

Beispiel: Ein zusätzlicher Vorname in den Adressdaten

```
<Adressen>
   <Adresse>
      <Name>Müller</Name>
      <Vorname>Norbert</Vorname>
      <Vorname>Paul</Vorname>
      <Strasse>Wiesenweg 3</Strasse>
      <PLZ>12345</PLZ>
      <Ort>Waldhausen</Ort>
   </Adresse>
   ...
   </Adresse>
```

Wie in den obigen Beispielen erkennbar ist, besteht zunächst keine Einschränkung in Bezug auf Anzahl, Länge und Datentyp einzelner Parameter. Es handelt sich lediglich um Textdaten, die von den Tags begrenzt und damit gekennzeichnet werden.

7.3.2 Der XML-Grundaufbau

Wie schon erwähnt, handelt es sich bei XML-Dokumenten um reine Textdateien, die durch Tags strukturiert werden. Innerhalb der XML-Daten lassen sich drei Abschnitte unterscheiden, von denen die beiden ersten optional sind:

- der Prolog mit Steueranweisungen (Processing Instructions)
- die DTD (Document Type Definition)
- der eigentliche Datenteil

Beispiel: Prolog

```
<?xml version="1.0" standalone="yes" ?>
```

Beispiel: DTD (Definieren von Datentypen)

```
<!DOCTYPE DATEN [
<!ELEMENT NAME    (#PCDATA)>
<!ELEMENT VORNAME (#PCDATA)>
<!ELEMENT ORT     (NAME)>
<!ELEMENT PERSON  (NAME, VORNAME)>
<!ATTLIST ORT marke ID #REQUIRED>
<!ATTLIST PERSON ort IDREF #REQUIRED> ]>
```

7.3 XML – etwas Theorie

Beispiel: Strukturierter Datenteil

```
<Adressen>
  <Adresse>
    <Name>Müller</Name>
    <Vorname>Norbert</Vorname>
    <Strasse>Wiesenweg 3</Strasse>
    <PLZ>12345</PLZ>
    <Ort>Waldhausen</Ort>
  </Adresse>
</Adressen>
```

Innerhalb der drei Abschnitte werden

- Elemente,
- Attribute,
- Kommentare

unterschieden.

Beispiel: Ein Element (*Vorname* ist der Elementname, *Norbert* ist der Elementinhalt)

```
<Vorname>Norbert</Vorname>
```

Beispiel: Ein Attribut (fett hervorgehoben, *Hauptwohnsitz* ist der Attributname, danach folgt der Wert in Anführungszeichen)

```
<Adresse Hauptwohnsitz="JA">
  <Name>Müller</Name>
  <Vorname>Norbert</Vorname>
</Adresse>
```

Beispiel: Ein Kommentar (fett hervorgehoben)

```
<Adressen>
<!-- ab hier folgen die eigentlichen Daten -->
  <Adresse>
    <Name>Müller</Name>
    <Vorname>Norbert</Vorname>
...
```

Im Folgenden wird detailliert auf die einzelnen Abschnitte bzw. Elemente eingegangen. Doch bevor es so weit ist, wollen wir uns zunächst mit den Grundregeln der Sprache XML auseinander setzen.

7.3.3 Wohlgeformte Dokumente

Gerade bei einer so flexiblen Sprache wie XML kommt es darauf an, dass zumindest einige Grundregeln von allen Anwendern eingehalten werden. Nur so ist ein effizientes und schnelles Analysieren der Dokumente möglich. Hält ein Dokument all diese Regeln ein, wird es als *wohlgeformtes* Dokument bezeichnet. Prüft ein XML-Parser zusätzlich die DTD-Beschreibung oder das XSD-Schema, um die Korrektheit des XML-Dokumentes zu testen, und ist diese Prüfung erfolgreich, bezeichnet man das Dokument als *gültig*. Eine Gültigkeitsprüfung ist jedoch nicht zwingend vorgeschrieben.

Doch zurück zu den Grundregeln für ein wohlgeformtes XML-Dokument. Folgende Regeln müssen Sie in jedem Fall einhalten:

- Jedes Dokument verfügt nur über **ein** Stammelement.
- Start- und Ende-Tags passen zusammen (Groß-/Kleinschreibung beachten!), d.h., für jeden Start-Tag ist ein entsprechender Ende-Tag vorhanden. Leere Elemente können mit einem einzelnen Tag dargestellt werden, das mit einem Schrägstrich "/" endet.
- Elemente müssen korrekt geschachtelt sein und dürfen sich nicht überschneiden.
- Die Sonderzeichen <, >, &, ", und ' müssen im Datenteil eines Elements durch <, >, &, ", ' ersetzt werden.
- Jedes Attribut darf nur **einen** Wert haben.
- Attributwerte müssen in doppelte oder einfache Anführungszeichen gesetzt werden.
- Die Zeichenfolgen <[[und]]> sind nicht zulässig.

Beispiel: Ein wohlgeformtes XML-Dokument

```
<DATEN>
  <ERDE>
    <KONTINENT>
      <NAME>Europa</NAME>
      <FLÄCHE>10500000</FLÄCHE>
      <EINWOHNER>718500000</EINWOHNER>
      <LAND>
        <NAME>Frankreich</NAME>
        <FLÄCHE>543965</FLÄCHE>
        <EINWOHNER>57800000</EINWOHNER>
      </LAND>
      <LAND>
        <NAME>Deutschland</NAME>
        <FLÄCHE>356854</FLÄCHE>
        <EINWOHNER>80767600</EINWOHNER>
        <ORT marke="01">
```

7.3 XML – etwas Theorie

```
            <NAME>Altenburg</NAME>
          </ORT>
          <ORT marke="02" >
            <NAME>Frankfurt Oder</NAME>
          </ORT>
        </LAND>
      </KONTINENT>
    </ERDE>
</DATEN>
```

Beispiel: Ein nicht wohlgeformtes Dokument

```
<DATEN>
  <ERDE>
    <KONTINENT>
      <NAME>Europa</NAME>
      <FLÄCHE>10500000</FLÄCHE>
      <EINWOHNER>718500000</EINWOHNER>
      <LAND>
        <NAME>Frankreich</NAME>
        <FLÄCHE>543965</FLÄCHE>
        <EINWOHNER>57800000</EINWOHNER>
      </LAND>
      <LAND>
        <NAME>Deutschland</LAND></NAME>
        <FLÄCHE>356854</FLÄCHE>
        <EINWOHNER>80767600</EINWOHNER>
        <ORT marke=01>
          <NAME>Altenburg</NAME>
        </ORT>
        <ORT marke=02>
          <NAME>Frankfurt Oder</NAME>
        </ORT>
    </KONTINENT>
  </ERDE>
</daten>
<Personen>
    <PERSON>
      <NAME>Müller</NAME>
      <VORNAME>Max</VORNAME>
    </PERSON>
    <PERSON>
```

```
            <NAME>Lehmann</NAME>
            <VORNAME>Heinz</VORNAME>
        </PERSON>
</Personen>
```

Die Fehler:

- Start- und Ende-Tag von <DATEN> stimmen nicht überein,
- es sind zwei Stammelemente (DATEN, Personen) vorhanden,
- die Attribute (marke) sind nicht in Anführungszeichen gesetzt,
- die Tags <LAND> und <NAME> bei Deutschland überschneiden sich.

7.3.4 Processing Instructions (PI)

Für die Verarbeitung von XML-Dokumenten sind so genannte *Processing Instructions* (kurz PI) vorgesehen. PIs werden mit einem Fragezeichen eingeleitet und geschlossen ("<? ... ?>").

Beginnt die PI mit dem Schlüsselwort XML, handelt es sich um eine reservierte XML-Standarddefinition, die dem verarbeitenden Programm (Parser) Informationen über zusätzliche Steuerdateien (DTD), den Zeichensatz und Versionsinformationen liefert.

Beispiel: Einfache Angabe der Versionsnummer

```
<?xml version="1.0"?>
```

Beispiel: Definition eines spezifischen Zeichensatzes über das Schlüsselwort *encoding*

```
<?xml version="1.0" encoding="UTF-16"?>
```

Jeder XML-Parser muss zumindest die Formate *UTF-8* und *UTF-16* (internationaler Zeichensatz) verarbeiten können.

Möchten Sie dem Parser mitteilen, dass eine externe DTD vorhanden ist, können Sie dies mit der *standalone*-Option realisieren. Gültige Werte sind

- *yes* (keine externe DTD vorhanden) und
- *no* (eine externe DTD ist vorhanden, der Dateiname steht in der DOCTYPE-Definition).

Beispiel: Keine externe DTD vorhanden

```
<?xml version="1.0" standalone="yes" ?>
```

Beispiel: Eine externe DTD (*welt.dtd*) ist vorhanden

```
<?xml version="1.0" standalone="no" ?>
<!DOCTYPE WELT SYSTEM "welt.dtd">
```

7.3 XML – etwas Theorie

Hinweis: Mittlerweile haben sich die XSD-Schemas gegenüber der DTD durchgesetzt, wir gehen deshalb im Rahmen dieses Kapitels nicht weiter auf die DTD ein.

7.3.5 Elemente und Attribute

Wie schon erwähnt, bestehen Elemente aus einem Start- und einem Ende-Tag. Beide Tags schließen den Inhalt (dies kann Text sein, aber auch ein bzw. mehrere Elemente) ein. Die folgende Abbildung zeigt den Elementeaufbau:

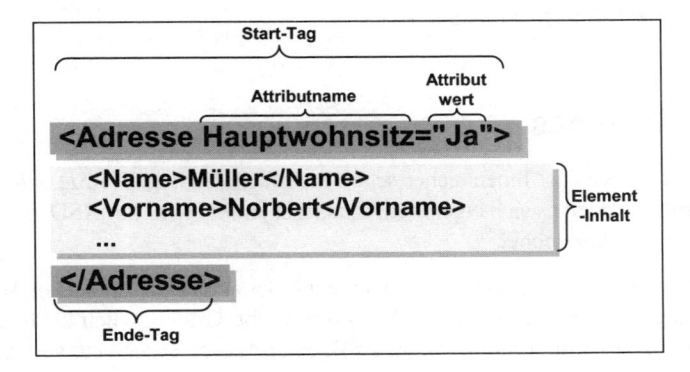

```
                    Start-Tag
              Attributname   Attribut
                             wert
    <Adresse Hauptwohnsitz="Ja">
      <Name>Müller</Name>
      <Vorname>Norbert</Vorname>         Element
      ...                                -Inhalt
    </Adresse>
         Ende-Tag
```

Jedes Element muss den folgenden Regeln genügen:

- Der Elementname beginnt mit einem Buchstaben oder einem Unterstrich.
- Nach dem ersten Zeichen können beliebige Zeichen folgen.
- Elementnamen berücksichtigen die Groß-/Kleinschreibung.
- Elementnamen dürfen keine Leerzeichen enthalten.
- Start- und Ende-Tag müssen in der Schreibweise übereinstimmen.
- Leere Elemente, auch als "Singleton" bezeichnet, können mit einem Tag (z.B. <Adresse/> statt <Adresse></Adresse>) gekennzeichnet werden.

Attribute sind zusätzliche Eigenschaften, die dem Start-Tag hinzugefügt werden können, um den Inhalt näher zu spezifizieren. Wie auch bei den Elementnamen wird zwischen Groß-/Kleinschreibung unterschieden, Attributwerte müssen in doppelten Anführungszeichen eingeschlossen werden. Ein Attribut darf nur einen Wert haben.

Beispiel: Falsche Deklaration

```
<Anschrift Name="Müller" Vorname="Norbert" Vorname="Hans">
```

In diesem und in den meisten anderen Fällen ist es günstiger, Attribute als untergeordnete Elemente darzustellen.

Beispiel: Richtige Deklaration

```
<Anschrift>
  <Name>Müller</Name>
  <Vorname>Norbert</Vorname>
  <Vorname>Hans</Vorname>
  <Vorname>Werner</Vorname>
</Anschrift>
```

Hinweis: Beachten Sie die Vorschrift, dass jedes XML-Dokument über genau ein Wurzel-Element (Root) verfügen muss.

7.4 XSD-Schemas

Bei der Arbeit mit .NET ist Ihnen sicher schon mehrfach der Begriff *XSD-Schemas* untergekommen. Worum handelt es sich eigentlich? Zunächst einmal wird mit XSD die *XML Schema Definition Language* bezeichnet.

Ein XSD-Schema ist ein eigenständiges Dokument (oder auch ein zusätzlicher Teil des XML-Dokuments), das die Struktur der XML-Daten beschreibt. Grundsätzlich können Sie also ein XSD-Schema mit den Strukturinformationen z.B. einer Access-Datenbank vergleichen.

Ein Schema kann folgende Informationen und Vorgaben enthalten:

- Definition der einzelnen Datentypen für die XML-Elemente und -Attribute,
- diverse Einschränkungen (z.B. Eindeutigkeit (Unique) von Werten),
- Zusammenhänge zwischen einzelnen XML-Elementen (Relationen).

Nur beim Vorliegen von XML-Daten **und** Schema-Informationen können also logische Zusammenhänge hergestellt werden, ohne die ein sinnvolles Auslesen der XML-Daten nicht möglich ist.

7.4.1 XSD-Schemas und ADO.NET

ADO.NET nutzt die Schemas, um einen Zusammenhang zwischen der rein hierarchischen Struktur der XML-Dokumente und der relationalen Struktur innerhalb der DataSets herzustellen. Erzeugen Sie ein neues Dataset, sind zunächst keinerlei Tabellen definiert. Diese Informationen können Sie entweder aus einer XSD-Datei laden oder Sie erzeugen diese Informationen über Methodenaufrufe.

Beispiel: Ein einfaches Schema für zwei Tabellen, in denen Telefondaten für Mitarbeiter gespeichert werden können

```
<?xml version="1.0" standalone="yes" ?>
<xs:schema id="Telefon" targetNamespace="http://www.tempuri.org/Telefon.xsd"
```

7.4 XSD-Schemas

```
xmlns:mstns="http://www.tempuri.org/Telefon.xsd" xmlns="http://www.tempuri.org/Telefon.xsd"
xmlns:xs="http://www.w3.org/2001/XMLSchema" xmlns:msdata="urn:schemas-microsoft-com:xml-msdata"
attributeFormDefault="qualified" elementFormDefault="qualified">
  <xs:element name="Telefon" msdata:IsDataSet="true" msdata:Locale="de-DE">
    <xs:complexType>
      <xs:choice maxOccurs="unbounded">
```

Hier wird die erste Tabelle definiert:

```
        <xs:element name="Mitarbeiter">
          <xs:complexType>
```

Die Definition der Tabellenspalten (Attribute):

```
            <xs:attribute name="ID" form="unqualified" msdata:AutoIncrement="true" type="xs:int" />
            <xs:attribute name="Vorname" form="unqualified" type="xs:string" />
            <xs:attribute name="Nachname" form="unqualified" type="xs:string" />
          </xs:complexType>
        </xs:element>
```

Die zweite Tabelle:

```
        <xs:element name="Telefone">
          <xs:complexType>
            <xs:attribute name="MitarbeiterId" form="unqualified" type="xs:int" />
            <xs:attribute name="Nummer" form="unqualified" type="xs:string" />
          </xs:complexType>
        </xs:element>
      </xs:choice>
    </xs:complexType>
```

Definition eines Primärschlüssels:

```
    <xs:key name="TelefonKey1" msdata:PrimaryKey="true">
      <xs:selector xpath=".//mstns:Mitarbeiter" />
      <xs:field xpath="@ID" />
    </xs:key>
```

Festlegen des Zusammenhangs zwischen beiden Tabellen (Relation):

```
    <xs:keyref name="MitarbeiterTelefone" refer="mstns:TelefonKey1">
      <xs:selector xpath=".//mstns:Telefone" />
      <xs:field xpath="@MitarbeiterId" />
    </xs:keyref>
  </xs:element>
</xs:schema>
```

Die folgende Abbildung zeigt das relationale Abbild des obigen Schemas:

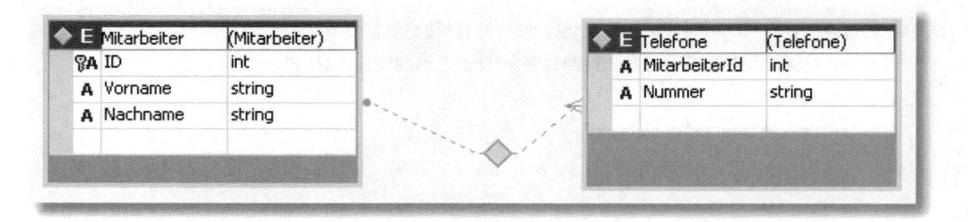

Hinweis: Im folgenden Abschnitt werden wir uns um das Erstellen von Schemas mit Delphi .NET kümmern.

Beispiel: Ein auf dem vorhergehenden Schema aufbauendes XML-Dokument

```xml
<?xml version="1.0" encoding="utf-8" ?>
<Telefon xmlns="http://www.tempuri.org/Telefon.xsd">
  <Mitarbeiter ID="0" Vorname="Thomas" Nachname="Gewinnus"></Mitarbeiter>
  <Mitarbeiter ID="1" Vorname="Walter" Nachname="Doberenz"></Mitarbeiter>
  <Telefone MitarbeiterId="0" Nummer="0335-1234567"></Telefone>
  <Telefone MitarbeiterId="0" Nummer="0172-888777666"></Telefone>
  <Telefone MitarbeiterId="1" Nummer="0345-12345678"></Telefone>
  <Telefone MitarbeiterId="1" Nummer="0171-111222333"></Telefone>
</Telefon>
```

Wie Sie sehen, werden zum Speichern der Informationen (*Nachname*, *Vorname*) Attribute statt Elemente verwendet. Auf diese Weise ist das Dokument etwas kompakter.

Den Elementen *Mitarbeiter* sind je zwei (beliebig viele) Elemente *Telefone* zugeordnet, die klassische 1:n-Beziehung aus der relationalen Welt.

7.4.2 XSD-Schema in Delphi .NET erstellen

Im vorhergehenden Abschnitt sind wir von einer vorliegenden Schema-Datei ausgegangen. Wie aber kommen Sie zu einer solchen Datei?

Im Gegensatz zu Microsofts Visual Studio .NET, das einen eigenen grafischen Editor für XSD-Schemas mitbringt, beschränkt sich Delphi auf das nachträgliche Erzeugen von Schemas für vorhandene Datenmengen[1].

---

[1] Dass Sie die Schemas auch im XML-Quelltext erzeugen können, wollen wir an dieser Stelle nicht weiter berücksichtigen.

7.4 XSD-Schemas

Haben Sie in Ihrem Projekt einen *DataAdapter* eingefügt und konfiguriert, steht Ihnen über dessen Kontextmenü die Option *Typisierte Datenmenge erzeugen...* zur Verfügung:

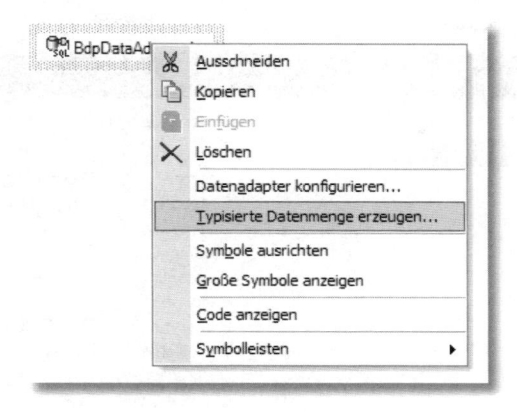

Nach dem Auftauchen eines kurzen Dialogs (DataSet-Name festlegen) finden Sie in Ihrem Delphi-Projekt eine neue XSD Schema-Datei, sowie eine Schnittstellen-Unit, welche den Zugriff auf das typisierte Dataset kapselt.

Das neu erzeugte Schema:

```xml
<?xml version="1.0" standalone="yes"?>
<xs:schema id="DataSet1" targetNamespace="http://www.changeme.now/DataSet1.xsd" xmlns
  <xs:element name="DataSet1" msdata:IsDataSet="true" msdata:Locale="de-DE">
    <xs:complexType>
      <xs:choice maxOccurs="unbounded">
        <xs:element name="Personen">
          <xs:complexType>
            <xs:sequence>
              <xs:element name="Nr" type="xs:int" />
              <xs:element name="Anrede" type="xs:string" minOccurs="0" />
              <xs:element name="Vorname" type="xs:string" minOccurs="0" />
              <xs:element name="Nachname" type="xs:string" minOccurs="0" />
              <xs:element name="Geburtstag" type="xs:dateTime" minOccurs="0" />
              <xs:element name="Gehalt" type="xs:decimal" minOccurs="0" />
              <xs:element name="Raum" type="xs:int" minOccurs="0" />
              <xs:element name="Telefon" type="xs:int" minOccurs="0" />
              <xs:element name="Vorgesetzter" type="xs:int" minOccurs="0" />
            </xs:sequence>
          </xs:complexType>
        </xs:element>
      </xs:choice>
    </xs:complexType>
    <xs:unique name="Constraint1" msdata:PrimaryKey="true">
      <xs:selector xpath=".//mstns:Personen" />
      <xs:field xpath="mstns:Nr" />
    </xs:unique>
  </xs:element>
</xs:schema>
```

Über das Kontextmenü der XSD-Datei stehen Ihnen zwei Assistenten zur Verfügung, mit denen Sie sowohl neue Tabellen definieren und parametrieren, als auch Beziehungen bearbeiten können.

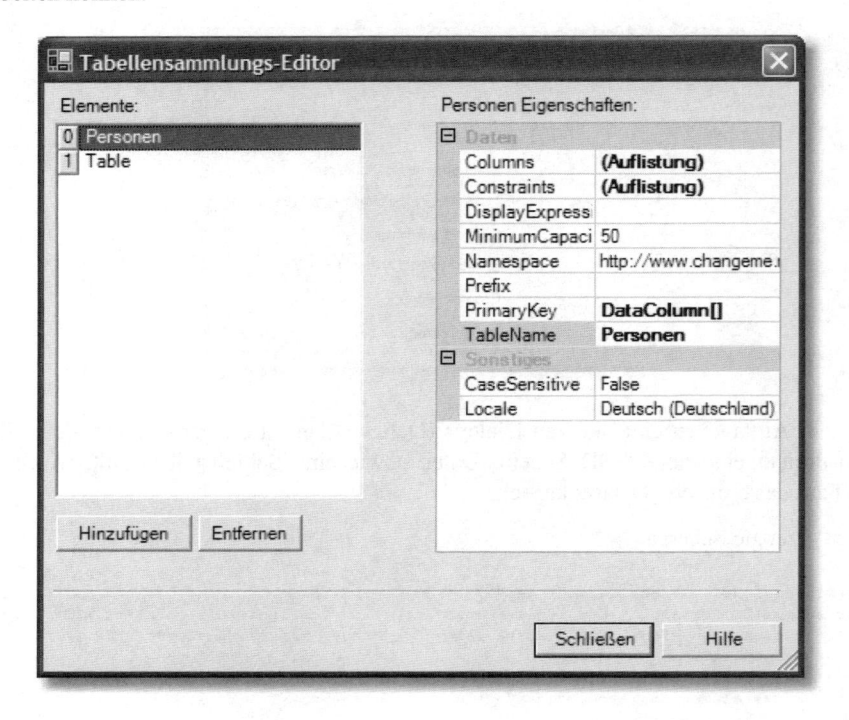

7.5 Verwendung des DOM unter .NET

Obwohl es unter .NET auch einfachere Wege zum Erzeugen von XML-Dateien gibt, wollen wir Sie zunächst mit der "Low-Level"-Programmierung vertraut machen. Zum einen bietet sich hier die Möglichkeit, das in den vorhergehenden Abschnitten Gelernte "hautnah" nachzuvollziehen, zum anderen bekommen Sie so ein besseres Verständnis für die diversen Optionen bei der XML-Ausgabe.

7.5.1 Übersicht

DOM steht für *Document Object Model* und definiert ein Objektmodell, mit dem sich XML-Dokumente plattformübergreifend bearbeiten lassen. Plattformübergreifend können Sie in diesem Fall auch wirklich gelten lassen, denn DOM ist ein allgemein gültiger Standard des W3C-Konsortiums und keine Exklusiv-Erfindung von Microsoft.

DOM erspart Ihnen den steinigen Weg, eine XML-Datei als Textdatei zu verarbeiten, d.h., mühsam zu parsen und zu filtern. Alle XML-Elemente werden durch das DOM als Eigenschaften bzw. Collections von Objekten abgebildet. Elemente lassen sich über Methoden

7.5 Verwendung des DOM unter .NET

erzeugen, modifizieren und löschen. Die XML-Daten werden als Baum mit einzelnen Zweigen dargestellt. Weiterhin können Sie über das DOM auch allgemeine Informationen über das Dokument abfragen.

Die wichtigsten Knotentypen, die mit DOM angesprochen werden können:

- *Document Type*
- *Processing Instruction*
- *Element*
- *Attribute*
- *Text*

Die folgende Tabelle gibt Ihnen eine kurze Übersicht über die wichtigsten Objekte:

Objekt	Beschreibung
XMLDocument	Dieses Objekt repräsentiert das gesamte XML-Dokument bzw. dessen Hauptknoten
XMLNode	Dieses Objekt repräsentiert einen einzelnen Knoten innerhalb des XML-Baums
XMLNodeList	Collection von *XMLNode*-Objekten
XMLNamedNodeMap	Ebenfalls eine Collection von *XMLNode*-Objekten, mit denen der Zugriff auf die Attribute möglich ist
XMLParseError	Objekt zur gezielten Fehleranalyse, das neben der Fehlerbeschreibung auch die Position und die Fehlernummer bereitstellt
XMLAttribute	Objekt zum Zugriff auf Element-Attribute
XMLCDATASection	Objekt für den Zugriff auf CDATA-Abschnitte (diese werden nicht vom Parser verarbeitet)
XMLCharacterData	Objekt für Textmanipulationen
XMLComment	Objekt für Zugriff auf Kommentare
XMLDocumentType	Objekt für den Zugriff auf DTD
XMLElement	Dieses Objekt repräsentiert ein Element
XMLEntity	Dieses Objekt repräsentiert eine Entität
XMLImplementation	Über die Methode *HasFeature* können Informationen über die DOM-Implementation angefragt werden
XMLProcessingInstruction	Dieses Objekt repräsentiert eine Processing Instruction (PI)
XMLText	Der textuelle Inhalt eines Elements oder eines Attributes

7.5.2 DOM-Integration in Delphi .NET

Selbstverständlich ist auch in Delphi .NET eine Zugriffsmöglichkeit auf das DOM integriert. Über den Namespace *System.XML* importieren Sie alle relevanten Objekte und Klassen für die Arbeit mit XML-Dateien.

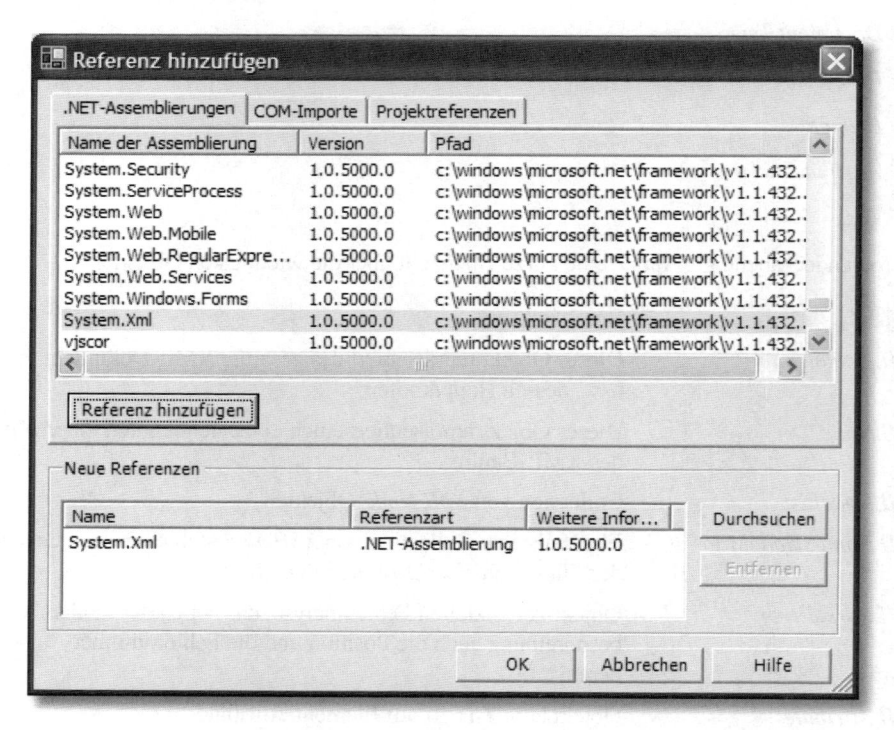

Ausgangspunkt aller weiteren Experimente ist das *XMLDocument*-Objekt, mit dem Sie den Zugriff auf ein XML-Dokument realisieren können. Eine Instanz bilden Sie einfach durch einen parameterlosen Konstruktor.

> **Hinweis:** An dieser Stelle möchten wir lediglich mit einigen Beispielen die Verwendung der DOM-Objekte demonstrieren, für eine vollständige Auflistung aller Eigenschaften und Methoden fehlt einerseits der Platz, andererseits sollte dies einem Buch über XML vorbehalten bleiben.

7.5.3 Laden von Dokumenten

Haben Sie erfolgreich eine Instanz erzeugt, können Sie auch schon ein neues XML-Dokument generieren oder eine vorhandene Datei von der Festplatte oder aus dem Internet laden. Die *Load*-Methode unterstützt sowohl "normale" Pfadangaben (*\\server\e\files\test.xml* bzw. *c:\test.xml*) als auch URL-Angaben (*http://www.xyz-abc.com/test.xml*).

7.5 Verwendung des DOM unter .NET

Beispiel: Laden aus einer Datei

```
implementation
uses System.Xml;
...
var xmldoc : XmlDocument;
begin
   xmldoc := XmlDocument.Create;
   try
      xmldoc.LoadXml('c:\test.xml');
      MessageBox.Show('OK');
   except
      MessageBox.Show('Fehler');
   end;
end;
```

Alternativ können Sie die Dokumente auch aus einer *String*-Variablen laden. Verwenden Sie dazu die *LoadXML*-Methode.

Beispiel: Laden von XML-Daten aus einem String

```
var xmldoc : XmlDocument;
    myStr  : String;
begin
   xmldoc := XmlDocument.Create;
   mystr := '<WELT>';
   mystr := mystr + ' <KONTINENTE>';
   mystr := mystr + ' </KONTINENTE>';
   mystr := mystr + '</WELT>';
   try
      xmldoc.LoadXml(myStr);
      MessageBox.Show('OK');
   except
      MessageBox.Show('Fehler');
   end;
end;
```

Hinweis: Im Gegensatz zum DOM-Zugriff über COM-Objekte werden durch die Methoden keine *True/False*-Werte zurückgegeben. Sie müssen also mit *Try Except* arbeiten. Das *ParseError*-Objekt ist in diesem Zuge auch "entsorgt" worden.

7.5.4 Erzeugen von XML-Dokumenten

Bevor wir uns mit der Verarbeitung vorhandener XML-Dokumente beschäftigen, wollen wir zunächst selbst "Hand anlegen" und neue XML-Dokumente erzeugen.

Beispiel: Ein erstes XML-Dokument (Versuch 1)

```
var xmldoc : XmlDocument;
    root   : XmlNode;
begin
  xmldoc := XmlDocument.Create;
```

Wir erzeugen ein Wurzel-Element ...

```
  root   := xmldoc.CreateElement('WELT');
```

... und fügen dieses dem DOM-Dokument hinzu:

```
  xmldoc.AppendChild(root);
  MessageBox.Show(xmldoc.InnerXml);
end;
```

Klein, aber fein, präsentiert sich unser erstes XML-Dokument in der MessageBox:

Beispiel: Basierend auf den Erkenntnissen des vorhergehenden Beispiels erweitern wir das Programm so, dass das Element WELT weitere untergeordnete Elemente erhält. Das erzeugte XML-Dokument soll in diesem Fall als Datei gesichert werden.

```
var xmldoc : XmlDocument;
    root, node : XmlNode;
begin
  xmldoc := XmlDocument.Create;
```

Wir erzeugen ein Wurzel-Element ...

```
  root   := xmldoc.CreateElement('WELT');
```

... und fügen dieses dem DOM-Dokument hinzu:

```
  xmldoc.AppendChild(root);
```

Ähnlich wie bei einem *TreeView*-Control werden nun dem bereits erzeugten Root-Knoten weitere Untereinträge hinzugefügt:

7.5 Verwendung des DOM unter .NET

```
  node := xmldoc.CreateElement('AFRIKA');
  root.AppendChild(node);
  node := xmldoc.CreateElement('ANTARKTIS');
  root.AppendChild(node);
  node := xmldoc.CreateElement('ASIEN');
  root.AppendChild(node);
  node := xmldoc.CreateElement('AUSTRALIEN');
  root.AppendChild(node);
  node := xmldoc.CreateElement('EUROPA');
  root.AppendChild(node);
  node := xmldoc.CreateElement('NORDAMERIKA');
  root.AppendChild(node);
  node := xmldoc.CreateElement('SÜDAMERIKA');
  root.AppendChild(node);
```

Wir sichern die XML-Daten in einer Datei:

```
  xmldoc.Save('c:\Test2.xml');
  MessageBox.Show(xmldoc.InnerXml);
end;
```

Die Ausgabe in der MessageBox:

```
<WELT><AFRIKA /><ANTARKTIS /><ASIEN /><AUSTRALIEN /><EUROPA /><NORDAMERIKA /><SÜDAMERIKA /></WELT>
```

[OK]

Die Anzeige im Internet Explorer ist dagegen wesentlich aufschlussreicher (geöffnete und geschlossene Ansicht):

```
- <WELT>                    + <WELT>
    <EUROPA />
    <NORDAMERIKA />
    <SÜDAMERIKA />
    <ASIEN />
    <AUSTRALIEN />
    <AFRIKA />
    <ANTARKTIS />
  </WELT>
```

7.5.5 Auslesen von XML-Dateien

Nachdem wir bereits eine erste einfache XML-Datei erzeugt haben, können wir diese auch laden und anzeigen lassen. Dazu benötigen Sie in jedem Fall neben dem bekannten *XML-Document*-Objekt auch ein *XMLNode*-Objekt, um zumindest auf das Wurzel-Element der XML-Daten zugreifen zu können.

Beispiel: Einlesen der eben erzeugten Datei und Anzeige des ersten Elements

```
var xmldoc : XmlDocument;
    root, node  : XmlNode;
begin
  xmldoc := XmlDocument.Create;
  xmldoc.Load('c:\test2.xml');
```

Einen "Zeiger" auf das Wurzelelement ("WELT") bestimmen:

```
  root := xmldoc.DocumentElement;
```

Nachfolgend können wir den ersten Untereintrag ermitteln und anzeigen:

```
  node := root.FirstChild;
  MessageBox.Show(node.Name);
end;
```

Die Ausgabe lautet "AFRIKA", entsprechend der Reihenfolge, in der die Elemente im vorhergehenden Beispiel gesichert wurden:

AFRIKA

Dass Sie sich nicht nur auf das erste Element zu beschränken brauchen, zeigt Ihnen das folgende Beispiel gleich in mehreren Varianten: Entweder Sie lesen die Elemente über die *ChildNodes*-Collection des Wurzel-Elements aus, oder Sie "hangeln" sich mit der Methode *NextSibling* durch die Objektliste, oder Sie sind ein ganz konventioneller Programmierer, d.h., Sie verwenden eine *for*-Schleife. Das Ergebnis ist in allen Fällen das gleiche.

Beispiel: Anzeige der einzelnen Elemente mittels DOM-Eigenschaften und -Methoden in einer ListBox

```
var xmldoc : XmlDocument;
    root, node  : XmlNode;
begin
  xmldoc := XmlDocument.Create;
```

7.5 Verwendung des DOM unter .NET

```
xmldoc.Load('c:\test2.xml');
ListBox1.Items.Clear;
root := xmldoc.DocumentElement;
```

Auslesen mit Hilfe der Collection *ChildNodes*:

```
for node in root.ChildNodes do
    ListBox1.Items.Add(node.Name);
end;
```

Die Ausgabe in der ListBox:

```
AFRIKA
ANTARKTIS
ASIEN
AUSTRALIEN
EUROPA
NORDAMERIKA
SÜDAMERIKA
```

7.5.6 Direktzugriff auf einzelne Elemente

Sicher dürfte es recht mühsam sein, bei der Suche nach einem bestimmten Baumelement immer gleich die ganze Liste zu durchforsten, um zum Beispiel das Element *EUROPA* zu finden. In diesem Fall hilft Ihnen die *SelectSingleNode*-Methode weiter.

Beispiel: Verwendung von *SelectSingleNode*

```
var xmldoc : XmlDocument;
    root, node : XmlNode;
begin
  xmldoc := XmlDocument.Create;
  xmldoc.Load('c:\test2.xml');
  root := xmldoc.DocumentElement;
  node := root.SelectSingleNode('EUROPA');
  MessageBox.Show(node.Name);
end;
```

Erwartungsgemäß wird Ihnen der zugehörige Knotenname angezeigt.

Über das zurückgegebene Objekt vom Typ *XMLNode* können Sie aber wiederum auf die jeweiligen Untereinträge des Knotens zugreifen usw. Doch bevor wir dies demonstrieren, möchten wir unsere Datenbasis etwas vergrößern und zusätzliche Informationen im XML-Baum abspeichern.

7.5.7 Einfügen von Informationen

Nachdem Sie die XML-Daten geladen und einen bestimmten Knoten ausgewählt haben, können Sie diesem zusätzliche Informationen in Form von Attributen oder Elementen hinzufügen.

Beispiel: Den einzelnen Kontinenten, die bereits in der Datei enthalten sind, ordnen wir noch die Fläche, die Anzahl der Einwohner und einige Länder zu. Dabei werden wir uns jedoch auf einige Auszüge beschränken, für eine komplette Auflistung dürfte an dieser Stelle weder der Platz noch der Bedarf vorhanden sein.

```
var xmldoc : XmlDocument;
    root, node  : XmlNode;
begin
  xmldoc := XmlDocument.Create;
  xmldoc.Load('c:\test2.xml');
```

Auswahl eines bestimmten Knotens:

```
  root := xmldoc.DocumentElement;
  node := root.SelectSingleNode('EUROPA');
```

Einfügen von Zusatzinformationen:

```
  node.AppendChild(xmldoc.CreateElement('Fläche')).InnerText := '10500000';
  node.AppendChild(xmldoc.CreateElement('Einwohner')).InnerText := '718500000';
```

Wie Sie sehen, verwenden wir eine recht kurze Schreibweise für den Zugriff auf den zurückgegebenen *ChildNode*. Sie könnten auch umständlich den Rückgabewert einer Variablen von Typ *XMLNode* zuweisen und nachfolgend auf die Eigenschaften zugreifen.

Einfügen weiterer Elemente:

```
  node.AppendChild(xmldoc.CreateElement('Frankreich'));
  node.AppendChild(xmldoc.CreateElement('Deutschland'));
  node.AppendChild(xmldoc.CreateElement('Italien'));
  node.AppendChild(xmldoc.CreateElement('Österreich'));
  node.AppendChild(xmldoc.CreateElement('Schweden'));
  node.AppendChild(xmldoc.CreateElement('Norwegen'));
  node.AppendChild(xmldoc.CreateElement('Polen'));
```

Auch hier nutzen wir die Möglichkeit, den zurückgegebenen Wert (es handelt sich um ein Objekt vom Typ *XMLNode*) gleich an die nächste Methode weiterzugeben. So ersparen wir uns unnötige Variablen und natürlich auch einige Zeilen Quellcode.

```
  xmldoc.Save('c:\Test6.xml');
end;
```

7.5 Verwendung des DOM unter .NET

Das Aussehen der Datei nach diesen Erweiterungen zeigt die folgende Abbildung:

```
- <WELT>
    <AFRIKA />
    <ANTARKTIS />
    <ASIEN />
    <AUSTRALIEN />
  - <EUROPA>
      <Fläche>10500000</Fläche>
      <Einwohner>718500000</Einwohner>
      <Frankreich />
      <Deutschland />
      <Italien />
      <Österreich />
      <Schweden />
      <Norwegen />
      <Polen />
    </EUROPA>
    <NORDAMERIKA />
    <SÜDAMERIKA />
  </WELT>
```

Möchten Sie sich nicht umständlich durch die Objektstruktur hangeln, können Sie auch direkt den Pfad zum gesuchten Element angeben.

Beispiel: Erweitern der Einträge von *Deutschland* und *Frankreich* um die Einträge *Fläche* und *Einwohner*

```
var xmldoc : XmlDocument;
    root, node : XmlNode;
begin
  xmldoc := XmlDocument.Create;
  xmldoc.Load('c:\test6.xml');
  root := xmldoc.DocumentElement;
```

Wir bestimmen direkt aus der Root heraus den gesuchten Knoten ...

```
  node := root.SelectSingleNode('EUROPA/Deutschland');
```

... und fügen auf bewährte Weise zwei neue Einträge hinzu:

```
  node.AppendChild(xmldoc.CreateElement('Fläche')).InnerText := '356854';
  node.AppendChild(xmldoc.CreateElement('Einwohner')).InnerText := '80767600';
```

Das Gleiche für Frankreich:

```
  node := root.SelectSingleNode('EUROPA/Frankreich');
  node.AppendChild(xmldoc.CreateElement('Fläche')).InnerText := '343965';
  node.AppendChild(xmldoc.CreateElement('Einwohner')).InnerText := '57800000';
  xmldoc.Save('c:\Test7.xml');
end;
```

Das resultierende Dokument können Sie sich im Internet Explorer ansehen:

```
- <WELT>
    <AFRIKA />
    <ANTARKTIS />
    <ASIEN />
    <AUSTRALIEN />
  - <EUROPA>
      <Fläche>10500000</Fläche>
      <Einwohner>718500000</Einwohner>
    - <Frankreich>
        <Fläche>343965</Fläche>
        <Einwohner>57800000</Einwohner>
      </Frankreich>
    - <Deutschland>
        <Fläche>356854</Fläche>
        <Einwohner>80767600</Einwohner>
      </Deutschland>
      <Italien />
```

7.5.8 Suchen in den Baumzweigen

"Wer sucht, der findet auch!", diese Weisheit gilt natürlich auch für den XML-Programmierer, da gerade die hierarchischen Baumstrukturen zwar optisch recht anschaulich, aber programmiertechnisch doch recht unübersichtlich sind.

Die wohl trivialste, aber auch umständlichste Variante zum Suchen hatten wir Ihnen bereits vorgestellt. Sie können sich, wie bereits demonstriert, einfach durch die Liste der Knoten "hangeln", was jedoch recht zeitaufwändig und auch wenig effizient ist. Wesentlich schneller und komfortabler geht es mit den folgenden Methoden:

Methode	Beschreibung
GetElementsBy-TagName(Suchstring)	Liefert eine Collection von *XMLNode*-Objekten basierend auf dem übergebenen Suchstring bzw. Tag-Namen. Mit "*" können Sie alle Elemente abrufen. Geben Sie lediglich einen Tag-Namen an, werden Ihnen alle Vorkommen dieses Tags aufgelistet, unabhängig von der gerade aktiven Baumebene.
SelectNodes(Suchstring)	Liefert eine Liste von *XMLNode*-Objekten, die dem übergebenen Suchstring entsprechen. Der Suchstring bezieht sich im Normalfall auf die gerade aktive Baumebene.
SelectSingleNode(Suchstring)	Verhält sich wie *SelectNodes*, mit dem Unterschied, dass lediglich das erste gefundene Element zurückgegeben wird.

Beispiel: Aus der Datei *test7.xml* sollen alle Elemente, unabhängig von ihrer Baumebene, ermittelt werden, die den Namen *Fläche* tragen. Die Element-Namen, der jeweilige Parent sowie der Inhalt der *Text*-Eigenschaft sollen in einem Memofeld angezeigt werden.

7.5 Verwendung des DOM unter .NET

```
var xmldoc : XmlDocument;
    root,
    node    : XmlNode;
    list    : XmlNodeList;
begin
  xmldoc := XmlDocument.Create;
  xmldoc.Load('c:\test7.xml');
  root := xmldoc.DocumentElement;
  ListBox1.Items.Clear;
  list := xmldoc.GetElementsByTagName('Fläche');
  for node in list do
     ListBox1.Items.Add(node.ParentNode.Name + '   Fläche: ' + node.InnerText);
end;
```

Die Ausgabe im Listenfeld:

```
EUROPA     Fläche: 10500000
Frankreich Fläche: 343965
Deutschland Fläche: 356854
```

Statt Sie auf den folgenden Seiten mit endlosen undurchsichtigen Auflistungen von Optionen und Parametern zu quälen, haben wir uns entschieden, Ihnen anhand einiger aussagekräftiger Beispiele die Möglichkeiten der drei genannten Methoden zu demonstrieren.

Beispiel: Verwenden von *SelectNodes*

```
var xmldoc : XmlDocument;
    root,
    node    : XmlNode;
    list    : XmlNodeList;
begin
  xmldoc := XmlDocument.Create;
  xmldoc.Load('c:\test7.xml');
  root := xmldoc.DocumentElement;
  ListBox1.Items.Clear;
```

Eingabe des gewünschten Suchstrings und Auswahl:

```
  list := xmldoc.SelectNodes(TextBox1.Text);
```

Anzeige der Daten im Listenfeld:

```
for node in list do
  if (node.InnerText.Trim() <> '') then
    ListBox1.Items.Add(node.Name + '  (Text: ' + node.InnerText + ')')
  else
    ListBox1.Items.Add(node.Name);
end;
```

Die verschiedenen Suchstrings und das zugehörige Ergebnis (XPath-Ausdrücke):

Suchstring	Beschreibung/Ausgabe
/*	Rückgabewert ist das Root-Element: `WELT      (Text: 105000007185000005439655780000035685480767600)`
/WELT	Auswahl des Root-Elements über den Namen: `WELT      (Text: 105000007185000005439655780000035685480767600)`

//*	Rückgabewert ist eine Collection aller Knoten:
	
	`WELT         (Text: 105000007185000005439655780000035685480767600)`
	`AFRIKA`
	`ANTARKTIS`
	`ASIEN`
	`AUSTRALIEN`
	`EUROPA       (Text: 105000007185000005439655780000035685480767600)`
	`Fläche       (Text: 10500000)`
	`Einwohner    (Text: 718500000)`
	`Frankreich   (Text: 54396557800000)`
	`Fläche       (Text: 543965)`
	`Einwohner    (Text: 57800000)`
	`Deutschland  (Text: 35685480767600)`
	`Fläche       (Text: 356854)`
	`Einwohner    (Text: 80767600)`
	`Italien`
	`Österreich`
	`Norwegen`
	`Polen`
	`NORDAMERIKA`
	`SÜDAMERIKA`

/WELT/*	Anzeige aller Untereinträge von "WELT":
	
	`AFRIKA`
	`ANTARKTIS`
	`ASIEN`
	`AUSTRALIEN`
	`EUROPA       (Text: 105000007185000005439655780000035685480767600)`
	`NORDAMERIKA`
	`SÜDAMERIKA`

7.5 Verwendung des DOM unter .NET

Suchstring	Beschreibung/Ausgabe
/WELT/*[Frankreich]	Sucht alle Knoten unterhalb von "WELT", die einen Unterknoten mit dem Namen "Frankreich" haben: EUROPA (Text: 1050000071850000054396557800000356854807676000)
Suchstring	Beschreibung/Ausgabe
/WELT/*[not(Frankreich)]	Sucht alle Knoten unterhalb von "WELT", die keinen Unterknoten mit dem Namen "Frankreich" haben: AFRIKA ANTARKTIS ASIEN AUSTRALIEN NORDAMERIKA SÜDAMERIKA
WELT/EUROPA/* [Fläche or Einwohner]	Sucht alle Knoten unterhalb von "WELT/EUROPA", die entweder einen Unterknoten mit dem Namen "Fläche" oder "Einwohner" haben: Frankreich (Text: 54396557800000) Deutschland (Text: 35685480767600)
WELT/EUROPA/* [Fläche > 400000]	Sucht alle Knoten unterhalb von "WELT/EUROPA", die eine Fläche > 400000 haben: Frankreich (Text: 54396557800000) Sie können und sollten den Eintrag "Fläche" vor der Vergleichsoperation mit der Funktion number in einen numerischen Wert umwandeln. WELT/EUROPA/*[number(Fläche) > 400000]
/WELT/*[last()]	Sucht den letzten Knoten unterhalb von "WELT": SÜDAMERIKA
WELT/*[3]	Der vierte Untereintrag unter "WELT": ASIEN

Diese Übersicht dürfte Ihnen einen ersten Einblick in die Möglichkeiten der Suche gewährt haben.

Hinweis: Mehr Informationen zum Suchen finden Sie in der MS Online-Hilfe unter dem Stichwort "XPath queries".

7.5.9 Die relationale Sicht auf XML-Daten

Betrachtet man die Ausführungen des vorhergehenden Abschnitts, wird man feststellen, dass sich mit dem DOM zwar hierarchische XML-Dateien gut verarbeiten lassen, der Zusammenhang zur relationalen Welt der Datenbanken fehlt jedoch. Gerade das .NET Framework bzw. das enthaltene ADO.NET macht von XML reichlich Gebrauch. Was liegt also näher, als beide Welten miteinander zu verschmelzen?

Die Rede ist vom *XMLDataDocument*-Objekt, das sowohl relationale als auch XML-Daten laden, verarbeiten und speichern kann. *XMLDataDocument* ist von der Klasse *XMLDocument* abgeleitet, verfügt also über alle nötigen Eigenschaften, um mit dem DOM zu arbeiten. Gleichzeitig findet sich jedoch auch eine neue Eigenschaft *DataSet*. Genau diese stellt für uns die Verbindung zu den relationalen Daten her.

Hinweis: An dieser Stelle müssen wir dem nachfolgenden Kapitel 8 (ADO.NET) etwas vorgreifen.

Laden von XML-Daten

Laden können Sie reine XML-Daten entweder über das *DataSet* oder auch über das *XMLDataDocument*-Objekt.

Beispiel: Laden der Daten über das DataSet

```
var ds      : DataSet;
    xmlddoc : XmlDataDocument;
begin
  ds := DataSet.Create;
  ds.ReadXml('c:\test7.xml');
```

Hier wird das *XMLDataDocument* mit dem *DataSet* synchronisiert:

```
  ds.WriteXmlSchema('c:\test7.xsd');
```

Alternativ können Sie jedoch auch erst einmal ein XSD-Schema erzeugen:

```
  xmlddoc := XmlDataDocument.Create(ds);
```

Das erzeugte Schema für unser XML-File:

7.5 Verwendung des DOM unter .NET

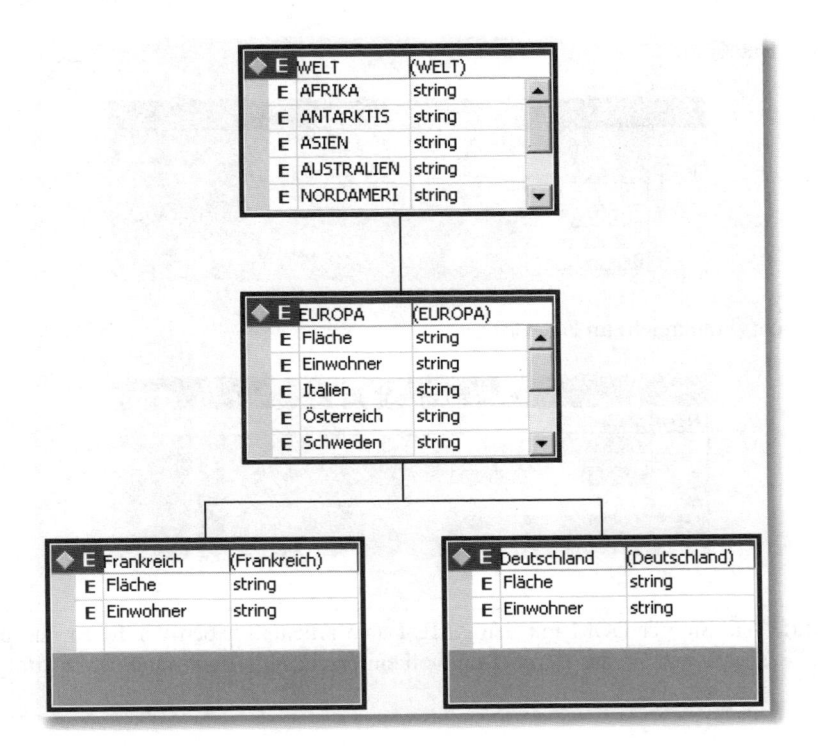

◆ E	WELT	(WELT)
E	AFRIKA	string
E	ANTARKTIS	string
E	ASIEN	string
E	AUSTRALIEN	string
E	NORDAMERI	string

◆ E	EUROPA	(EUROPA)
E	Fläche	string
E	Einwohner	string
E	Italien	string
E	Österreich	string
E	Schweden	string

◆ E	Frankreich	(Frankreich)
E	Fläche	string
E	Einwohner	string

◆ E	Deutschland	(Deutschland)
E	Fläche	string
E	Einwohner	string

Warum dieser zusätzliche Aufwand? Die Antwort ist schnell gegeben, wenn Sie versuchen, über das *XMLDataDocument*-Objekt ein XML-File zu laden, ohne entsprechende Schema-Informationen bereitzustellen. Der Versuch wird zwar erfolgreich sein, im *DataSet* werden Sie jedoch keine Tabelle vorfinden.

Beispiel: Laden des Schemas und nachfolgendes Laden der XML-Daten

```
xmlddoc := XmlDataDocument.Create();
xmlddoc.DataSet.ReadXmlSchema('c:\test7.xsd');
xmlddoc.Load('c:\test7.xml');
```

Verwendung des DataSets

Einer Anzeige, zum Beispiel in einem *DataGrid*, steht jetzt nichts mehr im Wege:

```
xmlddoc := XmlDataDocument.Create();
xmlddoc.DataSet.ReadXmlSchema('c:\test7.xsd');
xmlddoc.Load('c:\test7.xml');
DataGrid1.DataSource := xmlddoc.DataSet;
```

Inhalt des DataGrid:

▶ WELT
EUROPA
Frankreich
Deutschland

Detailansicht (Frankreich) im DataGrid:

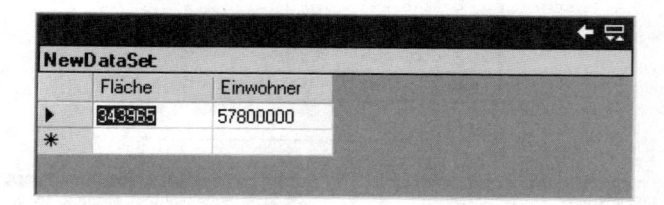

NewDataSet	
Fläche	Einwohner
▶ 343965	57800000
*	

Hinweis: Wie Sie per DOM mit den XML-Daten arbeiten, haben wir Ihnen nun demonstriert, wie Sie das *DataSet* sinnvoll einsetzen, soll Gegenstand des nachfolgenden Kapitels sein.

Datenbankzugriff mit ADO.NET

- ✔ **Grundlagen des Datenbankzugriffs**
- ✔ **Die .NET-Datenprovider**
- ✔ **Das DataSet-Objekt**
- ✔ **Datenbindung der Steuerelemente**

8.1 Grundlagen des Datenbankzugriffs

Als ADO.NET bezeichnet man die Datenzugriffstechnologie des Microsoft .NET Frameworks, sie soll Entwickler befähigen, effiziente mehrschichtige Datenbankanwendungen für Intranet und Internet zu erstellen.

Bei ADO.NET handelt es sich nicht – wie oft fälschlicherweise angenommen wird – um eine Weiterentwicklung des alten ADO[1], sondern es hat mit diesem (außer der Bezeichnung und der flachen Objekthierarchie) so gut wie nichts mehr gemein.

Der Inhalt des vorliegenden Kapitels konzentriert sich auf eine Einführung in das ADO.NET-Objektmodell nach dem Prinzip "soviel wie nötig".

Die Rezepte des Kapitels 15 (Abschnitt 15.8) flankieren das Thema und sollten vom Lernenden genutzt werden, die vermittelte Theorie sofort praktisch zu untermauern.

Hinweis: Eine Zusammenstellung von Eigenschaften, Methoden und Ereignissen der wichtigsten ADO.NET-Klassen finden Sie im Anhang!

8.1 Grundlagen des Datenbankzugriffs

Anders als bei klassischen Desktop-Anwendungen gibt es in verteilten Umgebungen (z.B. Web-Anwendungen) keine feste Beziehung zwischen Datenquelle und Frontend mehr. Der kurzzeitige Kontakt eines Programms zur Datenquelle kann auf drei Etappen reduziert werden:

- Aufbau der Verbindung zur Datenquelle
- Übertragung der Daten
- Abbau der Verbindung

Das gesamte Daten-Management einer Web-Applikation findet auf dem Server statt, was für diesen eine enorme Mehrbelastung bedeutet. Demgegenüber ist der Client – normalerweise ein Web-Browser – deutlich entlastet.

8.1.1 Das Prinzip von ADO.NET

ADO.NET wurde geschaffen, um den besonderen Anforderungen verteilter Anwendungen Rechnung zu tragen. Eine Web-Anwendung besteht immer aus mehreren Teilprogrammen bzw. Ebenen, die untereinander Daten austauschen.

Diese typischen Ebenen sind:

- Datenebene (auch Datatier oder Backend)
- Geschäftsebene (auch Middletier oder Business-Schicht)

---

[1] ActiveX Data Objects

8 Datenbankzugriff mit ADO.NET

- Präsentationsebene (auch Anwenderschnittstelle, Usertier oder Frontend)
- Das Internet/Intranet als Verbindungsschicht zwischen Präsentations- und Geschäftsebene

In der folgenden Abbildung bietet sich Ihnen die Chance, erstmalig die Hauptobjekte von ADO.NET zu beschnuppern: *DataSet*, *DataAdapter* und *Connection*.

Weiterhin sind die beiden Projekttypen zur Gestaltung der Benutzerschnittstelle klar ersichtlich:

- *Windows-Forms-Anwendung*
- *Web-Forms-Anwendung* (Internet-Browser)

Grundsätzliche programmtechnische Unterschiede zwischen beiden Anwendungstypen gibt es nicht, allerdings werden die Beispiele in diesem Kapitel vorrangig mit Windows-Forms realisiert (zu Web-Forms siehe ASP.NET-Kapitel 10).

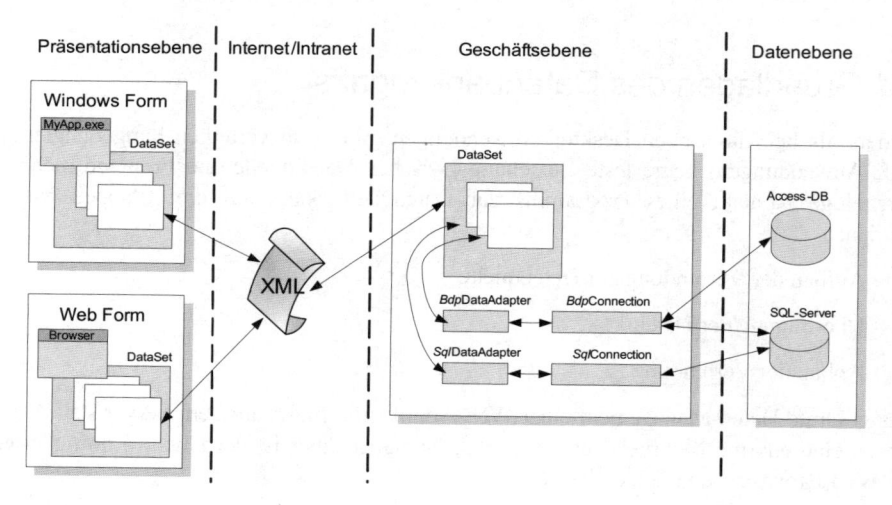

Ohne XML geht gar nichts mehr

Sie erkennen in der obigen Abbildung deutlich die Rolle von XML, welches als universelles Übertragungsprotokoll den Datenaustausch zwischen Präsentations- und Geschäftsebene übernimmt. Unter ADO.NET basieren viele Elemente auf XML, dessen primärer Einsatz der Datenaustausch zwischen den verschiedenen Schichten einer Web-Applikation ist. Man verwendet diese Beschreibungssprache aber auch z.B. zum Ablegen der Daten im Arbeitsspeicher bzw. auf der Festplatte. Umgekehrt können Sie eine XML-Datei wie jede andere Datenquelle verwenden, um z.B. ein *DataSet* daraus zu erstellen.

8.1.2 Klassenübersicht von ADO.NET

ADO.NET setzt sich aus einer ziemlich komplexen Hierarchie vieler Klassen zusammen, die daraus erzeugten Objekte lassen sich zunächst in zwei Gruppen aufteilen:

- Datenprovider
- Datenkonsument

Während der *Datenprovider* die Daten zur Verfügung stellt, ist der *Datenkonsument* der Teil der Applikation, welcher die Dienste eines Datenproviders nutzt, um auf beliebige Daten zuzugreifen, sie zu lesen, zu speichern und zu ändern. Die folgende Abbildung zeigt eine Übersicht:

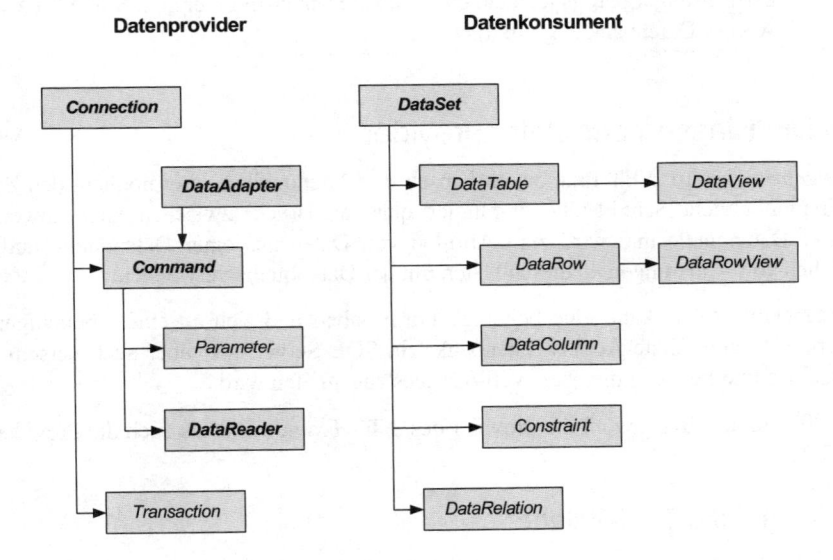

```
Datenprovider                    Datenkonsument

Connection                       DataSet
    |                               |
    ├── DataAdapter                 ├── DataTable ──── DataView
    |       |                       |
    ├── Command                     ├── DataRow ────── DataRowView
    |       |                       |
    |       ├── Parameter           ├── DataColumn
    |       |                       |
    |       ├── DataReader          ├── Constraint
    |       |                       |
    ├── Transaction                 └── DataRelation
```

Datenprovider

Die Objekte *Connection*, *Command*, *DataReader* und *DataAdapter* sind die Hauptelemente des .NET-Datenprovider-Modells.

Man bezeichnet die Datenprovider auch als *verbundene Objekte*, da sie immer in Beziehung zu einer bestimmten Datenquelle stehen. Die Datenkonsumenten hingegen sind *unverbundene Objekte*, weil sie – ganz im Sinne der .NET-Philosophie – unabhängig von einer Datenquelle ihr völlig autarkes Dasein führen.

Datenkonsument

Der allen übergeordnete Datenkonsument ist das *DataSet*, es ist gewissermaßen das Kernobjekt von ADO.NET und ist vergleichbar mit den vom alten ADO her bekannten *Recordset*-Objekten, allerdings ist es weitaus komplizierter, da es z.B. mehrere *DataTable*-Objekte kapseln kann.

Neben den eigentlichen Daten sind im Speicher auch die Strukturinformationen (Schema- bzw. Metadaten) hinterlegt. Es müssen also auch Informationen über die verwendeten Datentypen und die Beziehungen (Relationen) zwischen den Tabellen gespeichert werden. Ohne Übertreibung kann man deshalb das DataSet auch als "Minidatenbank" bezeichnen, die ihren Standort allerdings nicht auf der Festplatte, sondern im Arbeitsspeicher hat.

Ein *DataSet* kann (unter Benutzung eines *DataAdapters*) entweder von der Datenquelle oder aber dynamisch geladen werden. Ausführlicher gehen wir auf das *DataSet* erst ab dem Abschnitt 8.8 ein.

Hinweis: Um ein erstes praktisches Feeling für die ADO.Net-Klassen zu entwickeln, sollte der Einsteiger bereits jetzt ein einfaches Rezept ausprobieren, z.B. R 8.3 (Auf eine Access-Datenbank zugreifen).

8.1.3 Die Klassen der Datenprovider

Ein *Datenprovider* im .NET Framework kapselt die Datenquelle und ermöglicht den Zugriff über eine einheitliche Schnittstelle, er fungiert quasi als Brücke zwischen einer Anwendung und einer Datenquelle und wird zum Abrufen von Daten aus einer Datenquelle und zum Abgleichen von Änderungen an diesen Daten mit der Datenquelle verwendet.

Die Datenquelle selbst kann eine beliebige Form haben und sich an einem beliebigen Ort befinden, z.B. eine lokale Access-Datenbank, ein SQL Server oder aber auch verschiedene Adressen des Internets, auf die über Web-Services zugegriffen wird.

Delphi 2005 unterstützt sowohl die Provider des .NET Frameworks als auch die Provider von BDP.NET.

Ein Blick auf die Tool-Palette

Nach einer Standardinstallation von Delphi 2005 finden sich die zunächst wichtigsten ADO.NET-Komponenten auf den Seiten "Data Components" und "Borland Data Provider" der Tool-Palette.

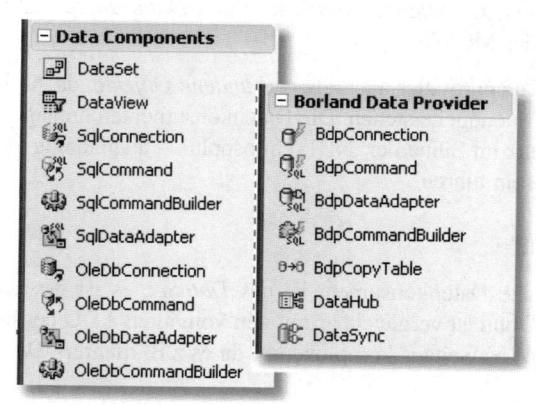

8.1 Grundlagen des Datenbankzugriffs

Die Provider-Klassen sind in mehrfacher Ausführung vorhanden und unterscheiden sich nur durch das vorangestellte Präfix, welches die Zugehörigkeit zu einem der folgenden *.NET-Datenprovider* charakterisiert:

- *OleDb*
  Diese Klassen (von Microsoft) dienen dem OLE Db-Zugriff auf unterschiedlichste Datenbanktypen, für die ein Treiber installiert ist.

- *Sql*
  Diese Klassen dienen dem schnelleren Direktzugriff auf den "hauseigenen" Microsoft SQL Server (ab Version 7).

- *Bdp*
  Diese Klassen wurden von Borland für den Direktzugriff auf die unterschiedlichsten Datenbanktypen entwickelt.

Sie vermissen die OleDb-Komponenten von Microsoft?

Kein Problem, über das Menü *Komponente|Installierte .NET-Komponenten...* können Sie diese und andere .NET-Komponenten zur Tool-Palette hinzufügen:

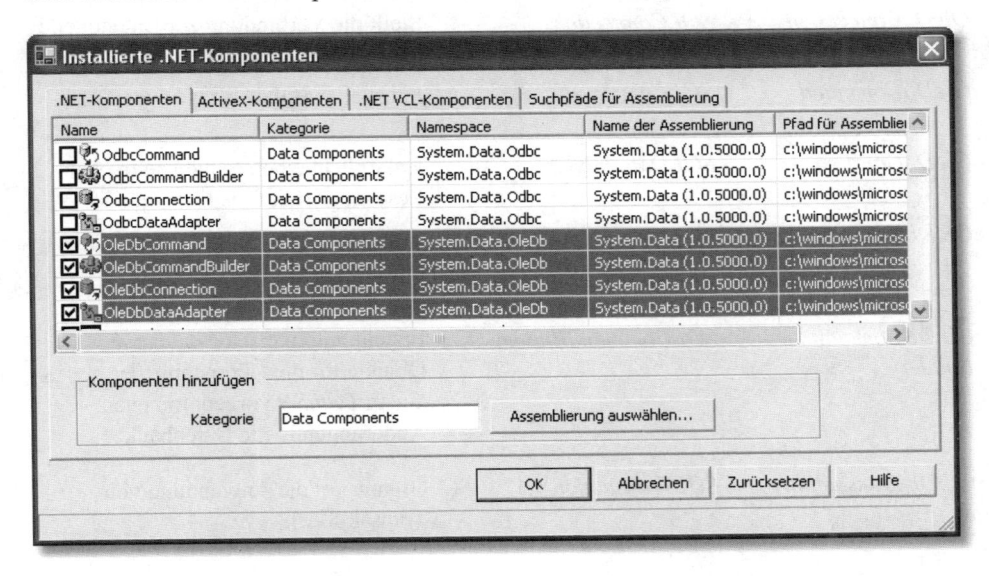

Hinweis: Sie werden an Hand der Beispiele im Rezeptekapitel 15 selbst erkennen, dass man die benötigten Datenzugriffsobjekte auch sehr leicht per Code selbst erstellen kann, so dass ihr Fehlen auf der Tool-Palette kein eigentlicher Nachteil ist (siehe Einsteigerbeispiel in 1.4.3).

Warum wir uns für die .NET-Datenprovider von Microsoft entscheiden

Bitte haben Sie Verständnis dafür, dass wir in diesem Buch die Microsoft .NET Datenprovider favorisieren und die Borland Data Provider (außer in einigen wenigen Beispielen) kaum einsetzen. Der Grund ist die Tatsache, dass man mit den Microsoft.NET-Providern auf die meisten gängigen Datenbanken zugreifen kann und die offensichtlichen Mängel, die den BDP-Komponenten leider immer noch anhaften (z.B. bezüglich ihrer Abwärtskompatibilität zu Delphi 8 oder der Übertragung von Gleitkommazahlen beim Zugriff auf MS SQL Server bzw. MS Access, siehe z.B. R 8.2 oder auch Abschnitt 14.2.4).

> **Hinweis:** Wer nicht auf MS SQL Server/MSDE oder MS Access zugreifen möchte und wer auf eine Anbindung an die Datenquelle bereits zur Entwurfszeit Wert legt, dem können wir die Borland-Datenprovider durchaus empfehlen.

In der folgenden Tabelle haben wir die typischen Klassen der MS .NET-Datenprovider aufgelistet:

Klasse (System.Data.OleDb)	Klasse (System.Data.SqlClient)	Bedeutung
OleDbConnection	SQLConnection	Stellt die Verbindung zur Datenquelle her
OleDbCommand	SQLCommand	Führt eine SQL-Abfrage aus
OleDbDataReader	SQLDataReader	Ermöglicht einen sequenziellen Nur-Lese-Zugriff auf die Datenquelle
OleDbDataAdapter	SQLDataAdapter	Ermöglicht das Füllen eines DataSets mit den Ergebnissen einer SQL-Abfrage
OleDBCommandBuilder	SQLCommandBuilder	Erstellt automatisch *Command*-Objekte für die Übernahme der in einem *DataSet* vorgenommenen Änderungen in die Datenbank
OleDBTransaction	SQLTransaction	Organisiert die Anwendung von Transaktionen

Weitere Datenprovider

Die Liste der .NET-Datenprovider ist keinesfalls nur auf die bis jetzt besprochenen Provider beschränkt, sondern erweiterbar. So kann z.B. auch ein *ODBC.NET-Datenprovider* installiert werden, auf den wir aber hier nicht näher eingehen wollen. Speziell für den Zugriff auf XML-Daten des SQL Servers gibt es auch einen *SQL XML.NET Datenprovider*.

8.2 Das Connection-Objekt

Weitere Datenprovider können von jedem Hersteller entwickelt werden, der seine Datenbank für ADO.NET verfügbar machen möchte. Dieser hat zumindest zwei Alternativen:

- Er kann entweder einen weiteren .NET-Datenprovider zu den bereits existierenden hinzufügen,
- oder aber dem vorhandenen OLE DB-.NET-Datenprovider eine weitere Schnittstelle anbieten.

Für den *Microsoft SQL Server* existieren mehrere Möglichkeiten, z.B. der schnelle Direktzugriff über die API des SQL Servers und der (etwas langsamere) Zugriff über die allgemeine OLE DB-Schnittstelle.

Hinweis: Da jeder .NET-Datenprovider die gleichen elementaren Schnittstellen implementiert, ist es nicht notwendig, dass wir diese Schnittstellen für jeden Provider einzeln erläutern.

8.2 Das Connection-Objekt

Um überhaupt auf eine Datenbank zugreifen zu können, muss als Erstes eine Verbindung zu ihr hergestellt werden. Dazu führt in der Regel kein Weg am *Connection*-Objekt vorbei.

8.2.1 Allgemeiner Aufbau

Der am häufigsten zum Erzeugen und Initialisieren eines *Connection*-Objekts benutzte Konstruktor nimmt einen *ConnectionString* als Parameter entgegen:

Syntax: conn := Connection.Create(ConnectionString);

Der *ConnectionString* – die gleichzeitig auch wichtigste Eigenschaft des *Connection*-Objekts – kapselt alle erforderlichen Verbindungsparameter.

Durch Aufruf der (parameterlosen) *Open*-Methode erhält das *Connection*-Objekt eine offene Verbindung aus dem Verbindungspool, falls diese verfügbar ist. Andernfalls wird eine neue Verbindung mit der Datenquelle erstellt.

Connection-Objekte sind bekanntlich abhängig vom Provider. Unser Schwerpunkt liegt, wie bereits im vorhergehenden Abschnitt begründet, auf zwei Typen:

- Das *OleDbConnection*-Objekt gewährleistet den Zugriff auf eine Vielzahl von Datenquellen, angefangen von einfachen Textdateien über Tabellen bis hin zu kompletten Datenbanken.
- Das *SqlConnection*-Objekt ist speziell für die Verwendung mit SQL Server 7.0 oder höher optimiert, indem die OLE DB-Schicht umgangen wird.

8.2.2 OleDbConnection

Parameter für OleDb-Zugriff

Die Parameter des *ConnectionString* (bzw. Eigenschaften des *Connection*-Objekts) hängen vom gewählten Datenprovider ab. Die Tabelle zeigt die wichtigsten Angaben für den OLE DB-Zugriff:

Parameter	Bedeutung
Provider	Name des OLE DB-Providers, so wie in Registry abgelegt (z.B. Microsoft.Jet.OLEDB.4.0 für Microsoft Access, SQLOLEDB.1 für den SQL Server)
Data Source	Name der Datenquelle (bei Access-Datenbanken ein Dateiname, z.B. *Nordwind.mdb*)
DSN	Falls auf dem lokalen PC eine Benutzer- oder System-DSN (Data Source Name) vorhanden, kann auch über diesen Alias auf die Datenbank zugegriffen werden (Angabe von Data Source in diesem Fall nicht notwendig)
User	Wenn der Zugriff auf die Datenbank geschützt ist, kann hier der Benutzername angegeben werden
Password	Falls ein User notiert wurde, kann hier das zugehörige Passwort übergeben werden

Wer mit dem Zusammenstückeln des *ConnectionString* Schwierigkeiten hat, kann dazu auch die Hilfe eines Assistenten in Anspruch nehmen. Gleichzeitig lernt er dadurch auch noch die zahlreichen anderen Parameter bzw. Eigenschaften in der Praxis kennen. Eine ausführliche Anleitung finden Sie in

☞ R 8.1 Eine Datenbankverbindung mit dem Assistenten einrichten

OleDb-Provider für Access Datenbank

Beispiel: Öffnen einer OLE DB-Verbindung zur Access-Datenbank *Nordwind.mdb*, die sich im aktuellen Anwendungsverzeichnis befindet.

```
uses System.Data.OleDb;
var conn: OleDbConnection;
...
conn := OleDbConnection.Create('Provider=Microsoft.Jet.OLEDB.4.0; DataSource=Nordwind.mdb;');
conn.Open;
```

Im obigen Beispiel wird der *ConnectionString* dem *Create*-Konstruktor übergeben. Man kann ihn aber auch separat zuweisen:

8.2 Das Connection-Objekt

Beispiel: Eine zum Vorgängerbeispiel völlig äquivalente Variante.

```
uses System.Data.OleDb;
var conn: OleDbConnection;
...
conn := OleDbConnection.Create();
conn.ConnectionString := 'Provider=Microsoft.Jet.OLEDB.4.0; Data Source=Nordwind.mdb;';
conn.Open;
```

Wie Sie erkennen, besteht ein *ConnectionString* aus einer Zeichenfolge mit Attribut/Wert-Paaren für Informationen, die zum Anmelden an eine Datenbank und Zeigen auf eine bestimmte Datenbank erforderlich sind.

Hinweis: Die Reihenfolge der Parameter im *ConnectionString* ist ohne Bedeutung!

Im obigen Beispiel sind als Minimum nur der (OleDb-)*Provider* und die *DataSource* (Datenquelle) angegeben. Beide Parameter sind wiederum Eigenschaften des *Connection*-Objekts, die man allerdings nur lesen kann (*ReadOnly*).

Hinweis: Ein *ConnectionString* ist eine Art "Behälter" für die zahlreichen Eigenschaften eines *Connection*-Objekts.

OleDb-Provider für SQL Server

Beispiel: Öffnen einer OleDb-Verbindung zur *Northwind*-Beispieldatenbank mit Windows-Authentifizierung auf dem lokalen PC. Es werden der Name des Servers und die Version in einem Meldungsfenster angezeigt, bevor die Verbindung wieder geschlossen wird.

```
uses System.Data.OleDb;
var  conn: OleDbConnection;
     CrLf: String;              // Zeilenvorschub
...
CrLf := Environment.NewLine;
conn := OleDbConnection.Create();
conn.ConnectionString := 'Provider=SQLOLEDB.1; Data Source=(local);
                         Initial Catalog=Northwind;Integrated Security=SSPI';
conn.Open();
MessageBox.Show('Provider: ' + conn.Provider + CrLf + 'Data Source: ' +
                conn.DataSource + CrLf +'Server Version: ' + conn.ServerVersion);
conn.Close();
```

[Dialogfenster: Provider: SQLOLEDB.1 / Data Source: (local) / Server Version: 08.00.0760 / OK]

Wie Sie dem Beispiel entnehmen, tragen die Verbindungsparameter für den SQL Server-Zugriff teilweise andere Bezeichner als für den Zugriff auf eine Access-Datenbank (siehe folgender Abschnitt).

8.2.3 SQLConnection

Die Verwendung einer *SqlConnection* ist im Vergleich zur *OleDbConnection* der direkte (und schnellere) Weg zum SQL Server. Das Öffnen eines *SqlConnection*-Objekts weist gegenüber einer *OleDbConnection* keine gravierenden Unterschiede auf, außer dass einige Eigenschaften hinzugekommen sind bzw. fehlen (z.B. *Provider*-Eigenschaft).

Beispiel: Das Vorgängerbeispiel wird – leicht modifiziert – mit einer *SqlConnection* wiederholt.

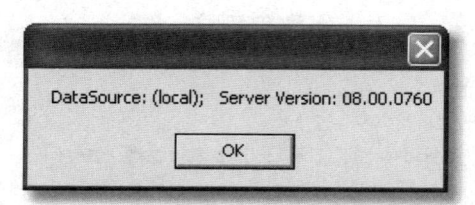

```
uses System.Data.SqlClient;
var   conn: SqlConnection;
...
conn := SqlConnection.Create('Server=(local);Initial Catalog=Northwind;
                                                Integrated Security=true');
conn.Open();
MessageBox.Show('DataSource: ' + conn.DataSource + ';  Server Version: ' + conn.ServerVersion);
conn.Close();
```

[Dialogfenster: DataSource: (local); Server Version: 08.00.0760 / OK]

Als weitere Praxiseinlage zu diesem Thema empfiehlt sich das Rezept

☞   R 8.4 Auf den Microsoft SQL Server zugreifen

Parameter für den SQL Server-Zugriff

Die folgende Tabelle zeigt einige wichtige Zugriffsparameter für den SQL Server (bzw. die MSDE), wobei Parameter mit gleichwertiger Bedeutung untereinander aufgelistet sind.

Parameter	Standardwert	Bedeutung
Connect Timeout, Connection Timeout	15	Liefert Zeitdauer (Sekunden), die auf eine Verbindung zum Server gewartet werden soll, bevor der Versuch abgebrochen und ein Fehler generiert wird
Connection Lifetime	0	Ist die Zeitspanne (in Sekunden) einer an den Pool zurückgegebenen Verbindung größer ist als dieser Wert, wird die Verbindung beendet
Connection Reset	True	Bestimmt, ob die Datenbankverbindung zurückgesetzt wird, wenn sie aus dem Pool entfernt wird
Current Language		Der Datensatzname der SQL Server-Sprache
Data Source, Server, Addr, Network Address		Der Name des SQL Servers oder dessen Adresse im lokalen Netzwerk. Falls SQL Server auf dem lokalen Rechner installiert ist, kann *(local)* angegeben werden
Initial Catalog, Database		Der Name der gewünschten Datenbank auf dem SQL Server
Integrated Security, Trusted_Connection	False	Gibt an, ob es sich um eine sichere Verbindung handelt. Der Wert *sspi* entspricht *True*
User ID		Falls Datenbankzugriff geschützt ist, kann hier der Benutzername angegeben werden
Packet Size	8192	Größe der Netzwerkpakete (Byte), die zum Kommunizieren mit einer Instanz von SQL Server verwendet werden
Password, Pwd		Wenn User ID gesetzt, kann hier das zugehörige Passwort übergeben werden
Pooling	True	Wenn *True*, dann wird das *SQLConnection*-Objekt aus dem Connection-Pool übernommen bzw. erstellt und dem Pool hinzugefügt

Ein bequemer Weg zum Erzeugen eines *SqlConnection*-Objekts bietet sich auch hier durch Verwenden des Assistenten an, siehe dazu

☞ R 8.1 Eine Datenbankverbindung mit dem Assistenten einrichten

Bemerkungen zur Authentifizierung

Bevor irgendein Prozess auf die Daten eines SQL Servers zugreifen kann, muss er sich zunächst beim SQL Server einloggen. Hierbei kommuniziert das *SqlConnection*-Objekt mit dem SQL Server und führt das Login aufgrund der im *ConnectionString* enthaltenen Parameter aus.

Jedes Login erfordert in der Regel eine Authentifizierung. Hier prüft der SQL Server, ob der den Prozess auslösende Nutzer berechtigt ist, auf die gespeicherten Daten zuzugreifen.

Der SQL Server benutzt zwei Verfahren zur Authentifizierung:

- Die *SQL Server Authentifizierung*, die den Prozess auffordert, einen Benutzernamen und ein Passwort zu unterbreiten, welche vom Administrator des SQL Servers eingerichtet wurden.
- Die *Integrierte Windows Authentifizierung*, bei welcher Sie weder Benutzername noch Kennwort angeben müssen, weil das Betriebssystem (Windows NT, Windows 2000, Windows XP) das Login des Benutzers an den SQL Server weiterreicht.

Beispiel: *SQL Server Authentifizierung* bei Zugriff auf die *Northwind*-Beispieldatenbank mit *sa*-Account und einem leeren Passwort.

```
'Data Source=Pentium2660; Initial Catalog=Northwind; User ID=sa; Password='
```

Beispiel: Zugriff auf die *Northwind*-Beispieldatenbank unter Verwendung der *Integrierten Windows-Authentifizierung*.

```
'Data Source=Pentium2660; Initial Catalog=Northwind; Integrated Security=true'
```

Hinweis: *User ID* und *Password* sollten Sie aus Sicherheitsgründen grundsätzlich **nicht** im *ConnectionString* speichern!

8.2.4 Fehlerbehandlung beim Öffnen einer Verbindung

Es braucht nur eine Kleinigkeit im *ConnectionString* nicht zu stimmen, und schon gibt es lange Gesichter. Wertvolle Antworten liefert in einem solchen Fall eine *try-except*-Fehlerbehandlung.

Beispiel: Das Öffnen der Verbindung zum MS SQL Server wird in einen Fehlerbehandlungsblock eingeschlossen.

```
var conn: SqlConnection;
...
conn := SqlConnection.Create('Server=(local);Initial Catalog=Northwind;
                                                Integrated Security=true');
try
   conn.Open();
```

8.2 Das Connection-Objekt

```
   MessageBox.Show('Die Verbindung wurde erfolgreich hergestellt !');
except
   on ex: Exception do  MessageBox.Show(ex.Message, 'Fehler beim Herstellen der Verbindung');
end;
conn.Close();
...
```

Bei negativem Ausgang erscheint die folgende Fehlermeldung:

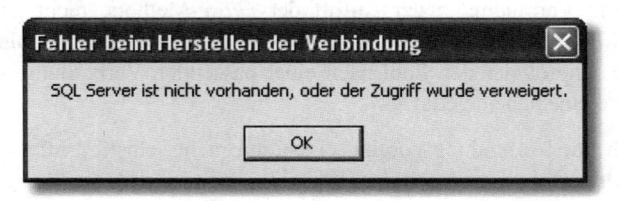

> **Fehler beim Herstellen der Verbindung**
> SQL Server ist nicht vorhanden, oder der Zugriff wurde verweigert.
> OK

Hinweis: In den Beispielen dieses Buchs werden wir aus Übersichtlichkeitsgründen meistens keine Fehlerbehandlungen einbauen, Sie allerdings sollten in Ihren Projekten nicht darauf verzichten.

8.2.5 Schließen einer Verbindung

Nachdem die Daten übertragen worden sind, sollte in der Regel die Verbindung mit Hilfe der *Close*-Methode wieder geschlossen werden. Ansonsten kann es sein, dass die Connection weiter geöffnet bleibt, selbst nachdem die Connection-Instanz terminiert wurde!

Um die Netzbelastung gering zu halten sollte man – ganz im Sinne der ADO.NET-Philosophie – das Öffnen und Schließen einer Verbindung möglichst innerhalb einer einzigen Befehlskette durchführen.

Beispiel: Es wird kurzzeitig eine Verbindung zur Access-Datenbank *Firma.mdb* geöffnet, um die Kundentabelle in ein *DataSet* zu übertragen. Danach wird die Verbindung sofort wieder geschlossen.

```
uses System.Data.OleDb;
var conn: OleDbConnection;
    da  : OleDbDataAdapter;
    ds  : DataSet;
...
// alle ADO.NET-Objekte erzeugen:
conn := OleDbConnection.Create('Provider=Microsoft.Jet.OLEDB.4.0; Data Source=Firma.mdb;');
da := OleDbDataAdapter.Create('SELECT * FROM Kunden', conn);
ds := DataSet.Create();
```

```
conn.Open();            // Connection öffnen
da.Fill(ds, 'Kunden');  // Daten übertragen
conn.Close();           // Connection schließen
```

8.2.6 Verbindungspooling

Da das Öffnen und Schließen von Datenbankverbindungen ziemlich viel Zeit und Ressourcen verbraucht, implementieren alle .NET-Datenprovider so genanntes *Verbindungspooling*. Das bedeutet, dass eine Verbindung nach Aufruf der *Close*-Methode nicht geschlossen wird, sondern an einen Pool übergeben wird. Immer wenn man eine neue Verbindung anfordert, durchsucht der Datenprovider den Pool nach einer passenden Verbindung. Erst wenn keine vorhanden ist, wird eine neue erzeugt.

Sie brauchen sich um Verbindungspooling eigentlich nicht selbst zu kümmern, denn es ist standardmäßig aktiviert.

Hinweis: Wenn Sie kein Verbindungspooling anwenden wollen, d.h., Sie wollen die Verbindung durch Aufruf von *Close()* sofort schließen, so sollten Sie dieses Verhalten bereits beim Erzeugen der Verbindung implementieren, indem Sie in den *ConnectionString* das Element *OLE DB Services=–4;* einfügen.

8.2.7 Transaktionen

Eine Transaktion besteht aus einer Serie von SQL-Anweisungen (SELECT, INSERT, UPDATE oder DELETE). Verläuft eine Transaktion fehlerfrei, so werden alle Änderungen in die Datenbank geschrieben, andernfalls werden keine der Änderungen übernommen[1].

Die drei Transaktionsbefehle sind: BEGIN, COMMIT und ROLLBACK. Alle Prozeduren, die nach der BEGIN-Anweisung versucht werden, gelten als Teil der Transaktion, die mit der COMMIT-Anweisung bestätigt oder mit der ROLLBACK-Anweisung rückgängig gemacht wird.

Beispiel: Innerhalb einer Transaktion wird versucht, zwei Datensätze in die *Region*-Tabelle des SQL Servers einzufügen.

```
uses System.Data.SqlClient;
var conn: SqlConnection;
    cmd: SqlCommand;
    trans: SqlTransaction;
...
```

---

[1] Wie wichtig Transaktionen sind, wird Ihnen spätestens dann deutlich, wenn mitten in einer Geldüberweisung, die Sie per Homebanking vornehmen, Ihr kleiner Sohn plötzlich den Netzstecker zieht.

8.2 Das Connection-Objekt

```
conn := SqlConnection.Create('Data Source=(local);Initial Catalog=Northwind;
                                                    Integrated Security=SSPI;');
conn.Open();
trans := conn.BeginnTransaction();       // lokale Transaktion starten
cmd := SqlCommand.Create();              // Befehl innerhalb der aktuellen Transaktion
cmd.Transaction := trans;
try
  cmd.CommandText := 'INSERT INTO Region (RegionID, RegionDescription)
                                           VALUES (100,"Description")';
  cmd.ExecuteNonQuery();
  cmd.CommandText := 'INSERT INTO Region (RegionID, RegionDescription)
                                           VALUES (101, "Description")';
  cmd.ExecuteNonQuery();
  trans.Commit();
  Console.WriteLine('Beide Datensätze wurden in die Datenbank geschrieben!');
except
  on ex: Exception do trans.Rollback();
  Console.WriteLine(e.ToString());
  Console.WriteLine('In die Datenbank wurden keine Datensätze geschrieben!');
end;
conn.Close();
...
```

8.2.8 Wichtige Eigenschaften

Da wir im bisherigen Verlauf bereits viele Eigenschaften des *Connection*-Objekts besprochen haben, soll diese knappe Zusammenfassung den Überblick erleichtern und gleichzeitig einige zusätzliche Informationen liefern. Im Mittelpunkt steht die *OleDbConnection*.

ConnectionString

Diese zweifelsohne wichtigste Eigenschaft des *Connection*-Objekts kapselt sämtliche Verbindungsinformationen zur Datenbank. Außerdem ist es die einzige Eigenschaft, die nicht schreibgeschützt ist (wenn keine Verbindung zur Datenquelle besteht).

Database und DataSource

Was ist der Unterschied zwischen beiden Eigenschaften? Die *DataSource*-Eigenschaft des *Connection*-Objekts entspricht dem *Data Source*-Attribut innerhalb des *ConnectionString* und enthält den Speicherort der Datenquelle.

Für eine serverbasierte Datenquelle (Microsoft SQL Server, Oracle) bedeutet der Speicherort den Namen des Computers, auf dem der Server installiert ist. Bei dateibasierten Datenbanken, wie z.B. Access, verweist diese Eigenschaft auf den Datenbanknamen oder -pfad (z.B. *c:\Beispiele\Nordwind.mdb*).

Die *Database*-Eigenschaft ist hingegen für Datenquellen wie z.B. den SQL Server gedacht, die mehrere Datenbanken unterstützen und entspricht dem Attribut *Initial Catalog* im *ConnectionString*. Beim *SQL Server OleDb-Provider* können wir aber alternativ beide Attributebezeichner verwenden.

Beispiel: Zwei gleichwertige Möglichkeiten.

```
conn.ConnectionString := 'Provider=SQLOLEDB.1; Data Source=(local);
                         Initial Catalog=Northwind;Integrated Security=SSPI';
// oder
conn.ConnectionString := 'Provider=SQLOLEDB.1; Data Source=(local);
                         Database=Northwind;Integrated Security=SSPI';
Label1.Text := conn.DataSource;    // liefert '(local)'
Label2.Text := conn.Database;      // liefert 'Northwind'
```

Provider

Es klingt zugegebenermaßen etwas verwirrend: Während wir unter dem Begriff *.NET-Datenprovider* eine Klassenbibliothek für den Datenzugriff verstehen, ist *Provider* eine Eigenschaft des *OleDbConnection*-Objekts.

Provider bezeichnet hier die OLE DB-Schnittstelle, welche die Datenquelle des jeweiligen Herstellers kapselt. Die Tabelle erklärt einige häufig benutzte OLE DB-Schnittstellen:

Datenquelle	Provider-Eigenschaft
Microsoft Access	Microsoft.Jet.OLEDB.4.0
Microsoft SQL Server	SQLOLEDB.1
Microsoft Indexing Service	MSIDXS.1
Oracle	MSDAORA.1

Hinweis: Die *Provider*-Eigenschaft gibt es nicht für die *SqlConnection*, da sie dort überflüssig ist!

ServerVersion

Diese Eigenschaft liefert eine Zeichenfolge zurück, die die Version der Datenbank enthält. Durch Abprüfen von *ServerVersion* können Sie z.B. gewährleisten, dass keine Abfragen an Server geschickt werden, die von diesem nicht unterstützt werden (z.B. Abfrageergebnisse als XML liefern, was erst ab SQL Server 2000 möglich ist).

ConnectionTimeout

Obwohl diese Eigenschaft schreibgeschützt ist, haben Sie trotzdem die Möglichkeit, innerhalb des *ConnectionString* anzugeben, wie viele Sekunden der OleDb-Provider versuchen soll, die Verbindung zur Datenbank herzustellen.

Beispiel: Die Zeit bis zum Timeout der Verbindungsaufnahme wird auf 10 Sekunden festgelegt.

```
conn.ConnectionString := 'Provider=SQLOLEDB.1; Data Source=(local)\NETSDK;...; Connect Timeout=10; ......... ' ;
```

State

Diese Eigenschaft liefert den aktuellen Verbindungsstatus. Die möglichen Werte sind Mitglieder der *ConnectionState*-Enumeration.

Konstante	Verbindungszustand
Open	Geöffnet
Closed	Geschlossen
Connecting	Verbindung wird aufgebaut
Executing	Eine Abfrage wird ausgeführt
Fetching	Daten werden abgerufen
Broken	Unterbrochen

8.2.9 Wichtige Methoden

BeginTransaction

Diese Methode leitet eine Transaktion ein. Rückgabewert ist ein neues *Transaction*-Objekt. Zum Ausführen oder Zurücksetzen der Transaktion werden die Methoden *Commit* oder *Rollback* des erzeugten *Transaction*-Objekts verwendet.

Im Vergleich zum Erzeugen eines *Transaction*-Objekts mittels *Create*-Konstruktor spart man zwei Codezeilen.

Beispiel: Zwei äquivalente Möglichkeiten zum Start einer Transaktion.

```
var ta: OleDbTransaction;
...
ta := conn.BeginTransaction();
```

oder

```
...
ta := OleDbTransaction.Create();
```

```
ta.Connection := conn;
ta.Begin();
```

Open und Close

Wenn Sie die *Open*-Methode auf einem bereits geöffneten *Connection*-Objekt ausführen, wird ein Fehler ausgelöst. Hingegen verursacht der Aufruf von *Close* über einer bereits geschlossenen Verbindung keinen Fehler.

> **Hinweis:** Da Sie standardmäßig mit Verbindungspooling arbeiten, wird die Verbindung nicht wirklich geschlossen, sondern nur zurück an den Pool gesendet.

Es ist kein Versehen der Autoren, wenn in manchen Beispielen das *Connection*-Objekt weder mit *Open* geöffnet noch mit *Close* geschlossen wird. Gewissermaßen im Hintergrund können *Fill*-Methode und *Update*-Methode eines *DataAdapter*-Objekts automatisch die Verbindung öffnen (wenn sie nicht schon geöffnet ist) und sie auch wieder schließen, wenn die Operation beendet ist.

Trotzdem: Bei mehreren aufeinander folgenden Operationen, für die eine geöffnete Verbindung erforderlich ist, können Sie die Performance deutlich verbessern, wenn Sie explizit die *Open*-Methode des *Connection*-Objekts aufrufen, die Operationen für die Datenquelle durchführen und anschließend die Verbindung mit *Close* wieder schließen. Generell sollte die Verbindung zur Datenquelle so kurz wie möglich geöffnet bleiben, um die kostbare Ressource "Netzwerkverbindung" schnellstmöglich wieder freizugeben, damit sie von anderen Clientanwendungen genutzt werden kann.

ChangeDatabase

Viele Server, wie z.B. auch der SQL Server, unterstützen mehrere Datenbanken. Mit der *ChangeDatabase*-Methode können Sie die Datenbank zur Laufzeit wechseln, ohne den USE-Befehl verwenden zu müssen.

Beispiel: Zwei äquivalente Varianten zum Wechseln der Datenbank.

```
conn.ChangeDatabase('Northwind');
```

oder

```
var cmd: OleDbCommand;
...
cmd := conn.CreateCommand();
cmd.CommandText := 'USE Northwind';
cmd.ExecuteNonQuery();
```

CreateCommand

Mit dieser Methode können Sie ein neues *Command*-Objekt erzeugen und damit etwas Schreibarbeit einsparen (siehe obiges Beispiel).

8.3 Das Command-Objekt

An Abfragen aller Art (SQL-Queries, Stored Procedures) führt beim Programmieren von Datenbankanwendungen kein Weg vorbei. Unter ADO.NET werden für alle Datenbankabfragen *Command*-Objekte benutzt, die zentraler Bestandteil der jeweiligen .NET-Datenprovider sind.

8.3.1 Erzeugen und Anwenden

Wie bei fast allen anderen ADO.NET-Objekten, bieten sich auch zum Erzeugen eines *Command*-Objekts verschiedene Konstruktoren an. Eine übliche Vorgehensweise ist es, die gewünschte Abfrage neben dem zuvor angelegten *Connection*-Objekt an den Konstruktor der Klasse zu übergeben:

Syntax: `cmd := Command.Create(sqlCommand, conn);`

Das so erzeugte und initialisierte *Command*-Objekt kann dann z.B. an den Konstruktor der *DataAdapter*-Klasse weitergereicht werden, um letztendlich ein *DataSet* zu füllen.

Aber es geht auch ohne *DataAdapter* und *DataSet*, denn um SQL-Anweisungen direkt gegen die Datenquelle auszuführen, kann eine der *Execute*-Methoden (*ExecuteNonQuery*, *ExecuteReader*, *ExecuteScalar*) aufgerufen werden.

Beispiel: Es werden zwei *OleDbCommand*-Objekte erstellt. Mit dem ersten werden die Namen der Firmen aller Pariser Kunden aus *Nordwind.mdb* geändert, mit dem zweiten wird ein *DataAdapter* erstellt, der zum Füllen eines *DataSet*-Objekts mit den Kunden-Datensätzen dient.

```
var connStr: String;
    conn    : OleDbConnection;
    updCmd, selCmd : OleDbCommand;
    da      : OleDbDataAdapter;
    ds      : DataSet;
...
connStr := 'Provider=Microsoft.Jet.OLEDB.4.0; Data Source=Nordwind.mdb;';
conn := OleDbConnection.Create(connStr);
updCmd := OleDbCommand.Create('UPDATE Kunden SET Firma = "Pariser Kunde"
                                              WHERE Ort = "Paris"', conn);
selCmd := OleDbCommand.Create('SELECT Firma, Kontaktperson, Ort FROM Kunden
                                              WHERE Ort = "Paris"', conn);
```

```
da := OleDbDataAdapter.Create(selCmd);
ds := DataSet.Create();
conn.Open();
updCmd.ExecuteNonQuery();      // UPDATE-Befehl wird gegen die Datenbank ausgeführt
da.Fill(ds, 'PariserKunden');  // DataSet erhält neue Tabelle gemäß SELECT-Befehl
conn.Close();
```

Hinweis: Ein vollständiges Beispiel (Aktionsabfrage) finden Sie auf der Buch-CD!

Erzeugen mittels CreateCommand-Methode

Auch mit Hilfe der *CreateCommand*-Methode eines *Connection*-Objekts können Sie ein *Command*-Objekt erzeugen. Damit ersparen Sie sich etwas Schreibarbeit.

Beispiel: Zwei äquivalente Varianten, wenn ein gültiges *Connection*-Objekt *conn* vorliegt.

```
var cmd: OleDbCommand;
```

Variante A:
```
cmd := OleDbCommand.Create();
cmd.Connection := conn;
```

Variante B:
```
cmd := conn.CreateCommand();
```

8.3.2 Wichtige Eigenschaften

Connection und CommandText

Beide Eigenschaften werden üblicherweise bereits im Konstruktor übergeben (siehe oben), man kann Sie aber auch separat zuweisen.

Beispiel: Zwei Varianten zum Erzeugen und Initialisieren eines *OleDbCommand*-Objekts.

```
var cmd: OleDbCommand;
...
cmd := OleDbCommand.Create('UPDATE Kunden SET Firma = "Pariser Firma" WHERE Ort = "Paris"',
                                                                                conn);
```

ist äquivalent zu

```
cmd := OleDbCommand.Create();
cmd.Connection := conn;
cmd.CommandText := 'UPDATE Kunden SET Firma = "Pariser Firma" WHERE Ort = "Paris"';
```

8.3 Das Command-Objekt

CommandTimeout

Um festzulegen, wie lange die Ausführung einer Abfrage maximal dauern darf, können Sie der *CommandTimeout*-Eigenschaft einen Wert in Sekunden zuweisen (Standardwert = 30 Sekunden).

Beispiel: Ein *DataSet* wird mit der Kundenliste der SQL-Datenbank *Northwind* gefüllt, wofür maximal 10 Sekunden zur Verfügung stehen.

```
var conn : SqlConnection;
    cmd  : SqlCommand;
    da   : SqlDataAdapter;
...
conn := SqlConnection.Create('Data Source=(local);Integrated Security=sspi;
                              Initial Catalog=Northwind');
cmd := SqlCommand.Create('SELECT CustomerID, CompanyName FROM Customers', conn);
cmd.CommandTimeout := 30;      // Ausführung der Abfrage darf maximal 30 sek dauern
da := SqlDataAdapter.Create();
da.SelectCommand := cmd;
ds := DataSet.Create();
conn.Open();
da.Fill(ds, 'Kunden');
conn.Close();
```

Hinweis: Sollte eine Abfrage dennoch zu lange dauern, so können Sie diese innerhalb einer asynchronen Umgebung mit Hilfe der *Cancel*-Methode abbrechen.

Zum Ausführen einfacher Datenbankabfragen (wie im obigen Beispiel), können Sie auf das explizite Erzeugen eines *Command*-Objekt verzichten, denn man kann auch direkt dem *DataAdapter* den SQL-String als Parameter übergeben.

Beispiel: Eine gleichwertige Realisierung des Vorgängerbeispiels.

```
...
da := SqlDataAdapter.Create('SELECT CustomerID, CompanyName FROM Customers', conn);
da.SelectCommand.CommandTimeout := 30;
...
```

CommandType

Mit der *CommandType*-Eigenschaft definieren Sie die auszuführende Operation. Mittels der gleichnamigen Enumeration stehen drei Möglichkeiten zur Verfügung:

- *Text* (Standardwert)
  Hier können Sie eine frei definierbare SQL-Abfrage übergeben.

- *StoredProcedure*
  Hier soll eine in der Datenbank gespeicherte Prozedur bzw. Auswahlabfrage aufgerufen werden.

- *TableDirect*
  Hier wird direkt der Name einer Tabelle angegeben (entspricht der Abfrage *SELECT * FROM <Tabellenname>*).

Beispiel: Aufruf der Stored Procedure "Sales by Years" in der Datenbank *Northwind*.

```
var cmd: SqlCommand;
    prm1: SqlParameter;
...
cmd := SqlComman.Create('Sales by Year', conn);
cmd.CommandType := CommandType.StoredProcedure;
prm1 := SqlParameter.Create('@Beginning_Date', SqlDbType.DateTime);
prm1.Direction := ParameterDirection.Input;        // Definition als Input-Parameter
prm1.Value := Convert.ToDateTime(TextBox1.Text);   // das Beginn-Datum aus TextBox1
cmd.Parameters.Add(prm1);                          // Parameter hinzufügen
```

Hinweis: Ein vollständiges Beispiel finden Sie auf der Buch-CD (StoredProcedure).

Der nach dem gleichen Prinzip funktionierende Aufruf einer in der Datenbank *Nordwind.mdb* gespeicherten Auswahlabfrage ist erklärt in

☞ R 8.6 Access-Auswahlabfragen abrufen

UpdatedRowSource

Diese Eigenschaft dürfte für den Einsteiger zunächst nur von untergeordnetem Interesse sein. Der Profi weiß aber, dass man mit UPDATE- und INSERT-Abfragen nicht nur Datensätze in der Datenquelle ändert, sondern dass auch Ausgabeparameter oder sogar Datensätze zurückgegeben werden können.

Typisch ist dies bei so genannten Stapel- bzw. Batch-Abfragen, denn hier können Sie z.B. Ausgabeparameter bzw. Datensätze aus der Datenbank abrufen, sofort nachdem der *DataAdapter* eine Aktualisierung entsprechend seiner *UpdateCommand*- oder *InsertCommand*-Eigenschaft durchgeführt hat.

Mittels der *UpdatedRowSource*-Eigenschaft legen Sie fest, ob und wie das *Command*-Objekt die von der Datenquelle zurückgelieferten Parameter bzw. Zeilen in das *DataSet*-Objekt einfügen soll.

8.3 Das Command-Objekt

Die *UpdateRowSource*-Enumeration stellt dazu entsprechende Konstanten bereit:

Konstante	Beschreibung
Both	Sowohl die erste zurückgegebene Zeile als auch die Ausgabeparameter werden der geänderten Zeile im *DataSet* zugeordnet (Standard)
FirstReturnedRecord	Nur die Daten in der ersten zurückgegebenen Zeile werden der geänderten Zeile im *DataSet* zugeordnet
OutputParameters	Nur die Ausgabeparameter werden der geänderten Zeile im *DataSet* zugeordnet
None	Alle zurückgegebenen Parameter oder Zeilen werden ignoriert

Hinweis: Ein vollständiges Beispiel (StapelAbfrage) finden Sie auf der Buch-CD!

8.3.3 Wichtige Methoden

ExecuteNonQuery

Diese Methode setzen Sie vor allem ein, um Aktionsbefehle auf Basis von UPDATE, INSERT oder DELETE direkt gegen die Datenbank auszuführen (also ohne Verwendung von *DataAdapter* und *DataSet*). Rückgabewert ist hier die Anzahl der betroffenen Datensätze (sonst −1).

Beispiel: Ein *OleDbCommand*-Objekt wird erzeugt und eine UPDATE-Anweisung gegen die Datenbank gefahren. Die Anzahl betroffener Datensätze wird angezeigt (ein gültiges *OleDbConnection*-Objekt *conn* wird vorausgesetzt).

```
var updStr: String;
    updCmd: OleDbCommand;
...
updStr := 'UPDATE Kunden SET Firma = "Pariser Firma" WHERE Ort = "Paris"';
updCmd := OleDbCommand.Create(updStr, conn);
conn.Open();
Label1.Text := updCmd.ExecuteNonQuery.ToString();   // SQL-Anweisung ausführen und
                                    // ... Anzahl betroffener Datensätze anzeigen
```

Hinweis: Ein vollständiges Beispiel (Aktionsabfrage) finden Sie auf der Buch-CD!

Weitere Möglichkeiten für Aktionsbefehle sind die Abfrage der Struktur einer Datenbank oder das Erstellen von Datenbankobjekten wie z.B. Tabellen (CREATE TABLE ...).

ExecuteReader

Auf Basis eines SELECT-Befehls erzeugt diese Methode ein *DataReader*-Objekt. Ein Instanziieren des *DataReader* mittels *Create*-Konstruktor entfällt deshalb.

Beispiel: Auf Basis eines gültigen *OleDbConnection*-Objekts und eines SELECT-Befehls wird ein *OleDbCommand*-Objekt erstellt und zum Erzeugen eines *DataReader*-Objekts verwendet.

```
var selStr : String;
    selCmd : OleDbCommand;
    dr : OldeDbDataReader;
...
selStr := 'SELECT Firma, Kontaktperson, Ort FROM Kunden WHERE Ort = "Paris"';
selCmd := OleDbCommand:Create(selStr, conn);
conn.Open();
dr := selCmd.ExecuteReader(CommandBehavior.CloseConnection);
```

Hinweis: Weiteres zur *ExecuteReader*-Methode erfahren Sie im *DataReader*-Abschnitt 8.5 dieses Kapitels.

ExecuteScalar

Rückgabewert dieser Methode ist das Objekt der ersten Spalte der ersten Zeile aus der Menge der zurückgegebenen Datensätze.

Generell eignet sich die *ExecuteScalar*-Methode des *Command*-Objekts für alle Abfragen, bei denen man nur an der Rückgabe eines einzigen Wertes interessiert ist.

Beispiel: Abfrage des Namens der Firma eines bestimmten Kunden.

```
var cmd : SqlCommand;
...
cmd := SqlCommand.Create('SELECT Firma FROM Kunden WHERE KundenCode = "ALFKI"', conn);
conn.Open();
Label1.Text := Convert.ToString(cmd.ExecuteScalar);
```

Besonders vorteilhaft kann man *ExecuteScalar* zur Ausführung von Aggregatfunktionen verwenden, was weniger Aufwand erfordert als die Anwendung der *ExecuteReader*-Methode.

Beispiel: Aus der Datenbank *Northwind* wird die Anzahl der in Paris wohnhaften Kunden abgefragt und angezeigt.

```
var cmd : SqlCommand;
...
cmd := SqlCommand.Create();
```

```
cmd.Connection := conn;
cmd.CommandText := 'SELECT COUNT(*) AS Anzahl FROM Customers WHERE City = "Paris"';
cmd.Connection.Open();                              // oder auch: conn.Open();
Label1.Text := cmd.ExecuteScalar().ToString();
cmd.Connection.Close();
```

> **Hinweis:** Ein ähnliches Beispiel (Aggregatfunktion) finden Sie auf der Buch-CD!

8.4 Parameter-Objekte

In vielen Fällen enthält ein *Command*-Objekt Parameter bzw. Parameter-Auflistungen, mit denen parametrisierte Abfragen durchführbar sind.

8.4.1 Erzeugen und Anwenden

Einer der möglichen Konstruktoren:

Syntax: `prm := Parameter.Create(pName, pType);`

Nach dem Zuweisen weiterer Eigenschaften erfolgt das Hinzufügen zur *Parameters*-Auflistung des *Command*-Objekts:

Syntax: `cmd.Parameters.Add(prm);`

Beispiel: Ein *SqlParameter*-Objekt *p1* wird erzeugt, initialisiert und zur *Parameter-Collection* eines vorhandenen *SqlCommand*-Objekts hinzugefügt.

```
var p1 : SqlParameter;
...
p1 := SqlParameter.Create('@Geburtstag', SqlDbType.DateTime);   // Namen und Datentyp übergeben
p1.Value := Convert.ToDateTime('28.11.1954');                   // Datumswert zuweisen
cmd.Parameters.Add(p1);                                         // zum SqlCommand-Objekt hinzufügen
```

Die erzeugten Parameter werden zur Laufzeit in die *CommandText*-Eigenschaft des *Command*-Objekts "eingebaut".

Beispiel: Der im Vorgängerbeispiel definierte Parameter *@Geburtstag* wird in eine SQL-Abfrage eingefügt.

```
cmd.CommandText := 'SELECT * FROM Employees WHERE (BirthDate > @Geburtstag)';
```

> **Hinweis:** Ein geeignetes Beispiel (StoredProcedure) im Zusammenhang mit dem Einsatz von Datenadaptern finden Sie auf der Buch-CD.

8.4.2 Wichtige Eigenschaften

ParameterName und Value

Beide Eigenschaften dürften selbsterklärend sein.

Beispiel: Eine alternative Zuweisung für das obige erste Beispiel wäre:

```
p1.ParameterName := '@Geburtstag';
p1.Value := Convert.ToDateTime(TextBox1.Text);
```

DbType, OleDbType und SqlDbType

Durch Spezifizieren des Datentyps wird der Wert des Parameters dem Datentyp des .NET-Datenproviders angepasst, bevor er an die Datenquelle weitergereicht wird. Fehlt die Typangabe, so leitet ihn ADO.NET von der *Value*-Eigenschaft des *Parameter*-Objekts ab.

Alternativ zu *OleDbType*- bzw. *SqlDbType*-Eigenschaft kann der Datentyp eines Parameters auch allgemein (generisch) aus *System.Data.DbType* abgeleitet werden.

Hinweis: Die exakten Zuordnungen zwischen den Datentypen entnehmen Sie am besten der Online-Hilfe bzw. den Übersichten am Ende dieses Buchs.

Beispiel: Ein *Byte*-Parameter wird erzeugt, initialisiert und zur *Parameters*-Collection eines *SqlCommand*-Objekts hinzugefügt.

```
prm := cmd.Parameters.Add('@p2', SqlDbType.TinyInt);
```

Beispiel: Zwei Möglichkeiten zum Zuweisen des Datentyps eines *OleDbParameter*-Objekts.

```
prm1 := OleDbParameter.Create();
prm1.DbType := DbType.DateTime;          // Verwenden der DbType-Enumeration
```

oder

```
prm1.OleDbType := OleDbType.DBDate;      // Verwenden der OleDbType-Enumeration
```

Direction

Diese Eigenschaft bestimmt die Richtung des Parameters relativ zum *DataSet*. Die *ParameterDirection*-Enumeration enthält die in der Tabelle aufgeführten Werte:

Konstante	Beschreibung
Input	Es handelt sich um einen Eingabeparameter (Standard)
InputOutput	Der Parameter unterstützt sowohl Ein- als auch Ausgabe

Konstante	Beschreibung
Output	Es handelt sich um einen Ausgabeparameter
ReturnValue	Der Parameter ist ein Rückgabewert aus einer Operation

Beispiel: Ein *OleDbParameter* wird erstellt und seine *Direction*-Eigenschaft festgelegt.

```
p1 := OleDbParameter.Create('Description', OleDbType.VarChar, 50);
p1.IsNullable := True;
p1.Direction := ParameterDirection.Output;
```

Weitere Eigenschaften

- *SourceColumn*- und *SourceVersion*-Eigenschaft werden im Zusammenhang mit der *Update*-Methode des *DataAdapter*-Objekts im Abschnitt 8.6.4 ausführlicher erläutert.
- Weitere wichtige Features von *Parameter*-Objekten finden Sie im Anhang des Buchs.

8.5 Das DataReader-Objekt

Häufig genügt ein Lesezugriff auf die Datensätze. Dazu müssen im Frontend meist nur einige wenige für die Listendarstellung benötigte Komponenten gefüllt bzw. aktualisiert werden (*ListBox*, *ComboBox*, *ListView*, *TreeView*, *DataGrid* usw.). Aber auch für komplexere Logik innerhalb der Business-Objekte der mittleren Schicht (Middle-Tier) ist häufig nur ein ReadOnly-Zugriff auf Datensätze erforderlich.

Im .NET Framework gibt es für diesen Zweck den *DataReader*. Diese Klasse ist für einen einmaligen ReadOnly-Hochgeschwindigkeitszugriff auf eine Datensatzgruppe optimiert und ähnelt anderen *Reader*-Objekten wie *TextReader*, *StreamReader* und *XmlReader*.

In Abhängigkeit vom verwendeten .NET-Datenprovider gibt es auch hier unterschiedliche Typen (*SqlDataReader*, *OleDbDataReader*).

8.5.1 Erzeugen und Anwenden

Einen *DataReader* erzeugt man in der Regel nicht mit dem *Create*-Konstruktor, sondern mit der *ExecuteReader*-Methode des zugrunde liegenden *Command*-Objekts:

Syntax: *dr := cmd.ExecuteReader();*

Mitunter wird auch dem *Execute*-Konstruktor als Argument der Wert *CloseConnection* (aus der *CommandBehavior*-Enumeration) übergeben. Damit ist gewährleistet, dass die Verbindung automatisch nach dem Durchlauf des *DataReader* geschlossen wird.

Beispiel: Ein *DataReader*, der das Schließen des *Connection*-Objekts erledigt, wird instanziiert.

```
var dr : OleDbDataReader;
...
dr := cmd.ExecuteReader(CommandBehavior.CloseConnection);
```

Daten lesen

Das Auslesen der Informationen innerhalb einer Schleife ist typisch für die Arbeit mit dem *DataReader*.

Beispiel: Die Kundentabelle aus *Nordwind.mdb* wird zeilenweise in eine *ListBox* ausgelesen.

```
const CONNSTR = 'Provider=Microsoft.Jet.OLEDB.4.0; Data Source=Nordwind.mdb;';
      SQL = 'SELECT * FROM Kunden ORDER BY KundenCode';
var conn : OleDbConnection;
    dr   : OleDbDataReader;
    str, tab : String;
...
conn := OleDbConnection.Create(CONNSTR);
cmd := OleDbCommand.Create(SQL, conn);
conn.Open();
dr := cmd.ExecuteReader();          // DataReader-Objekt wird erzeugt
tab := '     ';                      // Zwischenraum
while dr.Read do                     // so lange, bis False zurückgegeben wird
begin
  str := dr['KundenCode'] + tab;    // Einträge durch Zwischenraum trennen
  str := str + dr['Firma'] + tab;
  str := str + dr['Kontaktperson'] + tab;
  str := str + dr['Straße'] + tab;
  str := str + dr['PLZ'] + tab;
  str := str + dr['Ort'];
  ListBox1.Items.Add(str);          // Zeile zur Listbox hinzufügen
end;
dr.Close();
conn.Close();
```

Hinweis: Es ist wichtig, dass Sie den *DataReader* schnellstmöglich nach dem Auslesen der Daten wieder schließen, da sonst das *Connection*-Objekt blockiert ist!

Das Rezept zum Thema finden Sie unter

☞ R 8.5 Den DataReader kennen lernen

8.5.2 Wichtige Eigenschaften

Item

Diese Eigenschaft ermöglicht den Zugriff auf die aktuelle Spalte, der Rückgabewert ist vom *Object*-Datentyp (ähnlich der *Item*-Eigenschaft des *DataRow*-Objekts). Falls der Datentyp vorher bekannt ist, sollte man eine der *Get*-Methoden (siehe unten) für den Zugriff verwenden.

FieldCount

Diese Eigenschaft liefert die Gesamtanzahl der Datensätze.

IsClosed

Der Wert ist *True*, falls der *DataReader* geschlossen ist.

8.5.3 Wichtige Methoden

Read

Damit wird das automatische Weiterbewegen zum nächsten Datensatz innerhalb der *while*-Schleife ermöglicht (Rückgabewert *True/False*).

GetValue- und GetValues

Während *GetValue* – ähnlich der *Item*-Eigenschaft – den Wert einer Spalte (basierend auf dem Spaltenindex) zurückgibt, nimmt *GetValues* ein Array entgegen, in welchem der *DataReader* den Inhalt der aktuellen Zeile ablegt. Mit *GetValues* wird beste Performance erreicht.

GetOrdinal- und ähnliche Methoden

Eine Vielzahl von *Get*...-Methoden ermöglichen ein Konvertieren der gelesenen Werte in fast jeden Datentyp.

Beispiel: Ein Datumswert aus der *Employee*-Tabelle der *Northwind*-Datenbank wird ausgelesen.

```
var aDate : DateTime;
...
aDate := dr.GetDateTime(dr.GetOrdinal('BirthDate'));
```

8.6 Das DataAdapter-Objekt

Datenadapter werden in einer Art "Brückenfunktion" dazu genutzt, Daten mittels SQL-Anweisungen aus Datenquellen in *DataSet*s zu transportieren bzw. um Datenquellen mit den geänderten Inhalten von *DataSet*s zu aktualisieren. Das *DataAdapter*-Objekt verwendet das *Connection*-Objekt des jeweiligen .NET-Datenproviders, um eine Verbindung zu einer Datenquelle herzustellen, und ist außerdem auf verschiedene *Command*-Objekte angewiesen.

Hin- und Rücktransport der Daten zwischen Datenquelle und *DataSet* werden mit der *Fill*- und *Update*-Methode des DataAdapters realisiert. Beide lösen die entsprechenden SQL-Anweisungen aufgrund der dem *DataAdapter* übergebenen *Command*-Objekte aus.

8.6.1 DataAdapter erzeugen

Mehrere überladene Konstruktoren stellen den Newcomer vor die Qual der Wahl.

Konstruktor mit SELECT-String und Connection-Objekt

Im einfachsten Fall kommt man ohne *Command*-Objekt aus, es genügt, dem Konstruktor eine SELECT-Anweisung und das *Connection*-Objekt als Parameter zu übergeben:

Syntax: `da := DataAdapter.Create(selectStr, conn);`

Beispiel: Ein *DataAdapter* füllt ein *DataSet* mit Datensätzen aus *Nordwind.mdb*.

```
var conn : OleDbConnection;
    da   : OleDbDataAdapter;
    ds   : DataSet;
...
conn := OleDbConnection.Create('Provider=Microsoft.Jet.OLEDB.4.0; Data Source=Nordwind.mdb;');

da := OleDbDataAdapter.Create('SELECT * FROM Kunden WHERE Ort = "Paris"', conn);
ds := DataSet.Create();
conn.Open();
da.Fill(ds, 'PariserKunden');
conn.Close();
```

Konstruktor mit SelectCommand-Objekt

Eine weitere Möglichkeit ist die Verwendung eines Konstruktors, dem ein *Command*-Objekt (SELECT-Befehl) zu übergeben ist:

Syntax: `da := DataAdapter.Create(selectCommand);`

8.6 Das DataAdapter-Objekt

Beispiel: Das Vorgängerbeispiel wird mit einem *Command*-Objekt realisiert.

```
...
cmd := OleDbCommand.Create('SELECT Firma FROM Kunden WHERE Ort = "Paris"');
cmd.Connection := conn;
da := OleDbDataAdapter.Create(cmd);
...
```

8.6.2 Command-Objekte als Eigenschaften

Ein Datenadapter benötigt für die komplette Zusammenarbeit mit der Datenquelle vier verschiedene *Command*-Objekte, die als Eigenschaften zugewiesen werden:

- *SelectCommand* zur Abfrage
- *UpdateCommand* zur Aktualisierung
- *InsertCommand* zum Einfügen
- *DeleteCommand* zum Löschen

Beispiel: Realisierung der Vorgängerbeispiele mittels *SelectCommand*-Eigenschaft.

```
...
cmd := OleDbCommand.Create('SELECT Firma FROM Kunden WHERE Ort = "Paris"');
cmd.Connection := conn;
da := OleDbDataAdapter.Create();
da.SelectCommand := cmd;
ds := DataSet.Create();
conn.Open();
da.Fill(ds, 'PariserKunden');
conn.Close();
```

Hinweis: Die *SelectCommand*-Eigenschaft muss gesetzt werden, **bevor** die *Fill*-Methode des *DataAdapter* aufgerufen wird.

8.6.3 Fill-Methode

Die relativ unkomplizierte *Fill*-Methode des *DataAdapter* hatten Sie bereits in zahlreichen vorhergehenden Beispielen kennen gelernt. Hier noch einmal die am häufigsten benutzte Aufrufvariante:

Syntax: *da.Fill(ds, tblName);*

Beispiel: Ein *DataSet* wird mit der Kundentabelle aus *Nordwind.mdb* gefüllt. Im *DataSet* sollen die Namen aller Firmen aus Paris geändert werden in "Pariser Firma".

```
var conn : OleDbConnection;
    da   : OleDbDataAdapter;
    ds   : DataSet;
    dt   : DataTable;
    rw   : DataRow;
    i    : Integer;
...
da := OleDbDataAdapter.Create('SELECT * FROM Kunden', conn);
ds := DataSet.Create();
da.Fill(ds, 'Kunden');
```

Das Arbeiten mit den Daten im *DataSet*:

```
dt := ds.Tables['Kunden'];
for i := 0 to dt.Rows.Count - 1 do
begin
    rw := dt.Rows[i];
    if rw['Ort'].ToString() = 'Paris' then rw['Firma'] := 'Pariser Firma';
end;
```

Begrenzung der Datenmenge

Geht es nur um die Übertragung kleinerer Datenmengen, so ist die bislang praktizierte Vorgehensweise problemlos, nicht aber wenn es sich um Hunderte von Datensätzen handelt.

Abhilfe schafft eine (überladene) Version der *Fill*-Methode, die die Anzahl der zu transportierenden Datensätze begrenzt:

Syntax: `z := da.Fill(ds, start, anzahl, tblName);`

start = Nummer der Startzeile

anzahl = Anzahl der abzurufenden Datensätze

z = Anzahl der tatsächlich zurückgegebenen Datensätze

Beispiel: Ab Zeile 100 werden 50 Zeilen aus der Datenbank abgerufen und in die "Kunden"-Tabelle gefüllt.

```
z := da.Fill(ds, 100, 50, 'Kunden');
```

8.6.4 Update-Methode

Irgendwann einmal müssen die im *DataSet* vorgenommenen Änderungen in die Datenquelle zurück geschrieben werden. Zu diesem Zweck wird (kurzzeitig) eine Verbindung zur Web-Datenbank aufgebaut. Genauso wie beim Füllen spielt auch hier ein *DataAdapter*-Objekt die Vermittlerrolle, wobei dessen *Update*-Methode das Pendant zur *Fill*-Methode ist und zum Zurückschreiben der im *DataSet* vorgenommenen Änderungen in die Datenquelle dient.

Genauso wie die *Fill*-Methode benötigt die *Update*-Methode als Parameter die Instanz eines *DataSet* und (optional) den Namen der *DataTable*.

Syntax: `da.Update(ds, tblName);`

Bei der *Update*-Methode läuft es nicht ganz so unkompliziert ab wie bei der *Fill*-Methode, denn es muss konsequenter Abschied von bisher üblichen Vorstellungen zur Datenbankaktualisierung genommen werden. Die Tatsache, dass ein *DataSet* völlig autark existiert und nur gelegentlich mit der Datenbank verbunden wird, zwingt zu völlig neuen Überlegungen, da z.B. zwischenzeitlich das *DataSet* nicht nur seine Inhalte, sondern auch seine Struktur geändert haben kann.

Beispiel: Zurückschreiben der in der Spalte "Firma" (und nur dort!) vorgenommenen Änderungen in die Datenquelle. Grundlage ist eine UPDATE-Anweisung mit zwei Parametern (die ? sind die Platzhalter):

```
var prm : OleDbParameter;
...
cmd := OleDbCommand.Create('UPDATE Kunden SET Firma = ? WHERE KundenCode = ?', conn);
cmd.Parameters.Add('@p1', OleDbType.VarChar, 30, 'Firma');   // Parametername, Datentyp,
                                                             // Spaltenbreite, Spaltenname
prm := cmd.Parameters.Add('@p2', OleDbType.VarChar);
prm.SourceColumn := 'KundenCode';               // Schlüsselspalte
prm.SourceVersion := DataRowVersion.Original;   // Wert beim Füllen des DataSet
da.UpdateCommand := cmd;
da.Update(ds, 'Kunden');
```

Der Kern der Aktualisierungslogik liegt in der WHERE-Bedingung der UPDATE-Anweisung. Der Datensatz wird nur dann aktualisiert, wenn der Wert der Schlüsselspalte, mit dem er geladen wurde, noch vorhanden ist.

Hinweis: Ein ähnliches Beispiel Update) finden Sie auf der Buch-CD!

Durch Einsatz eines *CommandBuilder*-Objekts kann das manuelle Erstellen der *UpdateCommand*-, *InsertCommand*- und *DeleteCommand*-Eigenschaften automatisiert werden. Siehe dazu Abschnitt 8.7 oder

☞ R 8.10 Steuerelemente an die Datenquelle binden

8.6.5 UpdateCommand-Objekt

Zum Aktualisieren eines Datensatzes in der Datenquelle wird die im *UpdateCommand*-Objekt des Datenadapters eingebaute UPDATE-Anweisung aufgerufen, welche ein Schlüsselfeld (normalerweise ist das der Primärschlüssel) benutzt, um den Datensatz innerhalb der Tabelle zu identifizieren.

Um einen fehlerfreien Abgleich von Datenquelle und *DataSet* zu ermöglichen, kommt den *Parameter*-Objekten des *UpdateCommand*-Objekts des *DataAdapter* eine Schlüsselfunktion zu.

Beispiel: Das *CompanyName*-Feld in der SQL Server-Datenbank *Northwind* wird mit dem Wert des *@p1*-Parameters für den Datensatz aktualisiert, wo *CustomerID* dem Wert des Parameters *@p2* entspricht.

```
...
updSQL := 'UPDATE Customers SET CompanyName = @p1 WHERE CustomerID = @p2';
updCmd := SqlCommand.Create(updSQL, conn);
da := SqlDataAdapter.Create();
da.UpdateCommand := updCmd;
```

Der erste Parameter kann wie folgt erzeugt werden:

```
da.Parameters.Add('@p1', SqlDbType.NChar, 30, 'CompanyName');
```

Der zweite Parameter lässt sich nicht ganz so elegant erzeugen, da zusätzlich die *DataRowVersion*-Eigenschaft zugewiesen werden muss und es dafür keinen geeigneten überladenen Konstruktor gibt:

```
prm := da.UpdateCommand.Parameters.Add('@p2', SqlDbType.NChar, 5, 'CustomerID');
prm.SourceVersion := DataRowVersion.Original;
```

Wie ersichtlich, werden der *Add*-Methode der *Parameters*-Collection folgende Werte übergeben, die sich auch als Eigenschaften des *Parameter*-Objekts zuweisen lassen (siehe auch die Übersicht im Anhang des Buchs):

- der Name des Parameters (*ParameterName*-Eigenschaft)
- der spezifische Datentyp (*SqlDbType* bzw. *OleDbType*-Eigenschaft)
- die Größe in Byte (*Size*-Eigenschaft)
- der Name der zugeordneten Spalte des *DataTable*-Objekts (*SourceColumn*-Eigenschaft)
- Aktualisierungsversion (*SourceVersion*-Eigenschaft)

Der Kenner parametrisierter UPDATE-Befehle wird im obigen Beispiel vielleicht das Zuweisen der *Value*-Eigenschaft (das ist der konkrete Wert eines Parameters) vermissen. Diese Funktionalität wird von der *Update*-Methode des DataAdapters automatisch übernommen, die im Hintergrund alle *DataRow*-Objekte der *DataTable* aufgrund deren *RowState*-Eigenschaft auf vorgenommene Änderungen überprüft. Falls Änderungen vorhanden sind, wird die *Value*-Eigenschaft des entsprechenden Parameters gesetzt und der UPDATE-Befehl (siehe *UpdateCommand*-Eigenschaft) gegen die Datenbank ausgeführt.

8.6.6 SourceVersion- und SourceColumn-Eigenschaft

Im ersten Beispiel des Abschnitts 8.6.4 wurde die *SourceVersion*-Eigenschaft des zweiten - Parameter-Objekts (*prm*) auf *Original* gesetzt. Dieser Wert ist Bestandteil der *DataRowVersion*-Enumeration und dient hier beim Updaten zur Identifikation des Datensatzes in der Datenquelle.

Die *SourceColumn*-Eigenschaft hatte für den ersten Parameter den Wert *CompanyName* für den zweiten *CustomerID*.

Was aber passiert, wenn im *DataSet* jemand auch einige Werte der *CustomerID*-Spalte verändert hat, z.B. das Schlüsselfeld AROUT geändert in ANTON? Welcher Datensatz soll nun in der Datenquelle aktualisiert werden? Die Entscheidung darüber treffen Sie durch Festlegen der *SourceVersion*-Eigenschaft, wobei zwei Einstellungen interessant sind:

- *Current* (Standardwert)
  Es wird der Datensatz in der Datenquelle gesucht, dessen Schlüsselspalte exakt dem Wert entspricht, wie ihn der momentane Wert im *DataSet* hat.

- *Original*
  Bei dieser Einstellung spielen die eventuellen Änderungen, die Sie im *DataSet* an Werten der *SourceColumn*-Spalte vorgenommen haben, keine Rolle. In der Datenquelle wird nach dem Datensatz gesucht, dessen Inhalt dem ursprünglichen übergebenen Wert entspricht. Es klingt logisch, dass zumindest eine Spalte (im Allgemeinen die mit der WHERE-Bedingung verknüpfte Primärschlüsselspalte) einen zugeordneten *Original*-Parameter haben muss, da sonst ein Wiederauffinden des Datensatzes in der Datenquelle unmöglich wäre.

Hinweis: Weitere Informationen zur *DataRowVersion*-Enumeration finden Sie im Abschnitt 8.9.11 (Zeilenstatus und Zeilenversion).

8.6.7 InsertCommand- und DeleteCommand-Objekt

Nachdem wir ausführlich auf die Rolle der Parameter im *UpdateCommand*-Objekt des *DataAdapter* eingegangen sind, wollen wir dies jetzt auch für das *InsertCommand*- und das *DeleteCommand*-Objekt nachholen. Auf diese greift die *Update*-Methode des DataAdapters dann zurück, wenn die Datenquelle mit neu hinzugefügten bzw. gelöschten Datensätzen aktualisiert werden soll.

Vorgehensweise

Die prinzipielle Vorgehensweise entspricht der beim *UpdateCommand*-Objekt: Im ersten Schritt werden die parametrisierten SQL-Abfragen erstellt und im zweiten Schritt die dafür erforderlichen Parameter erzeugt und zur *Parameters*-Auflistung der *Command*-Objekte hinzugefügt.

- Die *InsertCommand*-, *UpdateCommand*- oder *DeleteCommand*-Eigenschaften müssen **vor** Aufruf der *Update*-Methode des Datenadapters gesetzt werden, abhängig davon, welche Änderungen im *DataSet* vorgenommen wurden (z.B. wenn Zeilen hinzugefügt wurden, muss *InsertCommand* vor dem Aufruf von *Update* gesetzt werden).

- Wenn *Update* eine eingefügte, geänderte oder gelöschte Zeile aktualisiert, benutzt der Datenadapter automatisch die entsprechende *Command*-Eigenschaft zum Ausführen der Aktion. Die aktuelle Information über die modifizierte Zeile erhält das *Command*-Objekt über die *Parameters*-Collection.

Beispiel: Die folgenden SQL-Statements werden als *CommandText* für die *SelectCommand*-, *InsertCommand*-, *UpdateCommand*-, und *DeleteCommand*-Eigenschaften des DataAdapters benutzt. Es werden Varianten für beide .NET-Datenprovider gezeigt.

```
// Variante 1:
uses System.Data.SqlClient;
...
selectSQL := 'SELECT CustomerID, CompanyName FROM Customers
                                  WHERE Country = @Country AND City = @City';
insertSQL := 'INSERT INTO Customers (CustomerID, CompanyName)
                                  VALUES (@CustomerID, @CompanyName)';
updateSQL := 'UPDATE Customers SET CustomerID = @CustomerID, CompanyName = @CompanyName
                                  WHERE CustomerID = @OldCustomerID';
deleteSQL := 'DELETE FROM Customers WHERE CustomerID = @CustomerID';
// Variante 2:
uses System.Data.OleDb;
...
selectSQL := 'SELECT KundenCode, Firma FROM Kunden WHERE Land = ? AND Ort = ?';
insertSQL := 'INSERT INTO Kunden (KundenCode, Firma) VALUES (?, ?)';
updateSQL := 'UPDATE Kunden SET KundenCode = ?, Firma = ? WHERE KundenCode = ?';
deleteSQL := 'DELETE FROM Kunden WHERE KundenCode = ?';
```

Parameter definieren

Die parametrisierten SQL-Abfragen zeigen, welche Parameter von Ihnen definiert werden müssen. Um einen Parameter zu erzeugen, können Sie entweder die *Parameters.Add*-Methode oder den *Parameter*-Konstruktor verwenden, um den Spaltenbezeichner, den Datentyp und die Größe festzulegen. Für einfache Datentypen wie *Integer* brauchen Sie die Größe allerdings nicht anzugeben.

8.6 Das DataAdapter-Objekt

- Bezüglich der Syntax sind – abhängig vom verwendeten .NET-Datenprovider – gewisse Unterschiede zu beachten. So werden für das *OleDbDataAdapter*-Objekt als Platzhalter in der Regel Fragezeichen (?) zur Identifikation der Parameter verwendet werden. Das *SqlDataAdapter*-Objekt hingegen benutzt benannte Parameter.

- Falls Sie für einen Parameter keinen Namen angeben, erhält dieser automatisch einen fortlaufenden Standardnamen wie *Parameter1, Parameter2, ...* Es wird deshalb dringend empfohlen, dass Sie selbst Ihre Parameter **nicht** nach der gleichen Namenskonvention benennen, weil dies zu Konflikten mit einem bereits existierenden Namen in der *ParameterCollection* führen könnte.

Datensätze hinzufügen

Wieder einmal soll anstatt vieler Wortel ein kleines Beispiel Licht in die Dunkelheit bringen.

Beispiel: Hinzufügen von Datensätzen in die *Artikel*-Tabelle der *Nordwind*-Datenbank mit einem *InsertCommand*-Objekt. Ein gültiges *OleDbConnection*-Objekt (*conn*), ein *OleDbDataAdapter* (*da*) und ein *DataSet* (*ds*) werden vorausgesetzt.

```
var ...
   dt : DataTable;
   rw : DataRow;
...
// Der INSERT-SQL-Anweisung werden drei Parameter übergeben:
insSQL := 'INSERT INTO Artikel (Artikelname, Einzelpreis, Mindestbestand) VALUES (?, ?, ?)';
cmd := OleDbCommand.Create(insSQL, conn);
// Erzeugen der Parameter:
cmd.Parameters.Add('@p1', OleDbType.VarChar, 40, 'Artikelname');
cmd.Parameters.Add('@p2', OleDbType.Currency, 8, 'Einzelpreis');
cmd.Parameters.Add('@p3', OleDbType.SmallInt, 4, 'Mindestbestand');
da.InsertCommand := cmd;         // Zuweisen InsertCommand-Eigenschaft
// Erzeugen der neuen Zeile:
dt := ds.Tables['ArtikelListe'];
rw := dt.NewRow();               // Erzeugen einer leeren Zeile mit Schema
rw['Artikelname'] := 'Marmelade'; // Zuweisen von Werten
rw['Einzelpreis'] := 3.45;
rw['Mindestbestand'] := 120;
dt.Rows.Add(rw);                 // Hinzufügen der neuen Zeile zur DataTable
// Die Verbindung zur Datenbank wird geöffnet, um die neue Zeile zu übertragen:
conn.Open();
da.Update(dt);
conn.Close();
```

Datensätze löschen

Auch hier kann anstatt vieler Worte ein Beispiel für Erleuchtung sorgen.

Beispiel: Löschen von Datensätzen in der *Artikel*-Tabelle der *Nordwind*-Datenbank mit einem *DeleteCommand*-Objekt. Ein gültiges *OleDbConnection*-Objekt (*conn*), ein *OleDb-DataAdapter* (*da*) und ein gefülltes *DataSet* (*ds*) werden vorausgesetzt.

```
var ...
    p1 : OleDbParameter;
    dt : DataTable;
    rw : DataRow;
    i  : Integer;
...
// Der DELETE-SQL-Anweisung wird als Parameter der Primärschlüssel übergeben:
delSQL := 'DELETE FROM Artikel WHERE ArtikelNr = @p1';
cmd := OleDbCommand.Create(delSQL, conn);
p1 := cmd.Parameters.Add('@p1', OleDbType.BigInt, 4, 'ArtikelNr');
p1.SourceVersion := DataRowVersion.Original;    // Löschen nur, wenn originaler Datensatz
                                                //... noch vorhanden ist
da.DeleteCommand := cmd;                        // Zuweisen der DeleteCommand-Eigenschaft
// Es werden im DataSet alle Artikel mit dem Namen "Marmelade" gelöscht:
dt := ds.Tables['ArtikelListe'];
for i := 0 to dt.Rows.Count-1 do
    if rw['Artikelname'].ToString = 'Marmelade' then rw.Delete();
// Die Löschweitergabe an die Datenbank:
conn.Open();
da.Update(dt);
conn.Close();
```

> **Hinweis:** Das komplette Beispiel (AddDelete) finden Sie auf der Buch-CD!

8.6.8 RowUpdating- und RowUpdated-Ereignis

Wenn Sie die *Update*-Methode eines *DataAdapter* aufrufen, treten pro aktualisierter Datenzeile zwei Ereignisse ein: *OnRowUpdating* und *OnRowUpdated*.

Beide sind in den folgenden Ablauf eingebettet:

- Die Werte in der *DataRow* werden in die zugeordneten Parameterwerte gefüllt.
- Das ***OnRowUpdating***-Ereignis wird ausgelöst.
- Der Befehl wird ausgeführt.

8.6 Das DataAdapter-Objekt

- Ist die *UpdatedRowSource*-Eigenschaft des *Command*-Objekts auf *FirstReturnedRecord* festgelegt, wird das erste zurückgegebene Ergebnis in der *DataRow* platziert.
- Sind Ausgabeparameter vorhanden, so werden diese in der *DataRow* platziert.
- Das **OnRowUpdated**-Ereignis wird ausgelöst.
- Die *AcceptChanges*-Methode der *DataRow* wird aufgerufen.

Hinweis: Wollen Sie anstehende Änderungen in den Zeilen überprüfen, **bevor** diese übermittelt werden, so sollten Sie das *RowUpdating*-Ereignis benutzen. Soll bestimmter Code sofort **nach** Übermitteln der Änderungen ausgeführt werden, so verwenden Sie das *RowUpdated*-Ereignis.

Der Parameter RowUpdatingEventArgs

Der Delegat des *RowUpdating*- und *RowUpdated*-Ereignisses enthält den providerspezifischen Typ *RowUpdatingEventArgs* als Parameter. Die in diesem Parameter übergebenen Eigenschaften wie *Row*, *StatementType* oder *Status* ermöglichen es Ihnen, den ausgeführten Befehl sofort zu untersuchen und gegebenenfalls Ergebnisse zu manipulieren.

Beispiel: Der Lagerbestand des ersten Datensatzes der *Artikel*-Tabelle der *Nordwind*-Datenbank wird geändert. Dabei wird das *RowUpdating*-Event des *DataAdapter* ausgewertet, und der Lagerbestand vor und nach der Aktualisierung angezeigt. Zum Erzeugen der *UpdateCommand*-Eigenschaft des *DataAdapter* wird ein *CommandBuilder* eingesetzt.

```
...
da := OleDbDataAdapter.Create('SELECT TOP 1 ArtikelNr, Artikelname, Lagerbestand FROM Artikel',
                                                                      conn);
cb := OleDbCommandBuilder.Create(da);       // erzeugt u.a. UpdateCommand für DataAdapter

// Der Eventhandler gibt den aktuellen Lagerbestand in einem Label aus:
procedure OnRowUpdating(sender: System.Object; e: OleDbRowUpdatingEventArgs);
var CrLf: String;
begin
   CrLf := Environment.NewLine;
   s := 'Ereignis: ' + e.StatementType.ToString() + CrLf;
   s := s + 'ArtikelNr: ' + e.Row['ArtikelNr'].ToString() + CrLf + 'Lagerbestand davor: ' +
       e.Row['Lagerbestand', DataRowVersion.Original].ToString() + CrLf;
   s := s + 'Lagerbestand danach: ' + e.Row['Lagerbestand'].ToString() + CrLf;
   Label1.Text := s;
end;
...
// Ereignisbehandlung für RowUpdating anmelden:
include(da.RowUpdating, OnRowUpdating);
```

Routine zum Verändern des Lagerbestandes um die Anzahl z:

```
procedure changeStock(z: Integer);
var dr : DataRow;
    i  : Integer;
begin
  dr := dt.Rows[0];                  // die erste (und einzige) Zeile der DataTable!
  i := Convert.ToInt32(dr['Lagerbestand']);
  dt.Rows[0]['Lagerbestand'] := System.Object(i + z);
  da.Update(dt);
end;
```

Lagerbestand erhöhen:

```
procedure TWinForm1.Button1_Click(sender: System.Object; e: System.EventArgs);
begin
  changeStock(1);
end;
```

Hinweis: Das komplette Beispiel (RowUpdating) finden Sie auf der Buch-CD!

Die Status-Eigenschaft

Mit dieser Eigenschaft legen Sie fest, wie das Update im **Fehlerfall** zu behandeln ist. Die Tabelle zeigt die möglichen Werte als Mitglieder der *UpdateStatus*-Enumeration.

Konstante	Beschreibung
Continue	Der *DataAdapter* setzt das Update fort
ErrorsOccured	Das Update wird unterbrochen und erzeugt eine Ausnahme
SkipAllRemainingRows	Es werden keine weiteren Zeilen verarbeitet
SkipCurrentRow	Die aktuelle Zeile wird ignoriert, Fortsetzung mit der nächsten

Beispiel: Die *Status*-Eigenschaft wird im *RowUpdated*-Event eines *DataAdapter*s ausgewertet.

```
procedure TWinForm1.OnRowUpdated(sender: System.Object; e: OleDbRowUpdatedEventArgs);
begin
    if e.Status = UpdateStatus.ErrorsOccurred then begin
       e.Row.RowError := e.Errors.Message;
       e.Status := UpdateStatus.SkipCurrentRow;              // weitermachen
    end
end;
```

8.7 Das CommandBuilder-Objekt

Das manuelle Zuweisen der *Insert-, Update- und DeleteCommand*-Eigenschaften des Data-Adapters ist mitunter eine ziemlich aufwändige Angelegenheit. Aber auch in all jenen Fällen, in denen die *SelectCommand*-Eigenschaft erst zur Laufzeit festgelegt werden kann, wie z.B. bei Verwendung eines SQL-Abfragetools, sind Sie nicht in der Lage, bereits zur Entwurfszeit entsprechende *Command*-Objekte zu spezifizieren. Dann können Sie – falls Ihr *DataAdapter* auf einer einzigen Datenbanktabelle aufsetzt – vorteilhaft den *CommandBuilder* zum automatischen Generieren der *Command*-Objekte verwenden.

8.7.1 Erzeugen

Voraussetzung für den Einsatz eines *CommandBuilder*-Objekts ist, dass vorher die *SelectCommand*-Eigenschaft des *DataAdapter*s zugewiesen wurde. Das Tabellenschema, welches durch *SelectCommand* geliefert wird, bestimmt die Syntax der automatisch generierten INSERT-, UPDATE- und DELETE-Statements. Eine einzige Anweisung reicht dann aus, um einen *CommandBuilder* mit einem *DataAdapter* zu verkoppeln:

Syntax: `cmdBuilder := CommandBuilder.Create(da);`

Der *CommandBuilder* verfolgt nun argwöhnisch alle am *DataSet* vorgenommenen Änderungen und generiert die erforderlichen Queries bzw. *Command*-Objekte selbstständig im Hintergrund.

Beim Aufruf von *Dispose* wird die Zuordnung von *CommandBuilder* zu *DataAdapter* aufgehoben, und die generierten Befehle werden nicht mehr verwendet.

8.7.2 Anwenden

Die *Update*-Methode des DataAdapters würde im folgenden Beispiel ohne *OleDbCommandBuilder* fehlschlagen.

Beispiel: Ein *OleDbCommandBuilder* wird mit einem *OleDbDataAdapter* verbunden. Anschließend wird ein *DataSet* mit Daten gefüllt. Nachdem mit den Daten gearbeitet wurde, erfolgt das Zurückschreiben der Änderungen in die Datenquelle.

```
da := OleDbDataAdapter.Create('SELECT * FROM Kunden', conn);
cmdB := OleDbCommandBuilder.Create(da);
ds := DataSet.Create();
conn.Open();
da.Fill(ds, 'Kunden');
```

Die Daten im DataSet ändern:

```
da.Update(ds, 'Kunden');    // ohne OleDbCommandBuilder würde diese Anweisung fehlschlagen!
```

8.7.3 Einsatzbeschränkungen

Dass der *CommandBuilder* für Sie nicht immer problemlos *UpdateCommand*-, *InsertCommand*- und *DeleteCommand*-Objekte erstellen kann, zeigen die folgenden Einschränkungen:

- Das *SelectCommand* muss mindestens einen Primärschlüssel bzw. eine eindeutige Spalte liefern. Falls diese Bedingung nicht erfüllt ist, wird eine *InvalidOperation*-Exception ausgelöst.

- Falls eine von den *InsertCommand*-, *UpdateCommand*- und *DeleteCommand*-Eigenschaften des DataAdapters bereits existiert, wird die existierende Eigenschaft genommen.

- Für Datenbankabfragen mit zwei oder mehr verknüpften Tabellen kann der *CommandBuilder* keine *Command*-Objekte erstellen.

- Einem *DataAdapter*-Objekt kann immer nur ein *CommandBuilder*-Objekt gleichzeitig zugeordnet werden und umgekehrt.

- Das automatische Generieren der *Command*-Objekte versagt, wenn in den Tabellen- oder Spaltenbezeichnern spezielle Zeichen wie Leerzeichen, Fragezeichen oder andere nicht alphanumerische Zeichen enthalten sind.

- Wenn Sie *SelectCommand* nach dem Abrufen der Metadaten ändern (z. B. nach der ersten Aktualisierung), müssen Sie die *RefreshSchema*-Methode aufrufen, um die Metadaten zu aktualisieren.

- Um die Strukturinformationen (Metadaten) zu gewinnen, muss der *CommandBuilder* das *SelectCommand* ausführen, was einen Extra-Trip zur Datenquelle erforderlich macht und die Performance nachteilig beeinflussen kann. Sie sollten deshalb in kritischen Fällen lieber auf den *CommandBuilder* verzichten und stattdessen die *Command*-Objekte manuell deklarieren.

8.7.4 Einige Regeln

Die folgende Tabelle fasst die Regeln zusammen, nach denen die verschiedenen *Command*-Objekte durch den *CommandBuilder* generiert werden. Grundlage ist das *Optimistische Konkurrenzmodell für Aktualisierungs- und Löschvorgänge*, welches im Anschluss erläutert wird.

Command-Objekt	Regel
InsertCommand	Fügt Datensätze in die Datenquelle ein für alle Zeilen im DataSet mit *RowState = DataRowState.Added* und fügt Werte für alle aktualisierbaren Spalten ein.
UpdateCommand	Aktualisiert alle Datensätze in der Datenquelle für alle Zeilen im *DataSet* mit *RowState = DataRowState.Modified*. Aktualisiert die Werte aller Spalten mit Ausnahme der Spalten, die nicht aktualisierbar sind (z.B. Ausdrücke).

Command-Objekt	Regel
DeleteCommand	Löscht die Datensätze in der Datenquelle für alle Zeilen im *DataSet* mit *RowState = DataRowState.Deleted*.

8.7.5 Optimistisches Konkurrenzmodell

Die Logik für das automatische Generieren von UPDATE- und DELETE-Anweisungen durch den *CommandBuilder* beruht auf der so genannten *Optimistischen Konkurrenz*. Das bedeutet, dass die Datensätze beim Editieren **nicht** für andere Benutzer oder Prozesse gesperrt werden.

Weil ein Datensatz zwischenzeitlich durch Dritte geändert werden kann, **nachdem** er mit SELECT ermittelt wurde, aber **bevor** UPDATE oder DELETE ausgeführt werden, ist im automatisch generierten UPDATE- oder DELETE-Statement eine WHERE-Klausel angefügt, die bewirkt, dass ein Datensatz nur dann aktualisiert werden kann, wenn er in der Datenquelle nicht zwischenzeitlich geändert wurde, d.h., er hat dort noch seine ursprünglichen Werte bzw. wurde nicht gelöscht.

Durch diese Maßnahme wird vermieden, dass neue Daten einfach überschrieben werden. In Fällen, wo ein automatisch generiertes Update versucht, eine bereits gelöschte Zeile zu aktualisieren oder eine, deren Inhalt von den Originalwerten abweicht, wird eine *DBConcurrencyException* ausgelöst.

Hinweis: Wenn Sie wünschen, dass UPDATE oder DELETE ohne Rücksicht auf die Originalwerte ausgeführt werden sollen, müssen Sie selbst explizit die *UpdateCommand*-Eigenschaft des *DataAdapter*s setzen und auf den Einsatz eines *CommandBuilder* verzichten.

8.8 Das DataSet-Objekt

Mit dem *DataSet* wird das ADO.NET-Objektmodell um seine zweite Hälfte – die unverbundenen Objekte bzw. Datenkonsumenten – ergänzt (siehe ADO.NET-Klassenübersicht in Abschnitt 8.1.2).

8.8.1 Besonderheiten

Wie bereits am Anfang dieses Kapitels erwähnt, handelt es sich beim *DataSet* um eine ziemlich komplexe Minidatenbank, die komplett im Arbeitsspeicher gehalten wird und deren Interaktion mit vorhandenen Datenbanken in der Regel vom *DataAdapter*-Objekt gesteuert wird. Allerdings hinkt der Vergleich mit einer Minidatenbank etwas, denn das *DataSet* kennt keinerlei Datenbankmanager (wie z.B. die Jet-Engine bei Access), es kennt keinen aktuellen Datensatz, keinen Cursor[1] und kein SQL.

Dem vom alten ADO kommenden Umsteiger wird manches in Erstaunen versetzen. So wurden die vertrauten *MoveFirst*-, *MoveNext*-Methoden ersatzlos gestrichen, denn aufgrund der objektbasierten Array-Struktur kann der Programmierer jetzt sofort auf jeden Datensatz zugreifen, ohne sich erst mühselig "hinbewegen" zu müssen.

Es spielt auch keine Rolle, von welchem der .NET-Datenprovider das *DataSet* mit Daten gefüllt wurde oder ob es seine Daten auf andere Weise (z.B. aus einer XML-Datei oder direkt aus dem Programm) erhalten hat. Sie werden beim *DataSet*-Objekt auch keinerlei Eigenschaft oder Methode finden, die Aufschluss über die Datenherkunft gibt.

Hinweis: Dem *DataSet* ist es völlig egal, woher die Daten kommen!

8.8.2 Das Zusammenspiel der ADO.NET-Klassen

Die folgende Abbildung versucht, den grundlegenden Zusammenhang zwischen dem *DataSet*, seinen untergeordneten Klassen und den anderen ADO.NET-Klassen zu verdeutlichen.

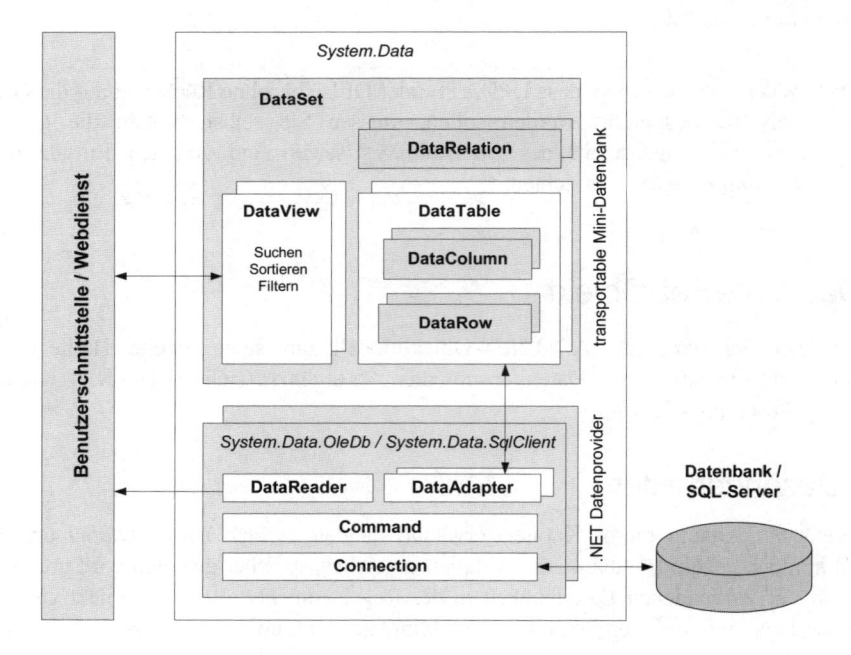

---

[1] Die exakte Bedeutung für **Cursor** ist nicht etwa "Datensatzzeiger", sondern es handelt sich um die Abkürzung für **Cur**rent **S**et of Rec**or**ds!

8.8 Das DataSet-Objekt

Da wir im Zusammenhang mit der *Fill-* und *Update*-Methode des *DataAdapter*-Objekts (Abschnitte 8.6.3 und 8.6.4) bereits ausführlich auf den Datentransport zwischen Datenquelle und *DataSet* eingegangen sind, können wir uns im Folgenden ganz auf den inneren Aufbau und die spezifischen Funktionalitäten des *DataSet* konzentrieren.

8.8.3 Das Objektmodell

Eine Darstellung der Objekthierarchie des *DataSet* zeigt die nachfolgende Abbildung.

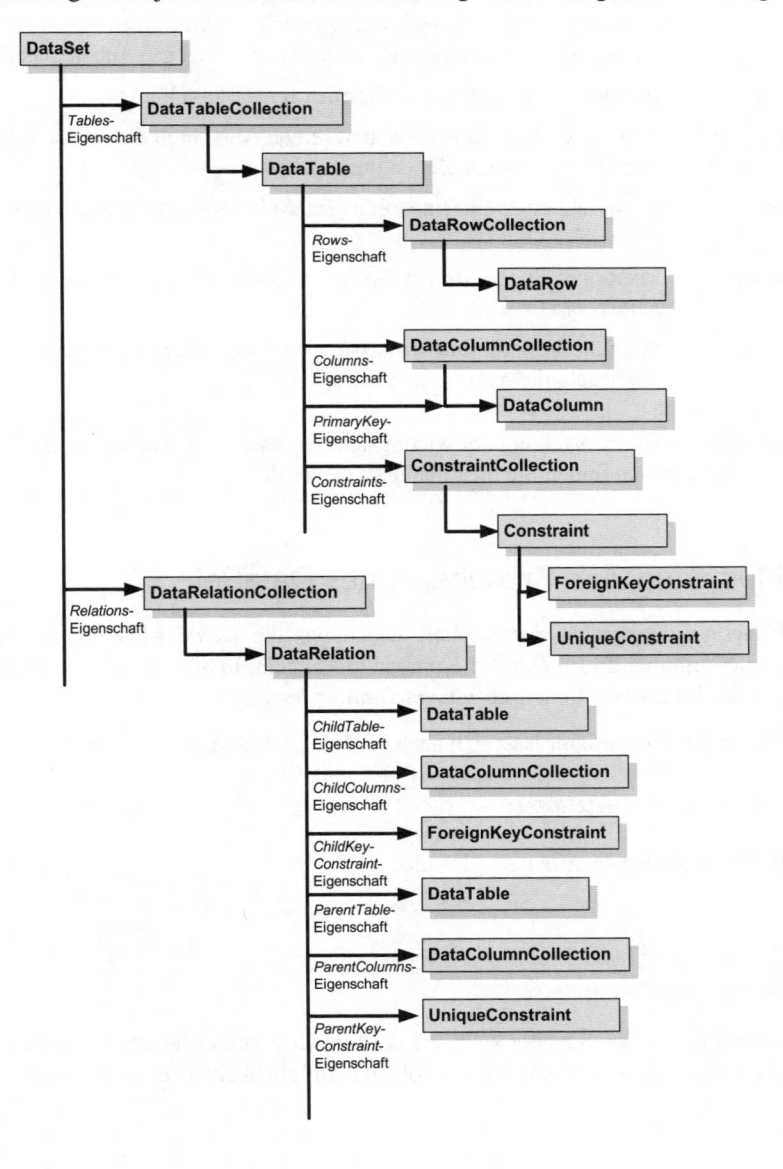

Die wichtigsten Klassen

Die Tabelle verhilft Ihnen zunächst zu einem groben Überblick über die wichtigsten Klassen der *DataSet*-Hierarchie.

Klasse (System.Data)	Bedeutung
DataSet	Repräsentiert eine "Mini-Datenbank", die (ohne Verbindung zur Datenquelle) autark im Arbeitsspeicher existiert und sowohl Daten (das können mehrere Tabellen sein) als auch Strukturinformationen (*Metadaten*) und Beziehungen (Relationen) zwischen den Tabellen enthält
DataTable	Entspricht einer einzelnen Tabelle im *DataSet*-Objekt
DataView	Visualisiert eine *DataTable* bzw. einen Ausschnitt davon und erlaubt den Zugriff auf einzelne Zeilen und Spalten
DataRow	Entspricht einer einzelnen Zeile (quasi Datensatz) innerhalb eines *DataTable*-Objekts
DataColumn	Entspricht einer einzelnen Spalte (quasi Felddefinition) innerhalb eines *DataTable*-Objekts
DataRelation	Stellt die Verknüpfung zwischen einzelnen Tabellen im *DataSet* her und überwacht die referenzielle Integrität

Hinweis: Eine Zusammenstellung der wichtigsten Eigenschaften, Methoden und Ereignisse aller Klassen finden Sie im Anhang des Buchs!

8.8.4 Methoden zum Erzeugen eines DataSet

In den bisherigen Beispielen des Kapitels haben wir die *DataSet*-Instanzen meist durch Aufrufen eines argumentfreien *DataSet*-Konstruktors erstellt. In diesem Fall wurde die *Name*-Eigenschaft des DataSets automatisch auf *NewDataSet* festgelegt.

Mit dem folgenden Konstruktor lässt sich auch ein Namensargument übergeben:

Syntax: ds := DataSet.Create(Name);

Beispiel: Das Erstellen einer *DataSet*-Instanz.

```
var kuDS: DataSet;
...
kuDS := DataSet.Create('KundenListe');
```

Sie können ein neues DataSet aber auch auf der Grundlage eines bereits vorhandenen DataSets erstellen. Beim Kopieren stehen Ihnen folgende Möglichkeiten zur Verfügung:

8.8 Das DataSet-Objekt

- Eine exakte Kopie, einschließlich Schema, Daten, Informationen zum Zeilenstatus und Zeilenversionen (siehe *Copy*-Methode).
- Eine Teilmenge des *DataSets*, die nur die geänderten Zeilen enthält (siehe *GetChanges*-Methode).
- Ein leeres *DataSet*, welches nur das Schema und die relationale Struktur enthält (siehe *Clone*-Methode).

Hinweis: Diese Möglichkeiten gelten auch für *DataTable*-Objekte!

Copy-Methode

Diese Methode verwenden Sie zum Erstellen einer exakten Kopie des DataSets, die sowohl das Schema (Struktur) als auch die Daten enthält.

Beispiel: Erstellung einer exakten Kopie des DataSets *kuDS*.

```
copyDS := kuDS.Copy();
```

Clone-Methode

Die mit der *Clone*-Methode erzeugte Kopie eines DataSets enthält nur die Struktur- bzw. Schemainformationen.

Beispiel: Ein Klon des DataSets *kuDS* wird erstellt.

```
klonDS := kuDS.Clone();
```

GetChanges-Methode

Mit dieser Methode erstellen Sie eine Kopie, die das Schema und nur die Daten enthält, die

- *Added*-Zeilen,
- *Modified*-Zeilen oder
- *Deleted*-Zeilen

darstellen.

Mit *GetChanges* können außerdem nur Zeilen mit einem bestimmten Zeilenstatus geliefert werden, indem beim Aufruf ein *DataRowState*-Wert übergeben wird.

Beispiel: Übergabe eines *DataRowState* beim Aufrufen von *GetChanges*.

```
changeDS := custDS.GetChanges();                    // alle Änderungen kopieren
addedDS  := custDS.GetChanges(DataRowState.Added);  // nur neue Zeilen kopieren
```

> **Hinweis:** Durch den Einsatz von *GetChanges* können Sie den Datenverkehr zwischen Geschäftslogik und Datenbank optimieren, weil nicht das gesamte DataSet übergeben werden muss, um Änderungen abzugleichen.

Merge-Methode

Mit *Merge* können Sie den Inhalt von zwei *DataSet*-Objekten zu einem einzigen *DataSet* kombinieren.

Beispiel:

```
ds1 := DataSet.Create();
...
ds2 := DataSet.Create();
...
ds1.Merge(ds2);
```

Anwendungen von *Merge* wie im obigen Beispiel sind nicht sonderlich beeindruckend. Eine bedeutend größere Bedeutung hat diese Methode aber z.B. in Zusammenarbeit mit der *GetChanges*-Methode bei Webdienstanwendungen (siehe Kapitel 11).

Beispiel: Kunden-Informationen werden von einem Webdienst abgerufen, in der Clientanwendung geändert und zurück an den Webdienst geschickt.

```
ws := wsClass.Create();          // Instanziieren eines Webdienst-Proxy
mainDS := ws.loadKundenDS();     // Abrufen von Kunden-Informationen
...                              // Arbeiten mit dem DataSet und Modifizieren des Inhalts
changeDS := mainDS.GetChanges(); // DataSet mit den geänderten Informationen erzeugen
changeDS := ws.SubmitChanges(changeDS);   // ... und zurück an den Webdienst senden,
         // ... gleichzeitig werden aktualisierte Einträge (z.B. Zeitstempel) zurückgegeben
mainDS.Merge(changeDS);          // Zusammenführen beider DataSets
```

> **Hinweis:** Um die *RowState*-Eigenschaft der modifizierten Zeilen nicht zu ändern, sollte am Ende des obigen Beispiels die *AcceptChanges*-Methode des Haupt-DataSets (*mainDS*) aufgerufen werden (siehe 8.9.11, Zeilenstatus und Zeilenversion)!

8.9 Das DataTable-Objekt

Die eigentliche Datenspeicherung erfolgt in den *DataTable*-Objekten des DataSets. Es ist deshalb logisch, dass die *DataTable* als wichtigstes und komplexestes Mitglied der *DataSet*-Hierarchie unsere besondere Aufmerksamkeit verdient.

8.9.1 DataTable erzeugen

Im Abschnitt 8.6.3 und anderen hatten wir im Zusammenhang mit der *Fill*-Methode des *DataAdapter*-Objekts bereits häufig *DataTable*-Objekte erzeugt.

Beispiel: In ein vorhandenes DataSet *ds* wird mittels eines DataAdapters *da* ein neues *DataTable*-Objekt mit der *TableName*-Eigenschaft *ArtikelListe* eingefügt.

```
da.Fill(ds, 'ArtikelListe');
```

Sie können eine neue *DataTable* aber auch direkt an die *Tables*-Collection des *DataSet*s anfügen.

Beispiel: Eine *DataTable* wird erzeugt.

```
dt := ds.Tables.Add('ArtikelListe');
```

Unabhängige DataTable

Eine *DataTable* muss man nicht immer nur im Zusammenhang mit Datenbanken oder DataSets betrachten, sie kann auch wie ein völlig autarkes zweidimensionales strukturiertes Array benutzt werden.

Um zu einer unabhängigen neuen *DataTable* zu kommen, verwenden Sie den üblichen Konstruktor, dem Sie optional die *TableName*-Eigenschaft übergeben:

Syntax: `dt := DataTable.Create(Name);`

Beispiel: Ein unabhängiges *DataTable*-Objekt wird erzeugt.

```
dt := DataTable.Create('ArtikelListe');
```

Kopieren

Oft ist es einfacher, ein neues *DataTable*-Objekt durch Kopieren aus einer bereits vorhandenen *DataTable* zu erzeugen, anstatt es von Grund auf neu zu erstellen. Genauso wie beim DataSet stehen Ihnen auch hier die drei Möglichkeiten mittels *Copy*-, *GetChanges*- und *Clone*-Methode zur Verfügung (siehe Abschnitt 8.8.4).

8.9.2 Spalten hinzufügen

Das Schema bzw. die Struktur der DataTable wird – zusammen mit etwaigen Einschränkungen (Constraints) – durch eine Auflistung von *DataColumn*-Objekten bestimmt (*Columns*-Eigenschaft).

Zum Erstellen von *DataColumn*-Objekten gibt es die beiden .NET-typischen Möglichkeiten:

- *DataColumn*-Konstruktor verwenden oder
- *Add*-Methode der *Columns*-Eigenschaft der *DataTable* aufrufen.

Die *Add*-Methode akzeptiert optionale *ColumnName*-, *DataType*- und *Expression*-Argumente oder auch ein vorhandenes *DataColumn*-Objekt. Weil *DataTable*-Objekte nicht spezifisch für einen bestimmten .NET-Datenprovider ausgelegt sind, werden für den Datentyp die .NET Framework-Typen verwendet.

Beispiel: Eine *DataTable* wird erzeugt und vier Spalten werden hinzugefügt. Die Eigenschaften für die *KundenCode*-Spalte verbieten *DBNull*-Werte und verlangen, dass die Werte eindeutig sein müssen.

```
var dt : DataTable;
    col: DataColumn;
...
dt := DataTable.Create('Kunden');
col := dt.Columns.Add('KundenCode', Type.GetType('System.Int32'));
col.AllowDBnull := False;
col.Unique := True;
dt.Columns.Add('Firma', Type.GetType('System.String'));
dt.Columns.Add('Kontaktperson', Type.GetType('System.String'));
dt.Columns.Add('Gehalt', Type.GetType('System.Double'));
```

Hinweis: Geben Sie für eine Spalte keinen Namen an, so erhält sie den inkrementellen Standardnamen *ColumnN*..., beginnend mit *Column1*, wenn sie zur *DataColumn-Collection* hinzugefügt wird.

8.9.3 Primärschlüssel ergänzen

Zu (fast) jeder Datenbanktabelle gehört eine Spalte (oder auch mehrere), die jede Zeile eindeutig identifiziert und die als *Primärschlüssel* bezeichnet wird. Die *PrimaryKey*-Eigenschaft einer *DataTable* erhält als Wert ein Array aus einem oder auch mehreren *DataColumn*-Objekten.

Beispiel: Definition einer einzelnen Spalte als Primärschlüssel.

```
var colArr: array of DataColumn;
    tbl   : DataTable;
...
SetLength(colArr, 1);         // Array mit einem einzigen Feld, das den Index 0 hat!
colArr[0]    := tbl.Columns['KundenCode'];  // Feld wird gefüllt
tbl.PrimaryKey := colArray;                 // PrimaryKey-Eigenschaft wird zugewiesen
```

Ab und zu (z.B. bei Interselektionstabellen) braucht man auch zusammengesetzte Primärschlüssel, die aus zwei und (selten) noch mehr Spalten bestehen.

8.9 Das DataTable-Objekt

Beispiel: Die Spalten *Firma* und *Kontaktperson* einer DataTable *tbl* werden als Primärschlüssel zusammengefasst.

```
var key: array of DataColumn;
...
SetLength(key, 2);
key[0] := tbl.Columns['Firma'];
key[1] := tbl.Columns['Kontaktperson'];
tbl.PrimaryKey := key;
```

Legen Sie eine *DataColumn* als *PrimaryKey* fest, so setzt die *DataTable* automatisch die *AllowDBNull*-Eigenschaft der Spalte auf *False* und die *Unique*-Eigenschaft auf *True*. Bei zusammengesetzten Primärschlüsseln wird nur die *AllowDBNull*-Eigenschaft automatisch *False* gesetzt.

Hinweis: Sie können in Verbindung mit der *Find*-Methode der *DataRowCollection* einen Primärschlüssel vorteilhaft für den Zugriff auf den Inhalt einer *DataTable* verwenden (siehe 8.10.3, Suchen von Datensätzen).

8.9.4 Berechnete Spalten einfügen

Mit der *Expression*-Eigenschaft einer *DataColumn* wird der Wert einer Spalte berechnet bzw. eine Aggregatspalte erstellt. Der Rückgabetyp des Ausdrucks wird durch den *DataType* der Spalte bestimmt.

Beispiel: Berechnen der Mehrwertsteuer im DataSet *ds*

```
ds.Tables['Artikel'].Columns['MWST'].Expression := 'Einzelpreis * 0.16';
```

Wie bei einem berechneten Wert wird bei einem Aggregat eine Operation auf Grundlage des gesamten Zeilensets in der *DataTable* durchgeführt.

Beispiel: Die Anzahl der aufgenommenen Bestellungen eines Verkäufers wird gezählt.

```
ds.Tables['Bestellungen'].Columns['AnzahlBestellungen'].Expression := 'Count(BestellNr)';
```

Hinweis: Ein ähnliches Beispiel (Aggregatfunktion) befindet sich auf der Buch-CD!

8.9.5 Einbinden von Constraints

Unter einem Constraint bzw. einer Einschränkung versteht man eine Regel für eine Spalte, welche die weiteren Aktionen festlegt, wenn der Wert der Spalte sich verändert.

> **Hinweis:** Constraints werden nur dann durchgesetzt, wenn die *EnforceConstraints*-Eigenschaft des DataSets den Wert *True* hat.

In ADO.NET gibt es zwei Arten von Constraints:

- die Fremdschlüsseleinschränkung (*ForeignKeyConstraint*) und
- die eindeutige Einschränkung (*UniqueConstraint*).

Beide Constraints werden standardmäßig erstellt, wenn Sie zum DataSet eine *DataRelation* hinzufügen, es sei denn, Sie haben beim Erstellen der *DataRelation* die Eigenschaft *CreateConstraints = False* festgelegt.

ForeignKeyConstraint

Die durch ein *ForeignKeyConstraint*-Objekt definierten Regeln legen fest, wie Aktualisierungen und Löschvorgänge an verknüpfte Tabellen weiterzugeben sind. Wenn Sie beispielsweise einen Wert in einer Tabellenzeile aktualisieren oder löschen und dieser Wert auch in einer oder mehreren verknüpften Tabellen verwendet wird, bestimmt eine *ForeignKeyConstraint*, was in den verknüpften Tabellen passieren soll.

Die Eigenschaften *DeleteRule* und *UpdateRule* der *ForeignKeyConstraint* definieren die Aktionen, die ausgeführt werden, wenn der Benutzer versucht, eine Zeile in einer verknüpften Tabelle zu löschen oder zu aktualisieren.

Die folgende Tabelle zeigt die Mitglieder der *Rules*-Enumeration für die Eigenschaften *DeleteRule* und *UpdateRule* der *ForeignKeyConstraint*:

Einstellung	Beschreibung
Cascade	Alle verknüpften Zeilen werden gelöscht oder aktualisiert (Standard)
SetNull	Die Werte in den verknüpften Zeilen werden auf *DBNull* gesetzt
SetDefault	Die Werte in verknüpften Zeilen werden auf ihren Standardwert gesetzt
None	In den verknüpften Zeilen wird keine Aktion ausgeführt

Sie können beim Erzeugen einer *ForeignKeyConstraint* den *DeleteRule*- und den *UpdateRule*-Wert entweder an den Konstruktor übergeben oder als Eigenschaften festlegen.

Beispiel: Die Tabellen *Kunden* und *Bestellungen* sind miteinander verknüpft.

```
var kuBest: ForeignKeyConstraint;
...
kuBestFK := ForeignKeyConstraint.Create('kuBestFK', kuDS.Tables['Kunden'].Columns['KundenCode'],
                                        kuDS.Tables['Bestellungen']Columns['KundenCode']);
KuBestFK.DeleteRule := Rule.None;    // Kunde mit Bestellungen kann nicht gelöscht werden,
                                     // für UpdateRule wurde der Standardwert Cascade festgelegt.
custDS.Tables['BestTable'].Constraints.Add(custOrderFK);
```

8.9 Das DataTable-Objekt

AcceptRejectRule-Eigenschaft

Die *AcceptRejectRule*-Eigenschaft der *ForeignKeyConstraint* bestimmt, welche Aktion in den untergeordneten Zeilen ausgeführt wird, wenn in der übergeordneten Zeile *AcceptChanges* oder *RejectChanges* aufgerufen wird.

Mit der *AcceptChanges*-Methode von *DataSet*, *DataTable* oder *DataRow* können Änderungen an Zeilen übernommen werden. Der Abbruch erfolgt mit der *RejectChanges*-Methode.

Aktion	Beschreibung
Cascade	Änderungen in untergeordneten Zeilen werden akzeptiert oder zurückgewiesen (Standard)
None	In den untergeordneten Zeilen wird keinerlei Aktion ausgeführt

UniqueConstraint

Das *UniqueConstraint*-Objekt kann entweder einer einzelnen Spalte oder einem Array aus Spalten in einer *DataTable* zugewiesen werden und stellt sicher, dass alle Daten in den angegebenen Spalten eindeutig sind, d.h., nur einmal vorkommen dürfen.

Sie können eine *UniqueConstraint* einrichten, indem Sie die *Unique*-Eigenschaft der Spalte auf *True* setzen. Andererseits werden alle möglicherweise vorhandenen *UniqueConstraints* entfernt, wenn die *Unique*-Eigenschaft einer einzelnen Spalte *False* ist.

Durch das Definieren eines Primärschlüssels für eine Tabelle wird automatisch ein *UniqueConstraint* für die angegebene(n) Spalte(n) erstellt. Entfernen Sie die *PrimaryKey*-Eigenschaft einer Spalte, wird auch die *UniqueConstraint* entfernt.

Beispiel: Eine *UniqueConstraint* für zwei Spalten einer *DataTable* wird erstellt.

```
var kuTable : DataTable;
    kuUC    : UniqueConstraint;
    adc     : array of DataColumn;
...
kuTable := kuDS.Tables['Kunden'];
SetLength(adc, 2);
adc[0] := kuTable.Columns['KundenCode'];
adc[1] := kuTable.Columns['Firma'];
kuUC := UniqueConstraint.Create(adc);
kuDS.Tables['Kunden'].Constraints.Add(kuUC);
```

8.9.6 Hinzufügen von Relationen

Eine *DataRelation* wird zum Definieren von Beziehungen zwischen über- und untergeordneten *DataColumn*-Objekten desselben Datentyps verwendet. Meist handelt es sich hier um eine Beziehung zwischen einer Primärschlüssel- und einer Fremdschlüssel-Spalte

(Master-DetailRelation). Diese Beziehungen legen Regeln und Einschränkungen (Constraints) fest, die zur Laufzeit überwacht werden.

Beispiel: Die Datenspalte *KundenCode* aus der Tabelle *Bestellungen* ist ein Fremdschlüssel, der auf den Primärschlüssel *KundenCode* aus der Tabelle *Kunden* verweist. Damit sind jedem Kunden keine, eine oder mehrere Bestellungen zugeordnet (1:m-Beziehung).

Weil ein DataSet in der Regel über mehrere DataAdapter aus verschiedenen Datenbanktabellen gefüllt werden kann, müssen die *DataRelation*-Objekte die erforderlichen Verknüpfungen zwischen den DataTables herstellen.

Erstellen einer DataRelation

DataRelation-Objekte sind in einer Collection enthalten, auf die Sie über die *Relations*-Eigenschaft des DataSets zugreifen.

Hinweis: Damit Sie eine Relation zwischen zwei Tabellen erstellen können, muss der *DataType*-Wert für beide Spalten identisch sein.

Beispiel: Die Tabellen *Kunden* und *Bestellungen* der Datenbank *Nordwind.mdb* werden in ein DataSet geladen und durch eine *DataRelation* miteinander verknüpft. Die verknüpften Tabellen werden in einem *DataGrid* angezeigt.

```
var conn: OleDbConnection;
    da   : OleDbDataAdapter;
    ds   : DataSet;
    connStr, selStr : String;
...
connStr := 'Provider=Microsoft.Jet.OLEDB.4.0; Data Source=Nordwind.mdb;' ;
conn := OleDbConnection.Create(connStr);
selStr := 'SELECT KundenCode, Firma, Kontaktperson, Telefon FROM Kunden';
da := OleDbDataAdapter.Create(selStr, conn);
ds := DataSet.Create();
conn.Open();
da.Fill(ds, 'Kunden');
selStr := 'SELECT Bestellungen.BestellNr, Bestellungen.KundenCode, Bestellungen.Bestelldatum,
                  Bestellungen.Versanddatum
           FROM Kunden, Bestellurgen WHERE (Kunden.KundenCode = Bestellungen.KundenCode)';
da := OleDbDataAdapter.Create(selStr, conn);
da.Fill(ds, 'Bestellungen');
conn.Close();
ds.Relations.Add('KundenBestellungen', ds.Tables['Kunden'].Columns['KundenCode'],
                                       ds.Tables['Bestellungen'].Columns['KundenCode']);
DataGrid1.SetDataBinding(ds, 'Kunden');
```

8.9 Das DataTable-Objekt

Den kompletten Quellcode finden Sie unter

☞ R 8.8 Master-Detailbeziehungen im DataGrid anzeigen

Aus dem obigen Beispiel ist ersichtlich, dass das Erstellen und Hinzufügen einer *DataRelation* innerhalb einer einzigen Befehlszeile abgewickelt werden kann. Wer es gerne ausführlicher hätte, der sollte sich das folgende Beispiel anschauen.

Beispiel: Der Code zum Erstellen der *DataRelation* im Vorgängerbeispiel kann wie folgt ersetzt werden:

```
var parentCol, childCol : DataColumn;
    relKuBest  : DataRelation;
    ds         : DataSet;
...
parentCol := ds.Tables['Kunden'].Columns['KundenCode'];
childCol := ds.Tables['Bestellungen'].Columns['KundenCode'];
relKuBest := DataRelation.Create('KundenBestellungen', parentCol, childCol);
ds.Relations.Add(relKuBest);
```

GetChildRows-Methode

Mit der *GetChildRows*-Methode einer *DataRow* können Sie alle untergeordneten *DataRow*-Objekte abrufen.

Beispiel: Es wird eine *DataRelation* zwischen der *Kunden*-Tabelle und der *Bestellungen*-Tabelle erzeugt. Alle Bestellungen pro Kunde werden in einer *ListBox* ausgegeben.

```
var relKuBest : DataRelation;
    dt        : DataTable;
    kuRow, bestRow : DataRow;
...
relKuBest := ds.Relations.Add('KundenBestellungen', ds.Tables['Kunden'].Columns['KundenCode'],
                    ds.Tables['Bestellungen'].Columns['KundenCode']);
dt := ds.Tables['Kunden'];
for kuRow in dt.Rows do
begin
   ListBox1.Items.Add(kuRow['KundenCode']);
   for bestRow in kuRow.GetChildRows(relKuBest) do
            ListBox1.Items.Add(bestRow['BestellNr']);
end;
```

Beim Erstellen der *DataRelation* für die Tabellen *Kunden* und *Bestellungen* wurde davon ausgegangen, dass **alle** Zeilen in der *Bestellungen*-Tabelle einen *KundenCode* haben, der auch in der übergeordneten *Kunden*-Tabelle existiert. Besitzt die Tabelle *Bestellungen* einen

KundenCode, der nicht in der *Kunden*-Tabelle vorhanden ist, wird durch eine *ForeignKey-Constraint* eine Fehlermeldung ausgelöst.

Hinweis: Auf gleiche Weise können Sie mit der *GetParentRow*-Methode auf den übergeordneten Datensatz zugreifen. Dann ist das Ergebnis kein Array, sondern ein einzelner Datensatz.

CreateConstraints-Flag

Müssen Sie damit rechnen, dass die untergeordnete Spalte möglicherweise Werte enthält, die in der übergeordneten Spalte nicht enthalten sind, so legen Sie *False* für das *CreateConstraints*-Flag beim Hinzufügen der *DataRelation* fest.

8.9.7 Zeilen zur DataTable hinzufügen

Haben Sie eine oder mehrere *DataTable*-Objekte erstellt und deren Struktur mit Hilfe von *DataColumn*-, *Constraint*- und *DataRelation*-Objekten definiert, können Sie den Tabellen beliebig viele neue Datenzeilen hinzufügen.

NewRow-Methode

Verwenden Sie die *NewRow*-Methode der *DataTable*, so hat die erzeugte Zeile sofort die zur Tabelle passende Struktur.

Syntax: `myRow := myTable.NewRow();`

Anschließend lässt sich die neu hinzugefügte Zeile mit Hilfe von Spaltennamen oder Index bearbeiten.

Beispiel: Eine neue Zeile wird zu einer *DataTable* hinzugefügt und mit Werten gefüllt.

```
dt := ds.Tables['KundenListe'];
newRow := dt.NewRow();
newRow['Firma'] := 'Catering Service';      // Zugriff über Spaltennamen
newRow[2] := 'Willy Schneider';             // ... über Index
```

Sind die Daten in die neue Zeile gefüllt, können Sie diese mittels *Add*-Methode zur *DataRowsCollection* hinzufügen.

Beispiel: Die im Vorgängerbeispiel erzeugte Zeile wird zur *DataTable* hinzugefügt.

```
dt.Rows.Add(newRow);
```

8.9.8 Auf den Inhalt einer DataTable zugreifen

Eine *DataTable* ist durchaus mit einem zweidimensionalen Array vergleichbar, wie es die meisten Programmiersprachen kennen. Trotzdem gestaltet sich der Zugriff auf die Array-Elemente bei weitem nicht so einfach, denn die gnadenlose Objektorientiertheit von .NET verlangt, dass anstatt der einfachen Übergabe von Zeilen- und Spaltenindex komplette Objekte (*DataRow, DataColumn*) zu überreichen sind.

Columns- und Rows-Eigenschaften

Die beiden wichtigsten Eigenschaften der *DataTable*-Klasse sind die *Columns*- und *Rows*-Auflistungen, weil sie den Zugriff auf Zeilen und Spalten der *DataTable* ermöglichen.

Beispiel: Alle Zeilen und Spalten einer *DataTable* werden innerhalb von zwei geschachtelten *for-to*-Schleifen in eine *ListBox* ausgegeben.

```
var dt   : DataTable;
    cRow : DataRow;
    cCol : DataColumn;
    i, j : Integer;
...
dt := ds.Tables['KundenListe'];
for i := 0 to dt.Rows.Count - 1 do
begin
   cRow := dt.Rows[i];
   for j := 0 to dt.Columns.Count - 1 do
   begin
      cCol := dt.Columns[j];
      ListBox1.Items.Add (cCol.ColumnName.ToString + ' = ' + cRow[cCol.Ordinal].ToString)
   end
end;
```

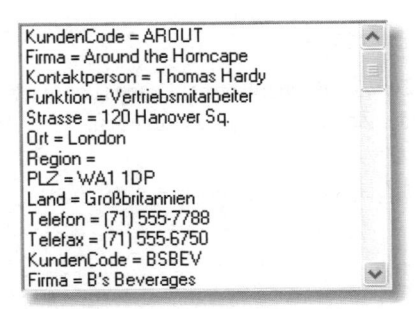

```
KundenCode = AROUT
Firma = Around the Horncape
Kontaktperson = Thomas Hardy
Funktion = Vertriebsmitarbeiter
Strasse = 120 Hanover Sq.
Ort = London
Region =
PLZ = WA1 1DP
Land = Großbritannien
Telefon = (71) 555-7788
Telefax = (71) 555-6750
KundenCode = BSBEV
Firma = B's Beverages
```

Hinweis: Den kompletten Quellcode (*DataTable*) finden Sie auf der Buch-CD!

TableName- und ColumnName-Eigenschaften

Der Namen einer Tabelle bzw. Spalte ist über die Eigenschaften *TableName* bzw. *ColumnName* erreichbar. Der Zugriff auf die einzelnen Daten erfolgt über den Indexer, dem entweder der Namen der Spalte, deren fortlaufende Ordinalnummer (beginnend mit 0) oder aber auch eine Instanz der zugehörigen *DataColumn* übergeben werden können.

Normalerweise sind also zwei Schritte auszuführen:

- Das entsprechende *DataRow*-Objekt auswählen und
- über dessen Indexer auf die gewünschte Spalte zugreifen.

Beispiel: Die *Firma* des dritten Kunden eines DataSets *ds* soll in einer TextBox ausgegeben werden.

```
dt := ds.Tables['Kunden'];
aRow := dt.Rows[2];                        // Auswahl der Zeile
TextBox1.Text := aRow[1].ToString();       // Zugriff auf Firma über Index
```

oder

```
TextBox1.Text := aRow['Firma'].ToString(); // Zugriff über Spaltennamen
```

Übergabe eines DataColumn-Objekts

Eine weitere Alternative für den Zugriff ist die Auswahl der Datenspalte durch Übergabe eines *DataColumn*-Objekts.

Beispiel: Dieser Code liefert das gleiche Ergebnis wie das Vorgängerbeispiel.

```
dt := ds.Tables['Kunden'];
aRow := dt.Rows[2];
aCol := dt.Columns['Firma'];               // DataColumn-Objekt auswählen
TextBox1.Text := aRow[aCol].ToString();    // Zugriff auf Spalte
```

Select-Methode

Die *Select*-Methode einer *DataTable* dient dazu, Datensätze nach bestimmten Kriterien wie Suche, Sortierreihenfolge oder Zeilenstatus zurückzugeben.

Syntax: `rows := dt.Select(filterExpression, sort, recordStates);`

Die Parameter:

- *filterExpression*
  Die beim Filtern der Zeilen zu verwendenden Kriterien.
- *sort*
  Eine Zeichenfolge, welche die Spalte und die Sortierrichtung angibt.

8.9 Das DataTable-Objekt

- *recordStates*
  Einer der *DataViewRowState*-Werte.

- Rückgabewert
  Ein Array von *DataRow*-Objekten.

Hinweis: Das *filterExpression*-Argument ist analog der *Expression*-Eigenschaft der *DataColumn*-Klasse zu verwenden. Ähnliches gilt auch für das *sort*-Argument.

Anhand ihres *DataViewRowState* bestimmt die *Select*-Methode, welche Version der Zeilen angezeigt oder bearbeitet werden soll. Die folgende Tabelle zeigt die möglichen *DataViewRowState*-Enumerationswerte:

Konstante	Beschreibung
CurrentRows	Die aktuellen Zeilen, einschließlich nicht geänderter, hinzugefügter und geänderter Zeilen
Deleted	Eine gelöschte Zeile.
ModifiedCurrent	Eine aktuelle Version, die eine modifizierte Version der ursprünglichen Daten ist (siehe *ModifiedOriginal*)
ModifiedOriginal	Die ursprüngliche Version aller geänderten Zeilen (die aktuelle Version kann über *ModifiedCurrent* abgerufen werden)
Added	Eine neue Zeile
None	Keine Zeile
OriginalRows	Ursprüngliche Zeilen, einschließlich nicht geänderter und gelöschter Zeilen
Unchanged	Eine nicht geänderte Zeile

Beispiel: Es wird ein *DataRow*-Array zurückgegeben, das auf alle gelöschten Zeilen verweist.

```
delRows := dt.Select(nil, nil, DataViewRowState.Deleted);
```

Beispiel: Ein *DataRow*-Array, das – nach *NachName* sortiert – auf alle Zeilen verweist, in denen die *KundenNr*-Spalte einen Wert größer als 10 hat.

```
kuRows := dt.Select('KundenNr > 10', 'NachName ASC');
```

Hinweis: Wollen Sie hintereinander eine Reihe von Aufrufen der *Select*-Methode ausführen, sollten Sie zuerst eine *DataView* für die *DataTable* erstellen, denn dadurch werden die Zeilen der Tabelle indiziert. Die *Select*-Methode nutzt dann diesen Index, wodurch die Zeit für das Generieren des Abfrageergebnisses deutlich verkürzt wird.

8.9.9 Hinweise zum Bearbeiten von Zeilen

- Wenn Sie Spaltenwerte direkt in einer *DataRow* bearbeiten, verwaltet die *DataRow* die Spaltenwerte mit Hilfe der Zeilenversionen *Current*, *Default* und *Original*. Die *BeginEdit*-, *EndEdit*- und *CancelEdit*-Methode verwenden darüber hinaus eine vierte Zeilenversion: *Proposed* (siehe Zeilenstatus und Zeilenversion in 8.9.11).

- Während der Bearbeitung können Sie einzelne Spalten überprüfen, indem Sie den *ProposedValue* im *ColumnChanged*-Ereignis der *DataTable* auswerten. Das *ColumnChanged*-Ereignis speichert *DataColumnChangeEventArgs*, die einen Verweis auf die sich ändernde Spalte und den *ProposedValue* enthalten.

- Ändern Sie Spaltenwerte in einer *DataRow*, wird der *RowState* auf *Modified* gesetzt, und die Änderungen werden mit der *AcceptChanges*-Methode oder der *RejectChanges*-Methode der *DataRow* übernommen oder zurückgewiesen. Die *DataRow* stellt außerdem drei Methoden bereit, mit denen Sie den Status der Zeile während ihrer Bearbeitung beeinflussen können: *BeginEdit*, *EndEdit* und *CancelEdit*.

Beispiel: Wir zeigen die Verwendung von *BeginEdit* mit *EndEdit* und *CancelEdit*. Außerdem wird der *ProposedValue* im *ColumnChanged*-Ereignis überprüft.

```
...
dt := DataTable.Create();
dt.Columns.Add('Firma', Type.GetType('System.String'));

include(dt.ColumnChanged, Self.OnColumnChanged);    // Eventhandler zuweisen

rw := dt.NewRow();
rw[0] := 'Müllers Schnapsladen';
dt.Rows.Add(rw);
rw.BeginEdit();
rw[0] := '';           // Leerstring führt zum Fehler mit Abbruch
rw.EndEdit();
ListBox1.Items.Add(rw[0].ToString() + ' ' + rw.RowState.ToString());
...
// Ereignisbehandlung als Methode von TWinForm1:
procedure TWinForm1.OnColumnChanged(sender: System.Object; args: DataColumnChangeEventArgs);
begin
    if args.Column.ColumnName = 'Firma' then begin
      if args.ProposedValue.ToString() = '' then begin
        ListBox1.Items.Add('Name der Firma muss angegeben werden. Abbruch.');
        args.Row.CancelEdit();
      end;
    end;
end;
```

8.9.10 Zeilen löschen

Es gibt zwei grundsätzlich verschiedene Methoden, um ein *DataRow*-Objekt aus seinem *DataTable*-Objekt zu entfernen:

- Die *Remove*-Methode des *DataRowCollection*-Objekts und
- die *Delete*-Methode des *DataRow*-Objekts.

Remove löscht eine *DataRow* aus der *DataRowCollection*, während *Delete* die Zeile nur zum Löschen markiert.

Beispiel: Die *Remove*-Methode der DataRowCollection erhält eine DataRow *rw* als Argument und entfernt diese aus der Auflistung.

```
dt.Rows.Remove(rw);
```

Beispiel: Die *Delete*-Methode einer DataRow *rw* wird aufgerufen, um deren *RowState* in *Deleted* zu ändern.

```
rw.Delete;
```

Delete oder Remove?

Verwenden Sie die DataTable in Verbindung mit einem DataAdapter und einer Datenbank, so sollten Sie die *Delete*-Methode der DataRow benutzen. Dadurch wird die Zeile zunächst als *Deleted* markiert, jedoch noch nicht entfernt. Das geschieht erst, wenn die *Update*-Methode des DataAdapters aufgerufen wird. Findet er eine als *Deleted* markierte Zeile, wird das zugehörige *DeleteCommand* ausgeführt, um die Zeile in der Datenbank zu löschen. Anschließend kann die Zeile mit der *AcceptChanges*-Methode dauerhaft aus der *DataTable* entfernt werden.

> **Hinweis:** Wenn Sie *Remove* zum Löschen der Zeile verwenden, wird die Zeile zwar vollständig aus der *DataTable* entfernt, vom *DataAdapter* jedoch nicht in der Datenquelle gelöscht!

Ist eine Zeile zum Löschen markiert und rufen Sie die *AcceptChanges*-Methode des *DataTable*-Objekts auf, so wird die Zeile aus der *DataTable* entfernt.

Rufen Sie *RejectChanges* auf, kehrt der *RowState* der Zeile zu dem Status zurück, der gültig war, bevor die Zeile als *Deleted* markiert wurde.

Wenn *RowState* = *Added* gilt (d.h. die Zeile wurde gerade zur Tabelle hinzugefügt) und die Zeile wird dann als *Deleted* markiert, wird die Zeile aus der Tabelle entfernt.

8.9.11 Zeilenstatus und Zeilenversion

Unter ADO.NET werden Zeilen in den DataTables mit Hilfe ihres Zeilenstatus (*RowState*) und der Zeilenversion (*DataRowVersion*) verwaltet. Während ein *RowState* den Status einer Zeile angibt, werden in den verschiedenen DataRowVersions (*Current*, *Original* und *Default*) die Werte während der Bearbeitung aufbewahrt.

RowState

Eine Zeile hat zum Beispiel, nachdem Sie eine Spalte geändert haben, den Zeilenstatus *Modified*, und es sind zwei Zeilenversionen vorhanden:

- *Current* (enthält die aktuellen Zeilenwerte) und
- *Original* (enthält die Zeilenwerte vor der Änderung der Spalte).

Mit der *RowState*-Eigenschaft (ReadOnly!) eines *DataRow*-Objekts können Sie den aktuellen Status der Zeile untersuchen. Die Tabelle zeigt eine kurze Beschreibung der *RowState*-Enumerationswerte.

Konstante	Beschreibung
Unchanged	Keine Änderungen seit dem letzten Aufruf von *AcceptChanges* oder seit der Erstellung der Zeile durch die *Fill*-Methode des *DataAdapter*
Added	Zwar wurde die Zeile der Tabelle hinzugefügt, aber *AcceptChanges* wurde nicht aufgerufen
Modified	Ein Element der Zeile wurde geändert, aber *AcceptChanges* wurde nicht aufgerufen
Deleted	Die Zeile wurde aus einer Tabelle gelöscht, aber *AcceptChanges* wurde nicht aufgerufen
Detached	Entweder eine neu erstellte Zeile, die noch nicht mittels *Add*-Methode zur *DataRowCollection* hinzugefügt wurde (danach wird der Wert auf *Added* gesetzt) oder eine mittels *Remove*-Methode aus einer *DataRowCollection* entfernte Zeile (bzw. durch die *Delete*-Methode, gefolgt von *AcceptChanges*)

Beispiel: Eine neue *DataTable* mit einer einzigen Spalte wird erstellt und anschließend eine einzelne *DataRow*. Beim Erstellen, Hinzufügen, Ändern und Löschen der DataRow wird ihr *RowState* in einer ListBox ausgegeben.

```
dt := newTable();           // nutzerdefinierte newTable-Funktion siehe unten
rw := dt.NewRow();
ListBox1.Items.Add('Neue Zeile: ' + rw.RowState.ToString());     // Detached
dt.Rows.Add(rw);
ListBox1.Items.Add('Hinzugefügt: ' + rw.RowState.ToString());    // Added
dt.AcceptChanges();
ListBox1.Items.Add('AcceptChanges: ' + rw.RowState.ToString());  // Unchanged
```

```
rw['Kontaktperson'] := 'Müller';
ListBox1.Items.Add('Modifiziert: ' + rw.RowState.ToString());   // Modified
rw.Delete();
ListBox1.Items.Add('Gelöscht: ' + rw.RowState.ToString());      // Deleted
```

Die folgende Funktion liefert eine einfache Tabelle mit einer einzigen Spalte:

```
function newTable(): DataTable;
var dt: DataTable;
    dc: DataColumn;
begin
    dt := DataTable.Create('aTbl');
    dc := DataColumn.Create('Kontaktperson', Type.GetType('System.String'));
    dt.Columns.Add(dc);
    Result := dt
end;
```

AcceptChanges- und RejectChanges-Methode

Wird *AcceptChanges* für ein *DataSet*, eine *DataTable* oder eine *DataRow* aufgerufen, werden alle Zeilen mit dem Zeilenstatus *Deleted* gelöscht. Alle übrigen Zeilen erhalten den Zeilenstatus *RowState = Unchanged*, und die Werte in der *Original*-Zeilenversion werden mit denen der *Current*-Zeilenversion überschrieben.

Hinweis: Ein unmittelbar folgender Aufruf der *Update*-Methode bleibt damit ohne Wirkung, da dieser bekanntlich von der *RowState*-Eigenschaft jeder Zeile abhängt!

Wird *RejectChanges* aufgerufen, werden alle Zeilen mit dem Zeilenstatus *Added* entfernt. Die übrigen Zeilen erhalten den Zeilenstatus *Unchanged*, und die Werte in der *Current*-Zeilenversion werden mit den Werten der *Original*-Zeilenversion überschrieben.

Beispiel: Die *Original*-Version einer Zeile wird ermittelt.

```
rw := kuTbl.Rows[0];
kuID := rw['KundenNr', DataRowVersion.Original].ToString();
```

DataRowVersion-Eigenschaft und HasVersion-Methode

Die folgende Tabelle liefert eine Kurzbeschreibung der einzelnen *DataRowVersion*-Enumerationswerte.

DataRowVersion	Beschreibung
Current	Die aktuellen Werte für die Zeile. Für Zeilen mit *RowState = Deleted* nicht vorhanden

DataRowVersion	Beschreibung
Default	Die standardmäßige Einstellung. Für eine Zeile mit dem Wert *Added*, *Modified* oder *Unchanged* gilt *Current*, für eine Deleted-Zeile *Original* und für eine Detached-Zeile *Proposed*
Original	Die ursprünglichen Werte für die Zeile. Für Zeilen mit *RowState = Added* nicht vorhanden
Proposed	Vorgeschlagene Werte für die Zeile. Liegt vor, während eine Zeile bearbeitet wird, bzw. wird für Zeilen verwendet, die nicht Teil einer *DataRowCollection* sind

Mit der *HasVersion*-Methode eines *DataRow*-Objekts können Sie testen, ob eine *DataRow* eine bestimmte *DataRowVersion* aufweist.

Beispiel: Für neu hinzugefügte Zeilen liefert folgende Anweisung vor dem Aufruf von *AcceptChanges* den Wert *False*.

```
var b: Boolean;
...
b := rw.HasVersion(DataRowVersion.Original);
```

Hinweis: Gelöschte Zeilen haben keine *Current*-Zeilenversion, daher müssen Sie *DataRowVersion=Original* übergeben, wenn Sie auf die Spaltenwerte zugreifen wollen.

Beispiel: Die Werte aller gelöschten Zeilen einer Tabelle werden in einer ListBox angezeigt.

```
var kuTbl : DataTable;
    delRows : array of DataRow;
    rw : DataRow;
    cl : DataColumn;
...
kuTbl := catDS.Tables['Kunden'];
delRows := kuTbl.Select(nil, nil, DataViewRowState.Deleted);
for rw in delRows do
  for cl in kuTbl.Columns do
            ListBox1.Items.Add (rw[cl, DataRowVersion.Original]);
...
```

8.9.12 Ereignisse des DataTable-Objekts

Übersicht

In der folgenden Tabelle werden die sechs *DataTable*-Ereignisse kurz vorgestellt.

8.9 Das DataTable-Objekt

Ereignis	Tritt ein, ...
ColumnChanged	... wenn ein Wert erfolgreich in eine Spalte eingefügt wurde
ColumnChanging	... wenn ein Wert für eine Spalte gesendet wurde
RowChanged	... nachdem eine Zeile in der Tabelle erfolgreich bearbeitet wurde
RowChanging	... wenn sich eine Zeile in der Tabelle ändert
RowDeleted	... nachdem eine Zeile in der Tabelle als Deleted markiert wurde
RowDeleting	... bevor eine Zeile in der Tabelle als Deleted markiert wird

Wie Sie sehen, sind diese Ereignisse paarweise angelegt. So tritt beispielsweise *RowChanging* während der Änderung einer Tabellenzeile auf und *RowChanged* danach, wenn die Änderung erfolgreich abgeschlossen wurde.

ColumnChanging- und ColumnChanged-Ereignis

Das folgende Beispiel nutzt die Konsolenausgabe, um den Zugriff auf die Änderungseigenschaften zu demonstrieren.

Beispiel: Auswerten der Ereignisse *ColumnChanging* und *ColumnChanged*.

```
procedure OnColumnChanging(sender: System.Object; args: DataColumnChangeEventArgs);
begin
  Console.Write('ColumnChanging-Ereignis wurde ausgelöst: ');
  Console.Write(args.Column.ColumnName + ' ist ' + args.Row(args.Column).ToString() +
                    ' ändert sich zu ' + args.ProposedValue.ToString());
end;

procedure OnColumnChanged(sender: System.Object; args: DataColumnChangeEventArgs);
begin
  Console.Write('ColumnChanged-Ereignis wurde ausgelöst: ');
  Console.Write(args.Column.ColumnName + ' änderte sich zu ' + args.ProposedValue.ToString());
end;
```

Die Verbindung der Ereignisse mit ihren Handlern:

```
include(aTable.ColumnChanging, OnColumnChanging);
include(aTable.ColumnChanged, OnColumnChanged);
```

RowChanging- und RowChanged-Ereignis

Auch hierzu soll ein Beispiel für Erleuchtung sorgen.

Beispiel: Auswerten des *RowChanging* -Ereignisses.

```
procedure OnRowChanging(sender: System.Object; args: DataRowChangeEventArgs);
var s : String;
```

```
begin
    if args.Action <> DataRowAction.nil then begin
        s := System.Enum.GetName(args.Action.GetType(), args.Action);
        Console.Write('RowChanging-Ereignis wurde ausgelöst: ');
        Console.WriteLine(' Zeile ändert sich: Aktion = ' + s + ', KuID = ' +
                                            args.Row('KuID').ToString());
    end
end;
...
include(aTable.RowChanging, OnRowChanging);
...
```

Eigenschaften der Änderungsereignisse

Wie Sie obigen Beispielen entnehmen können, werden in dem von den Event-Handlern übergebenen Objekten (Datentyp *DataRowChangeEventArgs* bzw. *DataColumnChangeEventArgs*) bestimmte Eigenschaften übergeben, die dann ausgewertet wurden. Die folgende Tabelle gibt dazu eine Übersicht:

Eigenschaft	Beschreibung
Action	Liest die Aktion, die für eine Datenzeile durchgeführt wurde
Column	Liest die Datenspalte, deren Wert geändert wird bzw. sich geändert hat
ProposedValue	Schreibt oder liest den neuen Wert, der in die Datenspalte eingetragen werden soll
Row	Liest die Datenzeile, in der Änderungen vorgenommen werden bzw. wurden

8.10 Datenansichten mit DataView

Das ADO.NET-typische Trennen der Daten von ihrer Darstellung macht es möglich, von einer DataTable ganz verschiedene Ansichten zu erstellen, ohne dass die Daten im Speicher dupliziert werden müssten. Die *DataView*-Klasse liefert die Ansicht einer DataTable nicht nur zwecks Datenanzeige, sondern erlaubt auch das Filtern, Sortieren und Suchen von Datensätzen. Wenn die *DataView* eine Teilmenge der Daten aus der DataTable darstellt, können Sie z.B. mit zwei Datacontrols arbeiten, die an dieselbe DataTable gebunden sind, aber verschiedene Versionen der Daten anzeigen.

8.10.1 Erzeugen eines DataView

Dem üblichen Konstruktor wird das zugrunde liegende *DataTable*-Objekt übergeben:

Syntax: `dv := DataView.Create(dt);`

8.10 Datenansichten mit DataView 473

Beispiel: Zwei verschiedene Sichten der *Artikel*-Tabelle von *Nordwind.mdb* werden erzeugt.

```
var ...
    dv1, dv2 : DataView;
...
cmd := OleDbCommand.Create('SELECT * FROM Artikel', conn);
da := OleDbDataAdapter.Create(cmd);
ds := DataSet.Create();
conn.Open();
da.Fill(ds, 'ArtikelListe');
conn.Close();
dt := ds.Tables[0];
dv1 := DataView.Create(dt);
    ...
dv2 := DataView.Create(dt);
    ...
```

CreateDataView-Methode des DefaultViewManager

Eine weitere Möglichkeit ist das Erzeugen einer standardmäßigen *DataView* unter Benutzung des *DefaultViewManager* des *DataSet*-Objekts.

Syntax: `dv := ds.DefaultViewManager.CreateDataView(dt);`

Beispiel: Ein *DataView*-Objekt zeigt den Inhalt einer Tabelle *KundenListe* in einem DataGrid in der Standardansicht an.

```
ds := DataSet.Create();
da.Fill(ds, 'KundenListe');
dt := ds.Tables[0];
dv := ds.DefaultViewManager.CreateDataView(dt);
DataGrid1.DataSource := dv;
```

8.10.2 Sortieren und Filtern von Datensätzen

Zum Sortieren übergeben Sie der *Sort*-Eigenschaft einfach die kommaseparierten Spalten, nach denen sortiert werden soll. Anschließend steht "ASC" für eine aufsteigende und "DESC" für eine absteigende Sortierfolge.

Das Filtern von Datensätzen ähnelt der WHERE-Klausel in einer SQL-Abfrage. Die gewünschte Filterbedingung wird der *RowFilter*-Eigenschaft zugewiesen. Die anschließende Sicht auf die *DataTable* enthält nur diejenigen Datensätze, auf welche die Bedingung zutrifft.

Beispiel: Aus der Tabelle *Artikel* werden alle Artikel mit einem Preis unter 20 Euro herausgefiltert und nach dem Artikelnamen (mit Z beginnend) umsortiert.

```
dt := ds.Tables['Artikel'];
dv := DataView.Create(dt);
dv.RowFilter := 'Artikelname LIKE "A%" AND Einzelpreis < 20';
dv.Sort := 'Artikelname DESC';
```

Hinweis: Den kompletten Quellcode (*FilterSort*) finden Sie auf der Buch-CD!

8.10.3 Suchen von Datensätzen

Die beiden Methoden *Find* und *FindRows* erlauben in Kombination mit einer vorgegebenen Sortierung das Auffinden von Zeilen, bei denen die Sortierspalten mit den angegebenen Werten übereinstimmen.

Die *Find*-Methode liefert nur den Index der ersten Fundstelle bzw. –1, wenn kein Datensatz gefunden wurde. Hingegen überbringt die *FindRows*-Methode ein *DataRowView*-Array mit allen passenden Zeilen.

Beispiel: In der *Kunden*-Tabelle der *Nordwind*-Datenbank wird der **erste** Kunde mit der *Kontaktperson* "Hanna Moos" gesucht und im DataGrid markiert (eine gefüllte DataTable *dt* liegt vor).

```
var dv : DataView;
    i  : Integer;
...
dv := ds.DefaultViewManager.CreateDataView(dt);
dv.Sort := 'Kontaktperson';         // in dieser Tabellenspalte wird gesucht
i := dv.Find('Hanna Moos');         // Zeile wird gesucht
DataGrid1.CurrentRowIndex := i;     // Zeile wird vorn markiert
DataGrid1.Select(i);                // Zeile wird durchgehend markiert
if i = -1 then MessageBox.Show('Keinen Datensatz gefunden!');
```

Beispiel: In der *Kunden*-Tabelle der *Nordwind*-Datenbank werden **alle** Kunden mit der *Kontaktperson* "Hanna Moos" gesucht und in einem DataGrid angezeigt.

```
var arr : array of DataRowView;
    dv  : DataView;
    dt1, dt2 : DataTable;
    rw  : DataRow;
    i, j : Integer;
...
dv.Sort := 'Kontaktperson';
arr := dv.FindRows('Hanna Moos');   // Array wird mit gesuchten Datensätzen gefüllt
```

8.10 Datenansichten mit DataView

```
// den Array-Inhalt in eine DataTable kopieren:
dt2 := dt1.Clone;        // leere DataTable erzeugen, Schema entspricht vorhandener dt1
for i := 0 to arr.Length - 1 do  // alle Array-Zeilen durchlaufen
begin
    rw := dt2.NewRow();              // neue Zeile mit Schema der DataTable erzeugen
    for j := 0 to dt2.Columns.Count - 1 do   // alle Array-Spalten durchlaufen
        rw[j] := arr[i][j];          // DataRow mit Wert des Array füllen
    dt2.Rows.Add(rw);                // DataRow zur DataTable hinzuaddieren
end;
DataGrid1.DataSource := dt2;         // alle gefundenen Datensätze anzeigen
```

Hinweis: Den kompletten Quellcode (*Suchen*) finden Sie auf der Buch-CD!

8.10.4 Zeilenansicht mit DataRowView

Genauso wie ein *DataView* die Sicht auf eine komplette *DataTable* darstellt, liefert ein *DataRowView* die Ansicht einer einzelnen *DataRow*.

Zugriff

Der Zugriff auf einen bestimmten *DataRowView* ist über den Indexer des zugrundeliegenden *DataView* möglich.

Beispiel: Das *DataRowView*-Objekt entspricht der aktuellen Zeile im DataGrid.

```
DataGrid1.DataSource := dv;
...
drv := dv(DataGrid1.CurrentRowIndex);
```

Neu erzeugen

In der Regel erzeugt man ein neues *DataRowView*-Objekt nicht mit dem *Create*-Konstruktor, sondern aus einem bereits vorhandenen *DataView*-Objekt.

Syntax: *drv := dv.AddNew();*

Das folgende Beispiel soll die Anwendung erläutern, wobei gleichzeitig auch die wichtigsten Eigenschaften und Methoden eines *DataRowView*-Objekts klar werden.

Beispiel: Eine neue (leere) Zeile wird zur *Kunden*-Tabelle eines vorhandenen DataSets hinzugefügt und in einem zweiten (modalen) Formular editiert.

```
type
    TWinForm1 = class(System.Windows.Forms.Form)
```

```
...
implementation
  var dv  : DataView;
      drv : DataRowView;
      f2  : TWinForm2;
  ...
  dv := DataView.Create(ds.Tables['Kunden']);
  drv := dv.AddNew();           // Erzeugen des DataRowView-Objekts als leere Zeile
  f2 := TWinForm2.Create();     // zweites Formular erzeugen
  f2.editKunde(drv);            // Übergabe des Objekts an das zweite Formular
  f2.Dispose();
  ...
end;
```

Im zweiten Formular wird mit dem übergebenen *DataRowView* gearbeitet:

```
type
  TWinForm2 = class(System.Windows.Forms.Form)
...
implementation
procedure editKunde(drv: DataRowView);        // Übergabeparameter ist DataRowView-Objekt!
begin
   if Self.ShowDialog = DialogResult.OK then  // "OK"-Button
   begin
       drv.BeginEdit();
       drv['KundenCode'] := TextBox1.Text;
       drv['Firma'] := TextBox2.Text;
       drv.EndEdit();
   end  else drv.CancelEdit();
end;
```

Beispiel: Ein *DataRowView* wird aus der *Current*-Eigenschaft eines übergebenen *Currency-Manager*-Objekts (*cm*) extrahiert, welches die Datenbindung der Steuerelemente eines Formulars verwaltet. Um den zum *DataRowView* übergeordneten *DataView* zu bestimmen, wird die *DataView*-Eigenschaft abgefragt.

```
drv := DataRowView(cm.Current);    // DataRowView bestimmen
dv := drvDet.DataView;             // übergeordneten DataView ermitteln
```

Hinweis: Den kompletten Quellcode (*ZweitesFormular*) für beide obigen Beispiele finden Sie auf der Buch-CD!

8.11 Datenanbindung von Steuerelementen

Im Mittelpunkt einer Clientanwendung steht vor allem das Erstellen von Eingabeformularen. Für das Navigieren ist eine Datenanbindung der Steuerelemente unabdingbar.

Wir haben dieses zweifelsohne wichtige Thema aber bewusst bis zum Ende des Kapitels hinausgezögert, denn es ist nicht mehr ganz so einfach zu handhaben wie z.B. beim alten ADO. Vom Prinzip der Bound Controls (datengebundene Steuerelemente) musste sich ADO.NET rigoros verabschieden. Das ist zwar einerseits traurig, andererseits aber auch konsequent, denn aufgrund der strikten Trennung von Datenquelle und Datenhaltung macht eine Entwurfszeit-Anbindung mittels *DataSource-/DataField*-Eigenschaften keinen Sinn mehr.

Mehrere Möglichkeiten der Datenanbindung kommen unter ADO.NET in Betracht:

- Verwendung von spezialisierten Steuerelementen, wie z.B. *DataGrid*.
  Diese besitzen eine *DataSource*- und eine *DataMember*-Eigenschaft, was eine ziemlich elegante Datenanbindung ermöglicht.

- Datenanbindung einfacher Steuerelemente, wie z.B. *Label* oder *TextBox*.
  Diese wird komplett über deren *DataBindings*-Eigenschaft realisiert.

- Datenanbindung komplexerer Steuerelemente, wie *ComboBox* und *ListBox*, was z.B. auch eine Verknüpfung verschiedener *DataTable*-Objekte ermöglicht.

Da das Thema Datenanbindung ohne ausreichenden praktischen Bezug kaum zu vermitteln ist, haben wir den folgenden Text ziemlich knapp gehalten und verweisen stattdessen auf die aussagekräftigen Rezepte im Praxiskapitel des Buchs, z.B.:

☞ R 8.10 Steuerelemente an die Datenquelle binden

8.11.1 DataGrid anbinden

Um den Inhalt eines *DataSet*- bzw. *DataTable*-Objekts auf einfache Weise anzuzeigen, können diese an ein *DataGrid* angebunden werden. Dazu wird normalerweise die *SetDataBinding*-Methode des *DataSet*-Objekts verwendet. Von dieser Möglichkeit haben wir im Verlauf dieses Buchs bereits hinreichend Gebrauch gemacht, wollen aber trotzdem nochmals kurz darauf eingehen.

Syntax: dGrd.SetDataBinding(dataSource, dataMember);

Die Parameter:

- *dataSource*
  Die Datenquelle, das kann irgendein Objekt sein, welches über das *System.Collections-IList*- oder das *System.Data.IListSource*-Interface verfügt, dazu gehören die Klassen *DataSet* und *DataTable*.

- *dataMember*
  Wenn das Objekt im *dataSource*-Parameter aus mehreren Tabellen besteht, wie z.B. ein *DataSet*, wird damit die anzuzeigende Tabelle spezifiziert. Wenn *dataSource* eine *DataTable* ist, enthält der Parameter *nil* oder einen Leerstring.

Beide Parameter können auch als Eigenschaften zugewiesen werden.

Beispiel: Ein *DataGrid* wird an die *Kunden*-Tabelle eines DataSets *ds* gebunden.

```
DataGrid1.SetDataBinding(ds, 'Kunden');
```

oder

```
DataGrid1.DataSource := ds;
DataGrid1.DataMember := 'Kunden';
```

Zur Formatierung verweisen wir auf

☞   R 8.7 Die Spalten im DataGrid formatieren

8.11.2 Einfache Steuerelemente anbinden

DataBindings-Eigenschaft

Datenanbindungen für einfache Steuerelemente werden durch Hinzufügen von *Binding*-Objekten zur *DataBindings*-Collection des Steuerelements realisiert.

Hinweis: Eine Liste von Windows Forms-Steuerelementen, welche die Datenanbindung unterstützen, finden Sie bei den Informationen zur *Binding*-Klasse in der Online-Hilfe.

Bei einfachen Steuerelementen wird die Laufzeitanbindung über die *Add*-Methode der *DataBindings*-Collection ermöglicht, der drei Argumente zu übergeben sind:

- Die zu bindende Eigenschaft (z.B. *Text*)
- Die Datenquelle, an die gebunden werden soll (z.B. *DataTable*, *DataView*)
- Das Feld innerhalb der Datenquelle, das angebunden werden soll (z.B. *Vorname*)

Beispiel: Ein *Label* und eine *TextBox* werden an die Spalten *Nr* und *Nachname* einer *Kunden*-Tabelle *dt* eines DataSets *ds* angebunden.

```
dt := ds.Tables['Kunden'];
Label1.DataBindings.Add('Text', dt, 'Nr');
TextBox1.DataBindings.Add('Text', dt, 'Nachname');
```

8.11 Datenanbindung von Steuerelementen

Bemerkungen

- Mit der *Control*-Eigenschaft können Sie das Steuerelement abrufen, zu dem die *DataBindings*-Collection gehört.

- Nachdem die Steuerelemente angebunden sind, werden lediglich die Werte der ersten Zeile der *DataTable* angezeigt, Möglichkeiten zum Navigieren bzw. Blättern sind noch nicht vorhanden.

8.11.3 Navigieren mit BindingManagerBase

Die (abstrakte) *BindingManagerBase*-Klasse verwaltet alle an dieselbe Datenquelle gebundenen *Binding*-Objekte und ermöglicht deren Synchronisierung durch Zuweisen der *BindingContext*-Eigenschaft eines beliebigen (von der *Control*-Klasse abgeleiteten) Objekts.

Beispiel: Ergänzung des Vorgängerbeispiels. Alle Steuerelemente des Formulars werden mit dem *DataTable*-Objekt *dt* synchronisiert.

```
var bm: BindingManagerBase;
...
// ... hier den Code zur Datenanbindung der Steuerelemente einfügen (siehe obiges Beispiel)
bm := Self.BindingContext[dt];   // Steuerelemente des Formulars mit DataTable synchronisieren
```

Hinweis: Anstatt der *BindingManagerBase*-Klasse können Sie meistens auch die davon abgeleitete *CurrencyManager*-Klasse verwenden.

Vor- und Rückwärtsblättern

Das Bewegen zwischen den Zeilen ist ganz einfach durch Manipulieren der *Position*-Eigenschaft der *BindingManagerBase* möglich.

Beispiel: Ergänzen des Vorgängerbeispiels mit Navigationsfähigkeiten.

```
bm.Position := bm.Position + 1;        // vorwärts
bm.Position := bm.Position - 1;        // rückwärts
bm.Position := 0;                      // zur ersten Zeile
bm.Position := bm.Count - 1;           // zur letzten Zeile
```

Hinzufügen und Löschen

Durch die Methoden *AddNew* bzw. *RemoveAt* der *BindingManagerBase* können Zeilen elegant zur Datenquelle hinzugefügt bzw. gelöscht werden. Hätte man dafür nur die *Position*-Eigenschaft zur Verfügung, wäre das viel umständlicher, wie die Gegenüberstellung der folgenden beiden Beispiele beweist.

Beispiel: Der umständliche Weg.

```
var bm: BindingManagerBase;
    rw: DataRow;
...
// Hinzufügen einer neuen Zeile:
rw := dt.NewRow();
dt.Rows.Add(rw);
bm.Position := bm.Count;

// Löschen einer Zeile:
rw := dt.Rows[bm.Position];
rw.Delete();
```

Beispiel: Der einfache Weg.

```
bm.AddNew();                    // Hinzufügen einer neuen Zeile
bm.RemoveAt(bm.Position);       // Löschen einer Zeile
```

Aktualisieren und Abbrechen

Mit der *EndCurrentEdit*- bzw. *CancelCurrentEdit*-Methode der *BindingManagerBase* kann der aktuelle Editiervorgang beendet bzw. abgebrochen werden.

Beispiel: Die geänderten Daten werden von der *DataTable* in die Datenbank übertragen.

```
bm.EndCurrentEdit();
da.Update(dt);
```

Hinweis: Wenn Sie die *EndCurrentEdit*-Methode nicht aufrufen, werden die geänderten Daten erst beim Weiterblättern in die *DataTable* übernommen.

8.11.4 Die Anzeige formatieren

Zum Formatieren der Inhalte der Steuerelemente ist einiger zusätzlicher Aufwand erforderlich. Die *Binding*-Objekte müssen separat erzeugt und mit Event-Handlern für das *Format*- und für das *Parse*-Event nachgerüstet werden.

Beispiel: Die Anzeige des Geburtsdatums wird hinzugefügt.

```
...
b1 := Binding.Create('Text', dt, 'Geburtstag');

// Ereignisse mit Handlern verbinden:
include(b1.Format, Self.DateToDateString);
```

8.11 Datenanbindung von Steuerelementen

```
include(b1.Parse, Self.DateStrToDate);

// Anzeigeelement anbinden:
TextBox1.DataBindings.Add(b1);

// Datenquelle => Anzeige:
procedure TWinForm1.DateToDateString(sender: System.Object; e: ConvertEventArgs);
begin
   try
        e.Value := Convert.ToDateTime(e.Value).ToString('d.M.yyyy');
   except
   end;
end;

// Anzeige => Datenquelle:
procedure TWinForm1.DateStringToDate(sender: System.Object; e: ConvertEventArgs);
begin
   e.Value := Convert.ToDateTime(e.Value);
end;
```

Den kompletten Quellcode finden Sie unter:

☞ R 8.10 Steuerelemente an die Datenquelle binden

8.11.5 Datenanbindung von ComboBox und ListBox

Häufig werden *ComboBox* und *ListBox* zum Implementieren so genannter "Nachschlagefunktionalität" bei *DataTable*s (oder *DataView*s) eingesetzt, zwischen denen eine Master-Detail-Relation besteht.

Um die *ComboBox* bzw. *ListBox* mit der Master-Tabelle zu verknüpfen, muss zunächst die *SelectedValue*-Eigenschaft auf herkömmliche Weise an den in der Mastertabelle enthaltenen Fremdschlüssel angebunden werden.

Anschließend werden den *DataSource*-, *DisplayMember*- und *ValueMember*-Eigenschaften die entsprechenden Spalten der Detailtabelle zugewiesen.

Beispiel: Die Tabellen *Bestellungen* und *Personal* der *Nordwind*-Datenbank sind durch eine Master-Detail-Beziehung verknüpft. In der *ComboBox* soll der zur aktuellen Bestellung gehörige Nachname aus der *Personal*-Tabelle angezeigt werden.

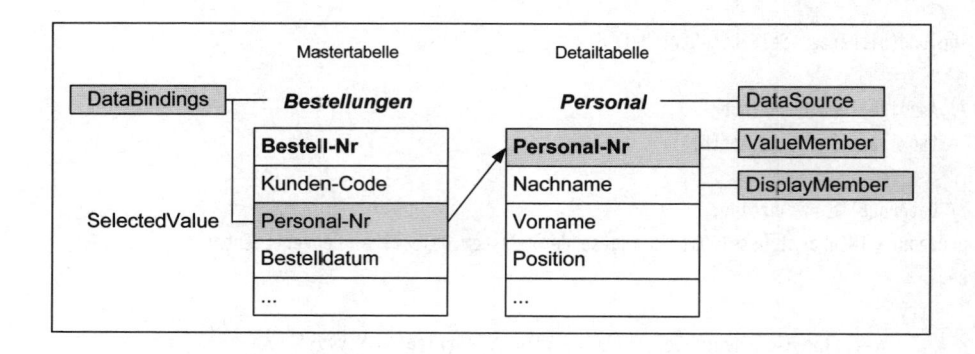

```
                    Mastertabelle          Detailtabelle
  ┌─────────────┐                                              ┌──────────────┐
  │ DataBindings├── Bestellungen          Personal ────────────┤ DataSource   │
  └─────────────┘                                              ├──────────────┤
                    Bestell-Nr            Personal-Nr          │ ValueMember  │
                                                               ├──────────────┤
                    Kunden-Code           Nachname  ───────────┤ DisplayMember│
   SelectedValue ── Personal-Nr           Vorname              └──────────────┘
                    Bestelldatum          Position
                    ...                   ...
```

```
dtBest := ds.Tables['Bestellungen'];
dtPers := ds.Tables['Personal'];
// Verknüpfung mit Mastertabelle:
    ComboBox1.DataBindings.Add('SelectedValue', dtBest, 'Personal-Nr');
// Verknüpfung mit Detailtabelle:
    ComboBox1.DataSource := dtPers;
    ComboBox1.DisplayMember := 'Nachname';
    ComboBox1.ValueMember := 'Personal-Nr';
```

Den kompletten Quellcode finden Sie im Rezept:

☞   R 8.9 Mit der ComboBox zwei Tabellen verknüpfen

Crystal Report

- ✔ **Überblick**
- ✔ **Ereignismodell**
- ✔ **Reports entwerfen**
- ✔ **Druckvorschau**
- ✔ **Drucken**
- ✔ **Exportieren**

Neu in Delphi 2005 ist die nahtlose Integration des Crystal Reports in die IDE und somit in Ihre Delphi.NET-Projekte. Im Folgenden möchten wir Ihnen deshalb den Crystal Report bzw. dessen Integration in Delphi 2005 vorstellen. Dabei können wir uns jedoch nur auf einen Überblick beschränken, entsprechend seinem Leistungsumfang lässt sich zum Crystal Report ohne weiteres ein ganzes Buch schreiben.

Warum nicht Rave Report?

An diese Stelle wird sicher die Frage aufkommen, warum sich die Autoren auf die Darstellung des Crystal Reports beschränken. Hauptargument ist zunächst, dass der Schwerpunkt dieses Buchs auf der .NET-Programmierung liegt. Hier kann Crystal Report als reines .NET-Produkt punkten. Weiterhin bietet sich mit dem Crystal Report die Möglichkeit, im Austausch mit VB.NET bzw. C#, den gleichen Report in verschiedenen Programmierumgebungen zum Laufen zu bringen.

9.1 Übersicht

Das Haupteinsatzgebiet des Crystal Reports dürfte die Ausgabe von Tabellen- und Abfragedaten in verschiedenster Form sein. Crystal Report unterstützt dazu unter anderem:

- die einfache Ausgabe von Listen und Tabellen,
- das Generieren von Serienbriefen,
- das Gestalten von Formularen,
- Kreuztabellenberichte,
- den Druck von Etiketten,
- die Integration von Unterberichten,
- grafische Auswertungen sowie
- den Export in diversen Austauschformaten (z.B. PDF) .

Ob Sie die Reports in einer Web- oder Windows-basierten Anwendung anzeigen, hängt von Ihrer Applikation ab. Zusätzlich bietet sich auch die Möglichkeit, fertige Berichte als Berichtswebdienste auf einem Webserver zu veröffentlichen.

9.1.1 Der Report-Designer

Im Gegensatz zum Rave Report erfolgt der komplette Crystal Report-Entwurf in der Delphi 2005-IDE mit Hilfe eines eigenen Designers, der jedoch zunächst gut versteckt ist.

Um in den Genuss der Crystal Report-Features zu kommen, müssen Sie zunächst einem Windows Forms-Projekt einen neuen Report hinzufügen. Dies geschieht über den Menüpunkt *Datei|Neu|Weitere*. Im folgenden Assistenten suchen Sie den Eintrag *Crystal Reports*. Auf der rechten Seite wählen Sie *Bericht*:

Nachfolgend werden Sie bereits von einem weiteren Assistenten traktiert, brechen Sie diesen einfach ab (Option *Leerer Bericht*), um einen ungestörten Blick auf die Crystal Report-Entwicklungsumgebung zu genießen.

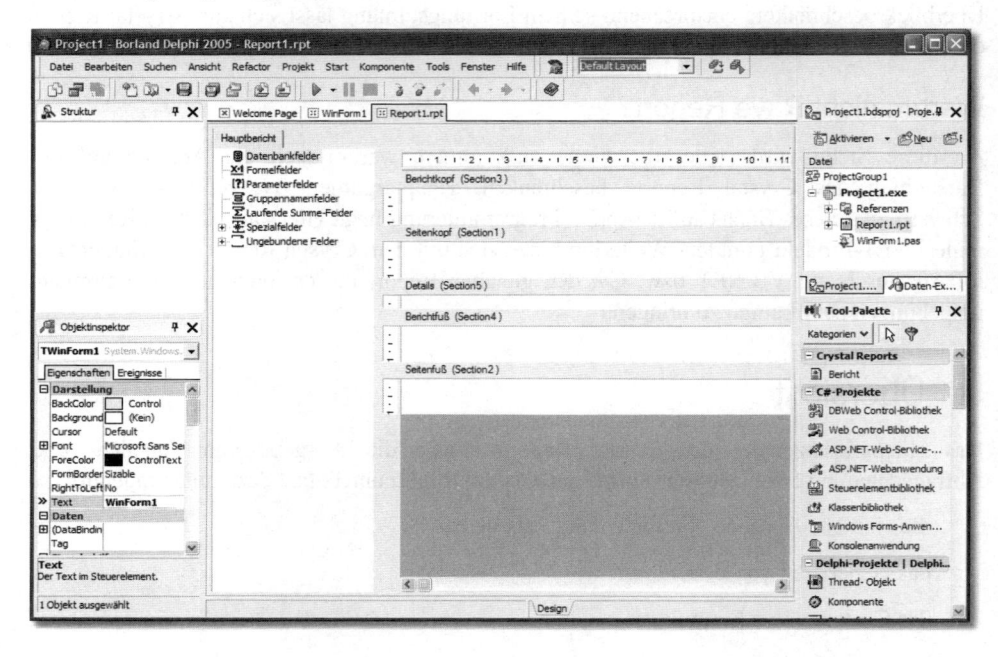

Am linken Rand finden Sie den *Feld Explorer*, der neben allen verfügbaren Tabellen- bzw. Abfragefeldern auch weitere spezielle Felder (Formelfelder, Parameterfelder etc.) enthält. Der eigentliche Arbeitsbereich zeigt bereits die vordefinierten Bänder des Berichts, in die Sie mittels Drag & Drop die gewünschten Felder einfügen können. Am oberen Rand finden sich zwei neue Symbolleisten, mit denen zum einen weitere Elemente (Summen, Gruppen, Unterberichte) eingefügt werden können, zum anderen werden diverse Optionen und Konfigurationsmöglichkeiten angeboten.

Hinweis: Mit diesem Designer entworfene Berichte können entweder direkt in die EXE-Datei eingebettet (Default) oder auch als externe RPT-Datei weitergegeben bzw. verwendet werden.

9.1.2 Der Reportaufbau

Bei einem neuen Bericht ist der Report-Designer in fünf Berichtsbereiche (Bänder) unterteilt.

Hinweis: Sie können selbst weitere Bereiche (Gruppen) erstellen oder einzelne Bereiche gezielt ausblenden.

9.1 Übersicht

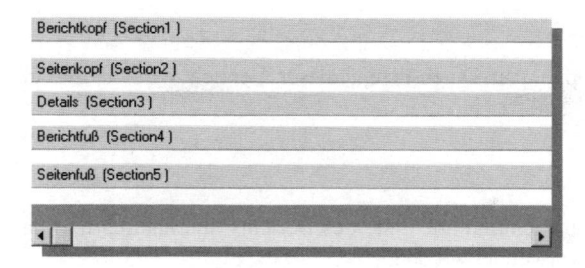

```
Berichtkopf (Section1 )
Seitenkopf (Section2 )
Details (Section3 )
Berichtfuß (Section4 )
Seitenfuß (Section5 )
```

Die einzelnen Bereiche (wir haben bereits zusätzlich eine Gruppe hinzugefügt) und deren Bedeutung bzw. Verwendung:

Berichtskopf

Dieser enthält den Text, der am Anfang eines Berichts angezeigt wird. Sie können den Bereich auch dazu verwenden, ein Deckblatt zu erzeugen.

Hinweis: Dieser Abschnitt wird, im Gegensatz zum Seitenkopf, nur einmal durchlaufen!

Seitenkopf

Dieser Bereich wird oben auf **jeder** Berichtsseite angezeigt.

Gruppenkopf

Der Gruppenkopf leitet eine neue Gruppe von gruppierten Datensätzen (z.B. Gruppieren von Mitarbeitern nach Abteilungen) ein. Nutzen Sie diesen Bereich, um zum Beispiel den aktuellen Gruppenwert anzuzeigen.

Hinweis: Jeder Gruppenkopf verfügt über einen Gruppenfuß, der optional eingeblendet werden kann.

Detailbereich

Dieser Abschnitt wird für jeden einzelnen Datensatz zyklisch aufgerufen, bis keine Datensätze mehr vorhanden sind, oder eine neue Gruppe beginnt.

Hinweis: Dieser Bereich kann, im Gegensatz zu den anderen Bereichen, mehrspaltig sein. Sie legen selbst fest, ob die Spalten in vertikaler oder horizontaler Richtung ausgefüllt werden.

Gruppenfuß

Das Ende einer Gruppe von Datensätzen, dieser Bereich wird häufig für das Bilden von Zwischensumme etc. genutzt.

Berichtsfuß

Dieser Bereich wird nur einmal am Ende des Berichts durchlaufen und kann für das Bilden von Gesamtsummen verwendet werden.

> **Hinweis:** Auch wenn die Bezeichnung "...fuß" lautet, dieser Bereich schließt sich nahtlos an den letzten Gruppenfuß bzw. den Detailbereich an. Der Bereich kann also auch direkt nach dem Seitenkopf gedruckt werden.

Seitenfuß

Dieser Bereich wird unten auf **jeder** Seite angezeigt und kann für die Anzeige von Seitenzahlen etc. verwendet werden.

Da der Detailbereich für jeden Datensatz erneut durchlaufen und damit auch gedruckt wird, sollten Sie genau auf dessen Höhe achten. Insbesondere bei großen Datenmengen kann es sonst schnell vorkommen, dass Sie einen Bericht mit Hunderten von Seiten erhalten, auf denen lediglich wenige Datensätze dargestellt sind.

9.1.3 Die Druckvorschau-Komponente

Neben dem reinen Entwurfswerkzeug bietet der Crystal Report vor allem eine Druckvorschau-Komponente, die in weiten Bereichen konfiguriert werden kann. Neben der Anzeige der Seiten werden auch Funktionen wie Suchen, Exportieren und Navigieren angeboten.

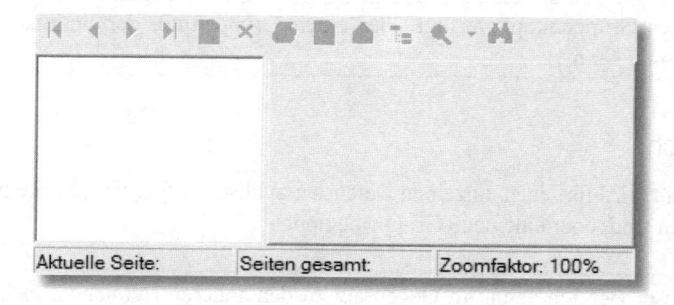

Welche Tasten angezeigt werden bzw. ob die Baumansicht auf der linken Seite dargestellt wird, entscheiden Sie als Entwickler. Zusätzlich stehen Ihnen diverse Ereignisse für die Auswertung von Nutzereingaben zur Verfügung.

9.2 Wichtige Funktionen im Überblick

Auch wenn es nicht auf den ersten Blick ersichtlich ist, der Funktionsumfang des Designers lässt kaum Wünsche offen.

9.2.1 Formelfelder

Neben den eigentlichen Datenbankfeldern lassen sich auch spezielle Formelfelder (Berechnen von Zeilensummen, Formatieren von Zeichenketten, Datumsberechnungen etc.) einbinden. Die nachfolgende Abbildung kann nur einen kleinen Ausschnitt des Funktionsumfangs wiedergeben:

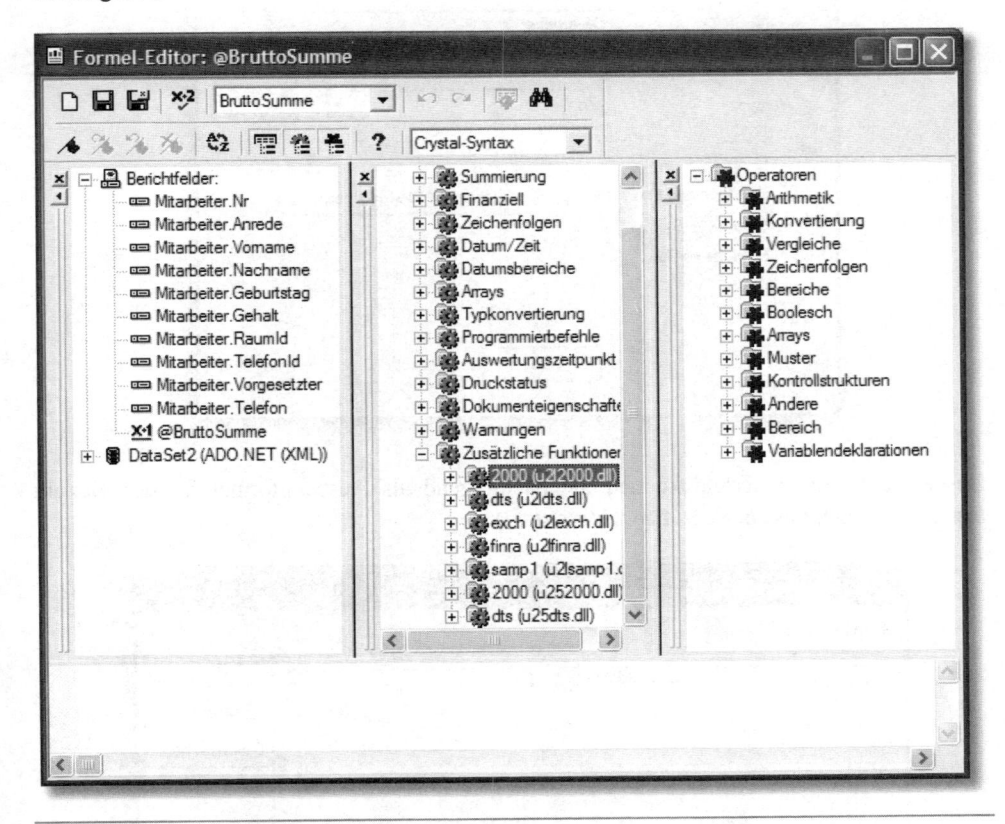

Hinweis: Sie haben die Möglichkeit, zum einen die Syntax des Crystal Reports zu verwenden, alternativ steht Ihnen aber auch ein Basic-Dialekt zur Verfügung.

Hinweis: Suchen Sie eine deutsche Hilfe zu den einzelnen Funktionen, können Sie unter der Adresse *http://support.crystaldecisions.com/updates* nach der Datei *cr8_formularef_german.zip* suchen.

9.2.2 Parameterfelder

Mit den Parameterfeldern bietet sich die Möglichkeit, zur Laufzeit bestimmte Filterkriterien an den Report zu übergeben.

Beispielsweise lassen sich nur die Artikel aus einer Tabelle anzeigen, die zu einer speziellen Rechnung gehören. Vergleichbar sind diese Kriterien mit dem WHERE-Abschnitt einer SQL-Anweisung, in die variable Werte eingefügt sind (wie bei den Parameterabfragen).

Das erzeugte Parameterfeld können Sie nachfolgend als Auswahlformel für den Bericht festlegen (Menüpunkt *Bericht/Auswahlassistent*):

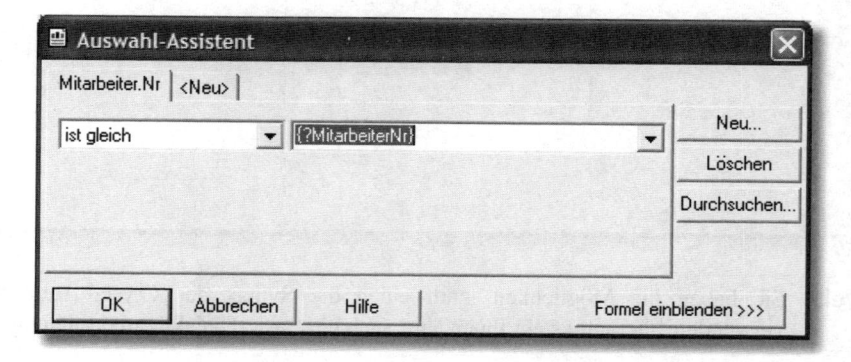

Beim Start bzw. Aufruf des Reports wird der Wert entweder über ein zugegebenermaßen hässliches Dialogfeld abgefragt oder Sie weisen den Wert aus dem Programm heraus zu. Danach schränkt der Report automatisch die Ergebnismenge auf die betreffenden Datensätze ein.

9.2.3 Gruppennamenfelder

Das Gruppieren innerhalb des Reports übernehmen so genannte Gruppennamenfelder, wir kommen später noch einmal darauf zurück.

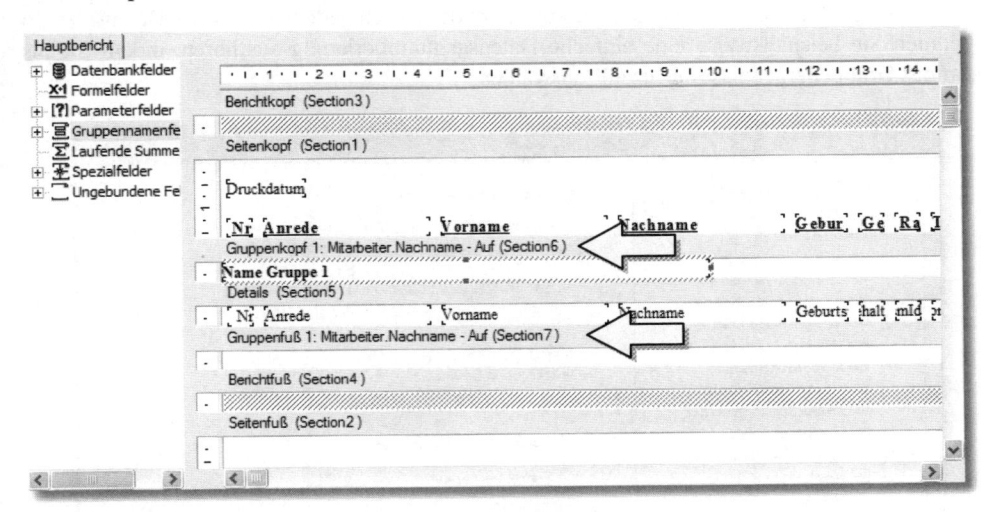

9.2.4 Spezialfelder

Die letzte Gruppe sind die Spezialfelder. Darunter finden sich Funktionen wie Druckdatum, Seitenzahl, aktuelle Seite, Anzahl Datensätze, Titel etc.

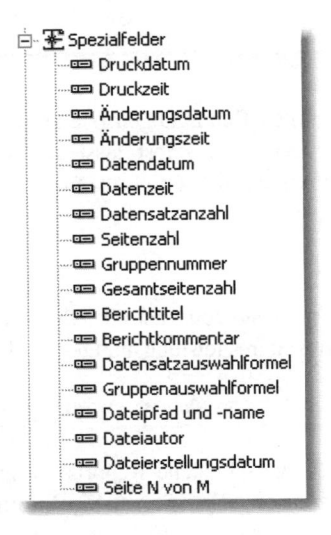

9.2.5 Laufende Summe-Felder

Mit derartigen Feldern können Sie **laufende** Berechnungen (Summen, Mittelwerte, Maxima, Minima, Anzahl) durchführen. Das heißt, diese Berechnungen werden nicht erst am Ende einer Gruppe oder einer Seite durchgeführt, sondern nach jedem einzelnen Datensatz. So könnten Sie beispielsweise eine einfache Datensatznummerierung ausführen, indem Sie als Art des Gruppenergebnisses "Anzahl" auswählen.

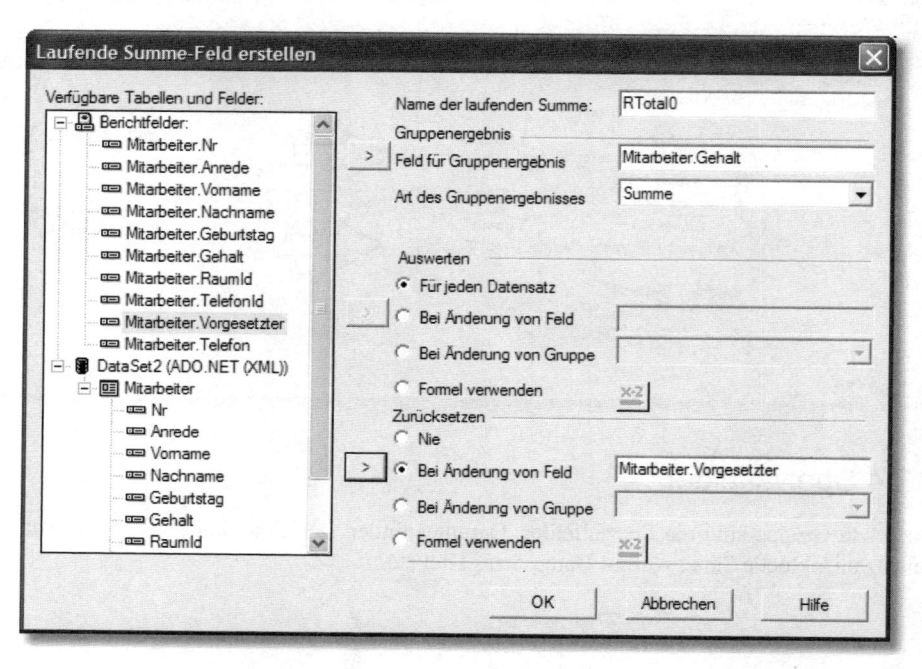

Die Berechnung kann unter bestimmten Bedingungen (siehe in der Abbildung den Bereich *Auswerten*) durchgeführt werden. Der Wert selbst lässt sich ebenfalls unter bestimmten Bedingungen (das kann auch eine Formel sein) zurücksetzen.

9.2.6 Unterberichte

Über die Werkzeugleiste (diese müssen Sie zunächst über den Menüpunkt *Designer|Symbolleiste* einblenden) erreichen Sie ein weiteres leistungsfähiges Tool: die Unterberichte.

Unterberichte ermöglichen es Ihnen, verschiedene Reports zu einem einzigen Bericht (aus Sicht des Anwenders) zusammenzufassen. So können Sie Informationen darstellen, die in keinem direkten Zusammenhang stehen oder gleiche Daten mehrfach mit verschiedenen Auswertungen in einen Bericht einfügen.

9.2 Wichtige Funktionen im Überblick

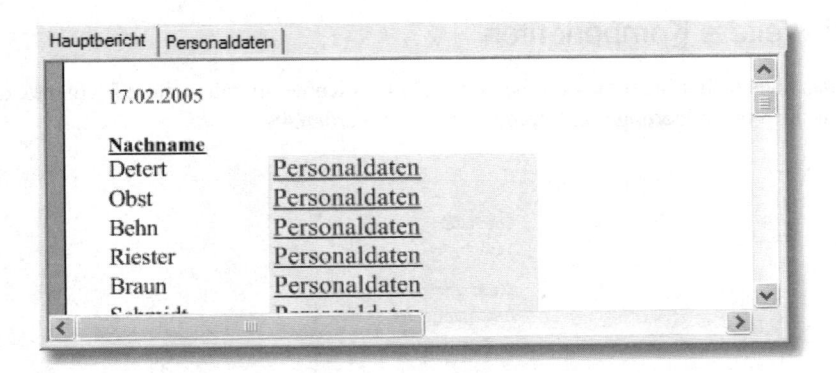

Alternativ bieten die Unterberichte auch die Möglichkeit, große Datenmengen wesentlich übersichtlicher darzustellen. Weniger relevante Daten lassen sich in einen Unterbericht ausgliedern und erst nach dem Klick auf einen eingebetteten Hyperlink im Vorschaufenster anzeigen.

9.2.7 Diagramme und Bilder

Weitere wichtige Gestaltungsmittel sind Diagramme und Bilder. Während die Diagramme dynamisch aus den zugrunde liegenden Daten erzeugt werden, müssen die Bilder (z.B. Unterschriften, Logos) bereits zur Entwurfszeit fix und fertig eingefügt werden. Allerdings bestehen auch hier wieder Möglichkeiten, das Aussehen und die Funktionalität (z.B. als Hyperlinkfeld) zur Laufzeit mittels Formelausdruck anzupassen.

Dass bei den Diagrammen für jeden etwas dabei ist, zeigt bereits ein erster Blick auf den Diagramm-Assistenten:

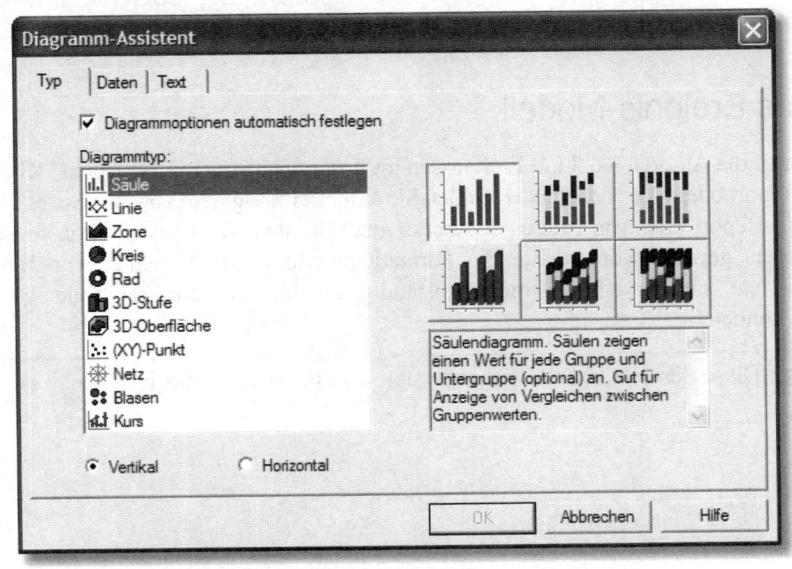

9.2.8 Weitere Komponenten

Wem das alles bisher nicht gereicht hat, der findet im Kontextmenü weitere Elemente, die für die optische Verschönerung von Reports eingesetzt werden.

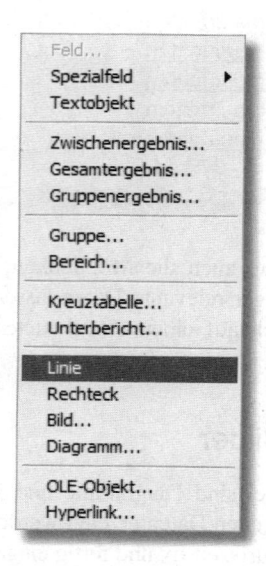

```
Feld...
Spezialfeld          ▶
Textobjekt

Zwischenergebnis...
Gesamtergebnis...
Gruppenergebnis...

Gruppe...
Bereich...

Kreuztabelle...
Unterbericht...

Linie
Rechteck
Bild...
Diagramm...

OLE-Objekt...
Hyperlink...
```

Was Sie mit Textobjekten (einfache Label), Linien- bzw. Rechteck-Objekten anfangen können, brauchen wir Ihnen sicher nicht erst zu beschreiben.

Zusätzlich bietet das Kontextmenü auch die Möglichkeit, die guten alten OLE-Objekte in einen Report einzufügen. Ob Sie auch unter .NET noch auf OLE setzen, bleibt Ihnen überlassen, in der Zukunft dürfte es für OLE wohl etwas schlechter aussehen.

9.3 Das Ereignis-Modell

Was meinen die Autoren wohl mit Ereignissen im Zusammenhang mit Berichten? Klicken Sie auf den Report oder eines der Bänder, finden Sie keinerlei Ereignisse vor, wie Sie es vielleicht vom QuickReport oder von Microsoft Access gewöhnt sind. Der Ansatz ist in diesem Fall etwas anders gewählt worden. Für die Formatierung bzw. das Verhalten von Bereichen, Elementen etc. sind jeweils "Formeln" zuständig, die Sie über entsprechende Assistenten eingeben können.

Hinweis: Diese Formeln können Sie in Crystal- oder in Basic-Syntax erstellen!

9.3 Das Ereignis-Modell

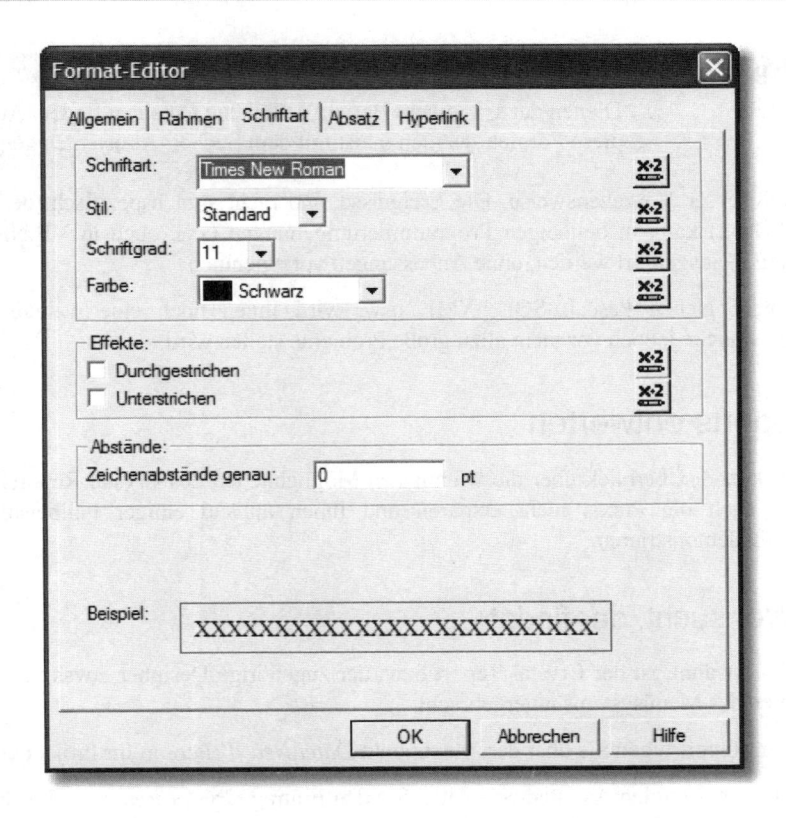

Die Formeln selbst stellen nichts anderes als Ereignisroutinen dar, die zum entsprechenden Zeitpunkt ausgeführt und abgefragt werden. In diesen Formeln können Sie neben diversen Zuständen (Seitenzahl, Datum etc.) auch normale Konstrukte wie zum Beispiel Schleifen und *If...Then ... Else*-Abfragen verwenden. Das Ergebnis dieser Formel ist ein boolescher Wert, der zum Beispiel über die Sichtbarkeit eines Elements entscheidet oder über einen Seitenumbruch.

Folgende Anwendungsbereiche für Formeln (Ereignisse) finden sich in den Reports:

Formeltyp	Beschreibung/Verwendung
Berichtsformeln	Sind Formeln, die als Formelfelder einem Bereich hinzugefügt werden können. Dies kann beispielsweise die Berechnung einer Verpflegungspauschale oder einer Mehrwertsteuer sein
Formeln für bedingte Formatierungen	Sind einzelnen Elementen (Bänder, Textelemente, Datenbankfelder, Grafiken etc.) zugeordnet und entscheiden über das Aussehen und die Formatierung
Auswahlformeln	Schränken die in einem Bericht angezeigten Datensätze und Gruppen ein. Meist geben Sie diese Formeln nicht direkt ein, sondern verwenden dazu den Auswahl-Assistenten

Formeltyp	Beschreibung/Verwendung
Suchformeln	Dienen dazu, in einem Bericht enthaltene Daten zu finden. Auch diese Formeln werden meist mit dem Suchen-Assistenten generiert

Der Vorteil dieser Vorgehensweise: Die Ereignisse sind nicht sprachspezifisch, der Report (die RPT-Datei) kann in beliebigen Programmierumgebungen (z.B. auch in VB.NET oder auch C#.NET) ausgeführt werden, ohne Anpassungen vorzunehmen.

Der Nachteil: Neben Pascal, SQL, XML usw. wird Ihnen noch eine weitere Syntax zugemutet, was Sie jedoch vor nicht allzu große Probleme stellen wird.

9.4 Reports entwerfen

Nach dem kurzen Überblick über die wichtigsten Möglichkeiten des Crystal Reports wollen wir Ihnen auch die Praxis nicht ersparen und Ihnen anhand einiger Fallbeispiele die Verwendung demonstrieren.

9.4.1 Wer sucht, der findet ...

Wie bereits erwähnt, ist der Crystal Report bzw. der zugehörige Designer etwas versteckt in den Untiefen des Menüsystems untergebracht.

Einen neuen Report fügen Sie über den Menüpunkt *Datei|Neu|Weitere* in Ihr Projekt ein.

Im daraufhin angezeigten Assistenten suchen Sie den Eintrag *Crystal Report* und wählen auf der rechten Seite den Eintrag *Bericht*.

9.4.2 Ein erster Crystal Report

Nachfolgend werden Sie vom ersten Crystal Report-Assistenten nach Ihren Wünschen befragt. Zur Wahl stehen entweder der Entwurf von Hand oder eine ganze Armee weiterer Assistenten, die Ihnen die Routinearbeit abnehmen wollen.

9.4 Reports entwerfen

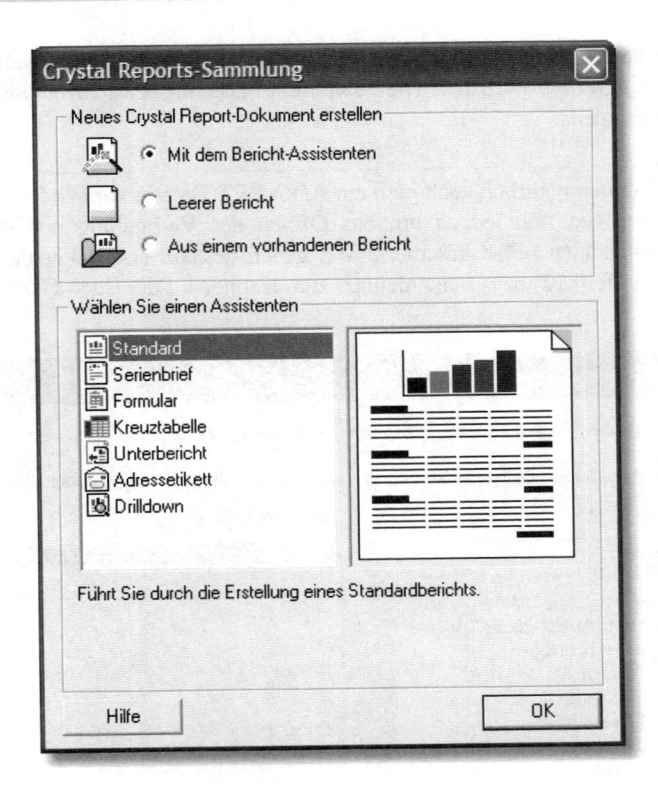

Wählen Sie zunächst *Standard*, später können Sie auch auf die Dienste dieser teilweise recht lästigen Helfer verzichten.

Was folgt – Sie ahnen es sicher bereits – ist ein weiterer Assistent, der Ihnen die wohl wichtigste Information entlocken will: Welche Daten sollen eingebunden werden?

Verbindung zur Datenbank

Der Crystal Report unterstützt momentan folgende Datenzugriffsmöglichkeiten:

- ADO.NET-Datasets aus Ihrem aktuellen Projekt,
- ADO-Recordsets,
- Datenbanken mit OLEDB-Provider,
- Datenbanken mit ODBC-Treiber,
- Microsoft Access-Datenbanken und Microsoft Excel-Arbeitsmappen,
- XML-Daten.

Wählen Sie zunächst die ADO-Methode über den für Jet-Datenbanken bewährten OLEDB-Provider *Microsoft Jet 4.0 OLE DB*. Die gewünschte Datenbank ist *Firma.mdb*, die Sie auf der Buch-CD vorfinden.

> **Hinweis:** Sie können natürlich auch gern ein ADO.NET-Dataset verwenden, in diesem Fall müssen Sie sich jedoch um das Öffnen der Verbindung und das Laden der Tabellendaten selbst kümmern. Wir gehen deshalb erst später darauf ein (siehe Rezept R10.12) bzw. den Quelltext zum Kapitel auf der Buch-CD.

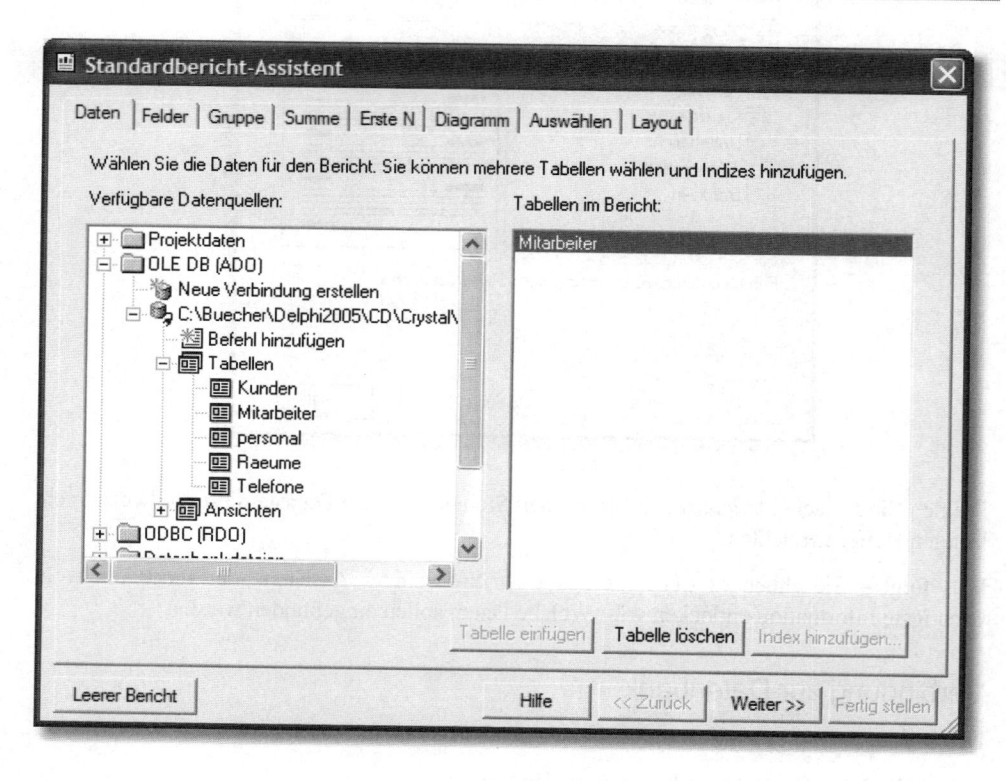

Fügen Sie zunächst lediglich die Tabelle *Mitarbeiter* in den Bericht ein.

Feldauswahl

Mit Klick auf die Schaltfläche *Weiter* wechselt der Assistent zur Registerkarte *Felder*, auf der Sie die Felder *Vorname*, *Nachname* und *Gehalt* auswählen.

> **Hinweis:** Bereits an dieser Stelle können Sie Formelfelder erzeugen, die zum Beispiel auf Tabellenfeldern basieren. Denkbar ist in unserem Fall eine Verknüpfung von Vorname und Nachname zu einem Feld.

9.4 Reports entwerfen

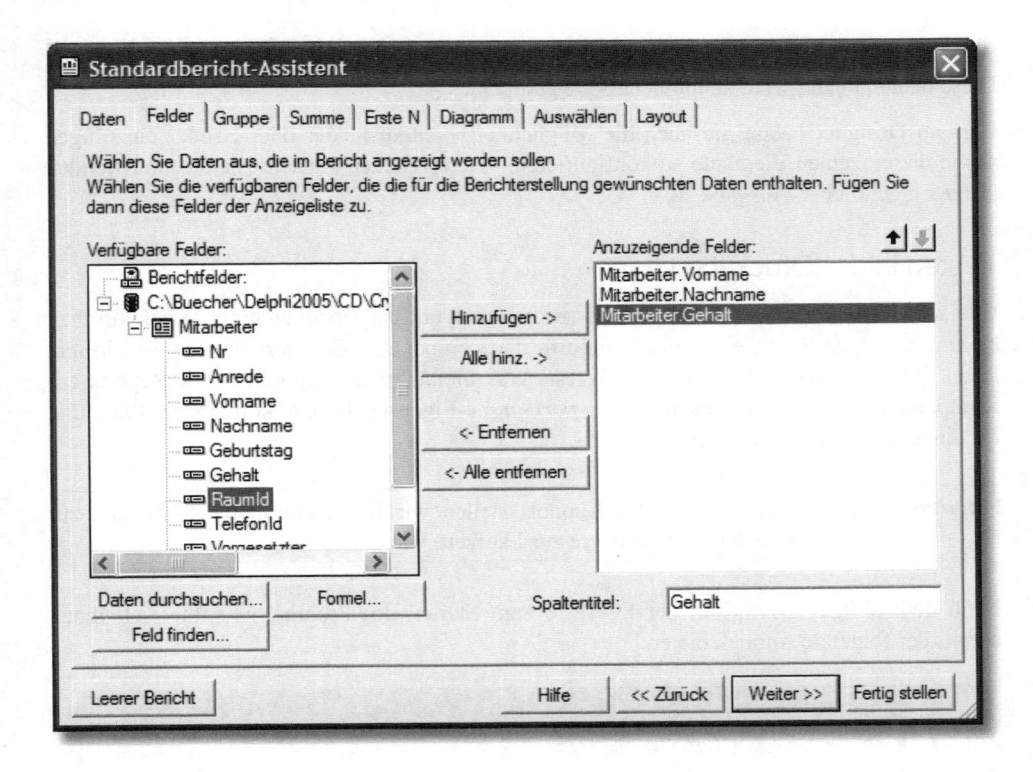

Auf den weiteren Tabulator-Seiten des Assistenten können Sie noch Sortierfolge, Summenbildung, Diagramme etc. auswählen. Wir verzichten erst einmal auf die weiteren Dienste des Assistenten und wählen *Fertig stellen*.

Im Designer

Damit sind wir im Crystal Report-Designer angelangt, die gewählten Felder sind vom Assistenten bereits in den richtigen Bändern angeordnet worden:

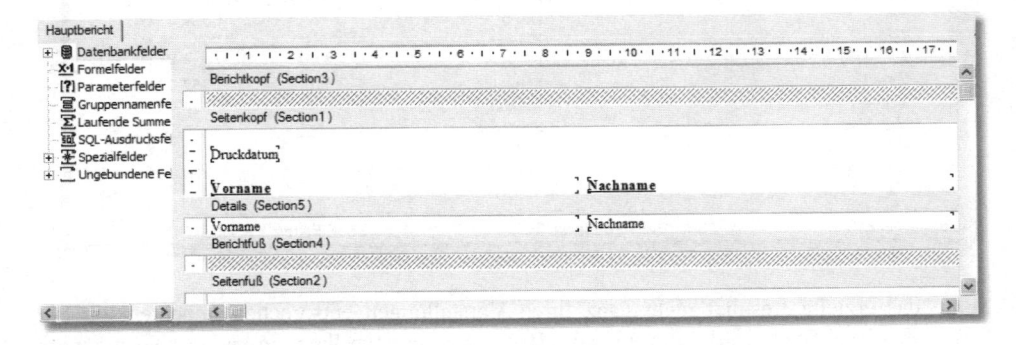

Wie Sie sehen können, fügt der Assistent bereits ein Datums- sowie ein Seitenzahl-Feld ein. Diese beiden Felder werden auf jeder Seite gedruckt.

Hier im Designer haben Sie auch die Möglichkeit, weitere Felder oder Bänder einzufügen sowie die einzelnen Elemente zu konfigurieren. Wir verzichten zunächst darauf und wenden uns der eigentlichen Ausgabe zu.

Testen in der Druckvorschau

Wie schon erwähnt, müssen Sie sich ab sofort selbst um das Erstellen einer Druckvorschau kümmern. Fügen Sie in ein leeres WinForm die Komponente *CrystalReportViewer* ein und legen deren *Dock*-Eigenschaft mit *Fill* fest. Was bleibt, ist das Zuordnen des Reports zur Komponente. Weisen Sie dazu der *ReportSource*-Eigenschaft den kompletten Pfad und Dateinamen des neu erzeugten Reports zu.

Hinweis: Im weiteren Verlauf des Kapitels stellen wir Ihnen alternative Methoden zur Report-Auswahl, insbesondere zur Laufzeit, vor.

Nach dem obligaten Drücken der F9-Taste zum Starten des Programms sollte sich Ihnen bereits der folgende Anblick bieten:

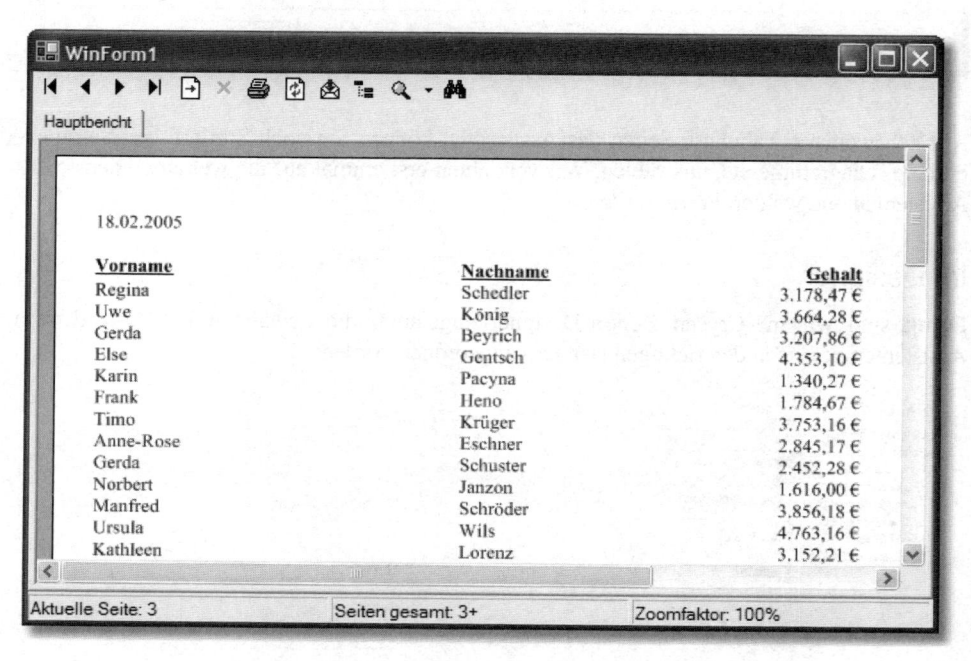

Sollte das erzielte Resultat nicht ganz Ihren Vorstellungen entsprechen, möchten wir Sie bereits an dieser Stelle an die Rezepte ab R10.1 verweisen, wo Ihnen in knapper Form einige Lösungsmöglichkeiten zur Formatierung etc. geboten werden.

9.4.3 Sortieren und Gruppieren

Wenden wir uns jetzt einer der häufigsten Gestaltungsoptionen eines Reports zu, dem Sortieren und Gruppieren. Als Beispiel soll ein Report erstellt werden, in dem die Mitarbeiter nach Räumen gruppiert sind. Wir möchten Ihnen im Folgenden sowohl die einfache Variante mit Hilfe des Assistenten, als auch die konventionelle Variante mit Unterstützung des Designers vorstellen.

Sortieren/Gruppieren mit Hilfe des Assistenten

Gehen Sie dazu wie im vorhergehenden Beispiel vor, binden Sie jedoch neben der Tabelle *Mitarbeiter* zusätzlich die Tabelle *Raeume* mit in den Bericht ein.

Danach müssen Sie dem Report-Generator zunächst den Zusammenhang zwischen den beiden Tabellen (*Mitarbeiter.RaumId* = *Raeume.Id*) in irgendeiner Form "begreiflich" machen. An dieser Stelle kommt der Verknüpfungsassistent ins Spiel.

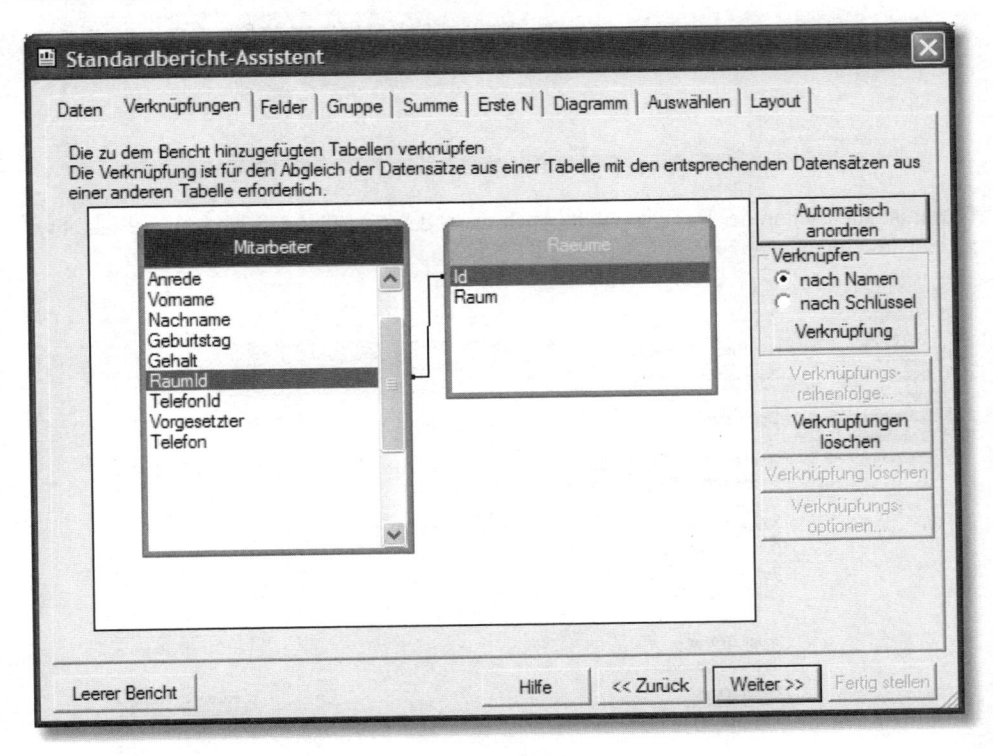

Hinweis: Zeichnen Sie einfach die Relationen zwischen den beiden Tabellen per Drag & Drop ein.

Im nächsten Schritt können Sie bereits die gewünschte Gruppierung sowie die zugehörige Sortierfolge festlegen:

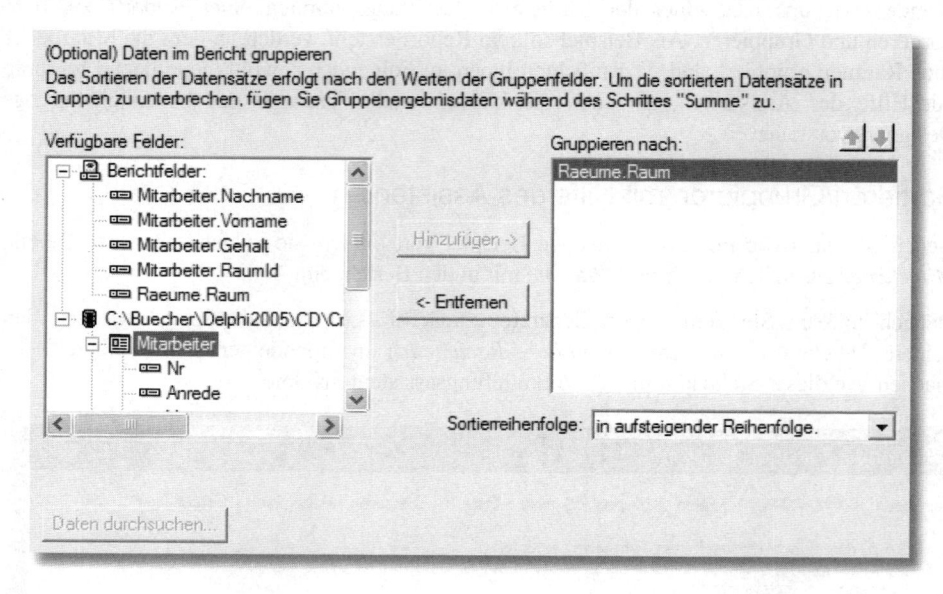

Damit ist auch schon der Bericht erstellt, auch wenn der Assistent auf den ersten Blick etwas zu viel des Guten getan hat:

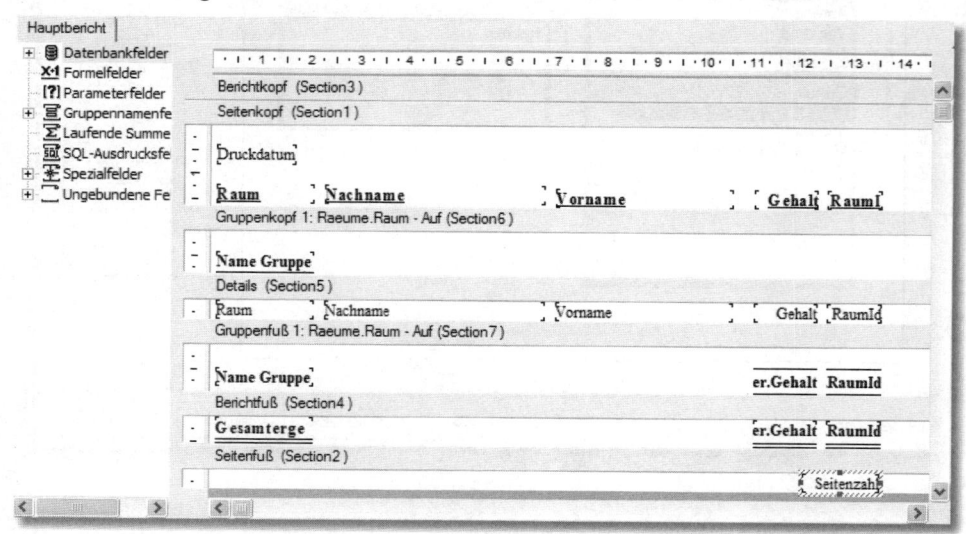

Die Summenfelder im Gruppen- sowie im Berichtsfuß wurden bereits automatisch eingefügt. Doch kein Problem, wen es stört, der kann ja die Felder einfach löschen.

9.4 Reports entwerfen

Beim Testen des neu erstellten Reports zeigt sich auch die Bedeutung der Treeview-Ansicht am linken Rand der Druckvorschau. Problemlos können Sie mit einem Klick in die gewünschte Gruppe (in diesem Fall ein bestimmter Raum) wechseln:

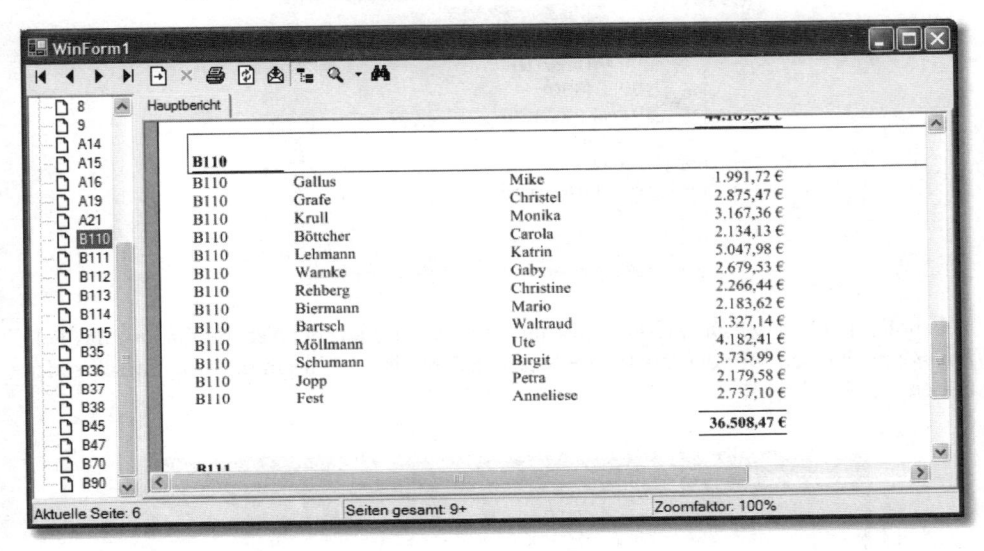

Sortieren/Gruppieren mit dem Designer

Alternativ zur bisherigen Vorgehensweise mittels Assistenten stellen wir Ihnen nun die "umständliche" Alternative "per Hand" vor. Der Vorteil: Insbesondere bei mehrfach gruppierten Daten ist ein direktes Verständnis für die Vorgehensweise beim Crystal Report angebracht.

Nach den üblichen Vorarbeiten (Report hinzufügen) brechen Sie den Assistenten einfach ab. Im Feld-Explorer am linken Rand des Designers fügen Sie zunächst die Datenbank (*Jet-OLEDB-Provider*, *Firma.mdb*) hinzu.

Bevor Sie jedoch die einzelnen Felder im folgenden Dialogfeld auswählen, nutzen Sie die angebotene Möglichkeit, einen Befehl (SQL-Anweisung) hinzuzufügen.

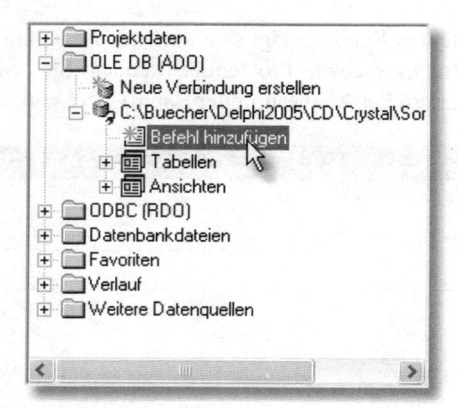

[Abbildung: Datenquellen-Baum mit OLE DB (ADO) → Befehl hinzufügen]

Neben den Feldern *Nachname*, *Vorname* und *Anrede* wird aus der Tabelle *Raeume* das Feld *Raum* eingebunden. Mit der WHERE-Klausel stellen wir den Zusammenhang zwischen den beiden Tabellen her:

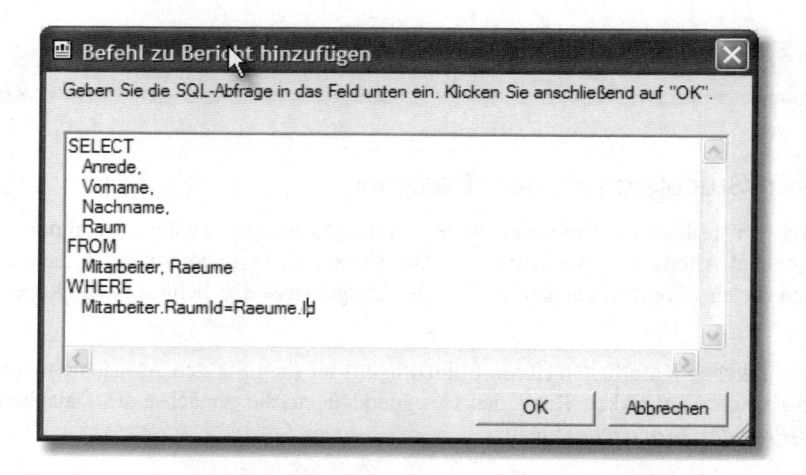

[Abbildung: Dialog "Befehl zu Bericht hinzufügen" mit SQL-Abfrage:
SELECT
  Anrede,
  Vorname,
  Nachname,
  Raum
FROM
  Mitarbeiter, Raeume
WHERE
  Mitarbeiter.RaumId=Raeume.Id]

Verwenden Sie als Datenquelle einen SQL-Server, könnten Sie das Ganze gleich als Stored Procedure oder View auf dem Server ablegen. Der Crystal Report braucht dann nur noch die gesamte Datenmenge abzurufen, ein Verknüpfen etc. ist auf dem Client nicht mehr nötig.

Hinweis: Möchten Sie die Daten sortieren, überlassen Sie das an dieser Stelle besser gleich dem Server und nehmen Sie eine ORDER BY-Klausel in die SQL-Abfrage auf.

Wählen Sie im Assistenten alle obigen Felder und erstellen Sie nachfolgend den Report. Nächster Schritt ist das Erzeugen eines "Gruppennamenfeldes", d.h. einer neuen Gruppierung, über das Kontextmenü des Report-Designers (siehe folgende Abbildung). Wählen Sie das Feld *Raum* aus und bestimmen Sie die Sortierfolge.

9.4 Reports entwerfen

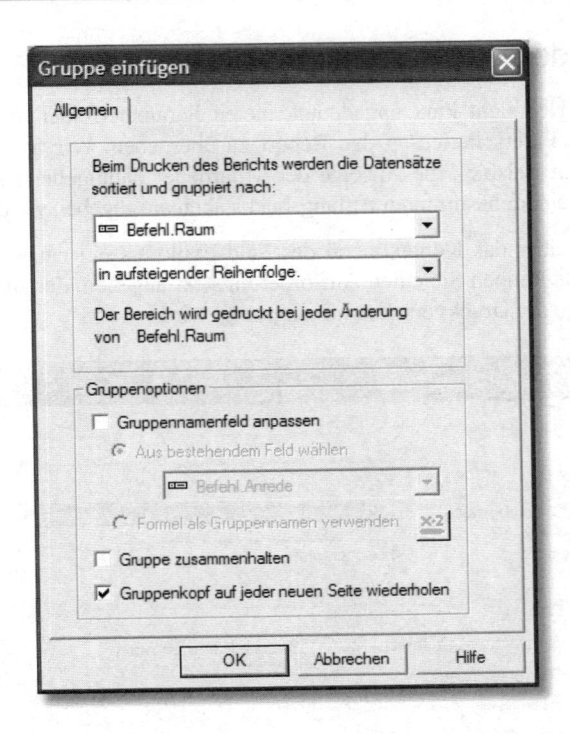

[Abbildung: Dialogfenster "Gruppe einfügen" mit Registerkarte "Allgemein". Einstellung: "Beim Drucken des Berichts werden die Datensätze sortiert und gruppiert nach: Befehl.Raum, in aufsteigender Reihenfolge. Der Bereich wird gedruckt bei jeder Änderung von Befehl.Raum." Gruppenoptionen: Gruppennamenfeld anpassen (Aus bestehendem Feld wählen: Befehl.Anrede / Formel als Gruppennamen verwenden), Gruppe zusammenhalten, Gruppenkopf auf jeder neuen Seite wiederholen (aktiviert).]

Zusätzlich lässt sich auch bestimmen, dass die Gruppe zusammengehalten werden soll bzw. ob der Gruppenkopf auf jeder Seite erneut gedruckt wird.

In welche Report-Bereiche die einzelnen Felder aus dem Feld-Explorer zu kopieren sind, zeigt die folgende Abbildung (alle anderen Bereiche wurden zur besseren Übersicht verkleinert):

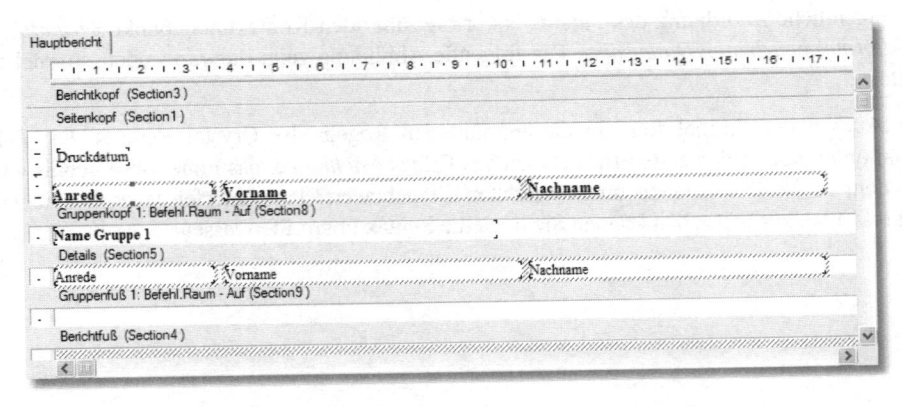

[Abbildung: Hauptbericht-Layout mit folgenden Bereichen: Berichtkopf (Section3), Seitenkopf (Section1), Druckdatum, Anrede – Vorname – Nachname, Gruppenkopf 1: Befehl.Raum - Auf (Section8), Name Gruppe 1, Details (Section5): Anrede – Vorname – Nachname, Gruppenfuß 1: Befehl.Raum - Auf (Section9), Berichtfuß (Section4).]

Hinweis: Im Gruppenkopf haben die Detaildaten (Personaldaten) nichts verloren. Ausnahme: Sie wollen z.B. Bereiche angeben (von A bis G) oder Ähnliches.

9.4.4 Verwenden von Parameterfeldern

Wie schon in der Übersicht kurz angedeutet, bieten Parameterfelder die Möglichkeit, zur Laufzeit bestimmte Filterkriterien an den Report zu übergeben. Wir wollen, aufbauend auf dem vorhergehenden Beispiel, die Anzeige der Mitarbeiter dahingehend einschränken, dass nur Mitarbeiter mit einem bestimmten Anfangsbuchstaben ausgegeben werden.

Erzeugen Sie dazu über das Kontextmenü des Feld-Explorers ein neues Parameterfeld. Im folgenden Dialogfeld können Sie einen Aufforderungstext angeben, der später beim Drucken bzw. bei der Anzeige der Druckvorschau mit angezeigt wird.

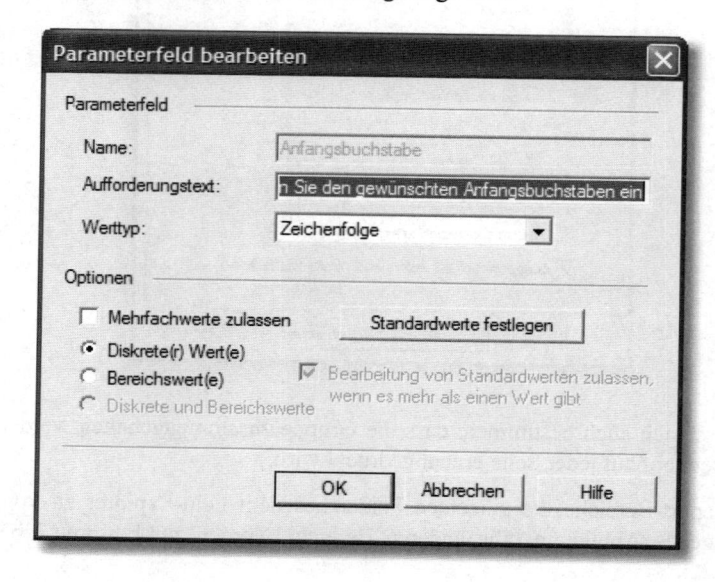

Die eigentliche Zuordnung des Parameters erfolgt über den Kontextmenüpunkt *Bericht/Auswahlformel bearbeiten/Datensätze*. Die folgende Abbildung zeigt die verwendete Formel im Editor.

Der Aufbau der Formel folgt in diesem Fall den Regeln des Crystal Reports. Die *Left*-Funktion extrahiert den ersten Buchstaben des Feldes *Nachname*, das Funktionsergebnis wird mit dem in Großbuchstaben umgewandelten Eingabewert (Parameterfeld) verglichen. Das war es schon, zur Sicherheit können Sie noch die Syntax überprüfen lassen.

9.4 Reports entwerfen

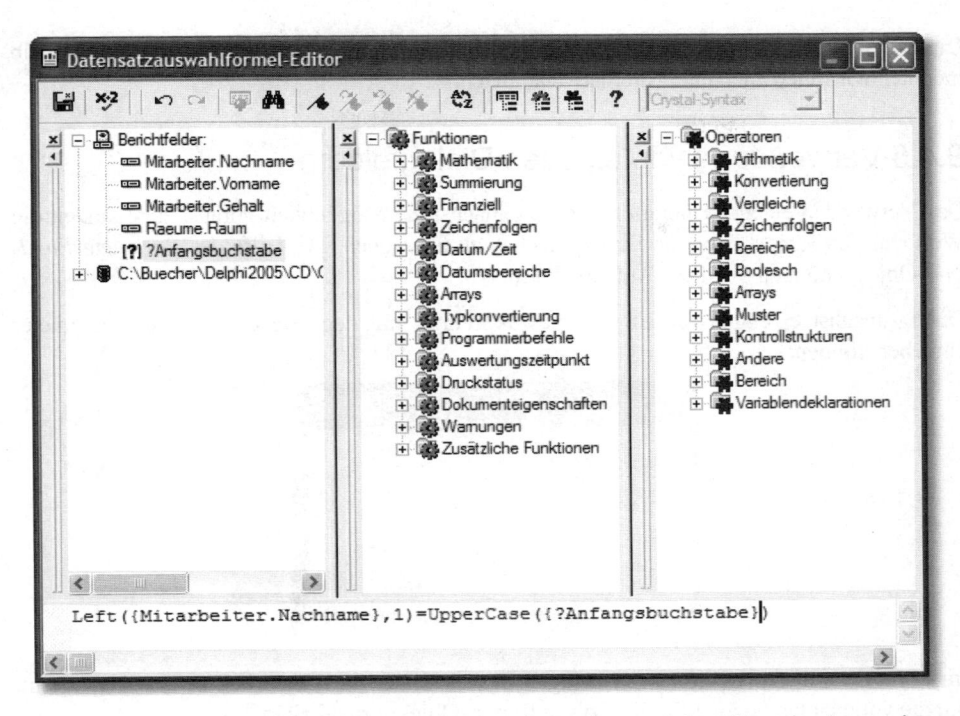

```
Left({Mitarbeiter.Nachname},1)=UpperCase({?Anfangsbuchstabe})
```

Nach dem Start des Programms bzw. der Druckvorschau werden Sie mit einem eigenen Dialogfeld zur Eingabe des Parameters aufgefordert:

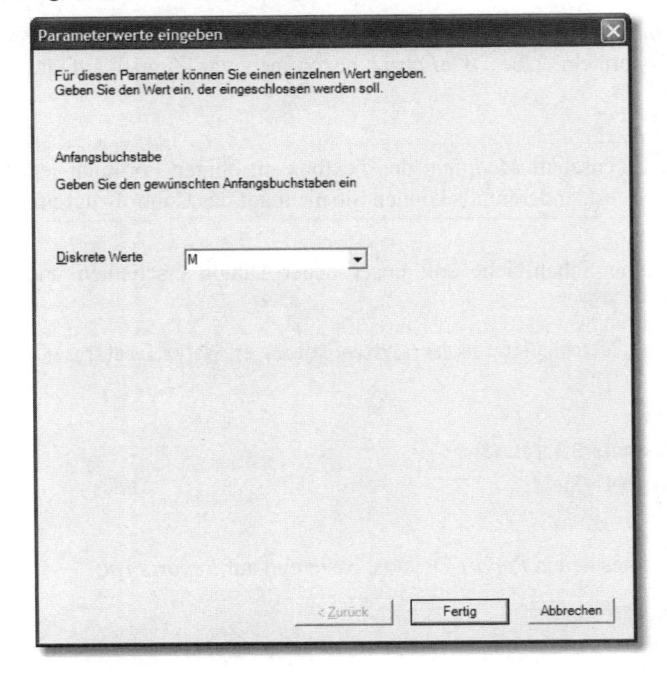

Dieses Dialogfeld ist an Tristesse und Hässlichkeit wohl kaum zu übertreffen, deshalb möchten wir Ihnen auch eine Alternative anbieten.

9.4.5 Verwendung von eigenen Dialogfeldern

Das Verwenden eigener Dialogfelder setzt zunächst die Möglichkeit voraus, zur Laufzeit die Werte an den Report bzw. die Druckvorschau zu übergeben. Mit Hilfe des *ParameterField-Info*-Objekts können Sie diese Aufgabe lösen.

Doch zunächst erzeugen Sie ein weiteres WinForm, mit dem Sie den oder die Parameter eingeben können:

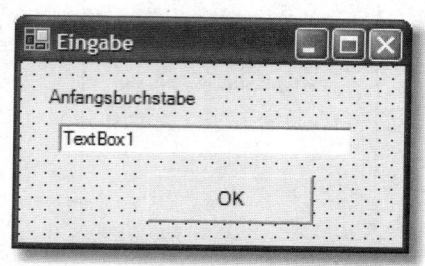

Im Formular mit der Druckvorschau fügen Sie als Erstes die folgende *uses*-Anweisung ein, um die volle Unterstützung für die Crystal Report-Objekte zu erhalten:

```
uses CrystalDecisions.Shared, Report2Unit, WinForm2;
```

Mit *Report2Unit* binden wir die automatisch erzeugte Schnittstellen-Klasse für den gewünschten Report ein. Über *WinForm2* bekommen wir Zugriff auf das neue Eingabeformular.

Hinweis: Die Eigenschaft *Modifiers* der Textbox im obigen Formular legen Sie bitte mit *Public* fest, anderenfalls können Sie nicht auf das Control zugreifen.

Mit Klick auf eine Schaltfläche soll unser neuer Dialog erscheinen und die Parameter abfragen:

```
procedure TWinForm1.Button1_Click(sender: System.Object; e: System.EventArgs);
var rep : Report2;
    f2  : TWinform2;
    myValue  : ParameterDiscreteValue;
    myParams : ParameterField;
begin
```

Die Deklaration eines neuen *Report*-Objekts, basierend auf *Report2.rpt*:

```
    rep := Report2.Create;
```

9.4 Reports entwerfen

Wir erzeugen zunächst das neue Parameterformular und zeigen es modal an:

```
f2       := TWinForm2.Create;
myValue  := ParameterDiscreteValue.Create;
myParams := ParameterField.Create;
f2.ShowDialog;
```

Nachfolgend können wir den eingegebenen Wert dem *ParameterDiscreteValue*-Objekt übergeben:

```
myValue.Value := f2.TextBox1.Text;
```

Für das *ParameterField*-Objekt bestimmen Sie zunächst den Namen des Parameters (wie er im Report erzeugt wurde)

```
myParams.ParameterFieldName := 'Anfangsbuchstabe';
```

und fügen dann das *ParameterDiscreteValue*-Objekt mit dem Wert hinzu:

```
myParams.CurrentValues.Add(myValue);
```

Was bleibt, ist die Übergabe des *ParameterField*-Objekts an die Druckvorschau:

```
crystalReportViewer1.ParameterFieldInfo := ParameterFields.Create;
crystalReportViewer1.ParameterFieldInfo.Add(myParams);
```

Festlegen des Reports als Datenquelle für die Druckvorschau:

```
    crystalReportViewer1.ReportSource := rep;
end;
```

Reichlich kompliziert, werden Sie denken. Da haben Sie sicher recht, allerdings muss man auch berücksichtigen, dass Sie auf diesem Wege auch Parameterlisten oder -bereiche übergeben können.

> **Hinweis:** In diesem Beispiel haben Sie ganz nebenbei auch die zweite Möglichkeit kennen gelernt, wie Sie einen Report mit der Druckvorschau verbinden (über die interne Report-Schnittstellenklasse).

Auch wenn es zunächst nicht so aussieht, es besteht zwischen beiden Varianten ein wesentlicher Unterschied. Die Bindung an die extern abgespeicherte RPT-Datei bedeutet natürlich auch, dass Sie diese in eine Distribution einschließen müssen. Ganz anders bei der hier vorgestellten Variante: Der Report wird aus den Ressourcen Ihrer Anwendung geladen, steht also immer und überall zur Verfügung.

Testen Sie ruhig einmal den Unterschied, indem Sie die RPT-Datei temporär umbenennen und dann Ihr Projekt starten.

9.4.6 Berechnungen im Report

Hier sind wir beim wohl komplexesten Thema des Crystal Reports angekommen. Mehrere Varianten und Einsatzgebiete bieten sich an:

- SQL-Berechnungen, innerhalb von Datensatz-Zeilen,
- Berechnungen über Gruppen oder den gesamten Bericht,
- Berechnungen komplexer Ausdrücke, die mit SQL nicht mehr realisierbar sind (beispielsweise eine Fahrkostenabrechnung nach deutschem Steuerrecht),
- Formatierung von Textfeldern (Verketten, Berechnen von Rechnungsnummern etc.),
- Berechnungen mit Datumsfeldern ...

Hinweis: Die Empfehlung kann trotz aller Features nur lauten: Verwenden Sie – wann immer es geht – zum Berechnen SQL-Anweisungen, schneller geht es meist nicht.

An dieser Stelle wollen wir uns auf ein simples Beispiel beschränken, da das Grundprinzip in allen Fällen gleich ist.

Wir erstellen einen Bericht, in dem neben den Mitarbeitern in den einzelnen Räumen auch die Gesamtzahl der Mitarbeiter pro Raum berechnet wird.

Wählen Sie dazu im bereits erstellten Bericht (das Beispiel mit der Gruppierung) eines der Felder im Detailbereich aus und klicken Sie in der Menüleiste des Designers auf das Summensymbol.

Das nachfolgende Dialogfeld stellt verschiedene Berechnungsmöglichkeiten zur Verfügung, wir entscheiden uns für die Anzahl:

9.4 Reports entwerfen

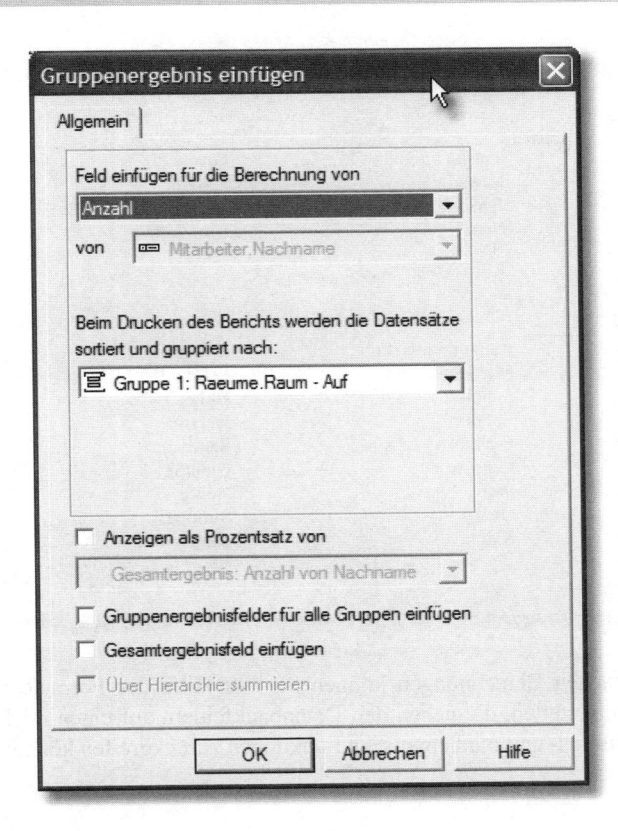

Nach dem Schließen des Dialogfeldes finden Sie bereits das fertige Feld vor. Es steht, wie sollte es auch anders sein, im Gruppenfuß:

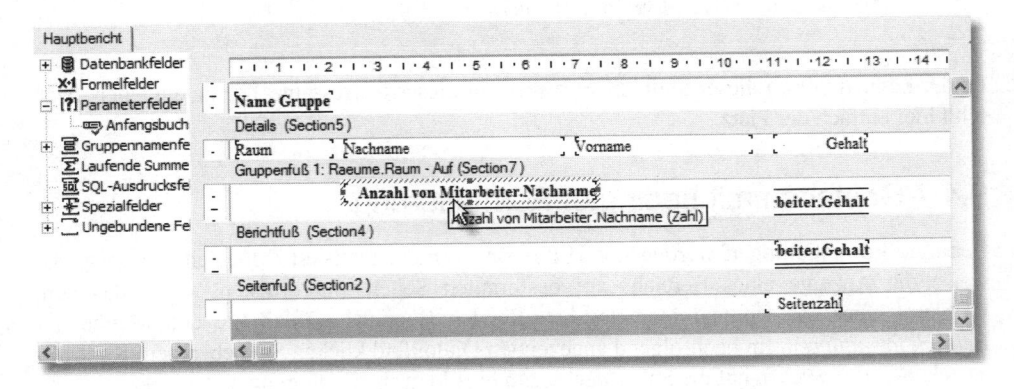

Ein kurzer Test zeigt das gewünschte Ergebnis.

```
Hauptbericht
        B111    Semrau          Gisela
        B111    Böttger         Christa
        B111    Haase           Madeleine
        B111    Riese           Lieselotte
                                14

        B112
        B112    Radzimanowski   Irmgard
        B112    Messerschmidt   Elftraud
        B112    Schmidt         Helga
        B112    Schulz          Kerstin
        B112    Eichhorn        Sandy
        B112    Lehmann         Claudia
        B112    Path            Heike
        B112    Obal            Simone
        B112    Ksink           Annemarie
                                9
```

Neben derart einfachen Berechnungen können Sie mit Hilfe des Formeleditors auch recht komplexe Formeln erstellen, die neben den Datenbankfeldern auf einen reichen Fundus von String-, Array-, Datums- und mathematische Funktionen zurückgreifen können.

Beispiel:

```
If (Average([{file.MON1}, {file.MON2}, {file.MON3}]) - {file.CURRENTMON})> 0 Then
        Minimum([.25*((Average([{file.MON1}, {file.MON2},
        {file.MON3}]) - {file.CURRENTMON}]), 10000])
Else 0
```

Leider können wir an dieser Stelle nicht weiter auf dieses interessante Thema eingehen, dazu fehlt hier einfach der Platz.

9.4.7 Gestalten mit bedingter Formatierung

Bedingte Formatierungen werden mit Hilfe von Formeln realisiert. Möchten Sie beispielsweise die Anzeige eines Bereichs auf bestimmten Seiten unterdrücken, so ist das kein Problem. Über das Kontextmenü des betreffenden Bereichs wählen Sie den Menüpunkt *Bereich formatieren*. Im nachfolgend angezeigten Dialogfeld klicken Sie neben dem Kontrollkästchen *Unterdrücken* auf die Schaltfläche, um eine logische Bedingung einzugeben.

9.4 Reports entwerfen

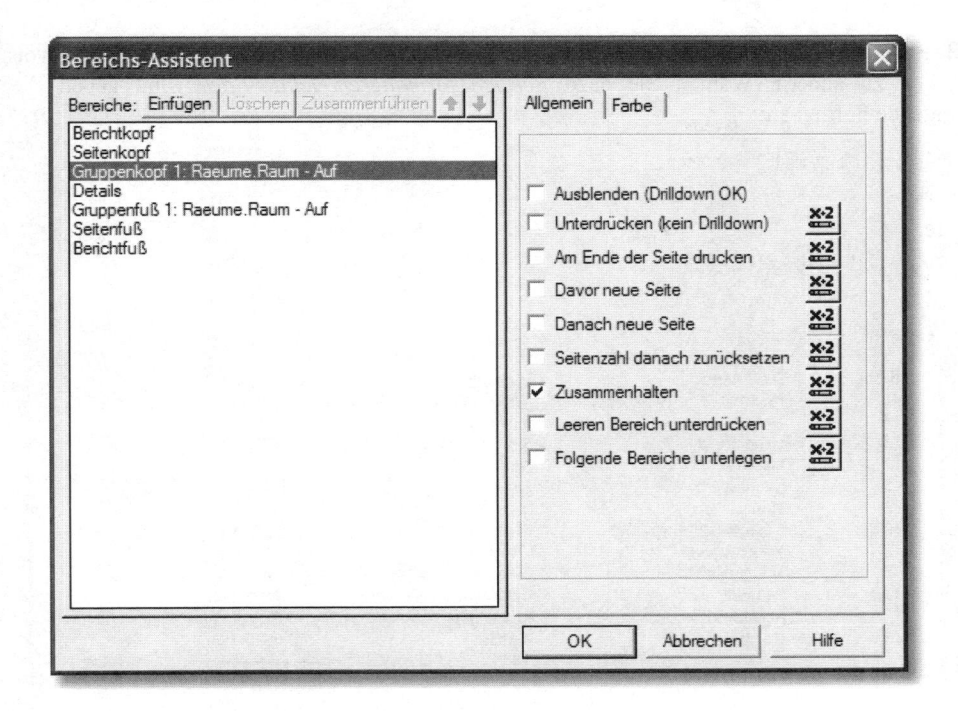

Im vorliegenden Beispiel fällt die Formel recht kurz aus:

```
PageNumber = 1
```

Der Rückgabewert dieser Formel ist ein boolescher Ausdruck, der die beiden Zustände *True* und *False* annehmen kann, also die Bedingung für die Anzeige des Bereichs.

Farbliche Gestaltung

Gleiches trifft auch auf die anderen Formatierungsmöglichkeiten zu. So lässt sich mit

```
if {Mitarbeiter.Gehalt} > 4000 then
    crRed
else
    crBlack
```

die Farbe des Gehaltfeldes ändern, wenn das Gehalt nach Meinung des Arbeitgebers zu hoch ausfällt:

8			
8	Monreal	Anke	3.513,79 €
8	Pirnack	Marianne	1.255,43 €
8	Haß	Oliver	1.749,32 €
8	Lange	Birgit	4.711,65 €
8	Neupetsch	Janine	4.025,86 €

Beispiel: So lässt sich beispielsweise auch Code schreiben, um die Hintergrundfarben von Zeilen zu ändern. Wählen Sie dazu *Bereich formatieren/Details/Farbe* und geben Sie folgende Formel an:

```
if RecordNumber mod 2 = 0 then
    crWhite
else
    Color (210, 210, 210)
```

Raum	Nachname	Vorname	Gehalt
12	Fahlisch	Dorothee	4.009,70 €
12	Heiert	Ingeborg	2.400,77 €
12	Grummt	Silvana	3.371,38 €
12	Garkisch	Annette	1.913,95 €
12	Schulisch	Silvana	2.347,24 €
12	König	Uwe	3.664,28 €
12	Klimpsch	Elke	3.017,88 €
12	Wagenknecht	Christl	2.147,26 €
12	Hungershöfer	Gertraud	1.911,93 €
12	Schmidt	Gabriele	4.940,92 €
12	Schalinski	Rita	2.535,10 €
12	Rusdorf	Barbara	2.054,34 €
		18	
			57.853,81 €
13			

Hinweis: Über die *Color*-Funktion können Sie beliebige Farbabstufungen erzeugen (sind alle Werte gleich, entsteht ein Grauton).

Hinweis: Verwenden Sie möglichst nur kurze Codefragmente, umfangreiche Berechnungen können die Ausführungsgeschwindigkeit des Reports stark beeinflussen.

An dieser Stelle könnten noch Dutzende weiterer Beispiele stehen, fast jede Eigenschaft der einzelnen Report-Elemente (Bereiche, Felder etc.) lässt sich über die bedingte Formatierung verändern.

9.4.8 Kreuztabellenberichte

Ein weiteres Feature des Crystal Reports sind die Kreuztabellenberichte, mit denen Sie große Datenmengen optisch sinnvoll gruppieren und auswerten (Anzahl, Summen, Mittelwerte etc.) können.

9.4 Reports entwerfen

Gleich ein wichtiger Hinweis vorweg:

Hinweis: Unterstützt der dem Bericht zugrunde liegende Datenprovider SQL-Kreuztabellenabfragen, sollten Sie besser die SQL-Variante wählen und im Crystal Report die Daten als Standardbericht anzeigen. Dieser Weg ist schneller und ermöglicht Ihnen wesentlich bessere Darstellungs- und Formatierungsmöglichkeiten!

Auswahl der Daten

Die Vorgehensweise entspricht zunächst dem gewohnten Ablauf, wählen Sie jedoch im Berichtsassistenten die Kreuztabelle als Vorlage aus.

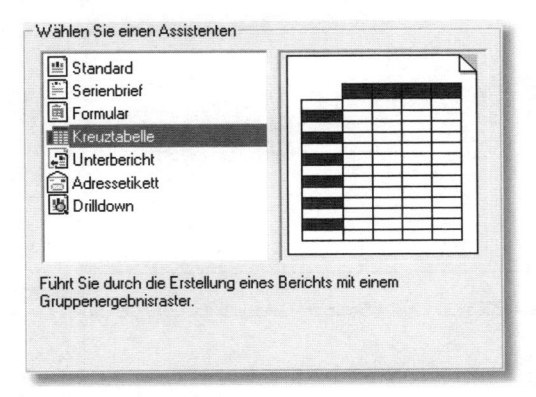

Im folgenden Dialogfeld müssen Sie eine Datenbank- und Datensatzauswahl treffen. Wir möchten uns als Beispiel wieder einmal die Altersstruktur der Firma auflisten lassen.

Statt der vorhandenen Felder der Tabelle *Mitarbeiter* verwenden wir gleich einen Befehl (SQL-Anweisung), mit dem wir die Daten bereits etwas aufbereiten:

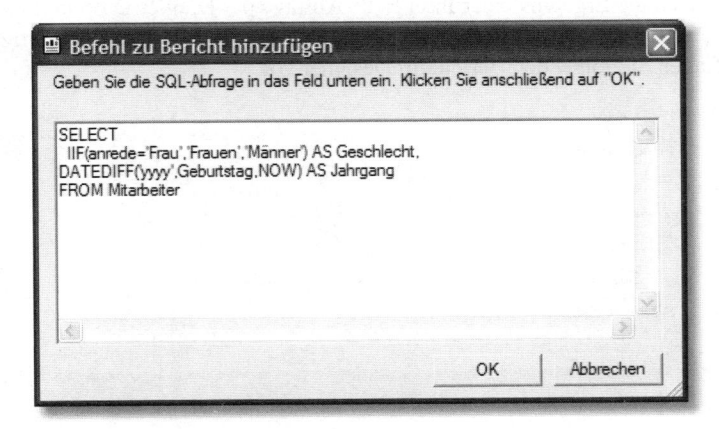

```
SELECT
  IIF(anrede='Frau','Frauen','Männer') AS Geschlecht,
  DATEDIFF('yyyy',Geburtstag,NOW) AS Jahrgang
FROM Mitarbeiter
```

Zunächst wird der Inhalt des Feldes *Anrede* auf die Werte "Frauen" und "Männer" normiert. Über das Geburtsdatum berechnen wir gleich noch das Alter in Jahren.

Als Faustregel für die Abfrage können Sie sich merken: Die Abfrage gibt jeweils die Spalten und Zeilen der neuen Kreuztabellenabfrage zurück, der Report selbst berechnet dann aus beiden Werten ein Ergebnis, das in die Zellen eingetragen wird. Womit wir auch schon beim nächsten Dialogfeld angelangt sind:

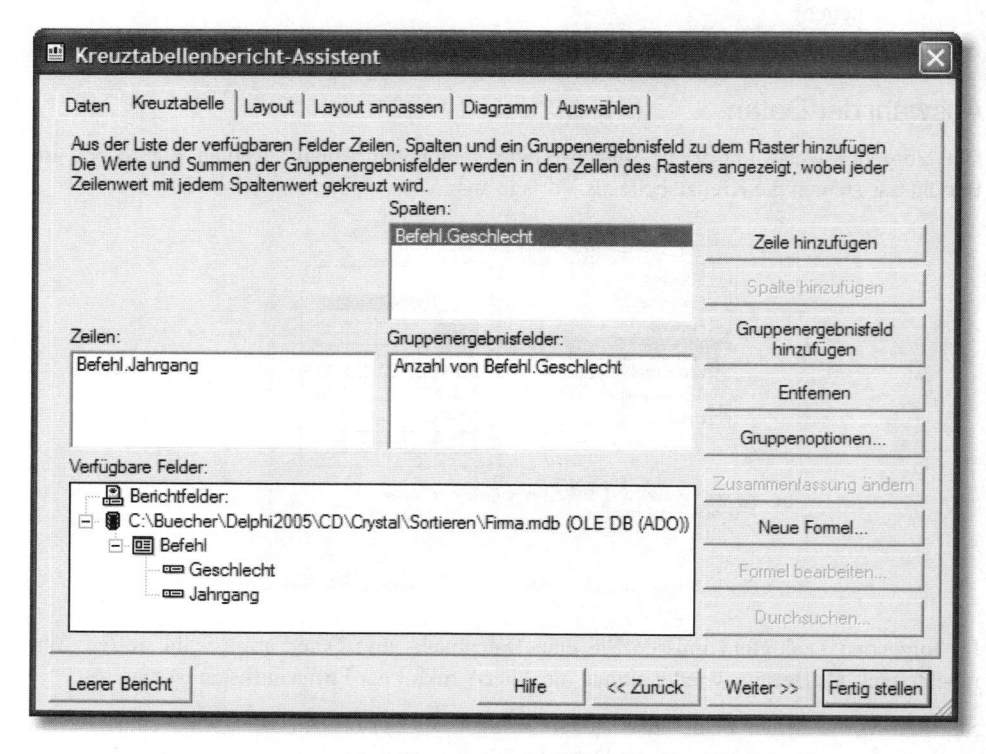

Ziehen Sie einfach die Ergebnisfelder Ihrer SQL-Abfrage per Drag & Drop in die Zeilen bzw. Spaltenfelder, Gleiches gilt auch für das Gruppenergebnisfeld. Nach dem Fertigstellen des Assistenten finden Sie folgenden Bericht im Designer vor:

9.4 Reports entwerfen

Hinweis: Die Kreuztabelle selbst ist ein eigenes Objekt, das Sie leider nur in begrenztem Maße (Rahmen, Schatten, Farben, jeweils mit eigenen Formeln) konfigurieren können.

Leider hat der Assistent etwas zu viel des Guten getan, auf die Darstellung der Zeilen und Spaltensummen können wir locker verzichten. Rufen Sie dazu über das Kontextmenü erneut den Kreuztabellen-Assistenten auf und markieren Sie die Optionen

- *Gesamtergebnis von Zeilen unterdrücken*
- *Gesamtergebnis von Spalten unterdrücken*

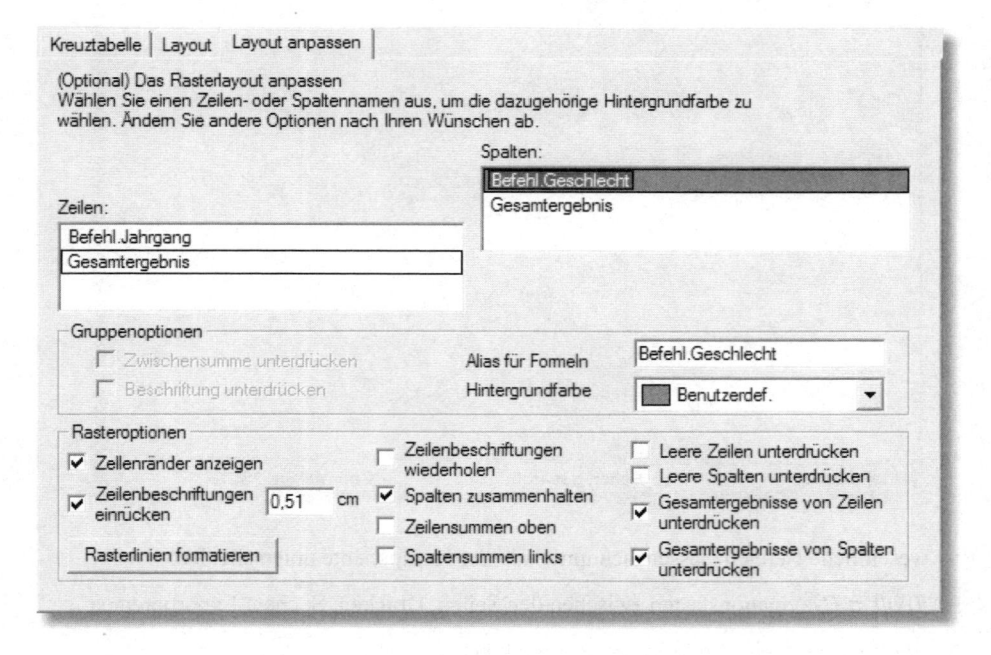

Der resultierende Bericht in der Druckvorschau:

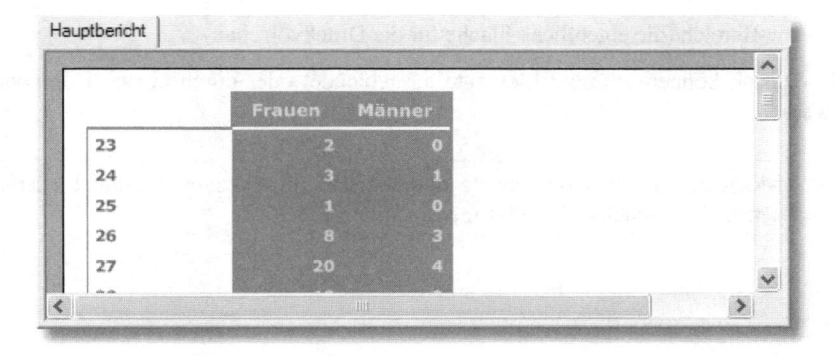

9.5 Programmieren der Druckvorschau

Im Folgenden wollen wir uns zunächst der Präsentation der Berichte am Bildschirm zuwenden, bevor wir das Ganze zu Papier bringen.

9.5.1 Der CrystalReportViewer im Überblick

Im Entwurfsmodus präsentiert sich Ihnen die vollständige Druckvorschau als eigenständige Komponente, die wie jedes andere Steuerelement im Formular positioniert werden kann.

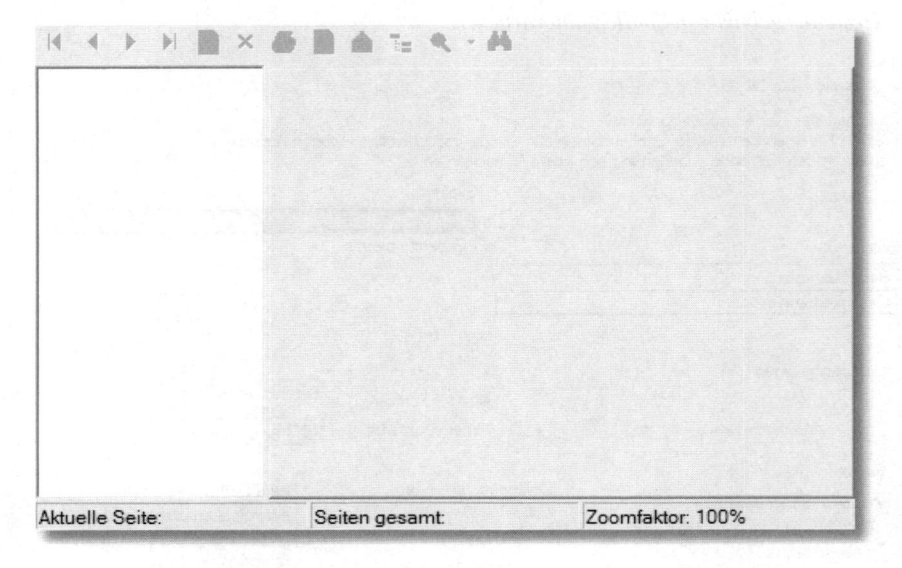

Vier wesentliche Bereiche lassen sich innerhalb der Komponente unterscheiden:

- *Toolbar* (Navigationstasten zwischen den Seiten, Drucken, Suchen, Exportieren etc.)
- *Statusbar* (Anzeige Seite/Seiten, Zoomfaktor)
- *GroupTree* (eine Baumansicht für die einfache Navigation in gruppierten Berichten)
- *Preview*-Bereich (die eigentliche Fläche für die Druckvorschau)

Je nach Wunsch können einzelne Elemente ausgeblendet oder durch eigene Komponenten ersetzt werden.

Hinweis: Möchten Sie die Komponente automatisch im gesamten Formular ausrichten, setzen Sie einfach die *Dock*-Eigenschaft auf *Fill*.

9.5.2 Wichtige Eigenschaften

Die folgende Tabelle listet die wichtigsten Eigenschaften der Druckvorschau auf:

Eigenschaft	Beschreibung
DisplayGroupTree	Anzeige des GroupTree (*True/False*)
DisplayToolbar	Anzeige der Symbolleiste (*True/False*)
EnableDrillDown	Zulassen eines Drilldowns im Bericht (*True/False*)
LogOnInfo	Lesen/Schreiben der *TableLogOnInfos*-Collection. Mit dieser Eigenschaft können Sie zur Laufzeit Anmeldeinformationen (Name, Passwort, Datenbankpfad) an die neuen Gegebenheiten anpassen (siehe auch das folgende Beispiel)
ParameterFieldInfo	Lesen/Schreiben der *Parameterfeld*-Collection (siehe dazu Abschnitt 9.4.2)
ReportSource	Legt den darzustellenden Bericht fest. Sie können entweder einen Dateinamen oder auch ein instanziiertes CrystalReport-Objekt übergeben (siehe folgende Beispiele)
SelectionFormula	Lesen/Schreiben der Datensatzauswahlformel
ShowCloseButton *ShowExportButton* *ShowGotoPageButton* *ShowGroupTreeButton* *ShowPrintButton* *ShowRefreshButton* *ShowTextSearchButton* *ShowZoomButton*	Anzeige des jeweiligen Buttons in der Symbolleiste (*True/False*)

9.5.3 Report zuordnen

Geht es darum, der Druckvorschau zur Laufzeit einen neuen Report zuzuweisen, bieten sich drei Varianten an:

- Verwendung eines Dateinamens (hier muss der Report extern vorliegen)
- Erzeugen eines typisierten Report-Objekts (Report in der Assembly)
- Verwendung der *ReportDocument*-Komponente (Report in der Assembly)

Variante 3 entspricht eigentlich Variante 2, über die Komponente wird eine Instanz der jeweiligen Report-Klasse erzeugt.

Der Vorteil dieser Vorgehensweise: Über den Objektinspektor haben Sie schon zur Entwurfszeit Einfluss auf einige wichtige Druckoptionen:

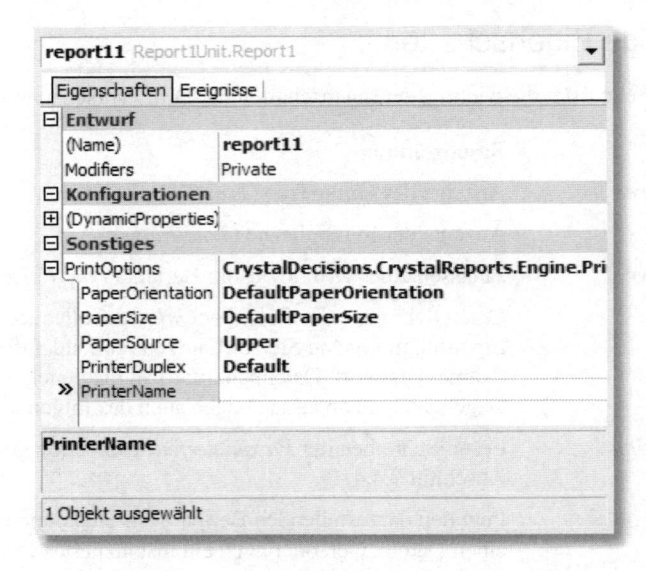

```
report11  Report1Unit.Report1
Eigenschaften | Ereignisse
⊟ Entwurf
    (Name)              report11
    Modifiers           Private
⊟ Konfigurationen
 ⊞ (DynamicProperties)
⊟ Sonstiges
 ⊟ PrintOptions         CrystalDecisions.CrystalReports.Engine.Pri
    PaperOrientation    DefaultPaperOrientation
    PaperSize           DefaultPaperSize
    PaperSource         Upper
    PrinterDuplex       Default
 » PrinterName

PrinterName

1 Objekt ausgewählt
```

Des Weiteren können Sie so auch Report und Druckvorschau per Objektinspektor verknüpfen.

Beispiel: Zuweisen eines Reports über den Dateinamen

```
CrystalReportViewer1.ReportSource := 'C:\CrystalReport9.rpt';
```

Beispiel: Zuweisen eines Reports über ein eigenes Objekt

```
implementation
uses Report2Unit, Report4Unit;
...
var rep : Report4;
begin
    rep := Report4.Create;
    crystalReportViewer1.ReportSource := rep;
end;
```

Alternativ auch

```
...
begin
    crystalReportViewer1.ReportSource := Report4.Create;
end;
```

Beispiel: Verwenden von *ReportDocument*

Fügen Sie aus der Tool-Palette eine *ReportDocument*-Komponente in das WinForm ein. Ein kleiner Assistent ermöglicht Ihnen die Auswahl des Reports:

9.5 Programmieren der Druckvorschau

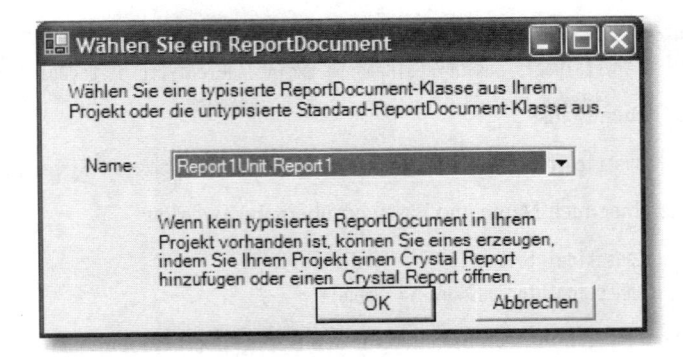

Nachfolgend können Sie den Report direkt der Druckvorschau zuweisen:

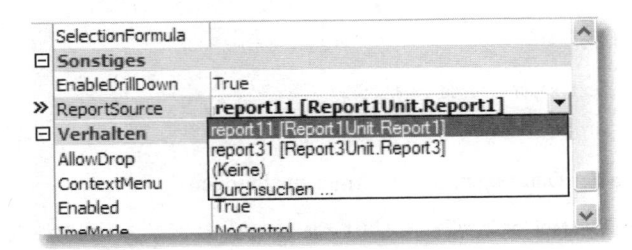

9.5.4 Ändern des Datenbankpfades zur Laufzeit

Nur selten wird der Datenbankpfad zur Laufzeit mit den Einstellungen zur Entwurfszeit übereinstimmen. In diesem Fall kommen Sie nicht um eine dynamische Anpassung zur Laufzeit herum.

Ansatzpunkt ist in diesem Fall ein *LogOnInfo*-Objekt, das Sie für **jede** im Report enthaltene Tabelle anpassen müssen.

Beispiel: Ändern der Anmeldeinformationen zur Laufzeit mittels *LogOnInfo*

```
...
uses CrystalDecisions.CrystalReports.Engine, Report2Unit;
...
var rep       : Report2;
    myTable   : TObject;
    logOnInfo : TableLogOnInfo;
begin
  rep := Report2.Create;
  for myTable in rep.Database.Tables do begin
    logOnInfo := TableLogOnInfo.Create;
```

```
        logOnInfo := TableLogOnInfo(
                CrystalDecisions.CrystalReports.Engine.Table(myTable).LogOnInfo.Clone());
```
Zuweisen eines neuen Pfads:
```
        logOnInfo.ConnectionInfo.ServerName := Application.StartupPath + '\Firma.mdb';
```
Eventuell können hier auch Name und Passwort übergeben werden:
```
        // loginfo.ConnectionInfo.UserID   := 'Administrator';
        // loginfo.ConnectionInfo.Password := 'geheim';
```
Wichtig: Die Änderungen müssen Sie auch für den Report übernehmen:
```
        CrystalDecisions.CrystalReports.Engine.Table(myTable).ApplyLogOnInfo(logOnInfo);
    end;
```
Anzeige des Reports:
```
    CrystalReportViewer1.ReportSource := rep;
end;
```

Beispiel: Ändern der Datensatzauswahlformel zur Laufzeit
```
CrystalReportViewer1.SelectionFormula := '{Mitarbeiter.gehalt} > ' + TextBox1.Text;
```

9.5.5 Wichtige Methoden und Ereignisse

Die meisten der von der Komponente bereitgestellten Methoden entsprechen der Funktionalität der Toolbar:

Methode	Beschreibung
CloseView	Schließt eine Vorschauregisterkarte (siehe auch Unterberichte)
DrillDownOnGroup	Führt einen Gruppen-Drilldown aus
ExportReport	Exportiert den aktuellen Report (siehe dazu 9.7)
PrintReport	Druckt den aktuellen Report (siehe dazu 9.6)
RefreshReport	Aktualisiert den Report
GetCurrentPageNumber	Gibt die aktuelle Seitenzahl zurück
SearchForText	Sucht nach Text innerhalb des Reports ab der aktuellen Position. Sie können die Methode also auch mehrfach mit den gleichen Parametern aufrufen
ShowFirstPage *ShowLastPage* *ShowNextPage* *ShowPreviousPage* *ShowNthPage*	Navigieren zwischen den einzelnen Seiten

9.6 Ausgabe auf dem Drucker

Methode	Beschreibung
ShowGroupTree	Einblenden der Baumansicht
Zoom	Einstellen des Zoomfaktors

Beispiel: Suche nach "Müller"

```
procedure TWinForm1.Button4_Click(sender: System.Object; e: System.EventArgs);
begin
  if not CrystalReportViewer1.SearchForText('Müller') then
    MessageBox.Show('Müller nicht gefunden', 'Hinweis', MessageBoxButtons.OK,
                    MessageBoxIcon.Exclamation);
end;
```

Die Ereignisse der Druckvorschau dienen überwiegend als Rückmeldung für Nutzerereignisse (*Refresh*, *Navigate* etc.). Wir verzichten deshalb an dieser Stelle auf eine ausführliche Darstellung.

9.6 Ausgabe auf dem Drucker

Nach all den bisherigen Vorarbeiten sind wir endlich bei der eigentlichen Druckausgabe angekommen. Alle hier aufgeführten Verfahren lassen sich natürlich auch auf die Druckvorschau-Komponente anwenden, wenn es um den finalen Ausdruck geht. In beiden Fällen handelt es sich um das gleiche zugrunde liegende Objekt.

9.6.1 Die Lizenz zum Drucken

Dreh- und Angelpunkt ist die Methode *PrintToPrinter*, der Sie neben der Anzahl der Kopien auch die Sortierfolge sowie die erste und letzte Seite übergeben müssen:

Syntax: `PrintToPrinter(nCopies: Integer; collated : Boolean; startPageN, endPageN : Integer);`

Hinweis: Legen Sie die Parameter *startPageN* und *endPageN* auf Null fest, um alle Seiten des Berichts zu drucken.

Beispiel: Drucken des *Reports9* aus einem Delphi.NET-Projekt.

```
...
implementation
uses Report9Unit;
...
var rep: Report9;
...
  rep := Report9.Create
  rep.PrintToPrinter(0, True, 0, 0);
```

Alternativ lösen Sie den Druckvorgang in der Druckvorschau über die Methode *PrintReport* aus:

```
CrystalReportViewer1.PrintReport;
```

Hinweis: Die gleiche Vorgehensweise gilt auch für die Verwendung einer *ReportDocument*-Komponente, mit dem Unterschied, dass Sie in diesem Fall das Objekt nicht mehr erzeugen müssen.

Doch was wird eigentlich wohin gedruckt? Der folgende Abschnitt soll Klarheit schaffen.

9.6.2 Druckerauswahl und Konfiguration

Geht es um die Konfiguration und Auswahl des Druckers, ist das *PrintOptions*-Objekt die richtige Schaltstelle:

Eigenschaft	Beschreibung
PageMargins	Gibt die aktuell gesetzten Seitenränder zurück (siehe folgendes Beispiel)
PaperOrientation	Abfragen/Setzen der Seitenausrichtung. Mögliche Werte: Default-PaperOrientation, Landscape, Portrait
PaperSize	Abfragen/Setzen der Papiergröße
PaperSource	Abfragen/Setzen der Papierquelle (Druckerschacht)
PrinterDuplex	Abfragen/Setzen der Optionen für Duplexdruck
PrinterName	Abfragen/Setzen des Druckernamens. Wie Sie eine Liste der Drucker erzeugen und verwenden, wird im Kapitel 6 beschrieben

9.6 Ausgabe auf dem Drucker

Beispiel: Setzen der Seitenränder zur Laufzeit.

```
var rep : Report1;
    pm  : PageMargins;
begin
  rep := Report1.Create;
  pm  := rep.PrintOptions.PageMargins;
  pm.bottomMargin := 350;
  pm.leftMargin   := 1350;
  pm.rightMargin  := 350;
  pm.topMargin    := 350;
  rep.PrintOptions.ApplyPageMargins(pm);
  CrystalReportViewer1.ReportSource := rep;
end;
```

Beispiel: Druckerauswahl über eine *ComboBox* mit nachfolgendem Druck.

```
uses Report1Unit, System.Drawing.Printing;
...
```

Die Auswahl des Druckers:

```
var rep : Report1;
begin
  rep := Report1.Create;
  rep.PrintOptions.PrinterName := PrinterSettings.InstalledPrinters[1];
  rep.PrintToPrinter(0, True, 0, 0);
end;
```

9.6.3 Drucken mit Druckerdialog

Möchten Sie den Standard-Druckdialog zur Druckerauswahl verwenden, fügen Sie einfach eine entsprechende Komponente in das Formular ein. Die Komponente benötigt jedoch in diesem Fall ein initialisiertes *PrinterSettings*-Objekt:

```
uses System.Drawing.Printing;
...
var rep : Report1;
    ps  : PrinterSettings;
begin
  rep := Report1.Create;
  ps  := PrinterSettings.Create;
  ps.PrinterName := rep.PrintOptions.PrinterName;
  PrintDialog1.PrinterSettings := ps;
  if PrintDialog1.ShowDialog = System.Windows.Forms.DialogResult.OK then begin
```

```
    rep.PrintOptions.PrinterName := PrintDialog1.PrinterSettings.PrinterName;
    rep.PrintToPrinter(0, True, 0, 0);
  end;
end;
```

9.7 Exportieren von Reports

Dass Sie neben der reinen Druckausgabe auf Papier auch Daten exportieren können, dürfte Ihnen sicher nicht verborgen geblieben sein. Die eigentliche Ausgabe mit der Methode *Export* ist recht einfach, zumal die Methode keinerlei Parameter erwartet.

Doch halt! Wie lege ich eigentlich fest, was wohin und in welchem Format exportiert wird? Die Antwort findet sich im *ExportOptions*-Objekt, mit dem alle Parameter vorgegeben werden können.

9.7.1 Bestimmen des Exportformats

Das nötige *ReportObjects*-Objekt kann direkt über das *ReportDefinition*-Objekt abgerufen werden, die einzelnen Eigenschaften dieses Objekts können Sie der folgenden Tabelle entnehmen:

Eigenschaft	Beschreibung	
ExportFormatType	Legt das Exportformat fest. Mögliche Werte:	
	Konstante	**Beschreibung**
	Excel	Microsoft Excel-Datei
	HTML32	HTML-Datei im Format 3.2
	HTML40	HTML-Datei im Format 4.0
	PortableDocFormat	Adobe Acrobat PDF-Datei
	RichText	Rich Text Format (RTF)-Datei
	WordForWindows	Microsoft Word-Datei
ExportDestinationType	Legt das grundsätzliche Exportziel fest:	
	Konstante	**Beschreibung**
	DiskFile	Speichern als Datei
	ExchangeFolder	Speichern in Exchange-Ordner
	MicrosoftMail	Speichern als Microsoft Mail (MAPI)
DestinationOptions	Legt die eigentliche Exportoptionen abhängig von *ExportDestinationType* fest. Mehr dazu in der folgenden Tabelle	
FormatOptions	Je nach *ExportFormatType* können hier spezielle Formatoptionen angegeben werden	

9.7 Exportieren von Reports

Wie Sie sehen, gestaltet sich der Export doch etwas aufwändiger als zunächst gedacht, was auch auf die Verschiedenartigkeit der jeweiligen Exportziele zurückzuführen ist. So müssen Sie der *ExportDestinationType*-Eigenschaft unter anderem eines der folgenden Objekte übergeben.

Objekte	Eigenschaften
DiskFileDestinationOptions	*DiskFileName*
ExchangeFolderDestinationOptions	*DestinationType, FolderPath, Password, Profile*
MicrosoftMailDestinationOptions	*MailCCList, MailMessage, MailSubject, MailToList, Password, UserName*

Bevor Sie jetzt verzweifeln, sollen Beispiele für mehr Klarheit sorgen.

9.7.2 Export als Datei

Beispiel: Exportieren eines Berichts im RTF-Format in die Datei *c:\test.rtf*

```
uses CrystalDecisions.Shared;
...
procedure TWinForm1.Button5_Click(sender: System.Object; e: System.EventArgs);
var rep : Report1;
    Options : DiskFileDestinationOptions;
begin
  rep := Report1.Create;
  Options := DiskFileDestinationOptions.Create;
  Options.DiskFileName := 'c:\test.rtf';
  rep.ExportOptions.ExportFormatType := ExportFormatType.RichText;
  rep.ExportOptions.ExportDestinationType := ExportDestinationType.DiskFile;
  rep.ExportOptions.DestinationOptions := Options;
  rep.Export;
end;
```

Was läuft hier ab?

- Zunächst instanziieren wir den gewünschten Bericht.
- Anschließend erzeugen wir ein neues *DiskFileDestinationOptions*-Objekt, das für die Optionen beim Export in eine Datei zuständig ist. Die einzige Eigenschaft dieses Objekts ist *DiskFileName*, d.h. das Ausgabeziel.
- Im dritten Schritt legen wir das Exportformat (RTF) sowie den Exporttyp (Datei) fest und weisen das *DiskFileDestinationOptions*-Objekt zu. Zum Schluss bleibt nur noch der Aufruf der Methode *Export*.

Das Resultat, in Microsoft Word angezeigt (die Texte werden mit Positionsrahmen ausgerichtet):

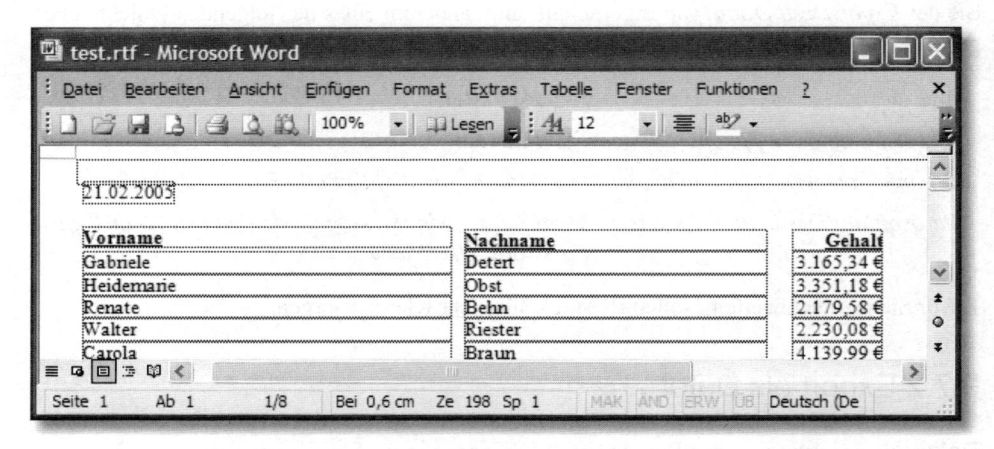

9.7.3 Export als E-Mail

Auch bei einem Export als E-Mail handelt es sich zunächst um einen Dateiexport, da der eigentliche Bericht lediglich als Anhang an die Mail fungiert.

Beispiel: Export im PDF-Format über Microsoft Outlook.

```
using CrystalDecisions.Shared;
...
var rep : Report1;
    Options : MicrosoftMailDestinationOptions;
begin
  rep := Report1.Create;
  Options := MicrosoftMailDestinationOptions.Create;
```

Zunächst alle Einstellungen (Adressat, Betreffzeile, Mailinhalt) für die E-Mail selbst setzen:

```
Options.MailToList := 'autoren@doko-buch.de';
Options.MailMessage := 'Hallo, \n anbei die neuesten Umsatzdaten!';
Options.MailSubject := 'Aktuelle Umsatzdaten';
```

Jetzt das Exportformat (PDF) und das Exportziel bestimmen:

```
rep.ExportOptions.ExportFormatType := ExportFormatType.PortableDocFormat;
rep.ExportOptions.ExportDestinationType := ExportDestinationType.MicrosoftMail;
rep.ExportOptions.DestinationOptions := Options;
rep.Export;
end;
```

Webbasierte Anwendungen

- ✔ **Übersicht ASP.NET**
- ✔ **Validator-Controls**
- ✔ **ASP.NET-Objekte**
- ✔ **Datenbindung**
- ✔ **E-Mail-Versand**
- ✔ **Sicherheit**

10.1 ASP.NET – eine Übersicht

Im vorliegenden Kapitel möchten wir uns mit den Aspekten der webbasierten Programmierung mit Hilfe von Delphi.NET beschäftigen. Der Schwerpunkt fällt dabei auf das Erstellen von ASP.NET-Anwendungen, dem Pendant zu den Windows-Anwendungen.

Zielrichtung der ASP.NET-Technologie ist die Vereinfachung der Programmierung von Browser-Anwendungen bzw. der Entwurf von verteilten Anwendungen im Web[1].

10.1 ASP.NET – eine Übersicht

Haben Sie bereits in den letzten Jahren Internet-Anwendungen entwickelt, ist Ihnen der Begriff *ASP* (*Active Server Pages*) sicher geläufig. Wenn nicht, finden Sie im folgenden Abschnitt einen kurzen Blick zurück.

10.1.1 ASP – der Blick zurück

Bei ASP handelt es sich um eine Umgebung für *serverseitige Skripte*, die zum Erstellen und Ausführen interaktiver Webanwendungen verwendet werden können. Besonders leicht haben es hier VB-Programmierer: Standard-Skriptsprache für ASP ist *VBScript*, ein enger Verwandter von Visual Basic. Wer mag, kann seine Skripte auch mit Microsoft *JScript*, *PERL*, *REXX* oder *Python* schreiben (die drei letzten Sprachen müssen über Drittanbieter bezogen werden).

Grundsätzlich handelt es sich bei jeder ASP-Datei um eine normale HTML-Datei, in die mittels spezieller Tags Skriptcode eingebettet ist.

Beispiel: Eine einfache ASP-Datei zur Anzeige von Datum und Uhrzeit

```
<HTML>
  <HEAD>
    <TITLE>Test</TITLE>
  </HEAD>
  <BODY>
    <%
    Dim uhrzeit
    Uhrzeit = DateAdd("h",9,Now)
    Response.Write "Aktuelle Zeit: " CStr(Uhrzeit)
    %>
  </BODY>
</HTML>
```

Vielleicht fragen Sie sich, warum beim Datum mit *DateAdd* "gerechnet" wird? Die Antwort beschreibt auch gleich das Modell von ASP: Da die Skripte auf dem Web-Server (im Beispiel ein US-Server) ausgeführt werden, gilt für die *Time*-Funktion auch die Zeit des Servers. Soll

---

[1] Informationen zum Thema "Webdienste" finden Sie im Kapitel 11.

die Seite in Deutschland korrekt angezeigt werden, müssen Sie die Zeitverschiebung berücksichtigen.

Der technische Ablauf ist recht einfach beschrieben: Wird durch den Browser (Client) eine .*asp*-Datei vom Server angefordert, durchsucht der Server die ASP-Seite nach Skriptcode. Dieser wird nachfolgend ausgeführt und das Endergebnis an den Client zurück gegeben. Der Client erhält also lediglich den reinen HTML-Quellcode der ursprünglichen ASP-Seite sowie die zusätzlich mittels Skript erzeugten HTML-Codes.

Für den Client handelt es sich bei der ASP-Seite um eine ganz normale HTML-Datei, in der sich im Regelfall kein Skriptcode mehr befindet. Damit brauchen Sie sich auch keine Gedanken um den Typ des Browsers zu machen, ASP-Dateien sollten mit **jedem** Browser korrekt angezeigt werden.

Dieser Vorteil und die Möglichkeit, Code vor dem Endverbraucher der Seite zu verbergen, sind die Vorteile gegenüber der clientseitigen Skriptprogrammierung.

10.1.2 Was ist bei ASP.NET anders?

ASP.NET ist die konsequente Weiterentwicklung von ASP. Geblieben ist lediglich das Grundprinzip, dass an den Client reiner HTML-Code gesendet wird, d.h., dass Sie sich um den jeweiligen Browser nur aus layouttechnischer Sicht zu kümmern brauchen.

Im Unterschied zum alten ASP wird bei ASP.NET auf dem Server ein eigenständiges Programm (DLL) von der ASP.NET-Engine ausgeführt, das den HTML-Code erzeugt. Es gibt keine Vermischung von HTML-Code und Delphi-Code. Sie können ASP.NET-Anwendungen zunächst wie normale Windows-Programme in der Delphi.NET-Umgebung entwickeln.

Allerdings sollten Sie beim Entwurf von ASP.NET-Anwendungen einen Grundsatz nie vergessen:

Hinweis: Der Code, d.h. auch der Ereigniscode, wird immer auf dem Server ausgeführt. Der Client (Browser) erhält reinen HTML-Code! Dies trifft auch bzw. gerade für Web-Forms zu, die sich in der Entwicklungsumgebung wie ihre Windows Forms-Pendants verhalten.

10.1 ASP.NET – eine Übersicht

Beispiel: Web-Form in der Entwurfsansicht

Nr	Anrede	Vorname	Nachname	Geburtstag	Gehalt	Raum	Telefon	Vorgesetzter
0	abc	abc	abc	09.03.2005 00:00:00	0	0	0	0
1	abc	abc	abc	09.03.2005 00:00:00	0,1	1	1	1
2	abc	abc	abc	09.03.2005 00:00:00	0,2	2	2	2
3	abc	abc	abc	09.03.2005 00:00:00	0,3	3	3	3
4	abc	abc	abc	09.03.2005 00:00:00	0,4	4	4	4

Aus Sicht des Clients (Browser):

Nr	Anrede	Vorname	Nachname	Geburtstag	Gehalt	Raum	Telefon	Vorgesetzter
1	Frau	Gabriele	Detert	01.03.1964 00:00:00	316534	15	18	451
2	Frau	Heidemarie	Obst	04.05.1951 00:00:00	335118	23		33
3	Frau	Renate	Behn	16.05.1956 00:00:00	217958	16		33
4	Herr	Walter	Hornung	03.06.1970 00:00:00	223008	14	44	198
5	Frau	Carola	Braun	04.06.1973	413099	31	7	33

Der dazugehörige Quellcode zeigt uns, dass es sich beim vermeintlichen Grid um eine einfache HTML-Tabelle handelt.

```
...
<table cellspacing="0" rules="rows" border="1" id="DataGrid1"
style="height:142px;width:640px;border-collapse:collapse;Z-INDEX: 101; LEFT: 13px; POSITION:
absolute; TOP: 74px">
        <tr style="color:Black;background-color:#CCFFFF;font-weight:bold;">
            <td colspan="12"><span>&lt;</span> <a
href="javascript:__doPostBack('DataGrid1:_ctl1:_ctl1','')" style="color:Black;">&gt;</a></td>
        </tr><tr style="background-color:Silver;font-weight:bold;"><td><a
```

```
href="javascript:__doPostBack('DataGrid1:_ctl2:_ctl2','')">au_fname</a></td><td><a
...
href="javascript:__doPostBack('DataGrid1:_ctl2:_ctl10','')">zip</a></td><td><a
href="javascript:__doPostBack('DataGrid1:_ctl2:_ctl11','')">contract</a></td>
        </tr><tr style="background-color:Yellow;">
...
<td>172-32-1176</td><td>White</td><td>Johnson</td><td>172-32-
1176</td><td>White</td><td>Johnson</td><td>408 496-7223</td><td>10932 Bigge Rd.</td><td>Menlo
Park</td><td>CA</td><td>94025</td><td>True</td>
        </tr><tr style="background-color:Blue;">
```

Haben Sie sich obige Zeilen etwas genauer angesehen, wird Ihnen vielleicht aufgefallen sein, dass hier doch etwas Skriptcode zum Einsatz kommt. Haben aber die Autoren nicht ein paar Zeilen weiter oben geschrieben, dass der gesamte Code auf dem Server ausgeführt wird?

Die Antwort ist ja und nein. Der in den generierten Seiten enthaltene Skriptcode (Sie entscheiden im Projekt, ob VBScript oder JavaScript) dient lediglich dazu, Ereignisse auf dem Client an den Server weiterzugeben[1], wie uns das zugehörige Skript zeigt:

```
<script language="javascript">
<!--
        function __doPostBack(eventTarget, eventArgument) {
                var theform = document.Form1;
                theform.__EVENTTARGET.value = eventTarget;
                theform.__EVENTARGUMENT.value = eventArgument;
                theform.submit();
        }
// -->
</script>
```

ASP.NET bietet Ihnen auf dieser Basis die Möglichkeit, neben einfachen Anwendungen auch komplexe datenbankbasierte Applikationen zu erstellen, die über ein (fast) normales Ereignismodell verfügen.

Doch Vorsicht:

Hinweis: Wie gezeigt, müssen Client-Ereignisse an den Server weitergegeben werden, was eine intakte und vor allem schnelle Web-Verbindung erfordert.

---

[1] Wie auch bei den Validator-Controls.

10.1 ASP.NET – eine Übersicht

10.1.3 Was gibt es noch in ASP.NET?

Neben den oben bereits vorgestellten Web Forms, d.h. der Oberfläche Ihrer Webanwendungen, sind unter ASP.NET noch weitere Technologien von Interesse:

- **User Controls**
  ... bieten eine Möglichkeit, Code und Oberflächenelemente bausteinartig wieder zu verwenden. User Controls lassen sich in Web Forms quasi wie Frames einblenden.

- **Validator Controls**
  ... bieten clientseitige Validierung von Eingabewerten (unnötige Serverabfragen werden vermieden). In diesem Zusammenhang kommt natürlich wieder ein clientseitiges Skript zur Ausführung.

- **Webserver Controls**
  ... sind die "Steuerelemente" Ihrer Web Form-Anwendung. Aufgabe dieser Controls ist das Erzeugen (Rendern) von HTML-Ausgaben, die auf dem Client als Oberflächenelemente angezeigt werden. Wie FCL-Controls können Webserver Controls mit Eigenschaften, Methoden und Ereignissen ausgestattet werden.

- **Web Services**
  ... sind auf dem Webserver angelegte Klassen, deren Methoden via Internet aufgerufen werden können. Daten bzw. Objekte werden per SOAP in XML-Dokumenten verpackt und an den Client gesendet (siehe Kapitel 11).

- **ADO.NET**
  ... bietet dazu die Datenzugriffstechnologie (siehe Kapitel 8).

10.1.4 Vorteile von ASP.NET gegenüber ASP

Gegenüber der bisherigen Verfahrensweise von ASP bietet ASP.NET einige wesentliche Vorteile:

- Zunächst können Sie auf die unglückliche Vermischung von HTML- und Skriptcode verzichten, was der Übersichtlichkeit Ihrer Projekte und der Programmierung im Team wesentlich zuträglicher ist.

- Bedingt durch das neue ereignisgesteuerte Modell sind (hoffentlich) auch die Zeiten der Spaghetti-Code-Programmierung vorbei. Die Sprache und der objektorientierte Ansatz zwingen zur übersichtlichen und leicht nachvollziehbaren Programmierung.

- Die neuen Komponenten erleichtern die Oberflächenprogrammierung wesentlich, in weiten Bereichen werden "Formulare" wie Windows-Formulare programmiert und entworfen. Die Entwicklung erfolgt mit Hilfe eines Formulardesigners, im Normalfall bekommen Sie keine Zeile HTML-Code zu Gesicht.

- ASP.NET-WebPages bieten bereits ausgefeilte Grundgerüste für Routineaufgaben. So ist es beispielsweise problemlos möglich, dass sich ein und dieselbe Seite vom Server aufruft, um Statusänderungen in "Steuerelementen" anzuzeigen (*PostBack*). In ASP-Anwendungen war es meist einfacher, eine neue Seite aufzurufen.

- ASP.NET nutzt alle Vorteile des .NET-Frameworks, wie Inheritance, Sicherheit, Garbage Collections etc.
- ASP.NET-Anwendungen sind schneller als ASP-Anwendungen, da es sich um bereits compilierten Code handelt.

Zum Schluss ein Wermutstropfen für alle, die schon über einen reichen Fundus an ASP-Seiten verfügen: Sie können diese zwar parallel zu den neuen ASP.NET-Seiten verwenden, ein Konvertieren dürfte jedoch in den meisten Fällen kaum den Aufwand rechtfertigen. Dies ist vor allem auch dem neuen Datenbankmodell ADO.NET geschuldet.

10.1.5 Voraussetzungen für den Einsatz von ASP.NET

Grundsätzlich können Sie, wenn es um die Voraussetzungen für den Einsatz von ASP.NET geht, davon ausgehen, dass es sich um serverseitige Anforderungen handelt.

Vorausgesetzt wird derzeit eines der folgenden Betriebssysteme:

- Windows 2000 Professional (ab SP 2)
- Windows 2000 Server (ab SP 2)
- Windows 2000 Advanced Server (ab SP 2)
- Windows XP Professional
- Windows Server 2003

Weiterhin müssen folgende Komponenten installiert sein:

- .NET Framework SDK
- IIS 5 bzw. 6 (.NET-Server)
- MS Windows Component Update

Für den Entwurf der Anwendungen können Sie, müssen aber nicht, Delphi.NET verwenden.

10.1.6 Und was hat das alles mit Delphi.NET zu tun?

Sicher werden sich jetzt einige fragen, was hat das eigentlich mit Delphi.NET zu tun?

Die Antwort: Delphi ist eine der Sprachen, mit denen Sie ASP.NET-Anwendungen entwickeln können, es könnte jedoch auch VB.NET oder C# sein.

Haben Sie sich bisher als Delphi-Programmierer mehr oder weniger auf das Erstellen von Windows-Applikationen beschränken müssen, steht Ihnen jetzt auch das Internet/Intranet für Ihre Projekte zur Verfügung.

10.1 ASP.NET – eine Übersicht

Grundsätzlicher Projektaufbau

Natürlich können Sie Ihre ASP.NET-Projekte auch mit einem einfachen Texteditor programmieren, sowohl die Oberfläche als auch die dazugehörigen Klassen etc. sind reine Textdateien, bevor sie compiliert werden.

Delphi.NET unterstützt Sie "lediglich" mit einem komfortablen Formular-Designer und diversen Tools, die Ihnen die Arbeit erleichtern sollen.

Beispiel: Erstellen Sie in Delphi.NET das folgende simple Web-Form

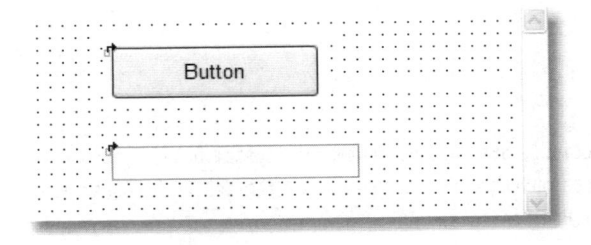

... wird im Hintergrund der folgende Code erzeugt (*WebForm1.aspx*):

```
<%@ Page language="c#" Debug="true" Codebehind="WebForm1.pas" AutoEventWireup="false"
Inherits="WebForm1.TWebForm1" %>
<%@ Register TagPrefix="borland" Namespace="Borland.Data.Web" Assembly="Borland.Data.Web" %>
<!DOCTYPE HTML PUBLIC "-//W3C//DTD HTML 4.0 Transitional//EN">
<html>
  <head>
    <meta name="GENERATOR" content="Borland Package Library 7.1">
  </head>
  <body ms_positioning="GridLayout">
  <form method=get runat="server">
        <asp:textbox id=TextBox1
           style="Z-INDEX: 3; LEFT: 86px; POSITION: absolute; TOP: 14px"
           runat="server">
        </asp:textbox>
        <asp:button id=Button1
           style="Z-INDEX: 5; LEFT: 254px; POSITION: absolute; TOP: 14px"
           runat="server" text="Button">
        </asp:button>
     </form>
  </body>
</html>
```

Wie Sie sehen, handelt es sich um reinen HTML-Code. Alle Komponenten befinden sich in einem Form-Block, um die Daten auch an den Server übertragen zu können.

Interessant ist auch das Attribut *"runat=server"*. Auch wenn Sie Code für das *Button_Click*-Ereignis geschrieben haben, finden Sie hier keinerlei Anweisungen, das Ereignis wird einfach an den Server weitergereicht. Auf dem Server wird daraufhin eine Instanz der zugehörigen Klasse (siehe folgenden Quelltext) erzeugt und ausgeführt. Das Ergebnis dieses Aufrufs wird wiederum an den Client zurückgesendet.

Das folgende Listing zeigt den "Quellcode"-Teil des Webformulars, d.h. die zum Formular gehörende Klasse, die vom Server ausgeführt wird. Als Delphi-Programmierer dürfte Ihnen der Grundaufbau bereits geläufig sein:

```
unit WebForm1;

interface

uses  System.Collections, System.ComponentModel, System.Data, System.Drawing, System.Web,
      System.Web.SessionState, System.Web.UI, System.Web.UI.WebControls,
      System.Web.UI.HtmlControls;

type
  TWebForm1 = class(System.Web.UI.Page)
  ...
  strict protected
    TextBox1: System.Web.UI.WebControls.TextBox;
    Button1: System.Web.UI.WebControls.Button;
    procedure OnInit(e: EventArgs); override;
  private
    { Private-Deklarationen }
  public
    { Public-Deklarationen }
  end;

implementation

{$REGION 'Vom Designer verwalteter Code'}

procedure TWebForm1.InitializeComponent;
begin
  Include(Self.Button1.Click, Self.Button1_Click);
  Include(Self.Load, Self.Page_Load);
end;
{$ENDREGION}
```

```
procedure TWebForm1.Page_Load(sender: System.Object; e: System.EventArgs);
begin
  // TODO: Hier Anwendercode zum Initialisieren der Seite einfügen
end;

procedure TWebForm1.OnInit(e: EventArgs);
begin
  InitializeComponent;
  inherited OnInit(e);
end;
```

Und hier finden wir dann auch die Ereignisbehandlung für das *Button1_Click*-Ereignis (im vorliegenden Beispiel ändern wir einfach den Text des *TextBox*-Controls):

```
procedure TWebForm1.Button1_Click(sender: System.Object; e: System.EventArgs);
begin
   TextBox1.Text := 'Hello World';
end;

end.
```

Damit haben Sie auch schon einen ersten Blick auf die strikte Trennung von Code und Oberfläche geworfen und zwei Dateitypen (*WebForm1.aspx* und *WebForm1.pas*) kennen gelernt. Was es mit den anderen Dateien des Projekts auf sich hat, erfahren Sie in den folgenden Abschnitten am praktischen Beispiel.

10.2 Unsere erste Web-Anwendung

Das Prinzip der objekt- und ereignisorientierten Programmierung gilt in Delphi.NET uneingeschränkt auch für Web-Anwendungen, wie unser erstes Beispiel – ein kleiner Währungsrechner – zeigen soll[1].

Hinweis: Voraussetzung für das Entwickeln von Web-Anwendungen ist die ordnungsgemäße Installation des Internet Explorer (IE) und der Internet Information Services (IIS) gemäß 1.1.3 oder die Installation des Cassini-Webservers.

---

[1] Zum Vergleich bzw. zur Einarbeitung empfehlen wir die unter 1.4.2 beschriebene Windows Forms-Anwendung.

10.2.1 Visueller Entwurf der Bedienoberfläche

Ein neues ASP.NET-Projekt erstellen Sie, wenn Sie über das Startfenster von Delphi 2005 die Objektgalerie öffnen oder aber wenn Sie den Menübefehl *Datei|Neu|Weitere|ASP.NET-Webanwendung* wählen.

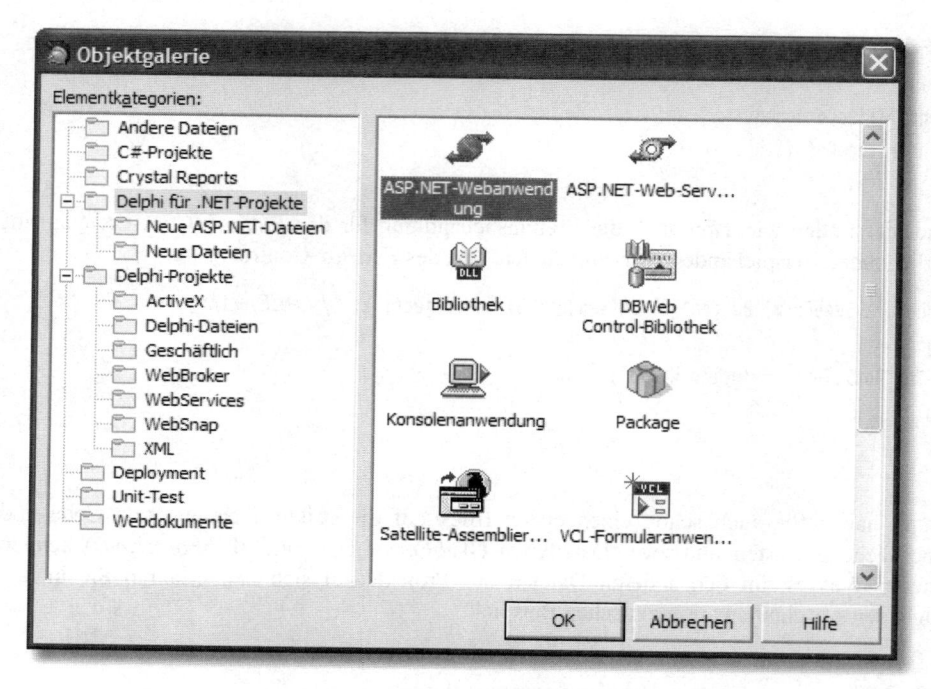

Geben Sie einen neuen Verzeichnisnamen an, z.B. *EuroDollarWeb*. Das ASP.NET-Projekt wird anschließend automatisch in einem eigenen virtuellen Web Ihres IIS gespeichert.

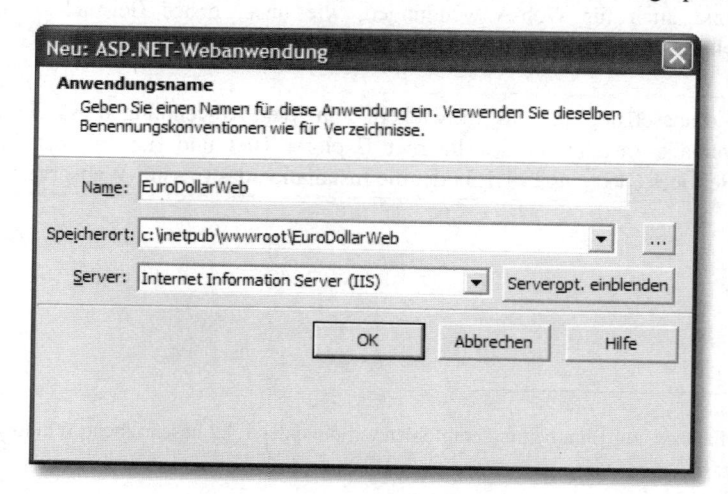

10.2 Unsere erste Web-Anwendung

Ist der IIS einsatzbereit, so erscheint die Web-Entwicklungsumgebung von Delphi.NET, welche sich in einigen Details (z.B. Outfit von Designer-Fenster und Tool-Palette) deutlich von der IDE für Windows-Anwendungen abhebt.

Erstellen Sie nun die abgebildete Web-Bedienoberfläche. Verwenden Sie nur die Steuerelemente aus der Kategorie "Web Controls" der Tool-Palette. Die Textboxen ordnen Sie bitte wie folgt an: links unten *TextBox1*, rechts unten *TextBox2*, oben *TextBox3*.

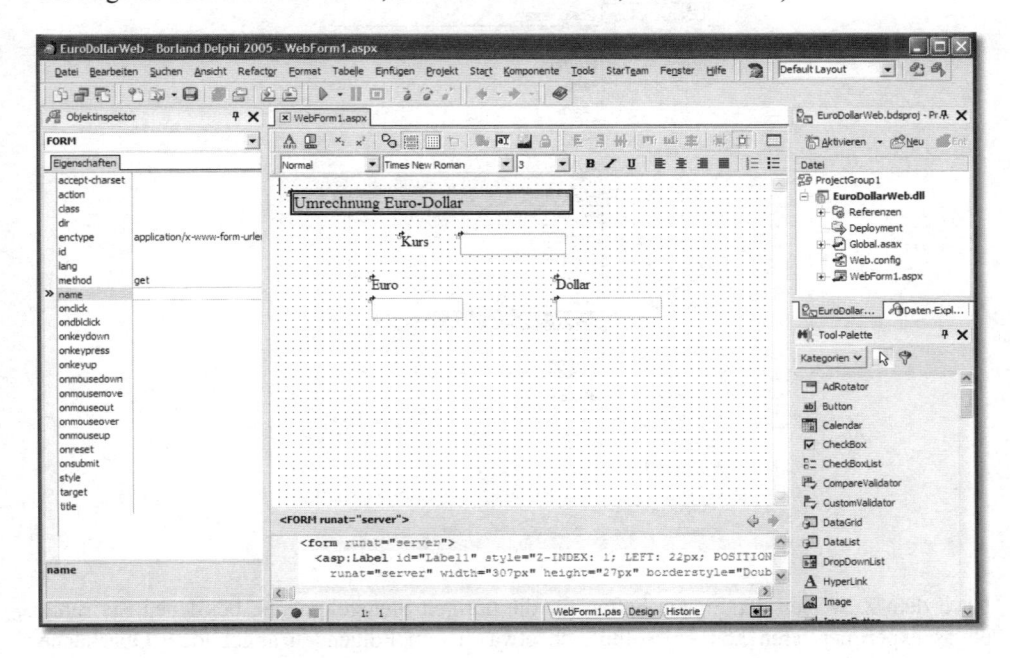

Beim Vergleich mit einer Windows Forms Oberfläche fällt z.B. das Fehlen der Formular-Titelleiste und eines "Beenden"-Buttons auf. Da eine Web-Anwendung aber nicht in Windows-Formularen, sondern im Internet Explorer angezeigt wird, gibt es für beides keine Notwendigkeit mehr. Quasi als Ersatz für die fehlende Titelleiste haben wir oben ein weiteres Label positioniert.

Hinweis: Leider sind die standardmäßig zugewiesenen *Text*-Eigenschaften der Steuerelemente nicht im Designer-Fenster sichtbar, so dass die anfängliche Orientierung (welches Objekt hat welchen Namen?) etwas darunter leidet.

10.2.2 Zuweisen der Objekteigenschaften

Beginnen wir ganz oben mit *Label1*, dessen *Text*-Eigenschaft im Eigenschaften-Fenster als "Umrechnung Euro-Dollar" definiert wird. Als kosmetische Korrektur haben wir die Eigenschaften *BorderStyle = Double, Font.Size = Medium* und *BackColor* geändert.

Auch die Schriftgröße (*Font.Size = Medium*) wurde etwas angehoben. Es ist typisch für Web-Anwendungen, dass es keine festen Pixel-Größen für die Schriftgröße mehr gibt, sondern lediglich allgemeine Angaben wie *Small*, *Medium* und *Large* (siehe Abbildung).

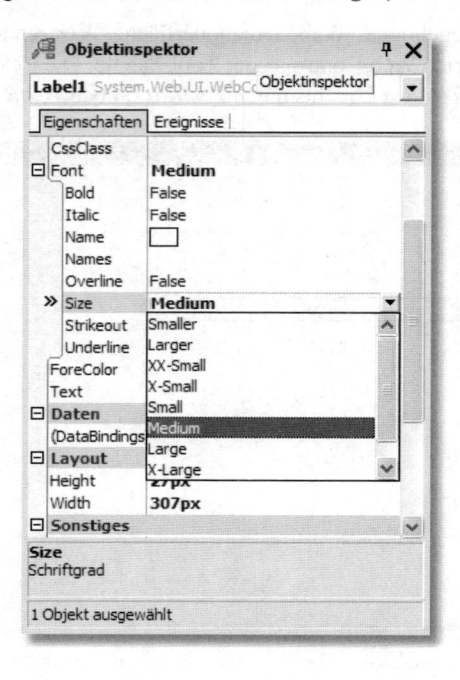

Nach dem Zuweisen der Eigenschaften für die übrigen Steuerelemente, bei denen Sie ruhig etwas experimentieren können, sollte sich etwa die im Folgenden abgebildete Oberfläche ergeben:

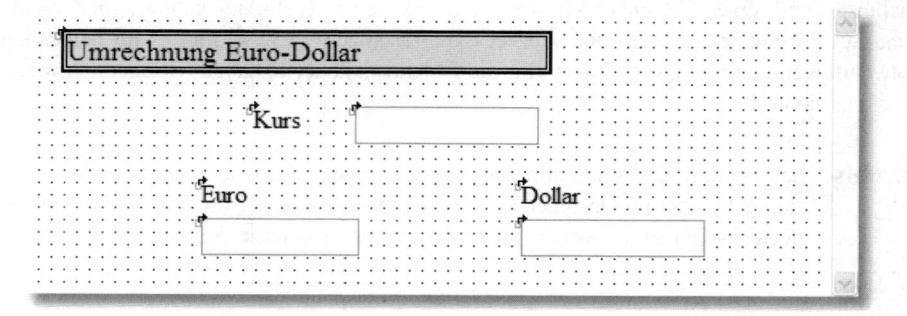

Und zum Schluss bitte nicht vergessen:

Hinweis: Setzen Sie die *AutoPostBack*-Eigenschaft der drei Textboxen auf *True*!

10.2.3 Verknüpfen der Objekte mit Ereignissen

Gehen Sie über den Tabulator am unteren Fensterrand zur Code-Ansicht *WebForm1.pas* (bitte nicht mit der HTML-Ansicht verwechseln!). Abgesehen von einigen wenigen Unterschieden ist die Programmierung identisch mit der von Windows-Anwendungen.

Der Rahmencode des Event-Handlers für das *Load*-Ereignis der Web-Form ist bereits vorgefertigt. Unmittelbar zuvor deklarieren wir die benötigten Variablen. Beim Laden der Seite werden den Variablen Anfangswerte zugewiesen[1] und die Textboxen damit initialisiert:

```
unit WebForm1;

interface

uses  System.Collections, System.ComponentModel,
      System.Data, System.Drawing, System.Web, System.Web.SessionState,
      System.Web.UI, System.Web.UI.WebControls, System.Web.UI.HtmlControls;

type
  TWebForm1 = class(System.Web.UI.Page)
  ...
  private
    euro, dollar, kurs : Single;
  ...
  end;

procedure TWebForm1.Page_Load(sender: System.Object; e: System.EventArgs);
begin
  if not Self.IsPostBack then begin
    euro   := 1;
    dollar := 1;
    kurs   := 1;
    TextBox1.Text := euro.ToString;
    TextBox2.Text := dollar.ToString;
    TextBox3.Text := kurs.ToString;
  end;
end;
```

---

[1] Auf das Initialisieren der globalen Variablen bereits beim Deklarieren müssen wir leider verzichten, da sich dies sonst bei jedem Neuaufbau der Seite wiederholen würde. Es erfolgt also nur die einfache Deklaration.

Hinweis: Der obige Aufruf der *IsPostBack*-Methode des Web-Formulars bewirkt, dass nur beim ersten Aufruf der Seiteninhalt aktualisiert wird und nicht bei jedem Neuaufbau der Seite.

Nun müssen wir die Event-Handler für die drei Textboxen erstellen. Da die für Web-Forms zuständigen Steuerelemente auf deutlich weniger Ereignisse als ihre Windows Forms-Pendants reagieren, gibt es u.a. auch kein *KeyUp*-Event[1]. Stattdessen werten wir das *TextChanged*-Ereignis aus.

Der Rahmencode wird auf die uns bereits bekannte Weise erstellt: In der Ereignisliste des Eigenschaften-Fensters auf das *TextChanged*-Event doppelklicken.

Die Euro-Änderung:

```
procedure TWebForm1.TextBox1_TextChanged(sender: System.Object; e: System.EventArgs);
begin
  euro := Convert.ToSingle(TextBox1.Text);
  kurs := Convert.ToSingle(TextBox3.Text);
  dollar := euro * kurs;
  TextBox2.Text := dollar.ToString('#,##0.00');
end;
```

Die Dollar-Änderung:

```
procedure TWebForm1.TextBox2_TextChanged(sender: System.Object; e: System.EventArgs);
begin
  dollar := Convert.ToSingle(TextBox2.Text);
  kurs   := Convert.ToSingle(TextBox3.Text);
  euro   := dollar / kurs;
  TextBox1.Text := euro.ToString('#,##0.00');
end;
```

Die Kurs-Änderung:

```
procedure TWebForm1.TextBox3_TextChanged(sender: System.Object; e: System.EventArgs);
begin
  kurs := Convert.ToSingle(TextBox3.Text);
  euro := Convert.ToSingle(TextBox1.Text);
  dollar := euro * kurs;
  TextBox2.Text := dollar.ToString('#,##0.00');
end;
```

---

[1] Das ist ja eigentlich auch logisch, denn der Netzwerk-Traffic wäre gewaltig.

10.2.4 Programm compilieren und testen

Nachdem Sie mit F9 gestartet haben, dauert es ein ganzes Weilchen, bis der Internet Explorer erscheint[1] und die Seite mit der Adresse *http://localhost/EuroDollarWeb/WebForm1.aspx* anzeigt[2]. Sie werden feststellen, dass die Textboxen nicht sofort aktualisiert werden (auch nicht nach Betätigen der *Enter*-Taste), sondern erst nachdem die Textbox den Fokus verliert, d.h., wenn Sie mit der Maus in eine andere Textbox klicken bzw. die Tab-Taste betätigen (siehe unten).

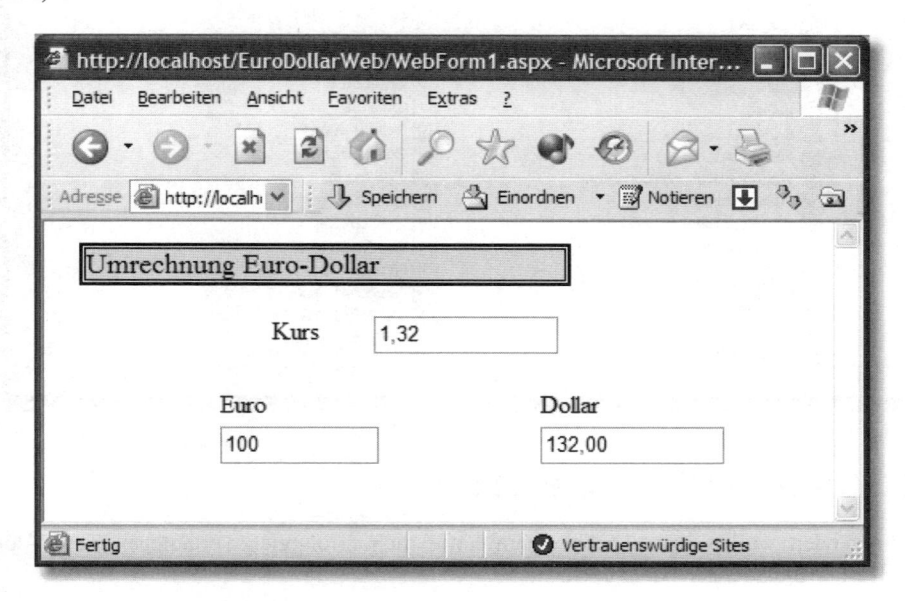

Damit die Werte bereits mit Betätigen der *Enter*-Taste aktualisiert werden, können Sie von einem Trick Gebrauch machen: Setzen Sie einen winzig kleinen *Button* auf das Formular (*Width*- und *Height*-Eigenschaft auf *1Px* stellen). Dieser Button, den man im IE nicht mehr sieht, "zieht" das Tastaturereignis auf sich, so dass *TextChanged* ausgelöst und an den Server gepostet wird.

Projektverzeichnis

Standardmäßig finden Sie die Projektdateien unter *C:\Inetpub\wwwroot\EuroDollarWeb* bzw. als virtuelles Verzeichnis des IIS unterhalb der Standard-Website (Abbildung).

---

[1] Wir präsentieren: Die wahrscheinlich langsamste IDE der Welt ... (das stand schon bei Delphi 8 hier, die Autoren müssen jedoch mit Betrübnis feststellen, das es wirklich noch langsamer und vor allem instabiler geht).

[2] Sollte bei Ihnen eine Fehlermeldung "... kann nicht zum Prozess aspnet_wp.exe verbunden werden" angezeigt werden, versuchen Sie es ruhig noch einmal. Bei den Autoren hat es dann auch geklappt.

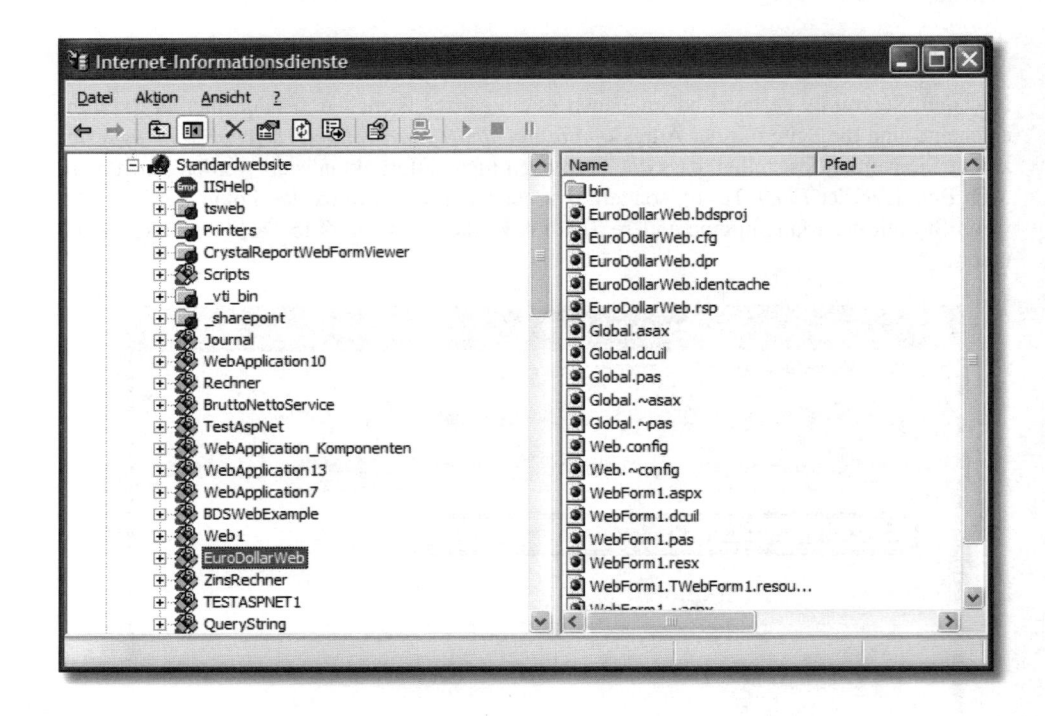

10.3 Die ASP.NET-Projektdateien

Im Folgenden wollen wir – nach einem hoffentlich erfolgreich verlaufenen Test – die ASP.NET-Projektdateien näher beleuchten.

Wie auch bei einer Windows Forms-Anwendung besteht eine Web Form-Anwendung aus einer Projektdatei und mehreren Formularen sowie weiteren Units (Namespaces). Allerdings besteht eine Web Form-Anwendung nach dem Compilieren nicht aus einer einzelnen EXE mit eventuell verlinkten Assemblies, sondern aus einzelnen ASPX-Files (entspricht den ASP- bzw. den HTML-Dateien älterer Web-Projekte) und einer DLL, in der sich der zugehörige Code der einzelnen Webseiten befindet.

10.3.1 Die Projektdatei

Über den Menüpunkt *Projekt|Quelltext anzeigen* erreichen Sie die eigentliche Projektdatei Ihrer Web Form-Anwendung:

```
library EuroDollarWeb;

{%AspWebConfigContainer 'Web.config'}
{%DelphiDotNetAssemblyCompiler '$(SystemRoot)\microsoft.net\framework\v1.1.4322\System.dll'}
{%DelphiDotNetAssemblyCompiler
```

10.3 Die ASP.NET-Projektdateien

```
'$(SystemRoot)\microsoft.net\framework\v1.1.4322\System.Data.dll'}
{%DelphiDotNetAssemblyCompiler
'$(SystemRoot)\microsoft.net\framework\v1.1.4322\System.Drawing.dll'}
{%DelphiDotNetAssemblyCompiler
'$(SystemRoot)\microsoft.net\framework\v1.1.4322\System.Web.dll'}
{%DelphiDotNetAssemblyCompiler
'$(SystemRoot)\microsoft.net\framework\v1.1.4322\System.XML.dll'}
{%AspMarkupContainer 'Global.asax'}
{%AspMarkupContainer 'WebForm1.aspx'}
{$R 'WebForm1.TWebForm1.resources' 'WebForm1.resx'}

uses System.Reflection, System.Runtime.CompilerServices,
     Global in 'Global.pas' {Global.TGlobal: System.Web.HttpApplication},
     WebForm1 in 'WebForm1.pas' {WebForm1.TWebForm1: System.Web.UI.Page};

[assembly: AssemblyDescription('')]
[assembly: AssemblyConfiguration('')]
[assembly: AssemblyCompany('')]
[assembly: AssemblyProduct('')]
[assembly: AssemblyCopyright('')]
[assembly: AssemblyTrademark('')]
[assembly: AssemblyCulture('')]
[assembly: AssemblyVersion('1.0.*')]
[assembly: AssemblyDelaySign(false)]
[assembly: AssemblyKeyFile('')]
[assembly: AssemblyKeyName('')]

begin
end.
```

Wie Sie sehen, handelt es sich um den Quellcode einer Assembly/Library **ohne** eigenes Hauptprogramm (der *begin end*-Abschnitt ist leer). Lediglich die diversen Assembly-Informationen sowie die eingebundenen Formulare und Namespaces/Units finden Sie hier.

10.3.2 Die Datei Global.pas

Wer jetzt nach dem eigentlichen Einstiegspunkt für die Webanwendung sucht, sollte sich das obige Listing genau durchlesen. Unter anderem findet sich hier auch die Datei *Global.pas*, die eine *TGlobal*-Klasse implementiert (abgeleitet von *System.Web.HttpApplication*).

Hier können Sie über spezifische Ereignisse auf den Start Ihrer Anwendung reagieren und zum Beispiel gemeinsame Ressourcen initialisieren. Doch Achtung: Webanwendungen verhalten sich naturbedingt anders als lokale Windows Forms-Anwendungen. Ihre Webanwendung kann gleichzeitig von Hunderten Nutzern verwendet werden. So müssen Sie zwischen userspezischen Daten (Session) und anwendungsglobalen Daten (Application) unterscheiden. Mehr dazu im Abschnitt 10.6.2.

10.3.3 ASPX-Datei(en)

Wie unser Einstiegsbeispiel schon gezeigt hat, besteht Ihre Webanwendung unter anderem auch aus einzelnen ASPX-Dateien. Diese enthalten zum einen die Informationen über den Oberflächenaufbau der einzelnen Web-Formulare, zum anderen findet sich hier die Referenz auf den Ereigniscode bzw. die Formularklasse, die später in der zentralen Projekt-Assembly (DLL) abgelegt wird.

ASPX-Dateien sind HTML-Dateien, wie ein Blick in die Codeansicht (nicht *.pas) verrät:

```
1   <%@ Page language="c#" Debug="true" Codebehind="WebForm1.pas"
2         AutoEventWireup="false" Inherits="WebForm1.TWebForm1" %>
3   <!DOCTYPE HTML PUBLIC "-//W3C//DTD HTML 4.0 Transitional//EN">
4
5   <html>
6     <head>
7       <title></title>
8       <meta name="GENERATOR" content="Borland Package Library 7.1">
9     </head>
10
11    <body ms_positioning="GridLayout">
12      <form runat="server">
13        <asp:label id=Label1
14                style="Z-INDEX: 1; LEFT: 22px; POSITION: absolute; TOP: 14px"
15                runat="server" backcolor="Yellow" font-size="Medium"
16                borderstyle="Double" height="27px" width="307px">Umrechnung Euro-Do
17        <asp:label id=Label2
18                style="Z-INDEX: 2; LEFT: 142px; POSITION: absolute; TOP: 62px"
19                runat="server">Kurs</asp:label>
20        <asp:label id=Label3
21                style="Z-INDEX: 2; LEFT: 110px; POSITION: absolute; TOP: 110px"
22                runat="server">Euro</asp:label>
23        <asp:label id=Label4
24                style="Z-INDEX: 2; LEFT: 310px; POSITION: absolute; TOP: 110px"
25                runat="server">Dollar</asp:label>
26        <asp:textbox id=TextBox1
27                style="Z-INDEX: 3; LEFT: 110px; POSITION: absolute; TOP: 134px"
28                runat="server" height="24" width="99px" autopostback="True">
29        </asp:textbox>
30        <asp:textbox id=TextBox2
31                style="Z-INDEX: 4; LEFT: 310px; POSITION: absolute; TOP: 134px"
32                runat="server" height="24" width="115px" autopostback="True">
33        </asp:textbox>
34        <asp:textbox id=TextBox3
35                style="Z-INDEX: 5; LEFT: 206px; POSITION: absolute; TOP: 62px"
36                runat="server" height="24" width="115px" autopostback="True">
37        </asp:textbox>
38      </form>
```

In der Delphi.NET-IDE können Sie sowohl die grafische Design-Ansicht als auch die Codeansicht mit dem automatisch generierten HTML-Code aufrufen.

10.3 Die ASP.NET-Projektdateien

Fügen Sie in der Design-Ansicht zum Beispiel einen Button (Kategorie "Web Controls") ein, erzeugt Delphi daraus folgenden HTML-Quellcode:

```
<asp:textbox id=TextBox3
             style="Z-INDEX: 5; LEFT: 206px; POSITION: absolute; TOP: 62px"
             runat="server" height="24" width="115px" autopostback="True">
</asp:textbox>
```

Für den HTML-erfahrenen Programmierer ist dies auf den ersten Blick etwas Neues, beachten Sie jedoch, dass dieses Element noch auf dem Server interpretiert werden muss, bevor es zum Client gesendet wird.

Das Resultat nach der Interpretation durch die ASP.NET-Engine ist altbekannt:

```
<input name="TextBox3" type="text" value="1" onchange="__doPostBack('TextBox3','')"
language="javascript" id="TextBox3" style="height:24px;width:115px;Z-INDEX: 5; LEFT: 206px;
POSITION: absolute; TOP: 62px" />
```

Alle im Web Form platzierten Komponenten werden wiederum in ein Form-Element eingebettet:

```
<form runat="server">
  <asp:label id=Label1
   ...
</form>
```

Die Frage bleibt allerdings, wie die ASP.NET-Engine den Zusammenhang zwischen dem obigen "ASP.NET-Quellcode" und Ihrem Quellcode, d.h. der Delphi.NET-Assembly, herstellt.

Ein Blick an den Anfang des ASPX-Dokuments zeigt die Lösung. Mit der *Page*-Direktive werden diverse Attribute definiert:

```
<%@ Page language="c#" Debug="true" Codebehind="WebForm1.pas"
    AutoEventWireup="false" Inherits="WebForm1.TWebForm1" %>
<!DOCTYPE HTML PUBLIC "-//W3C//DTD HTML 4.0 Transitional//EN">
<html>
...
```

Mit Hilfe des *CodeBehind*-Attributes stellt zunächst die Delphi-IDE den Zusammenhang zwischen ASP.NET-Formular und Delphi-Unit her.

Hinweis: Diese Information wird nicht zur Laufzeit genutzt!

Die wesentliche Angabe für die ASP.NET-Engine ist das *Inherits*-Attribut, mit dem ein Zusammenhang zwischen ASP.NET-Formular und zugehöriger Klasse hergestellt wird. Die Engine braucht nur noch im untergeordneten */bin*-Verzeichnis nach der Web-Assembly zu suchen und die entsprechende Klasse zu instanziieren.

Wie weit die Trennung von ASP.NET-Code und Delphi-Code geht, können Sie durch das direkte Verändern der ASPX-Datei ausprobieren. Verändern Sie einfach die Position der Controls. Sie werden feststellen, dass ein erneutes Compilieren der Assembly so lange nicht erforderlich ist, wie Sie keine Controls hinzufügen oder löschen.

10.3.4 Die PAS-Datei(en)

Hier findet sich Ihr eigentliches Wirkungsfeld als Programmierer. Strukturell gleicht eine Web Form-Klasse der entsprechenden Windows Form-Klasse, allerdings haben wir es hier mit einem anderen Vorfahren und einem etwas anderen Ereignismodell zu tun.

```
unit WebForm1;
interface
uses  System.Collections, System.ComponentModel,
      System.Data, System.Drawing, System.Web, System.Web.SessionState,
      System.Web.UI, System.Web.UI.WebControls, System.Web.UI.HtmlControls;

type
  TWebForm1 = class(System.Web.UI.Page)
  ...
  end;
```

Quellcode zum Erzeugen von Komponenten und deren Konfiguration, wie bei den Windows Forms, werden Sie hier allerdings nicht finden. Wie bereits im vorhergehenden Abschnitt gezeigt, ist dies Angelegenheit der ASPX-Dokumente.

Eine Aufgabe bleibt jedoch, nämlich das Verbinden von Oberflächenelementen mit dem Quellcode, d.h. das Zuordnen von Ereignishandlern. Dies geschieht in der Methode *Initialize-Component*, die durch eine überschriebene *OnInit*-Methode aufgerufen wird:

```
procedure TWebForm1.InitializeComponent;
begin
  Include(Self.TextBox1.TextChanged, Self.TextBox1_TextChanged);
  ...
  Include(Self.Load, Self.Page_Load);
end;

procedure TWebForm1.OnInit(e: EventArgs);
begin
  InitializeComponent;
  inherited OnInit(e);
end;
```

10.3.5 Das Startformular

Im Gegensatz zu einer Windows Forms-Anwendung hat eine Web Form-Anwendung kein direktes Startfomular, das zum Beispiel über die Projektdatei festgelegt wird. Entscheidend ist, welche ASPX-Datei als erste im Browser des Endanwenders aufgerufen wird.

Ergibt sich der Aufruf der "Startseite" durch den Link eines übergeordneten Webs, dürften Sie kaum Schwierigkeiten haben. Soll jedoch gleich die erste Seite Ihres Webs eine ASPX-Seite sein, müssen Sie dies zum Beispiel im IIS-Manager entsprechend festlegen.

Wie auch bei den HTML-Seiten, bei denen Sie eine *Default.htm* o.ä. festlegen konnten, definieren Sie einfach Ihre Startseite als *Default.aspx* und legen diese als Standarddokument für Ihr Web fest (Webeigenschaften, siehe folgende Abbildung).

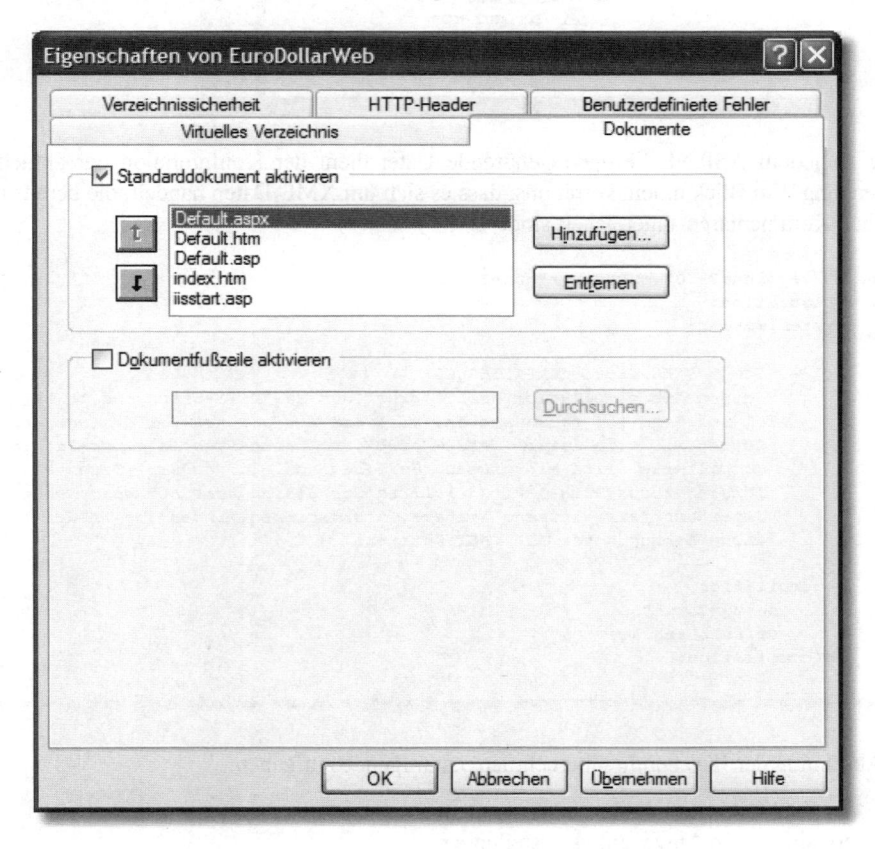

Jetzt genügt zum Beispiel auch der Aufruf

```
http://localhost/EuroDollarWeb
```

statt

```
http://localhost/EuroDollarWeb/WebForm1.aspx
```

10.3.6 Die Datei Web.config

Werfen Sie einen Blick in die Projektverwaltung, finden Sie neben den bereits besprochenen Dokumenten auch eine *Web.config*-Datei:

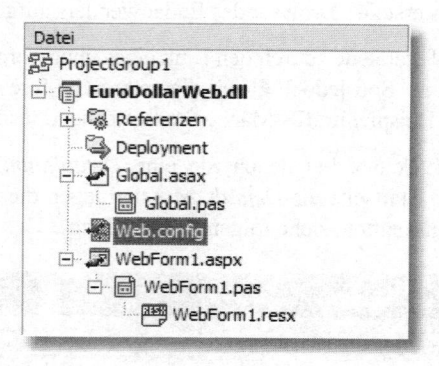

```
Datei
  ProjectGroup1
    EuroDollarWeb.dll
      Referenzen
      Deployment
      Global.asax
        Global.pas
      Web.config
      WebForm1.aspx
        WebForm1.pas
          WebForm1.resx
```

Diese zu jedem ASP.NET-Projekt gehörende Datei dient der Konfiguration der aktuellen Anwendung. Ein Blick hinein verrät uns, dass es sich um XML-Daten handelt, die bereits mit reichlich Kommentaren angereichert sind:

```xml
1  <?xml version="1.0" encoding="utf-8" ?>
2  <configuration>
3    <system.web>
4
5      <!-- DYNAMISCHE DEBUG-COMPILIERUNG
6          Setzen Sie compilation debug="true", um das ASPX-Debugging zu akti
7          diesen Wert auf false setzen, wird die Ausführungs-Performance de
8          Setzen Sie compilation debug="true", um Debug-Symbole (.pdb-Infor
9          compilierte Seite einzufügen. Weil dadurch eine größere Datei erz
10         langsamer ausgeführt wird, sollten Sie diesen Wert nur beim Debug
11         immer auf false setzen. Weitere Informationen finden Sie in der D
12         Thema Debuggen von ASP .NET-Dateien.
13     -->
14     <compilation
15         debug="true"
16         defaultLanguage="c#">
17     </compilation>
```

Die Abschnitte der *Web.config* übernehmen u.a. folgende Aufgaben::

- *<appSettings>*
  Verwaltung von Anwendungseinstellungen

- *<authentication mode="Windows|Forms|Passport|None">*
  Konfiguration der Authentication, d.h. des Identifizierens von Usern.

- *<authorization>*
  Konfiguration der Authorization, d.h. die Verwaltung von Rechten

- *<compilation>*
  Konfiguration des .NET Framework Compilers
- *<customErrors>*
  Einstellungen für das Verhalten im Fehlerfall
- *<globalization>*
  Lokalisierungseinstellungen
- *<identity>*
  kontrolliert die Identität der Web-Anwendung (Impersonation)
- *<machineKey>*
  verwaltet die Schlüssel für Ver-/Entschlüsselung
- *<pages>*
  seitenspezifische Einstellungen für alle Formulare der Anwendung, diese können auf Seitenebene überschrieben werden
- *<processModel>*
  konfiguriert das ASP.NET-Prozessmodell
- *<sessionState>*
  konfiguriert die Session-Informationen
- *<trace>*
  konfiguriert die Trace-Informationen für die Anwendung
- *<webServices>*
  kontrolliert die Einstellungen für XML Web Services
- *<configuration>*
  fügt eigene Einstellungen hinzu, die Sie mit Ihrer Web-Anwendung auslesen können

Welche Optionen im Einzelnen möglich sind, zeigen die weiteren Abschnitte des Kapitels im Zusammenhang mit bestimmten Aufgabenstellungen.

> **Hinweis:** Möchten Sie innerhalb Ihrer IIS-Anwendung verschiedene Konfigurationen realisieren, kann in jedem Unterverzeichnis eine eigene *Web.config* angelegt werden.

Dies kann auch zur Laufzeit des Webs geschehen, jede Änderung der *Web.config*-Datei wird vom Server überwacht und entsprechend umgesetzt. Ein Neustart des IIS oder der Web-Anwendung ist in diesem Fall nicht nötig.

10.4 Lernen am Beispiel

Wir wollen am Beispiel einer Zinseszins-Berechnung die wichtigsten Etappen des ASP.NET-Projektentwurfs ansprechen. In den folgenden Abschnitten binden wir dann weitere Komponenten ein, um unser Programm – um etwas anderes handelt es sich ja nicht – komfortabler zu machen.

10.4.1 Erstellen des Projekts

Erstellen Sie ein neues Web-Projekt über den Menüpunkt *Datei|Neu|ASP.NET-Webanwendung*. Geben Sie den Verzeichnisnamen "ZinsRechner" an.

Jedes ASP.NET-Projekt wird in einem eigenen virtuellen Web Ihres IIS gespeichert.

Nach einigen Sekunden (oder auch Minuten) finden Sie in der Projektverwaltung bereits eine ganze Reihe von Dateien vor:

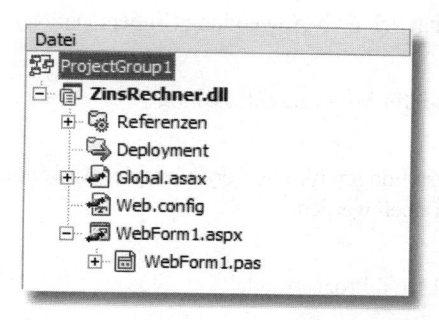

```
Datei
 ProjectGroup1
 └─ ZinsRechner.dll
    ├─ Referenzen
    ├─ Deployment
    ├─ Global.asax
    ├─ Web.config
    └─ WebForm1.aspx
       └─ WebForm1.pas
```

Für uns ist zunächst nur die Datei *WebForm1.aspx* von Interesse. Klicken Sie doppelt darauf, öffnet sich der gewohnte Formulardesigner. Lediglich am rechten unteren Rand, d.h. in der Tool-Palette, dürften Sie einige Veränderungen bemerken. Von den einzelnen Tool-Seiten sind für die Entwicklung "reinrassiger" ASP.NET-Anwendungen vor allem "Web Controls", "Data Components" und "DB Web" interessant. Auf der Seite "HTML-Elemente" finden Sie lediglich die guten alten HTML-Controls, die Sie bereits unter ASP verwenden konnten. Diese Controls können Sie zwar nach wie vor benutzen, Sie werden jedoch feststellen, dass Sie mit den neuen Controls in vielen Fällen besser bedient sind:

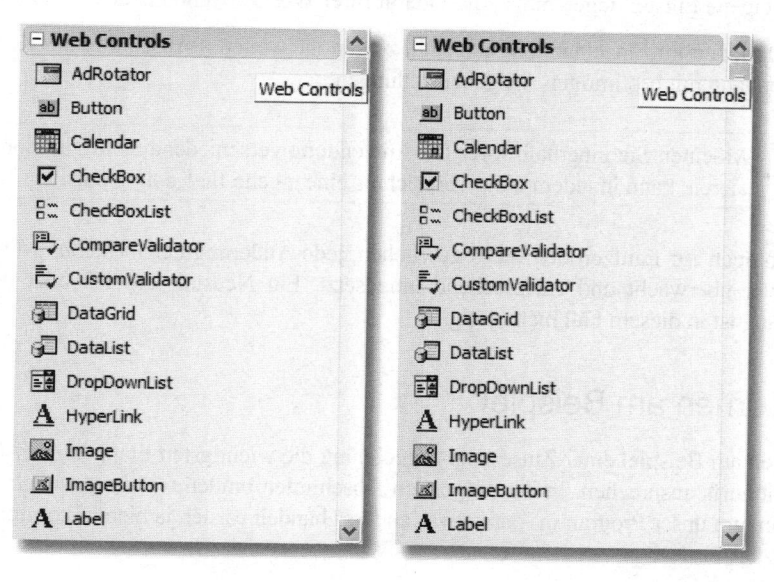

```
Web Controls                    Web Controls
 AdRotator                       AdRotator
 Button                          Button
 Calendar                        Calendar
 CheckBox                        CheckBox
 CheckBoxList                    CheckBoxList
 CompareValidator                CompareValidator
 CustomValidator                 CustomValidator
 DataGrid                        DataGrid
 DataList                        DataList
 DropDownList                    DropDownList
 HyperLink                       HyperLink
 Image                           Image
 ImageButton                     ImageButton
 Label                           Label
```

10.4 Lernen am Beispiel 555

Hinweis: Auch wenn einige der Controls noch so komplex und aufwändig in der Gestaltung sind (z.B. *TreeView*), auf dem Client gibt es nur Text, Textboxen, Listboxen, Checkboxen, Tabellen, Grafiken und einfache Buttons. Alle anderen Controls werden automatisch so umgeformt (gerendert), dass sie mit den genannten Controls dargestellt werden können.

Hinweis: Die für viele sicher interessante *TreeView*-Komponente finden Sie als kostenlosen Download im Internet unter folgender leicht zu merkender Adresse:

http://www.asp.net/ControlGallery/default.aspx?Category=38&tabindex=2

10.4.2 Oberflächengestaltung

Der eigentliche Entwurf der Oberfläche entspricht fast vollständig dem Entwurf einer Window Forms-Oberfläche, ziehen Sie einfach die gewünschten Komponenten in den Designer bzw. in die *Page* (*TWebForm1*)[1].

Platzieren Sie zunächst einige *TextBoxen*, *Labels* und einen *Button* entsprechend folgender Abbildung auf dem Web Form:

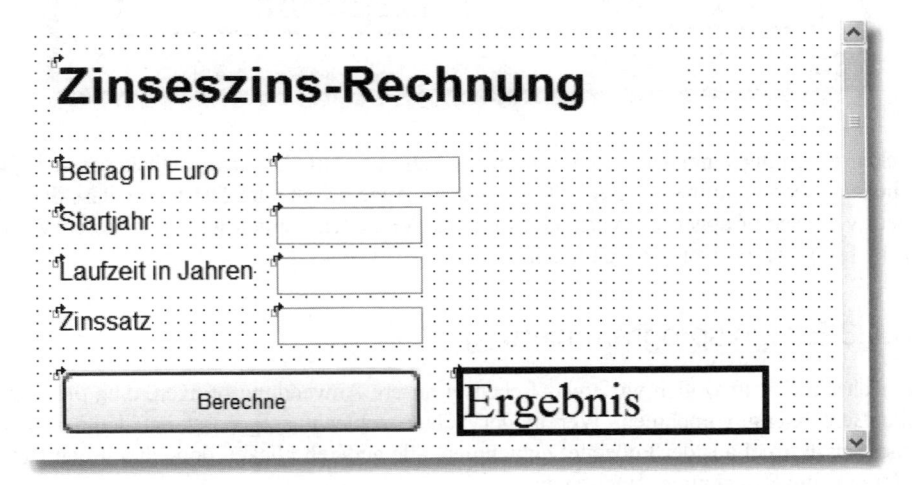

Zinseszins-Rechnung

Betrag in Euro
Startjahr
Laufzeit in Jahren
Zinssatz

Berechne   Ergebnis

Hinweis: Verwenden Sie nur die Komponenten von der *Web-Controls*-Seite.

---

[1] Auch wenn im Objektinspektor zunächst *Document* oder *Form* angezeigt wird.

Damit ist der Oberflächenentwurf vorläufig abgeschlossen, wir können einen ersten Test wagen. Starten Sie einfach mit F9 und warten Sie ab, was der Explorer Ihnen präsentiert:

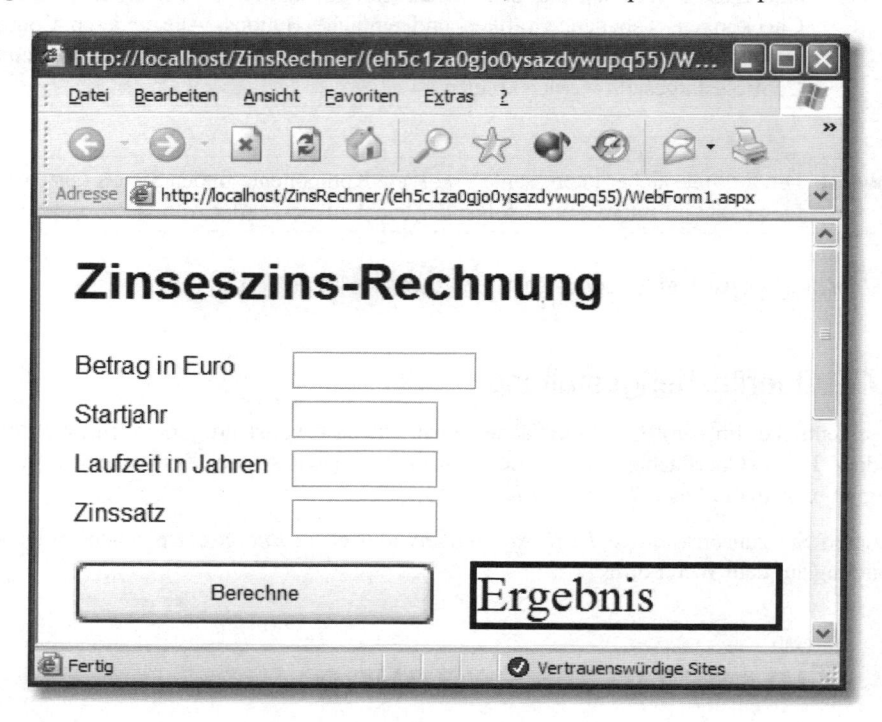

Klicken Sie ruhig einmal auf den Button "Berechne". Auf den ersten Blick passiert zwar nichts, wer jedoch aufmerksam die Statusleiste im Auge behält wird feststellen, dass die Seite erneut vom Server abgerufen wird. Genau dieses Verhalten werden wir im weiteren Verlauf für die Ereignisprogrammierung brauchen.

10.4.3 Ereignisprogrammierung

Im nächsten Schritt wollen wir etwas Leben in unsere Anwendung bringen, d.h., die eigentliche Berechnung vornehmen. Wer in der Schule schlecht aufgepasst hat, kann sich die Zinseszins-Formel aus der Fußzeile[1] entnehmen, alle anderen klicken doppelt auf den Button und tragen die Berechnungsfunktion ein:

```
procedure TWebForm1.Button1_Click(sender: System.Object; e: System.EventArgs);
begin
  Label6.Text := Convert.ToString(Convert.ToSingle(TextBox1.Text) *
           Math.Pow(1 + Convert.ToSingle(TextBox4.Text) / 100,
```

---

[1] Endwert = Anfangswert * $(1+\text{Zins}/100)^{\text{Laufzeit}}$

10.4 Lernen am Beispiel

```
            Convert.ToSingle(TextBox3.Text)));
end;
```

Auf eine Fehlerbehandlung etc. verzichten wir zunächst. Starten Sie ruhig das Programm erneut und füllen Sie die Felder *Betrag*, *Laufzeit* und *Zins* aus. Das Startjahr heben wir uns noch für eine spätere Erweiterung auf.

Zinseszins-Rechnung

Betrag in Euro: 3000
Startjahr:
Laufzeit in Jahren: 5
Zinssatz: 4,7

[Berechne] 3774,458

Das sieht ja schon ganz gut aus, zumal sich der Programmieraufwand bislang in Grenzen hielt. Doch wie sieht es mit einer sinnvollen Endwert-Formatierung aus? Die praktische *ToString*-Methode hilft uns weiter:

```
Label6.Text := Single(Convert.ToSingle(TextBox1.Text) *
               Math.Pow(1 + Convert.ToSingle(TextBox4.Text) / 100,
               Convert.ToSingle(TextBox3.Text))).ToString('C');
```

Das Ergebnis dürfte zunächst einmal unseren Erwartungen entsprechen:

3.774,46 €

Hinweis: Da die Verarbeitung auf dem Server abläuft, gelten dessen Währungseinstellungen, nicht die des Clients!

Bisher sind wir bei unserem Beispiel von vorbildlichen Nutzern ausgegangen, die sofort wissen, dass ein Komma einzugeben ist, und die auch realistische Werte vorgeben. Doch was passiert, wenn nicht?

10.4.4 Ein Fehler, was nun?

Geben Sie statt einer Zahl ein paar Buchstaben ein. Das Resultat dürfte auch bei Ihnen folgende recht ausführliche Webseite sein:

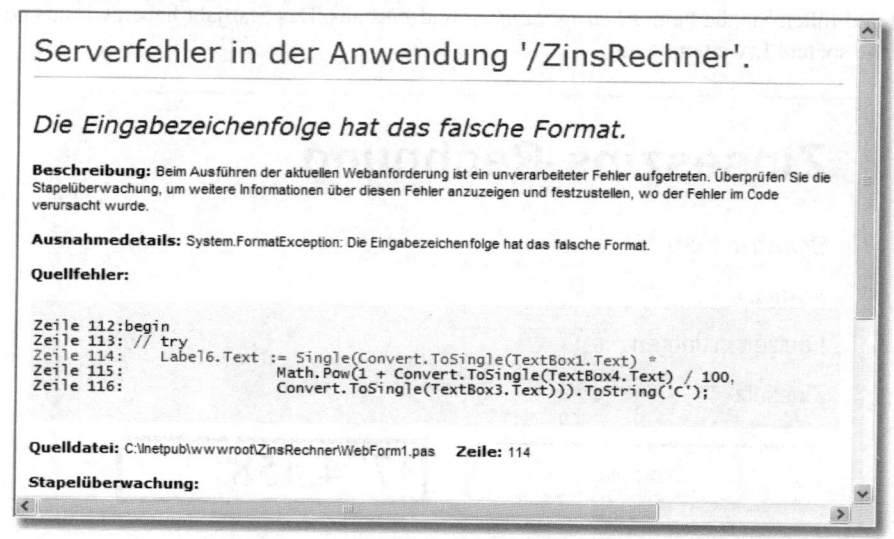

Serverfehler in der Anwendung '/ZinsRechner'.

Die Eingabezeichenfolge hat das falsche Format.

Beschreibung: Beim Ausführen der aktuellen Webanforderung ist ein unverarbeiteter Fehler aufgetreten. Überprüfen Sie die Stapelüberwachung, um weitere Informationen über diesen Fehler anzuzeigen und festzustellen, wo der Fehler im Code verursacht wurde.

Ausnahmedetails: System.FormatException: Die Eingabezeichenfolge hat das falsche Format.

Quellfehler:

```
Zeile 112:begin
Zeile 113:  // try
Zeile 114:    Label6.Text := Single(Convert.ToSingle(TextBox1.Text) *
Zeile 115:                   Math.Pow(1 + Convert.ToSingle(TextBox4.Text) / 100,
Zeile 116:                   Convert.ToSingle(TextBox3.Text))).ToString('C');
```

Quelldatei: C:\Inetpub\wwwroot\ZinsRechner\WebForm1.pas   **Zeile:** 114

Stapelüberwachung:

Wie Sie sehen, wird Ihnen auch gleich der Quellcode angezeigt, in dem der Fehler aufgetreten ist. Doch keine Panik, eine derart ausführliche und sicher auch nicht immer erwünschte Fehlermeldung erhalten Sie nur auf Ihrem eigenen PC. Der "gemeine" Web-User muss sich mit folgender Meldung zufrieden geben:

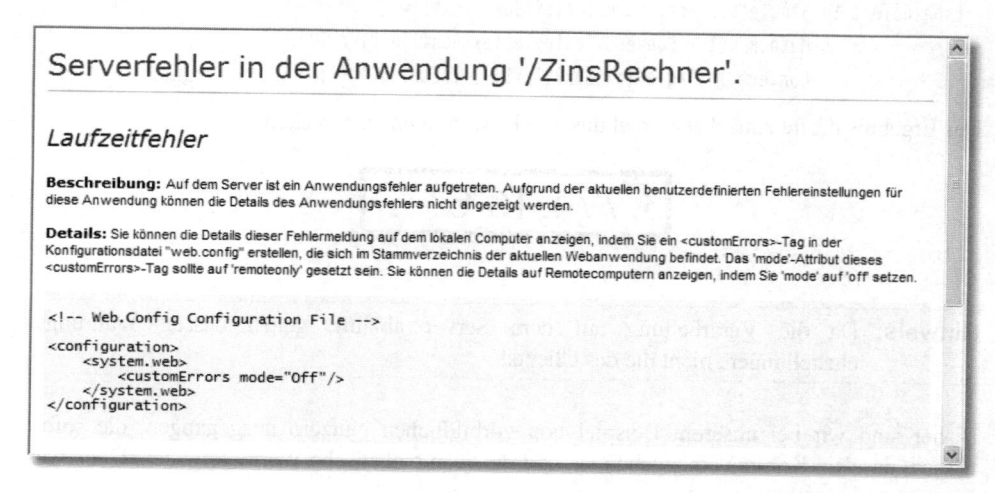

Serverfehler in der Anwendung '/ZinsRechner'.

Laufzeitfehler

Beschreibung: Auf dem Server ist ein Anwendungsfehler aufgetreten. Aufgrund der aktuellen benutzerdefinierten Fehlereinstellungen für diese Anwendung können die Details des Anwendungsfehlers nicht angezeigt werden.

Details: Sie können die Details dieser Fehlermeldung auf dem lokalen Computer anzeigen, indem Sie ein <customErrors>-Tag in der Konfigurationsdatei "web.config" erstellen, die sich im Stammverzeichnis der aktuellen Webanwendung befindet. Das 'mode'-Attribut dieses <customErrors>-Tag sollte auf 'remoteonly' gesetzt sein. Sie können die Details auf Remotecomputern anzeigen, indem Sie 'mode' auf 'off' setzen.

```
<!-- Web.Config Configuration File -->
<configuration>
    <system.web>
        <customErrors mode="Off"/>
    </system.web>
</configuration>
```

Was es damit genau auf sich hat und wie Sie mit Fehlern in ASP.NET-Anwendungen umgehen, zeigt Ihnen Abschnitt 10.7 im Detail.

Einfache Fehlerbehandlung

Wir beschränken uns an dieser Stelle zunächst auf die erste Maßnahme, eine einfache Fehlerbehandlung mit *try except*.

Die Umsetzung:

```
procedure TWebForm1.Button1_Click(sender: System.Object; e: System.EventArgs);
begin
  try
    Label6.Text := Single(Convert.ToSingle(TextBox1.Text) *
                  Math.Pow(1 + Convert.ToSingle(TextBox4.Text) / 100,
                  Convert.ToSingle(TextBox3.Text))).ToString('C');
  except
    Label6.Text := 'Error';
  end;
end;
```

Gibt der Nutzer falsche bzw. unzulässige Werte ein, wird statt des Ergebnisses ein entsprechender Text angezeigt.

10.4.5 Ereignisse von Textboxen

Warum muss der Anwender unbedingt den Button anklicken? Genügt es nicht auch, dass die Neuberechnung automatisch bei der Eingabe vorgenommen wird? Im Gegensatz zu ASP ist dies mit ASP.NET kein Problem. Klicken Sie einfach doppelt auf eine der Textboxen und Sie erhalten eine *TextChanged*-Ereignis-Methode:

```
procedure TWebForm1.TextBox1_TextChanged(sender: System.Object; e: System.EventArgs);
begin

end;
```

Die Betonung liegt auf "Changed", d.h., das Ereignis tritt erst **nach** der Änderung auf. Doch wann ist dies der Fall? Mit den Default-Einstellungen wartet der Browser so lange, bis Sie die Eingabe in der Textbox mit der Enter-Taste abschließen. Erst dann wird die Meldung an den Server gesendet, die entsprechende Ereignisroutine ausgeführt und die Antwortseite an den Client zurückgesendet.

So weit, so gut, wenn Sie aber mit der Tabulatortaste zwischen den Textboxen wechseln, passiert nichts. Nutzen Sie die Eigenschaft *AutoPostBack*, um bei jeder Änderung[1] eine Meldung zum Server zu senden bzw. um das Ergebnis zu berechnen.

---

[1] Eigentlich auch nur beim Fokus-Verlust bzw. beim Verwenden der Enter-Taste.

10.4.6 Ein gemeinsamer Ereignis-Handler

Setzen Sie für alle Eingabefelder die Eigenschaft *AutoPostBack* auf *True* und erzeugen Sie zunächst folgende Ereignismethode:

```
procedure TWebForm1.TextBox1_TextChanged(sender: System.Object; e: System.EventArgs);
begin
  try
    Label6.Text := Single(Convert.ToSingle(TextBox1.Text) *
                Math.Pow(1 + Convert.ToSingle(TextBox4.Text) / 100,
                Convert.ToSingle(TextBox3.Text))).ToString('C');
  except
    Label6.Text := '?';
  end;
end;
```

Diesen Ereignis-Handler weisen Sie auch den weiteren Textboxen zu (Objektinspektor, Ereignisse). Nach dem Start können Sie sich von der Funktionsfähigkeit überzeugen.

Doch ein kleines Manko bleibt: Mit jedem Seiten-Refresh ist auch der Eingabefokus wieder verändert.

10.4.7 Ausgaben in einer Tabelle

Der etwas nutzlos gewordene Button soll umfunktioniert werden. Statt lediglich eine Endsumme anzuzeigen, sollen zusätzlich auch die Zinsen bzw. die aufgelaufene Summe pro Jahr angezeigt werden. Eine Tabelle dürfte da sicher das Mittel der Wahl sein.

Platzieren Sie also eine *Table*-Komponente (Rubrik *Web Controls*) auf dem Web Form:

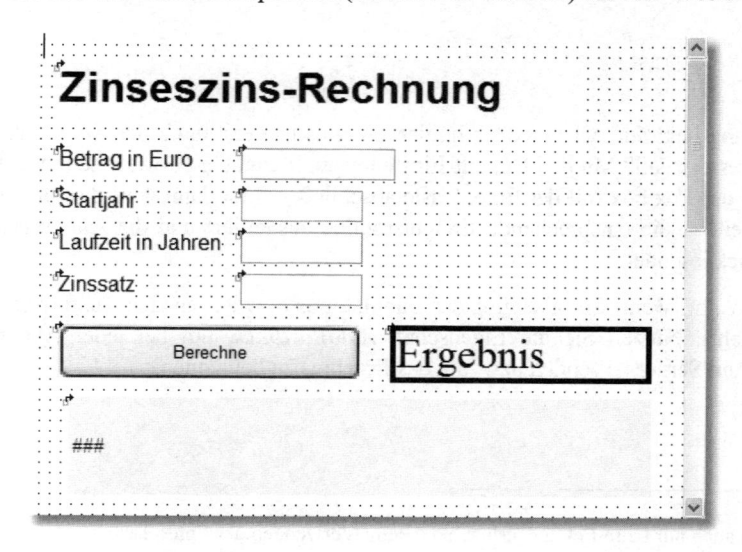

10.4 Lernen am Beispiel

Im Designer bestimmen Sie lediglich die Breite der Tabelle, alle anderen Formatierungen, die Zeilen- und Spaltenzahl und natürlich auch den Inhalt, legen wir erst zur Laufzeit fest.

Die bisherige Ereignisprozedur des Buttons können Sie ruhig löschen, wir erstellen eine neue. Doch bevor es so weit ist, schreiben wir eine Funktion *ZinsesZins*, da wir die Berechnung ja nun für mehrere Jahre durchführen müssen. Am besten erzeugen Sie auch gleich eine neue Unit, in der wir die Funktion unterbringen:

```
unit UFunktionen;

interface
   function ZinsesZins(startwert, zins, laufzeit: Single): Single;
implementation

function ZinsesZins(startwert, zins, laufzeit: Single): Single;
begin
   Result := (startwert * Math.Pow(1 + zins / 100, laufzeit));
end;

end.
```

Hinweis: Haben Sie nur kein schlechtes Gewissen, dass Sie statt in OOP-Manier eine Klasse zu schreiben, nur eine einfache Funktion verwenden. Ein späterer Blick in die Assembly stellt auch den OOP-Fanatiker zufrieden (die Funktion wird automatisch in die Klasse *uFunktionen.Unit* eingebunden).

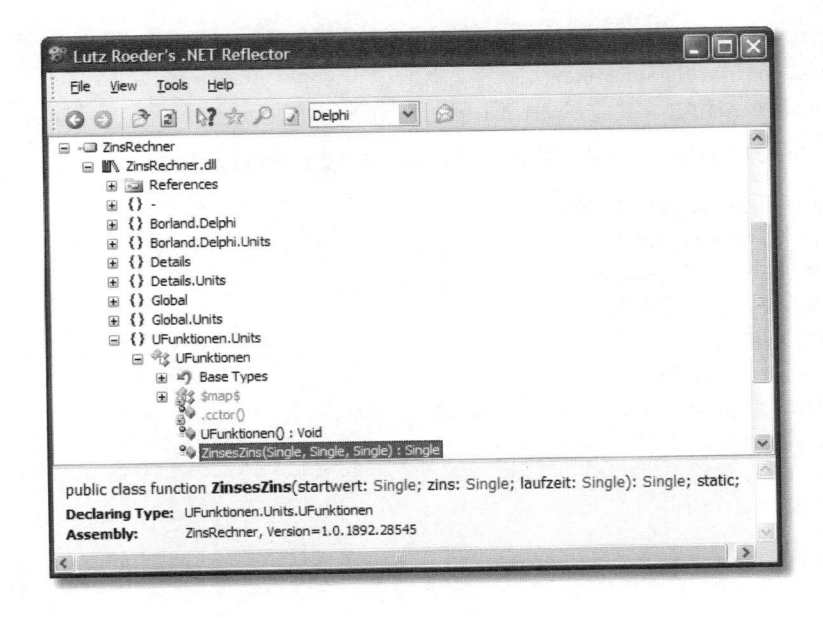

Binden Sie nachfolgend die obige Unit in *WebForm1.pas* ein.

```
implementation
uses uFunktionen;
```

Die Ereignisprozedur des Buttons (auf eine Fehlerbehandlung verzichten wir an dieser Stelle):

```
procedure TWebForm1.Button1_Click(sender: System.Object; e: System.EventArgs);
var  r : TableRow;
     c : TableCell;
     j, jahr, laufzeit : Integer;
     startwert, zins : Single;
begin
```

Die Variablen initialisieren:

```
    startwert := Convert.ToSingle(TextBox1.Text);
    zins      := Convert.ToSingle(TextBox4.Text);
    laufzeit  := Convert.ToInt32(TextBox3.Text);
    jahr      := Convert.ToInt32(TextBox2.Text);
```

Wir erzeugen die Kopfzeile der Tabelle:

```
    r := TableRow.Create();       // neue Zeile erzeugen
    c := TableCell.Create();      // neue Spalte bzw. Zelle erzeugen
    c.Text := 'Jahr';             // Inhalt eintragen
    r.Cells.Add(c);               // Zelle in die Zeile einfügen
    c := TableCell.Create();
    c.Text := 'Wert in Euro';
    r.Cells.Add(c);
    r.BackColor := Color.LightGray;
    Table1.Rows.Add(r);           // Zeile in die Tabelle einfügen
```

Für alle Jahre berechnen wir die Werte und erzeugen die Tabellenzeilen:

```
    for j := 0 to laufzeit do begin
      r := TableRow.Create();
      c := TableCell.Create();
      c.Text := jahr.ToString();
      r.Cells.Add(c);
      c := TableCell.Create();
      c.Text := zinseszins(startwert, zins, j).ToString('C');
      r.Cells.Add(c);
      Inc(jahr);
      Table1.Rows.Add(r);
    end;
end;
```

Damit können wir zur Tat schreiten, einem Test steht nichts mehr im Wege:

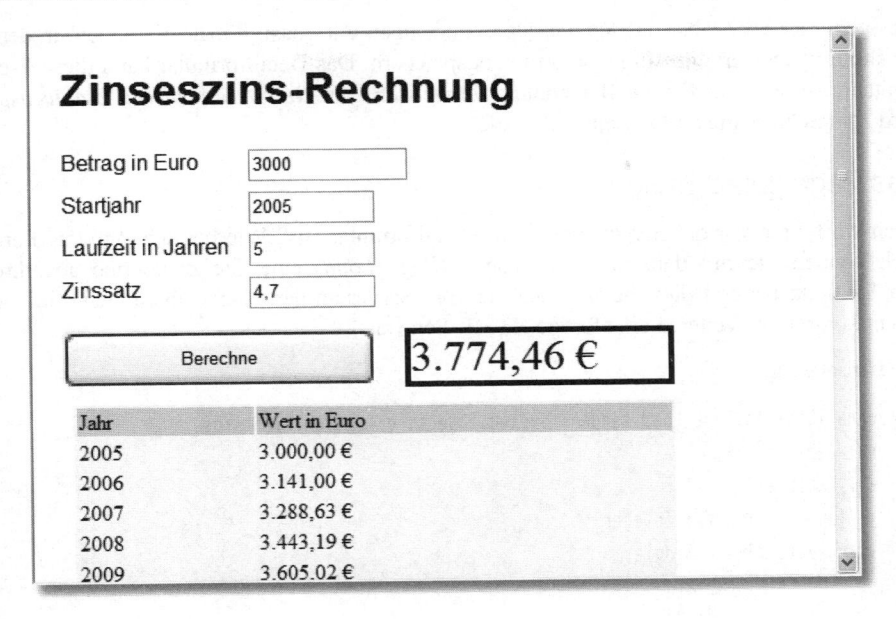

Zinseszins-Rechnung

Betrag in Euro	3000
Startjahr	2005
Laufzeit in Jahren	5
Zinssatz	4,7

[Berechne] **3.774,46 €**

Jahr	Wert in Euro
2005	3.000,00 €
2006	3.141,00 €
2007	3.288,63 €
2008	3.443,19 €
2009	3.605,02 €

10.4.8 Zusammenspiel mehrerer Formulare

Vielleicht ist Ihnen das obige Formular auch etwas zu unübersichtlich. Warum kann die jährliche Aufstellung nicht einfach in einem weiteren Web-Form angezeigt werden? Nichts leichter als das.

Erstellen Sie einfach ein neues Web-Form und geben Sie diesem den Namen *Details.aspx*. Kopieren Sie die *Table*-Komponente aus dem *WebForm1* in das neue Web-Form. Gleiches trifft auch auf die Einbindung der Unit *uFunktionen* und die Ereignisbehandlung des Buttons zu.

Für den Button in *WebForm1* selbst erzeugen Sie eine neue Ereignisroutine:

```
procedure TWebForm1.Button1_Click(sender: System.Object; e: System.EventArgs);
begin
  Session['Laufzeit']  := TObject(Convert.ToInt32(TextBox3.Text));
  Session['Startwert'] := TObject(Convert.ToSingle(TextBox1.Text));
  Session['Zins']      := TObject(Convert.ToSingle(TextBox4.Text));
  Session['Jahr']      := TObject(Convert.ToInt32(TextBox2.Text));
  Response.Redirect('Details.aspx');
end;
```

Globale Variablen?

Was geht hier vor? Über das *Session*-Objekt erzeugen wir quasi globale Variablen, in denen wir die Eingabewerte des Eingabeformulars speichern. Das Detailformular kann diese Werte einfach auslesen und für die Berechnung verwenden. Mit *Response.Redirect('Details.aspx')* wird zum Schluss die zweite Seite aufgerufen.

Das Page_Load-Ereignis

Doch wo führen wir die Berechnungen im Detailformular aus? Wie bei den Window Forms auch können Sie mit dem Laden der Seite (*Page_Load*) eine Ereignisroutine ausführen. Wohlgemerkt passiert dies, **bevor** die Seite vom Server an den Client übertragen wird. Am Client kommt im Weiteren eine fertige HTML-Seite an.

Die Umsetzung:

```
procedure TDetails.Page_Load(sender: System.Object; e: System.EventArgs);
var  r : TableRow;
     c : TableCell;
     j, jahr, laufzeit : Integer;
     startwert, zins : Single;
begin
```

Die Variablen initialisieren:

```
    startwert := Single(Session['Startwert']);
    zins      := Single(Session['Zins']);
    laufzeit  := Integer(Session['Laufzeit']);
    jahr      := Integer(Session['Jahr']);
```

Wir erzeugen die Kopfzeile der Tabelle:

```
    r := TableRow.Create();        // neue Zeile erzeugen
    c := TableCell.Create();       // neue Spalte bzw. Zelle erzeugen
    c.Text := 'Jahr';              // Inhalt eintragen
    r.Cells.Add(c);                // Zelle in die Zeile einfügen
    c := TableCell.Create();
    c.Text := 'Wert in Euro';
    r.Cells.Add(c);
    r.BackColor := Color.LightGray;
    Table1.Rows.Add(r);            // Zeile in die Tabelle einfügen
```

Für alle Jahre berechnen wir die Werte und erzeugen die Tabellenzeilen:

```
    for j := 0 to laufzeit do begin
      r := TableRow.Create();
      c := TableCell.Create();
      c.Text := jahr.ToString();
```

```
    r.Cells.Add(c);
    c := TableCell.Create();
    c.Text := zinseszins(startwert, zins, j).ToString('C');
    r.Cells.Add(c);
    Inc(jahr);
    Table1.Rows.Add(r);
  end;
end;
```

Starten Sie nun die Webanwendung, geben Sie Werte in die Textboxen ein und klicken Sie auf den Button. Es sollte folgendes Formular zu sehen sein:

Details

Jahr	Wert in Euro
2005	3.000,00 €
2006	3.141,00 €
2007	3.288,63 €
2008	3.443,19 €
2009	3.605,02 €
2010	3.774,46 €

10.4.9 Ärger mit den Cookies

Sollten Sie, was gar nicht so abwegig ist, mit folgender Fehlermeldung konfrontiert werden, haben Sie entweder einen Tippfehler in Ihrem Beispiel oder Ihr Browser/Firewall blockt Cookies ab:

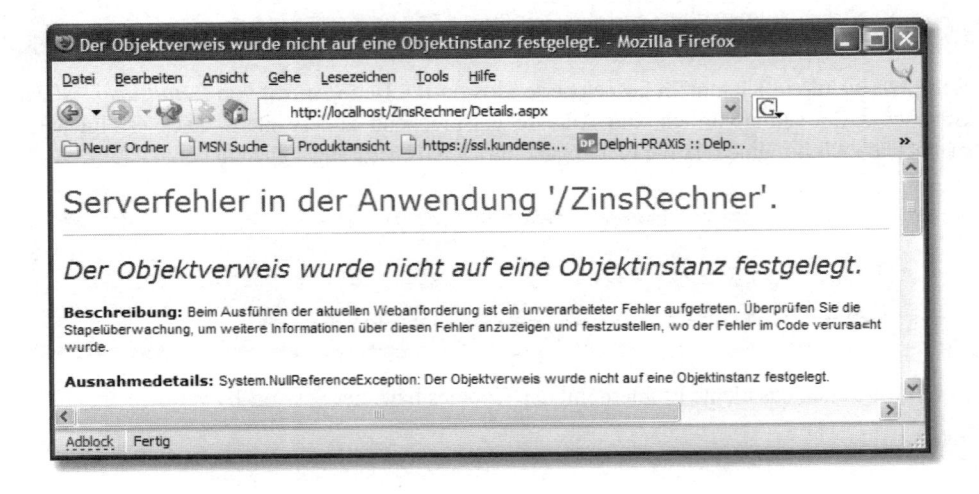

Serverfehler in der Anwendung '/ZinsRechner'.

Der Objektverweis wurde nicht auf eine Objektinstanz festgelegt.

Beschreibung: Beim Ausführen der aktuellen Webanforderung ist ein unverarbeiteter Fehler aufgetreten. Überprüfen Sie die Stapelüberwachung, um weitere Informationen über diesen Fehler anzuzeigen und festzustellen, wo der Fehler im Code verursacht wurde.

Ausnahmedetails: System.NullReferenceException: Der Objektverweis wurde nicht auf eine Objektinstanz festgelegt.

Die Ursache: Eine Session erfordert einen eindeutigen Bezeichner auf dem Client, der im Standardfall per Cookie realisiert wird. Ist das Erzeugen von Cookies auf dem Client nicht möglich (Ursache siehe oben), können im zweiten Formular nicht mehr die Daten aus dem *Session*-Objekt ausgelesen werden, für den Server fehlt einfach der Zusammenhang.

Für diesen Fall haben sich die MS-Programmierer einen Trick einfallen lassen. Statt lokaler Cookies wird ein virtuelles Verzeichnis (die Session-ID) in den URL eingefügt, dessen Name bei relativ miteinander verlinkten Seiten durch den Browser automatisch immer wieder eingefügt wird.

Bevor dieser Mechanismus greift, müssen wir jedoch in der *Web.config* eine Änderung vornehmen.

Suchen Sie bitte folgenden Abschnitt

```
<sessionState
     mode="InProc"
     stateConnectionString="tcpip=127.0.0.1:42424"
     sqlConnectionString="data source=127.0.0.1;user id=sa;password="
     cookieless="false"
     timeout="20"
/>
```

und ersetzen Sie den Wert des Attributs *cookieless* durch *true*. Speichern Sie die Datei *Web.config* ab, um die Änderungen für den Server zu übernehmen.

Bei einem erneuten Start Ihrer Anwendung sollte die Adresszeile für *WebForm1.aspx* wie folgt aussehen:

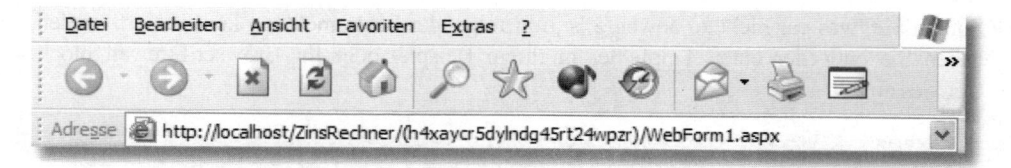

`http://localhost/ZinsRechner/(h4xaycr5dylndg45rt24wpzr)/WebForm1.aspx`

Beachten Sie die in Klammern gespeicherte Session-ID. Beim Aufruf von *Details.aspx* ist der Browser dafür verantwortlich, die Adresse entsprechend zu erweitern. Dies erfolgt automatisch, da wir nur eine relative Pfadangabe für *Details.aspx* angegeben hatten:

`http://localhost/ZinsRechner/(h4xaycr5dylndg45rt24wpzr)/Details.aspx`

Damit wäre auch das kleine Problem mit den Cookies bzw. der Session-ID gelöst.

10.5 Die Validator-Controls

Bei unseren bisherigen Experimenten sind wir vom Idealfall des Webanwenders ausgegangen: ein Nutzer, der immer alle Felder korrekt ausfüllt, der keine falschen Werte eingibt und auch logisch alles richtig macht. Leider werden wir im täglichen Programmiererdasein fast immer nur auf DAUs[1] treffen, die mit traumwandlerischer Sicherheit genau die Fehler machen, auf die unsere Anwendung nicht vorbereitet ist.

In weiser Voraussicht haben die MS-Programmierer ein recht wirkungsvolles Werkzeug für die Eingabeprüfung entwickelt: die Validator-Controls.

10.5.1 Übersicht

Mit Hilfe der Validator-Controls bietet sich Ihnen eine einfache und vor allem flexible Möglichkeit, Benutzereingaben zu überprüfen. Neben einfachen Regeln, wie das Vorhandensein eines Eintrags, können Sie auch komplexe Vergleiche oder nutzerdefinierte Regeln realisieren.

Ein Validator-Control wird immer einem Eingabe-Control zugeordnet. Im Gegensatz dazu lassen sich einem Eingabe-Control auch mehrere Validator-Controls zuordnen. Beispielsweise können Sie zunächst auf das Vorhandensein einer Kreditkartennummer prüfen, nachfolgend können Sie diese logisch prüfen.

Auf der "Web Controls"-Seite der Tool-Palette finden Sie folgende Validator-Controls:

Control	Beschreibung
RequiredFieldValidator	Verknüpfen Sie dieses Control mit einer Textbox, muss diese einen Inhalt haben, bevor ein Post erfolgt.
CompareValidator	Dieses Control ermöglicht den Vergleich (=, >, <, >=, <=, <>) eines Eingabewertes mit einem Vorgabewert, der als Konstante oder Vergleichsfeld vorliegt.
RangeValidator	Der Inhalt des Controls muss mit einem vorgegebenen Bereich übereinstimmen.
RegularExpressionValidator	Der Inhalt des zu überwachenden Controls wird auf der Basis eines regulären Ausdrucks geprüft.
CustomValidator	Dieses Control können Sie verwenden, wenn Sie mit den bisher vorgestellten Controls nicht die gewünschte Prüfung vornehmen können. Sie können eine eigene Ereignisbehandlung realisieren.
ValidationSummary	Dieses Control fasst lediglich die Meldung der o.g. Controls zusammen.

---

[1] dümmster anzunehmender User

10.5.2 Wo findet die Fehlerprüfung statt?

Grundsätzlich erfolgt die Prüfung der eingegebenen Daten mit den Regeln, die durch die Validator-Controls aufgestellt worden sind, immer auf dem Server.

Je nach Typ des Browsers[1] kann auch eine erste Prüfung auf dem Client erfolgen, um unnötige Datenübertragungen zwischen Client und Server zu vermeiden. Dieses Feature wird mit der Eigenschaft *EnableClientScript* aktiviert, die Überprüfung auf Browsertyp und Browsereignung nehmen die Controls automatisch vor. Da bei diesem Verfahren zunächst keine Abfrage zum Server gesendet wird, ist ein besseres Antwortverhalten zu erwarten.

> **Hinweis:** Beachten Sie jedoch, dass eine endgültige Prüfung in jedem Fall auf dem Server erfolgt, egal, ob die Prüfung auf dem Client bereits erfolgreich war[2].

Die Möglichkeit, Prüfungen unabhängig vom Browsertyp und dessen Fähigkeiten durchzuführen, dürfte die Entwicklung robuster Eingabemasken wesentlich vereinfachen.

10.5.3 Verwendung

Alle Validator-Controls sind zur Laufzeit zunächst nicht sichtbar, tappt der Nutzer jedoch in unsere Falle und versucht, einen fehlerhaften Eingabewert an den Server zu senden, erscheint die gewünschte Fehlermeldung im Validator-Control, so wie Sie diese zur Entwurfszeit festgelegt haben.

Ein erster Test zeigt die Vorgehensweise. Platzieren Sie ein *RequiredFieldValidator*-Control auf dem Form und verbinden Sie dieses mit einer Textbox. Dazu genügt es, wenn Sie die Eigenschaft *ControlToValidate* auf das gewünschte Control festlegen. Wo Sie das Control platzieren, ist vollkommen egal, Sie sollten den Fehler jedoch nicht zwanzig Zeilen weiter unten anzeigen, wo der Anwender mit der Mitteilung nichts anzufangen weiß.

Den Fehlertext können Sie mit Hilfe der Eigenschaft *ErrorMessage* festlegen. Weitere Gestaltungsmöglichkeiten bieten sich mit den allgemeinen Eigenschaften wie *Font*, *ForeColor* etc. an.

Beispiel:

Zinseszins-Rechnung

Betrag in Euro [   ] Bitte geben Sie einen Wert ein!

---

[1] Wie bei MS nicht anders zu erwarten, natürlich der IE.
[2] Hiermit sollen Manipulationsmöglichkeiten auf der Clientseite ausgeschlossen werden.

10.5 Die Validator-Controls

Starten Sie nun die Anwendung, um sich von der Funktionstüchtigkeit zu überzeugen. Zunächst ist kein Unterschied festzustellen, versuchen Sie jedoch die Berechnung zu starten bzw. die Formulareingaben zum Server zu senden, wird die vordefinierte Fehlermeldung angezeigt.

Zinseszins-Rechnung

Betrag in Euro [   ]   Bitte geben Sie einen Wert ein!

Geben Sie nun einen Text in die Textbox ein und versuchen Sie erneut Ihr Glück, so verschwindet die Fehlermeldung von allein.

Natürlich vereinfacht die Tatsache, dass Eingabewerte nach einem erneuten Anzeigen der Seite bestehen bleiben, die Programmierung derartiger Prüfungen wesentlich. Wer möchte schon nach dem Ausfüllen von 10 oder 20 Feldern alles noch einmal eingeben, nur weil vielleicht ein einziger Wert falsch eingegeben wurde?

> **Hinweis:** Im Zusammenhang mit der Verwendung von Validator-Controls sollten Sie *AutoPostBack* besser auf *False* stellen!

Auf die Besonderheiten der verschiedenen Controls wird in den folgenden Abschnitten im Detail eingegangen.

10.5.4 RequiredFieldValidator

Diese Komponente haben Sie ja bereits im vorhergehenden Beispiel kennen gelernt. Die Aufgabe des *RequiredFieldValidators* besteht in der Prüfung, ob sich überhaupt ein Wert im zu überwachenden Control (*TextBox*, *ListBox*, *ComboBox* etc.) befindet. Ist dies nicht der Fall, wird der mit *ErrorMessage* festgelegte Text ausgegeben.

Doch was hat es mit der Eigenschaft *InitialValue* auf sich? Die Antwort findet sich beispielsweise bei einer *DropDownList*, die ja bereits beim Laden der Seite den ersten Wert anzeigt. Möchten Sie, dass der Nutzer einen anderen Wert auswählen muss, geben Sie den ersten Wert (Defaultwert) der *DropDownList* als *InitialValue* für den Validator vor.

Beispiel: Mit einer *DropDownList* soll eine Sprache ausgewählt werden. Zulässig sind nur die drei letzten Auswahlpunkte:

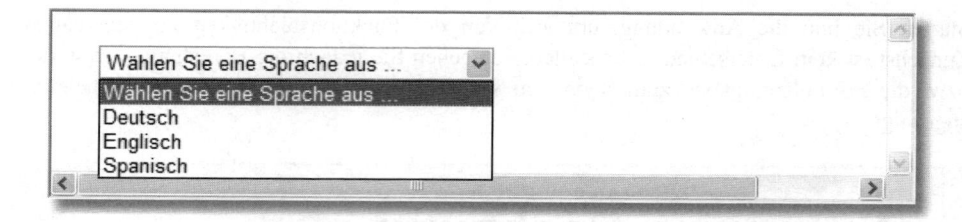

Wählt der Nutzer keinen anderen Wert aus, tritt das Validator-Control in Aktion:

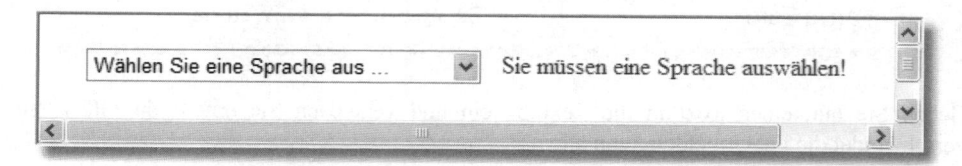

10.5.5 CompareValidator

Mit dem *CompareValidator* lassen sich bereits wesentlich komplexere Regeln aufstellen. Das Grundprinzip ist hier ein Vergleich mit konstanten Werten, einem anderen Feld oder mit einem Datentyp.

Wichtig sind die folgenden Eigenschaften:

Eigenschaft	Beschreibung
ControlToCompare	(optional) ein Control, mit dem der Vergleich erfolgen soll
ControlToValidate	das zu überwachende Control
Operator	der verwendete Vergleichsoperator
Type	(optional) ein vorgegebener Datentyp
ValueToCompare	(optional) ein konstanter Vergleichswert

Über die *Operator*-Eigenschaft können Sie einen der folgenden Werte auswählen:

Wert	Beschreibung
Equal	gleich
GreaterThan	größer
GreaterThanEqual	größer gleich
LessThan	kleiner
LessThanEqual	kleiner gleich
NotEqual	ungleich
DataTypeCheck	nur Datentypvergleich (*Integer, String, Double, Currency, Date*)

10.5 Die Validator-Controls

Beispiel: Für unser Zinseszinsprogramm möchten wir die Eingabe der Jahreszahl auf einen Wert größer 2001 festlegen.

Realisierung: Platzieren Sie ein *CompareValidator*-Control neben dem Eingabefeld für die Jahreszahl und verknüpfen Sie die beiden Controls über die *ControlToValidate*-Eigenschaft. Nachfolgend legen Sie die Eigenschaft *Operator* auf *GreaterThan* fest. In der Eigenschaft *ValueToCompare* bringen Sie den Vergleichswert "2001" unter. Was bleibt, ist das Festlegen einer geeigneten Fehlermeldung mittels *ErrorMessage*:

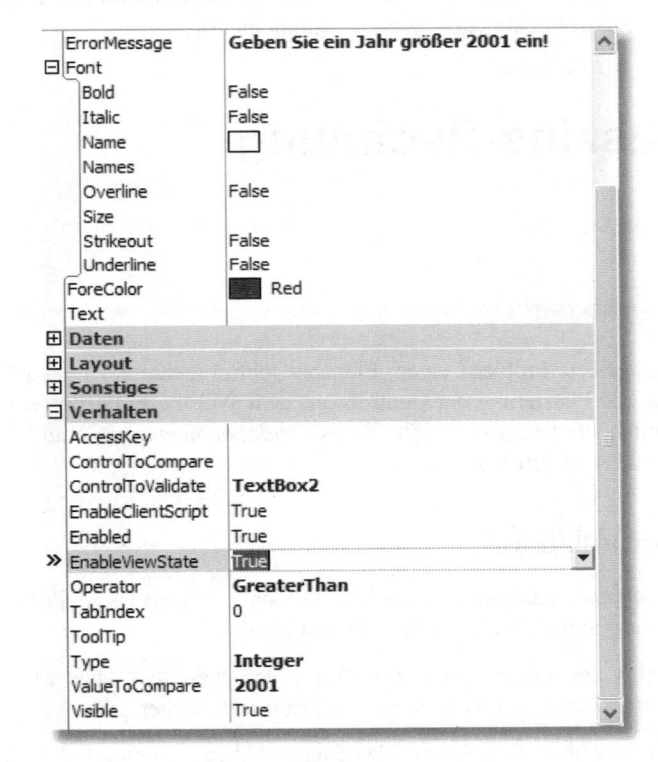

ErrorMessage	Geben Sie ein Jahr größer 2001 ein!
⊟ Font	
Bold	False
Italic	False
Name	
Names	
Overline	False
Size	
Strikeout	False
Underline	False
ForeColor	Red
Text	
⊞ **Daten**	
⊞ **Layout**	
⊞ **Sonstiges**	
⊟ **Verhalten**	
AccessKey	
ControlToCompare	
ControlToValidate	**TextBox2**
EnableClientScript	True
Enabled	True
» EnableViewState	True
Operator	**GreaterThan**
TabIndex	0
ToolTip	
Type	**Integer**
ValueToCompare	**2001**
Visible	True

Ein kurzer Test mit der Eingabe "2000" zeigt das gewünschte Ergebnis:

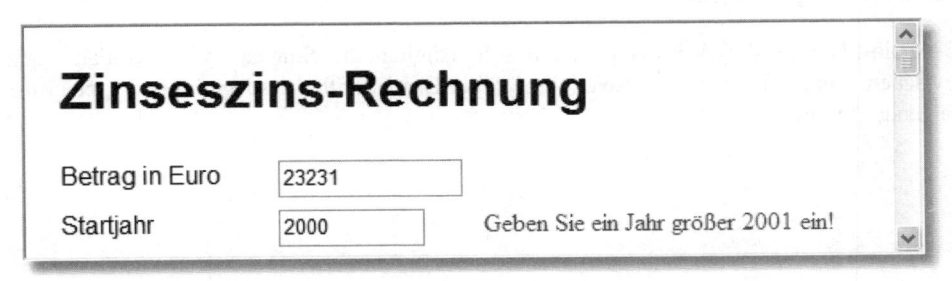

Zinseszins-Rechnung

Betrag in Euro	23231	
Startjahr	2000	Geben Sie ein Jahr größer 2001 ein!

Beispiel: Bei der Eingabe im Feld "Betrag" soll es sich in jedem Fall um einen Währungswert handeln. Bisher erfolgt lediglich eine Prüfung, ob überhaupt etwas eingegeben wurde (ein Buchstabe genügt, um die Bedingung zu erfüllen).

Realisierung: Fügen Sie ein weiteres *CompareValidator*-Control ein und verknüpfen Sie dieses mit der gewünschten Textbox. Die Eigenschaft *Operator* legen Sie auf *DataTypeCheck* fest. Mit *Type* wählen Sie den Datentyp "Currency" aus.

Der Test mit einer Falscheingabe zeigt das gewünschte Ergebnis (die Bedingung "Eingabe erforderlich" ist zwar erfüllt, aber der Datentyp stimmt nicht):

Zinseszins-Rechnung

Betrag in Euro   zehn   Geben Sie einen Zahlwert ein!
Startjahr

Wie Sie sehen, ist es kein Problem, einem Eingabe-Control mehrere ValidatorControls zuzuordnen. Lediglich die Platzierung der Controls auf dem Web-Form dürfte im Laufe der Zeit recht unübersichtlich werden. Abhilfe schafft das *ValidationSummary*-Control, auf das wir im Abschnitt 10.5.9 näher eingehen werden.

10.5.6 RangeValidator

Mit dem *RangeValidator* kann, wie es der Name schon vermuten lässt, ein Eingabewert auf Einhaltung eines bestimmten Wertebereichs geprüft werden.

Legen Sie zunächst den Datentyp mit der *Type*-Eigenschaft fest. Dies ist wichtig, da es natürlich einen Unterschied zwischen *String*- und *Integer*-Bereichen gibt.

Den eigentlichen Bereich stellen Sie mit den Eigenschaften *MinimumValue* und *MaximumValue* ein. Der Eingabewert muss nachfolgend größer gleich dem Minimum und kleiner gleich dem Maximum sein.

Beispiel: Unsere Zinseszins-Applikation soll lediglich die Eingabe von Kreditlaufzeiten zwischen 1 und 15 Jahren zulassen. Wie Sie die Eigenschaften festlegen müssen, zeigt die folgende Abbildung:

10.5 Die Validator-Controls

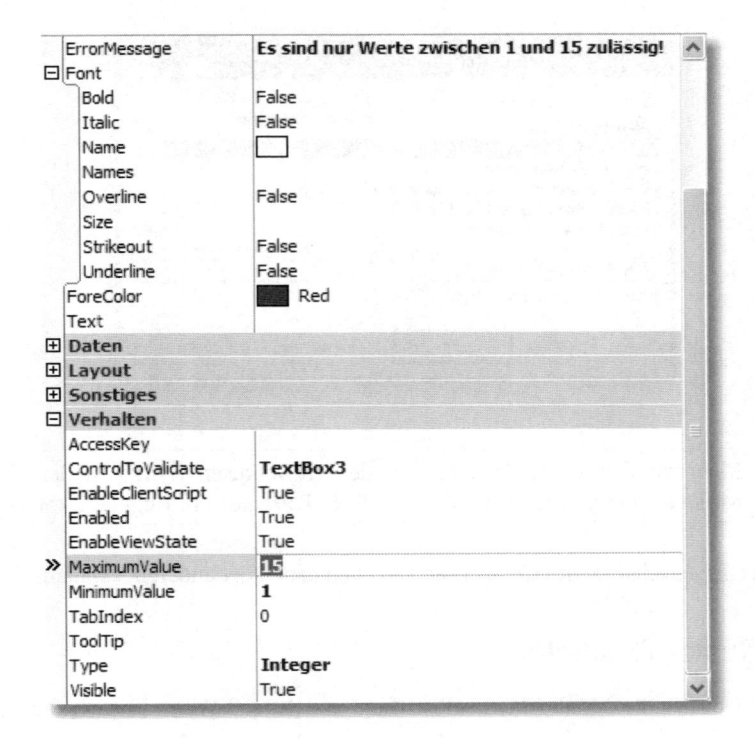

	ErrorMessage	Es sind nur Werte zwischen 1 und 15 zulässig!
⊟	Font	
	Bold	False
	Italic	False
	Name	
	Names	
	Overline	False
	Size	
	Strikeout	False
	Underline	False
	ForeColor	▇ Red
	Text	
⊞	**Daten**	
⊞	**Layout**	
⊞	**Sonstiges**	
⊟	**Verhalten**	
	AccessKey	
	ControlToValidate	TextBox3
	EnableClientScript	True
	Enabled	True
	EnableViewState	True
»	MaximumValue	15
	MinimumValue	1
	TabIndex	0
	ToolTip	
	Type	Integer
	Visible	True

10.5.7 RegularExpressionValidator

Wem die bisherigen Möglichkeiten der Prüfung von Eingabewerten nicht ausreichen, der findet sicher bei den regulären Ausdrücken das Gewünschte. Mit Hilfe einer Beschreibungssprache (Steuerzeichen, Platzhalter etc.) können quasi Masken für Eingabewerte erstellt werden. Prominente Beispiele sind Ihnen sicher schon auf mehreren Webseiten begegnet:

- E-Mail-Adressen
- Web-Adressen
- Kreditkartennummern
- Telefonnummern (mit nationaler bzw. internationaler Vorwahl)
- Postleitzahlen ...

Der für den das alles "böhmische Dörfer" sind, der sollte sich einmal die Beispiele ansehen, die über den *ValidationExpression*-Eigenschaftseditor bereitgestellt werden:

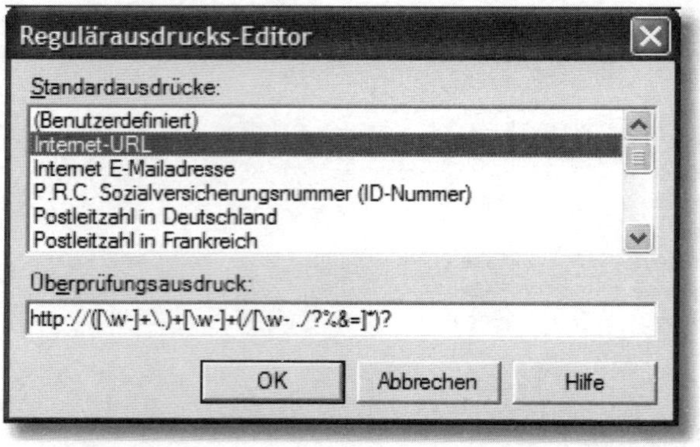
Reguläräusdrucks-Editor
Standardausdrücke:
(Benutzerdefiniert)
Internet-URL
Internet E-Mailadresse
P.R.C. Sozialversicherungsnummer (ID-Nummer)
Postleitzahl in Deutschland
Postleitzahl in Frankreich
Überprüfungsausdruck:
http://([\w-]+\.)+[\w-]+(/[\w- ./?%&=]*)?
OK
Abbrechen
Hilfe

Hinweis: Mehr zu den Hintergründen und der verwendeten Syntax finden Sie in der MSDN-Library unter dem Stichwort ".NET Framework Regular Expressions".

Die weiteren Eigenschaften des Controls entsprechen denen der anderen Validator-Controls.

10.5.8 CustomValidator

Fehlte Ihnen bisher die Möglichkeit, selbst Hand anzulegen? Wenn ja, sind Sie genau hier richtig.

Der *CustomValidator* bietet Ihnen zwei grundsätzliche Prüfungsmöglichkeiten, die Sie durch eigene Routinen realisieren können:

- serverseitige Validierung
- clientseitige Validierung

Während bei der ersten Variante ein Ereignis auf dem Server ausgelöst wird und Sie wie gewohnt mit Pascal/Delphi.NET programmieren können, lässt die zweite Variante Erinnerungen an alte Zeiten aufkommen. Sie erzeugen ein clientseitiges Skript (VBScript, JavaScript) mit allen Unwägbarkeiten, die damit zusammenhängen können. Wir verzichten deshalb an dieser Stelle darauf, Ihnen die clientseitige Validierung vorzustellen, und beschränken uns stattdessen auf die Server-Variante.

Serverseitige Validierung

Wie bei einer ereignisgesteuerten Programmierung wohl nicht anders zu erwarten, müssen Sie folgende Ereignisprozedur zur Verfügung stellen:

```
procedure TWebForm1.CustomValidator1_ServerValidate(source: System.Object;
                                 args: System.Web.UI.WebControls.ServerValidateEventArgs);
begin
end;
```

10.5 Die Validator-Controls

Über den Parameter *args* haben Sie zum einen Zugriff auf den Inhalt des zu überwachenden Controls (*args.Value*-Eigenschaft), zum anderen bestimmen Sie mit *args.IsValid*, ob die Prüfung erfolgreich war oder auch nicht.

Beispiel: Wir möchten das Eingabefeld für den Zinssatz prüfen. So soll es sich zum einen um einen numerischen Wert handeln, der nicht größer als 10,4 und nicht kleiner als 0,5 ist.

Realisierung: Platzieren Sie ein *CustomValidator* neben dem Eingabefeld für den Zinssatz und verbinden Sie die beiden Controls miteinander über die *ControlToValidate*-Eigenschaft. Nachfolgend klicken Sie doppelt auf das *CustomValidator*-Control, um die Ereignisprozedur zu erstellen:

```
procedure TWebForm1.CustomValidator1_ServerValidate(source: System.Object;
                      args: System.Web.UI.WebControls.ServerValidateEventArgs);
var n : Single;
begin
```

Zunächst prüfen wir den Datentyp:

```
  try
    n := Convert.ToSingle(args.Value);
```

Danach den Wertebereich:

```
    args.IsValid := (n >= 0.5)and(n <= 10.4);
  except
    args.IsValid := false;
  end;
end;
```

Doch Achtung: Testen Sie das Beispiel wie oben angegeben, passiert nichts bzw. es wird ein Fehler auftreten.

Im Gegensatz zu den anderen Validator-Controls, die bereits auf dem Client die entsprechenden Prüfungen vornehmen, erfolgt die Prüfung auf dem Server. Doch leider funktioniert die *AutoPostBack*-Funktion in diesem Fall nicht wie vorgesehen, die Ereignismethode wird nicht ausgelöst.

Erst mit dem Klick auf den Button wird auch das Ereignis ausgelöst, was allerdings etwas zu spät erfolgt, da wir nun bereits das zweite Formular anzeigen wollen. Deshalb müssen Sie eine weitere Prüfung beim *Button_Click* vornehmen:

```
procedure TWebForm1.Button2_Click(sender: System.Object; e: System.EventArgs);
begin
  if Page.IsValid then begin
    Session['Laufzeit']  := TObject(Convert.ToInt32(TextBox3.Text));
    Session['Startwert'] := TObject(Convert.ToSingle(TextBox1.Text));
    Session['Zins']      := TObject(Convert.ToSingle(TextBox4.Text));
```

```
  Session['Jahr']      := TObject(Convert.ToInt32(TextBox2.Text));
  Response.Redirect('Details.aspx');
  end;
end;
```

Jetzt klappt es auch mit der Prüfung, der Fehlertext wird korrekt angezeigt.

Gleichzeitig haben Sie auch einen weiteren Weg kennen gelernt, wie Sie den Fehlerstatus in Ereignisprozeduren abfragen können.

> **Hinweis:** Ein wichtiges Anwendungsgebiet für das *CustomValidator*-Control dürften Abfragen in Datenbanken oder Verzeichnissen sein (z.B. Passwort/Name etc.).

10.5.9 ValidationSummary

Wem die bisherigen Varianten etwas zu unübersichtlich waren und wer an einer zentralen Anzeige der Eingabefehler interessiert ist, der sollte sich das *ValidationSummary*-Control näher ansehen.

Mit diesem Control werden selbst keinerlei Regeln definiert, Sie müssen das Control noch nicht einmal an die anderen Controls binden. *ValidationSummary* zeigt lediglich die Fehlermeldungen der anderen Validation-Controls in einer übersichtlichen Form an:

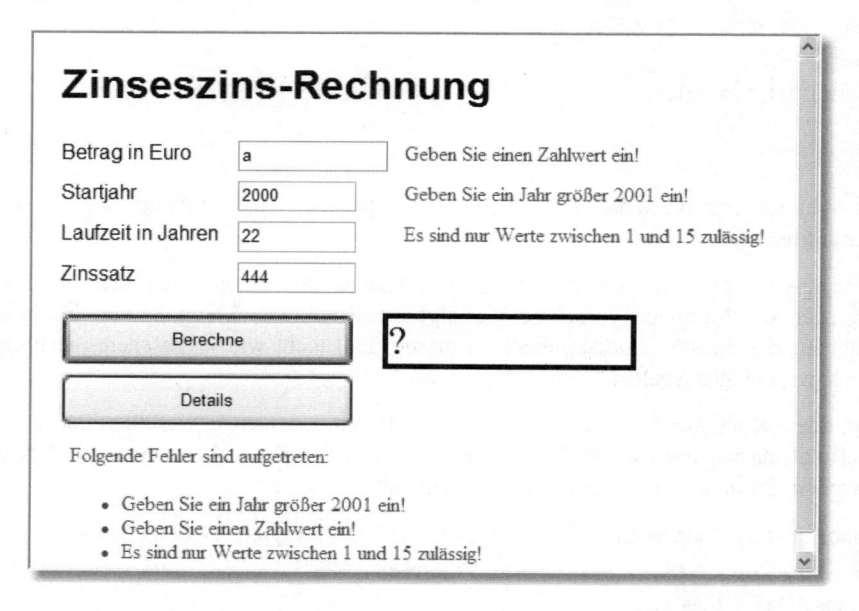

Zinseszins-Rechnung

Betrag in Euro	a	Geben Sie einen Zahlwert ein!
Startjahr	2000	Geben Sie ein Jahr größer 2001 ein!
Laufzeit in Jahren	22	Es sind nur Werte zwischen 1 und 15 zulässig!
Zinssatz	444	

[Berechne]   ?

[Details]

Folgende Fehler sind aufgetreten:
- Geben Sie ein Jahr größer 2001 ein!
- Geben Sie einen Zahlwert ein!
- Es sind nur Werte zwischen 1 und 15 zulässig!

Mit der Eigenschaft *DisplayMode* steuern Sie, in welcher Form die Fehlerliste ausgegeben werden soll. Möglich sind die Werte *List*, *BulletList*, *SingleParagraph*. Weiterhin dürfte *HeaderText* von Interesse sein, damit legen Sie einen einführenden Text vor den eigentlichen Fehlermeldungen fest.

10.6 Wichtige ASP.NET-Objekte

ShowMessageBox ermöglicht Ihnen die zusätzliche clientseitige Anzeige eines Meldungsfensters:

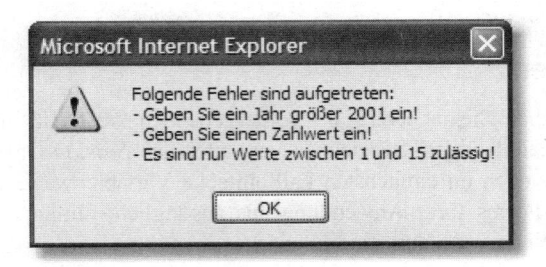

Reicht Ihnen obige MessageBox, können Sie mit *ShowSummary=False* die eigentliche Anzeige der Fehler verhindern.

10.5.10 Validierung zeitweise verhindern

Leider hat die konsequente Validierung auch ihre Schattenseiten. Stellen Sie sich den Fall vor, bei dem die Eingabe in ein Formular vom Nutzer abgebrochen werden soll. In Windows-Anwendungen fällt Ihnen jetzt sicher spontan der obligate Abbruch- oder Cancel-Button ein. Doch da stehen Sie vor einem Problem: Jeder Klick auf einen Button hat auch eine Verbindung zum Server zur Folge, und dies wiederum führt unvermeidlich zu einer Fehlerprüfung, die zu diesem Zeitpunkt überflüssig ist.

Aus diesem Grund verfügen alle Controls, die eine automatische Verbindung zum Server auslösen, über die Eigenschaft *CausesValidation* (Default=*True*), mit der die Fehlerprüfung gezielt ein- bzw. ausgeschaltet werden kann.

10.6 Wichtige ASP.NET-Objekte

Im Folgenden wollen wir Ihnen eine kurze Übersicht über die Verwendung bzw. Funktionsweise der wichtigsten ASP.NET-Objekte geben. Gemeint sind in diesem Fall nicht die sichtbaren Controls, mit denen Sie ja bereits Bekanntschaft geschlossen haben, sondern die im Hintergrund agierenden Klassen und Objekte, die unter anderem für die Ablaufsteuerung und den Datenaustausch zwischen Client und Server zuständig sind.

10.6.1 Session

Mit Session wird die Sitzung eines Web-Users bezeichnet. Die Session wird initialisiert, wenn der Nutzer die erste Seite Ihrer Applikation aufruft bzw. sich mit Ihrem Server verbindet, und endet nach dem Abruf der letzten Seite. Da dies ein relativer Zustand ist (wann ist es die letzte Seite?), lässt der Server einfach eine bestimmte Zeit verstreichen, bis die Session als beendet angesehen wird.

Hinweis: Sessions erfordern eine Session-ID auf dem Client. Siehe dazu Abschnitt 10.4.9 (Ärger mit den Cookies).

Session-Variablen

Session-Variablen haben Sie ja bereits im vorhergehenden Abschnitt am Beispiel kennen gelernt. Über einen eindeutigen Bezeichner verwaltet das *Session*-Objekt eine Liste von Objekten, und dies können im einfachsten Fall einfache Variablenwerte sein. Diese Objekte sind von allen Web-Forms Ihrer Anwendung aus zugänglich, mithin der ideale Weg, um Daten zwischen einzelnen Formularen auszutauschen.

Beispiel: Erzeugen einer *Session*-Variablen

```
Session['Begrüßung']   := 'Hallo User!';
Session['Kontostand']  := TObject(10000);
```

Oder auch so:

```
Session.Add('Ausgaben', TObject(3456));
```

Hinweis: In Delphi ist leider ein Boxing (*TObject()*) notwendig.

Im weiteren Verlauf können Sie diese Variablen auslesen, verändern oder auch löschen.

Beispiel: Auflisten aller Variablen

```
procedure TWebForm1.Page_Load(sender: System.Object; e: System.EventArgs);
var i : Integer;
    s : String;
begin
  Session['Begrüßung']   := 'Hallo User!';
  Session['Kontostand']  := TObject(10000);
  Session.Add('Ausgaben', TObject(3456));
  for i := 0 to Session.Count-1 do
    Response.Write('Session-Variable (' + i.ToString + ') = ' +
                   Session.Item[i].ToString + '<br>');
end;
```

Das Ergebnis im Browser:

```
Session-Variable (0) = Hallo User!
Session-Variable (1) = 10000
Session-Variable (2) = 3456
```

Beenden einer Session

Drei Wege bieten sich an:

- Sie warten einfach die vom IIS vordefinierte Zeit ab, bis für den Server die Session als beendet angesehen wird.
- Sie definieren über die Datei *Web.config* einen neuen *Timeout*-Wert.
- Sie verwenden die *Session.Timeout*-Eigenschaft, um einen neuen *Timeout*-Wert festzulegen (in Minuten).
- Sie beenden die Session direkt über den Aufruf der Methode *Session.Abandon*.

Ereignisse

Über die Datei *global.pas* stehen Ihnen die folgenden Ereignisse im Zusammenhang mit der Session zur Verfügung:

```
procedure TGlobal.Session_Start(sender: System.Object; e: EventArgs);
begin
end;

procedure TGlobal.Session_End(sender: System.Object; e: EventArgs);
begin
end;
```

10.6.2 Application

Mit dem *Application*-Objekt können Sie alle Objekte und Ereignisse, die die gesamte Anwendung betreffen, für alle Nutzer verwalten. Gemeint sind unter anderem folgende Objekte:

- *Request*
- *Response*
- *Server*
- *Session*
- *User*

Weiterhin bietet sich das *Application*-Objekt mit seinen Ereignishandlern für die Initialisierung und Ablaufsteuerung Ihres Projekts an. Die zugehörigen Methoden finden Sie in der Datei *global.pas*:

```
unit Global;

interface
```

```
uses
  System.Collections, System.ComponentModel,
  System.Web, System.Web.SessionState;

type
  TGlobal = class(System.Web.HttpApplication)
  {$REGION 'Vom Designer verwalteter Code'}
  strict private
    procedure InitializeComponent;
  {$ENDREGION}
  strict protected
    procedure Application_Start(sender: System.Object; e: EventArgs);
    procedure Session_Start(sender: System.Object; e: EventArgs);
    procedure Application_BeginRequest(sender: System.Object; e: EventArgs);
    procedure Application_EndRequest(sender: System.Object; e: EventArgs);
    procedure Application_AuthenticateRequest(sender: System.Object; e: EventArgs);
    procedure Application_Error(sender: System.Object; e: EventArgs);
    procedure Session_End(sender: System.Object; e: EventArgs);
    procedure Application_End(sender: System.Object; e: EventArgs);
  private
  public
    constructor Create;
  end;

implementation
...

procedure TGlobal.Application_Start(sender: System.Object; e: EventArgs);
begin end;

procedure TGlobal.Session_Start(sender: System.Object; e: EventArgs);
begin end;

procedure TGlobal.Application_BeginRequest(sender: System.Object; e: EventArgs);
begin end;

procedure TGlobal.Application_EndRequest(sender: System.Object; e: EventArgs);
begin end;

procedure TGlobal.Application_AuthenticateRequest(sender: System.Object; e: EventArgs);
begin end;
```

10.6 Wichtige ASP.NET-Objekte

```
procedure TGlobal.Application_Error(sender: System.Object; e: EventArgs);
begin end;

procedure TGlobal.Session_End(sender: System.Object; e: EventArgs);
begin end;

procedure TGlobal.Application_End(sender: System.Object; e: EventArgs);
begin end;
end.
```

Die Reihenfolge der Abarbeitung obiger Methoden:

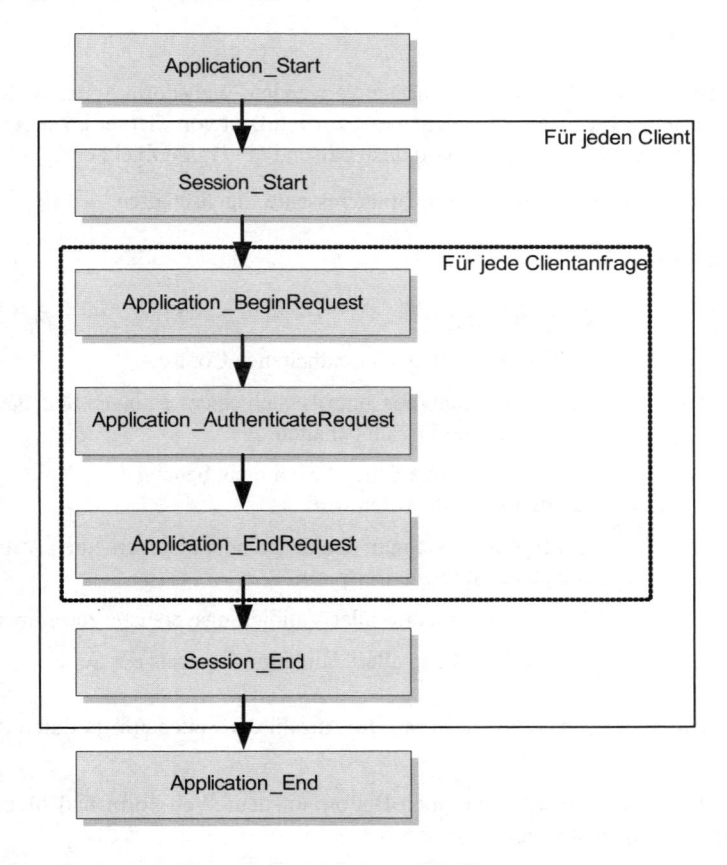

```
                    ┌─────────────────────────┐
                    │   Application_Start     │
                    └─────────────────────────┘
                                │
            ┌───────────────────┼──────────────── Für jeden Client
            │                   ▼
            │       ┌─────────────────────────┐
            │       │     Session_Start       │
            │       └─────────────────────────┘
            │                   │
            │   ┌───────────────┼──────────── Für jede Clientanfrage
            │   │               ▼
            │   │   ┌─────────────────────────┐
            │   │   │ Application_BeginRequest│
            │   │   └─────────────────────────┘
            │   │               │
            │   │               ▼
            │   │   ┌──────────────────────────────┐
            │   │   │Application_AuthenticateRequest│
            │   │   └──────────────────────────────┘
            │   │               │
            │   │               ▼
            │   │   ┌─────────────────────────┐
            │   │   │ Application_EndRequest  │
            │   │   └─────────────────────────┘
            │   │               │
            │                   ▼
            │       ┌─────────────────────────┐
            │       │      Session_End        │
            │       └─────────────────────────┘
            │                   │
                                ▼
                    ┌─────────────────────────┐
                    │    Application_End      │
                    └─────────────────────────┘
```

Optional stehen Ihnen noch folgende Ereignisse zur Verfügung:

- *BeginRequest*
- *AuthenticateRequest*

- *AuthorizeRequest*
- *ResolveRequestCache*
- *AcquireRequestState*
- *PreRequestHandlerExecute*
- *PostRequestHandlerExecute*
- *ReleaseRequestState*
- *UpdateRequestCache*
- *EndRequest*

10.6.3 Page

Hierbei handelt es sich um die bereits mehrfach verwendete Web-Form-Seite, die Sie zwar im Designer entwerfen (*aspx*-Datei), die jedoch erst zur Laufzeit vom Server erzeugt und an den Client gesendet wird. Auf dem Server wird dazu passend ein *Page*-Objekt erzeugt.

Page verfügt unter anderem über einige recht interessante Eigenschaften.

Eigenschaften

Eigenschaft	Beschreibung
Controls	... eine Auflistung aller enthaltenen Controls.
EnableViewState	... bestimmt, ob die Controls nach einem erneuten Seitenaufruf ihren Status und Inhalt behalten.
ErrorPage	... eine alternative Seite, die bei nicht behandelten Fehlern automatisch aufgerufen wird.
IsPostBack	... zeigt, ob es sich um den ersten oder einen erneuten Aufruf der Seite handelt (siehe Beispiel).
IsValid	... fasst das Ergebnis aller Validierungsversuche zusammen.
Validators	... eine Auflistung aller Validation-Controls der Seite.

Beispiel: Verwendung von *IsPostBack*, um die Anzahl der Seitenaufrufe durch den Nutzer zu ermitteln.

Realisierung: Platzieren Sie lediglich einen Button auf dem Web-Form und fügen Sie dem Formular folgende Ereignisprozedur hinzu:

```
procedure TWebForm1.Page_Load(sender: System.Object; e: System.EventArgs);
begin
  if Page.IsPostBack then begin
    Session['Count'] := TObject(Integer(Session['Count'])+ 1);
```

10.6 Wichtige ASP.NET-Objekte

```
      Response.Write('Hallo, ich werde zum ' + Integer(Session['Count']).ToString
                  + '. Mal aufgerufen!');
    end else begin
```

Die Seite wird zum ersten Mal aufgerufen:

```
      Session['Count'] := TObject(Integer(1));
      Response.Write('Hallo, ich werde zum ersten Mal aufgerufen!');
    end;
end;
```

Wie Sie sehen, verwenden wir eine *Session*-Variable, um über den Seitenaufruf hinweg die Anzahl der Aufrufe zu zählen.

Starten Sie nachfolgend das Beispiel, dürfte Ihnen beim ersten Mal die Aufschrift "Hallo, ich werde zum ersten Mal aufgerufen!" angezeigt werden. Nach dem Klick auf den Button wird ein Aufruf an den Server gesendet, die Seite wird aktualisiert und die Beschriftung ändert sich entsprechend.

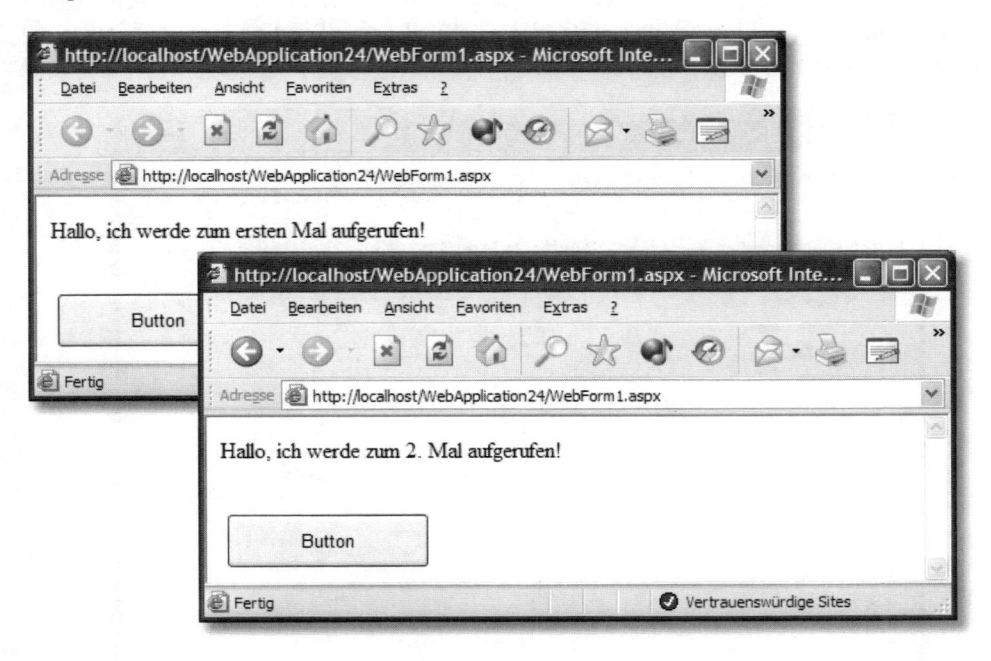

Hinweis: Nutzen Sie diese Möglichkeit, wenn Sie lediglich beim ersten Aufruf der Seite eine Prozedur (Datenabruf aus der Datenbank) ausführen möchten!

Methoden

Einige wichtige Methoden der Klasse *Page* :

Methode	Beschreibung
DataBind	... realisiert die Datenbindung der Seite
FindControl	... sucht das angegebene Server Control
HasControls	... verfügt die Seite über Controls (Text oder Server Controls)?
LoadControll	... lädt ein User Control nach
MapPath	... wandelt virtuellen (URL) in absoluten Pfad um
ResolveUrl	... wandelt absoluten in virtuellen (URL) Pfad um
Validate	... löst die Validierung aller vorhandenen Validation Controls aus

Beispiel: Datenbindung

Fügen Sie ein *Label*-Control (aus Web Controls) in *WebForm1* ein. Rufen Sie den Eigenschafteneditor für die Eigenschaft *DataBindings* auf und setzen Sie die Eigenschaften wie in der folgenden Abbildung gezeigt:

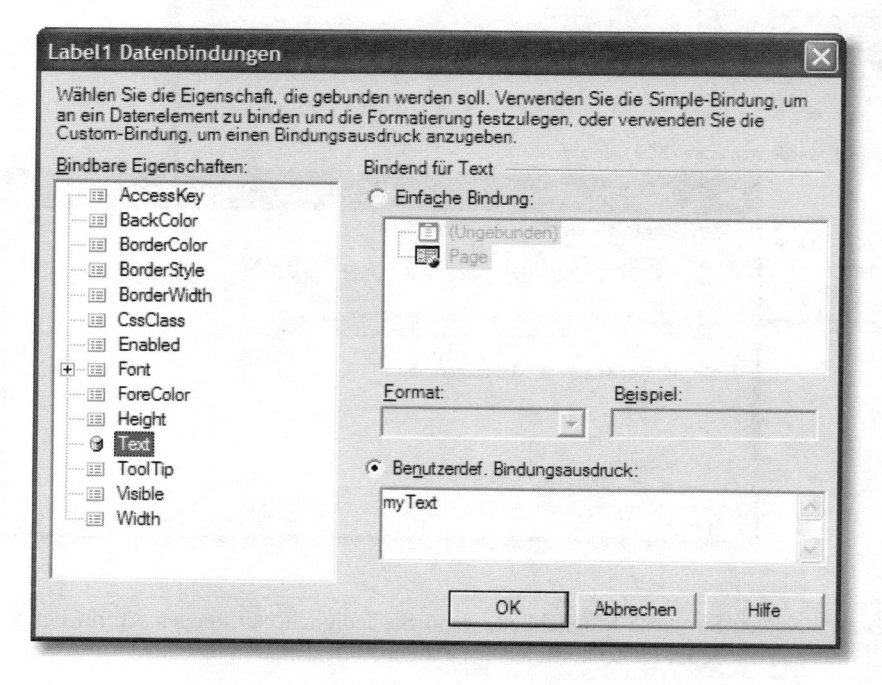

In *WebForm1.pas* erweitern Sie die Klassendeklaration um folgenden Ausdruck:

```
type
  TWebForm1 = class(System.Web.UI.Page)
```

10.6 Wichtige ASP.NET-Objekte

```
...
public
  myText : String;
end;
```

In *Page_Load* können Sie jetzt die Bindung herstellen:

```
procedure TWebForm1.Page_Load(sender: System.Object; e: System.EventArgs);
begin
 myText := 'Text aus der Delphi-Klasse!';
 Self.DataBind();
end;
```

Als Resultat wird in der finalen HTML-Seite der Text von *Label1* in "Text aus der Delphi-Klasse!" geändert.

Ereignisse

Neben dem bereits mehrfach verwendeten *Load*-Ereignis können Sie noch auf die folgenden Events zugreifen:

Ereignis	Beschreibung
Disposed	... die Seite wird aus dem Speicher entfernt
Error	... ein nicht behandelter Fehler ist aufgetreten
Init	... die Seite wird initialisiert (vor *Load*)
Load	... die Seite wird geladen
PreRender	... die Seite soll gezeichnet werden
Unload	... die Seite wird entladen

10.6.4 Request

Über das bereits initialisierte *Request*-Objekt haben Sie aus dem Web-Form heraus Zugriff auf alle vom Client gesendeten Daten. So können Sie Informationen über die Anforderung selbst gewinnen oder auch über den Browser des Nutzers bzw. den Nutzer selbst (IP-Adresse).

Informationen über den Browser ermitteln

Verwenden Sie die *Browser*-Eigenschaft, um die Fähigkeiten des Clients zu ermitteln:

```
procedure TWebForm1.Page_Load(sender: System.Object; e: System.EventArgs);
begin
  Response.Write('ActiveX-Controls : ' + Request.Browser.ActiveXControls.ToString + '<br>');
  Response.Write('AOL-Browser : ' + Request.Browser.AOL.ToString + '<br>');
  Response.Write('Hintergrundmusik : ' + Request.Browser.BackgroundSounds.ToString + '<br>');
```

```
  Response.Write('Browsertyp : ' + Request.Browser.Browser + '<br>');
  Response.Write('.NET-Version : ' + Request.Browser.ClrVersion.ToString() + '<br>');
  Response.Write('ActiveX-Controls : ' + Request.Browser.ActiveXControls.ToString + '<br>');
  Response.Write('Cookie-Unterstützung : ' + Request.Browser.Cookies.ToString + '<br>');
  Response.Write('Frame-Unterstützung : ' + Request.Browser.Frames.ToString + '<br>');
  Response.Write('JavaScript : ' + Request.Browser.JavaScript.ToString + '<br>');
  Response.Write('Betriebssystem : ' + Request.Browser.Platform + '<br>');
  Response.Write('Browser : ' + Request.Browser.&Type + '<br>');
end;
```

Die Ausgabe:

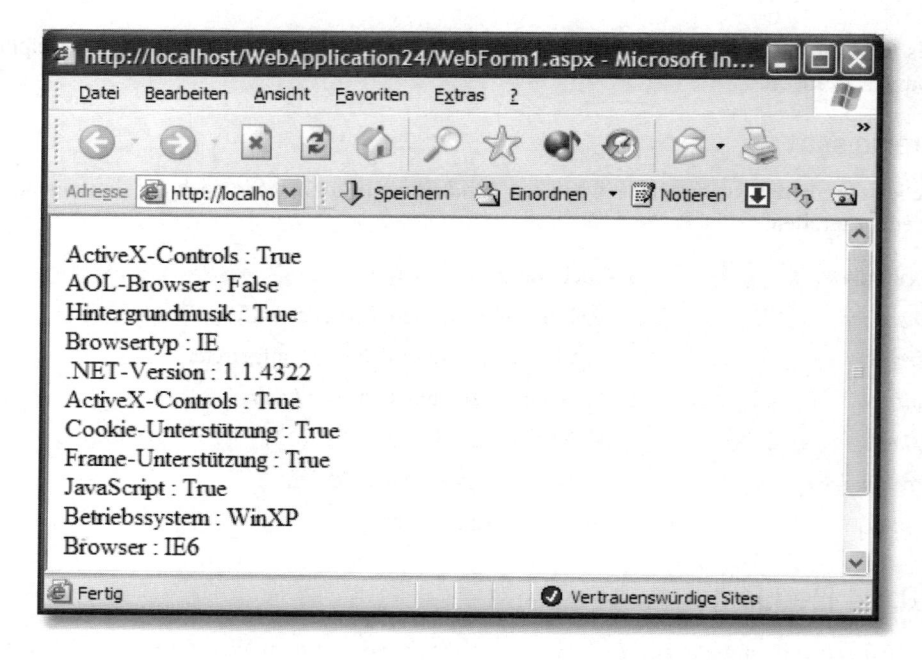

```
ActiveX-Controls : True
AOL-Browser : False
Hintergrundmusik : True
Browsertyp : IE
.NET-Version : 1.1.4322
ActiveX-Controls : True
Cookie-Unterstützung : True
Frame-Unterstützung : True
JavaScript : True
Betriebssystem : WinXP
Browser : IE6
```

Weitere Informationen können Sie über die folgenden Eigenschaften des Objekts sammeln:

Eigenschaft	Beschreibung
ApplicationPath	... virtueller Server-Pfad der Webanwendung
Browser	... siehe oben
ContentLength	... Bytes, die vom Client gesendet wurden
ContentType	... MIME-Type des Requests
Cookies	... vom Client gesendete Cookies
FilePath	... gibt den virtuellen Pfad der aktuellen Client-Anfrage zurück

10.6 Wichtige ASP.NET-Objekte

Eigenschaft	Beschreibung
Form	... bietet Zugriff auf Form-Inhalte einer POST-Anfrage
InputStream	... Stream mit den Anfragedaten
IsAuthenticated	... erfolgreich eingeloggt?
IsSecureConnection	... handelt es sich um eine HTTPS-Verbindung?
QueryString	... Abfrage der per URL-Parameter übergebenen Variablen
RequestType	... Typ der Anfrage (GET oder POST)
ServerVariables	... Zugriff auf Servervariablen
TotalBytes	... Bytes im *InputStream*
Url	... Informationen über den URL der aktuellen Anfrage
UserHostAddress	... die IP-Adresse des Clients
UserHostName	... der Hostname des Clients
UserLanguages	... vom Client bevorzugte Sprachen

Beispiel: Client-Adresse und -Sprache(n) abfragen

```
procedure TWebForm1.Page_Load(sender: System.Object; e: System.EventArgs);
var i : Integer;
    sa : array of String;

begin
  Response.Write('Adresse : ' + Request.UserHostAddress + '<br>');
  sa := Request.UserLanguages;
  for i := 0 to Length(sa) -1 do
     Response.Write('Sprachen : ' + sa[i] + '<br>');
end;
```

Die Ausgabe:

```
Adresse : 127.0.0.1
Sprachen : de
```

QueryString-Parameter auslesen

Haben Sie bereits mit ASP gearbeitet, werden Ihnen die *QueryString*-Parameter noch in Erinnerung sein. Hierbei handelt es sich im Prinzip um Variablen, die per URL von einer Webseite an die nächste übergeben werden können. Realisiert wird dies durch ein an den URL angehängtes Fragezeichen, darauf folgt der Variablenname, ein Gleichheitszeichen sowie der Wert. Weitere Variablen lassen sich nach einem "&"-Zeichen nach obigem Schema anhängen.

Beispiel: Abfrage aller Parameter und deren Werte

```
procedure TWebForm1.Page_Load(sender: System.Object; e: System.EventArgs);
var i   : Integer;
begin
  for i := 0 to Request.QueryString.Count -1 do
    Response.Write('Der Wert von ' + Request.QueryString.Keys[i] + ' ist ' +
                   Request.QueryString[Request.QueryString.Keys[i]] + '<br>');
end;
```

Rufen Sie die Seite mit einem entsprechend erweiterten URL auf, sollten Sie ein Ergebnis wie in der folgenden Abbildung erhalten:

10.6.5 Response

Mit dem *Response*-Objekt (Antwort, Rückmeldung) haben Sie den Gegenpart des *Request*-Objekts vor sich. Alle vom Server an den Client zu sendenden Informationen laufen über dieses Objekt. Damit kommt dem *Response*-Objekt eine zentrale Stellung beim Datenaustausch zu, auch wenn die Bedeutung mit der Einführung von ADO.NET etwas zurückgegangen ist.

Neben dem reinen Datentransfer bietet das Objekt auch die Möglichkeit, den Client mit den mehr oder weniger beliebten Cookies zu beglücken.

Eigenschaften

Die wichtigsten Eigenschaften auf einen Blick:

Eigenschaft	Beschreibung
BufferOutput	... soll die Seite komplett (*True*) oder häppchenweise (*False*) an den Client gesendet werden? Ist der Wert auf *True* gesetzt, werden alle Anweisungen zwischengespeichert und erst am Ende zum Client gesendet.

10.6 Wichtige ASP.NET-Objekte

Eigenschaft	Beschreibung
Charset	... der Zeichensatz für den Antwortstream.
ContentEncoding	... legt die Kodierung der Antwortseite fest.
ContentType	... legt den MIME-Type der Antwort fest (z.B. *image/jpeg*).
Cookies	... alles rund um die beliebten Cookies.
ExpiresAbsolute	... Datum für den Verfall der auf dem Client gecachten Webseite.
IsClientConnected	... ist der Client noch "am Leben"? Die Abfrage ist bei längeren Datenbankoperationen sinnvoll, andernfalls verschwenden Sie nur wertvolle Server-Zeit.
Output	... Senden von Textdaten an den Client.
OutputStream	... ein *Stream*-Objekt für die Ausgabe binärer Daten (z.B. Grafiken).

Methoden

Natürlich finden Sie auch reichlich Methoden (Auszug):

Methode	Beschreibung
AppendHeader	... fügt der Antwortkopfzeile einen neuen Eintrag hinzu.
Clear	... löscht den gesamten Antwortpuffer.
ClearContent	... löscht den Antwortpuffer, Kopfzeilen bleiben erhalten.
ClearHeaders	... löscht die Kopfzeilendaten aus dem Antwortpuffer.
Close	... schließt die Client-Server-Verbindung.
Flush	... sendet Antwortpufferdaten an den Client.
Redirect	... der Client wird aufgefordert, den übergebenen URL abzurufen.
Write	... sendet eine Zeichenkette an den Client.
WriteFile	... die angegebene Datei wird an den Client gesendet.

Textausgabe

In den vorhergehenden Abschnitten wurde ja schon rege von der *Write*-Methode Gebrauch gemacht. Neben einfachem Textausgaben können Sie damit auch gezielt HTML-Tags etc. an den Client senden, so als ob Sie den HTML-Seitentext mit einem Editor bearbeiten würden.

Beispiel: Verschiedene Ausgaben an den Client senden

```
procedure TWebForm1.Page_Load(sender: System.Object; e: System.EventArgs);
begin
  Response.Write('<H1>Überschrift 1</H1>');
  Response.Write('<H2>Überschrift 2</H2>');
  Response.Write('<H3>Überschrift 3</H3><br>');
```

```
    Response.Write('Normaler Text, Normaler Text, Normaler Text, Normaler Text<br><br>');
    Response.Write('<A HREF="http://www.heise.de">Ein Link zu Heise.de</A><br><br>');
    Response.Write('<img src="http://www.spiegel.de/static/sys/logo_120x61.gif">');
end;
```

Überschrift 1
Überschrift 2
Überschrift 3

Normaler Text, Normaler Text, Normaler Text, Normaler Text

Ein Link zu Heise.de

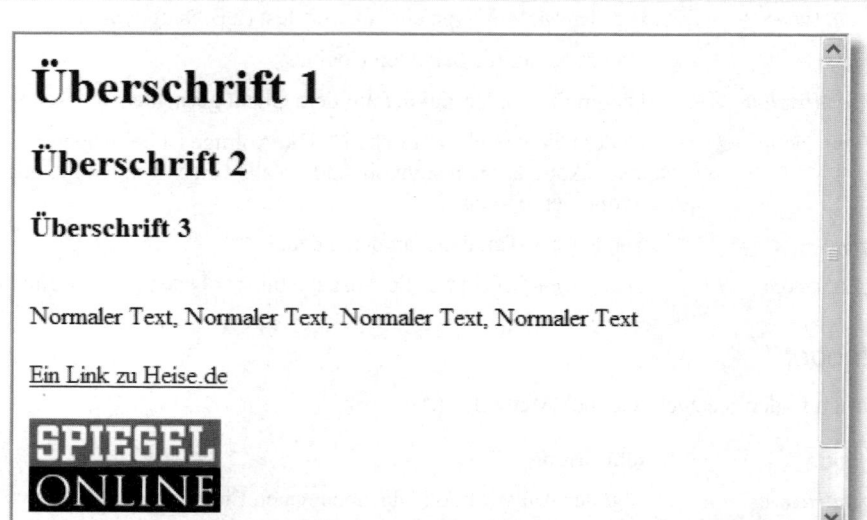

Bilder/Dateien zum Client senden

Im Gegensatz zur *Write*-Methode können Sie mit *WriteFile* eine komplette Datei an den Client senden. Dazu müssen Sie lediglich den Dateinamen übergeben. Vorher sollten Sie mit *ContentType* noch den Datentyp festlegen.

Beispiel: Eine Grafik an den Client senden (diese wird automatisch angezeigt)

```
procedure TWebForm1.Page_Load(sender: System.Object; e: System.EventArgs);
begin
    Response.ContentType := 'image/gif';
    Response.WriteFile('C:\Inetpub\wwwroot\objekte\test.gif');
end;
```

Das Ergebnis im IE:

10.6 Wichtige ASP.NET-Objekte

Dynamisch erzeugte Grafiken senden

Nicht in jedem Fall liegt die Grafik oder Datei, die Sie an den Client senden wollen, bereits vor. Möchten Sie beispielsweise einen optisch "aufgemotzten" Counter oder Ähnliches realisieren, müssen Sie einen anderen Weg beschreiten[1].

Die Lösung ist mit der *Stream*-Eigenschaft des *Response*-Objekts schnell gefunden. Da auch die diversen Grafikobjekte *Streams* unterstützen, steht einer professionellen Realisierung nichts im Wege.

Beispiel: Ein grafischer "Counter"

```
implementation
uses System.Drawing.Drawing2D, System.Drawing.Imaging;

procedure TWebForm1.Page_Load(sender: System.Object; e: System.EventArgs);
var img : Bitmap;
    g   : Graphics;
    rect : Rectangle;
    myBrush : LinearGradientBrush;
begin
  img := Bitmap.Create(200, 100);
```

Graphics-Objekt für Bitmap erzeugen:

```
  g   := Graphics.FromImage(img);
```

Einen *GradientBrush* erzeugen:

```
  rect := Rectangle.Create(0, 0, 200, 150);
  myBrush := LinearGradientBrush.Create(rect, Color.Red, Color.Yellow,
                                        LinearGradientMode.Vertical);
```

Bitmap-Hintergrund zeichnen:

```
  g.FillRectangle(myBrush, Rectangle.Create(0, 0, 200, 100));
```

Den gewünschten Text ausgeben:

```
  myBrush := LinearGradientBrush.Create(rect, Color.Yellow, Color.Red,
                                        LinearGradientMode.Vertical);
  g.DrawString('11999', Font.Create('Arial', 48), myBrush, 2, 2);
```

Datentyp festlegen und Daten versenden:

```
  Response.ContentType := 'image/jpeg';
```

---

[1] Sehen wir einmal von der "Billiglösung" einer temporären Datei ab.

```
    img.Save(Response.OutputStream, ImageFormat.Jpeg);
end;
```

Neue Seiten aufrufen

Vermutlich haben Sie schon vergeblich nach einem *Show* oder *ShowModal* Ausschau gehalten, wenn Sie weitere Web Formulare anzeigen wollen.

Neben dem trivialen Einbinden eines Hyperlinks in das Startformular bietet sich auch ein Redirect an. Basierend auf dem HTTP-Protokoll wird an den Client der Statuscode 302 "Object moved" gesendet, um **den Client** zu veranlassen, eine in der Kopfzeile der Meldung mitgelieferte Webadresse aufzurufen. Die Weiterleitung hat also einen erneuten Aufruf des Browsers zur Folge, mit dem Unterschied, dass dieser jetzt die gewünschte Seite aufruft.

Beispiel: Nach einem Klick auf einen Button soll *WebForm2.aspx* aufgerufen werden

```
procedure TWebForm1.Button1_Click(sender: System.Object; e: System.EventArgs);
begin
   Response.Redirect('WebForm2.aspx');
end;
```

Hinweis: Alternativ können Sie auch serverseitige Lösungen, wie *Server.Transfer* oder *Server.Execute*, verwenden, um eine andere Webseite aufzurufen bzw. an den Client zu senden.

```
procedure TWebForm1.Button1_Click(sender: System.Object; e: System.EventArgs);
begin
   Server.Transfer('WebForm2.aspx');
end;
```

10.6 Wichtige ASP.NET-Objekte

Wir geben zur Protokoll ...

Geht es um das Speichern von Protokolldaten, bietet sich die Methode *AppendToLog* an. Übergeben Sie einfach die gewünschte Zeichenkette, um diese im Log-File des IIS abzuspeichern.

Beispiel: Speichern der Useradresse, wenn auf den Button geklickt wird.

```
procedure TWebForm1.Button1_Click(sender: System.Object; e: System.EventArgs);
begin
  Response.Write('Ausgaben der Seite 2: <br><br>');
  Response.AppendToLog('Zugriff von '+ Request.UserHostAddress.ToString);
end;
```

Der Protokollinhalt:

```
127.0.0.1, -, 24.06.2004, 20:33:35, W3SVC1, P4, 127.0.0.1, 0, 301, 830, 200, 0, GET,
/Diverses/WebForm1.aspx, -,
127.0.0.1, -, 24.06.2004, 20:33:35, W3SVC1, P4, 127.0.0.1, 0, 703, 1007, 200, 0, POST,
/Diverses/WebForm1.aspx, Zugriff+von+127.0.0.1,
127.0.0.1, -, 24.06.2004, 20:33:37, W3SVC1, P4, 127.0.0.1, 0, 703, 1007, 200, 0, POST,
/Diverses/WebForm1.aspx, Zugriff+von+127.0.0.1,
```

10.6.6 Cookies verwenden

Möchten Sie die Nutzer Ihrer Webseiten mit Cookies peinigen, können Sie mit der Klasse *HttpCookie* problemlos[1] neue "Kekse" produzieren.

Eigenschaft	Beschreibung
Domain	Der Domain-Name von dem der Cookie erstellt wird.
Expires	Das Verfallsdatum des Cookies. Geben Sie keinen Wert an, ist der Cookie temporär und wird beim Beenden der Browsersitzung gelöscht.
HasKeys	Besitzt der Cookie Unterschlüssel?
Name	Ein eindeutiger Name für den Cookie, auch Parameter im Konstruktor.
Path	Der Pfad des Cookies innerhalb der Domain.
Secure	(Default *False*) Cookies werden nur über sichere Verbindungen zurückgesendet.
Value	Der eigentliche Wert, der im Cookie zu speichern ist.
Values	Weitere Werte, die im Cookie als *NameValueCollection* gespeichert werden.

---

[1] Wenn der genervte User dies zulässt.

Beispiel: Erzeugen eines Cookies mit der aktuellen Anmeldezeit am Server

```
procedure TWebForm1.Page_Load(sender: System.Object; e: System.EventArgs);
var  Cookie : HttpCookie;
begin
  if not Page.IsPostBack then begin
    Cookie := HttpCookie.Create('FirstTime');
    Cookie.Value := DateTime.Now.ToString();
    Cookie.Expires := DateTime.Now.AddDays(7);
    Response.Cookies.Add(Cookie);
    Response.Write('Willkommen');
  end;
end;
```

In der *Value*-Eigenschaft speichern wir den aktuellen Zeitstempel ab, der Cookie selbst ist für die nächsten sieben Tage gültig.

Nach dem Aufruf zeigt uns der Cache unseres Browsers folgenden Inhalt:

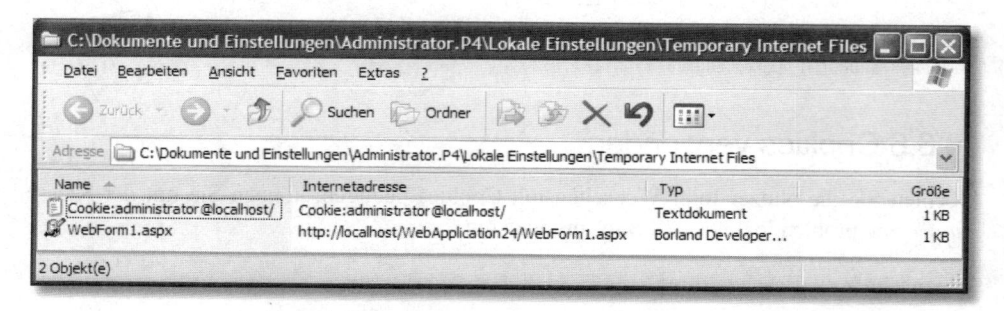

Das Ablaufdatum ist korrekt gesetzt, bleibt ein Blick in den Cookie:

Doch wie können wir beim nächsten Mal auf diesen Cookie zugreifen? Diesmal ist nicht das *Response*-, sondern das *Request*-Objekt gefragt, da wir die Information nicht senden, sondern vom Client einlesen wollen.

10.6 Wichtige ASP.NET-Objekte

Beispiel: Lesen des Cookies

```
procedure TWebForm1.Page_Load(sender: System.Object; e: System.EventArgs);
begin
   if not Page.IsPostBack then
        Response.Write('Letzter Aufruf am ' + Request.Cookies['FirstTime'].Value);
end;
```

Die Ausgabe im Browser:

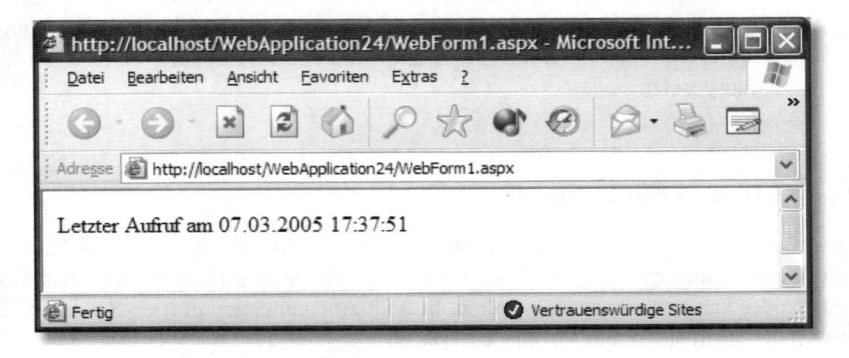

> Letzter Aufruf am 07.03.2005 17:37:51

Doch was ist, wenn der Cookie gar nicht existiert? Die einfachste Lösung bietet sich mit einer Fehlerbehandlung an:

```
procedure TWebForm1.Page_Load(sender: System.Object; e: System.EventArgs);
var  Cookie : HttpCookie;
begin
   if not Page.IsPostBack then begin
      try
         Response.Write('Letzter Aufruf am ' + Request.Cookies['FirstTime'].Value);
      except
         Cookie := HttpCookie.Create('FirstTime');
         Cookie.Value := DateTime.Now.ToString();
         Cookie.Expires := DateTime.Now.AddDays(7);
         Response.Cookies.Add(Cookie);
         Response.Write('Willkommen');
      end;
   end;
end;
```

Löschen Sie ruhig einmal den Cookie und probieren Sie, was passiert[1].

---

[1] Wenn Sie viel Zeit haben, können Sie natürlich auch sieben Tage warten, dann ist der Cookie verfallen.

10.7 ASP.NET-Fehlerbehandlung

Warum sollen ausgerechnet in ASP.NET-Anwendungen keine Fehler auftreten? Das Gegenteil wird sicher der Fall sein, und Sie werden sicher schon die Bekanntschaft der Fehlerdialoge/-seiten gemacht haben, wenn Sie einige der vorhergehenden Beispiele nachvollzogen haben.

> **Hinweis:** Bevor Sie sich mit der Fehlerbehandlung in ASP.NET-Anwendungen näher beschäftigen, sollten Sie auch einen Blick auf den Abschnitt 13.2 im Kapitel 13 (Techniken) werfen. Dort werden die Grundlagen der Fehlerbehandlung mit Delphi.NET ausführlich besprochen, im folgenden Abschnitt wird dieses Wissen vorausgesetzt.

10.7.1 Fehler beim Entwurf

Hier macht es Ihnen ASP.NET im Gegensatz zu ASP ganz einfach. Wie bei einer "normalen" Windows-Anwendung meckert der Compiler, wenn Sie neue Eigenschaften oder Objekte "erfunden" oder Parameter vergessen haben. In ASP-Anwendungen durften Sie solche Überraschungen erst nach einem intensiven Test erleben.

Die Fehlermeldung eines ASP.NET-Projekts zeigt Ihnen das Problem:

```
▶ [Fehler] WebForm1.pas(43): E2003 Undefinierter Bezeichner: 'WriteLine'
  [Fataler Fehler] WebApplication24.dpr(17): F2063 Verwendete Unit 'WebForm1.pas' kann nicht compiliert werden

  Erzeugen
```

Nach einem simplen Doppelklick auf die Meldung sind Sie auch schon an der richtigen Stelle im Quellcode:

```
39
40 procedure TWebForm1.Page_Load(sender: System.Object; e: System.EventArgs);
41 var   Cookie : HttpCookie;
42 begin
43    Response.WriteLine('Letzter Aufruf am ' + Request.Cookies['FirstTime'].
44 end;
45
46 procedure TWebForm1.OnInit(e: EventArgs);
```

Einfacher geht es wohl nicht mehr.

10.7.2 Laufzeitfehler

Doch was passiert eigentlich, wenn es sich um einen der "gemeinen" Laufzeitfehler handelt? Sei es, dass eine Datei auf dem Server nicht gefunden wurde, ein Passwort nicht stimmt oder gerade der Datenbank-Server offline ist. Die Antwort zeigt Ihnen ein kurzer Test.

Beispiel: Das Ergebnis einer fehlgeschlagenen Verbindungsaufnahme zu einem SQL-Server (Nutzer *ASPNET* ist nicht für den SQL Server freigegeben):

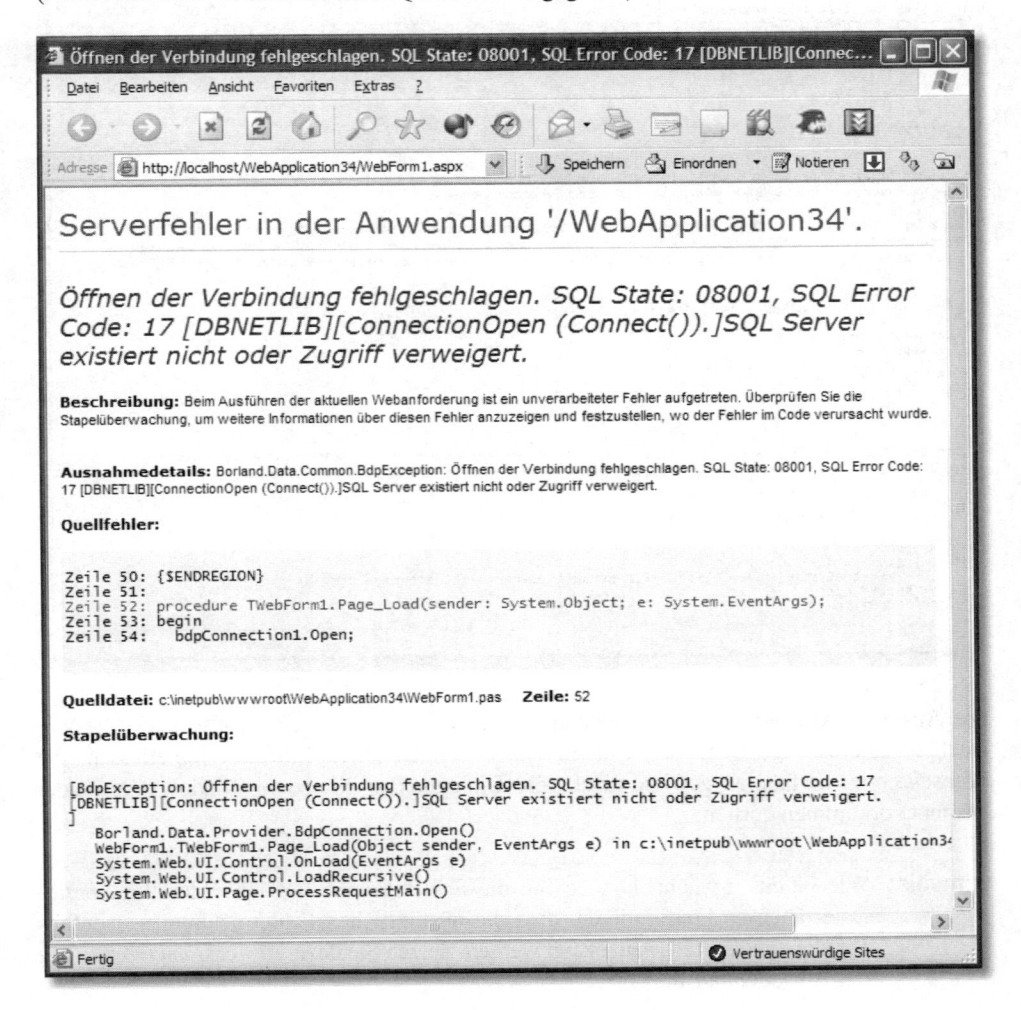

```
Öffnen der Verbindung fehlgeschlagen. SQL State: 08001, SQL Error Code: 17 [DBNETLIB][Connec...

Adresse: http://localhost/WebApplication34/WebForm1.aspx

Serverfehler in der Anwendung '/WebApplication34'.

Öffnen der Verbindung fehlgeschlagen. SQL State: 08001, SQL Error
Code: 17 [DBNETLIB][ConnectionOpen (Connect()).]SQL Server
existiert nicht oder Zugriff verweigert.

Beschreibung: Beim Ausführen der aktuellen Webanforderung ist ein unverarbeiteter Fehler aufgetreten. Überprüfen Sie die Stapelüberwachung, um weitere Informationen über diesen Fehler anzuzeigen und festzustellen, wo der Fehler im Code verursacht wurde.

Ausnahmedetails: Borland.Data.Common.BdpException: Öffnen der Verbindung fehlgeschlagen. SQL State: 08001, SQL Error Code:
17 [DBNETLIB][ConnectionOpen (Connect()).]SQL Server existiert nicht oder Zugriff verweigert.

Quellfehler:

Zeile 50:   {$ENDREGION}
Zeile 51:
Zeile 52:   procedure TWebForm1.Page_Load(sender: System.Object; e: System.EventArgs);
Zeile 53:   begin
Zeile 54:     bdpConnection1.Open;

Quelldatei: c:\inetpub\wwwroot\WebApplication34\WebForm1.pas   Zeile: 52

Stapelüberwachung:

[BdpException: Öffnen der Verbindung fehlgeschlagen. SQL State: 08001, SQL Error Code: 17
[DBNETLIB][ConnectionOpen (Connect()).]SQL Server existiert nicht oder Zugriff verweigert.
   Borland.Data.Provider.BdpConnection.Open()
   WebForm1.TWebForm1.Page_Load(Object sender, EventArgs e) in c:\inetpub\wwwroot\WebApplication34
   System.Web.UI.Control.OnLoad(EventArgs e)
   System.Web.UI.Control.LoadRecursive()
   System.Web.UI.Page.ProcessRequestMain()
```

Der Browser wird geradezu mit Informationen über die Fehlerursache voll gestopft. Neben der ausführlichen Fehlermeldung wird auch gleich der zugehörige Quellcode angezeigt.

Doch stopp! So viele Informationen wollen Sie dem Endanwender Ihrer Web-Applikation sicher nicht zukommen lassen. Fehlte noch, dass eventuell Passwörter etc. angezeigt werden.

Doch keine Angst, eine derart ausführliche Fehlermeldung erhalten Sie nur, wenn Sie die Anwendung vom Entwicklungsrechner aus starten. Nutzen Sie einen anderen PC, wird Ihnen eine ganz andere Meldung angezeigt, wie die folgende Abbildung veranschaulicht.

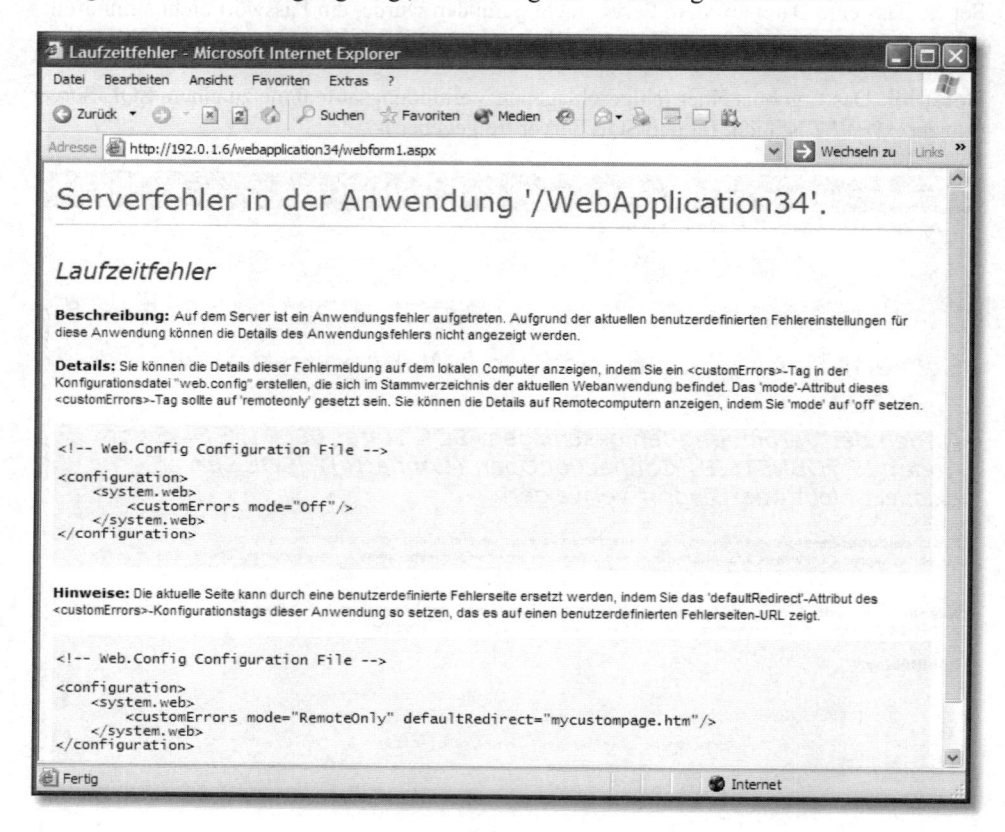

![Screenshot: Laufzeitfehler - Microsoft Internet Explorer, Serverfehler in der Anwendung '/WebApplication34'.]

Serverfehler in der Anwendung '/WebApplication34'.

Laufzeitfehler

Beschreibung: Auf dem Server ist ein Anwendungsfehler aufgetreten. Aufgrund der aktuellen benutzerdefinierten Fehlereinstellungen für diese Anwendung können die Details des Anwendungsfehlers nicht angezeigt werden.

Details: Sie können die Details dieser Fehlermeldung auf dem lokalen Computer anzeigen, indem Sie ein <customErrors>-Tag in der Konfigurationsdatei "web.config" erstellen, die sich im Stammverzeichnis der aktuellen Webanwendung befindet. Das 'mode'-Attribut dieses <customErrors>-Tag sollte auf 'remoteonly' gesetzt sein. Sie können die Details auf Remotecomputern anzeigen, indem Sie 'mode' auf 'off' setzen.

```
<!-- Web.Config Configuration File -->
<configuration>
    <system.web>
        <customErrors mode="Off"/>
    </system.web>
</configuration>
```

Hinweise: Die aktuelle Seite kann durch eine benutzerdefinierte Fehlerseite ersetzt werden, indem Sie das 'defaultRedirect'-Attribut des <customErrors>-Konfigurationstags dieser Anwendung so setzen, das es auf einen benutzerdefinierten Fehlerseiten-URL zeigt.

```
<!-- Web.Config Configuration File -->
<configuration>
    <system.web>
        <customErrors mode="RemoteOnly" defaultRedirect="mycustompage.htm"/>
    </system.web>
</configuration>
```

Die Aussage "ASP verbirgt den Quellcode vor dem Anwender" stimmt also nach wie vor. Doch auch die obige Seite dürfte beim Nutzer keinen guten Eindruck hinterlassen, die Webseite erinnert fatal an gewisse mysteriöse Dialogboxen, die jedem Windows-Anwender bekannt vorkommen dürften.

> **Hinweis:** Wie bereits erwähnt, können Sie die Fehlerausgabe mit Hilfe der *Web.config*-Datei auch so konfigurieren, dass die ausführlichen Fehlermeldungen ebenfalls auf allen anderen PCs angezeigt werden. Setzen Sie dazu im *<customerrors>*-Tag das Attribut *mode* auf "off".

Besser und vor allem professioneller ist eine eigene Fehlermeldung, doch die gute alte *MessageBox* dürfte Ihnen da kaum weiterhelfen – Sie erinnern sich, dass der Code auf dem Server ausgeführt wird, und dort könnte mit der Meldung sowieso keiner etwas anfangen.

10.7.3 Eine eigene Fehlerseite

Der schnellste, einfachste, aber nicht unbedingt sauberste Weg ist das Zuweisen einer alternativen Webseite, die angezeigt wird, wenn ein beliebiger Fehler auf der aktuellen Seite auftritt.

In *MS Visual Studio.NET* ist dafür extra eine Eigenschaft *errorPage* mit eigenem Eigenschaftendialog zuständig. Borland Delphi-Programmierer müssen hier zunächst passen und direkt "Hand anlegen".

Öffnen Sie die Datei *WebForm1.aspx* (HTML-Ansicht) und erweitern Sie gleich die erste Zeile um den fett hervorgehobenen Eintrag:

```
<%@ Page language="c#" Debug="true" Codebehind="WebForm1.pas" AutoEventWireup="false"
Inherits="WebForm1.TWebForm1" errorPage="error.htm"%>
```

Speichern Sie die Datei und erzeugen Sie über den Menüpunkt *Datei|Neu|Weitere* eine *Error.htm*-Seite mit einer Fehlermeldung Ihrer Wahl (hierbei handelt es sich um eine reine HTML-Seite, Sie können also Ihre HTML-Kenntnisse nutzen)[1].

Tritt jetzt ein unbehandelter Fehler auf der Seite auf, wird die eigene Fehlerseite statt der MS-Fehlerseite angezeigt:

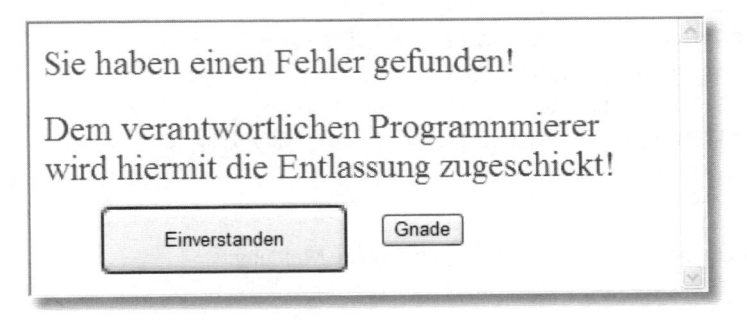

Hinweis: Sie müssen in der Datei *Web.config* (*<customerrors>*-Tag) das Attribut *mode* auf "On" gesetzt haben, um auf dem Entwicklungscomputer die Seite zu sehen. Andernfalls bleibt es bei der ausführlichen Fehlermeldung.

10.7.4 Fehlerbehandlung im WebForm

War Ihnen die vorhergehende Lösung etwas zu "billig" und zu wenig aussagekräftig? Vermutlich ja.

---

[1] Es kann natürlich auch eine ASPX-Datei sein ...

Wesentlich eleganter lassen sich Fehler im *Page_Error*-Ereignis auswerten. Zum einen stehen Ihnen alle Informationen über Fehlerart, -ort und -meldung zur Verfügung, zum anderen bietet sich Ihnen hier auch die Möglichkeit, weitere Aktionen zu veranlassen. Beispielsweise können Sie dem Entwickler/Webmaster eine ausführliche E-Mail mit den Fehlermeldungen zukommen lassen.

Über das *Server*-Objekt können Sie im *Page_Error*-Ereignis die einzelnen Fehlerdetails abfragen und zum Beispiel über das *Response*-Objekt an den Client senden.

Hinweis: Nach Ihrer mehr oder weniger ausführlichen Fehlerbehandlung müssen Sie in jedem Fall die Methode *Server.ClearError* aufrufen. Andernfalls kümmert sich ASP.NET wieder um den Fehler, und das wollten wir ja gerade verhindern.

Beispiel: Anzeige von Fehlerinformationen über das *Error*-Ereignis

```
procedure TWebForm1.TWebForm1_Error(sender: System.Object; e: System.EventArgs);
begin
  Response.Write('<h2>Information</h2>');
  Response.Write('Sie haben Glück, Ihr Online-Konto wurde gerade gelöscht!<br>');
  Response.Write('Fehlerursache:<br>');
  Response.Write('<b>' + Server.GetLastError().Message + '</b><br>');
  Response.Write('Weitere Details:<br>');
  Response.Write(Server.GetLastError().Source + '<br>');
  Response.Write(Server.GetLastError().StackTrace + '<br>');
  Server.ClearError();
end;
```

Wie erwartet erscheint im Browser die gewünschte Meldung:

Information

Sie haben Glück, Ihr Online-Konto wurde noch nicht gelöscht!
Fehlerursache:
Öffnen der Verbindung fehlgeschlagen. SQL State: 08001, SQL Error Code: 17 [DBNETLIB] [ConnectionOpen (Connect()).]SQL Server existiert nicht oder Zugriff verweigert.
Weitere Details:

at Borland.Data.Provider.BdpConnection.Open() at WebForm1.TWebForm1.Page_Load(Object sender, EventArgs e) in c:\inetpub\wwwroot\WebApplication34\WebForm1.pas:line 55 at System.Web.UI.Control.OnLoad(EventArgs e) at System.Web.UI.Control.LoadRecursive() at System.Web.UI.Page.ProcessRequestMain()

Hinweis: Wie Sie Emails (Admin-Benachrichtigung) erzeugen können, zeigt Abschnitt 10.9.

10.7.5 Fehlerbehandlung in der Anwendung

So schön und flexibel die vorgestellte Lösung im vorhergehenden Abschnitt auch sein mag, wer hat schon Lust, für Dutzende Webseiten immer wieder die gleichen Anweisungen einzutippen? Besser ist in diesem Fall eine zentrale Lösung. Wenn Sie jetzt an das *Application*-Objekt denken, liegen Sie gar nicht so falsch.

In der Datei *Global.pas* finden Sie unter anderem bereits die Definition für unseren zentralen Error-Handler, die Methode *Application_Error*. Die Verwendung erfolgt analog zum Ereignis *Page_Error*, die Informationen über den Fehler selbst finden Sie jedoch nicht mehr über *Server.Exception*, sondern über *Server.Exception.InnerException*.

Beispiel: Zentraler Error-Handler

```
procedure TGlobal.Application_Error(sender: System.Object; e: EventArgs);
begin
  Response.Write('<h2>Zentrale Fehlerausgabe</h2>');
  Response.Write('Herzlichen Glückwunsch,<br> ' +
                 ' Sie haben einen Fehler gefunden und dürfen ihn behalten!<br><br>');
  Response.Write('Ursache:<br>');
  Response.Write('<b>' + Server.GetLastError().InnerException.Message + '</b><br>');
  Server.ClearError();
end;
```

Zentrale Fehlerausgabe

Herzlichen Glückwunsch,
Sie haben einen Fehler gefunden und dürfen ihn behalten!

Ursache:
Öffnen der Verbindung fehlgeschlagen. SQL State: 08001, SQL Error Code: 17 [DBNETLIB] [ConnectionOpen (Connect)).]SQL Server existiert nicht oder Zugriff verweigert.

Doch Achtung:

Hinweis: Verwenden Sie gleichzeitig ein *Page_Error*-Ereignis, wird dieses Ereignis zuerst aufgerufen. Löschen Sie hier den Fehler, tritt das Ereignis *Application_Error* nie auf.

10.7.6 Lokale Fehlerbehandlung

Natürlich müssen Sie es nicht erst so weit kommen lassen, dass eine eigene Fehlerseite nötig wird. Viele Fehlerursachen sind vorhersehbar und können auch entsprechend abgesichert werden. Dabei stehen Ihnen alle Möglichkeiten von Delphi.NET zur Verfügung.

Beispiel: Fehlerbehandlung im *Page_Load*-Ereignis

```
if not Page.IsPostBack then
  try
    Self.BdpConnection1.Open;
  except
    Response.Write('Server nicht verfügbar, versuchen Sie es in einigen Minuten erneut!');
  end;
```

10.7.7 Seite nicht gefunden! – Was nun?

Von unzähligen Webseiten ist Ihnen sicher auch die "beliebte" Fehlermeldung mit dem Code 404 (Seite nicht gefunden) in Erinnerung. Die Ursache ist meist der Zahn der Zeit, Seiten werden umbenannt, verschoben oder einfach mal gelöscht, was beim Aufruf dieser Seite dann zu genannter Fehlermeldung durch den IIS führt:

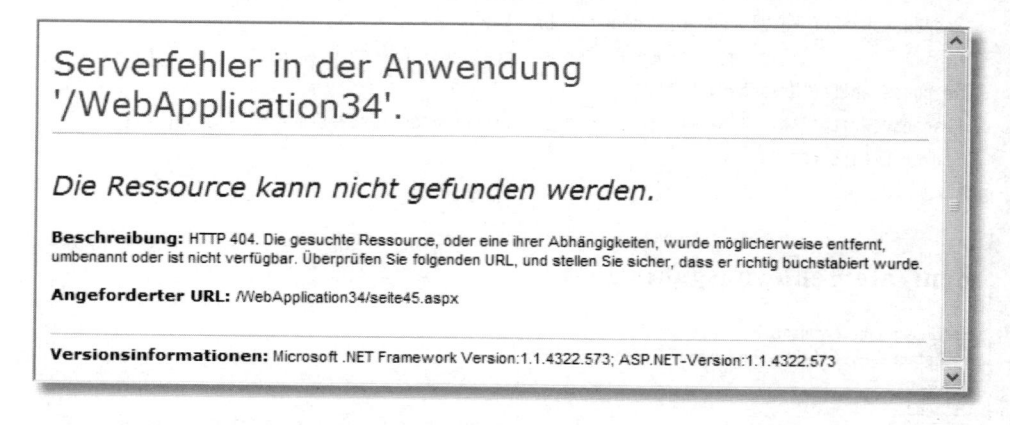

> **Serverfehler in der Anwendung '/WebApplication34'.**
>
> *Die Ressource kann nicht gefunden werden.*
>
> **Beschreibung:** HTTP 404. Die gesuchte Ressource, oder eine ihrer Abhängigkeiten, wurde möglicherweise entfernt, umbenannt oder ist nicht verfügbar. Überprüfen Sie folgenden URL, und stellen Sie sicher, dass er richtig buchstabiert wurde.
>
> **Angeforderter URL:** /WebApplication34/seite45.aspx
>
> **Versionsinformationen:** Microsoft .NET Framework Version:1.1.4322.573; ASP.NET-Version:1.1.4322.573

Abhilfe schaffen Sie entweder mit einer zentralen Fehlerbehandlung wie in Abschnitt 10.7.5 beschrieben, oder einer kleinen Erweiterung der Datei *Web.config*[1]:

```
<customErrors mode="On">
  <error statusCode="404" redirect="error.htm" />
</customErrors>
```

Hinweis: Achten Sie auf die Gross-/Kleinschreibung, anderenfalls erhalten Sie Fehlermeldungen, die Sie sicher nicht anzeigen wollen!

---

[1] Sie sehen schon, hierbei handelt es sich um das "Schweizer Taschenmesser" des ASP.NET-Web-Programmierers.

10.8 Und wo bleibt die Datenbindung?

Sicher haben Sie sich schon gefragt, ob man auch mit den Web Forms eine Datenbindung realisieren kann, und wenn ja, wie?

Selbstverständlich ist auch das möglich, wenn nicht gar eine der zentralen Aufgaben von ASP.NET. Die meisten Web-Eingabe-Controls unterstützen eine Datenbindung, die Funktionalität und Vorgehensweise entspricht in großen Teilen den gleichnamigen Windows Form-Controls.

> **Hinweis:** Für das Verständnis des vorliegenden Abschnitts sind die Ausführungen in Kapitel 8 (ADO.NET) bzw. in den zugehörigen Rezepten des Kapitels 15 unbedingte Voraussetzung, da wir sie an dieser Stelle nicht noch einmal wiederholen können.

Zwei einfache Einsteigerbeispiele sollen Ihnen erstens die grundsätzliche Vorgehensweise für das Anbinden von datengebundenen Controls in ASP.NET-Anwendungen aufzeigen. Zweitens können Sie sich auch gleich selbst ein Urteil darüber bilden, ob Sie sich mit den zusätzlichen Features der Borland Komponenten anfreunden wollen, oder ob Sie den gleichen Weg beschreiten wie die Microsoft-Sprachen VB.NET und C#.NET.

10.8.1 Einstiegsbeispiel – die Microsoft-Variante

Wir wollen in diesem Einsteigerbeispiel den Zugriff auf die Datenbank *Firma.mdb* als Web-Anwendung realisieren!

Dabei wollen wir uns zunächst auf die Standard-Komponenten des .NET-Frameworks beschränken. Das Beispiel könnte also mit kleinen Syntaxanpassungen[1] genau so auch in VB.NET oder C#.NET programmiert werden. Dies ist für sprachübergreifende Programmierung in größeren Entwicklerteams sicher von Vorteil, Quellcode kann schnell von Delphi zu C# portiert werden, ohne sich um fehlende Komponenten oder andere Eigenschaften kümmern zu müssen. Andererseits gehen Ihnen natürlich auch einige Vorteile der Borland-Komponenten verloren. Um welche es sich handelt, soll dann das zweite Beispiel aufzeigen. Doch zunächst hinab in die Tiefen der Microsoft ADO.NET-Programmierung!

Bedienoberfläche

Öffnen Sie ein neues Delphi-Projekt vom Typ *ASP.NET-Webanwendung*. Ändern Sie den Projektnamen in *EinstiegMS*, Sie können es aber auch beim Standardnamen *WebApplicationXX* belassen:

---

[1] Andere Variablendeklaration, doppelte Anführungszeichen, Semikolon etc. Sie sehen schon, die Programmiersprachen werden sich immer ähnlicher.

Nach dem Klick auf *OK* und unter einigem Rumoren der Festplatte erscheint die Web-Entwicklungsumgebung von Delphi.NET.

Erstellen Sie die abgebildete Web-Bedienoberfläche mit einem *DataGrid* (Toolbox-Kategorie *Web Controls*) in der Mitte, welches standardmäßig in einem recht spartanischen Outfit erscheint:

Mitarbeiterliste

Column0	Column1	Column2
abc	abc	abc
abc	abc	abc
abc	abc	abc
abc	abc	abc
abc	abc	abc

Die *Text*-Eigenschaft von *Label1* legen Sie im Objektinspektor als "Mitarbeiterliste" fest. Als rein kosmetische Korrekturen können Sie auch Eigenschaften wie *BorderStyle* und *Font.Size* ändern.

Objekte mit Ereignissen verknüpfen

Wechseln Sie zur Code-Ansicht (*.pas* – bitte nicht mit der HTML-Ansicht verwechseln!). Abgesehen von einigen wenigen Unterschieden ist die Programmierung identisch mit der von Windows Forms-Anwendungen. Importieren Sie also zu Beginn den Verweis auf den Namensraum des OleDb-Providers:

```
unit WebForm1;

interface

uses
  System.Collections, System.ComponentModel,
  System.Data, System.Drawing, System.Web, System.Web.SessionState,
  System.Web.UI, System.Web.UI.WebControls, System.Web.UI.HtmlControls,
  System.Data.OleDb;
...
```

Beim Laden der Seite werden die benötigten Objekte erzeugt, die Datenbankanbindung hergestellt und die Datensätze angezeigt. Da der *Page_Load*-Eventhandler bereits vorbereitet ist, brauchen Sie ihn nur noch auszufüllen:

10.8 Und wo bleibt die Datenbindung?

```
procedure TWebForm1.Page_Load(sender: System.Object; e: System.EventArgs);
var connStr : string;
    conn    : OleDbConnection;
    cmdSel  : OleDbCommand;
    da      : OleDbDataAdapter;
    ds      : DataSet;
begin
  connStr := 'Provider=Microsoft.Jet.OLEDB.4.0;' +
             'Data Source= c:\inetpub\wwwroot\EinstiegMS\Firma.mdb';
  conn    := OleDbConnection.Create(connStr);
  cmdSel  := OleDbCommand.Create('SELECT * FROM Mitarbeiter', conn);
  da      := OleDbDataAdapter.Create(cmdSel);
  ds      := DataSet.Create();
  conn.Open;
  da.Fill(ds, 'Mitarbeiter');
  conn.Close;
  DataGrid1.DataSource := ds;
  Self.DataBind;
end;
```

Programm testen

Hinweis: Bevor Sie mit F9 starten, vergessen Sie nicht, nochmals den Pfad zur Datenbank *Firma.mdb* zu überprüfen. In unserem Fall liegt die Datenbank im Verzeichnis *c:/Inetpub/wwwroot/EinstiegMS*.

Es kann dann ein kleines Weilchen dauern, bis der Internet Explorer erscheint und die Mitarbeiterliste anzeigt.

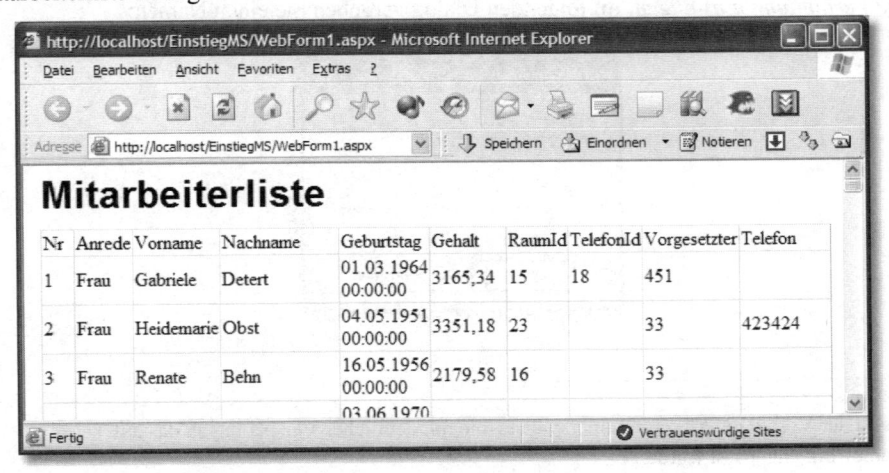

Mitarbeiterliste

Nr	Anrede	Vorname	Nachname	Geburtstag	Gehalt	RaumId	TelefonId	Vorgesetzter	Telefon
1	Frau	Gabriele	Detert	01.03.1964 00:00:00	3165,34	15	18	451	
2	Frau	Heidemarie	Obst	04.05.1951 00:00:00	3351,18	23		33	423424
3	Frau	Renate	Behn	16.05.1956 00:00:00	2179,58	16		33	
				03.06.1970					

Bemerkungen

- Wir beschränken uns auf ein Minimum an Funktionalität, natürlich kann man im *DataGrid* auch sortieren, filtern, editieren etc., aber das erfordert weiteren Programmieraufwand.

- Selbstverständlich können Sie auch die Daten-Komponenten per Drag&Drop auf dem Webform ablegen und diese mit dem Objektinspektor miteinander verbinden. Das erspart Ihnen die Quelltextzeilen bis zum *conn.Open*.

- Nach wie vor ist das Web-Hosting mit Access-Datenbank (trotz schlechter Skalierbarkeit) eine interessante Alternative zum SQL Server. Aufgrund der von der Jet-Datenbank angelegten Sperrdatei (*locking file*) benötigt der Anwender allerdings Lese-/Schreibberechtigungen für das Datenbankverzeichnis. Sie müssen also sicher stellen, dass das ASP.NET-Konto Lese-/Schreibzugriff auf das Verzeichnis hat, in dem sich die Datenbank befindet.

10.8.2 Einstiegsbeispiel – Verwendung der Borland-Controls

Borland wollte schon immer etwas Besonderes mit gewissen Extras bieten, was auch bei der ADO.NET-Programmierung unter ASP.NET der Fall ist[1].

Oberfläche

Erzeugen Sie zunächst ein neues ASP.NET-Projekt mit dem Namen *EinstiegBorland*. Im Gegensatz zur Microsoft-Variante werden wir jetzt die Daten-Komponenten per Drag&Drop in das WebForm einfügen, statt eines *DataGrid* verwenden wir die Borland-Variante *DBWebGrid* (Kategorie *DB Web*).

Bevor wir jedoch die Vorteile des Borland Daten Explorers nutzen können, müssen wir dort eine neue Verbindung erzeugen. Wählen Sie also im Datenexplorer die Rubrik *MSAccess* aus und klicken Sie mit der rechten Maustaste, um das Kontextmenü zu öffnen. Wählen Sie dort *Neue Verbindung hinzufügen*. Im folgenden Dialog vergeben Sie einen Namen:

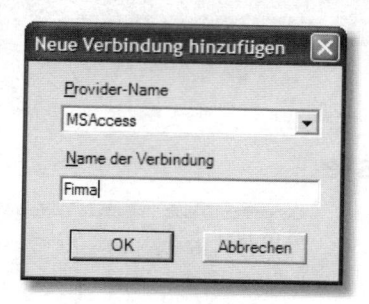

---

[1] Das ist der Vorteil einer Programmiersprache, die mit deutlicher Verspätung an das .NET-.Framework angepasst wurde.

10.8 Und wo bleibt die Datenbindung?

Nach dem Schließen müssen wir diese Verbindung noch konfigurieren. Dies erfolgt über das Kontextmenü der neue Verbindung.

Im sich öffnenden Dialog müssen Sie *Database*, *Passwort* und *Username* an Ihre Umgebung anpassen:

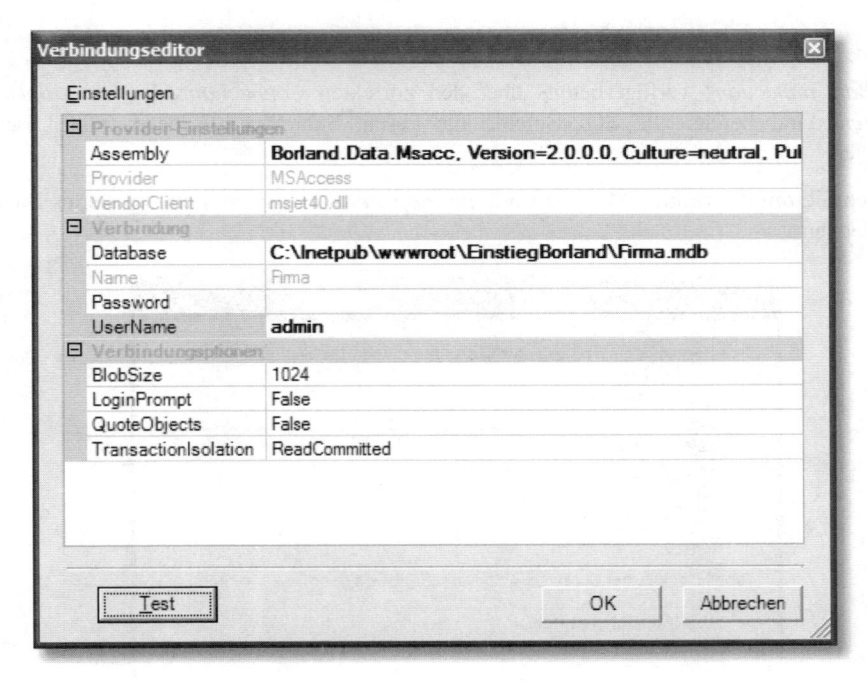

> **Hinweis:** Bei MS Access-Datenbanken müssen Sie immer den Usernamen *admin* angeben. Hierbei handelt es sich um den Standard-Login für Access-Datenbanken, der unter Access oder bei OLE DB-Zugriff automatisch genutzt wird.

Klicken Sie jetzt die Verbindung und wählen Sie unter *Tables* die Tabelle *Mitarbeiter* aus.

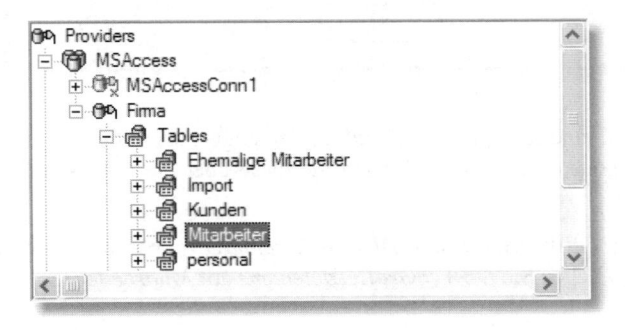

Ziehen Sie diese per Drag&Drop in das WebForm. Am unteren Rand sollten jetzt zwei neue Komponenten erscheinen, die bereits fix und fertig konfiguriert sind:

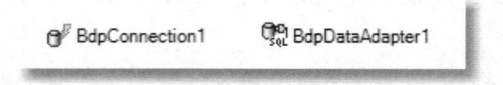

> BdpConnection1   BdpDataAdapter1

Die *BdpConnection1* verfügt bereits über den korrekten *ConnectionString*, im *BdpDataAdapter1* sind bereits alle SQL-Befehle für Lesen, Schreiben, Editieren und Löschen enthalten.

Klicken Sie mit der rechten Maustaste auf den *BdpDataAdapter1*, um ein typisiertes Dataset zu erzeugen:

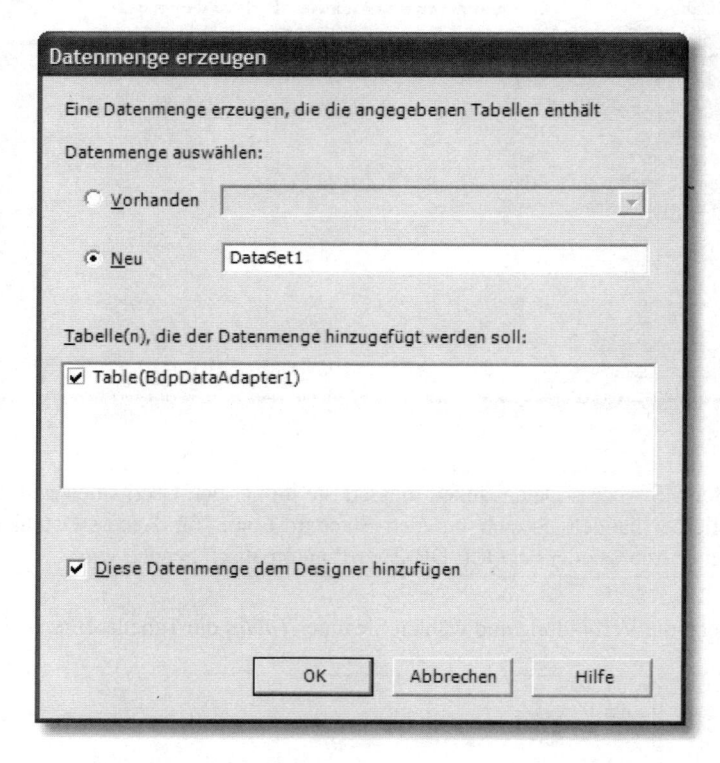

> **Datenmenge erzeugen**
>
> Eine Datenmenge erzeugen, die die angegebenen Tabellen enthält
>
> Datenmenge auswählen:
>
> ○ Vorhanden
> ● Neu   DataSet1
>
> Tabelle(n), die der Datenmenge hinzugefügt werden soll:
> ☑ Table(BdpDataAdapter1)
>
> ☑ Diese Datenmenge dem Designer hinzufügen
>
> OK   Abbrechen   Hilfe

Nach dem Ok wird eine Komponente *DataSet11* erzeugt. Fügen Sie jetzt noch eine *DBWebDataSource*-Komponente ein und verbinden Sie diese über die Eigenschaft *DataSource* mit *DataSet11*.

Abschließen wird *DBWebGrid1* mit *DBWebDataSource1* über die Eigenschaft *DBDataSource* verbunden. Legen Sie *DBWebGrid1.Tablename* auf *Mitarbeiter* fest.

10.8 Und wo bleibt die Datenbindung?

Ihre *WebForm1* sollte nun folgenden Anblick bieten:

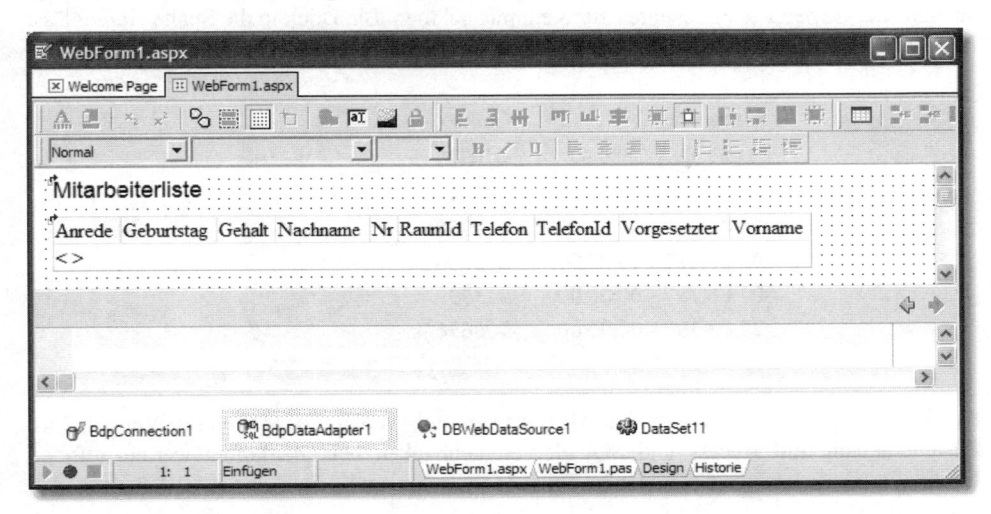

[Screenshot von WebForm1.aspx mit Mitarbeiterliste und Komponenten BdpConnection1, BdpDataAdapter1, DBWebDataSource1, DataSet11]

Ein besonderes Borland-Feature war und ist schon immer die Live-Datenanbindung. Wählen Sie dazu die Eigenschaft *DataSet* von *BdpDataAdapter1* aus und legen Sie diese auf *DataSet11* fest. Setzen Sie nun noch *Active* auf *True* und schon erscheinen die ersten 10 Datensätze im *DbWebGrid*.

Auch einem ersten Test steht nun nichts mehr im Weg. Klicken Sie auf F9 und Sie sollten folgendes Webform angezeigt bekommen:

Mitarbeiterliste

Nr	Anrede	Vorname	Nachname	Geburts
1	Frau	Gabriele	Detert	01.03.1
2	Frau	Heidemarie	Obst	04.05.1
3	Frau	Renate	Behn	16.05.1
4	Herr	Walter	Riester	03.06.1
5	Frau	Carola	Braun	04.06.1
6	Frau	Simone	Schmidt	27.08.1
7	Frau	Christine	Kamenz	13.10.1
8	Herr	Valentin	Ott	10.01.1
9	Frau	Marion	Adamski	13.06.1
10	Herr	Hans	Gwinner	30.10.1

< ≥

Das sieht ja schon recht viel versprechend aus, sogar eine Editiermöglichkeit wird bereits angeboten, gespeichert werden die Daten jedoch noch nicht. Auch die Beschränkung auf 10 Datensätze (Paging), die in der MS-Variante erst programmiert werden muss, ist bereits implementiert und funktionstüchtig.

Doch ach, wer an dieser Stelle nicht ganz oberflächlich ist, wird mit Verwunderung die "Segnungen" der Borland-Komponenten zur Kenntnis nehmen. Ein Blick in die Spalte *Gehalt* lässt Angestelltenherzen höher schlagen (es fehlt schlicht und einfach das Komma):

Geburtstag	Gehalt
01.03.1964 00:00:00	316534
04.05.1951 00:00:00	335118
16.05.1956 00:00:00	217958
03.06.1970 00:00:00	223008
04.06.1973 00:00:00	413999
27.08.1974 00:00:00	106656

Es handelt sich hier leider um ein hartnäckiges Borland-Problem, das schon seit Version 8 im Zusammenhang mit Access und SQL-Serverdatenbanken bei Gleitkommawerten auftritt[1]. Doch wir lassen uns jetzt davon noch nicht vergraulen und sehen uns zunächst noch den Quelltext an.

Quelltext

Wie sicher bemerkt, haben wir bisher keine einzige Zeile Quellcode geschrieben, deshalb finden Sie diesen Abschnitt erst nach dem ersten Test. Mit **einer** weiteren Zeile Code und durch das Hinzufügen eines *DBWebNavigators* (Eigenschaft *DBDataSource* und *TableName* setzen) können wir die Editierfunktion vervollständigen.

Erzeugen Sie einen Eventhandler für das Ereignis *DBWebDataSource1_OnApplyChangesRequest* und ergänzen Sie diesen wie folgt:

```
procedure TWebForm1.DBWebDataSource1_OnApplyChangesRequest(sender: System.Object;
                                      e: Borland.Data.Web.WebControlEventArgs);
begin
   BdpDataAdapter1.AutoUpdate(dataSet11, 'Mitarbeiter', BdpUpdateMode.All)
end;
```

Das war's auch schon, Sie können jetzt im *DBWebGrid* editieren, hinzufügen, löschen, scrollen etc. – eindrucksvolle Fähigkeiten, und das bei einer einzigen Zeile Quellcode!

---

1 Ein echtes K.O.-Kriterium für den Einsatz unter den genannten Bedingungen (siehe dazu auch Kapitel 8)!

10.8.3 Vergleich Microsoft und Borland-Komponenten

Da es sicher schon einigen Lesern unter den Nägeln brennt, wollen wir an dieser Stelle nicht darauf verzichten, uns kurz ein paar Gedanken zum Vergleich der beiden Komponentenfamilien zu machen.

Beim Vergleich mit den entsprechenden Microsoft-Komponenten fallen bei den Borland-Komponenten einige Unterschiede/Erleichterungen auf :

- Die Komponenten bieten eine Datenansicht auch zur Entwurfszeit.
- Sie können auf den Aufruf der Methode *Self.DataBind* verzichten.
- Änderungen werden automatisch im *DataSet* gesichert.
- Über die *DBWebDataSource*-Komponente steht Ihnen eine UNDO-Funktion zur Verfügung.
- Mit dem *DBWebNavigator* können Sie auf das mühsame Programmieren der entsprechenden Funktionalität verzichten.
- Das *DBWebDataGrid* unterstützt bereits ohne eine einzige Zeile Quellcode viele Funktionen, die Sie beim *DataGrid* erst programmieren müssten.

Doch damit endet auch schon die Liste der Pros und es folgen einige schwerwiegende Kontras:

- Die BDPs haben einige Macken im Zusammenhang mit MS SQL-Server und Access-Datenbanken, was sie für die genannten Einsatzgebiete gänzlich unbrauchbar macht.
- Die datengebundenen Borland-Komponenten kommen nur mit ihren *DbWebDataSources* klar, können also nicht wie die MS-Controls DataBinding (Collections etc. an Controls binden) verwenden.
- Last, but not least brauchen Sie neben den MS-Assemblies auch die zusätzlichen Borland-Assemblies auf dem Webserver. Ob Ihnen Ihr Provider diese Komponenten installiert und ob Sie diese auch zum Laufen bringen, steht in den Sternen. Dies sollten Sie vor dem Beginn Ihres Projekts in jedem Fall abklären und mit einer einfachen Datenbank-Anwendung testen. Lassen Sie sich in diesem Fall nicht mit "einfacher" Datenbindung und Livedaten ködern, denn davon haben Sie in realen Projekten nicht viel!
- Ob Sie sich nun für die Microsoft- oder die Borland-Variante entscheiden hängt sicher auch davon ab, ob Sie sich langfristig an Borland binden wollen oder ob Sie sich die Option eines Wechsels zu den MS-Sprachen offen halten wollen.

Die folgenden Abschnitte beschäftigen sich mit der Erweiterung bzw. Verwendung des MS *DataGrids*. Im Grunde erfahren Sie so auch, was im Hintergrund bei den Borland-Komponenten abläuft, dies ist für das allgemeine Verständnis sicher von großem Vorteil.

10.8.4 Paging im DataGrid

Sicher können Sie nicht immer erwarten, dass die Datenmenge nur aus 10 oder 20 Datensätzen besteht. Dem Anwender 500 oder 1000 Zeilen auf einmal anzuzeigen, dürfte sowohl aus Zeitgründen als auch aus optischen Gründen nicht ratsam sein.

Abhilfe schafft das so genannte Paging, d.h., der Anwender blättert sich quasi durch die Daten. Auf dem Bildschirm sind meist nur wenige Datensätze auf einmal zu sehen.

Wer es schon geschafft hat, den Eigenschaftendialog des DataGrids aufzuspüren[1], dürfte auch auf einen entsprechenden Menüpunkt gestoßen sein:

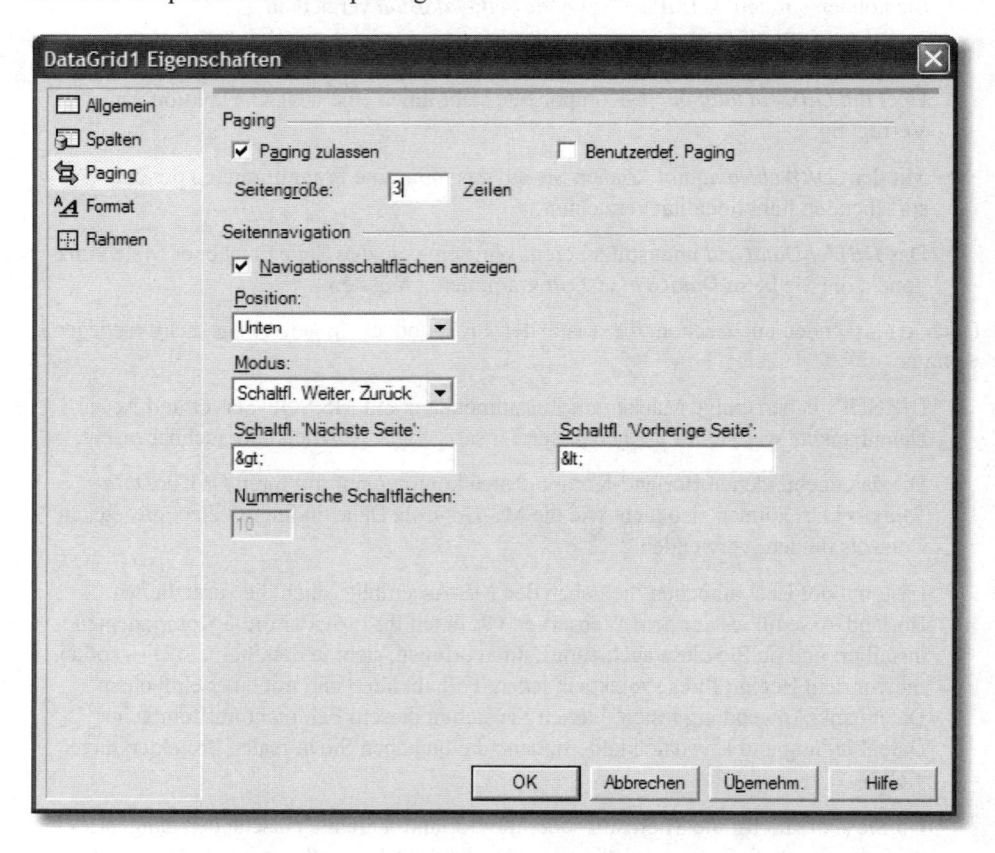

Neben der Anzahl der maximal sichtbaren Datensätze können Sie auch zwischen einem reinen Blätter-Modus (vor, zurück) und einem Nummerierungs-Modus (Seite 1, 2, 3, 4 ...) wählen.

---

[1] Den Property-Editor erreichen Sie u.a. über die Eigenschaft *Columns*.

10.8 Und wo bleibt die Datenbindung?

Stellen Sie die Optionen zunächst wie oben gezeigt ein. Im Weiteren müssen wir uns auf die Datenbindung konzentrieren

Datenbindung herstellen

Im Gegensatz zum Einführungsbeispiel in Abschnitt 10.8.1 fügen wir diesmal direkt Komponenten von der Tool-Palette in das Formular ein. Neben einer *OleDbConnection* brauchen wir auch einen *OleDbDataAdapter*. Das *DataSet* selbst erzeugen wir mittels Data-Adapter (rechte Maustaste: *Datenmenge erzeugen*). Sollten Sie die genannten Komponenten nicht in der Tool-Palette vorfinden, müssen Sie diese über den Menüpunkt *Komponenten| Installierte .NET-Komponenten...* nachinstallieren.

Legen Sie die Eigenschaft *OleDbConnection.ConnectionString* entsprechend Ihrer lokalen Umgebung fest (Datenbankpfad):

```
Provider=Microsoft.Jet.OLEDB.4.0;Data Source= c:\inetpub\wwwroot\EinstiegMS\Firma.mdb
```

Die zu setzenden Eigenschaften des *OleDbDataAdapters* auf einen Blick

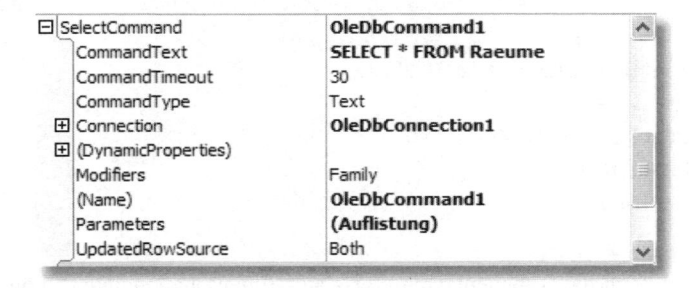

⊟ SelectCommand	OleDbCommand1
CommandText	SELECT * FROM Raeume
CommandTimeout	30
CommandType	Text
⊞ Connection	OleDbConnection1
⊞ (DynamicProperties)	
Modifiers	Family
(Name)	OleDbCommand1
Parameters	(Auflistung)
UpdatedRowSource	Both

Hinweis: *Insert-*, *Update-* und *DeleteCommand* benötigen wir für dieses Beispiel nicht!

Eine Verknüpfung zwischen *DataSet* und *DataGrid* lässt sich mit den Eigenschaften *DataSource*, *DataMember*, *DataKeyField* realisieren.

Für das Füllen des DataGrids zur Laufzeit sorgt das *Page_Load*-Ereignis:

```
procedure TWebForm1.Page_Load(sender: System.Object; e: System.EventArgs);
begin
  if not Page.IsPostBack then begin
    OleDbConnection1.Open;
    OleDbDataAdapter1.Fill(dsRaeume1);
    OleDbConnection1.Close;
    DataGrid1.DataBind;
  end;
end;
```

Wagen Sie bereits jetzt einen ersten Test. Die ersten drei Datensätze unserer Tabelle *Raeume* sollten jetzt angezeigt werden. Klicken Sie auch auf die "Buttons" für das Paging. Frustriert werden Sie feststellen, dass zwar ein Refresh für die Seite ausgelöst wird, im Endergebnis werden aber wieder die gleichen Datensätze wie vorher angezeigt. Auch ein Kontrollblick, ob zufällig das "Benutzerdefinierte Paging" eingeschaltet ist, zeigt keinen Fehler.

Nach intensivem Studium der Hilfe kommt die Erkenntnis: Ganz so einfach wie gedacht haben es uns die Entwickler doch nicht gemacht. Man muss schon etwas Quellcode investieren, bevor es so weit ist.

Etwas mehr Quellcode bitte

Der Ansatzpunkt für das weitere Vorgehen ist das Ereignis *DataGrid_PageIndexChanged*. Hier müssen Sie zunächst dem *DataGrid* die als Parameter übergebene Seite zuweisen, nachfolgend sind die Daten erneut bereitzustellen:

```
procedure TWebForm1.DataGrid1_PageIndexChanged(source: System.Object;
                       e: System.Web.UI.WebControls.DataGridPageChangedEventArgs);
begin
   DataGrid1.CurrentPageIndex := e.NewPageIndex;
   OleDbConnection1.Open;
   OleDbDataAdapter1.Fill(dsRaeume1);
   OleDbConnection1.Close;
   DataGrid1.DataBind();
end;
```

Bessern Sie jetzt noch das Tabellenlayout etwas auf (Eigenschaftendialog), können Sie sich schon an einem recht ansprechenden DataGrid erfreuen, das auch das Blättern zwischen mehreren Seiten erlaubt.

Damit haben wir – zumindest in diesem Punkt – die vorhandene Funktionalität des Borland *DbWebGrids* nachempfunden.

10.8.5 Daten im DataGrid sortieren

Neben der Möglichkeit, gleich ein sortiertes Dataset per SQL-Anweisung zu erzeugen (ORDER BY), bietet es sich auch an, vom Anwender neue Sortierfolgen vornehmen zu lassen. Verantwortlich dafür ist die *DataGrid*-Eigenschaft *AllowSorting*.

Hinweis: Wir erweitern einfach die im vorhergehenden Abschnitt erzeugte Anwendung.

Setzen Sie die Eigenschaft *AllowSorting* auf *True*, ändern sich die Beschriftungen im Tabellenkopf. Statt einfacher Texte haben Sie es jetzt mit Hyperlinks zu tun. Bevor Sie nun gleich einen Test wagen, sollten Sie sich etwas zurückhalten, auch hier kommen wir nicht um einige Zeilen Quellcode für die richtige Sortierung der Daten herum.

10.8 Und wo bleibt die Datenbindung?

Den jeweiligen Spalten können Sie über den Eigenschaften-Dialog des *DataGrids* auch gleich noch den Sortierausdruck zuweisen.

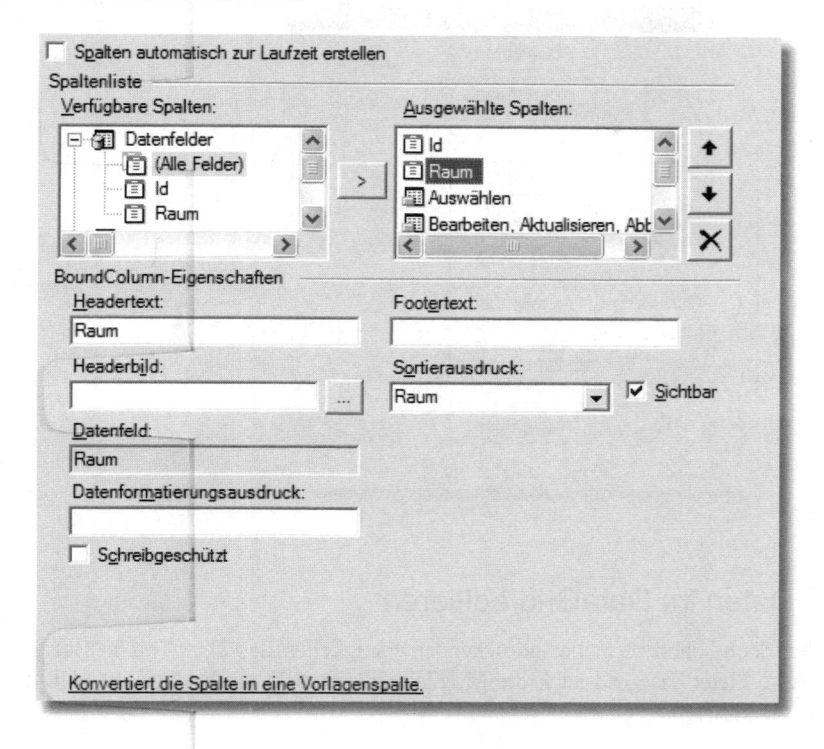

Dieser steht Ihnen dann zur Laufzeit im Ereignis *DataGrid1_SortCommand* über den Parameter *e* zur Verfügung.

Was bleibt ist die entsprechende Abfrage der Daten zur Laufzeit:

```
procedure TWebForm1.DataGrid1_SortCommand(source: System.Object;
            e: System.Web.UI.WebControls.DataGridSortCommandEventArgs);
begin
  OleDbDataAdapter1.SelectCommand.CommandText := 'SELECT * FROM Raeume ORDER BY '
                                                 + e.SortExpression;
  OleDbConnection1.Open();
  OleDbDataAdapter1.Fill(dsRaeume1);
  OleDbConnection1.Close();
  DataGrid1.DataBind();
end;
```

Starten Sie das Programm und klicken Sie nachfolgend auf die entsprechenden Kopfzeileneinträge:

Paging/Sortieren/Editieren/Löschen realisieren	
Raum	
1	Auswählen
10	Auswählen
11	Auswählen
12	Auswählen
13	Auswählen
4	Auswählen
5	Auswählen
6	Auswählen
7	Auswählen
8	Auswählen
< ≥	

10.8.6 Daten im DataGrid editieren

Neben den doch schon recht beeindruckenden Fähigkeiten des *DataGrid* in Bezug auf die Datenanzeige bietet das Grid auch die Möglichkeit, einen Datensatz vor Ort, d.h. direkt im DataGrid, zu editieren.

Naturgemäß lässt sich diese Aufgabe mit Hilfe der Standard-HTML-Elemente (um nichts anderes handelt es sich ja bei unserer ASP.NET-Seite) nicht ganz so einfach realisieren, wie beispielsweise in einem Windows Form.

Wie Sie vorgehen müssen und was Sie beachten müssen, zeigt Ihnen das folgende Beispiel.

Hinweis: Wir erweitern die im vorhergehenden Abschnitt erzeugte Anwendung.

Im Eigenschaftendialog des DataGrids können Sie jetzt das automatische Generieren der Spalten zur Laufzeit deaktivieren. Fügen Sie lediglich die Spalte *Raum* in die Tabelle ein. Die Spalte *Nr* verbergen Sie bitte (Option *Sichtbar* deaktivieren).

Fügen Sie zum Schluss noch eine Schaltflächenspalte mit den Tasten *Bearbeiten, Aktualisieren, Abbrechen* ein.

10.8 Und wo bleibt die Datenbindung?

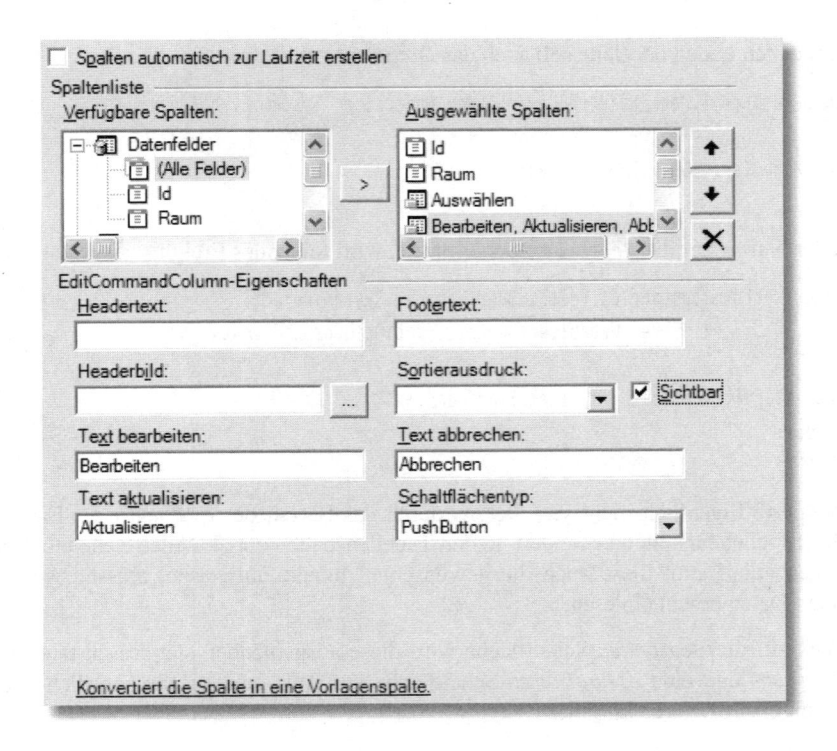

Hinweis: Das *DataGrid* blendet später automatisch die jeweils sinnvollen Tasten ein.

Welchen Tastentyp das *DataGrid* anzeigt (Hyperlink oder korrekte Schaltfläche) können Sie ebenfalls im Eigenschaften-Dialog bestimmen.

Damit sind schon die Änderungen an der Oberfläche abgeschlossen und wir können uns den "inneren Werten" zuwenden.

Da wir uns mehrfach um das erneute Füllen des *DataGrids* kümmern müssen, packen wir die entsprechenden Anweisungen gleich in eine eigene Routine, die wir dann nur noch aufzurufen brauchen:

```
procedure TWebForm1.Reload;
begin
  OleDbConnection1.Open();
  OleDbDataAdapter1.Fill(dsRaeume1);
  OleDbConnection1.Close();
  DataGrid1.DataBind();
end;
```

Mit dem ersten Laden der Seite soll auch das *DataGrid* gefüllt werden:

```
procedure TWebForm1.Page_Load(sender: System.Object; e: System.EventArgs);
begin
  if not Page.IsPostBack then ReLoad;
end;
```

Klickt der Nutzer auf die *Bearbeiten*-Schaltfläche, wird folgendes Ereignis ausgelöst:

```
procedure TWebForm1.DataGrid1_EditCommand(source: System.Object;
              e: System.Web.UI.WebControls.DataGridCommandEventArgs);
begin
  DataGrid1.EditItemIndex := e.Item.ItemIndex;
  ReLoad;
end;
```

Was passiert? Eigentlich nicht viel, bereits durch das Setzen der *EditItemIndex*-Eigenschaft wird die Tabellendarstellung geändert, in den Tabellenspalten der aktuellen Zeile tauchen jetzt TextBoxen auf. Damit diese auch die gewünschten Inhalte aufweisen, müssen wir die betreffenden Daten erneut einlesen.

Mit Klick auf die *Bearbeiten*-Schaltfläche wird diese ausgeblendet, stattdessen tauchen jetzt eine *Abbruch*- und eine *Aktualisieren*-Schaltfläche auf. Wir müssen uns natürlich auch um deren Ereignisprozeduren kümmern:

```
procedure TWebForm1.DataGrid1_CancelCommand(source: System.Object;
              e: System.Web.UI.WebControls.DataGridCommandEventArgs);
begin
  DataGrid1.EditItemIndex := -1;
  ReLoad;
end;
```

Ein Abbruch gestaltet sich naturgemäß recht einfach, wir lassen alles beim Alten und schalten das DataGrid lediglich aus dem Editiermodus in den Anzeigemodus zurück.

Wesentlich aufwändiger verläuft die Aktualisierung der zugrunde liegenden Datenbestände:

```
procedure TWebForm1.DataGrid1_UpdateCommand(source: System.Object;
              e: System.Web.UI.WebControls.DataGridCommandEventArgs);
begin
  OleDbDataAdapter1.UpdateCommand := OleDBCommand.Create('UPDATE raeume' +
              ' SET raum = ? WHERE id = ?');
```

Mit einem *OleDBCommand*-Objekt und einer entsprechenden SQL-UPDATE-Anweisung können wir die Daten in der Access-Datenbank aktualisieren.

```
  OleDbDataAdapter1.UpdateCommand.Connection := OleDbConnection1;
```

10.8 Und wo bleibt die Datenbindung?

Die folgende, recht unübersichtliche Typ-Umwandlung ist notwendig, da Sie nur auf diese Weise auf den Inhalt der Textboxen zugreifen können:

```
OleDbDataAdapter1.UpdateCommand.Parameters.Add('@raum', OleDbType.VarChar).Value :=
    (e.Item.Cells[1].Controls[0] as TextBox).Text;
```

Gefunden werden die Daten über den DataKey (Feld *id*):

```
OleDbDataAdapter1.UpdateCommand.Parameters.Add('@id', OleDbType.Integer).Value :=
    DataGrid1.DataKeys[e.Item.ItemIndex];
```

Hinweis: Beachten Sie, dass wir beim Auslesen mit der zweiten Zelle (die Spalte "id" ist zwar ausgeblendet, zählt jedoch mit) beginnen.

Hinweis: Sie sind an dieser Stelle dafür verantwortlich, die Dateneingaben des Nutzers zu prüfen. Auftretende Fehler müssen bereits an dieser Stelle abgefangen werden.

Der eigentliche Aufruf der SQL-Anweisung mit den zugewiesenen Parametern:

```
OleDbConnection1.Open();
OleDbDataAdapter1.UpdateCommand.ExecuteNonQuery();
OleDbConnection1.Close();
```

Füllen des DataGrid mit den neuen Inhalten:

```
DataGrid1.EditItemIndex := -1;
ReLoad;
end;
```

Test

Starten Sie das Programm, klicken Sie auf die Schaltfläche *Bearbeiten* und geben Sie einen anderen Namen ein. Nach dem Aktualisieren sollte die Änderung auch wieder im Grid sichtbar werden.

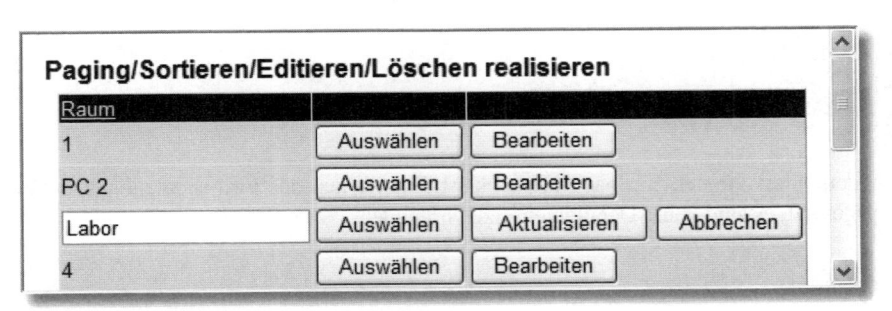

Paging/Sortieren/Editieren/Löschen realisieren			
Raum			
1	Auswählen	Bearbeiten	
PC 2	Auswählen	Bearbeiten	
Labor	Auswählen	Aktualisieren	Abbrechen
4	Auswählen	Bearbeiten	

10.8.7 Einträge im DataGrid löschen

Nach dem Bearbeiten von Einträgen im *DataGrid* (siehe vorhergehenden Abschnitt) kommt sicher auch die Lust, Datensätze mit Hilfe der Tabellenansicht zu löschen. Auch dies ist, wie das folgende Beispiel zeigt, kein Problem.

Wir übernehmen die Oberfläche des vorhergehenden Beispiels und erweitern das DataGrid mit Hilfe des Property-Dialogs um eine weitere Button-Spalte (*Löschen*):

Das Löschen gestaltet sich naturgemäß etwas einfacher als das Aktualisieren, es genügt, wenn wir an das SQL-Statement die *Id* des Raums übergeben:

```
procedure TWebForm1.DataGrid1_DeleteCommand(source: System.Object;
                      e: System.Web.UI.WebControls.DataGridCommandEventArgs);
begin
  OleDbDataAdapter1.DeleteCommand := OleDBCommand.Create('DELETE FROM raeume WHERE id = ?');
  OleDbDataAdapter1.DeleteCommand.Connection := OleDbConnection1;
  OleDbDataAdapter1.DeleteCommand.Parameters.Add('@id', OleDbType.Integer).Value :=
       DataGrid1.DataKeys[e.Item.ItemIndex];
  OleDbConnection1.Open();
  OleDbDataAdapter1.DeleteCommand.ExecuteNonQuery();
  OleDbConnection1.Close();
  DataGrid1.EditItemIndex := -1;
  Reload;
end;
```

Nach dem Start können Sie nach Herzenslust Räume aus der Firmendatenbank entfernen, vorausgesetzt, es sind keine Detaildatensätze vorhanden.

10.8.8 Master-Detailbeziehungen mit dem DataGrid darstellen

Dass ein *DataGrid* wesentlich mehr kann als nur die reine Datenanzeige, soll die folgende Aufgabenstellung zeigen. Ziel ist die Darstellung einer Master-Detail-Beziehung zwischen den beiden Tabellen *Raeume* und *Mitarbeiter*.

Als Grundlage dient uns wieder einmal die Anwendung der vorhergehenden Abschnitte[1]. Fügen Sie einen weiteren *OleDbDataAdapter* und ein zweites *DataGrid* in das Web Form ein.

Da Borland darauf verzichtet hat, für den DataAdapter einen sinnvollen Konfigurationsassistenten zu implementieren (beim *BdpDataAdapter* geht es doch auch), müssen wir wohl oder übel auf unsere rudimentären SQL-Kenntnisse zurückgreifen.

Für die Verbindung der beiden Tabellen nutzen wir einen Join, mit einem zusätzlichen Parameter können wir die gewünschten Datensätze (der ausgewählte Raum) herausfiltern:

```
SELECT
    Mitarbeiter.Nr,
    Mitarbeiter.Anrede,
    Mitarbeiter.Vorname,
    Mitarbeiter.Nachname,
    Mitarbeiter.RaumId
FROM Raeume INNER JOIN Mitarbeiter ON Raeume.Id = Mitarbeiter.RaumId
WHERE Raeume.Id = ?
```

Geben Sie diese Abfrage als *CommandText* für das *SelectCommand* von *OleDbDataAdapter2* ein. Weisen Sie noch die Verbindung *OleDbConnection1* über *OleDbDataAdapter2.SelectCommand.Connection* zu.

Erstellen Sie nachfolgend für diesen *SQLDataAdapter* ebenfalls ein *DataSet* (Kontextmenü).

Dieses *DataSet* verbinden Sie mit *DataGrid2*, in welchem wir die Detaildaten anzeigen werden, nachdem in der Mastertabelle ein Datensatz ausgewählt wurde.

Mit dem Laden des Formulars müssen wir uns auch um das Füllen des DataSets bzw. des DataGrids kümmern:

```
procedure TWebForm1.Page_Load(sender: System.Object; e: System.EventArgs);
begin
  if not Page.IsPostBack then Reload;
end;

procedure TWebForm1.Reload;
begin
  OleDbConnection1.Open();
```

---

[1] Das letzte Mal – versprochen ...

```
  OleDbDataAdapter1.Fill(dsRaeume2);
  OleDbConnection1.Close();
  DataGrid1.DataBind();
end;
```

Starten Sie zum jetzigen Zeitpunkt das Programm, dürften Ihnen lediglich die Daten der Tabelle *Raeume* angezeigt werden, das zweite *DataGrid* ist gar nicht zu sehen. Die Ursache ist eigentlich klar, wir haben bisher weder die Daten in das zweite *DataGrid* eingelesen, noch haben wir eine Verknüpfung zwischen den Daten hergestellt. Diese Aufgabe werden wir im *ItemCommand*-Ereignis von *DataGrid1* (Mastertabelle) realisieren:

```
procedure TWebForm1.DataGrid1_ItemCommand(source: System.Object;
                     e: System.Web.UI.WebControls.DataGridCommandEventArgs);
begin
  OleDbDataAdapter2.SelectCommand.Parameters['@RaumId'].Value :=
       DataGrid1.DataKeys[e.Item.ItemIndex];
  OleDbDataAdapter2.Fill(dsMitarbeiter1);
  DataGrid2.DataBind();
end;
```

Das Ereignis wird bei jedem Klick auf eine der angezeigten Schaltflächen im *DataGrid1* ausgelöst.

Was läuft hier ab? Zunächst wird der Parameter für die SQL-Abfrage (Detaildaten) bestimmt. Dazu verwenden wir die *DataKey*-Werte von *DataGrid1* (Primärschlüssel = *Id*). Nachfolgend brauchen wir lediglich das *DataSet* zu füllen und die Datenbindung für *DataGrid2* einzuschalten. Das war's dann auch schon.

Starten Sie das Programm und wählen Sie in der Master-Tabelle einen Datensatz per Klick auf eine Schaltfläche aus:

Master-/Detaildatensätze

Raum		Nr	Anrede	Vorname	Nachname	RaumId
abc	Auswählen	0	abc	abc	abc	0
abc	Auswählen	1	abc	abc	abc	1
abc	Auswählen	2	abc	abc	abc	2
abc	Auswählen	3	abc	abc	abc	3
abc	Auswählen	4	abc	abc	abc	4
< ≥		< ≥				

Hinweis: Auf die gleiche Art und Weise können Sie natürlich auch weitere Abhängigkeiten kaskadiert an das jeweils folgende *DataGrid* weitergeben.

10.9 E-Mail-Versand in ASP.NET

Unvermeidlich und kaum wegzudenken aus der heutigen Zeit ist das Versenden von E-Mails, die teilweise zur echten Plage werden können, so dass nur noch der Wechsel der Mail-Adresse Abhilfe schafft.

Auch in Ihren ASP.NET-Projekten können Sie mit wenigen Zeilen Quellcode zum Beispiel eine Bestellbestätigung, einen E-Mail-Adresstest oder Ähnliches realisieren.

10.9.1 Übersicht

Dreh- und Angelpunkt der weiteren Ausführungen ist die Einbindung des folgenden Namespace, der uns mit den Klassen *SMPTMail* und *MailMessage* beglückt:

```
uses System.Web.Mail;
```

Über die Klasse *SMTPMail* bzw. deren Methode *Send* erfolgt der eigentliche Versand. Entweder Sie übergeben alle Parameter einzeln oder Sie definieren vorher ein *MailMessage*-Objekt, das Sie an die Methode übergeben.

Syntax: `procedure Send(from, to, subject, messageText: string);`

oder

Syntax: `procedure Send (message : MailMessage);`

Einige wichtige Eigenschaften des *MailMessage*-Objekts, das eine einzelne E-Mail darstellt, zeigt die folgende Tabelle:

Eigenschaft	Beschreibung
Attachments	... eine Collection aller angehängten Dateien
Bcc	... alle Blind-Copy-Empfänger (mit Semikolon getrennt)
Body	... der Inhalt/Text der E-Mail
BodyFormat	... das Datenformat der E-Mail (*Text* (Standard) oder *HTML*)
Cc	... alle Empfänger (Kopie) der E-Mail (mit Semikolon getrennt)
From	... der Absender
Priority	... die Priorität (*Normal*, *Low*, *High*)
Subject	... die Betreffzeile
To	... die Empfänger (mit Semikolon getrennt)

Die meisten Eigenschaften, sowie deren Verwendung, dürften Ihnen bereits aus Ihrem eigenen E-Mail-Programm bekannt sein.

10.9.2 Einfache Text-E-Mails

Probieren wir es zunächst mit einem simplen Beispiel, ohne ein *MailMessage*-Objekt.

Variante 1

Beispiel: Textnachricht versenden

Fügen Sie einen *Button* in das Web-Form ein und verwenden Sie dessen *Click*-Ereignis zum Absenden der E-Mail.

```
uses System.Web.Mail;
...
procedure TWebForm1.Button1_Click(sender: System.Object; e: System.EventArgs);
begin
   SmtpMail.SmtpServer := '192.0.1.3';
   SmtpMail.Send('th.gewinnus@web.de', 'w.doberenz@t-online.de',
                 'Das Buch ist fertig!','Na ja, war nur ein Scherz …');
end;
```

Wie unschwer zu erkennen ist, versendet Thomas Gewinnus eine Mail an Walter Doberenz mit der fragwürdigen Behauptung, dass das Buch fertig sei[1].

Selbstverständlich können Sie auch Controls bzw. deren *Text*-Eigenschaft für die Angabe der Adresse oder des Betrefftextes nutzen:

```
SmtpMail.Send('th.gewinnus@web.de', Emfang.Text, Betreff.Text, Inhalt.Text);
```

Hinweis: Möchten Sie statt der schnöden Adressangaben auch einen Namen verwenden, schreiben Sie diesen einfach vor die E-Mail-Adresse und setzen Sie die E-Mail-Adresse in Größer- bzw. Kleiner-Zeichen.

Beispiel:

```
'Thomas Gewinnus<th.gewinnus@web.de>'
```

Variante 2

Wer es gern übersichtlicher und vor allem objektorientierter mag, der erzeugt zunächst ein *MailMessage*-Objekt, dem die einzelnen Eigenschaften zugewiesen werden können.

Beispiel: E-Mail-Versand mit Hilfe des *MailMessage*-Objekts

```
uses System.Web.Mail;
```

---

[1] Jetzt, wo Sie das Buch endlich in den Händen halten, handelt es sich offensichtlich nicht mehr um einen Scherz.

10.9 E-Mail-Versand in ASP.NET

```
procedure TWebForm1.Button1_Click(sender: System.Object; e: System.EventArgs);
var m : mailmessage;
begin
   m := MailMessage.Create;
   m.From := 'Thomas Kowalski <th.kowalski@web.de>';
   m.&To    := 'w.doberenz@t-online.de';          // & ist in Delphi notwendig!!!!
   m.Subject := 'E-Mail-Test in ASP.NET';
   m.Body := 'Hallo, anbei die fertigen Buchtexte <g>';
   SmtpMail.SmtpServer := '192.0.0.15';
```

Absenden der E-Mail:

```
   SmtpMail.Send(m);
end;
```

10.9.3 E-Mails mit Dateianhang

Neben dem reinen Textversand können Sie mit ASP.NET auch den Versand von Dateien jeglicher Art[1] realisieren. Die Vorgehensweise ist die gleiche wie im vorhergehenden Abschnitt, lediglich der *Attachments*-Collection müssen Sie mit der Methode *Add* ein neu erzeugtes *MailAttachment*-Objekt übergeben. Im Konstruktor wird der jeweilige Dateiname angegeben.

Beispiel: Versand der Datei *Project1.exe*

```
uses System.Web.Mail;
...
procedure TWebForm1.Button1_Click(sender: System.Object; e: System.EventArgs);
var m : mailmessage;
begin
   m := MailMessage.Create;
   m.From := 'Thomas Kowalski <th.kowalski@web.de>';
   m.&To    := 'w.doberenz@t-online.de';
   m.Subject := 'E-Mail-Test in ASP.NET';
   m.Body := 'Hallo, anbei die fertigen Buchtexte <g>';
   m.Attachments.Add(MailAttachment.Create('c:\temp\project1.exe'));
   SmtpMail.SmtpServer := '192.0.0.15';
   SmtpMail.Send(m);
end;
```

---

[1] Leider zählen dazu auch Viren, also Vorsicht!

10.10 Sicherheit von Webanwendungen

Hier wollen wir Sie zunächst wieder einmal mit etwas trockener Theorie füttern, bevor wir uns der eigentlichen Realisierung mit Delphi zuwenden. Das Thema ist allerdings viel zu komplex, um im Rahmen dieses Abschnitts ausführlich behandelt werden zu können.

10.10.1 Authentication

Unter Authentication verstehen wir das Identifizieren eines Webnutzers aus Sicht der Webanwendung. Unter Windows erfolgt dies automatisch, wenn Sie sich mit einem bestimmten Account, zum Beispiel *Administrator*[1], beim Systemstart anmelden. Nachfolgend können diesem Account bestimmte Rechte eingeräumt oder entzogen werden. Die gleiche Aufgabe besteht auch für eine Webanwendung, nur dass wir es hier mit einer etwas komplizierteren Materie zu tun haben, da Client und Server über ein relativ unsicheres Medium (Internet) verbunden sind.

Vier Varianten für die Authentication bietet ASP.NET uns an:

- Anonyme Anmeldung
- Forms Authentication
- Windows Authentication
- Passport Authentication

Anonyme Anmeldung

Dies ist die standardmäßige Anmeldung, wie wir sie auch unbewusst bei den vorhergehenden Beispielen verwendet haben. Die ASP.NET-Sicherheitsmechanismen sind in diesem Fall weitgehend ausgeschaltet, egal welcher Client auf die Anwendung zugreift, für den IIS handelt es sich immer um den in der Datei *machines.config* angegebenen Account *ASPNET*.

Möchten Sie zum Beispiel auf Datenbanken zugreifen oder Dateien erzeugen, müssen Sie diesen Nutzer mit entsprechenden Rechten ausstatten. Beim SQL-Server muss ein entsprechender Account erzeugt werden, für Access-Datenbanken bzw. andere Dateien/Verzeichnisse müssen die Schreibrechte aktiviert werden.

> **Hinweis:** Dass Sie damit dem unbefugten Zugriff Tür und Tor öffnen, sollte Ihnen stets bewusst sein!

Forms Authentication

Der Name deutet es eigentlich schon an, die Web Forms und damit ASP.NET sind für die Identifizierung des Nutzers zuständig. Rufen Sie ein Formular Ihrer Webanwendung auf,

---

[1] Was nicht unbedingt empfehlenswert ist.

10.10 Sicherheit von Webanwendungen

werden Sie zunächst auf eine spezielle Login-Seite umgeleitet. Dies ist der Fall, wenn ASP.NET keinen entsprechenden Cookie vorfindet. Nach der gültigen Eingabe von Name und Passwort wird der bewusste Cookie erzeugt, der den Nutzer beim Zugriff auf weitere Seiten Ihrer Anwendung identifiziert.

Windows Authentication

Hier wird die Authentication dem IIS überlassen. Um einen Eingabedialog wie bei den Web Forms brauchen Sie sich in diesem Fall nicht selbst zu bemühen, dies nimmt Ihnen das System ab. Der Nutzer muss lokal oder in einer NT-Domäne registriert sein. Wie die Identifikation im Detail geschieht, hängt von der Konfiguration des IIS ab (*Systemsteuerung|Internet Informations Dienste* ...):

Diese Variante der Identifizierung ist allerdings mit einigen Fallstricken behaftet: So wird entweder Name und Passwort im Klartext übertragen, oder die Identifikation wird nicht von allen Web-Browsern unterstützt, oder Sie bekommen Ärger mit dem Zugriff über einen HTTP-Proxy. Das Anwendungsgebiet dürfte sich damit schnell auf ein lokales Intranet beschränken.

Aktivieren Sie diese Authentication über die zentrale *Web.config*-Datei Ihrer Webanwendung:

```
<authentication mode="Windows" />
```

Hinweis: Eine individuelle Einstellung für einzelne Unterverzeichnisse Ihrer Webanwendung ist nicht möglich!

Passport Authentication

In diesem Fall prüft ASP.NET auf das Vorhandensein eines entsprechenden Cookies, der durch Microsoft Passport bereitgestellt worden ist. Der Nutzer muss über einen entsprechenden Account bei MS verfügen und sich per Login-Dialog identifiziert haben.

Über mögliche Bedenken (zentrale Nutzerverwaltung durch Microsoft etc.) wollen wir hier nicht weiter philosophieren, dies überlassen wir besser diversen Foren. Das Wichtigste: Erwartungsgemäß hat sich dieses Verfahren bisher nicht durchgesetzt.

10.10.2 Realisierung Forms Authentication

Nachdem wir festgestellt haben, dass alle Verfahren mit ihren kleinen Problemchen behaftet sind, wollen wir uns kurz der Realisierung einer Forms Authentication zuwenden. Diese Variante bietet dem Programmierer die volle Kontrolle, Sie entscheiden, wie Sie den Nutzer identifizieren (Datenbank, XML-Datei, Active Directory etc.) und ob dieser Login persistent bleibt.

Im Gegensatz zur Realisierung entsprechender Verfahren in ASP brauchen Sie bei ASP.NET nicht für jedes Formular einzeln zu prüfen, ob ein entsprechender Login erfolgt ist (Cookieprüfung), sondern können diese Aufgabe ASP.NET überlassen. Wichtig für Sie sind zwei Schritte:

- Erzeugen eines Login-Dialogs
- Verifikation von Usern und Passwörtern (zum Beispiel über die Datei *Web.config*)

Hinweis: Möchten Sie den Übertragungsweg (Internet) bei dieser Variante absichern, sollten Sie das Login-Formular per SSL-Verbindung übertragen.

Login-Dialog

Erzeugen Sie zunächst eine neue Anwendung, und fügen Sie neben dem Startformular *WebForm1.aspx* noch ein weiteres Formular *Login.aspx* hinzu. Wie der Name schon andeutet, werden wir hier die Identifikation des Nutzers implementieren.

Eine entsprechende Vorlage für ein derartiges Formular zeigt die folgende Abbildung.

Hinweis: Bitte verwenden Sie nur Komponenten aus der Palette "Web Controls".

10.10 Sicherheit von Webanwendungen

```
Name    [          ]
Passwort[          ]
     [Login per Web.config]  Label3
     ☐ Login speichern
```

Die *Visible*-Eigenschaft von *Label3* setzen Sie auf *False*, hier werden wir bei Bedarf eine Fehlermeldung einblenden.

Hinweis: Die *CheckBox* am unteren Rand ist optional. Will der Nutzer einen Cookie mit den Anmeldedaten speichern, so braucht er nicht bei jedem Start der Anwendung seine Daten neu einzugeben.

Mit dem Klick auf den Button wird es ernst:

```
procedure TWebForm2.Button1_Click(sender: System.Object; e: System.EventArgs);
begin
```

Prüfen von Name und Passwort:

```
  if FormsAuthentication.Authenticate(TextBox1.Text,TextBox2.Text) then
```

Alles o.k., dann geht es zurück zur Startseite (soll der Login gespeichert werden, muss dies als zweiter Parameter übergeben werden):

```
    FormsAuthentication.RedirectFromLoginPage(TextBox1.Text, CheckBox1.Checked)
```

Fehler beim Login:

```
  else begin
    Label3.Visible := True;
    Label3.Text := 'Fehlerhafte Anmeldung';
  end;
end;
```

Hinweis: Bevor Sie die o.g. Funktionen nutzen können, müssen Sie den Namespace *System.Web.Security* einbinden!

Damit ist *Login.aspx* fertig. In *WebForm1.aspx* werden wir in einem Label noch den Namen des aktiven Nutzers ausgeben. Dazu erweitern wir das *Page_Load*-Ereignis:

```
pocedure TWebForm1.Page_Load(sender: System.Object; e: System.EventArgs);
begin
  Label1.Text := 'Login: ' + User.Identity.Name;
end;
```

Das waren zunächst die Änderungen an der Anwendung selbst, wenden wir uns nun der Konfiguration zu.

Die Änderungen in der Web.config

Öffnen Sie die Datei *Web.config*, und editieren Sie das Attribut *Mode*:

```
<authentication mode="Forms">
```

Hier legen Sie den Namen des Login-Dialoges fest:

```
<forms loginUrl="login.aspx" >
```

Das Passwort ist im Klartext gespeichert (alternativ können Sie auch einen Hash-Wert angeben):

```
<credentials passwordFormat="Clear">
```

Ein erster Eintrag für Username und Passwort:

```
            <user name="HansWurst" password="geheim"/>
        </credentials>
    </forms>
</authentication>
```

> **Hinweis:** Mit der folgenden Authorization-Definition wird der unautorisierte Zugriff auf alle Seiten Ihrer Anwendung verhindert. Nur so wird auch *Login.aspx* angezeigt.

```
<authorization>
    <deny users="?" />
</authorization>
```

Sie können später einzelne Seiten von der Authentication ausschließen.

Test

Nach dem Start der Anwendung (zunächst findet sich in der Adresszeile auch *Webform1.aspx*) landen Sie unweigerlich auf der Login-Seite *Login.aspx*. Wohin es im Erfolgsfall zurückgeht, zeigt uns ein Blick in die Adresszeile.

Probieren Sie ruhig einmal einen falschen Account aus. Sie landen unweigerlich wieder im Login-Dialog.

10.10 Sicherheit von Webanwendungen

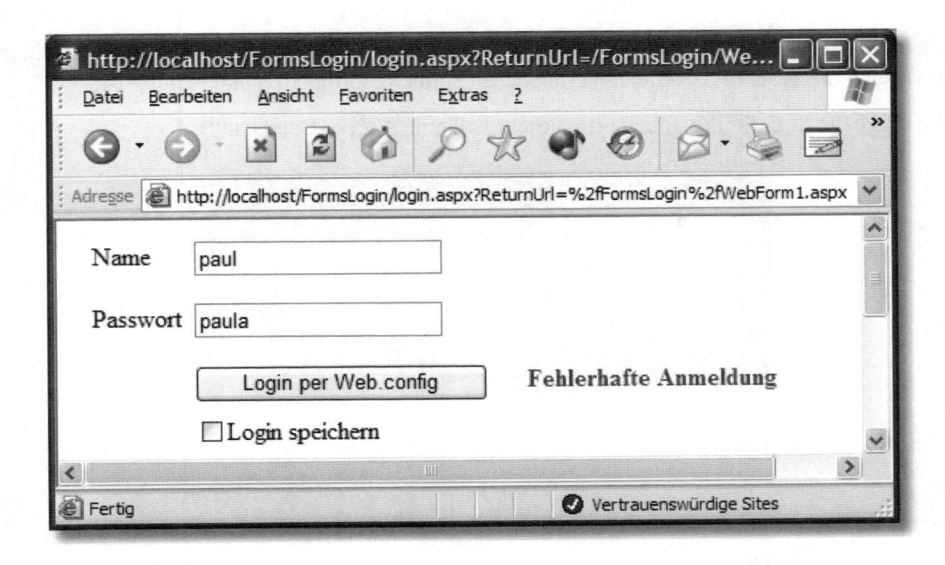

Ist die Anmeldung erfolgreich, brauchen Sie sich im Verlauf der Anwendung nicht weiter um Identitätsprüfungen zu kümmern. Über *User.Identity.Name* können Sie später jederzeit den aktuellen Nutzer identifizieren und zum Beispiel Eingabefelder ausblenden.

Haben Sie das persistente Speichern des Logins aktiviert, bestimmt das Attribut *timeout* in der *Web.config*, wie lange dieses Cookie aktuell ist:

```
<authentication mode="Forms">
    <forms loginUrl="login.aspx" timeout="120">
        <credentials passwordFormat="Clear">
            <user name="HansWurst" password="geheim"/>
        </credentials>
    </forms>
</authentication>
```

Weitere Möglichkeiten der Identifikation

Neben der im vorhergehenden Beispiel demonstrierten Variante, mit

```
if FormsAuthentication.Authenticate(...) then
```

einen Nutzer über die Datei *Web.config* zu identifizieren, bietet sich auch eine ganz simple Realisierung mittels Textvergleich an:

```
if (TextBox1.Text = 'Maier') And (TextBox2.Text = 'Esel') then
     FormsAuthentication.RedirectFromLoginPage(TextBox1.Text, CheckBox1.Checked)
else
...
```

Wesentlich eleganter ist natürlich eine Abfrage in einer Datenbank, was sicher bei einer größeren Nutzerzahl und eventuell vorhandenen Anmeldeformularen praktikabler ist.

Die mögliche Struktur der Tabelle (in diesem Fall eine Access-Datenbank):

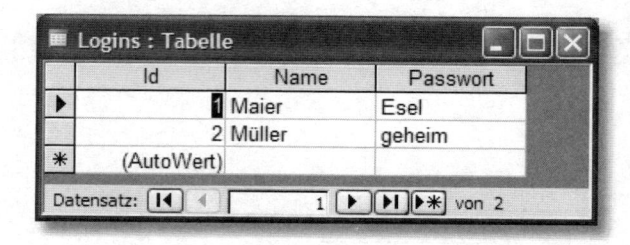

Id	Name	Passwort
1	Maier	Esel
2	Müller	geheim
(AutoWert)		

Eine mögliche Implementierung:

```
procedure TWebForm2.Button2_Click(sender: System.Object; e: System.EventArgs);
var conn : OleDbConnection;
    cmd  : OleDbCommand;
begin
  conn := OleDbConnection.Create('Provider=Microsoft.Jet.OLEDB.4.0;' +
                        'Data Source=c:\inetpub\wwwroot\FormsLogin\logins.mdb');
  conn.Open;
  cmd := OleDbCommand.Create('SELECT * FROM logins WHERE (name=?)AND(passwort=?)',conn);
  cmd.Parameters.Add('@Name', TextBox1.Text);
  cmd.Parameters.Add('@Passwort', TextBox2.Text);
  if cmd.ExecuteReader.Read then
     FormsAuthentication.RedirectFromLoginPage(TextBox1.Text, CheckBox1.Checked)
   else begin
     ...
   end;
end;
```

Hinweis: Verwenden Sie immer Parameter, wenn der Nutzer Einfluss auf den SQL-String hat! Andernfalls könnte mittels SQL-Injection schnell Unheil angerichtet werden. Dies gilt insbesondere für SQL-Server-Anfragen.

Fazit

Auch die Authentication mittels Web Forms hat zwei entscheidende Nachteile. Zum einen muss ein Cookie auf dem Client-Rechner abgelegt werden, ist dies nicht der Fall, funktioniert dieses System nicht. Zum anderen sind durch diese Variante nur die für ASP.NET relevanten Daten geschützt. Kennt der Nutzer den Pfad, kann er auch ohne Authentication beispielsweise Bilder oder Binärdaten herunterladen.

10.10.3 Impersonation

Wie bereits mehrfach erwähnt, wird standardmäßig der Benutzer-Account *ASPNET* durch den IIS verwendet[1]. Dies ist jedoch nicht in allen Fällen erwünscht. Soll dem IIS bzw. dem zugrunde liegenden Betriebssystem ein anderer Nutzer vorgegeben werden, nennt man dies Impersonation. Der ASP.NET-Engine stehen damit alle Ressourcen des betreffenden Accounts zur Verfügung. Doch Achtung:

> **Hinweis:** ASP.NET ist durch die Impersonation auch an die Einschränkungen des betreffenden Accounts gebunden.

So ist es unbedingt erforderlich, dass Schreib- und Leserechte für das folgende Verzeichnis eingeräumt werden, anderenfalls können die ASPX-Dateien nicht compiliert werden:

```
<WINDOWS>\Microsoft.NET\Framework\v1.1.xxxx\Temporary ASP.NET Files
```

Ein Verwendungszweck für Impersonation bietet sich zum Beispiel beim Zugriff auf den MS SQL Server an. Im Normalfall dürfte der Nutzer ASPNET keinen Zugriff haben[2], per Impersonation könnten Sie jedoch mit einer vertrauten Verbindung (ASP.NET nutzt jetzt einen lokalen Account) die gewünschten Daten abrufen.

Drei Varianten der Impersonation sind möglich:

- Automatische Impersonation
- Statische Impersonation
- Dynamische Impersonation

Automatische Impersonation

Die Verwendung dieser Variante ist recht simpel realisierbar. Erweitern Sie einfach die *Web.config* um folgenden Eintrag:

```
<?xml version="1.0" encoding="utf-8" ?>
<configuration>
  <system.web>
    ...
    <identity impersonate="true"/>
    ...
```

---

[1] ASP-Programmierer werden sich sicher noch an den Account *IUSR_<Systemname>* erinnern, der immer dann verwendet wurde, wenn Authentication erfolgte.

[2] Es sei denn, der SQL Server-Admin hat diesen Account hinzugefügt, was nicht empfehlenswert ist, da jetzt Nutzer beliebiger ASP.NET-Anwendungen Zugriff hätten.

Weiterhin hängt alles davon ab, welche Form der Authentication Sie gewählt haben.

- Haben Sie die Windows Authentication aktiviert und wird der Benutzer korrekt authentifiziert, nutzt ASP.NET ab sofort diesen Account (natürlich nur für diese eine Session).
- Haben Sie keine Authentication aktiviert, so wird der Account des anonymen Users (z.B. IUSR_P4) genutzt.

Sie können den aktiven Account zum Beispiel wie folgt abrufen:

```
...
implementation
  uses System.Security.Principal;
...
procedure TWebForm1.Page_Load(sender: System.Object; e: System.EventArgs);
begin
  Label1.Text := 'Login: ' + User.Identity.Name;      // der Authenticationname
  Label2.Text := 'Account: ' + WindowsIdentity.GetCurrent.Name;
end;
```

Ausgabe (Impersonation *True*, Username *Maier*, Systemname *P4*, Forms Authentication):

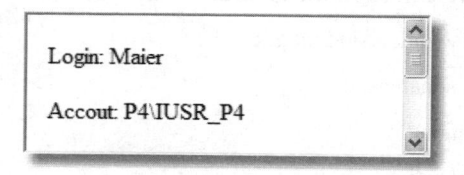

```
Login: Maier

Accout: P4\IUSR_P4
```

Ausgabe (Impersonation *False*, Username *Maier*, Systemname *P4*):

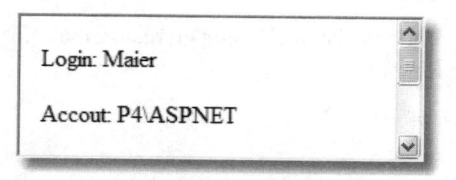

```
Login: Maier

Accout: P4\ASPNET
```

Ausgabe (Impersonation *True*, Systemname *P4*, Windows Authentication)[1]:

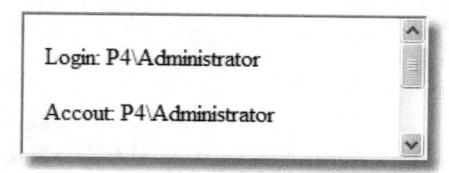

```
Login: P4\Administrator

Accout: P4\Administrator
```

---

[1] Hier ist der Autor sorglos und arbeitet mit vollen Rechten, was eigentlich nicht zu empfehlen ist.

10.10 Sicherheit von Webanwendungen

Statische Impersonation

Im Gegensatz zur automatischen Impersonation ist bei der statischen Impersonation keine Authentifizierung erforderlich, da per *Web.config* ein fester Account zugeordnet wird. Alle Nutzerzugriffe auf die entsprechende Anwendung laufen unter diesem Account.

```xml
<?xml version="1.0" encoding="utf-8" ?>
<configuration>
 <system.web>
    ...
    <identity impersonate="true" userName="Maier" password="xyz"/>
    ...
 </system.web>
</configuration>
```

Hinweis: Dieser Nutzer muss natürlich auf dem System registriert sein, andernfalls werden Sie mit folgender Meldung beglückt:

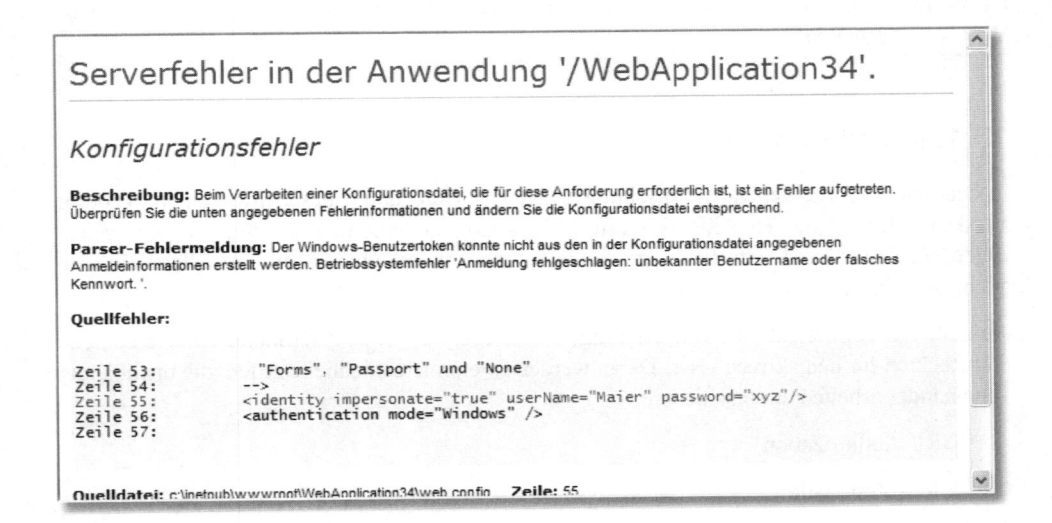

Serverfehler in der Anwendung '/WebApplication34'.

Konfigurationsfehler

Beschreibung: Beim Verarbeiten einer Konfigurationsdatei, die für diese Anforderung erforderlich ist, ist ein Fehler aufgetreten. Überprüfen Sie die unten angegebenen Fehlerinformationen und ändern Sie die Konfigurationsdatei entsprechend.

Parser-Fehlermeldung: Der Windows-Benutzertoken konnte nicht aus den in der Konfigurationsdatei angegebenen Anmeldeinformationen erstellt werden. Betriebssystemfehler 'Anmeldung fehlgeschlagen: unbekannter Benutzername oder falsches Kennwort.'.

Quellfehler:

```
Zeile 53:         "Forms", "Passport" und "None"
Zeile 54:         -->
Zeile 55:         <identity impersonate="true" userName="Maier" password="xyz"/>
Zeile 56:         <authentication mode="Windows" />
Zeile 57:
```

Quelldatei: c:\inetpub\wwwroot\WebApplication34\web.config   **Zeile:** 55

Dynamische Impersonation

Die beiden vorhergehenden Varianten hatten einen aus Sicht des Programmierers wesentlichen Nachteil: Eine Zuordnung des Nutzers aus der Anwendung heraus ist nicht möglich, da die Daten in der *Web.config* fest abgelegt sind.

Im Gegensatz dazu wird bei der dynamischen Impersonation zunächst der Default-Account ASPNET verwendet, bis Sie der ASP.NET-Engine einen neuen Account zuordnen. Diese Zuordnung können Sie jederzeit rückgängig machen.

Beispiel: Wechsel der Identität

```
procedure TWebForm1.Page_Load(sender: System.Object; e: System.EventArgs);
begin
  Label1.Text := 'Vor Imp.: ' + WindowsIdentity.GetCurrent.Name;
  WindowsIdentity(User.Identity).Impersonate;
  Label2.Text := 'Nach Imp.: ' + WindowsIdentity.GetCurrent.Name;
end;
```

Die Ausgabe:

```
Vor Imp.:  P4\ASPNET

Nach Imp.: P4\Administrator
```

Hinweis: Verwenden Sie diese Variante, müssen Sie die Impersonation per *Web.config* ausschalten!

10.10.4 Authorization

In den beiden vorhergehenden Abschnitten hatten wir uns damit beschäftigt, einen Webuser zu identifizieren bzw. der ASP.NET-Engine beizubringen, eine neue Identität zu verwenden. Beide Verfahren sind natürlich kein Selbstzweck, sondern dienen als Grundlage für den nächsten Schritt, die Autorisierung.

Aufgabe der Authorization (Autorisierung) ist die Freigabe bzw. Zuordnung von Ressourcen und Rechten für den aktiven User. Dabei werden zwei unterschiedliche Arten, die unabhängig voneinander arbeiten, unterschieden:

- URL Authorization
- File Authorization

Eingehende Clientanfragen werden zunächst durch ASP.NET per URL Authorization geprüft. Grundlage dieser Prüfung ist die angeforderte URL, daher auch die Bezeichnung.

Nach diesem Schritt wird die Anfrage auf Basis der Systemfreigaben (Ordner/Dateien) auf Benutzer- oder Gruppenebene durch Windows überprüft. Grundlage der Prüfung ist die so genannte Access Control List (ACL).

File Authorization

Mit dieser Form der Autorisierung haben Sie unter Windows sicher schon Bekanntschaft geschlossen. Es handelt sich um nicht anderes als die Freigabe von Dateien und Ordnern für bestimmte Nutzer oder Gruppen. ASP.NET agiert quasi als normaler Nutzer (Standard ASPNET) und ist damit natürlich auch an die entsprechenden Restriktionen gebunden.

Ein ganz praktisches Anwendungsgebiet ist der Zugriff auf Access-Datenbanken (Schreibzugriff), wenn sich diese in einem Webordner befinden. Per Defaulteinstellung kann zwar *Jeder* auf diesen Ordner lesend zugreifen (*Jeder* ist auch *ASPNET*), eine Berechtigung für das Schreiben müssen Sie jedoch erst explizit vornehmen.

Ganz anders der Fall, wenn Sie per Impersonation zum Beispiel den Admin-Account missbrauchen. Jetzt agiert ASP.NET als Administrator und hat natürlich auch alle Rechte.

URL Authorization

URL Authorization wird per *Web.config* realisiert und ist damit lediglich für ASP.NET relevant. Über das *Authorization*-Element können Sie definieren, welcher Benutzer Zugriff auf die Web-Applikationen erhält und welcher nicht.

Ein erstes Beispiel hatten Sie ja schon im Zusammenhang mit der Forms Authentication kennen gelernt:

```
<authentication mode="Forms">
        <forms loginUrl="login.aspx" timeout="120">
                <credentials passwordFormat="Clear">
                        <user name="HansWurst" password="geheim"/>
                </credentials>
        </forms>
</authentication>

<authorization>
        <deny users="?" />
</authorization>
```

Mit *<deny>* verwehren Sie den Zugriff, das Fragezeichen steht für alle anonymen Benutzer. Damit haben wir alle anonymen User ausgeschlossen, es besteht ein Zwang zur Anmeldung (in diesem Fall Web Forms).

Hinweis: Neben dem Fragezeichen gibt es noch den "*" als Platzhalter. In diesem Fall handelt es sich um alle Nutzer, ob angemeldet oder nicht.

Neben Platzhaltern können Sie auch direkt die Namen von Usern oder auch ganzen Gruppen für das Zuweisen bzw. das Entziehen von Rechten nutzen. Geben Sie für die Attribute *users* und *roles* einfach eine kommagetrennte Liste der Namen an.

Beispiel: Alle Administratoren sowie Maier und Schulze erhalten vollen Zugriff:

```
...
<authorization>
```

```
    <allow verb="GET,POST,HEAD,DEBUG"
       users="Maier,Schulze"
       roles="Administrators"/>
    <deny users="*"/>
  </authorization>
  ...
```

Im Gegensatz zur *Authentication* ist die *Authorization* auch auf bestimmte Unterverzeichnisse beschränkbar, was sicher auch einen Sinn macht. So können Sie zwar das gesamte Web freigeben, für bestimmte Ordner sind jedoch eine Anmeldung und ein bestimmter Account erforderlich. Verantwortlich für diese Vielfalt ist das <*location*>-Element.

Beispiel: Zugriff auf das Verzeichnis *Download*

```
<?xml version="1.0" encoding="utf-8" ?>
<configuration>
```

Grundsätzlich freier Zugriff::

```
<system.web>
 <authentication mode="None"/>
 <authorization>
  <allow users="*"/>
 </authorization>
</system.web>
```

Aber für *Download* gelten Einschränkungen und die Pflicht zur Anmeldung:

```
<location path="download"
 <system.web>
  <authentication mode="Forms">
   <forms loginUrl="/login.aspx"/>
  </authentication>
  <authorization>
   <allow users="Maier"/>
   <deny users="*"/>
  </authorization>
 </system.web>
</location>
</configuration>
```

Webdienste & .NET-Remoting

- ✓ Webdienstegrundlagen
- ✓ Webdienste im Detail
- ✓ Webdienste und Sicherheit
- ✓ .NET-Remoting

In diesem Kapitel kommen wir auf ein Highlight der .NET-Technologie zu sprechen: die Webservices bzw. Webdienste. Im folgenden Einführungsbeispiel (wir wollen Sie nicht gleich mit Theorie foltern) werden Sie eine erste Bekanntschaft mit diesem Anwendungstyp schließen und dabei folgende Erkenntnisse gewinnen:

- Unter einem Webservice versteht man eine auf dem Webserver angelegte Klasse, deren Methoden via Internet aufgerufen werden können.
- Im Unterschied zu einer ASP.NET-Anwendung werden keine HTML-Seiten vom Webserver an den Webclient geliefert, sondern Daten bzw. Objekte, die per SOAP in XML-Dokumenten verpackt sind.
- Die Benutzerschnittstelle gehört nicht zum Webservice, sondern muss von der Clientanwendung bereitgestellt werden.

Wir werden in diesem Kapitel die dazu erforderliche Theorie nach dem Prinzip "soviel wie unbedingt nötig" vermitteln und praktisch umsetzen.

Nicht ganz so bekannt, dafür aber wesentlich flexibler, ist die .NET-Remoting-Technologie, auf die wir im Anschluss eingehen werden. Zur besseren Vergleichbarkeit werden wir eines der Webservice-Beispiele portieren, so können Sie sich ein besseres Bild von den Vor- und Nachteilen der beiden Technologien machen.

11.1 Einsteigerbeispiel

Wir wollen uns alle Mitarbeiter der Datenbank *Firma.mdb* mit einem Webdienst anzeigen lassen.

11.1.1 Projekt vorbereiten

Öffnen Sie ein neues Projekt vom Typ *ASP.NET-Web-Service-Anwendung*[1]. Beim Eintrag für den *Speicherort* erkennen Sie, dass – wie bei jeder anderen Webanwendung auch – das Projekt unter Regie des IIS abgespeichert wird.

---

[1] Bitte fragen Sie jetzt nicht, warum es **ASP.NET**-... heißt (die Autoren wissen es auch nicht), denn mit ASP.NET hat das eigentlich nicht sehr viel zu tun. **XML**-Webdienst würde schon eher den Kern der Sache treffen.

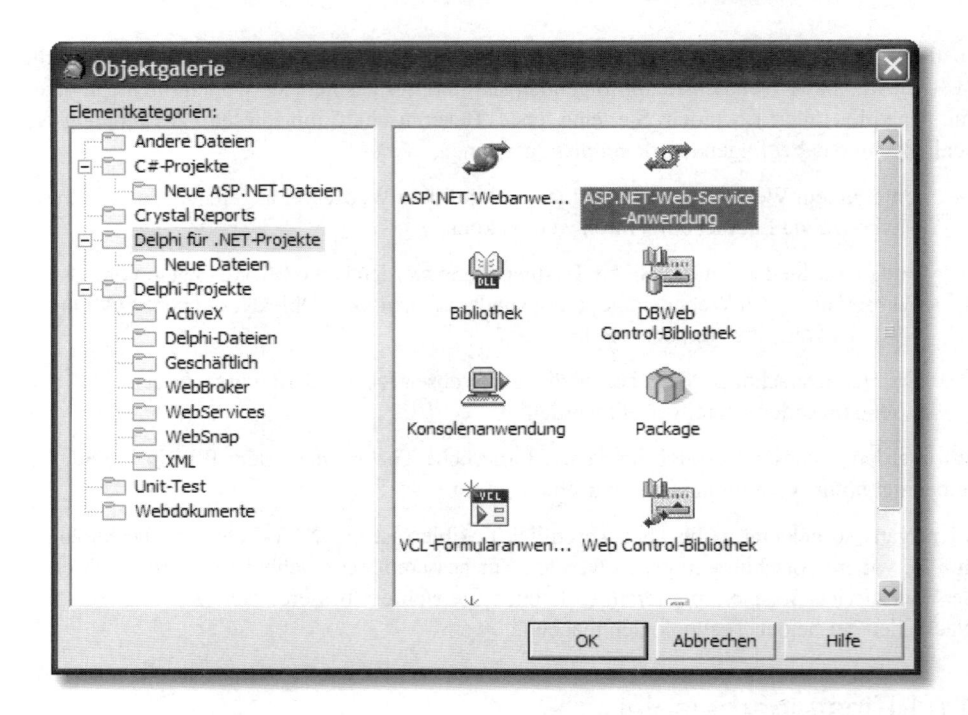

![Objektgalerie-Dialog mit ausgewählter ASP.NET-Web-Service-Anwendung]

Aus Gründen der Einfachheit belassen wir es beim standardmäßig vorgegebenen Namen *WebServiceApplication1*:

![Neu: ASP.NET-Web-Service-Anwendung Dialog mit Namen WebServiceApplication1]

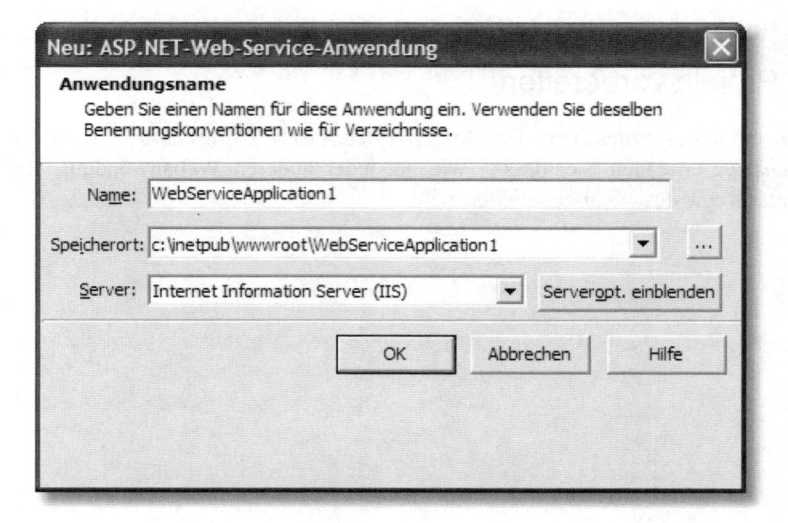

Nach einem Weilchen erscheint die Entwurfsansicht von *WebService1.asmx*. Da aber Webdienste keine eigene Bedienoberfläche haben, können Sie sofort zur Codeansicht wechseln, indem Sie auf den Hyperlink klicken.

11.1 Einsteigerbeispiel

> Um Komponenten zu einer Klasse hinzuzufügen, ziehen Sie diese aus dem Server-Explorer oder der Toolbox, und legen Sie die Eigenschaften im Dialogfeld 'Eigenschaften' fest. Um Methoden und Ereignisse für eine Klasse zu erstellen, klicken Sie hier, um zur Codeansicht zu wechseln.

In der Codeansicht steht für Sie eine bereits vorgefertigte Klasse *TWebService1* bereit. Auch ein auskommentiertes simples "Hello World"-Beispiel für eine Webmethode finden Sie hier.

```
45  Vom Designer verwalteter Code
55
56  constructor TWebService1.Create;
57  begin
58    inherited;
59    //
60    // Erforderlich zur Unterstützung des Designers
61    //
62    InitializeComponent;
63    //
64    // TODO: Fügen Sie nach dem Aufruf von InitializeComponent Konstruktorcode hinzu.
65    //
66  end;
67
68  /// <summary>
69  /// Ressourcen nach der Verwendung bereinigen
70  /// </summary>
71  procedure TWebService1.Dispose(disposing: boolean);
72  begin
73    if disposing and (components <> nil) then
74      components.Dispose;
75    inherited Dispose(disposing);
76  end;
77
78  // Beispielmethoden für Web-Services
79  // Mit der folgenden Methode können Sie einen neuen Web-Service testen.
80  (*
81  function TWebService1.HelloWorld: string;
82  begin
83    Result := 'Hello World';
84  end;
85  *)
86
87  end.
```

11.1.2 Webmethode implementieren

Hinweis: Dank SOAP ist ein Webdienst in der Lage, auch komplette *DataSet*-Objekte als Parameter entgegenzunehmen bzw. als Funktionswert zurückzugeben!

Wir implementieren deshalb eine Funktion *getMitarbeiter*, deren Rückgabewert ein komplettes *DataSet* mit allen Datensätzen der *Mitarbeiter*-Tabelle sein soll.

Fügen Sie also dem Codeskelett die erforderlichen Anweisungen hinzu:

```
unit WebService1;
interface
uses
  System.Collections, System.ComponentModel,
  System.Data, System.Diagnostics, System.Web,
  System.Web.Services, System.Data.OleDb;
```

Hinweis: Um eine Funktion als Webdienst zu spezifizieren, muss das Attribut *[WebMethod]* vorangestellt werden!

```
type
  TWebService1 = class(System.Web.Services.WebService)
  public
    constructor Create;
    [WebMethod]
    function getMitarbeiter : DataSet;
  end;
  ...
function TWebService1.getMitarbeiter : DataSet;
var connstr : string;
    conn    : OleDbConnection;
    cmdSel  : OleDbCommand;
    da      : OleDbDataAdapter;
    ds      : DataSet;
begin
  connStr := 'Provider=Microsoft.Jet.OLEDB.4.0; ' +
             'Data Source= c:\inetpub\wwwroot\WebServiceApplication1\Firma.mdb';
  conn := OleDbConnection.Create(connStr);
  cmdSel := OleDbCommand.Create('SELECT * FROM Mitarbeiter', conn);
  da := OleDbDataAdapter.Create(cmdSel);
  ds := DataSet.Create;
  conn.Open;
  da.Fill(ds, 'Mitarbeiter');
  conn.Close;
  Result := ds;
end;
```

Wie Sie sehen, sind die Änderungen im Quellcode gegenüber einer normalen Windows Forms-Anwendung minimal. Statt das *DataSet* einem *DataGrid* direkt zuzuweisen, dient es hier als Rückgabewert der Webmethode.

11.1.3 Programm testen

Um den Webdienst zu testen, wählen Sie das Menü *Start/Start* (oder drücken die F9-Taste)[1]. Als Antwort stellt Delphi.NET einige HTML-Testseiten zur Verfügung, die im Internet Explorer erscheinen.

Auf der ersten Testseite finden Sie eine Zusammenstellung aller vom Webdienst exportierten Methoden (in unserem Fall ist das nur *getMitarbeiter*).

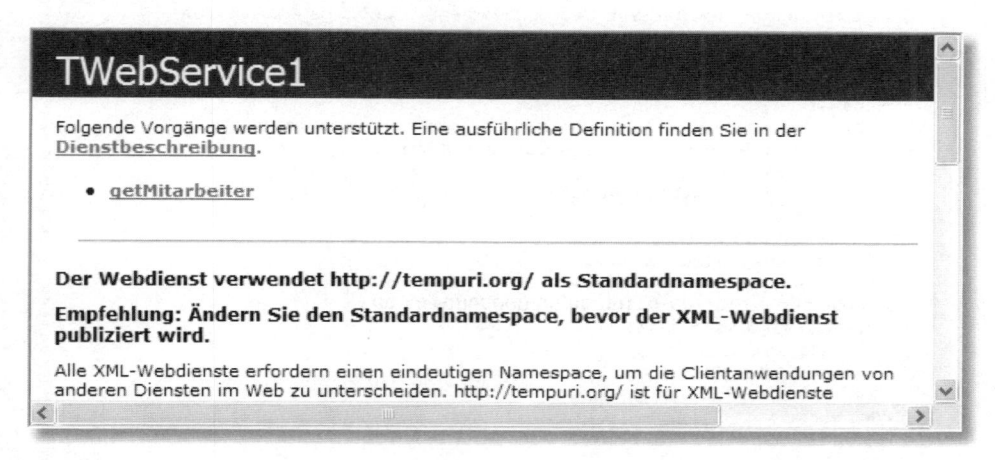

TWebService1

Folgende Vorgänge werden unterstützt. Eine ausführliche Definition finden Sie in der Dienstbeschreibung.

- getMitarbeiter

Der Webdienst verwendet http://tempuri.org/ als Standardnamespace.

Empfehlung: Ändern Sie den Standardnamespace, bevor der XML-Webdienst publiziert wird.

Alle XML-Webdienste erfordern einen eindeutigen Namespace, um die Clientanwendungen von anderen Diensten im Web zu unterscheiden. http://tempuri.org/ ist für XML-Webdienste

Klicken Sie auf *getMitarbeiter* und rufen Sie die Methode auf, so erscheint eine weitere Testseite:

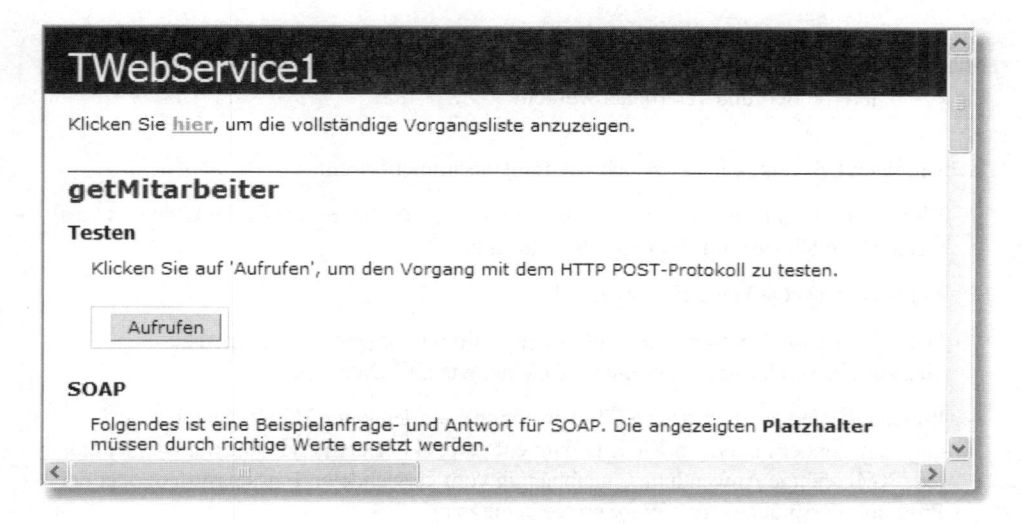

TWebService1

Klicken Sie hier, um die vollständige Vorgangsliste anzuzeigen.

getMitarbeiter

Testen

Klicken Sie auf 'Aufrufen', um den Vorgang mit dem HTTP POST-Protokoll zu testen.

[Aufrufen]

SOAP

Folgendes ist eine Beispielanfrage- und Antwort für SOAP. Die angezeigten **Platzhalter** müssen durch richtige Werte ersetzt werden.

---

[1] Falls es nicht funktioniert: Einfach noch einmal probieren.

Das nach Klick auf die Schaltfläche *Aufrufen* gelieferte Ergebnis mag Sie vielleicht enttäuschen, denn Sie sehen lediglich die XML-Darstellung der Daten im Internet Explorer:

```xml
<?xml version="1.0" encoding="utf-8" ?>
- <DataSet xmlns="http://tempuri.org/">
  - <xs:schema id="NewDataSet" xmlns=""
      xmlns:xs="http://www.w3.org/2001/XMLSchema"
      xmlns:msdata="urn:schemas-microsoft-com:xml-msdata">
    - <xs:element name="NewDataSet" msdata:IsDataSet="true" msdata:Locale="de-DE">
        <xs:complexType>
      </xs:element>
    </xs:schema>
  - <diffgr:diffgram xmlns:msdata="urn:schemas-microsoft-com:xml-msdata"
      xmlns:diffgr="urn:schemas-microsoft-com:xml-diffgram-v1">
    - <NewDataSet xmlns="">
      - <Mitarbeiter diffgr:id="Mitarbeiter1" msdata:rowOrder="0">
          <Nr>1</Nr>
          <Anrede>Frau</Anrede>
          <Vorname>Gabriele</Vorname>
          <Nachname>Detert</Nachname>
          <Geburtstag>1964-03-01T00:00:00.0000000+01:00</Geburtstag>
          <Gehalt>3165.34</Gehalt>
          <RaumId>15</RaumId>
          <TelefonId>18</TelefonId>
          <Vorgesetzter>451</Vorgesetzter>
        </Mitarbeiter>
      - <Mitarbeiter diffgr:id="Mitarbeiter2" msdata:rowOrder="1">
          <Nr>2</Nr>
          <Anrede>Frau</Anrede>
          <Vorname>Heidemarie</Vorname>
```

Hinweis: Die vom Webdienst gelieferten Daten können von jedem XML-fähigen Client interpretiert und verarbeitet werden!

Die bisherigen Erkenntnisse lassen sich wie folgt zusammenfassen:

- Webdienste sind Klassen, deren Methoden Sie über das Internet aufrufen können, so als wären diese Klassen auf Ihrem Rechner installiert.
- Ein Webdienst hat keine eigene Oberfläche.
- Dank SOAP[1] sind Webdienste in der Lage, nicht nur einfache Datentypen zu übermitteln, sondern auch komplette Objekte, wie z.B. DataSets.
- Im Unterschied zu einer ASP.NET-Anwendung werden keine HTML-Seiten zurückgegeben, sondern in einem XML-Dokument verpackte Daten und Objekte. Damit kann jede XML-fähige Anwendung – unabhängig vom verwendeten Betriebssystem oder der Programmiersprache – den WebService benutzen.

---

[1] *Simple Object Access Protocol*

11.1.4 Unser Endverbraucher – der Webdienst-Client

Im Folgenden wollen wir auf den gerade erstellten Web Service mit einem Windows Forms-Client zugreifen, der die Ergebnismenge (DataSet) in einem *DataGrid* anzeigen soll.

Die Bedienoberfläche entwerfen

Erzeugen Sie ein neues Projekt vom Typ *Windows Forms-Anwendung*. Auf dem Startformular (*WinForm1*) gestalten Sie eine einfache Benutzerschnittstelle mit einem *DataGrid* und zwei *Buttons*:

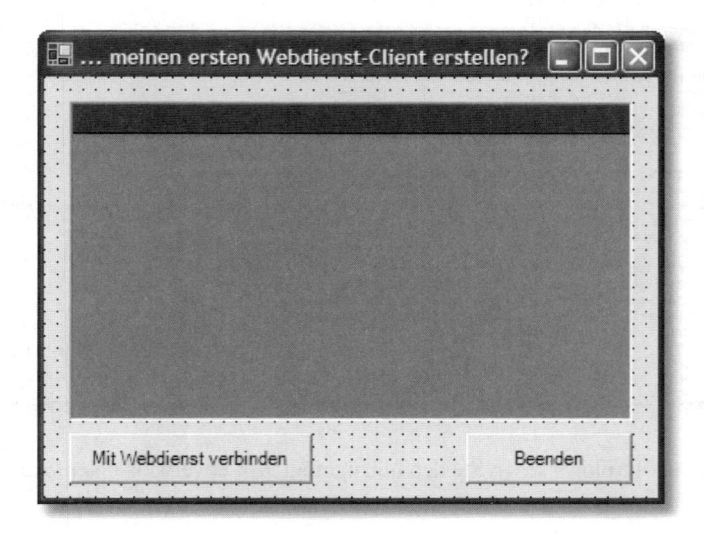

Im Menü klicken Sie auf *Projekt|Webreferenz hinzufügen*. Es erscheint das Dialogfeld *Web-Referenz hinzufügen*. Geben Sie ganz oben als Adresse die URL Ihres WebService ein:

```
http://localhost/WebServiceApplication1/Service1.asmx
```

und klicken Sie auf den Button mit dem blauen Pfeil (siehe folgende Abbildung).

Wenn Sie bisher alles richtig gemacht haben, so erscheint nach einer kleinen Weile im linken Fenster des Dialogfeldes die gleiche Testseite, wie Sie sie bereits kennen gelernt haben.

Klicken Sie auf die Schaltfläche *Referenz hinzufügen* am unteren Rand.

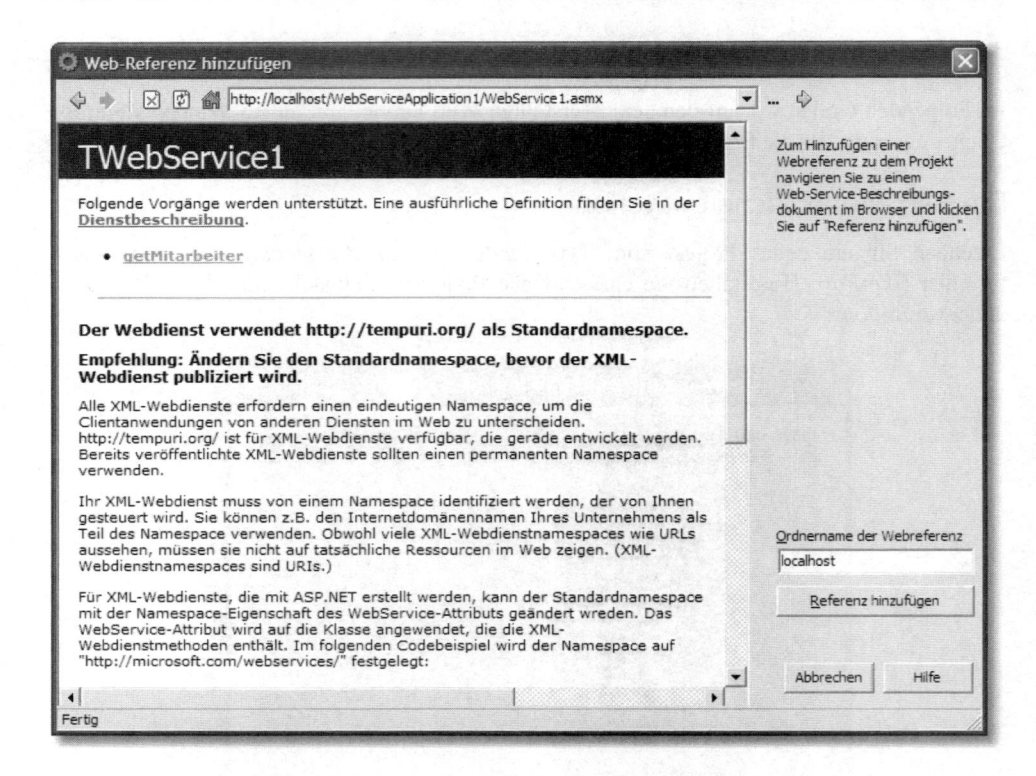

Web-Referenz hinzufügen

http://localhost/WebServiceApplication1/WebService1.asmx

TWebService1

Folgende Vorgänge werden unterstützt. Eine ausführliche Definition finden Sie in der **Dienstbeschreibung**.

- **getMitarbeiter**

Der Webdienst verwendet http://tempuri.org/ als Standardnamespace.

Empfehlung: Ändern Sie den Standardnamespace, bevor der XML-Webdienst publiziert wird.

Alle XML-Webdienste erfordern einen eindeutigen Namespace, um die Clientanwendungen von anderen Diensten im Web zu unterscheiden. http://tempuri.org/ ist für XML-Webdienste verfügbar, die gerade entwickelt werden. Bereits veröffentlichte XML-Webdienste sollten einen permanenten Namespace verwenden.

Ihr XML-Webdienst muss von einem Namespace identifiziert werden, der von Ihnen gesteuert wird. Sie können z.B. den Internetdomänennamen Ihres Unternehmens als Teil des Namespace verwenden. Obwohl viele XML-Webdienstnamespaces wie URLs aussehen, müssen sie nicht auf tatsächliche Ressourcen im Web zeigen. (XML-Webdienstnamespaces sind URIs.)

Für XML-Webdienste, die mit ASP.NET erstellt werden, kann der Standardnamespace mit der Namespace-Eigenschaft des WebService-Attributs geändert wreden. Das WebService-Attribut wird auf die Klasse angewendet, die die XML-Webdienstmethoden enthält. Im folgenden Codebeispiel wird der Namespace auf "http://microsoft.com/webservices/" festgelegt:

Zum Hinzufügen einer Webreferenz zu dem Projekt navigieren Sie zu einem Web-Service-Beschreibungsdokument im Browser und klicken Sie auf "Referenz hinzufügen".

Ordnername der Webreferenz: localhost

[Referenz hinzufügen] [Abbrechen] [Hilfe]

Im Projektmappen-Explorer sehen Sie den hinzugefügten Webverweis unter *localhost*:

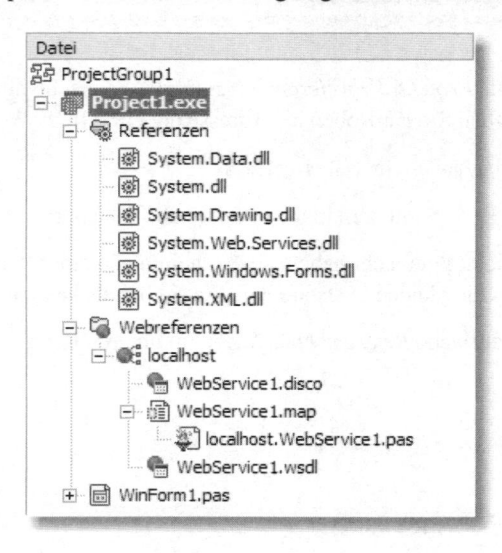

```
Datei
 ProjectGroup1
 └─ Project1.exe
     ├─ Referenzen
     │   ├─ System.Data.dll
     │   ├─ System.dll
     │   ├─ System.Drawing.dll
     │   ├─ System.Web.Services.dll
     │   ├─ System.Windows.Forms.dll
     │   └─ System.XML.dll
     ├─ Webreferenzen
     │   └─ localhost
     │       ├─ WebService1.disco
     │       ├─ WebService1.map
     │       │   └─ localhost.WebService1.pas
     │       └─ WebService1.wsdl
     └─ WinForm1.pas
```

Webmethode aufrufen

```
type TWinForm1 = class(System.Windows.Forms.Form)
   ...
```

Was für Sie an Programmierarbeit übrig bleibt, ist lächerlich wenig.

Zunächst binden Sie die Interface-Unit ein:

```
implementation
uses localhost.WebService1;
```

Mit dem Webdienst verbinden, d.h. den Proxy erzeugen und die Methode aufrufen:

```
procedure TWinForm1.Button1_Click(sender: System.Object; e: System.EventArgs);
var ws : localhost.Webservice1.TWebService1;
begin
   ws := localhost.Webservice1.TWebService1.Create;     // Proxy instanziieren
   DataGrid1.DataSource := ws.getMitarbeiter();          // Webmethode aufrufen
end;
```

Programm beenden:

```
procedure TWinForm1.Button2_Click(sender: System.Object; e: System.EventArgs);
begin
   Self.Close;
end;
```

Programm testen

Beim Ausprobieren merken Sie nicht (abgesehen von einer kleinen Verzögerung), dass Sie mit einem Webdienst arbeiten:

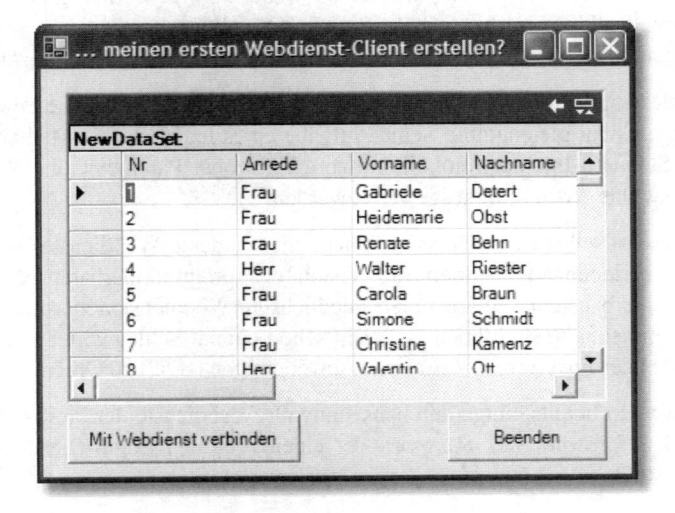

Bemerkungen

- Zwischen einem Webdienst-Client und einer normalen Windows-Anwendung gibt es rein äußerlich keinerlei Unterschiede.
- Damit der Client die vom Webdienst bereitgestellten Methoden benutzen kann, muss ein Webverweis eingerichtet werden.
- Im Unterschied zu einer ASP.NET-Anwendung empfängt der Webdienst-Client kein reines HTML, stattdessen wird die Kommunikation mit dem Server über SOAP abgewickelt.
- Wie Sie auf Fehler reagieren können, zeigen die weiteren Ausführungen des Kapitels.

Doch zunächst werden Sie um etwas graue Theorie nicht herumkommen.

11.2 Grundlagen

Um einen XML-Web-Service mit Delphi.NET zu erstellen, sind eigentlich keine detaillierten Kenntnisse der dahinter liegenden Technologien wie SOAP und WSDL erforderlich, trotzdem sollten wir zu Beginn ein paar Begrifflichkeiten klarstellen und dabei auch die zugrunde liegende Philosophie näher beleuchten.

11.2.1 Wozu braucht man einen Webdienst?

Ein XML-Webdienst (unter Visual Studio.NET und Delphi.NET unverständlicherweise auch ASP.NET-Webdienst genannt) ist keine selbstständig lauffähige Anwendung, sondern lediglich eine Komponente, die ihre Funktionalität diversen Clients – in der Regel über Internet/Intranet – zur Verfügung stellt. Wenn Sie nach Analogien zu DCOM (*Distributed Component Object Model*) suchen, so liegen Sie nicht völlig daneben, denn auch diese COM-Weiterentwicklung dient dazu, Komponenten in Windows-Netzwerken global verfügbar zu machen. Während allerdings das DCOM-Protokoll an ein ganz bestimmtes Objektmodell gebunden ist, benutzen Webdienste ein standardisiertes Protokoll im XML-Format.

In welcher Programmiersprache (Delphi.NET, C#, VB.NET, C++, ...) Sie einen Webdienst erstellen ist dem Client gleichgültig. Seine Aufgabe ist es lediglich, die Methoden des Webdienstes über Standard-Internetprotokolle aufzurufen, wobei Parameter und Rückgabewerte im XML-Format übergeben bzw. ausgewertet werden.

Auch ein Webdienst selbst kann wiederum Client eines anderen Webdienstes sein. Auf dieser und anderen Überlegungen resultiert die Vision des programmierbaren Webs, wo man komplette Systeme bausteinartig aus unterschiedlichsten Webdiensten zusammensetzen will. In diesem Zusammenhang sind Ihnen vielleicht schon einmal Schlagwörter wie *Business-To-Business-* (B2B) oder *Business-To-Customer*-Anwendungen (B2C) zu Ohren gekommen.

Gegenwärtig werden bereits einige durchaus sinnvolle Webdienste der breiten Allgemeinheit angeboten, z.B. *Microsoft .NET Passport*, der einen zentralen Login-Dienst für zahlreiche Websites bereitstellt.

11.2.2 Was versteht man unter SOAP?

Ein Webdienst "spricht" SOAP, um mit seinen Clients zu kommunizieren. Hinter SOAP (*Simple Object Access Protocol*) verbirgt sich ein plattformübergreifender RPC (*Remote Procedure Call*)-Mechanismus. Üblicherweise wird SOAP in Web-Service-Szenarien für die Zwei-Wege-Kommunikation verwendet, d.h., es ist immer ein Nachrichtenpaar an einer SOAP-Kommunikation beteiligt: für die Anfrage und für die Antwort.

SOAP verwendet zur Übertragung der Daten das XML-Format, welches wiederum auf dem HTTP-Protokoll aufsetzt. Die SOAP-Spezifikation umfasst die Vorschriften zum Übertragen von XML-Nachrichten über ein standardisiertes Transportprotokoll.

Grob kann man SOAP mit DCOM, RMI, IIOP oder CORBA vergleichen, obwohl der Vergleich etwas hinkt, denn letztere Protokolle erledigen weitaus komplexere Aufgaben (Verwalten von Objekten, Objektübergabe per Referenz), SOAP ist dafür viel allgemeiner und universeller.

Der wohl entscheidende Vorzug aber ist, dass SOAP auf dem HTTP-Protokoll aufsetzt, wodurch die Übertragung via Internet problemlos ist, da kein Firewall im Wege steht.

11.2.3 WSDL – noch eine Sprache?

Wir wissen, dass ein Webdienst eine Klasse zur Verfügung stellt, deren Eigenschaften und Methoden über das Internet zugänglich sind. Ein Webdienstclient "weiß" allerdings nicht, wie eine exakte SOAP-Anfrage an den Web Service auszusehen hat. Woher kennt der Client die Schnittstelle der Klasse, woher weiß er, welche Eigenschaften und Methoden angeboten werden und welche Parameter übergeben werden?

Um diese Frage zu beantworten wurde die *Web Service Description Language* (WSDL) geschaffen, es handelt sich hierbei um einen speziellen XML-Dialekt, der fehlende aber notwendige Metadaten für Web Services beschreibt.

Auf Anfrage des Clients veröffentlicht der Webdienst seine Klassendefinition in Form einer SOAP-Meldung. Der Client ist nunmehr in der Lage, eine Proxy-Klasse zu erstellen, die Methodenaufrufe in SOAP-Anfragen konvertieren kann.

11.2.4 Wozu dient das DISCO-Dokument?

Das *Web Service Discovery*- (DISCO-)Dokument ist eine XML-Datei, die die Adresse (URL) der WSDL-Beschreibung des Webdienstes kapselt. Im Unterschied zum WSDL-Protokoll kann das Discovery-Protokoll zum Suchen und Finden von Webdiensten eingesetzt werden.

Falls ein Client unter Benutzung des Discovery-Protokolls einen bestimmten Webdienst sucht, erhält er die URL des WSDL-Dokuments zurück und kann diese dann zum Abrufen der vollständigen WSDL-Beschreibung verwenden.

Das im .NET-Framework enthaltene Web Services Discovery-Tool *Disco.exe* ermittelt URLs von XML-Webdiensten, die sich auf einem Webserver befinden, und speichert für jeden XML-Webdienst ein Dokument auf der lokalen Festplatte.

11.2.5 Wie funktioniert ein Webdienst?

Anlegen der Proxy-Klasse

Um überhaupt mit den Eigenschaften und Methoden des Webdienstes arbeiten zu können, muss der Client als erstes eine so genannte Proxy-(Stellvertreter-)Klasse anlegen. Die prinzipielle Vorgehensweise erläutert die folgende Abbildung:

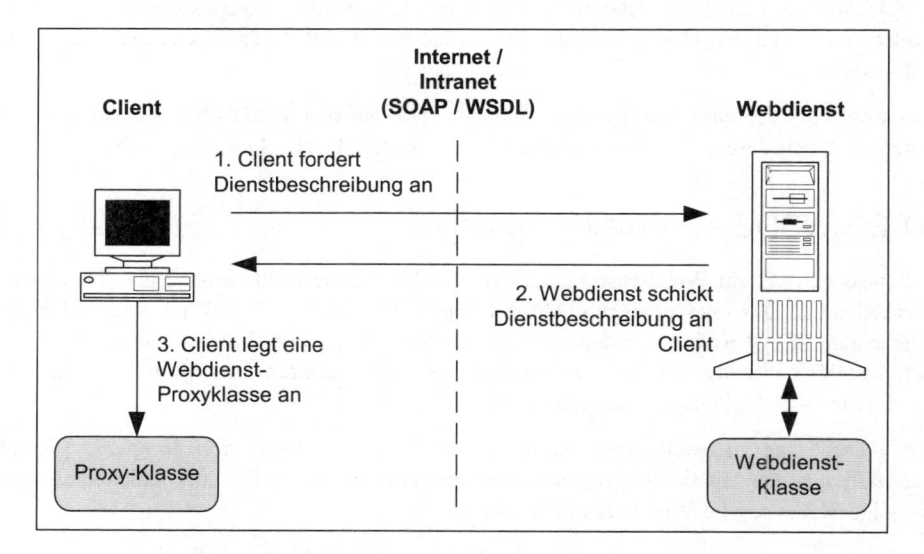

In dieser – der eigentlichen Benutzung des Webdienstes vorgeschalteten – Phase erfolgt die Interaktion zwischen Webdienstclient und Webdienst in folgenden Schritten:

- Der Client ermittelt die URL des Webdienstes und fordert vom Webdienst eine Dienstbeschreibung an. Zum Ermitteln der Webdienst-URL kann, muss aber nicht, ein DISCO-Dokument verwendet werden.

- Der Webdienst schickt die Klassen- bzw. Schnittstellendefinition als WSDL-Dokument an den Client, wobei zum Übertragen das SOAP-Protokoll verwendet wird.

- Der Client legt eine Proxy-Klasse für den Webdienst an, welche die gleiche Schnittstelle wie der Webdienst hat.

Der Client braucht sich nicht um XML und SOAP zu kümmern, da beides durch den Proxy verborgen wird, er "merkt" nichts vom Proxy, er "denkt", dass es sich um die originale Klasse handelt. In Wirklichkeit stellt die Proxy-Klasse aber nur die Schnittstelle bereit, da sie selbst keinerlei Funktionalität implementiert.

Instanziieren und Benutzen der Proxy-Klasse

Ist die Proxy-Klasse auf dem Client angelegt, so kann die Clientanwendung die Eigenschaften und Methoden so benutzen, als ob diese Klasse in einer lokalen Komponente implementiert wäre. Den genaueren Ablauf erläutert die nachfolgende Abbildung.

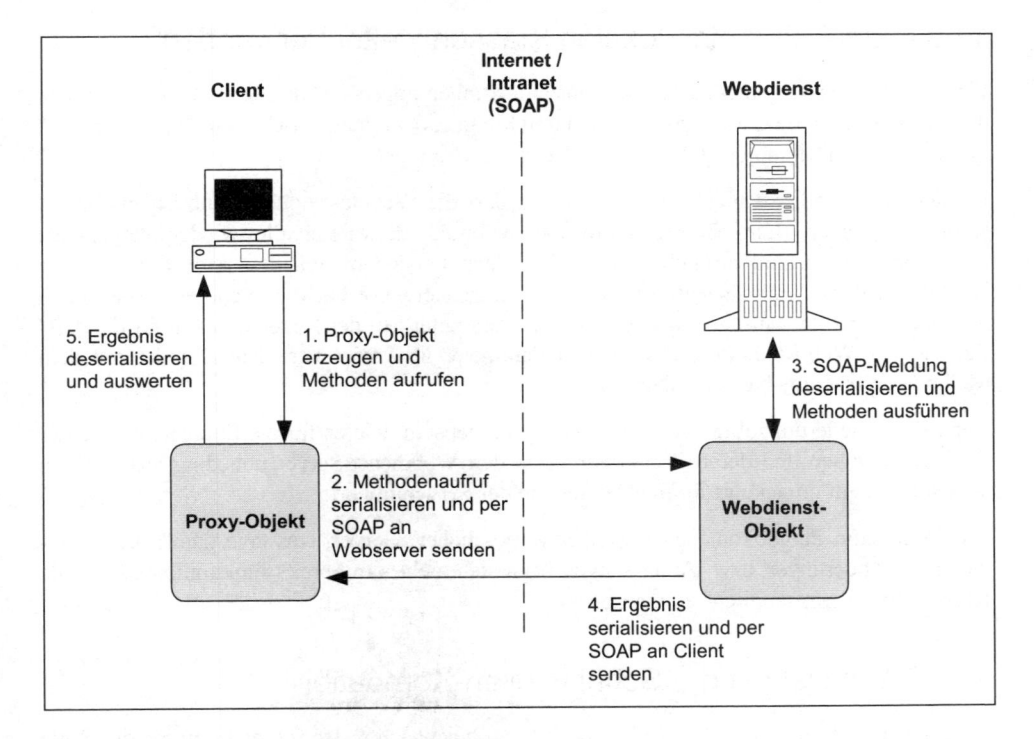

Hier nochmals die einzelnen Schritte im Detail:

- Die Proxy-Klasse wird vom Client instanziiert, d.h. ein Objekt wird erzeugt, mit dem der Client so arbeiten kann, als ob es sich um ein lokales Objekt handeln würde.
- Bei Aufruf einer Methode der Proxy-Klasse werden vom Clientrechner die Parameter des Methodenaufrufs in eine SOAP-Meldung serialisert und an den Webserver geschickt, wobei das im WSDL-Dokument angegebene Format benutzt wird.
- Während der Client auf die Antwort des Webdienstes wartet, werden im Server die SOAP-Meldung deserialisiert und die angeforderte Webmethode ausgeführt.
- Das Ergebnis der Webmethode wird wieder serialisiert und per SOAP an den Client zurückgeschickt.
- Auf Basis des im WSDL-Dokument angegebenen Formats deserialisiert der Client die SOAP-Meldung und kann sie als Rückgabewert vom Proxy-Objekt entgegennehmen.

Sie sehen, dass doch allerhand Overhead notwendig ist, um die Kommunikation zwischen Webdienstclient und Webdienst zu verwalten. Dank der in Delphi.NET eingebauten Tools läuft dieser Vorgang aber weitestgehend automatisch ab, sodass Sie als Entwickler von SOAP, WSDL etc. eigentlich gar nichts davon merken.

11.2.6 Darf ich meine lokalen Klassen weiter verwenden?

Für eine Webklasse gelten bestimmte Einschränkungen gegenüber normalen lokalen Klassen, die zunächst nicht besonders gut in den Ohren klingen, denn man spricht vom "vergesslichen" Server und vom "dummen" Client. Was also steckt dahinter?

Da sich ein Webdienst nichts "merken" kann, darf die Webklasse auch keine Eigenschaften (Properties) haben. Beim nächsten Aufruf der Webmethode wäre eh alles wieder "vergessen". Zustandsvariablen sind deshalb wirkungslos, denn bei jedem erneuten Aufruf werden sie wieder mit ihren Anfangswerten initialisiert. Logischerweise hat die Webdienstklasse auch nur einen leeren Konstruktor (also einen ohne Parameter). In der Regel sind alle für die Ausführung der Web-Methode erforderlichen Parameter im Client vorzuhalten und mit jedem Methodenaufruf aufs Neue zu übergeben.

Der Client wiederum sollte nur soviel Intelligenz kapseln, wie es für die Entgegennahme der Benutzereingaben und deren Weiterleitung an den Webdienst-Server unbedingt erforderlich ist. Gleiches gilt umgekehrt für die Darstellung der Serverantwort.

Dies führt zum Paradoxon "schlauer aber vergesslicher" Server, was eine ganze Reihe gravierender Änderungen bzw. Anpassungen nach sich zieht, um bereits funktionierende lokale Klassen "webdiensttauglich" zu machen

11.2.7 Was ist mit der Schnittstellen-Kompatibilität?

Im Unterschied zu einer ASP.NET-Anwendung, bei welcher der Internetbrowser die Rolle des Clients spielt, sollte man an einem Webdienst dann nicht mehr unbekümmert herumdoktern, wenn bereits Clients existieren. Falls Änderungen am Webdienst zu einer inkompatiblen Schnittstelle führen, werden auch die Clients nicht mehr funktionieren und müssten neu programmiert bzw. ausgetauscht werden.

11.3 Ein Webdienst im Detail

Bevor Sie weitermachen empfehlen wir Ihnen, sich Ihr Gedächtnis mit dem Einführungsbeispiel 11.1 etwas aufzufrischen, da bereits dort das elementare handwerkliche Rüstzeug zum Erstellen eines Webdienstes vermittelt wurde und wir dazu nicht alle Einzelheiten wiederholen brauchen.

Hinweis: Das folgende Beispiel werden wir am Ende des Kapitels auch mittels .NET-Remoting implementieren, es empfiehlt sich also ein gründliches Durcharbeiten.

11.3.1 Aufgabenstellung

Aus der Tabelle *Bestellungen* der Datenbank *DoKo.mdb* sollen für einen bestimmten Kunden und einen bestimmten Zeitraum (bezogen auf das Eingangsdatum) alle Bestellungen ausgegeben werden.

Bei *DoKo.mdb* handelt es sich um eine stark abgerüstete Variante von *Nordwind.mdb* mit folgender Struktur:

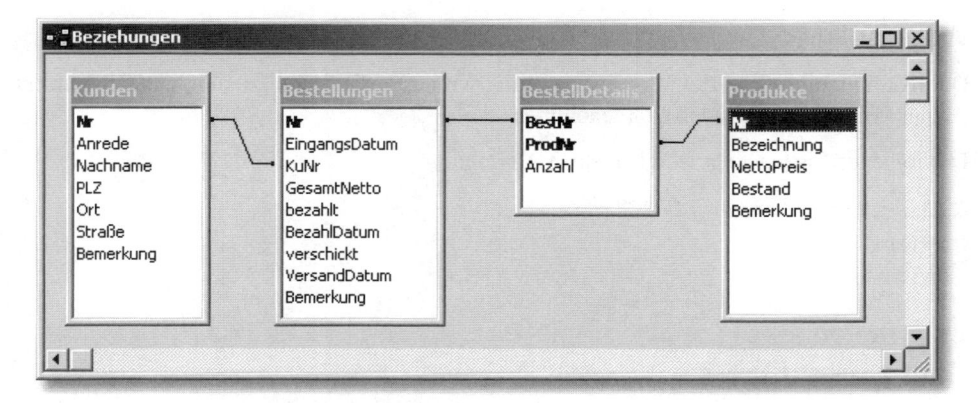

[Beziehungen-Diagramm: Kunden (Nr, Anrede, Nachname, PLZ, Ort, Straße, Bemerkung) — Bestellungen (Nr, EingangsDatum, KuNr, GesamtNetto, bezahlt, BezahlDatum, verschickt, VersandDatum, Bemerkung) — BestellDetails (BestNr, ProdNr, Anzahl) — Produkte (Nr, Bezeichnung, NettoPreis, Bestand, Bemerkung)]

Von unserem Webdienst wünschen wir uns zwei Methoden:

a) Zum Lesen der Datensätze:

```
function getBestellungen (kNr: Integer; von, bis : DateTime): DataSet
```

b) Für das Zurückschreiben von Änderungen in die Datenbank:

```
function setBestellungen(ds : DataSet): DataSet;
```

11.3.2 Webdienst-Projekt eröffnen

Nach dem Start der Delphi-Entwicklungsumgebung wählen Sie die Option *Datei|Neu|Weitere* und anschließend die Projektvorlage *ASP.NET-Web-Service-Anwendung*. Ändern Sie den Speicherort beispielsweise in *http://localhost/BestellService* und warten Sie, bis die Verbindung zum IIS eingerichtet ist.

Delphi.NET hat nun – entsprechend dem angegebenen Speicherort – auf dem Webserver ein neues Verzeichnis *C:\Inetpub\wwwroot\BestellService* mit mehreren Dateien angelegt.

Wenn Ihnen der Standort der Projektdatei nicht passt, schließen Sie das Projekt, verschieben die Projektmappendatei in ein anderes Verzeichnis und öffnen Sie sie wieder.

11.3.3 Die Projektdateien

Die wichtigsten Dateien und ihre Besonderheiten:

- *Web.config*
- *Global.asax* und *Global.pas*
- *WebService1.asmx* und *WebService1.pas*

Web.config

Die Konfigurationsdatei des Webdienstes. Hier wird z.B. die Identifizierung eines Benutzers (Benutzername und Passwort) vorgenommen.

Das folgende Listing zeigt lediglich einen Auszug:

```xml
<?xml version="1.0" encoding="utf-8" ?>
<configuration>
 <system.web>
 ...

     <!-- AUTHENTIFIZIERUNG
          Dieser Bereich legt die Authentifizierungsrichtlinien der Anwendung fest.
          Mögliche Modi: "Windows", "Forms", "Passport" und "None"
     -->
     <authentication mode="Windows" />

     <!-- AUTHORISIERUNG
          Dieser Bereich legt die Authorisierungsrichtlinien der Anwendung fest.
          Sie können Zugriff auf Anwendungsressourcen pro Benutzer oder Rolle gewähren oder
          verweigern. Platzhalter: "*" bedeutet alle; "?" bedeutet
          anonyme  (nichtauthentifizierte) Benutzer.
     -->
     <authorization>
         <allow users="*" /> <!-- Alle Benutzer zulassen -->

             <!-- <allow     users="[kommabegrenzte Liste von Benutzern]"
                             roles="[kommabegrenzte Liste von Rollen]"/>
                  <deny      users="[kommabegrenzte Liste von Benutzern]"
                             roles="[kommabegrenzte Liste von Rollen]"/>
             -->
     </authorization>
 ...
 </system.web>
</configuration>
```

11.3 Ein Webdienst im Detail

Global.asax und Global.pas

Der in diesen Dateien enthaltene Code kann dazu verwendet werden, um auf Anwendungsebene auf Ereignisse reagieren zu können, die durch ASP.NET oder durch HTTP-Module ausgelöst wurden.

Das folgende Listing zeigt auszugsweise den Inhalt der Datei *Global.pas* mit acht vorbereiteten Eventhandlern:

```
unit Global;

interface

uses
  System.Collections, System.ComponentModel, System.Web, System.Web.SessionState;

type
  TGlobal = class(System.Web.HttpApplication)
  {$REGION 'Vom Designer verwalteter Code'}
  strict private
    procedure InitializeComponent;
  {$ENDREGION}
  strict protected
    procedure Application_Start(sender: System.Object; e: EventArgs);
    procedure Session_Start(sender: System.Object; e: EventArgs);
    procedure Application_BeginRequest(sender: System.Object; e: EventArgs);
    procedure Application_EndRequest(sender: System.Object; e: EventArgs);
    procedure Application_AuthenticateRequest(sender: System.Object; e: EventArgs);
    procedure Application_Error(sender: System.Object; e: EventArgs);
    procedure Session_End(sender: System.Object; e: EventArgs);
    procedure Application_End(sender: System.Object; e: EventArgs);
  private
    { Private-Deklarationen }
  public
    constructor Create;
  end;

implementation
...

constructor TGlobal.Create;
begin
  inherited;
```

```
    InitializeComponent;
end;

procedure TGlobal.Application_Start(sender: System.Object; e: EventArgs);
begin

end;

...

procedure TGlobal.Application_End(sender: System.Object; e: EventArgs);
begin

end;

end.
```

In unserem Beispiel werden wir den Code dieser Datei allerdings nicht verwenden.

WebService1.asmx und WebService1.pas

In diesen beiden eng miteinander verknüpften Dateien ist der eigentliche Webdienst enthalten.

WebService1.asmx kapselt die Verarbeitungsdirektiven mit dem adressierbaren Einsprungpunkt des Webdienstes und verweist sowohl auf eigenen als auch auf Code im Hintergrund (*Code-Behind*).

Die damit korrespondierende Datei *WebService1.pas* ist in der Regel Ihr Hauptbetätigungsfeld als Delphi.NET-Programmierer, denn hier ist die Code-Behind-Klasse für den Webdienst implementiert. Durch die damit erreichte strikte Trennung von HTML- und Delphi-Code ergibt sich der unschätzbare Vorteil, dass Sie mit den Ihnen bereits von normalen Windows-Anwendungen her bekannten Techniken auch Webdienste entwickeln können.

11.3.4 Namensgebung

Bevor Sie richtig loslegen, sollten Sie dem Webdienst einen aussagekräftigeren Namen geben:

- Doppelklicken Sie im Projekt-Manager auf die Datei *WebService1.asmx*, es erscheint die Entwurfsansicht (das Fenster ist leer, bis auf den erläuternden Text in der Mitte).
- Wechseln Sie in das Eigenschaftenfenster und ändern Sie den Namen zu *Bestellung*.
- Ändern Sie im Projekt-Manager den Dateinamen ebenfalls in *Bestellungen.asmx*.

11.3 Ein Webdienst im Detail

Schließlich wird Ihnen der Projektmappen-Explorer folgenden Anblick bieten:

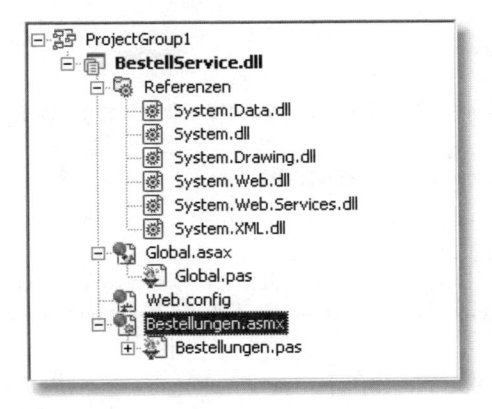

```
ProjectGroup1
└── BestellService.dll
    ├── Referenzen
    │   ├── System.Data.dll
    │   ├── System.dll
    │   ├── System.Drawing.dll
    │   ├── System.Web.dll
    │   ├── System.Web.Services.dll
    │   └── System.XML.dll
    ├── Global.asax
    │   └── Global.pas
    ├── Web.config
    └── Bestellungen.asmx
        └── Bestellungen.pas
```

11.3.5 Ihr Quellcode

Wir wechseln in das Codefenster *Bestellungen.pas* und führen am vorhandenen Code-Skelett die folgenden Änderungen durch.

> **Hinweis:** Da wir davon ausgehen, dass Sie mit den grundsätzlichen Techniken des Datenbankzugriffs unter ADO.NET vertraut sind (siehe Kapitel 8), werden sich die folgenden Erläuterungen auf die für Webdienste relevanten Aussagen beschränken.

Zunächst importieren wir den *OleDb*-Datenprovider. Damit können wir sowohl auf Access-Datenbanken als auch – mit gewissen Performance-Abstrichen – auf den SQL Server zugreifen.

```
unit Bestellungen;
interface

uses  System.Collections, System.ComponentModel, System.Data, System.Diagnostics, System.Web,
      System.Web.Services, System.Data.OleDb;

type
  Bestellung = class(System.Web.Services.WebService)
  ...
    private
```

Da Webdienste naturgemäß über keine eigene Oberfläche verfügen, kann der Benutzer die Datenbank nicht über einen Dialog auswählen. Wir werden deshalb den Datenbankpfad hart codieren und fügen dazu eine globale Konstante ein:

```
  const pfad = 'c:/inetpub/wwwroot/BestellService/DOKO.mdb';
public
  constructor Create;
  [WebMethod]
  function getBestellungen (kNr: Integer; von, bis : DateTime): DataSet;
  [WebMethod]
  function setBestellungen(ds : DataSet): Dataset;
end;
```

Hinweis: In unserem Beispiel befindet sich die Datenbank *DoKo.mdb* ebenfalls mit im Projektverzeichnis, Sie dürfen natürlich auch einen anderen Standort wählen.

Wir beginnen mit dem Implementieren der Webmethode *getBestellungen*. Um diese als Webdienst zu definieren, muss das Attribut *[WebMethod]* vorangestellt werden.

```
function Bestellung.getBestellungen (kNr: Integer; von, bis : DateTime): DataSet;
var conn    : OleDbConnection;
    cmd     : OleDbCommand;
    da      : OleDbDataAdapter;
    ds      : DataSet;
begin
```

Es folgen die üblichen Aktivitäten für den ADO.NET-Zugrriff:

```
conn := OleDbConnection.Create('Provider=Microsoft.Jet.OLEDB.4.0; Data Source=' + pfad);
cmd  := OleDbCommand.Create('SELECT * FROM Bestellungen WHERE KuNr = ? '+
                            'AND EingangsDatum BETWEEN ? AND ?', conn);
da   := OleDbDataAdapter.Create(cmd);
ds   := DataSet.Create('BestellDS');
```

Parameter definieren:

```
cmd.Parameters.Add('@kN'   , OleDbType.Integer);
cmd.Parameters.Add('@zeit1', OleDbType.Date);
cmd.Parameters.Add('@zeit2', OleDbType.Date);
```

Allen Parametern Werte zuweisen:

```
cmd.Parameters['@kN'].Value    := TObject(kNr);
cmd.Parameters['@zeit1'].Value := TObject(von);
cmd.Parameters['@zeit2'].Value := TObject(bis);
```

Das DataSet füllen (Primärschlüsselinfos zum clientseitigen Mergen übergeben):

```
da.MissingSchemaAction := MissingSchemaAction.AddWithKey;
da.Fill(DS, 'Bestellungen');
```

11.3 Ein Webdienst im Detail

```
  Result := DS;
end;
```

Die Webmethode *setBestellungen* fällt etwas kürzer aus. Für eine kleine Überraschung sorgt eventuell die Rückgabe des *DataSet*-Parameters an die Web-Methode. Dadurch werden alle Änderungen am *DataSet* auch im Client sichtbar:

```
function Bestellung.setBestellungen(ds : DataSet):Dataset;
var conn    : OleDbConnection;
    da      : OleDbDataAdapter;
    cb      : OleDbCommandBuilder;
begin
  conn := OleDbConnection.Create('Provider=Microsoft.Jet.OLEDB.4.0; Data Source=' + pfad);
  da   := OleDbDataAdapter.Create('SELECT * FROM Bestellungen', conn);
```

Die folgende Zuweisung sorgt dafür, dass bei einem Update-Fehler nicht abgebrochen wird, der fehlerhafte Datensatz wird stattdessen im Client markiert:

```
  da.ContinueUpdateOnError := True;
```

Das Erstellen eines *UpdateCommand*-Objekts für den *DataAdapter* übernimmt ein *CommandBuilder*:

```
  cb := OleDbCommandBuilder.Create(da);
```

Das Zurückschreiben der Änderungen am *DataSet* in die Datenbank (entspricht Aufruf der *AcceptChanges*-Methode):

```
  da.Update(ds, 'Bestellungen');
  Result := ds;
end;
```

11.3.6 Webdienst testen

Nach dem Erstellen des Webdienstes (F9-Taste oder Menü *Start|Start*) zeigt Ihnen der Internet Explorer ein automatisch generiertes Testformular, welches Links sowohl zur Dienstbeschreibung des Webdienstes liefert, als auch zu den separaten Testseiten für jede Methode des Webdienstes.

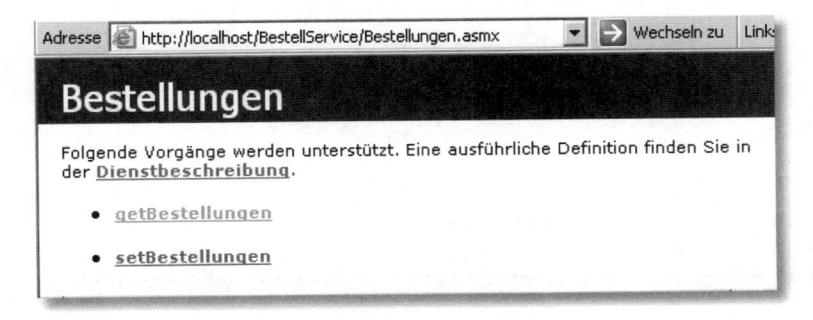

Dienstbeschreibung beschnüffeln

Die im WSDL-Format abgefasste Dienstbeschreibung informiert über die vom Webdienst angebotenen Methoden und deren Parameter. Sie wird vom Webdienst an den Client abgeschickt, wenn dieser danach fragt. Dazu braucht an die URL des Webdienstes lediglich die Zeichenfolge *?wsdl* angehängt zu werden.

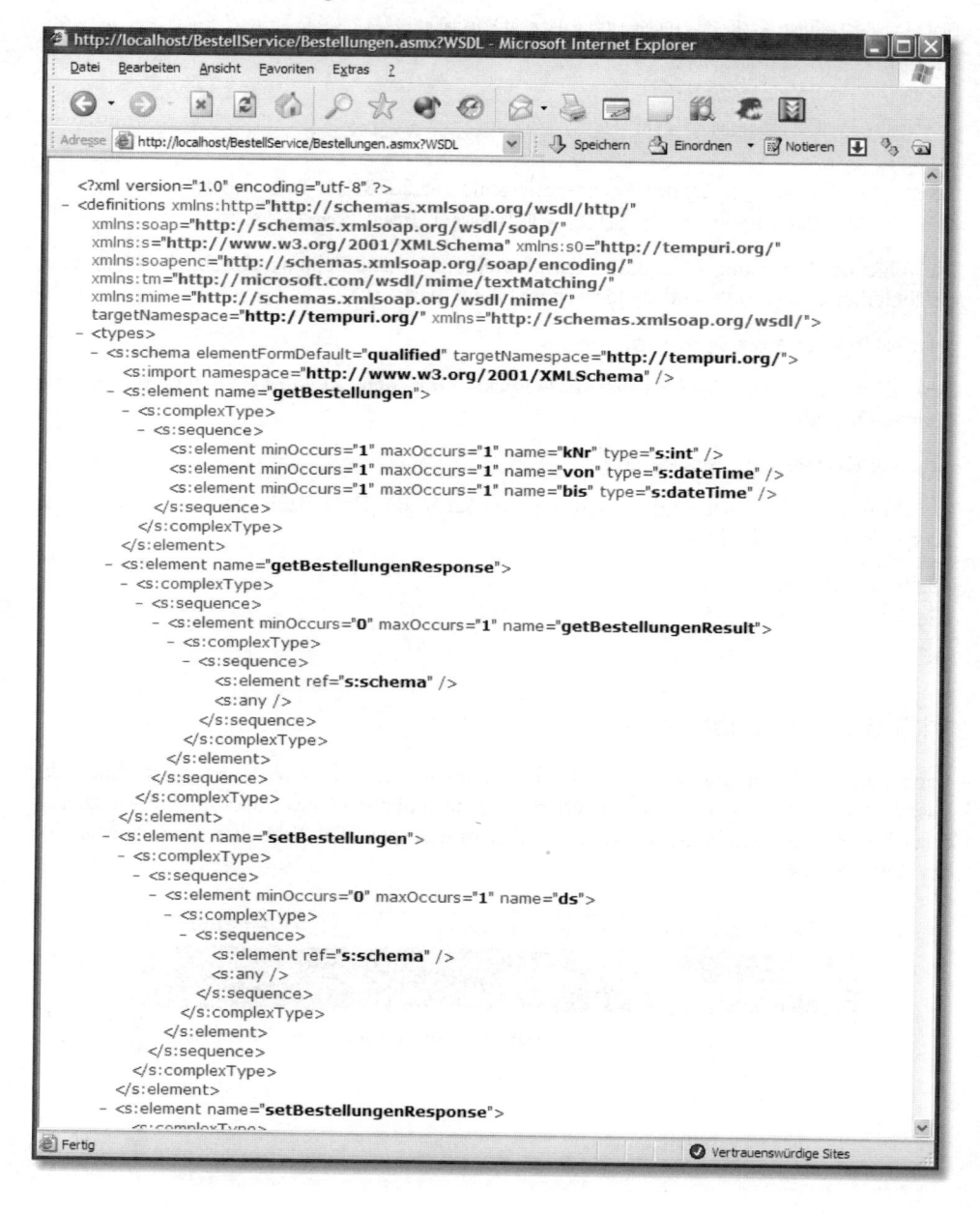

```xml
<?xml version="1.0" encoding="utf-8" ?>
<definitions xmlns:http="http://schemas.xmlsoap.org/wsdl/http/"
  xmlns:soap="http://schemas.xmlsoap.org/wsdl/soap/"
  xmlns:s="http://www.w3.org/2001/XMLSchema" xmlns:s0="http://tempuri.org/"
  xmlns:soapenc="http://schemas.xmlsoap.org/soap/encoding/"
  xmlns:tm="http://microsoft.com/wsdl/mime/textMatching/"
  xmlns:mime="http://schemas.xmlsoap.org/wsdl/mime/"
  targetNamespace="http://tempuri.org/" xmlns="http://schemas.xmlsoap.org/wsdl/">
  <types>
    <s:schema elementFormDefault="qualified" targetNamespace="http://tempuri.org/">
      <s:import namespace="http://www.w3.org/2001/XMLSchema" />
      <s:element name="getBestellungen">
        <s:complexType>
          <s:sequence>
            <s:element minOccurs="1" maxOccurs="1" name="kNr" type="s:int" />
            <s:element minOccurs="1" maxOccurs="1" name="von" type="s:dateTime" />
            <s:element minOccurs="1" maxOccurs="1" name="bis" type="s:dateTime" />
          </s:sequence>
        </s:complexType>
      </s:element>
      <s:element name="getBestellungenResponse">
        <s:complexType>
          <s:sequence>
            <s:element minOccurs="0" maxOccurs="1" name="getBestellungenResult">
              <s:complexType>
                <s:sequence>
                  <s:element ref="s:schema" />
                  <s:any />
                </s:sequence>
              </s:complexType>
            </s:element>
          </s:sequence>
        </s:complexType>
      </s:element>
      <s:element name="setBestellungen">
        <s:complexType>
          <s:sequence>
            <s:element minOccurs="0" maxOccurs="1" name="ds">
              <s:complexType>
                <s:sequence>
                  <s:element ref="s:schema" />
                  <s:any />
                </s:sequence>
              </s:complexType>
            </s:element>
          </s:sequence>
        </s:complexType>
      </s:element>
      <s:element name="setBestellungenResponse">
        <s:complexType>
```

11.3 Ein Webdienst im Detail

Erste Web-Methode testen

Die Testseite für die Methode *getBestellungen* enthält ein Eingabeformular, über welches Sie die erforderlichen Parameter eingeben und die Methode aufrufen können.

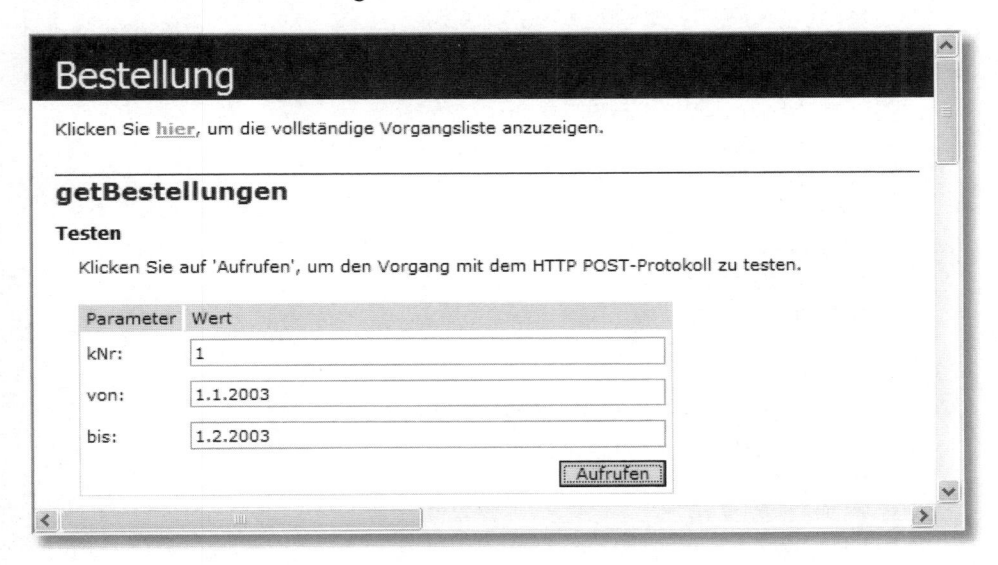

Bestellung

Klicken Sie hier, um die vollständige Vorgangsliste anzuzeigen.

getBestellungen

Testen

Klicken Sie auf 'Aufrufen', um den Vorgang mit dem HTTP POST-Protokoll zu testen.

Parameter	Wert
kNr:	1
von:	1.1.2003
bis:	1.2.2003

[Aufrufen]

Als Antwort erhalten Sie keine fertige Tabelle, sondern strukturierte XML-Daten, die ebenfalls im IE angezeigt werden.

```
URL:
http://localhost/BestellService/Bestellungen.asmx/getBestellungen?kNr=1&von=1.1.03&bis=31.1.03

<?xml version="1.0" encoding="utf-8" ?>
- <DataSet xmlns="http://tempuri.org">
  - <xs:schema id="BestellDS" xmlns="" xmlns:xs="http://www.w3.org/2001/XMLSchema"
 xmlns:msdata="urn:schemas-ms-com:xmlmsdata">
    - <xs:element name="BestellDS" msdata:IsDataSet="true" msdata:Locale="de-DE">
      - <xs:complexType>
        - <xs:choice maxOccurs="unbounded">
          - <xs:element name="Bestellungen">
            - <xs:complexType>
              - <xs:sequence>
                  <xs:element name="Nr" msdata:AutoIncrement="true" type="xs:int" />
                  <xs:element name="EingangsDatum" type="xs:dateTime" minOccurs="0" />
                  <xs:element name="KuNr" type="xs:int" minOccurs="0" />
                  <xs:element name="GesamtNetto" type="xs:decimal" minOccurs="0" />
                  <xs:element name="bezahlt" type="xs:boolean" minOccurs="0" />
```

```xml
              <xs:element name="BezahlDatum" type="xs:dateTime" minOccurs="0" />
              <xs:element name="verschickt" type="xs:boolean" minOccurs="0" />
              <xs:element name="VersandDatum" type="xs:dateTime" minOccurs="0" />
            - <xs:element name="Bemerkung" minOccurs="0">
              - <xs:simpleType>
                - <xs:restriction base="xs:string">
                    <xs:maxLength value="50" />
                  </xs:restriction>
                </xs:simpleType>
              </xs:element>
            </xs:sequence>
          </xs:complexType>
        </xs:element>
      </xs:choice>
    </xs:complexType>
  - <xs:unique name="Constraint1" msdata:PrimaryKey="true">
      <xs:selector xpath=".//Bestellungen" />
      <xs:field xpath="Nr" />
    </xs:unique>
  </xs:element>
</xs:schema>
- <diffgr:diffgram xmlns:msdata="urn:schemas-microsoft-com:xml-msdata"
    xmlns:diffgr="urn:schemas-ms-com:xml-diffgram- v1">
  - <BestellDS xmlns="">
    - <Bestellungen diffgr:id="Bestellungen1" msdata:rowOrder="0">
        <Nr>1</Nr>
        <EingangsDatum>2003-01-09T00:00:00.0000000+01:00</EingangsDatum>
        <KuNr>1</KuNr>
        <GesamtNetto>60</GesamtNetto>
        <bezahlt>true</bezahlt>
        <BezahlDatum>2003-01-15T00:00:00.0000000+01:00</BezahlDatum>
        <verschickt>true</verschickt>
        <VersandDatum>2003-01-15T00:00:00.0000000+01:00</VersandDatum>
      </Bestellungen>
    - <Bestellungen diffgr:id="Bestellungen2" msdata:rowOrder="1">
        <Nr>2</Nr>
        <EingangsDatum>2003-01-12T00:00:00.0000000+01:00</EingangsDatum>
        <KuNr>1</KuNr>
        <GesamtNetto>73.5</GesamtNetto>
        <bezahlt>false</bezahlt>
        <verschickt>false</verschickt>
```

```
        </Bestellungen>
      - <Bestellungen diffgr:id="Bestellungen3" msdata:rowOrder="2">
          <Nr>3</Nr>
          <EingangsDatum>2003-01-20T00:00:00.0000000+01:00</EingangsDatum>
          <KuNr>1</KuNr>
          <GesamtNetto>5100</GesamtNetto>
          <bezahlt>true</bezahlt>
          <BezahlDatum>2003-01-23T00:00:00.0000000+01:00</BezahlDatum>
          <verschickt>false</verschickt>
        </Bestellungen>
      </BestellDS>
    </diffgr:diffgram>
  </DataSet>
```

Wenn Sie genauer hinschauen, so stellen Sie fest, dass die im XML-Listing abgelegten Informationen aus zwei Teilen bestehen:

- Die Strukturinformationen, d.h., das vollständige Schema des *DataSet*s.
- Die in einem so genannten *DiffGramm* abgelegten Daten.

Jeder XML-fähige Client sollte nun in der Lage sein, diese Informationen zu verarbeiten.

Zweite Web-Methode testen

Die Testseite der Methode *setBestellungen* enthält nur die Syntaxbeschreibung, aber kein Testformular – warum? Das Testformular kann nur solche Parameter entgegennehmen, die man aus einem String extrahieren kann. Da unserer Methode aber ein komplettes DataSet übergeben werden muss (es enthält alle geänderten Datensätze), kann sie mit dem Testformular nicht getestet werden und wir müssen uns gedulden, bis die Clientanwendung fertig gestellt ist.

Bemerkungen

- Leider ist es nicht möglich, anstatt eines *DataSets* eine *DataTable* als Übergabeobjekt für die Webmethode zu verwenden, da dieses nicht serialisiert werden kann.
- Im Quellcode auf der Buch-CD sind teilweise *try-except*-Blöcke eingefügt. Sie sollten diese Technik allerdings in Ihrem eigenen Code erst dann verwenden, wenn Sie alle Laufzeitfehler ausgemerzt haben (ansonsten erhalten Sie keine oder nur weniger aussagekräftige Fehlermeldungen).

11.4 Ein Webdienstclient im Detail

Bereits im Einführungsbeispiel 11.1 hatten Sie festgestellt, dass es zwischen einem Webdienstclient und einer normalen Windows-Anwendung scheinbar keine gravierenden Unterschiede gibt. Wir wollen dies jetzt praktisch beweisen.

11.4.1 Aufgabenstellung

Für den im vorhergehenden Abschnitt 11.3 erstellten Webdienst *BestellService* soll ein Client programmiert werden, der die von der Methode *getBestellungen* gelieferten Datensätze anzeigt. Nachdem die Datensätze im Client beliebig geändert wurden, sollen sie mit der Methode *setBestellungen* wieder in die Datenbank zurück geschrieben werden.

Hinweis: Mit leichten Modifikationen am Quellcode und an der Oberfläche werden wir das Beispielprogramm auch noch für .NET-Remoting benutzen!

11.4.2 Webdienstclient-Projekt eröffnen

Öffnen Sie ein neues Projekt vom Typ *Windows Forms-Anwendung* und stellen Sie die abgebildete Benutzerschnittstelle zusammen. Neben der *TextBox* brauchen Sie noch zwei *DateTimePicker*, ein *DataGrid* und drei *Buttons*.

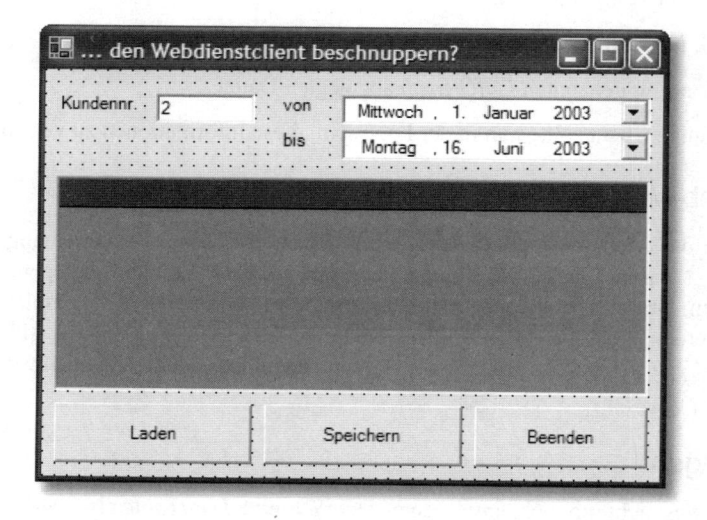

Hinweis: Es erleichtert den späteren Test, wenn Sie im Eigenschaftenfenster der *Text*-Eigenschaft von *TextBox1* und der *Value*-Eigenschaft von *DateTimePicker1* bzw. *DateTimePicker2* bereits jetzt gültige Werte zuweisen.

11.4.3 Webverweis hinzufügen

Jetzt kommt das Wichtigste, nämlich das Herstellen der Verbindung zum Webdienst:

- Klicken Sie im Projekt-Manager mit der rechten Maustaste auf das Projekt und wählen Sie im Kontextmenü den Eintrag *Webreferenz hinzufügen*.

11.4 Ein Webdienstclient im Detail

- Im Dialogfeld *Webreferenz hinzufügen* geben Sie oben die URL *http://localhost/bestellservice/bestellungen.asmx* Ihres Webdienstes ein.
- Es erscheint die Testseite des Webdienstes.
- Klicken Sie die Schaltfläche *Referenz hinzufügen*.

11.4.4 Die Projektdateien

Ein Blick in den Projekt-Explorer zeigt, dass der Webdienst unter dem Knoten *localhost* eingebunden wurde.

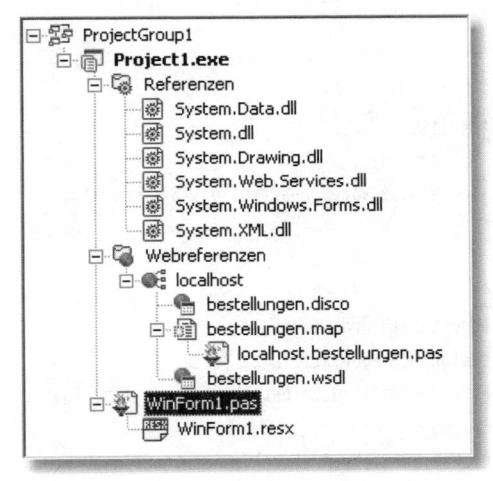

```
ProjectGroup1
  Project1.exe
    Referenzen
      System.Data.dll
      System.dll
      System.Drawing.dll
      System.Web.Services.dll
      System.Windows.Forms.dll
      System.XML.dll
    Webreferenzen
      localhost
        bestellungen.disco
        bestellungen.map
          localhost.bestellungen.pas
        bestellungen.wsdl
    WinForm1.pas
    WinForm1.resx
```

Mehrere automatisch generierte Dateien sind hinzugekommen. Was hat es damit auf sich?

Bestellungen.disco

Gewissermaßen als Pendant der zum Webdienst gehörenden Datei *BestellService.disco* handelt es sich hier um eine Kopie des DISCO-Dokuments zum Aufsuchen des Webdienstes. Durch Doppelklicken auf den Eintrag können Sie sich den Inhalt betrachten.

Bestellungen.wsdl

Dieses WSDL-Dokument enthält die Beschreibung des Webdienstes. Es handelt sich quasi um eine Kopie der WSDL-Datei die zum Erstellen des Proxy verwendet wird.

Bestellungen.map

Diese XML-Datei speichert die URLs zu den beiden obigen Dateien und weitere Infos über die DISCO- und WSDL-Verweise, sie wird verwendet, wenn der Webdienst geändert wurde und der Client aktualisiert werden muss.

Localhost.Bestellungen.pas

Diese Datei definiert die Proxyklasse, die für den Client die Methoden des Webdienstes zur Verfügung stellt. Dadurch kann der Webdienst im Programm so angesprochen werden, als würde er von einer lokalen Komponente stammen.

Da der Code – auch in Hinblick auf den asynchronen Methodenaufruf – sehr aufschlussreich ist, soll er hier auszugsweise angegeben werden (selbst auf die Gefahr hin, dass einiges in den Attributen mysteriös und unübersichtlich erscheint):

```
unit localhost.bestellungen;
interface

uses System.Diagnostics,
  System.Xml.Serialization,
  System.Web.Services.Protocols,
  System.ComponentModel,
  System.Web.Services, System.Web.Services.Description, System.Data;

/// <remarks/>
type
  [System.Diagnostics.DebuggerStepThroughAttribute]
  [System.ComponentModel.DesignerCategoryAttribute('code')]
  [System.Web.Services.WebServiceBindingAttribute(Name='BestellungSoap',
        Namespace='http://tempuri.org/')]
  Bestellung = class(System.Web.Services.Protocols.SoapHttpClientProtocol)
    /// <remarks/>
  public
    constructor Create;
    /// <remarks/>
    [System.Web.Services.Protocols.SoapDocumentMethodAttribute(
      'http://tempuri.org/getBestellungen', RequestNamespace='http://tempuri.org/',
      ResponseNamespace='http://tempuri.org/',
      Use=System.Web.Services.Description.SoapBindingUse.Literal,
      ParameterStyle=System.Web.Services.Protocols.SoapParameterStyle.Wrapped)]
    function getBestellungen(kNr: Integer; von: System.DateTime; bis: System.DateTime):
                           System.Data.DataSet;
    /// <remarks/>
    function BegingetBestellungen(kNr: Integer; von: System.DateTime; bis: System.DateTime;
      callback: System.AsyncCallback; asyncState: System.Object): System.IAsyncResult;
    /// <remarks/>
    function EndgetBestellungen(asyncResult: System.IAsyncResult): System.Data.DataSet;
    /// <remarks/>
```

11.4 Ein Webdienstclient im Detail

```
    [System.Web.Services.Protocols.SoapDocumentMethodAttribute(
     'http://tempuri.org/setBestellungen', RequestNamespace='http://tempuri.org/',
     ResponseNamespace='http://tempuri.org/',
     Use=System.Web.Services.Description.SoapBindingUse.Literal,
     ParameterStyle=System.Web.Services.Protocols.SoapParameterStyle.Wrapped)]
    function setBestellungen(ds: System.Data.DataSet): System.Data.DataSet;
    /// <remarks/>
    function BeginsetBestellungen(ds: System.Data.DataSet; callback: System.AsyncCallback;
      asyncState: System.Object): System.IAsyncResult;
    /// <remarks/>
    function EndsetBestellungen(asyncResult: System.IAsyncResult): System.Data.DataSet;
  end;

implementation
...
constructor Bestellung.Create;
begin
  inherited Create;
  Self.Url := 'http://localhost/bestellservice/bestellungen.asmx';
end;


/// <remarks/>
function Bestellung.getBestellungen(kNr: Integer; von: System.DateTime; bis: System.DateTime):
    System.Data.DataSet;
type
  TArrayOfSystem_Object = array of System.Object;
var
  results: TArrayOfSystem_Object;
begin
  results := Self.Invoke('getBestellungen', TArrayOfSystem_Object.Create(kNr,
        von, bis));
  Result := (System.Data.DataSet(results[0]));
end;

function Bestellung.BegingetBestellungen(kNr: Integer; von: System.DateTime;
  bis: System.DateTime; callback: System.AsyncCallback; asyncState: System.Object):
    System.IAsyncResult;
type
  TArrayOfSystem_Object = array of System.Object;
begin
  Result := Self.BeginInvoke('getBestellungen', TArrayOfSystem_Object.Create(kNr,
```

```
              von, bis), callback, asyncState);
end;

/// <remarks/>
function Bestellung.EndgetBestellungen(asyncResult: System.IAsyncResult): System.Data.DataSet;
type
  TArrayOfSystem_Object = array of System.Object;
var
  results: TArrayOfSystem_Object;
begin
  results := Self.EndInvoke(asyncResult);
  Result := (System.Data.DataSet(results[0]));
end;
...
end.
```

11.4.5 Ihr Quellcode

Nachdem Ihnen Delphi.NET bereits eine ganze Menge Programmierarbeit abgenommen hat, sind Sie jetzt wieder an der Reihe. Öffnen Sie das Codefenster für *WinForm1*:

```
unit WinForm1;
interface

uses  System.Drawing, System.Collections, System.ComponentModel,
      System.Windows.Forms, System.Data, localhost.Bestellungen;
```

Die Proxyklasse des Webdienstes wird auf Basis der in *localhost.bestellungen.pas* automatisch generierten Proxyklasse *Bestellungen* erzeugt:

```
type
  TWinForm1 = class(System.Windows.Forms.Form)
  ...
  private
    ws : localhost.Bestellungen.Bestellung;
```

Zum Puffern der übergebenen Daten brauchen wir ein *DataSet*:

```
    ds1 : DataSet;
    ...
  end;
```

Initialisieren:

```
constructor TWinForm1.Create;
var tst : DataGridTableStyle;
```

11.4 Ein Webdienstclient im Detail

```
begin
  ...
  ws := localhost.Bestellungen.Bestellung.Create;
  ds1 := DataSet.Create;
end;
```

Die gewünschten Bestellungen laden:

```
procedure TWinForm1.Button1_Click(sender: System.Object; e: System.EventArgs);
var knr : Integer;
begin
  try
    knr := Convert.ToInt32(TextBox1.Text);
```

Beim Aufruf der ersten Webdienst-Methode werden die Daten vom Webdienst geladen:

```
    ds1 := ws.getBestellungen(knr, DateTimePicker1.Value, DateTimePicker2.Value);
    DataGrid1.DataSource := ds1.Tables['Bestellungen'];
  except
```

Eventuelle Fehler auswerten:

```
    on ex : Exception do MessageBox.Show(ex.Message.ToString);
  end;
end;
```

Die Änderungen speichern:

```
procedure TWinForm1.Button2_Click(sender: System.Object; e: System.EventArgs);
var ds2 : DataSet;          // lokales DataSet zum Puffern der Änderungen
begin
  try
```

Nur die Änderungen werden in den Puffer kopiert, was eine deutliche Reduktion der zu übertragenden Datenmenge bedeutet:

```
    ds2 := ds1.GetChanges;           // Änderungen ermitteln
    if (ds2 <> nil) then begin       // nur wenn etwas geändert wurde ...
```

Durch Aufruf der zweiten Webdienst-Methode werden die Änderungen in die Datenbank geschrieben:

```
      ds2 := ws.setBestellungen(ds2);
```

Die in *ds2* per Referenz zurückgegebenen Daten überschreiben das Original nur dann, wenn sie den gleichen Primärschlüssel haben:

```
      ds1.Merge(ds2);                  // DataSet aktualisieren
      MessageBox.Show('Daten erfolgreich gespeichert!');
    end;
```

```
  except
    on ex : Exception do MessageBox.Show(ex.Message.ToString);
  end;
end;
```

Formatieren des DataGrids

Der folgende Code hat nichts mit der eigentlichen Programmierung des Webclients zu tun, sondern dient lediglich der Formatierung der Anzeige. Wir könnten ihn auch weglassen, müssten dann aber z.B. auf das Euro-Symbol verzichten oder würden uns über die überflüssige Sekundenanzeige bei der Ausgabe des Bestelldatums ärgern. Außerdem könnten wir keine Spalten gezielt ausblenden.

Alle Aktivitäten zum Formatieren der Anzeige im *DataGrid* erledigen wir bereits beim Laden des Formulars. Wir beschränken uns dabei auf drei Spalten (*EingangsDatum*, *GesamtNetto* und *Bemerkungen*):

```
constructor TWinForm1.Create;
var tst : DataGridTableStyle;
    col1, col2, col3 : DataGridTextBoxColumn;
begin
...
  tst := DataGridTableStyle.Create;          // neues Tabellenformat
  tst.MappingName := 'Bestellungen';         // ... für die Tabelle "Bestellungen"
  col1 := DataGridTextBoxColumn.Create;
  col1.MappingName := 'EingangsDatum';
  col1.HeaderText  := 'Datum';
  col1.Format      := 'dd.MM.yyyy';
  tst.GridColumnStyles.Add(col1);            // ... zum Tabellenformat hinzufügen
  col2 := DataGridTextBoxColumn.Create;
  col2.MappingName := 'GesamtNetto';
  col2.HeaderText  := 'Nettobetrag';
  col2.Format      := 'c';
  col2.Alignment   := HorizontalAlignment.Right;
  tst.GridColumnStyles.Add(col2);
  col3 := DataGridTextBoxColumn.Create;
  col3.MappingName := 'Bemerkung';
  col3.HeaderText  := 'Bemerkungen';
  tst.GridColumnStyles.Add(col3);
  DataGrid1.TableStyles.Add(tst);            // komplettes Tabellenformat zum DataGrid hinzufügen
end;
```

11.4.6 Webdienstclient testen

Nach Eingabe einer gültigen *Kunden-Nr* und der Auswahl eines sinnvollen Anfangs- und Ende-Datums sehen Sie nach kurzer Wartezeit die vom Webdienst gelieferten Datensätze.

Sie können nun hemmungslos an den Datensätzen herumdoktern und versuchen, die Änderungen in der Datenbank speichern.

Beim Editieren des Nettobetrags müssen Sie auch das Euro-Symbol (€) löschen, da ansonsten das *DataGrid* die Änderungen nicht übernimmt.

11.4.7 Verbesserungen

- Falls Sie mehr als drei Spalten anzeigen wollen, müssen weitere *DataGridTextBox-Column*-Objekte erzeugt und zur *GridColumnStyles*-Collection des Tabellenformats (*DataGridTableStyle*) hinzugefügt werden.
- Erweitern Sie den Webdienst um weitere Methoden, z.B. *getKunden*, um im Client die Namen aller Kunden in einer Listbox anzeigen und auswählen zu können!

11.4.8 Zugriff verweigert (Access denied)

Trotzdem Sie beim Hinzufügen des Webverweises erfolgreich dessen Methoden getestet haben kann es vorkommen, dass der Client nicht funktioniert, z.B. wenn nach Klick auf die Schaltfläche "Bestellungen laden" eine Fehlermeldung erscheint ("HTTP Code 401, Access denied" o.ä.).

In einem solchen Fall sollten Sie zunächst prüfen, ob für den im IIS abgelegten Ordner *\BestellService* die Webfreigabe aktiviert ist.

Als nächstes sollten Sie über *Systemsteuerung|Verwaltung* den IIS öffnen. Haben wir Glück, so weist ein "Error"-Symbol auf den Übeltäter hin.

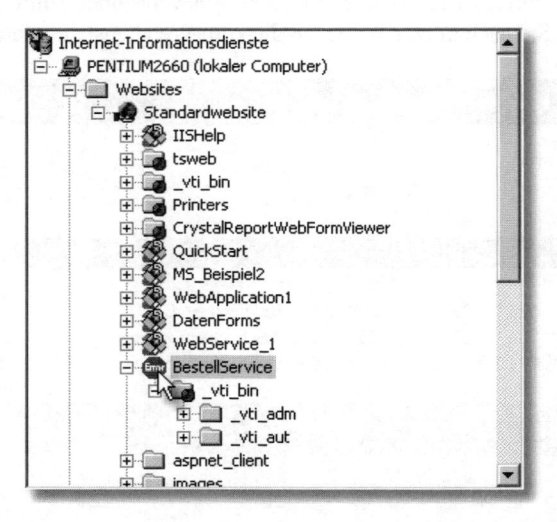

Über das Kontextmenü von *BestellService* öffnen Sie die Eigenschaftenseite "Verzeichnissicherheit". Mit der Schaltfläche "Bearbeiten" kommen Sie zum Dialog "Authentifizierungsmethoden", wo Sie den "Anonymen Zugriff" aktivieren:

Hinweis: Im späteren praktischen Betrieb des Webdienstes kann der anonyme Zugriff natürlich problematisch werden (zum Thema Websicherheit siehe Kapitel 10, Abschnitt 10.10)!

11.5 Web-Methoden asynchron abrufen

Wie Sie beim Testen des Webdienstclients bereits festgestellt haben dürften, nimmt der Aufruf einer Webmethode durchaus einige Zeit in Anspruch. Falls aus irgendwelchen Gründen der Webdienst nicht verfügbar ist, kann sogar eine kleine Ewigkeit vergehen, bis Ihre Anwendung durch einen Timeout-Fehler aus dem Tiefschlaf erlöst wird.

Aber auch für dieses Problem bietet .NET einen Ausweg, denn in der von Delphi.NET erzeugten Proxy-Klasse sind spezielle "asynchrone" Methoden enthalten. Der vorliegende Abschnitt zeigt an Hand eines Beispiels, wie es geht.

Hinweis: Bevor dieses Beispiel funktioniert, müssen Sie den in 11.3 entwickelten Webdienst "BestellService" ordnungsgemäß auf dem IIS installieren!

11.5.1 Synchrone und asynchrone Methoden

Wie ein Blick auf die im Projektverzeichnis des Clients angelegte Datei *Reference.cs* zeigt, sind in unserer Proxy-Klasse *Bestellungen* außer den Methoden *getBestellungen* und *setBestellungen* noch zusätzlich die folgenden Methoden enthalten:

***Begin**GetBestellungen*, ***End**GetBestellungen*, ***Begin**SetBestellungen*, ***End**SetBestellungen*.

Was bedeuten diese Methoden?

In der Regel besteht der asynchrone Aufruf einer Webmethode aus zwei Schritten:

- Aufruf der *Begin*-Methode durch den Webdienstclient. Hier werden der Methodenaufruf initiiert und die benötigten Parameter übergeben.
- Automatischer Aufruf der *End*-Methode durch eine Callback-Funktion, wobei der Methodenaufruf abgeschlossen und die Antwort vom Webdienst abgeholt wird.

Wir wollen den Einsatz der beiden asynchronen Methoden *BeginGetBestellungen* und *EndGetBestellungen* demonstrieren.

11.5.2 Bedienoberfläche für Testclient

Das Testformular ähnelt dem in 11.4 beschriebenen Testclient, nur beschränken wir uns diesmal auf das Lesen der Datensätze, welches asynchron erfolgen soll. Anstatt der Schaltfläche für das Zurückschreiben der Änderungen in die Datenbank wird eine Schaltfläche zum Löschen der Anzeige des *DataGrid* eingefügt.

Öffnen Sie eine neue Windows Forms-Anwendung mit der im folgenden abgebildeten Oberfläche. Das fette Label soll die aktuelle Uhrzeit anzeigen, um so zu verdeutlichen, dass während des Aufrufs der Webmethode die Anwendung nicht "steht". Vergessen Sie nicht das Hinzufügen eines *Timer*-Steuerelements (*Enabled* = *True*, *Interval* = 1000).

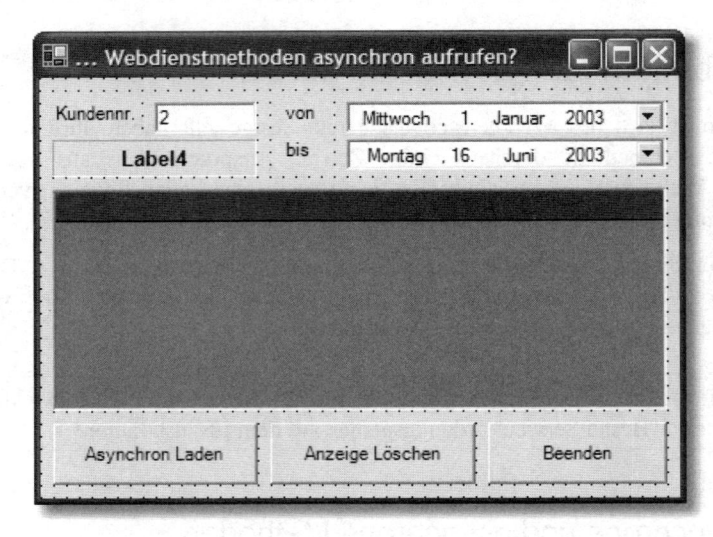

11.5.3 Quellcode für Testclient

Hinzufügen zweier Methoden:

```
type
  TWinForm1 = class(System.Windows.Forms.Form)
  ...
  private
    ws : localhost.Bestellungen.Bestellung;
    ds1 : DataSet;
    procedure bindDataSet(ds : DataSet);
    procedure bestCallBack(ar : IAsyncResult);
    ...
  end;
...
```

Der asynchrone Aufruf des Webdienstes:

```
procedure TWinForm1.Button1_Click(sender: System.Object; e: System.EventArgs);
var knr : Integer;
begin
  ws := localhost.Bestellungen.Bestellung.Create;
```

11.5 Web-Methoden asynchron abrufen

```
try
    knr := Convert.ToInt32(TextBox1.Text);
```

Die Bestellungen werden nun asynchron geladen. Neben den beim synchronen Aufruf üblichen Parametern werden zusätzlich die Callback-Funktion und das Proxy-Objekt übergeben:

```
    ws.BegingetBestellungen(knr, DateTimePicker1.Value, DateTimePicker2.Value,
                    bestcallback, ws);
  except
    on ex : Exception do MessageBox.Show('Fehler beim Senden der Anfrage: '
        + ex.Message, 'Fehler', MessageBoxButtons.OK, MessageBoxIcon.Error);
  end;
end;
```

Methode, die im Thread des Formulars läuft:

```
procedure TWinForm1.bindDataSet(ds: DataSet);
begin
  DataGrid1.DataSource := ds.Tables['Bestellungen'];       // Anbinden DataSet an DataGrid
end;
```

Die folgende Callback-Methode wird nach Beendigung der Web-Methode *BeginGetBestellungen* automatisch aufgerufen, wobei das Argument *ar* den Verweis auf das vom Webdienst zurückgegebene Objekt enthält:

```
procedure TWinForm1.bestCallBack(ar : IAsyncResult);
var ds : DataSet;
    cb : Delegate;
begin
  try
    ws := localhost.Bestellungen.Bestellung.Create;
```

Das DataSet wird abgeholt:

```
    ds := ws.EndgetBestellungen(ar);
```

Der Aufruf von *bindDataSet* erfolgt im Thread des Formulars über dessen *Invoke*-Methode, Übergabeparameter sind der Delegat und ein Objekt-Array mit dem DataSet:

```
    cb := @bindDataSet;
    Invoke(cb,[ds]);
  except
    on ex : Exception do MessageBox.Show('Fehler beim Empfang der Antwort: ' + ex.Message,
         'Fehler', MessageBoxButtons.OK, MessageBoxIcon.Error);
  end;
end;
```

Die Anzeige löschen:

```
procedure TWinForm1.Button2_Click(sender: System.Object; e: System.EventArgs);
begin
  DataGrid1.DataSource := nil;
end;
```

Die Uhr anzeigen:

```
procedure TWinForm1.Timer1_Tick(sender: System.Object; e: System.EventArgs);
begin
  Label4.Text := DateTime.Now.ToString('HH:mm:ss');
end;
```

11.5.4 Client testen

Während der Proxy instanziiert wird, gibt es zwar eine kleine Pause, aber anschließend läuft die Uhr wieder ruckelfrei und Sie können die verschiedenen Steuerelemente auch dann bedienen, wenn die Antwort des Webdienstes noch nicht vorliegt.

11.5.5 Bemerkungen

- In diesem Beispiel ist die Wartezeit zwischen Start und Ende der Webmethode relativ kurz. Je mehr Verarbeitung innerhalb der Webmethode stattfindet, desto deutlicher werden Sie aber den Unterschied zur synchronen Variante bemerken.
- Wenn Sie den IIS vorübergehend stoppen und dann den Webdienst aufrufen, so läuft die Uhr dank des asynchronen Methodenaufrufs unbeeindruckt weiter. Nach Verstreichen des Timeouts erscheint lediglich folgende Meldung:

> Fehler beim Empfang der Antwort: Die zugrundeliegende Verbindung wurde geschlossen: Die Verbindung mit dem Remoteserver kann nicht hergestellt werden..

- Eine vereinfachte Programmierung durch direktes Anbinden des *DataGrid* an das von der asynchronen Webmethode zurückgegebene *DataSet* ist leider nicht möglich, da unsere Anwendung in unterschiedlichen Threads läuft. Sie können sich gern selbst davon überzeugen, indem Sie versuchen, die Zeile

```
cb := @bindDataSet;
Invoke(cb,[ds]);
```

zu ersetzen durch

```
DataGrid1.DataSource := ds.Tables['Bestellungen'];      // ???
```

- Im abgedruckten Listing wurden die Formatierungsanweisungen für das *DataGrid* aus Übersichtlichkeitsgründen weggelassen (siehe Buch-CD).

- Eine weit weniger komplizierte Alternative für den asynchronen Aufruf einer Webmethode (ohne Callback-Funktion und ohne Thread-Probleme) bietet sich durch Abfragen der *IsCompleted*-Eigenschaft des *IAsyncResult*-Objekts (siehe folgender Abschnitt).

11.6 Ausführung von Webmethoden überwachen

Der asynchrone Aufruf eines Webdienstes verhindert ein Blockieren der Anwendung während der Ausführung von Webmethoden. Im vorhergehenden Abschnitt wurde der asynchrone Aufruf unter Verwendung einer Callback-Funktion erläutert. In diesem Abschnitt soll eine deutlich einfachere Variante durch Überwachen der *IsCompleted*-Eigenschaft der *IAsyncResult*-Klasse vermittelt werden.

Hinweis: Bevor dieses Beispiel funktioniert, müssen Sie den in 11.3 entwickelten Webservice "BestellService" ordnungsgemäß auf dem IIS installieren!

11.6.1 Benutzerschnittstelle

Auf *WinForm1* platzieren Sie eine *TextBox*, zwei *DateTimePicker*, ein *DataGrid*, drei *Buttons*, zwei *Timer* und einige *Labels*.

Während Sie die Standardeigenschaften von *Timer1* belassen können, ändern Sie die von *Timer2* in *Enabled=True* und *Interval=1000*.

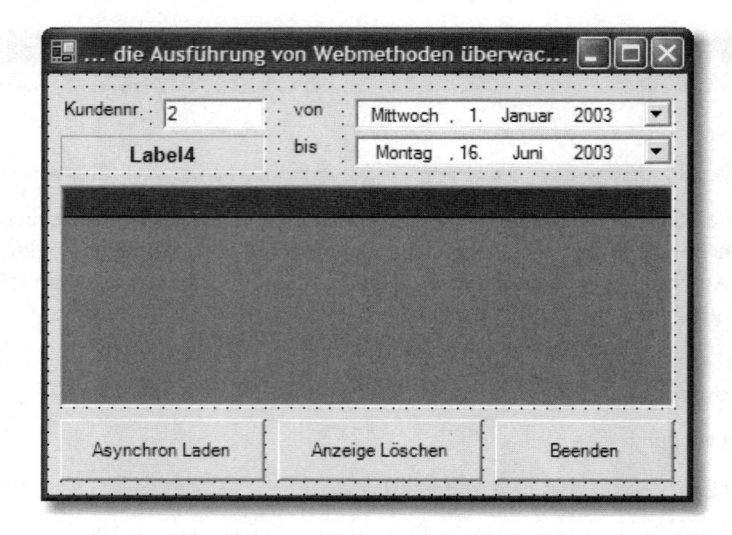

[Screenshot: Fenster "... die Ausführung von Webmethoden überwac...", mit Kundennr. 2, Label4, von Mittwoch, 1. Januar 2003 bis Montag, 16. Juni 2003, Schaltflächen: Asynchron Laden, Anzeige Löschen, Beenden]

11.6.2 Die Implementierung

```
type
  TWinForm1 = class(System.Windows.Forms.Form)
  ...
  private
```

Auf Klassenebene benötigen Sie drei globale Variablen, die gleichzeitig die wichtigsten Objekte der Anwendung sind:

```
    ws : localhost.Bestellungen.Bestellung;
    ar : IAsyncResult;           // Rückgabe-Objekt
    ds : DataSet;
    ...
  end;
```

Asynchroner Aufruf des Webdienstes:

```
procedure TWinForm1.Button1_Click(sender: System.Object; e: System.EventArgs);
var knr : Integer;
begin
  ws  := localhost.Bestellungen.Bestellung.Create;
  knr := Convert.ToInt32(TextBox1.Text);
```

Es kommen nun die im Proxy automatisch generierten asynchronen Pendants der Webmethode *getBestellungen* zum Einsatz (*BeginGetBestellungen*, *EndGetBestellungen*). Die Bestellungen werden asynchron in das Rückgabe-Objekt *ar* geladen, zusätzlicher Übergabeparameter ist das Proxy-Objekt des Webdienstes *ws*:

11.6 Ausführung von Webmethoden überwachen

```
  ar   := ws.BegingetBestellungen(kNr, DateTimePicker1.Value, DateTimePicker2.Value, nil, ws);
  Timer2.Enabled := True;
end;
```

Das Überwachen der Webmethode geschieht im *Tick*-Ereignis von *Timer2*:

```
procedure TWinForm1.Timer2_Tick(sender: System.Object; e: System.EventArgs);
begin
```

Falls die Webmethode noch nicht fertig ist, wird die Methode verlassen, ansonsten erfolgen die Rückgabe des mit *ar* identifizierten *DataSet*s und dessen Anzeige im Datengitter:

```
  if (ar.IsCompleted) then begin
          ds := ws.EndgetBestellungen(ar);                // Rückgabe
          DataGrid1.DataSource := ds.Tables['Bestellungen'];  // Anzeige
          Timer2.Enabled := False;
    end;
end;
```

Zum Anzeigen der Uhrzeit dient der zweite Timer:

```
procedure TWinForm1.Timer1_Tick(sender: System.Object; e: System.EventArgs);
begin
        Label4.Text := DateTime.Now.ToString('HH:mm:ss');
end;
```

Test

Nach Eintragen einer gültigen Kunden-Nummer und eines sinnvollen Zeitraums wird nach einer bestimmten Verzögerungszeit das Ergebnis der Webmethode im Datengitter sichtbar. Während dieser Zeit läuft die Uhr weiter und die Steuerelemente sind nicht blockiert.

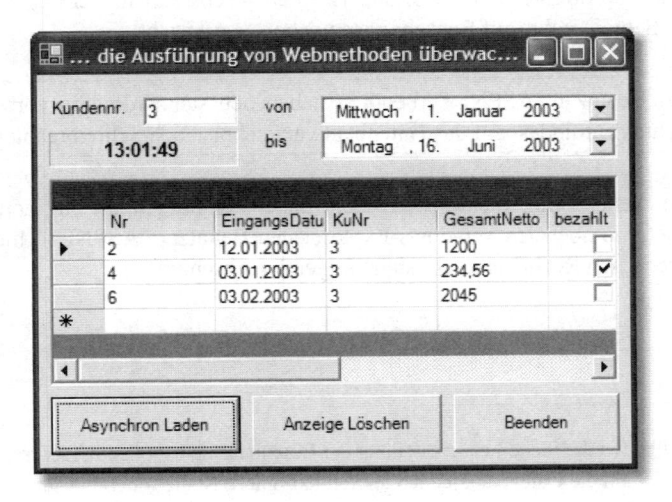

Bemerkungen

- Damit der Vorteil des asynchronen Methodenaufrufs noch deutlicher zu Tage tritt, können Sie die im Webdienst programmierten Methoden "verlangsamen" (z.B. durch Einbau einer zusätzlichen Verzögerungsschleife).
- Auf das Abdrucken des Codes für die Spaltenformatierung des Datengitters wurde hier verzichtet, siehe dazu Buch-CD.

11.7 Probleme mit Zugriffsrechten

Abschließend zum Thema Webservices wollen wir – insbesondere im Hinblick auf das sehr restriktiv ausgelegte Sicherheitssystem von Windows XP – einige Aspekte beleuchten, die ihre Ursache in ungenügenden Zugriffsberechtigungen auf Dateiebene haben.

11.7.1 Fehlende Schreibrechte bei Access-Datenbanken

Obwohl Access-Datenbanken nicht für viele simultane Anwender entwickelt wurden und schlecht skalierbar sind, lassen sie sich sehr einfach erstellen und verwalten und können deshalb – mit gewissen Einschränkungen – auch für Web-Anwendungen attraktiv sein.

Jeder Einsteiger hat sicher schon einmal die böse Erfahrung gemacht, dass auf dem lokalen PC seine Web- bzw. Webdienst-Anwendungen problemlos funktionieren, aber nach dem Portieren der Access-Datenbank auf den WebServer höchstens nur noch das Lesen geht und er beim Schreib- bzw. Änderungsversuch eine von der Klasse *System.Web.Services.Protocols.- SoapException* generierte Meldung erhält, dass der Server die Anforderung nicht verarbeiten konnte.

Die Ursache liegt meist bei der *.ldb*-Sperrdatei (*locking file*), die beim Öffnen einer Access-Datenbank von der Jet-Engine erzeugt wird, um die verschiedenen Sperren zu verfolgen, die die Anwender auf bestimmte Datensätze und Tabellen gesetzt haben. Der Fehler wird deshalb durch fehlende Schreibrechte auf Betriebssystem-Ebene verursacht[1].

Hinweis: Der Benutzer "ASPNET" benötigt neben den standardmäßig vorbelegten Leserechten zumindest auf das Datenbankverzeichnis auch Schreibrechte!

Es macht also wenig Sinn, hier an den Zugriffsberechtigungen im IIS herumzudoktern, vielmehr müssen Sie über den Windows-Explorer den Benutzer "ASPNET" hinzufügen und ihm alle erforderlichen Rechte erteilen (siehe folgender Abschnitt).

---

[1] Es gibt auch Fälle, wo die Sicherheitseinstellung der Datenbank selbst (also in Access) geändert werden müssen, wenn die Datenbank jedoch lokal funktioniert, ist dies eher unwahrscheinlich.

11.7.2 Benutzer ASPNET hinzufügen

Im Windows-Explorer klicken Sie auf den Ordner mit der rechten Maustaste, wählen das Kontextmenü *Eigenschaften*, die Seite *Sicherheit* und klicken die Schaltflächen *Hinzufügen*, *Erweitert* und *Jetzt suchen*. Wählen Sie den Benutzer *ASPNET* aus der Liste und klicken Sie die *OK*-Schaltfläche.

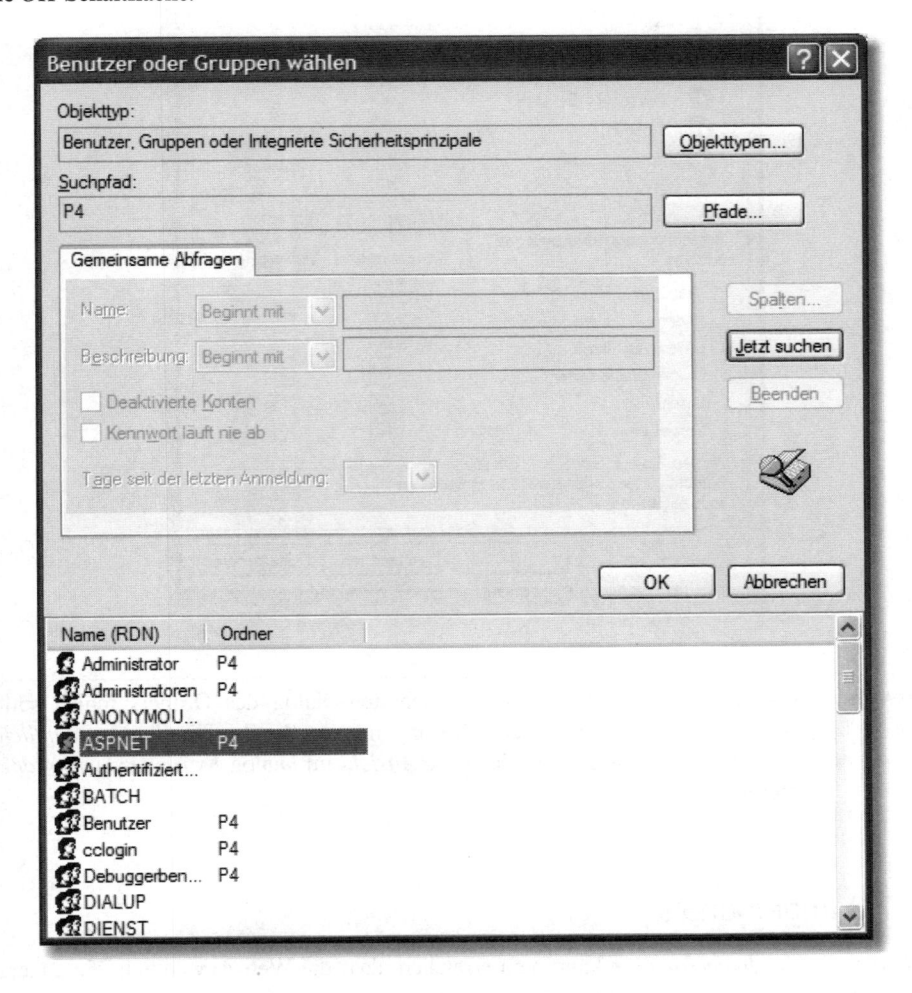

Nach dem Hinzufügen:

Hinweis: Falls die Seite *Sicherheit* im Eigenschaften-Dialog des Ordners fehlen sollte (standardmäßig dürfte dies der Fall sein), müssen Sie das Häkchen bei *Einfache Dateifreigabe verwenden* auf der Seite *Ansicht* im Dialog *Extras|Ordneroptionen* entfernen!

11.7.3 Impersonation

Mit so genannter *Impersonation* kann man erreichen, dass die Web-Anwendung ein anderes Benutzerkonto als ASPNET verwendet. Dazu muss die Datei *Web.config*, die Bestandteil der WebServer-Anwendung ist, editiert werden.

Statische Impersonation

In der Datei *Web.config* wird ein fester Benutzeraccount codiert, jedem Besucher wird dieser Account erteilt. Der Nachteil ist, dass das Passwort fest hineingeschrieben werden muss.

Automatische Impersonation

Bei dieser vor allem für das Intranet interessanten Variante hat jeder Besucher einen dem WebServer bekannten Windows-Account, über den der Server-Prozess auf die Systemressourcen zugreift.

Zusätzlich zur Konfiguration der Lese- und Schreibrechte ist nur noch folgende Zeile in der *Web.config* notwendig, und die Verbindung von Datenbank und Formular ist perfekt:

```
<identity impersonate="true"/>
```

11.7.4 Fehler beim Aufrufen einer WebService-Methode

Der Benutzer ASPNET ist bekanntlich der Standardbenutzer für Web-Anwendungen. ASPNET gehört aber nur den beiden Gruppen *Benutzer* und *Debuggerbenutzer* an. Die Gruppe *Benutzer* aber hat unter Windows XP relativ wenige Berechtigungen, die normalerweise nicht ausreichen, um den Schreibzugriff auf eine Datenbank zu ermöglichen.

Deshalb werden Sie möglicherweise auch mal von einer Meldung des Internet Explorer wie "Server konnte temporäre Klasse nicht generieren ..." aufgeschreckt.

Der schnellste und einfachste Ausweg wäre die Beförderung des Benutzers ASPNET zum Administrator. Fügen Sie dazu das Benutzerkonto ASPNET über die Computerverwaltung der Gruppe *Administratoren* hinzu:

Allerdings werden die Änderungen nicht sofort wirksam, da der Prozess nach dem einmaligen Ausführen einer Web-Anwendung bis zum Herunterfahren des Rechners weiterläuft. Um den Reboot zu vermeiden, können Sie den ASPNET-Prozess auch im Task-Manager ausschalten:

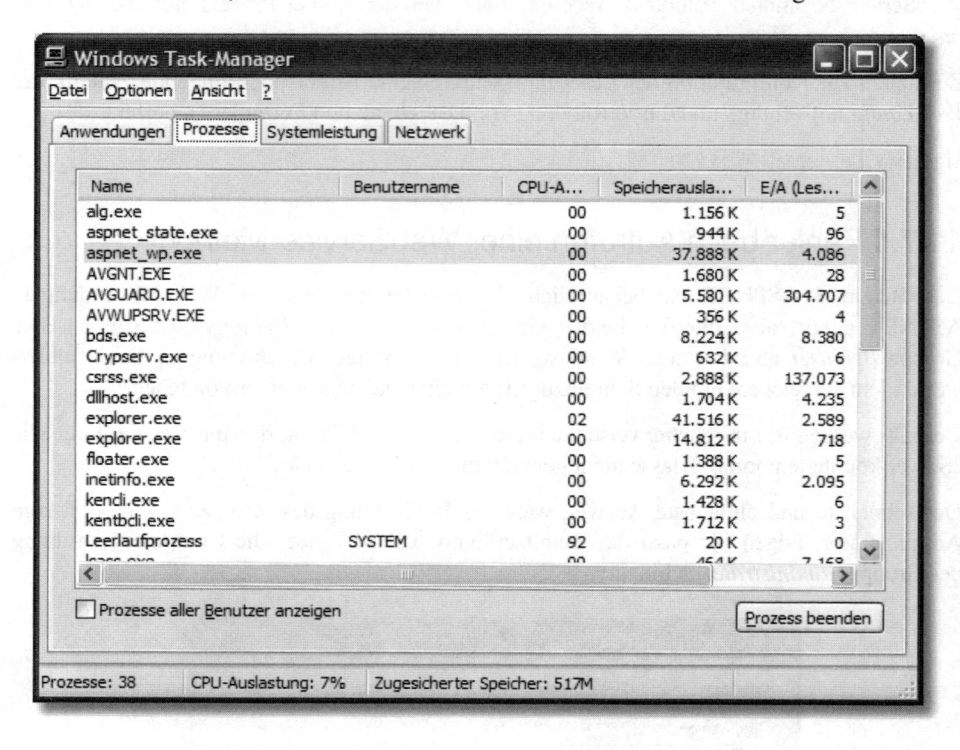

Hinweis: Die gezeigte "quick and dirty"-Variante ist allerdings aus Sicherheitsgründen bedenklich und sollte keine Dauerlösung sein, denn jede Web-Anwendung kann jetzt mit Administratorrechten auf Ihren Computer zugreifen!

11.8 Sicherheit von Webdiensten

Wen wundert es, dass angesichts der brandneuen Webdienst-Technologie die kriminelle Hackerszene Morgenluft wittert und ein weites Betätigungsfeld für Hackerangriffe vielfältigster Couleur zu erkennen glaubt? Sowohl für Benutzer als auch für Betreiber eines Webdienstes dürften deshalb vor allem folgende Fragen von Interesse sein:

- Ist der Absender des Webdienstes identisch oder wurde die Nachricht während der Übertragung manipuliert?

- Können die von mir gesendeten Nachrichten von unbefugten Dritten gelesen und mitverfolgt werden?

11.8 Sicherheit von Webdiensten

In der Anfangsphase der Webdienste gab es nahezu keine zufrieden stellenden Antworten auf diese Fragen. Es existierten kaum Möglichkeiten, die über das Netzwerk gesendeten Nachrichten digital zu signieren. Auch das knackfeste Verschlüsseln des Inhalts erwies sich als schwierig bzw. unmöglich.

Diese Situation hat sich mit dem WSDK (*Web Service Development Kit*) von Microsoft spürbar entschärft. Diese erweiterungsfähige Technologie ermöglicht eine sichere Übertragung, indem die Webdienst-Aufrufe digital signiert und verschlüsselt werden.

11.8.1 Digitale Signatur von SOAP-Nachrichten

Durch eine digitale Signatur kann der Webdienst feststellen, ob die Nachricht während der Übertragung geändert wurde.

Hier zwei der momentan wichtigsten Möglichkeiten zum digitalen Signieren durch das WSDK:

- X.509-Zertifikat
- Signieren mit Benutzername und Passwort

X.509-Zertifikat

Ein solches Zertifikat können Sie z.B. von *VeriSign Inc* erwerben oder Sie installieren Ihren eigenen Zertifikatsserver, wie er in Windows Server (ab Version 2000) bereits standardmäßig enthalten ist.

Der Besitzer eines gültigen Zertifikats kann dann die Klasse *X509CertificateStore* des WSDK zum Signieren einer ausgehenden SOAP-Nachricht benutzen. Diese Klasse bietet verschiedene Suchmethoden zur Auswahl eines Zertifikats an, wie z.B. *FindCertificateByHash*, *FindCertificateByKeyIdentifier*, *FindCertificateBySubjectName*, *FindCertificateBySubjectString*.

Ist das gewünschte Zertifikat gefunden, so steht dem Erzeugen eines Sicherheits-Token zum Verschlüsseln der SOAP-Nachricht nichts mehr im Weg.

Signieren mit Benutzername und Passwort

Hierfür benutzen Sie eine Instanz der WSDK-Klasse *UsernameToken*. Neben Benutzernamen und Passwort wird dem Konstruktor auch ein Parameter übergeben, der den Übertragungsmodus des Passworts festlegt:

- *SendNone*
  Die SOAP-Nachricht wird mit dem Passwort signiert, das PW selbst wird nicht mit der SOAP-Anfrage gesendet! Anhand des Benutzernamens stellt der Webdienst ein Passwort zum Entschlüsseln und Weiterverarbeiten der SOAP-Nachricht zur Verfügung.

- *SendHashed*
  Bei dieser, mit Abstand sichersten, Übertragungsart wird das Passwort mit einem SHA-1-Hashcode signiert. Der Webdienst stellt dazu eine Klasse mit dem *IPasswordProvider*-Interface zur Verfügung. Deren *GetPassword*-Methode liefert auf Basis des übergebenen Benutzernamens das Passwort zurück. Der daraus erzeugte SHA-1-Hash wird mit dem Hash aus der SOAP-Anfrage verglichen, nur bei Übereinstimmung erfolgt die Weiterverarbeitung.

- *SendPlainText*
  Die Passwort-Übertragung erfolgt als normaler Text. Durch den Webdienst wird ein Hash aus dem Passwort erstellt, das die *GetPassword*-Funktion zurückliefert und aus dem Passwort, welches durch die SOAP-Anfrage übermittelt wurde. Bei Übereinstimmung wird die Anfrage weiterverarbeitet. Sie sollten den *SendPlainText*-Übertragungsmodus nur bei Einsatz von SSL oder eines anderen gleichwertigen Übertragungsprotokolls verwenden!

11.8.2 Verschlüsseln von SOAP-Nachrichten

Werden die SOAP-Nachrichten als Klartext über ein Netzwerk übertragen, so ist es für Dritte kein Problem um festzustellen, welche Webmethoden mit welchen Parametern aufgerufen werden.

Dank WSDK können Sie nun den SOAP-Body so verschlüsseln, dass der Verkehr zwischen Webdienst und seinen Clients nicht mehr mitverfolgt werden kann.

Ähnlich wie beim Signieren gibt es auch beim Verschlüsseln der Nachrichten verschiedene Verfahren, zu den wichtigsten gehören:

- X.509-Zertifikat
- Geheime Bytefolge, die nur dem Client und dem Server bekannt ist

Zum Verschlüsseln eines Webdienst-Aufrufs muss eine Instanz der *EncryptionKey*-Klasse erzeugt werden, die gewissermaßen den Schlüssel zum Verschlüsseln des SOAP-Body darstellt. Durch den Webdienst wird eine Klasse mit dem *IDecryptionKeyProvider*-Interface bereitgestellt, deren *GetDecryptionKey*-Methode eine Instanz der *DecryptionKey*-Klasse zurückgibt.

Der Webdienst versucht nun, den SOAP-Body mittels *Decryption*-Key zu entschlüsseln. Wenn das gelingt, so kann man auch sicher sein, dass die SOAP-Nachricht während ihrer Übertragung nicht verändert wurde.

Falls die Entschlüsselung fehlschlägt, verweigert der Webdienst die Entgegennahme der SOAP-Anfrage und löst eine *SoapException* aus.

11.9 .NET-Remoting

Haben Sie sich bis hierher durchgeschlagen und hoffen, nun wenigstens die Grundzüge verteilter Anwendungen unter .NET gestreift zu haben, müssen wir Sie leider enttäuschen. Mit .NET-Remoting steht Ihnen eine noch komplexere und mächtigere Technologie zur Verfügung, verteilte Anwendungen zu realisieren.

Natürlich müssen Sie an dieser Stelle nicht augenblicklich alles vergessen, was Sie im bisherigen Kapitel gelernt haben. Viele Ansätze sind weitgehend vergleichbar.

Hinweis: Die theoretischen Ausführungen zu den Webservices gelten zum großen Teil auch für das .NET-Remoting, wir setzen dieses Basiswissen im Weiteren voraus.

11.9.1 Grundlagen

Microsoft .NET-Remoting stellt, ähnlich wie die Webservices, ein Framework für die Verwendung von Objekten über ein Netzwerk zur Verfügung (verteilte Anwendung). Zu den wesentlichsten Aufgaben dieses Frameworks gehören:

- das Erzeugen von Objektinstanzen,
- das Überwachen und Zerstören dieser Objekte,
- die Kodierung (Binär, XML/SOAP),
- der Transport über HTTP oder TCP/IP von und zum Client,
- das Bereitstellen eines Proxy auf dem Client.

An dieser Stelle wollen wir nicht alle Grundlagen, die wir bereits bei den Webservices besprochen haben, wiederholen, sondern uns nur auf die Unterschiede beschränken.

11.9.2 Objektaktivierung/Instanziierung

Im Gegensatz zu den Webservice-Objekten bieten sich hier zwei grundsätzliche Vorgehensweisen an, die auf den ersten Blick für den Client nicht transparent sind:

- Server Side Activation (Server Activated Objects – SAOs)
- Client Side Activation (Client Activated Objects – CAOs)

Server Activated Objects (SAO)

Bei *Server Activated Objects* handelt es sich um Objekte, deren Lebenszeit durch den Server kontrolliert wird. Die Objekte werden instanziiert und aktiviert, wenn Objektmethoden durch den Client aufgerufen werden. Server Activated Objects lassen sich nur über den Standard-, d.h. parameterlosen Konstruktor erzeugen.

Im Unterschied zu den Webservices finden sich bei den SAOs jedoch zwei Varianten der Instanziierung:

- **SingleCall**
  Jeder Methodenaufruf des Clients führt dazu, dass eine Objektinstanz auf dem Server erzeugt wird, nachfolgend wird die Instanz sofort zerstört bzw. fällt dem Garbage Collector zum Opfer. Damit wird auch klar, dass unser Objekt keinen Status (nicht einmal zwischen zwei unmittelbar aufeinander folgenden Methodenaufrufen) besitzen kann. SingleCall-Aktivierung sollten Sie verwenden, wenn das Erzeugen der Objekte keinen großen Aufwand bedeutet (Datenbankzugriffe etc.), wenn Sie keinen Status speichern müssen oder wenn Ihr Server eine große Anzahl von Anfragen verarbeiten soll.

- **Singleton**
  Ein Objekt verarbeitet die Methodenaufrufe aller Clients. Die Objektinstanz wird erst nach (vom Server) vorgegebener Lebenszeit zerstört. Der Objektstatus kann (lebenszeitabhängig) zwischen mehreren Methodenaufrufen erhalten bleiben. Doch Achtung: Alle Clients teilen sich dieses Objekt und damit seinen Status!
  Verwenden Sie diese Aktivierungsmethode, wenn Sie Daten zwischen Clients austauschen müssen, den Status zwischen Methodenaufrufen erhalten möchten oder wenn das Erzeugen der Objekte einen hohen Aufwand bedeutet.

Client Activated Objects (CAOs)

Im Gegensatz zu den Server Activated Objects wird die Lebenszeit des Objekts direkt durch den Client kontrolliert. Die Objekte werden erzeugt, wenn der Client eine Instanz erzeugen möchte, nicht erst beim ersten Methodenaufruf wie bei den SAOs.

CAOs können vom Standardkonstruktor abweichende Konstruktoren verwenden, jeder Client bekommt eine eigene Instanz zur Verfügung gestellt.

Verwenden Sie CAOs, wenn Sie mehr Kontrolle über die Lebenszeit des Objekts haben wollen oder wenn Sie für jeden Client eine eigene Instanz benötigen.

Hinweis:	Leider gibt es im Zusammenhang mit der Umstellung vom Framework 1.0 auf die Version 1.1. einige Probleme beim Erstellen von CAOs. Dies äußert sich in fehlenden Rechten (Sicherheitsrichtlinien), die zu einer Fehlermeldung (*System.Runtime.Remoting.RemotingException: Permission denied for activating type ...*) und damit zum Abbruch des Programms führen. Da Delphi.NET mit der Version 1.1 des Frameworks arbeitet, werden Sie Beispiele der Version 1.0 aus anderen .NET-Sprachen derzeit nicht umsetzen können[1].

---

[1] Microsoft Knowledge Base Artikel: 823445

11.9.3 Weitere Begriffe

Im Folgenden wollen wir noch auf einige weitere wichtige Begriffe[1] im Zusammenhang mit den Remote-Objects eingehen:

- Channels
- Formatters
- Sink Objects
- Lifetime Leases

Channels

Das .NET Framework stellt uns mit TCP/IP und HTTP zwei verschiedene Kommunikationskanäle (Protokolle) zur Verfügung, Sie als Programmierer können jedoch weitere Kanäle zur .NET-Infrastruktur hinzufügen und für die Kommunikation nutzen.

Welches Protokoll ist für welchen Einsatzzweck geeignet?

- HTTP bietet sich für die Kommunikation übers Internet an, da die entsprechenden Ports von Firewalls für eine Verbindungsaufnahme im Allgemeinen freigegeben sind. In größeren Netzwerken dürfte es sicher nicht möglich sein, den Admin zu überreden, einige Ports für die TCP/IP-Kommunikation zu öffnen.

- Geht es um die Sicherheit, hat HTTP ebenfalls die Nase vorn. Lassen Sie Ihre Remote Objects vom IIS verwalten, können Sie SSL und Windows Authentifizierung nutzen. Bei TCP/IP müssen Sie da schon selbst Hand anlegen.

- Einen Vorteil hat TCP/IP jedoch auch: Das Protokoll an sich ist effizienter für die Übertragung größerer Datenmengen.

Formatters

Hierbei handelt es sich um die Datenformate, die auf den o.g. Kanälen verwendet werden können. HTTP-Verbindungen nutzen SOAP(XML), TCP/IP-Verbindungen ein binäres Format.

Wie schon im Zusammenhang mit den Webservices erwähnt, eignet sich SOAP aufgrund seiner Flexibilität und Erweiterbarkeit hervorragend für den Datenaustausch mit unterschiedlichen Architekturen. Andererseits stellt XML für den Transport größerer Datenmengen nicht unbedingt das ideale Format dar. In diesem Fall bietet sich das proprietäre Binärformat an, das jedoch nur für den Datenaustausch von .NET-Anwendungen geeignet ist.

---

[1] Wir verzichten aus nahe liegenden Gründen auf eine sinnlose Eindeutschung der Begriffe.

Sink Objects

Um die Sicherheit von Remote Objects zu erhöhen, können Sie so genannte Sink Objects implementieren. Diese ermöglichen Ihnen das Kodieren bzw. Dekodieren der Remote Objects.

Lifetime Leases

Hierbei handelt es sich um die Lebenszeit des Objekts. Diese ist, wie schon erwähnt, nur bei Singleton SAOs und CAOs von Interesse, bei Singlecall SAOs beträgt die Lebenszeit des Objekts hingegen lediglich einen Methodenaufruf.

Mit dem Erzeugen des Objekts wird ein Counter dekrementiert. Ist der Wert bei null angelangt, ist das Objekt ein Fall für den Garbage Collector. Auf dieses Verhalten können Sie mit unterschiedlichen Eigenschaften Einfluss nehmen. Zum einen können Sie mit *LeaseTime* direkt die Lebenszeit bestimmen, zum anderen wird die Lebenszeit auch mit jedem Methodenaufruf verlängert. Um welchen Wert sich die Lebenszeit dadurch verlängert, bestimmen Sie mit *RenewOnCallTime*. Zusätzlich gibt es noch die Möglichkeit, vom Client aus gezielt "Lebenszeitverlängerung" zu betreiben. Entweder über den direkten Aufruf der *Renew*-Methode oder das Registrieren eines "Sponsors", der auf Anfrage des Servers weitere Lebenszeit zur Verfügung stellt. Antwortet der Sponsor nicht, geht das Leben des Objekts ebenfalls seinem Ende entgegen.

11.9.4 Bereitstellen der Objekte

Bisher ist die Frage offen geblieben, wie Sie die Remote-Objekte überhaupt dem Client zur Verfügung stellen. Webservice-Anwendungen sind über ASP.NET an den IIS gebunden. Demgegenüber bieten sich bei den Remote Objects drei Varianten an:

- **Ausführbare Anwendung**
  Bereitstellen der Objekte über eine laufende .NET-EXE mit oder ohne Oberfläche bzw. einen NET-Windows-Service.

- **IIS**
  Verwalten der Objekte durch den Internet Information Server (IIS). Ein virtuelles Web stellt mit Hilfe der *remoting.config*-Datei eine Schnittstelle für die in einer DLL oder EXE enthaltenen Objekte zur Verfügung.

- **.NET Component Services**
  Remote Objects können weiterhin über die .NET Component Services bereitgestellt werden.

Doch genug der Theorie, mit einem Beispiel, das Ihnen schon aus 11.3 bekannt sein dürfte, wollen wir Sie in die Untiefen der Remote Object-Programmierung entführen.

11.10 Komplexbeispiel Remote Objects

Grundlage unseres Beispiels ist die bereits vorgestellte Webservice-Applikation 11.3.

Aus der Tabelle *Bestellungen* der Datenbank *DoKo.mdb* sollen für einen bestimmten Kunden und einen bestimmten Zeitraum (bezogen auf das Eingangsdatum) alle Bestellungen ausgegeben werden.

Dazu erzeugen wir ein Remote Object, das über einen Windows Forms Server die zwei Methoden:

- *getBestellungen* und
- *setBestellungen*

zur Verfügung stellt.

Ein Windows Forms-Client wird die Parameter für den Methodenaufruf bereitstellen, die Daten abrufen und in einem DataGrid anzeigen. Nachfolgend haben Sie die Möglichkeit, die Daten zu ändern und an den Server zurückzusenden.

11.10.1 Die Interface-Assembly

Im Unterschied zu den Webservices, wo wir mit entsprechenden Tools automatisch eine Proxy-Klasse erstellen konnten, brauchen wir bei den Remote Objects eine gemeinsame Schnittstellenbeschreibung, auf die sowohl der Client als auch der Server zugreifen können. Was bietet sich dazu besser an als eine Assembly (in Delphi ein Projekt vom Typ *Package*) mit einer Interface-Definition?

Erstellen Sie also ein neues Package *BestellInterface*, und fügen Sie eine neue Unit *uBestellungen.pas* hinzu.

War oben von einem Interface die Rede, sollten Sie dies wörtlich nehmen, wir erstellen in der neuen Unit ein Interface, d.h. keine Klasse und damit auch keine Implementierung! Dies ist später die Aufgabe unserer Server-Anwendung.

```
unit uBestellungen;

interface
```

Einbinden einiger Namespaces für die Rückgabewerte bzw. die Parameter unserer Methoden (*DataSet*):

```
uses System.Data, System.Data.OleDb;

type
  IBestellungen = interface
    function getBestellungen(kNr: Integer; von, bis : DateTime): DataSet;
    function setBestellungen(ds : DataSet): Dataset;
    procedure Protokoll(meldung : String);
  end;
```

Hinweis: Die Methode *Protokoll* ist lediglich für Testzwecke vorgesehen, wir werden damit vom Client Meldungen an den Server senden.

Der leere Implementation-Abschnitt:

```
implementation
end.
```

Das war's auch schon, compilieren Sie jetzt die Assembly, und kopieren Sie die erstellte DLL sowohl in das Projektverzeichnis für die Server- als auch für die Clientanwendung.

11.10.2 Oberfläche Serveranwendung

Unsere Serveranwendung realisieren wir als Windows Forms-Anwendung, Sie könnten genauso gut aber auch einen Service erstellen. Allerdings müssten Sie dann auf eine Oberfläche mit Protokollanzeige verzichten:

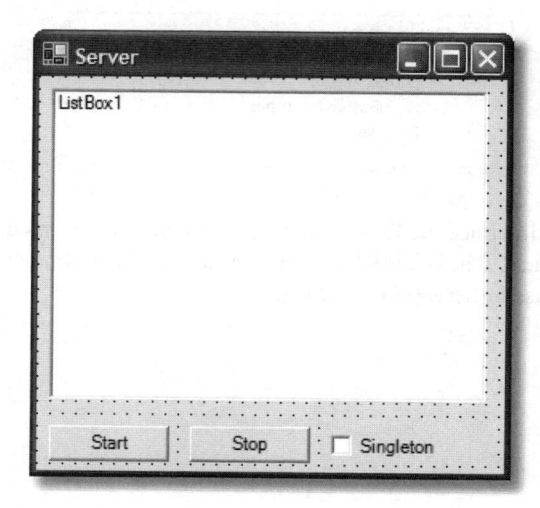

11.10 Komplexbeispiel Remote Objects

Wie Sie sehen, haben wir als Option (*CheckBox1*) die Variante *Singleton* gewählt. **Vor** dem Start des Servers entscheiden Sie damit über den Aktivierungsmodus und damit über das Laufzeitverhalten der Objekte. Standard wird für unser Programm der Modus *SingleCall* sein.

Bevor wir uns auf die Details der Programmierung stürzen, müssen wir auch noch unser Interface, d.h. die Assembly *BestellInterface*, einbinden (Menüpunkt *Projekt|Referenz hinzufügen|Durchsuchen*):

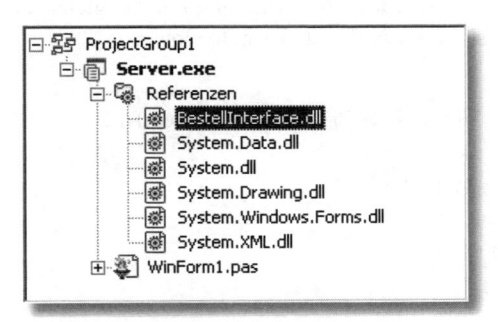

```
ProjectGroup1
  Server.exe
    Referenzen
      BestellInterface.dll
      System.Data.dll
      System.dll
      System.Drawing.dll
      System.Windows.Forms.dll
      System.XML.dll
    WinForm1.pas
```

11.10.3 Namespaces einbinden

Um überhaupt mit den Remoting-Features von .NET arbeiten zu können, müssen wir einige Namenspaces einbinden:

```
unit WinForm1;

interface

uses
  System.Drawing, System.Collections, System.ComponentModel,
  System.Windows.Forms, System.Data,
```

Unser Interface:

```
uBestellungen,
```

Datenzugriff:

```
System.Data.OleDb,
```

Remote-Unterstützung:

```
System.Runtime.Remoting,
System.Runtime.Remoting.Channels,
System.Runtime.Remoting.Lifetime,
System.Runtime.Remoting.Channels.Http;
```

Dabei ist auch das gewünschte Protokoll von Interesse, wie Sie es beim letzten Namespace sicher registriert haben. Die Alternative ist, wie nicht anders zu erwarten, ... *Channels.TCP*.

11.10.4 Das eigentliche Server-Objekt

Im folgenden Schritt wollen wir uns zunächst um das eigentliche Remote Object kümmern. Dieses implementiert unser Interface *IBestellungen* und ist gleichzeitig von *MarshalByRefObject* abgeleitet. Dies ist die Basis für alle Remote Objects.

```
type
   TBestellungen = class(MarshalByRefObject, IBestellungen)
   strict protected
     procedure Finalize; override;
   private
     const pfad = 'DOKO.mdb';
     var myID : Integer;
   public
     constructor Create;
     destructor Destroy; override;
```

Unsere Methoden:

```
     function getBestellungen(kNr: Integer; von: DateTime; bis: DateTime): DataSet;
     function setBestellungen(ds: DataSet): DataSet;
     procedure Protokoll(meldung : String);
   end;
```

An dieser Stelle überspringen wir den Quellcode der Serveranwendung und kümmern uns zunächst lediglich um die Implementierung des Remote Objects (eigentlich der Klasse) *TBestellungen*:

```
function TBestellungen.getBestellungen(kNr: Integer; von, bis: DateTime): DataSet;
var conn    : OleDbConnection;
    cmd     : OleDbCommand;
    da      : OleDbDataAdapter;
    ds      : DataSet;
begin
```

Ausgabe einer Statusmeldung im Server-Fenster:

```
   Form.Protokoll('  GetBestellungen Nr:' + kNr.ToString);
```

Hinweis: Spätestens hier sollte Ihnen auch klar werden, wo die Methode ausgeführt wird. An den Client wird lediglich der Rückgabewert der Methode übermittelt, alle Aktivitäten laufen auf dem Server.

11.10 Komplexbeispiel Remote Objects

Es folgen die üblichen Aktivitäten für den ADO.NET-Zugriff:

```
conn := OleDbConnection.Create('Provider=Microsoft.Jet.OLEDB.4.0; Data Source=' + pfad);
cmd  := OleDbCommand.Create('SELECT * FROM Bestellungen WHERE KuNr = ? '+
                            'AND EingangsDatum BETWEEN ? AND ?', conn);
da   := OleDbDataAdapter.Create(cmd);
ds   := DataSet.Create('BestellDS');
```

Parameter definieren:

```
cmd.Parameters.Add('@kN'   , OleDbType.Integer);
cmd.Parameters.Add('@zeit1', OleDbType.Date);
cmd.Parameters.Add('@zeit2', OleDbType.Date);
```

Allen Parametern Werte zuweisen:

```
cmd.Parameters['@kN'].Value    := TObject(kNr);
cmd.Parameters['@zeit1'].Value := TObject(von);
cmd.Parameters['@zeit2'].Value := TObject(bis);
```

Das DataSet füllen (Primärschlüsselinfos zum clientseitigen Mergen übergeben):

```
da.MissingSchemaAction := MissingSchemaAction.AddWithKey;
da.Fill(DS, 'Bestellungen');
Result := DS;
end;
```

Hinweis: In diesem Fall ist der Rückgabewert der Methode ein Objekt vom Typ *DataSet*. Sie können jedoch, wie auch bei den Webservices, jedes andere Objekt an den Client zurückgeben, vorausgesetzt, die Klasse ist als *[Serializable]* gekennzeichnet.

Die zweite Methode:

```
function TBestellungen.setBestellungen(ds: DataSet): DataSet;
var conn : OleDbConnection;
    da   : OleDbDataAdapter;
    cb   : OleDbCommandBuilder;
begin
  Form.Protokoll(' SetBestellungen');
  conn := OleDbConnection.Create('Provider=Microsoft.Jet.OLEDB.4.0; Data Source=' + pfad);
  da   := OleDbDataAdapter.Create('SELECT * FROM Bestellungen', conn);
```

Die folgende Zuweisung sorgt dafür, dass bei einem Update-Fehler nicht abgebrochen wird, der fehlerhafte Datensatz wird stattdessen im Client markiert:

```
da.ContinueUpdateOnError := True;
```

Das Erstellen eines *UpdateCommand*-Objekts für den *DataAdapter* übernimmt ein *CommandBuilder*:

```
cb := OleDbCommandBuilder.Create(da);
```

Das Zurückschreiben der Änderungen am *DataSet* in die Datenbank (entspricht Aufruf der *AcceptChanges*-Methode):

```
da.Update(ds, 'Bestellungen');
Result := ds;
end;
```

> **Hinweis:** Wer sich den Quellcode genau ansieht, wird feststellen, dass zu einer Webservice-Anwendung nur ein einziger Unterschied besteht: Die Methoden sind nicht mit dem Attribut *[WebMethod]* gekennzeichnet. Die eigentliche Implementierung ist absolut identisch.

Unser Konstruktor kümmert sich lediglich um das Bereitstellen von Informationen, die wir im Rahmen unserer Testanwendung anzeigen wollen:

```
constructor TBestellungen.Create;
begin
  inherited Create;
```

Wie viele Instanzen gibt es aktuell:

```
Inc(instanzen);
```

Um welche Instanz handelt es sich:

```
Inc(Id);
Self.myID := Id;
Form.Protokoll('Instanz ' + instanzen.ToString + ' erzeugt');
Form.Protokoll('Instanz.ID = ' + myId.ToString);
end;
```

Mit dem Zerstören des Objekts wird auch die Protokollanzeige des Servers aktualisiert:

```
destructor TBestellungen.Destroy;
begin
  Dec(instanzen);
  Form.Protokoll('Instanz zerstört (verbleiben ' + instanzen.ToString + ')');
  inherited destroy;
end;
```

Ausgabe von Clientnachrichten auf dem Server:

```
procedure TBestellungen.Protokoll(meldung : String);
```

11.10 Komplexbeispiel Remote Objects

```
begin
  Form.Protokoll(' Client: '+ meldung);
end;
```

Bisher dürften Sie wenig Neues erfahren haben, wesentlich interessanter ist die Implementierung der Serveranwendung.

11.10.5 Die Server-Implementierung

Zunächst erweitern wir die Formular-Klasse um eine Variable und eine zusätzliche Methode für die Ausgabe von Statusmeldungen in der ListBox:

```
TWinForm1 = class(System.Windows.Forms.Form)
  ...
  private
    Channel: HttpChannel;
  public
    constructor Create;
    procedure Protokoll(meldung : string);
  end;

...

implementation
```

Um auch in der Klasse *TBestellungen* Zugriff auf die Fenster-Controls bzw. die Methode *Protokoll* zu haben, erstellen wir eine Instanz-Variable von *TWinForm1*.

```
var Form      : TWinForm1;
    instanzen : Integer;
    id        : Integer;
```

Die zwei weiteren globalen Variablen dienen uns für die Instanzcounter, mit denen wir die Anzahl der Objekte überwachen.

```
constructor TWinForm1.Create;
begin
  inherited Create;
  InitializeComponent;
  Form := Self;
end;

procedure TWinForm1.Protokoll;
begin
```

```
  ListBox1.Items.Add(meldung);
end;
```

Mit dem Klick auf den Button *Start* erzeugen wir zunächst einen HTTP-Channel auf Port 8888:

```
procedure TWinForm1.Button1_Click(sender: System.Object; e: System.EventArgs);
begin
  Self.ListBox1.Items.Clear;
  if CheckBox1.checked then
    Self.Protokoll('Server (Singleton) gestartet ->')
  else
    Self.Protokoll('Server (SingleCall) gestartet ->');
  Channel := HTTPChannel.Create(8888);
  ChannelServices.RegisterChannel(Channel);
  RemotingConfiguration.ApplicationName := 'BestellServer';
```

Nachfolgend unterscheiden wir zwischen der Registrierung der Klasse *TBestellungen* für *SingleCall* oder *Singleton*:

```
  if CheckBox1.Checked then
    RemotingConfiguration.RegisterWellKnownServiceType(typeof(TBestellungen),
        'Bestellungen.soap', WellKnownObjectMode.Singleton)
  else
    RemotingConfiguration.RegisterWellKnownServiceType(typeof(TBestellungen),
        'Bestellungen.soap', WellKnownObjectMode.SingleCall);
```

Die Lebenszeit der Objekte bestimmen:

```
  LifetimeServices.LeaseTime := TimeSpan.FromSeconds(5);
  LifetimeServices.RenewOnCallTime := TimeSpan.FromSeconds(5);
end;
```

Ab jetzt kann vom Client auf die Klasse *TBestellungen* zugegriffen werden. Die Informationen für den Zugriff ergeben sich aus obigem Listing und dem PC-Namen.

In unserem Fall: *http://localhost:8888/Bestellungen.soap*

Das Beenden unseres Servers verläuft unspektakulär:

```
procedure TWinForm1.Button2_Click(sender: System.Object; e: System.EventArgs);
begin
  Self.Protokoll('<- Server gestoppt');
  ChannelServices.UnregisterChannel(Channel);
  Close;
end;
```

11.10.6 Die Client-Oberfläche

Zum Grundaufbau der Oberfläche informieren Sie sich bitte im Abschnitt 11.4, insbesondere die Formatierung des DataGrids ist nicht Gegenstand der weiteren Ausführungen.

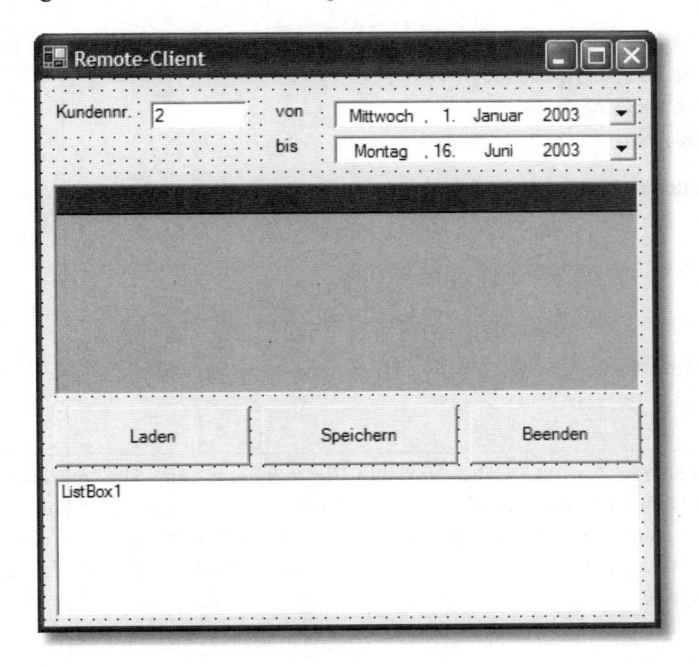

In der ListBox am unteren Fensterrand werden wir eventuelle Fehlermeldungen unserer Methodenaufrufe anzeigen.

Wie auch bei der Server-Anwendung erstellen wir zunächst eine Referenz auf die Interface-Assembly.

Hinweis: Möchten Sie Remote Object-Instanzen auf dem Client mittels *Create*-Methode erstellen, müssen Sie in der Assembly statt der Interface-Definition die eigentliche Klassendefinition unterbringen. Dies hat allerdings zur Folge, dass auf dem PC des Endanwenders auch die (decompilierbare) Programmlogik vorhanden ist – ein wesentlicher Vorteil der Remote Objects geht dadurch verloren.

11.10.7 Client-Quellcode

Zunächst, Sie werden sicher nicht überrascht sein, müssen wir die nötigen Namespaces und natürlich vor allem unsere Interface-Assembly einbinden:

```
unit WinForm1;
interface
```

```
uses
  System.Drawing, System.Collections, System.ComponentModel,
  System.Windows.Forms, System.Data,
  uBestellungen,
  System.Runtime.Remoting,
  System.Runtime.Remoting.Channels,
  System.Runtime.Remoting.Activation,
  System.Runtime.Remoting.Channels.Http;
```

Zusätzlich brauchen wir einige Variablen:

```
type
  TWinForm4 = class(System.Windows.Forms.Form)
  ...
  private
    Channel: HttpChannel;
    Bestellungen : IBestellungen;
```

> **Hinweis:** Beachten Sie, dass die Variable *Bestellungen* nur das Interface nutzt. Wir verwenden **nicht** die Klasse *TBestellungen*, da dies zur Folge haben würde, dass wir auch diese Klasse mit ihrer Implementation in die Assembly aufnehmen müssten. Die Bezeichnung "dummer Client" dürfte in diesem Fall zu Recht bestehen.

```
    ds1 : DataSet;
  public
    constructor Create;
end;
```

Mit dem Erstellen des Formulars erzeugen wir einen *Channel* (HTTP), über den die Verbindung im Weiteren zustande kommt:

```
constructor TWinForm4.Create;
var tst    : DataGridTableStyle;
    col1, col2, col3  : DataGridTextBoxColumn;
begin
  ...
  Channel := HTTPChannel.Create;
  ChannelServices.RegisterChannel(Channel);
end;
```

Den Sourcecode zur Formatierung des DataGrids haben wir an dieser Stelle nicht abgedruckt, da dieser hier nicht relevant ist.

11.10 Komplexbeispiel Remote Objects

Die eigentlichen Aktivitäten starten erst mit dem Klick auf die beiden Buttons. Zunächst aber müssen wir ein DataSet abrufen, um dieses im DataGrid anzeigen zu können:

```
procedure TWinForm4.Button1_Click(sender: System.Object; e: System.EventArgs);
var knr : Integer;
begin
```

Ist noch kein Objekt erzeugt worden,

```
if Bestellungen = nil then try
  ListBox1.Items.Add('Objekt erzeugen ...');
```

... erstellen wir dieses:

```
Bestellungen := Activator.GetObject(typeof(IBestellungen),
                'http://localhost:8888/Bestellungen.soap') as IBestellungen;
```

Neben dem Typ des Objekts müssen wir noch den Verbindungs-URL angeben:

Syntax: `<Protokoll>://<Servername>:<Portnummer>/Objektname`

Sollte es wider Erwarten zu Problemen kommen (hier geht es noch nicht um Verbindungsprobleme!), werden die entsprechenden Meldungen in der ListBox ausgegeben:

```
except
  on ex: Exception do begin
      ListBox1.Items.Add(ex.ClassName);
      ListBox1.Items.Add(ex.Message);
   end;
end;
if Bestellungen <> nil then try
```

Ab hier können Sie mit dem Objekt *Bestellungen* arbeiten, aus Programmierersicht gibt es zunächst keinen Unterschied zu einem lokalen Objekt. Dass sich im Hintergrund der Proxy darum kümmern muss, Ihre Methodenaufrufe an den Server weiterzuleiten, soll Sie an dieser Stelle nicht weiter stören. Allerdings sollten Sie immer im Hinterkopf damit rechnen, dass eine Verbindung auch erst nach einigen Methodenaufrufen abbrechen kann.

```
knr := Convert.ToInt32(TextBox1.Text);
Bestellungen.Protokoll('Daten laden ...');
```

An dieser Stelle muss die Verbindung zum Server aufgebaut werden (erster Methodenaufruf):

```
ds1 := Bestellungen.getBestellungen(knr, dateTimePicker1.Value, dateTimePicker2.Value);
```

Erst jetzt hat den Server eine Aufforderung des Clients erreicht, eine Instanz wurde auf dem Server erzeugt und die gewünschte Methode abgearbeitet. Ob diese Instanz gleich wieder entsorgt worden ist, hängt vom Modus des Servers (*SingleCall/Singleton*) ab.

Wir füllen das DataGrid:

```
    dataGrid1.DataSource := ds1.Tables['Bestellungen'];
    Bestellungen.Protokoll('Daten erfolgreich geladen ...');
  except
    on ex: Exception do begin
      ListBox1.Items.Add(ex.ClassName);
      ListBox1.Items.Add(ex.Message);
    end;
  end;
end;
```

Nach einigen Änderungen im DataGrid können wir uns an ein Update wagen:

```
procedure TWinForm4.Button2_Click(sender: System.Object; e: System.EventArgs);
var     ds2 : DataSet;          // lokales DataSet zum Puffern der Änderungen
begin
  try
    ds2 := ds1.GetChanges;          // Änderungen ermitteln
    if (ds2 <> nil) then begin      // nur wenn etwas geändert wurde ...
      Bestellungen.Protokoll('Speichern ...');
```

Hier wird die zweite Verbindung zum Server hergestellt:

```
    ds2 := Bestellungen.setBestellungen(ds2);
```

Ob Sie an dieser Stelle noch mit der gleichen Objektinstanz auf dem Server arbeiten, hängt vom Modus und von den Timeout-Zeiten des Servers ab.

```
      ds1.Merge(ds2);              // DataSet aktualisieren
      MessageBox.Show('Daten erfolgreich gespeichert!');
    end;
  except
    on ex : Exception do MessageBox.Show(ex.Message);
  end;
end;
```

Das war's auch schon. Wie Sie sehen, hält sich der zusätzliche clientseitige Aufwand in Grenzen. Lediglich auf die Fehlerbehandlung sollten Sie in keinem Fall verzichten.

11.10.8 Test

Zwei grundsätzliche Varianten gilt es zu testen:

- SingleCall (unser Default für den Server)
- Singleton (optional über die Checkbox aktivierbar)

SingleCall

Starten Sie die Serveranwendung und klicken Sie auf den "Start"-Button. Nachfolgend aktivieren Sie den Client und versuchen, Datensätze abzurufen. Das erzeugte Protokoll auf dem Server sollte nach einem Client-Update etwa so aussehen:

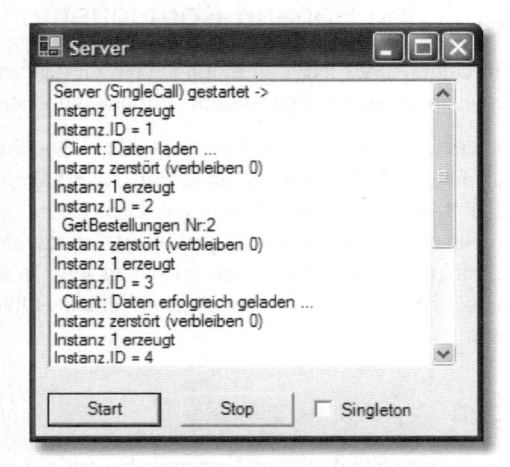

```
Server (SingleCall) gestartet ->
Instanz 1 erzeugt
Instanz.ID = 1
  Client: Daten laden ...
Instanz zerstört (verbleiben 0)
Instanz 1 erzeugt
Instanz.ID = 2
  GetBestellungen Nr:2
Instanz zerstört (verbleiben 0)
Instanz 1 erzeugt
Instanz.ID = 3
  Client: Daten erfolgreich geladen ...
Instanz zerstört (verbleiben 0)
Instanz 1 erzeugt
Instanz.ID = 4
```

Deutlich ist sichtbar, dass mit jedem Methodenaufruf auch eine neue Instanz (Instanz.ID) des Remote Objects erzeugt wird. Auch der Aufruf des Destruktors bleibt uns nicht verborgen. Die Anzahl der Instanzen bleibt konstant.

Singleton

Nach einem Neustart des Servers aktivieren Sie zunächst die CheckBox, bevor Sie auf den Start-Button klicken. Ein Clientzugriff mit anschließendem Update sollte folgendes Protokoll hinterlassen:

```
Server (Singleton) gestartet ->
Instanz 1 erzeugt
Instanz.ID = 1
  Client: Daten laden ...
  GetBestellungen Nr:2
  Client: Daten erfolgreich geladen ...
  Client: Daten laden ...
  GetBestellungen Nr:2
  Client: Daten erfolgreich geladen ...
Instanz 2 erzeugt
Instanz.ID = 2
  Client: Daten laden ...
  GetBestellungen Nr:2
  Client: Daten erfolgreich geladen ...
```

Warten Sie etwas länger (die Timeout-Zeiten auf dem Server laufen ab), wird eine neue Instanz erzeugt. Klicken Sie schnell genug auf *Update*, arbeitet der Client mit der gleichen Instanz weiter.

11.11 Remoting mit den Borland-Komponenten

Nachdem wir Sie mit den Untiefen des .NET-Remotings vertraut gemacht haben, wollen wir es nicht versäumen, Ihnen auch die zugehörige Borland-Variante vorzustellen.

Wer jetzt denkt, er muss wieder gänzlich umdenken, liegt falsch. Die Borland-Komponenten setzen voll und ganz auf die .NET-Remoting-Klassen auf. Allerdings beschränken sie sich "nur" auf das Spezialgebiet "Austausch von Datasets zwischen Client und Server". Wer hier an die reine Lehre von mehrschichtigen Anwendungen denkt, bei der sich der Client auf die Darstellungsschicht beschränkt, wird also nicht ganz zufrieden sein. In diesem Fall ist er mit den Microsoft Klassen besser bedient, da sich damit auch allgemeine Objekte zwischen Client und Server freigeben lassen.

11.11.1 Grundlagen

Vier der Borland-Komponenten stehen direkt im Zusammenhang mit Remoting:

- *RemoteServer*,
  stellt per HHTP oder TCP ein *DataSync*-Objekt einem oder mehreren Clients zur Verfügung. Über die Komponente werden ebenfalls Port, URI und Formatter bestimmt.

- *DataSync*,
  verwaltet eine Liste von Datenprovidern (Ableitungen von *DbDataAdapter*), damit ist es an dieser Stelle egal, welchen Datenprovider (ODBC, OleDb oder BDP) Sie verwenden. Der Datenprovider selbst nutzt eine entsprechende Connection für den Zugriff auf die Datenbank.

- *RemoteConnection*,
  der Gegenpart von *RemoteServer*. Über *ChannelType*, *Port*, *URL* und URI erfolgt die Anbindung an den Server, *ProviderType* wählt das gewünschte *DataSync*-Objekt aus.

- *DataHub*,
  stellt in Zusammenarbeit mit *DataSync* die gewünschten Datasets auf der Client-Seite zur Verfügung. Gleichzeitig bietet es Unterstützung für das Aktualisieren bzw. das Zurückschreiben der geänderten Daten an den Server. Last but not least bietet die Komponente auch noch die Anzeige von Live-Daten.

11.11 Remoting mit den Borland-Komponenten

Das Zusammenspiel der einzelnen Komponenten zeigt die folgende Abbildung:

```
SERVER                          CLIENT

Datenbank
   ↕
Connection
   ↕
DataAdapter                     DataSet
   ↕                               ↕
DataSync                        DataHub
   ↕                               ↕
RemoteServer ←──── TCP/HTTP ────→ RemoteConnection
```

11.11.2 Beispielprogramm (Server)

Aufgabe unseres Beispielprogramm ist das Bereitstellen zweier Tabellen auf dem Client. Zum einen soll aus der Datenbank *Personal.mdb* die *Personal*-Tabelle zum anderen die Abfrage "Die 10 ältesten Mitarbeiter" verwendet werden.

Um die Vorteile der Borland-Komponenten richtig nutzen zu können, ist es sinnvoll, zunächst den Server zu erstellen und diesen nachfolgend zu starten. Auf diese Weise können Sie den Client bereits in der IDE richtig konfigurieren und auch die Datenbindung überprüfen.

Erstellen Sie also zunächst ein neues Windows Forms-Projekt und fügen Sie eine *ListBox* (Anzeige von Protokollmitteilungen) und einen *Button* (Beenden) ein:

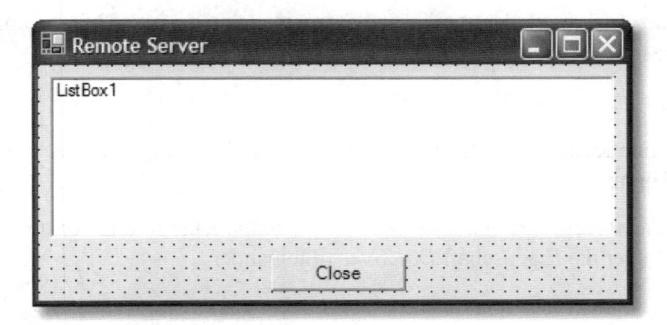

Fügen Sie eine *BDPConnection*-Komponente ein und binden Sie diese über die Eigenschaft *ConnectionString* an die Datenbank *Personal.mdb*.

Der *ConnectionString*:

```
database=Personal.mdb;assembly=Borland.Data.Msacc, Version=2.0.0.0, Culture=neutral,
PublicKeyToken=91d62ebb5b0d1b1b;vendorclient=msjet40.dll;provider=MSAccess;username=admin;
password=
```

Erstellen Sie zwei *BdpDataAdapter* und konfigurieren Sie diese über das Kontextmenü (*DataAdapter konfigurieren*):

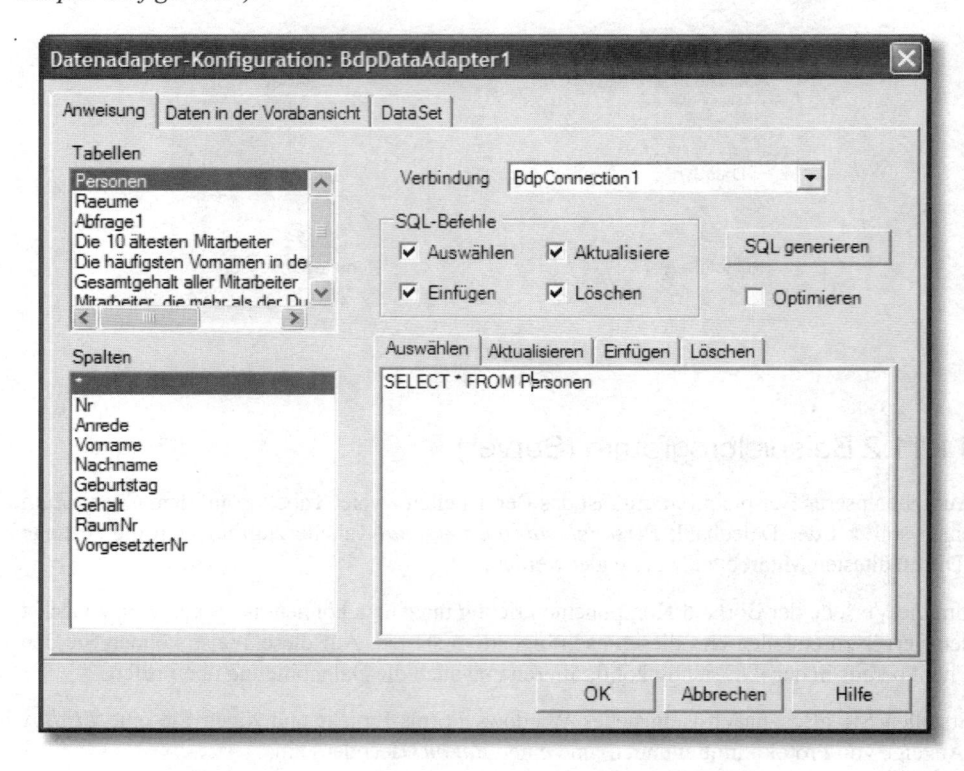

Bei *BdpDataAdapter2* wird der Assistent versagen, denn unsere Abfrage enthält Sonderzeichen, und Sie müssen deshalb die SQL-Anweisung selbst eintragen:

```
SELECT * FROM [Die 10 ältesten Mitarbeiter]
```

Damit ist die grundlegende Datenbindung realisiert, und wir können uns um die Remote-Komponenten kümmern.

Fügen Sie eine *RemoteServer*- und eine *DataSync*-Komponente in das Formular ein und verbinden Sie diese über die Eigenschaft *DataSync* miteinander.

11.11 Remoting mit den Borland-Komponenten

Nachfolgend müssen Sie die Server-Parameter über die *RemoteServer*-Komponente festlegen:

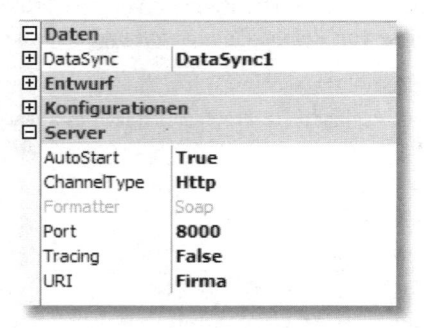

⊟ **Daten**	
⊞ DataSync	DataSync1
⊞ **Entwurf**	
⊞ **Konfigurationen**	
⊟ **Server**	
AutoStart	True
ChannelType	Http
Formatter	Soap
Port	8000
Tracing	False
URI	Firma

DataSync stellt über die Eigenschaft *Providers* einen Assistenten für die Auswahl der Data-Adapter bereit:

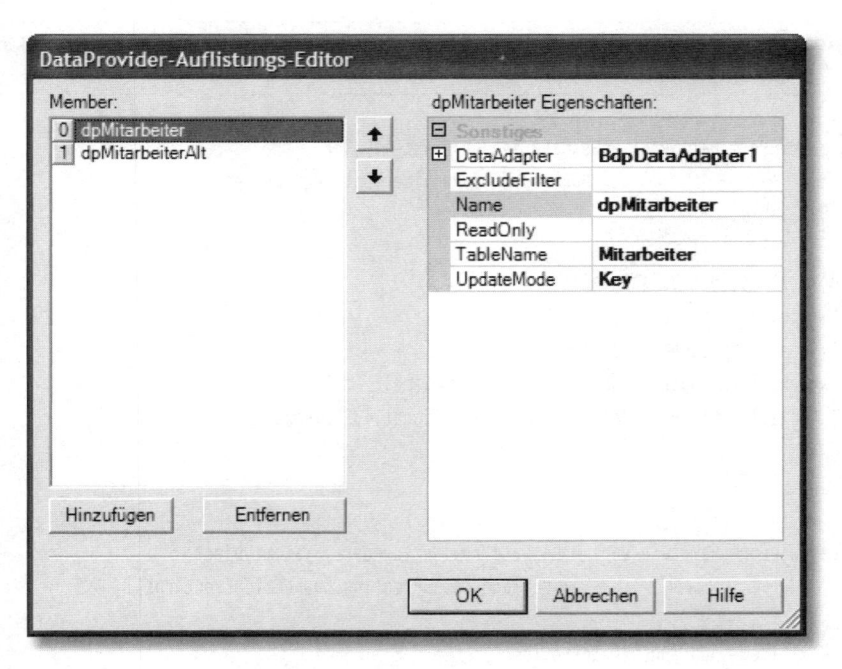

DataProvider-Auflistungs-Editor

Member:
- 0 dpMitarbeiter
- 1 dpMitarbeiterAlt

dpMitarbeiter Eigenschaften:

⊟ Sonstiges	
⊞ DataAdapter	BdpDataAdapter1
ExcludeFilter	
Name	dpMitarbeiter
ReadOnly	
TableName	Mitarbeiter
UpdateMode	Key

[Hinzufügen] [Entfernen]   [OK] [Abbrechen] [Hilfe]

Fügen Sie zwei neue Einträge hinzu und konfigurieren Sie diese (Eigenschaft *DataAdapter*, *TableName*).

Hinweis: Die hier verwendeten Werte für *TableName* werden auf dem Client zur Auswahl der Tabellen benutzt.

Was jetzt noch zu tun bleibt ist für die Funktionsweise eigentlich nicht relevant, dürfte aber für das Verständnis sicher sinnvoll sein. Die Rede ist von den Protokolleinträgen in der *ListBox*, die wir über die Ereignisse von *RemoteConnection* und *DataSync* realisieren:

```
procedure TWinForm.DataSync1_OnSaveData(sender: System.Object;
                        e: Borland.Data.Provider.DataRequestEventArgs);
var t : DataTable;
begin
  ListBox1.Items.Add('OnSaveData');
  for t in e.DataSet.Tables do begin
    ListBox1.Items.Add('   Tabelle: ' + t.TableName);
    ListBox1.Items.Add('   Zeilen : ' + t.Rows.Count.ToString);
  end;
end;
```

Hinweis: Gerade beim Zurückschreiben der Daten ist es interessant, wie viele Zeilen die jeweilige *DataTable* aufweist.

```
procedure TWinForm.DataSync1_OnGetData(sender: System.Object;
                        e: Borland.Data.Provider.DataRequestEventArgs);
var t : DataTable;
begin
  ListBox1.Items.Add('OnGetData');
  for t in e.DataSet.Tables do
  for t in e.DataSet.Tables do begin
    ListBox1.Items.Add('   Tabelle: ' + t.TableName);
    ListBox1.Items.Add('   Zeilen : ' + t.Rows.Count.ToString);
  end;
end;

procedure TWinForm.RemoteServer1_OnGetDataProvider(sender: System.Object;
                        e: Borland.Data.Remoting.ConnectionEventArgs);
begin
   ListBox1.Items.Add('OnGetDataProvider')
end;

procedure TWinForm.RemoteServer1_OnGetProviderList(sender: System.Object;
                        e: Borland.Data.Remoting.ConnectionEventArgs);
begin
   ListBox1.Items.Add('OnGetProviderList')
end;
```

11.11 Remoting mit den Borland-Komponenten

```
procedure TWinForm.RemoteServer1_OnStart(sender: System.Object; e: System.EventArgs);
begin
  ListBox1.Items.Add('OnStart')
end;
```

Damit ist der Server fertig konfiguriert, compilieren Sie diesen und starten Sie die EXE.

11.11.3 Beispielprogramm (RemoteClient)

Erstellen Sie ein neues Windows Forms-Projekt und fügen Sie zunächst ein *DataGrid* sowie zwei *Button*s entsprechend folgender Abbildung ein:

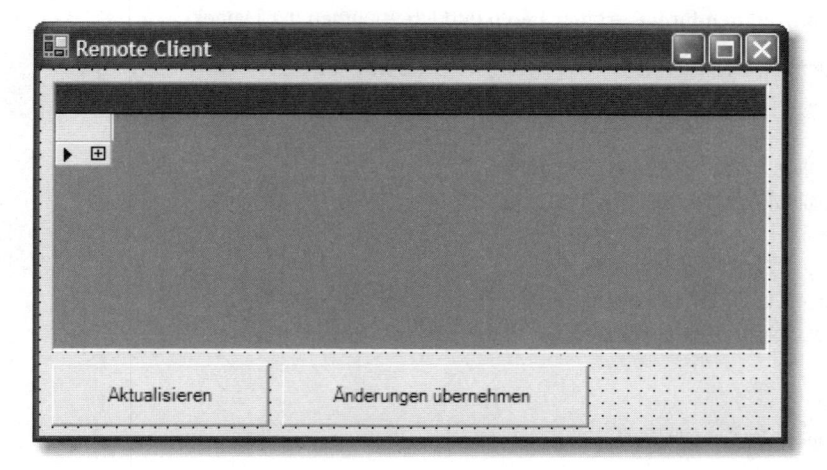

Sie vermuten es sicher schon, im *DataGrid* wollen wir zur Laufzeit die Daten des Servers anzeigen.

Im nächsten Schritt kümmern wir uns zunächst um die Serveranbindung. Fügen Sie eine *RemoteConnection*-Komponente ein und konfigurieren Sie diese entsprechend den Vorgaben unseres Servers:

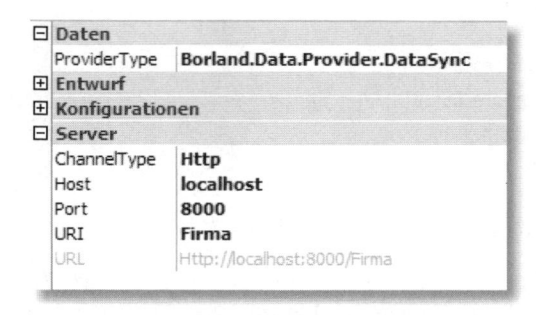

Daten	
ProviderType	**Borland.Data.Provider.DataSync**
⊞ Entwurf	
⊞ Konfigurationen	
⊟ Server	
ChannelType	**Http**
Host	**localhost**
Port	**8000**
URI	**Firma**
URL	Http://localhost:8000/Firma

Hinweis: Legen Sie zunächst alle Server-Eigenschaften fest, bevor Sie die Eigenschaft *ProviderType* zuweisen. Ist der Server richtig konfiguriert und auch gestartet, werden die vorhandenen Provider automatisch aufgelistet.

Fügen Sie nun noch eine *DataHub-* und eine *DataSet-*Komponente in das Formular ein. Verbinden Sie *DataSet* und *DataHub* über die Eigenschaft *DataSet* und binden Sie das *DataGrid* über die Eigenschaft *DataSource* an das *DataSet*.

DataHub und *RemoteConnection* können über *DataPort* miteinander verbunden werden.

Setzen Sie jetzt die Eigenschaft *DataHub.Active* auf *True*, sollte sich sowohl beim Server als auch im *DataGrid* etwas ändern. Doch gedulden Sie sich noch etwas, wir brauchen noch die Ereignisprozeduren für das Aktualisieren und Übernehmen der Daten:

```
procedure TWinForm1.Button2_Click(sender: System.Object; e: System.EventArgs);
begin
  try
    self.Cursor := Cursors.WaitCursor;
    DataHub1.Refresh;
  except
    on mye : Exception do begin
      self.Cursor := Cursors.Default;
      Messagebox.Show(mye.Message);
    end;
  end;
  self.Cursor := Cursors.Default;
end;

procedure TWinForm1.Button1_Click(sender: System.Object; e: System.EventArgs);
begin
  try
    self.Cursor := Cursors.WaitCursor;
    DataHub1.ApplyChanges;
  except
    on mye : Exception do begin
      self.Cursor := Cursors.Default;
      Messagebox.Show(mye.Message);
    end;
  end;
  self.Cursor := Cursors.Default;
end;
```

Compilieren Sie jetzt die Anwendung und starten Sie die EXE (Sie können auch mehrere Instanzen starten).

11.11 Remoting mit den Borland-Komponenten

11.11.4 Beispiel testen

Mit dem Start des Clients beginnen auch auf dem Server hektische Aktivitäten:

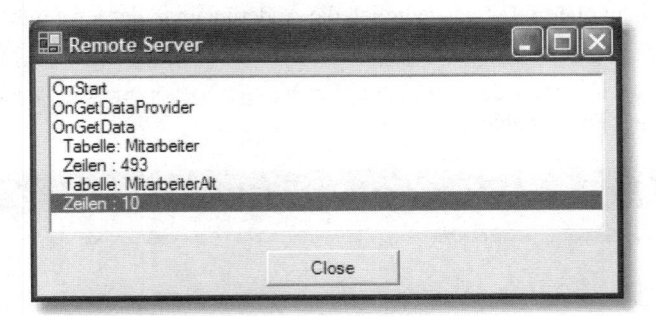

[Remote Server Fenster:
OnStart
OnGetDataProvider
OnGetData
  Tabelle: Mitarbeiter
  Zeilen : 493
  Tabelle: MitarbeiterAlt
  Zeilen : 10]

Zunächst liest der Client die vorhandenen DataProvider, um dann die gewünschten Daten aus den beiden Tabellen *Mitarbeiter* und *MitarbeiterAlt* abzurufen:

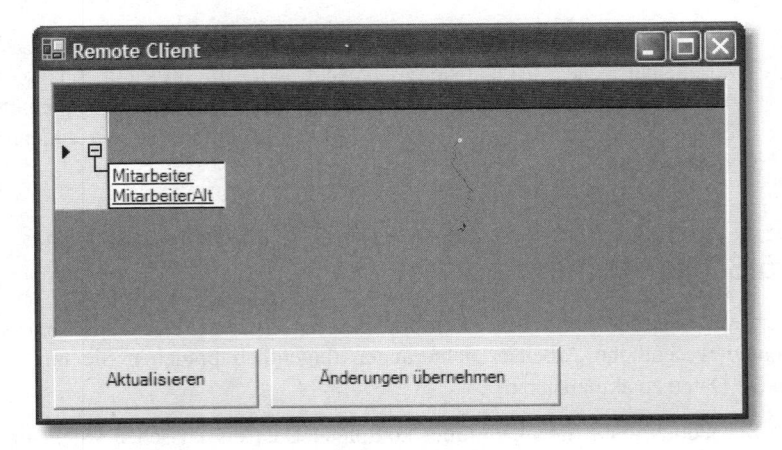

[Remote Client Fenster mit Mitarbeiter und MitarbeiterAlt, Schaltflächen "Aktualisieren" und "Änderungen übernehmen"]

Nach Auswahl der Tabelle *Mitarbeiter* können Sie in dieser ruhig einmal eine Änderung vornehmen. Nach Klick auf die Schaltfläche "Änderungen übernehmen" sollten Sie sich kurz dem Server zuwenden:

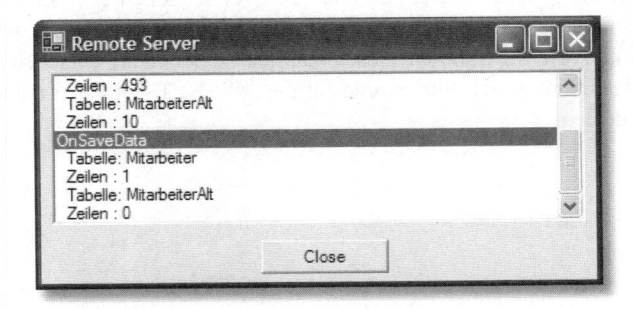

[Remote Server Fenster:
Zeilen : 493
Tabelle: MitarbeiterAlt
Zeilen : 10
OnSaveData
Tabelle: Mitarbeiter
Zeilen : 1
Tabelle: MitarbeiterAlt
Zeilen : 0]

Das *OnSaveData*-Ereignis wird auf dem Server ausgelöst und beide Tabellen werden an den Server zurückgeschickt. Doch bevor jetzt Ärger über die vermutliche Verschwendung von Netzwerkressourcen aufkommt, sollten Sie sich die Anzahl der übermittelten Datensätze betrachten. Der Client übermittelt uns lediglich die Änderungen in der jeweiligen Tabelle, nicht alle Zeilen.

Versuchen Sie auch einmal die Verbindung zu trennen, bevor Sie die Daten aktualisieren wollen. Nach einer Fehlermeldung

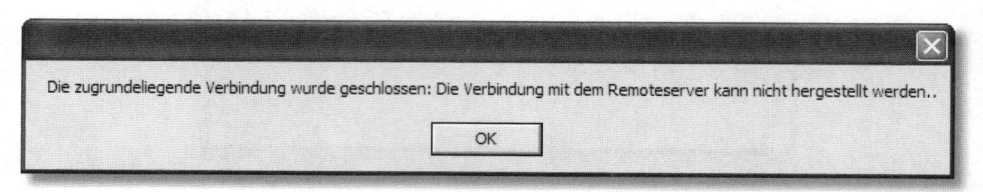

> Die zugrundeliegende Verbindung wurde geschlossen: Die Verbindung mit dem Remoteserver kann nicht hergestellt werden..
> OK

geht auf dem Client alles seinen gewohnten Gang, und Sie können jederzeit einen erneuten Versuch starten.

Hinweis: Die Schaltfläche "Aktualisieren" macht nur im Zusammenhang mit der Verwendung mehrerer Clients einen Sinn. Speichern Sie Daten von einem Client, können Sie diese über die *DataHub1.Refresh*-Methode in den anderen Clients aktualisieren.

11.11.5 Schlussbemerkung

Gegenüber Webservices und MS Remote-Klassen ergeben sich mit den Borland-Komponenten wesentliche Arbeitserleichterungen (eigentlich brauchen Sie nur eine Zeile Code, um die Daten zu aktualisieren).

Bedenken Sie jedoch, dass Sie hier immer komplette Datasets zwischen Client und Server austauschen müssen, eine entsprechende Geschäftslogik mit Methoden also erst auf dem Client realisierbar ist. Hier bietet die MS-Variante einen zwar aufwändigen, dafür aber universelleren Ansatz. Es spricht jedoch nichts dagegen, beide Verfahren miteinander zu koppeln.

Damit dürften Sie einen ersten Überblick über die Möglichkeiten gewonnen haben, die sich mit den Remote Objects unter .NET ergeben. Auf alle Details (Hosting unter IIS, Events, CAOs etc.) konnten wir im Rahmen dieses Kapitels leider nicht eingehen. Diese Themen müssen der Spezialliteratur, die mittlerweile für die MS .NET-Sprachen reichlich vorhanden ist, vorbehalten bleiben.

Komponenten-entwicklung

- ✓ Überblick
- ✓ Eigenschaften
- ✓ Methoden
- ✓ Ereignisse
- ✓ Assemblierungen

Mit Borland Delphi.NET ist es für den Programmierer noch einfacher geworden, eigene Steuerelemente (Komponenten) zu entwickeln. Der Clou: Sie sind nicht mehr allein auf Delphi beschränkt (wie bei den früheren VCL-Komponenten), sondern Sie können die Komponenten in alle derzeitigen .NET-Sprachen einbinden.

Was Sie bei der Programmierung erleben, ist objektorientierte Programmierung (OOP) pur, und Sie sollten schon einigermaßen sattelfest in Begriffen wie Klassen, Vererbung, Konstruktor usw. sein, um nicht Schiffbruch zu erleiden.

Hinweis: Wir empfehlen dem Einsteiger, vor allem die Rezepte des Abschnitts 12.1 im Kapitel 15 gründlich durchzuarbeiten.

12.1 Überblick

Bevor Sie sich auf die Komponentenprogrammierung stürzen, sollten Sie sich überlegen, welchen Typ Sie benötigen. Drei Varianten werden unterschieden[1]:

- Benutzerdefiniertes Steuerelement
- Benutzersteuerelement
- Komponentenklasse

Wer jetzt etwas verwirrt ist, dem geht es nicht anders als den Autoren. Unter zwei fast gleichen Namen (dem Übersetzer sei Dank) verbergen sich gänzlich andere Ansätze.

Im Folgenden wollen wir Ihnen zunächst die Grundkonzepte und Unterschiede an kleinen Beispielen vorstellen, bevor wir die Gemeinsamkeiten bei der Definition von Eigenschaften und Methoden bzw. beim Auslösen von Ereignissen besprechen.

Hinweis: Auf die Programmierung/Verwendung von VCL.NET-Komponenten gehen wir vereinbarungsgemäß im Rahmen dieses Buches gar nicht erst ein. Sie können jedoch viele Ausführungen dieses Kapitels auch auf die Programmierung von VCL-Komponenten übertragen. Dies betrifft insbesondere die Gestaltung von Eigenschaften/Methoden und Ereignissen.

---

[1] Diese Unterscheidung wird von Microsoft in Visual Studio.NET getroffen, in Delphi.NET finden Sie im Menü zunächst jedoch nur zwei verschiedene Komponenten-Typen für Windows Forms.

12.1.1 Benutzerdefiniertes Steuerelement (Komponente für Windows Forms)

Wie Sie der Überschrift entnehmen können, hat Borland für diesen Komponententyp die Bezeichnung "Komponente für Windows Forms" gewählt. Wir führen dennoch den Microsoft-Bezeichner ein, da Sie nur unter dieser Bezeichnung in der Microsoft-Hilfe bzw. im MSDN relevante Informationen finden[1].

Ein benutzerdefiniertes Steuerelement verwenden Sie, wenn Sie von vorhandenen Controls (*TextBox*, *Label*, *Timer* etc.) bzw. vom Urtyp *Control* eine neue Komponente ableiten wollen. Ihr Steuerelement erbt alle Eigenschaften, Ereignisse und Methoden des Vorgängers. Sie können darauf aufbauend

- eigene Eigenschaften,
- Methoden und
- Ereignisse implementieren.

Hinweis: Die äußeren Abmessungen der Komponente sind zunächst durch den Vorfahren bestimmt, um ein Zeichnen der Komponente mittels *Paint* brauchen Sie sich nicht zu kümmern.

Komponente für Windows Forms

Öffnen Sie ein neues Package-Projekt (*Datei|Neu|Weitere|Delphi für .NET-Projekte|Package*) und fügen Sie über den Menüpunkt *Datei|Neu|Weitere|Delphi für .NET-Projekte|Neue Dateien* eine "Komponente für Windows Forms" hinzu. Geben Sie dieser den Namen *BlinkLabel*.

Dem Projekt wird daraufhin die folgende Ansicht hinzugefügt:

Um Komponenten zu einer Klasse hinzuzufügen, ziehen Sie diese aus dem Server-Explorer oder der Toolbox, und legen Sie die Eigenschaften im Dialogfeld 'Eigenschaften' fest. Um Methoden und Ereignisse für eine Klasse zu erstellen, klicken Sie hier, um zur Codeansicht zu wechseln.

Nicht sehr viel Ähnlichkeit mit einem *Label*, werden Sie sicher bemerken, aber hier handelt es sich lediglich um einen Dummy, der für alle Klassen gleich aussieht.

---

[1] Etwas, was unter Delphi.NET die Bezeichnung "Hilfe"wirklich verdient, haben wir bislang leider nicht gefunden.

12.1 Überblick

Festlegen des Typs des Vorfahren

Ein Blick in die Eigenschaftenliste zeigt bereits jetzt jede Menge Properties. Doch ach, bisher wird *System.ComponentModel.Component* als Klassentyp angezeigt, was auch richtig ist, da wir bisher noch keinen eigenen Vorfahrtyp bestimmt haben. Das wollen wir nun nachholen, indem wir in die Code-Ansicht wechseln (Doppelklick auf den Dummy).

Hier suchen Sie die folgende Zeile

```
type
  TComponent = class(System.ComponentModel.Component)
...
```

und ersetzen sie durch die folgende Deklaration:

```
uses  System.Drawing, System.Collections, System.ComponentModel, System.Windows.Forms;

type
  TComponent = class(System.Windows.Forms.Label)
...
```

Nach dem Blick in den Objektinspektor werden Sie alle Label-spezifischen Eigenschaften und Ereignisse vorfinden. Wechseln Sie nun wieder zurück zum Dummy und fügen Sie einen *Timer* ein.

Das Ganze sieht im Moment zwar etwas merkwürdig aus, aber es funktioniert (ähnlich wie bei den früheren DataModulen).

Implementieren der Programmlogik

Nach einem Doppelklick auf den *Timer* und dem Wechsel in die Codeansicht dürfte sich Ihnen der folgende Anblick bieten:

```
unit DOKO.Komponenten;

interface
uses  System.Drawing, System.Collections, System.ComponentModel, System.Windows.Forms;

type
  BlinkLabel = class(System.Windows.Forms.Label)
  ...
```

```
  end;
implementation

uses  System.Globalization;
{$AUTOBOX ON}
...

constructor BlinkLabel.Create;
begin
  inherited Create;
  InitializeComponent;
  Timer1.Interval := 500;
  Timer1.Enabled  := True;
end;

procedure BlinkLabel.Timer1_Tick(sender: System.Object; e: System.EventArgs);
begin
  Self.Visible := not Self.Visible;
end;

procedure BlinkLabel.Dispose(Disposing: Boolean);
begin
  ...
end;

end.
```

Fügen Sie lediglich die fett hervorgehobenen Codezeilen ein, um das Steuerelement über den Konstruktor (*Create*) zu initialisieren. Das war's auch schon, und wir können uns nun um das Einbinden des Steuerelements kümmern.

Compilieren Sie jedoch zunächst das Package (unter dem Namen *NewLabel.dll*) bzw. das darin enthaltene Steuerelement mit *Shift+F9* bzw. über den Menüpunkt *Projekt|Package erzeugen*.

Einbinden des Steuerelements in Delphi.NET

Über den Menüpunkt *Komponenten|Installierte NET-Komponenten* können Sie jetzt die neu erzeugte Komponente der Delphi-IDE hinzufügen.

Im sich öffnenden Dialogfenster (es kann ein paar Sekunden dauern) klicken Sie den Button *Assemblierung auswählen*. Wählen Sie nun das neu erzeugte Package *NewLabel.dll* und in der Liste sollte jetzt auch *BlinkLabel* auftauchen. Ab sofort können Sie mit dieser Komponente wie mit jeder anderen Komponente arbeiten.

12.1 Überblick

> **Hinweis:** In die zukünftig erstellten Projekte wird automatisch ein Verweis auf die Assembly *NewLabel.dll* eingebunden, Sie brauchen sich also nicht explizit darum zu kümmern.

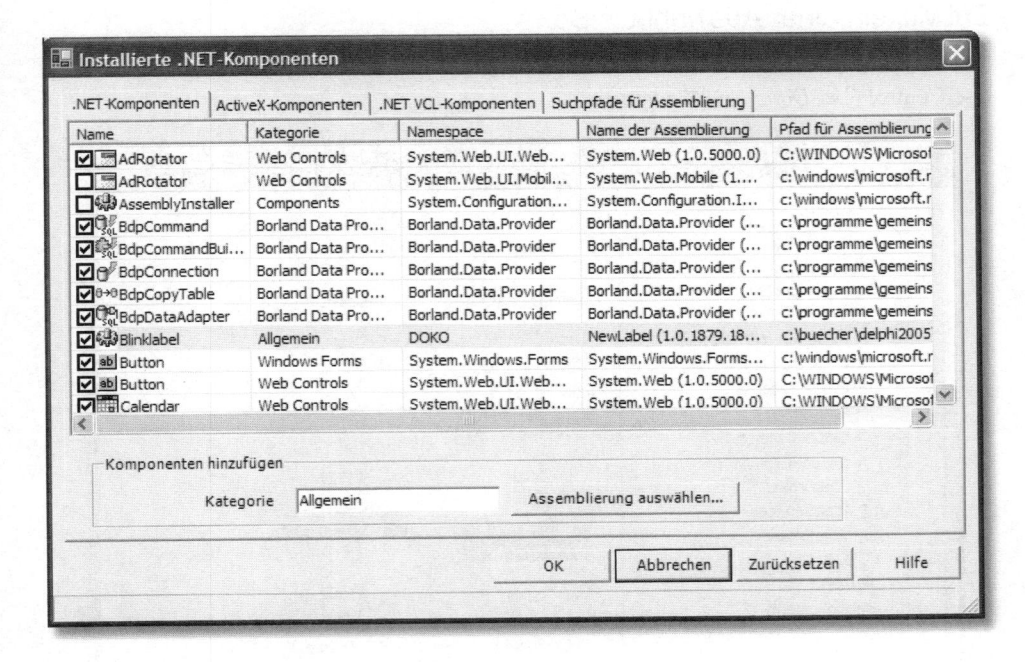

Verwenden der Komponente

Öffnen Sie in Delphi.NET ein neues Windows Forms-Projekt und platzieren Sie das *Blink-Label* auf dem Formular, um sich von der Funktionstüchtigkeit zu überzeugen.

Bereits im Entwurfsmodus beginnt das Label zu blinken!

> **Hinweis:** Natürlich handelt es sich nur um ein recht simples Steuerelement ohne weitere Eigenschaften. Haben Sie sich durch dieses Kapitel durchgearbeitet, sollte es Ihnen aber möglich sein, zum Beispiel die Blink-Frequenz über eine eigene Eigenschaft festzulegen oder weitere Ereignisse an die Komponente zu binden.

12.1.2 Benutzersteuerelement (User Control für Windows Forms)

Hierbei handelt es sich – im Gegensatz zur vorhergehenden Variante – quasi um einen Container für beliebige Steuerelemente, die damit zu einer Einheit verschmolzen werden können. Die Entwicklung erfolgt (wie bei einer normalen Windows Forms-Anwendung) rein visuell, Sie platzieren die Steuerelemente im Container und legen deren Eigenschaften fest. Selbstverständlich können Sie in einem weiteren Schritt diesem Steuerelement auch ein eigenes Interface mit Eigenschaften, Methoden und Ereignissen geben.

Entwickeln einer Auswahl-ListBox

Erstellen Sie zunächst ein neues Package *SelectListBox.dll* und fügen Sie in dieses ein UserControl über *Datei|Neu|Weitere* ein:

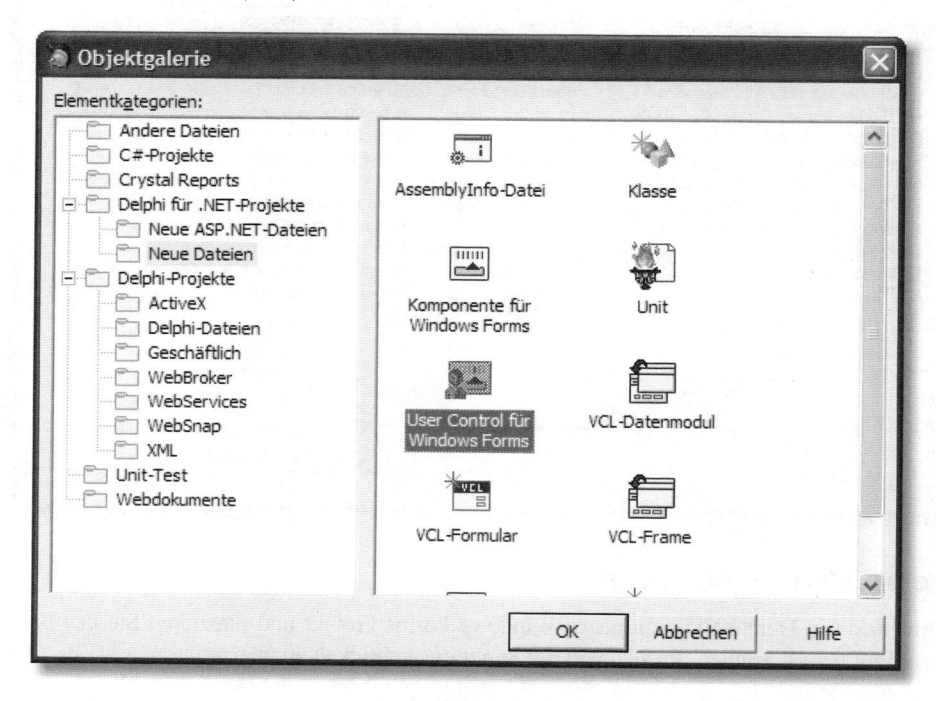

Oberflächendesign

Im Designer finden Sie jetzt bereits den "Container" für die zu platzierenden Steuerelemente vor:

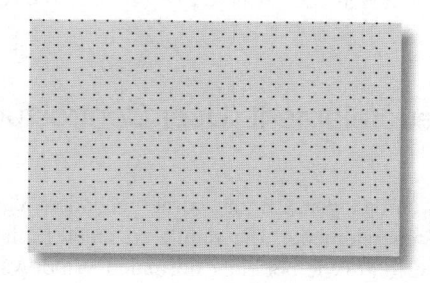

12.1 Überblick

Die Optik und das Handling dürften Ihnen vom normalen Formularentwurf her bereits bekannt vorkommen, platzieren Sie einfach zwei *ListBox*en und drei *Button*s innerhalb des obigen Steuerelements:

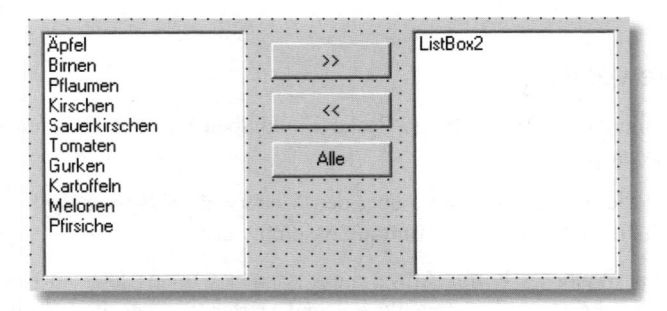

Der linken ListBox (*ListBox1*) fügen Sie bitte im Objektinspektor einige Einträge (über die *Items*-Eigenschaft) hinzu.

Implementieren der Programmlogik

Jetzt noch schnell etwas Code hinzufügen, und fertig ist die neue Komponente:

```
procedure MyListBox.Button3_Click(sender: System.Object; e: System.EventArgs);
begin
```

Löschen der bisherigen Einträge und Kopieren **aller** Einträge in *ListBox2*:

```
  ListBox2.Items.Clear;
  ListBox2.Items.AddRange(ListBox1.Items);
end;
```

Verschieben eines Eintrags von *ListBox2* in *ListBox1*:

```
procedure MyListBox.Button2_Click(sender: System.Object; e: System.EventArgs);
begin
  try
    ListBox1.Items.Add(listBox2.Items[ListBox2.SelectedIndex]);
    ListBox2.Items.RemoveAt(ListBox2.SelectedIndex);
  except
  end;
end;
```

Verschieben eines Eintrags von *ListBox1* in *ListBox2*:

```
procedure MyListBox.Button1_Click(sender: System.Object; e: System.EventArgs);
begin
  try
    ListBox2.Items.Add(listBox1.Items[ListBox1.SelectedIndex]);
```

```
    ListBox1.Items.RemoveAt(ListBox1.SelectedIndex);
  except
  end;
end;
```

Komponente verwenden

Zunächst compilieren Sie lediglich das Package und speichern die Unit unter dem Namen *DOKO.Komponenten.pas* ab.

Binden Sie jetzt die neue Komponente über den Menüpunkt *Komponenten|Installierte NET-Komponenten* in die Tool-Palette ein (Button "Assembly auswählen...").

Mit einer kleinen Windows Forms-Anwendung können wir uns jetzt an einen ersten Test wagen. Fügen Sie die neue Komponente ein und starten Sie das Programm. Bereits jetzt verfügt Ihre Komponente über jede Menge Funktionalität, was fehlt ist jedoch eine Interaktion mit dem eigentlichen Programm. Zu diesem Zweck können Sie weitere Eigenschaften einführen, um zum Beispiel die Einträge in *ListBox2* abzufragen. Doch dazu später mehr.

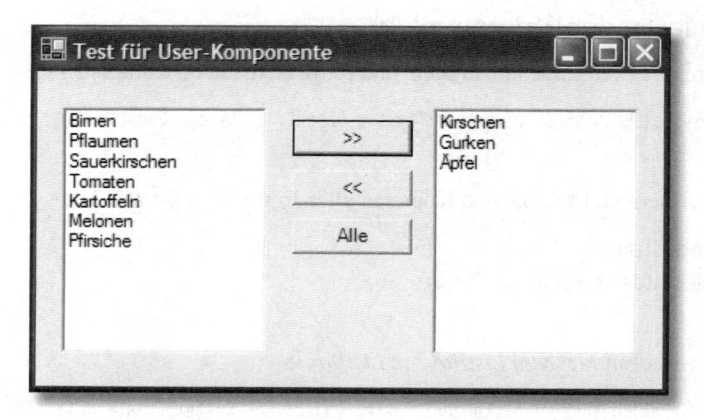

12.1.3 Komponentenklasse

Möchten Sie ganz unten anfangen und lediglich die rudimentärsten Funktionen übernehmen, verwenden Sie eine Komponentenklasse (Microsoft-Bezeichnung). In Delphi.NET brauchen Sie nur eine "Komponente für Windows Forms" zu erzeugen.

Die vorgegebene Basis-Klasse *System.ComponentModel.Component* können Sie übernehmen. Bei einem Blick auf die Eigenschaftenliste werden Sie feststellen, dass es sich um einen Basistyp handelt, der erst mit Leben erfüllt werden muss.

Dieser Steuerelemente-Typ ist zum Beispiel für den Entwurf nicht sichtbarer Komponenten (Multimedia-Timer, Datenbank-Objekte etc.) geeignet. Auf ein eigenes Beispiel verzichten wir an dieser Stelle, da der prinzipielle Ablauf der Vorgehensweise beim *Custom Control* entspricht.

12.2 Eigenschaften

Im Folgenden wollen wir uns mit den verschiedenen Varianten und Optionen von Eigenschaften näher befassen.

Hinweis: Die Ausführungen lassen sich auf alle der eingangs genannten drei Steuerelementetypen anwenden, auch wenn wir uns in den folgenden Beispielen (siehe auch CD) auf benutzerdefinierte Steuerelemente beschränken werden.

12.2.1 Einfache Eigenschaften

Unter dieser Rubrik wollen wir Eigenschaften verstehen, die auf einfachen Basistypen (zum Beispiel *String* oder *Integer*) basieren. Im Objektinspektor haben Sie die Möglichkeit, den Wert zu editieren (nur wenn die Eigenschaft dies auch zulässt).

Folgende Steuerungsmöglichkeiten und Optionen für die Eingabe bestehen:

- Nur Lesezugriff
- Schreib-/Lesezugriff
- Schreibzugriff
- Ausblenden im Eigenschaftenfenster des Objektinspektors
- Wertebereichsbeschränkung und Fehlerprüfung
- Hinzufügen von Beschreibungen
- Einfügen in Kategorien

12.2.2 Schreib-/Lesezugriff (Read/Write)

Hierbei dürfte es sich um die wohl am häufigsten verwendete Variante bei Eigenschaften handeln. Der Nutzer des Steuerelements hat die Möglichkeit, sowohl Eigenschaftswerte zu lesen als auch zu ändern. Dazu müssen Sie als Entwickler sowohl die *read-* als auch die *write-*Option implementieren.

Beispiel: Schreib-/Lesezugriff (mit Zugriffsmethoden)

```
type
  TComponent = class(System.ComponentModel.Component)
  ...
  strict protected
    procedure Dispose(Disposing: Boolean); override;
  private
```

Die Variable für die interne Zustandsverwaltung:

```
    fRW : Integer;
```

Die beiden Zugriffsmethoden:

```
  function GetRW : Integer;
  procedure SetRW(value : Integer);
public
  constructor Create; overload;
  constructor Create(Container: System.ComponentModel.IContainer); overload;
published
```

Die Deklaration der Eigenschaft mit Zuordnung der Zugriffsmethoden:

```
  property ReadWriteEigenschaft : Integer read GetRW write SetRW;
end;
```

Die eigentliche Implementierung ist in Delphi.NET nach wie vor von der Deklaration getrennt:

```
implementation
...
function TComponent.GetRW : Integer;
begin
   Result := fRW;
end;

procedure TComponent.SetRW(value : Integer);
begin
   fRW := value;
end;
```

Nach dem Compilieren des Package wagen wir mit Hilfe des .NET-Reflectors einen Blick hinter die Kulissen:

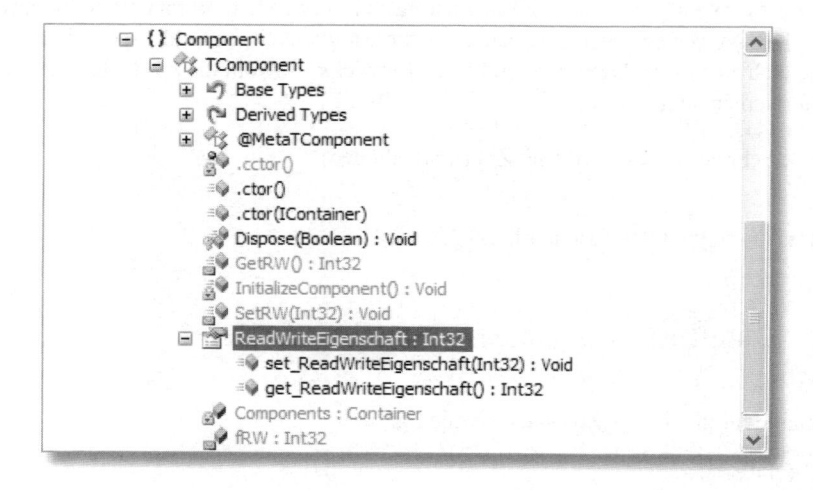

```
□ { } Component
   □ ℅ TComponent
      ⊞ ⤸ Base Types
      ⊞ ⤴ Derived Types
      ⊞ ℅ @MetaTComponent
         .cctor()
         .ctor()
         .ctor(IContainer)
         Dispose(Boolean) : Void
         GetRW() : Int32
         InitializeComponent() : Void
         SetRW(Int32) : Void
      □ ReadWriteEigenschaft : Int32
         set_ReadWriteEigenschaft(Int32) : Void
         get_ReadWriteEigenschaft() : Int32
         Components : Container
         fRW : Int32
```

12.2 Eigenschaften

Wie nicht anders zu erwarten, finden wir unsere beiden Zugriffsmethoden (*GetRW*, *SetRW*) und die private Variable *fRW* vor.

Doch was hat es mit *set_ReadWriteEigenschaft* und *get_ReadWriteEigenschaft* auf sich? Diese beiden Zugriffsmethoden wurden vom Delphi-Compiler automatisch erzeugt, da das Framework für alle Eigenschaften Zugriffsmethoden fordert. In diesen beiden Zugriffsmethoden werden wiederum unsere eigenen Zugriffsmethoden aufgerufen – ein unsinnig erscheinender Aufwand!

Lassen wir es also darauf ankommen und verzichten einmal aus reiner Bequemlichkeit und entgegen der reinen OOP-Lehre auf *GetRW* und *SetRW*. Die neue Deklaration in Delphi.NET:

```
type
  TComponent = class(System.ComponentModel.Component)
  ...
  private
    fRW : Integer;
  published
    property ReadWriteEigenschaft : Integer read fRW write fRW;
  end;
```

Das Endergebnis im .NET-Reflector:

Auch in dieser Komponente sind ordnungsgemäß Zugriffsmethoden deklariert. Das Fazit für Sie als Delphi-Programmierer:

Hinweis: Werden innerhalb der Zugriffsmethoden keinerlei Prüfungen (Wertebereich, Fehler etc.) durchgeführt, können Sie problemlos auf selbst deklarierte Zugriffsmethoden verzichten. Überlassen Sie diese Aufgabe ruhig dem Delphi-Compiler.

12.2.3 Nur Lese-Eigenschaft (ReadOnly)

Möchten Sie dem Anwender lediglich einen Lesezugriff auf den Eigenschaftswert gestatten, lassen Sie bei der Deklaration der Eigenschaft einfach die *write*-Option weg.

Beispiel:

```
type
  TComponent = class(System.ComponentModel.Component)
  ...
  private
    fRW : Integer;
  published
    property ReadEigenschaft : Integer read fRW;
  end;
```

Im Objektinspektor wird die Eigenschaft in grauer Schrift angezeigt:

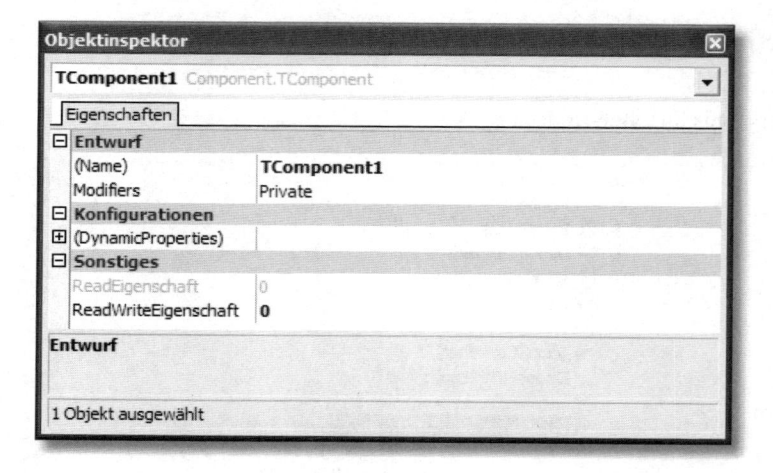

12.2.4 Nur-Schreibzugriff (WriteOnly)

Bei dieser Variante wird die *read*-Option weggelassen.

```
type
  TComponent = class(System.ComponentModel.Component)
  ...
  published
    property WriteEigenschaft : Integer write fRW;
  end;
```

Allerdings sollten Sie für derartige Anwendungsfälle besser eine Methode verwenden, da dies den Sinn der Operation besser verdeutlicht.

12.2.5 Ausblenden im Objektinspektor

Nicht in jedem Fall möchte man, dass eine Eigenschaft schon zur Entwurfszeit im Objektinspektor (in MS Visual Studio.NET *Eigenschaftenfenster*) angezeigt wird.

Normalerweise verwenden die .NET-Sprachen das Attribut *Browsable* um die Sichtbarkeit der Eigenschaft zu steuern.

Beispiel: Verwendung des Attributs *Browsable*:

```
type
  TComponent = class(System.ComponentModel.Component)
  ...
  private
    fRW : Integer;
  published
    [Browsable(false)]
    property ReadWriteEigenschaft : Integer read fRW write fRW;
  end;
```

Das Resultat im Compilat (mit dem NET-Reflector betrachtet):

```
[Browsable(false), Browsable(true)]
public property ReadWriteEigenschaft: Integer read get_ReadWriteEigenschaft write set_ReadWriteEigenschaft;
Declaring Type:  Component.TComponent
Assembly:        Package1, Version=1.0.1879.21028
```

Dass die Eigenschaft trotz der verwirrenden Attribute in der Eigenschaftenliste auftaucht, dürfte sich aus der Reihenfolge bzw. deren Abarbeitung ergeben.

Wo liegt der "Fehler" den wir begangen haben? Die Antwort: Wir arbeiten mit Delphi.NET und da ist manches (vieles) anders.

Wie schon in den Vorgängerversionen wird die Sichtbarkeit einer Eigenschaft über den Zugriffsmodifizierer realisiert. Eine unter *public* deklarierte Eigenschaft ist zur Laufzeit nutzbar, wird jedoch **nicht** in der IDE angezeigt (der Borland Compiler erzeugt automatisch das Attribut *Browsable(false)*. Tragen Sie die gleiche Eigenschaft, wie oben geschehen, in den Abschnitt *published* ein, wird automatisch das Attribut *Browsable(true)* erzeugt und Sie können die Eigenschaft bereits zur Entwurfszeit verändern.

Die richtige Umsetzung zum Verbergen der Eigenschaft:

```
...
public
  property ReadWriteEigenschaft : Integer read fRW write fRW;
end;
```

12.2.6 Hinzufügen von Beschreibungen

Mit dem Attribut *Description* steuern Sie den Inhalt des Beschreibungsfeldes im Eigenschafteneditor bzw. im Delphi-Objektinspektor.

Beispiel:

```
type
  TComponent = class(System.ComponentModel.Component)
  ...
  private
    fRW : Integer;
  published
    [ Description('Eine Beschreibung für diese Eigenschaft') ]
    property ReadEigenschaft : Integer read fRW write fRW;
  end;
```

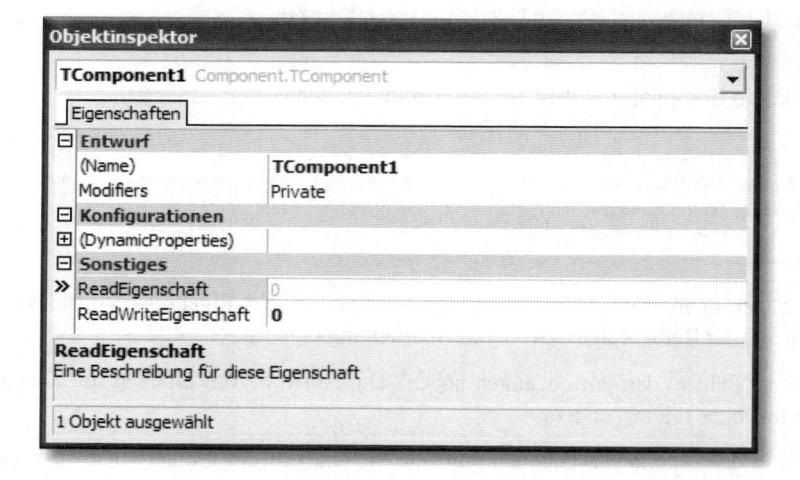

12.2.7 Einfügen in Kategorien

Auch hier dient ein Attribut (*Category*) dazu, den Eigenschaften weitere Informationen für den Eigenschafteneditor mit auf den Weg zu geben.

Beispiel: Einfügen von *ReadEigenschaft* in die Kategorie "Eigene Eigenschaften"

```
...
  published
    [Category('Spezial-Eigenschaften')]
    property ReadEigenschaft : Integer read fRW write fRW;
  end;
```

12.2 Eigenschaften

Das Resultat im Eigenschaftenfenster:

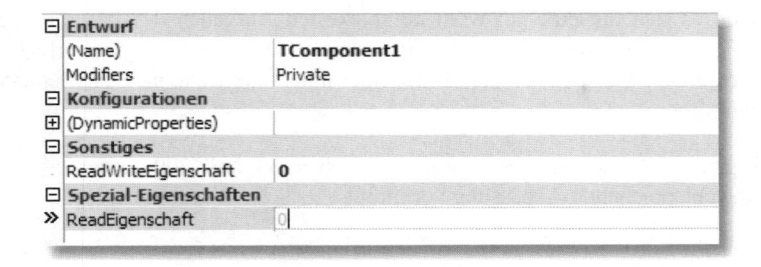

Entwurf	
(Name)	TComponent1
Modifiers	Private
Konfigurationen	
⊞ (DynamicProperties)	
Sonstiges	
ReadWriteEigenschaft	0
Spezial-Eigenschaften	
» ReadEigenschaft	0

Hinweis: Dieses Attribut wirkt sich natürlich nur aus, wenn die Eigenschaften in Kategorien angezeigt werden.

12.2.8 Standard-Eigenschaft (Default-Property)

Da Programmierer auch zur Gattung der "Faultiere" gezählt werden müssen (so wenig wie möglich schreiben), wurde die Standard-Eigenschaft erfunden. In Delphi.NET hängen Sie dazu einfach das Schlüsselwort *default* an die Eigenschaftsdeklaration an.

Über dieses Konstrukt ist es möglich, ohne Angabe des eigentlichen Bezeichners (nur der Instanzennamen) auf eine Eigenschaft zuzugreifen. Allerdings gibt es eine Einschränkung: Default-Eigenschaften müssen Array-Eigenschaften sein (siehe Abschnitt 12.2.13) .

Beispiel: Eine Klasse *CMatrix* soll über die Standard-Eigenschaft *Cell* verfügen

```
CMatrix = class
private
  _rows, _cols : Integer;
  _array : array of array of Double;
  function  GetCell(row:Integer; col:Integer): Double;
  procedure SetCell(row:Integer; col:Integer; value : Double);
public
  property Cell[row:Integer; col:Integer] : Double read GetCell write SetCell; default;
  class function Add(A, B : CMatrix) : CMatrix; overload; static;
  function Add(A : CMatrix) : CMatrix; overload;
end;
```

Verwenden können Sie die Klasse später wie folgt (ohne *Cell*):

```
var  matrix : CMatrix;
...
  matrix  := CMatrix.Create(10,10);
  A[4, 3] := Rnd.Next(100);
```

12.2.9 Wertebereichsbeschränkung und Fehlerprüfung

Hierbei handelt es sich um eine der wohl komplexesten Aufgaben des Programmierers. Es geht darum, Fehleingaben des Anwenders zu verhindern bzw. die Eingabe auf gewünschte Werte zu beschränken. Dazu stehen dem Entwickler innerhalb der *write*-Zugriffsmethode alle Möglichkeiten offen.

Beispiel: Eigenschaft, die nur Integerwerte zwischen 50 und 200 akzeptiert und gegebenenfalls eine entsprechende Anpassung vornimmt

```
type
  TComponent = class(System.ComponentModel.Component)
  ...
  private
    myValue : Integer;
    procedure SetMethode(value : Integer);
  published
    property TestEigenschaft : Integer read myValue write SetMethode;
  end;

implementation
...

procedure TComponent.SetMethode(value : Integer);
begin
   if (value < 50) then
     myValue := 50
   else
   if (value > 200) then
     myValue := 200
   else
   myValue := value;
end;
```

Eine weitere Möglichkeit zur Einschränkung bieten die so genannten Aufzählungstypen (Enumerationen), die in Abschnitt 12.2.11 besprochen werden.

12.2.10 Klasseneigenschaften

Geht es darum, ohne das Erstellen einer Komponenteninstanz auf Eigenschaften zuzugreifen, müssen Sie sich mit den so genannten Klasseneigenschaften vertraut machen.

Allerdings sind dabei einige Besonderheiten zu beachten, so müssen die zugehörigen Zugriffsmethoden natürlich ebenfalls als Klassenmethoden (statische Methoden) deklariert werden. Weiterhin können Klasseneigenschaften nicht als *published* deklariert werden.

12.2 Eigenschaften

Beispiel:

```
type
  TComponent = class(System.ComponentModel.Component)
  ...
  private
```

Die eigentliche private Klassenvariable:

```
    class var fTest : Integer;
```

Zugriffsmethode zum Schreiben der Eigenschaft:

```
    class procedure SetTest(value: Integer); static;
  public
```

Die Klassen-Eigenschaft:

```
    class property KlassenEigenschaft : Integer read fTest write SetTest;
    ...
  end;

implementation

class procedure TComponent.SetTest(value : Integer);
begin
  fTest := value;
end;
```

Die Verwendung:

```
procedure TWinForm4.TWinForm4_Load(sender: System.Object; e: System.EventArgs);
begin
  TComponent.KlassenEigenschaft := 10;
  Self.Text := TComponent.KlassenEigenschaft.ToString;
end;
```

Hinweis: Beachten Sie, dass es sich nicht um eine Instanz, sondern um die Klasse handelt!

12.2.11 Eigenschaften von Aufzählungstypen

Ist der Wertebereich einer Eigenschaft zur Entwicklungszeit bereits bekannt, können Sie die Fehlermöglichkeiten dadurch einschränken, indem Sie einen Aufzählungstyp verwenden.

Im Objektinspektor wird in diesem Fall eine Liste der zulässigen Werte angezeigt:

```
⊞ Entwurf
⊞ Konfigurationen
⊞ Sonstiges
⊟ Spezial-Eigenschaften
» Verabredung      Montag
                   Montag
                   Dienstag
                   Mittwoch
                   Donnerstag
                   Freitag
                   Samstag
                   Sonntag
```

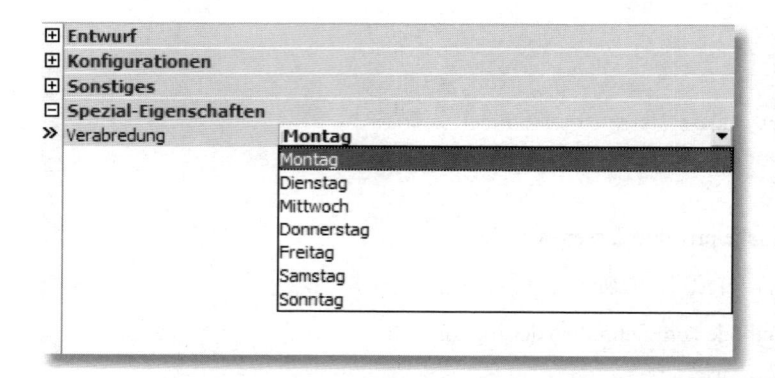

Der Vorteil für den Endanwender liegt auf der Hand: Statt irgendwelcher numerischen Werte werden aussagefähige Beschriftungen angezeigt. Auf die Verwendung der Hilfefunktion kann deshalb fast immer verzichtet werden.

Für Sie als Entwickler bedeutet ein Aufzählungstyp ein wenig mehr Arbeit, da Sie zuerst einen entsprechenden Typ deklarieren müssen. Die eigentliche Umsetzung in der Komponentendefinition unterscheidet sich nicht von der einer einfachen Eigenschaft:

Beispiel:

```
TAufzaehlung = (Montag, Dienstag, Mittwoch, Donnerstag, Freitag, Samstag, Sonntag);
...
TComponent = class(System.ComponentModel.Component)
...
private
  fTag : TAufzaehlung;
...
published
  property Verabredung: TAufzaehlung read FTag write FTag;
end;
```

Achtung, seit Delphi 8 ist auch die folgende Deklaration innerhalb der Klasse zulässig:

```
type
  TComponent = class(System.ComponentModel.Component)
    type TAufzaehlung = (Montag, Dienstag, Mittwoch, Donnerstag, Freitag, Samstag, Sonntag);
    ...
  end;
```

Beispiel: Verwendung der Eigenschaft *Verabredung*

```
...
TComponent1.Verabredung := Montag;
```

12.2.12 Objekt-Eigenschaften

Während Sie beim vorhergehenden Eigenschaftstyp lediglich einzelne Optionen festlegen können, bietet eine Objekt-Eigenschaft wesentlich mehr. Das wohl prominenteste Beispiel dürfte die Eigenschaft *Font* sein, die wiederum über eigene Eigenschaften verfügt.

Im Objektinspektor können Sie entweder einen Eigenschaften-Editor verwenden, oder Sie expandieren den Eintrag und legen die Objekt-Eigenschaften einzeln fest:

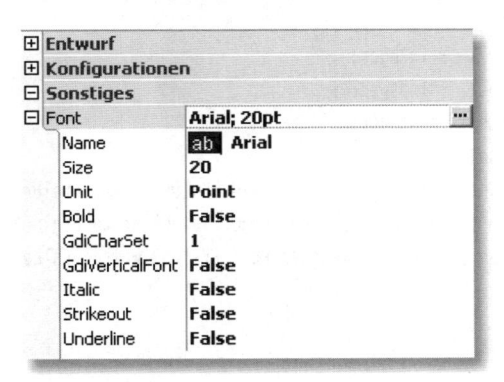

⊞	Entwurf	
⊞	Konfigurationen	
⊟	Sonstiges	
⊟	Font	Arial; 20pt
	Name	ab Arial
	Size	20
	Unit	Point
	Bold	False
	GdiCharSet	1
	GdiVerticalFont	False
	Italic	False
	Strikeout	False
	Underline	False

Beispiel: Implementieren eines *Font*-Objekts in unserer Beispielkomponente

```
type
  TComponent = class(System.ComponentModel.Component)
  ...
  private
    fFont    : Font;
  ...
  published
    property Font : Font read fFont write fFont;
  end;
```

Abweichend von der bisherigen Vorgehensweise ist es jetzt erforderlich, den Konstruktor *Create* zu überschreiben, da das *Font*-Objekt zuerst initialisiert werden muss:

```
constructor TComponent.Create;
begin
  inherited Create;
  InitializeComponent;
  fFont := System.Drawing.Font.Create('Arial',20);
end;
```

Komplizierter wird die ganze Geschichte, wenn Sie ein neues Objekt erstellen wollen. In diesem Fall genügt es nicht, wenn Sie einfach ein Objekt in Ihre Komponente integrieren, wie das folgende Beispiel zeigt.

Beispiel: Unsere Komponente hat ein Objekt mit drei Eigenschaften vom Typ *Integer*

Die Objekt-/Komponentendefinition (die relevanten Stellen sind hervorgehoben):

```
type
  TComponent = class(System.ComponentModel.Component)
  type
    TTestObjekt = class
              private
                FValue1 : Integer;
                FValue2 : Integer;
                FValue3 : Integer;
              published
                property Value1 : Integer Read FValue1 Write FValue1;
                property Value2 : Integer Read FValue2 Write FValue2;
                property Value3 : Integer Read FValue3 Write FValue3;
              end;
  ...
  private
    fTestObjekt: TTestObjekt;
  public
    constructor Create; overload;
    constructor Create(Container: System.ComponentModel.IContainer); overload;
    destructor Destroy; override;
  published
    property TestObjekt : TTestObjekt read fTestObjekt write fTestObjekt;
  end;

implementation
...

constructor TComponent.Create;
begin
  inherited Create;
  InitializeComponent;
  fTestObjekt := TTestObjekt.Create;
  fTestObjekt.value1 := 111;
  fTestObjekt.value2 := 222;
  fTestObjekt.value3 := 333
end;
```

12.2 Eigenschaften

Ein Test der Komponente in der IDE zeigt folgendes Ergebnis:

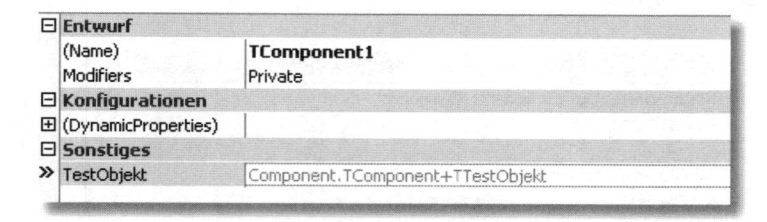

Entwurf	
(Name)	TComponent1
Modifiers	Private
Konfigurationen	
⊞ (DynamicProperties)	
Sonstiges	
» TestObjekt	Component.TComponent+TTestObjekt

Das Resultat dürfte sicher nicht ganz Ihren Erwartungen entsprechen, auch wenn die Komponente im Quellcode voll funktionstüchtig ist.

```
procedure TWinForm4.TWinForm4_Load(sender: System.Object; e: System.EventArgs);
begin
  TComponent1.TestObjekt.Value1 := 10;
end;
```

Nach viel Sucherei in der Microsoft-Hilfe und in diversen Foren stellt sich heraus, dass wir nur mit zusätzlichen Attributen, die die Anzeige im Objektinspektor/Eigenschaftsfenster steuern, weiterkommen.

Die Änderungen:

```
type
  TComponent = class(System.ComponentModel.Component)
  type
    [TypeConverterAttribute(typeof(System.ComponentModel.ExpandableObjectConverter))]
    TTestObjekt = class
    ...
    end;
  ...
  published
    [DesignerSerializationVisibility(DesignerSerializationVisibility.Content)]
    property TestObjekt : TTestObjekt read fTestObjekt write fTestObjekt;
  end;
```

Hinweis: Vergessen Sie das Attribut für die eingelagerte Klasse (in diesem Fall *TTestObjekt*), werden zwar die entsprechenden Detail-Eigenschaften im Objektinspektor angezeigt, die IDE ist jedoch **nicht** in der Lage, deren Werte zur Entwurfszeit zu speichern (Methode *InitializeComponent*).

Selbst in *Visual Studio.NET* wird unsere Komponente jetzt mit den gewünschten Eigenschaften angezeigt.

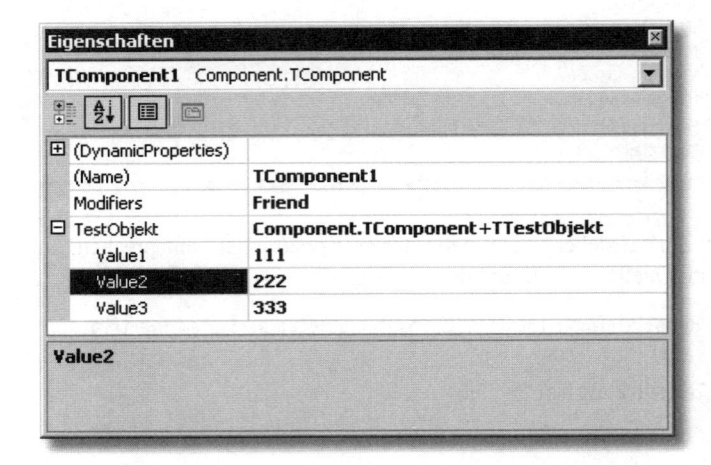

```
Eigenschaften
TComponent1  Component.TComponent
⊞ (DynamicProperties)
  (Name)         TComponent1
  Modifiers      Friend
⊟ TestObjekt    Component.TComponent+TTestObjekt
    Value1      111
    Value2      222
    Value3      333
Value2
```

12.2.13 Indexers/Array-Eigenschaften

Array-Eigenschaften bieten sich an, wenn Sie über einen Identifier (*Integer*, *String*) auf einzelnen Elemente einer Liste oder eines Arrays (auch mehrdimensional) zugreifen möchten.

Array-Eigenschaften können Sie nicht direkt im Objektinspektor bearbeiten. Entweder benutzen Sie eigene Eigenschafts-Editoren oder Sie stellen die Eigenschaft nur zur Laufzeit zur Verfügung.

Beispiel: Unser Array besteht aus sieben Einträgen, die bereits zur Entwurfszeit festgelegt wurden.

```
const tage : array[1..7] of String[2] = ('Mo','Di','Mi','Do','Fr','Sa','So');
```

Sie könnten auch ein dynamisches Array oder eine Liste zur Laufzeit erzeugen und diese als Basis für die Array-Eigenschaft verwenden.

Die Deklaration:

```
type
  TComponent = class(System.ComponentModel.Component)
  ...
  private
    function GetWochentag(Index: Integer): String;
  public
    constructor Create; overload;
    constructor Create(Container: System.ComponentModel.IContainer); overload;
```

12.2 Eigenschaften

```
    property Wochentag[index: Integer]: String read GetWochentag;
    ...
  end;
```

Hinweis: Array-Eigenschaften werden immer über eine Funktion ausgelesen, da sie einen Index übergeben müssen. Auch das Setzen der Werte muss über eine Methode (*procedure*) mit Index und Wert erfolgen.

Die Realisierung der Methode:

```
function TComponent.GetWochentag(Index: Integer): String;
begin
  if index in [1..7] then
     Result := tage[Index]
  else
     Result := 'Unbekannt'
end;
```

Beispiel: Wir implementieren eine zweidimensionale Array-Eigenschaft.

```
TComponent = class(System.ComponentModel.Component)
  ...
  private
    _array : array of array of double;
    function  GetCell(row:Integer; col:Integer): double;
    procedure SetCell(row:Integer; col:Integer; value : double);
  public
  ...
    property Cell[row:Integer; col:Integer] : Double read GetCell
                                              write SetCell; default;
  ...
  end;

implementation
...

function TComponent.GetCell(row:Integer; col:Integer): Double;
begin
  Result := _array[row,col];
end;
```

```
procedure TComponent.SetCell(row:Integer; col:Integer; value : Double);
begin
  _array[row,col] := value;
end;
```

Beispiel: Der spätere Zugriff:

```
TComponent1.Cell[10,10] := 20;
```

Alternativ geht es auch ohne Angabe des Bezeichners *Cell*, da wir die Eigenschaft als *default* gekennzeichnet haben:

```
TComponent1[10,10] := 20;
```

Neben den oben gezeigten Möglichkeiten bietet sich auch noch eine Überladung der Eigenschaft an, um zum Beispiel nicht nur über einen *Integer*-Wert, sondern zum Beispiel auch einen *String*-Bezeichner auf einzelne Array-Elemente zugreifen zu können. Diese Möglichkeit besteht jedoch nur, wenn es sich auch um die *default*-Eigenschaft der Komponente handelt.

Ein (etwas fadenscheiniges) Beispiel soll die Funktionsweise und die Verwendung erläutern.

Beispiel: Überladene Array-Eigenschaft

```
const tage : array[1..7] of String[2] = ('Mo','Di','Mi','Do','Fr','Sa','So');

type TComponent = class(System.ComponentModel.Component)
  ...
  private
    function GetWochentag(Index: Integer): String; overload;
    function GetWochentag(Index: String): String; overload;
  public
    property Wochentag [index: Integer]: String read GetWochentag; default;
    property Wochentag [index: String]: String read GetWochentag; default;
  end;
...
function TComponent.GetWochentag(Index: Integer): String;
begin
  if index in [1..7] then
    Result := tage[Index]
  else
    Result := 'Unbekannt'
end;

function TComponent.GetWochentag(Index: String): String;
begin
```

```
  if index = 'Montag' then Result := 'Mo';
  if index = 'Dienstag' then Result := 'Di';
  if index = 'Mittwoch' then Result := 'Mi';
  if index = 'Donnerstag' then Result := 'Do';
  if index = 'Freitag' then Result := 'Fr';
  if index = 'Samstag' then Result := 'Sa';
  if index = 'Sonntag' then Result := 'So';
end;
```

Die Verwendung (das Resultat ist in allen Fällen das Gleiche):

```
text := TComponent1.Wochentag['Montag'];
text := TComponent1.Wochentag[1];
text := TComponent1['Montag'];
text := TComponent1[1];
```

Damit dürften wir die wichtigsten Varianten von Eigenschaften berücksichtigt haben. Auf alle Kombinationsmöglichkeiten können wir aus Platzgründen leider nicht eingehen, die gezeigten Beispiele dürften jedoch manche Unklarheit beseitigt haben.

12.3 Methoden

Hinter den Methoden von Steuerelementen verbergen sich nichts anderes als normale Funktionen, die jedoch fest an die jeweilige Klasse gekoppelt sind. Aus der Realisierung ergibt sich auch das Einsatzgebiet: Methoden sollten, im Gegensatz zu Eigenschaften, Aktionen auslösen, die teilweise mit Rückgabewerten (Funktionen) verbunden sind. Methoden bieten sich auch dann an, wenn es darum geht, mehrere Eigenschaften gleichzeitig zu beeinflussen.

Hinweis: Da Definition und Verwendung von Methoden bereits in diversen Rezepten des Kapitels 15 (ab R 12.1) behandelt wird und sich alle Ausführungen auf Steuerelemente übertragen lassen, verzichten wir an dieser Stelle auf grundlegende Ausführungen.

12.3.1 Konstruktor

An dieser Stelle wollen wir noch kurz auf eine sehr spezielle Methode eingehen – es handelt sich um den Konstruktor.

Das Besondere: Diese Methode wird automatisch beim Erzeugen einer Klasseninstanz ausgeführt. Damit ist dies auch der ideale Ansatzpunkt, um

- alle internen Variablen unseres Steuerelements zu initialisieren,
- das Aussehen des Steuerelements anzupassen
- und gegebenenfalls Ereignishandler zuzuweisen.

Hinweis: Der Konstruktor heißt in Delphi immer *Create*.

Eine Delphi-Besonderheit gilt es noch zu beachten: Erzeugen Sie eine neue Komponente, legt Delphi automatisch zwei überladene Konstruktoren an, wie der folgenden Quellcodeausschnitt zeigt:

```
type
  TComponent = class(System.ComponentModel.Component)
  ...
  public
    constructor Create; overload;
    constructor Create(Container: System.ComponentModel.IContainer); overload;
  published
  ...
  end;

implementation

constructor TComponent.Create;
begin
  inherited Create;
  InitializeComponent;
end;

constructor TComponent.Create(Container: System.ComponentModel.IContainer);
begin
  inherited Create;
  Container.Add(Self);
  InitializeComponent;
end;
```

Welcher Konstruktor wird nun eigentlich ausgeführt?

Eigentlich nur die parameterlose Variante, da auch die restlichen .NET-Sprachen nur mit diesem Konstruktor auskommen. Nur Borland brät mal wieder eine Extrawurst und verwendet die Variante mit dem *Container*-Parameter. Doch ein beherzter Griff zur Lösch-Taste wird von Delphi nicht bestraft, entfernen Sie die Variante mit Parameter, funktioniert Ihre Komponente auch mit dem einfachen Konstruktor.

Hinweis: Im obigen Code wird die Methode *InitializeComponent* beim Erstellen des Steuerelements automatisch ausgeführt!

12.3.2 Class-Konstruktor

Noch ein Konstruktor? Ja! Wer schon einmal mit dem NET-Reflector in einer NET-Assembly herumgestöbert hat, wir sicher auch die Methode *.cctor* gefunden haben. Hierbei handelt es sich um den Class-Konstruktor, der beim ersten Zugriff auf die Klasse ausgeführt wird. Der Einwand, das tut der normale Konstruktor auch, kann so nicht stehen bleiben. Was passiert beispielsweise, wenn Sie eine statische Methode aufrufen? In diesem Fall wird vorher automatisch der Class-Konstruktor abgearbeitet, der eigentliche Konstruktor ist zu diesem Zeitpunkt noch gar nicht in Aktion getreten. Womit auch gleich das Anwendungsgebiet ersichtlich wird. Nutzen Sie diesen Konstruktor, um statische Eigenschaften zu initialisieren.

Beispiel: Initialisieren der Eigenschaft *Startzeit*

```
type TComponent = class(System.ComponentModel.Component)
  ...
  private
    class var fStartzeit : DateTime;
  public
    class constructor Create;
  ...
  published
    class property Startzeit : DateTime read fStartzeit;
  end;

implementation

class constructor TComponent.Create;
begin
  fStartzeit := System.DateTime.Now;
end;
```

Hinweis: Beachten Sie, dass die Eigenschaft *Startzeit* für alle späteren Instanzen der Klasse den gleichen Wert hat (es handelt sich eben um eine Klasseneigenschaft).

Beispiel: Die Verwendung im aufrufenden Programm

```
procedure TWinForm4.TWinForm4_Load(sender: System.Object; e: System.EventArgs);
begin
  text := TComponent.Startzeit.ToString
end;
```

12.3.3 Destruktor

Da sich in .NET bekanntlich der Garbage Collector um die endgültige Zerstörung von nicht mehr benötigten Objekten kümmert, wird ein Destruktor im herkömmlichen Sinne nicht mehr gebraucht[1]. Möchten Sie dennoch auf das relativ unbestimmte Ende Ihres Steuerelements reagieren, um zum Beispiel Dateien zu schließen oder andere Ressourcen freizugeben, können Sie dennoch einen Destruktor erstellen.

In Delphi.NET wird dieser nach wie vor mit *Destroy* bezeichnet.

Beispiel: Destruktor

```
type  TComponent = class(System.ComponentModel.Component)
  type
  ...
  public
    constructor Create; overload;
    constructor Create(Container: System.ComponentModel.IContainer); overload;
    destructor Destroy; override;
  end;

implementation

destructor TComponent.Destroy;
begin
  MessageBox.Show('Ich bin am Ende ...')
end;
```

Hinweis: Nach obiger Definition wird von Delphi automatisch *System.IDisposable* implementiert.

Hinweis: Den Destruktor selbst können Sie nicht per Code aufrufen, verwenden Sie zum Aufruf die Methode *Free*!

Beispiel: Explizites Freigeben der Ressourcen

```
procedure TWinForm4.Button1_Click(sender: System.Object; e: System.EventArgs);
begin
  TComponent1.Free
end;
```

---

[1] Wir lassen das an dieser Stelle einmal so stehen, auch wenn es diverse Fälle gibt, wo das nicht der Fall ist. Aber dafür wollen wir ja den Destruktor nutzen.

12.3.4 Aufruf von Basisklassen-Methoden

Müssen Sie eine Methode der Basisklasse aufrufen, verwenden Sie, wie auch im Konstruktor, den Bezeichner *inherited*.

Beispiel: Verwendung der Basisklassen-Methode (Funktion) *Adresse*, diese Methode wurde überschrieben.

```
function CPrivatKunde.Adresse() : String;
begin
```

Zum Funktionsergebnis der Basisklassen-Methode wird noch eine weitere Zeile hinzugefügt:

```
  Result := (inherited Adresse) + Environment.NewLine + _wohnOrt;
end;
```

12.4 Ereignisse (Events)

Nicht ganz so einfach wie das Programmieren von Methoden ist die Realisierung von Ereignissen bzw. Ereignisprozeduren. Events stellen einen Mechanismus dar, der ein externes Ereignis (zum Beispiel eine Windows-Botschaft) oder ein Nutzerereignis mit einer eigenen Routine (Eventhandler) verbindet.

Fünf Schritte sind für das Implementieren eines Events nötig:

- eventuell eine neue Klasse für den *EventArgs*-Parameter (diese wird von *System.EventArgs* abgeleitet),
- eine Delegate-Deklaration (Definition des Typs),
- ein interner Delegat für den Event (*private*),
- eine Event-Deklaration (*published*),
- das eigentliche Auslösen des Ereignisses.

Hinweis: Da im Kapitel 14 (Multicast Events) ausführlich auf diese Thematik eingegangen wird, beschränken wir uns hier auf einzelne Themenbereiche.

12.4.1 Vergessen Sie read und write!

Als erfahrener Delphi-Programmierer wird es Ihnen sicher nicht anders als den Autoren gehen. Die Ereignisdeklaration wird bei Ihnen eventuell auch wie folgt aussehen (so hat es jedenfalls immer funktioniert):

```
...
published
  property TextBoxVoll : OnTextBoxVoll read fTextBoxVoll write fTextBoxVoll;
end;
```

So funktioniert es in Delphi.NET auch noch, aber ein Blick hinter die Kulissen zeigt Sonderbares:

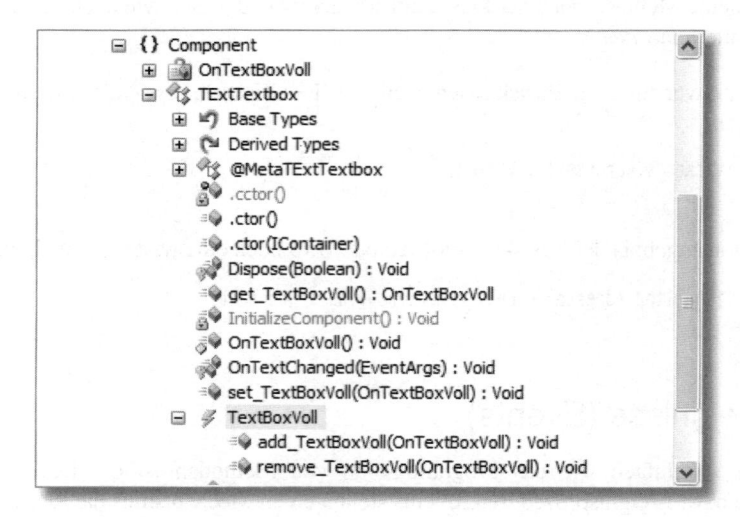

```
{} Component
  OnTextBoxVoll
  TExtTextbox
    Base Types
    Derived Types
    @MetaTExtTextbox
    .cctor()
    .ctor()
    .ctor(IContainer)
    Dispose(Boolean) : Void
    get_TextBoxVoll() : OnTextBoxVoll
    InitializeComponent() : Void
    OnTextBoxVoll() : Void
    OnTextChanged(EventArgs) : Void
    set_TextBoxVoll(OnTextBoxVoll) : Void
    TextBoxVoll
      add_TextBoxVoll(OnTextBoxVoll) : Void
      remove_TextBoxVoll(OnTextBoxVoll) : Void
```

Wie nicht anders zu erwarten, erzeugt Delphi zwei Zugriffsmethoden (*get_TextBoxVoll*, *set_TextBoxVoll*) für das Lesen und Schreiben des Delegaten *fOnTextBoxVoll*. Soweit so gut, aber was findet sich da unter dem Ereignis *TextBoxVoll*?

Ereignisdeklaration mit *add* und *remove*

Bei *add_TextBoxVoll* und *remove_TextBoxVoll* handelt es sich um die standardmäßigen Zugriffsmethoden unter .NET. Diese rufen in unserem Beispiel einfach nur die zwei o.g. Zugriffsmethoden auf, leiten die Aufrufe also einfach nur weiter. Darauf können wir verzichten, wenn wir gleich die Deklaration mit *add* und *remove* vornehmen.

```
...
published
  property TextBoxVoll : OnTextBoxVoll add fTextBoxVoll remove fTextBoxVoll;
end;
```

Ein zweiter Vorteil: mit der bisherigen Deklaration konnte der Delegate immer nur als Singlecast-Delegate verwendet werden, obwohl er intern als Multicast-Delegate deklariert ist.

Auszug aus der Methode *set_TextBoxVoll*:

```
procedure TComponent1.set_TextBoxVoll(Value: OnTextBoxVoll);
begin
 Self.fTextboxVoll:= Value
end;
```

Durch die neue Definition ist auch eine Verwendung als Multicast-Delegate möglich, da jetzt statt einer direkten Zuweisung *Delegate.Combine* verwendet wird:

12.4 Ereignisse (Events)

```
procedure TComponent1.add_TextBoxVoll(Value: OnTextBoxVoll);
begin
  Self.fTextboxVoll:= OnTextBoxVoll(Delegate.Combine(self.fTextboxVoll, Value))
end;
```

Die "entschlackte" Komponente ohne die überflüssigen Zugriffsmethoden:

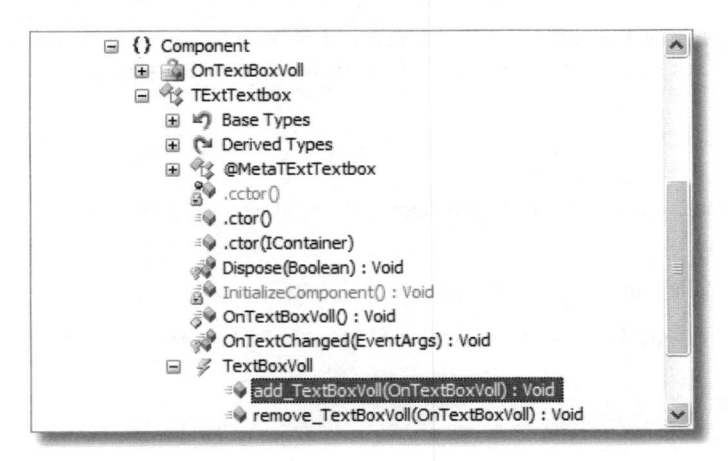

```
{} Component
  OnTextBoxVoll
  TExtTextbox
    Base Types
    Derived Types
    @MetaTExtTextbox
    .cctor()
    .ctor()
    .ctor(IContainer)
    Dispose(Boolean) : Void
    InitializeComponent() : Void
    OnTextBoxVoll() : Void
    OnTextChanged(EventArgs) : Void
    TextBoxVoll
      add_TextBoxVoll(OnTextBoxVoll) : Void
      remove_TextBoxVoll(OnTextBoxVoll) : Void
```

12.4.2 Ereignis mit Standardargument definieren

Relativ einfach ist das Implementieren eines Events, das sich mit den Standardargumenten vom Typ *System.EventArgs* zufrieden gibt. Allerdings sollten Sie sich schon hier mit einigen Grundkonventionen und Eigenheiten vertraut machen.

Beispiel: Anhand einer *TextBox*, die ein zusätzliches Ereignis erhält, sollen die wichtigsten Schritte erläutert werden.

Zunächst deklarieren wir einen Delegate-Typ:

```
type
  TextBoxVollHandler = procedure(sender: System.Object; e: EventArgs);
  TExtTextBox = class(System.Windows.Forms.TextBox)
  ...
  strict protected
```

Überschreiben der *OnTextChanged*-Methode, um Änderungen in der Textbox zu überwachen (Auslösen des Ereignisses):

```
    procedure OnTextChanged(e : System.EventArgs); override;
```

Der private Delegate:

```
  private
```

```
    fTextboxVoll : TextBoxVollHandler;
  protected
```

Die Deklaration einer Ereignismethode[1]:

```
  procedure OnTextBoxVoll;
```

> **Hinweis:** Microsoft empfiehlt, beim Ableiten von Komponenten statt der Verwendung eines Eventhandlers besser die Ereignismethode zu überschreiben.

```
  public
    constructor Create; overload;
    constructor Create(Container: System.ComponentModel.IContainer); overload;
  published
```

Die "Schnittstelle" zum privaten Delegaten:

```
    property TextBoxVoll : TextBoxVollHandler add fTextBoxVoll remove fTextBoxVoll;
  end;
implementation
...
```

Die Implementierung der Ereignismethode:

```
procedure TExtTextBox.OnTextBoxVoll;
begin
```

Nur wenn dem Ereignis im Programm auch eine Ereignisprozedur zugewiesen wurde, wird auch das Ereignis ausgelöst:

```
  if assigned(fTextBoxVoll) then fTextBoxVoll(self, EventArgs.Create);
end;
```

Hier überwachen wir die Textbox und rufen gegebenenfalls die Methode *OnTextBoxVoll* auf:

```
procedure TExtTextBox.OnTextChanged(e : System.EventArgs);
begin
  inherited OnTextChanged(e);
  if Self.Text.Length > 8 then OnTextBoxVoll;
end;
```

> **Hinweis:** Vergessen Sie nicht *inherited OnTextChanged* aufzurufen, anderenfalls fällt das Ereignis *TextChanged* unter den Tisch!

---

[1] Entsprechend der Microsoft-Konvention sollten unter .NET die Ereignismethoden immer mit *On...* beginnen.

12.4.3 Ereignis mit eigenen Argumenten

Etwas aufwändiger ist die Definition eigener Argumenttypen.

Beispiel: Der Parameter soll zusätzlich eine Message an das aufrufende Programm zurückgeben.

Leiten Sie dazu zunächst eine Klasse vom Typ *System.EventArgs* ab:

```
type
  TMyEventArgs = class(EventArgs)
  private
    fMessage : String;
  public
    constructor Create(msg : String); overload;
```

Die neue Eigenschaft für das Argument:

```
    property &Message : String read fMessage write fMessage;
  end;
```

Fügen Sie einen Delegaten für diesen Typ hinzu:

```
OnTextBoxVoll = procedure(sender: System.Object; e: TMyEventArgs);
```

Implementieren Sie gegebenenfalls einen neuen Konstruktor für das neue Argument:

```
constructor TMyEventArgs.Create(msg : String);
begin
  inherited Create;
  fMessage := msg;
end;
```

Die weitere Verwendung entspricht der bisherigen Vorgehensweise, beim Aufruf des Delegaten wird jetzt jedoch ein anderer Konstruktor genutzt:

```
procedure TExtTextBox2.OnTextBoxVoll;
begin
  if assigned(fTextBoxVoll) then fTextBoxVoll(self, TMyEventArgs.Create('Ich bin voll!'));
end;
```

Das war's auch schon, im Programm können Sie den Parameter wie folgt verwenden:

```
procedure TWinForm4.TExtTextBox21_TextBoxVoll(sender: System.Object;
                                              e: DOKO.Controls2.TMyEventArgs);
begin
  MessageBox.Show(e.Message)
end;
```

12.4.4 Ein Default-Ereignis festlegen

Ausnahmsweise ist diese Aufgabe mit einer Zeile "Code" erledigt. Fügen Sie einfach vor die betreffende Klassendefinition das Attribut *[DefaultEvent]* ein.

Beispiel:

```
[DefaultEvent('TextBoxVoll')]
TExtTextBox2 = class(System.Windows.Forms.TextBox)]
...
published
  property TextBoxVoll : OnTextBoxVoll add fTextBoxVoll remove fTextBoxVoll;
end;
```

12.4.5 Mit Ereignissen auf Windows-Messages reagieren

Ganz zum Schluss wollen wir Sie mit einem nicht minder interessanten Thema foltern. Es geht um die guten alten Windows-Ereignisse bzw. Botschaften. Auch wenn das .NET-Framework für fast alle Eventualitäten ein(e) Methode/Ereignis im Stammbaum seiner Forms/ Controls vorhält, es gibt Fälle, wo wir direkt auf derartige Ereignisse reagieren wollen.

Anlaufpunkt für den .NET-Programmierer ist die Methode *WndProc*.

Da stutzt sicher jeder altgediente Win32-Programmierer. Diese Variante, in die Windows-Botschaftsbehandlung einzugreifen, dürfte vielen bekannt vorkommen. Schon damals wurde die Methode einfach überschrieben, um neue Funktionalität hinzuzufügen. Ein kleines Beispiel soll Ihnen den Übergang in die .NET-Welt demonstrieren.

Beispiel: Ein *TextBox*-Nachfahre soll auf das Mausrad reagieren[1]. Ein eingetragener Wert soll jeweils inkrementiert bzw. dekrementiert werden. Zwei neue Ereignisse sollen uns über den Mausrad-Status informieren.

Zunächst die Deklaration unseres neuen (parameterlosen) Delegatentyps:

```
type
  TEvent = procedure;
```

Dann unsere eigentliche Komponente:

```
TWheelEdit = class(System.Windows.Forms.TextBox)
  strict protected
    procedure Dispose(Disposing: Boolean); override;
```

---

[1] Ja, ja, es geht auch anders, aber so haben wir ein halbwegs sinnvolles Beispiel für die Messageverarbeitung in Komponenten.

12.4 Ereignisse (Events)

Überschreiben der *WndProc*-Methode:

```
    procedure WndProc(var m : Message); override;
  private
```

Die Delegaten:

```
    fUp   : tEvent;
    fDown : tEvent;
  public
    constructor Create; overload;
    constructor Create(Container: System.ComponentModel.IContainer); overload;
  published
```

Die beiden neuen Ereignisse:

```
    property WheelUP : TEvent add fUp remove fUp;
    property WheelDOWN : TEvent add fDown remove fDown;
  end;
```

```
implementation
```

Und ab geht's in die gute alte Win32-Welt mit Ihren Konstanten und verschachtelten Parametern:

```
const WM_MOUSEWHEEL = $020A;
...
procedure TWheelEdit.WndProc(var m : Message);
var v : Integer;
begin
```

Die eigentliche Message herausfiltern:

```
  case m.Msg of
    WM_MOUSEWHEEL : begin
```

Den Inhalt der TextBox ermitteln:

```
                    try
                      v := Convert.ToInt32(Self.Text);
                    except
                      v := 0;
                    end;
```

Über den Parameter *m.WParam* können wir die Drehrichtung bestimmen:

```
                    if (Integer(m.WParam) shr 31) > 0 then begin
                      Self.Text := Integer(v - 1).ToString;
```

Auslösen der Ereignisse:

```
            if assigned(fDown) then fDown;
        end else begin
            Self.Text := Integer(v + 1).ToString;
            if assigned(fUp) then fUp;
        end;
            Self.Invalidate;
        end;
    end;
```

Das sollten Sie in keinem Fall vergessen:

```
    inherited WndProc(m);
end;
```

Hinweis: Mit obigem Codegerüst können Sie auch andere Botschaften, die von der Komponente empfangen werden, auswerten.

Damit genug zu den diversen Komponententypen, auch wenn es noch reichlich zu diesem Thema zu sagen gäbe. Wenden wir uns nun der "Verpackung" für unsere Komponenten zu ...

12.5 Namespaces richtig verwenden

Sicher haben Sie sich auch schon gefragt, wie Sie denn die Komponenten innerhalb der Assembly richtig benennen und organisieren sollen. In obigen Beispielen haben wir schon mehrfach der Namespace *DOKO.Komponenten* verwendet, ohne näher auf die Hintergründe einzugehen.

Da Delphi.NET an dieser Stelle wieder eine "Extrawust brät", wollen wir uns die Thematik an einigen Delphi- und C#-Beispielen näher ansehen.

12.5.1 Beispiel-Package (Erster Versuch)

Erstellen Sie ein neues Package und fügen Sie zwei *Komponenten für Windows Forms* hinzu. In der Projektverwaltung sollte sich Ihnen jetzt der folgende Anblick bieten:

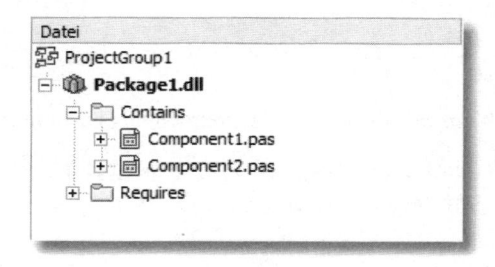

```
Datei
 ProjectGroup1
  └─ Package1.dll
      ├─ Contains
      │   ├─ Component1.pas
      │   └─ Component2.pas
      └─ Requires
```

12.5 Namespaces richtig verwenden

Ein Klick auf F9 und schon haben wir eine neue Assembly mit folgender interner Struktur erstellt (Ansicht im .NET-Reflector):

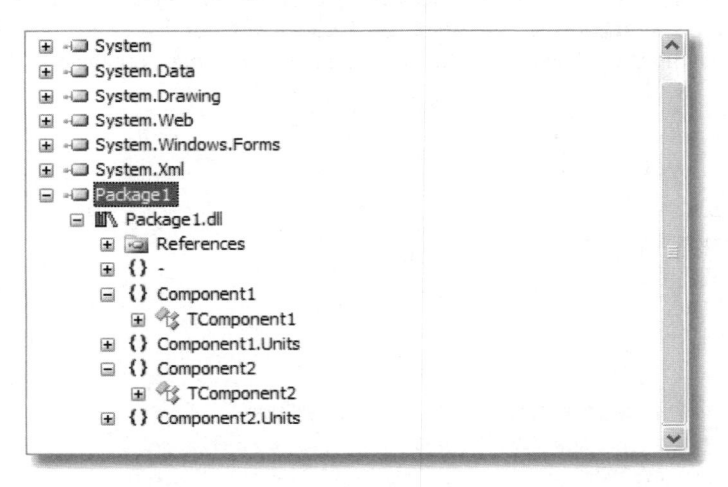

```
⊞ ·◻ System
⊞ ·◻ System.Data
⊞ ·◻ System.Drawing
⊞ ·◻ System.Web
⊞ ·◻ System.Windows.Forms
⊞ ·◻ System.Xml
⊟ ·◻ Package1
    ⊟ ▥ Package1.dll
        ⊞ 🗀 References
        ⊞ { } -
        ⊟ { } Component1
            ⊞ ⁎ TComponent1
            ⊞ { } Component1.Units
        ⊟ { } Component2
            ⊞ ⁎ TComponent2
            ⊞ { } Component2.Units
```

Der Delphi-Compiler "beglückt" uns mit zwei verschiedenen Namespaces für unsere zwei Komponenten. Zusätzlich finden sich auch noch die Klassen für die beiden Units, die notwendig sind, um das "heilige" Unit-Konzept in der .NET-Welt weiter am Leben zu erhalten.

Verwendung des Beispiel-Package in Delphi.NET

Binden Sie zunächst das gerade erstellte Package über *Projekt|Referenz hinzufügen* in ein neues Delphi.NET-Windows Forms-Projekt ein.

Um die Komponenten zu instanziieren genügt der folgende Code (in Auszügen):

```
uses System.Drawing, System.Collections, System.ComponentModel,
    System.Windows.Forms, System.Data, Component1, Component2;
```

Das Instanziieren (in verschiedenen Varianten):

```
procedure TWinForm1.TWinForm1_Load(sender: System.Object; e: System.EventArgs);
var c1 : TComponent1;
    c2 : TComponent2;
begin
    c1 := TComponent1.Create;
    c2 := TComponent2.Create;
end;
```

Wie Sie sehen, spielt in der Delphi.NET-Welt die Unit (hier *Component1*, *Component2*) immer noch die zentrale Rolle.

Verwendung des Beispiel-Package in C#.NET

Nicht viel anders sieht ein entsprechendes Beispiel in C# aus. Erstellen Sie ein neues C#-Windows Forms-Projekt und fügen Sie obiges Package ein. Für den Zugriff auf die Komponenten müssen Sie nun folgende Erweiterungen im Formular-Code vornehmen:

```
using System;
...

using Component1;
using Component2;

namespace Projekt1
...

   private void WinForm_Load(object sender, System.EventArgs e)
   {
      TComponent1 c1;
      TComponent2 c2;
      c1 = new TComponent1();
      c2 = new TComponent2();
   }
```

Hinweis: Alternativ können Sie auch auf die *using*-Anweisung verzichten, müssen dann jedoch die Klasse mit dem kompletten Namespace instanziieren.

```
...
   Component.TComponent1 c1;
   c1 = new Component1.TComponent1();
...
```

Aus Delphi-Sicht ist das obige Beispiel ganz normal, aus C#- oder VB.NET-Sicht ist es jedoch recht umständlich, extra **zwei** Namespaces zu importieren. Sind wesentlich mehr Komponenten in einer Assembly enthalten, müssten Sie auch entsprechend viele Namespaces einbinden.

Deshalb haben die Borland-Programmierer ein neues Konzept für die Vereinfachung entworfen.

12.5.2 Beispiel-Package (Zweiter Versuch)

Wer den Anwendern seiner Assemblies das Leben leichter machen will, der kann in Delphi 2005 über den Menüpunkt *Projekt|Optionen* einen Standard-Namespace für alle Units und damit für alle Komponenten festlegen:

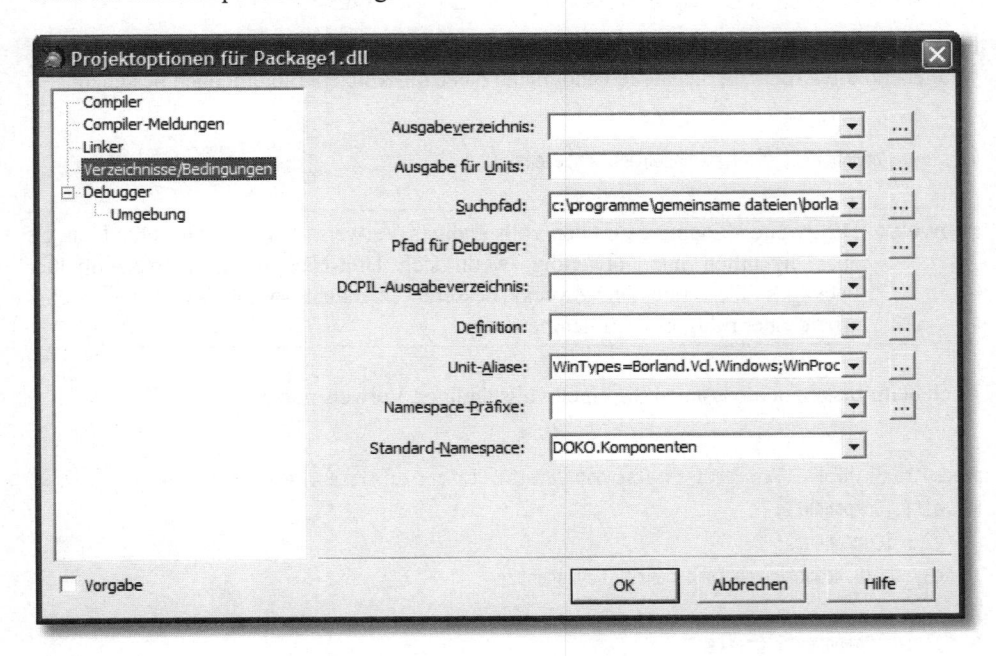

Kleine Ursache, große Wirkung, nach erneutem Compilieren und Blick in die Assembly sind bereits ein paar wesentliche Unterschiede festzustellen:

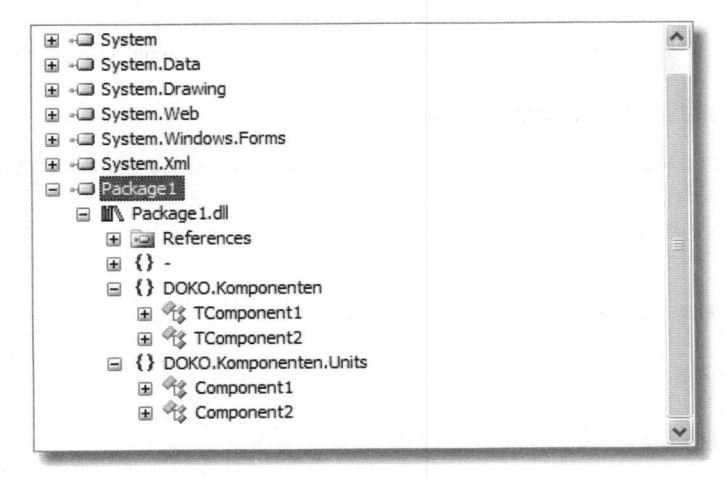

Alle Komponenten befinden sich jetzt im Namespace *DOKO.Komponenten*, egal aus welcher Unit sie stammen, die Units sind ebenfalls in einem Namespace (*DOKO.Komponenten.Units*) zusammengefasst.

Verwendung des Beispiel-Package in Delphi.NET

Für den Delphi-Programmierer ändert sich hier nicht viel, der Compiler nimmt uns zwar weitgehend die Arbeit ab, die starke Bindung an das Unit-Konzept bleibt jedoch bestehen:

```
...
uses ... Component1, DOKO.Komponenten.Component2;
```

> **Hinweis:** Die zweite Variante ergibt den vollständigen Verweis auf die gewünschte Unit, ist aber eigentlich nur notwendig, wenn sich Unit-Namen in unterschiedlichen Packages überschneiden. Zwecks besserer Übersicht sollten Sie diese "Mehrarbeit" aber ruhig in Kauf nehmen.

Auch beim Instanziieren können Sie einen vollständigen Verweis nutzen:

```
...
procedure TWinForm1.TWinForm1_Load(sender: System.Object; e: System.EventArgs);
var c1 : TComponent1;
    c2 : TComponent2;
    c3 : DOKO.Komponenten.Component2.TComponent2;
begin
    c1 := TComponent1.Create;
    c2 := TComponent2.Create;
    c3 := DOKO.Komponenten.Component2.TComponent2.Create;
end;
```

Aus Delphi-Sicht hat sich also keine Vereinfachung ergeben, doch wie sieht es in C# aus?

Verwendung des Beispiel-Package in C#

In C# genügt jetzt die Einbindung des Namespace *DOKO.Komponenten*, um Zugriff auf **alle** Komponenten der Assembly zu haben:

```
using System;
...
using DOKO.Komponenten;

namespace Projekt1
...
    private void WinForm_Load(object sender, System.EventArgs e)
    {
```

```
    TComponent1 c1;
    DOKO.Komponenten.TComponent1 c2;

    c1 = new TComponent1();
    c2 = new DOKO.Komponenten.TComponent1();
}
```

Wie auch in Delphi können Sie den einfachen Klassennamen oder auch einen voll qualifizierten Klassennamen (inklusive Namespace) verwenden.

12.5.3 Direktes Zuweisen von Namespace-Namen

Im Gegensatz zum zwar einfachen, dafür aber nicht sehr flexiblen Verfahren per Default-Namespace, können Sie in Delphi 2005 jeder Komponente bzw. jeder Unit auch einzeln einen Namespace zuweisen.

Die Steuerung erfolgt über den Unit-Namen, den Sie durch das Einfügen von Punkten in mehrere Abschnitte trennen. Der Compiler durchsucht den Unit-Namen und trennt den **links vom letzten Punkt** stehenden Teil als Namespace ab.

Beispiel: Der Unit-Name *DOKO.Komponenten.Component1* erzeugt einen Namespace *DOKO.Komponenten*.

Die gleiche Namespace-Struktur wie im vorhergehenden Beispiel können Sie auch über die folgende Benennung der Units erreichen:

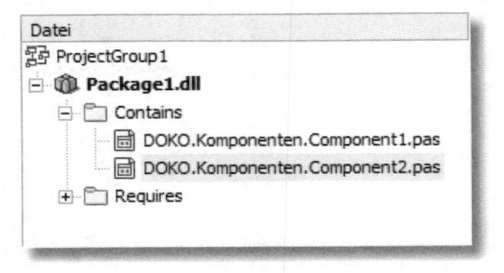

```
Datei
 ProjectGroup1
  Package1.dll
    Contains
      DOKO.Komponenten.Component1.pas
      DOKO.Komponenten.Component2.pas
    Requires
```

Hinweis: Für das Einbinden in Delphi ist es wichtig zu wissen, dass der Unit-Name auch ohne den Namespace für die Einbindung ausreicht.

12.6 Assembly, Library, Package?

Geht es um das Erstellen von Assemblies, werden Sie in Delphi.NET zunächst nicht fündig. Kreativ, wie die Borland-Programmierer schon immer waren, werden Sie mit zwei verschiedenen Projekttypen konfrontiert:

- *Bibliothek/Library*
- *Package*

Beide führen im Endresultat zu einer .NET-Assembly, weisen jedoch einige Unterschiede auf, die wir im Folgenden kurz beleuchten wollen.

Zunächst aber ein Wegweiser für den eiligen Leser:

> **Hinweis:** Verwenden Sie Ihre Assembly ausschließlich für Delphi.NET-Projekte, **müssen** Sie[1] als Projekttyp *Package* auswählen!

12.6.1 Package

Ein Package erstellen Sie über den Menüpunkt *Datei|Neu|Weitere*. Im sich öffnenden Dialog wählen Sie den Typ *Package* aus:

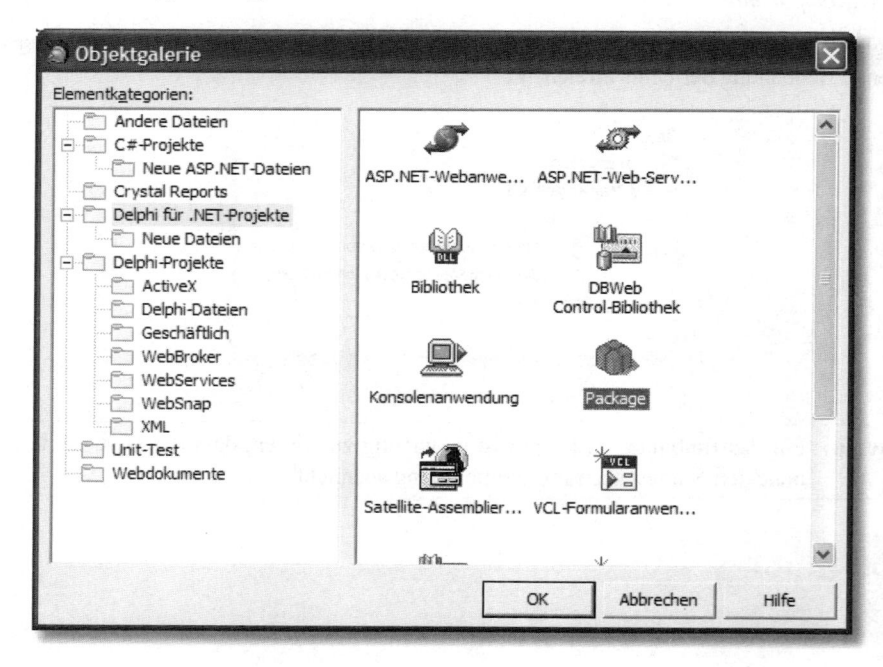

---

[1] Bei Delphi 9 hieß es noch "... sollten Sie ..."

12.6 Assembly, Library, Package?

Das leere Package enthält zunächst nur einen Verweis auf die Assembly *Borland.Delphi*, die uns im weiteren Verlauf noch einige Probleme bereiten wird.

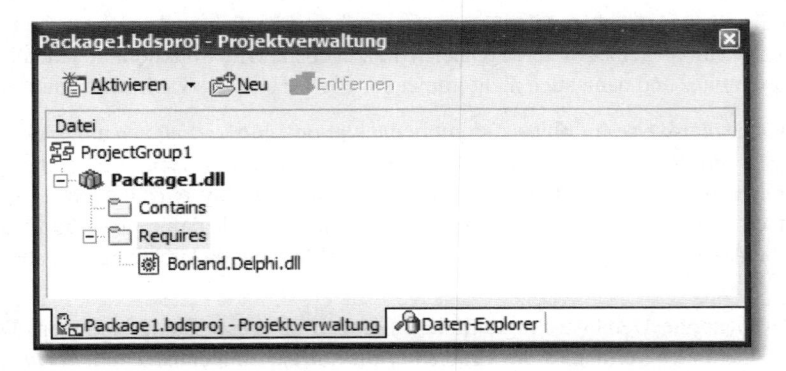

Möchten Sie den Quelltext für die Package-Datei ansehen, klicken Sie einfach mit der rechten Maustaste auf den Baumknoten *Package1.dll* und wählen im Kontextmenü den Eintrag *Quelltext anzeigen*.

In diesem Zusammenhang sollten Sie auch einen Blick auf die Eigenschaften des Eintrags *Borland.Delphi.dll* werfen:

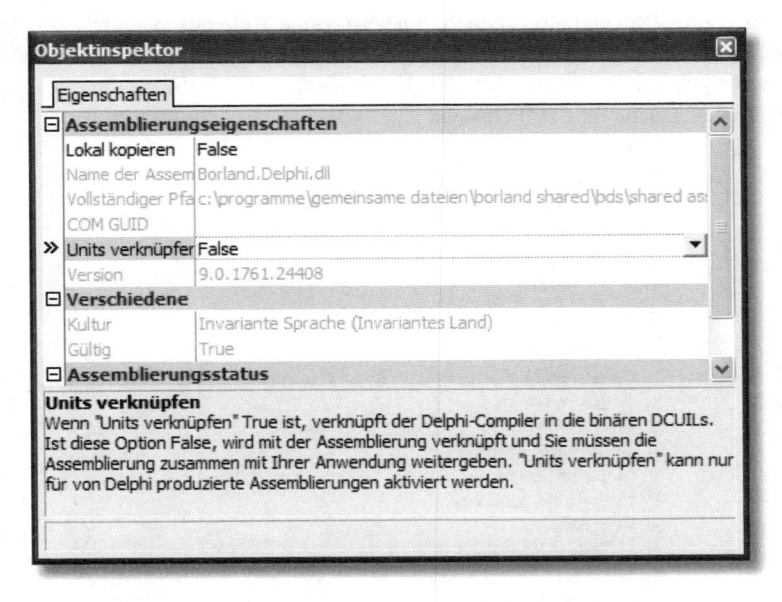

Verknüpfen oder Einbinden?

Die Eigenschaft *Units verknüpfen*[1] entscheidet darüber, ob die entsprechenden Assemblies direkt in die neue Assembly gelinkt werden. In diesem Fall brauchen Sie neben der neu erzeugten Assembly keine weiteren Dateien mitzugeben. Dies funktioniert jedoch nur mit Delphi-Assemblies und dann auch nicht immer so, wie Sie sich das vielleicht wünschen.

Setzen Sie beispielsweise für obige Assembly die Option *Units verknüpfen* auf *True*, ignoriert der Compiler Ihre Wünsche, es bliebt bei einer Referenz auf die Assembly. Mit einem kleinen Trick können Sie Delphi dennoch dazu bewegen, die Assembly einzubinden. Löschen Sie dazu einfach die Referenz. Der Compiler sorgt in diesem Fall dafür, dass *Borland.Delphi* direkt in die Assembly eingebunden wird (die Dateigröße steigt dadurch natürlich an).

Hinweis: Genervte Delphi 9-Programmierer können an dieser Stelle aufatmen. Der neue Compiler vermeidet die Probleme, die im Zusammenhang mit *Borland.Delphi* auftraten.

12.6.2 Library (Bibliothek)

Eine Library erzeugen Sie wie das Package über den Menüpunkt *Datei|Neu|Weitere*.

Im Gegensatz zum Package sind jedoch zunächst keine Referenzen erkennbar. Allerdings deutet die Dateigröße einer leeren Library (über ein MByte) darauf hin, dass wohl doch einige Assemblies eingebunden werden. Ein Blick mit dem .NET-Reflector in die compilierte Library zeigt die Ursache für die "Fettsucht":

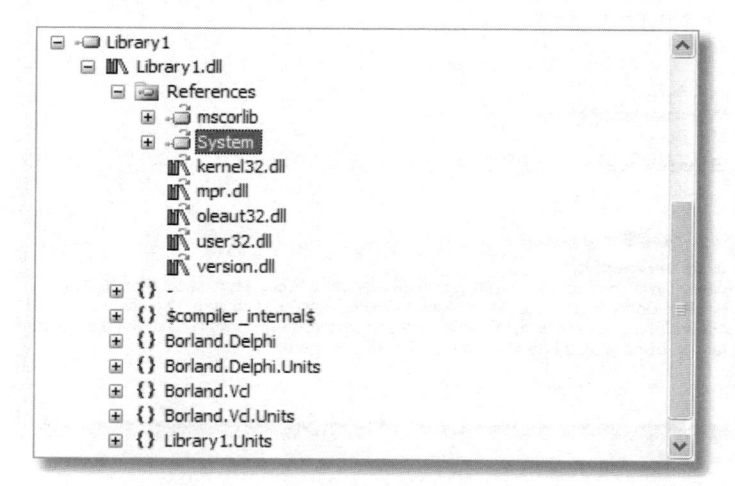

```
□ Library1
  □ Library1.dll
    □ References
      ⊞ mscorlib
      ⊞ System
         kernel32.dll
         mpr.dll
         oleaut32.dll
         user32.dll
         version.dll
    ⊞ { } -
    ⊞ { } $compiler_internal$
    ⊞ { } Borland.Delphi
    ⊞ { } Borland.Delphi.Units
    ⊞ { } Borland.Vcl
    ⊞ { } Borland.Vcl.Units
    ⊞ { } Library1.Units
```

---

[1] Auch hier hat das Übersetzen wieder mehr Schaden als Nutzen angerichtet. Die Bedeutung hat sich genau umgekehrt, wenn Sie sich einmal den dazugehörigen Hilfetext im Objektinspektor durchlesen.

12.6 Assembly, Library, Package?

Versuchen Sie die obige Library in Visual Studio.NET (VB.NET oder C#.NET) einzubinden, wird Ihnen das problemlos gelingen. Doch ach, wenn Sie die gleiche Library in Borland Delphi nutzen wollen, werden Sie mit folgender Fehlermeldung genervt:

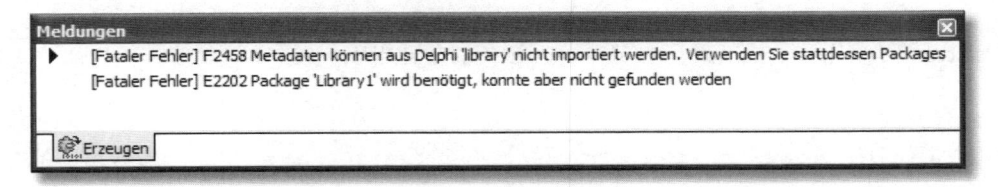

```
Meldungen
▶  [Fataler Fehler] F2458 Metadaten können aus Delphi 'library' nicht importiert werden. Verwenden Sie stattdessen Packages
   [Fataler Fehler] E2202 Package 'Library1' wird benötigt, konnte aber nicht gefunden werden

Erzeugen
```

Im Gegensatz zur Vorgängerversion können Sie in Delphi.NET-Anwendungen nichts mit Ihrer mühevoll erstellten Library anfangen[1], Sie müssen ein Package verwenden. Dies gilt sowohl für FCL- als auch VCL.NET-Projekte.

Doch wozu dann noch Libraries? Die Antwort gibt der folgende Abschnitt.

Libraries in der Win32-Welt

Ja, Sie haben richtig gelesen, Ihre Delphi-Library, bei der es sich um eine reinrassige Assembly mit *Managed Code* handelt, kann auch in einer Win32-Anwendung verwendet werden. In diesem Fall müssen Sie jedoch die Library als *Unsafe Code* kennzeichnen. Die eigentliche Schnittstelle wird wie bei einer Win32-DLL definiert:

```
library Library1;
{$UNSAFECODE ON}
...
uses
  System.Reflection, System.Windows.Forms;

[assembly: AssemblyTitle('')]
...
procedure Test1(a,b: Integer);
begin
  MessageBox.Show('Das Ergebnis a + b = ' + Integer(a+b).ToString)
end;

exports
  Test1;

begin
end.
```

---

[1] Das wurde mal als ganz großes Feature gefeiert!

Der Aufruf in der Win32-Welt:

```
program Win32;
{$APPTYPE CONSOLE}

procedure Test1(a,b : Integer); stdcall; external 'Library1.dll';

begin
  Test1(15,17);
end.
```

Ein nettes Feature, das wir jedoch nicht überbewerten wollen, wird doch der Zugriff auf die Assembly meist in OOP-Manier erfolgen und nicht wie in Win32-DLLs über Funktionen und Prozeduren.

12.6.3 Assembly-Informationen festlegen

In einer Assembly werden neben dem reinen Programmcode auch weitere Informationen abgelegt, die unter anderem für das Erzeugen von *Strong Names* (Starke Namen) Verwendung finden. Doch auch der normale Anwender Ihrer Assembly kann von diesen Informationen profitieren, indem er sich über das Kontextmenü (im Windows Explorer) die Eigenschaften anzeigen lässt.

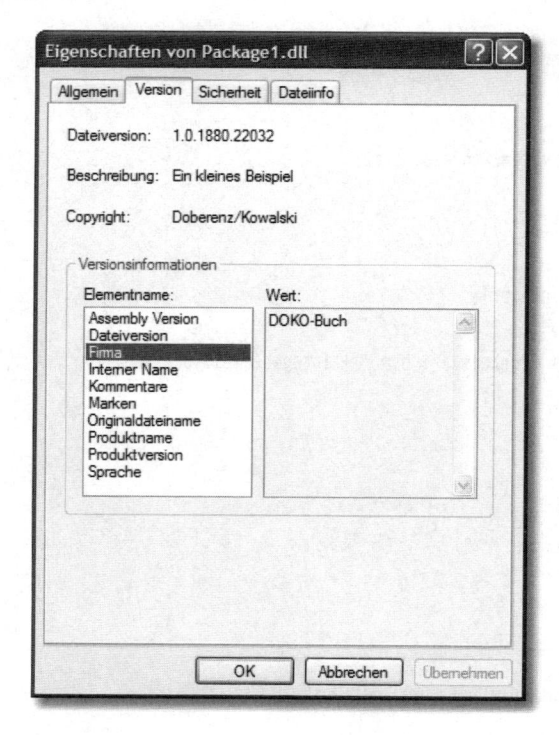

12.6 Assembly, Library, Package?

Die entsprechenden Informationen können Sie in Delphi.NET über Assembly-Attribute in die Library- bzw. Package-Datei einfügen.

Beispiel: Öffnen Sie eine Package- oder Library-Datei über das Kontextmenü (Quelltext anzeigen) und weisen Sie die Attribute wie folgt zu:

```
package MyTest;
...
requires
  Borland.Delphi;
[assembly: AssemblyDescription('Wir testen ein Package')]
[assembly: AssemblyConfiguration('')]
[assembly: AssemblyCompany('DOKO-Buch')]
[assembly: AssemblyProduct('Ein kleines Beispiel')]
[assembly: AssemblyCopyright('Doberenz/Kowalski')]
[assembly: AssemblyTrademark('Bookware')]
[assembly: AssemblyCulture('de')]
[assembly: AssemblyTitle('Ein kleines Beispiel')]
```

Erstellen Sie die Assembly, können Sie sich im Explorer mittels Kontextmenü (*Eigenschaften*) die obigen Angaben anzeigen lassen.

In diesen Zusammenhang fällt auch die Bezeichnung *Strong Name*. Dieser setzt sich aus dem Namen, der Versionsnummer und der Kulturinformation, sowie einem öffentlichen Schlüssel und einer digitalen Signatur zusammen. Wie Sie diesen Schlüssel erzeugen, um einen Strong Name zu generieren, zeigt der folgende Abschnitt.

12.6.4 Assemblies signieren

Sicher stellt sich auch Ihnen die Frage, ob Sie Ihre Assembly signieren müssen oder nicht.

Eine kurze Antwort darauf: Ihre Assembly **müssen** Sie in jedem Fall signieren, wenn Sie diese im *Global Assembly Cache* (GAC) ablegen wollen. Der erzeugte Strong Name stellt einen eindeutigen Bezeichner für Ihre Assembly dar.

Erstellen eines AssemblyKey-File

Die zur Signierung erforderliche Schlüsseldatei mit dem Schlüsselpaar wird mit dem NET-Kommandozeilentool *sn.exe* erzeugt. Rufen Sie die Anwendung, Sie finden diese im Verzeichnis *\\Programme\Microsoft Visual Studio .NET\FrameworkSDK\Bin*, mit der Option *-k* und dem gewünschten Dateinamen auf:

Beispiel:

```
sn.exe -k DOKO.snk
```

Zuweisen des AssemblyKey-File

In der Package- oder Libray-Datei können Sie mit dem Assembly-Attribut *AssemblyKeyFile* den Dateinamen der generierten *snk*-Datei angeben.

```
...
[assembly: AssemblyDelaySign(False)]
[assembly: AssemblyKeyFile('DOKO.snk')]
[assembly: AssemblyKeyName('')]
...
```

Techniken der Programmentwicklung

- ✓ **Debugging**
- ✓ **Fehlerbehandlung**
- ✓ **Zwischenablage**
- ✓ **Registry**
- ✓ **Multithreading**
- ✓ **.NET-Reflection**
- ✓ **Distribution**

13.1 Arbeiten mit dem Debugger

In diesem Kapitel möchten wir Ihnen in loser Reihenfolge einige Themen vorstellen, die sich nicht so recht in die anderen Kapitel einordnen ließen, die aber für den Alltag des Delphi .NET-Programmierers von Wichtigkeit sind.

13.1 Arbeiten mit dem Debugger

Ein Programm, das auf Anhieb hundertprozentig funktioniert, gibt es nicht. Besonders übel sind die Fehler, die erst zur Laufzeit auftreten und denen man deshalb oft nur schwer auf die Schliche kommt. Deshalb sollten Sie regen Gebrauch von dem in die Delphi-IDE "eingebauten" Debugger machen, er hilft Ihnen Zeit und Nerven zu sparen.

13.1.1 Arbeitszyklus des Programmierers

Normalerweise befindet sich die Delphi.NET-Entwicklungsumgebung (IDE) in einem von drei Zuständen, zwischen denen Sie beim Entwickeln bzw. Testen Ihres Quelltextes ständig, bewusst oder unbewusst, hin und her wechseln:

- Entwurfsmodus
- Laufzeitmodus
- Unterbrechungsmodus

Welcher dieser Zustände gerade aktuell ist, entnehmen Sie im Zweifelsfall der Titelleiste des Hauptfensters, wo hinter dem Projektnamen in eckigen Klammern ein Hinweis dann erfolgt, wenn Sie sich **nicht** im Entwurfsmodus befinden ([**Ausführen von**] bzw. [**Angehalten**]).

Die folgende Abbildung soll den Übergang zwischen den drei Arbeitszuständen verdeutlichen:

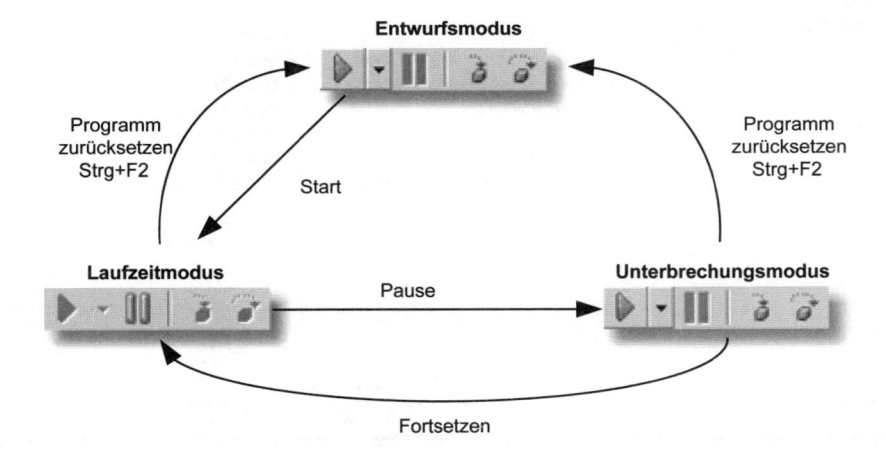

Der Normalzustand während der Programmentwicklung ist natürlich der Entwurfsmodus, denn nur hier können bzw. sollen Sie Änderungen an Ihrem Projekt vornehmen. Nachdem Sie das Programm gestartet haben (F9-Taste) befinden Sie sich im Laufzeitmodus.

Durch Strg+F2 bzw. über den Menüpunkt *Start|Programm zurücksetzen* kehren Sie in jedem Fall in den Entwurfsmodus zurück.

Besonders wichtig für das Debugging (siehe folgender Abschnitt) ist der Unterbrechungsmodus. Man erreicht ihn durch Klick auf *Start|Programm-Pause* oder durch das Setzen von Haltepunkten (Breakpoints). Nach Laufzeitfehlern stellt sich der Unterbrechungsmodus automatisch ein.

13.1.2 Vorbereitungen zum Debugging

Die Bedienung des Debuggers ist für den Einsteiger ziemlich unübersichtlich, da Einstellungen und Zugriff über verschiedene Menüs erfolgen (*Projekt|Optionen*, *Tools|Optionen*, *Start*, *Ansicht|Debug-Fenster*, PopUpMenü *Fehlersuche*, ...). Im Folgenden wollen wir Sie deshalb nur mit den grundlegenden Arbeitstechniken vertraut machen.

Wählen Sie den Menüpunkt *Projekt|Optionen*... und anschließend die Seite "Compiler". Im "Debuggen"-Rahmen setzen Sie Häkchen bei "Debug-Informationen" und "Lokale Symbole" (normalerweise sind das bereits die Voreinstellungen). Jetzt ist dafür gesorgt, dass Ihre Anwendungen zusammen mit symbolischer Debug-Information compiliert werden.

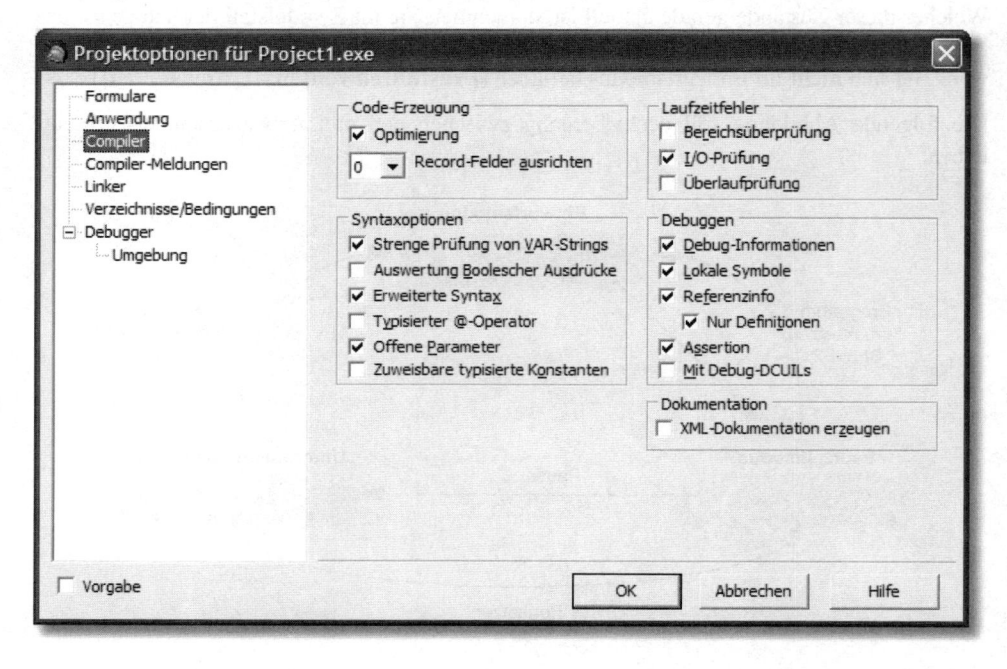

Der Debugger wird automatisch aktiviert. Falls trotzdem im *Start*-Menü die Debugger-spezifischen Befehle (F7, F8 etc.) nicht verfügbar sind, müssen Sie den Debugger manuell

13.1 Arbeiten mit dem Debugger

aktivieren. Wählen Sie dazu *Tools/Optionen/Debugger-Optionen* und setzen Sie das Häkchen bei "Integriertes Debuggen".

Der Komfort des Debugging hat allerdings seinen Preis: Der Umfang der EXE-Datei wächst.

Um den Umfang der EXE-Datei zu minimieren, sollten Sie nach Abschluss der Programmentwicklung Ihr endgültiges Projekt einer Schlankheitskur unterwerfen und noch einmal ohne Debug-Informationen compilieren.

13.1.3 Die verschiedenen Debug-Möglichkeiten

Aus der Vielfalt der Möglichkeiten, die das Debugging unter Delphi mittlerweile bietet, wollen wir uns hier auf die wichtigsten Betriebsarten beschränken (siehe auch Menü *Start*):

- Einzelne Anweisung ausführen (F7)
- Gesamte Routine ausführen (F8)
- Anweisungen bis zum Haltepunkt (Breakpoint) ausführen
- Anweisungen bis zur Cursorposition ausführen (F4)
- Haltepunkt mit einer Bedingung verknüpfen
- Ausdrücke berechnen und auswerten

Die folgende Abbildung verdeutlicht den Unterschied zwischen den drei erstgenannten Betriebsarten:

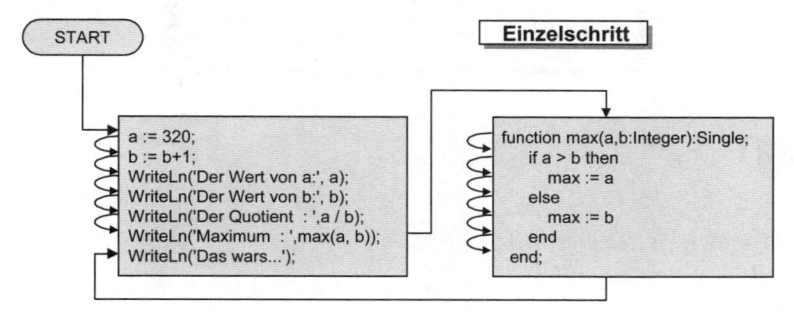

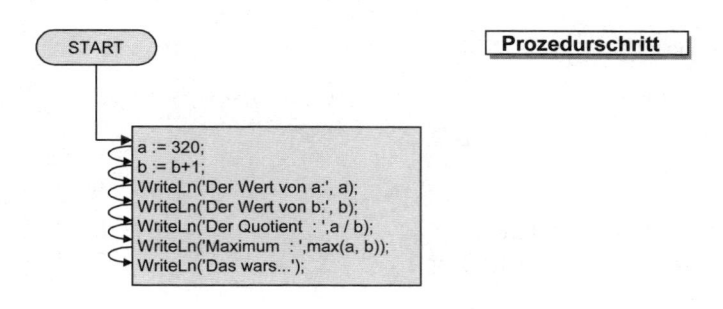

```
START

  a := 320;
  b := b+1;
  WriteLn('Der Wert von a:', a);
  WriteLn('Der Wert von b:', b);
  WriteLn('Der Quotient  : ',a / b);
  WriteLn('Maximum  : ',max(a, b));
  WriteLn('Das wars...');
```

Einzelschritt

```
function max(a,b:Integer):Single;
  if a > b then
    max := a
  else
    max := b
  end
end;
```

```
START

  a := 320;
  b := b+1;
  WriteLn('Der Wert von a:', a);
  WriteLn('Der Wert von b:', b);
  WriteLn('Der Quotient  : ',a / b);
  WriteLn('Maximum  : ',max(a, b));
  WriteLn('Das wars...');
```

Prozedurschritt

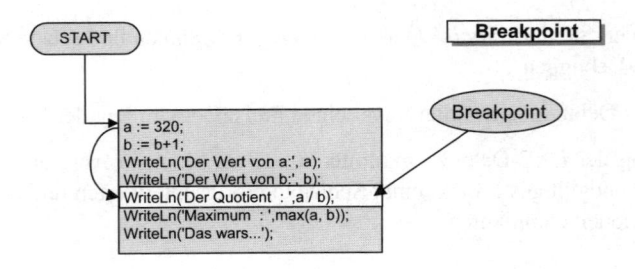

```
              ┌─ START ─┐                    ┌─ Breakpoint ─┐
              │         │
              ▼
   ┌──────────────────────────────┐          ┌─ Breakpoint ─┐
   │ a := 320;                    │
   │ b := b+1;                    │
   │ WriteLn('Der Wert von a:', a);│
   │ WriteLn('Der Wert von b:', b);│
   │ WriteLn('Der Quotient  :',a / b);│◀─────
   │ WriteLn('Maximum  : ',max(a, b));│
   │ WriteLn('Das wars...');      │
   └──────────────────────────────┘
```

13.1.4 Beispielprogramm für das Debugging

Um die einzelnen Debugger-Betriebsarten auszuprobieren, können Sie natürlich eine beliebige Anwendung nehmen. Unser Rezept bezieht sich aber auf ein sehr einfaches Demoprogramm (Windows Forms), das aus dem Startformular *WinForm1* mit zwei *Button*s ("Ausführen" und "Beenden") besteht und welches Ausgaben direkt in das *Debug-Fenster* schreibt:

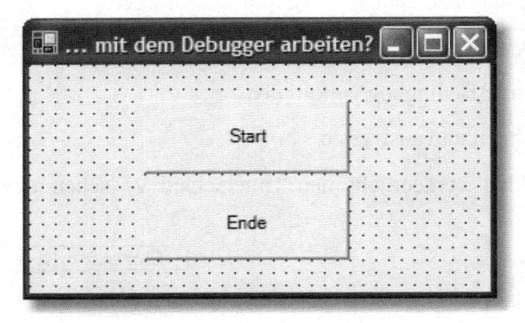

Quelltext

```
type
  TWinForm1 = class(System.Windows.Forms.Form)
  ...
implementation
uses System.Diagnostics;
  ...
```

Die "Start"-Schaltfläche:

```
procedure TWinForm1.TWinForm1_Load(sender: System.Object; e: System.EventArgs);
var a, b, c : Integer;
begin
  a := 320;
  for c := 0 to 15 do  b := b + a + 10;
  Debug.WriteLine('Wert von a: ' + a.ToString);
```

13.1 Arbeiten mit dem Debugger

```
  Debug.WriteLine('Wert von b: ' + b.ToString);
  Debug.WriteLine('Der Quotient: ' + Single(a / b).ToString);
  Debug.WriteLine('Das Maximum: ' + Max(a, b).ToString);
  Debug.WriteLine('Das war''s ...');
end;
```

Die dazu nötige Funktion *Max*:

```
function Max(a, b : Integer) : Integer;
begin
  if a > b then
    Max := a
  else
    Max := b;
end;
```

Die "Ende"-Schaltfläche:

```
procedure TWinForm1.Button2_Click(sender: System.Object; e: System.EventArgs);
begin
  Self.Close;
end;
```

Hinweis: Das Programm hat, wie Sie sehen, keinerlei sinnvolle Funktion – hier geht es lediglich um die Erläuterung des Debugging-Prinzips.

Erster Test

Über den Menüpunkt *Ansicht|Debug-Fenster|Ereignisprotokoll* (Strg+Alt+V) können Sie sich die Vorgänge im Debug-Fenster betrachten:

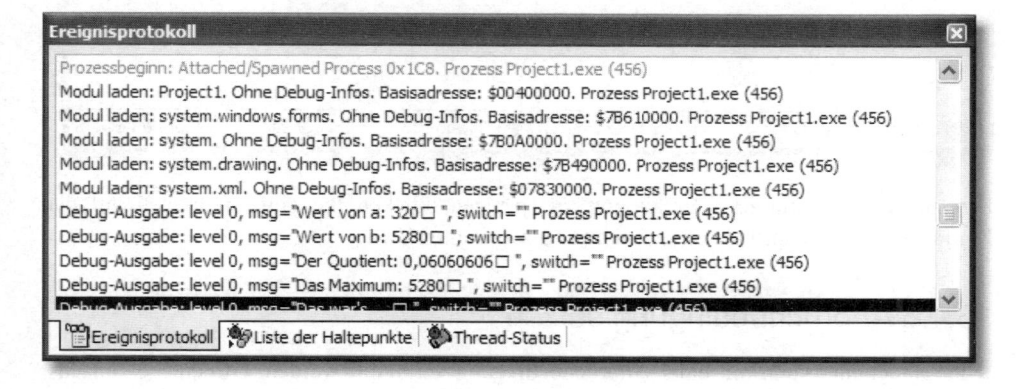

```
Ereignisprotokoll
Prozessbeginn: Attached/Spawned Process 0x1C8. Prozess Project1.exe (456)
Modul laden: Project1. Ohne Debug-Infos. Basisadresse: $00400000. Prozess Project1.exe (456)
Modul laden: system.windows.forms. Ohne Debug-Infos. Basisadresse: $7B610000. Prozess Project1.exe (456)
Modul laden: system. Ohne Debug-Infos. Basisadresse: $7B0A0000. Prozess Project1.exe (456)
Modul laden: system.drawing. Ohne Debug-Infos. Basisadresse: $7B490000. Prozess Project1.exe (456)
Modul laden: system.xml. Ohne Debug-Infos. Basisadresse: $07830000. Prozess Project1.exe (456)
Debug-Ausgabe: level 0, msg="Wert von a: 320□ ", switch="" Prozess Project1.exe (456)
Debug-Ausgabe: level 0, msg="Wert von b: 5280□ ", switch="" Prozess Project1.exe (456)
Debug-Ausgabe: level 0, msg="Der Quotient: 0,06060606□ ", switch="" Prozess Project1.exe (456)
Debug-Ausgabe: level 0, msg="Das Maximum: 5280□ ", switch="" Prozess Project1.exe (456)
Debug-Ausgabe: level 0, msg="Das war's ...□ ", switch="" Prozess Project1.exe (456)
Ereignisprotokoll | Liste der Haltepunkte | Thread-Status
```

13.1.5 Haltepunkte setzen

Einen Breakpoint setzen Sie entweder über die Funktionstaste F5 oder Sie klicken einfach mit der Maus auf den linken grauen Rand des Quelltextfensters, und es erscheint ein dunkelroter Punkt, auch die gesamte Zeile wird markiert. Genauso einfach lassen sich die Haltepunkte wieder entfernen – Sie brauchen nur darauf zu klicken.

```
118    Debug.WriteLine('Wert von a: ' + a.ToString);
119    Debug.WriteLine('Wert von b: ' + b.ToString);
120    Debug.WriteLine('Der Quotient: ' + Single(a / b).ToString);
121    Debug.WriteLine('Das Maximum: ' + max(a, b).ToString);
122    Debug.WriteLine('Das war''s ...');
```

Nach dem Programmstart (F9) werden alle Anweisungen bis **vor** die Breakpoint-Zeile ausgeführt. Anschließend können Sie schrittweise mit F7 (Einzelschritt) bzw. F8 (Prozedurschritt) fortfahren. Natürlich lassen sich auch mehrere Breakpoints setzen.

Eine sehr praktikable Möglichkeit ist das Setzen von Haltepunkten nicht zur Entwurfs-, sondern erst zur Laufzeit. Sie starten dazu Ihr Programm ganz normal mit F9. Nachdem z.B. das Eröffnungsformular erschienen ist, holen Sie das entsprechende Quelltextfenster nach vorne und setzen den oder die Haltepunkt(e). Nun klicken Sie z.B. auf einen Button, und das Programm setzt die Ausführung bis zum Haltepunkt fort.

Besonders dann, wenn Sie mehrere Breakpoints gesetzt haben, sind Sie für eine Übersicht dankbar. Wählen Sie dazu das Menü *Ansicht|Debug-Fenster|Haltepunkte*. Es erscheint die Liste der Haltepunkte. Wie Sie der folgenden Abbildung entnehmen, werden die Haltepunkte anhand ihrer Zeilennummer und des Moduls (Dateiname) unterschieden.

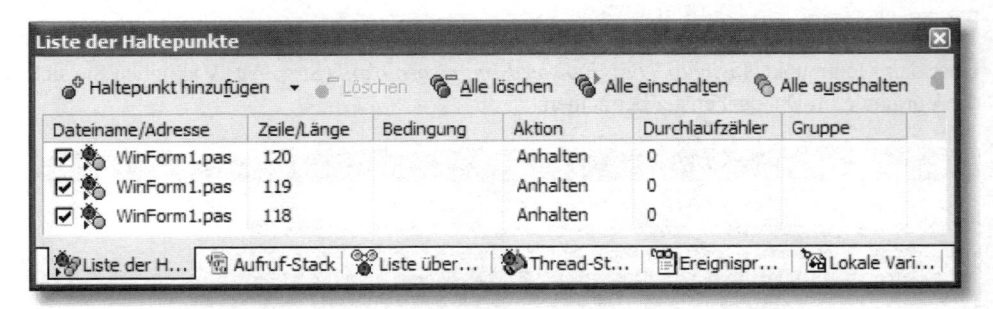

Dateiname/Adresse	Zeile/Länge	Bedingung	Aktion	Durchlaufzähler	Gruppe
☑ WinForm1.pas	120		Anhalten	0	
☑ WinForm1.pas	119		Anhalten	0	
☑ WinForm1.pas	118		Anhalten	0	

Um zu einem bestimmten Breakpoint zu springen, klicken Sie einfach doppelt auf den Eintrag, der Cursor springt automatisch zur gewünschten Stelle.

13.1.6 Abbruchbedingung setzen

Jeder Haltepunkt kann mit einer Abbruchbedingung verknüpft werden. Öffnen Sie zunächst die Liste der Haltepunkte und klicken Sie dann mit der rechten Maustaste auf den Breakpoint, dem Sie eine Bedingung zuordnen möchten. Im PopUp-Menü wählen Sie "Haltepunkt-

13.1 Arbeiten mit dem Debugger

Eigenschaften". In das sich öffnende Dialogfenster wird von Ihnen z.B. die Bedingung *b > 850* eingetragen und mit "OK" bestätigt:

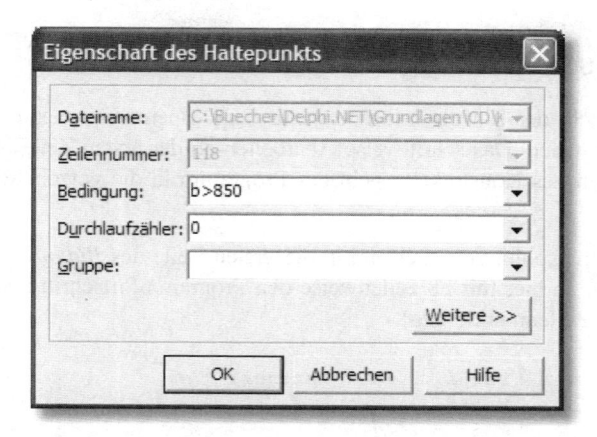

Wenn Sie jetzt unser Demoprogramm normal starten (F9), dürfte der Debugger erst die Programmausführung anhalten, wenn c einen Wert größer 12 hat (b ist zu diesem Zeitpunkt größer als 850).

Hinweis: Alternativ können Sie den Breakpoint auch setzen wenn sich eine Bedingung ändert.

13.1.7 Durchlaufzähler verwenden

Reichen Ihnen die bisherigen Bedingungen nicht aus, können Sie zusätzlich auch einen Durchlaufzähler als Stopp-Bedingung festlegen. Unabhängig davon, ob Sie bereits eine Abbruchbedingung gesetzt haben, kann hier das Erreichen des Breakpoints bei der Programmausführung berücksichtigt werden:

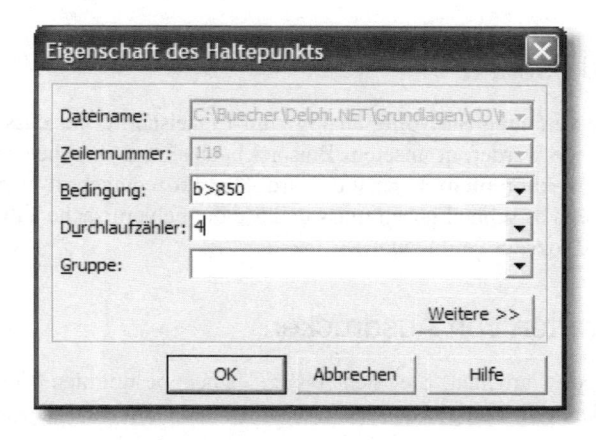

Nach obiger Einstellung und bei Beibehaltung unserer Abbruchbedingung stoppt der Debugger, wenn die Variable *c* den Wert 11 hat.

13.1.8 Einzelschritt-Modus

In Delphi.NET macht der Einzelschrittmodus nur dann einen Sinn, wenn Sie vorher einen Breakpoint gesetzt haben. Das schrittweise Abarbeiten ab der ersten Zeile ist nicht möglich, nach dem Durchlauf des Konstruktors geht das Programm in die gewohnte Eingabe-Warteschleife.

Haben Sie einen Breakpoint zum Beispiel in der ersten Zeile des *Button1_Click*-Ereignisses gesetzt, können Sie ab hier mit F8 zeilenweise den Programmfortschritt beobachten (grüner Pfeil und hellblaue Zeilenmarkierung).

```
113    var a, b, c : Integer;
114    begin
           a := 320;
           for c := 0 to 15 do
               b := b + a + 10;
```

Die Werte einzelner Variablen in der Ausführungsposition können Sie nun per gelber Quick-Info kontrollieren, indem Sie den Mauscursor darauf setzen und einen Moment verweilen:

```
       a := 320;
       for c := 0 to 15 do
           b := b + a + 10;
       Debug.WriteLine('Wert von a: ' + a.ToString);
       Debug.WriteLine('Wert von b: ' + b.ToString);
```

Für diese wie für alle anderen Betriebsarten des Debuggers gilt, dass Sie über Strg+F2 (bzw. das Menü *Start|Programm zurücksetzen*) den Debug-Modus verlassen können, um in den normalen Entwurfsmodus zurückzukehren.

13.1.9 Prozedurschritt

Bei dieser Variante verfahren Sie völlig analog zum Einzelschritt, nur dass Sie diesmal die F8-Taste benutzen. Sie werden in unserem Beispiel beobachten, dass bei den Anweisungen innerhalb der *Max*-Funktion **nicht** angehalten wird. Den Prozedurschritt werden Sie also nur dann verwenden, wenn es schnell gehen muss und Sie die Fehlerursache außerhalb einer aufgerufenen Funktion/Prozedur vermuten.

13.1.10 Auswerten von Ausdrücken

Im Einzelschrittmodus arbeiten Sie sich bis zu einer bestimmten Quelltextzeile vor, anschließend markieren Sie den gewünschten Ausdruck und warten auf die Quick-Info:

13.1 Arbeiten mit dem Debugger

```
a := 320;
for c := 0 to 15 do
  b := b + a + 10;
       ┌─────────────┐
Debug.W│b + a + 10 = 660│ert von a: ' + a.ToString);
Debug.WriteLine('Wert von b: ' + b.ToString);
Debug.WriteLine('Der Quotient: ' + Single(a / b).ToString);
```

Alternativ können Sie einen Ausdruck auch vorher festlegen (Strg+F5)

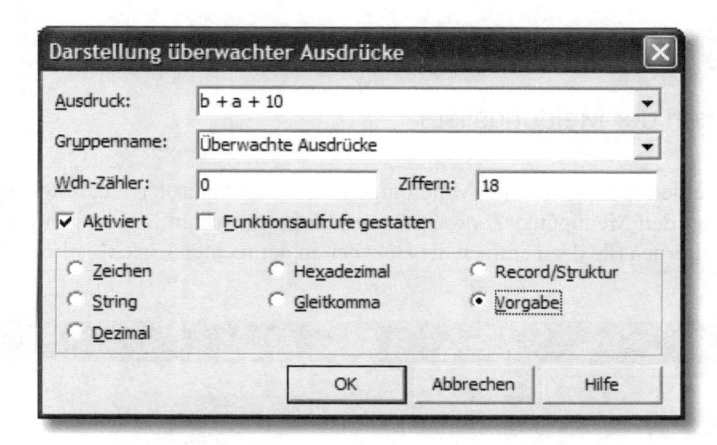

und sich diesen dann im Fenster "Liste der überwachten Ausdrücke" anzeigen lassen:

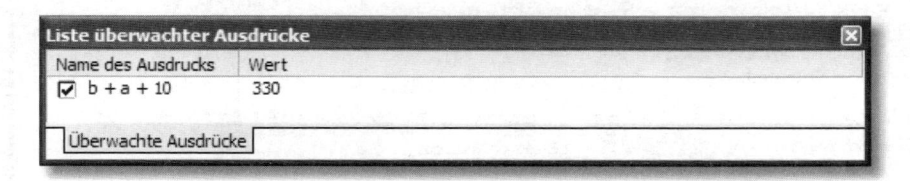

Insbesondere für mehrfach verschachtelte Funktionsaufrufe und umfangreiche Berechnungen ist dies das Mittel der Wahl, um dem Fehler auf die Schliche zu kommen.

13.1.11 Das Debug-Objekt

Hinweis: Bevor Sie mit dem *Debug*-Objekt arbeiten können, müssen Sie den Namespace *System.Diagnostics* einbinden.

Wie im vorhergehenden Beispielprogramm bereits gezeigt, eignet sich das *Debug*-Objekt bzw. dessen *WriteLine*-Methode hervorragend für die Anzeige von Statusmeldungen aus dem laufenden Programm heraus. Damit bietet sich die Funktion auch für das asynchrone Debuggen von Programmen oder Hintergrund-Threads an.

Alternativ können Sie auch die *Write*-Methode (kein Zeilenumbruch) oder *WriteIf*- bzw. *WriteLineIf*- (Ausgabe, wenn eine anzugebende Bedingung *True* ist) nutzen.

Beispiel: Ausgabe einer Meldung unter der Bedingung, das b < 10 ist.

```
var a, b, c : Double;
begin
  a := 320;
  b := 1;
  Debug.WriteIf(b<10, 'B ist mal wieder kleiner 10!!!!');
```

Einschränken der Meldungsliste

> **Hinweis:** Werden Ihnen zu viele Mitteilungen im Ausgabefenster angezeigt, können Sie über den Menüpunkt *Tools|Optionen* die gewünschten Meldungen einschränken. Entfernen Sie dazu einfach die Häkchen in der rechten CheckListBox.

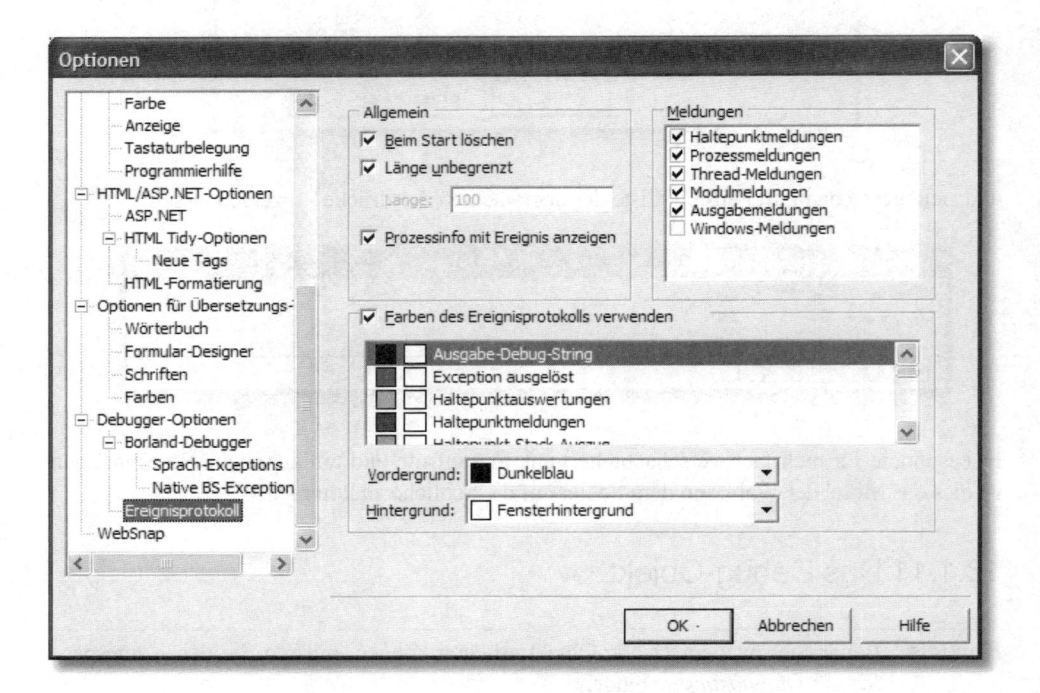

Assert

Mit Hilfe der *Assert*-Methode können Sie eine Bedingung prüfen lassen und eine Meldung ausgeben, wenn das Ergebnis dieser Prüfung *False* ist.

Beispiel: Ausgabe einer Meldung, wenn b < 11

```
uses System.Diagnostics;

var a, b, c : Double;
begin
  a := 320;
  b := 1;
  trace.Assert(b>10,'B < 11 !!!!!');
...
```

Nach der Ausführung obiger Anweisungen dürfte folgendes Fenster angezeigt werden:

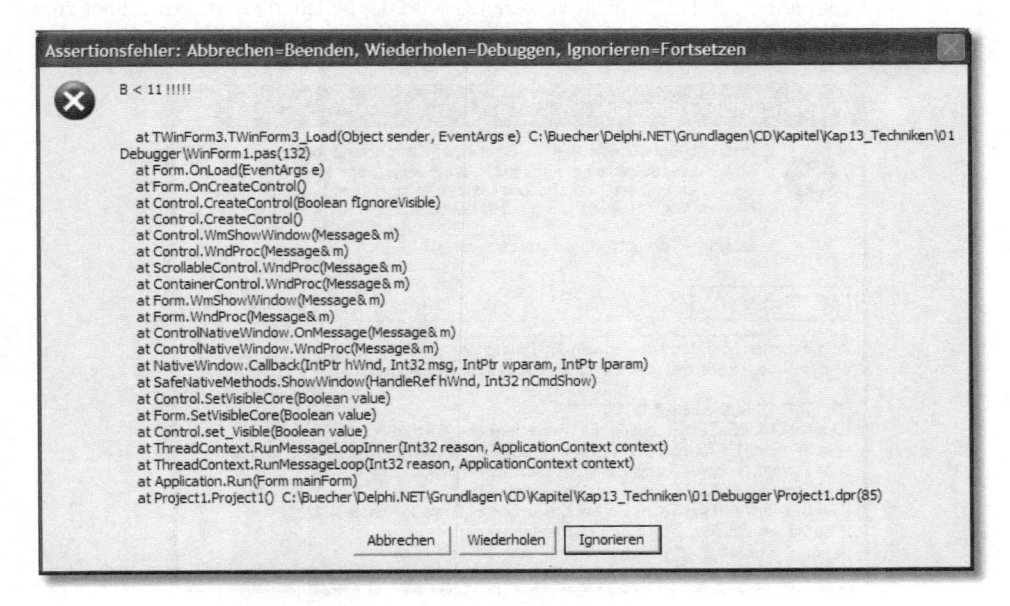

```
Assertionsfehler: Abbrechen=Beenden, Wiederholen=Debuggen, Ignorieren=Fortsetzen

    B < 11 !!!!!

       at TWinForm3.TWinForm3_Load(Object sender, EventArgs e)  C:\Buecher\Delphi.NET\Grundlagen\CD\Kapitel\Kap13_Techniken\01
    Debugger\WinForm1.pas(132)
       at Form.OnLoad(EventArgs e)
       at Form.OnCreateControl()
       at Control.CreateControl(Boolean fIgnoreVisible)
       at Control.CreateControl()
       at Control.WmShowWindow(Message& m)
       at Control.WndProc(Message& m)
       at ScrollableControl.WndProc(Message& m)
       at ContainerControl.WndProc(Message& m)
       at Form.WmShowWindow(Message& m)
       at Form.WndProc(Message& m)
       at ControlNativeWindow.OnMessage(Message& m)
       at ControlNativeWindow.WndProc(Message& m)
       at NativeWindow.Callback(IntPtr hWnd, Int32 msg, IntPtr wparam, IntPtr lparam)
       at SafeNativeMethods.ShowWindow(HandleRef hWnd, Int32 nCmdShow)
       at Control.SetVisibleCore(Boolean value)
       at Form.SetVisibleCore(Boolean value)
       at Control.set_Visible(Boolean value)
       at ThreadContext.RunMessageLoopInner(Int32 reason, ApplicationContext context)
       at ThreadContext.RunMessageLoop(Int32 reason, ApplicationContext context)
       at Application.Run(Form mainForm)
       at Project1.Project1()  C:\Buecher\Delphi.NET\Grundlagen\CD\Kapitel\Kap13_Techniken\01 Debugger\Project1.dpr(85)

              Abbrechen      Wiederholen      Ignorieren
```

13.2 Fehlerbehandlung in Delphi.NET

Während das Debugging nur im Stadium der Programmentwicklung von Interesse ist, sollte eine "wasserdichte" Fehlerbehandlung allen zur Laufzeit nur denkbaren Missgeschicken mit geeigneten Mitteln begegnen, denn neben den logischen Fehlern, die Sie mit dem Debugger aufspüren können, enthält jeder Code eine ganze Reihe weiterer potenzieller Fehlermöglichkeiten, auf die Sie als Programmierer gefasst sein müssen. Beispiele für solche Fehler gibt es viele:

- falsche bzw. unerwartete Anwendereingaben in einem Formular,
- eine fehlerhafte Anmeldung am SQL Server,
- gesperrte Dateien, fehlende Disketten etc.,

- zu wenig Speicher,
- die böse Division durch null und andere mathematische Unwägbarkeiten,
- usw....

Hinweis: Auf Besonderheiten der Fehlerbehandlung unter ASP.NET gehen wir im Kapitel 10 gesondert ein.

13.2.1 Anweisungen zur Fehlerbehandlung

Ist Ihr Programm auf einen Fehler nicht vorbereitet, wird der bedauernswerte Anwender zum Beispiel mit folgender Meldung schockiert:

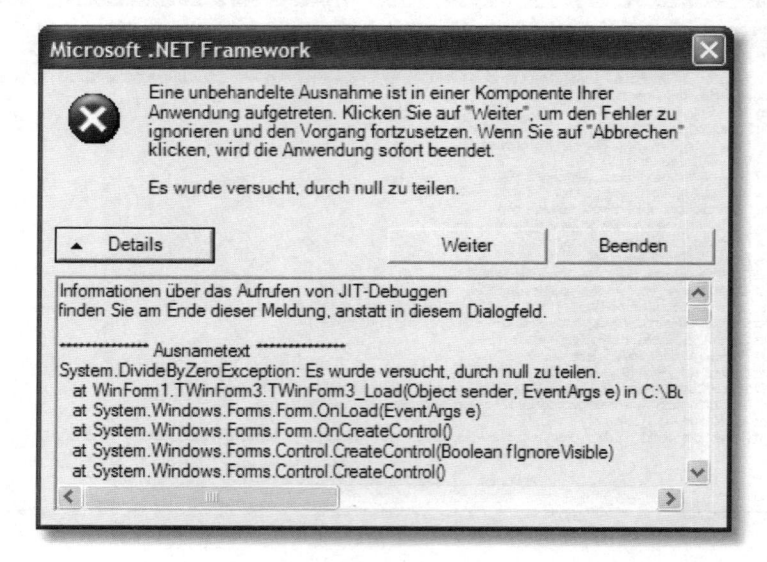

Wollen Sie einen solchen Anblick vielleicht zum Markenzeichen Ihrer zukünftigen Programme werden lassen? Das haben Sie nicht nötig, denn Delphi.NET bietet genügend Möglichkeiten zur Fehlerbehandlung. Ganz abgesehen davon, dass der Anwender die Programmausführung nach einigen Fehlerdialogen fortsetzen kann, was unvorhergesehene Folgen haben könnte.

Drei Konstrukte zur Fehlerbehandlung werden unterstützt:

- *try-except*-Blöcke
- *try-except-finally*-Blöcke
- das *Application.ThreadException*-Ereignis

13.2 Fehlerbehandlung in Delphi.NET

Die Neunmalklugen werden jetzt sicher einwenden, dass auch noch die Variante mit dem Ausschalten der Fehlerprüfung existiert, doch spätestens mit dem Umstieg auf .NET sollten Sie diese eigentlich in die Mottenkiste gehörende Variante endgültig vergessen.

13.2.2 Try-Except

Programmblöcke, die einen Fehler auslösen können, werden in so genannten *Try-Except*-Blöcken "gekapselt":

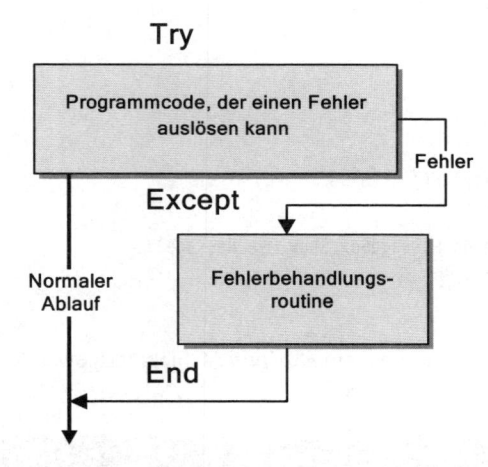

Tritt innerhalb des geschützten Blocks (d.h. zwischen *Try* und *Except*) ein Fehler auf, wird die Programmausführung in diesem Block unterbrochen und hinter *Except* fortgesetzt. Sollte wider Erwarten doch kein Fehler auftreten, wird der *Except-End*-Block **nie** durchlaufen.

Beispiel: *try-except*

```
procedure TWinForm1.Button1_Click(sender: System.Object; e: System.EventArgs);
var a,b,c : Double;
begin
  a := 10;
  b := 0;
  try
    c := a / b;
    Self.Text := c.ToString();
  except
    Self.Text := 'Fehler';
  end;
end;
```

Tritt im Bereich zwischen *try* und *except* ein Fehler auf, werden alle Anweisungen im *except*-Block ausgeführt, d.h., es wird statt des Ergebnisses der String "Fehler" angezeigt.

13.2.3 Ausnahmen über Fehlerklassen auswerten

Neben der pauschalen Anzeige einer Dialogbox können Sie auch gezielt einzelne Fehlerklassen behandeln. Verwenden Sie dazu das folgende Konstrukt.

Beispiel: "Gezielte" Fehlerbehandlung

```
procedure TWinForm1.Button1_Click(sender: System.Object; e: System.EventArgs);
var a,b,c : Double;
begin
  a := 10;
  b := 0;
  try
    c := a / b;
    Self.Text := c.ToString();
  except
    on mye : Exception do MessageBox.Show(mye.Message);
  end;
end;
```

In diesem Fall wird der Fehler über ein *Exception*-Objekt ausgewertet, Sie können die systeminterne Fehlermeldung anzeigen lassen:

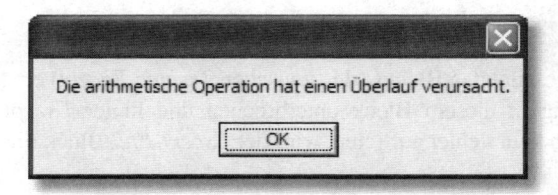

![Dialogbox: Die arithmetische Operation hat einen Überlauf verursacht. OK]

13.2.4 Spezifische Fehlerklassen auswerten

Tritt ein Fehler in einem größeren Codeblock auf, ist es sicher interessant festzustellen, um welche Art von Fehler es sich handelt. Bei den bisher vorgestellten Varianten wurde Ihnen zwar der Fehlertext übergeben, dessen Auswertung dürfte jedoch viel zu aufwändig sein. Besser ist die Verwendung von spezifischen Fehlerklassen, mit denen Sie Fehler in bestimmte Kategorien einordnen und getrennt behandeln können.

Beispiel: Spezifische Fehlerklasse verwenden

```
procedure TWinForm1.Button1_Click(sender: System.Object; e: System.EventArgs);
var a,b,c : Double;
begin
  a := 10;
  b := 0;
```

13.2 Fehlerbehandlung in Delphi.NET

```
try
  c := a / b;
  Self.Text := c.ToString();
```

Spezielle Fehlerklasse:

```
except
  on mye : EOverflow do MessageBox.Show(mye.Message);
end;
```

> **Hinweis:** Verwenden Sie spezifische Fehlerklassen zur Auswertung von Fehlern, sollten Sie immer auch an unbekannte Fehlerursachen denken und eine *else*-Option einfügen.

```
procedure TWinForm1.Button1_Click(sender: System.Object; e: System.EventArgs);
var a,b,c : Double;
begin
  a := 10;
  b := 0;
  try
    c := a / b;
    Self.Text := c.ToString();
  except
    on mye : EOverflow do begin
      MessageBox.Show(mye.Message);      // diverse Fehlerbehandlungen ...
    end;
    on mye : EZeroDivide do begin
      MessageBox.Show(mye.Message);      // diverse Fehlerbehandlungen ...
    end;
  else
    MessageBox.Show('Unbekannter Fehler aufgetreten!')
  end;
end;
```

Ein paar Probleme dieser Art von Fehlerbehandlung sind Ihnen sicher nicht verborgen geblieben:

- Woher soll man die verschiedenen Fehlerklassen kennen?
- Welche Fehlerklasse tritt bei welcher Ausnahme auf?

Ein weiterer Aspekt ist der doch recht hohe Schreibaufwand, wenn mehrere Fehlerarten ausgewertet werden sollen.

13.2.5 Fehler erneut auslösen

Bei den beiden oben genannten Varianten der Fehlerbehandlung wird die Programmausführung normal fortgesetzt. Möchten Sie jedoch, dass der Fehler zu einem Programmabbruch führt, können Sie diesen im *except-end*-Block erneut auslösen. Verwenden Sie dazu die *raise*-Anweisung.

```
procedure TWinForm1.Button1_Click(sender: System.Object; e: System.EventArgs);
var a,b,c : Double;
begin
  a := 10;
  b := 0;
  try
    c := a / b;
    Self.Text := c.ToString();
  except
    on mye : EOverflow do begin
      MessageBox.Show('Mal wieder eine Division durch Null???');
      raise;
    end;
  end;
end;
```

13.2.6 Verschachtelte Fehlerbehandlung

Ihre eigene Fehlermeldung wird nun zwar angezeigt, nach dem Aufruf von *raise* verhält sich das Programm jedoch so, als ob keinerlei Fehlerbehandlung vorhanden ist, es sei denn, Sie haben eine übergeordnete Fehlerbehandlung realisiert.

Beispiel: Weiterreichen eines Fehlers an eine übergeordnete Fehlerbehandlung

Erzeugen Sie zunächst eine neue Methode *Test* in die Sie die bisherige Fehlerbehandlung verlagern:

```
procedure TWinForm1.Test;
var a,b,c : Double;

begin
  a := 10;
  b := 0;
  try
    c := a / b;
    Self.Text := c.ToString();
```

13.2 Fehlerbehandlung in Delphi.NET

```
    except
      on mye : EOverflow do begin
        MessageBox.Show('Mal wieder eine Division durch Null???');
        raise;
      end;
    end;
end;
```

Hier der Aufruf der Methode mit einer eigenen Fehlerbehandlung:

```
procedure TWinForm1.Button1_Click(sender: System.Object; e: System.EventArgs);
begin
  try
    Test;
  except
      MessageBox.Show('Fehler in der Prozedur Test aufgetreten!');
  end;
  MessageBox.Show('Programm läuft weiter ...');
end;
```

Was läuft hier ab? Zunächst wird durch den Button-Klick die Prozedur *Test* in einem *try-except*-Block gestartet. In der Prozedur tritt beim Ausführen der Division ein Overflow auf, der zwar kurzzeitig abgefangen, aber durch die *raise*-Anweisung erneut ausgelöst wird.

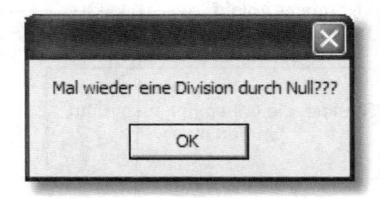

Weitere Anweisungen in der Prozedur *Test* würden nie ausgeführt, da der erneut auftretende Fehler direkt in die übergeordnete Fehlerbehandlung, d.h. bei *Button_Click*, verzweigt. Hier wird der Fehler endgültig abgearbeitet:

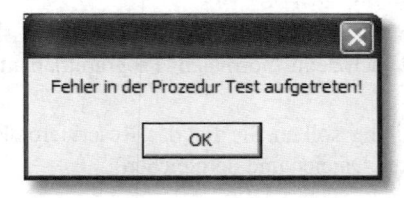

Die Programmausführung wird anschließend normal fortgesetzt:

13.2.7 Try-Finally

Ein weiteres Konstrukt zur Fehlerbehandlung ist dann von Interesse, wenn das "Kind schon in den Brunnen gefallen ist". Nach dem Motto "Retten, was zu retten ist" geht es darum, Systemressourcen etc. auch im Fehlerfall sicher wieder freizugeben. Die Rede ist von den *try-finally*-Blöcken.

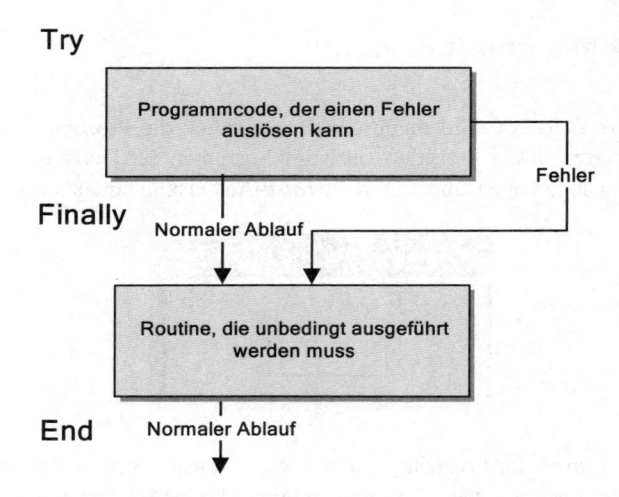

Sollte ein Fehler den gewohnten Ablauf stören, wird die Programmausführung im geschützten Block unterbrochen und **nach** *finally* fortgesetzt.

Hinweis: Dieser Teil wird auch beim "normalen" Programmablauf ausgeführt.

Diese Art der Fehlerbehandlung sollten Sie für das Reservieren/Freigeben von Ressourcen verwenden (Speicher, Objekte, Dateien und dergleichen).

Beispiel: *try-finally*

```
uses System.Data.OleDb;
...
```

13.2 Fehlerbehandlung in Delphi.NET

```
procedure TWinForm2.Button1_Click(sender: System.Object; e: System.EventArgs);
var conn1, conn2 : OleDbConnection;
begin
  conn1 := OleDbConnection.Create('Provider=Microsoft.Jet.OLEDB.4.0; Data Source=1.mdb;');
  conn2 := OleDbConnection.Create('Provider=Microsoft.Jet.OLEDB.4.0; Data Source=2.mdb;');
  try
    conn1.Open;
    conn2.Open;
  finally
    MessageBox.Show('Dateien schließen!');
    conn1.Close;
    conn2.Close;
  end;
  MessageBox.Show('Alles Ok!');
end;
```

Der Versuch, eine der beiden *Connections* zu öffnen, wird fehlschlagen, da die Datei nicht vorhanden ist.

Im Anschluss werden folgende Dialogboxen angezeigt[1]:

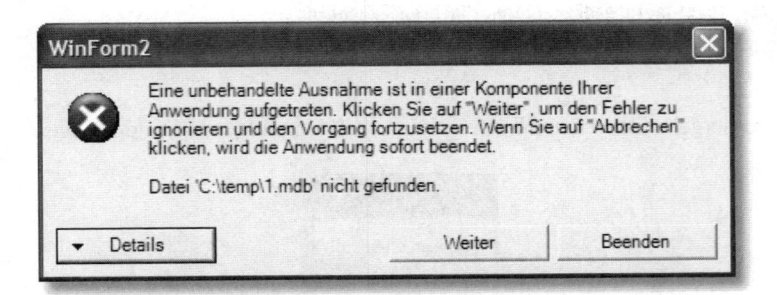

Ob es zu einem Programmabbruch kommt, hängt von der Reaktion des Nutzers in der zweiten Dialogbox ab.

---

[1] In der Delphi.NET-IDE werden die Dialogboxen in einer anderen Reihenfolge angezeigt, für uns ist jedoch das reine Laufzeitverhalten von Interesse.

13.2.8 Anwendungsweite Fehlerbehandlung

Ansatzpunkt für eine weitere Form der Fehlerbehandlung ist das *ThreadException*-Ereignis des *Application*-Objekts[1]. Weisen Sie diesem Ereignis beim Start der Anwendung eine eigene Fehlerbehandlungsroutine zu, entscheiden Sie, ob und welche Fehlermeldungen angezeigt werden. Ein derartiger Error-Handler ist für den gesamte Thread verantwortlich.

```
program Project5;
...
uses
  System.Reflection,
  System.Runtime.CompilerServices,
  System.Windows.Forms,
  System.Threading,
  WinForm1 in 'WinForm1.pas' {WinForm1.TWinForm1: System.Windows.Forms.Form};

{$R *.res}
...
procedure OnThreadException(sender: TObject; e: ThreadExceptionEventArgs);
begin
  MessageBox.Show(e.Exception.GetType.ToString, 'Fehlertyp');
  MessageBox.Show(e.Exception.Message, 'Message');
  MessageBox.Show(e.Exception.StackTrace, 'StackTrace');
end;

[STAThread]
begin
  Include(Application.ThreadException, OnThreadException);
  Application.Run(TWinForm4.Create);
end.
```

Für unser vorhergehendes *try-finally*-Beispiel werden jetzt folgende Dialoge angezeigt:

---

[1] Delphi-User kennen sicher noch das *OnException*-Ereignis.

13.2 Fehlerbehandlung in Delphi.NET

Und jetzt kommen die Dialoge aus unserem zentralen Error-Handler:

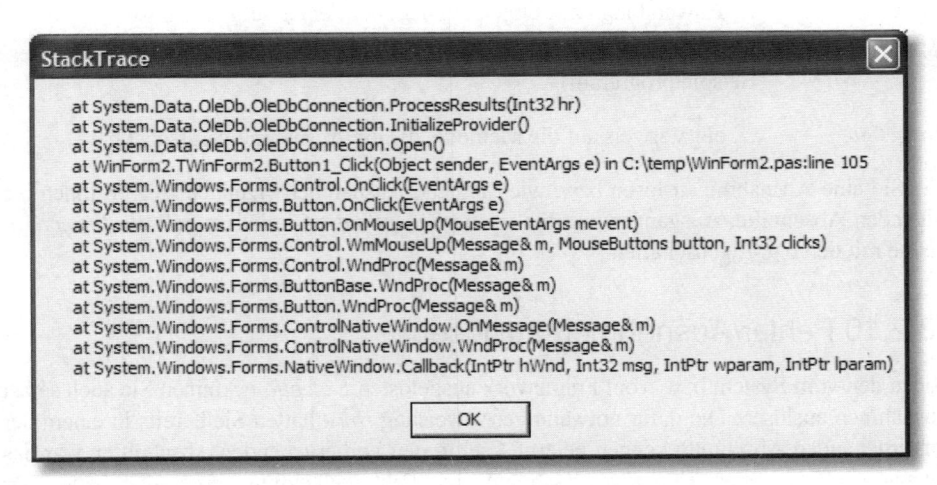

```
Fehlertyp
System.Data.OleDb.OleDbException
        OK
```

```
Message
Datei 'C:\temp\1.mdb' nicht gefunden.
        OK
```

```
StackTrace
   at System.Data.OleDb.OleDbConnection.ProcessResults(Int32 hr)
   at System.Data.OleDb.OleDbConnection.InitializeProvider()
   at System.Data.OleDb.OleDbConnection.Open()
   at WinForm2.TWinForm2.Button1_Click(Object sender, EventArgs e) in C:\temp\WinForm2.pas:line 105
   at System.Windows.Forms.Control.OnClick(EventArgs e)
   at System.Windows.Forms.Button.OnClick(EventArgs e)
   at System.Windows.Forms.Button.OnMouseUp(MouseEventArgs mevent)
   at System.Windows.Forms.Control.WmMouseUp(Message& m, MouseButtons button, Int32 clicks)
   at System.Windows.Forms.Control.WndProc(Message& m)
   at System.Windows.Forms.ButtonBase.WndProc(Message& m)
   at System.Windows.Forms.Button.WndProc(Message& m)
   at System.Windows.Forms.ControlNativeWindow.OnMessage(Message& m)
   at System.Windows.Forms.ControlNativeWindow.WndProc(Message& m)
   at System.Windows.Forms.NativeWindow.Callback(IntPtr hWnd, Int32 msg, IntPtr wparam, IntPtr lparam)
        OK
```

Hinweis: Die Beispiel-Anwendung bleibt lauffähig, die Messagebox nach dem *finally-end* wird jedoch nicht mehr angezeigt, da zum Error-Handler verzweigt wurde.

13.2.9 Die Exception-Klasse

Was genau ist eigentlich eine Exception? In .NET ist die Antwort schnell gefunden, wie immer handelt es sich um eine Klasse bzw. ein Objekt, das über seine Eigenschaften Informationen zur gerade aufgetretenen Ausnahme bzw. zum Fehler zur Verfügung stellt.

Die wichtigsten Eigenschaften zeigt die folgende Tabelle:

Eigenschaft	Beschreibung
HelpLink	... Verweis (z.B. URL, Link) auf eine ausführliche Beschreibung des Fehlers (z.B. Hilfedatei)
HResult	... eine eindeutige Fehlernummer
InnerException	... ein Verweis auf die ursprüngliche Exception
Message	... ein beschreibender Text **Beispiel:**
Source	... Anwendung bzw. Objekt, in dem der Fehler aufgetreten ist
StackTrace	... liefert Informationen vom Aufruf-Stack (siehe vorhergehendes Beispielprogramm).
TargetSite	... ein Verweis auf die Methode, die die Ausnahme verursacht hat

Wie Sie eine Ausnahme auslösen bzw. wie Sie neue Ausnahmen erzeugen, zeigen Ihnen die folgenden Abschnitte. Ausgangspunkt für eigene *Exceptions* ist in jedem Fall die *Exception*-Klasse mit den o.g. Eigenschaften.

13.2.10 Fehler/Ausnahmen auslösen

Neben den vom System bzw. vom Framework ausgelösten *Exceptions* können Sie auch selbst Ausnahmen auslösen. Die dafür notwendige Anweisung *raise* hatten Sie bereits in einem der vorhergehenden Abschnitte kennen gelernt. Ziel in den vorhergehenden Abschnitten war das erneute Auslösen einer *Exception*, nachdem eine Fehlerbehandlung eingesetzt hatte. Der Fehler führte in diesem Fall entweder zur erneuten Fehlerbehandlung in einem übergeordneten *try-except*-Konstrukt oder zu den schon bekannten Fehlerdialogboxen.

Der Anweisung selbst wird als Parameter ein initialisiertes *Exception*-Objekt übergeben. Den Typ bestimmen Sie anhand der Ausnahme.

Beispiel: Eine Prozedur *Test* erwartet zwei Argumente *a* und *b*, die einen festgelegten Wertebereich haben. Wird dieser überschritten, löst die Prozedur eine Exception aus.

```
procedure TWinForm2.Test(a,b : Integer);
begin
  if (a>80000)or (b>100000) then raise System.Exception.Create(
        'Wertebereich nicht eingehalten');
end;
```

13.2 Fehlerbehandlung in Delphi.NET

```
procedure TWinForm2.Button1_Click(sender: System.Object; e: System.EventArgs);
begin
  Test(110000,9);
end;
```

Wird die Prozedur mit ungültigen Parametern gestartet, erhalten Sie folgende Meldung (Release, nicht in der IDE):

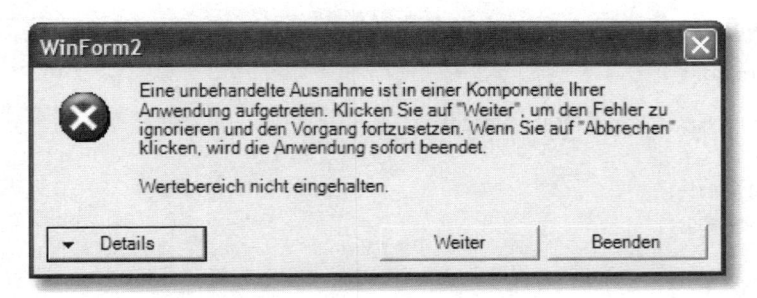

![WinForm2 Dialog: Eine unbehandelte Ausnahme ist in einer Komponente Ihrer Anwendung aufgetreten. Klicken Sie auf "Weiter", um den Fehler zu ignorieren und den Vorgang fortzusetzen. Wenn Sie auf "Abbrechen" klicken, wird die Anwendung sofort beendet. Wertebereich nicht eingehalten.]

13.2.11 Eigene Fehlerklassen

So schön auch die bisherigen Varianten sind, in einigen Fällen möchte man doch eigene Fehlerklassen erzeugen, sei es, dass spezielle Parameter übergeben werden oder das Verhalten geändert werden soll. Auch die Auswertung der Fehler kann wesentlich differenzierter erfolgen. Last but not least sind eigene Fehlerklassen im Zusammenhang mit der Komponentenentwicklung von Interesse.

Ein vielleicht etwas abwegiges, dafür aber leicht verständliches Beispiel soll Ihnen die Vorgehensweise vermitteln.

Beispiel: Es soll eine neue Fehlerklasse entwickelt werden, die in der Lage ist, eine E-Mail über den aktuellen E-Mail-Client zu versenden bzw. dort anzuzeigen.

Für die Fehlerklasse erzeugen Sie zunächst über *Datei|Neu|Weitere|Klasse* einen Rumpf, den Sie um die hervorgehobenen Passagen ergänzen:

```
unit CError1;
interface
```

Wir leiten von der *Exception*-Klasse ab:

```
type
  cMyError = class(Exception)
  private
     { Private-Deklarationen }
    fmailmsg : String;
  public
```

```
    constructor Create(msg : String);
    procedure SendMailMessage;
  end;
```

```
implementation
```

Wichtig:

```
uses System.Diagnostics;
```

Der Konstruktor :

```
constructor cMyError.Create(msg : String);
begin
  inherited Create;
  fmailmsg := msg;
end;
```

Hinweis: Selbstverständlich könnten Sie hier auch weitere Parameter definieren, zum Beispiel eine Zieladresse etc.

Eine zusätzliche Methode zum Versenden der E-Mail:

```
procedure CMyError.SendMailMessage();
begin
  Process.Start('mailto:support@nirgendwo.de?subject=Fehler&Body=' + fmailmsg);
end;
```

end.

Die Verwendung (gezieltes Auslösen der neuen Exception):

```
implementation

uses cError1;

...

procedure test(a, b : Integer);
begin
  if (a > 80000) or (b > 100000) then raise cMyError.Create(
                                    'Wertebereich nicht eingehalten');
end;
```

Die Oberfläche unseres Testprogramms besteht lediglich aus einem einsamen Button.

13.2 Fehlerbehandlung in Delphi.NET

Die Verwendung (Fehlerbehandlung):

```
procedure TWinForm1.Button1_Click(sender: System.Object; e: System.EventArgs);
begin
  try
     test(100000, 10);
  except
     on myE: cMyError do myE.SendMailMessage;
  end;
end;
```

Test

Nach dem Aufruf der Methode *SendMailMessage* öffnet sich der aktuelle E-Mail-Client, die Meldungstexte und die Adresse sind bereits eingetragen:

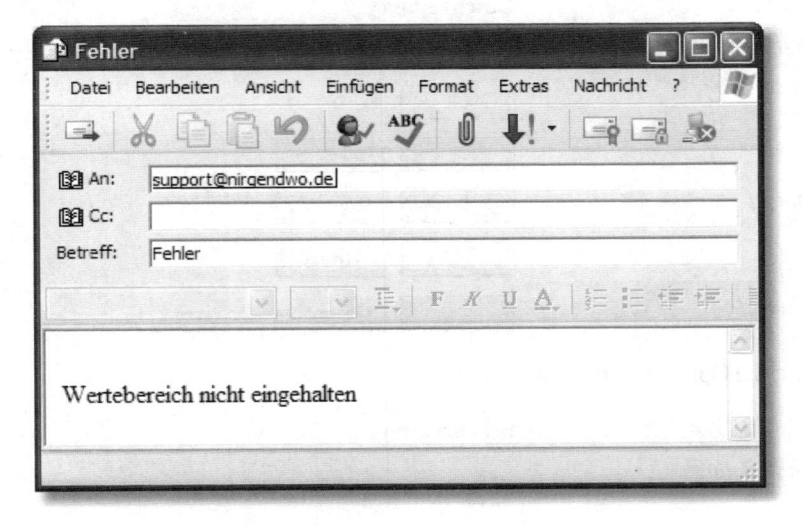

(Screenshot: E-Mail-Fenster "Fehler" mit An: support@nirgendwo.de, Betreff: Fehler, Inhalt: Wertebereich nicht eingehalten)

Hinweis: Das komplette Beispielprogramm finden Sie auf der Buch-CD!

13.3 Dialogfenster

Neben vielen anderen Einsatzgebieten ist die Verwendung von MessageBoxen vor allem bei der Fehlersuche und Fehleranzeige interessant. Hier ist es ohne großen Programmieraufwand möglich, Zwischenergebnisse oder Warnungen anzuzeigen oder auch Werte einzugeben. Aus diesem Grund können diese Dialogfenster-Funktionen auch sehr gut für Testzwecke bzw. anstatt des Debuggers zur Fehlersuche eingesetzt werden. Diese typischen Windows-Dialoge sind modal, d. h., das Programm kann erst nach dem Schließen des Meldungsfensters fortgesetzt werden.

Syntax: `MessageBox.Show(Text, Caption, Buttons, Icon) : DialogResult;`

Text enthält die in der Dialogbox angezeigte Meldung, *Caption* den Kopfzeilentext. Über *Buttons* bestimmen Sie die Art und Anzahl der angezeigten Schaltflächen:

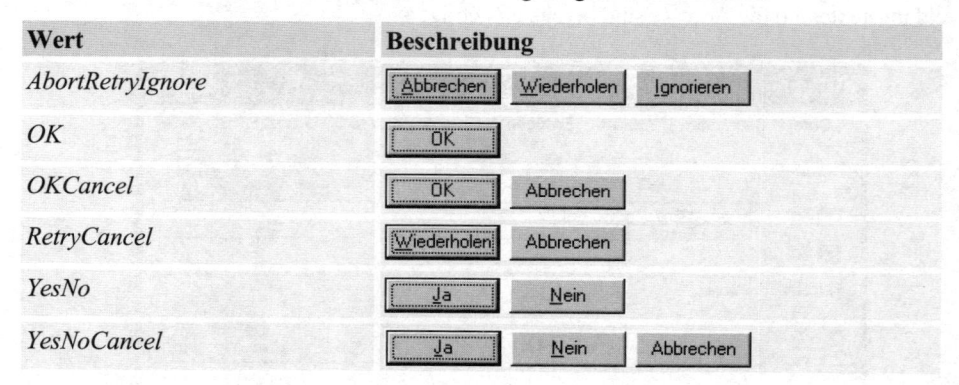

Wert	Beschreibung
AbortRetryIgnore	Abbrechen Wiederholen Ignorieren
OK	OK
OKCancel	OK Abbrechen
RetryCancel	Wiederholen Abbrechen
YesNo	Ja Nein
YesNoCancel	Ja Nein Abbrechen

Icon ist für die Optik verantwortlich:

Wert	Beschreibung
Asterisk, Warning	⚠
Error, Exclamation, Hand, Stop	⊗
Information	ⓘ
None	
Question	?

Wer möchte, kann zusätzlich auch noch die Default-Taste festlegen, dafür stehen Ihnen die drei Konstanten *Button1*, *Button2*, *Button3* zur Verfügung.

Ein kleines Testprogramm soll einige der Möglichkeiten demonstrieren:

13.3 Dialogfenster

WinForm1 und zwei *Button*s sollen uns genügen.

Der Quellcode:

```
type
  TWinForm1 = class(System.Windows.Forms.Form)
  ...
implementation
...
```

Verschiedene Varianten:

```
procedure TWinForm1.Button1_Click(sender: System.Object; e: System.EventArgs);
begin
  MessageBox.Show('Meldungstext', 'Kopfzeile', MessageBoxButtons.YesNo,
               MessageBoxIcon.Exclamation, MessageBoxDefaultButton.Button1);
  MessageBox.Show('Meldungstext', 'Kopfzeile', MessageBoxButtons.YesNo,
               MessageBoxIcon.Asterisk, MessageBoxDefaultButton.Button1);
  MessageBox.Show('Meldungstext', 'Kopfzeile', MessageBoxButtons.YesNo,
               MessageBoxIcon.Error, MessageBoxDefaultButton.Button1);
  MessageBox.Show('Meldungstext', 'Kopfzeile', MessageBoxButtons.YesNo,
               MessageBoxIcon.Hand, MessageBoxDefaultButton.Button1);
  MessageBox.Show('Meldungstext', 'Kopfzeile', MessageBoxButtons.YesNo,
               MessageBoxIcon.Information, MessageBoxDefaultButton.Button1);
  MessageBox.Show('Meldungstext', 'Kopfzeile', MessageBoxButtons.YesNo,
               MessageBoxIcon.None, MessageBoxDefaultButton.Button1);
  MessageBox.Show('Meldungstext', 'Kopfzeile', MessageBoxButtons.YesNo,
               MessageBoxIcon.Question, MessageBoxDefaultButton.Button1);
  MessageBox.Show('Meldungstext', 'Kopfzeile', MessageBoxButtons.YesNo,
               MessageBoxIcon.Stop, MessageBoxDefaultButton.Button1);
  MessageBox.Show('Meldungstext', 'Kopfzeile', MessageBoxButtons.YesNo,
               MessageBoxIcon.Warning, MessageBoxDefaultButton.Button1);
end;
```

Ein nicht ganz ernst zu nehmendes Beispiel:

```
procedure TWinForm1.Button2_Click(sender: System.Object; e: System.EventArgs);
begin
  case MessageBox.Show('Achtung! Ihre Festplatte wird formatiert!',
          'Kleiner Hinweis', MessageBoxButtons.AbortRetryIgnore, MessageBoxIcon.Question) of
    System.Windows.Forms.DialogResult.Abort  : begin end;    // Abbruch
    System.Windows.Forms.DialogResult.Retry  : begin end;    // Wiederholen
    System.Windows.Forms.DialogResult.Ignore : begin end;    // Ignorieren
  end;
end;
```

Hinweis: Wie Sie in obigem Beispiel sehen, ist die Abfrage der Rückgabewerte mit viel Schreibarbeit verbunden. Übernehmen Sie Beispiele aus den Microsoft .NET-Sprachen, müssen Sie den Bezeichner *System.Windows.Forms* in jedem Fall hinzufügen.

Nach dem Start des Programms:

Verstehen Sie Spaß?

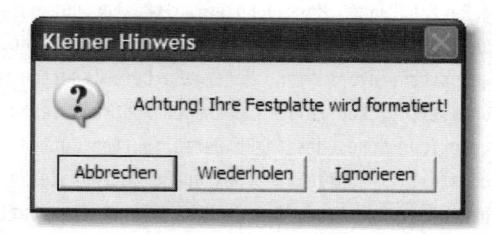

13.4 Zwischenablage

Die Zwischenablage dient der Übertragung von Datenobjekten zwischen verschiedenen Anwendungen, entweder auf Grund von Befehlseingaben des Benutzers (*Einfügen, Kopieren*) oder programmgesteuert. Für diesen Zweck werden globale Speicherblöcke verwendet, auf die jede angemeldete Applikation zugreifen kann.

13.4.1 Das Clipboard-Objekt

Die Verbindung zur Windows-Zwischenablage hält unter Delphi.NET das *Clipboard*-Objekt. Ein Blick in die Hilfe zeigt lediglich zwei Methoden, was bei der Vielfalt der Zwischenablageformate etwas dürftig erscheint:

- *SetDataObject*
- *GetDataObject*

Wer jetzt glaubt, die Bedienung wird umständlich, liegt vermutlich richtig.

Kopieren von Daten

Möchten Sie einen Text oder den Inhalt eines Textfeldes in die Zwischenablage kopieren, genügt der folgende Aufruf:

```
Clipboard.SetDataObject('Hello World!');
```

oder

```
Clipboard.SetDataObject(TextBox1.SelectedText);
```

Auch das Kopieren von Grafiken ist auf diesem Wege möglich:

```
Clipboard.SetDataObject(PictureBox2.Image)
```

> **Hinweis:** Es muss ein Objekt (Text, Grafik etc.) vorhanden sein, wenn Sie versuchen, die Daten zu kopieren. Andernfalls werden Sie mit einem Laufzeitfehler beglückt.

Doch Achtung: Wieder einmal will das Objekt schlauer als der Programmierer sein, eigenmächtig wird der Inhalt der Zwischenablage bei Programmende aufgeräumt, d.h gelöscht.

Einfügen von Daten

Das Einfügen von Daten aus der Zwischenablage gestaltet sich naturgemäß etwas schwieriger, da man nicht unbedingt weiß, was auf einen zukommt. Erschwerend fällt die ziemlich sinnfreie Gestaltung des *Clipboard*-Objekts ins Gewicht.

Prüfen Sie zunächst, ob der gewünschte Datentyp vorhanden ist. Dazu müssen Sie die Methode *GetDataObject* aufrufen, diese gibt wiederum ein *IDataObjekt* zurück, das über seine Methode *GetDataPresent* auf ein bestimmtes Datenformat prüft. Was sich so kompliziert anhört, sieht auch so aus.

Beispiel: Testen, ob Text in der Zwischenablage ist

```
if Clipboard.GetDataObject.GetDataPresent(DataFormats.Text) then begin
  ...
```

Beim Einfügen müssen Sie das gewünschte Datenformat ebenfalls angeben:

```
if Clipboard.GetDataObject.GetDataPresent(DataFormats.Text) then begin
   TextBox1.Text := Clipboard.GetDataObject.GetData(DataFormats.Text).ToString;
end;
```

Beispiel: Einfügen einer Grafik (Bitmap)

```
if Clipboard.GetDataObject.GetDataPresent(DataFormats.Bitmap) then
   PictureBox1.Image := (Clipboard.GetDataObject.GetData(DataFormats.Bitmap) as Bitmap);
   ...
```

Einige wichtige Datenformate:

- *Text*
- *Dib*
- *Bitmap*
- *RTF*

13.4.2 Zwischenablage-Funktionen für Textboxen

Im Zusammenhang mit der Zwischenablage finden Sie unter dem Menüpunkt *Bearbeiten* fast immer die folgenden Befehle:

- Kopieren (Strg+C)
- Ausschneiden (Strg+X)
- Einfügen (Strg+V)

Wie trivial diese umzusetzen sind, entnehmen Sie bitte den folgenden Beispielen:

Beispiel: Kopieren

```
procedure TWinForm7.MenuItem1_Click(sender: System.Object; e: System.EventArgs);
begin
  TextBox1.Copy;
end;
```

13.5 Registry

Beispiel: Ausschneiden

```
procedure TWinForm7.MenuItem2_Click(sender: System.Object; e: System.EventArgs);
begin
  TextBox1.Cut;
end;
```

Beispiel: Einfügen

```
procedure TWinForm7.MenuItem3_Click(sender: System.Object; e: System.EventArgs);
begin
  TextBox1.Paste;
end;
```

Wie Sie den Zwischenablageinhalt automatisch abrufen können, zeigt

    R 13.3 Die Zwischenablage überwachen

13.5 Registry

Auch wenn .NET mittlerweile andere Alternativen zur Registrierdatenbank zu bieten hat, dürfte diese noch lange im Gebrauch bleiben. Sei es, dass Sie bestehende Einträge auslesen müssen oder dass Sie einfach beim Umstellen vorhandener Programme nicht alles Know-how über Bord werfen wollen.

Delphi.NET bietet Ihnen mit den Klassen *Registry* und *RegistryKey* eine objektorientierte Schnittstelle, so dass Sie auf die Verwendung von API-Funktionen verzichten können.

Hinweis: Vergessen Sie nicht, den Namespace *Microsoft.Win32* in Ihr Programm aufzunehmen, wenn Sie die beiden Klassen nutzen wollen.

13.5.1 Allgemeines

Win32 speichert alle Informationen über Hard- und Software in einer Datenbank mit Baumstruktur. Damit sollte endlich Ordnung in das INI-Datei-Chaos gebracht werden. Im Unterschied zu den INI-Dateien ist zum Einsehen der Datenbank ein Texteditor allerdings nicht geeignet, Sie müssen den Registrierungseditor verwenden, den Sie im Systemverzeichnis finden. Um den Registrierungseditor auszuführen, starten Sie das Programm REGEDIT.EXE vom Datei- oder vom Programm-Manager aus.

Wie Sie der folgenden Abbildung entnehmen können, sind die Informationen ähnlich einem Dateiverzeichnis in einer Baumstruktur gespeichert. Die einzelnen Einträge auf der linken Seite werden als Schlüssel bezeichnet, auf der rechten Seite werden gegebenenfalls die zugeordneten Werte angezeigt.

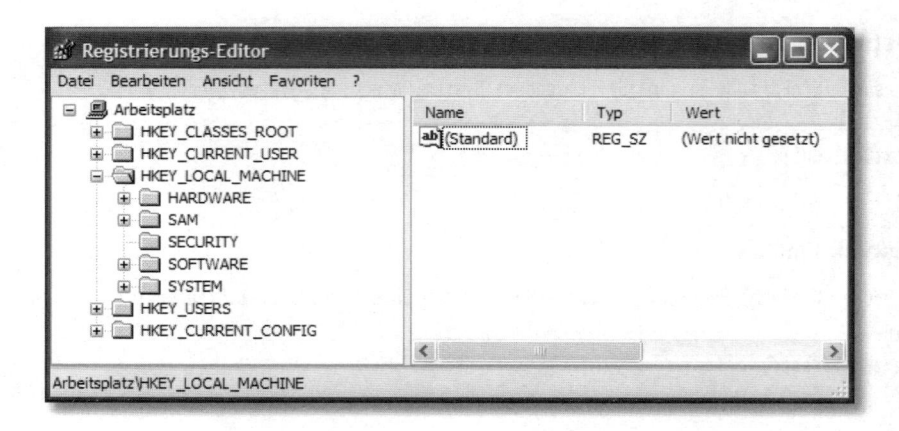

![Registrierungs-Editor Screenshot zeigt die Baumstruktur mit HKEY_CLASSES_ROOT, HKEY_CURRENT_USER, HKEY_LOCAL_MACHINE (mit HARDWARE, SAM, SECURITY, SOFTWARE, SYSTEM), HKEY_USERS und HKEY_CURRENT_CONFIG]

Hinweis: Änderungen an der Registrierung sollten Sie nur vornehmen, wenn Sie wirklich wissen, was Sie da tun. Im Allgemein werden die Einträge von den Programmen selbst verwaltet, Änderungen durch den Anwender sind nicht vorgesehen.

Die Registrierungsdatenbank gliedert sich in folgende vier wesentliche Teile:

Element	Beschreibung
HKEY_LOCAL_MACHINE	... enthält die Konfigurationsinformationen für den Computer (alle User).
HKEY_USERS	... die Root für alle Benutzerprofile.
HKEY_CURRENT_USER	... stellt die Root der Konfigurationsinformationen für den momentan angemeldeten Benutzer dar (z.B. Programmgruppen, Bildschirmfarben ...). HKEY_CURRENT_USER ist ein Teilschlüssel von HKEY_USERS.
HKEY_CLASSES_ROOT	... ist ein Teilschlüssel von HKEY_LOCAL_-MACHINE\SOFTWARE. Hier sind die Dateiverknüpfungen und OLE-Objekte gespeichert.

Bevor Sie einfach drauflos speichern, sollten Sie sich darüber im Klaren sein, **wo was** gespeichert wird. Grundsätzlich sollten Sie nur Informationen speichern, die auch in eine Registrierdatei gehören, umfangreiche Daten sollten auch weiterhin in einer eigenen Datei untergebracht sein.

Registrierungsdaten unterteilen Sie zweckmäßigerweise in

- User-spezifische Daten und
- Computer-spezifische Daten.

Computerdaten (z.B. Hardware-Infos) speichern Sie unter KEY_LOCAL_MACHINE nach folgendem Muster:

13.5 Registry

```
HKEY_LOCAL_MACHINE\SOFTWARE\Firmenname\Produkt\Version\...
```

Daten, die den einzelnen User betreffen (z.B. Farbeinstellungen, Fenstergrößen etc.), speichern Sie unter HKEY_CURRENT_USER wie folgt:

```
HKEY_CURRENT_USER\SOFTWARE\Firmenname\Produkt\Version\...
```

Der Schlüssel SOFTWARE existiert bereits, *Firmenname* stellt eine eindeutige Firmenbezeichnung dar (z.B. *Microsoft*). Danach folgt die Produktbezeichnung (z.B. *Access*) und die Versionsnummer (z.B. *1.23*).

Auf diese Weise lassen sich alle Produkte einer Firma sinnvoll zusammenfassen.

Beispiel: Die nachfolgende Zeile steht für einen korrekten Eintrag.

```
HKEY_LOCAL_MACHINE\SOFTWARE\Microsoft\Jet\3.0
```

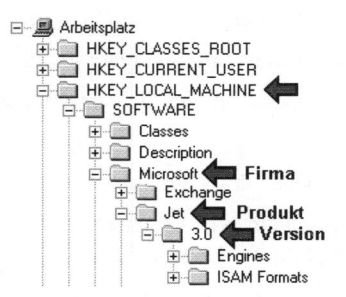

```
Arbeitsplatz
├── HKEY_CLASSES_ROOT
├── HKEY_CURRENT_USER
├── HKEY_LOCAL_MACHINE  ←
│   └── SOFTWARE
│       ├── Classes
│       ├── Description
│       └── Microsoft  ← Firma
│           ├── Exchange
│           └── Jet  ← Produkt
│               └── 3.0  ← Version
│                   ├── Engines
│                   └── ISAM Formats
```

Wichtig ist, dass in einer Baumebene alle Schlüssel eindeutig sein müssen, in einem Verzeichnis können Sie ja auch nicht zwei gleichnamige Dateien speichern.

Der Untereintrag eines Schlüssels kann dagegen den gleichen Namen wie der übergeordnete Schlüssel haben.

13.5.2 Registry-Unterstützung in Delphi.NET

Für alle Hauptzweige des Registry-Baums bietet die *Registry*-Klasse eigene Eigenschaften, die ein *RegistryKey*-Objekt zurückgeben:

Eigenschaft	Für den Zugriff auf ...
ClassesRoot	HKEY_CLASSES_ROOT
CurrentConfig	HKEY_CURRENT_CONFIG
CurrentUser	HKEY_CURRENT_USER
DynData	HKEY_DYN_DATA
LocalMachine	HKEY_LOCAL_MACHINE
PerformanceData	HKEY_PERFORMANCE_DATA
Users	HKEY_USERS

Beispiel: Zugriff auf den Baumzweig HKEY_CURRENT_USER realisieren

```
...
implementation
uses Microsoft.Win32;
...
var reg : RegistryKey;
begin
    reg := Registry.CurrentUser;
```

Mit diesem Objekt können Sie dann schon etwas mehr anfangen, wie die folgenden Tabellen zeigen:

Eigenschaft	Beschreibung
Name	... der Name des jeweiligen Schlüssels.
SubKeyCount	... die Anzahl der direkt untergeordneten Schlüssel.
ValueCount	... die Anzahl der Werte in diesem Schlüssel.
Methode	
Close	... Schließen des Keys.
CreateSubKey	... erzeugt einen neuen untergeordneten Schlüssel falls nötig, andernfalls wird der Schlüssel geöffnet.
DeleteSubKey	... löscht einen untergeordneten Schlüssel.
DeleteSubKeyTree	... löscht einen untergeordneten Schlüssel mit allen weiteren Schlüsseln (Vorsicht!).
DeleteValue	... löscht einen Wert.
GetSubKeyNames	... eine Stringliste aller Untereinträge (Schlüssel).
GetValue	... gibt einen Wert zurück.
GetValueNames	... eine Stringliste aller enthaltenen Werte.
OpenSubKey	... öffnet einen Untereintrag.
SetValue	... setzt einen Wert.

Nach all diesen Informationen möchten Sie sicher auch Taten sehen:

Ein entsprechendes Beispielprogramm finden Sie im Rezeptekapitel 15 unter

☞ R 13.4 Verwendung der Registry

13.5.3 Dateiverknüpfungen erzeugen

Unterstützt Ihre Anwendung einen bestimmten Dateityp (.DB, .XLS etc.) ist es sinnvoll, wenn Sie dem Anwender ein entsprechendes Kontextmenü zur Verfügung stellen:

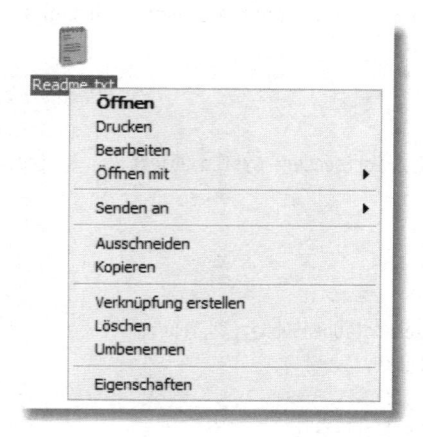

Unterstützen können Sie

- *Open* (Öffnen)
- *Print* (Drucken)
- *Print To*

indem Sie die Registry um entsprechende Einträge erweitern. Die Variante "Print To" haben Sie sicherlich noch in keinem Kontextmenü gefunden, handelt es sich doch um die Aktion, die ausgeführt wird, wenn ein Dokument mittels Drag&Drop auf ein Druckersymbol gezogen wird.

Folgende Einträge müssen Sie in der Registry vornehmen (Beispiel Metafiles):

```
01: HKEY_CLASSES_ROOT\.wmf = metafile
02: HKEY_CLASSES_ROOT\metafile = Windows Metafile
03: HKEY_CLASSES_ROOT\metafile\DefaultIcon = c:\delphi\project1.exe,0
04: HKEY_CLASSES_ROOT\metafile\shell\open\command = project1.exe %1
05: HKEY_CLASSES_ROOT\metafile\shell\print\command = project1.exe /p %1
06: HKEY_CLASSES_ROOT\metafile\shell\printto\command = project1.exe /p %1
```

Zeile 1 definiert den Zusammenhang zwischen Extension und Registry-Einträgen. Zeile 2 stellt eine kurze Beschreibung des Eintrags dar. Die Angabe *DefaultIcon* ist optional, es handelt sich um den Index des Icons, das dem Dokument zugeordnet wird. Der Eintrag "...\shell\open\command" beschreibt die Aufrufkonventionen für die Anzeige des Dokuments. Analog dazu werden mit "...\print\command" bzw. "...\printto\command" die Aufrufparameter für den Druck des Dokuments festgelegt.

Hinweis: Bei allen Einträgen sind die Werte im Feld "Default" gespeichert, es gibt keine weiteren Feldeinträge.

Beispiel: Die Umsetzung des oben genannten Beispiels als Delphi-Programm

```
implementation
uses Microsoft.Win32;

procedure TWinForm1.Button1_Click(sender: System.Object; e: System.EventArgs);
var regist : RegistryKey;
    key : RegistryKey;

begin
   regist := Registry.ClassesRoot.OpenSubKey('',True);
   key    := regist.CreateSubKey('.wmf');
   key.SetValue('','metafile');
   key := regist.CreateSubKey('metafile');
   key.SetValue('','Windows Metafile');
   key := regist.CreateSubKey('metafile\DefaultIcon');
   key.SetValue('','c:\delphi\project1.exe,0');
   key := regist.CreateSubKey('metafile\shell\open\command');
   key.SetValue('','project1.exe %1');
   key := regist.CreateSubKey('metafile\shell\print\command');
   key.SetValue('','project1.exe /p %1');
   key := regist.CreateSubKey('metafile\shell\printto\command');
   key.SetValue('','project1.exe /p %1');
end;
```

Das Resultat in der Registry:

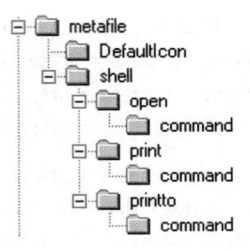

```
└─ metafile
   ├─ DefaultIcon
   └─ shell
      ├─ open
      │  └─ command
      ├─ print
      │  └─ command
      └─ printto
         └─ command
```

Hinweis: Wenn Sie die Funktionen ausprobieren und die Ergebnisse mit dem Registrierungseditor kontrollieren wollen, müssen Sie die Anzeige nach jeder der oben genannten Funktionen aktualisieren (F5).

13.6 Multithreading

Im Zusammenhang mit dem quasi parallelen Abarbeiten von Aufgaben durch den Computer tauchen zwei Begriffe auf, die Sie unbedingt unterscheiden sollten:

- *Multitasking*
- *Multithreading*

Während beim Multitasking jedem Prozess (eigener Speicherbereich, eigener Heap, eigene Variablen) durch das System eine bestimmte Prozessorzeit zugeteilt wird[1], werden beim Multithreading einzelne Ablaufstränge (Fäden -> Threads) innerhalb des Prozesses gesteuert.

Die folgende Abbildung zeigt die grundsätzliche Aufteilung (unterschiedlich viele Threads können zu unterschiedlichen Zeiten innerhalb der Prozesse ausgeführt werden).

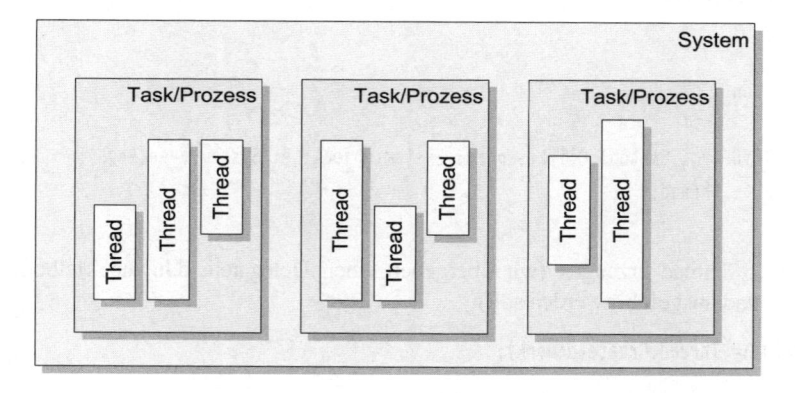

So schön und wünschenswert die Verwendung von Threads ist, die einzelnen Threads müssen sich im Gegensatz zu einzelnen Prozessen die Prozessressourcen (z.B. Speicher und Variablen) teilen, was zu reichlich Problemen führen kann. Doch keine Sorge, ein reichhaltiges Sortiment an Tools hilft Ihnen dabei, die Übersicht zu behalten.

13.6.1 Einführungsbeispiel Thread-Klasse

Die Multithreading-Funktionalität, d.h. die nötigen Klassen, werden vom Namespace *System.Threading* bereitgestellt. Im Mittelpunkt steht die Klasse *Thread*, mit der Sie Threads erzeugen und steuern können.

Beispiel: Die Verwendung der *Thread*-Klasse, bevor wir uns den Einzelheiten zuwenden.

```
unit WinForm1;
interface
```

---

[1] Echte parallele Ausführung ist nur auf Mehrprozessorsystemen möglich.

Namespace einbinden:

```
uses
  System.Drawing, System.Collections, System.ComponentModel,
  System.Windows.Forms, System.Data, System.Threading;

type
  TWinForm1 = class(System.Windows.Forms.Form)
  ...
  public
    i : Integer;
    constructor Create;
    procedure doWork;
  end;

implementation

procedure TWinForm1.Button1_Click(sender: System.Object; e: System.EventArgs);
var myThread : Thread;
begin
```

Einen neuen Thread erzeugen (wir übergeben einen Delegaten, d.h. die Methode, die als eigener Thread ausgeführt werden soll):

```
  myThread := Thread.Create(dowork);
```

Wir vergeben einen Namen für den Thread:

```
  myThread.Name := 'Thread_' + i.ToString;
  Inc(i);
```

Wir starten den Thread:

```
  myThread.Start;
  ListBox1.Items.Add(myThread.Name + ' gestartet');
end;
```

Hinweis: Nach dem Aufruf der Methode *Start* wird die Programmausführung asynchron fortgesetzt, d.h., noch vor dem Ende des Threads wird die nachfolgende Anweisung ausgeführt.

Die eigentliche Arbeit wird von der folgenden Methode verrichtet:

```
procedure TWinForm1.doWork;
var i : Integer;
```

13.6 Multithreading

```
begin
  ListBox1.Items.Add(Thread.get_CurrentThread.Name + ' läuft');
```

Eine Schleife, um den Thread etwas warten zu lassen:

```
  for i := 1 to 30 do Thread.Sleep(100);
  ListBox1.Items.Add(Thread.get_CurrentThread.Name + ' beendet');
end;
```

Nach dem Start wird in der ListBox zunächst die Ausgabe "Thread_0 läuft" erscheinen, sofort darauf "Thread_0 gestartet" und nach einer Weile (die Ausführungszeit des Threads) "Thread_0 beendet".

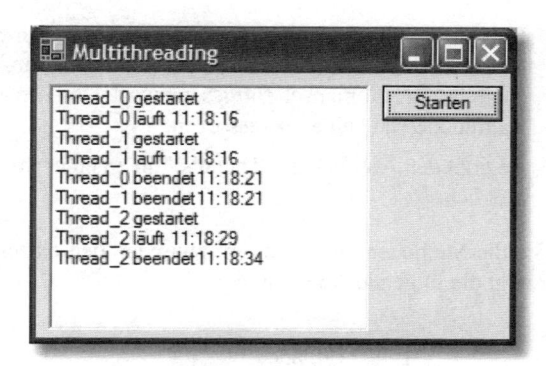

13.6.2 Thread-Methoden

Mit einigen Methoden der *Thread*-Klasse haben wir es im vorhergehenden Beispiel bereits zu tun gehabt. An dieser Stelle wollen wir auf die Einzelheiten eingehen.

Methode	Beschreibung
Create	Der Konstruktor erwartet einen parameterlosen Delegaten, der auf die auszuführende Methode verweist.
Start	Die Ausführung des Threads beginnt. Vorher haben Sie noch die Möglichkeit, zum Beispiel den Namen oder die Priorität des Threads festzulegen.
Suspend	Hält den Thread an. Der Thread verbraucht keine Prozessorzeit mehr.
Resume	Setzt die Ausführung des Threads fort, egal wie oft vorher *Suspend* aufgerufen wurde.
Interrupt	Unterbricht einen Thread, der sich im Wait-, Sleep- oder Join-Zustand befindet. Hierdurch wird eine *ThreadInterrupptedException* ausgelöst, die Sie abfangen sollten.

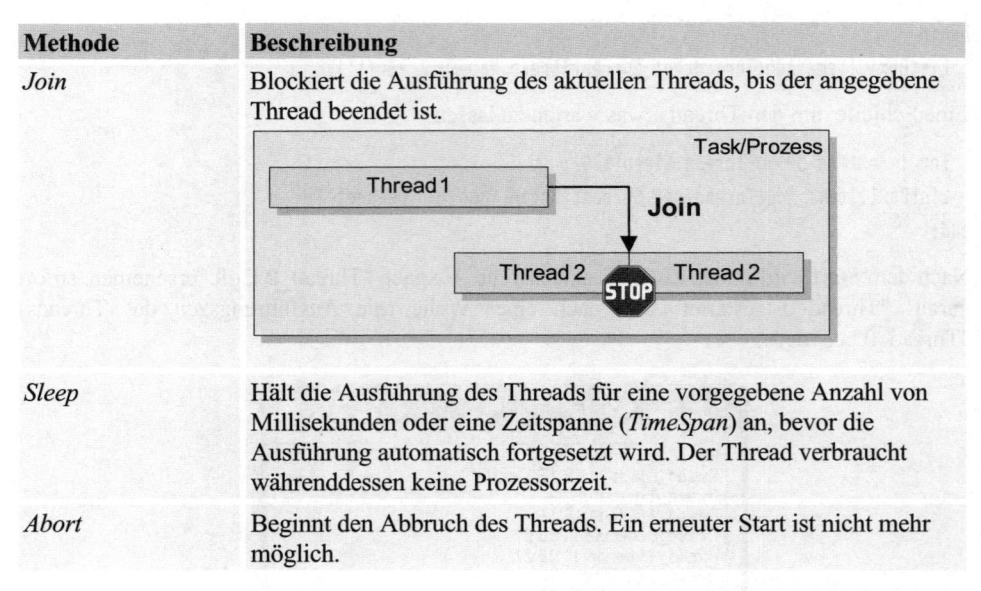

Methode	Beschreibung
Join	Blockiert die Ausführung des aktuellen Threads, bis der angegebene Thread beendet ist.
Sleep	Hält die Ausführung des Threads für eine vorgegebene Anzahl von Millisekunden oder eine Zeitspanne (*TimeSpan*) an, bevor die Ausführung automatisch fortgesetzt wird. Der Thread verbraucht währenddessen keine Prozessorzeit.
Abort	Beginnt den Abbruch des Threads. Ein erneuter Start ist nicht mehr möglich.

Eine Übersicht, wie Sie die Methoden einsetzen, um zwischen den einzelnen Zuständen des Threads zu wechseln, zeigt die folgende Abbildung:

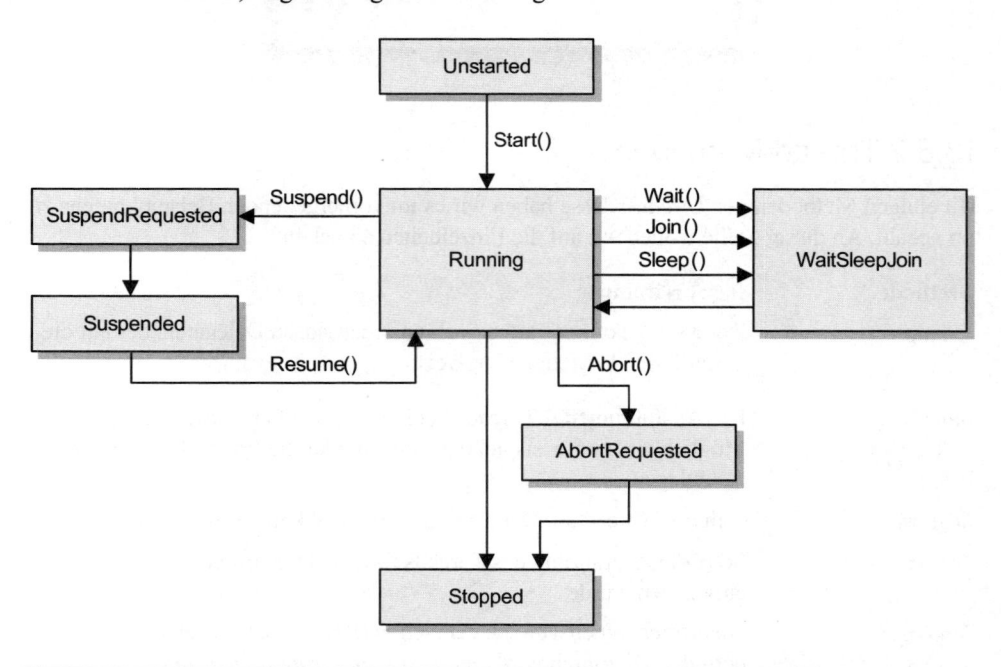

Hinweis: Mehrere Zustände können gleichzeitig aktiv sein (z.B. *WaitSleepJoin* und *AbortRequested*).

Eigenschaften

Folgende Eigenschaften sind von Interesse:

Eigenschaft	Beschreibung
IsAlive	*True*: Der Thread ist gestartet und noch nicht beendet. Dieser Wert ist auch True, wenn sich der Thread im Sleep-Zustand befindet.
Name	Ein Name für den Thread, diesen können Sie aus dem Thread heraus mit *Thread.get_CurrentThread.Name* auslesen.
Priority	Die Ausführungspriorität des Threads: *Highest, AboveNormal, Normal, BelowNormal, Lowest*.
ThreadState	Der aktuelle Status des Threads: *Aborted, AbortRequested, Background, Running, Stopped, StopRequested, Suspended, SuspendRequested, Unstarted, WaitSleepJoin*.
IsBackGround	Es handelt sich um einen Hintergrund-Thread, d.h., der Thread wird beim Prozessende automatisch von der CLR beendet. Sie können die Eigenschaft für Ihre Threads selbst festlegen.

Ein umfangreiches Beispiel, in welchem Sie den Einsatz der *Thread*-Klasse "spielend" lernen, finden Sie im Rezeptekapitel 15 unter

☞ R 13.12 Spieltrieb & Multithreading erleben

Stehen Sie vor der Aufgabe, viele Anforderungen gleichzeitig zu bearbeiten und nehmen diese nicht allzu viel Zeit in Anspruch, können Sie entweder selbst eine Collection von Threads erstellen, oder Sie nutzen gleich die Vorteile eines Threadpools.

Bleibt es dem Anwender oder der Applikation überlassen, wie viele Threads angefordert werden können, kann es schnell zu einem Performance-Einbruch kommen, die meiste Prozessorzeit wird für die Verwaltung der Threads verbraucht und nicht für deren Bearbeitung. Anders beim Threadpool, hier ist die Anzahl der Threads begrenzt (aktuell 25 bei einer Single-Prozessor-Maschine). Neue Threads werden erst erstellt, wenn ein Thread wieder frei ist.

Hinweis: Auf das explizite Erzeugen und Parametrieren der Threads müssen Sie zugunsten ihrer einfacheren Verwendung allerdings verzichten.

Beispiel: Verwendung der Threadpool-Klasse

```
TWinForm1 = class(System.Windows.Forms.Form)
...
public
  ListBox1: System.Windows.Forms.ListBox;
```

```
   ProgressBar1: System.Windows.Forms.ProgressBar;
   constructor Create;
   procedure MyCallback(o: TObject);
end;
```

Unsere Thread-Methode, die Parameterdefinition ist per *WaitCallBack*-Delegate vorgegeben:

```
procedure TWinForm1.MyCallback(o: TObject);
var i,n1,n2,n3 : Integer;
begin
  ListBox1.Items.Add('-> Thread gestartet');
  for i := 1 to 10 do begin
    Thread.Sleep(100);
    Progressbar1.Value := Progressbar1.Value + 1;
  end;
```

Abrufen der maximalen Anzahl von Threads:

```
   Threadpool.GetMaxThreads(n3,n2);
```

Abrufen der noch verfügbaren Threads:

```
   Threadpool.GetAvailableThreads(n1,n2);
   ListBox1.Items.Add(' <- Thread beendet! (frei ' + Int16(n1+1).ToString
                      + ' von ' + n3.ToString );
end;
```

Hinweis: Wir addieren 1, da der aktuelle Thread ja auch gleich beendet wird.

Das eigentliche Verwenden des Threadpools:

```
procedure TWinForm1.Button1_Click(sender: System.Object; e: System.EventArgs);
var  i, n1,n2,n3 : Integer;
     wcb         : WaitCallBack;
begin
```

Hier müssen wir den Delegate auf diese Weise übergeben:

```
   wcb := @Mycallback;
```

Maximale Anzahl von Threads bestimmen:

```
   Threadpool.GetMaxThreads(n3,n2);
   for i := 1 to 30 do begin
     Threadpool.GetAvailableThreads(n1,n2);
```

Hier wird der Delegate übergeben:

```
   Threadpool.QueueUserWorkItem(wcb);
   ListBox1.Items.Add('Thread in Warteschlange aufgenommen');
  end;
end;
```

Die Ausführung beginnt mit dem Aufruf der Methode *QueueUserWorkItem*. Rufen Sie die Methode wie oben zum Beispiel 30 Mal auf, werden lediglich 25 Threads[1] aus dem Pool verwendet. Die restlichen Anforderungen werden erst bearbeitet, wenn wieder ein Thread aus dem Threadpool verfügbar ist.

Starten Sie das Programm (siehe Buch-CD), werden zunächst alle 30 Anforderungen in die Warteschlange gestellt, die ersten Threads werden bearbeitet:

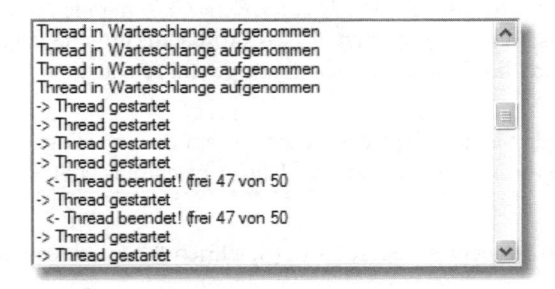

```
Thread in Warteschlange aufgenommen
Thread in Warteschlange aufgenommen
Thread in Warteschlange aufgenommen
Thread in Warteschlange aufgenommen
 -> Thread gestartet
 -> Thread gestartet
 -> Thread gestartet
 -> Thread gestartet
    <- Thread beendet! (frei 47 von 50
 -> Thread gestartet
    <- Thread beendet! (frei 47 von 50
 -> Thread gestartet
 -> Thread gestartet
```

Nachdem wieder Threads frei sind, werden die restlichen Anforderungen bearbeitet.

Hinweis: Das obige Beispiel ist nicht threadsicher programmiert, darum kümmern wir uns in den folgenden Abschnitten.

13.6.3 Thread-Locking

Nicht in jedem Fall ist die Verwendung von Threads ein Segen für den Programmierer. Da einzelne Methodenaufrufe oder Operationen wiederum auf unzähligen Maschinenanweisungen basieren können und die Threadumschaltung zu unvorhergesehenen Zeitpunkten erfolgen kann, sind unter gewissen Umständen undefinierte Zustände möglich. Das Programm verhält sich nicht wie gewünscht. Meist ist dieses Verhalten nicht reproduzierbar, da weitere Prozesse und Systemeinstellungen Einfluss auf die Rechenzeitverteilung haben.

In diesem Fall ist es sinnvoll, die Threadumschaltung so lange zu unterbrechen, bis die kritischen Operationen ausgeführt wurden. Das .NET Framework stellt dafür verschiedene Mechanismen bereit.

---

[1] Wie Sie der folgenden Beispielabbildung entnehmen können, handelt es sich um einen Dual-Prozessor-Computer, deshalb auch 50 statt 25 Threads!

Die Monitor-Klasse

Die *Monitor*-Klasse finden Sie im Namenspace *System.Threading*. Auf das Instanziieren können Sie verzichten, da alle Methoden statisch deklariert sind:

- *Enter*
- *TryEnter*
- *Exit*
- *Pulse*
- *PulseAll*
- *Wait*

Die Verwendung ist relativ einfach: Mit *Monitor.Enter(Self)* markieren Sie den Beginn eines kritischen Abschnitts, d.h., Sie sperren diesen Abschnitt für alle anderen Threads. Mit *Monitor.Exit(Self)* wird das Ende dieses Abschnitts gekennzeichnet.

Hinweis: Reduzieren Sie die Länge des Abschnitts auf das unbedingt Notwendige, anderenfalls ist es besser, die Threads mit *Join* zu synchronisieren.

Beispiel: Ausschnitt aus dem Rezept R 13.12 (Spieltrieb & Multithreading erleben)

```
procedure TSchiff.Beladen;
begin
  Monitor.Enter(Self);
  Self.Wartezeit := 0;
  Ladung := Ladung + 1;
  f1.Label2.Text := Ladung.ToString;
  if Ladung = 5 then Self.Transport;
  Monitor.Exit(Self);
end;
```

Hinweis: Tritt innerhalb des markierten Abschnitts ein Laufzeitfehler auf und wird dieser nicht abgefangen, wird auch *Monitor.Exit* nie aufgerufen. Die anderen Threads bekommen keine Möglichkeit, auf den Abschnitt zuzugreifen.

Deshalb:

```
procedure TSchiff.Beladen;
begin
  Monitor.Enter(Self);
  try
    ...
```

```
    finally
      Monitor.Exit(Self);
    end;
end;
```

Mutex

Neben dem *Monitor*-Objekt bietet sich auch ein *Mutex* (*mutually exclusive*) für das Locking von Codeabschnitten an. Win32-Programmierern wird dieser Begriff sicher bekannt vorkommen, denn ein analoger Mechanismus war auch dort vorhanden.

> **Hinweis:** Im Unterschied zum *Monitor* kann ein *Mutex* auch prozessübergreifend verwendet werden.

Im Gegensatz zum *Monitor*-Objekt müssen Sie hier jedoch zunächst eine Instanz erzeugen. Dazu stehen Ihnen vier verschiedene Konstruktoren zur Verfügung:

```
constructor Create;
constructor Create(initiallyOwned : Boolean );
constructor Create(initiallyOwned : Boolean; name : String );
constructor Create(initiallyOwned : Boolean; name : String; var createdNew : Boolean );
```

Hier können Sie bereits bestimmen, ob der aktuelle Thread gleich zum Besitzer des Mutex wird und welcher Name verwendet wird.

Leiten Sie den entsprechenden Abschnitt mit der *WaitOne*-Methode ein, um den Mutex zu erhalten. Freigeben können Sie den Mutex mit der *ReleaseMutex*-Methode.

Beispiel:

Mutex deklarieren:

```
var  m : Mutex;

constructor TWinForm1.Create;
begin
  inherited Create;
  InitializeComponent;
  m := Mutex.Create;
end;
```

Mutex verwenden:

```
procedure TWinForm1.doWork;
var i : Integer;
begin
  m.WaitOne;
```

```
    ListBox1.Items.Add(Thread.get_CurrentThread.Name + ' läuft ' +
        System.DateTime.Now.ToLongTimeString);
  m.ReleaseMutex;
  ...
end;
```

Aufruf der Threads (es kann mehrfach auf den Button geklickt werden):

```
procedure TWinForm1.Button1_Click(sender: System.Object; e: System.EventArgs);
var myThread : Thread;
begin
   myThread := Thread.Create(dowork);
   myThread.Name := 'Thread_' + i.ToString;
   Inc(i);
   myThread.Start;
   ListBox1.Items.Add(myThread.Name + ' gestartet');
end;
```

Natürlich gibt es noch weitere Locking-Mechanismen (ReaderWriterLock ...) und mehr Methoden als die oben aufgeführten. Doch wir wollen an dieser Stelle lediglich einen ersten Einstieg vermitteln.

Wichtiger ist ein weiteres Problem, mit dem sich der Thread-Programmierer herumschlagen muss, die Interaktion mit dem Vordergrund-Thread, d.h., mit unserer Programmoberfläche.

13.6.4 Interaktion mit der Programmoberfläche

Wie bereits für einige Beispiele angemerkt, sind diese nicht threadsicher programmiert. Das Problem: Die Komponenten, d.h. deren Eigenschaften und Methoden, unseres Windows Forms-Programms sind nicht threadsicher, da wir aus einem anderen Thread als dem Erstellenden auf die Komponenten zugreifen (z.B. Aktualisieren der ListBox).

Abhilfe schafft die Übergabe eines Delegaten an die *Invoke*-Methode des gewünschten Controls. Die Methode wird synchron abgearbeitet, d.h., die Programmausführung des aktuellen Threads wird hier zunächst gestoppt.

Beispiel: In einer *ListBox* sollen Ergebnisse aus verschiedenen Threads angezeigt werden.

Leider ist der erwartete Delegate für die *Invoke*-Methode parameterlos, was die Übergabe von Werten sicher nicht vereinfacht. Abhilfe schafft eine Wrapper-Klasse, die zwar eine parameterlose Methode übergibt, in dieser Methode können jedoch Werte aus der Klasse zugewiesen werden.

Die Deklaration der Wrapper-Klasse:

```
type
 TProtokoll = class
```

13.6 Multithreading

```
strict private
  _message : String;         // Die Meldung für die Listbox
  procedure _add;            // Methode für Invoke
public
  _ListBox : Listbox;        // die gewünschte Listbox
  procedure Add(msg : String); // die Interface-Methode
end;
```

Das eigentliche Formular:

```
TWinForm1 = class(System.Windows.Forms.Form)
...
public
  protokoll : TProtokoll;
  ListBox1: System.Windows.Forms.ListBox;
  constructor Create;
```

Die Callback-Methode für den Thread (Threadpool):

```
procedure MyCallback(o: TObject);
end;
```

Hier wird der Wert in die ListBox eingetragen, dank aufrufender *Invoke*-Methode im Kontext des Vordergrund-Threads:

```
procedure TProtokoll._add;
begin
  _ListBox.Items.Add(Self._message)
end;
```

Zuweisen des Delegaten für die *Invoke*-Methode:

```
procedure TProtokoll.Add;
var d : Delegate;
begin
  Monitor.Enter(Self);
  _message := msg;
  d := @self._add;
  _ListBox.Invoke(d);
  Monitor.Exit(Self);
end;
```

Hinweis: Sichern Sie die Methode per *Monitor* oder *Mutex* ab!

```
constructor TWinForm1.Create;
begin
```

```
inherited Create;
InitializeComponent;
```

Den Wrapper als Objekt instanziieren:

```
protokoll := TProtokoll.Create;
protokoll._ListBox := Self.ListBox1;
end;

procedure TWinForm1.MyCallback(o: TObject);
var i, n1,n2,n3 : Integer;
begin
```

Über das Wrapper-Objekt können wir jetzt threadsicher Daten im Vordergrund (Oberfläche) ausgeben:

```
Protokoll.Add('-> Thread gestartet');
for i := 1 to 10 do Thread.Sleep(100);
Threadpool.GetMaxThreads(n3,n2);
Threadpool.GetAvailableThreads(n1,n2);
Protokoll.Add('  <- Thread beendet! (frei ' + Int16(n1+1).ToString +
              ' von ' + n3.ToString );
end;
```

Der Aufruf der Threads erfolgt wie gewohnt:

```
procedure TWinForm1.Button1_Click(sender: System.Object; e: System.EventArgs);
var  i, n1,n2,n3 : Integer;
     wcb         : WaitCallBack;
begin
  wcb := @MyCallback;
  Threadpool.GetMaxThreads(n3,n2);
  for i := 1 to 30 do begin
    Threadpool.GetAvailableThreads(n1,n2);
    Threadpool.QueueUserWorkItem(wcb);
    ListBox1.Items.Add('Thread in Warteschlange aufgenommen');
  end;
end;
```

Hinweis: Alternativ können Sie die Methode auch asynchron mit *BeginInvoke* aufrufen. Warten auf die Abarbeitung können Sie mit *EndInvoke*.

13.6.5 Timer-Threads

Einen Nachteil hatten die bisherigen Thread-Varianten: Die Methode wurde lediglich einmal abgearbeitet, nachfolgend war der Thread im *Stopped*-Zustand und damit nicht wieder nutzbar. Einige der gezeigten Beispiele versuchten mit Endlosschleifen und der *Sleep*-Anweisung so etwas wie ein zyklisches Verhalten nachzuahmen, dies führt jedoch nur teilweise zum Erfolg und ist auch nicht auffallend genau.

Abhilfe verspricht die Klasse *Timer*, die Sie ebenfalls im Namespace *System.Threading* vorfinden. Die per Delegate übergebene Methode wird in einem Thread aus dem Threadpool ausgeführt.

Beispiel: Ausschnitt aus dem Rezept R 13.12 (Spieltrieb & Multithreading erleben)

```
TSchiff = class
private
    ...
    procedure OnTimer(state : TObject);
public
    Tim       : Timer;
    TThread   : Thread;
    constructor Create(nr:Integer; bild : PictureBox);
    ...
end;
```

Erstellen des Timers:

```
constructor TSchiff.Create(nr:Integer; bild : PictureBox);
begin
  inherited Create;
  Self.bild := bild;
  Self.bild.Left := 200;
  Self.TThread  := Thread.Create(Self.main);
  Self.Tim      := Timer.Create(OnTimer, nil, 0, 1000);
```

Übergeben Sie den Delegate, eventuell ein Objekt, das als Parameter für die Timer-Callback-Methode verwendet werden kann (sonst *nil*), die Wartezeit bis zum Start des Timers (*Timeout.Infinite* um den sofortigen Start zu verhindern) sowie das Zeitintervall in Millisekunden oder als *TimeSpan*.

```
  Self.wartezeit := 0;
end;
```

Die Callback-Routine (mit dem Parameter-Objekt):

```
procedure TSchiff.OnTimer(state : TObject);
begin
```

```
  Monitor.Enter(Self);
  if not Self.TThread.IsAlive then inc(Self.Wartezeit);
  if (Self.Wartezeit > 9)and(Self.Ladung > 0) then begin
    wartezeit := 0;
    Transport;
  end;
  Monitor.Exit(Self);
end;
```

Hinweis: Übergeben Sie Daten, typisieren Sie diese als *TObjekt*.

13.6.6 Asynchrone Delegate-Aufrufe mit BeginInvoke

Neben den bereits genannten Varianten bietet sich in .NET für die parallele Abarbeitung von Aufgaben die Verwendung asynchroner Delegate-Aufrufe an. Allerdings werden Sie an dieser Stelle von Delphi.NET im Regen stehen gelassen, das Feature ist nur mit dem Umweg über Reflection-Aufrufe verwendbar, der Quellcode dementsprechend unlesbar bis kompliziert.

Beispiel: Ein kleines Beispiel für die Freaks soll zeigen, wie es geht.

```
uses ... System.Reflection;
...
var myDeleg : Delegate;
```

Die asynchron aufzurufende Methode:

```
procedure TWinForm1.DoWork;
begin ... end;
```

Für den Aufruf des Delegate:

Das *Delegate*-Objekt erhält die Adresse von *DoWork*:

```
procedure TWinForm1.Button1_Click(sender: System.Object; e: System.EventArgs);
begin
  myDeleg := @DoWork;
```

Hier holen wir uns über "sieben Ecken" die gewünschte Methode *BeginInvoke*, die in Delphi.NET so nicht zur Verfügung steht:

```
  myDeleg.GetType.GetMethod('BeginInvoke').Invoke(myDeleg, [nil,nil]);
end;
```

Hinweis: Parameter an den Delegate können Sie mit dem Parameterarray (im Beispiel *[nil, nil]*) übergeben (z.B. *['Ein String', nil, nil]*).

13.7 .NET-Reflection

Datenschützer aufgepasst! In .NET ist ein grandioses "Spitzelsystem" integriert, das die Möglichkeit bietet, jederzeit Informationen zu allen Metadaten einer Anwendung/Assembly zu erhalten. Man nennt diesen Vorgang auch Reflexion. Die dazu erforderlichen Klassen finden Sie im *System.Reflection*-Namensraum.

> **Hinweis:** Die Reflection funktioniert selbst dann, wenn die Typen in externen Assemblierungen gespeichert sind und Sie den zugrunde liegenden Quellcode nicht kennen.

13.7.1 Übersicht

.NET-Reflections ermöglichen neben dem Abrufen von Typ-Informationen zur Laufzeit auch den Aufruf von Methoden per *Invoke*. Damit haben Sie alle Werkzeuge zur Hand, um zum Beispiel AddIns oder spezielle Filter zu programmieren, die jederzeit austauschbar sind (siehe Abschnitt 13.7.4, Late Binding mit Invoke).

Die wichtigsten Klassen auf einen Blick:

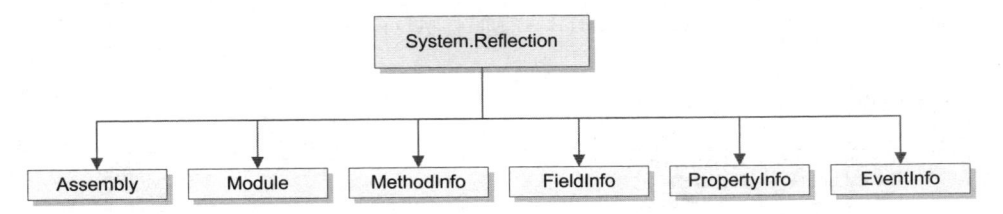

```
                    System.Reflection
         ┌──────┬──────┬──────┬──────┬──────┬──────┐
      Assembly Module MethodInfo FieldInfo PropertyInfo EventInfo
```

13.7.2 Assembly laden

Bevor Sie sich in die Untiefen der *Reflection*-Klassen stürzen, müssen Sie entscheiden, ob es sich um die aktuell geladene Assembly oder eine externe ungeladene Assembly handelt. In letzterem Fall müssen Sie zunächst die gewünschte Assembly mit dem Methodenaufruf *Assembly.LoadFrom* laden. Der Rückgabewert ist eine Instanz der Assembly-Klasse.

Beispiel:

```
implementation
uses System.Reflection;
...
var asmb : Assembly;
begin
  asmb := Assembly.LoadFrom('Subtrahieren.dll');
...
```

Geht es um die aktuell ausgeführte Assembly, können Sie mit

```
Assembly.GetExecutingAssembly;
```

die Instanz abrufen.

13.7.3 Mit Type Informationen sammeln

Nachdem wir eine Instanz der *Assembly*-Klasse gebildet haben, können wir uns den "inneren Werten" zuwenden. Erster Anlaufpunkt ist sicher die Methode *GetTypes*, die ein Array aller enthaltenen Klassen zurück gibt.

Beispiel: Auflisten aller Typen der aktuellen Assembly

```
procedure TWinForm1.Button1_Click(sender: System.Object; e: System.EventArgs);
var asmb   : Assembly;
    myTyp  : array of &Type;
    i      : Integer;
begin
  asmb  := Assembly.GetExecutingAssembly();
  mytyp := asmb.GetTypes;
  for i := 0 to High(myTyp) do ListBox1.Items.Add(myTyp[i].FullName)
end;
```

Die Ausgabe:

```
Borland.Delphi.TFinalObject$System
Borland.Delphi._FinalizeHandler
Borland.Delphi.TUnitNameAttribute
Borland.Delphi.RuntimeRequiredAttribute
WinForm1.TWinForm1
Borland.Delphi.TAliasTypeAttribute+@MetaTAliasTypeAttribute
Borland.Delphi.TAliasTypeBase+@MetaTAliasTypeBase
Borland.Delphi.TClassHelperAttribute+@MetaTClassHelperAttribute
Borland.Delphi.TClassHelperBase+@MetaTClassHelperBase
Borland.Delphi.TMethodAttribute+@MetaTMethodAttribute
Borland.Delphi.TMethodMap$System+@MetaTMethodMap
Borland.Delphi.MessageMethodAttribute+@MetaMessageMethodAttribute
Borland.Delphi.TFinalObject$System+@MetaTFinalObject
Borland.Delphi.TUnitNameAttribute+@MetaTUnitNameAttribute
Borland.Delphi.RuntimeRequiredAttribute+@MetaRuntimeRequiredAttribute
```

Alternativ können Sie mit *GetType* auch gezielt einen bestimmten Typ abrufen.

Beispiel: Abrufen der Klasse *TWinForm8* aus der aktuellen Assembly

```
var asmb  : Assembly;
    t1    : &Type;
begin
  asmb := Assembly.GetExecutingAssembly();
  t1   := asmb.GetType('WinForm8.TWinForm8');
```

Die *Type*-Klasse hilft Ihnen mit den folgenden, selbsterklärenden Eigenschaften weiter:

- *Name, FullName*
- *Namespace*
- *IsClass*
- *IsInterface*
- *IsAbstract*
- *IsCOMObject*
- *IsEnum*
- *IsSealed*
- *IsPublic*

Einige wichtige Methoden:

- *GetMembers*
- *GetFields*
- *GetProperties*
- *GetMethods*

Alle Methoden liefern ein Array des jeweils abgerufenen Typs zurück.

Ein ausführliches Beispiel für die Verwendung der Eigenschaften und Methoden der *Type*-Klasse finden Sie unter

☞ R 13.6 Typ-Informationen gewinnen

13.7.4 Late Binding mit Invoke

Nicht immer steht schon zur Entwurfszeit fest, welche Klasse/Funktion für eine bestimmte Aufgabe eingesetzt werden soll. Aus der guten alten Win32-Welt kennen Sie bestimmt noch das dynamische Laden von DLLs mittels *LoadLibrary*. Mit der Funktion *GetProcAddress* konnten Sie den Zeiger auf eine enthaltene Funktion ermitteln und dann diese Funktion dynamisch aufrufen.

Das .NET-Framework stellt Ihnen die gleiche, jedoch dank Reflection wesentlich leistungsfähigere Funktionalität zur Verfügung. Von Interesse sind in diesem Zusammenhang

- die *Assembly*-Klasse (zum Laden der gewünschten Assembly),
- die *Activator*-Klasse (zum Erzeugen der eigentlichen Instanz) und last but not least
- die *Invoke*-Methode (zum Aufrufen der gewünschten Methode).

Ein kleines Beispielprogramm zeigt die Vorgehensweise.

Aufgabenstellung

Eine Windows Forms-Anwendung soll zum Berechnen der Summe bzw. der Differenz eine von zwei Assemblies (*Addieren.dll*, *Subtrahieren.dll*) dynamisch laden, eine Instanz der jeweils enthaltenen Klasse erzeugen und das Ergebnis mittels Methodenaufruf berechnen.

Assemblycode Addieren/Subtrahieren

Zunächst erstellen wir die beiden o.g. Assemblies (in Delphi.NET wählen Sie den Projekttyp *Package*). Fügen Sie jeweils eine Klasse hinzu:

```
unit Class1;
interface

type
  Subtrahieren = class
  private
    { Private-Deklarationen }
  public
    constructor Create;
    function Rechne(a,b: Integer) : Integer;
  end;

implementation

constructor Subtrahieren.Create;
begin
  inherited Create;
end;
```

Die Methode:

```
function Subtrahieren.Rechne(a,b: Integer) : Integer;
begin
  Result := a - b;
end;
end.
```

Hinweis: Die Klasse *Addieren* ist ähnlich einfach aufgebaut, Sie finden die Daten auf der Buch-CD.

Compilieren Sie die beiden Assemblies, und kopieren Sie später die DLLs in das Projektverzeichnis der eigentlichen Anwendung.

13.7 .NET-Reflection

Oberfläche

Für unser aufrufendes Windows Forms-Programm entwerfen Sie bitte die folgende einfache Oberfläche:

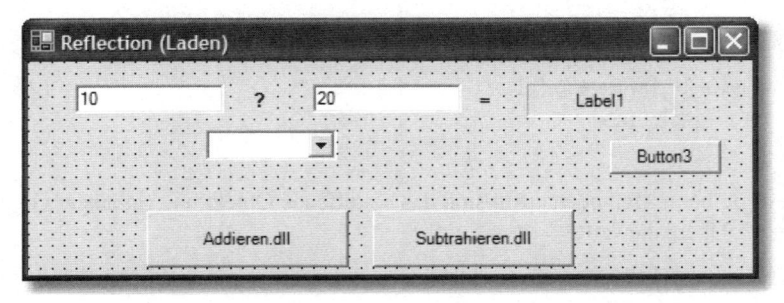

Mit den beiden Buttons werden wir zur Laufzeit jeweils eine Assembly laden, die Klasseninstanz bilden und eine Methode aufrufen.

Quellcode

```
type
  TWinForm1 = class(System.Windows.Forms.Form)
  ...

implementation
```

Einbinden des *Reflection*-Namespace:

```
uses System.Reflection;
...
procedure TWinForm1.Button1_Click(sender: System.Object; e: System.EventArgs);
var typ  : &Type;
    obj  : TObject;
    meth : MethodInfo;
    p1,p2,p3 : Integer;
begin
```

Laden der Assembly und extrahieren des Typs:

```
typ := Assembly.LoadFrom('Addieren.dll').GetType('Class1.Addieren');
```

Instanz erzeugen:

```
obj := Activator.CreateInstance(typ);
```

Methode abrufen (hier sehen Sie die Vorteile von Reflection):

```
meth := typ.GetMethod('Rechne');
```

Die Eingabewerte in *Integer*-Werte umwandeln:

```
p1 := Convert.ToInt32(TextBox1.Text);
p2 := Convert.ToInt32(TextBox2.Text);
```

Die Methode *Rechne* aufrufen und den Rückgabewert auswerten:

```
p3 := Integer(meth.Invoke(obj,[p1,p2]));
Label1.Text := p3.ToString;
end;
```

Übergabewerte beim Methodenaufruf sind das betreffende Objekt und (in einem Objektarray) die Parameter/Übergabewerte.

Anzahl, Anordnung und Datentyp im Objektarray müssen mit Anzahl, Anordnung und Typ der Parameter der aufzurufenden Methode übereinstimmen!

Hinweis: Der Methodenaufruf für die Subtraktion ist weitgehend identisch, den Quellcode finden Sie auf der Buch-CD.

Test

Starten Sie das Programm, und klicken Sie auf die beiden Buttons. Im *Label1* sollte jetzt das richtige Ergebnis erscheinen.

Bemerkungen

Wie Sie sehen, ist es fast problemlos möglich, zur Laufzeit Objekte aus externen Assemblies zu erzeugen und deren Methoden auszuführen. Obiger Quellcode könnte zum Beispiel dahingehend geändert werden, dass auch die enthaltenen Klassen identische Namen erhalten. In diesem Fall genügt schon die Änderung des Assembly-Namens beim Laden, um eine gänzlich andere Funktionalität bereitzustellen. So könnten Sie spezielle Im-/Exportfilter, Add-Ins etc. programmieren. Die Namen der Assemblies bestimmen Sie über einen Aufruf der *DirectoryInfo.GetFiles*-Methode. In unserem Beispiel könnten wir eine *ComboBox* mit den Namen der Assemblies füllen:

```
procedure TWinForm1.TWinForm1_Load(sender: System.Object; e: System.EventArgs);
var myDir   : DirectoryInfo;
    myFiles : array of FileInfo;
    i       : Integer;
begin
  myDir   := DirectoryInfo.Create(Application.StartupPath);
  myFiles := myDir.GetFiles('*.dll');
  for i   := 0 to High(myFiles) do ComboBox1.Items.Add(
             myFiles[i].Name.Substring(0,myFiles[i].Name.Length-4));
end;
```

13.7 .NET-Reflection

Das Ergebnis:

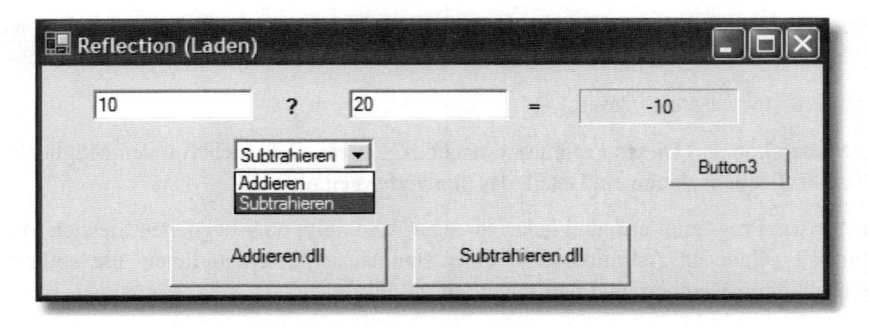

Wie Sie die Methoden jetzt aufrufen, haben wir Ihnen ja bereits gezeigt.

13.7.5 Ressourcen mit Reflection auslesen

Wie schon bei den Win32-Programmen können auch in den .NET-Assemblies Grafiken, Videos, Sound etc. enthalten sein. Möchten Sie auf diese Ressourcen zugreifen, bietet sich die Verwendung der *GetManifestResourceStream*-Methode an.

Beispiel: Auslesen einer Grafik aus der aktuellen Assembly

```
uses System.Drawing.Imaging, System.Reflection;
...
var
  bmp : Image;
  myBrush : TextureBrush;
```

Im Konstruktor des Formulars können wir die Grafik aus den Ressourcen auslesen (per *Stream*) und dem *TextureBrush* zuweisen. Mit diesem füllen wir den Formularhintergrund.

```
constructor TWinForm1.Create;
begin
  inherited Create;
  InitializeComponent;
  bmp := Bitmap.Create(
         Assembly.GetExecutingAssembly.GetManifestResourceStream('Wasserlilien.jpg'));
  myBrush := TextureBrush.Create(bmp);
end;
```

Hinweis: Achten Sie peinlichst auf die korrekte Schreibweise, Groß-/Kleinschreibung wird berücksichtigt!

13.7.6 Der .NET-Reflector

Nachdem Sie sich mit den theoretischen Grundlagen vertraut gemacht haben, wollen wir es nicht versäumen, Ihnen den *.Net-Reflector* vorzustellen, den Sie unter der Adresse

```
http://www.aisto.com/roeder/dotnet/
```

herunterladen können. Dieses Programm macht exzessiven Gebrauch von den Möglichkeiten der .NET-Reflections, kaum ein Detail, das ihm verborgen bleibt.

Rufen Sie das Programm auf, und laden Sie eine Assembly, oder begnügen Sie sich mit den automatisch geladenen Assemblies. In einer Baumansicht werden Ihnen alle enthaltenen Klassen mit ihren Membern und Attributen[1] vorgestellt:

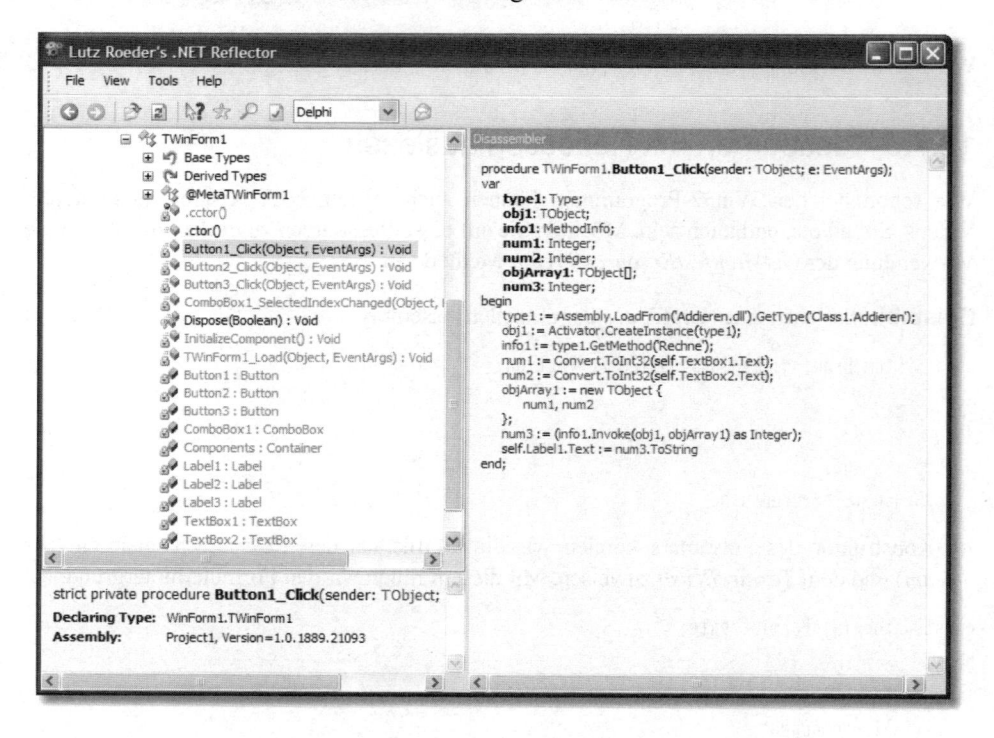

Wie Sie sehen, ist es auch kein Problem, die Inhalte von Methoden in Hochsprachen-Syntax (C#, VB.NET, Delphi.NET) aufzulisten. Für die Freaks bietet sich natürlich auch die Ansicht im IL (*Intermediate Language*)-Code an.

Hinweis: Die angezeigte Delphi-Syntax ist in vielen Fällen nicht compilierbar, trotzdem jedoch vielfach recht aufschlussreich, wie einige Beispiele in diesem Buch zeigen.

---

[1] Eventuell müssen Sie unter *View|Options* noch die Option *Show Custom Attributes* aktivieren, um alle Attribute anzuzeigen.

13.7.7 Gegen die Neugier

Sicher ist Ihnen beim Betrachten der Assemblies mit dem .NET-Reflector auch die Frage in den Sinn gekommen, was andere mit dem Quellcode Ihrer Programme anfangen können. Noch nie war es so einfach und komfortabel, einen Blick in die Innereien von ausführbaren Anwendungen zu wagen.

Borland ist sich der Problematik wohl bewusst und hat deshalb eine Einsteiger-Version des *Wise Demeanor for .NET* auf der Installations-CD spendiert. Allen Versprechungen, dass die damit behandelten Assemblies unleserlich werden, sollten Sie jedoch nicht allzu viel Vertrauen schenken, wie ein kleiner Test[1] zeigt:

Vorher	Nachher
| ```
procedure TLKW.Fahrt;
var
    num1: Integer;
begin
    self.bild.Image := Unit.f1.a1.Image;
    num1 := 280;
    repeat
        num1 := (num1 - 2);
        Thread.Sleep(30);
        self.bild.Left := num1
    until (num1 > 0);
    if (Unit.Schiff.TThread.IsAlive) then
        Unit.Schiff.TThread.Join;
    Unit.Schiff.Beladen;
    self.bild.Image := Unit.f1.a2.Image;
    if (num1 >= 280) then
        exit;
    repeat
        num1 := (num1 + 2);
        Thread.Sleep(20);
        self.bild.Left := num1
    until (num1 < 280)
end;
``` | ```
procedure TLKW.a;
var
    num1: Integer;
begin
    self.a.Image := Unit.a.a1.Image;
    num1 := 280;
    repeat
        num1 := (num1 - 2);
        Thread.Sleep(30);
        self.a.Left := num1
    until (num1 > 0);
    if (Unit.a.TThread.IsAlive) then
        Unit.a.TThread.Join;
    Unit.a.Beladen;
    self.a.Image := Unit.a.a2.Image;
    if (num1 >= 280) then
        exit;
    repeat
        num1 := (num1 + 2);
        Thread.Sleep(20);
        self.a.Left := num1
    until (num1 < 280)
end;
``` |

Passwörter, Laufzeitabfragen etc. werden Sie auf diese Weise wohl kaum vor den neugierigen Blicken anderer Programmierer schützen können. Ein echtes Manko von .NET[2].

---

[1] Ausschnitt aus R 13.12
[2] Oder sollte es sich um den schleichenden Beginn von "Open Source für alle" handeln?

13.8 Hilfedateien programmieren

Zu einer professionellen Delphi.NET-Applikation gehört, genauso wie zu jedem anderen Windows-Programm auch, eine Hilfedatei. In diesem Abschnitt lernen Sie, wie man eine solche Hilfedatei unter Verwendung des Microsoft HTML Help Workshop erstellt und wie man sie in ein Delphi.NET-Programm einbinden kann.

13.8.1 Übersicht HTML-Hilfedateien

Mittlerweile ist das altbekannte Windows-Hilfesystem (HLP-Dateien) in die Jahre gekommen. Als Nachfolger beginnt sich Microsofts HTML-Hilfe langsam durchzusetzen. Dies trifft besonders auch auf Delphi.NET zu.

Vor- und Nachteile HTML-Help

Die Vorteile auf einen Blick:

- Die Hilfe basiert auf HTML-Dateien, die mit diversen Tools leicht erstellt werden können. Gleichzeitig kann die Hilfe für die Gestaltung von Webseiten genutzt werden.
- Sie können ActiveX, Java, JavaScript und VBScript verwenden, um aktive Inhalte zu erstellen.
- Die Hilfe unterstützt nun die Bildformate *.jpeg*, *.gif*, *.png*.
- Help-Dateien können nun wesentlich größer werden.

Wie wohl nicht anders zu erwarten, hat dieses Hilfesystem auch seine Nachteile, die nicht verschwiegen werden sollen:

- Zur Anzeige sind Komponenten des MS Internet Explorers erforderlich,
- es müssen eventuell zusätzliche Komponenten installiert werden.

Unterschiede zwischen Win Help und HTML Help

Wer früher bereits Hilfedateien entwickelt hat, dem werden die Analogien sofort ins Auge stechen:

	Microsoft WinHelp	**Microsoft HTMLHelp**
Compiler	hcw.exe	hhw.exe
Hilfedatei	.hlp	.chm
Projekt-File	.hpj	.hhp
Topic-Files	.rtf (z.B. mit Word erstellt)	.htm (z.B. mit Microsoft FrontPage erstellt)
Index-Files	#K-Fußnoten	.hhk

13.8 Hilfedateien programmieren

	Microsoft WinHelp	**Microsoft HTMLHelp**
Inhaltsdatei	.cnt	.hhc
Bildformate	.bmp/.wmf	.gif/.jpg

Auch die Bedienoberfläche des HTML Help Workshops ähnelt der des Vorgängers zum Verwechseln.

13.8.2 Der HTML Help Workshop

Dieses komplexe Autorentool unterstützt Sie bei der Anfertigung von HTML-Hilfedateien:

- Erstellen eines Projekt-Files (*.hhp*)
- Formatieren von Hilfeseiten (*.htm, .html*)
- Erstellen von Inhaltsdateien (*.hhc*)
- Index-Files (Navigieren zwischen den Topics)
- Einbinden von Bild- und Multimediadateien
- Hilfefenster und Styles definieren
- Hilfedateien kompilieren (*.chm*)
- Testen und Debuggen von Hilfedateien

Die folgenden Ausführungen sollen Ihnen den Einstieg erleichtern. Auf das Erstellen von HTML-Seiten werden wir nicht weiter eingehen, dafür stehen zum Beispiel MS FrontPage, MS Word oder auch eine ganze Reihe von Free- bzw. Shareware-Tools zur Verfügung.

Bedienung am Beispiel

Die Hilfe zur HTML Help ist teilweise ziemlich verwirrend. Hier der Versuch, einen besseren Einstieg zu vermitteln:

- Schreiben Sie mit einem HTML-Editor (z.B. *MS Word* oder *Microsoft FrontPage Express*) die einzelnen Hilfeseiten. Fügen Sie Hotspots bzw. Hyperlinks ein, so dass jede Seite erreichbar ist.
- Öffnen Sie den Microsoft HTML Workshop (*Hhw.exe*).
- Wählen Sie im Dialogfeld *Project* den Befehl *File/New*.
- Unaufgefordert drängt Ihnen nun ein Wizard seine Dienste auf. An dem Dialogfeld mit der Option *Convert WinHelp Project* gehen Sie achtlos vorbei, das Häkchen setzen Sie nur in dem Fall, wenn Sie ein bereits existierendes älteres Hilfeprojekt (*.hpj*) in das neue HTML-Format konvertieren wollen. Dies dürfte besonders für den Umsteiger hilfreich sein, beantworten sich doch durch Vergleich des ursprünglichen mit dem konvertierten Projekt-File viele Fragen von selbst.

- Über die Schaltfläche *Browse* spezifizieren Sie Ihr *.hhp*-Projekt-File. Zweckmäßigerweise legen Sie es im gleichen Verzeichnis an, in welchem sich auch die *.htm*-Dateien befinden (z.B. als *Garten.hhp*).
- Wählen Sie die Option *Htm-Files*, da Sie die HTML-Dateien ja bereits erstellt haben.
- Im nächsten Fenster fügen Sie über *Add* die *.htm*-Dateien hinzu.
- Klicken Sie nacheinander auf die vorletzte (*Save project, contents and index files*) und auf die letzte Schaltfläche (*Save all project files and compile*) der linken (senkrechten) Symbolleiste des HTML Help Workshops. Im Logfenster (rechts) können Sie sich vom Erfolg überzeugen.

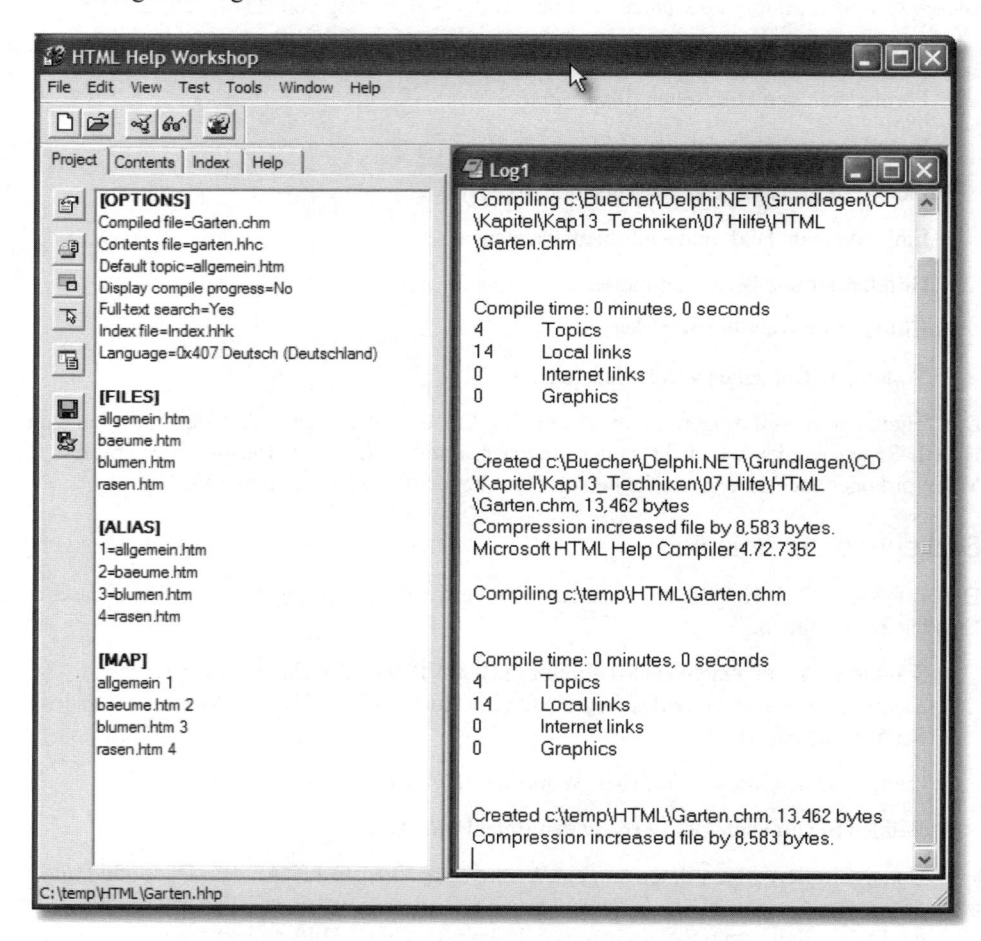

13.8 Hilfedateien programmieren

- Wählen Sie *View compiled file* (vorletzte Schaltfläche in der oberen Symbolleiste), so können Sie in einem einzelnen Hilfefenster bereits die erste Hilfeseite sehen und sich über die von Ihnen angelegten Links zu den anderen Seiten bewegen.

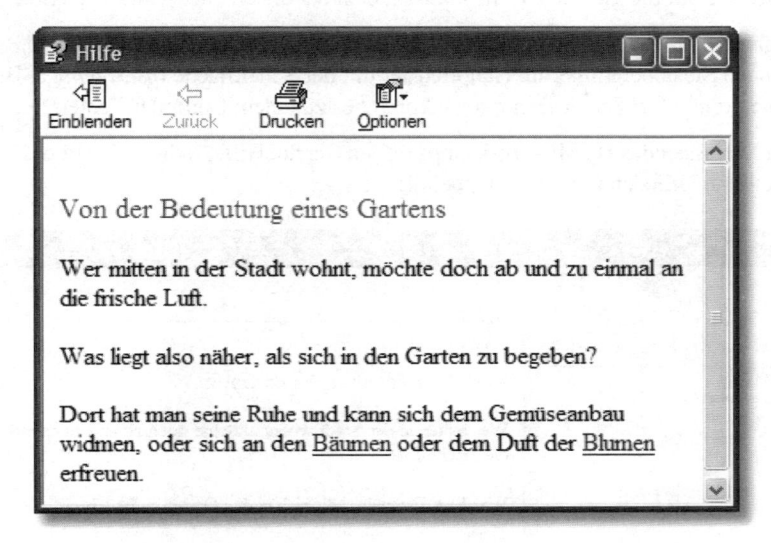

- Um das Inhaltsverzeichnis zu erstellen, öffnen Sie die Contents-Seite, bestätigen die Option *Create a new contents file* und speichern es als *Test.hhc* im Projektverzeichnis.

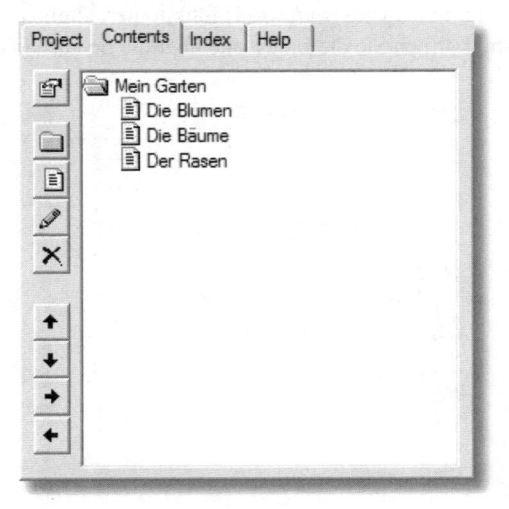

- Klicken Sie auf die Schaltfläche *Insert a heading* (links, zweite von oben).

- Wählen Sie als *Entry Title*: "Mein Garten". Klicken Sie auf die *Edit*-Schaltfläche im Dialogfeld *Path or URL* und stellen Sie oben das Projekt-File *test.hhp* und unten über die *Browse*-Schaltfläche die Seite *allgemein.htm* ein.

- Klicken Sie auf die Schaltfläche *Insert a page* (links, dritte von oben). Das Meldungsfeld *Do yo want to insert at the beginning?* quittieren Sie mit *Nein*.
- Weisen Sie auf die gleiche Art die *html*-Dateien der ersten untergeordneten Seite zu.
- Die gleiche Prozedur wiederholen Sie für alle weiteren untergeordneten Seiten. Beginnen Sie dabei immer im Hauptfenster mit der Schaltfläche *Insert a page*. Benutzen Sie hier keine *Add*-Schaltfläche, sonst kommt es zu einem Compiler-Fehler!
- Nach Verlassen des HTML-Workshops öffnen Sie die Hilfe, indem Sie auf die kompilierte Hilfedatei *test.chm* doppelklicken.

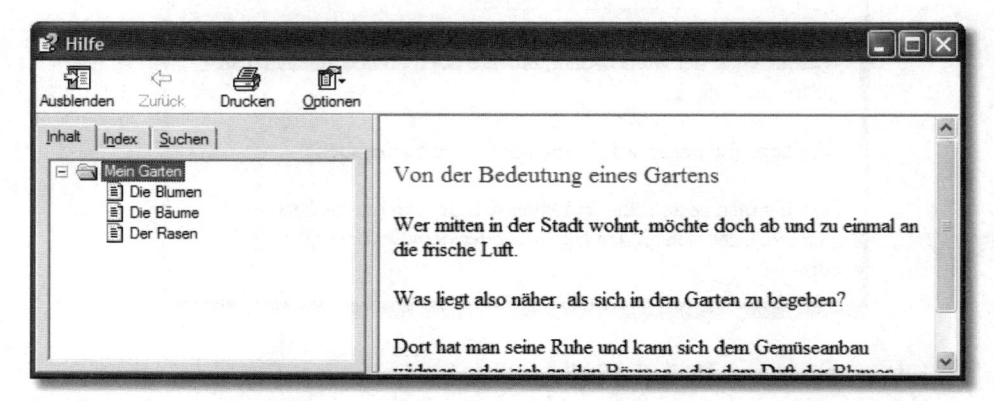

- Das Hinzufügen einer Indexdatei (*Index.hkk*) funktioniert ähnlich wie bei einer Inhaltsdatei. Diesmal öffnen Sie die Indexseite über die Schaltfläche *Insert a keyword*.

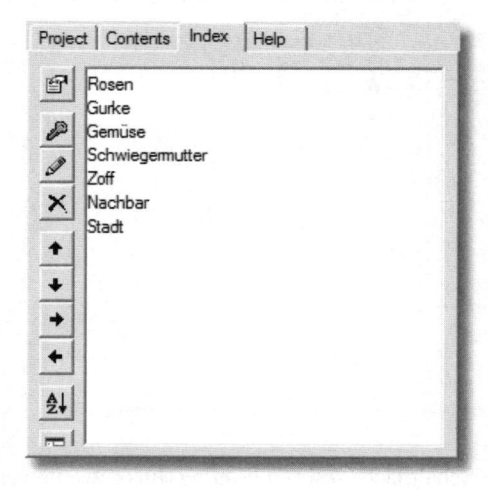

- Die einzelnen Keywords ordnen Sie auf analoge Weise (*Edit*-Schaltfläche) den jeweiligen *htm*-Seiten zu. Das Ergebnis im Hilfefenster (nach Verlassen des Workshops) zeigt die folgende Abbildung.

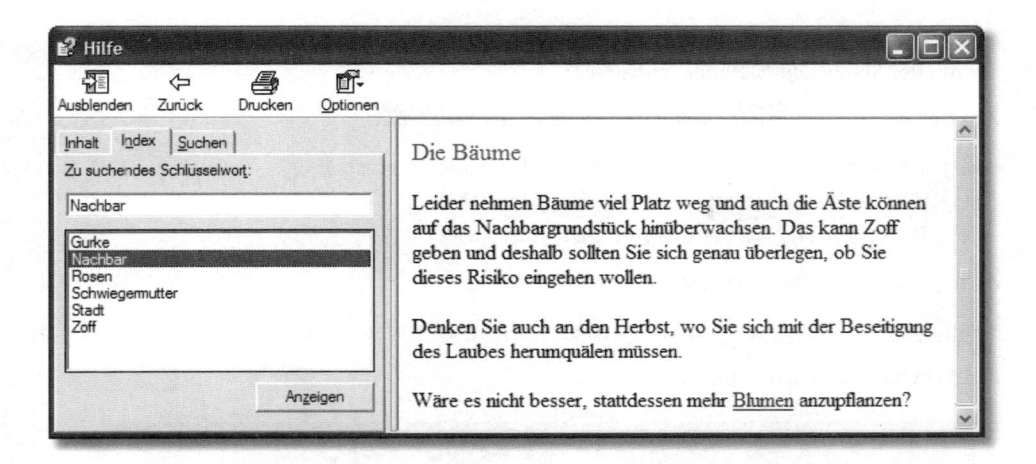

13.9 Hilfe in Delphi.NET einbinden

Altgediente Delphi-Programmierer sind zunächst einmal irritiert und werden nach der bisher üblichen *HelpContextId*-Eigenschaft Ausschau halten. Diese bisher übliche Vorgehensweise wird unter .NET nicht mehr unterstützt. Stattdessen finden Sie in Delphi.NET zwei neue Controls und ein *Help*-Objekt vor, die alle bisherigen Aufgaben übernehmen.

Sollten Sie jetzt voller Euphorie denken, dass alles einfacher und vor allem schneller geht, müssen wir Sie leider etwas enttäuschen. Es geht zwar recht einfach, aber fast an jeder Stelle ist es mit mehr Schreibaufwand verbunden.

13.9.1 Das Help-Objekt

Mit Hilfe des *Help*-Objekts (Sie können keine Instanzen bilden) ist es möglich, aus der Applikation heraus eine HTML-Hilfedatei oder eine einzelne HTML-Seite aufzurufen. Als Hauptverwendung dürfte sich der Menüpunkt *Hilfe* anbieten, der wohl in fast keiner Anwendung fehlt:

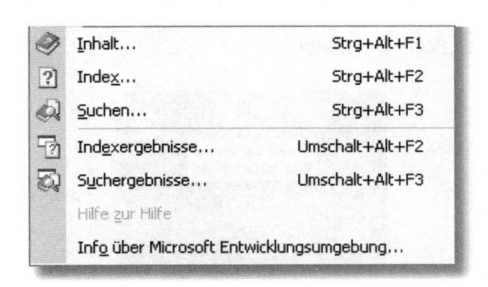

Die Routinen, die sich hinter den Menüpunkten *Inhalt*, *Index* und *Suchen* befinden, können Sie mit der *ShowHelp*-Methode realisieren:

Anzeige der Tabulatorseiten *Inhaltsverzeichnis*, *Suchen*, *Index*:

```
Help.ShowHelp(Self, 'garten.chm', HelpNavigator.TableOfContents)
Help.ShowHelp(Self, 'garten.chm', HelpNavigator.Find)
Help.ShowHelp(Self, 'garten.chm', HelpNavigator.Index)
```

Anzeige des Index mit vorgegebenem Stichwort:

```
Help.ShowHelp(Self, 'garten.chm', HelpNavigator.KeywordIndex, 'Rose')
```

Das Ergebnis nach dem Aufruf:

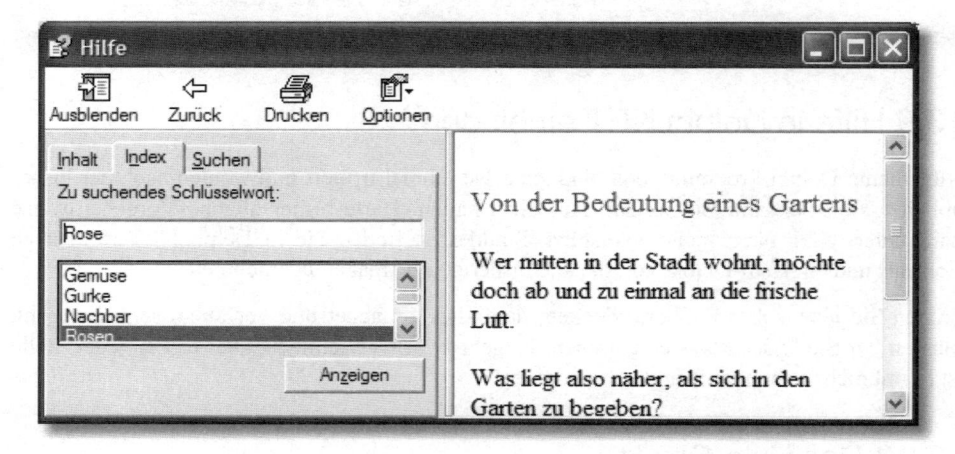

Mit der *ShowPopup*-Methode realisieren Sie relativ problemlos eine einfache Hilfestellung für beliebige Controls, ohne erst eine Hilfedatei zu programmieren.

Beispiel: Anzeige einer PopUp-Hilfe

```
Help.ShowPopup(Self, 'Geben Sie hier Ihr Wunschgehalt ein!', Point.Create(100, 100));
```

Doch ach, wo landet unser PopUp-Fenster?

Weit weg vom eigentlichen Geschehen wird die Hilfe angezeigt. Nachbessern ist also angesagt. Dank der neuen Methode *PointToScreen* ist die lästige Koordinatenrechnerei schnell realisiert.

13.9 Hilfe in Delphi.NET einbinden

Beispiel: Umrechnen der Anzeigeposition in Bildschirmkoordinaten:

```
Help.ShowPopup(Self, 'Geben Sie hier Ihr Wunschgehalt ein!',
                            TextBox1.PointToScreen(Point.Create(100, 20)))
```

Und jetzt läuft es auch so wie gewünscht:

13.9.2 Die HelpProvider-Komponente

Sicher haben Sie sich auch schon gefragt, wie Sie einzelnen Controls ein bestimmtes Hilfe-Thema zuordnen können. Auch intensivstes Studium der Eigenschaftenliste bringt keine Erleuchtung – von Hilfeunterstützung keine Spur! Abhilfe schafft ein recht unscheinbares Control, das zur Laufzeit unsichtbar ist:

Mit dem *HelpProvider*-Control aktivieren bzw. realisieren Sie die Hilfeunterstützung für ein Formular. Ziehen Sie einfach die entsprechende Komponente aus der Seite "Components" der Tool-Palette in eine Windows Form. Bis jetzt nichts Spektakuläres, doch werfen Sie einmal einen Blick auf die Eigenschaften eines beliebigen Eingabe-Controls (z.B. *TextBox*). Unter dem Stichwort *Sonstiges* tauchen plötzlich einige neue Eigenschaften auf, deren Bedeutung unschwer zu erkennen ist:

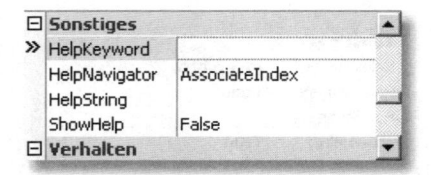

Doch bevor es so weit ist Verknüpfungen herzustellen, sollten Sie die Hilfedatei mit dem *HelpProvider* über dessen *HelpNameSpace*-Eigenschaft (URL) verbinden.

Hinweis: Um die einfache Hilfeunterstützung für das Formular zu aktivieren genügt es, wenn Sie die Formulareigenschaft *ShowHelp* auf *True* setzen.

Etwas aufwändiger wird es, wenn Sie den einzelnen Eingabe-Controls einen Hilfetopic zuordnen wollen.

Wählen Sie das entsprechende Control und weisen Sie die in der folgenden Abbildung angegebenen Eigenschaften zu:

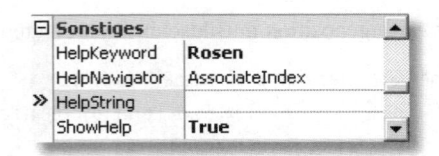

Sonstiges	
HelpKeyword	**Rosen**
HelpNavigator	AssociateIndex
» HelpString	
ShowHelp	True

Über das *HelpKeyword* "Rosen" springt die Hilfe direkt zum gewünschten Topic:

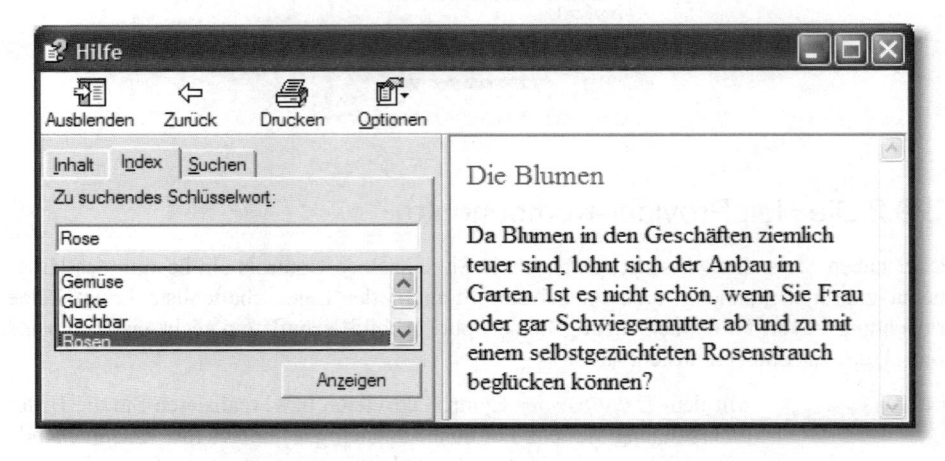

Hinweis: Alternativ können Sie die einzelnen HTML-Seiten auch über den Namen der HTML-Datei auswählen:

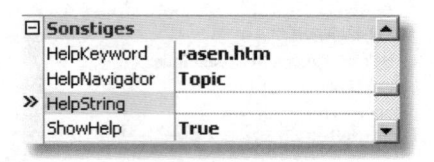

Sonstiges	
HelpKeyword	rasen.htm
HelpNavigator	Topic
» HelpString	
ShowHelp	True

Hinweis: Ein Testprogramm für die Hilfe bzw. die Hilfeeinbindung finden Sie auf der Buch-CD!

Hinweis: Den HTML Help Workshop können Sie unter folgender Adresse herunterladen: *http://msdn.microsoft.com/library/en-us/htmlhelp/html/hwMicrosoftHTMLHelp-Downloads.asp*

13.10 Distribution von Anwendungen

Haben Sie es endlich geschafft? Ist Ihre Anwendung bereit für den Endkunden? Wenn ja, dann sollten Sie sich eingehend mit dem zu Delphi.NET mitgelieferten *Install Shield Express* beschäftigen. Mit dessen Hilfe können Sie ein professionelles Setup-Programm erstellen. Doch Vorsicht! Möchten Sie neben Ihrer Framework-Anwendung auch noch das Framework selbst in das Setup aufnehmen, bleibt es nicht bei ein paar Disketten, planen Sie ruhig eine ganze CD ein.

Der Hinweis, .NET-Anwendungen lassen sich mit XCOPY installieren, dürfte schnell als Märchen enttarnt werden, wenn Sie die folgende Aufgabenliste damit realisieren wollen:

- Unterscheidung der Betriebssysteme
- Installation des Frameworks (1.0 oder 1.1) + Service Pack(s)
- Prüfen auf aktuellere Versionen
- Auswahl eines Installationsverzeichnisses
- Erzeugen von Einträgen im Startmenü (Shortcuts)
- Eintragen von Lizenzinformationen in die Registry
- Registrieren von Dateitypen (Verknüpfungen)
- Eventuelles Kopieren und Registrieren von noch benötigten COM-Komponenten
- Deinstallationsroutine

Das Programm *InstallShield Express Spezial-Edition für Delphi* nimmt Ihnen quälende Überlegungen, wie Sie obige Anforderungen erfüllen, ab. Es unterstützt Sie bei der Anfertigung professioneller Setup-Dateien für die verschiedensten Medien (CD-ROM, DVD-ROM, Disketten, Netzwerk).

Einige grundsätzliche Bemerkungen vorweg:

- *InstallShield Express Special Edition für Delphi* ist lediglich eine abgerüstete Version von *InstallShield Express*[1]!
- Wenn Sie das Programm zunächst nicht auf Ihrer Festplatte entdecken können, muss es nachträglich von den Delphi-CDs installiert werden.

Für diejenigen, die sich bereits an ältere Versionen von *IS Express* gewöhnt haben, gibt es eine weniger gute Nachricht: Die vorliegende Version 4.0 wurde zwecks Kooperation mit dem Windows Installer-Dienst so radikal auf den Kopf gestellt, dass Sie sich komplett neu einarbeiten müssen!

---

[1] Die Vollversion enthält einige zusätzliche Features, die in der abgerüsteten Version zwar angezeigt werden, wo aber der Zugriff über ein böses "Vorhängeschloss" verwehrt ist.

13.10.1 System- und Softwarevoraussetzungen

Ist Ihre Zielplattform unbekannt (eventuell Windows 2000, ME, 98), müssen Sie im Grunde folgende Installationen bzw. Programme einplanen:

- .NET-Framework (in der richtigen Landessprache und Version)
- .NET-Service-Pack(s)[1]
- MDAC 2.6, wenn Sie Datenbanken unterstützen wollen
- Internet Information Services (IIS ab Version 5), wenn Sie Web-Anwendungen erstellen
- Windows Management Instrumentation (WMI), wenn Sie WMI-Funktionen nutzen
- Microsoft Internet Explorer (nur wenn Version kleiner 5.01 installiert ist)

Folgende Betriebssysteme werden vom .NET-Framework unterstützt:

- MS Windows 98/Windows 98 SE
- MS Windows Me
- MS Windows NT 4 (ab Service-Pack 6a)
- MS Windows 2000 (aktuelles Service-Pack).
- MS Windows XP
- MS Windows Server 2003

Von kleineren Seiteneffekten mit bestehenden Anwendungen (auch aus dem Hause MS) mal abgesehen und unter Berücksichtigung der oben genannten Voraussetzungen werden Sie schnell zu dem Schluss kommen, dass die Installation einer .NET-Anwendung absolut trivial ist. Wer anderer Meinung sein sollte, kann sich eingehend mit den folgenden Abschnitten beschäftigen.

13.10.2 Das Setup-Projekt

Für ein Beispiel-Programm soll nach dem Prinzip "nur so viel wie unbedingt nötig" ein Setup-Datenträger angefertigt werden.

Starten Sie *IS Express* und eröffnen Sie mit *Datei|Neu* ein neues Setup-Projekt[2].

Hinweis: Beim Setup-Projekt handelt es sich natürlich **nicht** um Ihr Delphi-Projekt, sondern lediglich um die *.ise*-Datei, welche die Einstellungen von *InstallShield* speichert!

---

[1] Wir vermuten mal, dass bis zur Drucklegung des Buches weitere Service-Packs erhältlich sind.
[2] Auf den Assistenten verzichten wir lieber!

13.10 Distribution von Anwendungen

Geben Sie dem Projekt einen Namen (z.B. *Gurkensoftware.ise*) und speichern Sie es in einem vorher angelegten Verzeichnis ab.

Das Hauptfenster mit seiner furchterregend langen Checkliste, bestehend aus sechs Etappen, erwartet Sie. Die Checkliste sollte systematisch von oben nach unten durchgearbeitet werden, auf ins Gewühl!

Hinweis: Sie müssen nicht alle Punkte abarbeiten, bei vielen Punkten genügt die Übernahme der Standardeinstellungen. Wir werden deshalb im Folgenden nur die für uns wirklich wichtigen Schritte nachvollziehen.

Allgemeine Informationen

Hierzu gibt es nicht viel zu erklären, tragen Sie *Produktname, Version, Internet-Adressen, Vertreiber, Produktcode, InstallDir* usw. ein:

Produkteigenschaften	
Produktname	Gurkensoftware
Produktversion	6.30.0000
Produktcode	{6D1685E2-433C-4064-BFCF-9FE463EC014C}
Upgrade-Code	{C9C385B2-99F7-468F-A995-610DAD11EE08}
INSTALLDIR	[ProgramFilesFolder]Doko-Buch\Gurkensoftware
DATABASEDIR	[INSTALLDIR]Database
Standardschriftart	Tahoma:8
Stream-Dateiinfo	
Titel	DOKO
Autor	DOKO
Erstellerkommentare	Contact: Your local administrator
Betreff	
Schlüsselwörter	Installer,MSI,Database
Schema	200
Software	
"Software" verwenden	Ja
Schaltfläche 'Ändern' deaktivieren	Ja
Schaltfläche 'Entfernen' deaktivieren	Nein
Schaltfläche 'Reparieren' deaktivieren	Ja
Anzeigesymbol	
Read-me-Datei	
Vertreiber	Doko-Buch
Comments	Kaufen Sie diese Software besser nicht
Herausgeber/Produkt-URL	http://www.doko-buch.de
Produktupdate-URL	http://www.doko-buch.de/Download
Support-Kontaktinformationen	Abteilung für Technischen Support
Support-URL	http://www.doko-buch.de/help
Support-Telefon-Nr.:	1-555-555-4505

Diese Angaben liefern auch die so genannten *Supportinformationen*, wie sie später auf dem Anwenderrechner abrufbar sind (*Windows-Systemsteuerung|Software*).

Hinweis: Belassen Sie möglichst **nicht** den *Produktnamen* auf seinem Standardwert, denn sonst haben Sie später Schwierigkeiten beim Auffinden des Programms!

Bei der Auswahl des Installationsverzeichnisses bzw. des Datenbankpfades werden Sie von einem eigenen Dialog unterstützt. In diesem können Sie zunächst aus einer Liste von vordefinierten Platzhaltern (z.B. [SystemFolder]) auswählen:

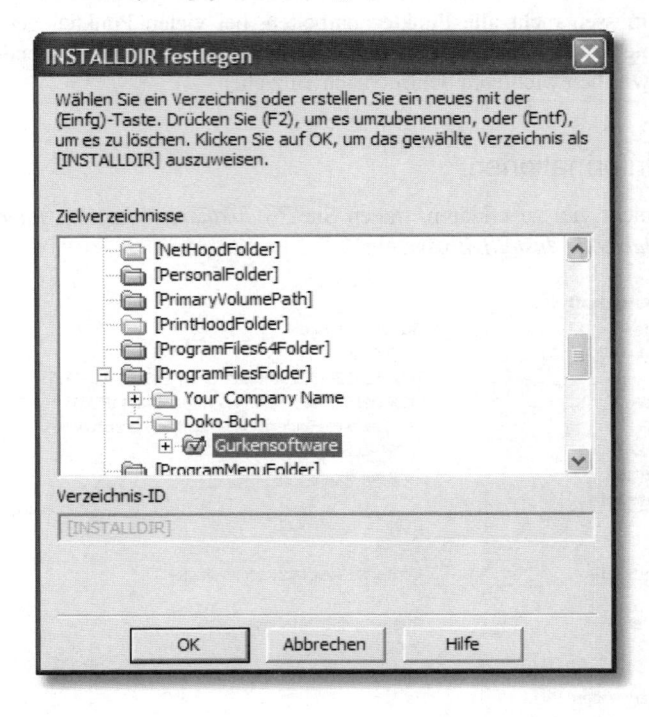

Das Installationsprogramm ermittelt dann zur Laufzeit, in welchem physischen Pfad des Zielrechners sich zum Beispiel die Programme oder Windows selbst befinden.

Features

Man versteht unter diesem nichts sagenden Begriff ganz konkret die Auswahlmöglichkeiten, die der Anwender bei einem benutzerdefinierten Setup vorfindet. Jedem Feature sind ganz bestimmte Dateien zugeordnet.

Das wichtigste Feature "Immer installieren" ist immer vorhanden, darunter werden später die Dateien zusammengefasst, die in jedem Fall auf den Zielrechner zu kopieren sind.

Weitere Features, die auf dem Zielrechner zusätzlich installiert werden können (aber nicht müssen), können Sie durch Anklicken des *Features*-Baums mit der rechten Maustaste hinzufügen.

Denkbar wären z.B. Features wie "Hilfesystem" oder "Zusatz-Bildermappe".

13.10 Distribution von Anwendungen

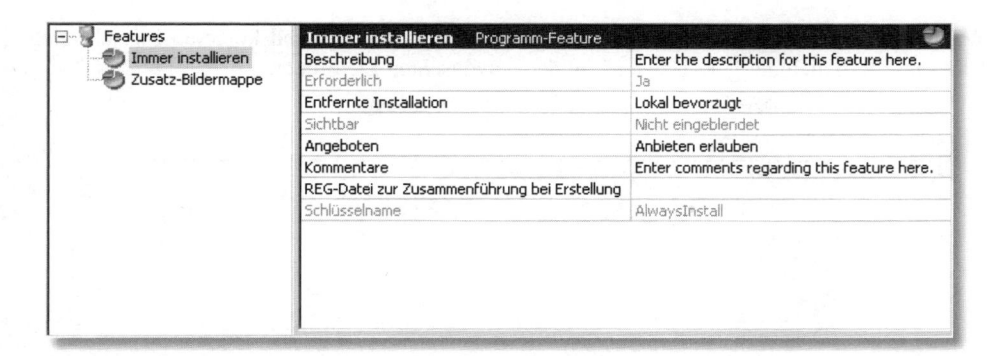

Setup-Typen

Die folgende Abbildung dürfte für Klarheit sorgen, was wir unter einem *Setup-Typ* zu verstehen haben. Es geht dann darum, jedem dieser drei Setup-Typen bestimmte Features zuzuordnen. Für unser Beispiel wird bei einer Minimalinstallation auf die Bildermappe verzichtet:

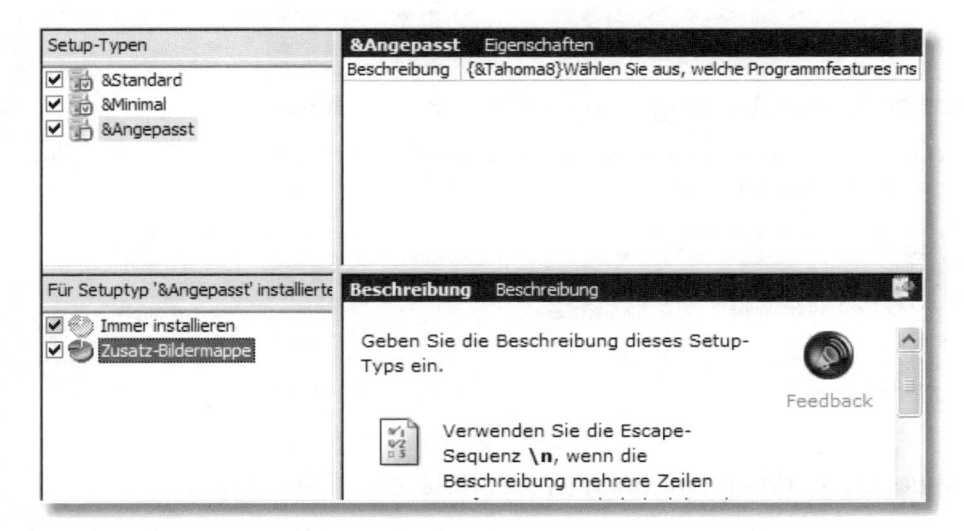

Anwendungsdaten eingeben (Dateien)

Nun wird es endlich konkret. Sie sollen jetzt festlegen, zu welchem der im vorhergehenden Schritt festgelegten *Feature* welche *Dateien* gehören.

Begonnen wird mit dem Feature "Immer installieren", das man in der Klappbox (in der Abbildung oben links) einstellt. Dann suchen Sie sich links den Ordner und rechts die erforderliche Datei (*Project2.exe*) aus. Ziehen Sie diese einfach per Drag&Drop in den gewünschten Zielordner.

Wählen Sie nachfolgend das Feature "Zusatz Bildermappe" aus und kopieren Sie jetzt die Dateien (z.B. beliebige *.jpg-Dateien") in den gewünschten Zielordner.

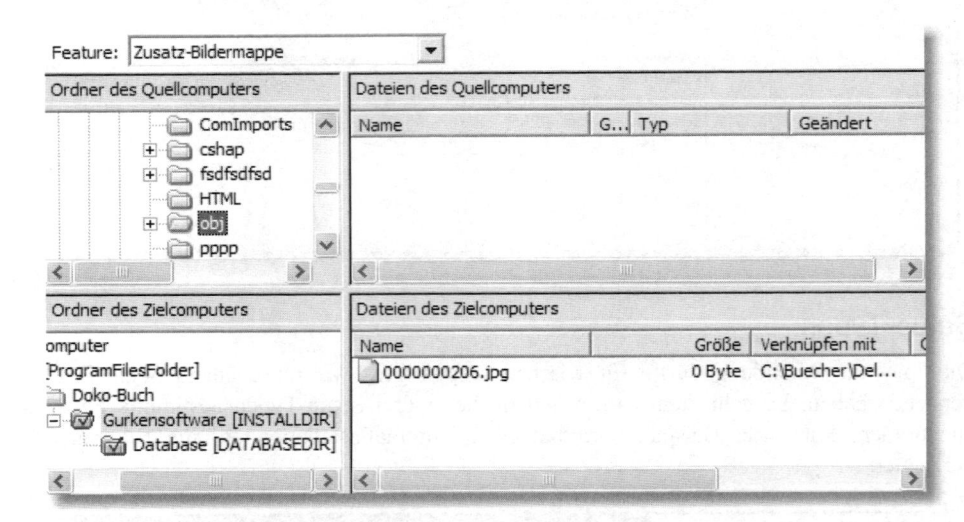

Anwendungsdaten eingeben (Dateien und Features)

Hier sehen Sie lediglich noch einmal eine zusammenfassende Übersicht der im vorhergehenden Schritt getroffenen Zuordnung:

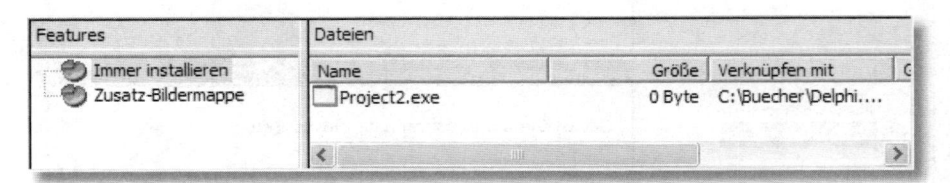

Anwendungsdaten eingeben (weiterverteilbare Dateien)

Wenn keine speziellen Komponenten (ActiveXe, DLLs, ...) vorliegen und es sich um keine Datenbankanwendung handelt, können Sie diesen Schritt überspringen. Ansonsten bietet Ihnen eine umfangreiche Liste die Chance, dass Sie dort das Gesuchte finden.

Hinweis: Wählen Sie an dieser Stelle **nicht** das .NET-Framework aus!

13.10.3 Zielsystem konfigurieren

In dieser Etappe geht es um spezielle Einstellungen, die das Setup-Programm am Zielcomputer vornimmt.

Verknüpfungen/Ordner

Sie können verschiedene Verknüpfungsarten bzw. Anzeigen einrichten (Taskleiste, Startmenü, ...). Für unser Beispiel ist ein Shortcut auf dem Windows-Desktop vorgesehen.

Das Hinzufügen zur Baumstruktur wird mittels Kontextmenü der rechten Maustaste erledigt:

Hinweis: Tragen Sie im Eigenschaftendialog unter *Ziel* den vollständigen Pfadnamen ein (z.B. *[Installdir]Project2.exe*), ansonsten wird die Verknüpfung nicht generiert bzw. zeigt ins Leere.

Registrierung

Hier geht es um Einträge in der Windows-Registry des Zielrechners, die Sie nur im Bedarfsfall vorzunehmen brauchen. Ähnlich wie bei dem Zuordnen von Dateien werden auch hier – in Abhängigkeit vom eingestellten Feature – komplette Registrierungsschlüssel per Drag&Drop aus dem Quell- in den Zielcomputer verschoben, oder Sie erstellen per Kontextmenü neue Einträge:

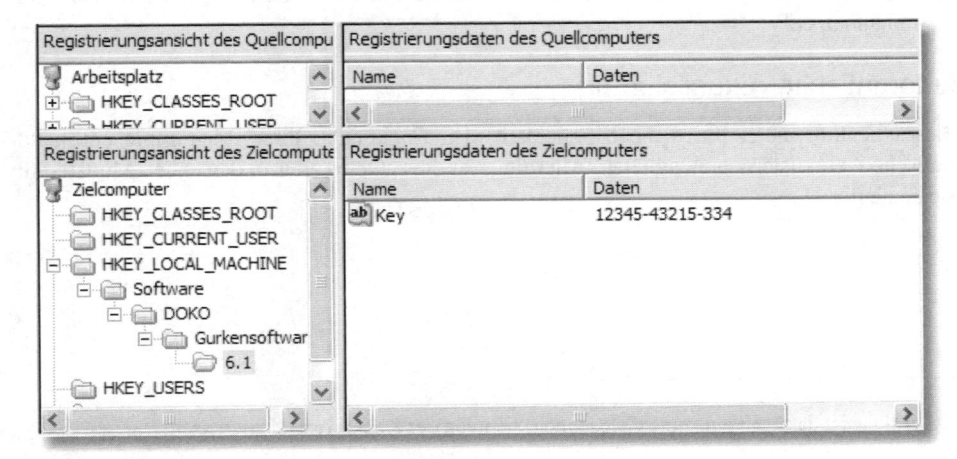

ODBC-Ressourcen, INI-Datei-Änderungen, Dateierweiterungen

Auch diese (weitgehend selbst erklärenden) Spezialeinstellungen müssen Sie nur im Bedarfsfall vornehmen.

13.10.4 Setup-Darstellung anpassen

In dieser Etappe geht es eigentlich nur noch um Äußerlichkeiten[1], denn hier legen Sie das Erscheinungsbild Ihres Setup-Programms fest.

Dialogfelder

Alle Fenster bzw. Meldungen, die während des Installationsprozesses auf dem Bildschirm erscheinen sollen, können Sie hier festlegen:

```
□ Dialogfelder
   □ Splash Bitmap
   ☑ Installation - Willkommen
   ☑ Lizenzvereinbarung
   □ Readme
   ☑ Benutzerinformationen
   □ Zielordner
   □ Datenbankordner
   ☑ Setuptyp
   ☑ Benutzerdefiniertes Setup
   ☑ Bereit zur Installation
   ☑ Setup-Fortschritt
   ☑ Setup erfolgreich abgeschlossen
```

Billboards, Text und Meldungen

Auch diese "Schmankerln" entziehen Sich dem lüsternen Zugriff des "Nur-IS-Express-Besitzers" durch ein großes Vorhängeschloss. Das wird Ihre Gier nach der InstallShield-Vollversion anheizen!

Automatische Aktualisierung

Dieses Feature bietet Ihnen die Möglichkeit, den Endkunden Ihrer Programme eine automatische Aktualisierung anzubieten. Allerdings ist diese Option nur in den ersten Monaten für Sie kostenlos.

---

[1] Allerdings ist das auch eine gute Gelegenheit, sich von der Konkurrenz abzugrenzen!

13.10 Distribution von Anwendungen

Setup-Anforderungen und -Aktionen festlegen

Hier können Sie Ihr Setup z.B. an unterschiedliche Betriebssysteme des Zielrechners anpassen. Support-Dateien hinzufügen oder ausführbare Datei während der Installation starten, bleiben der IS-Vollversion vorbehalten.

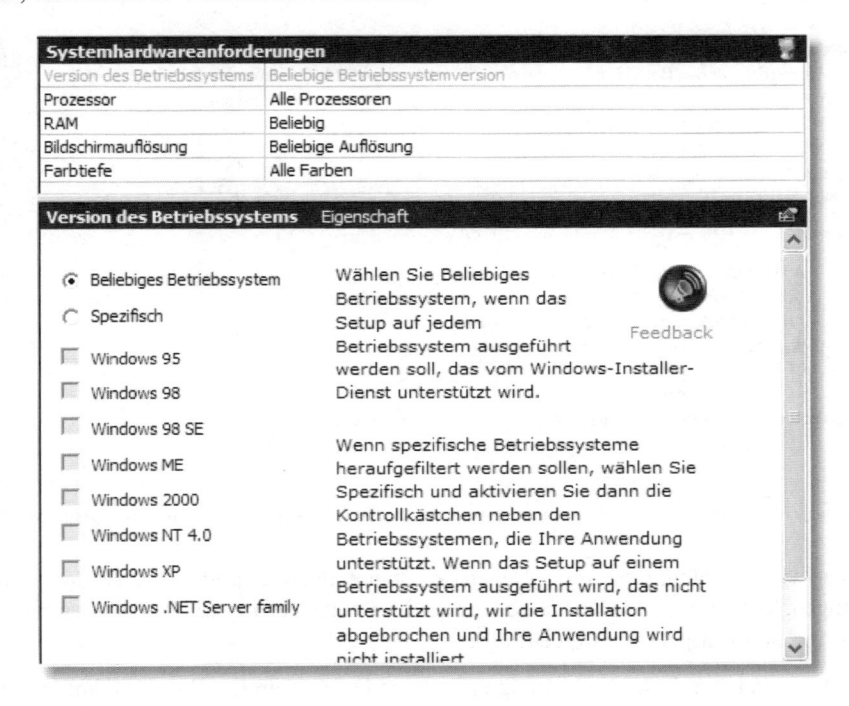

13.10.5 Release vorbereiten

In dieser letzten Etappe geht es endlich zur Sache.

Release erstellen

Zunächst legen Sie das Vertriebsmedium fest. Hier haben Sie vielfältige Auswahlmöglichkeiten zwischen den Datenträgern und der Auswahl ihrer Eigenschaften:

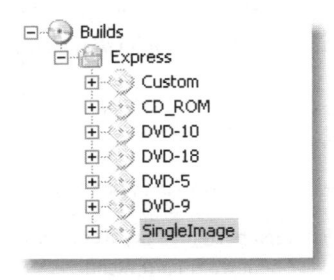

Medium komprimieren	Ja
Für Mediengröße optimieren	Nein
Version der MSI Engine	2.0
Verzeichnis für MSI Engine	Engine aus Setup.exe extrahieren
Setup.exe einschließen	Ja
Kennwortschutz für Startprogramm	Nein
Kennwort für Startprogramm	
Medium auf Zielcomputer kopieren	Ja
Verzeichnis für den Medienkopiervorgang	[WindowsFolder]Downloaded Installations
MSI Engine(s) einschließen	Sowohl 9x als auch NT Engine
MSI Engine-Neustart verzögern	Ja
Warnung vom Startprogramm unterdrücken	Ja
Datei 'Autorun.inf' erstellen	Nein
.NET Framework-Verzeichnis	Vom Quellmedium kopieren
.NET Framework Version	.NET 1.1
.NET 1.1 Kernsprache	Deutsch (Standard)
An Dotnetfx.exe zu übergebende Befehlszeile	
.NET 1.1 Sprachpakete	Deutsch (Standard)
An Sprachpakete zu übergebende Befehlszeile	
Dialogfeld für .NET-Option anzeigen	Nein
.NET-Build-Konfiguration	
.NET- und J#-Framework-URL	http://www.installengine.com/cert03/dotnetfx
Speicherort des weiterverteilbaren J#	Nicht einschließen
An J# zu übergebende Befehlszeile	
Optionsdialogfeld für J# anzeigen	Nein
J# bei Silent-Modus-Installation installieren	Nein

Und hier wird es richtig interessant: Neben der Option, die MSI-Engine[1] in das Setup-Projekt einzufügen, können Sie auch bestimmen, ob, und wenn ja, welche NET-Installation mit Ihrem Setup-Programm ausgeliefert werden soll[2]!

Die Autoren haben mit der Einbindung als externe Datei (vom Quellmedium kopieren) gute Erfahrungen gesammelt. Für den Vertrieb über das Internet eignet sich die Anwendung bei dieser Vorgehensweise natürlich nicht, allein die Dateigröße dürfte für die meisten Anwender schon abschreckend genug sein.

Hinweis: Das eigentliche Erstellen des Release wird ganz unspektakulär gestartet: Mit der rechten Maustaste auf den gewünschten Datenträger (im Beispiel *SingleImage*) klicken und *Erstellen* wählen.

Während des Erstellens der Setup-Dateien wird ein schier unendlich langes Protokoll generiert, wovon die folgende Abbildung nur den letzten Teil zeigen kann:

---

[1] Sinnvoll, wenn Sie es auch mit uralten Betriebssystem (< Windows XP/2000) zu tun haben.

[2] Bekanntermaßen sind die Anforderungen bezüglich der Runtime-Umgebung bei Delphi.NET-Anwendungen gestiegen – ohne das Framework läuft nichts.

13.10 Distribution von Anwendungen

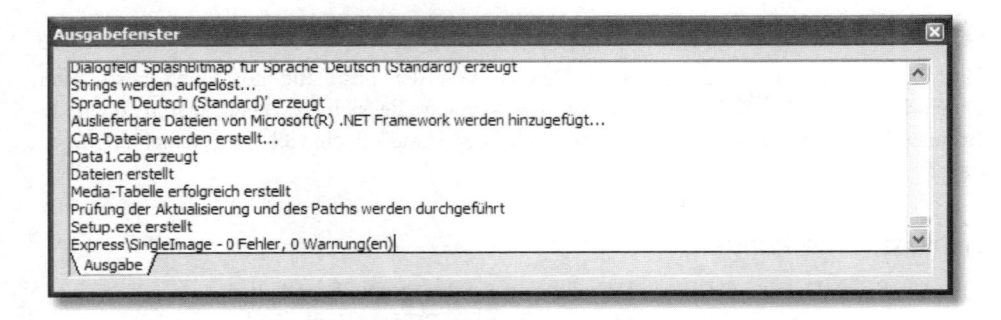

```
Ausgabefenster
Dialogfeld 'SplashBitmap' für Sprache 'Deutsch (Standard)' erzeugt
Strings werden aufgelöst...
Sprache 'Deutsch (Standard)' erzeugt
Auslieferbare Dateien von Microsoft(R) .NET Framework werden hinzugefügt...
CAB-Dateien werden erstellt...
Data1.cab erzeugt
Dateien erstellt
Media-Tabelle erfolgreich erstellt
Prüfung der Aktualisierung und des Patchs werden durchgeführt
Setup.exe erstellt
Express\SingleImage - 0 Fehler, 0 Warnung(en)
\ Ausgabe /
```

Ein Blick in das Installationsverzeichnis zeigt die angelegten Dateien. Grämen Sie sich nicht, dass hier trotz angeblich gepackter Dateien erheblich mehr Speicherplatz zusammenkommt als bei der ursprünglichen (ungepackten) EXE-Datei. Bei umfangreicheren Applikationen dürfte sich das Verhältnis wieder normalisieren.

Release testen

Klicken Sie doppelt auf das *SingleImage*-Symbol und entscheiden Sie sich für eine Testvariante:

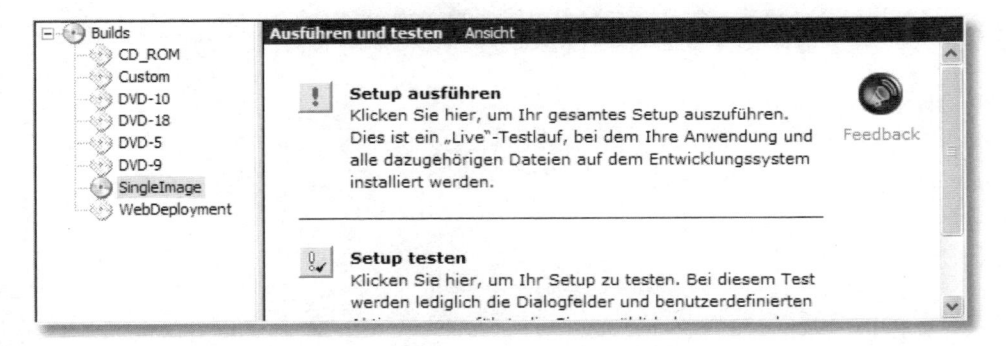

Hinweis: Endgültige Klarheit darüber, ob die Installationsdateien fehlerfrei sind, erhalten Sie erst nach der Installation auf verschiedenen "sauberen" Rechnern mit möglichst unterschiedlichen Betriebssystemen[1].

---

[1] An dieser Stelle ein kleiner Tipp: Bevor Sie sich jetzt Dutzende verschiedener PCs mit unterschiedlichen Betriebssystemen zulegen, verwenden Sie besser ein Programm wie z.B. VMWare, mit dem virtuelle PCs simuliert werden können. Nach der Installation stellen Sie einfach den ursprünglichen Zustand wieder her.

Release verteilen

Hier können Sie die erstellten Setup-Dateien von der Festplatte auf einen bestimmten Datenträger (CD-ROM) kopieren. Allerdings können Sie sich das auch sparen, denn das Brennen/Kopieren auf CD/Diskette lässt sich "per Hand" doch viel praxisnäher erledigen, oder?

Schlussbemerkungen

- Die Setup-Dateien für dieses Beispiel sind auf der Buch-CD enthalten, so dass Sie eine probeweise Installation/Deinstallation auf Ihrem PC vornehmen können.
- Laden Sie sich die Datei *Testprojekt1.ise* von der Buch-CD nach InstallShield Express und informieren Sie sich im Detail über alle vorgenommenen Einstellungen!

OOP-Spezial

- **Das Microsoft Event Pattern**
- **Borlands ECO II-Technologie**

14.1 Das Microsoft Event Pattern

Das vorliegende Kapitel wendet sich an den fortgeschrittenen Programmierer und behandelt zwei ebenso wichtige wie aktuelle OOP-Konzepte:

- Das Microsoft Event Pattern
- Borlands ECO II-Technologie

Beide Beiträge sollen Ihnen dabei helfen, neue Techniken und Werkzeuge zu erschließen, die Ihnen das .NET-Framework bzw. Delphi .NET für die objektorientierte Programmentwicklung bietet.

14.1 Das Microsoft Event Pattern

Um das überaus leistungsfähige Instrumentarium der OOP, wie es alle .NET-Sprachen zur Verfügung stellen, sinnvoll und zeitsparend anzuwenden, ist der Einsatz von Design Pattern (Entwurfsmustern) heutzutage so gut wie unumgänglich geworden, so dass kaum ein Softwareentwickler mehr darauf verzichten kann. Das .NET Framework stellt dafür hervorragende Möglichkeiten auf der Basis von Schnittstellen, Delegates und Events zur Verfügung.

Im Folgenden wollen wir zunächst die theoretischen Grundlagen des bekannten *Observer-Pattern* erläutern, das innerhalb der FCL[1] eine hervorgehobene Rolle (wenn nicht sogar die wichtigste) spielt.

Mit dem einfachen Beispiel einer Windows Forms-Anwendung "Zahlengenerator" sollen verschiedene Delphi .NET-Realisierungen demonstriert werden:

- klassische Implementierung auf Basis von Interfaces und Methoden-Callbacks,
- Implementierung auf der Basis von Delegates und Events,
- MS-konforme Implementierung mittels Event Pattern,
- finale Implementierung mit sechs Event Patterns.

Diese systematisch aufeinander aufbauenden Quellcodebeispiele mit garantierten Aha-Effekten sollen die theoretischen Ergüsse untermauern und letztendlich in der euphorischen Erkenntnis münden, wie herrlich einfach doch mit der .NET FCL die Umsetzung des Observer Pattern geworden ist und welch faszinierende neue Horizonte der Anwendungsentwicklung sich dadurch jedem öffnen, der sich diese Technologie erschließt.

14.1.1 Was sind Design Pattern und wozu braucht man sie?

Design Pattern ermöglichen es, dass verschiedene Problemgruppen nach einem einheitlichen und erprobten Muster gelöst werden können, sie stellen einen Mechanismus zur Verfügung, mit dem bewährte Lösungen von anderen Entwicklern genutzt werden können.

---

[1] Framework Class Library

Design Pattern wurden von der Softwareindustrie erstmalig 1995 eingeführt. Grundlage war das Buch *Design Patterns: Elements of Reusable Object-Oriented Software (Addison-Wesley Pub Co, 1995)* von Gamma, Helm, Johnson und Vlissides, in dem die Autoren insgesamt 23 Design Patterns für den Anwendungsentwurf vorstellten (C++, Smalltalk). Seitdem wurden diese Entwurfsmuster ständig weiterentwickelt und durch neue ergänzt.

Auch Microsoft hat in .NET viele der bekannten Entwurfsmuster eingesetzt und selbst beeindruckende Innovationen, wie z.B. das auf dem Delegate-Konzept beruhende Ereignismodell (Event Pattern), hinzugefügt.

Die Vorteile, die sich durch den Einsatz von Design Pattern ergeben, dürften auch den letzten Pattern-Muffel überzeugen:

- die Fehlerhäufigkeit sinkt, die Stabilität der Anwendung steigt,
- verbesserte Wartbarkeit und Wiederverwendbarkeit des Codes,
- unkomplizierte Erweiterung bestehender Anwendungen durch neue Klassen,
- Design Pattern sind nicht an eine bestimmte Sprache gebunden,
- die Verwendung einer einheitlichen Semantik verbessert die Kommunikation zwischen den Mitgliedern des Entwicklerteams,
- der Entwicklungsaufwand verringert sich teilweise dramatisch (Zeit ist Geld!).

Es dürfte klar sein, dass sich all diese Vorzüge umso deutlicher auswirken, je komplexer das Entwicklungsprojekt ist. Für die meisten Softwarefirmen ist deshalb de Einsatz von Design Pattern überlebenswichtig und ein Garant dafür, dass ihre über Jahre gepflegten Anwendungen nicht "aus dem Ruder laufen" und letztendlich im Chaos versinken.

14.1.2 Aufbau und Bedeutung des Observer Pattern

Bei einem sauberen objektorientierten Entwurf sollte jedes einzelne Objekt nur für eine einzelne Aufgabe zuständig sein und nicht mehr. Diese Herangehensweise gewährleistet eine exakte Trennung zwischen den Objekten, was eine größere Wiederverwendbarkeit und Wartungsfreundlichkeit zur Folge hat.

Von größter Bedeutung ist eine solch klare Aufgabentrennung bei der Interaktion zwischen der Benutzerschnittstelle (User Interface) und der darunter liegenden Geschäftslogik, denn in der Entwicklungsphase kommt es häufig vor, dass sich das UI ändert, ohne dass ein entsprechendes Zusammenwirken mit dem Rest der Applikation gewährleistet ist. Ohne eine saubere Abgrenzung beider Schichten wäre Chaos vorprogrammiert.

Als Antwort auf diese Herausforderung wurden seit Einführung der GUI[1] eine Anzahl objektorientierter Frameworks entwickelt mit dem Ziel einer klaren Trennung zwischen UI und dem

---

[1] Graphical User Interface

Rest der Applikation. Die meisten davon benutzen ein bestimmtes Design Pattern, dass diese Funktionalität zur Verfügung stellt.

Dieses Pattern ist unter Profis als *Observer Pattern* bekannt, seine Anwendung bezieht sich heute nicht nur auf die Abgrenzung zwischen UI und Geschäftslogik, sondern überall darauf, wo eine saubere Trennung zwischen verschiedenen Objekten im System erforderlich ist.

Hinweis: Die Nützlichkeit des Observer Pattern übersteigt seine ursprüngliche Zielstellung bei weitem!

Das logische Modell

Obwohl es mehrere Variationen des Observer Pattern gibt, sind dabei grundsätzlich immer zwei Objektkategorien beteiligt: ein oder mehrere *Observer* und das *Subject*[1]. Im Bezug auf ein User Interface sind die Observer die Objekte, welche die Anzeige der Daten übernehmen. Andererseits repräsentiert das Subjekt einen bestimmten Teil der Geschäftslogik. Zwischen den Observern und dem Subjekt existieren logische Assoziationen. Wenn eine Änderung im Subjekt auftritt (z.B. die Modifikation einer Zustandsvariablen) beobachten die Observer diese Änderungen und führen ein entsprechendes Update ihrer Anzeige aus.

Unsere Beispielapplikation soll Zufallszahlen generieren und sie in zwei Observer-Fenstern anzeigen. Der erste Observer übernimmt die zahlenmäßige Darstellung, der zweite Observer die Anzeige in Form eines einfachen Balkendiagramms. Die Abbildung zeigt das logische Modell:

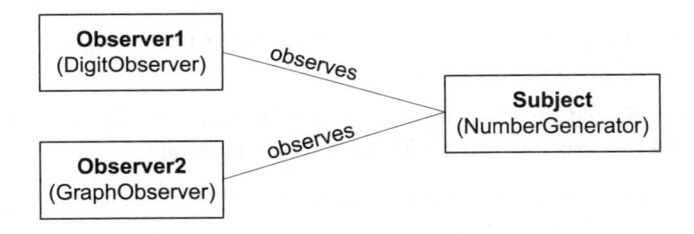

```
┌──────────────────┐
│    Observer1     │ observes
│  (DigitObserver) │─────────┐
└──────────────────┘         │    ┌──────────────────┐
                             ├────│      Subject     │
┌──────────────────┐         │    │ (NumberGenerator)│
│    Observer2     │ observes│    └──────────────────┘
│  (GraphObserver) │─────────┘
└──────────────────┘
```

Innerhalb unserer Applikation fungiert als *Subject* eine Instanz der Klasse *TNumberGenerator*, die das automatische Erzeugen der Zufallszahlen übernimmt. Diese Klasse kapselt eine Zustandsvariable, die der gerade aktuellen Zufallszahl entspricht. Um diese Information dem Benutzer in zwei unterschiedlichen Fenstern anzuzeigen, benutzt die Applikation zwei Observer: Eine Klasse *TDigitObserver*, die das Ergebnis der Beobachtung in ein Label schreibt und eine Klasse *TGraphObserver*, welche das Zeichnen des entsprechenden Balkendiagramms übernimmt. Beide Observer-Instanzen sind voneinander völlig entkoppelt und lassen sich zur Laufzeit beliebig mit dem Subjekt registrieren.

---

[1] Wer mit dem Smalltalk-MVC vertraut ist kenn diese Begriffe auch als *View* und *Model*.

> **Hinweis:** Weil der Generator ständig neue Zufallszahlen erzeugt, ändert sich auch seine Instanzenvariable entsprechend. Da die Observer das Subjekt ständig "beobachten", werden die Zustandsänderungen dem Benutzer quasi in "RealTime" angezeigt, d.h., sobald sie auftreten.

Dieser Beobachtungsprozess gewährleistet eine klare Abgrenzung zwischen *TNumberGenerator*-, *TDigitObserver*- und *TGraphObserver*-Klasse. Nehmen wir einmal an, dass sich die Anforderungen an die Applikation morgen ändern, z.B. es wird zusätzlich eine laufende statistische Auswertung der Zufallszahlen verlangt. Dank Observer-Pattern ist der Aufwand gering, lediglich eine neue Klasse *TStatisticObserver* wäre hinzuzufügen, die dann als dritter Observer fungieren würde. Die Klasse *TNumberGenerator* bleibt, wie sie ist, und "merkt" nicht einmal auf Anhieb, dass ein weiterer Observer angeschlossen wurde. Andererseits kann es sein, dass die *TNumberGenerator*-Klasse ihre Informationen von einer anderen Quelle holt, z.B. von einem Webdienst oder von einer Datenbank. Die Observer-Klassen bleiben, wie sie sind, und beobachten weiter unbeeindruckt ihr Subjekt.

Modell mit Sequenzdiagrammen

Wie bei den meisten Entwurfsmuster-Implementierungen steckt auch beim Observer-Pattern der Teufel im Detail. Falls – wie es zunächst nahe liegend scheint – unser *TNumberGenerator* die Observer instanziieren würde, gäbe es bedeutende Schwierigkeiten beim Anschluss weiterer Observer, da der Quellcode anzupassen und neu zu compilieren wäre.

Der akkurate Weg – und damit die wichtigste theoretische Grundlage des Observer Pattern – besteht aus drei Etappen:

- *Registration*: Jeder Observer *registriert* sich beim Subjekt und drückt damit sein Interesse an einer Beobachtung aus.
- *Notification*: Sobald eine Zustandsänderung auftritt, *benachrichtigt* das Subjekt alle registrierten Observer über die gewünschten Änderungsdetails.
- *Unregistration*: Falls ein Observer nicht länger das Subjekt beobachten will, *deregistriert* er sich beim Subjekt.

Zur Illustration der drei Etappen eignen sich ausgezeichnet die Sequenzdiagramme der UML[1], sie veranschaulichen ganz allgemein die Interaktionen zwischen Instanzen im Zeitverlauf und besitzen in der Vertikalen eine zeitliche Dimension, in der Horizontalen werden die an der Interaktion beteiligten Objekte aufgeführt. Die senkrechte gestrichelte Linie verdeutlicht den Zeitverlauf und symbolisiert die Lebensdauer eines Objekts von seiner Entstehung bis zu seiner Entfernung. Senkrechte Balken, welche die gestrichelten Linien überlagern, geben an, welches Objekt gerade aktiv ist (Steuerungsfokus). Die waagerechten Pfeile entsprechen der Ausführung von Methoden.

---

[1] Unified Modeling Language

14.1 Das Microsoft Event Pattern

Die Registration-Sequenz

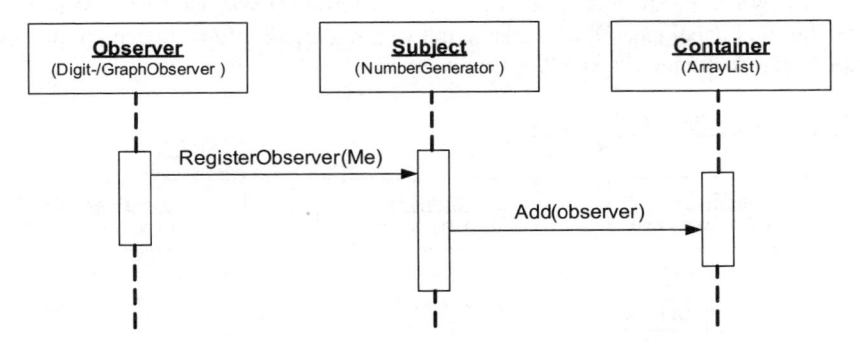

```
Observer                    Subject                 Container
(Digit-/GraphObserver)   (NumberGenerator)         (ArrayList)
     |                         |                        |
     |---RegisterObserver(Me)->|                        |
     |                         |-----Add(observer)----->|
     |                         |                        |
```

Der Observer ruft die *RegisterObserver*-Methode des Subjekts auf, wobei er sich selbst als Argument übergibt. Hat das Subjekt die Referenz erhalten, muss es diese abspeichern, um im Fall von Änderungen den (oder die) Observer benachrichtigen zu können. Anstatt aber die Observer-Referenz in einer Instanzenvariablen zu speichern, delegieren die meisten Observer-Implementationen diese Verantwortung an ein separates Objekt, typischerweise einen Container, wie z.B. ein Array oder irgendeine andere Collection. Die Benutzung eines solchen Containers für das Speichern der Observer-Referenzen hat gewichtige Vorteile, auf die wir später noch einmal zurückkommen wollen.

Die abschließende Aktion ist das Abspeichern der Observer-Referenzen, ausgeführt durch die *Add*-Methode des Container-Objekts.

Die Notification-Sequenz

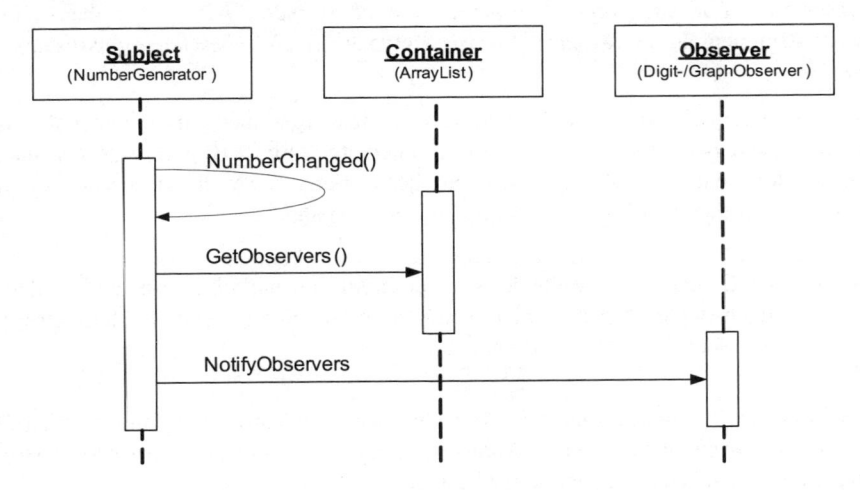

```
Subject                    Container              Observer
(NumberGenerator)         (ArrayList)         (Digit-/GraphObserver)
   |                          |                       |
   |--NumberChanged()--\      |                       |
   |<------------------/      |                       |
   |                          |                       |
   |----GetObservers()------->|                       |
   |                          |                       |
   |------------NotifyObservers----------------------->|
   |                          |                       |
```

Sobald eine Zustandsänderung auftritt, holt sich das Subjekt alle im Container enthaltenen Observer (*GetObservers*-Methode).

Danach durchläuft das Subjekt alle Observer und benachrichtigt jeden einzelnen, indem es seine *NotifyObservers*-Methode ausführt, welche die Observer von der Zustandsänderung benachrichtigt und dabei eine Objektvariable mit den Änderungsinformationen an die *UpdateDisplay*-Methode des jeweiligen Observers übergibt.

Die Unregistration-Sequenz

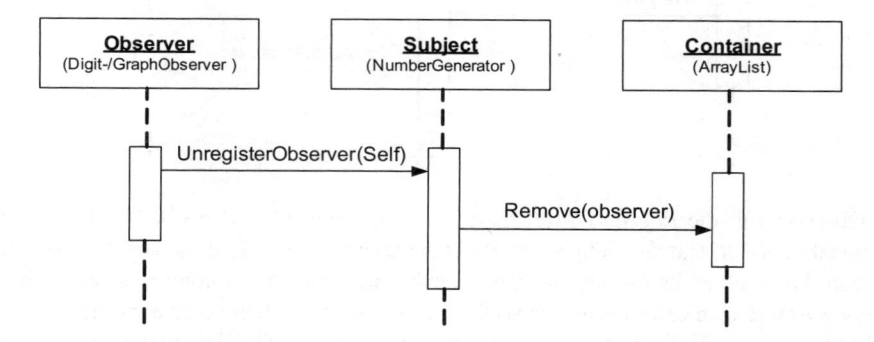

```
     Observer                Subject              Container
(Digit-/GraphObserver)    (NumberGenerator)       (ArrayList)
     |                        |                       |
     |--UnregisterObserver(Self)-->                   |
     |                        |---Remove(observer)--->|
     |                        |                       |
```

Diese Sequenz wird dann ausgeführt, wenn der Observer das Objekt nicht mehr länger beobachten möchte. Analog zur *Register*-Methode ruft der Observer jetzt die *UnregisterObserver*-Methode des Subjekts auf, wobei er sich selbst als Argument übergibt. Das Subjekt ruft dann die *Remove*-Methode des Containers auf, die den Observer entfernt.

Was bedeuten diese Sequenzen für unseren Zahlengenerator?

Während der Startphase der Applikation registriert sich eine Instanz der *TDigitObserver*- und eine Instanz der *TGraphServer*-Klasse bei der *TNumberGenerator*-Instanz, wobei sich beide selbst als Argument an die *RegisterObserver*-Methode der *TNumberGenerator*-Instanz übergeben.

Die *TNumberGenerator*-Instanz legt beide Observer-Instanzen in einem Container ab, das soll in unserem Demobeispiel eine *ArrayList* sein, alternativ käme z.B. auch eine *Hashtable* in Frage. Sobald er eine neue Zahl generiert hat, benachrichtigt *TNumberGenerator* die registrierten Observer durch Aufruf seiner *NotifyObservers*-Methode.

Hinweis: Die *GetObservers*-Methode ist in unserem Fall nur fiktiv, sie wird in der konkreten Implementierung nicht benötigt und durch eine *for-to*-Schleife ersetzt, die die Felder der ArrayList durchläuft.

Auf Wunsch des Benutzers oder beim Beenden der Applikation deregistrieren sich *DigitObserver* und *GraphObserver* beim *NumberGenerator* (*UnregisterObserver*-Methode) und die Beziehung zwischen den Instanzen ist beendet.

14.1 Das Microsoft Event Pattern 855

Die Rolle des Containers

Bevor wir mit der Implementierung unseres Beispiels beginnen, lasst uns noch einmal die Vorteile beleuchten, die die Benutzung eines Containers anstatt von Instanzenvariablen mit sich bringt. Nehmen wir einmal an, Sie wollen einen dritten Observer einsetzen, z.B. den bereits erwähnten StatisticObserver. Dazu entwickeln Sie eine neue Klasse *TStatistic-Observer*, die der Anwendung problemlos hinzugefügt werden kann. Beim Starten der Applikation muss nun lediglich ein weiterer Observer registriert werden. Da das Subjekt viele Observer in seinem Container speichern kann, sind hier keinerlei Änderungen erforderlich (im Unterschied zur Verwendung von Instanzenvariablen). Wenn sich sein Zustand ändert, informiert die *NotifyObservers*[1]-Methode des Subjekts alle drei Observer. Sie sehen also, dass die Benutzung eines Containers ein äußerst flexibles Konzept darstellt, dass die Unterstützung mehrerer Observer durch ein Subjekt ermöglicht.

Hinweis: Dem Subjekt ist es rein theoretisch erlaubt, unendlich viele Observer zu bedienen, ohne dass dazu nur eine einzige Zeile seines Quellcodes geändert werden müsste!

Viele Wege führen nach Rom. Um alle Zusammenhänge zu verstehen, programmieren wir im Folgenden unsere Applikation "Zahlengenerator" in mehreren Versionen, die systematisch aufeinander aufbauen und sich auf ihrem Weg zum Microsoft Observer Pattern immer weiter verbessern.

Beginnen wir mit der klassischen Implementierung.

14.1.3 Implementierung mit Interfaces und Callbacks

Ein Interface (Schnittstelle) können Sie sich grob wie eine "leere" Klasse vorstellen, sie deklariert lediglich öffentliche Methoden, implementiert sie aber nicht. Letzteres wird von anderen Klassen erledigt, die die Schnittstelle benutzen und damit die Verpflichtung auf sich nehmen, **alle** ihre Methoden zu implementieren. Schnittstellen werden bekanntlich wie Klassen deklariert, können aber selbst nicht direkt instanziiert werden.

Zur Unterstützung der Implementierung von Observern und Subjekten werden hauptsächlich zwei Schnittstellentypen benötigt:

- Das *IObserver* Interface stellt die einzige Methode *UpdateDisplay* bereit. Dieses Interface wird von allen Klassen implementiert, die als Observer auftreten wollen.

- Das *IObservable* Interface wird von allen "beobachtbaren" Klassen, die als Subject fungieren, implementiert. Es liefert die bereits erwähnten Methoden *RegisterObserver*, *NotifyObservers* und *UnregisterObserver*.

---

[1] Man beachte den "feinen" Unterschied bei der Namensgebung: *NotifyObservers*, weil **alle** Observer benachrichtigt werden. *RegisterObserver/UnregisterObserver*, weil sich jeweils nur **ein einziger** Observer an- bzw. abmeldet.

Hinweis: Die Verwendung dieser Schnittstellen hilft uns, die Kopplung zwischen Observer und Subjekt auf ein Minimum zu reduzieren.

In unserem Beispiel agiert die *TNumberGenerator*-Klasse als Subjekt, als solches wird sie das *IObservable*-Interface implementieren. Entsprechend implementieren *TDigitObserver*- und *TGraphObserver*-Klasse das *IObserver* Interface.

Da alle Operationen durch das Interface fest vorgegeben sind und nicht durch eine spezielle Klasse, existiert keine feste Bindung zwischen dem Subjekt und seinen beiden Observern und umgekehrt. Dies erlaubt uns eine schnelle Änderung des spezifischen Observers oder des Subjekts, ohne den Rest der Applikation anzurühren.

Zusätzlich zu den Interfaces wollen wir noch eine Basisklasse *TSubject* zur Verfügung stellen, von der die Klasse *TNumberGenerator* erbt. Diese abstrakte Klasse steigert die Transparenz des Quellcodes und verringert den Implementierungsaufwand für das Observer Pattern vor allem dann, wenn mehrere Subjekte im Modell zu beobachten sind.

Übersicht und Klassendiagramm

Die nachfolgende Tabelle gibt eine Übersicht der im Projekt zu implementierenden Klassen:

Klasse	Beschreibung
TWinForm1	Hauptformular, das die *TSubject* und beide Observer-Klassen instanziiert und das die Registrierung/Deregistrierung von *TDigitObserver* und *TGraphServer* bei der Klasse *TNumberGenerator* ausführt.
TDigitObserver	Formular, das die Klasse *TNumberGenerator* "beobachtet" und die Ziffernanzeige der erzeugten Zufallszahlen übernimmt.
TGraphObserver	Formular, das die Klasse *TNumberGenerator* "beobachtet" und die grafische Anzeige der erzeugten Zufallszahlen übernimmt.
IObserver	Interface, das von den Klassen *TDigitObserver* und *TGraphObserver* implementiert wird und das die *UpdateDisplay*-Methode enthält.
IObservable	Interface, das von der Klasse *TNumberGenerator* implementiert wird und das die die Methoden *RegisterObserver*, *UnRegisterObserver* und *NotifyObservers* enthält.
TSubject	Abstrakte Klasse, die das *IObservable*-Interface implementiert.
TNumberGenerator	Geschäftsmodell, das von der Klasse *TSubject* erbt und das den Zahlengenerator implementiert.

Letzte Unklarheiten soll das abgebildete Klassendiagramm beseitigen:

14.1 Das Microsoft Event Pattern

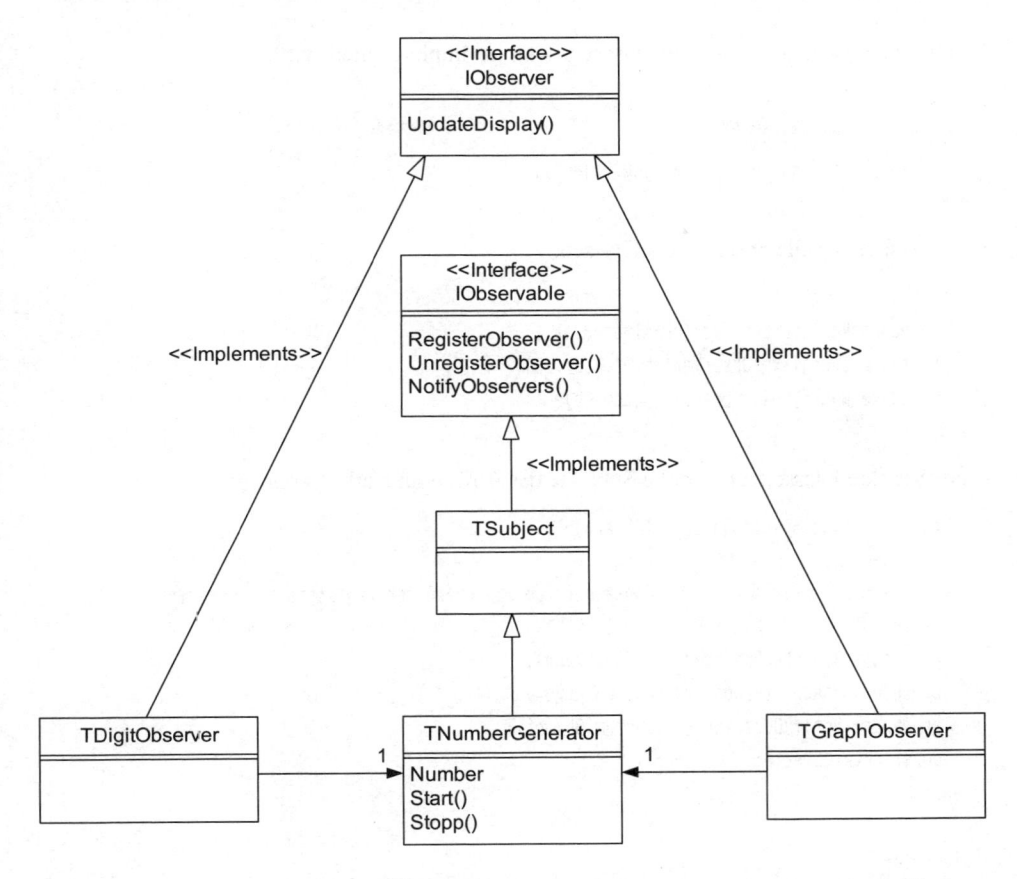

```
                    <<Interface>>
                      IObserver
                   UpdateDisplay()

                    <<Interface>>
                     IObservable
                 RegisterObserver()
                 UnregisterObserver()
                 NotifyObservers()

                       TSubject

  TDigitObserver      TNumberGenerator      TGraphObserver
                      Number
                      Start()
                      Stopp()
```

Wir starten unsere Delphi 2005-Entwicklungsumgebung und öffnen eine neue Windows Forms-Anwendung. Das Startformular *WinForm1* lassen wir zunächst unbeachtet liegen.

Unit DPAbstract

Diese Unit soll die abstrakten Klassen *IObserver*, *IObservable* und *TSubject* kapseln. Da sie unabhängig vom konkreten Geschäftsmodell ist, lässt sie sich unverändert für die Implementierung beliebiger Observer Pattern verwenden.

Fügen Sie also eine Unit mit dem Namen *DPAbstract* hinzu (Menü *Datei|Neu|Unit*) und implementieren Sie wie folgt:

```
unit DPAbstract;

interface

uses System.Collections;
```

Das Interface, welches von allen Observer-Klassen implementiert wird:

```
type
  IObserver = interface
    procedure UpdateDisplay(o: System.Object);
  end;
```

Das Interface für alle observierten Klassen:

```
IObservable = interface
  procedure RegisterObserver(ob: IObserver);
  procedure UnRegisterObserver(ob: IObserver);
  procedure NotifyObservers(o: System.Object);
end;
```

Eine abstrakte Klasse, von der alle Subjekte der Anwendung erben können:

```
TSubject = class(System.Object, IObservable)
  protected
    _container: ArrayList;     // Container zum Speichern der registrierten Observer
  public
    procedure RegisterObserver(ob: IObserver);
    procedure UnRegisterObserver(ob:IObserver);
    procedure NotifyObservers(o: System.Object);
    constructor Create;
  end;

implementation
```

Im Konstruktorcode wird ein leerer Container erzeugt:

```
constructor TSubject.Create;
begin
  inherited Create;
  _container := ArrayList.Create(0);
end;
```

Ein Observer wird zum Container hinzugefügt:

```
  procedure TSubject.RegisterObserver(ob: IObserver);
  begin
    _container.Add(ob);
  end;
```

14.1 Das Microsoft Event Pattern

Ein Observer wird aus dem Container entfernt:

```
procedure TSubject.UnRegisterObserver(ob: IObserver);
begin
   _container.Remove(ob);
end;
```

Zur Benachrichtigung der registrierten Observer wird der Container durchlaufen. Innerhalb der Schleife erfolgt der Aufruf der *UpDateDisplay*-Methode eines jedes Observers, der ein beliebiges Geschäftsobjekt übergeben wird, das die Grundlage für die Aktualisierung der Anzeige liefert:

```
procedure TSubject.NotifyObservers(o: System.Object);
var ob: IObserver;                    // Schnittstellenreferenz!
    i :Integer;
  begin
   for i := 0 to _container.Count-1 do begin
     ob := IObserver(_container[i]);  // Typecasting!
     ob.UpdateDisplay(o);
   end;
  end;
end.
```

Unit DigitObserver

Ergänzen Sie das Projekt um eine weitere Windows Form - Klasse, der Sie den Namen *TDigitObserver* geben, die Beschriftung der Titelleiste ändern Sie in "Observer1". Einzige Komponente der Oberfläche ist ein stattlich herausgeputztes Label.

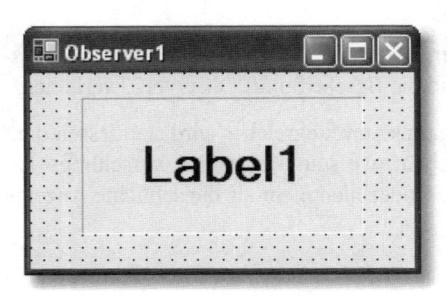

```
unit DigitObserver;
interface
uses
  System.Drawing, System.Collections, System.ComponentModel,
  System.Windows.Forms, System.Data,
  DPAbstract;          // !
```

```
type
  TDigitObserver = class(System.Windows.Forms.Form, IObserver)   // !
  ...
  public
    constructor Create;
    procedure UpdateDisplay(o: System.Object);    // !
  end;

implementation
uses Model;
...
```

Die *UpdateDisplay*-Methode (siehe *IObserver*) gewinnt ihre Informationen aus der im Parameter übergebenen Objektreferenz. In unserem Fall ist das die Instanz der *TNumberGenerator*-Klasse, aus der durch explizites Typecasting die *Number*-Eigenschaft "herausgezogen" wird.

```
procedure TDigitObserver.UpdateDisplay(o: System.Object);   // !
var ng: TNumberGenerator;
begin
  ng := TNumberGenerator(o);           // Typecasting!
  Self.Refresh;
  Label1.Text := ng.Number.ToString;
end;
end.
```

Unit GraphObserver

Analog zum Vorgänger ergänzen Sie das Projekt um ein weiteres Formular, dem Sie den Namen *GraphObserver* und die Beschriftung "Observer2" verleihen.

Die Oberfläche bleibt leer, umso umfangreicher wird stattdessen der Quellcode. Obwohl vom Prinzip her genauso aufgebaut wie sein Vorgänger, verschlingt das Erzeugen eines beweglichen Balkens doch einige Codezeilen mehr als die schlichte Anzeige im Label:

```
unit GraphObserver;

interface

uses
  System.Drawing, System.Collections, System.ComponentModel,
  System.Windows.Forms, System.Data,
  DPAbstract;       // !
```

14.1 Das Microsoft Event Pattern

```
type
  TGraphObserver = class(System.Windows.Forms.Form, IObserver)   // !
    ...
  public
    constructor Create;
    procedure UpdateDisplay(o: System.Object);   // !
  end;

implementation
uses Model;                    // Geschäftsmodell (Subjekt)
...
var _max: Integer = 12;        // Anfangshöhe des Balkens
    _y: Integer;               // aktuelle Höhe
const fy = 3;                  // y-Verstärkungsfaktor
```

Für Grafikoperationen ist das Überschreiben der *OnPaint*-Methode der Formular-Basisklasse immer einem *Form_Paint*-Eventhandler vorzuziehen[1]:

```
procedure TGraphObserver.OnPaint(e: System.Windows.Forms.PaintEventArgs);
var g: Graphics;
const x1 = 120;  y1 = 30;     // linker bzw. oberer Randabstand des Balkens
      b = 30;                  // Breite
      ymax = 50;               // maximale Höhe
begin
  g := e.Graphics;
  g.FillRectangle(SolidBrush.Create(Color.Red), x1, fy * ymax + y1 - _y, b,_y);
  inherited OnPaint(e);
end;
```

Die folgende Methode sieht (fast) so aus wie beim DigitObserver:

```
procedure TGraphObserver.UpdateDisplay(o: System.Object);
var ng: NumberGenerator;
begin
  ng := NumberGenerator(o);              // UnBoxing !
  _y := ng.Number * fy;
```

---

[1] Das ist eine Empfehlung von MS, die auch verständlich wird, wenn man sich vorstellt, dass sich mehrere Eventhandler beim *Paint*-Ereignis registriert haben und die Reihenfolge ihrer Abarbeitung unbestimmt ist.

```
    Self.Refresh;                      // löst die OnPaint-Methode aus
  end;
end.
```

Unit Model

Diese Unit kapselt unser Geschäftsmodell, das lediglich aus der Klasse *TNumberGenerator* besteht:

```
unit Model;        // Geschäftsmodell

interface

uses DPAbstract;
```

Die Klasse erbt von der abstrakten Klasse *TSubject*, die wiederum das *IObservable*-Interface implementiert hat. Die Klasse exportiert die Methoden *Start* und *Stopp* sowie die Eigenschaft *Number* (ReadOnly).

```
type
  TNumberGenerator = class(TSubject)
  private
    // Zustandsvariablen:
    _random: System.Random;
    _number: Integer;         // die aktuelle Zufallszahl
    _halt: Boolean;
    procedure delay(zeit: Integer);
  public
    constructor Create;
    property Number: Integer read _number; // Lesezugriff auf zu überwachende Zustandsvariable
    procedure Start;
    procedure Stopp;
  end;

implementation
uses System.Windows.Forms;

constructor TNumberGenerator.Create;
begin
  inherited Create;
  _number := 0;
  _halt := False;
end;
```

14.1 Das Microsoft Event Pattern

Der Zufallszahlengenerator wird gestartet:

```
procedure TNumberGenerator.Start;
```

Die eingeschobene *delay*-Routine für die Verzögerungszeit verhindert (im Gegensatz zur *Sleep*-Methode des *System.Threading.Thread*-Objekts) ein Blockieren der Anwendung während der Pausen:

```
   procedure delay(zeit: Integer);
   var zeit1: Integer;
   begin
      zeit1 := System.Environment.TickCount;
      while (System.Environment.TickCount - zeit1 < zeit) do Application.DoEvents();
   end;
begin
 _random := System.Random.Create;
 repeat
  _number := _random.Next(50) + 1;    // Zufallszahl 1...50
  NotifyObservers(Self);              // alle Observer benachrichtigen
  delay(1000);                        // 1sek Pause
 until _halt;
end;
```

Der Zufallszahlengenerator wird wieder gestoppt:

```
procedure TNumberGenerator.Stopp;
begin
 _halt := True;
end;
end.
```

Unit WinForm1

Zum Schluss erledigen wir die Implementierung des bereits vorhandenen Hauptformulars *WinForm1*, das gewissermaßen die "Schaltzentrale" der Applikation ist. Neben der "Start"-Schaltfläche *Button1* werden zwei *CheckBox*en platziert, über die man beide Observer an- bzw. abmelden kann.

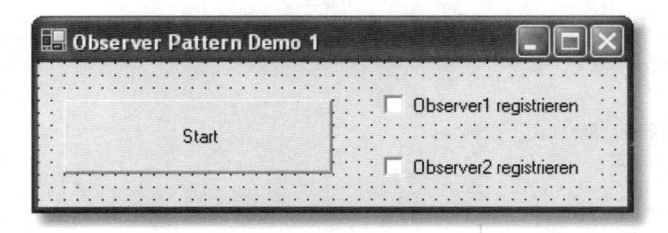

Der Code ist dank Observer Pattern so übersichtlich und selbstsprechend, dass die Erklärungen knapp gehalten werden können:

```
unit WinForm1;
interface
...
type
  TWinForm1 = class(System.Windows.Forms.Form)
    ...
  end;
implementaion
uses Model, DigitObserver, GraphObserver;     // !
...
```

Die beteiligten Observer und das Subjekt werden referenziert:

```
var observer1: TDigitObserver;
    observer2: TGraphObserver;
    generator: TNumberGenerator;            // Subjekt
```

Start:

```
procedure TWinForm1.Button1_Click(sender: System.Object; e: System.EventArgs);
begin
  Button1.Enabled := False;
  CheckBox1.Enabled := True;
  CheckBox2.Enabled := True;
```

Alle benötigten Objekte werden hier instanziiert:

```
  observer1 := TDigitObserver.Create;
  observer1.StartPosition := FormStartPosition.Manual;
  observer1.Location := Point.Create(Self.Left - observer1.Width + 140, Self.Top -
                                                     observer1.Height - 20);
  observer1.Show();

  observer2 := TGraphObserver.Create;
  observer2.StartPosition := FormStartPosition.Manual;
  observer2.Location := Point.Create(Self.Left + 160, Self.Top - observer2.Height - 20);
  observer2.Show();

  generator := TNumberGenerator.Create;
  generator.Start;
end;
```

14.1 Das Microsoft Event Pattern

Beide Observer können zur Laufzeit über die CheckBoxen registriert oder deregistriert werden:

```
procedure TWinForm1.CheckBox1_CheckedChanged(sender: System.Object; e: System.EventArgs);
begin
  if CheckBox1.Checked then
         generator.RegisterObserver(observer1)
      else
         generator.UnRegisterObserver(observer1);
 end;

procedure TWinForm1.CheckBox2_CheckedChanged(sender: System.Object; e: System.EventArgs);
begin
   if CheckBox2.Checked then
         generator.RegisterObserver(observer2)
      else
         generator.UnRegisterObserver(observer2);
end;
```

Vor dem Schließen des Formulars muss der Zahlengenerator angehalten werden, da bei laufender Schleife keine Ressourcenfreigabe erfolgen kann und Ihr Rechner sich irgendwo im Nirwana wieder finden könnte:

```
procedure TWinForm1.TWinForm1_Closing(sender: System.Object;
                                     e: System.ComponentModel.CancelEventArgs);
begin
   if not (generator = nil) then generator.Stopp();         // wichtig!
end;
end.
```

Test

Erst nach Klick auf die "Start"-Schaltfläche können Sie beide Observer registrieren. Da diese Reihenfolge wichtig ist, sind beide CheckBoxen zu Beginn deaktiviert.

Wie Sie sehen, erfüllen beide Observer die ihnen zugedachte Aufgabe der Echtzeit-Beobachtung des Zahlengenerators zur vollsten Zufriedenheit. Wenn Sie einen der beiden Observer aus der Registrierung des Subjekts entfernen, bleibt die Anzeige stehen und läuft erst weiter, wenn Sie die Registrierung erneuern.

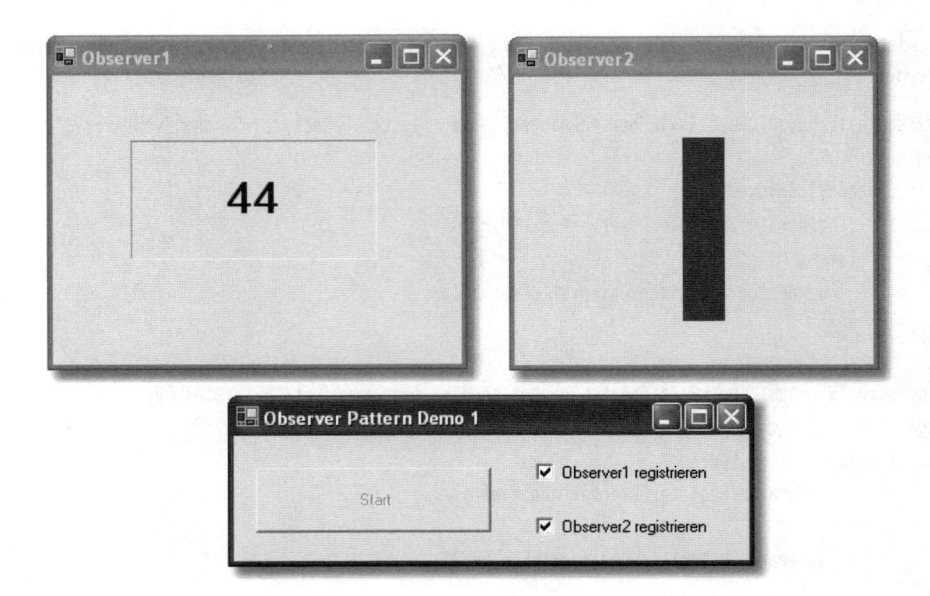

14.1.4 Implementierung auf Basis von Delegates und Events

Da nun das Geheimnis des Observer Pattern gelüftet ist, wollen wir jetzt erkunden, ob das .NET-Framework vielleicht nicht ein noch effektiveres Implementierungsmodell für dieses Entwurfsmuster bietet. Stellt vielleicht die FCL Typen für *IObserver* und *IObservable* - Schnittstellen zur Verfügung? Nein, denn mit der Einführung von Delegates und Events stehen neue und leistungsfähigere Mechanismen für die Implementierung des Observer Pattern bereit. Äußerst bemerkenswert ist dabei, dass die FCL selbst intensiven Gebrauch vom Observer Pattern macht und man deshalb dieses Pattern durchaus auch als das Grundkonzept des Delegate- bzw. Ereignismodells von .NET bezeichnen kann.

Ein Delegate ist bekanntlich ein objektorientiertes und typsicheres Äquivalent für einen Funktionszeiger (Pointer), weil letzterer aufgrund seiner Risiken (Speicherzugriffsfehler!) unter .NET verpönt ist und nur noch in Ausnahmefällen geduldet wird. Eine Delegate-Instanz kapselt eine Referenz auf eine bestimmte Methode, wodurch ein anonymer Aufruf dieser Methode ermöglicht wird.

Hingegen repräsentiert ein Event ganz allgemein eine spezielles auf Klassenebene deklariertes Konstrukt, das zur Laufzeit zwecks Behandlung von Zustandsänderungen bestimmter Objekte eingesetzt wird.

Hinweis: Unter Delphi werden Ereignisse als Eigenschaften implementiert!

Singlecast- und Multicast-Events

Unter .NET spielen – basierend auf Multicast-Delegates – die Multicast-Events eine zentrale Rolle, sie erlauben es, eine theoretisch unbegrenzte Vielzahl verschiedener Eventhandler an ein einziges Ereignis zu binden Das .NET-Framework erzeugt zu diesem Zweck eine verlinkte Liste von Delegates und arbeitet diese nacheinander ab, sobald das Ereignis ausgelöst wird.

Vielleicht haben Sie die nun folgende fundamentale Erkenntnis schon im Voraus geahnt:

Hinweis: Ein Multicast-Event ist quasi die formale Abstraktion der *RegisterObserver*-, *UnRegisterObserver*- und *NotifyObservers*-Methoden!

Delegates werden zur Laufzeit bei einem bestimmten Ereignis registriert. Wenn das Ereignis ausgelöst wird, werden alle bei diesem Ereignis registrierten Delegaten aufgerufen und erhalten eine entsprechende Benachrichtigung von der aufrufenden Klasseninstanz.

Kehren wir zur Terminologie des Observer Pattern zurück, so ist das Subjekt die Klasse, die das Ereignis deklariert und auslöst, für unser konkretes Beispiel also *TNumberGenerator*. Im Unterschied zur Vorgängerversion benötigt er das *IObservable*-Interface nicht mehr und muss auch nicht von der Basisklasse *TSubject* erben. Lediglich ein Ereignis muss durch die Klasse ausgelöst werden – mehr nicht!

Ähnliches gilt für die Observer-Klassen. Anstatt umständlich das *IObserver*-Interface zu implementieren und sich beim Subjekt zu registrieren, muss der Observer lediglich eine Delegate-Instanz erzeugen und diese mit dem entsprechenden Ereignis des Subjekts verbinden. Die vom Observer erzeugte Delegate-Instanz muss natürlich zur Signatur der Ereignisdeklaration passen, ansonsten würde die Registrierung fehlschlagen.

Hinweis: Ein Subjekt kann mehrere Observer durch das Auslösen eines bestimmten Ereignisses benachrichtigen! Die Observer registrieren/deregistrieren sich bei dem Ereignis, indem sie es mit einem Eventhandler verbinden bzw. von ihm trennen.

Im alten Delphi gab es nur Singlecast-Events, d.h., ein Ereignis konnte nur an einen einzigen Eventhandler gebunden werden. Unter Delphi .NET sind auch Multicast-Delegates bzw. Multicast-Events möglich, was eine deutlich elegantere Umsetzung des Observer Pattern erlaubt.

Für die nun folgende Implementierung der zweiten Version des Zahlengenerators nehmen Sie die folgenden Veränderungen am vorhandenen Projekt vor:

DPAbstract

Diese Unit mit den darin enthaltenen Klassen *IObserver*, *IObservable* und *TSubject* wird ersatzlos aus dem Projekt entfernt!

DigitObserver und GraphObserver

Auf den ersten Blick scheint sich im Vergleich mit der Vorgängerversion nichts geändert zu haben. Schauen Sie aber genauer hin, so sehen Sie, dass das Interface *IObserver* nicht mehr erforderlich ist:

```
type
  TDigitObserver = class(System.Windows.Forms.Form)     // ohne IF!
  ...
  public
    constructor Create;
    procedure UpdateDisplay(o: System.Object);
  end;
  ...
```

Gleiches gilt auch für die Klasse *TGraphObserver* :

```
type
  TGraphObserver = class(System.Windows.Forms.Form)     // ohne IF!
  ...
  public
    constructor Create;
    procedure UpdateDisplay(o: System.Object);
end;
...
```

Model

In dieser Unit, die das Geschäftsmodell kapselt, sind einige wichtige Änderungen durchzuführen:

```
unit Model;

interface
```

Grundlage ist ein Delegate, der den Ereignistyp festlegt (entspricht der Signatur der Eventhandler):

```
type
  TNotifyEvent = procedure(o: System.Object);
```

Die Klasse *TNumberGenerator* ist selbstständig geworden, im Vergleich zur Version 1 erbt sie nicht mehr von der (nun nicht mehr vorhandenen) abstrakten *TSubject*-Klasse. Statt des Aufrufs von *NotifyObservers* kommt das Ereignismodell der FCL zum Zug:

```
TNumberGenerator = class(System.Object)
  private
    _random: System.Random;
```

14.1 Das Microsoft Event Pattern

```
_number: Integer;
_halt: Boolean;
```

Diese Variable ist gewissermaßen der Container im Sinne des Observer Pattern, sie hält die Adressen aller Eventhandler, die für das Ereignis registriert sind:

```
FOnChanged: TNotifyEvent;
public
  constructor Create;
  property Number: Integer read _number;
  procedure Start;
  procedure Stopp;
```

Die Deklaration der Multicast-Ereigniseigenschaft erfolgt mit *add/remove*[1]:

```
  property OnChanged: TNotifyEvent add FOnChanged remove FOnChanged;
end;

implementation
...
procedure TNumberGenerator.Start;
...
begin
  _random := System.Random.Create;
  repeat
    _number := _random.Next(50) + 1;    // Zufallszahl 1...50
```

Für alle auf das Event registrierten Eventhandler das *OnChanged*-Multicast-Ereignis auslösen:

```
    if Assigned(FOnChanged) then FOnChanged(Self);
    delay(1000);                // 1sek Pause
    until _halt;
  end;
  ...
end.
```

WinForm1

Spätestens hier dürfte Sie die Eleganz dieser Lösung überzeugen: An die Stelle des Aufrufs der *Register-/UnregisterObserver*- Methode der *TNumberGenerator*-Instanz tritt eine Verknüpfung mittels *include*- und *exclude-Funktion*. Dabei wird das vom Subjekt (*TNumberGenerator*) ausgelöste *OnChanged*-Ereignis mit den *UpdateDisplay*-Eventhandlern der beiden Observer verbunden:

---

[1] Anstatt *read/write* beim Singlecast-Event des alten Delphi.

```
unit WinForm1;
interface
...
type
  TWinForm1 = class(System.Windows.Forms.Form)
  ...
end;
implementation
uses Model, DigitObserver, GraphObserver;      // !
...
```

Der Implementierungscode ist, bis auf das Registrieren der Ereignisbehandlungen, identisch zur Vorgängerversion:

```
procedure TWinForm1.CheckBox1_CheckedChanged(sender: System.Object; e: System.EventArgs);
begin
  if CheckBox1.Checked then
    include(generator.OnChanged, observer1.UpdateDisplay) // ersten OnChanged-Handler anmelden
                    else
    exclude(generator.OnChanged, observer1.UpdateDisplay)     // dto. abmelden
end;
```

Dank Multicast-Event darf sich auch ein zweiter Observer bzw. Eventhandler beim *OnChanged*-Ereignis registrieren:

```
procedure TWinForm1.CheckBox2_CheckedChanged(sender: System.Object; e: System.EventArgs);
begin
  if CheckBox2.Checked then
    include(generator.OnChanged, observer2.UpdateDisplay) // zweiten OnChanged-Handler anmelden
                    else
    exclude(generator.OnChanged, observer2.UpdateDisplay)     // dto. abmelden
end;
```

Test und Vergleich

Beim Testen der Anwendung werden Sie natürlich keinerlei Unterschiede zur Vorgängerversion feststellen, die Vorzüge liegen also – wie nicht anders zu erwarten – allein auf der Seite des Programmierers.

Da heißt, der Quellcode ist kompakter und überschaubarer geworden, und die Klassen *IObserver*, *IObservable* und *TSubject* haben sich in Luft aufgelöst.

14.1 Das Microsoft Event Pattern

Hinweis: Hatte Version 1 den Vorzug, durch Einsatz des *IObserver*- und *IObservable*-Interface die Kopplung zwischen Observer und Subjekt auf ein Minimum zu reduzieren, so wird diese Kopplung in Version 2 durch Einsatz des .NET-Multicast-Ereignismodells komplett eliminiert!

Der größte Vorteil der Multicast-Ereignisdelegaten liegt aber darin, sich gleichzeitig auf verschiedene Methode in jeder Klasse Ihres Projekts beziehen zu können (natürlich müssen die Signaturen stimmen). Das befähigt jede Klasse, als Observer oder als Subjekt zu agieren, oder aber auch beide Rollen gleichzeitig zu übernehmen, wie wir das im Folgenden noch erleben werden.

Spaßeshalber können Sie den Unterschied von Multicasting zu Singlecasting gleich jetzt mal ausprobieren, indem Sie die Deklaration der *OnChanged*-Ereigniseigenschaft in der Klasse *TNumberGenerator* so ändern, dass das Multicast-Event durch ein Singlecast-Event ersetzt wird. Dazu brauchen Sie lediglich die *add-/remove*-Operatoren durch *read/write* zu ersetzen.

```
property OnChanged: TNotifyEvent read FOnChanged write FOnChanged;
```

Beim Testen werden Sie feststellen, dass immer nur ein Observer mit dem Ereignis verbunden werden kann, gleichzeitige digitale und grafische Anzeigen sind unmöglich.

14.1.5 Implementierung auf Basis des Microsoft Event-Pattern

Basierend auf Events und Delegates wird das Observer Pattern von der .NET-Klassenbibliothek eifrigst strapaziert. Das .NET-Entwicklerteam hat die herausragende Bedeutung genau dieses Entwurfsmusters erkannt, da es sich sowohl auf UI-bezogene als auch auf nicht UI-bezogene Modelle anwenden lässt. Letztendlich entstand so eine leichte Modifikation des Observer Pattern, das *Event Pattern*.

Allgemein basiert dieses Pattern auf einer formalen Namenskonvention für Delegates, Events und Methodenaufrufe, die am Nachrichtenaustausch zwischen den verschiedensten Klasseninstanzen beteiligt sind. Obwohl dazu seitens der CLR (Common Language Runtime) keinerlei Zwang besteht, empfiehlt Microsoft trotzdem die strikte Benutzung dieses Pattern.

Hinweis: Alle Delphi .NET-Programmierer, die der VCL endgültig den Rücken kehren wollen, sind gut beraten, für ihre FCL-Anwendungen ebenfalls das Microsoft Event Pattern zu verwenden.

Namensgebung für Ereignisse

Die erste und wohl wichtigste Konvention bezieht sich auf die Namensgebung des vom Subjekt ausgelösten Ereignisses und sollte sich auf die Zustandsvariable bzw. Funktion beziehen, aufgrund der das Event "feuert".

Wir wollen dies anhand der *TNumberGenerator*-Klasse unseres Beispiels demonstrieren. Da das Ereignis durch eine Änderung der Zustandsvariablen *_number* ausgelöst wurde, wäre der schlüssige Namen *NumberChanged*.

Namensgebung und Signatur der Delegates

Die zweite Konvention bezieht sich auf den Namen des Delegates und dessen Signatur. Der Name sollte sich aus dem Ereignisnamen entsprechend der ersten Konvention und dem Wort *Handler* zusammensetzen, für unser Beispiel also *NumberChangedHandler*.

Die Signatur des Delegates soll aus zwei Parametern bestehen, der erste heißt immer *sender* und ist eine Referenz auf das Objekt, welches das Ereignis auslöst. Der *sender*-Parameter ist immer vom Typ *System.Object* mit der Absicht, dass der Delegate potenziell an jede Methode eines jeden Objekts der Anwendung gebunden werden kann.

Der Namen des zweiten Parameters ist deutlich kürzer ausgefallen, einfach nur *e*, allerdings erfordert dieser Parameter ein wenig mehr Beachtung als es den Anschein hat: Er befähigt das Subjekt, willkürlich beliebige (meist mit dem Ereignis zusammenhängende) Daten an den Observer zu übermitteln. Falls eine solche Information nicht benötigt wird, genügt ein Platzhalter mit einer Instanz der Klasse *System.EventArgs*.

Anderenfalls muss eine Klasse von *System.EventsArg* abgeleitet werden, deren Implementierung dann die zu übergebenden Daten bereitstellt. Die Namensgebung setzt sich aus dem Namen des Ereignisses und dem Wort *EventArgs* zusammen, für unser Beispiel also *NumberChangedEventArgs*.

Namensgebung und Sichtbarkeit der auslösenden Methode

Das letzte Element des Event-Pattern bezieht sich auf den Namen und die Sichtbarkeit der Methode in der Klasse, die das Ereignis auslöst, und setzt sich aus dem Ereignisnamen und dem Präfix *On* zusammen. Die Sichtbarkeit dieser Methode sollte auf *protected* gesetzt werden. Bezogen auf unser *TNumberGenerator*-Subjekt heißt diese Methode also Sub On-NumberChanged().

Unglücklicherweise ist die Namensgebung in der FCL genau gegensätzlich zu der in der VCL üblichen Regelung:

In der VCL:

- *OnNumberChanged* ist das Ereignis.
- *NumberChanged* ist die Methode, in der das Ereignis ausgelöst wird.

In der FCL:

- *NumberChanged* ist das Ereignis.
- *OnNumberChanged* ist die Methode, in der das Ereignis ausgelöst wird.

14.1 Das Microsoft Event Pattern

Hinweis: Alteingesessene Delphianer werden sich bezüglich der Namensgebung radikal umstellen müssen!

Wenden wir uns nun der konkreten Implementierung zu. Da die Änderungen relativ gering ausfallen, brauchen Sie kein neues Projekt zu öffnen, sondern führen die Änderungen gleich am Vorgängerprojekt durch.

Unit EventTypes (Neu!)

Es beginnt mit der Definition des zweiten Ereignisparameters, der für die Übertragung der vom Ereignis mitgegebenen Daten zuständig ist. Fügen Sie zum Projekt eine neue Unit hinzu. Implementieren Sie hier die Klasse *NumberChangedEventArgs* :

```
unit EventTypes;
interface
type
  NumberChangedEventArgs = class(EventArgs)
  private
    _number: System.Object;
  public
    function get_Number: Integer;
    constructor Create(nr: System.Object);       // Übergabe der Info im Konstruktor!
    property Number: Integer read get_Number;
  end;

implementation

constructor NumberChangedEventArgs.Create(nr: System.Object);
begin
  inherited Create;
  _number := nr;
end;

function NumberChangedEventArgs.get_Number: Integer;
begin
  Result := Int32(_number);
end;
end.
```

TNumberGenerator

Weitere Änderungen sind in der Klasse *TNumberGenerator* erforderlich. Um die Konventionen des Event-Pattern einzuhalten, müssen Namensgebung bzw. Signatur von Delegate und Ereignis angepasst werden, wobei besonders die neue Ereignisklasse *NumberChanged-*

EventArgs zu beachten ist. Das Auslösen des *NumberChanged*-Ereignisses muss in eine separate Methode *OnNumberChanged* verlagert werden, wobei *Self* dem *sender*-Parameter entspricht und die erzeugte Instanz *args* dem Parameter *e*.

Hinweis: Achten Sie auf den *Create*-Konstruktor, dem die neue Zufallszahl als Parameter, in einem *Object*-Datentyp verpackt (Boxing!), übergeben wird.

Aus diesem Grund kann auch die Implementierung der *Number*-Eigenschaft entfallen.

```
unit Model;      // Geschäftsmodell
interface
  uses EventTypes;

  type
    NumberChangedHandler = procedure(sender: System.Object; e: NumberChangedEventArgs);
    TNumberGenerator = class(System.Object)
    private
      _random: System.Random;
      _number: Integer;
      _halt: Boolean;
      FNumberChanged: NumberChangedHandler;       // Liste (Container) mit Methodenzeigern
    public
      constructor Create();
      procedure Start;
      procedure Stopp;
      property NumberChanged: NumberChangedHandler add FNumberChanged remove FNumberChanged;
    protected
      procedure OnNumberChanged;
    end;

implementation
...
procedure TNumberGenerator.Start;
  ...
begin
  _random := System.Random.Create;
  repeat
    _number := _random.Next(50) + 1;    // Zufallszahl 1...50
    OnNumberChanged();                   // Ereignismethode aufrufen
    delay(1000);
  until _halt;
end;
```

14.1 Das Microsoft Event Pattern

```
procedure TNumberGenerator.OnNumberChanged;
var nr: System.Object;
    args: NumberChangedEventArgs;
begin
  nr := System.Object(_number);
  args := NumberChangedEventArgs.Create(nr);
  if Assigned(FNumberChanged) then FNumberChanged(Self, args);
end;
...
end.
```

DigitObserver und GraphObserver

In beiden Klassen ist die Signatur der *UpdateDisplay*-Methode dem Microsoft-Standard anzupassen, wie wir es hier beispielhaft nur für die *TDigitObserver*-Klasse zeigen:

```
unit DigitObserver;

interface

uses System.Drawing, System.Collections,System.ComponentModel,System.Windows.Forms,System.Data,
     EventTypes;

type
  TDigitObserver = class(System.Windows.Forms.Form)
  ...
  public
    constructor Create;
    procedure UpdateDisplay(sender: System.Object; e: NumberChangedEventArgs);
  end;

procedure TDigitObserver.UpdateDisplay(sender: System.Object; e: NumberChangedEventArgs);
begin
  Self.Refresh;
  Label1.Text := e.Number.ToString;
end;
end.
```

Im Unterschied zur Vorgängerversion entfällt auch die Referenz auf die Klasse *TNumberGenerator*, weil ein Typecasting nicht mehr erforderlich ist, denn die benötigte Information steckt im typisierten Übergabeobjekt *e*. Dies ist ein weiterer Beitrag zur Verringerung der Kopplung zwischen den Klassen.

Die Codeänderungen für die Klasse *TGraphObserver* sind völlig analog.

WinForm1

Da hier keinerlei Ereignisverarbeitung stattfindet, sind bis auf die Anpassung der Schreibweise *OnChanged* → *NumberChanged* keine weiteren Änderungen erforderlich.

Test und Vergleich

Auch beim Test dieser Version gibt es erwartungsgemäß keinerlei Unterschiede zu den Vorgängerversionen. Zwar hat sich der Implementierungsaufwand geringfügig erhöht – es ist eine neue Klasse als Nachkommen von *EventArgs* hinzugekommen, aber die Vorteile des Event Pattern wiegen weitaus schwerer:

Der Quellcode hat an Transparenz gewonnen, da einheitliche Konventionen eingeführt wurden. Auch Lesbarkeit und Austauschbarkeit von Listings innerhalb des Entwicklerteams wurden deutlich verbessert.

14.1.6 Implementierung mit weiteren Event Pattern

Das Observer Pattern ist – wie jedes andere Pattern auch – von abstrakter Natur und offen für Interpretationen. Haben wir in den bisherigen Versionen dieses Pattern im strengeren Sinn benutzt (DigitObserver und GraphObserver dienten ausschließlich der Beobachtung, was einem reinen Lesezugriff gleichkommt), so wollen wir in dieser vierten Version zeigen, dass man das Pattern natürlich auch für Eingabezwecke benutzen kann.

Die Realisierung ist verblüffend einfach, da Subjekt und Observer ihre Rollen vertauschen bzw. gleichzeitig ausüben können, denn das Observer Pattern gilt ganz allgemein für Beziehungen zwischen beliebigen Klassen, was seine besondere Bedeutung unterstreicht.

Allgemeine Vorgehensweise im Sinne der MS-Konvention

Um ein bestehendes Projekt um weitere Event Pattern zu ergänzen genügen sieben Schritte:

- **1.** Bestimmen Sie die Klasse, die das Ereignis *XX* auslösen soll (*Subject*), und eine oder mehrere Klassen, die es beobachten sollen (*Observer*).
- **2.** Definieren Sie eine neue, von *EventArgs* abgeleitete Klasse *XXEventArgs*, um die Struktur der vom Ereignis zu übertragenden Daten festzulegen.
- **3.** Definieren Sie einen Ereignisdelegaten *XXHandler* für den/die Eventhandler.
- **4.** Fügen Sie die Liste der registrierten Handler *FXX* vom Typ *XXHandler* zur *Subject*-Klasse hinzu und implementieren Sie den Zugriff mit der Ereigniseigenschaft:
  property *XX: XXHandler* **add** *FXX* **remove** *FXX*.
- **5.** Implementieren Sie in der *Subject*-Klasse eine *OnXX*-Methode, die das Ereignis *XX* mit
  if Assigned(FMaximumChanged) then FMaximumChanged(Self, args) auslöst und rufen Sie diese Methode an geeigneter Stelle auf.

14.1 Das Microsoft Event Pattern

- **6.** Fügen Sie zu den *Observer*-Klassen jeweils einen Eventhandler vom Typ des Ereignisdelegaten *XXHandler* hinzu, um das Ereignis dort auszuwerten.

- **7.** Registrieren Sie im Hauptprogramm (oder auch in einer anderen Klasse) den oder die *UpdateXX*-Eventhandler beim Ereignis *XX*:
include(subject.XX, observer.UpdateXX), oder deregistrieren Sie mit *exclude*.

Was sich hier ziemlich kompliziert liest, unterscheidet sich in der Praxis kaum von der Vorgehensweise beim Implementieren gewöhnlicher Ereignisse. Wir wollen das an unserem Beispiel demonstrieren.

Ziel soll es sein, zusätzlich zur bisherigen Funktionalität den Maximalwert der vom Generator erzeugten Zufallszahlen über eine zu *TDigitObserver* hinzugefügte *TextBox* zu verändern.

1. Subject (TDigitObserver) und Observer (TNumberGenerator)

Das *Subject* ist diesmal zweifelsohne *TDigitObserver*, es soll ein Ereignis *MaximumChanged* dann auslösen, wenn ein neuer Wert in die Textbox eingegeben wurde. *Observer* ist die Klasse *TNumberGenerator*, sie soll auf das Ereignis reagieren, indem sie den Bereich der erzeugten Zufallszahlen verändert.

2. Ereignisdaten (MaximumChangedEventArgs)

Fügen Sie zur Unit *EventTypes* eine Klasse *MaximumChangedEventArgs* hinzu:

```
MaximumChangedEventArgs = class(EventArgs)
private
   _max: System.Object;
public
   function get_Max: Integer;
   constructor Create(max: System.Object);
   property Maximum: Integer read get_Max
end;

implementation

constructor MaximumChangedEventArgs.Create(mx: System.Object);
begin
  inherited Create;
  _max := mx;
end;

function MaximumChangedEventArgs.get_Max: Integer;
begin
  Result := Int32(_max);
end;
```

3. Ereignisdelegaten (MaximumChangedHandler)

Fügen Sie zur Unit *EventTypes* den folgenden Delegaten hinzu:

```
type MaximumChangedHandler = procedure(sender: System.Object; e: MaximumChangedEventArgs);
```

4. Ereigniseigenschaft (MaximumChanged)

Fügen Sie im privaten Teil der *TDigitObserver*-Klasse die Liste *FMaximumChanged* der auf das Ereignis angemeldeten Handler hinzu. Definieren Sie dann den öffentlichen Zugriff über eine Ereigniseigenschaft:

```
uses EventTypes;

TDigitObserver = class(System.Windows.Forms.Form)
...
private
...
    _max: Integer;                          // zu überwachende Zustandsvariable
    FMaximumChanged: MaximumChangedHandler; // Zugriff auf Liste der angemeldeten Eventhandler
public
...
    property MaximumChanged: MaximumChangedHandler add FMaximumChanged remove FMaximumChanged;
...
```

5. Ereignismethode (OnMaximumChanged)

Ergänzen Sie die obige Klassendefinition um einen *protected*-Abschnitt mit der *OnMaximumChanged*-Methode:

```
...
protected
  procedure OnMaximumChanged
end;
```

Die Implementierung:

```
procedure TDigitObserver.OnMaximumChanged();
var max: System.Object;
    args: MaximumChangedEventArgs;
begin
   max := System.Object(_max);          // Boxing!
   args := MaximumChangedEventArgs.Create(max);    // Instanz erzeugen
   // Multicast-Ereignis auslösen (für alle angemeldeten Handler):
   if Assigned(FMaximumChanged) then FMaximumChanged(Self, args);
end;
```

14.1 Das Microsoft Event Pattern

Der Aufruf erfolgt genau an der Stelle, an der das Ereignis "feuern" soll, nämlich im *KeyUp*-Event der *TextBox* nach Betätigen der Enter-Taste:

```
procedure TDigitObserver.TextBox1_KeyUp(sender: System.Object;
                                        e: System.Windows.Forms.KeyEventArgs);
begin
  if (e.KeyCode = Keys.Return) and (TextBox1.Text <> '') then
  try
    _max := Convert.ToInt32(TextBox1.Text);
    OnMaximumChanged();          // ereignisauslösende Methode aufrufen
  except
    on ex: Exception do MessageBox.Show(ex.Message, 'Fehler bei der Eingabe!')
  end;
end;
```

6. Eventhandler (UpdateMaximum)

Das observierende Objekt ist diesmal die Instanz von *TNumberGenerator*. Ergänzen Sie die Klasse wie folgt:

```
uses EventTypes;
type

  TNumberGenerator = class(System.Object)
  private
  ...
    _max: Integer;        // Maximalwert der Zufallszahl
  public
    ...
    procedure UpdateMaximum(sender: System.Object; e: MaximumChangedEventArgs);
    ...
  end;
```

Bei der Implementierung müssen wir uns auch darum kümmern, dass der Maximalwert nicht mehr wie in den Vorgängerversionen konstant 50 ist, sondern durch die neu hinzugekommene Zustandsvariable *_max* veränderlich gestaltet wird:

```
procedure TNumberGenerator.Start;
...
begin
  ...
  repeat
    _number := _random.Next(_max) + 1;
    ...
```

```
  until _halt;
end;

procedure TNumberGenerator.UpdateMaximum(sender: System.Object; e: MaximumChangedEventArgs);
begin
  _max := e.Maximum;
end;
```

7. Registrieren der Eventhandler beim Ereignis

Bis jetzt "weiß" der Eventhandler *TNumberGenerator.UpdateMaximum* noch nichts davon, dass er auf das Ereignis *TDigitObserver.MaximumChanged* reagieren soll. Ergänzen Sie deshalb den Quellcode des Hauptformulars *WinForm1* wie folgt:

```
procedure TWinForm1.CheckBox1_CheckedChanged(sender: System.Object; e: System.EventArgs);
begin
  if CheckBox1.Checked then  begin
     include(generator.NumberChanged, observer1.UpdateDisplay);
     include(observer1.MaximumChanged, generator.UpdateMaximum)   //Eventhandler anmelden
  end else begin
     exclude(generator.NumberChanged, observer1.UpdateDisplay);
     exclude(observer1.MaximumChanged, generator.UpdateMaximum)   // dto. abmelden
  end;
end;
```

Test

Über die Textbox des DigitObservers können Sie jetzt den Wertebereich der Zufallszahlenfolge quasi online beeinflussen.

Finale Version

Haben Sie das Prinzip einmal verstanden, so können Sie das Projekt selbst schrittweise weiter ausbauen und nach Belieben zwischen den Klassen kommunizieren. In der Endversion (kompletter Quellcode siehe Buch-CD) haben wir auch den GraphObserver mit einer Einstellmöglichkeit für den Maximalwert der Zufallszahlenfolge ausgestattet. Damit auch der jeweils andere Observer diese Einstellung "mitbekommt", musste in *TNumberGenerator* ein weiteres Ereignis *MaximumChanged* implementiert werden.

14.1 Das Microsoft Event Pattern

Die folgende Tabelle gibt eine Gesamtübersicht aller sechs eingesetzten Event Pattern.

Subjekt	Ereignis	Observer	Handler
TNumberGenerator	*NumberChanged*	*TDigitObserver*	*UpdateDisplay*
		TGraphObserver	*UpdateDisplay*
	MaximumChanged	*TDigitObserver*	*UpdateMaximum*
		TGraphObserver	*UpdateMaximum*
TDigitObserver	*MaximumChanged*	*TNumberGenerator*	*UpdateMaximum*
TGraphObserver	*MaximumChanged*		

Abschlusstest und Vergleich

Zunächst scheint alles wie gehabt zu funktionieren. Wenn Sie aber einen neuen Maximalwert in die Textbox des *DigitObserver* eingeben und anschließend die Enter-Taste drücken, springt wie von Geisterhand auch der Regler der *TrackBar* auf seine neue Position, und der Bereich, in dem der *NumberGenerator* seine Zufallszahlen erzeugt, verändert sich entsprechend.

Umgekehrt können Sie auch die TrackBar-Position direkt verändern, in der Textbox des *DigitObserver* erscheint sofort der neue Wert. In diesen beiden Fällen ist die Bezeichnung "Observer" eigentlich falsch, denn die Rollen von Observer und Subjekt sind jetzt vertauscht.

Da alle Objekte sauber voneinander entkoppelt sind, funktioniert die Anwendung absolut rückwirkungsfrei, der Ärger mit zirkulären Referenzen gehört der Vergangenheit an (beide Observer "wissen" absolut nichts voneinander, und trotzdem reagieren sie sofort auf die Änderung des Maximums).

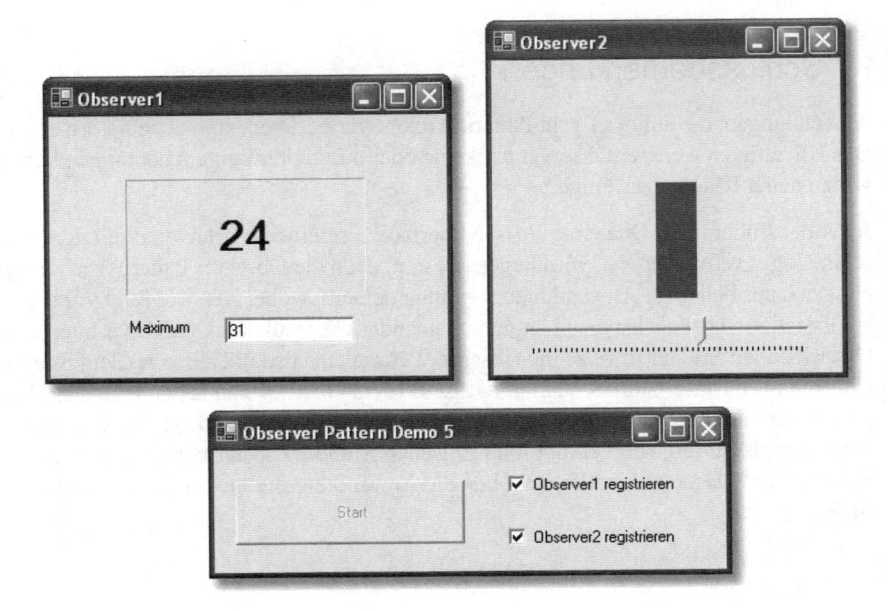

Klassenzusammenstellung

Nachfolgende Tabelle gibt eine abschließende Übersicht der enthaltenen Klassen:

Klasse	Unit	Beschreibung
TWinForm1	WinForm1	Hauptformular, das die Subjekt- und Observer-Klassen instanziiert und die Registrierung/Deregistrierung aller Ereignisse ausführt.
TDigitObserver	DigitObserver	Formular, das die Ziffernanzeige der erzeugten Zufallszahlen übernimmt und über das man den Maximalwert der Zufallszahlen einstellen bzw. anzeigen kann.
TGraphObserver	GraphObserver	Formular, das die grafische Anzeige der erzeugten Zufallszahlen übernimmt und über das man den Maximalwert der Zufallszahlen einstellen bzw. anzeigen kann.
TNumberGenerator	Model	Klasse, die den Zahlengenerator implementiert.
NumberChangedEventArgs	EventTypes	Klasse für das MS-konforme Argument des *NumberChanged*-Ereignisses.
MaximumChangedEventArgs	EventTypes	Klasse für das MS-konforme Argument des *MaximumChanged*-Ereignisses.

14.1.7 Schlussbemerkungen

- Anwendungen, die auf der Event Pattern-Architektur basieren, sind beliebig erweiterbar. Das Hinzufügen weiterer Observer hat keine oder nur geringfügige Änderungen bereits vorhandener Klassen zur Folge.

- Jeder der früher unter Qualen sein User-Interface zusammengestrickt und mit der Geschäftslogik verbunden hat, wird begeistert sein, denn die Observer Pattern-Technologie lässt sich auf beliebige Anwendungen verallgemeinern, wobei z.B. wie folgt vorzugehen ist: Erstellen Sie zunächst unabhängig voneinander Geschäftslogik und User Interface. Danach bauen Sie schrittweise die Observer Pattern ein, also in Klasse A (dem Subjekt) ein Ereignis auslösen, um es dann in Klasse B (dem Observer) zu behandeln. Das Hauptprogramm kümmert sich z.B. um die Instanziierung der Klassen sowie um Registrierung/Deregistrierung der Verknüpfung zwischen A und B. Später können Sie weitere Subjekte und Observer hinzufügen, ohne die Anwendungsarchitektur im Kern zu zerstören.

- Obwohl das Observer Pattern, wie in der ersten Version gezeigt, auch unter Benutzung von *IObserver* und *IObservable*-Interface über Methoden-Callbacks realisiert werden kann, bedeuted demgegenüber das in den anderen Beispielen demonstrierte Konzept der Delegates und Events einen fast schon revolutionär zu nennenden Fortschritt in der Anwendungsentwicklung.

- Hat Sie die Lust zu weiteren Experimenten gepackt? Wie wäre es zum Beispiel mal mit einer Uhr, wobei die Clock-Instanz das Subjekt ist und Digital- und Analoganzeige die Observer? Oder mit einem Programm, was einen Webdienst benutzt, um stets die aktuellen Aktienkurse anzuzeigen?

14.2 OOP und ECO-Technologie

Eines der Highlights von Delphi 2005 ist zweifelsfrei die ECO 2-Technologie. Gegenüber der bereits in Delphi 8 enthaltenen ECO-Vorgängerversion sind einige beachtliche neue Features hinzugekommen (siehe 2.3.6). Zwar ist ECO 2 nur in der Architect-Version von Delphi 2005 enthalten, aber jeder kann sich anhand der kostenlosen Delphi-Architect-Testversion zunächst selbst ein Bild von der Leistungsfähigkeit dieser neuen Technologie machen, um anschließend zu entscheiden, ob sich die Anschaffung für ihn lohnt.

14.2.1 Wozu braucht man ECO?

In der Regel wird im Verlauf eines komplexen Software-Entwicklungsprozesses das zugrunde liegende Modell immer weiter verfeinert, so dass es am Ende kaum noch als eine Abbildung des Originalproblems erkennbar ist. Liegt lediglich der Quellcode vor, so können meist nur noch der Entwickler und der Compiler ihn verstehen. Man kann sich also vorstellen was passiert, wenn sich der verantwortliche Entwickler aus irgendwelchen Gründen aus dem Staub gemacht hat. Der bedauernswerte Nachfolger steht vor der Aufgabe, das Modell vom Source Code bis hin zur Geschäftslogik zurückzukonvertieren, um die Funktionsweise des Originals (Problemdomäne) zu verstehen. Borlands neue ECO[1]-Technologie zeigt einen Ausweg aus dieser Situation.

UML und OCL

ECO benutzt eine (ziemlich kleine) Untermenge der UML[2] als Modellierungssprache. Spezieller Bestandteil ist neben dem UML-Klassendiagramm die *Object Constraint Language* (OCL). Auf dieser Basis wird der Implementierungscode (in Delphi oder C#) durch ECO automatisch generiert. Normalerweise wäre der Entwickler für diesen Code verantwortlich, der sich naturgemäß sehr schnell aus einem lesbaren Modell mit klarer Repräsentation des

---

[1] Enterprise Core Objects

[2] Unified Modeling Language

Problems in eine unübersichtliche Menge komplexer Strukturen verwandelt, deren Elemente in keiner Beziehung mehr zum realen Problem zu stehen scheinen.

Da dank ECO der Entwickler nun nicht mehr mit solchem "Kleinkram" belästigt wird und auf einer höheren Abstraktionsebene arbeiten kann, werden auch seine Fähigkeiten zur Programmierung und Pflege komplexer Software entsprechend wachsen.

Die neue ECO 2-Technologie von Borland soll auf diese Weise die Arbeit des Entwicklers beim Programmieren von WinForm-, ASP.NET- und Webdienst-Anwendungen erleichtern (bei gleichzeitiger Verbesserung von Qualität und Wartbarkeit der Software).

ECO Space

Eine zentrale Bedeutung innerhalb der ECO-Technologie hat der so genannte ECO Space – ein Container für Objekte, den Sie mit Hilfe der IDE konfigurieren. Zur Laufzeit enthält der ECO Space die aktuellen Instanzen der Klassen Ihres Modells. Man kann sich den ECO Space auch als eine Modellinstanz vorzustellen (so wie ein Objekt die Instanz einer Klasse ist). Die Objekte des ECO Space speichern Attribute, Operationen und die zwischen ihnen definierten Beziehungen (Assoziationen).

Als Objektcontainer ist ein ECO Space sowohl ein Zwischenspeicher (Cache) als auch ein Transaktions-Manager. Innerhalb des ECO Space dient eine weitere Komponente (ein so genannter *Persistence Mapper*) als Verbindung zwischen der Persistenzschicht (entweder eine Relationale Datenbank oder eine XML Datei) und den im Modell definierten Klasseninstanzen.

14.2.2 Einfaches ECO-Beispiel mit nur einer Klasse

Als ECO-Einstieg wollen wir eine einfache Adressenverwaltung programmieren, in der wir Vornamen, Nachnamen, Anschriften und Telefonnummern von irgendwelchen Personen abspeichern.

ECO-Anwendung erstellen

Über das Menü *Datei|Neu|Weitere...* öffnen Sie die Objektgalerie und wählen (als Delphi für .NET-Projekt) eine *ECO WinForms-Anwendung*.

14.2 OOP und ECO-Technologie

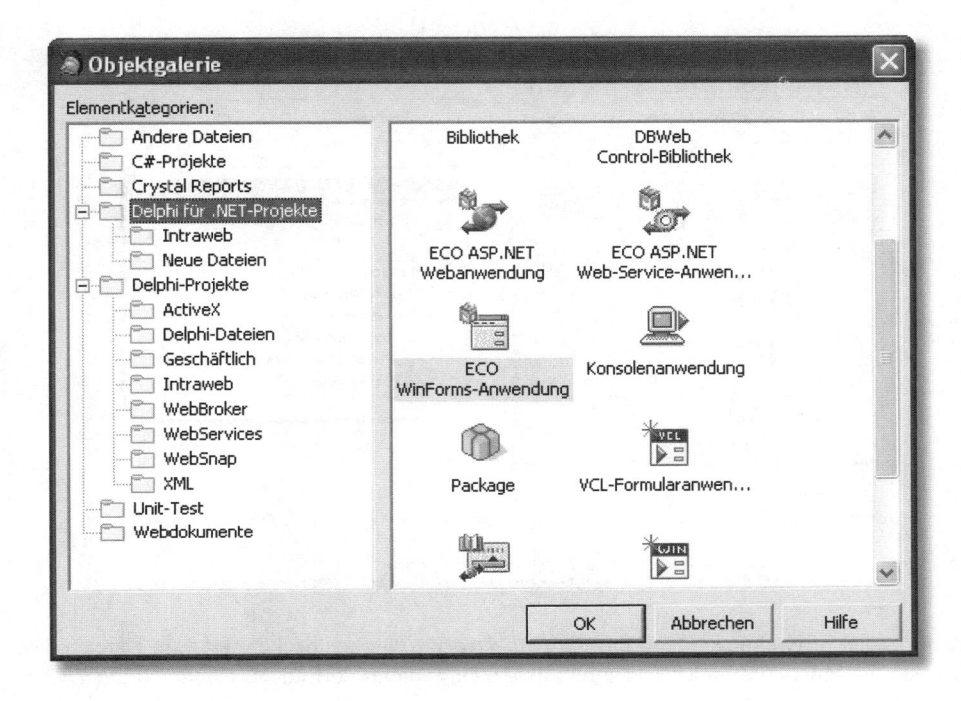

Wir geben der Anwendung z.B. den Namen "PersonalDB" und speichern alles ab.

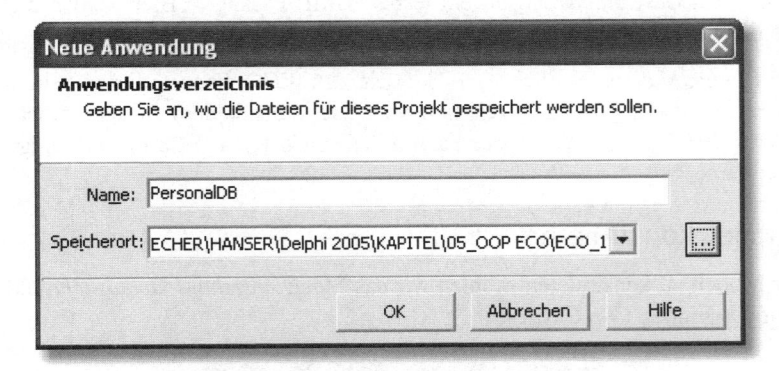

Delphi erzeugt nun eine "nackte" ECO Applikation mit einem Startformular *TWinForm*. Schon auf den ersten Blick fallen uns die ungewöhnlichen Controls im Komponentenfach auf, die später dem Anbinden des ECO Space an das Formular dienen sollen.

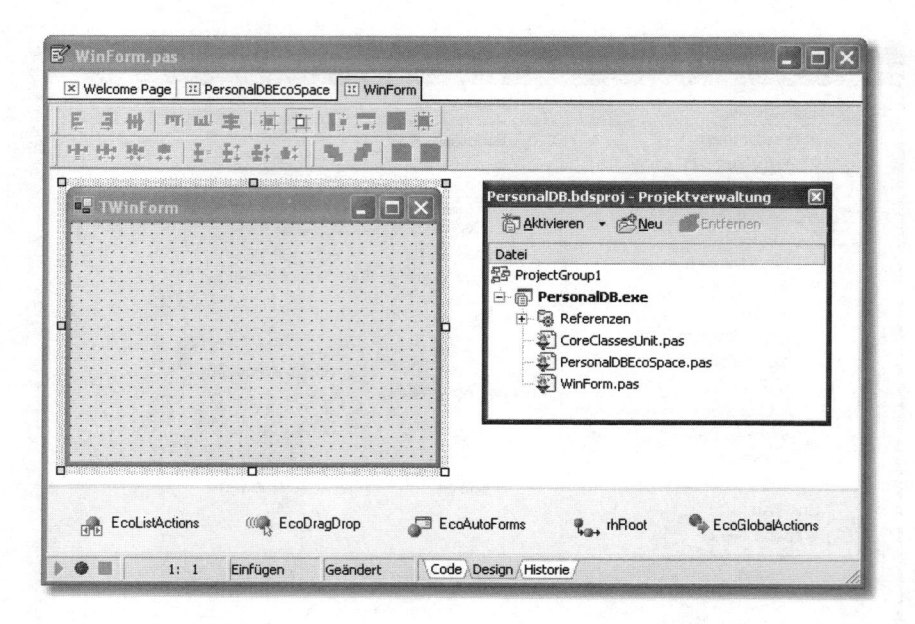

In der Projektverwaltung (Menü *Ansicht|Projektverwaltung*) entdecken wir zwei Dateien, wie wir sie in einer "normalen" Delphi Anwendung nicht vorfinden: *ContactManagerEcoSpace.pas* und *CoreClassesUnit.pas*.

Die Unit *CoreClassesUnit.pas* enthält ein leeres "UML Package". Hier werden die Klassen für unsere ECO Anwendung erzeugt.

Die Unit *ContactManagerEcoSpace.pas* kapselt den ECO Space, dieser beherbergt die Objekte der Anwendung zur Laufzeit und verbindet sie mit dem Persistenzmechanismus (XML oder RDBMS). Der ECO Space kann mittels OCL (*Object Constraint Language*) abgefragt werden.

ECO-Modell konstruieren

Um unser Modell zu konstruieren, wählen wir das Menü *Ansicht|Modellansicht* und doppelklicken auf den Eintrag *CoreClasses*.

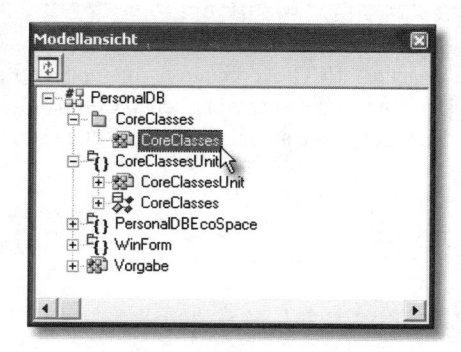

14.2 OOP und ECO-Technologie

Es öffnet sich der Editor für die Modelloberfläche. Die dazugehörige Tool-Palette hat sich geändert, sie enthält jetzt die "Einzelteile" zum Zusammenbau eines Klassendiagramms:

Wir beginnen mit dem Erzeugen einer neuen Klasse. Dazu selektieren wir in der Tool-Palette eine *ECO-Klasse* und setzen diese auf die Modelloberfläche. Alternativ ginge es auch über das Kontextmenü der Modelloberfläche (*Hinzufügen|ECO-Klasse*).

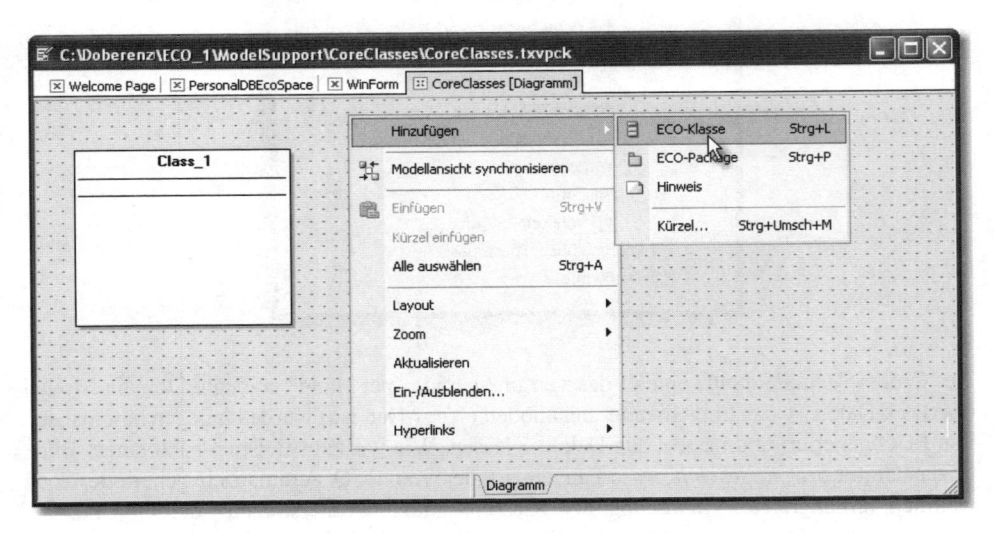

Ist die Klasse erzeugt, so ändern wir ihre *Name*-Eigenschaft im Objektinspektor in *Person*. Wir klicken mit der rechten Maustaste auf die Klasse und wählen *Hinzufügen|Attribut* (Strg+W). Nach Selektieren des Attributs in der Klasse mit der Maus wird der Objektinspektor die Eigenschaften anzeigen. Wir setzen den Attributnamen auf *Vorname* und den Typ auf *String*. Es ist nun ein Leichtes, auf gleiche Weise die Attribute *Nachname*, *Adresse* und *Telefon* (*Integer*-Typ)[1] zu ergänzen.

---

[1] In der Praxis ist der *Integer*-Datentyp natürlich zum Speichern von Telefonnummern völlig ungeeignet, aber wir wollten einfach mal etwas Abwechslung in die Datentypen bringen.

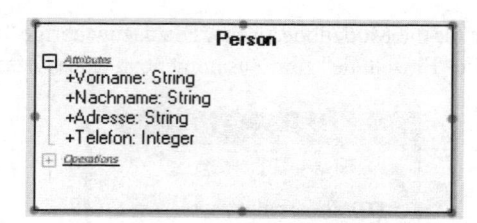

```
          Person
┌ Attributes
│  +Vorname: String
│  +Nachname: String
│  +Adresse: String
│  +Telefon: Integer
├ Operations
```

Ein Blick in die Projektverwaltung zeigt die Bausteine der ECO-Applikation:

```
PersonalDB.bdsproj - Projektverwaltung
  Aktivieren  ▼  Neu   Entfernen
Datei
  ProjectGroup1
  └ PersonalDB.exe
     ├ Referenzen
     ├ CoreClassesUnit.pas
     └ ModelSupport
        ├ CoreClasses
        │  └ CoreClasses.txvpck
        ├ CoreClassesUnit
        │  └ CoreClassesUnit.txvpck
        ├ PersonalDBEcoSpace
        │  └ PersonalDBEcoSpace.txvpck
        ├ Vorgabe.txvpck
        └ WinForm
           └ WinForm.txvpck
     ├ PersonalDBEcoSpace.pas
     └ WinForm.pas
```

Der Ordner *ModellSupport* enthält das von uns gerade "per Hand" erzeugte Domain Modell (*.txvpck*-Dateien), das Implementierungsmodell (*.pas*-Dateien) wurde hingegen automatisch von ECO generiert und besteht aus Delphi-Klassen. Wie wir zum Beispiel nach einem Blick in die Unit *CoreClassesUnit.pas* erkennen, ist der von ECO automatisch generierte Code ziemlich umfangreich (Verwaltung der Klassen, Laufzeit-Unterstützung der Objekte, ...). Normalerweise wäre der Entwickler für diesen Code verantwortlich.

Benutzerschnittstelle hinzufügen

Da wir nun unser Modell zusammengebaut haben, sind wir neugierig geworden und wollen zur Erkundung des ECO-Laufzeitverhaltens eine einfache Benutzerschnittstelle hinzufügen. Zunächst aber compilieren wir das Projekt.

14.2 OOP und ECO-Technologie

Hinweis: Das ECO-Laufzeitsystem befragt die benötigten Klassen unter Benutzung des Reflection-Mechanismus von .NET. Damit aber Reflection funktioniert, muss eine compilierte Anwendung vorliegen.

Von der Tool-Palette fügen wir die folgenden Komponenten zum *WinForm.pas* Formular hinzu: Ein *DataGrid* (Seite "Data Controls"), drei *Button*s (Seite "Windows Forms") und ein *ExpressionHandle* (Seite "Enterprise Core Objects"). Die Buttons beschriften wir mit "Person hinzufügen", "Person löschen" und "Speichern".

Wir verbinden das *ExpressionHandle* mit dem ECO Space, indem wir seine *RootHandle*-Eigenschaft auf *rhRoot* und den *Expression* auf den Wert *Person.allInstances* setzen. Für letztere Eigenschaft können wir auch sehr bequem den sich anbietenden OCL-Ausdruckseditor benutzen:

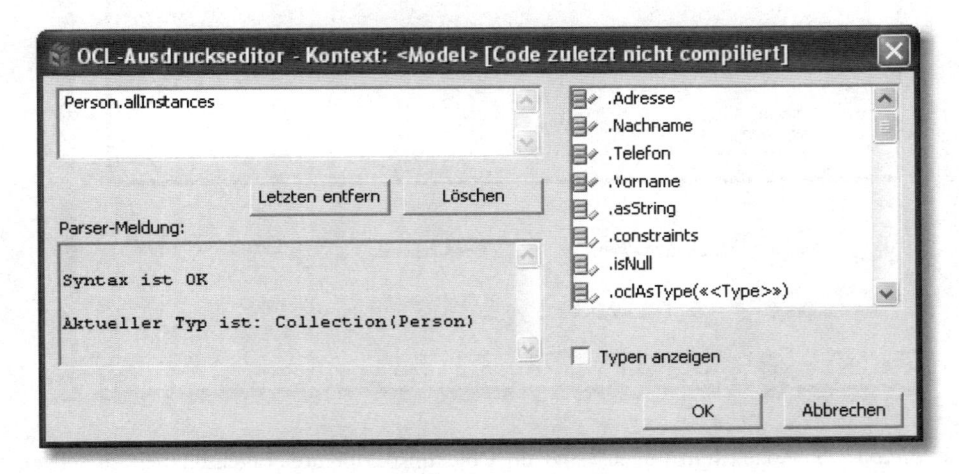

Schließlich verbinden wir noch die *DataSource*-Eigenschaft von *DataGrid1* mit *Expression-Handle1*. Bereits jetzt zur Entwurfszeit funktioniert die Verbindung zum ECO Space, denn das DataGrid zeigt die verfügbaren Spaltennamen an (siehe folgende Abbildung).

Hinweis: Falls die Spaltennamen im DataGrid zur Entwurfszeit nicht angezeigt werden vergewissern Sie sich, ob die *EcoSpaceType*-Eigenschaft von *rhRoot* bereits mit dem ECO Space verbunden ist. Normalerweise sollte das der Fall sein, ansonsten müssen Sie nachhelfen und für *rhRoot* im Objektinspektor das angebotene *PersonalDBEcoSpace.TPersonalDBEcoSpace* einstellen.

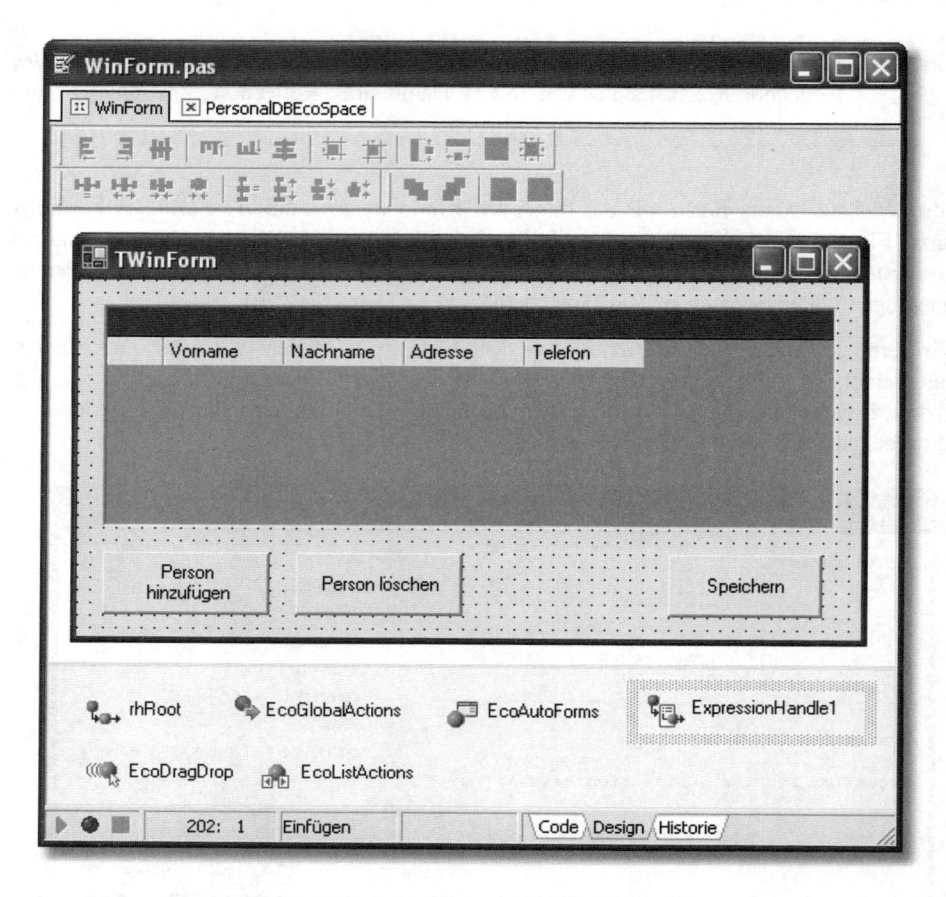

Für *Button1* "Personen hinzufügen" sind im Objektinspektor drei Eigenschaften zu setzen: *BindingContex t = DataGrid1*, *EcoListAction = Add* und *RootHandle = ExpressionHandle1*.

Mit dem "Person hinzufügen" Button können nun neue *Person*-Objekte erzeugt werden, ohne dass dazu irgendwelcher Code zu schreiben wäre. Wie Sie sehen, benutzen wir dazu die ECO-Listenaktion *Add*.

14.2 OOP und ECO-Technologie

ECO-Listenaktionen sind aber nicht nur für *Add*, sondern auch für viele andere Funktionen verfügbar und so ist auch das Löschen einer Person aus der Auflistung kein Problem. Wir setzen dazu nur die *EcoListAction*-Eigenschaft für *Button2* auf *Delete*, die Eigenschaften *BindingContext* und *RootHandle* entsprechen denen von *Button1*.

Wer sich mit ECO-Listenaktionen nicht anfreunden will, der kann als Alternative auch *OnClick*-Ereigniscode schreiben, z.B. für das Hinzufügen einer Person:

```
procedure TWinForm.Button1_Click(sender: System.Object; e: System.EventArgs);
begin
 Person.Create(EcoSpace);
end;
```

Zwischentest

Starten Sie die Anwendung und erzeugen und löschen Sie einige Personen. Beim Löschen fehlt auch die vorgeschaltete Sicherheitsabfrage nicht:

Leider sind alle eingegebenen Daten bei Beendigung des Programms futsch, so dass wir nicht umhin kommen, uns schnellstens um das persistente Abspeichern zu kümmern.

Datenpersistenz

Mit ECO sind grundsätzlich zwei Verfahren für das persistente Speichern möglich:

- als XML Datei oder
- in einer Relationalen Datenbank.

Für unser simples Beispiel genügt eine XML Datei.

In der Projektverwaltung doppelklicken wir auf *PersonalDBEcoSpace.pas*, um den Entwurfseditor des ECO Space aufzurufen. Von der Tool-Palette selektieren wir das *PersistenceMapperXML*-Tool und ziehen es auf den Designer.

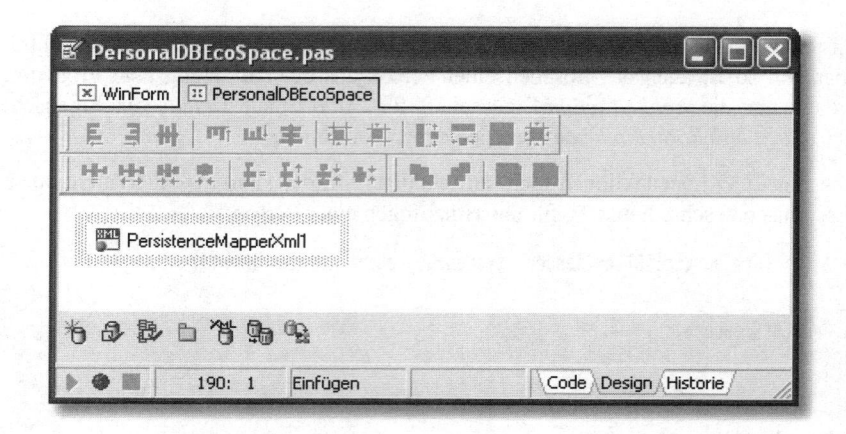

Wir setzen die *FileName*-Eigenschaft von *PersistenceMapperXML1* auf den gewünschten Dateinamen (z.B. *Personal.xml*) und die Eigenschaft *EcoAction* von *Button3* auf *UpdateDatabase*.

Auch hier könnten wir (als Alternative zur ECO-Aktion) Ereigniscode schreiben:

```
procedure TWinForm.Button3_Click(sender: System.Object; e: System.EventArgs);
begin
  EcoSpace.UpdateDatabase
end;
```

Es muss wohl nicht besonders betont werden, dass wir uns im ECO-Modell um das "Wie" der Datenspeicherung nicht zu kümmern brauchen.

Test

Wenn Sie nun die Anwendung starten, stehen die vorher eingegebenen Daten sofort zur Verfügung. Jedes Mal, wenn Sie den "Speichern"-Button klicken, werden die aktuellen Daten in die Datei *Personal.xml* geschrieben.

Ergänzung durch Autoformular

ECO unterstützt auch das automatische Generieren von Formularen, mit denen Sie Ihre ECO-Objekte zur Laufzeit editieren können. Die standardmäßig von ECO angesprochene WinForm verfügt über eine *ECOAutoForms*-Komponente, die per Doppelklick auf die datengebundenen Controls aktiviert wird.

Wir setzen die *EcoAutoForm*-Eigenschaft von *DataGrid1* auf *True* und starten die Anwendung erneut.

14.2 OOP und ECO-Technologie

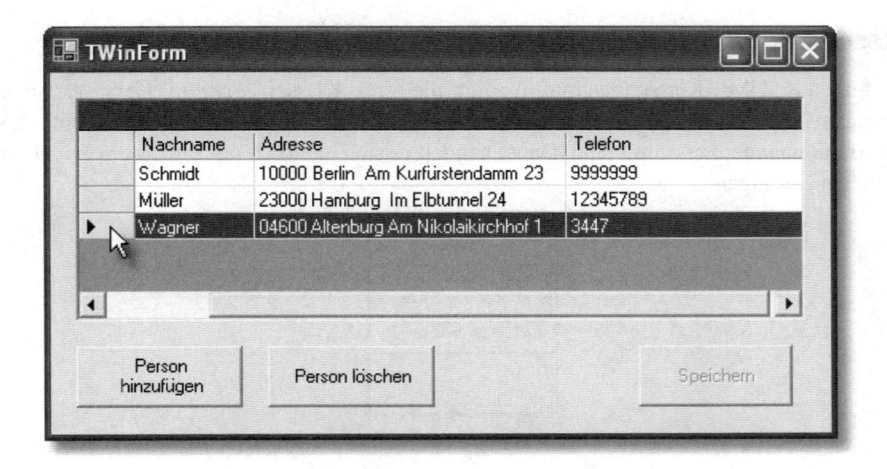

Nach Doppelklick auf die linke Randspalte des DataGrid wird ein Detailformular geöffnet, in dem man die Einträge wesentlich komfortabler als im DataGrid editieren kann:

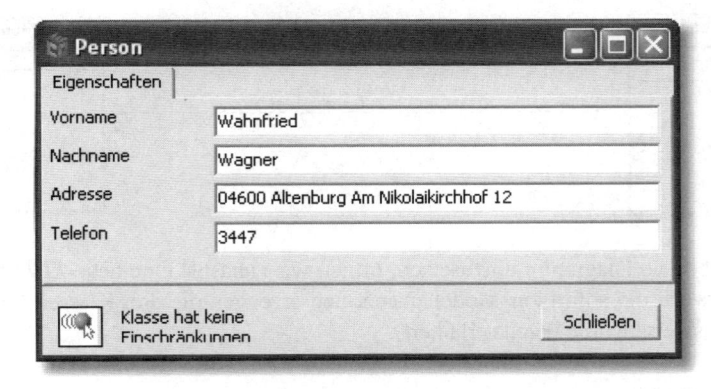

Hinweis: Beachten und würdigen Sie, dass Sie mit Entwurf und Programmierung des Detailformulars in keiner Weise belästigt wurden – all dies hat ECO für Sie erledigt!

14.2.3 Mehrere Klassen mit Beziehungen

Stellen Sie sich vor, dass die Klasse *Person* des Vorgängerbeispiels sowohl Vorgesetzte als auch Mitarbeiter einer Firma modellieren soll. Am einfachsten ließe sich das durch Hinzufügen eines weiteren Attributs *Vorgesetzter* (ja/nein) realisieren, aber wir wollen mehr erreichen, nämlich eine Zuordnung der Mitarbeiter zum Vorgesetzten.

Klassendiagramm

Das folgende UML-Klassendiagramm zeigt die drei Klassen *Person*, *Vorgesetzter* und *Mitarbeiter*, die durch unterschiedliche Beziehungen (zwei Generalisierungen und eine Assoziation) miteinander verknüpft sind. Dabei handelt es sich natürlich nur um eine von mehreren möglichen Lösungen[1].

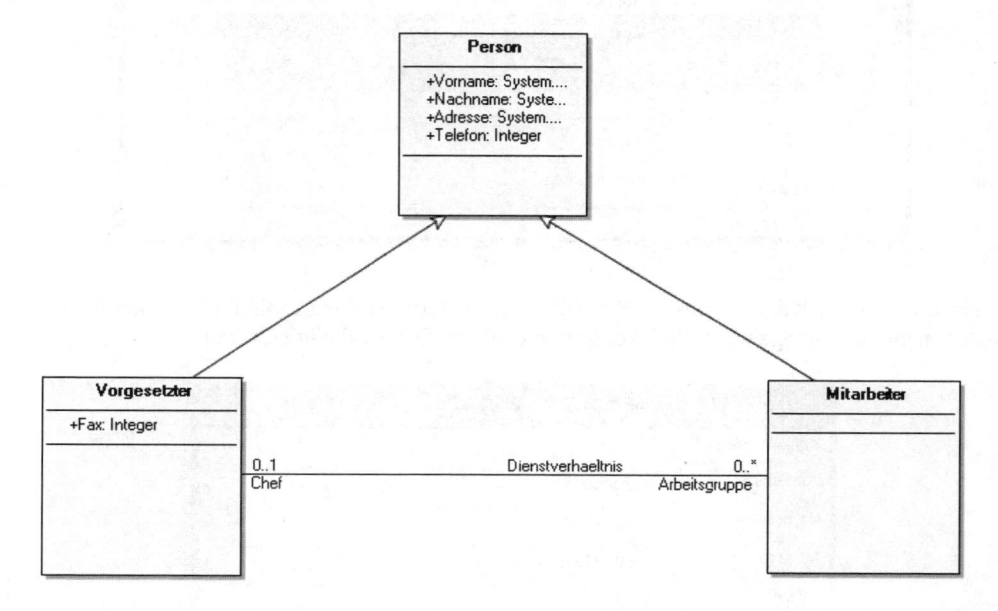

```
                    ┌─────────────────────────┐
                    │        Person           │
                    ├─────────────────────────┤
                    │ +Vorname: System....    │
                    │ +Nachname: Syste...     │
                    │ +Adresse: System....    │
                    │ +Telefon: Integer       │
                    └─────────────────────────┘
                         △              △
                        /                \
                       /                  \
┌─────────────────────┐                    ┌─────────────────────┐
│    Vorgesetzter     │                    │     Mitarbeiter     │
├─────────────────────┤                    ├─────────────────────┤
│ +Fax: Integer       │                    │                     │
├─────────────────────┤ 0..1  Dienstverhaeltnis  0..*            │
│                     │──── Chef ──────── Arbeitsgruppe ─────────│
│                     │                    │                     │
└─────────────────────┘                    └─────────────────────┘
```

Um das abgebildete Diagramm umzusetzen, öffnen wir zunächst eine neue *ECO WinForms-Anwendung*, wechseln sofort zur Modellansicht und erzeugen die drei Klassen (die prinzipielle Vorgehensweise wurde bereits erläutert).

Generalisierung

Wir müssen nun eine Generalisierungsbeziehung zwischen der Klasse *Vorgesetzter* und der Klasse *Person* herstellen. Eine Generalisierungsbeziehung legt fest, dass *Vorgesetzter* ein Typ von *Person* ist und alle Attribute und Operationen von *Person* erbt. In unserem Beispiel verfügt ein Vorgesetzter zusätzlich noch über ein Fax.

Um diese Beziehung zu erzeugen, wählen Sie das "Generalisierung/Implementierung"-Tool von der Tool-Palette, selektieren die *Vorgesetzter*-Klasse und ziehen die sich bildende Linie auf die *Person*-Klasse (Cursor ändert sich zum Kreuzchen).

---

[1] Jedes Modell stellt eine persönliche Sicht des Programmierers auf die Problemdomäne dar.

Assoziation

Allgemein beschreibt eine Assoziation eine Beziehung zwischen Klassen bzw. deren Instanzen. Dadurch können die Objekte der verbundenen Klassen miteinander kommunizieren, d.h., es besteht eine Instanzenverbindung (Link).

Die *Multiplicity* (Multiplizität)[1] bezeichnet die Anzahl von Verbindungen am entsprechenden Endpunkt der Assoziation. Der Objektinspektor lässt vier Standardeinstellungen zu:

- 0..1: keine oder eine Verbindung,
- 1..1: genau eine Verbindung,
- 0..*: keine oder viele Verbindungen,
- 1..*: eine oder viele Verbindungen.

Unter Verwendung des "Association"-Tools der Tool-Palette ziehen wir eine Linie von der Klasse *Mitarbeiter* zur Klasse *Vorgesetzter*. Im Objektinspektor geben wir der *Association* den Namen *Zuordnung* und stellen die *Multiplicity* von *End1* auf den Wert *0..** ein. Die *Multiplicity* von *End2* (das ist das der Klasse *Vorgesetzter* zugewandte Ende) verbleibt auf ihrem Standardwert *0..1*.

Weiterhin geben wir – entsprechend des oben abgebildeten Klassendiagramms – der Assoziation mittels Objektinspektor einen aussagekräftigen Namen (*Dienstverhaeltnis*) und ändern die Bezeichner an beiden Enden (die so genannten "Rollen") in *Chef* und *Arbeitsgruppe*.

Die Association *Dienstverhaeltnis* ermöglicht es unserer Anwendung, die Beziehung zwischen einem Vorgesetzten und seinen Mitarbeitern zu verwalten. Das einfache Verbinden beider Klassen genügt, damit ECO automatisch allen dazu erforderlichen Code generiert. Sobald Sie einen Vorgesetzten einer bestimmten Person zuordnen wird ECO dafür sorgen, dass diese Person zur Mitarbeiter-Collection dieses Vorgesetzten hinzugefügt wird.

Hinweis: ECO kümmert sich um alle Aspekte der referenziellen Integrität in allen Beziehungen Ihrer Anwendung, und das sowohl im Arbeitsspeicher als auch in der Datenbank!

Damit hat uns ECO einen beträchtlichen Teil an Programmierarbeit abgenommen.

Bedienoberfläche

Hinweis: Bevor Sie mit dem Entwurf beginnen, vergessen Sie nicht das Compilieren und Abspeichern der Anwendung, ansonsten "merkt" das User Interface nichts von den Änderungen!

---

[1] In manchen Quellen wird *Multiplizität* auch als *Kardinalität* bezeichnet.

Auf das Startformular setzen Sie zwei *DataGrid*-Komponenten (Anzeige der Vorgesetzten sowie der zugehörigen Mitarbeiter) und sechs *Button*s. Das Komponentenfach ergänzen Sie durch zwei *ExpressionHandle* und ein *CurrencyManagerHandle*.

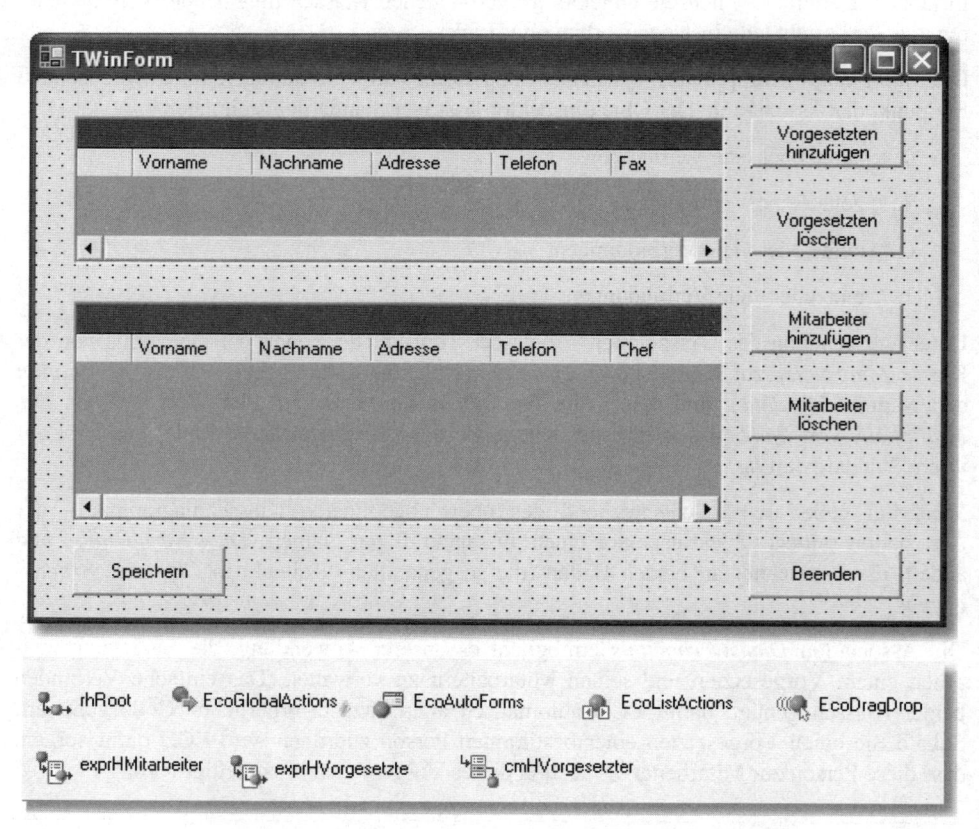

Bei der Namensgebung der Komponenten sollten möglichst die Feinheiten der Pluralbildung berücksichtigt werden, damit der Bezug auf ein einzelnes Objekt oder auf eine Auflistung (Collection) deutlich wird. *Vorgesetzter/Vorgesetzte* klingt noch halbwegs plausibel, bei *Mitarbeiter/Mitarbeiter* lassen sich hingegen Singular und Plural nicht mehr unterscheiden (die englische Sprache ist da viel konsequenter)[1].

Verknüpfen der Komponenten

Das Verbinden der oberen Hälfte des Formulars (Vorgesetzte anzeigen, hinzufügen und löschen) mit dem ECO Space ist uns bereits hinreichend aus dem Vorgängerbeispiel bekannt.

---

[1] Dies ist auch der Grund, warum wir beim Entwurf des Klassendiagramms die standardmäßig vergebenen Rollenbezeichnungen *Vorgesetzter-Mitarbeiter* ersetzt haben durch *Chef-Arbeitsgruppe*.

14.2 OOP und ECO-Technologie

Nicht ganz so einfach gestaltet sich das Anzeigen, Hinzufügen und Löschen von Mitarbeitern, da sich diese nur auf den im DataGrid selektierten Vorgesetzten beziehen sollen. Genau zu diesem Zweck wird das *CurrencyManagerHandle* benötigt, es "klemmt" gewissermaßen am aktuell markierten Vorgesetzten.

Die folgende Tabelle listet alle im Objektinspektor von uns einzustellenden Eigenschaften für alle zu verknüpfenden Komponenten der Bedienoberfläche auf (die Einhaltung der Reihenfolge wird empfohlen):

Typ	Eigenschaft	Wert
ReferenceHandle	Name	rhRoot
	EcoSpaceType	PersonalDBEcoSpace.TPersonalDBEcoSpace
ExpressionHandle	Name	exprHVorgesetzte
	RootHandle	rhRoot
	Expression	Vorgesetzter.allInstances
DataGrid	Name	dgrdVorgesetzte
	DataSource	exprHVorgesetzte
	EcoAutoForm	True
CurrencyManagerHandle	Name	cmHVorgesetzter
	RootHandle	exprHVorgesetzte
	BindingContext	dgrdVorgesetzte
ExpressionHandle	Name	exprHMitarbeiter
	RootHandle	cmHVorgesetzter
	Expression	self.Arbeitsgruppe
DataGrid	Name	dgrdMitarbeiter
	DataSource	exprHMitarbeiter
	EcoAutoForn	True
Button	Name	btnNewVorgesetzter
	Text	"Vorgesetzten hinzufügen"
	RootHandle	exprHVorgesetzte
	BindingContext	dgrdVorgesetzte
	EcoListAction	Add
Button	Name	btnDelVorgesetzter
	Text	"Vorgesetzten löschen"
	RootHandle	exprHVorgesetzte
	BindingContext	dgrdVorgesetzte
	EcoListAction	Delete

Typ	Eigenschaft	Wert
Button	Name	btnDelMitarbeiter
	Text	"Mitarbeiter löschen"
	RootHandle	exprHMitarbeiter
	BindingContext	dgrdMitarbeiter
	EcoListAction	Delete

Hinweis: Den Button *btnNewMitarbeiter* ("Mitarbeiter hinzufügen") haben wir nicht vergessen, er wird weiter unten per Code programmiert.

Die folgende Abbildung soll etwas Übersicht in das scheinbare Chaos der obigen Tabelle bringen (um den Überblick nicht zu gefährden, wird nur ein Button gezeigt):

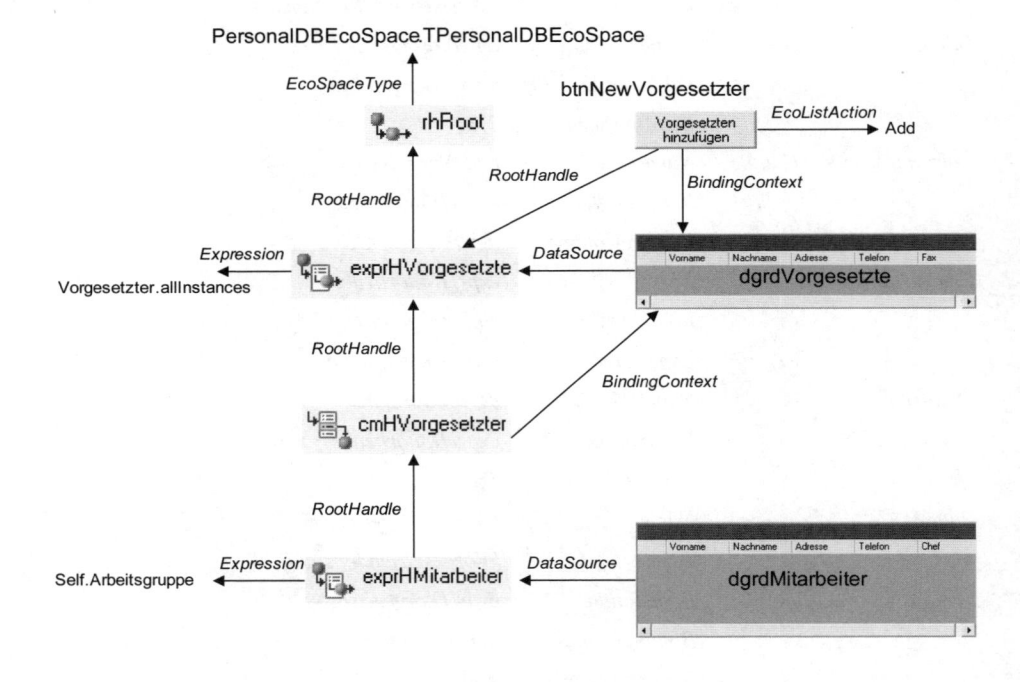

Das Verbinden des RootHandle für *exprHMitarbeiter* mit *cmHVorgesetzter* veranlasst das Handle, seinen Ausdruck mit dem aktuell selektierten Vorgesetzten zu bewerten. Genau das versteht man unter dem Verketten von Ausdrücken (*chaining expressions*). Jeder Ausdruck wird auf Basis des Resultats des vorhergehenden Ausdrucks berechnet. So bewirkt der Ausdruck *self.Arbeitsgruppe*, dass das *exprHMitarbeiter*-Handle jetzt auf eine Liste aller Mitarbeiter des selektierten Vorgesetzten verweist.

14.2 OOP und ECO-Technologie

Das ECO-Laufzeitsystem kümmert sich automatisch um den Zugriff auf die Objekte in der Datenbank, ohne den Entwickler damit zu belästigen. Gerade bei komplexeren Anwendungen wird der Code dadurch drastisch reduziert.

Datenpersistenz

Damit die Daten bei Programmende nicht verloren gehen, sollen sie in einer Datei abgespeichert werden. Die dazu erforderliche Vorgehensweise entspricht dem Vorgängerbeispiel:

- In der Projektverwaltung doppelklicken wir auf *PersonalDBEcoSpace.pas* um den Entwurfseditor des ECO Space aufzurufen.
- Von der Tool-Palette selektieren wir das *PersistenceMapperXML*-Tool und ziehen es auf den Designer.
- Wir setzen die *FileName*-Eigenschaft von *PersistenceMapperXML1* auf den von uns gewünschten Dateinamen (z.B. *Personal.xml*).
- Die Eigenschaft *EcoAction* von *btnSave* ("Speichern") setzen wir auf *UpdateDatabase*.

Quellcode

Ganz ohne Code geht es nicht. Bevor wir die Anwendung starten können, müssen wir noch eine Assoziation zwischen einem neu hinzugefügten Mitarbeiter und seinem Vorgesetzten zur Laufzeit herstellen und hinterlegen dazu den "Mitarbeiter hinzufügen"-Button wie folgt:

```
procedure TWinForm.btnAddMitarbeiter_Click(sender: System.Object; e: System.EventArgs);
var
  newMitarbeiter: Mitarbeiter;
  selectedVorgesetzter: Vorgesetzter;
begin
  if cmHVorgesetzter.Element.AsObject is Vorgesetzter then
  begin
    selectedVorgesetzter := Vorgesetzter(cmHVorgesetzter.Element.AsObject);
    newMitarbeiter := Mitarbeiter.Create(EcoSpace);
    newMitarbeiter.Chef := selectedVorgesetzter;
  end;
end;
```

Test

Starten Sie die Anwendung und fügen Sie zunächst einige Vorgesetzte hinzu. Selektieren Sie dann einen einzelnen Vorgesetzten und fügen Sie Mitarbeiter hinzu. Wählen Sie einen anderen Vorgesetzten und fügen Sie weitere Mitarbeiter-Objekte hinzu. Wechseln Sie zwischen den Vorgesetzten, so sehen Sie, wie das Mitarbeiter-DataGrid ebenfalls wechselt, um nur die Mitarbeiter für diesen Vorgesetzten anzuzeigen.

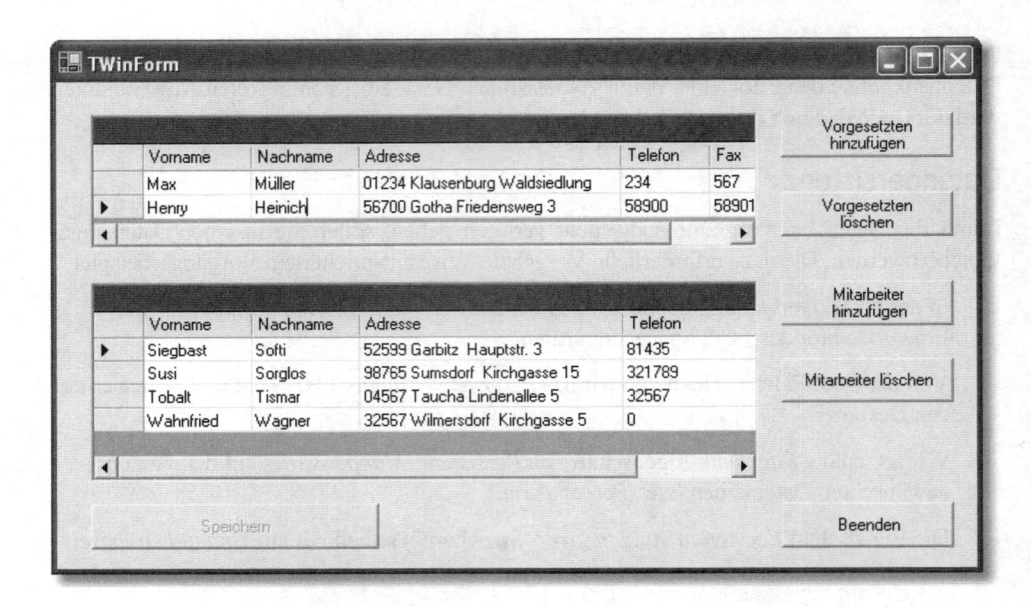

TWinForm					
Vorname	Nachname	Adresse	Telefon	Fax	
Max	Müller	01234 Klausenburg Waldsiedlung	234	567	
Henry	Heinich	56700 Gotha Friedensweg 3	58900	58901	

[Buttons: Vorgesetzten hinzufügen, Vorgesetzten löschen]

Vorname	Nachname	Adresse	Telefon
Siegbast	Softi	52599 Garbitz Hauptstr. 3	81435
Susi	Sorglos	98765 Sumsdorf Kirchgasse 15	321789
Tobalt	Tismar	04567 Taucha Lindenallee 5	32567
Wahnfried	Wagner	32567 Wilmersdorf Kirchgasse 5	0

[Buttons: Mitarbeiter hinzufügen, Mitarbeiter löschen, Speichern, Beenden]

Hinweis: Da wir für beide Datengitter die *EcoAutoForm*-Eigenschaft auf *True* gesetzt haben, ist (nach Doppelklick auf die linke Randspalte) auch ein bequemes Editieren in den Detailformularen möglich (siehe Vorgängerbeispiel).

14.2.4 Datenbankzugriff mit ECO II

Mit den *Enterprise Core Objects II* ist es möglich geworden, die Entwicklung objektorientiert aufgebauter Datenbankanwendungen weitgehend zu automatisieren, wobei das so genannte *Object-Relational Mapping* (OR-Mapping) zum Einsatz kommt. Dieses auf XML Schema Dateien basierende neue Feature erlaubt es, aus einer vorhandenen Relationalen Datenbank (MS SQL Server, ORACLE, InterBase) sowohl ein Schemafile als auch ein UML-Modell zu generieren, dessen Klassen die Tabellen der Datenbank nachbilden.

Am Beispiel des Zugriffs auf die *Northwind*-Datenbank des MS SQL-Servers wollen wir kurz Know-how und Vorteile der neuen ECO II-Technologie demonstrieren.

Wir gehen dabei in zwei Hauptetappen vor:

- Umsetzung von *Northwind* in ein ECO-Modell.
- Nutzung des ECO-Modells als Bestandteil einer kleinen Beispielapplikation.

Hat man die Datenbank erst einmal erfolgreich nach ECO umgesetzt, wird man nicht länger mit den Details des Datenzugriffs oder des Abspeicherns der Änderungen belästigt. ECO erledigt alle Low-Level-Datenbankoperationen für uns, inklusive aller Transaktionsabläufe (auch Rollback!). Der Entwickler hat endlich den Kopf frei für die eigentlichen Geschäftsabläufe in der Software!

14.2 OOP und ECO-Technologie

Vorbereitungen

Wir öffnen ein neues *Delphi für .NET Projekt* als *ECO WinForms-Anwendung*, geben ihm z.B. den Namen *ECO_NW* und bringen den Eco Space Designer (ESD), d.h. die Tabulatorseite *ECO_NWEcoSpace.pas*, in den Vordergrund der Entwurfsumgebung.

Im Datenexplorer richten wir – falls noch nicht vorhanden – eine Verbindung zur *Northwind*-Datenbank ein, zur genauen Vorgehensweise siehe folgendes Rezept (Kapitel 15):

☞ R 8.1 Eine Datenbankverbindung mit dem Assistenten einrichten

Um uns die spätere Arbeit zu erleichtern, rufen wir über das Menü *Tools|Optionen...* den Konfigurationsdialog auf und aktivieren das Häkchen bei *ECOSpace Komponenten automatisch anbinden*.

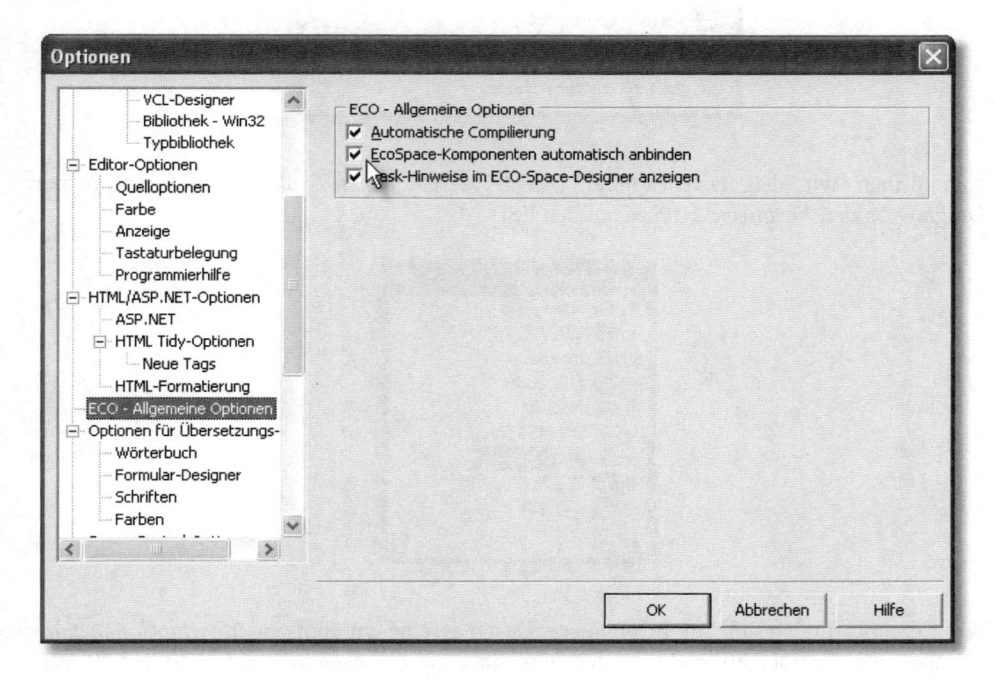

Umsetzen der Northwind-Datenbank nach ECO

Zunächst gilt es, die Datenbankschicht mit unserer ECO-Modellschicht zu verbinden. Zu diesem Zweck ziehen wir von der "Enterprise Core Objects"-Seite der Tool-Palette eine *PersistenceMapperBdp*-Komponente auf den ESD.

[Abbildung: Tool-Palette mit Enterprise Core Objects]

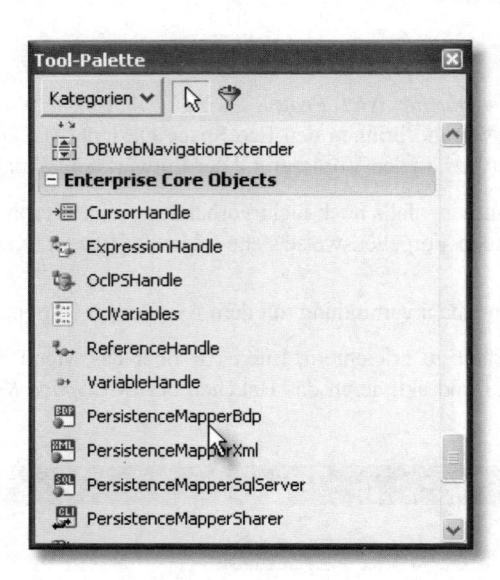

Nun öffnen wir den Datenexplorer (Menü *Ansicht|Daten-Explorer*) und ziehen per Drag&Drop den *Northwind*-Knoten auf den ESD.

[Abbildung: Daten-Explorer mit MSSQL/Northwind]

Als Ergebnis findet sich im ECO Space Designer eine vorkonfigurierte *BdpConnection*-Komponente. Im Objektinspektor sehen wir, dass die *Connection*-Eigenschaft von *PersistenceMapperBdp1* bereits auf *BdpConnection1* gesetzt ist.

Aber noch eine weitere Eigenschaft für *PersistenceMapperBdp1* ist zu setzen: die Datenbankkonfiguration (*SqlDatabaseConfig*). Anstatt im Objektinspektor können wir das auch über das Kontextmenü der rechten Maustaste erledigen, wobei auch die anderen Datenbankoptionen sichtbar werden:

14.2 OOP und ECO-Technologie 903

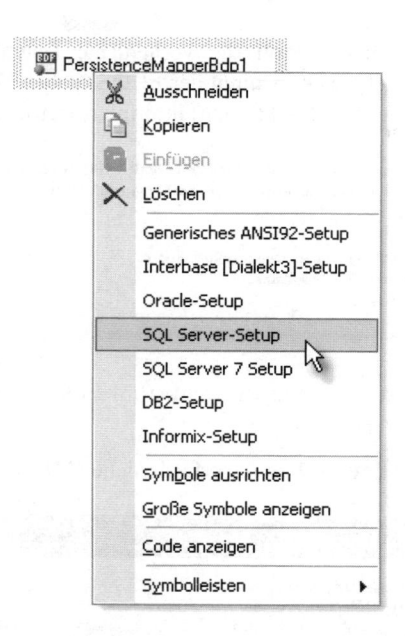

Nun ist alles bereit für das Verpacken der Datenbank. Über das Kontextmenü des ESD wählen wir *Vorhandene Datenbank mit ECO versehen*.

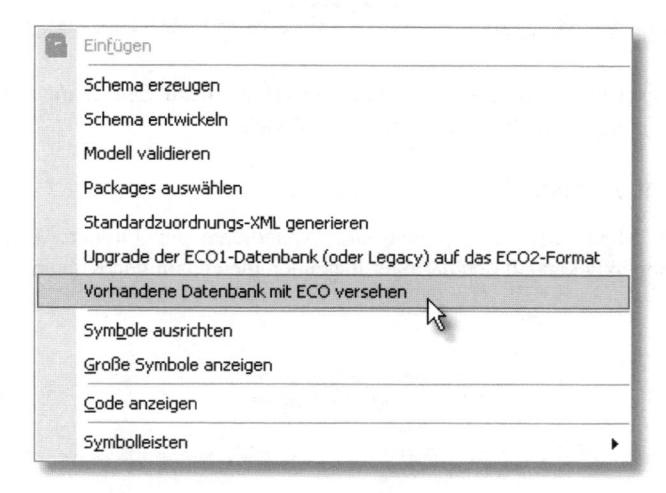

Alternativ können wir zum Verpacken der Datenbank auch auf die rechte Schaltfläche an der unteren Symbolleiste klicken:

Nachdem wir den Abfragedialog "Soll die vorhandene Datenbank mit ECO gekapselt werden?" mit "Ja" beantwortet haben, beginnt der ECO Database Wrapper seine Arbeit, über deren Verlauf wir im Meldungsabschnitt (unten) informiert werden:

```
MatsSoft ECO Database Wrapper version 1.0 by Mats Helander für Borland (R) Developer Studio. Visit www.matssoft.com
Basiert auf MatsSoft ObjectMapper 2004 Technology. Copyright (C) MatsSoft 2004.
Verarbeitung läuft...Bitte warten.
Analyzing database Northwind...
Generating object model and object/relational mapping information...
Generating ECO Delphi source code file Northwind.pas...
Generating ECO XML file Northwind.xml...
Beendet!
```

Wie wir dem Meldungsfenster entnehmen, werden im Ergebnis der Datenbankanalyse verschiedene Typen von Dateien generiert.

Abschließend erscheint ein Hinweis über die erforderlichen "Nacharbeiten":

```
MatsSoft - Vorhandene Datenbank mit ECO kapseln

Um das Wrapping abzuschließen, müssen Sie:
* Ihrem EcoSpace einen FileMappingProvider hinzufügen
* Die Eigenschaft FileName auf den Dateinamen Ihrer Zuordnungs-XML-Datei setzen
* Die Eigenschaft PersistenceMapper.RuntimeMappingProvider auf Ihren neuen FileMappingProvider setzen

        OK
```

Bevor wir weitermachen, speichern wir alles ab (Hauptmenü *Datei|Alles speichern*) und werfen einen neugierigen Blick auf das generierte Modell:

Modellansicht von Northwind

Wir wählen das Menü *Ansicht|Modellansicht*, expandieren den Ordner *NordwindClassesPackage* und doppelklicken auf den darunter liegenden gleichnamigen Knoten.

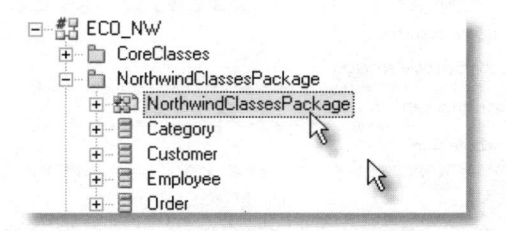

```
□ ECO_NW
  ├ CoreClasses
  □ NorthwindClassesPackage
    ├ NorthwindClassesPackage
    ├ Category
    ├ Customer
    ├ Employee
    ├ Order
```

Es erscheint ein Modell bzw. Klassendiagramm mit frappierender Ähnlichkeit zur *Northwind*-Datenbankstruktur. Wir können dieses Diagramm durch Anfassen und Ziehen der Klassendiagramme in eine übersichtliche Form bringen. Dabei wollen wir uns hier nur auf die Klassen *Customer*, *Order*, *OrderDetail* und *Product* und ihre Beziehungen konzentrieren. Die folgende Abbildung zeigt deshalb nur einen Ausschnitt des Klassendiagramms.

14.2 OOP und ECO-Technologie

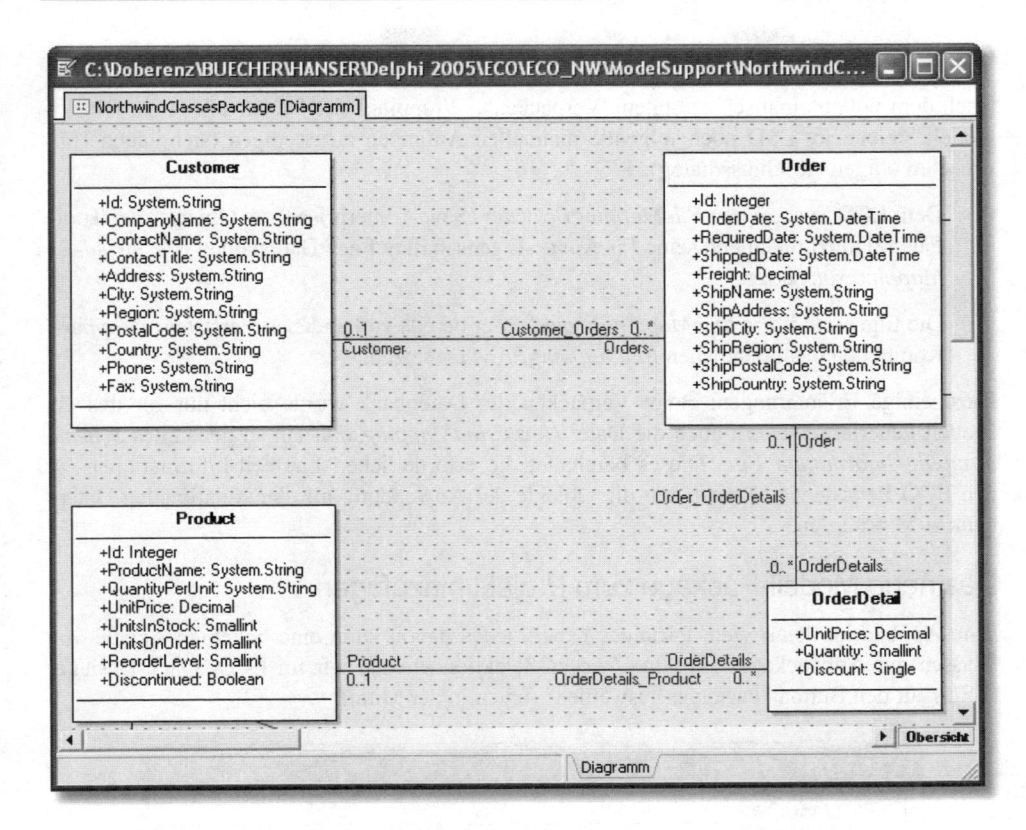

(UML-Klassendiagramm: NorthwindClassesPackage mit den Klassen Customer, Order, Product und OrderDetail sowie den Assoziationen Customer_Orders, Order_OrderDetails und OrderDetails_Product)

Die vier uns interessierenden Klassen sind durch drei binäre Assoziationen miteinander verknüpft. Wir vergleichen das Modell mit der Datenbankstruktur und betrachten als Beispiel die 1:n-Beziehung zwischen den Tabellen "Customers" und "Orders", die sich in der Assoziation *Customer_Orders* zwischen den Klassen *Order* und *Customer* niederschlägt.

Der Modellgenerator geht dabei von der englischen Namensgebung der Tabellen aus, deren Plural in der Regel mit "s" endet (*Orders*). Für die entsprechende Klasse *Order* wird der Plural "s" automatisch weggelassen.

Die Ziffern an den beiden Enden kennzeichnen die *Multiplizitäten* der Assoziation und geben an, wie viele Objekte aus beiden Klassen jeweils miteinander kommunizieren können. *0..1* bzw. *0..** bedeuten, dass jede Bestellung (*Order*) keinem oder einem Kunden (*Customer*) zugeordnet werden kann, einem Kunden aber keine bis viele Bestellungen. Die Beschriftungen an den beiden Enden der Assoziation bezeichnen so genannte *Rollen*, hierfür wurden vom ECO-Framework die Bezeichnungen *Customer* und *Orders* vergeben. Demnach tritt ein Kunde in der Rolle *Customer* auf, die zugehörigen Bestellungen in der Rolle *Orders*.

Wie Sie sehen, hängt die standardmäßige Namensgebung der Rollen vom Namen der jeweiligen Klasse und von der Multiplizität ab.

Object-Relational Mapping

Nach dem vollautomatisch erfolgten "Verpacken" (Wrapping) der Datenbank in ein Objektmodell bleiben im ESD noch folgende manuellen Aufgaben zu erledigen (siehe auch Hinweise im obigen Abschlussdialog):

- Dem ECO Space einen *FileMappingProvider* (Seite "Enterprise Core Objects" der Tool-Palette) hinzufügen und seine *FileName* -Eigenschaft auf den Dateinamen *Northwind-Mapping.xml* setzen.
- Die Eigenschaft *RuntimeMappingProvider* der bereits vorhandenen *PersistenceMapper*-Komponente auf den neuen *FileMappingProvider* setzen.

Dazu einige Erläuterungen: Beim Verpacken der Datenbank wurde nicht nur für uns ein Modell generiert, sondern auch die Datei *NorthwindMapping.xml*, ein so genanntes *Schema Mapping Information File*. Dieses beinhaltet die erforderlichen Laufzeit-Informationen für den ECO Persistence Mapper, um die Objekte der Anwendung mit der Relationalen Datenbank zu verknüpfen.

Das neue Modell-Package zum Projekt hinzufügen

Eine Applikation kann viele Packages haben, jedes davon kann eine beliebige Anzahl von Klassen und Subpackages kapseln. Zwecks Selektion klicken wir im ECO Space Designer (ESD) auf den Button "Packages auswählen" (unten in der Mitte):

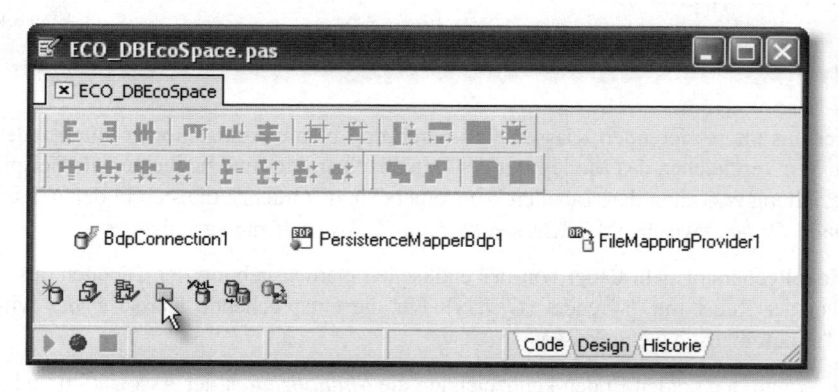

Es öffnet sich ein Dialog, in dem Sie links das frisch generierte Package *Northwind-CoreClasses.NorthwindClassesPackage* und rechts das standardmäßig erzeugte *Package CoreClassesUnit.CoreClasses* sehen. Mit den Pfeiltasten vertauschen Sie den Standort beider Packages und klicken auf "OK":

14.2 OOP und ECO-Technologie

Hinweis: Falls eine Fehlermeldung erscheint ("kein ECO-Space" o.ä.), müssen Sie diesen noch mal generieren (rechte Maustaste auf ESD).

Unsere Anwendung hat nun einen konfigurierten ECO Space, der einer Relationalen Datenbank zugeordnet ist, was noch fehlt ist eine Benutzerschnittstelle.

Benutzerschnittstelle

Durch Doppelklick auf den *WinForm.pas*-Tab öffnen wir den Windows Form-Designer. Wir setzen ein *DataGrid* auf das Formular (*Data Controls*-Seite der Tool-Palette) und vergrößern es so, dass es später für die Anzeige aller Artikel-Details ausreicht. Unter dem DataGrid platzieren wir die Buttons zum Hinzufügen und Löschen von Datensätzen sowie zur Übernahme der Änderungen in die Datenbank.

Verbindung zum ECO Space

Als Nächstes werden wir die Verbindung zum ECO Space herstellen, um Zugriff auf alle Objekte zu erlangen, die wir im Formular darstellen wollen. Dazu selektieren wir die *rhRoot*-Komponente und setzen deren *EcoSpaceType*-Property auf den angebotenen Eco Space unseres Projekts.

Hinweis: Wird der Eintrag *ECO_NWEcoSpace.TECO_NWEcoSpace* nicht in der Drop-Down-Liste des Objektinspektors angeboten, müssen wir erneut compilieren[1].

Von der Tool-Palette ziehen wir eine *ExpressionHandle*-Komponente auf das Formular (Seite "Enterprise Core Objects"). Dieses ExpressionHandle soll dem Zugriff auf eine bestimmte Objekt-Collection ermöglichen, in unserem Fall auf alle Objekte vom Typ *Product*.

Wir verbinden *ExpressionHandle1* mit dem ECO Space, indem wir die Eigenschaften *RootHandle* auf *rhRoot* und *Expression* auf *Product.allInstances* setzen. Letztere Eigenschaft können wir auch im OCL-Ausdruckseditor zusammenbasteln:

---

[1] Das zwischenzeitliche Compilieren ist notwendig, weil das Verhalten der Anwendung über den .NET Reflection-Mechanismus gesteuert wird.

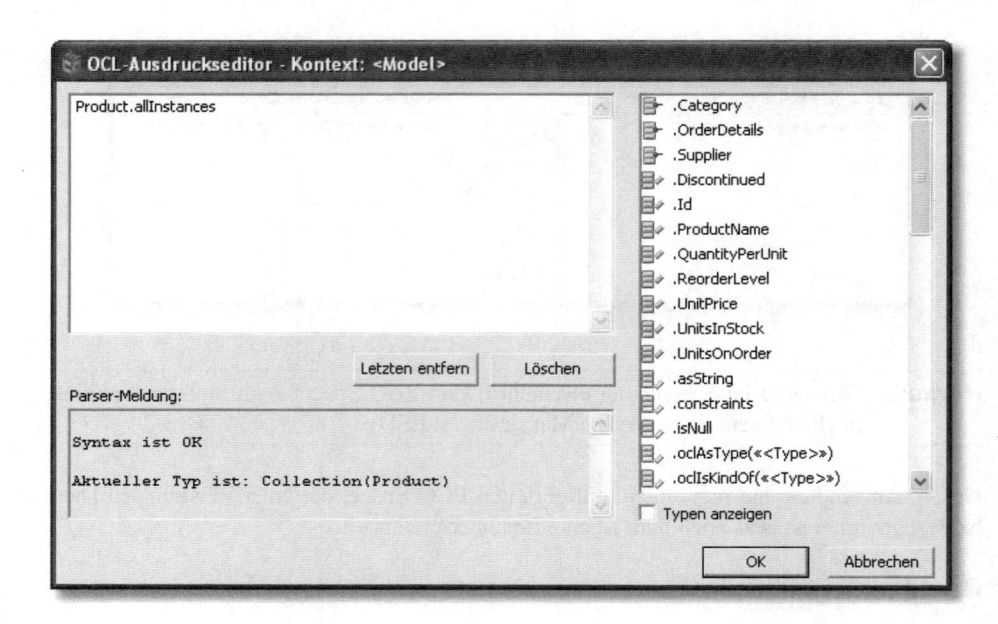

Hinweis: Wenn keine Klassen im OCL-Editor angezeigt werden, so haben wir sie entweder nicht aktuell compiliert oder haben vergessen, das Package zu selektieren.

Anbinden der Steuerelemente

Als Letztes verbinden wir die Datenzugriffsebene mit den Anzeigeelementen. Wir selektieren das DataGrid und setzen dessen *DataSource*-Pproperty auf *ExpressionHandle1*. Die Attribute der *Product*-Objekte sollten bereits jetzt (zur Entwurfszeit) als Spaltenheader im DataGrid sichtbar sein.

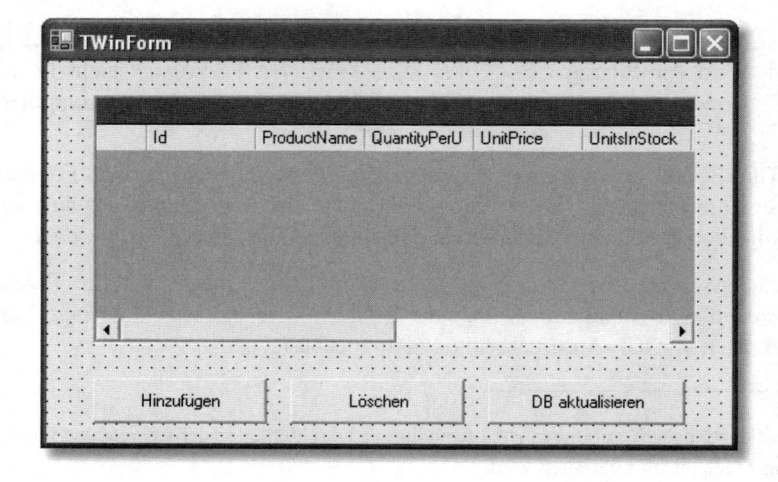

14.2 OOP und ECO-Technologie

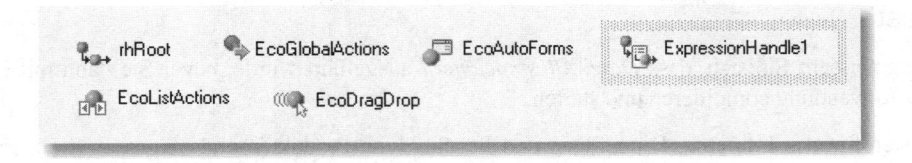

Weiterhin setzen wir die *EcoAutoForm*-Eigenschaft des DataGrid im Objektinspektor auf *True*.

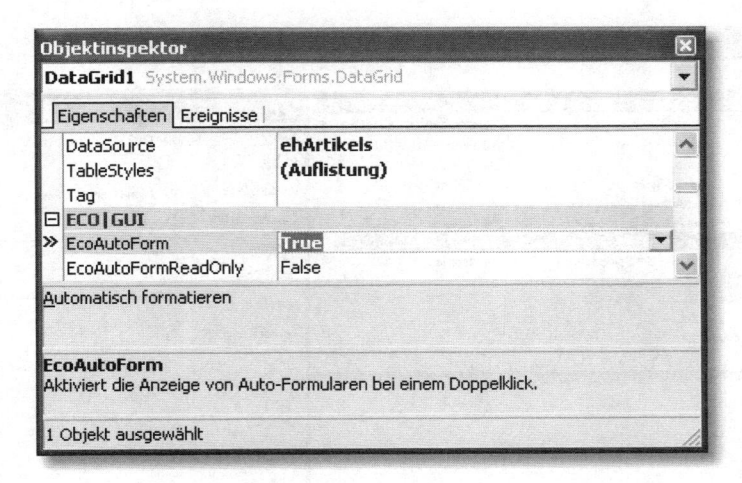

Auch die Programmierung der drei Schaltflächen ist ohne eine einzige Codezeile möglich. Die folgende Tabelle zeigt eine Zusammenstellung der zu ändernden Eigenschaften:

Name	Eigenschaft	Wert
Button1	Text	"Hinzufügen"
	BindingContext	DataGrid1
	EcoListAction	Add
	RootHandle	ExpressionHandle1
Button2	Text	"Löschen"
	BindingContext	DataGrid1
	EcoListAction	Delete
	RootHandle	ExpressionHandle1
Button3	Text	"DB aktualisieren"
	EcoAction	UpdateDatabase

Test

Vergewissern Sie sich, dass *Datei|Alles speichern* ausgeführt wurde, bevor Sie dann mit F9 die Anwendung compilieren und starten.

Testen Sie das Editieren, Hinzufügen und Löschen von Produkten und vergessen Sie nicht, die vorgenommenen Änderungen in die Datenbank zu schreiben (Schaltfläche "DB aktualisieren"). Da die *AutoForm*-Eigenschaft des DataGrid aktiviert ist, öffnet sich nach Doppelklick auf die linke Randspalte ein Detailformular mit bequemen Editiermöglichkeiten.

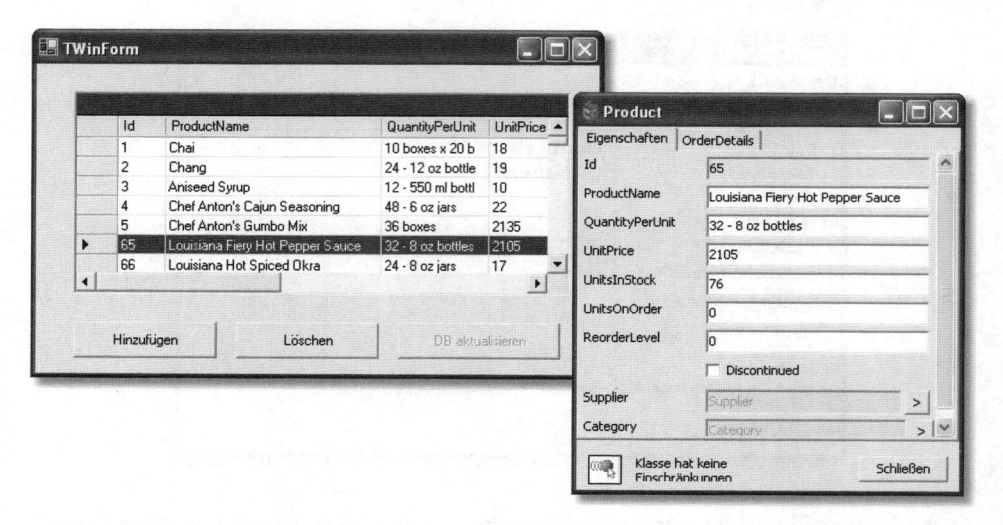

Besonders interessant ist, dass diese AutoForms – die für uns automatisch erzeugt wurden – bereits über die Beziehungen zu anderen Objekten "Bescheid wissen" (hier zu *Supplier* und *Category*).

Nach Klick auf den entsprechenden Button sind Sie beispielsweise in der Lage, die *Supplier*-Details für diesen Artikel zu besichtigen usw. Wie Sie sehen, hängt dieses Verhalten der Auto-Formulare von dem Modell ab, das ECO aus der *Northwind*-Datenbank generiert hat.

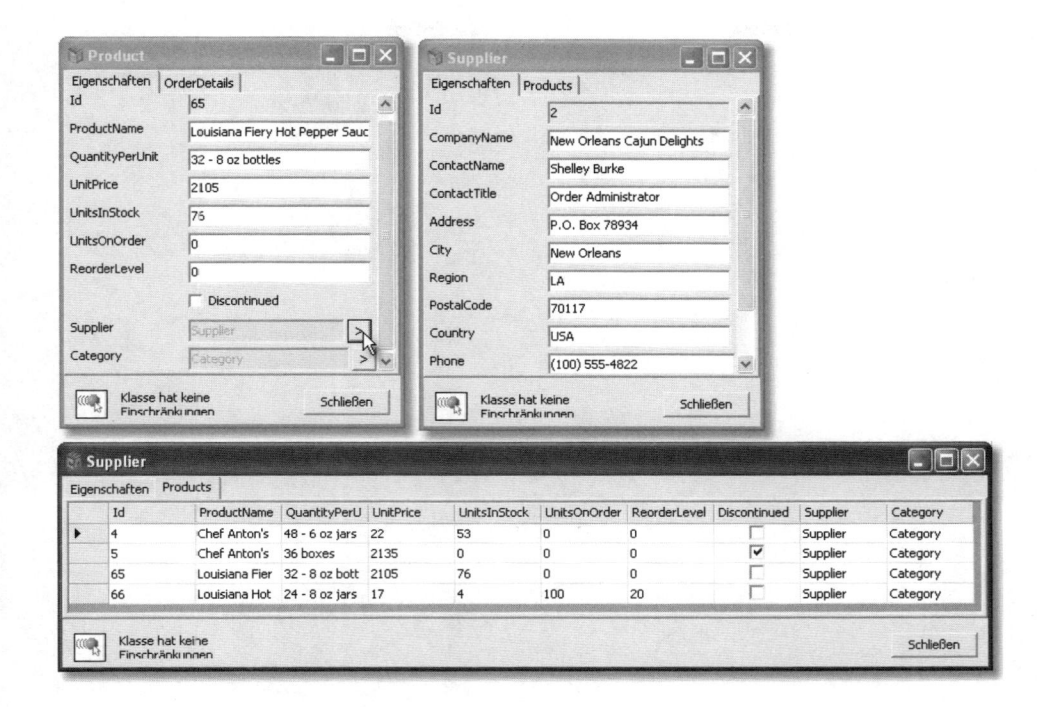

Ein Wermutstropfen im Becher der Freude

Unsere euphorische Stimmung über all die atemberaubend neuen ECO 2-Features sollte uns allerdings nicht blind gegenüber den anhaftenden Mängeln machen. So zeigt der Blick auf den Inhalt der Spalte *UnitPrice* eine Anhäufung unglaublich utopischer Preise – die Kommas wurden einfach unterschlagen!

Auf diese unverzeihliche Macke der Bdp-Datenprovider (für die ECO allerdings nichts kann) haben wir bereits im ADO.NET-Kapitel (Abschnitt 8.1.3) hingewiesen und sie auch als Grund dafür genannt, dass wir die Bdp-Datenprovider für den Zugriff auf MS Access und MS SQL Server meiden werden wie der Teufel das Weihwasser.

Rezepte

- ✓ **Delphi-Crashkurs für Einsteiger**
- ✓ **Sprache, Oberfläche, Grafik**
- ✓ **Dateien und ADO .NET**
- ✓ **Drucker und Crystal Reports**
- ✓ **ASP.NET und Webdienste**
- ✓ **Komponentenentwicklung**

1 Delphi-Crashkurs für Einsteiger

In Turbo Pascal, dem legendären Delphi-Vorgänger aus den 80er-Jahren des vergangenen Jahrhunderts, wurden Programme geschrieben, die für jede Eingabe von Daten und jede Ausgabe von Resultaten eine neue Textzeile in einem Bildschirmfenster (Konsole) erzeugten. Dieses Vorgehen war ein Erbe aus der Zeit, als lediglich Fernschreiber für die Ein- und Ausgabefunktionen von Computern zur Verfügung standen.

Aber auch heute noch kann es für den absoluten Newcomer durchaus sinnvoll sein, wenn er für seine ersten Schritte die gute alte Konsolentechnik verwendet. So kann er sich doch auf das zunächst Wesentliche, nämlich die Logik von Pascal-Befehlen, konzentrieren, ohne von der erdrückenden Vielfalt der Windows-Oberfläche erschlagen zu werden.

Die folgende Serie von sechs Lernrezepten benutzt zunächst eine Konsolenanwendung, um grundlegende Pascal-Sprachelemente zu üben. Die letzten beiden Rezepte zeigen dann den Übergang zur zeitgemäßen Windows-Programmierung[1].

Hinweis: Zur Vorbereitung empfiehlt sich Abschnitt 1.2 des Kapitels 1 (Schnelleinstieg)!

R 1.1   Es lebe das EVA-Prinzip!

Schwerpunkte

EVA-Prinzip; Datentyp *Integer;* Anweisungen *Write(Ln)*, *Read(Ln)*, *if...then*

Aufgabenstellung

Nacheinander sind drei positive ganze Zahlen einzugeben. Das Programm soll die größte der drei Zahlen ermitteln und das Ergebnis anzeigen.

Lösungsvorschlag

Einen Vorschlag (Algorithmus) für den Programmablauf zeigt der nachfolgende Plan.

---

[1] Dies wäre auch ein Angebot für manchen überlasteten Informatik-Lehrer, ohne grundlegende Überarbeitung seines Uralt-Codes eine Brücke von Pascal nach Delphi zu schlagen.

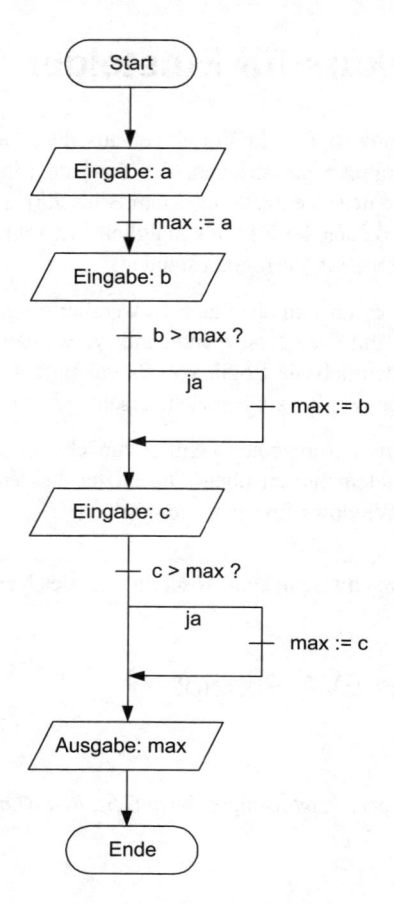

```
                    Start
                      │
                      ▼
                 Eingabe: a
                      │
                   max := a
                      │
                      ▼
                 Eingabe: b
                      │
                   b > max ?
                      │ ja
                      ├──────── max := b
                      ◄────────
                      │
                      ▼
                 Eingabe: c
                      │
                   c > max ?
                      │ ja
                      ├──────── max := c
                      ◄────────
                      │
                      ▼
                 Ausgabe: max
                      │
                      ▼
                    Ende
```

Sie erkennen daran die Grundstruktur eines jeden Programms, wobei die Anweisungen in der Reihenfolge

- Eingabe,
- Verarbeitung,
- Ausgabe

ausgeführt werden.

Programmierung

Ein Programmablaufplan (PAP), wie ihn die obige Abbildung zeigt, ist zwar heute etwas aus der Mode gekommen, für den Einsteiger kann er aber ganz nützlich sein, um die Anweisungsfolge eines Pascal-Programms besser zu verstehen.

Starten Sie Borland Delphi 2005 und wählen Sie "Neu". Es öffnet sich die Objektgalerie. Wählen Sie links die Kategorie *Delphi für .NET-Projekte* und rechts den Typ *Konsolenanwendung*. Es erscheint ein Quellcode-Fenster, in dem bereits ein Anweisungs-Skelett "vorge-

R 1.1 Es lebe das EVA-Prinzip!

fertigt" ist. Die *uses*-Klausel mit der standardmäßig eingebundene *SysUtils*-Unit können Sie löschen – wir brauchen sie diesmal (und auch in Zukunft) nicht.

Fügen Sie die Variablendeklaration ein, ergänzen Sie zwischen *begin* und *end* die übrigen Anweisungen entsprechend dem obigen Pascal-Listing:

```pascal
program Project1;
{$APPTYPE CONSOLE}

var a, b, c, max: Integer;               // Variablendeklaration

begin
  WriteLn('Aufgabe 1');                  // Überschrift
  WriteLn;
  Write('Geben Sie die erste Zahl ein: ');
  ReadLn(a);                             // Eingabe a
  max := a;                              // Initialisierung von max
  Write('Geben Sie die zweite Zahl ein: ');
  ReadLn(b);                             // Eingabe b
  if b > max then max := b;              // Bedingung
  Write('Geben Sie die dritte Zahl ein: ');
  ReadLn(c);                             // Eingabe c
  if c > max then max := c;              // Bedingung
  WriteLn('Das Maximum ist ', max, ' !'); // Ergebnisausgabe
  ReadLn            // Programm wartet auf <Enter>, um zu beenden
end.
```

Test

Bevor Sie das Programm compilieren, sollten Sie die Projektdateien in ein vorher angelegtes Verzeichnis speichern (*Umsch+Strg+S*). Wählen Sie dann das *Start*-Menü oder die F9-Taste und überzeugen Sie sich von der Funktionsfähigkeit:

```
C:\Doberenz\BUECHER\HANSER\Delphi 2005\REZEPTE\Uebungskurs\UE_01\Project1.exe
Uebung 1

Geben Sie die erste  Zahl ein: 3
Geben Sie die zweite Zahl ein: -11
Geben Sie die dritte Zahl ein: 27
Das Maximum ist 27 !
```

Hinweis: Durch Drücken der Enter-Taste beenden Sie die Anwendung.

Bemerkungen

Für alle, die das Sprachkapitel 3 oder die Einsteigerbeispiele des Kapitels 1, aus welchen Gründen auch immer, in Windeseile überblättert haben, hier noch einmal die wichtigsten Pascal-Grundlagen:

- Jedes Programm besteht aus einer Folge von Anweisungen und wird mit dem Schlüsselwort *program* eingeleitet und mit *end.* (man beachte den Punkt am Schluss!) beendet. Es gibt keinen Unterschied zwischen Groß- und Kleinschreibung!

- Jede Pascal-Anweisung wird mit einem Semikolon (;) abgeschlossen, der Zeilenumbruch spielt keine Rolle. Nach *begin* und vor *end* braucht kein Semikolon zu stehen.

- Die mit // eingeleiteten oder mit { } geklammerten Anweisungen sind lediglich Kommentare und für den Programmablauf bedeutungslos. Eine Ausnahme sind die mit $ eingeleiteten Kommentare, wie hier *{$APPTYPE CONSOLE}*, hinter denen sich Compileranweisungen verbergen.

- **Vor** Beginn eines Programms sind alle benötigten Variablen zu deklarieren, d.h., ihr Name und ihr Datentyp müssen festgelegt werden.

- Unter dem Begriff "Initialisierung einer Variablen" versteht man das Zuweisen eines Anfangswertes.

- *Read(Ln)* und *Write(Ln)* sind die einfachsten Ein-/Ausgabeanweisungen, wie Sie sie allerdings nur bei einer Konsolenanwendung verwenden sollten. Die Endung *...Ln* der Befehlswörter bewirkt einen Zeilenvorschub.

- *if... then ...* (wenn ... dann ...) ist ein Verzweigungsbefehl und führt eine Anweisung in Abhängigkeit von einer Bedingung aus.

R 1.2 Ein Array bringt Flexibilität!

Schwerpunkte

const; array; if ... then... else; ToString

Aufgabenstellung

Nachteilig am Vorgängerbeispiel ist die Festlegung auf drei Zahleneingaben.

Erweitern Sie das Programm so, dass es die Eingabe einer flexiblen Anzahl von Werten ermöglicht!

Lösungsvorschlag

Der im nachfolgenden PAP dargestellte Algorithmus geht davon aus, dass die Zahlenwerte nicht mehr in Einzelvariablen *a, b, c*, sondern in einem statischen Array *arr* gespeichert werden. Stellen Sie sich ein solches Array wie ein Regal mit einzelnen Fächern vor, in denen beliebig große Zahlenwerte abgelegt werden. Die Fächer sind beschriftet mit 1, 2, 3 ... . Die

R 1.2 Ein Array bringt Flexibilität!

Anzahl der Regalfächer beträgt *Nmax*. Diese Konstante ist genügend groß zu wählen, damit genügend Reserven für die größtmögliche Anzahl *N* von Zahlenwerten vorhanden sind.

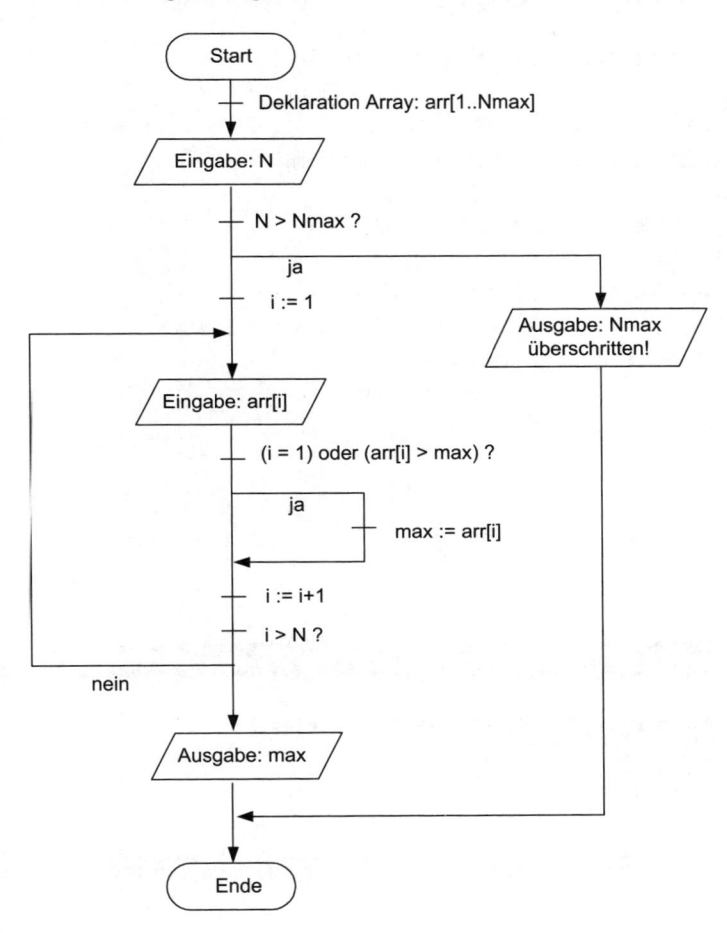

```
                    ┌─────────┐
                    │  Start  │
                    └────┬────┘
                         ├── Deklaration Array: arr[1..Nmax]
                    ┌────┴────┐
                    / Eingabe: N /
                    └────┬────┘
                         ├── N > Nmax ?
                         │   ja
                         ├── i := 1
                    ┌────┴─────┐                    ┌──────────────────┐
                    / Eingabe: arr[i] /              / Ausgabe: Nmax     /
                    └────┬─────┘                    /   überschritten!  /
                         ├── (i = 1) oder (arr[i] > max) ?
                         │     ja
                         │     ├── max := arr[i]
                         ├── i := i+1
                         ├── i > N ?
                    ┌────┴────┐
                    / Ausgabe: max /
                    └────┬────┘
                    ┌────┴────┐
                    │  Ende   │
                    └─────────┘
       nein
```

Programmierung

Die Umsetzung des PAP in ein Pascal-Programm dürfte Ihnen besonders dann leicht fallen, wenn Sie das Vorgängerbeispiel verstanden haben:

```pascal
program Project1;

{$APPTYPE CONSOLE}
const Nmax = 10;                      // maximale Anzahl von Werten
var  arr: array[1..Nmax] of Integer;  // statisches Array
     i, n, max: Integer;              // weitere Variablen
```

```
begin
  WriteLn('Uebung 2');
  WriteLn;
  Write('Geben Sie die gewuenschte Anzahl von Werten ein: ');
  ReadLn(n);
  if n > 10 then
    WriteLn('Es duerfen maximal nur 10 Werte eingegeben werden!')
  else begin
    for i := 1 to n do            // Beginn der Schleife
    begin
      Write('Geben Sie die ' + i.ToString + '. Zahl ein: ');
      ReadLn(arr[i]);             // Eingabe des i-ten Wertes in das Array
      if (i = 1) or (arr[i] > max) then max := arr[i]
    end;                          // Ende der Schleife
    WriteLn('Das Maximum ist ', max, ' !')
  end;
  ReadLn
end.
```

Test

```
C:\Doberenz\BUECHER\HANSER\Delphi 2005\REZEPTE\Uebungskurs\UE_02\Project1.exe
Uebung 2

Geben Sie die gewuenschte Anzahl von Werten ein: 3
Geben Sie die 1. Zahl ein: 3
Geben Sie die 2. Zahl ein: -11
Geben Sie die 3. Zahl ein: 27
Das Maximum ist 27 !
```

Bemerkungen

- Die Kommentare im Quelltext beschränken sich bewusst nur auf die Neuigkeiten gegenüber dem Vorgängerbeispiel, vor allem auf den *array*-Datentyp und die *for ... to*-Schleifenanweisung, die genau *n* mal durchlaufen wird.

- Die *ToString*-Funktion, über die jedes .NET-Objekt verfügt, verwandelt den Array-Index *i* (Datentyp *Integer*) in eine Zeichenkette (Datentyp *String*), damit eine Ausgabe über *Write* ermöglicht wird.

R 1.3   Speicher sparen mit dynamischen Arrays!

Schwerpunkte

Char, dyn. Array, SetLength-Funktion; *nil; repeat*

Aufgabenstellung

Unser Vorgängerbeispiel ist dann unbrauchbar, wenn mehr als *Nmax* Werte eingegeben werden sollen. Gemäß der Devise "Mein Rechner hat ja eh genug Speicher!" wird deshalb der "Dünnbrettbohrer" das Array sehr reichlich dimensionieren, z.B. für 1000 Werte. Gemäß der Devise "Geiz ist geil!" wird sich hingegen der ernsthafte Programmierer mit solch einer verschwenderischen Lösung nicht zufrieden geben.

Erweitern Sie das Programm für die Eingabe einer beliebigen Anzahl von Werten!

Ein weiterer Kritikpunkt: Im Vorgängerbeispiel wurde das Programm nach einem einzigen Durchlauf beendet, danach war ein Neustart erforderlich.

Ergänzen Sie das Programm so, dass es nach Ermitteln des Maximums entweder wieder von vorn beginnt oder aber beendet werden kann!

Lösungsvorschlag

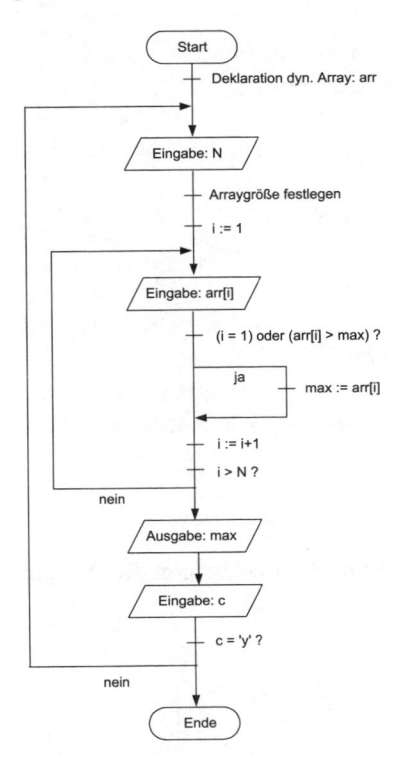

Wir ersetzen das statische durch ein dynamisches Array, dessen endgültige Dimension erst zur Laufzeit so festgelegt wird, dass es immer exakt so groß ist, wie es der Anzahl der einzugebenden Werte entspricht. Indem wir eine weitere (äußere) Schleife hinzufügen, ermöglichen wir einen Rücksprung zum Programmanfang. Die Schlussabfrage entscheidet dann darüber, ob die Schleife fortgesetzt wird.

Programmierung

Der Programmablauf weist viele Analogien zum Vorgängerbeispiel auf, deshalb wird nur auf die Neuigkeiten per Kommentar hingewiesen:

```
program Project1;
{$APPTYPE CONSOLE}
var  arr: array of Integer;    // dynamisches Array
     i, n, max: Integer;
     c: Char;                  // Zeichenvariable
begin
  WriteLn('Aufgabe 3');
  WriteLn;
  repeat                       // Beginn der äußeren Schleife
    Write('Geben Sie die gewuenschte Anzahl von Werten ein: ');
    ReadLn(n);
    SetLength(arr, n);         // Dimensionierung des Arrays
    for i := 1 to n do         // Array ist nullbasiert!
    begin
      Write('Geben Sie die ' + i.ToString + '. Zahl ein: ');
      ReadLn(arr[i-1]);
      if (i=1) or (arr[i-1] > max) then max := arr[i-1]
    end;
    WriteLn('Das Maximum ist ', max, ' !');
    arr := nil;                           // dynamisches Array freigeben
    WriteLn('Wollen Sie das Programm beenden? (y/n) ');
    ReadLn(c);                            // Eingabe von 'y' oder 'n'
  until c = 'y'                // Abbruchkontrolle der äußeren Schleife
end.
```

Test

Bis auf die letzten beiden Zeilen entspricht der Bildschirm dem Vorgängerbeispiel.

R 1.4 Beenden Sie doch wann Sie wollen!

```
C:\Doberenz\BUECHER\HANSER\Delphi 2005\REZEPTE\Uebungskurs\UE_03\Project1.exe
Uebung 3

Geben Sie die gewuenschte Anzahl von Werten ein: 3
Geben Sie die 1. Zahl ein: 3
Geben Sie die 2. Zahl ein: -11
Geben Sie die 3. Zahl ein: 27
Das Maximum ist 27 !
Wollen Sie das Programm beenden? (y/n)
y_
```

Hinweis: Nach Eingabe von 'y' bzw. 'n' müssen Sie die Enter-Taste drücken!

Bemerkungen

- Ein dynamisches Array wird wie ein statisches deklariert, nur dass die Dimensionsangabe weggelassen wird.
- Die *SetLength*-Anweisung setzt das Array zur Laufzeit auf die gewünschte Größe. Der untere Index beginnt mit Null, deshalb wird im Feld *arr(0)* die erste Zahl gespeichert.
- Mit *nil* (eine Zeigervariable auf "nichts") wird der vom Array belegte Speicherplatz wieder freigegeben.
- Die *repeat ... until*-Schleifenanweisung verlangt am Ende eine Abbruchbedingung.
- Benötigt man nur ein einzelnes Zeichen, so sollte man anstatt des *String*- den *Char*-Datentyp verwenden. In unserem Beispiel dient die Variable *c* der Entgegennahme einer Benutzereingabe ('y' bzw. 'n').

R 1.4 Beenden Sie doch wann Sie wollen!

Schwerpunkte

procedure, Double, High, lokale und globale Variablen; verschachtelte Schleifen

Aufgabenstellung

Es gibt kein Programm, was man nicht noch weiter verbessern könnte. Den Anwender des Vorgängerbeispiels stört es vor allem, dass man die Entscheidung über die Anzahl der einzugebenden Zahlen bereits zu Beginn treffen muss und später keine Möglichkeit mehr hat, dies zu korrigieren.

Verändern Sie das Vorgängerprogramm so, dass die Zahleneingabe zu einem beliebigen Zeitpunkt beendet werden kann!

Da sich von einer Zahlenreihe weitaus mehr Informationen gewinnen lassen als nur der Maximalwert, sollen Sie noch ein weiteres Problem lösen: *Ergänzen Sie das Programm um die Ausgabe von Minimum und Durchschnitt!*

Lösungsvorschlag

Trotz der erweiterten Funktionalität erscheint der nachfolgend abgebildete PAP keinesfalls komplizierter als sein Vorgänger zu sein. Dies wurde vor allem durch die Auslagerung der Berechnungsfunktionen für Maximum, Minimum und Durchschnitt in ein Unterprogramm (eine Prozedur) erreicht. Zwei ineinander verschachtelte *repeat...until*-Schleifen steuern die Benutzereingaben. Das dynamische Array wird nicht sofort auf die endgültige Länge gebracht, sondern vor jeder Zahleneingabe um ein Feld vergrößert.

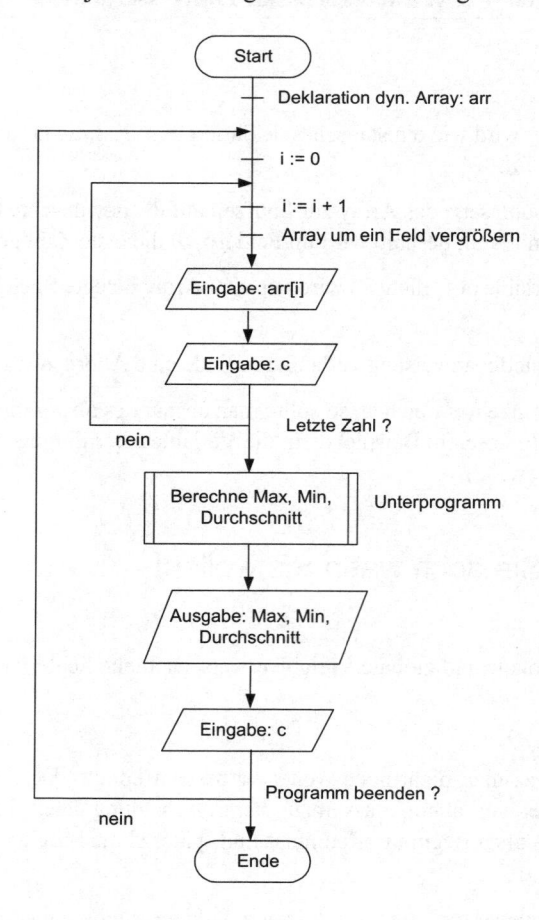

```
                    ( Start )
                        |
                        +-- Deklaration dyn. Array: arr
                        |
                        +-- i := 0
                        |
         +------------->+-- i := i + 1
         |              +-- Array um ein Feld vergrößern
         |              |
         |           / Eingabe: arr[i] /
         |              |
         |           / Eingabe: c /
         |              |
         |          Letzte Zahl ?
         +---nein------<>
                        |
                  +-----+-----+
                  | Berechne  |   Unterprogramm
                  | Max, Min, |
                  | Durchschnitt|
                  +-----+-----+
                        |
                   / Ausgabe: Max, Min, /
                   /  Durchschnitt /
                        |
                   / Eingabe: c /
                        |
                  Programm beenden ?
         +---nein------<>
                        |
                    ( Ende )
```

Programmierung

Aufgrund der vielen Analogien zum Vorgängerbeispiel wird auch hier nur auf die Besonderheiten per Kommentar hingewiesen:

R 1.4 Beenden Sie doch wann Sie wollen!

```
program Project1;

{$APPTYPE CONSOLE}

var  arr: array of Integer;     // globale Variablen deklarieren
     i, max, min: Integer;
     av: string;
     c: Char;                   // zur Abfrage einer Abbruchbedingung

procedure berechne;             // Beginn Unterprogramm
var i, n: Integer; sum: Double; // lokale Variablen deklarieren
begin
  min := arr[0]; max := arr[0]; sum := arr[0];   // Variablen initialisieren
  n := High(arr);               // höchster Array-Index = Anzahl Werte - 1
  for i := 1 to n do
  begin
    if (arr[i] > max) then max := arr[i]
                  else
    if (arr[i] < min) then min := arr[i];
    sum := sum + arr[i]
  end;
  sum := sum / (n+1);           // Durchschnitt berechnen
  av := sum.ToString('#.00');   // String formatieren (2 Nachkommastellen)
end;                            // Ende UP

begin                           // Beginn Hauptprogramm
  WriteLn('Aufgabe 4');
  WriteLn;
  repeat
    i := 0;
    repeat
      i := i + 1;
      Write('Geben Sie die ' + i.ToString + '. Zahl ein: ');
      SetLength(arr, i);
      ReadLn(arr[i-1]);
      WriteLn('War das die letzte Zahl? (j/n) ');
      ReadLn(c)
    until c = 'j';
    berechne;                   // Prozeduraufruf (quasi zum UP)
```

```
    WriteLn('Das Maximum ist ', max, ' !');
    WriteLn('Das Minimum ist ', min, ' !');
    WriteLn('Der Durchschnitt ist ' + av + ' !');
    WriteLn('Wollen Sie das Programm beenden? (j/n) ');
    ReadLn(c);
  until c = 'j';
  arr := nil
end.
```

Test

Was eigentlich ein Vorteil sein sollte, nämlich die freie Entscheidung über den Abbruch der Zahlenkette, erscheint lästig durch die nervige Abfrage " War das die letzte Zahl?":

```
C:\Doberenz\BUECHER\HANSER\Delphi 2005\REZEPTE\Uebungskurs\UE_04\Project1.exe
Uebung 4

Geben Sie die 1. Zahl ein: 3
War das die letzte Zahl? (j/n)
n
Geben Sie die 2. Zahl ein: -11
War das die letzte Zahl? (j/n)
n
Geben Sie die 3. Zahl ein: 27
War das die letzte Zahl? (j/n)
j
Das Maximum ist 27 !
Das Minimum ist -11 !
Der Durchschnitt ist 6,33 !
Wollen Sie das Programm beenden? (j/n)
j_
```

Sie könnten die Bedienung etwas vereinfachen, wenn Sie anstatt einer Zahleneingabe z.B. das Zeichen "e" eingeben und damit die Berechnung starten würden. Die Abfrage "War das die letzte Zahl? " wäre dann überflüssig.

Wenn Sie auch dieses Beispiel ohne größere Schwierigkeiten gemeistert haben, sind Sie auf dem besten Weg zu einem guten Delphi-Programmierer, denn Sie haben bereits ein Gefühl für die wichtigsten sprachlichen Grundlagen entwickelt. Die Zeit ist also reif, um die langweilige Textkonsole endgültig zu verlassen und zu einer attraktiven Windows-Oberfläche überzugehen.

Aber nicht nur der trostlose schwarze Textbildschirm, sondern auch die mühselige Bedienung, bei der der Rechner die Reihenfolge der Benutzereingaben zwangsweise vorgibt, muss Ihnen ein Dorn im Auge gewesen sein. Dies sollte ein weiterer Grund sein, das zeilenorientierte Ur-Pascal zu verlassen und zur objekt- und ereignisorientierten Windows-Programmierung unter Delphi überzugehen.

Bemerkungen

- Im obigen Quellcode wird eine Zählvariable *i* auf globaler Ebene benutzt (gültig innerhalb des gesamten Programms), eine andere Zählvariable *i* hingegen auf lokaler Ebene (gültig innerhalb der Prozedur *berechnen*). Beide Zählvariablen sind nicht identisch und beeinflussen sich deshalb auch nicht, denn eine lokale Variable hat immer Vorrang vor einer gleichnamigen globalen Variablen.

- Die lokale Variable *sum* enthält anfangs die Summe und zuletzt den Durchschnitt, wird also zweifach "benutzt". Etwas übersichtlicher wäre es, wenn Sie stattdessen eine weitere lokale Variable (z.B. *average*) verwenden würden.

- Die *ToString('#.00')*-Methode besitzt hier einen Formatierungsstring als Argument, damit der Durchschnitt (eine Gleitkommazahl!) so in eine Zeichenkette umgeformt wird, dass immer zwei Nachkommastellen angezeigt werden.

- Die Funktion *High* erwartet als Argument eine *array*-Variable und liefert deren höchsten Index. Da die Indizierung eines dynamischen Arrays stets mit null beginnt, ist die Anzahl der Felder immer um eins höher als der Rückgabewert von *High*.

- Ein Unterprogramm (sprich Prozedur) ist immer dann zweckmäßig, wenn (wie in unserem Fall) die Übersichtlichkeit des Programms erhöht werden soll, oder aber wenn gleiche Codeabschnitte mehrfach ausgeführt werden sollen. Außerdem wird eine Wiederverwendbarkeit des Quellcodes erheblich erleichtert (siehe nächstes Rezept).

R 1.5 Schluss mit langweiliger Konsole!

Schwerpunkte

Objekt- und ereignisorientierte Programmierung unter Delphi; *StrToInt*-Prozedur.

Aufgabenstellung

Wir wollen die langweiligen Konsolenanwendungen endlich hinter uns lassen und uns zeitgemäßen Windows-Applikationen zuwenden.

Lösen Sie mit einer Windows-Anwendung das gleiche Problem (Maximumbestimmung von drei Integer-Zahlen) wie im ersten Übungsbeispiel!

Lösungsvorschlag

Öffnen Sie eine neue Windows Forms-Anwendung. Es wird Ihnen ein Formular mit der Beschriftung *WinForm* angeboten. Mit den Komponenten der "Windows Forms"-Seite der Tool-Palette gestalten Sie die folgende Benutzerschnittstelle, bestehend aus vier *Label*- und drei *TextBox*-Komponenten sowie einem *Button*:

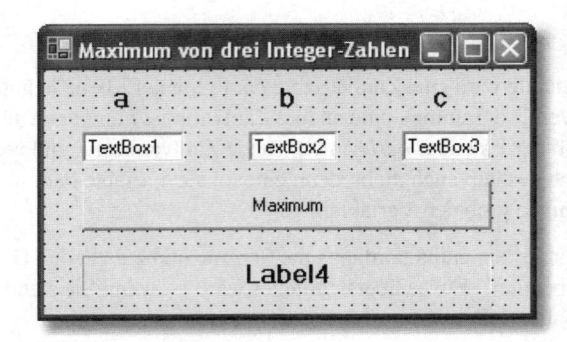

Ändern Sie in der Eigenschaften-Seite des Objektinspektors (F11) die folgenden Anfangswerte:

Objekt	Eigenschaft	Neuer Anfangswert
WinForm1	Text	Maximum von drei Integer-Zahlen
Label1	Text	a
Label2	Text	b
Label3	Text	c
Label4	Font.Size	12
	BorderStyle	Fixed3D
Button1	Text	Maximum

Programmierung

Drücken Sie die Taste F12, um sich den von Delphi vorgefertigten Quelltext der Unit *WinForm* anzuschauen. Da geht es bereits ziemlich objektorientiert zu, aber was das im Einzelnen bedeutet, braucht Sie hier nicht weiter zu interessieren.

Das Einzige, was für Sie zu tun bleibt, ist das Hinzufügen einer Ereignisbehandlungsroutine (Event-Handler) für das *Click*-Ereignis von *Button1*. Dieser Event-Handler beantwortet die Frage: "Was soll passieren, wenn der Anwender mit der Maus auf die Schaltfläche klickt?"

Zunächst müssen Sie den Event-Handler öffnen. Klicken Sie auf *Button1*, drücken Sie die F11-Taste und wechseln Sie zur "Ereignisse"-Seite des Objektinspektors. Wählen Sie das *Click*-Ereignis durch Doppelklick aus. Im Quelltextfenster der Unit *WinForm* erscheint jetzt der vorgefertigte Rahmencode des Event-Handlers.

Ergänzen Sie den Rahmencode, so dass der komplette Event-Handler schließlich wie folgt aussieht:

```
procedure TWinForm.Button1_Click(sender: System.Object; e: System.EventArgs);
var a, b, c, max: Integer;
begin
```

R 1.5 Schluss mit langweiliger Konsole!

```
try
  a := Convert.ToInt32(TextBox1.Text);          // Eingabe a
  max := a;

  b := Convert.ToInt32(TextBox2.Text);          // Eingabe b
  if b > max then max := b;

  c := Convert.ToInt32(TextBox3.Text);          // Eingabe c
  if c > max then max := c;

  Label4.Text := 'Das Maximum ist ' + max.ToString + ' !';   // Ausgabe Maximum
except
  on ex: Exception do Label4.Text := ex.Message
end;
end;
```

Test

Wenn Sie die Programmbedienung mit der der Konsolenanwendung vergleichen, so stoßen Sie auf ein Hauptmerkmal der objekt- und ereignisorientierten Programmierung: Eine fest vorgeschriebene Reihenfolge für die Benutzereingaben gibt es nicht mehr!

Hinweis: Sie können sogar mit der Tab-Taste den Eingabefokus zwischen den einzelnen Komponenten der Bedienoberfläche verschieben!

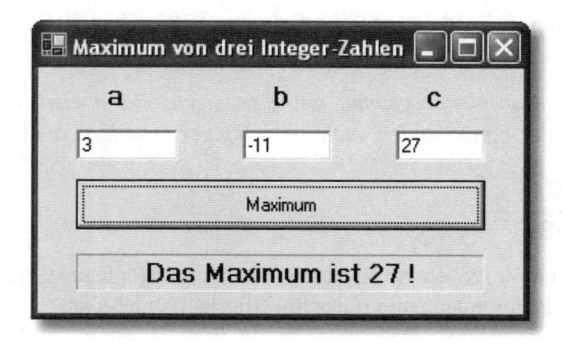

```
┌─ Maximum von drei Integer-Zahlen ─ □ X ┐
│        a            b            c      │
│      ┌───┐       ┌─────┐      ┌────┐    │
│      │ 3 │       │ -11 │      │ 27 │    │
│      └───┘       └─────┘      └────┘    │
│      ┌─────────────────────────────┐    │
│      │          Maximum            │    │
│      └─────────────────────────────┘    │
│      ┌─────────────────────────────┐    │
│      │      Das Maximum ist 27 !   │    │
│      └─────────────────────────────┘    │
└─────────────────────────────────────────┘
```

Wer das Beispiel wie beschrieben abgetippt hat, darf nur Ganzzahlen eingeben. Dank Fehlerbehandlung mittels *try-except*-Block stürzt das Programm aber bei falschen Eingaben nicht ab, sondern liefert eine höfliche Meldung: *"Die Eingabezeichenfolge hat das falsche Format."*.

Bemerkungen

- Genauso wie im Konsolen-Beispiel haben wir es auch auch hier mit Pascal-Anweisungen zu tun, die sich jetzt allerdings innerhalb eines Event-Handlers befinden.

- Im Unterschied zur Konsolenanwendung (*ReadLn/WriteLn*) ist die Ein-/Ausgabe der Zahlen etwas umständlicher. Deren Werte sind zunächst in der *Text*-Eigenschaft der drei Textboxen enthalten und müssen mit Hilfe der *Convert*-Klasse vom Datentyp *String* in den *Integer*-Datentyp umgewandelt werden. Die Ergebnisausgabe erfolgt umgekehrt mittels der bereits bekannten *ToString*-Methode, deren Ergebnis der *Text*-Eigenschaft von *Label4* zugewiesen wird.

- Wo sind – wie bei der Konsolenanwendung – das einleitende *program* und das abschließende *end.* geblieben? Wählen Sie den Menüpunkt *Projekt|Quelltext anzeigen* und Sie sehen, dass an diesem Pascal-Fundament nicht gerüttelt wurde. Allerdings beschäftigt sich das Hauptprogramm nur noch mit dem Initialisieren der Windows-Applikation und dem Erzeugen des Formulars. Der spezifische Anwendungscode wurde in die Unit *WinForm1* ausgelagert.

R 1.6   Alles lässt sich noch verbessern!

Schwerpunkte

Portieren eines Pascal-Programms nach Delphi; *Edit*- und *ListBox*-Komponente; Enter-Taste auswerten; Array kopieren.

Aufgabenstellung

Mittlerweile sind Sie auf den Geschmack gekommen und wollen sich an etwas Anspruchsvolleres heranwagen:

Verwandeln Sie das Konsolenprogramm aus dem vierten Lernbeispiel in eine Windows-Applikation! Für die Eingabe sollen nicht nur Integer, sondern auch Gleitkommazahlen zulässig sein.

Lösungsvorschlag

Da Sie die allgemeine Vorgehensweise bereits am Vorgängerbeispiel geübt haben, werden sich die folgenden Erläuterungen nur auf das Spezifische beschränken.

Die folgende Abbildung zur Gestaltung der Benutzerschnittstelle ist lediglich als Anregung zu verstehen. Ein Textfeld (*TextBox1*) dient zur Eingabe der Zahlen, die per Enter-Taste in ein Listenfeld (*ListBox1*) übernommen werden sollen. Für die bequeme Bedienung und Anzeige sind weiterhin zwei Schaltflächen (*Button1*, *Button2*) und drei *Label*-Komponenten vorgesehen.

R 1.6 Alles lässt sich noch verbessern!

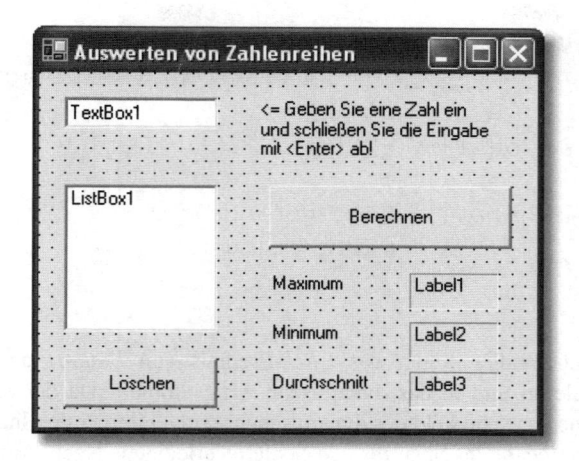

Programmierung

Im *implementation*-Abschnitt von Unit *WinForm1* tragen Sie zunächst folgenden Code ein, wie er bereits aus der entsprechenden Konsolenanwendung bekannt ist:

```
var  arr: array of Double;      // globale Variablen deklarieren
     max, min: Double;
     av: Double;

procedure berechne;
var i, n: Integer; sum: Double;  // lokale Variablen deklarieren
begin
   min := arr[0]; max := arr[0]; sum := arr[0];   // Variablen initialisieren
   n := High(arr);              // höchster Array-Index = Anzahl Werte - 1
   for i := 1 to n do begin
     if (arr[i] > max) then max := arr[i]
         else
     if (arr[i] < min) then min := arr[i];
     sum := sum + arr[i]
   end;
   av := sum / (n+1)
end;
```

Der folgende Event-Handler für das *KeyPress*-Ereignis von *TextBox1* überträgt dann den Eintrag nach *ListBox1*, wenn die Enter-Taste gedrückt wird. Anschließend wird der Eintrag in der TextBox gelöscht, um für neue Zahleneingaben bereit zu sein.

Hinweis: Tippen Sie den Rahmencode eines Event-Handlers niemals per Hand ein, sondern erzeugen Sie ihn über die "Ereignisse"-Seite des Objektinspektors!

```
procedure TWinForm1.TextBox1_KeyPress(sender: System.Object;
                                     e: System.Windows.Forms.KeyPressEventArgs);
begin
  if (e.KeyChar = #13) and (TextBox1.Text <> '') then         // Enter-Taste
  begin
    ListBox1.Items.Add(TextBox1.Text);    // Editierfeld => ListBox
    TextBox1.Text := ''                   // Editierfeld löschen
  end
end;
```

Der folgende Event-Handler wertet das *Click*-Ereignis von *Button1* aus. Der Inhalt der *ListBox* wird ausgelesen und in das dynamische Array kopiert. Da der erste Eintrag einer *ListBox* (genauso wie das erste Feld des dynamischen Arrays) immer den Index Null hat, kann man das Kopieren elegant in einer *for.. to*-Schleife erledigen. Nach Aufruf der Prozedur *berechne* erfolgt die Ergebnisanzeige:

```
procedure TWinForm1.Button1_Click(sender: System.Object; e: System.EventArgs);
var i, n: Integer;
begin
  n := ListBox1.Items.Count;     // Anzahl der ListBox-Einträge feststellen
  if n > 0 then                  // mindestens ein Eintrag in der ListBox
  begin
    SetLength(arr,n);            // dyn. Array dimensionieren
    for i := 0 to n-1 do
        arr[i] := Convert.ToDouble(ListBox1.Items[i]);    // in ListBox kopieren
    berechne;                    // UP-Aufruf
    Label1.Text := max.ToString;    // Ergebnisanzeige
    Label2.Text := min.ToString;
    Label3.Text := av.ToString('#.00');  // Gleitkommazahl formatieren
  end
end;
```

Der letzte Event-Handler ermöglicht das Löschen der gesamten Zahlenreihe, um wieder von vorn beginnen zu können:

```
procedure TWinForm1.Button2_Click(sender: System.Object; e: System.EventArgs);
begin
    ListBox1.Items.Clear;
    arr := nil;                          // Array freigeben
    Label1.Text := '';  Label2.Text := '';   Label3.Text := ''
end;
```

Test

Geben Sie eine Zahlenkolonne ein (jede Zahl mit Enter-Taste abschließen):

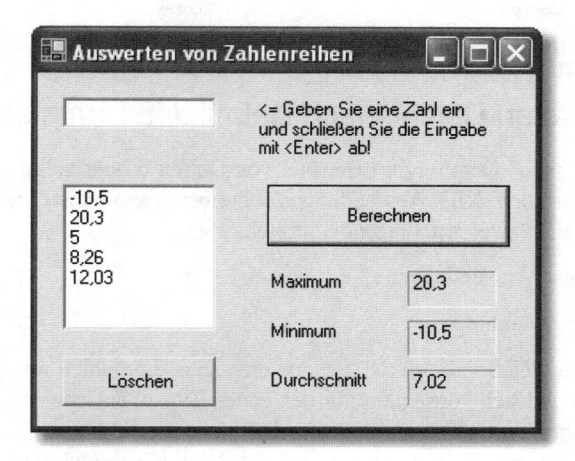

Bemerkungen

- Da unsere Zahlenreihe auch in der ListBox gespeichert wird, könnte man auf das dynamische Array eigentlich verzichten und damit den Code etwas vereinfachen.

- Vergleichen Sie intensiv den Quelltext dieses Programms mit dem der Konsolenanwendungen aus den Vorgängerübungen. Nach einiger Praxis dürfte es Ihnen nicht schwer fallen, weitere "alte" Pascal-Programme auf ähnliche Weise mit Delphi.NET "aufzumöbeln". Dabei dürfte das "Zusammenschieben" der Benutzerschnittstelle nicht das Problem sein. Dreh- und Angelpunkt ist vielmehr das Aufbrechen des linearen Programmablaufs und seine zweckmäßige Verteilung auf verschiedene Event-Handler.

- Unter Delphi hat der klassische Programmablaufplan (PAP) außerhalb von Prozeduren bzw. Event-Handlern seine Bedeutung weitestgehend verloren, da es keine festgelegte Reihenfolge der Benutzereingaben mehr gibt.

2 Sprache

R 2.1 Vom alten Delphi nach Delphi .NET umsteigen

Kommen Sie vom "alten" Delphi (zum Beispiel von Delphi 6 oder Delphi 7) und wollen ab sofort konsequent nur noch .NET-Anwendungen schreiben, dann haben Sie hauptsächlich die Qual der Wahl zwischen zwei grundlegenden Projekttypen:

- Windows Forms - Anwendungen
- VCL Formularanwendungen

Obwohl beide Typen gleichermaßen .NET-Code erzeugen, empfehlen wir, gleich "Nägel mit Köpfen" zu machen und sich konsequent für den ersten Typ zu entscheiden. Auch der gestandene Delphi-Programmierer sollte zumindest seine Neuentwicklungen als Windows Forms-Anwendungen anlegen, da nur diese sauber auf der .NET-Klassenbibliothek aufsetzen. Was ist beim Umstieg zu beachten?

Anstatt Sie mit endlosen Gegenüberstellungen zu quälen, wollen wir Sie besser gleich mit einem konkreten Beispiel konfrontieren. Auf den nachfolgenden zwei Seiten haben wir deshalb den Quellcode einer Delphi 7- und einer Delphi .NET Windows Forms-Anwendung auszugsweise gegenübergestellt.

Es handelt sich um eine relativ triviale Anwendung (Umrechnung von Euro in Dollar), die ausführlich in Kapitel 1 (Abschnitt 1.4.2) beschrieben wird.

Bereits auf den ersten Blick stechen zahlreiche gravierende Unterschiede ins Auge, die vermuten lassen, dass der Umstieg alles andere als ein Sonntagsspaziergang sein wird:

- Wie der Ersatz der Klasse *TEdit* durch *TextBox* beweist, sind viele Komponenten gänzlich verschwunden bzw. durch anderslautende Windows Forms-Steuerelemente mit teilweise völlig neuen Eigenschaften, Methoden und Ereignissen ersetzt worden (z.B. *Caption*- durch *Text* Eigenschaft beim *Label*).
- An die Stelle der altvertrauten Standard-Units sind mehrere System-Units (gleichlautende Namensräume der .NET-Klassenbibliothek) getreten.
- Anstatt von der Klasse *TForm* wird unter .NET jedes Formular von der Klasse *System.Windows.Forms.Form* abgeleitet.
- Die gewohnten Standardfunktionen wie z.B. *Val* und *Str* aus der *SysUtils*-Unit sind nicht mehr verfügbar und müssen durch Methoden der .NET-Klassen ersetzt werden.
- Die Eventhandler übergeben teilweise völlig andere Parameter (*System.EventArgs*).

Die aufgezählten Unterschiede sind nur eine winzige Spitze des Eisbergs. Anstatt Sie weiter mit unzähligen Gegenüberstellungen zu quälen und zu verunsichern, empfehlen wir Ihnen besser den sofortigen "Sprung ins kalte Wasser" und das Sammeln eigener Erfahrungen mit Hilfe der vielen Rezepte, die Ihnen dieses Buch noch bietet. Je mehr Sie sich in der gigantischen Klassenbibliothek des .NET-Frameworks heimisch fühlen, desto schneller werden Sie die "alten Zeiten" vergessen.

Borland Delphi 7

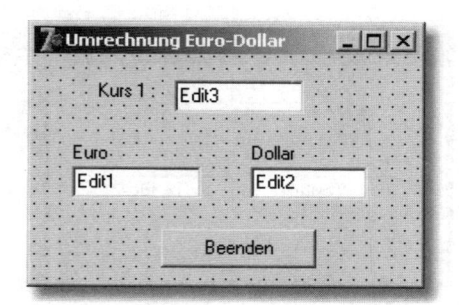

```
unit Unit1;

interface

uses
   Windows, Messages, SysUtils, Variants, Classes, Graphics, Controls, Forms, Dialogs, StdCtrls;

type
  TForm1 = class(TForm)
  ...
var Form1: TForm1;

implementation
{$R *.dfm}
var euro: Single = 1;   dollar: Single = 1;   kurs: Single = 1;

procedure TForm1.FormCreate(Sender: TObject);
var s: String;
begin
  Str(euro:8:2, s);  Edit1.Text := s;  Str(dollar:8:2, s); Edit2.Text := s;
  Str(kurs:4:2, s);  Edit3.Text := s;
end;

procedure TForm1.Edit1KeyUp(Sender: TObject; var Key: Word; Shift: TShiftState);
var code: Integer;  s: String;
begin
   Val(Edit1.Text, euro, code);
   if code = 0 then  begin  dollar := euro * kurs;  Str(dollar:8:2, s);  Edit2.Text := s; end;
end;
...
```

Borland Delphi für .NET

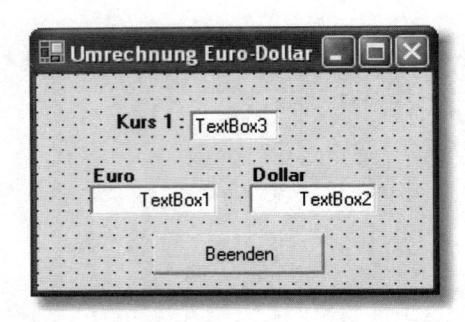

Umrechnung Euro-Dollar
Kurs 1: TextBox3
Euro: TextBox1
Dollar: TextBox2
Beenden

```
unit WinForm1;

interface

uses
  System.Drawing, System.Collections, System.ComponentModel, System.Windows.Forms, System.Data;

type
  TWinForm1 = class(System.Windows.Forms.Form)
  ...
implementation
...
var euro: Single = 1;    dollar: Single = 1;    kurs: Single = 1;

procedure TWinForm1.TWinForm1_Load(sender: System.Object; e: System.EventArgs);
begin
    TextBox1.Text := euro.ToString;    TextBox2.Text := dollar.ToString;
    TextBox3.Text := kurs.ToString;
end;

procedure TWinForm1.TextBox1_KeyUp(sender: System.Object; e: System.Windows.Forms.KeyEventArgs);
begin
   if TextBox1.Text <> '' then    begin
    euro := Convert.ToSingle(TextBox1.Text);
    dollar := euro * kurs;
    TextBox2.Text := dollar.ToString('#,##0.00');
   end;
end;
...
```

Bemerkungen

Wenn Sie das Delph 7-Projekt von der Buch-CD öffnen erscheint – wie bei jedem älteren Delphi-Projekt – das Upgrade-Dialogfenster. Beim diesem Upgrade werden lediglich die *.bdsproj*-Datei und andere von Delphi 2005 verwendeten Dateien und Verzeichnisse im Projektverzeichnis erstellt.

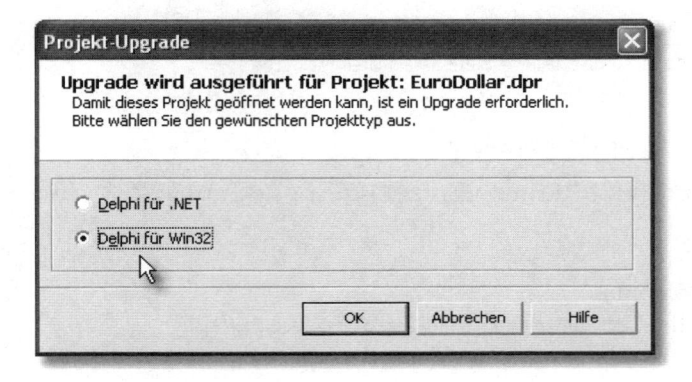

R 2.2 Schleifenanweisungen verstehen

Delphi verfügt über ein reichhaltiges Angebot an Schleifenanweisungen. Da der Umgang mit ihnen zum Einmaleins des Programmierens gehört, demonstriert Ihnen das vorliegende Rezept die prinzipielle Anwendung jedes Schleifentyps.

Ziel soll es sein, zehnmal untereinander einen Text in einer *ListBox* auszugeben, wobei fünf verschiedene Schleifenkonstruktionen gegenübergestellt werden.

Oberfläche

Öffnen Sie eine neue Windows Forms-Anwendung und gestalten Sie die abgebildete Oberfläche.

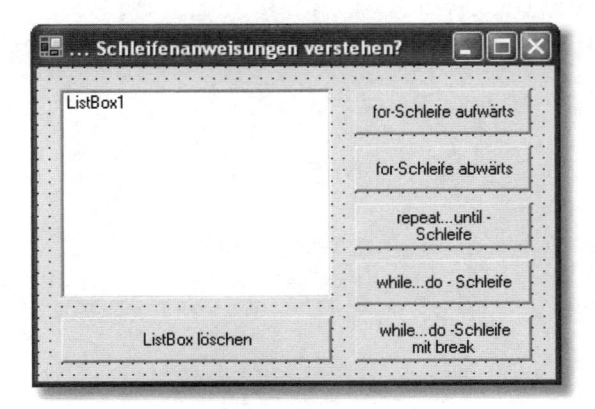

Quellcode TWinForm1

Wir beginnen mit der altbekannten *for*-Schleife:

```
procedure TWinForm1.Button1_Click(sender: System.Object; e: System.EventArgs);
var i: Integer;
begin
  for i := 1 to 10 do
    ListBox1.Items.Add(i.ToString + ' Viele Wege führen nach Rom!');
end;
```

Dieselbe Schleife, nur abwärts zählend:

```
procedure TWinForm1.Button2_Click(sender: System.Object; e: System.EventArgs);
var i: Integer;
begin
    for i := 10 downto 1 do
      ListBox1.Items.Add(i.ToString + ' Viele Wege führen nach Rom!');
end;
```

Die *repeat-until*-Schleife ist fußgesteuert:

```
procedure TWinForm1.Button3_Click(sender: System.Object; e: System.EventArgs);
var i: Integer;
begin
  i := 0;
  repeat
    i := i + 1;
    ListBox1.Items.Add(i.ToString + ' Viele Wege führen nach Rom!');
  until i = 10;
end;
```

Kopfgesteuert hingegen gibt sich die *while-do*-Schleife:

```
procedure TWinForm1.Button4_Click(sender: System.Object; e: System.EventArgs);
var i: Integer;
begin
  i := 0;
  while i < 10 do
  begin
    i := i + 1;
    ListBox1.Items.Add(i.ToString + ' Viele Wege führen nach Rom!');
  end
end;
```

R 2.2 Schleifenanweisungen verstehen

Das vorzeitige Verlassen der Schleife mittels *break*:

```
procedure TWinForm1.Button5_Click(sender: System.Object; e: System.EventArgs);
var i: Integer;
begin
  i := 1;
  while i > 0 do
  begin
    ListBox1.Items.Add(i.ToString + ' Viele Wege führen nach Rom!');
    i := i + 1;
    if i > 10 then break;
  end
end;
```

Eher nebensächlich ist das Löschen der *ListBox*:

```
procedure TWinForm1.Button6_Click(sender: System.Object; e: System.EventArgs);
begin
  ListBox1.Items.Clear;
end;
```

Test

Alle fünf Schleifenvarianten sollen ein absolut identisches Ergebnis erzeugen:

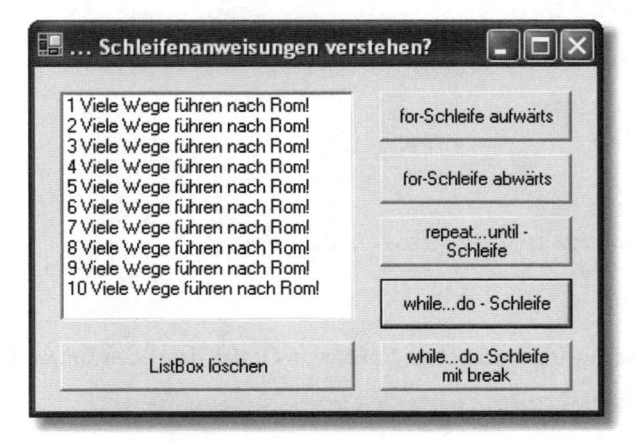

R 2.3 Eine Collection durchlaufen

Hurra – jetzt endlich ist sie auch in Delphi vorhanden, die *for..in..do* - Schleife, wie sie in C#.NET schon immer zur Grundausstattung zählt!

Jetzt kann man die zahlreichen C#-Beispiele unkompliziert portieren, bei denen die *foreach*-Schleife zum Einsatz kommt.

Der Inhalt einer ersten ListBox soll in eine zweite übertragen werden (C#-Code)[1]:

```
foreach (object o in listBox1.Items)
{
   listBox2.Items.Add(o.ToString());
}
```

In Delphi 2005 gibt es jetzt eine gleichwertige Möglichkeit. Um früher (im "alten" Delphi) das gleiche Verhalten zu erreichen, mussten Sie eine *while*-Schleife unter Kontrolle eines *Enumerator*s verwenden.

Im vorliegenden Rezept wollen wir drei verschiedene Möglichkeiten gegenüberstellen.

Oberfläche

Öffnen Sie eine neue Windows Forms-Anwendung und platzieren Sie auf das Startformular zwei *ListBox*en und vier *Buttons* (siehe Laufzeitansicht am Schluss).

Quellcode TWinForm1

Im Konstruktor wird die erste *ListBox* mit einigen Einträgen gefüllt:

```
constructor TWinForm1.Create;
begin
   ...
  with ListBox1.Items do begin
    Add('Müller'); Add('Schultze'); Add('Lehmann'); Add('Krause');
  end;
end;
```

Zunächst verwenden wir die einfachste Variante in Gestalt der neuen *for..in..do*-Schleife:

```
procedure TWinForm1.Button3_Click(sender: System.Object; e: System.EventArgs);
var o: TObject;
begin
  for o in ListBox1.Items do
```

---

[1] Das geht in der Praxis natürlich wesentlich einfacher als hier gezeigt.

R 2.3 Eine Collection durchlaufen

```
    ListBox2.Items.Add(o.ToString)
end;
```

Nun die umständliche Realisierung unter direkter Benutzung der *IEnumerator*-Schnittstelle:

```
procedure TWinForm1.Button1_Click(sender: System.Object; e: System.EventArgs);
var en: IEnumerator;
begin
  en := ListBox1.Items.GetEnumerator;           // liefert Enumerator für Auflistung!
  while en.MoveNext <> False do
  begin
    ListBox2.Items.Add(en.Current.ToString)
  end;
end;
```

Schließlich zum Vergleich die klassische Realisierung mittels *for..to..do*-Schleife, wobei hier vorausgesetzt wird, dass die Anzahl der Elemente bekannt ist:

```
procedure TWinForm1.Button1_Click(sender: System.Object; e: System.EventArgs);
var i: Integer;
begin
  for i := 0 to ListBox1.Items.Count-1 do
  begin
    ListBox2.Items.Add(ListBox1.Items[i].ToString);
  end;
end;
```

Die rechte ListBox löschen:

```
procedure TWinForm1.Button4_Click(sender: System.Object; e: System.EventArgs);
begin
  ListBox2.Items.Clear
end;
```

Test

Alle drei Varianten führen zu einem identischen Ergebnis.

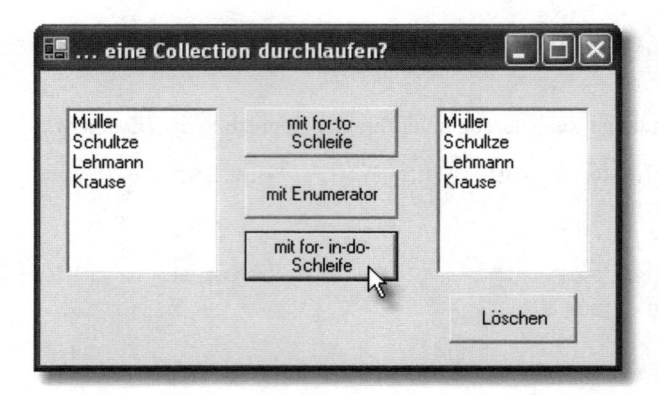

Bemerkungen zur IEnumerator-Schnittstelle

- Intern wird die *for..in..do*-Schleife auf ein Konstrukt unter Verwendung von *IEnumerator* zurückgeführt wobei zu beachten ist, dass nur ein Lesezugriff auf die Elemente der Collection möglich ist.

- Die *IEnumerator*-Schnittstelle unterstützt eine einfache Iteration durch eine Auflistung und ist die Basisschnittstelle für alle Enumeratoren.

- *Current* gibt so lange dasselbe Objekt zurück, bis *MoveNext* oder *Reset* aufgerufen werden.

- *Reset* setzt den Enumerator auf die Anfangsposition zurück, die sich **vor** dem ersten Element der Auflistung befindet. Daher muss der Enumerator durch einen Aufruf von *MoveNext* auf das erste Element der Auflistung gesetzt werden, bevor der Wert von *Current* gelesen werden kann.

R 2.4 Records in einem statischen Array speichern

Grundlage für dieses Lernrezept ist eine kleine Personaldatenbank, in die der Name, das Geburtsdatum, das Geschlecht und die Telefonnummer abgespeichert werden sollen. Bei der Umsetzung werden wir auf kein Standard-Datenbankformat (Access, Paradox ...) zurück greifen, sondern auf einen benutzerdefinierten Datentyp (Record). Die einzelnen Records werden in einem eindimensionalen Array abgespeichert, auf das bekanntlich über einen Feldindex (entspricht einer lfd. Nummer) zugegriffen werden kann.

Beispiel: Stellen Sie sich eine solche Recordstruktur wie ein Regal vor, das aus mit 1, 2, 3 ... durchnummerierten Schubkästen besteht. Jeder Person entspricht ein Schubkasten, dieser wiederum ist in einzelne Fächer (oder Karteikarten) für Name, Geburtsdatum ... aufgeteilt.

R 2.4 Records in einem statischen Array speichern

Feldindex	1	2	3	4	...
name	W. Wagner	H. Maier	S. Schultze	R. Richter	...
geburt	28.11.84	8.2.71	3.4.75	30.9.85	...
student	j	n	n	j	...
tel	03447 90580	02762 89670	04288 30024	31575 45600	...

Oberfläche

Platzieren Sie (entsprechend der Abbildung) auf dem Startformular fünf *Label*s, drei *Text-Box*en, eine *CheckBox* und vier *Button*s:

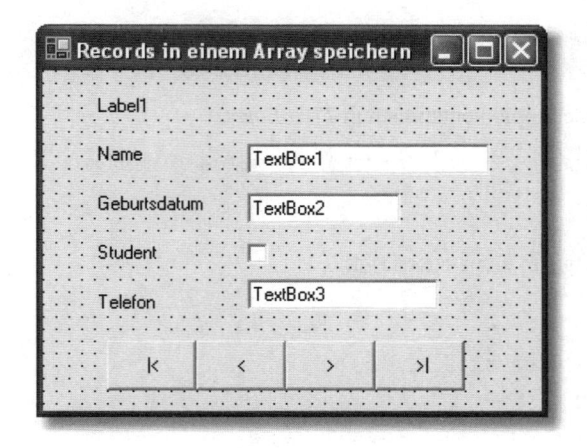

Quelltext TWinForm1

Fügen Sie in den *private*-Abschnitt von *TWinForm1* die folgenden drei Methodendeklarationen ein:

```
type
  TWinForm1 = class(System.Windows.Forms.Form)
...
  private
    procedure dsInit;         // Methode zum Initialisieren aller Datensätze
    procedure dsSpeichern;    // dto. zum Speichern eines Datensatzes
    procedure dsAnzeigen;     // dto. zum Anzeigen
    ...
```

Wir hätten auch auf obige Methodendeklarationen verzichten können und stattdessen drei ganz normale Prozeduren in den *implementation*-Abschnitt einfügen können. Die gewählte Vorgehensweise ist aber eleganter und übersichtlicher (insbesondere im Hinblick auf die objektorientierte Programmierung).

Im *implementation*-Abschnitt definieren wir zunächst unseren Record, um dann eine eindimensionale Array-Variable mit der gewünschten Anzahl von Feldern (10) zu deklarieren:

```
type TPerson = record        // Typ der Strukturvariablen
  name: System.String;       // Vor- und Nachname
  geburt: DateTime;          // Geburtsdatum
  student: Boolean;          // Student (j/n)
  tel: Integer               // Telefonnummer
end;


const pmax = 10;       // max. Anzahl von Personen = Größe des Arrays

var personen: array[1..pmax] of TPerson;     // Array-Variable
    index: Byte = 1;                         // aktueller Feldindex
```

Nun zu den Methodenimplementationen in *TWinForm1*:

```
procedure TWinForm1.dsInit;              // setzt alle Personen auf Standardwerte
 var i: Integer;
 begin
    for i := pmax downto 1 do with personen[i] do
    begin
      name := '';
      geburt := Convert.ToDateTime('31.12.99');
      student := False;
      tel := 1234567890
    end
end;


procedure TWinForm1.dsSpeichern;         // Anzeige => Speicher
begin
  personen[index].name := TextBox1.Text;
  if TextBox2.Text <> '' then personen[index].geburt := Convert.ToDateTime(TextBox2.Text);
  personen[index].student := CheckBox1.Checked;
  personen[index].tel := Convert.ToInt32(TextBox3.Text)
end;


procedure TWinForm1.dsAnzeigen;          // Speicher => Anzeige
var dat: DateTime;
begin
  Label1.Text := index.ToString;                 // lfd. Index anzeigen
  TextBox1.Text := personen[index].name;
  dat := personen[index].geburt;
```

R 2.4 Records in einem statischen Array speichern

```
  TextBox2.Text := dat.ToString('d.M.yyyy');
  CheckBox1.Checked := personen[index].student;
  TextBox3.Text := Convert.ToString(personen[index].tel)
end;
```

Nun zu den vier Bewegungstasten:

```
procedure TWinForm1.Button1_Click(sender: System.Object; e: System.EventArgs);   // zum Anfang
begin
  dsSpeichern; index := 1; dsAnzeigen
end;

procedure TWinForm1.Button2_Click(sender: System.Object; e: System.EventArgs);   // zurück
begin
  if index > 1 then begin dsSpeichern; Dec(index); dsAnzeigen end
end;

procedure TWinForm1.Button3_Click(sender: System.Object; e: System.EventArgs);   // vorwärts
begin
   if index < pmax then begin dsSpeichern; Inc(index); dsAnzeigen end
end;

procedure TWinForm1.Button4_Click(sender: System.Object; e: System.EventArgs);   // zum Ende
begin
  dsSpeichern; index := pmax; dsAnzeigen
end;
```

Um den Zustand bei Programmstart zu definieren fügen Sie in den Konstruktorcode von *TWinForm1.Create* noch folgende Aufrufe ein: ...

```
  dsInit;             // initialisiert alle Datensätze
  dsAnzeigen          // ... und zeigt den ersten an
```

Test

Nach Programmstart können die Standardwerte mit den Daten einzelner Personen überschrieben werden.

[Abbildung: Fenster "Records in einem Array speichern" mit Feldern: 3, Name: Maxhelm Müller, Geburtsdatum: 31.12.1969, Student: ✓, Telefon: 34472501, Navigationsbuttons |<, <, >, >|]

Wie bei einem "richtigen" Datenbankprogramm bewegen Sie sich mit den Tasten durch die Datensätze. Damit enden aber schon die Gemeinsamkeiten, denn leider ist die ganze Mühe umsonst gewesen, wenn Sie das Programm verlassen. Dann wird auch der Inhalt des Arbeitsspeichers gelöscht, und die mühselig eingegebenen Personen sind beim Neustart des Programms auf Nimmerwiedersehen verschwunden (siehe Bemerkungen).

Bemerkungen

- Um das Arbeiten mit möglichst verschiedenen Datentypen im Record zu demonstrieren wurde als Telefonnummer ein *Integer* genommen, was allerdings in der Praxis nicht ganz korrekt ist (wegen führender Null, Bindestrichen, Leerzeichen etc. ist hier der Datentyp *String* angebracht).

- Wie Sie die Daten in die persistente Form überführen, d.h. auf Festplatte abspeichern können, erfahren Sie im Dateikapitel 7.

R 2.5   Mit Format-Strings experimentieren

Bekanntlich verfügt jedes Objekt über die *ToString*-Methode, der man als Argument eine Formatzeichenfolge übergeben kann. Sollten Sie immer noch Schwierigkeiten mit dem Verständnis der vielen verschiedenen Formatstrings haben, so probieren Sie doch einfach folgendes kleines Testprogramm aus, das die Formatierung von Gleitkommazahlen demonstriert.

Oberfläche

Neben einer *TextBox* (Eingabe der numerischen Werte) und einer *ComboBox* (Eingabe bzw. Auswahl des Formatstrings) brauchen Sie lediglich noch ein *Label* für die Anzeige der formatierten Zahl.

R 2.5 Mit Format-Strings experimentieren

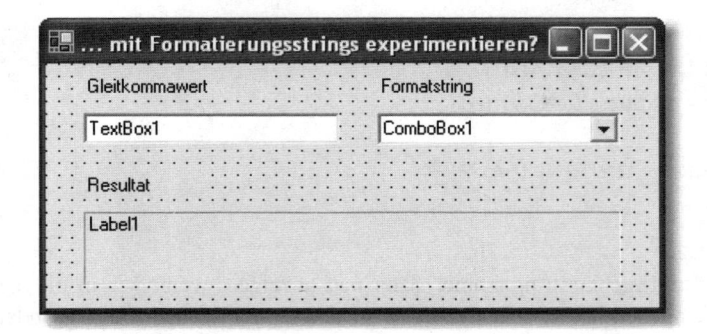

In die *Items*-Eigenschaft der *ComboBox* tragen Sie mit Hilfe des Zeichenfolgen-Editors z.B. folgende Werte für diverse Formatierungsstrings ein:

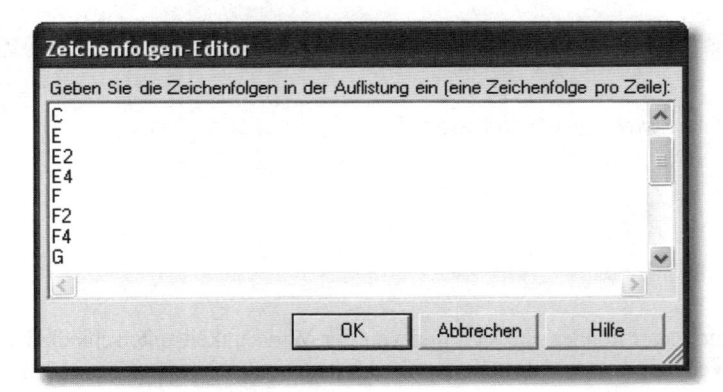

Quelltext TWinForm1

Zur Klassendeklaration von *TWinForm1* fügen Sie eine neue Methode *formatieren* hinzu:

```
type
  TWinForm1 = class(System.Windows.Forms.Form)
  ...
  private
    procedure formatieren;        // !
  ..
  end;

implementation

procedure TWinForm1.formatieren;
var n: Double;
begin
```

```
try
  n := Convert.ToDouble(TextBox1.Text);
  Label1.Text := n.ToString(ComboBox1.Text)
except
  on ex: Exception do Label1.Text := ex.Message
end;
end;
```

Wir wollen den Ergebnisstring immer dann neu anzeigen, wenn wir in die TextBox eine andere Zahl eingegeben haben oder die Auswahl des Formatierungsstrings geändert haben. In beiden Fällen muss das *TextChanged*-Event ausgewertet werden:

```
procedure TWinForm1.TextBox1_TextChanged(sender: System.Object; e: System.EventArgs);
begin
  formatieren;
end;


procedure TWinForm1.ComboBox1_TextChanged(sender: System.Object; e: System.EventArgs);
begin
  formatieren;
end;
```

Test

Nach Programmstart können Sie sich nun von der Wirksamkeit unterschiedlichster Formatstrings überzeugen. Um ein Ergebnis wie das unten angezeigte zu erreichen, wäre also folgende Anweisung nötig:

```
Label1.Text := Convert.ToDouble('12345,6789').ToString('#,##0.00');
```

Hinweis: Sie müssen sich nicht auf die in der ComboBox angebotene Auswahl beschränken, sondern können Ihre eigenen Formatierungen auch direkt in die ComboBox eintragen!

R 2.5 Mit Format-Strings experimentieren

Punkt oder Komma?

Ob der Punkt oder das Komma als Dezimal- bzw. Tausender-Trennzeichen interpretiert werden, hängt allein von der Sprachversion des Betriebssystems des Anwendungsrechners ab[1]. Sie können das selbst ausprobieren, indem Sie zum Demoprogramm zwei *RadioButton*s (eingeschlossen in eine *GroupBox*) hinzufügen und folgenden Code ergänzen:

```
uses System.Threading,
    System.Globalization;
...
procedure TWinForm1.RadioButton1_CheckedChanged(sender: System.Object; e: System.EventArgs);
begin
  if RadioButton1.Checked then
    Thread.CurrentThread.CurrentCulture := CultureInfo.Create('de-DE')
                    else
    Thread.CurrentThread.CurrentCulture := CultureInfo.Create('en-US');
  formatieren;
end;
```

Um mit einem angloamerikanischen BS ein äquivalentes Ergebnis wie im obigen Beispiel zu erreichen muss (bei unverändertem Formatstring!) im Gleitkommawert anstelle des Kommas ein Punkt als Dezimaltrennzeichen stehen:

```
Label1.Text := Convert.ToDouble('12345.6789').ToString('#,##0.00');
```

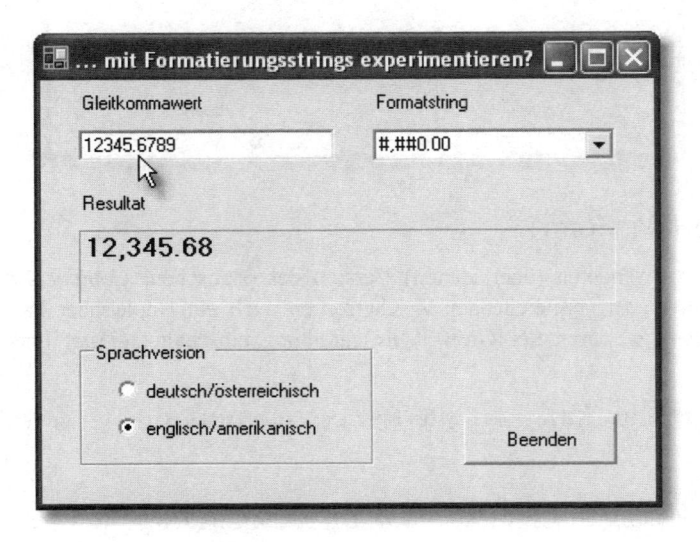

---

[1] Das ist deswegen besonders bitter, weil viele Softwareentwickler auf einem englischsprachigen OS entwickeln (und testen), dann aber hier in Deutschland auf ein deutschsprachiges MS OS deployen.

Bemerkungen

- Die im Programm eingebaute Fehlerbehandlung verhindert einen Absturz bei der Eingabe ungültiger Werte.
- Komplexere Formatierungen sind mit der (statischen) *Format*-Methode der *String*-Klasse zu erreichen.

R 2.6 Strings vergleichen

In diesem Rezept zeigen wir Ihnen, wie Sie mittels der *Compare*-Methode der *String*-Klasse einen Vergleich von zwei Zeichenketten durchführen.

Oberfläche

Außer den beiden *TextBox*en, den *Button*s und dem *Label* wird noch eine *CheckBox* benötigt, da unsere Windows Forms-Anwendung die Möglichkeit bieten soll, den Vergleich mit oder ohne Berücksichtigung der Groß-/Kleinschreibung durchzuführen.

Quellcode TWinForm1

Der von uns verwendeten (überladenen) Version der (statischen) *Compare*-Methode wird neben den beiden zu vergleichenden Zeichenketten auch ein Boole'scher Parameter übergeben, der das Ignorieren der Groß-/Kleinschreibung einschaltet (*True*) bzw. ausschaltet (*False*).

```
procedure TWinForm1.Button1_Click(sender: System.Object; e: System.EventArgs);     // Vergleichen
var i: Integer;
begin
  i := System.String.Compare(TextBox1.Text, TextBox2.Text, CheckBox1.Checked);
  case i of
    -1: Label1.Text := 'String 1 ist kleiner als String 2 !';
     0: Label1.Text := 'String 1 ist gleich String 2 !';
```

```
  1: Label1.Text := 'String 1 ist größer als String 2 !';
  end;
end;
```

Test

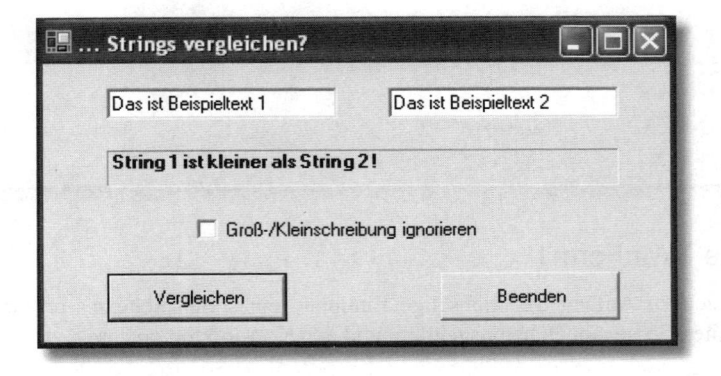

(Screenshot: Dialogfenster "... Strings vergleichen?" mit zwei Textfeldern "Das ist Beispieltext 1" und "Das ist Beispieltext 2", Ausgabe "String 1 ist kleiner als String 2!", Checkbox "Groß-/Kleinschreibung ignorieren" sowie Buttons "Vergleichen" und "Beenden")

Hinweis: Eine weitere Vergleichsmöglichkeit für Strings bietet sich durch Anwenden der *Equals*-Methode.

R 2.7 Einen String zerlegen und wieder zusammensetzen

Es gibt die verschiedensten Gründe, einen String zu zerpflücken und seine Bestandteile in einem Array abzuspeichern (Formelparser, Compiler, Suchfunktionen, ...). Dieses Rezept zeigt die Vorgehensweise und dürfte gleichzeitig ein gutes Beispiel für das Zusammenwirken von Instanzen- und Klassenmethoden sein (*Split* und *Join*).

Oberfläche

Öffnen Sie eine neue Windows Forms-Anwendung mit der abgebildeten Oberfläche. Um die Wirkungsweise anschaulich zu demonstrieren, zeigen wir den Stringinhalt links in einer *TextBox* an und den Arrayinhalt rechts in einer *ListBox*. Die drei *RadioButton*s dienen zum Einstellen des gewünschten Trennzeichens (Zeilenumbruch, Leerzeichen oder Komma).

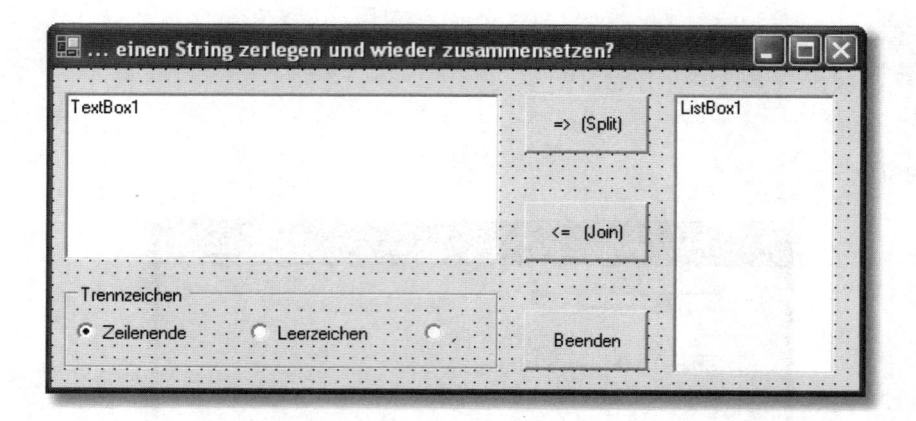

Quellcode TWinForm1

Damit Sie sich zu Anfang das mühselige Eintippen eines Beispieltextes ersparen, hat der Autor sein altes Gesangsbuch herausgekramt und den Konstruktorcode ergänzt:

```
constructor TWinForm1.Create;
begin
  inherited Create;
  ...
  TextBox1.Text := 'Alle Vögel sind schon da, alle Vögel alle! ' +
  'Welch ein Singen, Musiziern, Pfeifen, Zwitschern, Tirriliern!';
end;
```

Das Trennzeichen bestimmt die Aufteilung des Strings:

```
var tz: array[0..0] of Char;
```

Ein dynamisches Array soll als Behälter für die Bestandteile des Strings dienen:

```
    A: array of string;
```

Zum Kopieren des Strings in das Array wird die *Split*-Methode des Strings ausgeführt, der man als Parameter das Trennzeichen übergibt. Rückgabewert ist das gefüllte Array.

```
procedure TWinForm1.Button1_Click(sender: System.Object; e: System.EventArgs);
var s: string;
    i: Integer;
begin
  s := TextBox1.Text;
```

Die Auswahl des Trennzeichens (nur erstes Zeichen nehmen):

```
  if RadioButton1.Checked then tz[0] := Char(13);   // Zeilenende
  if RadioButton2.Checked then tz[0] := ' ';        // Leerzeichen
```

R 2.7 Einen String zerlegen und wieder zusammensetzen

```
  if RadioButton3.Checked then tz[0] := ',';        // Komma
  TextBox1.Text := '';
```

Hier erfolgt die Trennung:

```
  A := s.Split(tz);
```

Die Anzeige des Arrayinhalts dient lediglich unserer Information:

```
  ListBox1.Items.Clear;
  for i := 0 to High(A) do
      ListBox1.Items.Add(A[i]);
end;
```

Die Rückverwandlung des Arrays in einen String ist mittels der (statischen) *Join*-Methode der *String*-Klasse eine relativ einfache Angelegenheit. Übergabeparameter sind das Trennzeichen und das gefüllte Array. Rückgabewert ist der zusammengesetzte String:

```
procedure TWinForm1.Button2_Click(sender: System.Object; e: System.EventArgs);
begin
  ListBox1.Items.Clear;
  TextBox1.Text := System.String.Join(tz[0], A);
end;
```

Test

Kopieren Sie die Strings unter Benutzung verschiedener Trennzeichen hin und zurück!

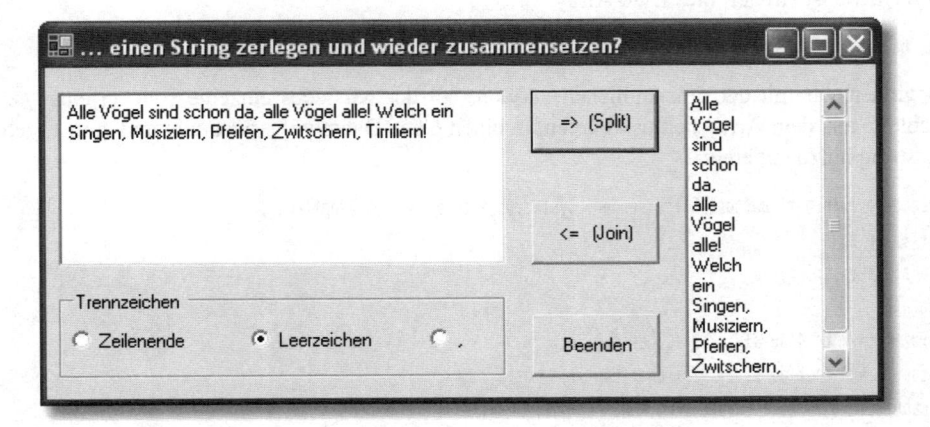

R 2.8 Ein Byte-Array in einen String konvertieren

Haben Sie beispielsweise ein Byte-Array mit acht Feldern und möchten Sie die ersten fünf Felder in einen ersten String und die letzten in einen zweiten String kopieren, so sind Sie als Einsteiger vielleicht ratlos. Als "richtiger" Delphi-Programmierer wissen Sie sich natürlich zu helfen. Getreu der Devise "Hauptsache es funktioniert" werden Sie mit den Ihnen bekannten elementaren Funktionen höchstwahrscheinlich zu irgendeiner Lösung kommen.

Erst wenn Sie sich ein wenig in der gigantischen Klassenbibliothek des .NET-Frameworks auskennen, wird Ihnen vielleicht eine noch elegantere Lösung einfallen, denn Sie wissen, dass die *Encoding*-Klasse Methoden bereitstellt, mit deren Hilfe Arrays und Zeichenfolgen von Unicode-Zeichen aus direkt in Byte-Arrays konvertiert werden können, die für eine bestimmte Zielcodepage codiert sind.

Das vorliegende Rezept bietet durch Gegenüberstellung beider Varianten gute Vergleichsmöglichkeiten.

Oberfläche

Öffnen Sie eine neue Windows Forms-Anwendung und setzen auf die Oberfläche des Startformulars zwei *Label*s und zwei *Button*s.

Quelltext TWinForm1

```
uses System.Text;            // wegen Encoding!
...
```

Die Quelle ist ein gefülltes Byte-Array:

```
var ba: array[0..7] of Byte = (65, 66, 67, 68, 69, 70, 71, 72);
```

Beginnen wir mit der umständlichen Lösung, bei der wir jedes einzelne Byte in einer *for*-Schleife aus dem Array herauskopieren, in einen *Char*-Datentyp verwandeln und zum Ergebnisstring hinzuaddieren:

```
procedure TWinForm1.Button1_Click(sender: System.Object; e: System.EventArgs);
var i: Integer;
    s1, s2: string;
begin
  for i := 0 to 4 do s1 := s1 + Char(ba[i]);
  for i := 5 to 7 do s2 := s2 + Char(ba[i]);
  Label1.Text := s1 + Environment.NewLine + s2;
end;
```

Jetzt die einfache Lösung, bei der jeweils eine Anweisung genügt, um mittels *GetString*-Methode das Byte-Array zu decodieren:

```
procedure TWinForm1.Button2_Click(sender: System.Object; e: System.EventArgs);
var s1, s2: string;
```

```
begin
  s1 := Encoding.Default.GetString(ba, 0, 5);    // 5 Zeichen ab Position 0
  s2 := Encoding.Default.GetString(ba, 5, 3);    // 3 Zeichen ab Position 5
  Label2.Text := s1 + Environment.NewLine + s2;
end;
```

Test

Der aus dem Byte-Array erzeugte String wird im darüber liegenden Label angezeigt. Wie erwartet, kommen beide Varianten zum gleichen Resultat.

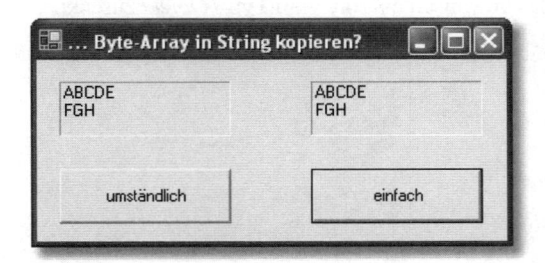

R 2.9 Ein String-Array in ein Object-Array umwandeln

Beim Portieren von Code aus den klassischen .NET-Sprachen (C#, VB.NET) nach Delphi.NET wird der Newcomer manchmal selbst bei scheinbar einfachsten Konstrukten an den Rand der Verzweiflung getrieben. Ein typisches Beispiel dafür ist die *AddRange*-Methode der *Items*-Auflistung von *ListBox, ComboBox, CheckedListBox* etc., die unter Delphi.NET hartnäckig ihren Dienst zu verweigern scheint.

Während man z.B. in C# mit den Anweisungen

```
string[] liste = {"Müller", "Maier", "Schulze", "Lehmann", "Krause"};
listBox1.Items.AddRange(liste);
```

auf einen Hieb eine ganze Liste von Einträgen hinzufügen kann, scheitert der äquivalente Delphi.NET-Code

```
const liste: array[0..4] of String = ('Müller', 'Maier', 'Schulze', 'Lehmann', 'Krause');
...
ListBox1.Items.AddRange(liste);                // Fehler!
```

mit der Fehlermeldung, dass der Parameter *liste* doch bitte schön vom Datentyp *array of TObject* zu sein hat.

Das vorliegende Rezept demonstriert eine Lösung in Gestalt einer Konvertierungsfunktion, wobei gleichzeitig auch weiteres Know-how, wie die Verwendung der (ab Delphi 2005 neuen) dynamischen Array-Zuweisung oder die Übergabe offener Arrays, vermittelt werden soll.

Oberfläche

Öffnen Sie eine neue Windows Forms-Anwendung mit einer *ListBox* und zwei *Button*s (siehe Laufzeitabbildung am Schluss).

Quellcode TWinForm1

Wir deklarieren zunächst auf globaler Ebene einen neuen Datentyp:

```
type TObjArray = array of TObject;
```

Unsere Konvertierungsfunktion nimmt ein offenes nullbasiertes String-Array als Parameter entgegen und liefert das gewünschte Array vom Typ *TObject* zurück:

```
function convertArray(arrStr: array of string): TObjArray;
var arrObj: TObjArray;
    i, len: Integer;
begin
  len := High(arrStr)+1;
  SetLength(arrObj, len);
  for i := 0 to len-1 do arrObj[i] := arrStr[i];
  Result := arrObj;
end;
```

Der Aufruf:

```
procedure TWinForm1.Button1_Click(sender: System.Object; e: System.EventArgs);
var liste: array[] of String;
begin
    liste := New(array[] of String, ('Müller', 'Maier', 'Schulze', 'Lehmann', 'Krause'));
    ListBox1.Items.AddRange(convertArray(liste));
end;
```

Test

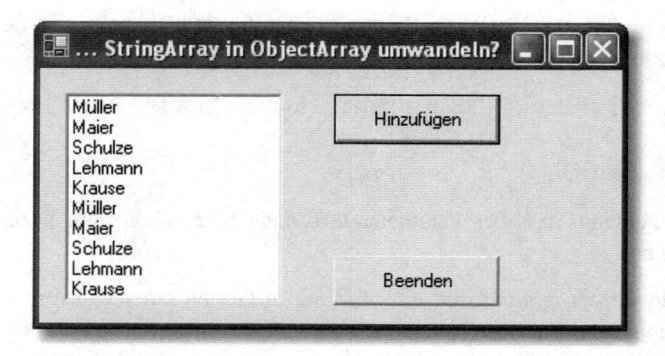

Bemerkung

Eine alternative Realisierung unter Verwendung von Array-Konstanten:

```
procedure TWinForm1.Button1_Click(sender: System.Object; e: System.EventArgs);
const liste: array[0..4] of String = ('Müller', 'Maier', 'Schulze', 'Lehmann', 'Krause');
begin
   ListBox1.Items.AddRange(convertArray(liste));
end;
```

R 2.10 Eine einzelne Spalte aus einer Matrix kopieren

Von einem mehrdimensionalen Array(4, 3) soll die Spalte 2 in ein eindimensionales Array kopiert werden. Zunächst die falsche Lösung:

```
var a: array[0..4, 0..3] of Double;
    b: array[0..3] of Double;
    ...
    b := a[2];         // das geht leider nicht !!!
```

Leider funktioniert auch *System.Array.CopyTo* nicht, weil die Elemente [2,0], [2,1] und [2,2] nicht direkt hintereinander im Speicher angeordnet sind:

$$[0,0] \ [1,0] \ \mathbf{[2,0]} \ [3,0] \ [4,0]$$
$$[0,1] \ [1,1] \ \mathbf{[2,1]} \ [3,1] \ [4,1]$$
$$[0,2] \ [1,2] \ \mathbf{[2,2]} \ [3,2] \ [4,2]$$

Man muss also eine Schleife verwenden, um das neue Array zu füllen.

Hinweis: Damit es diesmal nicht zu trocken und langweilig wird, möchte das vorliegende Rezept das Kopieren auf optisch ansprechende Weise demonstrieren und dabei en passant weiteres Grundlagenwissen vermitteln, wie das Generieren von Steuerelementen zur Laufzeit.

Oberfläche

Öffnen Sie eine neue Windows Forms-Anwendung mit der abgebildeten Oberfläche. Da das Array in einer automatisch generierten Label-Matrix dargestellt werden soll, ist links genügend Platz zu lassen (siehe Laufzeitabbildung am Schluss).

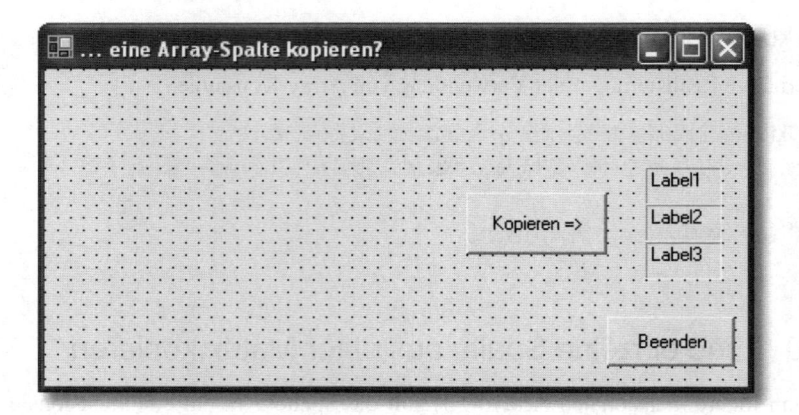

[Screenshot: Fenster "... eine Array-Spalte kopieren?" mit Button "Kopieren =>", Labels Label1, Label2, Label3 und Button "Beenden"]

Quellcode TWinForm1

Die Hauptprozedur *createArray* wird zweckmäßigerweise gleich als Methode der Klasse *TWinForm1* definiert:

```
type
  TWinForm1 = class(System.Windows.Forms.Form)
  ...
  private
    procedure createArray(x0, y0, b, h, zmax, smax: Integer);
  ...
end;
```

Zu Beginn wird das Array mit 3 Zeilen und 4 Spalten erzeugt, weiterhin werden Parameter zur optischen Darstellung in der Label-Matrix übergeben (Einzelheiten später):

```
constructor TWinForm1.Create;
begin
  inherited Create;
  ...
  createArray(40, 60, 50, 30, 3, 4);
end;
```

Wir werden später per Code eine *TrackBar* erzeugen, hier zunächst die Referenz:

```
var tbar: TrackBar;
```

Das zweidimensionale Quellen-Array:

```
A: array of array of Double;
```

Das eindimensionale Ziel-Array:

```
B: array of Double;
```

R 2.10 Eine einzelne Spalte aus einer Matrix kopieren

Eine mit der *TrackBar* ausgewählte Spalte kopieren:

```
procedure TWinForm1.Button1_Click(sender: System.Object; e: System.EventArgs);
var s, z: Integer;
begin
  SetLength(B, 3);        // Zielarray dimensionieren
  s := tbar.Value;        // die ausgewählte Spalte
```

Jetzt kommen wir zum eigentlichen Kern des Rezepts, das Kopieren der Spalte *s* in das eindimensionale Zielarray *B*:

```
  for z := 0 to High(B) do B[z] := A[s, z];      // Durchlaufen aller Zeilen von A
```

Die Anzeige der Lösung:

```
  Label1.Text := B[0].ToString;
  Label2.Text := B[1].ToString;
  Label3.Text := B[2].ToString;
end;
```

Nun zur Implementierung unserer Hauptmethode:

createArray generiert ein mit Zufallszahlen gefülltes zweidimensionales Array, zeigt es in einer Label-Matrix an und erzeugt außerdem eine Trackbar zur Auswahl der Spalte, die kopiert werden soll.

Die einzelnen Übergabeparameter:

- *x0, y0* = linke obere Ecke der Label-Matrix
- *b, h* = Breite und Höhe eines einzelnen Labels
- *zmax, smax* = Anzahl der Zeilen und Spalten

```
procedure TWinForm1.createArray;
var rnd: System.Random;
    z, s: Integer;
    lb: System.Windows.Forms.Label;
    wert: Integer;
begin
  SetLength(A, smax, zmax);        // Quellenarray dimensionieren
  rnd := System.Random.Create;
```

Die Label-Matrix erzeugen und füllen:

```
  for z := 0 to zmax-1 do
    for s := 0 to smax-1 do
    begin
      lb := System.Windows.Forms.Label.Create;
      lb.Width := b; lb.Height := h;
```

```
    lb.Left := x0 + s * b; lb.Top := y0 + z * h;
    lb.BorderStyle := BorderStyle.Fixed3D;
    Controls.Add(lb);
    wert := rnd.Next(100);          // Zufallszahl zwischen 0...99
    lb.Text := wert.ToString;
    A[s, z] := wert;
  end;
```

Die Trackbar instanziieren und positionieren:

```
  tbar :=  Trackbar.Create;
  with tbar do begin
    Width := b * s; Height := h;
    Left := x0; Top := y0 - h;
    Minimum := 0; Maximum := smax - 1;
    LargeChange := 1;
  end;
  Controls.Add(tbar);
end;
```

Test

Nach dem Start erscheint links das säuberlich gezeichnete und mit Zufallszahlen gefüllte Array. Mit der Trackbar stellen Sie die gewünschte Spalte ein und kopieren sie nach rechts.

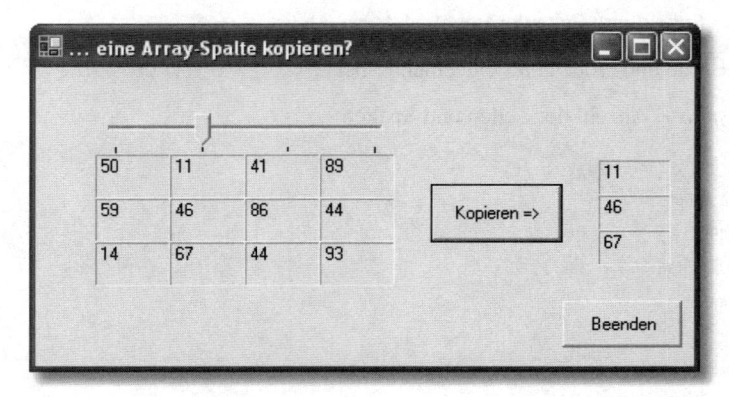

Bemerkung

Zum automatischen Generieren der Controls siehe

☞   R 3.11 Eine Control-Matrix zur Laufzeit erzeugen

R 2.11 Funktionen überladen

Gleichnamige Funktionen/Prozeduren/Methoden dürfen sich im gleichen Gültigkeitsbereich befinden, wenn sie unterschiedliche Parameterlisten haben und die Deklaration mit der *overload*-Direktive erfolgt. In diesem Demobeispiel sollen die Grundfläche und das Volumen eines Zylinders mit zwei gleichnamigen Funktionen *zylinder* berechnet werden.

Oberfläche

Öffnen Sie eine neue Windows Forms-Anwendung und entwerfen Sie eine Benutzerschnittstelle ähnlich der Abbildung. Die beiden unteren Label müssen etwas reichlicher bemessen werden, da sie nicht nur das Ergebnis, sondern auch eventuelle Fehlermeldungen anzeigen sollen.

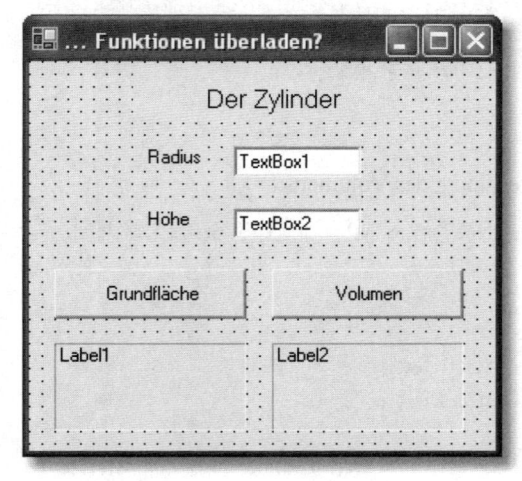

Quelltext TWinForm1

Der *implementation*-Abschnitt:

```
var  r, h: Double;
```

Die Funktion zur Volumenberechnung braucht als Übergabeparameter den Radius und die Höhe:

```
function zylinder(r,h: Double): Double; overload;
begin
  Result:= Math.Pi * r * r * h      // Volumen = Grundfläche mal Höhe
end;
```

Die Funktion zum Berechnen der Grundfläche benötigt nur den Radius als Übergabeparameter:

```
function zylinder(r: Double): Double; overload;
```

```
begin
  Result := Math.Pi * r * r         // Grundfläche = Pi*r*r
end;
```

Der Button für die Berechnung der Grundfläche:

```
procedure TWinForm1.Button1_Click(sender: System.Object; e: System.EventArgs);
var f: Double;
begin
 try
    r := Convert.ToDouble(TextBox1.Text);
    f := zylinder(r);
    Label1.Text := f.ToString('F2');     // Ergebnisanzeige (2 Nachkommastellen)
  except
    on ex: Exception do Label1.Text := ex.Message
  end;
end;
```

Der Button für die Berechnung des Volumens:

```
procedure TWinForm1.Button2_Click(sender: System.Object; e: System.EventArgs);
var v: Double;
begin
 try
    r := Convert.ToDouble(TextBox1.Text);
    h := Convert.ToDouble(TextBox2.Text);
    v := zylinder(r, h);
    Label2.Text := v.ToString('F3');   // Ergebnisanzeige (3 Nachkommastellen)
  except
    on ex: Exception do Label2.Text := ex.Message
  end;
end;
```

Test

Dazu gibt es nicht viel zu sagen – geben Sie Radius und Höhe ein und überzeugen Sie sich selbst, ob alles wie geplant funktioniert! Die eingebaute *try-except*-Fehlerbehandlung sorgt für aussagefähige Meldungen, falls sich die eingegebenen Werte nicht in Zahlen konvertieren lassen:

R 2.12 Ein Array als Parameter übergeben

(Abbildung: Fenster „... Funktionen überladen?" mit Zylinder-Berechnung: Radius 100,25, Höhe TextBox2, Schaltflächen Grundfläche und Volumen, Ergebnis 31573,20 und Fehlermeldung „Die Eingabezeichenfolge hat das falsche Format.")

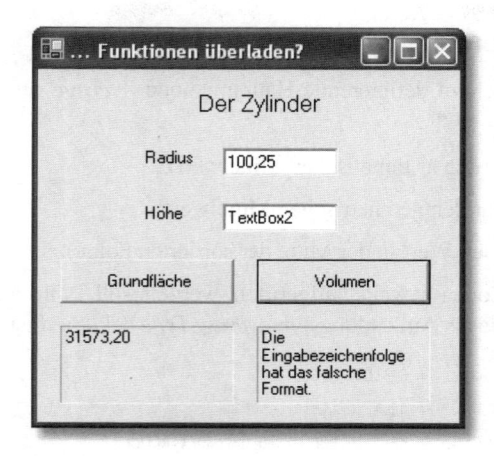

R 2.12 Ein Array als Parameter übergeben

In diesem etwas anspruchsvolleren Rezept geht es vor allem um den Einsatz von Funktionen, Aufzählungstypen und Arrays als Übergabeparameter.

Für eine Liste von Zahlen wollen wir

- *arithmetischen Mittelwert*,
- *geometrischen Mittelwert* und
- Wert in der Mitte berechnen.

Oberfläche

Öffnen Sie eine neue Windows Forms-Anwendung. Alles was Sie an Steuerelementen brauchen, entnehmen Sie der folgenden Abbildung:

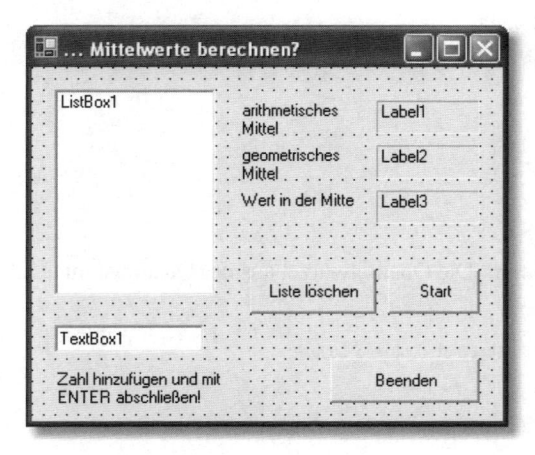

(Abbildung: Fenster „... Mittelwerte berechnen?" mit ListBox1, Labels für arithmetisches Mittel (Label1), geometrisches Mittel (Label2), Wert in der Mitte (Label3), TextBox1, Hinweis „Zahl hinzufügen und mit ENTER abschließen!", Schaltflächen Liste löschen, Start, Beenden)

Quellcode TWinForm1

Eine von uns später noch zu definierende Hauptmethode *Average* ruft folgende drei spezialisierte Methoden auf:

- *MeanAritmetic* (für den arithmetischen Mittelwert)
- *MeanGeometric* (für den geometrischen Mittelwert)
- *MeanMedian* (für den Wert in der Mitte der sortierten Folge)

Welche der drei Methoden jeweils aufgerufen werden soll, wird durch Übergabe einer Konstanten gesteuert, die als Aufzählungstyp *averageType* deklariert ist:

```
type averageType = (MeanA,     // arithm. Mittel
                    MeanG,     // geom. Mittel
                    Median);   // Wert in der Mitte der sortierten Folge
```

Es folgen die Implementierungen der drei Methoden. Allen ist gemeinsam, dass ihnen als Parameter ein gefülltes *Double*-Array übergeben wird.

MeanArithmetic-Funktion: Die Summe aller Zahlen geteilt durch deren Anzahl (arithmetischer Mittelwert).

```
function MeanArithmetic(arr: array of Double): Double;
 var total: Double;
     teiler, i: Integer;
begin
  total := 0;
  teiler := High(arr) + 1;
  i := 0;
  if teiler = 0 then Result := 0
                else
  begin
    while i < teiler do begin
      total := total + arr[i];
      Inc(i);
    end;
    Result := total / teiler
  end;
end;
```

MeanGeometric-Funktion: Die Quadratwurzel aus der Quadratsumme aller Zahlen (geometrischer Mittelwert).

```
function MeanGeometric(arr: array of Double): Double;
var total: Double;
     i: Integer;
begin
```

```
    total := 0;
    for i := 0 to High(arr) do
        total := total + arr[i] * arr[i];
    Result := Math.Sqrt(total);
end;
```

MeanMedian-Funktion: Wenn die Liste eine ungerade Anzahl von Einträgen hat, so ist es der in der Mitte der sortierten(!) Zahlenfolge stehende Wert. Bei einer geraden Anzahl von Einträgen ist es die Summe der beiden mittleren Werte geteilt durch zwei.

```
function MeanMedian(arr: array of Double): Double;
var count, m1, m2: Integer;
begin
    count := High(arr) + 1;        // Länge des Arrays
    if count = 0 then Result := 0
              else
    begin
        System.Array.Sort(arr);                      // erst sortieren!
        if count mod 2 = 0 then begin                // wenn geradzahlig
            m1 := Convert.ToInt32(count / 2.0 - 1);  // unterer mittlerer Array-Index
            m2 := Convert.ToInt32(count / 2.0);      // dto. oberer ...
            Result := (arr[m1] + arr[m2]) / 2
        end else begin                               // wenn ungeradzahlig
            m1 := count div 2;
            Result := arr[m1];
        end;
    end;
end;
```

Die Hauptmethode *Average* entscheidet auf Grundlage des übergebenen Aufzählungstyps, zu welcher der drei speziellen Funktionen denn nun verzweigt werden soll:

```
function Average(arr: array of Double; avType: averageType): Double;
begin
    case avType of
      MeanA: Result := MeanArithmetic(arr);    // arithmetischer MW
      MeanG: Result := MeanGeometric(arr);     // geometrischer MW
      Median: Result := MeanMedian(arr)        // Wert in der Mitte
      else begin
        Messagebox.Show('Kein gültiger Mittelwert-Typ!');
        Result := 0;
      end;
    end;
end;
```

Nun endlich kommen wir zur Anwendung (Klick auf den "Start"-Button):

```
procedure TWinForm1.Button1_Click(sender: System.Object; e: System.EventArgs);
var n, i: Integer;
    arr: array of Double;
begin
  // Array dimensionieren:
  n := ListBox1.Items.Count;
  SetLength(arr, n);
  // Array aus ListBox füllen:
  for i := 0 to n-1 do arr[i] := Convert.ToDouble(ListBox1.Items[i]);
```

Dreimaliger Aufruf der *Average*-Funktion mit unterschiedlichen Parametern:

```
  Label1.Text := Average(arr, MeanA).ToString('#,##0.###');
  Label2.Text := Average(arr, MeanG).ToString('#,##0.###');
  Label3.Text := Average(arr, Median).ToString('#,##0.###')
end;
```

Um eine Zahl zur ListBox hinzuzufügen, geben Sie diese in die TextBox ein und schließen mit Enter ab:

```
procedure TWinForm1.TextBox1_KeyUp(sender: System.Object; e: System.Windows.Forms.KeyEventArgs);
begin
  if e.KeyCode = Keys.Enter then begin      // Abschluss mit Enter-Taste
    ListBox1.Items.Add(TextBox1.Text);
    TextBox1.Clear;
  end;
end;
```

Die ListBox löschen:

```
procedure TWinForm1.Button2_Click(sender: System.Object; e: System.EventArgs);
begin
  ListBox1.Items.Clear;
end;
```

Test

Nach Programmstart übertragen Sie zunächst in beliebiger Reihenfolge einige Zahlenwerte aus der TextBox in die ListBox, um anschließend die Auswertung vornehmen zu können:

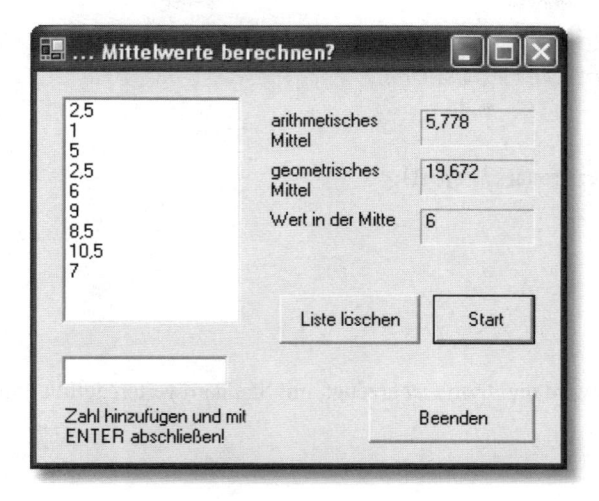

R 2.13 In einer ArrayList suchen und sortieren

Bei einer *ArrayList* handelt es sich um eine universell einsetzbare Sammlung (Collection) von Objekten, die vom standardmäßig eingebundenen Namensraum *System.Collections* bereitgestellt wird.

Das vorliegende Rezept zeigt nicht nur, wie man in der *ArrayList* sortiert oder sucht, sondern auch wie man deren Inhalt ausliest und in einer *ListBox* zur Anzeige bringt.

Oberfläche

Öffnen Sie eine neue Windows Forms-Anwendung mit der abgebildeten Oberfläche.

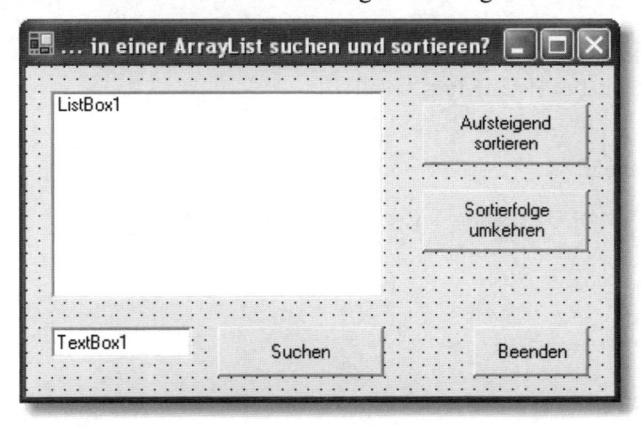

Quellcode TWinForm1

Fügen Sie zur Klassendeklaration von *TWinForm1* die Methode *listeAnzeigen* hinzu:

```
type
  TWinForm1 = class(System.Windows.Forms.Form)
  ...
  private
     procedure listeAnzeigen(aL: ArrayList);
end;

implementation

var aL: ArrayList;
```

Bei Programmstart wird die *ArrayList* erzeugt, mit Standardwerten gefüllt und angezeigt:

```
constructor TWinForm1.Create;
begin
  inherited Create;
  ...
  aL := ArrayList.Create;
  aL.Add('Das'); aL.Add('ist'); aL.Add('ein'); aL.Add('Test');
  aL.Add('mit'); aL.Add('der'); aL.Add('ArrayList'); aL.Add('Das');
  aL.Add('ist'); aL.Add('ok.');
  listeAnzeigen(aL);
end;
```

Die Methode zur Anzeige des Array-Inhalts in der ListBox:

```
procedure TWinForm1.listeAnzeigen;
var i: Integer;
begin
  ListBox1.Items.Clear;
  for i := 0 to aL.Count-1 do ListBox1.Items.Add(aL[i]);
end;
```

Aufsteigend sortieren:

```
procedure TWinForm1.Button1_Click(sender: System.Object; e: System.EventArgs);
begin
  aL.Sort;
  listeAnzeigen(aL);
end;
```

Reihenfolge ändern:

```
procedure TWinForm1.Button2_Click(sender: System.Object; e: System.EventArgs);
begin
  aL.Reverse;
```

R 2.13 In einer ArrayList suchen und sortieren

```
  listeAnzeigen(aL);
end;
```

Beim Suchen "merkt" sich eine globale Variable den Index des letztmaligen Vorkommens des gesuchten Worts:

```
var ix: Integer = -1;

procedure TWinForm1.Button3_Click(sender: System.Object; e: System.EventArgs);     // Suchen
var i: Integer;
    lf: Char;
begin
  lf := Convert.ToChar(13);         // Zeilenvorschub für MessageBox
  i := aL.IndexOf( TextBox1.Text, ix+1);   // Suche wird ab ix fortgesetzt
  if i < 0 then begin
    MessageBox.Show('Das Element wurde nicht gefunden!' + lf + ' Suche beginnt wieder von vorn!');
    ix := -1;
    ListBox1.SelectedIndex := -1;          // Zeilenmarkierung entfernen
  end else
  begin
    ListBox1.SelectedIndex := i;           // gefundenes Wort markieren
    ix := i;
  end
end;
```

Test

Unmittelbar nach dem Start wird die *ArrayList* noch unsortiert angezeigt. Die Abbildung zeigt eine erfolgreiche Suche nach vorheriger Sortierung in alphabetischer Reihenfolge. Die Groß-/Kleinschreibung spielt in unserem Beispiel keine Rolle.

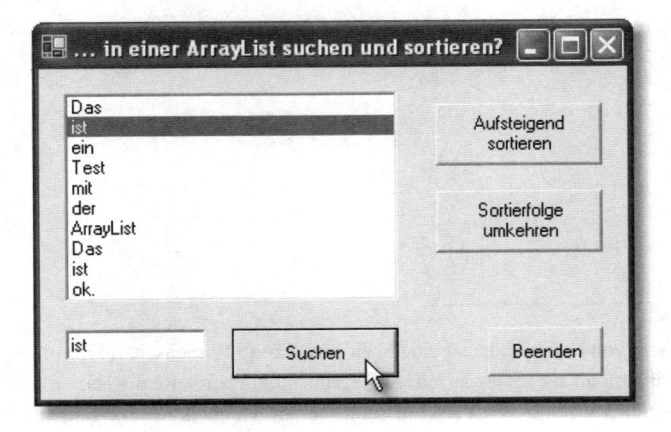

Bemerkungen

- Über die zahlreichen öffentlichen Eigenschaften, Methoden und Ereignisse der ArrayList kann Sie nur die Online-Hilfe ausreichend informieren.

- Ein weiteres Anwendungsbeispiel der ArrayList finden Sie unter

    ☞ R 3.8 Objekte in ListBox/ComboBox anzeigen

R 2.14 Einen Text verschlüsseln

In diesem Rezept geht es weniger um das Verschlüsseln, sondern vielmehr um den Umgang mit Stringfunktionen, der an folgendem praktischen Beispiel demonstriert werden soll:

Vielleicht haben Sie sich in Ihrer Schulzeit schon mal gegenseitig "hochgeheime" Nachrichten nach folgendem Prinzip zugeschickt: Jeder Buchstabe des Originals wird um eine bestimmte Anzahl Stellen innerhalb der alphabetischen Reihenfolge verschoben[1]. Dem Empfänger teilt man vorher den Geheimschlüssel mit, d.h. die Anzahl der Buchstabenverschiebungen nach rechts bzw. links.

Beispiel: Der Text "hallo" wird mit einer Verschiebung von drei Stellen als "kdoor" verschlüsselt. Ausgerüstet mit einer Schablone konnte man auf diese Weise relativ schnell kleinere Texte chiffrieren und dechiffrieren. Wir aber wollen mit Hilfe der .NET-Stringfunktionen eine wesentlich komfortablere "Chiffriermaschine" bauen, die auf dem gleichen Prinzip beruht.

Oberfläche

Die folgende Laufzeitansicht unserer Windows Forms-Anwendung zeigt die benötigten Steuerelemente (von oben nach unten: *TextBox1, NumericUpDown1, Button1, TextBox2, Button2, TextBox3, Button3*):

---

[1] Das Verschlüsseln von Nachrichten ist eine hoch entwickelte Wissenschaft (Kryptologie), und die Profis werden angesichts dieses etwas naiven Rezepts möglicherweise die Nase rümpfen. Aber im Mittelpunkt steht hier weniger das Verschlüsseln, sondern vielmehr der Umgang mit Stringfunktionen!

R 2.14 Einen Text verschlüsseln

[Screenshot der Anwendung: Formular "... einen Text verschlüsseln?" mit Eingabefeld "Hier den Originaltext eingeben:" (TextBox1), NumericUpDown "0" mit Beschriftung "Um wieviel Stellen sollen die Buchstaben verschoben werden?", Button "Verschlüsselung starten", "Der verschlüsselte Text:" (TextBox2), Button "Entschlüsselung starten", "Der entschlüsselte Text:" (TextBox3), Button "Beenden"]

Die Eigenschaften *Value* und *Increment* der *NumericUpDown*-Komponente belassen wir auf ihren Standardwerten (*0* bzw. *1*). Die *Minimum*- und die *Maximum*-Eigenschaft werden erst im Quellcode zugewiesen.

Quellcode TWinForm1

Die Hauptfunktion *codieren* wird als Methode von *TWinForm1* eingebunden:

```
type
  TWinForm1 = class(System.Windows.Forms.Form)
  ...
  private
    function codieren(s: string; n: Integer): string;
end;
implementation
```

Zu Beginn deklarieren wir den Zeichensatz als Stringkonstante, in der alle erlaubten Buchstaben, Zahlen etc. enthalten sein müssen. Die Reihenfolge ist von untergeordneter Bedeutung (siehe Bemerkung am Schluss). Außerdem deklarieren wir eine Variable, die die Länge des Zeichensatzes ermittelt:

```
const s0 = 'abcdefghijklmnopqrstuvwxyzäöüABCDEFGHIJKLMNOPQRSTUVWXYZÄÖÜ1234567890 .,-?!';
var nmax: Integer;          // Länge des Zeichensatzes
```

Zu Beginn setzen wir den oberen und unteren Grenzwert der *NumericUpDown*-Komponente auf die positive bzw. negative Länge des Zeichensatzes:

```
constructor TWinForm1.Create;
begin
   ...
   nmax := s0.Length;
   NumericUpDown1.Maximum := nmax;
   NumericUpDown1.Minimum := -nmax;
end;
```

Sowohl das Verschlüsseln als auch das Entschlüsseln des Textes wird von der Methode *codieren* erledigt. Als Übergabeparameter erhält sie einen String *s* sowie die gewünschte (positive oder negative) Verschiebung *n*. Rückgabewert ist der verschlüsselte bzw. der entschlüsselte String:

```
function TWinForm1.codieren(s: string; n: Integer): string;
   var s1,             // puffert übergebenen String s
       s2,             // puffert Rückgabewert
       z: string;      // einzelnes Zeichen
       i,              // Zählvariable
       pos,            // Originalposition des Zeichens im Zeichensatz
       posN: Integer;  // Position des verschobenen Zeichens im Zeichensatz
begin
   s1 := s; s2 := '';
```

In der folgenden Schleife wird pro Durchlauf ein Zeichen aus dem übergebenen String "herauskopiert" und seine Position im Zeichensatz gesucht. Anschließend wird das verschobene Zeichen berechnet und der Ergebnisstring stückweise "zusammengebaut":

```
   for i := 0 to s1.Length-1 do begin
      z := s1.Substring(i,1);        // i-tes Zeichen herauskopieren
      pos := s0.IndexOf(z);          // Position im Zeichensatz suchen
      if pos = -1 then begin         // Zeichen nicht gefunden
         MessageBox.Show(z + ' ist ein unzulässiges Zeichen!', 'Warnung');
         Exit;
      end;
      posN := pos + n;               // auf neue Position verschieben
      if posN >= nmax then posN := posN - nmax;  // bei Überlauf wieder von vorn beginnen
      if posN < 0 then posN := posN + nmax;      // ... bzw. hinten weitermachen
      z := s0.Substring(posN, 1);    // korrespondierendes Zeichen ermitteln
      s2 := s2 + z;                  // Rückgabestring zusammenstückeln
   end;
   Result := s2;
end;
```

R 2.14 Einen Text verschlüsseln

Der Funktionsaufruf beim Verschlüsseln:

```
procedure TWinForm1.Button1_Click(sender: System.Object; e: System.EventArgs);
begin
   TextBox2.Text := codieren(TextBox1.Text, Convert.ToInt32(NumericUpDown1.Value));
end;
```

Der Aufruf beim Entschlüsseln:

```
procedure TWinForm1.Button2_Click(sender: System.Object; e: System.EventArgs);
begin
   TextBox3.Text := codieren(TextBox2.Text, Convert.ToInt32(-NumericUpDown1.Value));
end;
```

Test

Nach dem Programmstart haben Sie alle Möglichkeiten zu umfassenden Experimenten.

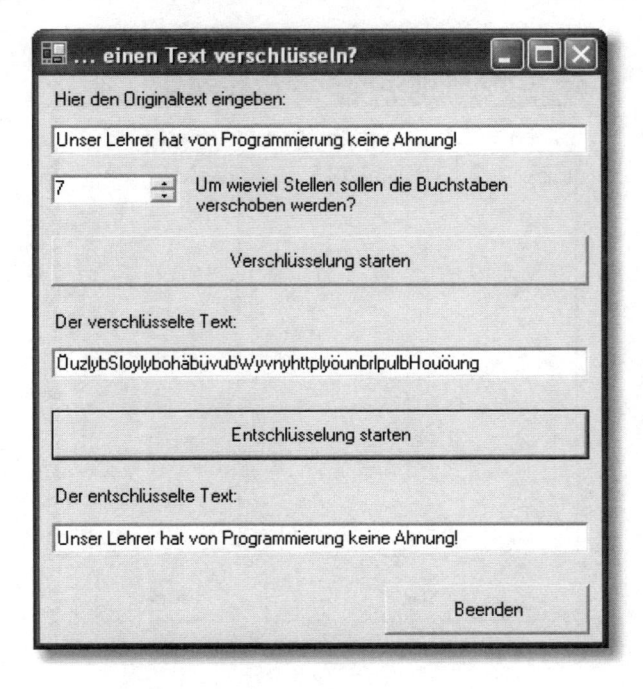

Falls Sie ein nicht erlaubtes Zeichen eingeben, erfolgt ein Hinweis.

Bemerkungen

- Es liegt an Ihnen, den erlaubten Zeichenvorrat zu vergrößern bzw. einzuschränken. Dazu brauchen Sie lediglich die Stringkonstante *s0* zu ändern.

- Die "Knackfestigkeit" des Verfahrens lässt sich deutlich steigern, wenn Sie die Zeichen innerhalb *s0* nicht in alphabetischer Reihenfolge, sondern zufällig anordnen.
- Die Achillesferse unserer "Chiffriermaschine" soll nicht verschwiegen werden: Der Hacker sucht im Text zunächst nach dem am häufigsten vorkommenden Zeichen, und das ist mit hoher Wahrscheinlichkeit das verschlüsselte "e". In obiger Laufzeitabbildung kommt deshalb das "t" am häufigsten vor. Fast ist der Code geknackt! Allerdings werden die Tüftler unter Ihnen bald Wege finden, wie sich auch dieser Angriffspunkt entschärfen lässt.

R 2.15 Zahlen sortieren

Dieses Rezept zeigt Ihnen nicht nur den Aufbau eines Sortieralgorithmus (Bubblesort), sondern auch die Anwendung prozeduraler Typen, die auf der .NET-Plattform als so genannte "Delegaten" implementiert werden.

Oberfläche

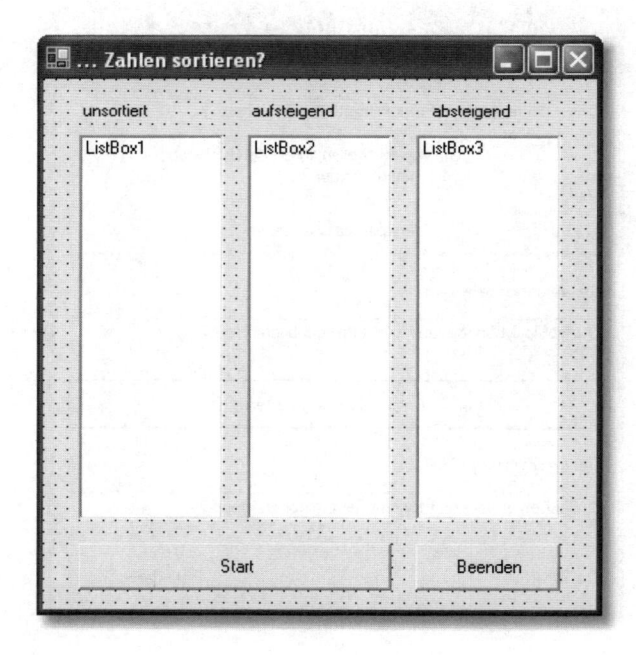

Quelltext TWinForm1

Wir deklarieren einen Funktionszeiger:

```
type CompareFunc = function(x, y: Integer): Boolean;        // Funktionszeiger (Delegat)
```

CompareFunc soll wahlweise auf eine der beiden folgenden Funktionen (*SortAscending* oder *SortDescending*) zeigen:

R 2.15 Zahlen sortieren

Vergleichsfunktion für die aufsteigende Suche:

```
function SortAscending(x, y: Integer): Boolean;
begin
  if y < x then Result := True else Result := False
end;
```

Vergleichsfunktion für die absteigende Suche:

```
function SortDescending(x, y: Integer): Boolean;
begin
  if y > x then Result := True else Result := False
end;
```

Die eigentliche Sortier-Routine arbeitet nach dem Bubblesort-Verfahren und empfängt als Parameter einen Funktionszeiger und das zu sortierende Integer-Array:

```
procedure BubbleSort(cpF: CompareFunc; intArr: array of Integer);
var i, j, tmp: Integer;
begin
  for i := 0 to High(intArr) do
    for j := i + 1 to High(intArr) do
```

Ob die *SortAscending*- oder *SortDescending*-Methode aufgerufen wird, bestimmt der übergebene Funktionszeiger:

```
      if cpF(intArr[i], intArr[j]) then begin
```

Falls erforderlich, muss getauscht werden:

```
        tmp := intArr[j];
        intArr[j] := intArr[i];
        intArr[i] := tmp;
      end;
end;
```

Wir testen die Sortierfunktion mit einem Array, das mit 20 Zufallszahlen gefüllt wird:

```
procedure TWinForm1.Button1_Click(sender: System.Object; e: System.EventArgs);
var rnd   : System.Random;
    max, i: Integer;
    iArr  : array of Integer;
    cpF   : CompareFunc;           // Funktionszeiger!
begin
  rnd := System.Random.Create;
  max := 20;
  SetLength(iArr, max);            // Array dimensionieren
  ListBox1.Items.Clear; ListBox2.Items.Clear; ListBox3.Items.Clear;
```

Das Array füllen:

```
for i := 0 to max - 1 do begin
   iArr[i] := rnd.Next(0, 100);              // Zufallszahl erzeugen
   ListBox1.Items.Add(iArr[i].ToString);
end;
```

Bei den folgenden Aufrufen der Sortier-Routine wird auch ein Funktionszeiger übergeben, der die gewünschte Sortierreihenfolge bestimmt:

```
cpF := SortAscending;                        // aufsteigend sortieren
BubbleSort(cpF, iArr);
for i := 0 to max-1 do ListBox2.Items.Add(iArr[i].ToString);
cpF := SortDescending;                       // absteigend sortieren
BubbleSort(cpF, iArr);
for i := 0 to max-1 do ListBox3.Items.Add(iArr[i].ToString);
end;
```

Test

R 2.16 Zufallszahlen erzeugen

Das .NET-Framework enthält eine Klasse mit dem Namen *Random*, die Sie zum Erzeugen zufälliger Integer-Werte verwenden können. Das vorliegende Rezept zeigt die Realisierung eines einfachen "Würfels", der Zahlen zwischen 1 und 6 generiert.

Oberfläche

Öffnen Sie eine neue Windows Forms-Anwendung und platzieren Sie ein *Label* und einen *Button* auf das Startformular *WinForm1*.

Um das Beispiel optisch etwas aufzuwerten, können Sie die *FormBorderStyle*-Eigenschaft des Formulars auf *Fixed3D* setzen und auch die Eigenschaften *Font.Size* und *Font.Bold* von *Label1* ändern.

Quellcode TWinForm1

```
procedure TWinForm1.Button1_Click(sender: System.Object; e: System.EventArgs);
var rnd: System.Random;
    z: Integer;
begin
  rnd := System.Random.Create;
  z := rnd.Next(1, 7);
  Label1.Text := z.ToString;
end;
```

Test

Ohne viele Worte:

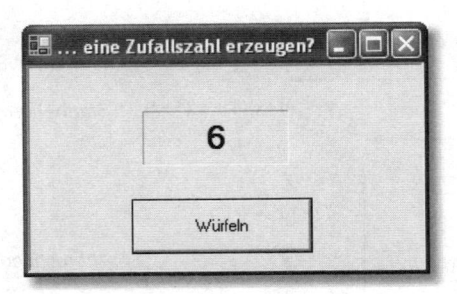

Bemerkungen

- Der *Next*-Methode eines *Random*-Objekts werden in unserem Beispiel die beiden Bereichsgrenzen als Parameter übergeben, wobei die erzeugte Zufallszahl größer oder gleich dem unteren Grenzwert, aber kleiner als der obere Grenzwert ist. Zwei weitere Überladungen der *Next*-Methode erlauben die Übergabe des oberen Grenzwerts als einzigen Parameter (der untere Grenzwert ist 0) oder einen parameterlosen Aufruf (es wird der gesamte positive Integer-Bereich ausgeschöpft).

- Eine weitere Anwendung der *Random*-Klasse finden Sie in

  ☞   R 12.9 OOP beim Kartenspiel erlernen

R 2.17   Eine Iteration verstehen

Eigentlich ist ein Computer ja "dumm" und erscheint uns nur dadurch "intelligent", dass er primitive Rechenoperationen mit einer wahnsinnig hohen Geschwindigkeit erledigt. Der pfiffige Programmierer kann sich dies zunutze machen, indem er dem Computer Aufgaben stellt, für die der Mensch keine Zeit hat, also solche, die sich nur durch schrittweises Ausprobieren lösen lassen. Typisch für diese Sorte von Aufgaben ist eine so genannte *Iterationsschleife*, die mit einer *Startnäherung* beginnt und an deren Ende ein *Abbruchkriterium* überprüft wird. Wie viele Male die Schleife durchlaufen wird, kann nicht exakt vorausbestimmt werden.

Ohne auf die mathematischen Grundlagen näher einzugehen wollen wir in diesem Rezept eine Iterationsschleife für das Ziehen der Quadratwurzel demonstrieren. Wir verzichten also auf die *Sqrt*-Funktion, wie sie standardmäßig von der *Math*-Klasse bereitgestellt wird, und programmieren eine eigene Lösung.

Programmablaufplan

Obwohl in der objekt- und ereignisorientierten Programmierung der PAP völlig aus der Mode gekommen scheint, eignet er sich nach wie vor gut zur Veranschaulichung von linearen Abläufen, wie z.B. Iterationszyklen.

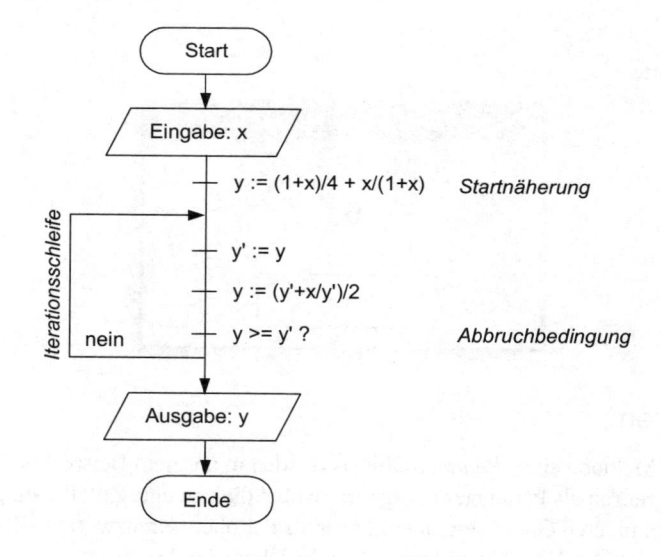

```
              Start
                │
         ┌──────▼──────┐
         │  Eingabe: x │
         └──────┬──────┘
                │
         y := (1+x)/4 + x/(1+x)      Startnäherung
                │
       ┌────────▼────────┐
       │    y' := y      │
       │                 │
       │ y := (y'+x/y')/2│
       │                 │
  nein │   y >= y' ?     │           Abbruchbedingung
       └────────┬────────┘
                │
         ┌──────▼──────┐
         │  Ausgabe: y │
         └──────┬──────┘
                │
              Ende
```
Iterationsschleife

R 2.17 Eine Iteration verstehen

Oberfläche

In unserer Windows Forms-Anwendung nehmen wir für die Eingabe eine *TextBox-* und für die Ausgabe eine *Label*-Komponente. Die *ListBox* ist nicht unbedingt erforderlich, aber wir sind ja neugierig und wollen auch die Zwischenergebnisse betrachten:

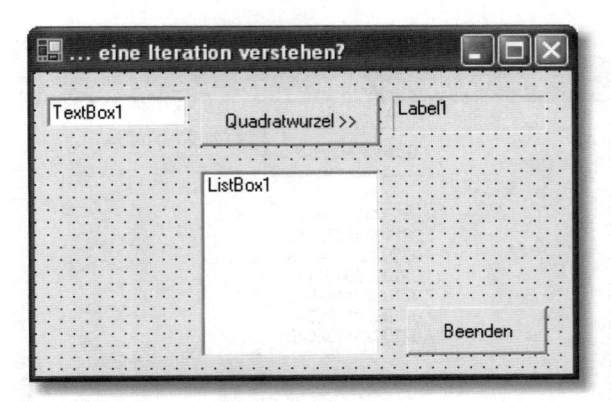

Quelltext TWinForm1

Die programmtechnische Umsetzung des obigen Programmablaufplans führt (in Verbindung mit dem Code für die Ein- und Ausgabe und für die Anzeige von Zwischenergebnissen) zu folgender Lösung:

Die Schaltfläche "Quadratwurzel":

```
procedure TWinForm1.Button1_Click(sender: System.Object; e: System.EventArgs);
var x, y, ya: Double;

begin
  x := Convert.ToDouble(TextBox1.Text);
  if x > 0 then begin        // die Quadratwurzel darf nur aus positiven Zahlen gezogen werden
    ListBox1.Items.Clear;
    y := (1 + x) / 4 + x / (1 + x);   // Startnäherung
    repeat                            // Beginn der Iterationsschleife
      ya := y;
      y := (ya + x / ya) / 2;
      ListBox1.Items.Add(y.ToString)  // Zwischenergebnis anzeigen
    until y >= ya;                    // Abbruchbedingung prüfen
    Label1.Text := y.ToString         // Endergebnis anzeigen
  end else Label1.Text := 'Bitte geben Sie einen positiven Wert ein!'
end;
```

Test

Die Zwischenergebnisse nähern sich schrittweise der endgültigen Lösung. Sie werden feststellen, dass circa fünf bis sieben Iterationen notwendig sind, um die Abbruchbedingung zu erfüllen, d.h., die Quadratwurzel in einer für *Double*-Zahlen ausreichenden Genauigkeit zu ermitteln:

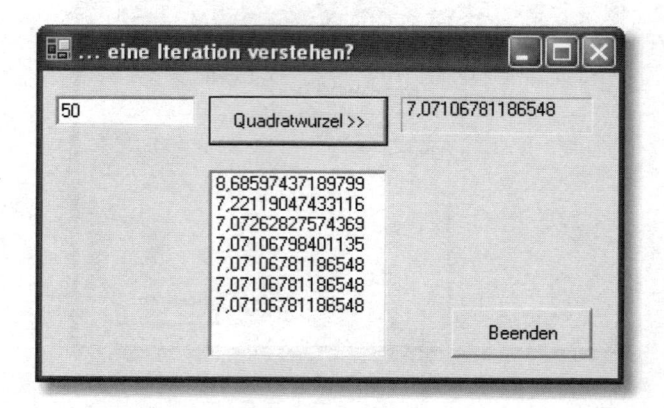

```
... eine Iteration verstehen?

50       Quadratwurzel >>      7,07106781186548

                8,68597437189799
                7,22119047433116
                7,07262827574369
                7,07106798401135
                7,07106781186548
                7,07106781186548
                7,07106781186548
                                        Beenden
```

Ergänzung

Der fortgeschrittene Programmierer wird obigen Code – besonders im Hinblick auf seine Wiederverwendbarkeit – in eine Funktion *qWurzel* verpacken. Da die Testphase abgeschlossen ist, kann auch auf die Anzeige der Zwischenergebnisse in der *ListBox* verzichtet werden:

```
function qWurzel(x: Double): Double;
var y, ya: Double;
begin
  if x > 0 then begin
    y := (1 + x) / 4 + x / (1 + x);
    repeat
      ya := y;
      y := (ya + x / ya) / 2;
    until y >= ya;
    Result := y
  end else Result := -1
end;
```

Der Aufruf gestaltet sich nun wesentlich übersichtlicher:

```
procedure TWinForm1.Button1_Click(sender: System.Object; e: System.EventArgs);
var x, y: Double;
begin
```

```
    x := Convert.ToDouble(TextBox1.Text);
    y := qWurzel(x);
    if x >= 0 then Label1.Text := y.ToString
              else
    Label1.Text := 'Bitte geben Sie einen positiven Wert ein!'
end;
```

R 2.18 Funktionen rekursiv aufrufen

Dass eine Funktion sich wiederholt auch selbst aufrufen kann, um damit quasi eine Iterationsschleife in Gang zu setzen, wollen wir am Beispiel der *Fibonacci*[1]-Zahlenreihe demonstrieren.

Gleichzeitig finden Sie die Lösung für ein solch triviales Problem, wie das Aussehen des Mauszeigers codegesteuert zu ändern.

Oberfläche

Gestalten Sie das Startformular Ihrer neuen Windows Forms-Anwendung etwa wie folgt:

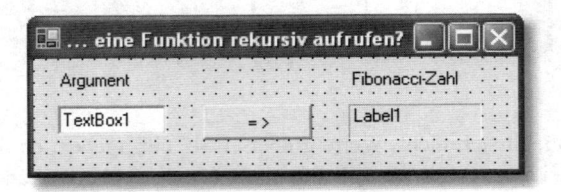

Quelltext TWinForm1

Die Funktion zur Berechnung der Fibonacci-Zahl für den Zeittakt *n* sieht zwar kurz und harmlos aus, hat es aber faustdick hinter den Ohren:

```
function berechneFibo(n: Integer): Integer;
begin
  if n <= 0 then begin Result := 0; Exit end;
  if n = 1 then begin Result := 1; Exit end;
  Self.Cursor := Cursors.WaitCursor;          // Mauszeiger wechselt zur Sanduhr
```

Hintereinander erfolgen zwei rekursive Aufrufe:

```
  Result := berechneFibo(n - 1) + berechneFibo(n - 2);
  Self.Cursor := Cursors.Default;             // Mauszeiger wird zurückgesetzt
end;
```

---

[1] Wer sich für die nicht unbedeutende Rolle dieser Zahlen bei diversen Naturprozessen interessiert, der mag ja mal in einem Mathe-Grundlagenbuch nachschauen, ansonsten tut der theoretische Hintergrund nichts zur Sache.

Die Auswertung:

```
procedure TWinForm1.Button1_Click(sender: System.Object; e: System.EventArgs);
var n, res: Integer;
begin
  n := Convert.ToInt32(TextBox1.Text);
  res := berechneFibo(n);
  Label1.Text := res.ToString;
end;
```

Test

Nach Klick auf die Schaltfläche wechselt während der Berechnungszeit das Aussehen des Mauszeigers zur Sanduhr.

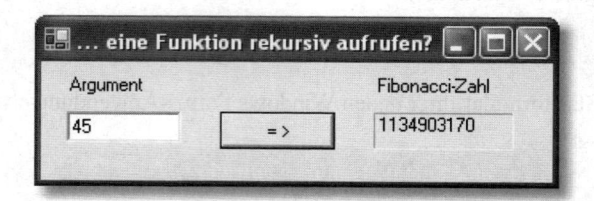

Hinweis: Es empfiehlt sich nicht, Werte größer als 45 einzugeben, da die Berechnungszeit selbst bei einem superschnellen Rechner leicht ins Uferlose ansteigt bzw. ein Zahlenüberlauf gemeldet wird.

Bemerkung

Wer ein Blockieren der Anwendung vermeiden will, kann den Berechnungsvorgang in einen separaten Thread auslagern, siehe dazu auch

☞ R 13.11 Multithreading verstehen

R 2.19 Zeitdifferenzen ermitteln

Als Option zu den Möglichkeiten der *AddDays*-, *AddYears*- etc. Methoden kann man auch mit dem *TimeSpan*-Datentyp Differenzen zwischen zwei Datumswerten ermitteln.

Grundlage der Berechnungen ist die *Ticks*-Eigenschaft (1 Tick = 100 Nanosekunden) von *DateTime*-Werten, welche die Anzahl von Nanosekunden (!) liefert, die seit dem 1.1.0001 vergangen sind. Diese *Ticks*-Werte können dann ganz normal addiert oder subtrahiert werden.

R 2.19 Zeitdifferenzen ermitteln

Oberfläche

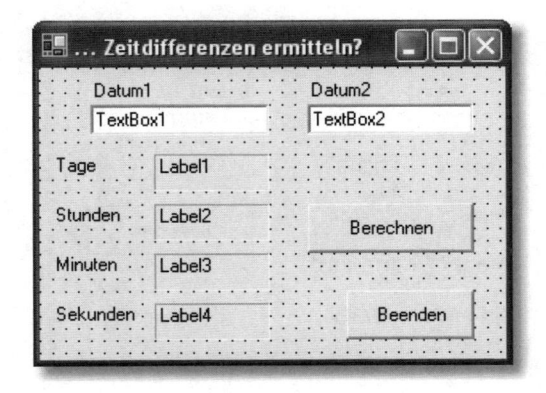

Quellcode TWinForm1

Bereits beim Start können Beispielwerte zugewiesen werden, die den späteren Test erleichtern:

```
constructor TWinForm1.Create;
begin
  inherited Create;
  ...
  TextBox1.Text := DateTime.Now.ToString;    // aktuelles Datum
  TextBox2.Text := '5.8.2004 0:30';          // irgendein Zieldatum
end;
```

Berechnen der Zeitdifferenz:

```
procedure TWinForm1.Button1_Click(sender: System.Object; e: System.EventArgs);
var d1, d2: DateTime;
    ts: TimeSpan;
begin
  d1 := Convert.ToDateTime(textBox1.Text);
        d2 := Convert.ToDateTime(textBox2.Text);
  ts := TimeSpan.Create(d2.Ticks - d1.Ticks);
        Label1.Text := ts.TotalDays.ToString('0.000');
        Label2.Text := ts.TotalHours.ToString('0.000');
        Label3.Text := ts.TotalMinutes.ToString('0.000');
        Label4.Text := ts.TotalSeconds.ToString();
end;
```

Test

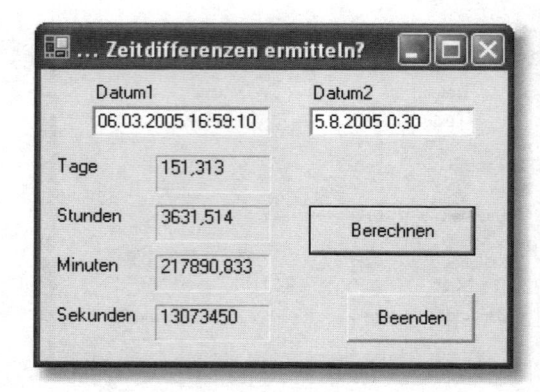

Hinweis: Wem die Genauigkeit immer noch nicht ausreicht, der kann auf die *Total-Milliseconds*-Methode der *TimeSpane*-Klasse zurückgreifen.

R 2.20 Das korrekte Alter einer Person bestimmen

Das Alter einer Person wird in der Regel ganzzahlig angegeben. Falls man aber nur die Differenz aus dem aktuellen und dem Geburtsjahr bildet, ist das Ergebnis nur für den Fall richtig, wenn die Person im aktuellen Jahr bereits Geburtstag hatte, ansonsten wird ein Jahr zuviel ermittelt. Das vorliegende Rezept verwendet eine Funktion, die das Problem exakt löst.

Oberfläche

Auf dem Startformular der Windows Forms-Anwendung platzieren Sie zwei *DateTimePicker*, ein *Label* und einen *Button*.

Hinweis: Die Einträge mit dem aktuellen Datum in den beiden *DateTimePicker*-Controls erscheinen automatisch bereits zur Entwurfszeit.

R 2.20 Das korrekte Alter einer Person bestimmen

Quellcode TWinForm1

Gleich zu Beginn sollen beide *DateTimePicker* sinnvolle Werte enthalten:

```
constructor TWinForm.Create;
begin
  ...
  DateTimePicker1.Value := Convert.ToDateTime('3.4.1975');
  DateTimePicker2.Value := DateTime.Now;              // das heutige Datum
end;
```

Die folgende Funktion leistet die Hauptarbeit, indem Sie die beiden übergebenen Datumswerte vergleich und gegebenenfalls korrigiert. Der Rückgabewert ist das Alter:

```
function berechneAlter(dat1, dat2: DateTime): Integer;
begin
     Result := dat2.Year - dat1.Year - 1;
     // Alter korrigieren, falls Person im aktuellen Jahr bereits Geburtstag hatte:
     if (dat2.Month >= dat1.Month) and (dat2.Day >= dat1.Day) then
       Result := dat2.Year - dat1.Year
end;
```

Die Berechnung wird immer dann neu gestartet, wenn einer der beiden Datumswerte geändert wurde. Sie müssen also im Objektinspektor beiden *DateTimePicker*n den folgenden Eventhandler zuweisen:

```
procedure TWinForm.DateTimePicker_ValueChanged(sender: System.Object; e: System.EventArgs);
var alter: Integer;
begin
  alter := berechneAlter(dateTimePicker1.Value, DateTimePicker2.Value);
  Label3.Text := ' Die Person ist ' + alter.ToString + ' Jahre alt!';
end;
```

Test

Klappen Sie die *DateTimePicker* auf und stellen Sie die gewünschten Werte ein.

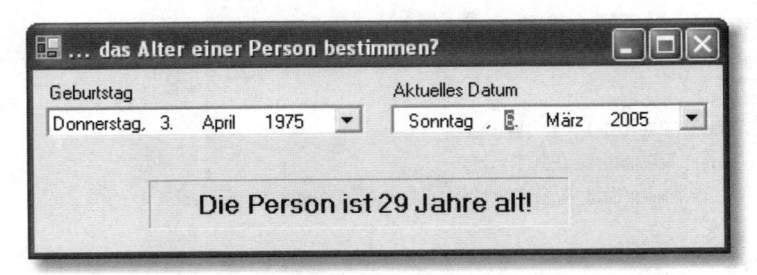

R 2.21 Geldbeträge kaufmännisch runden

Wie schafft man es, einen Betrag immer auf 50 Cent aufzurunden, z.B. von 11,35 € auf 11,50 € oder von 11,52 € auf 12,00 €? Mit der *Round*-Funktion der *Math*-Klasse ist das nicht zu schaffen, denn die rundet auf oder ab, je nach nächstliegendem ganzzahligen Wert. Wir entwickeln eine Funktion, die dieses Problem löst!

Oberfläche

Die folgende Abbildung zeigt die Oberfläche unserer Windows Forms-Anwendung:

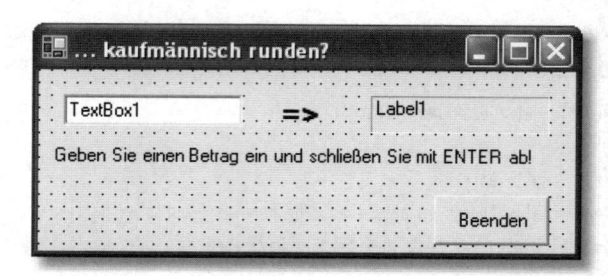

Quellcode TWinForm1

Da die explizite Typkonvertierung *Convert.ToInt32* auf den nächstliegenden Integer-Wert rundet, muss zunächst eine Hilfsfunktion definiert werden, die nur abrundet, also immer nur den ganzzahligen Anteil einer Gleitkommazahl zurückgibt.

Rettung naht in Gestalt der *Floor*-Funktion der *Math*-Klasse, die den nächstliegenden gleichgroßen oder kleineren ganzzahligen Wert zurückgibt:

```
function runden(betr, rdUp: Double): Double;
begin
   Result := rdUp * ( 1 + Math.Floor((betr - 0.001) / rdUp));
end;
```

Im Folgenden wird der Aufruf der Funktion *runden* im *KeyUp*-Event der TextBox gezeigt. Der Berechnungsvorgang startet nach Betätigen der ENTER-Taste:

```
procedure TWinForm1.TextBox1_KeyUp(sender: System.Object; e: System.Windows.Forms.KeyEventArgs);
var geld: Double;
begin
   if Convert.ToInt32(e.KeyCode) = 13 then begin
      geld := Convert.ToDouble(TextBox1.Text);
      Label1.Text := runden(geld, 0.5).ToString('c');      // rundet auf 50 Cent
   end;
end;
```

Test

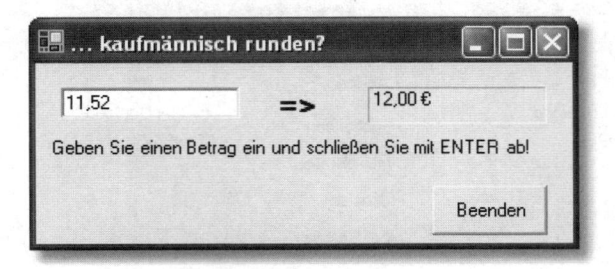

> [Screenshot: Fenster "... kaufmännisch runden?" mit Eingabefeld "11,52" und Ausgabefeld "12,00 €", Hinweistext "Geben Sie einen Betrag ein und schließen Sie mit ENTER ab!" sowie Button "Beenden".]

Hinweis: Überprüfen Sie auch das Runden glatter Werte, z.B. dürfen 12,00 € nicht auf 12,50 € gerundet werden!

Bemerkungen

- Der Formatstring *'c'* formatiert das Ergebnis entsprechend der in der Windows-Systemeinstellung vorgenommenen Währungseinstellung.
- Durch Ändern des Übergabeparameters beim Aufruf der *runden*-Funktion kann natürlich auch eine andere Rundungsschwelle als *50 Cent* gewählt werden.

R 2.22 Fehler bei mathematischen Operationen behandeln

Dieses Rezept soll nur nebenbei die (doch recht triviale) Anwendung der mathematischen Grundoperationen demonstrieren. Vor allem soll auf die Möglichkeiten der Fehlerbehandlung mittel *try-except* und *raise Exception* hingewiesen werden.

Oberfläche

Die Abbildung (Windows Forms) zeigt einen sehr einfachen "Taschenrechner", der nur für ganze Zahlen (Integer) ausgelegt ist.

In einer *GroupBox* sind fünf *RadioButton*s angeordnet. Das Textfeld für die Ergebnisanzeige (*TextBox4*) ist nur deshalb so breit, weil dort auch die eventuellen Fehlermeldungen erscheinen sollen.

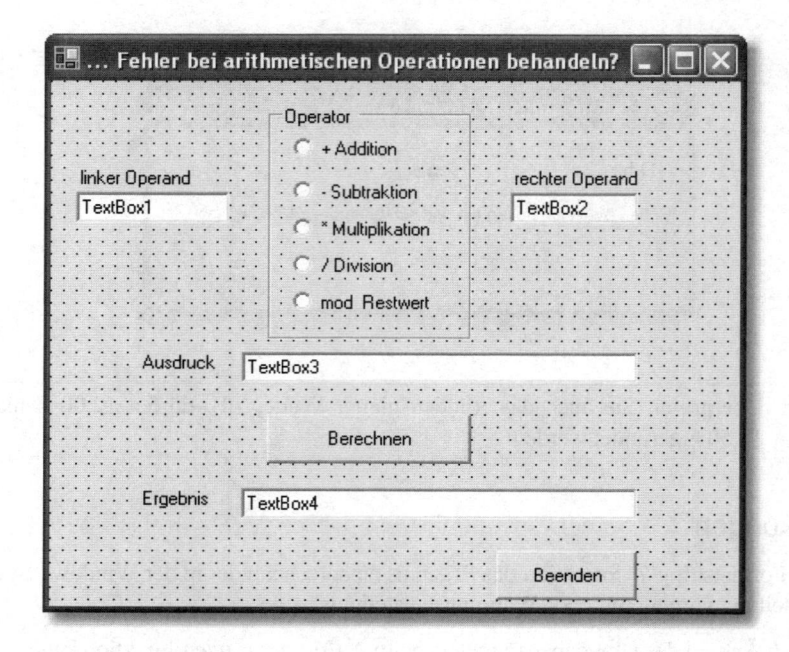

Quellcode TWinForm1

Die Funktion *berechne* wird zweckmäßigerweise gleich als Formularmethode definiert:

```
type
  TWinForm1 = class(System.Windows.Forms.Form)
  ...
  private
    function berechne(op1, op2: Integer): Integer;        // !
  ...
end;

implementation
...

function TWinForm1.berechne(op1, op2: Integer): Integer;
var res: Integer;
```

Für jede der fünf arithmetischen Grundoperationen ist eine eigene lokale Hilfsfunktion definiert, welche die Anzeige des Ausdrucks übernimmt und die Berechnung durchführt:

```
  function addiere(op1, op2: Integer): Integer;           // Addition
  begin
    TextBox3.Text := op1.ToString + ' + ' + op2.ToString;
```

R 2.22 Fehler bei mathematischen Operationen behandeln

```
    Result := op1 + op2
end;

function subtrahiere(op1, op2: Integer): Integer;      // Subtraktion
begin
    TextBox3.Text := op1.ToString + ' - ' + op2.ToString;
    Result := op1 - op2
end;

function multipliziere(op1, op2: Integer): Integer;    // Multiplikation
begin
    TextBox3.Text := op1.ToString + ' * ' + op2.ToString;
    Result := op1 * op2
end;

function dividiere(op1, op2: Integer): Integer;        // Division
begin
    TextBox3.Text := op1.ToString + ' / ' + op2.ToString;
    Result := op1 div op2
end;

function modulo(op1, op2: Integer): Integer;           // Restwert-Division
begin
    TextBox3.Text := op1.ToString + ' mod ' + op2.ToString;
    Result := op1 mod op2
end;
```

In Abhängigkeit vom angeklickten *RadioButton* führt die folgende Funktion die Operation aus bzw. liefert eine Fehlermeldung:

```
begin
    res := 0;
    if RadioButton1.Checked then res := addiere(op1, op2)
    else if (radioButton2.Checked) then res := subtrahiere(op1, op2)
    else if (radioButton3.Checked) then res := multipliziere(op1, op2)
    else if (radioButton4.Checked) then res := dividiere(op1, op2)
    else if (radioButton5.Checked) then res := modulo(op1, op2)
    else raise InvalidOperationException.Create('Kein Operator ausgewählt!');
    Result := res
end;
```

Die Schaltfläche "Berechnen":

```
procedure TWinForm1.Button1_Click(sender: System.Object; e: System.EventArgs);
var op1, op2, res: Integer;

begin
 try
    op1 := System.Int32.Parse(TextBox1.Text);
    op2 := System.Int32.Parse(TextBox2.Text);
    res := berechne(op1, op2);
    TextBox4.Text := res.ToString
  except
    on ex: Exception do TextBox4.Text := ex.Message      // Fehleranzeige
  end;
end;
```

Hinweis: Achten Sie darauf, dass im obigen Code an zwei unterschiedlichen Stellen eine Fehlerbehandlung erfolgt (Fettdruck)!

Test

Zunächst sollten Sie Folgendes beachten:

Hinweis: Alle Operationen nehmen nur *Integer*-Werte als Operanden entgegen und liefern als Ergebnis einen Integer-Wert zurück!

Dank der doppelten Fehlerbehandlung (selbstdefinierte Fehlerklasse und vordefinierte Fehlermeldungen) werden Sie großzügig mit Informationen versorgt und es wird Ihnen nicht gelingen, das Programm zum Absturz zu bewegen.

Haben Sie beispielsweise unmittelbar nach Programmstart vergessen, einen Operator auszuwählen, so wird anstatt des Ergebnisses die von unserer selbst definierten Fehlerklasse erzeugte Meldung "Kein Operator ausgewählt!" angezeigt.

Falls einer der Operanden ungültig ist oder aber auch bei der gefürchteten Division durch null werden hingegen die vom System generierten Fehlermeldungen angezeigt:

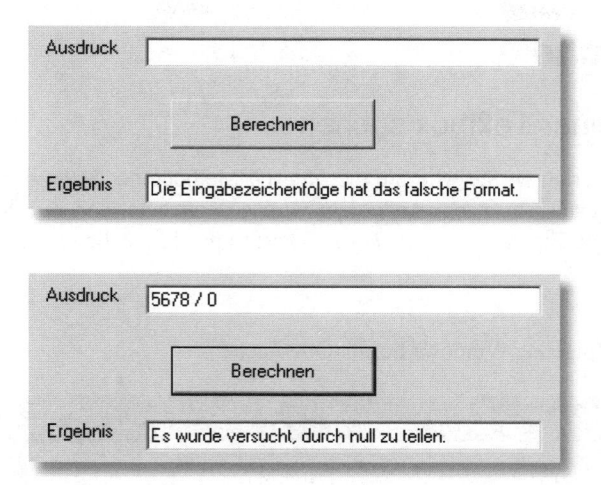

R 2.22 Fehler bei mathematischen Operationen behandeln

Bemerkungen

- Sie können leicht nachprüfen, dass das Ergebnis der Modulo-Division gleich dem Restwert ist, wie er bei Integer-Division übrigbleibt.
- Einen komplette Taschenrechner finden Sie in

    ☞ R 12.12 Einen einfachen Taschenrechner entwickeln

3 Oberfläche

R 3.1 In einer Textbox suchen

In diesem Rezept erfahren Sie, wie Sie die *IndexOf*-Methode der *String*-Klasse zum Suchen innerhalb eines Textes einsetzen. Außerdem wird gezeigt, wie man mit der *SelectionStart*- und *SelectionLength*-Eigenschaft einer *TextBox* bestimmte Textstellen markieren kann.

Oberfläche

Gestalten Sie die folgende Windows Forms-Oberfläche:

Setzen Sie die *HideSelection*-Eigenschaft von *TextBox1* auf *False* und *MultiLine* auf *True*.

Quellcode TWinForm1

Eine globale Variable für die Position des ersten Zeichens:

```
var pos: Integer;
```

Die folgenden Ergänzungen im Konstruktorcode dienen lediglich der Arbeitserleichterung:

```
constructor TWinForm1.Create;
begin
  ...
  TextBox1.Text := 'Willkommen in der Skatstadt Altenburg!';
  TextBox2.Text := 'Altenburg';
  Label1.Text := '';
  pos := 0;
  Button1.Select();         // Eingabefokus setzen
end;
```

R 3.1 In einer Textbox suchen

Die Suche geht los:

```
procedure TWinForm1.Button1_Click(sender: System.Object; e: System.EventArgs);
var len, p1: Integer;
begin
  if pos = 0 then   pos := TextBox1.Text.IndexOf(TextBox2.Text, 0)
           else
    begin
       if pos > TextBox1.Text.Length - 1 then pos := -1;        // Position zurücksetzen
       pos := TextBox1.Text.IndexOf(TextBox2.Text, pos + 1);    // Suche ab pos fortsetzen
    end;
```

Anzeige der Suchergebnisse:

```
  if pos >= 0 then begin
       len := TextBox2.Text.Length;
       p1 := pos + len - 1;
       Label1.Text := 'Wort gefunden an Position  ' + pos.ToString + ' bis ' + p1.ToString + ' !';
       TextBox1.SelectionStart := pos;      // Markieren
       TextBox1.SelectionLength := len;
       TextBox1.Select();
  end else Label1.Text := 'Leider nichts (mehr) gefunden!';
end;
```

Test

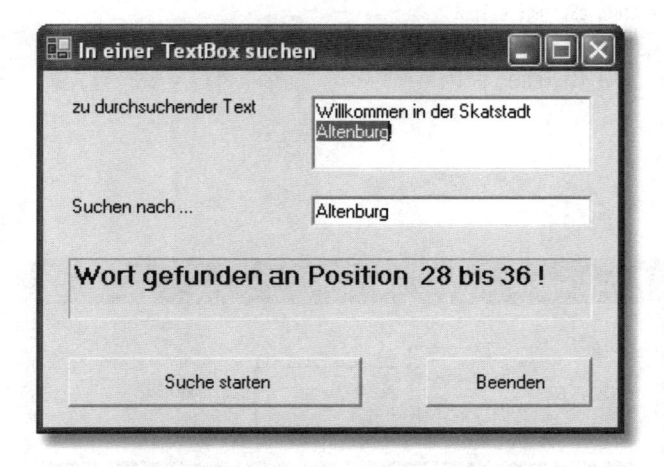

Hinweis: Suchen Sie auch einmal nach mehrfach vorkommenden Zeichen bzw. Wörtern. Durch wiederholtes Betätigen der Schaltfläche wird die nächste "Fundstelle" angezeigt, falls vorhanden.

R 3.2 Nur Zahleneingaben zulassen

Häufig sind für die Eingabe in TextBoxen nur Zahlen (inkl. Komma) zugelassen, z.B. Preise. Das vorliegende Rezept zeigt dazu eine Realisierungsmöglichkeit.

Oberfläche

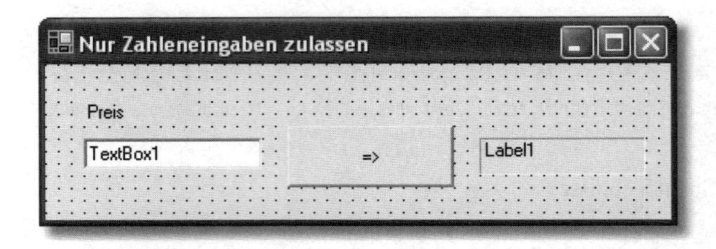

Quellcode TWinForm1

Wir benutzen die *Parse*-Methode der (statischen) *Decimal*-Klasse und überlassen die Entscheidung über die Gültigkeit der Eingabe einem *try-except*-Block:

```
procedure TWinForm1.Button1_Click(sender: System.Object; e: System.EventArgs);
var zahl: Decimal;
begin
  try
    zahl := Decimal.Parse(TextBox1.Text);
    Label1.Text := zahl.ToString('c');
  except
    Label1.Text := 'Das ist keine Zahl!';
  end;
end;
```

Test

Bemerkungen

Weitere Anregungen zur Eingabeüberprüfung finden Sie in

☞ R 3.3 Dezimalkomma in Dezimalpunkt umwandeln

☞ R 3.4 Eingaben validieren

R 3.3 Dezimalkomma in Dezimalpunkt umwandeln

Das Rezept zeigt, wie ein eingegebenes Zeichen nach jedem Tastendruck geprüft und dann "gewaltsam" in ein anderes Zeichen verwandelt wird. Außerdem lernen Sie, wie mehrere visuelle Komponenten einen gemeinsamen Eventhandler benutzen können.

Oberfläche

Öffnen Sie eine neue Windows Forms-Anwendung. Mehr als das Startformular mit zwei *TextBox*en brauchen Sie nicht für diesen kleinen Test. Sie können – müssen aber nicht – die *TextAlign*-Eigenschaft der TextBoxen auf *Right* setzen und außerdem die Schrift über die *Font.Size*-Eigenschaft etwas vergrößern.

Quellcode TWinForm1

Wir benutzen das *KeyPress*-Event jeder *TextBox*, um das Komma (aus dem übergebenen Ereignisobjekt *e*) herauszufiltern und stattdessen einen Punkt anzufügen.

Um den Aufwand gering zu halten, sollen beide TextBoxen einen gemeinsamen Eventhandler benutzen. Den Rahmencode erzeugen wir zunächst nur für *TextBox1* auf gewohnte Weise über den Objektinspektor, benennen ihn aber von *TextBox1_KeyPress* um in die neutralere Bezeichnung *TextBox_KeyPress*.

```
procedure TWinForm1.TextBox_KeyPress(sender: System.Object; e: System.Windows.Forms.KeyPressEventArgs);
begin
  if e.KeyChar = ',' then
  begin
```

Die eigene Behandlung verhindert, dass das Komma angezeigt wird:

```
e.Handled := True;
```

Stattdessen wird ein Punkt hinten angehängt. Welche TextBox das Ereignis ausgelöst hat, kann aus dem übergebenen *sender*-Parameter ermittelt werden:

```
    TextBox(sender).AppendText('.');       // explizites Typecasting!
  end
end;
```

Für *TextBox2* brauchen Sie keinen weiteren Eventhandler zu erstellen, sondern weisen den bereits vorhandenen einfach im Objektinspektor zu:

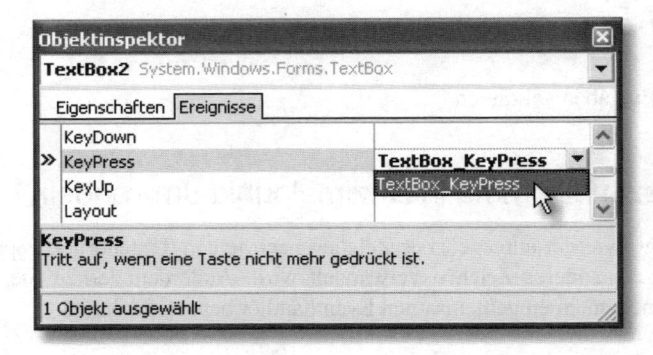

Test

Egal in welcher der beiden TextBoxen Sie die Eingabe eines Kommas versuchen, es wird "wie von Geisterhand" in einen Punkt umgewandelt.

R 3.4 Eingaben validieren

Dieses Rezept zeigt Ihnen eine weitere Lösung, wie Sie den Anwender Ihres Programms zu gültigen Eingaben zwingen können. Dabei kommen insbesondere die *CausesValidation*-Eigenschaft der Steuerelemente und ihr *Validating*-Event zum Einsatz.

Oberfläche

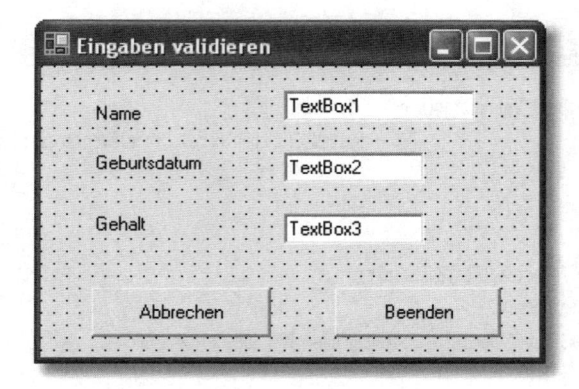

Der folgende Hinweis ist besonders wichtig, weil sonst ein Verlassen des Programms bei ungültigen Eingaben unmöglich wird:

Hinweis: Setzen Sie die *CausesValidation*-Eigenschaft des "Abbrechen"-*Button*s auf *False*!

Quellcode TWinForm1

Im *Validating*-Event der ersten TextBox wird der eingegebene Namen überprüft:

```
procedure TWinForm1.TextBox1_Validating(sender: System.Object;
                                       e: System.ComponentModel.CancelEventArgs);
begin
  if TextBox1.Text = '' then begin
        MessageBox.Show('Geben Sie einen Namen ein!');
        e.Cancel := True;
  end
end;
```

Das Geburtsdatum überprüfen:

```
procedure TWinForm1.TextBox2_Validating(sender: System.Object;
                                       e: System.ComponentModel.CancelEventArgs);
var d: DateTime;
begin
  try
        d := Convert.ToDateTime(TextBox2.Text);
  except
        MessageBox.Show('Geben Sie ein gültiges Datum ein!');
        e.Cancel := True;
```

```
  end;
end;
```

Das Gehalt überprüfen:

```
procedure TWinForm1.TextBox3_Validating(sender: System.Object;
                                 e: System.ComponentModel.CancelEventArgs);
var d: Decimal;
begin
  try
        d := Convert.ToDecimal(TextBox3.Text);
        if d < 100 then begin
           MessageBox.Show('Geben Sie Betrag größer 100 Euro ein!');
           e.Cancel := True;
        end
  except
        MessageBox.Show('Geben Sie einen gültigen Betrag ein!');
        e.Cancel := True;
  end;
end;
```

Die "Abbrechen"-Schaltfläche:

```
procedure TWinForm1.Button1_Click(sender: System.Object; e: System.EventArgs);
begin
  TextBox1.CausesValidation := False;
  TextBox2.CausesValidation := False;
  TextBox3.CausesValidation := False;
  Button1.Focus();
end;
```

Nicht vergessen werden darf das Rücksetzen von *CausesValidation* bei Eintritt in eine TextBox:

```
procedure TWinForm1.TextBox_Enter(sender: System.Object; e: System.EventArgs);
begin
  TextBox(sender).CausesValidation := True;
end;
```

Obige gemeinsame Behandlung des *Enter*-Events wird auf bekannte Weise für alle drei TextBoxen im Objektinspektor zugewiesen.

Schließlich noch der "Beenden"-Button:

```
procedure TWinForm1.Button2_Click(sender: System.Object; e: System.EventArgs);
begin
  Self.Validate;
```

```
    Self.Close;
end;
```

Test

Es wird Ihnen zunächst nicht gelingen, nach einer ungültigen Eingabe eine TextBox zu verlassen oder die Anwendung zu beenden, Sie werden jedes Mal gnadenlos zurückgepfiffen:

Erlösung aus dem Teufelskreis ist nur durch gültige Eingaben oder durch Betätigen der *Abbrechen*-Schaltfläche möglich.

Bemerkungen

- Die gezeigte Eingabevalidierung ist nur direkt nach Verlassen eines Steuerelementes sinnvoll. Wenn Sie erst nach Betätigen z.B. eines OK-Schalters prüfen wollen, dann verwenden Sie besser das *Click*-Event dieses Schalters.
- Durch Aufruf der *Validate*-Methode des Formulars können Sie bewirken, dass auch das Steuerelement, das zuletzt den Fokus hatte, überprüft wird.

R 3.5   Die ListBox kennen lernen

Die *ListBox* gehört zu den häufiger benutzten Standardkomponenten. Im vorliegenden Rezept lernen Sie dazu einige grundlegende Programmiertechniken kennen:

- Füllen einer ListBox mit mehreren Einträgen
- Löschen des Inhalts einer ListBox
- Löschen des selektierten Eintrags
- Lesezugriff auf den selektierten Eintrag
- Hinzufügen eines Eintrags
- Suchen nach einem bestimmten Eintrag

Die getroffene Auswahl ist keinesfalls vollständig, trotzdem ist es für Sie sicherlich angenehm, dass Sie nicht von der kompletten Flut aller möglichen Objekte, Eigenschaften und (überladenen) Methoden überschwemmt werden, sondern den Blick auf das zunächst Wesentliche richten können.

Oberfläche

Unser Experimentierprogramm hat folgendes Aussehen:

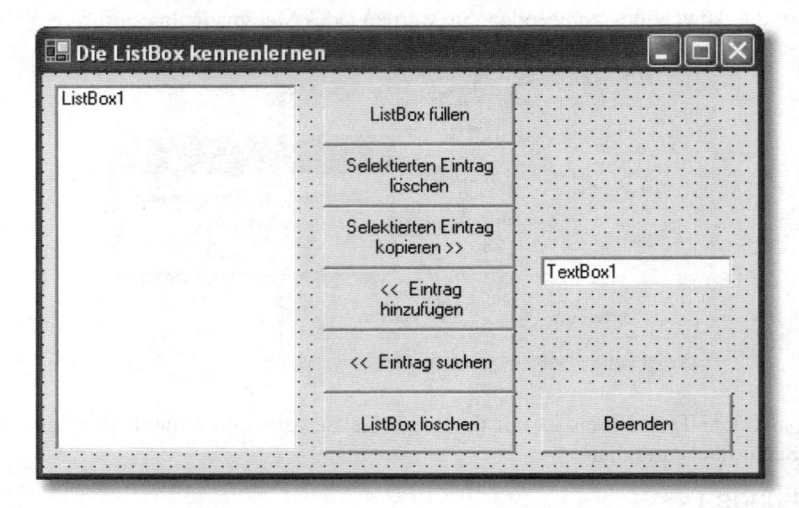

Im Objektinspektor (F11) ändern Sie folgende Eigenschaften der ListBox:

- *SelectionMode = One*
  Damit ist die Auswahl nur eines einzigen Eintrags erlaubt. Alternativen wären *None*, *MultiSimple* und *MultiExtended*, womit Sie keine Auswahl oder eine Mehrfachauswahl (durch gleichzeitiges Drücken der Leertaste bzw. der Shift-Taste) erreichen.

- *Sorted = True*
  Die Einträge erscheinen in alphabetischer Reihenfolge geordnet.

Quellcode TWinForm1

Die zentrale Rolle spielt bei einer ListBox die *Items*-Auflistung, in der alle Einträge enthalten sind, und über deren vielfältige Eigenschaften und Methoden eine Manipulation ermöglicht wird. Sie können die *Items*-Auflistung bereits im Eigenschaften-Fenster zuweisen, es öffnet sich dazu ein kleiner Texteditor (ein Eintrag = eine Zeile), wir aber wollen das im Folgenden per Code erledigen und füllen die ListBox mittels *Add*-Methode zunächst mit zehn Einträgen.

Hinweis: Beachten Sie, dass die Indizierung der Einträge in allen Auflistungen prinzipiell mit null beginnt, der erste Eintrag also immer den Index 0 hat!

R 3.5 Die ListBox kennen lernen

Die ListBox mit 10 Einträgen füllen:

```
procedure TWinForm1.Button1_Click(sender: System.Object; e: System.EventArgs);
var i: Integer;
begin
  ListBox1.BeginUpdate();                                  // Anzeige ausschalten
  for i := 1 to 10 do ListBox1.Items.Add('Eintrag ' + i.ToString());   // 10 Einträge hinzufügen
  ListBox1.EndUpdate();                                    // Anzeige einschalten
  ListBox1.SetSelected(0, True);                           // ersten Eintrag markieren
end;
```

Hinweis: Die oben angewendeten *BeginUpdate-/EndUpdate*-Methoden sorgen dafür, dass die *ListBox* während des Füllens nicht immer wieder neu angezeigt wird, was der Performance zugute kommt.

Um einen selektierten Eintrag zu löschen, muss zunächst dessen Index ermittelt und der *RemoveAt*-Methode der *Items*-Auflistung übergeben werden:

```
procedure TWinForm1.Button2_Click(sender: System.Object; e: System.EventArgs);
var i: Integer;
begin
  if ListBox1.SelectedItems.Count > 0 then begin
    i := ListBox1.SelectedIndices[0];        // Index des selektierten Eintrags
    ListBox1.Items.RemoveAt(i);
  end
end;
```

Hinweis: Beachten Sie, dass die Methode *SelectedIndices[0]* den Index des **ersten** selektierten Eintrags zurückliefert. Da die *SelectionMode*-Eigenschaft auf *One* eingestellt ist, gibt es nur natürlich immer nur einen einzigen selektierten Eintrag.

Den selektierten Eintrag in die TextBox kopieren:

```
procedure TWinForm1.Button3_Click(sender: System.Object; e: System.EventArgs);
begin
  if ListBox1.SelectedItems.Count > 0 then begin
    TextBox1.Text := ListBox1.SelectedItems[0].ToString;
    ListBox1.ClearSelected;                  // Selektion aufheben
  end;
end;
```

Einen einzelnen Eintrag hinzufügen:

```
procedure TWinForm1.Button4_Click(sender: System.Object; e: System.EventArgs);
```

```
begin
  ListBox1.Items.Add(TextBox1.Text);
end;
```

Einen bestimmten Eintrag suchen, der vorher in die TextBox eingegeben wurde:

```
procedure TWinForm1.Button5_Click(sender: System.Object; e: System.EventArgs);
var i: Integer;
begin
  i := ListBox1.FindString(TextBox1.Text);
  if i >= 0 then
     ListBox1.SetSelected(i, True)       // gefundenen Eintrag markieren
            else
     ListBox1.ClearSelected();
end;
```

Allerdings wird nur der **erste** Eintrag markiert, dessen Anfangszeichenfolge dem in der Text-Box eingegebenen Suchstring entspricht.

Den kompletten Inhalt der ListBox löschen Sie mit der *Clear*-Methode der *Items*-Auflistung:

```
procedure TWinForm1.Button6_Click(sender: System.Object; e: System.EventArgs);
begin
  ListBox1.Items.Clear();
end;
```

Test

Nach Programmstart haben Sie nun die Chance, durch "Herumspielen" die Wirkung der einzelnen Funktionen in der Praxis zu überprüfen und mit dem Quellcode zu vergleichen.

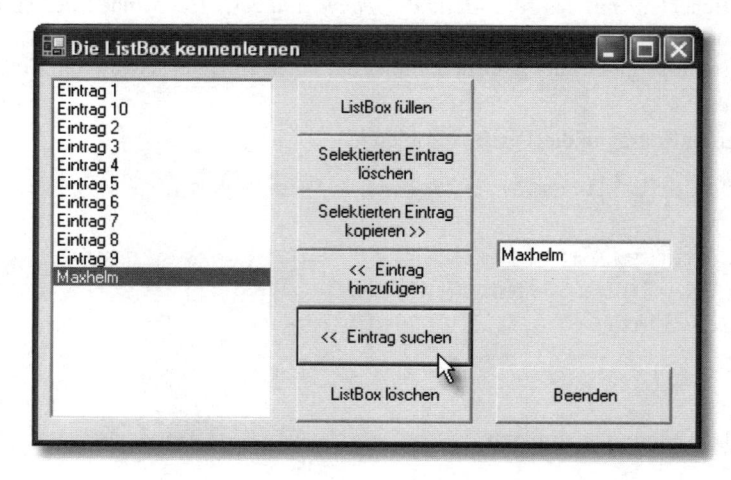

R 3.6 Die CheckedListBox einsetzen

Bemerkungen

- Setzen Sie die *MultiColumn*-Eigenschaft der ListBox auf *True*, so ist eine mehrspaltige Anzeige möglich. Allerdings erreichen Sie damit keine Tabellendarstellung, die Spalte "bricht" lediglich um, wenn der untere Rand erreicht ist, so dass ein vertikaler Bildlauf vermieden wird.

- Für mehrspaltige Ausgaben in Tabellenform sollten Sie ein *DataGrid* oder eine *ListView* verwenden, siehe dazu

  ☞   R 3.7 ListView und ImageList verwenden

- Als Alternative zur *Add*-Methode der *Items*-Eigenschaft können Sie eine *ListBox* auch noch über deren *DataSource*-Eigenschaft füllen, siehe dazu

  ☞   R 3.8 Objekte in ListBox/ComboBox anzeigen

R 3.6   Die CheckedListBox einsetzen

Bei der *CheckedListBox* handelt es sich um ein interessantes und vielseitig verwendbares Steuerelement, das – im Unterschied zur *ListBox* – eine Liste mit Kontrollkästchen bereitstellt, womit es möglich wird, bestimmte Einträge auszuwählen. Das vorliegende Rezept demonstriert wichtige Einsatzmöglichkeiten.

Oberfläche

Öffne Sie eine neue Windows Forms-Anwendung. Neben einer *CheckedListBox* benötigen Sie noch eine "normale" *ListBox*, eine *TextBox* und vier *Button*s.

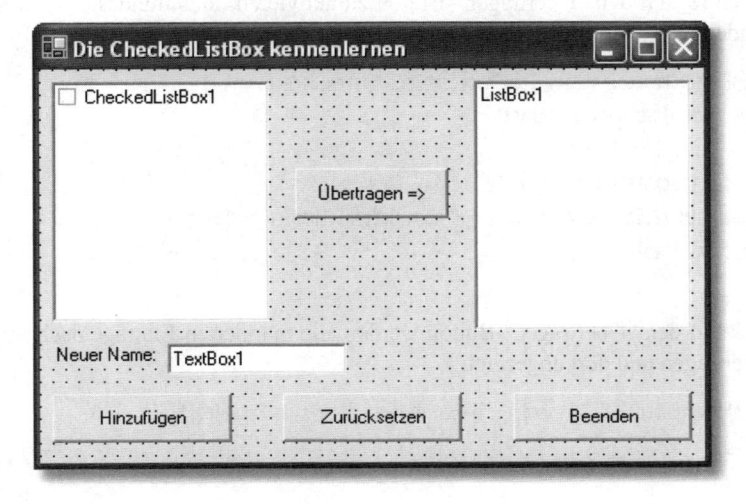

Quellcode TWinForm1

Bereits im Konstruktorcode füllen wir die *CheckedListBox* mit einigen Einträgen (zur Laufzeit können dann weitere Einträge hinzugefügt werden):

```
constructor TWinForm1.Create;
begin
  inherited Create;
  ...
  with CheckedListBox1.Items do begin
    Clear();
    Add('Müller'); Add('Krause'); Add('Lehmann'); Add('Schultze');
    Add('Kaiser'); Add('Siegbast'); Add('Apel'); Add('König'); Add('Meyer');
    Add('Weber'); Add('Zacharias');
  end;
```

Die Auswahl eines Eintrags soll durch einfachen Klick statt Doppelklick ermöglicht werden:

```
CheckedListBox1.CheckOnClick := True;
```

Anzeige in sortierter Reihenfolge:

```
CheckedListBox1.Sorted := True;
```

Da zu Beginn kein Eintrag markiert ist, soll der "Übertragen"-Button zunächst gesperrt sein:

```
  Button1.Enabled := False;
end;
```

Das *ItemCheck*-Event wird immer dann ausgelöst, wenn Sie auf ein Kontrollkästchen klicken. Wir benutzen es, um den "Übertragen"-Button zu aktivieren, falls mindestens ein neuer Eintrag vorhanden ist:

```
procedure TWinForm1.CheckedListBox1_ItemCheck(sender: System.Object; e:
System.Windows.Forms.ItemCheckEventArgs);
begin
  if e.NewValue = CheckState.Unchecked then begin
    if CheckedListBox1.CheckedItems.Count = 0 then Button1.Enabled := False
  end else  Button1.Enabled := True
end;
```

Durch Klick auf den "Übertragen"-Button werden alle markierten Einträge nach rechts in die ListBox übertragen und dort angezeigt:

```
procedure TWinForm1.Button1_Click(sender: System.Object; e: System.EventArgs);
var i: Integer;
begin
  ListBox1.Items.Clear();
  for i := 0 to CheckedListBox1.CheckedItems.Count-1 do begin
```

R 3.6 Die CheckedListBox einsetzen

```
      ListBox1.Items.Add(CheckedListBox1.CheckedItems[i]);
      Button1.Enabled := False
   end
end;
```

Weitere Einträge können über die TextBox zur CheckedListBox hinzugefügt werden. Dazu dient der "Hinzufügen"-Button. Die *Contains*-Methode erlaubt eine Prüfung, ob der Eintrag bereits in der Liste vorhanden ist.

Hinweis: Ein Kontrollkästchen kann die drei Zustände *Checked*, *UnChecked* oder *Indeterminate* annehmen. Diese sind Bestandteile der *CheckState*-Enumeration!

Wir wollen einem neu hinzufügten Eintrag den Zwischenzustand *Indeterminate* verordnen:

```
procedure TWinForm1.Button2_Click(sender: System.Object; e: System.EventArgs);
begin
   if TextBox1.Text <> '' then
      if CheckedListBox1.Items.Contains(TextBox1.Text) = False then
         CheckedListBox1.Items.Add(TextBox1.Text, CheckState.Indeterminate)
                                                       else
         MessageBox.Show(TextBox1.Text + ' ist bereits vorhanden!');
   TextBox1.Text := '';
end;
```

Der "Zurücksetzen"-Button deaktiviert alle Kontrollkästchen in der CheckedListBox, außerdem wird mittels *SetItemCheckState*-Methode der komplette Inhalt der ListBox gelöscht:

```
procedure TWinForm1.Button3_Click(sender: System.Object; e: System.EventArgs);
var i: Integer;
begin
   CheckedListBox1.ClearSelected();
   for i := 0 to CheckedListBox1.Items.Count-1 do begin
      CheckedListBox1.SetItemCheckState(i, CheckState.Unchecked);
      ListBox1.Items.Clear()
   end;
end;
```

Test

Das kleine Programm bietet Ihnen zahlreiche Experimentiermöglichkeiten:

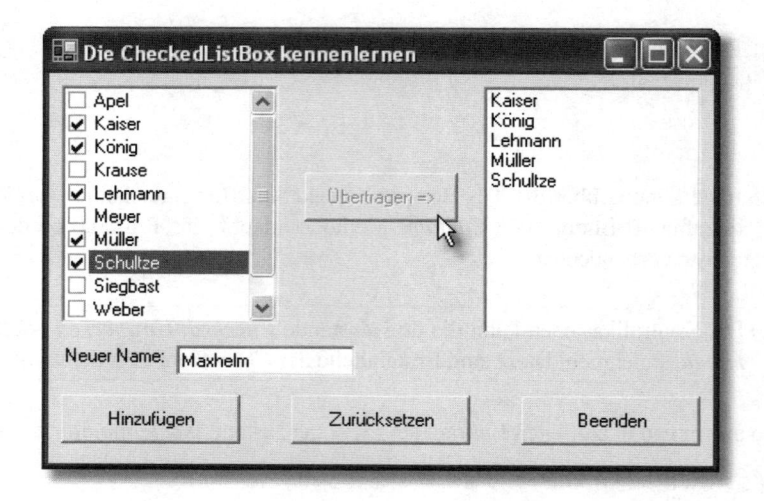

Der Versuch, einen bereits vorhandenen Eintrag hinzuzufügen, wird verwehrt:

Bemerkungen

Das Pendant zur *SetItemCheckState*- ist die *GetItemCheckState*-Methode, mit der Sie den Aktivierungszustand eines bestimmten Eintrags abfragen können (auch hier hat der erste Eintrag immer den Index 0):

Beispiel: Abfrage des Zustands des dritten Eintrags:

```
var z: CheckState;
...
z := CheckedListBox1.GetItemCheckState[2];
MessageBox.Show(z.ToString());            // liefert "Unchecked"
```

R 3.7   ListView und ImageList verwenden

Die *ListView* ist eine recht komplexe Komponente, sie ermöglicht Ihnen die Anzeige einer Liste mit Einträgen, die optional auch mit einem Icon zwecks Identifikation des Typs ausgestattet werden können, wozu zusätzlich eine oder mehrere *ImageList*-Komponenten erforder-

R 3.7 ListView und ImageList verwenden

lich sind. Außerdem kann zu jedem Eintrag eine kleine CheckBox hinzugefügt werden, wodurch sich eine bequeme und übersichtliche Auswahlmöglichkeit ergibt.

Die Anwendungsmöglichkeiten einer ListView sind äußerst vielgestaltig, z.B. Darstellung von Datenbankinhalten oder Textdateien. Außerdem kann die Komponente auch Nutzereingaben entgegennehmen, z.B. zur Dateiauswahl.

Das *ListViewItem*-Objekt repräsentiert einen einzelnen Eintrag (*Item*) im *ListView*. Jedes *Item* kann mehrere *SubItems* haben, die zusätzliche Informationen bereitstellen.

Die Anzeige der Items ist auf vier verschiedene Arten möglich.

- mit großen Icons
- mit kleinen Icons
- mit kleinen Icons in einer vertikalen Liste
- Gitterdarstellung mit Spalten für Untereinträge (Detailansicht)

Die *ListView*-Komponente erlaubt einfache oder mehrfache Selektion, letztere funktioniert ähnlich wie bei einer *ListBox*-Komponente.

Im vorliegenden Rezept, das in Gestalt eines angedeuteten "Stundenplans" eigentlich keinen besonders sinnvollen Inhalt hat, geht es lediglich um die Demonstration der prinzipiellen Programmiertechniken.

Oberfläche

Öffnen Sie eine neue Windows Forms-Anwendung. Die Abbildung gibt einen Überblick über die Anordnung der Komponenten. Wichtig sind die *ListView*-Komponente (oben) und die beiden *ImageList*-Komponenten, die automatisch unterhalb des Bereichs von *WinForm1* abgelegt werden.

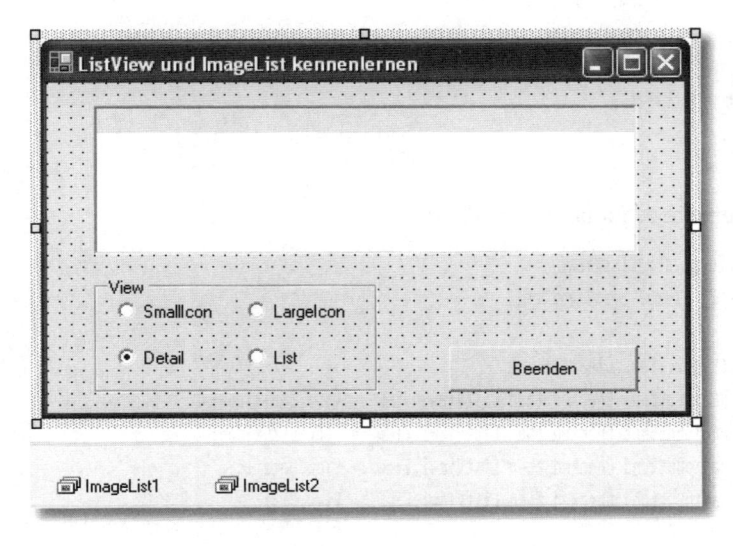

Beide *ImageList*-Komponenten haben eine *Images*-Auflistung, die Sie über das Eigenschaften-Fenster (F11) erreichen und die Sie mit Hilfe des *Image-Auflistungs-Editor* mit jeweils vier Bildchen füllen (siehe Buch-CD).

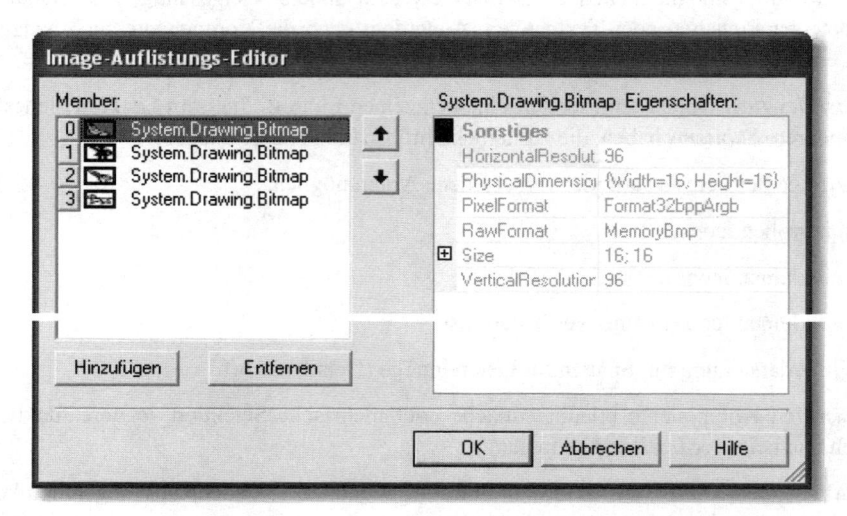

Weisen Sie der *LargeImageList*- und der *SmallImageList*-Eigenschaft der *ListView* die *ImageList1*- bzw. *ImageList2*-Komponente zu.

Quellcode TWinForm1

Ergänzen Sie die Klassendeklaration von *TWinForm1* um eine neue Methode *showListView*:

```
type
  TWinForm1 = class(System.Windows.Forms.Form)
  ...
  private
  procedure showListView();           // !
  ...
end;
```

Die Anzeigemethode für unsere *ListView*:

```
procedure TWinForm1.showListView();
var item1, item2, item3: ListViewItem;
begin
        ListView1.Items.Clear();
        if RadioButton1.Checked then ListView1.View := View.SmallIcon;
        if RadioButton2.Checked then ListView1.View := View.LargeIcon;
        if RadioButton3.Checked then ListView1.View := View.Details;
        if RadioButton4.Checked then ListView1.View := View.List;
```

R 3.7 ListView und ImageList verwenden

Spalten für *Items* and *SubItems* definieren:

```
with ListView1.Columns do begin
    Add('', -2, HorizontalAlignment.Left);
    Add('Montag', -2, HorizontalAlignment.Left);
    Add('Dienstag', -2, HorizontalAlignment.Left);
    Add('Mittwoch', -2, HorizontalAlignment.Center);
    Add('Donnerstag', -2, HorizontalAlignment.Left);
    Add('Freitag', -2, HorizontalAlignment.Center);
end;
ListView1.LabelEdit := True;                   // Editieren erlauben:
ListView1.AllowColumnReorder := True;          // Ändern der Spaltenanordnung erlauben
ListView1.CheckBoxes := True;
ListView1.FullRowSelect := True;
ListView1.GridLines := True;
ListView1.Sorting := SortOrder.Ascending;
```

Drei *Items* mit Gruppen von *SubItems* erzeugen und zur *ListView* hinzufügen:

```
item1 := ListViewItem.Create('item1', 0);
item1.Checked := True;
item1.SubItems.Add('Deutsch');
item1.SubItems.Add('Geschichte');
item1.SubItems.Add('Mathe');
item1.SubItems.Add('Englisch');
item1.SubItems.Add('Sport');
ListView1.Items.Add(item1);

item2 := ListViewItem.Create('item2', 1);
item1.Checked := True;
item2.SubItems.Add('Mathe');
item2.SubItems.Add('Mathe');
item2.SubItems.Add('Ethik');
item2.SubItems.Add('Informatik');
item2.SubItems.Add('');
listView1.Items.Add(item2);
item3 := ListViewItem.Create('item3', 2);
item3.Checked := True;
item3.SubItems.Add('7');
item3.SubItems.Add('8');
item3.SubItems.Add('9');
listView1.Items.Add(item3);
end;
```

Dem *Click*-Ereignis der *RadioButton*s wird zweckmäßigerweise im Objektinspektor ein gemeinsamer Event-Handler *commonClick* zugewiesen, den Sie wie folgt implementieren:

```
procedure TWinForm1.commonClick(sender: System.Object; e: System.EventArgs);
begin
  showListView();
end;
```

Test

Experimentieren Sie mit den verschiedenen Ansichten. Die Abbildung zeigt die Detail- und die LargeIcon-Ansicht.

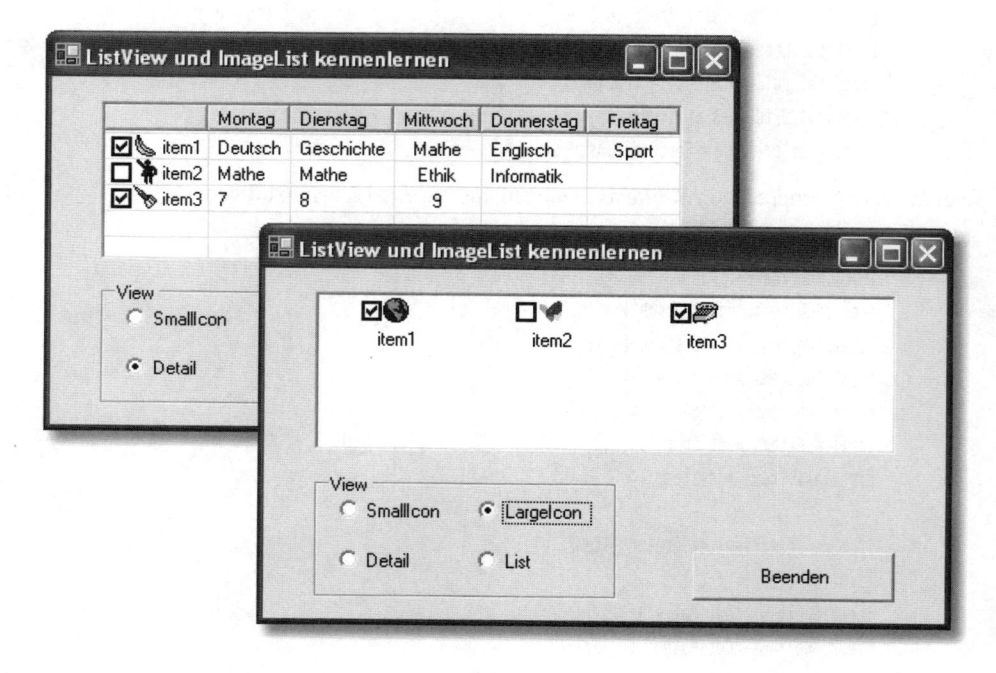

R 3.8 Objekte in ListBox/ComboBox anzeigen

Neben der *Items*-Auflistung gibt es mit der *DataSource*-Eigenschaft eine weitere Möglichkeit, um *ComboBox* bzw. *ListBox* mit Daten zu füllen.

Das vorliegende Rezept zeigt, wie man damit die in einer *ArrayList* gespeicherten Objekte zur Anzeige bringen kann.

Oberfläche

Auf das Startformular *WinForm1* setzen Sie eine *ListBox*, eine *ComboBox* und evtl. noch einen "Beenden"-Button.

R 3.8 Objekte in ListBox/ComboBox anzeigen

Quellcode TPerson

Bevor wir Objekte erzeugen und anzeigen können, müssen wir uns natürlich zunächst um ihre Definition kümmern. Über das Menü *Datei|Neu|Weitere|Klasse* erweitern Sie das Projekt um eine Klassen-Unit, der Sie z.B. den Namen *Person* geben und die Sie sicherheitshalber gleich jetzt als *Person.pas* abspeichern.

Den Rahmencode füllen Sie wie folgt aus:

```
unit Person;
interface
type
  TPerson = class
  private
    _vorN, _nachN: string;                // zwei Felder
  public
    constructor Create(vorN, nachN: string);   // überladener Konstruktor
    function ToString:string; override;        // überschriebene Methode
  end;

implementation
constructor TPerson.Create;
begin
  inherited Create;
  _vorN := vorN;
  _nachN := nachN;
end;

function TPerson.ToString: string;
begin
  Result := _vorN + ' ' + _nachN;
end;
end.
```

Quellcode WinForm1

In *WinForm1* – das ist gewissermaßen unsere Clientanwendung – wollen wir aus der Klasse *TPerson* einige Objekte erzeugen und benutzen.

```
implementation
uses Person;            // Klassen-Unit einbinden!
```

Eine *ArrayList* soll als Behälter für unsere Objekte dienen:

```
var personen: ArrayList;
```

Bei Programmstart wird die ArrayList zunächst mit einigen Objekten gefüllt und anschließend in der ListBox angezeigt (entsprechend der überladenen *ToString*-Methode!):

```
constructor TWinForm1.Create;
begin
  ...
  personen := ArrayList.Create;
  with personen do begin
    Add(TPerson.Create('Maxhelm', 'Müller'));
    Add(TPerson.Create('Wahnfried', 'Wagner'));
    Add(TPerson.Create('Susi', 'Sägezahn'));
    Add(TPerson.Create('Siegbast', 'Sorglos'));
  end;
  ListBox1.DataSource := personen;
end;
```

Ein Eintrag in der ListBox wird selektiert und in der ComboBox angezeigt:

```
procedure TWinForm1.ListBox1_SelectedValueChanged(sender: System.Object; e: System.EventArgs);
var i: Integer;
begin
  i := ListBox1.SelectedIndex;
  if i <> -1 then ComboBox1.DataSource := personen;
end;
```

Test

Wenn Sie links auf einen Eintrag klicken, wird die Anzeige rechts aktualisiert:

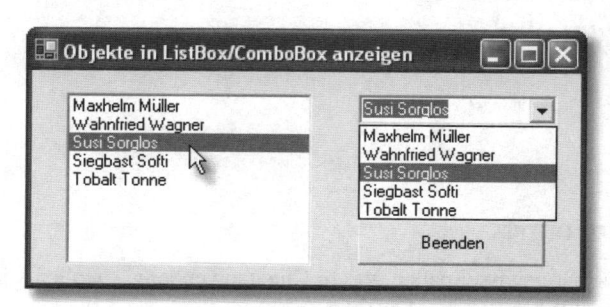

Bemerkungen

- Ist die *DataSource*-Eigenschaft einmal festgelegt, kann der Benutzer die Elementauflistung nicht mehr ändern.
- Zum Sortieren sollten Sie anstatt der *Sort*-Eigenschaft von *ListBox/ComboBox* besser die *Sort*-Methode der *ArrayList* verwenden.

- Für spezielle Auswertungen können Sie auf die Ereignisse *ValueMemberChanged* und *DisplayMemberChanged* bzw. die Eigenschaften *ValueMember* und *DisplayMember* zurückgreifen.
- Eine ähnliche Problematik, unter Verwendung eines *DataGrid*, wird behandelt in

    ☞ R 3.19 Komplexe Datenbindung anwenden

- Zur Anzeige mittels *Items*-Eigenschaft siehe

    ☞ R 3.5 Die ListBox kennen lernen

- Anwendungen zur Datenbindung unter ADO.NET finden Sie in

    ☞ R 8.9 Mit der ComboBox zwei Tabellen verknüpfen

R 3.9   Mit Drag und Drop arbeiten

Drag & Drop-Operationen gehören mit zur Kernfunktionalität von Windows-Anwendungen. Auch unter .NET sind im Zusammenhang mit dem "Ziehen und Loslassen" eine Vielzahl von Objekten, Ereignissen und Methoden zu beachten. Das vorliegende Rezept zeigt, anhand von zwei einfachen Beispielen, wie es geht.

Oberfläche

Öffnen Sie eine neue Windows Forms-Anwendung. Platzieren Sie auf dem Startformular zwei *ListBox*en und zwei *PictureBox*en, deren *SizeMode*-Eigenschaft Sie zweckmäßigerweise auf *StretchImage* setzen.

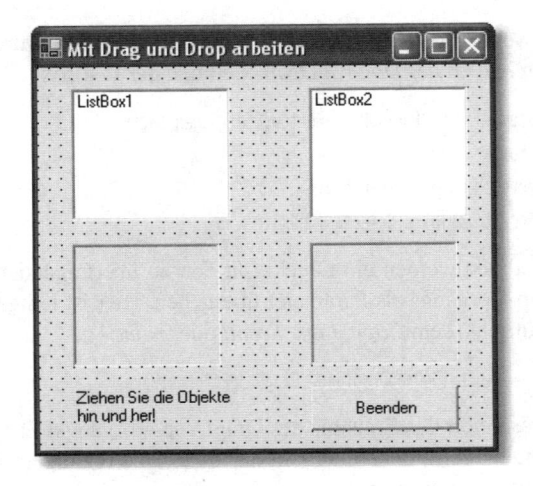

Kopieren Sie in das Anwendungsverzeichnis eine beliebige Bilddatei (*Bild1.jpg*).

Quellcode TWinForm1

Im Konstruktor ist der ideale Platz für das Füllen der beiden links befindlichen Steuerelemente mit Anfangswerten. Außerdem werden durch Setzen der *AllowDrop*-Eigenschaft alle vier Steuerelemente zu potenziellen Zielen von DragDrop-Operationen erklärt:

```
constructor TWinForm1.Create;
begin
  ...
  ListBox1.Items.AddRange(['Müller', 'Schulze', 'Lehmann', 'Krause', 'Fischer', 'Wagner']);
  PictureBox1.Image := Image.FromFile('Bild1.jpg');
  ListBox1.AllowDrop := True;   ListBox2.AllowDrop := True;
  PictureBox1.AllowDrop := True; PictureBox2.AllowDrop := True;
end;
```

Der nachfolgende Code besteht aus zwei voneinander völlig unabhängigen Teilen.

Teil1 (ListBoxen)

Die folgenden Ereignisbehandlungen werden von beiden ListBoxen jeweils gemeinsam benutzt. Am besten erstellen Sie zunächst den Eventhandler für *ListBox1* auf bekannte Weise, benennen ihn anschließend im Objektinspektor um und weisen ihn dann auch der *ListBox2* zu.

Das zu ziehende Objekt (ein ListBox-Eintrag) wird angefasst:

```
procedure TWinForm1.ListBox_MouseDown(sender: System.Object; e: System.Windows.Forms.MouseEventArgs);
var lbSrc: ListBox;            // Quellen-ListBox
    dat: System.object;        // die zu übertragenden Daten
    dropEffect: DragDropEffects; // Art der Datenübertragung (Move, Copy, Link, Scroll, None)
begin
```

Nur wenn die linke Maustaste gedrückt und ein Eintrag selektiert wurde, startet die Drag-Drop-Operation durch Aufruf der *DoDragDrop*-Methode der ListBox:

```
  if e.Button = System.Windows.Forms.MouseButtons.Left then begin
    lbSrc := ListBox(sender);
    if lbSrc.SelectedIndex > -1 then begin
      dat := lbSrc.Items[lbSrc.SelectedIndex];
```

Der *DoDragDrop*-Methode werden ein Objekt mit den zu übertragenden Informationen und der Typ des DragDrop-Vorgangs als Parameter übergeben. Hier ist lediglich das Verschieben (*Move*) von Text erwünscht (kein *Copy, Link, Scroll* oder *None* !):

```
      dropEffect := lbSrc.DoDragDrop(dat, DragDropEffects.Move)
```

Der Rückgabewert präsentiert das Ergebnis des DragDrop-Vorgangs! Er kann deshalb benutzt werden, um notwendige "Aufräumarbeiten" in der Quelle zu erledigen, in unserem Fall soll der Eintrag in der Quellen-ListBox gelöscht werden:

```
            if dropEffect = DragDropEffects.Move then lbSrc.Items.RemoveAt(lbSrc.SelectedIndex);
         end;
      end;
end;
```

Das *DragEnter*-Ereignis wird dann ausgelöst, wenn ein gezogenes Objekt in den Zielbereich eintritt. Im Eventhandler legen wir den Typ des DragDrop-Vorgangs fest (*Move*), falls das gezogene Objekt Text enthält (Form des Mauszeigers ändert sich und signalisiert Bereitschaft zum Ablegen):

```
procedure TWinForm1.ListBox_DragEnter(sender: System.Object; e: System.Windows.Forms.DragEventArgs);
begin
  if e.Data.GetDataPresent(DataFormats.Text) = True then
         e.Effect := DragDropEffects.Move
                                        else
         e.Effect := DragDropEffects.None;
end;
```

Das gezogene Objekt wird losgelassen und löst damit das *DragDrop*-Ereignis aus:

```
procedure TWinForm1.ListBox_DragDrop(sender: System.Object; e: System.Windows.Forms.DragEventArgs);
var lbDest: ListBox;         // Ziel-ListBox
    txt: string;
begin
   lbDest := ListBox(sender);
```

Dem Parameter *e* können nun die übertragenen Textdaten entnommen werden:

```
   txt := e.Data.GetData(DataFormats.Text).ToString;
   lbDest.Items.Add(txt);
end;
```

Teil 2 (PictureBoxen)

Da hier die Programmierung sogar noch einfacher ist, kann auf Erläuterungen gänzlich verzichtet werden.

```
procedure TWinForm1.PictureBox_MouseDown(sender:System.Object; e:System.Windows.Forms.MouseEventArgs);
var pbSrc: PictureBox;
    dropEffect: DragDropEffects;
begin
   if e.Button = System.Windows.Forms.MouseButtons.Left then begin
     pbSrc := PictureBox(sender);
     if pbSrc.Image <> nil then dropEffect := pbSrc.DoDragDrop(pbSrc.Image, DragDropEffects.Move);
     if dropEffect = DragDropEffects.Move then pbSrc.Image := nil;
```

```
    end;
end;

procedure TWinForm1.PictureBox_DragEnter(sender: System.Object; e: System.Windows.Forms.DragEventArgs);
begin
   if e.Data.GetDataPresent(DataFormats.Bitmap) then
         e.Effect := DragDropEffects.Move
      else
         e.Effect := DragDropEffects.None;
end;

procedure TWinForm1.PictureBox_DragDrop(sender: System.Object; e: System.Windows.Forms.DragEventArgs);
var pbDest: PictureBox;
begin
   pbDest:= PictureBox(sender);
   pbDest.Image := Bitmap(e.Data.GetData(DataFormats.Bitmap));
end;
```

Test

Sie können die Objekte beliebig hin- und herbewegen. In bekannter Windows-Manier signalisiert die Gestalt des Mauszeigers, ob ein Ablegen erlaubt ist.

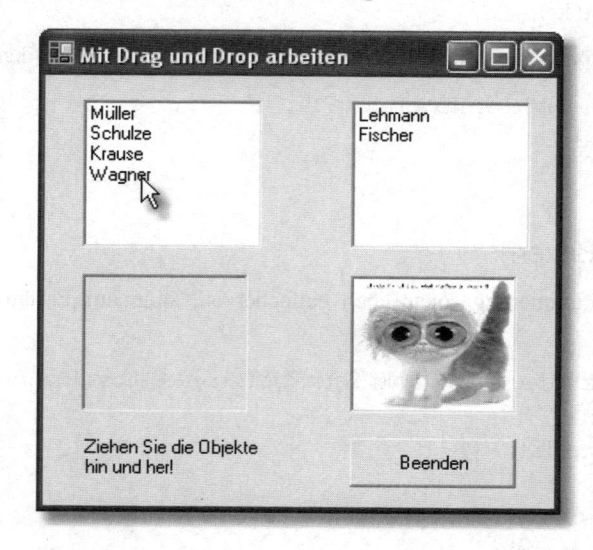

Interessant dürfte für Sie die Entdeckung sein, dass Sie die DragDrop-Operation auch innerhalb einer einzigen ListBox ausführen können. In diesem Fall kommt es lediglich zu einem Umsortieren der Reihenfolge der Einträge!

> **Hinweis:** Testen Sie auch DragDrop zwischen zwei Instanzen des Programms!

Bemerkungen

- Das *GiveFeedback*-Ereignis ermöglicht der Quelle des Ziehereignisses, die Darstellung des Mauszeigers zu ändern (visuelles Feedback).

- Tritt der Mauszeiger in ein anderes Steuerelement ein, so wird *DragEnter* für dieses Steuerelement ausgelöst. Verlässt die Benutzeraktion das Fenster, wird das *DragLeave*-Ereignis ausgelöst.

- Ein Bewegen der Maus ohne das Steuerelement zu verlassen löst das *DragOver*-Ereignis aus. *DragOver*- und *GiveFeedback*-Ereignis können zusammengefasst werden, damit der Benutzer beim Bewegen der Maus über das Ablageziel eine aktuelle Rückmeldung von der Mausposition erhält.

- Ändert sich der Tastatur- oder Maustastenzustand, so wird das *QueryContinueDrag*-Ereignis ausgelöst. Entsprechend dem Wert der *Action*-Eigenschaft von *QueryContinue-DragEventArgs* wird bestimmt, ob der Ziehvorgang fortgesetzt, die Daten abgelegt oder der Vorgang abgebrochen werden soll.

R 3.10 Zur Laufzeit ein Steuerelement erzeugen

Wie Sie beliebige Controls per Code (anstatt mit der visuellen Entwicklungsumgebung von Delphi .NET) erzeugen können, zeigt dieses einfache Rezept.

Aufgabe ist es, zum Startformular einen *Button* hinzuzufügen, mit dem die Anwendung beendet werden kann.

Oberfläche

Eine leere Windows Form genügt!

Quellcode TWinForm1

Im privaten Abschnitt von *TWinForm1* deklarieren Sie eine Objektvariable vom Typ *Button* sowie einen Eventhandler für das *Click*-Ereignis:

```
type
  TWinForm1 = class(System.Windows.Forms.Form)
    ...
  private
    Button1: System.Windows.Forms.Button;
    procedure Button1_Click(Sender: System.Object; e: System.EventArgs);
end;
```

In unserem Beispiel soll *Button1* bereits im Konstruktorcode erzeugt werden, Sie könnten das aber auch an jeder anderen Stelle tun:

```
constructor TWinForm1.Create;
begin
  ...
  Button1 := System.Windows.Forms.Button.Create;           // Instanz erzeugen
  Button1.Name := 'Button1';
  Button1.Bounds := Rectangle.Create(200, 100, 100, 50);   // Position und Abmessungen
  Button1.Text := 'Beenden';
  // ... evtl. hier noch weitere Eigenschaften zuweisen
```

Der frisch erzeugte *Button* muss zur *Controls*-Auflistung des Formulars hinzugefügt werden:

```
  Self.Controls.Add(Button1);
```

Last but not least soll unser Button nicht nur Dekorationszwecken dienen, sondern auch auf das *Click*-Ereignis reagieren. Dazu ist per *Include*-Anweisung der Namen des Ereignisses mit dem gewünschten Eventhandler zu verknüpfen:

```
  Include(Self.Button1.Click, Self.Button1_Click);
end;
```

Den Rahmencode für den Eventhandler müssen Sie diesmal per Hand eintippen, da Ihnen die Delphi-IDE dabei nicht helfen kann:

```
procedure TWinForm1.Button1_Click;
begin
  Self.Close
end;
```

Test

Sofort nach dem Start ist wie von Geisterhand der neue Button da und erfüllt seine Aufgabe:

R 3.11 Eine Control-Matrix zur Laufzeit erzeugen

Bemerkungen

- Nach dem gleichen Prinzip können Sie jedes beliebige Steuerelement zur Laufzeit erzeugen.
- Eine Erweiterung dieses Rezepts finden Sie in

    ☞ R 3.11 Eine Control-Matrix zur Laufzeit erzeugen

R 3.11 Eine Control-Matrix zur Laufzeit erzeugen

In Formularen mit einfachen Tabellendarstellungen sind häufig Steuerelemente matrixförmig nebeneinander anzuordnen. So kann es zu einer ziemliche Puzzelei ausarten, wenn man Dutzende von Controls pixelgenau nebeneinander positionieren muss.

Das vorliegende Rezept zeigt am Beispiel einer zur Laufzeit erzeugten Label-Matrix, wie Sie sich die Arbeit vereinfachen können.

Oberfläche

Öffnen Sie eine neue Windows Forms-Anwendung. Das Startformular *WinForm1* mit etwas Platz und zwei *Button*s genügen.

Quellcode TWinForm1

Zur Typdeklaration des Formulars fügen Sie die neue Methode *createLabelArray* hinzu, hier die Übergabeparameter:

- *x0, y0* = linke obere Ecke der Matrix
- *b, h* = Breite und Höhe eines einzelnen Controls
- *zmax, smax* = Anzahl der Zeilen und Spalten

```
type
  TWinForm1 = class(System.Windows.Forms.Form)
  ...
  private
    procedure createLabelArray(x0, y0, b, h, zmax, smax: Integer);        // !
    ...
  end;
...
implementation
...
procedure TWinForm1.createLabelArray(x0, y0, b, h, zmax, smax: Integer);
var z, s: Integer;                // Zeilen- und Spaltenzähler
    count: Integer;               // Zählervariable
```

```
    lb: System.Windows.Forms.Label;
begin
    count := 0;
    for z := 0 to zmax-1 do begin
        for s := 0 to smax-1 do begin
            lb := System.Windows.Forms.Label.Create;
            lb.Bounds := Rectangle.Create(x0 + s * b, y0 + z * h, b, h);
            lb.BorderStyle := BorderStyle.Fixed3D;
            Inc(count);
            lb.Name := 'Label' + count.ToString;
            lb.Text := lb.Name;
            Self.Controls.Add(lb);             // zum Formular hinzufügen
        end
    end;
end;
```

Um eine Matrix mit 6 Zeilen und 4 Spalten exakt auf das Formular zu zaubern, wobei jedes Label 50 Pixel breit und 30 Pixel hoch ist, genügt der folgende Aufruf:

```
procedure TWinForm1.Button1_Click(sender: System.Object; e: System.EventArgs);
begin
   createLabelArray(80, 30, 50, 30, 6, 4);
end;
```

Test

Überraschung! Nach Klick auf den Button wird quasi aus dem Nichts ein Steuerelementefeld generiert:

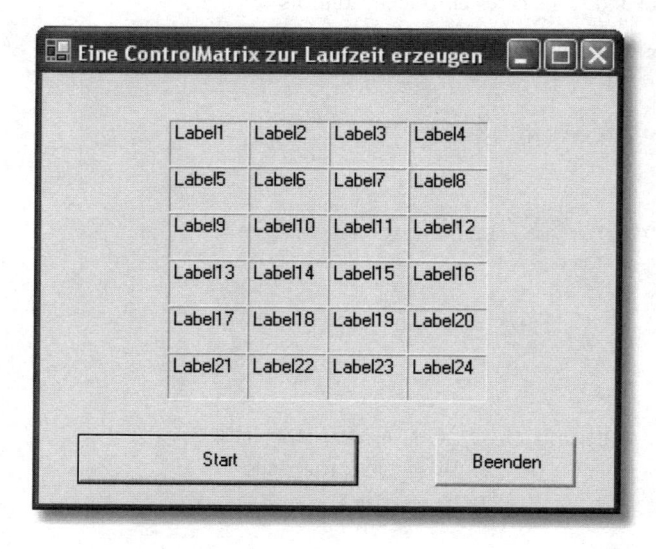

Ergänzungsbeispiel Schachbrett

Die folgende Variante zeigt, wie man nach dem gleichen Prinzip ein Schachbrett erzeugen kann.

Übergabeparameter:

- *x0, y0* = linke obere Ecke des Bretts
- *a* = Breite und Höhe eines einzelnen Felds

```
procedure TWinForm1.createChessTable(x0, y0, a: Integer);
var z, s: Integer;
    farbe: Color;
    lb: System.Windows.Forms.Label;
begin
        farbe := Color.White;
        for z := 0 to 7 do begin
            if farbe.Equals(Color.Black) then farbe := Color.White else farbe := Color.Black;
            for s := 0 to 7 do begin
                lb := System.Windows.Forms.Label.Create;
                lb.Bounds := Rectangle.Create(x0 + s * a, y0 + z * a, a, a);
                if farbe.Equals(Color.Black) then farbe := Color.White else farbe := Color.Black;
                lb.BackColor := farbe;
                Self.Controls.Add(lb);
            end
        end;
end;
```

Der Aufruf:

```
procedure TWinForm1.Button1_Click(sender: System.Object; e: System.EventArgs);
begin
   createChessTable(60, 10, 30);          // linke obere Ecke: x = 60, y = 10; Feldgröße: 30 x 30
end;
```

Hinweis: Den kompletten Quellcode finden Sie auf der Buch-CD.

Bemerkungen

- Es dürfte klar sein, dass es nur minimaler Änderungen bedarf, um anstatt der *Label*- z.B. eine *Button*-Matrix zu generieren.

- Eine ähnliche Anwendung finden Sie in

  ☞ R 2.10 Eine einzelne Spalte aus einer Matrix kopieren

- Wie Sie auch noch Ereignisbehandlungen hinzufügen können, siehe

  ☞ R 3.11 Zur Laufzeit ein Steuerelement erzeugen

R 3.12 Mit mehreren Formularen arbeiten

Dieses Rezept soll Ihnen zeigen, wie Sie von einem Hauptformular aus verschiedene andere Formulare öffnen können. Sie lernen, wie man deren Eigenschaften und Methoden aufruft, und wie man eine *PictureBox* zur Laufzeit mit Bildinhalten füllt.

Oberfläche

Öffnen Sie eine neue Windows Forms-Anwendung. Diesmal genügt uns das Startformular *WinForm1* allein nicht, denn wir benötigen noch vier weitere Formulare.

Über das Menü *Datei|Neu|Weitere...* öffnen Sie die Objektgalerie, in der Sie unter der Kategorie *Delphi für .NET-Projekte|Neue Dateien* das Element *Windows Form* auswählen.

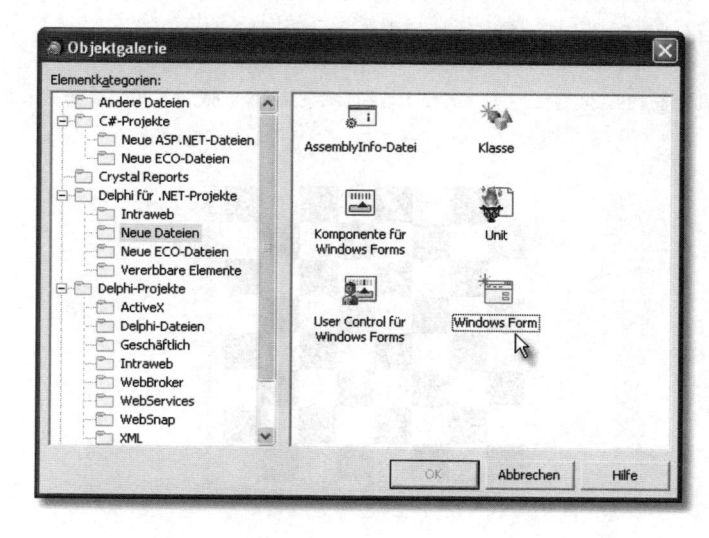

R 3.12 Mit mehreren Formularen arbeiten

Wiederholen Sie den Vorgang, bis zu Ihrem Projekt schließlich die Formulare *WinForm2*, *WinForm3* und *WinForm4* hinzugekommen sind.

Von *WinForm1* aus sollen über drei Schaltflächen die anderen Formulare aufgerufen werden:

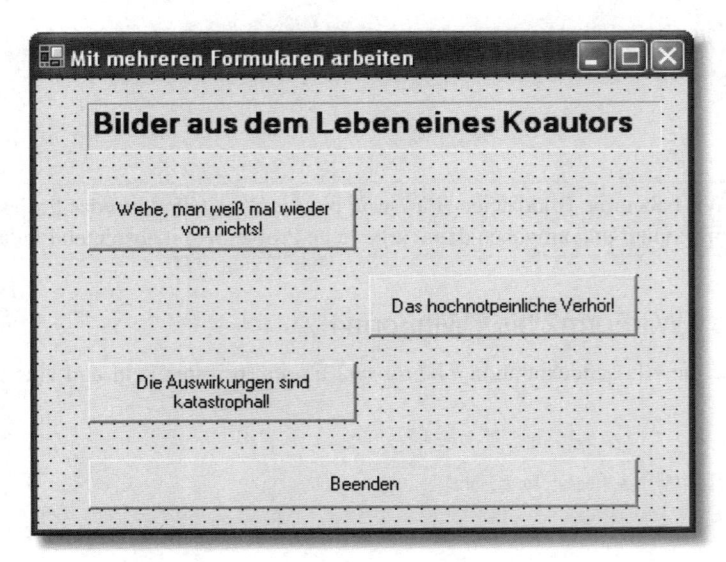

Bilder aus dem Leben eines Koautors
- Wehe, man weiß mal wieder von nichts!
- Das hochnotpeinliche Verhör!
- Die Auswirkungen sind katastrophal!
- Beenden

Auf jedes der Formulare *WinForm2* bis *WinForm4* platzieren Sie eine *PictureBox* und einen *Button* mit der Beschriftung "Schließen" (siehe Laufzeitansicht am Schluss).

Quellcode TWinForm1

Zu Beginn des *implementation*-Abschnitt dürfen wir das Einbinden der übrigen Formular-Units keinesfalls vergessen:

```
implementation
uses WinForm2, WinForm3, WinForm4;    // !
...
```

Der Aufruf von *WinForm2*:

```
procedure TWinForm1.Button1_Click(sender: System.Object; e: System.EventArgs);
var f: TWinForm2;
begin
  f := TWinForm2.Create;           // WinForm2 wird erzeugt
  f.Text := Button1.Text;          // Beschriftung der Titelleiste wird geändert
  f.anzeigen('Bild1.wmf');         // eine Methode wird aufgerufen (Bilddatei wird übergeben)
  f.Show();                        // WinForm2 wird angezeigt
end;
```

Völlig analog programmieren wir den Aufruf der übrigen Formulare *WinForm3* und *Win-Form4*.

Die "Beenden"-Schaltfläche:

```
procedure TWinForm1.Button4_Click(sender: System.Object; e: System.EventArgs);
begin
  Self.Close;
end;
```

Hinweis: Wir haben die Bilddateien *Bild1.wmf* bis *Bild3.wmf* direkt in das Projektverzeichnis kopiert und umgehen damit ärgerliche Probleme mit absoluten Pfadangaben.

Quellcode TWinForm2 bis TWinForm4

Ergänzen Sie die Klassendeklaration *TWinForm2* um ein privates Feld und eine öffentliche Methode:

```
type
  TWinForm2 = class(System.Windows.Forms.Form)
  ...
  private
    bild: Bitmap;                    // privates Feld!
  public
    constructor Create;
    procedure anzeigen(pfad: string);   // öffentliche Methode!
end;
...
implementation
...
procedure TWinForm2.anzeigen(pfad: string);
begin
  if not (bild = nil) then bild.Dispose();   // alte Bitmap freigeben
  PictureBox1.SizeMode := PictureBoxSizeMode.StretchImage;   // Bildgröße der PictureBox anpassen
  bild := Bitmap.Create(pfad);     // Bildobjekt erzeugen
  PictureBox1.Image := Image(bild);    // Bild anzeigen
end;
```

Die "Schließen"-Schaltfläche:

```
procedure TWinForm2.Button1_Click(sender: System.Object; e: System.EventArgs);
begin
  Self.Close;
end;
```

R 3.12 Mit mehreren Formularen arbeiten 1025

Hinweis: Ergänzen Sie auf analoge Weise den Code für *TWinForm3* und *TWinForm4*!

Test

Starten Sie das Programm und ergötzen Sie sich an der ach soooo lustigen Bilderstory!

Hinweis: Man beachte, dass mit dem Schließen des Hauptformulars automatisch auch alle geöffneten Bildformulare geschlossen werden.

Verbesserte Variante

Sobald – wie eben praktiziert – mehrfach der gleiche Code in verschiedene Formulare kopiert wird, sollte ein guter Programmierer stutzig werden und nach einer weniger verschwenderischen Lösung Ausschau halten. Eigentlich genügen zwei Formularklassen (*TWinForm1* und *TWinForm2*), wobei *TWinForm2* gewissermaßen als Prototyp für die ehemaligen *TWinForm2* bis *TWinForm4* dient.

In *TWinForm1* kommt ein gemeinsamen Click-Eventhandler für die drei Buttons zum Einsatz, den wir wie gewohnt im Objektinspektor zuweisen:

```
procedure TWinForm1.Button_Click(sender: System.Object; e: System.EventArgs);
var f: TWinForm2;
   btn: Button;
begin
  f := TWinForm2.Create;
  btn := Button(sender);
  f.Text := btn.Text;
  if btn = Button1 then f.anzeigen('Bild1.wmf');
  if btn = Button2 then f.anzeigen('Bild2.wmf');
```

```
   if btn = Button3 then f.anzeigen('Bild3.wmf');
   f.Show();
end;
```

Der Code von *TWinForm2* kann unverändert bleiben.

Hinweis: Diese Variante ist allerdings nur dann der ursprünglichen Lösung vorzuziehen, wenn Abmessungen und Ausstattung aller aufgerufenen Formulare gleich sind!

Bemerkung

Wie Sie das Projekt in eine menügesteuerte MDI-Applikation verwandeln können, wird beschrieben in

☞   R 3.14 Eine MDI-Applikation erstellen

R 3.13 Das Startformular ändern

Normalerweise besteht ein Delphi-Projekt nicht nur aus einem, sondern aus mehreren Formularen. Wie aber kann ich es erreichen, dass nicht *WinForm1*, sondern ein beliebiges anderes Formular beim Programmstart zuerst erscheint?

Als Ausgangsbasis soll das in

☞   R 3.12 Mit mehreren Formularen arbeiten

beschriebene Projekt dienen, das in seiner Grundvariante aus insgesamt vier Formularen (*WinForm1* ... *WinForm4*) besteht.

Der vom alten Delphi kommende Umsteiger oder der Entwickler von VCL-Formularanwendungen hat es hier anscheinend einfacher, denn über das Menü *Projekt|Optionen...* öffnet sich ein Dialogfenster, in dem man das Hauptformular festlegen kann.

Für den Programmierer einer Windows Forms-Anwendung präsentiert sich dieses Dialogfenster allerdings leer und hoffnungslos.

Alles ist ganz einfach

Abhilfe ist schnell geschaffen. Öffnen Sie über das Menü *Projekt|Quelltext anzeigen* das Codefenster für das Hauptprogramm:

```
  1   program Project1;
  2
  3   {%DelphiDotNetAssemblyCompiler '$(SystemRoot)\microsoft.net\framework\v1.1.4322\System.dll'}
  4   {%DelphiDotNetAssemblyCompiler '$(SystemRoot)\microsoft.net\framework\v1.1.4322\System.Data.d
  5   {%DelphiDotNetAssemblyCompiler '$(SystemRoot)\microsoft.net\framework\v1.1.4322\System.Drawin
  6   {%DelphiDotNetAssemblyCompiler '$(SystemRoot)\microsoft.net\framework\v1.1.4322\System.Window
  7   {%DelphiDotNetAssemblyCompiler '$(SystemRoot)\microsoft.net\framework\v1.1.4322\System.XML.dl
  8   {$R 'WinForm1.TWinForm1.resources' 'WinForm1.resx'}
  9   {$R 'WinForm4.TWinForm4.resources' 'WinForm4.resx'}
 10   {$R 'WinForm3.TWinForm3.resources' 'WinForm3.resx'}
 11   {$R 'WinForm2.TWinForm2.resources' 'WinForm2.resx'}
 12
 13   uses
 14     System.Reflection,
 15     System.Runtime.CompilerServices,
 16     System.Windows.Forms,
 17     WinForm1 in 'WinForm1.pas' {WinForm1.TWinForm1: System.Windows.Forms.Form},
 18     WinForm2 in 'WinForm2.pas' {WinForm2.TWinForm2: System.Windows.Forms.Form},
 19     WinForm3 in 'WinForm3.pas' {WinForm3.TWinForm3: System.Windows.Forms.Form},
 20     WinForm4 in 'WinForm4.pas' {WinForm4.TWinForm4: System.Windows.Forms.Form};
 21
 22   {$R *.res}
 23
 24   ⊞ Programm/Assemblierungs-Informationen
 87
 88   [STAThread]
 89   begin
 90     Application.Run(TWinForm1.Create);
 91   end.
```

Wie Sie sehen, wird das Startobjekt in der *Run*-Methode des *Application*-Objekts festgelegt, der eine Formular-Instanz zu übergeben ist. Diese von der Entwicklungsumgebung automatisch generierte Anweisung definiert gewissermaßen den Einsprungpunkt der Anwendung. Sie brauchen hier nur den Namen der Formularklasse zu ändern, also wenn es beispielsweise mit *WinForm2* losgehen soll:

```
...
[STAThread]
begin
  Application.Run(TWinForm2.Create);
end.
```

Test

Stellen Sie z.B. *WinForm2* als Startformular ein und starten Sie die Anwendung.

Bemerkung

Obwohl die Änderung des Startformulars im vorliegenden Beispiel keinerlei praktischen Sinn erkennen lässt, so dürfte aber wenigstens das Prinzip deutlich werden.

R 3.14   Eine MDI-Applikation erstellen

Dieses Rezept soll eine sinnvolle Weiterentwicklung des Vorgängerrezepts sein, denn die dort noch lose herumflatternden Fensterchen können nicht als der Weisheit letzter Schluss angesehen werden. Der erfahrene Programmierer bringt mit einer MDI-Applikation Ordnung in das Chaos!

Sie lernen unter anderem auch, wie schnell man mit der integrierten Entwicklungsumgebung von Delphi.NET eine Menüleiste erstellen kann.

Gehen Sie wie folgt vor, um das vorhandene Projekt in eine standesgemäße MDI-Anwendung zu verwandeln:

Anpassen des Hauptfensters TWinForm1

Ändern Sie die *IsMDIContainer*-Property des Hauptformulars (*WinForm1*) in *True*. Entfernen Sie alle Buttons von der Oberfläche und den dahinter liegenden Ereigniscode, denn wir wollen die Unterformulare, so wie es sich gehört, über ein Menü aufrufen. Fügen Sie deshalb eine *MainMenu*-Komponente von der Tool-Palette (Seite "Components") hinzu, sie wird – ob Sie es wollen oder nicht – ihren Platz unterhalb des Formulars im Komponentenfach einnehmen.

Nach einem Klick auf die Komponente öffnet sich der Menüeditor, und im Handumdrehen ist das Menü erstellt.

Hinweis: Die Bedienung des Menüeditors ist so intuitiv, dass sich weitere Erläuterungen erübrigen!

Das Menü sollte z.B. folgende Struktur haben:

1. Ebene	2. Ebene	Name
&Datei		*MenuItem1*
	&Beenden	*MenuItem2*
&Ansicht		*MenuItem3*
	Wehe, man weiß mal wieder von nichts!	*MenuItem4*
	Das hochnotpeinliche Verhör!	*MenuItem5*
	Die Auswirkungen sind katastrophal!	*MenuItem6*
&Fenster		*MenuItem7*
	&Überlappend	*MenuItem8*
	&Horizontal anordnen	*MenuItem9*
	&Vertikal anordnen	*MenuItem10*

Beachten Sie bitte folgendes:

- Durch Voranstellen des Zeichens "&" (es bleibt zur Laufzeit unsichtbar) wird es möglich, einen Menüpunkt über die Tastatur aufzurufen!

- Vergewissern Sie sich abschließend im Eigenschaftenfenster von *WinForm1*, ob die *Menu*-Eigenschaft auf *MainMenu1* eingestellt ist (normalerweise geschieht dies automatisch).

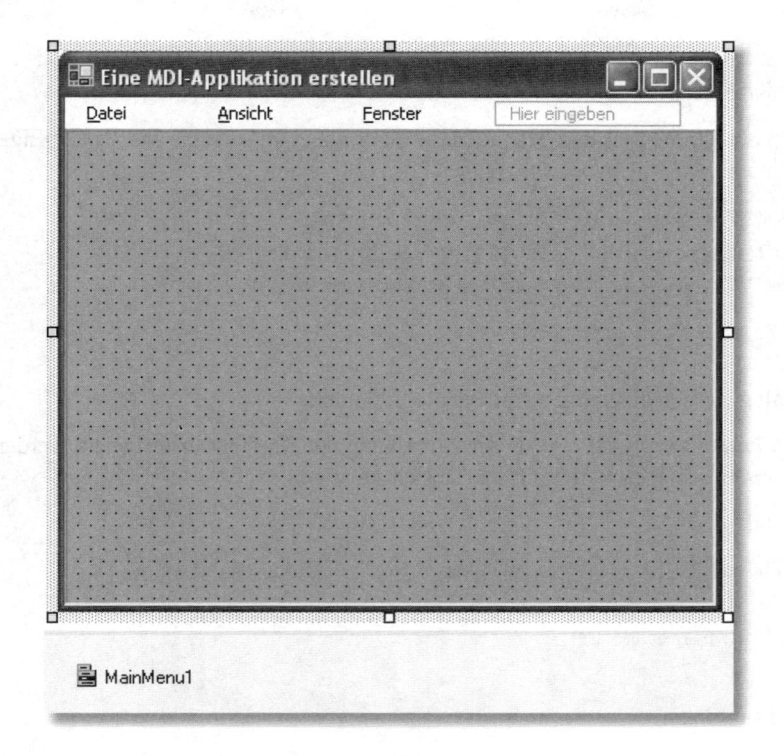

Anpassen des Quellcodes von TWinForm1

Jeder Menüeintrag ist ein Objekt, dem man – genauso wie z.B. einem Button – einen (oder auch mehrere) Eventhandler für sein *Click*-Ereignis zuweisen kann.

Hinweis: Wenn Sie (zur Entwurfszeit) auf einen Menüeintrag doppelklicken, erscheint sofort der Rahmencode des entsprechenden Eventhandlers!

```
type
  TWinForm1 = class(System.Windows.Forms.Form)
  ...
implementation
uses WinForm2, WinForm3, WinForm4;
...
```

Wir beginnen mit dem Aufruf des ersten Kindfensters (*WinForm2*) über das Menü *Ansicht| Wehe man weiß mal wieder von nichts!*:

```
procedure TWinForm1.MenuItem4_Click(sender: System.Object; e: System.EventArgs);
var f: TWinForm2;
```

```
begin
  f := TWinForm2.Create;
```

Damit sich ein Kindfenster dem Hauptfenster unterordnet, muss seine *MdiParent*-Eigenschaft gesetzt werden:

```
  f.MdiParent := Self;          // MDI-Hauptfenster zuordnen
  f.Text := MenuItem4.Text;     // Aufruf einer Eigenschaft von WinForm2
  f.anzeigen('Bild1.wmf');      // Aufruf einer Methode von WinForm2
  f.Show();
end;
```

Völlig analog werden die übrigen Aufrufe programmiert.

Über das *Fenster*-Menü soll die Art der Anordnung der Kindfenster festgelegt werden. Dazu ist die *LayoutMdi*-Eigenschaft des Hauptfensters zu setzen.

Überlappend:

```
procedure TWinForm1.MenuItem8_Click(sender: System.Object; e: System.EventArgs);
begin
  Self.LayoutMdi(MdiLayout.Cascade);
end;
```

Horizontal anordnen:

```
procedure TWinForm1.MenuItem9_Click(sender: System.Object; e: System.EventArgs);
begin
  Self.LayoutMdi(MdiLayout.TileHorizontal);
end;
```

Vertikal anordnen:

```
procedure TWinForm1.MenuItem10_Click(sender: System.Object; e: System.EventArgs);
begin
  Self.LayoutMdi(MdiLayout.TileVertical);
end;
```

Schließlich soll über das Menü *Datei|Beenden* die Anwendung geschlossen werden:

```
procedure TWinForm1.MenuItem2_Click(sender: System.Object; e: System.EventArgs);
begin
  Self.Close;
end;
```

Anpassen der Kindfenster TWinForm2 bis TWinForm4

Den übrigen Formularen müssen Sie nicht erst noch begreiflich machen, dass sie ihr freies Dasein aufgeben müssen und zu MDI-Kindfenstern "versklavt" werden, denn dies wurde bereits im Code von *WinForm1* erledigt (*f.MdiParent := Self*). Es bleibt also alles so wie es war!

Test

Nach dem Programmstart erscheint zunächst nur das leere Rahmenfenster. Fügen Sie nun über das *Ansicht*-Menü nach Belieben Kindfenster hinzu, und ordnen Sie diese über das *Fenster*-Menü auf verschiedene Weise an.

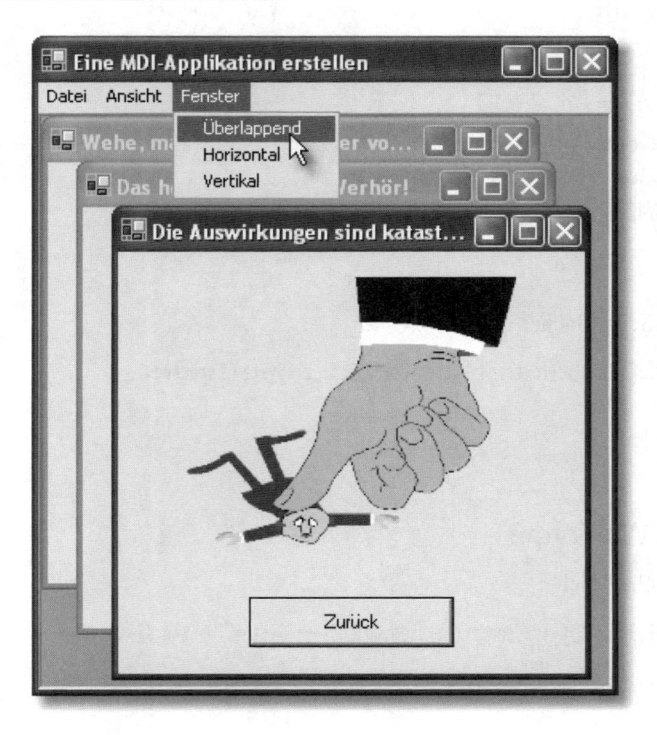

R 3.15 Formulare im Formular anzeigen

Dieses Rezept zeigt Ihnen, wie Sie – gewissermaßen als Alternative zur MDI-Anwendung – weitere Formulare innerhalb eines normalen Formulars anzeigen können und auch innerhalb eines anderen Controls, wie z.B. eines *Panel*s oder eines *Button*s.

Oberfläche

Klicken Sie das Menü *Datei|Neu|Weitere...*, um zum Startformular (*WinForm1*) ein zweites Formular (*WinForm2*) hinzuzufügen. Statten Sie *WinForm1* mit zwei *Button*s ("Zeigen" und "Beenden") und *WinForm2* mit einem *Label* ("Hallo") und einem *Button* ("Zurück") aus.

Quellcode TWinForm1

Auch hier dürfen Sie natürlich nicht vergessen, das zweite Formular "bekanntzumachen":

```
implementation
uses winForm2;
```

Die Schaltfläche "Zeigen":

```
procedure TWinForm1.Button1_Click(sender: System.Object; e: System.EventArgs);
var f: TWinForm2;

begin
  f := TWinForm2.Create;
  f.TopLevel := False;      // !
  Self.Controls.Add(f);
  f.Show();
end;
```

Die "Beenden"-Schaltfläche:

```
procedure TWinForm1.Button2_Click(sender: System.Object; e: System.EventArgs);
begin
  Self.Close;
end;
```

Quellcode TWinForm2

Die "Zurück"-Schaltfläche:

```
procedure TWinForm1.Button2_Click(sender: System.Object; e: System.EventArgs);
begin
  Self.Close;
end;
```

Test

Nach dem Programmstart können Sie mehrfach auf den "Zeigen"-Button klicken und Zeuge der wundersamen Vermehrung von *WinForm2* werden.

R 3.16 Formularereignisse richtig behandeln

Hinweis: Da sich die erzeugten Instanzen von *TWinForm2* zu Beginn exakt überdecken, müssen Sie sie zunächst mit der Maus "anfassen" und "wegziehen"!

Bemerkungen

- Das Setzen der *TopLevel*-Property von *WinForm2* auf *False* ist unverzichtbar, weil ein Steuerelement der oberen Ebene nicht zu einem anderen Steuerelement hinzugefügt werden kann.

- Sie können *WinForm2* auch zu einem beliebigen anderen Control, das sich auf *WinForm1* befindet, hinzufügen.

Beispiel: *WinForm2* wird zu *Panel1* hinzugefügt

```
f := TWinForm2.Create;
f.TopLevel := False;
Self.Panel1.Controls.Add(f);
f.Show();
```

R 3.16 Formularereignisse richtig behandeln

In diesem Rezept wollen wir auf einige grundsätzliche Probleme beim Programmieren von Eventhandlern für Formularereignisse (Basisklassenereignisse) hinweisen.

Als simples Beispiel sollen die aktuellen Mauskoordinaten in der Titelleiste des Formulars angezeigt werden. Wir stellen dazu zwei Varianten zur Diskussion:

- Verwendung der Basisklassenereignisse
- Überschreiben der Basisklassenmethoden

Hinweis: Da der behandelte Stoff einige Grundkenntnisse der OOP voraussetzt (siehe z.B. 14.1), ist er für den absoluten Newcomer weniger geeignet!

Variante 1 (Basisklassenereignisse verwenden)

Öffnen Sie eine neue Windows Forms-Anwendung. Da die Mauskoordinaten in der Titelleiste angezeigt werden sollen, genügt das nackte Formular, dem Sie evtl. noch eine "Beenden"-Schaltfläche spendieren.

```
type
  TWinForm1 = class(System.Windows.Forms.Form)
  ...
```

Unmittelbar zu Beginn soll in der Titelleiste des Formulars der Text "Bitte bewegen Sie die Maus!" erscheinen. Die vom alten Delphi kommenden Umsteiger sind es gewohnt, allen möglichen Initialisierungscode im *Load*-Eventhandler des Formulars unterzubringen[1]. Sie werden deshalb im Objektinspektor nach dem *Load*-Ereignis Ausschau halten, um durch Doppelklick den *TWinForm_Load*-Eventhandler generieren zu lassen:

```
procedure TWinForm1.TWinForm1_Load(sender: System.Object; e: System.EventArgs);
begin
  Self.Text := 'Bitte bewegen Sie die Maus!';
end;
```

Auf die gleiche Weise lässt sich der Eventhandler für das *MouseMove*-Event des Formulars erstellen. Die aktuellen Mauskoordinaten sind im Parameter *e* enthalten:

```
procedure TWinForm1.TWinForm1_MouseMove(sender: System.Object; e: System.Windows.Forms.MouseEventArgs);
begin
  Self.Text := 'X = ' + e.X.ToString + ' , Y = ' + e.Y.ToString;
end;
```

Test von Variante 1

---

[1] Als fortgeschrittener Programmierer von Windows Forms-Anwendungen werden Sie wohl den Initialisierungscode im dafür vorgesehenen Implementierungsabschnitt von *constructor TWinForm.Create* unterbringen.

Unser Prögrämmchen scheint zwar anstandslos zu funktionieren, gibt aber dem .NET-Puristen Anlass zu mancherlei Meckereien (siehe folgende Ausführungen).

Warum Variante 1 nicht optimal ist

- Gemäß MS .NET-Dokumentation sollten grundsätzlich nur die *OnXXEvent*-Methoden als Eventhandler verwendet werden (..."This is the preffered technique for handling the event in a derived class"...), wobei immer explizit auch die Basisklassenmethode aufgerufen werden muss. Der Grund ist darin zu sehen, dass die Kette der Messageverarbeitung ohne Verwendung (Überschreibung) der *OnXXEvent*-Methoden gebrochen werden kann (ein Multicast-Event kann mehrere Eventhandler haben, siehe 14.1).

- Leider wird der Delphi-Einsteiger durch den Objektinspektor geradewegs dazu verführt, die Basisklassenereignisse von *System.Windows.Forms.Form* auszuwerten (d.h., den Weg nach Variante 1 zu gehen), obwohl laut MS Dokumentation genau dieser Weg nicht empfohlen wird.

Variante 2 (Basisklassenmethoden überschreiben)

In Auswertung obiger Erkenntnisse kommen wir zu folgendem Schluss:

Für die Ereignisbehandlung in *Windows.Forms* sollte man

- die virtuellen *OnXXEvent*-Methoden der gewünschten Klasse überschreiben und
- in ihnen immer die Basisklassenmethoden aufrufen.

Zunächst müssen wir die gewünschten – in der für uns "unsichtbaren" Basisklasse *System.Windows.Forms.Form* mit *virtual* deklarierten – Methoden *OnLoad* und *OnMouseMove* überschreiben. Der geeignete Platz dafür findet sich im *strict protected*-Abschnitt unserer abgeleiteten Klasse *TWinForm1*:

```
type
  TWinForm1 = class(System.Windows.Forms.Form)
  ...
  strict protected
    ...
    procedure OnLoad(e: EventArgs); override;      // gleichnamige Basisklassenmethode überschreiben
    procedure OnMouseMove(e: MouseEventArgs); override;    // dto.
    ...
end;

implementation
...
procedure TWinForm1.OnLoad(e: EventArgs);
begin
  Self.Text := 'Bitte bewegen Sie die Maus!';
```

```
    inherited OnLoad(e);                    // Aufruf der Basisklassenmethode
end;

procedure TWinForm1.OnMouseMove(e: MouseEventArgs);
begin
  Self.Text := 'X = ' + e.X.ToString + ' , Y = ' + e.Y.ToString;
  inherited OnMouseMove(e);                 // Aufruf der Basisklassenmethode
end;
```

Einfacher geht es mit automatischer Klassenvervollständigung

Bekanntlich wird durch Doppelklick auf das entsprechenden Ereignis im Objektinspektor der Rahmencode des Eventhandlers automatisch durch die IDE generiert.

Wer die entsprechenden Tastenkombinationen zum automatischen Vervollständigen einer Klasse beherrscht, den unterstützt die Delphi-Entwicklungsumgebung auf ähnliche Weise auch beim Überschreiben von Basisklassenmethoden.

Fügen Sie in die Klassendeklaration *TWinForm* einfach eine Leerzeile ein und drücken Sie Strg+Leertaste. Delphi zeigt daraufhin ein Liste aller nicht implementierten Interface- und virtuellen/dynamischen Methoden an, die überschrieben werden können.

```
 9     type
10       TWinForm = class(System.Windows.Forms.Form)
11         Vom Designer verwalteter Code
26       strict protected
27         /// <summary>
28         /// Ressourcen nach der Verwendung bereinigen
29         /// </summary>
30         procedure Dispose(Disposing: Boolean); override;
31         |
32       pr procedure OnLeave(e: EventArgs); override;
33          procedure OnLoad(e: EventArgs); override;
34       pu procedure OnLocationChanged(e: EventArgs); overri
35          procedure OnLostFocus(e: EventArgs); override;
36          procedure OnMaximizedBoundsChanged(e: EventA
37       en procedure OnMaximumSizeChanged(e: EventArgs);
```

Durch Doppelklick fügen Sie den Methodenkopf in die Klassendeklaration ein. Den Methodenrumpf für den *implementation*-Abschnitt erzeugen Sie mittels Klassenvervollständigung, wozu weitere Fingerakrobatik erforderlich ist (Strg+Shift+C).

Test der Variante 2

Es ist rein äußerlich keinerlei Unterschied zur Variante 1 festzustellen, dafür aber wandeln wir diesmal auf den Höhen der .NET-Programmierung und gehen Problemen, wie sie z.B. auftreten können wenn ein- und dasselbe Ereignis von mehreren Eventhandlern abonniert wird, von vornherein aus dem Weg.

Warum am Schluss immer die Basisklassenmethode aufrufen?

Wenn Sie die Anweisungen *inherited OnLoad(e)* bzw. *inherited OnMouseMove(e)* im Quellcode von *TWinForm1* herauskommentieren, scheint trotzdem noch alles zu funktionieren, wieso also ist der Aufruf der Basisklassenmethode erforderlich? Hier die Antwort:

Durch Vererbung findet aus Sicht von *TWinForm1* gewissermaßen eine Verschmelzung mit der Basisklasse *Windows.Forms.Form* statt, der Code von *TWinForm1* wird also quasi erweitert.

Die (virtuelle) *OnXX*-Methode der Basisklasse *Windows.Forms.Form* löst das *XX*-Event aus (und nicht umgekehrt!). Wenn wir also die *OnXX*-Methode überschreiben – d.h., wir ersetzen sie komplett durch eine eigene Implementierung – kann das zugehörige Ereignis niemals ausgelöst werden. Alle möglicherweise noch vorhandenen Eventhandler, die dieses Ereignis gemäß Variante 1 abonniert haben, bleiben also wirkungslos! Um dies zu verhindern, rufen wir mit *inherited OnXX(e)* die Basisklassenmethode auf und sorgen so dafür, dass das *XX*-Ereignis nicht unterdrückt wird.

Im obigen Beispiel (Variante 2) haben wir allerdings keine Eventhandler für das *Load*- und das *MouseMove*-Event implementiert, so dass eine zwingende Notwendigkeit für den Aufruf der entsprechenden Basisklassenmethode nicht ersichtlich ist.

Ein weiteres Rezept zu einer ähnlichen Problematik (*Paint*-Event) finden Sie in

☞ R 4.1 Graphics-Objekte erzeugen

R 3.17 Mit einem PopUp-Menü arbeiten

Fast jede zeitgemäße Windows-Applikation stellt diverse kontextsensitive PopUp-Menüs bereit. Diese erscheinen in der Regel nach Klick mit der rechten Maustaste auf ein bestimmtes Objekt der Bedienoberfläche. Das folgende kleine Testprogramm zeigt, wie Sie im Handumdrehen Ihre eigenen .NET-Programme mit PopUp-Menüs "nachrüsten" können.

Ganz nebenbei demonstriert es auch den Einsatz eines gemeinsamen Eventhandlers und die Benutzung von *if-then-else*-Konstrukten.

Oberfläche

Auf dem Startformular (*WinForm1*) platzieren Sie außer einer Textbox (*TextBox1*) und einer Schaltfläche (*Button1*) auch eine Popup-Menü-Komponente (*ContextMenu1*), wie Sie sie im "Components"-Abschnitt der Tool-Palette finden.

Klicken Sie auf die *ContextMenu*-Komponente und es erscheint der Menüeditor am oberen linken Rand von *WinForm1*. Wählen Sie dort das Feld "Kontextmenü" und tragen Sie die Menüzeilen entsprechend der Abbildung ein.

Hinweis: Um den Trennstrich einzugeben, genügt das einzelne Zeichen "-".

Setzen Sie die *ContextMenu*-Eigenschaft für *TextBox1* auf *ContextMenu1*.

Quelltext TWinForm1

Jeder Menüeintrag ist genauso ein Objekt wie jede andere Komponente, und verfügt demzufolge auch über Eigenschaften und Methoden. Ähnlich wie bei einem *Button* gibt es allerdings nur ein wesentliches Ereignis, das *Click*-Event.

Wir wollen für alle Menüobjekte nur eine einzige Ereignisbehandlungsroutine *MenuItem_Click* benutzen. Am besten Sie beginnen mit *MenuItem1*, das Sie nach Klick auf die *ContextMenu1*-Komponente auswählen und für das Sie im Objektinspektor einen Eventhandler öffnen. Danach ändern Sie (ebenfalls im Objektinspektor) den Namen von *MenuItem1_Click* in *MenuItem_Click*.

Anschließend brauchen Sie den übrigen *MenuItem*-Objekten nur noch diesen einen Eventhandler zuzuweisen:

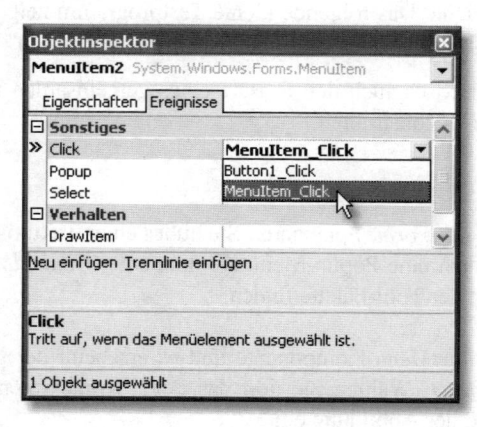

R 3.17 Mit einem PopUp-Menü arbeiten

```
procedure TWinForm1.MenuItem_Click(sender: System.Object; e: System.EventArgs);
var mi: MenuItem;
begin
        mi := MenuItem(sender);
        if mi = MenuItem1 then  TextBox1.ForeColor := Color.Black
        else if mi = MenuItem2 then TextBox1.ForeColor := Color.Red
        else if mi = MenuItem3 then TextBox1.ForeColor := Color.Green
        else if mi = MenuItem5 then TextBox1.Clear();
end;
```

Hinweis: Hinter *MenuItem4* verbirgt sich der unverdienterweise in den Status eines "Objekts" erhobene Menü-Trennstrich (-).

Test

Sie können über das Popup-Menü bequem die Schriftfarbe der TextBox ändern sowie deren Inhalt löschen.

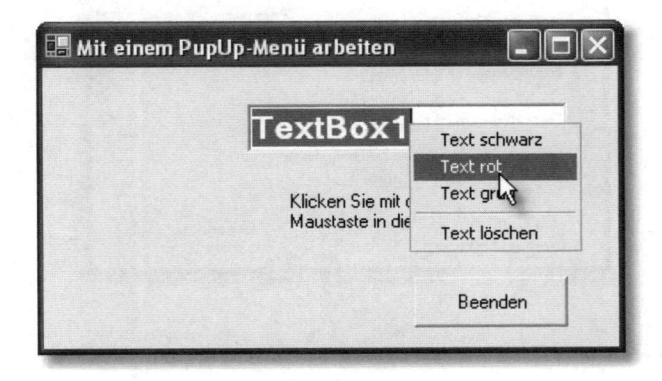

Bemerkungen

- Durch Setzen der Properties *Visible*, *Enabled*, *Checked* u.a. (siehe Objektinspektor) zur Laufzeit, können Sie Menüeinträge verschwinden lassen, sperren oder mit einem Häkchen versehen.
- Den Einsatz eines normalen Menüs demonstriert das Rezept

   ☞   R 3.14 Eine MDI-Applikation erstellen

R 3.18 Einfache Datenbindung praktizieren

In diesem Rezept wird gezeigt, wie Sie Objekte, die in einem Array gespeichert sind, an beliebige Steuerelemente über deren *DataBindings*-Methode anbinden und wie Sie eigene Ereignisbehandlungen hinzufügen.

Um alternative Lösungen zu studieren, empfehlen wir die Rezepte

☞ R 2.4 Records in einem Array speichern

☞ R 3.8 Objekte in ListBox/ComboBox anzeigen

Oberfläche

Die Eingabemaske bedarf wohl keiner weiteren Erläuterungen:

Quellcode TPerson

Die Personendaten sind in Objekten abgelegt, die aus einer einfachen Klasse *TPerson* erzeugt werden. Am übersichtlichsten ist es, wenn wir den Klassencode in einer separaten Unit *Person.pas* speichern, deren Rahmencode wir über das Menü *Datei|Neu|Weitere|Klasse* erzeugen.

```
unit Person;

interface

type
  TPerson = class
  private
```

R 3.18 Einfache Datenbindung praktizieren

Die Felder:

```
_vorname, _nachname: System.String;
_geburt: System.DateTime;
_student: System.Boolean;
```

Die Zugriffsmethoden für die Umrechnung des Geburtsdatums:

```
  function getDate: System.String;
  procedure setDate(val: System.String);
public
```

Ein überladener Konstruktor ermöglicht die Initialisierung aller Felder sofort beim Erzeugen eines Objekts:

```
constructor Create(id: Integer; vorname, nachname, geburt: System.String; student: Boolean);
```

Hinweis: Die Eigenschaften sollten als *published* deklariert werden, da nur so die angebundenen Steuerelemente die benötigten Laufzeitinformationen erhalten!

```
published    // !
  property Vorname: System.String read _vorname write _vorname;
  property Nachname: System.String read _nachname write _nachname;
  property Student: System.Boolean read _student write _student;
  property Geburtstag: System.String read getDate write setDate;
end;

implementation

constructor TPerson.Create;
begin
  inherited Create;
  Self._vorname := vorname;
  Self._nachname := nachname;
  Self._geburt := Convert.ToDateTime(geburt);
  Self._student := student;
end;
function TPerson.getDate: System.String;
begin
  Result := Self._geburt.ToShortDateString;
end;

procedure TPerson.setDate(val: System.String);
begin
```

```
    Self._geburt := Convert.ToDateTime(val);
  end;
end;
```

Quellcode TWinForm1

Zur Typdeklaration von *TWinForm1* fügen Sie einen Eventhandler hinzu, auf den wir später noch zu sprechen kommen:

```
type
  TWinForm1 = class(System.Windows.Forms.Form)
  ...
    private
      procedure Persons_PositionChanged(Sender: System.Object; e: System.EventArgs);    // !
    ...
end;

implementation
uses Person;             // Klassen-Unit einbinden !
...
```

Das (dynamische) Array mit den Daten sollte global verfügbar sein:

```
var Persons: array of TPerson;
```

Beim Laden von *WinForm1* sind einige wichtige Vorbereitungen zu treffen:

```
constructor TWinForm1.Create;
begin
  ...
```

Das Array dimensionieren und mit einigen *Personen*-Objekten füllen:

```
SetLength(Persons, 5);
Persons[0] := TPerson.Create(1, 'Maxhelm', 'Müller', '3.4.1965', False);
Persons[1] := TPerson.Create(2, 'Wahnfried', 'Wagner', '28.11.1954', False);
Persons[2] := TPerson.Create(3, 'Siegbast', 'Senf', '31.8.1985', True);
Persons[3] := TPerson.Create(4, 'Tobalt', 'Müller', '25.11.1981', True);
Persons[4] := TPerson.Create(5, 'Susi', 'Sorglos', '17.6.1953', False);
```

Die Steuerelemente-Eigenschaften an die entsprechenden Objekteigenschaften binden:

```
TextBox1.DataBindings.Add('Text', Persons, 'Vorname');
TextBox2.DataBindings.Add('Text', Persons, 'Nachname');
TextBox3.DataBindings.Add('Text', Persons, 'Geburtstag');
CheckBox1.DataBindings.Add('Checked', Persons, 'Student');
```

Der in *TWinForm1* deklarierte Eventhandler *Persons_PositionChanged* (siehe oben) wird dem *PositionChanged*-Ereignis des *BindingContext*-Objekts von *WinForm1* zugewiesen:

```
Include(Self.BindingContext[Persons].PositionChanged, Self.Persons_PositionChanged);
end;
```

Zum Anfang blättern:

```
procedure TWinForm1.Button1_Click(sender: System.Object; e: System.EventArgs);
begin
  Self.BindingContext[Persons].Position := 0;
end;
```

Rückwärts blättern:

```
procedure TWinForm1.Button2_Click(sender: System.Object; e: System.EventArgs);
begin
  Self.BindingContext[Persons].Position := Self.BindingContext[Persons].Position - 1;
end;
```

Vorwärts blättern:

```
procedure TWinForm1.Button3_Click(sender: System.Object; e: System.EventArgs);
begin
  Self.BindingContext[Persons].Position := Self.BindingContext[Persons].Position + 1;
end;
```

Zum Ende blättern:

```
procedure TWinForm1.Button4_Click(sender: System.Object; e: System.EventArgs);
begin
  Self.BindingContext[Persons].Position := Self.BindingContext[Persons].Count - 1;
end;
```

Der bereits erklärte und angemeldete Eventhandler wird im Folgenden implementiert und dient der Anzeige der Datensatznummer nach jedem Weiterblättern:

```
procedure TWinForm1.Persons_PositionChanged(Sender: System.Object; e: System.EventArgs);
var pos: Integer;
begin
  pos := Self.BindingContext[Persons].Position + 1;
  Label1.Text := pos.ToString + ' von ' + Self.BindingContext[Persons].Count.ToString;
end;
```

Test

Sofort nach Programmstart können Sie loslegen und durch die vorhandenen Datensätze navigieren:

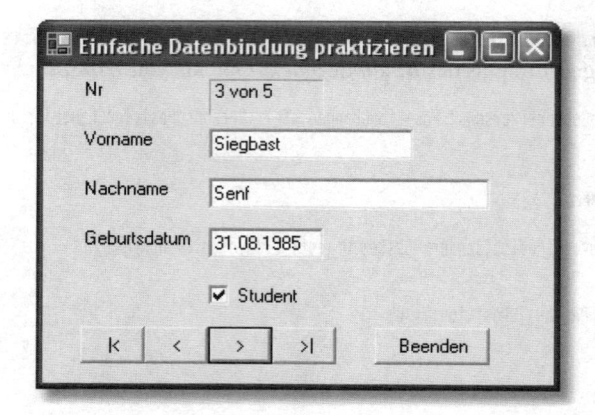

Bemerkungen

- Beim Vor- und Rückwärtsblättern braucht keine Anschlagkontrolle durchgeführt zu werden, da diese von der *BindingContext*-Auflistung selbst verwaltet wird.
- Zahlreiche weitere Rezepte zur einfachen Datenbindung finden Sie im ADO.NET-Abschnitt 15.8.

R 3.19 Komplexe Datenbindung anwenden

Im Unterschied zur einfachen erlaubt die komplexe Datenbindung die gleichzeitige Anzeige mehrerer Datensätze und ist für Steuerelemente wie *ListBox*, *ComboBox* und *DataGrid* bestens geeignet, da diese über eine *DataSource*-Eigenschaft verfügen. Das vorliegende Rezept modifiziert das Vorgängerrezept R 3.18, um die Datensätze in einem *DataGrid* anzuzeigen.

Oberfläche

Ein *DataGrid* hat den Platz der drei *TextBox*en und der *CheckBox* des Vorgängerrezepts eingenommen (siehe Laufzeitansicht am Schluss).

Quellcode TWinForm1

Anstatt eines normalen Arrays dient diesmal eine *ArrayList* als Objektspeicher, deren Deklaration wir in der Typdeklaration von *TWinForm1* vornehmen:

```
type
  TWinForm1 = class(System.Windows.Forms.Form)
    ...
  private
    Persons: ArrayList;                          // !
    procedure Persons_PositionChanged(Sender: System.Object; e: System.EventArgs);
    ...
end;
```

R 3.19 Komplexe Datenbindung anwenden 1045

Wir benutzen unverändert die im Vorgänger-Rezept deklarierte Klasse *TPerson* und binden deshalb die entsprechende Unit ein:

```
...
implementation

uses Person;
...
```

Im Konstruktorcode erzeugen wir die *ArrayList* und füllen Sie mit Personen:

```
constructor TWinForm1.Create;
begin
  ...
  Persons := ArrayList.Create;
  with Persons do
  begin
    Add(TPerson.Create(1, 'Maxhelm', 'Müller', '3.4.1965', False));
    Add(TPerson.Create(2, 'Wahnfried', 'Wagner', '28.11.1954', False));
    Add(TPerson.Create(3, 'Siegbast', 'Senf', '31.8.1985', True));
    Add(TPerson.Create(4, 'Tobalt', 'Müller', '25.11.1981', True));
    Add(TPerson.Create(5, 'Susi', 'Sorglos', '17.6.1953', False));
  end;
```

Das Wichtigste, nämlich das Anbinden des *DataGrid* an die *ArrayList*, ist mit einer einzigen Anweisung erledigt:

```
DataGrid1.DataSource := Persons;      // !
```

Die Ereignisbehandlung anmelden:

```
  Include(Self.BindingContext[Persons].PositionChanged, Self.Persons_PositionChanged);
end;
```

Da sich der restliche Quellcode (Navigationsschaltflächen, ...) nicht vom Vorgängerrezept unterscheidet, wird hier auf die Wiedergabe verzichtet.

Test

Es ist schon erstaunlich, mit welch geringem Aufwand die komplexe Datenbindung dieses Ergebnis erzielt:

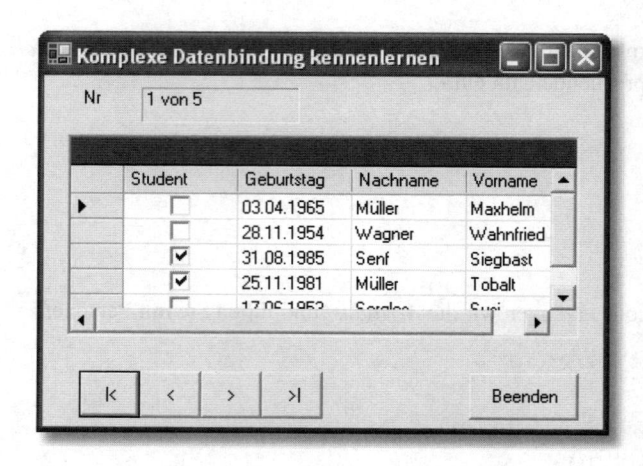

Bemerkungen

- Da man sich auch durch einfaches Klicken auf die Zeilen des *DataGrid* zwischen den Datensätzen bewegen kann, sind Navigationsschaltflächen und *BindingContext*-Objekt nicht unbedingt erforderlich.

- Zahlreiche weitere Beispiele zur komplexen Datenbindung erwarten Sie im ADO.NET-Abschnitt 15.8 des Rezeptekapitels.

4 Grafikprogrammierung

R 4.1 Graphics-Objekte erzeugen

In klassischen Programmiersprachen ist es üblich, mit Methoden direkt auf die Zeichenoberfläche eines Formulars oder eines Picture-Controls zuzugreifen. Als .NET-Programmierer müssen Sie umdenken.

Zugriff auf alle wesentlichen Grafik-Methoden erhalten Sie über ein *Graphics*-Objekt. Im Vergleich mit anderen .NET-Objekten hat es allerdings die Besonderheit, dass man es nicht mit dem *Create*-Konstruktor erzeugen kann. Woher also nehmen wir es? Das vorliegende Rezept zeigt Ihnen vier Möglichkeiten:

- Nutzung des im *Paint*-Event des Formulars übergebenen *Graphics*-Objekts,
- Nutzung des in der überschriebenen *OnPaint*-Methode übergebenen *Graphics*-Objekts,
- Erzeugen eines neuen *Graphics*-Objekts mit der *CreateGraphics*-Methode des Formulars,
- Nutzung des im *Paint*-Event einer *PictureBox* (oder einer anderen Komponente, die über dieses Ereignis verfügt) übergebenen *Graphics*-Objekts.

Lassen Sie uns also ein wenig experimentieren!

Oberfläche

Zunächst soll uns das nackte *WinForm1* einer Windows Forms-Anwendung genügen, auf das wir verschiedenfarbige Ellipsen zeichnen wollen. Später ergänzen wir noch weitere Steuerelemente (*Button*, *PictureBox*).

Variante 1: Nutzung des im Paint-Event übergebenen Graphics-Objekts

```
type
  TWinForm1 = class(System.Windows.Forms.Form)
  ...
implementation
...
```

Die in der *System.Windows.Forms.Form*-Basisklasse implementierte *OnPaint*-Methode wird automatisch nach jedem Freilegen und Verdecken von *WinForm1* erneut aufgerufen, sie löst das *Paint*-Ereignis aus, das wir in einem *Paint*-Eventhandler abfangen und behandeln wollen.

Den Rahmencode erzeugen Sie mit Unterstützung des Objektinspektors auf bekannte Weise. Im *Paint*-Ereignis des Formulars können Sie dann auf das bereits vorhandene *Graphics*-Objekt zugreifen:

```
procedure TWinForm1.TWinForm1_Paint(sender: System.Object;
                        e: System.Windows.Forms.PaintEventArgs);
```

```
var g: Graphics;
begin
  g := e.Graphics;
  g.FillEllipse(SolidBrush.Create(Color.Red), 10, 30, 200, 100);       // rote Ellipse
end;
```

Test

Die rote Ellipse erscheint sofort nach Programmstart und ist auch nach Freilegen und Verdecken von *WinForm1* zu sehen:

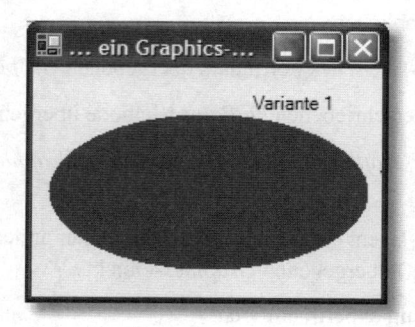

Variante 2: Überschreiben der OnPaint-Methode

Dies ist die in der MS.NET Dokumentation favorisierte Realisierung, bei der Sie keinen neuen Eventhandler verwenden müssen, sondern lediglich die *OnPaint*-Methode der Basisklasse überschreiben. Wir wollen nach diesem Prinzip eine versetzte blaue Ellipse zeichnen.

Ergänzen Sie zunächst die Klassendeklaration:

```
type
  TWinForm1 = class(System.Windows.Forms.Form)
  ...
  strict protected
  ...
  procedure OnPaint(e: System.Windows.Forms.PaintEventArgs); override;
  ...
end;
```

> **Hinweis:** Wenn Sie die entsprechenden Tastenkombinationen (*Strg+Leertaste* bzw. *Strg+Shift+C*) beherrschen, können Sie sich Deklaration und Methodenrumpf auch automatisch durch die IDE erzeugen lassen (siehe R 3.16)!

Anschließend implementieren Sie die Überschreibung wie folgt:

R 4.1 Graphics-Objekte erzeugen

```
procedure TWinForm1.OnPaint(e: System.Windows.Forms.PaintEventArgs);
var g: Graphics;
begin
  g := e.Graphics;
  g.FillEllipse(SolidBrush.Create(Color.Blue), 40, 60, 200, 100);    // blaue Ellipse
  inherited OnPaint(e);                     // Basisklassenmethode aufrufen
end;
```

Test

An der Reihenfolge (unten Blau, oben Rot) erkennen Sie, dass die überschriebene *OnPaint*-Methode zuerst abgearbeitet wurde und erst anschließend der bereits vorhandene *Paint*-Eventhandler:

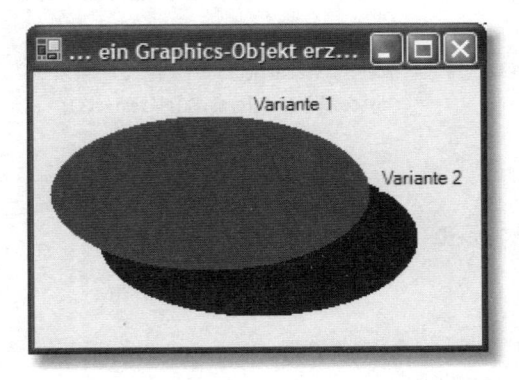

Hinweis: Wenn Sie die Anweisung *inherited OnPaint(e)* auskommentieren, wird das *Paint*-Ereignis nicht mehr ausgelöst, und nur noch die blaue Ellipse erscheint!

Variante 3: Graphics-Objekt mit CreateGraphics erzeugen

Diese Variante nutzt die Möglichkeit, über die *CreateGraphics*-Methode des Formulars ein neues *Graphics*-Objekt zu erzeugen. Allerdings benötigen wir hier einen *Button*, um das Zeichnen (versetzte gelbe Ellipse) zu demonstrieren.

```
procedure TWinForm1.Button1_Click(sender: System.Object; e: System.EventArgs);
var g: Graphics;
begin
  g := Self.CreateGraphics;
  g.FillEllipse(SolidBrush.Create(Color.Yellow), 70, 90, 200, 100);    // gelbe Ellipse
end;
```

Test

Die gelbe Ellipse erscheint erst nach Klick auf den Button. Im Unterschied zur roten und blauen Ellipse (Variante 1 und 2) verschwindet diese Ellipse wieder, nachdem das Formular vorübergehend verdeckt wurde.

Variante 4: Nutzung des Graphics-Objekts einer PictureBox

Bei einer *PictureBox* – wie bei vielen anderen Komponenten auch – können Sie über die *CreateGraphics*-Methode auf die Zeichenfläche zugreifen. Sinnvoller ist allerdings auch hier die Nutzung des im *Paint*-Event übergebenen *Graphics*-Objekts, da Sie sich dann um die Restaurierung des Bildinhalts nicht weiter zu kümmern brauchen.

Ergänzen Sie die Oberfläche des Testformulars um eine *PictureBox* und erzeugen Sie mit Unterstützung des Objektinspektors einen Eventhandler für das *Paint*-Ereignis der Picture-Box:

```
procedure TWinForm1.PictureBox1_Paint(sender: System.Object;
                                     e: System.Windows.Forms.PaintEventArgs);
var g: Graphics;
begin
  g := e.Graphics;
  g.FillEllipse(SolidBrush.Create(Color.Red), 10, 30, 200, 100);
end;
```

Abschlusstest

Alle vier Varianten im Überblick:

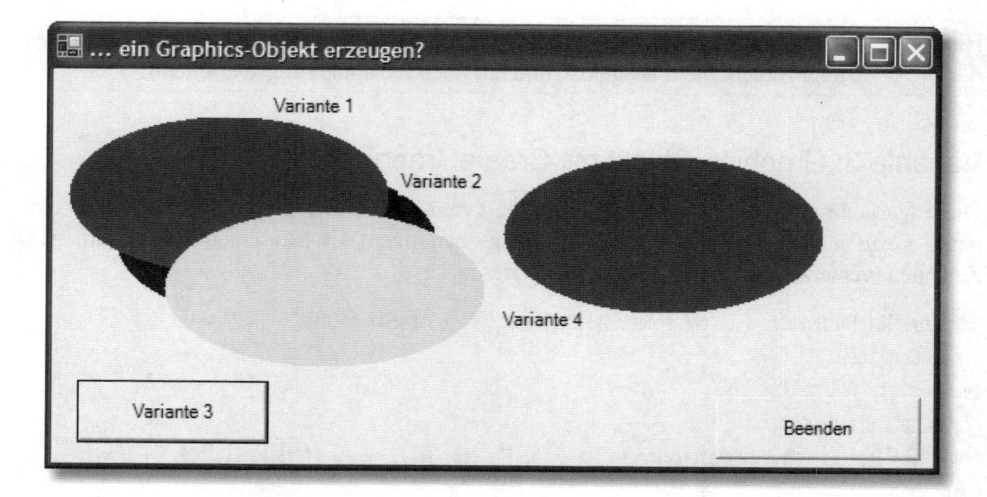

R 4.2 Eine Grafik erzeugen und speichern

Häufig steht die Frage: "Wie kann ich eine Bitmap erzeugen und als Datei speichern?". Dieses kurze Rezept soll darauf eine Antwort geben.

Oberfläche

Außer *WinForm1* wird lediglich noch ein *Button* benötigt.

Quelltext TWinForm1

Importieren Sie zunächst die folgende Namespace-Unit:

```
uses System.Drawing.Imaging;
```

Klick auf den Button:

```
procedure TWinForm1.Button1_Click(sender: System.Object; e: System.EventArgs);
var b : Bitmap;
    g : Graphics;
    gu : GraphicsUnit;
begin
  b := Bitmap.Create(100, 100, PixelFormat.Format32bppArgb);
```

Ein dazu passendes *Graphics*-Objekt:

```
  g := Graphics.FromImage(b);
```

Zwei einfache Zeichenoperationen:

```
  gu := GraphicsUnit.Display;
  g.FillRectangle(Brushes.Yellow, b.GetBounds(gu));
  g.DrawEllipse(Pen.Create(Color.Red, 4), 10, 10, 100, 100);
```

Und schon können wir die Bitmap in einer Datei speichern:

```
  b.Save('c:\test.png', ImageFormat.Png);
end;
```

Test

Nach dem Start sollte sich folgende Grafik auf Ihrer Festplatte wiederfinden:

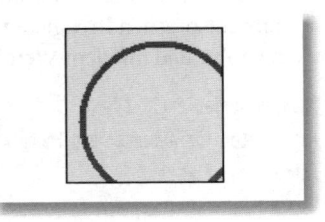

Bemerkungen

- Eigentlich könnte der Quellcode etwas kürzer sein, aber die Deklaration für *GetBounds* erwartet leider eine Referenz (sinnvoller wäre hier die Übergabe einer Konstanten anstatt einer Variablen).

- Diesmal haben wir uns für das PNG-Format entschieden, Sie könnten aber auch jedes andere Format verwenden.

R 4.3 Den Abstand zwischen zwei Punkten bestimmen

Haben Sie im Mathematikunterricht gut aufgepasst, so wird Ihnen die folgende Skizze wohl nicht mehr als nur ein müdes Lächeln entlocken:

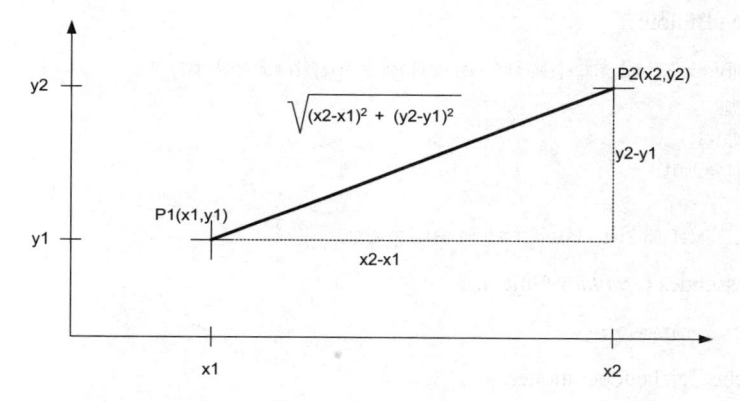

Neben der Umsetzung des *Lehrsatzes des Pythagoras* mittels der Funktionen *Sqr* (Quadrat) und *Sqrt* (Quadratwurzel) werden, ganz nebenbei, auch scheinbar triviale Dinge aus dem Grafikbereich (Löschen der Zeichenfläche, Zeichnen einer Linie, Umwandeln von Grafikkoordinaten) sowie der Begriff der *Zustandsvariablen* praktiziert.

Oberfläche

Öffnen Sie eine neue Windows Forms-Anwendung. Für das Startformular *WinForm1* werden nur zwei *Labels* benötigt.

Quellcode TWinForm1

Das Programm muss seinen aktuellen Zustand "wissen" (wurde gerade der Anfangs- oder der Endpunkt der Linie angeklickt?), um entsprechend reagieren zu können. Zu diesem Zweck wird eine Zustandsvariable *state* eingeführt und mit dem Wert 1 initialisiert:

```
var state : Integer = 1;     // Zustandsvariable (1, 2)
    x1, y1, x2, y2 : Integer; // Koordinaten für Anfangs- und Endpunkt
    dist : Integer;           // Entfernung (Pixel)
```

R 4.3 Den Abstand zwischen zwei Punkten bestimmen

Um das *MouseDown*-Ereignis auszuwerten, überschreiben wir die Methode *OnMouseDown* der Basisklasse. Im Parameter *e* werden die Mauskoordinaten *X, Y* (in Pixel) übergeben:

```
procedure TWinForm1.TWinForm1_MouseDown(sender: System.Object; e: System.Windows.Forms.MouseEventArgs);
var g : Graphics;
begin
  g := Self.CreateGraphics;
  g.Clear(Self.BackColor);
  if state = 1 then begin            // Anfangspunkt setzen
    x1 := e.X;  y1 := e.Y; state := 2;   // Überführung zum nächsten Zustand
  end else begin                     // Endpunkt setzen und Linie berechnen und zeichnen
    x2 := e.X; y2 := e.Y;
```

Die Verbindungslinie wird gezeichnet:

```
    g.DrawLine(Pen.Create(Color.Black), x1, y1, x2, y2);
```

Jetzt endlich kommt der gute alte Pythagoras zu Wort:

```
    dist := Round(Sqrt((x2 - x1) * (x2 - x1) + (y2 - y1) * (y2 - y1)));
```

Die Anzeige der Länge:

```
    Label2.Text := ' Länge der Linie : ' + dist.ToString + ' Pixel';
    state := 1;               // zurück zum Anfangszustand
  end;
end;
```

Test

Klicken Sie auf zwei beliebige Stellen des Formular. Nach dem zweiten Klick wird (in der Abbildung unten links) die Länger der Verbindungslinie in der Maßeinheit *Pixel* angezeigt:

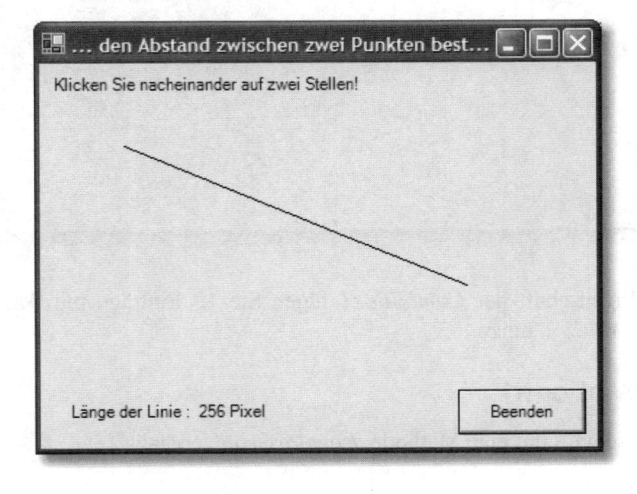

R 4.4 Ein Balkendiagramm zeichnen

Zwar gibt es mittlerweile einige .NET-Komponenten, die diese Aufgabe besser erledigen können, doch in diesem Rezept geht es vor allem um die Vermittlung von Grundlagenwissen der Grafikprogrammierung, wie z.B.

- der Einsatz der *TranslateTransform*-Methode des *Graphics*-Objekts,
- der Unterschied zwischen *DrawLine* und *DrawLines*,
- die maßstabsgerechte Unterteilung und Beschriftung von Achsen,
- oder ganz allgemein die Darstellung eines Funktionsdiagramms, dessen Werte in einem Array abgelegt sind.

Oberfläche

Orientieren Sie sich an der Abbildung. Wichtig ist, dass auf *WinForm1* genügend Platz für das spätere Diagramm freigehalten wird.

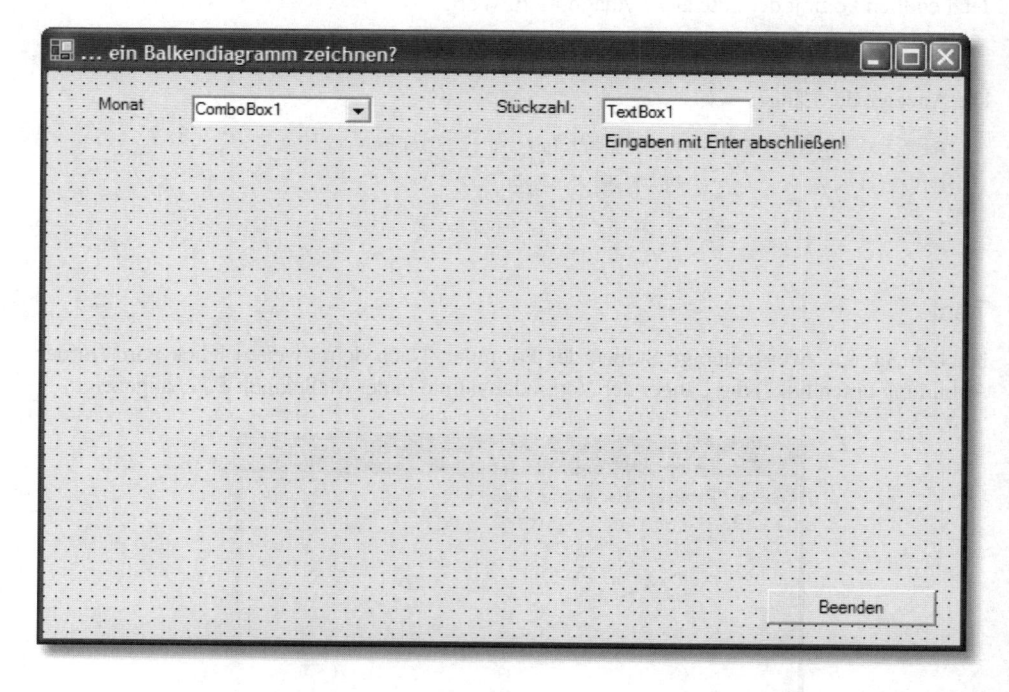

Über die *Items*-Eigenschaft der *ComboBox1* fügen Sie 12 Einträge mit den Monatsnamen *Januar, Februar, März, ...* hinzu.

Quellcode TWinForm1

Die Formularklasse wird um eine Methode *drawBarGraph* ergänzt:

R 4.4 Ein Balkendiagramm zeichnen

```
type
  TWinForm1 = class(System.Windows.Forms.Form)
    ...
    procedure drawBarGraph;         // !
  end;

implementation
uses System.Drawing.Text;
```

Mehrere globale Konstanten und Variablen bestimmen das spätere Outfit des Diagramms.

Die gewünschten Skalenteilungen:

```
const
    xmax = 12;
    ymax = 10;
var
    x0 : Single = 50;
    y0 : Single = 80;
```

Den y-Maßstabsfaktor legen wir mit 10 fest, d.h., die Skalenteilung der y-Achse hat die Werte 0, 10, 20, ... 100:

```
    my : Integer = 10;
```

Die Dehnungsfaktoren für die Darstellung der Achsen:

```
    fx : Integer = 40;              // 40 Pixel / Einheit
    fy : Integer = 20;              // 20 Pixel / Einheit
```

Die Anzahl Pixel pro Achse bestimmt die Auflösung des Diagramms:

```
    xpix : Integer;
    ypix : Integer;
```

Ein Array dient als Zwischenspeicher für die y-Werte:

```
    a : array[0..xmax] of Integer;
```

Die Anfangsaktivitäten (beim Erzeugen des Formulars):

```
constructor TWinForm1.Create;
begin
    inherited Create;
    xpix := xmax * fx;
    ypix := ymax * fy;
    ComboBox1.SelectedIndex := 0;
```

Damit das Diagramm zu Beginn nicht gar zu leer und trostlos aussieht, wird wenigstens ein Beispielwert eingetragen:

```
    TextBox1.Text := '10';
    a[0] := 10;
end;
```

Die Methode *drawBarGraph* hat es in sich, muss hier doch maßstabsgerecht das komplette Diagramm aufgebaut werden:

```
procedure TWinForm1.drawBarGraph;
var g : Graphics;
    p : Pen;
    b : SolidBrush;
    points : array[0..2] of Point;
    i : Integer;
    f : System.Drawing.Font;
    s, monat : String;
    x, y : Integer;
```

Ohne ein *Graphics*-Objekt, dessen Koordinatenursprung wir auf die linke obere Ecke unseres Diagramms verschieben, geht gar nichts:

```
g := Self.CreateGraphics();
g.TranslateTransform(x0, y0);                // Koordinatenursprung verschieben
p := Pen.Create(Color.Black, 1);
b := SolidBrush.Create(Color.Black);
f := System.Drawing.Font.Create('Arial',8);
```

Beide Koordinatenachsen mit einem einzigen Befehl (*DrawLines*) zeichnen:

```
points[0] := Point.Create(0, 0);
points[1] := Point.Create(0, ypix);
points[2] := Point.Create(xpix, ypix);
g.DrawLines(p, points);
```

Vertikale Skalenteilung:

```
for i := 0 to ymax do begin
    g.DrawLine(p, -4, i * fy, 0, i * fy);
    s := Integer((ymax - i) * my).ToString;   // Beschriftung entsprechend Maßstab
    g.DrawString(s, f, b, -30, i * fy - 6);
end;
```

Für die Beschriftung der horizontalen Achse verwenden wir die ersten drei Buchstaben des Monats, den wir kurzerhand der ComboBox entnehmen:

```
for i := 1 to xmax do begin
    monat := ComboBox1.Items[i - 1].ToString;
    monat := monat.Substring(0, 3);           // nur die ersten Buchstaben
```

R 4.4 Ein Balkendiagramm zeichnen

```
    g.DrawString(monat, f, b, i * fx - 30, ypix + 2);
  end;
```

Um die Balken einzutragen, muss das Array ausgelesen werden:

```
for i := 0 to xmax - 1 do begin
  x := i * fx;
  y := a[i] * fy div my;
```

Zunächst den alten Balken in voller Länge mit der Hintergrundfarbe löschen:

```
  g.FillRectangle(SolidBrush.Create(Self.BackColor), x + 5, 0, fx - 5, ypix);
```

Dann den neuen Balken eintragen (in diesem Fall beträgt der Abstand zwischen beiden Balken 5 Pixel):

```
  g.FillRectangle(SolidBrush.Create(Color.Red), x + 5, ypix - y, fx - 5, y);
  end;
end;
```

Nach jedem Verdecken des Formulars muss alles neu gezeichnet werden:

```
procedure TWinForm1.TWinForm1_Paint(sender: System.Object; e: System.Windows.Forms.PaintEventArgs);
begin
    drawBarGraph();
end;
```

Die Übernahme des TextBox-Inhalts ist erst nach dem Betätigen der Enter-Taste möglich:

```
procedure TWinForm1.TextBox1_KeyUp(sender: System.Object; e: System.Windows.Forms.KeyEventArgs);
var i, y : Integer;
begin
  if (e.KeyCode = Keys.Return) And (TextBox1.Text <> '') then begin
    i := ComboBox1.SelectedIndex;
    y := Convert.ToInt32(TextBox1.Text);
```

Falls der zulässige Maximalwert nicht überschritten wird, erfolgt die Übernahme in den Zwischenspeicher:

```
    if y <= ymax * my then a[i] := y;
    drawBarGraph();
  end;
end;
```

Test

Nach dem Start können Sie das Programm auf Herz und Nieren prüfen.

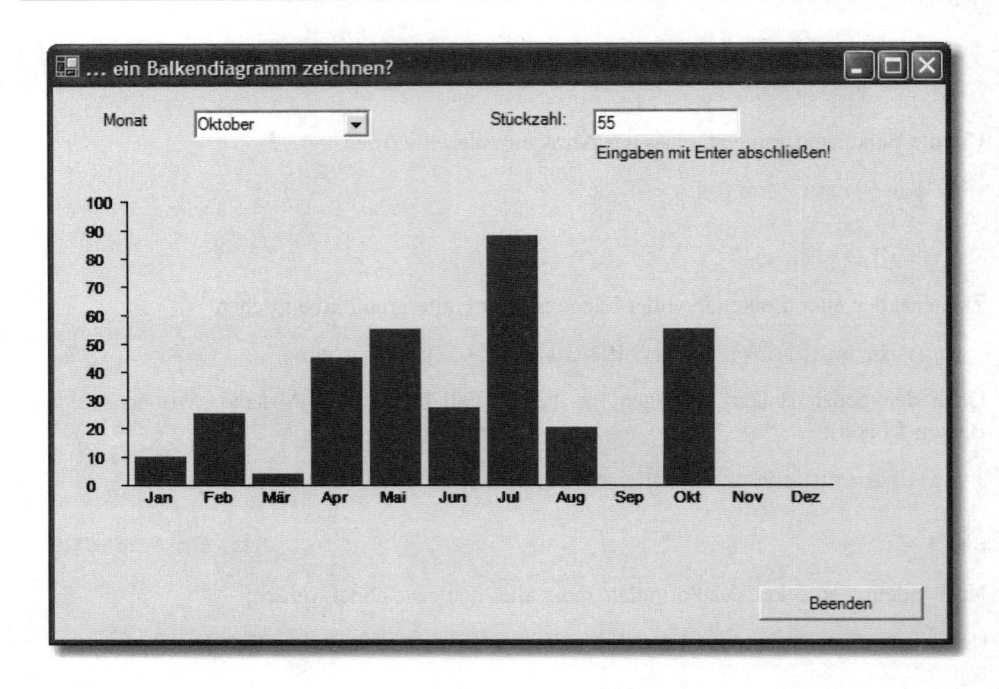

Hinweis: Vergessen Sie bei der Eingabe neuer Werte nicht, diese mit der *Enter*-Taste abzuschließen!

Bemerkungen

- Durch Ändern der globalen Konstanten lassen sich Position, Abmessungen, Auflösung und die Anzahl der anzuzeigenden Werte verändern, ohne dass Eingriffe in die *drawBarGraph*-Methode erforderlich sind.
- Statt direkt auf das Formular, könnten Sie z.B. auch auf eine *PictureBox* zeichnen.
- Das Know-how ist auf jede andere Aufgabe übertragbar, wo es um die Darstellung von Funktionsdiagrammen geht.

R 4.5 Einen Farbmixer bauen

Wer möchte nicht auch einmal andere Farben verwenden, als es die in .NET integrierten Farbkonstanten (*Color.Red, Color.SteelBlue, ...*) ermöglichen?

Vorliegendes Rezept soll anschaulich demonstrieren, wie man beliebige Farben aus der additiven Überlagerung der drei Grundfarben gewinnen kann!

R 4.5 Einen Farbmixer bauen

Hinweis: Farbwerte haben den Datentyp Color, dahinter verbirgt sich eine vier Byte lange LongInt-Zahl, von der das höchstwertige Byte die Transparenz der Farbe speichert und die nachfolgenden Bytes die Farbintensität für Blau, Grün und Rot angeben. Damit sind ca. 16 Mio. Farben möglich!

Vorbereitungen

Wir wollen einfachheitshalber jede der drei Grundfarben in einem Quadrat, statt wie üblich in einem Farbkreis, darstellen. Alle drei Quadrate überlappen sich und zeigen die verschiedenen daraus resultierenden Mischfarben. Um ein ausgewogenes Verhältnis zwischen den einzelnen Flächen zu erhalten, wird eine Aufteilung gemäß folgender Abbildung vorgenommen:

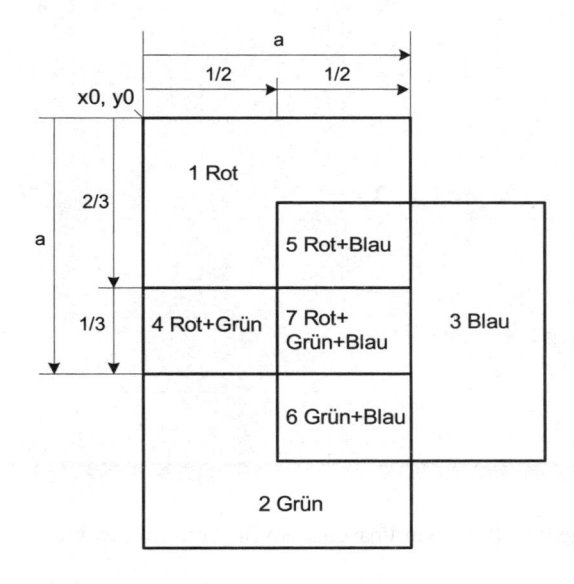

Die Tabelle dient als Grundlage für die spätere Programmierung ($x0$, $y0$ = Bezugspunkt = linke obere Ecke des roten Farbquadrats; $x1,y1$ = linke obere Ecke des Rechtecks):

Rechteck	Farbe	x1	y1	Höhe	Breite
1	Rot	x0	y0	a	a
2	Grün	x0	y0+2a/3	a	a
3	Blau	x0+a/2	y0+a/3	a	a
4	Rot+Grün	x0	y0+2a/3	a/3	a/2
5	Rot+Blau	x0+a/2	y0+a/3	a/3	a/2
6	Grün+Blau	x0+a/2	y0+a	a/3	a/2
7	Rot+Grün+Blau	x0+a/2	y0+2a/3	a/3	a/2

Oberfläche

Öffnen Sie eine neue Windows Forms-Anwendung. Gestalten Sie das Startformular *Win-Form1* nach folgendem Vorbild:

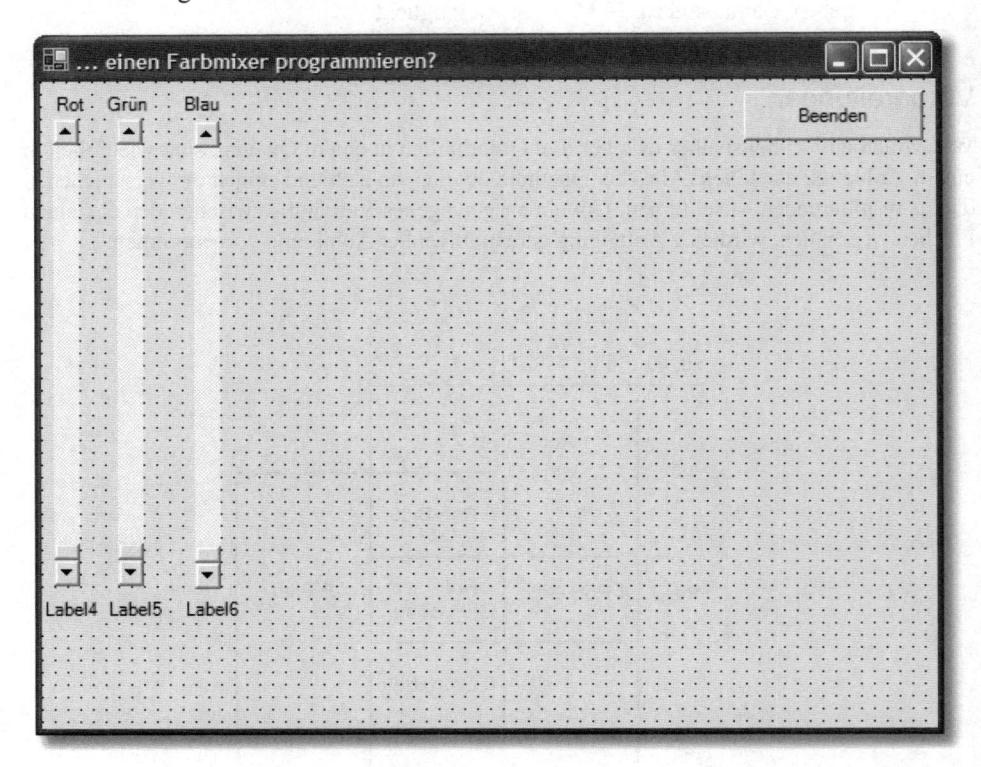

Die *Maximum*-Eigenschaft der Scrollbars ändern Sie bitte auf den Wert 255.

Quelltext TWinForm1

Zur Typdeklaration *TWinForm1* fügen Sie zwei Methoden hinzu:

```
type
  TWinForm1 = class(System.Windows.Forms.Form)
  ...
  public
    constructor Create;
    procedure fuellRechteck(x1,y1,breit,hoch : Integer; frb : Color);   // !
    procedure ueberDeckung;                                              // !
  end;
```

Folgende globalen Variablen sind notwendig, um sich die aktuellen Einstellungen der *VScrollBar*s zu "merken":

```
var
    rot, gruen, blau : Integer;          // Farbanteile (0 ... 255)
```

Die Konstanten bestimmen Position und Abmessungen der Zeichnung:

```
const
    x0 : Integer = 200;
    y0 : Integer = 50;    // linke obere Ecke rotes Farbquadrat
    a  : Integer = 210;   // Kantenlänge eines Farbquadrats
```

Diese zentrale Methode zeichnet ein farbiges Rechteck ($x1,y1$ = linke obere Ecke, *breit* = Breite, *hoch* = Höhe in Pixel, *frb* = Farbe):

```
procedure TWinForm1.fuellRechteck(x1,y1,breit,hoch : Integer; frb : Color);
begin
  Self.CreateGraphics.FillRectangle(SolidBrush.Create(frb),
                              Rectangle.Create(x1, y1, breit, hoch));
end;
```

Die folgende Methode zeichnet die vier Bereiche, in denen es zu einer Farbmischung kommt. Das Mischen erledigt hierbei die *FromArgb*-Methode der *Color*-Klasse, der die Werte der drei Farbanteile (0... 255) als Parameter übergeben werden. Die Transparenz (erster Parameter) wird immer auf den Wert 255 eingestellt (volle Deckkraft):

```
procedure TWinForm1.ueberDeckung;
var c : Color;
begin
```

Überdeckung rot + grün:

```
  c := Color.FromArgb(255, rot, gruen, 0);
  fuellRechteck(x0, y0 + (2 * a) div 3, a div 2, a div 3, c);
```

Überdeckung rot + blau:

```
  c := Color.FromArgb(255, rot, 0, blau);
  fuellRechteck(x0 + a div 2, y0 + a div 3, a div 2, a div 3, c);
```

Überdeckung grün + blau:

```
  c := Color.FromArgb(255, 0, gruen, blau);
  fuellRechteck(x0 + a div 2, y0 + a, a div 2, a div 3, c);
```

Überdeckung rot + grün + blau:

```
  c := Color.FromArgb(255, rot, gruen, blau);
  fuellRechteck(x0 + a div 2, y0 + (2 * a) div 3, a div 2, a div 3, c);
end;
```

Die nachfolgenden Event-Handler reagieren auf das *ValueChanged*-Ereignis der Scrollbars.

Rotanteil ändern:

```
procedure TWinForm1.VScrollBar1_ValueChanged(sender: System.Object; e: System.EventArgs);
begin
  rot := VScrollBar1.Value;
```

Rotes Farbquadrat zeichnen:

```
    fuellRechteck(x0, y0, a, a, Color.FromArgb(255, rot, 0, 0));
    ueberDeckung;              // Farben mischen
    Label4.Text := rot.ToString;
end;
```

Grünanteil ändern:

```
procedure TWinForm1.VScrollBar2_ValueChanged(sender: System.Object; e: System.EventArgs);
begin
      gruen := VScrollBar2.Value;
```

Grünes Farbquadrat zeichnen:

```
    fuellRechteck(x0, y0 + (2 * a) div 3, a, a, Color.FromArgb(255, 0, gruen, 0));
    ueberDeckung;
    Label5.Text := gruen.ToString;
end;
```

Blauanteil ändern:

```
procedure TWinForm1.VScrollBar3_ValueChanged(sender: System.Object; e: System.EventArgs);
begin
  blau := VScrollBar3.Value;
```

Blaues Farbquadrat zeichnen:

```
    fuellRechteck(x0 + a div 2, y0 + a div 3, a, a, Color.FromArgb(255, 0, 0, blau));
    ueberDeckung();
    Label6.Text := blau.ToString;
end;
```

Um bereits beim Start des Programms etwas anzuzeigen, sowie nach vorübergehendem Abdecken des Fensters die Grafik zu regenerieren, verwenden wir das *Paint*-Ereignis:

```
procedure TWinForm1.TWinForm1_Paint(sender: System.Object; e: System.Windows.Forms.PaintEventArgs);
begin
  VScrollBar1_ValueChanged(Self, e);
  VScrollBar2_ValueChanged(Self, e);
  VScrollBar3_ValueChanged(Self, e);
end;
```

R 4.6 Eine 2D-Vektorgrafik manipulieren

Test

Zu Beginn sind alle drei Regler auf ihrer Maximalstellung (unten), das zentrale Feld wird deshalb ein reines Weiß anzeigen. Sind alle Regler in der oberen Stellung, sehen die Farbquadrate schwarz und hässlich aus, kein Wunder, denn alle drei Grundfarben sind dann auf null gesetzt.

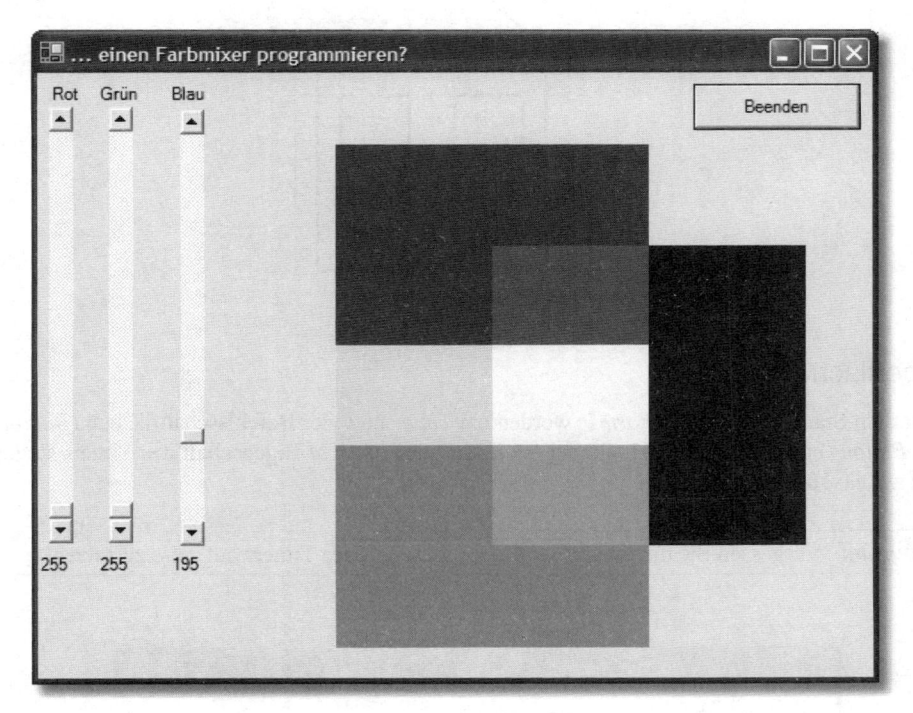

Bemerkungen

- Das Beispiel eignet sich gut zum Beurteilen von Farbwerten, die man in anderen Programmen verwenden möchte. Dabei sollte natürlich Ihre Grafikkarte auf die hohe Farbauflösung eingestellt sein.

- Sie können mit einem zusätzlichen Regler auch noch den ersten Parameter (Transparenz) der *FromArgb*-Methode variabel gestalten.

R 4.6 Eine 2D-Vektorgrafik manipulieren

Vektorgrafiken brauchen deutlich weniger Speicherplatz und sind schneller im Bildaufbau als Pixelgrafiken. Ein einzelnes Grafiksymbol braucht nur einmal in "Normalposition" definiert zu werden, um dann für alle nur möglichen gedrehten bzw. gespiegelten Raumlagen gleichermaßen gültig zu sein. Wir schreiben ein Demoprogramm, in dem wir das im Folgenden abgebildete "Haus" vergrößern, verkleinern, drehen und spiegeln können.

Ganz nebenbei werden auch theoretische Grundlagen animierter Grafiken vermittelt oder scheinbar nebensächliche Dinge, wie das Löschen des Fensterhintergrunds.

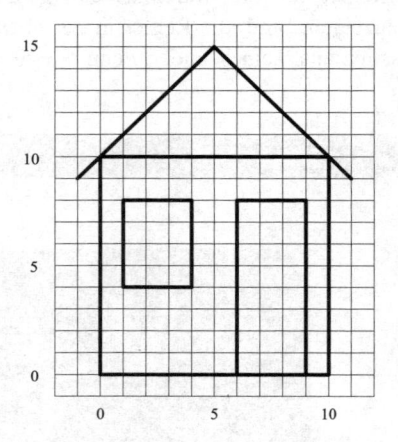

Oberfläche

Auf dem Startformular (*WinForm1*) werden ein *Timer* und vier Befehlsschaltflächen (*Button1* bis *Button4*) platziert (siehe Abbildung am Ende). Die *Interval*-Eigenschaft des Timers stellen Sie auf ca. 100 ein (= 100 ms).

Hinweis: Vergessen Sie nicht, die *Enabled*-Eigenschaft des Timers auf *True* zu setzen!

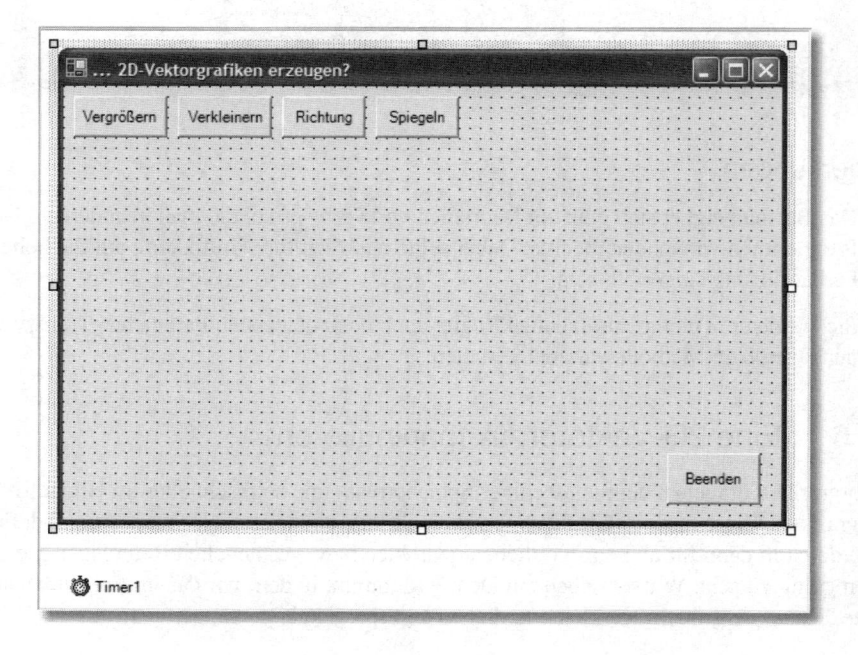

Quellcode TWinForm1

Zur Typdeklaration *TWinForm1* werden mehrere Methoden hinzugefügt:

```
type
  TWinForm1 = class(System.Windows.Forms.Form)
  ...
  public
    constructor Create;
    procedure dwc(dx1, dy1, R : Double);          // !
    procedure dwl(dx1, dy1, dx2, dy2 : Double);   // !
    procedure drawHouse;                          // !
  end;

implementation
```

Es beginnt mit einer Reihe von globalen Variablendeklarationen:

```
var
  alf     : Double;       // Drehwinkel
  si, co  : Double;       // Sinus und Kosinus
  sf      : Integer;      // Spiegelungsfaktor
  mf      : Double;       // Maßstabsfaktor
  x0, y0  : Double;       // absolute Bezugskoordinaten (Pixel)
  dirFlg  : Boolean;      // Richtungsflag
```

Die Anfangsinitialisierung der globalen Variablen wird im Konstruktor des Formulars vorgenommen. Dabei werden die Bezugskoordinaten *x0, y0* automatisch in der Mitte von *WinForm1* zentriert:

```
procedure TWinForm1.Create;
begin
  inherited Create;
  x0  := Self.Size.Width / 2;
  y0  := Self.Size.Height / 2;
  alf := 0;
  sf  := 1;
  mf  := 10
end;
```

Die nachfolgenden Methoden haben ganz bewusst kurze Bezeichner, da sie häufig aufgerufen werden und der Quellcode möglichst nicht zu lang sein sollte (siehe *drawHouse*-Methode unten).

Die folgende Methode *dwc* zeichnet einen Kreis mit dem Radius *R* an der zu *x0, y0* relativen Position *dx1, dy1*:

```
procedure TWinForm1.dwc(dx1, dy1, R : Double);
var x1, y1 : Double;
    x, y, d : Single;              // Hilfsvariablen
begin
  dx1 := mf * dx1;
  dy1 := mf * dy1;
  R := mf * R;
  x1 := x0 + dx1 * co - sf * dy1 * si;
  y1 := y0 - sf * dy1 * co - dx1 * si;
  x  := Convert.ToSingle(x1 - R);   // linke obere Ecke
  y  := Convert.ToSingle(y1 - R);   //    "    "    "
  d  := Convert.ToSingle(2 * R);    // Durchmesser
```

Jetzt kann der Kreis gezeichnet werden (Linienstärke = 2 Pixel):

```
  Self.CreateGraphics.DrawEllipse(Pen.Create(Color.Black, 2), x, y, d, d)
end;
```

Völlig analog laufen die Dinge bei der *dwl*-Methode, die eine Linie zeichnet, deren Anfangs- und Endkoordinaten (*dx1, dy1, dx2, dy2*) relativ zum Ursprung *x0, y0* transformiert werden:

```
procedure TWinForm1.dwl(dx1, dy1, dx2, dy2 : Double);
var x1, y1, x2, y2 : Double;
    xa, ya, xb, yb : Single;        // Hilfsvariablen
begin
  dx1 := mf * dx1;
  dy1 := mf * dy1;
  x1  := x0 + dx1 * co - sf * dy1 * si;
  y1  := y0 - sf * dy1 * co - dx1 * si;
  dx2 := mf * dx2;
  dy2 := mf * dy2;
  x2  := x0 + dx2 * co - sf * dy2 * si;
  y2  := y0 - sf * dy2 * co - dx2 * si;
```

Auch hier sind Konvertierungen vom *Double*- in den *Single*-Datentyp erforderlich, da die *DrawLine*-Methode leider keine Überladung für *Double*-Parameter bereitstellt:

```
  xa := Convert.ToSingle(x1);       // Anfangspunkt
  ya := Convert.ToSingle(y1);       //       "
  xb := Convert.ToSingle(x2);       // Endpunkt
  yb := Convert.ToSingle(y2);       //    "
```

Linie zeichnen:

```
  Self.CreateGraphics.DrawLine(Pen.Create(Color.Black, 2), xa, ya, xb, yb)
end;
```

R 4.6 Eine 2D-Vektorgrafik manipulieren

Der Aufruf der obigen Methoden erfolgt entsprechend der gewünschten Grafik, wobei die Rasterzeichnung des Hauses als Vorlage dient:

```
procedure TWinForm1.drawHouse;
begin
```

Die Frontseite:

```
  dwl(0, 10, 10, 10);  dwl(10, 10, 10, 0);  dwl(10, 0, 0, 0);  dwl(0, 0, 0, 10);
```

Das Fenster:

```
  dwl(1, 8, 4, 8);  dwl(4, 8, 4, 4);  dwl(4, 4, 1, 4);  dwl(1, 4, 1, 8);
```

Die Tür:

```
  dwl(6, 0, 6, 8);  dwl(6, 8, 9, 8);  dwl(9, 8, 9, 0);  dwl(9, 0, 6, 0);
```

Der Dachgiebel:

```
  dwl(-1, 9, 5, 15);  dwl(5, 15, 11, 9);
```

Ein rundes Giebelfenster:

```
  dwc(5, 12, 1);
```

Der Schornstein:

```
  dwl(7, 13, 7, 16);  dwl(7, 16, 9, 16);  dwl(9, 16, 9, 11);
end;
```

Der Aufruf erfolgt im *Tick*-Event des Timers:

```
procedure TWinForm1.Timer1_Tick(sender: System.Object; e: System.EventArgs);
begin
  Self.CreateGraphics.Clear(Self.BackColor);       // alte Zeichnung löschen
  if dirFlg then alf := alf + Math.PI / 100        // im Uhrzeigersinn drehen
  else alf := alf - Math.PI / 100;                 // entgegen Uhrzeigersinn drehen
  si := Math.Sin(alf);
  co := Math.Cos(alf);
  drawHouse;
end;
```

Das Manipulieren der Vektorgrafik ist, wie folgt, einfach durch Verändern der globalen Variablen möglich.

Vergrößern:

```
procedure TWinForm1.Button1_Click(sender: System.Object; e: System.EventArgs);
begin
  mf := mf+1;
end;
```

Verkleinern:

```
procedure TWinForm1.Button2_Click(sender: System.Object; e: System.EventArgs);
begin
  mf := mf-1;
end;
```

Spiegeln:

```
procedure TWinForm1.Button4_Click(sender: System.Object; e: System.EventArgs);
begin
   sf := -sf;
end;
```

Richtung ändern:

```
procedure TWinForm1.Button3_Click(sender: System.Object; e: System.EventArgs);
begin
   dirFlg := Not dirFlg;
end;
```

Test

Nach Programmstart sollte die Grafik in 1/8-Grad-Schritten langsam im Uhrzeigersinn rotieren. Weitere Manipulationen können Sie über die Schaltflächen quasi online durchführen.

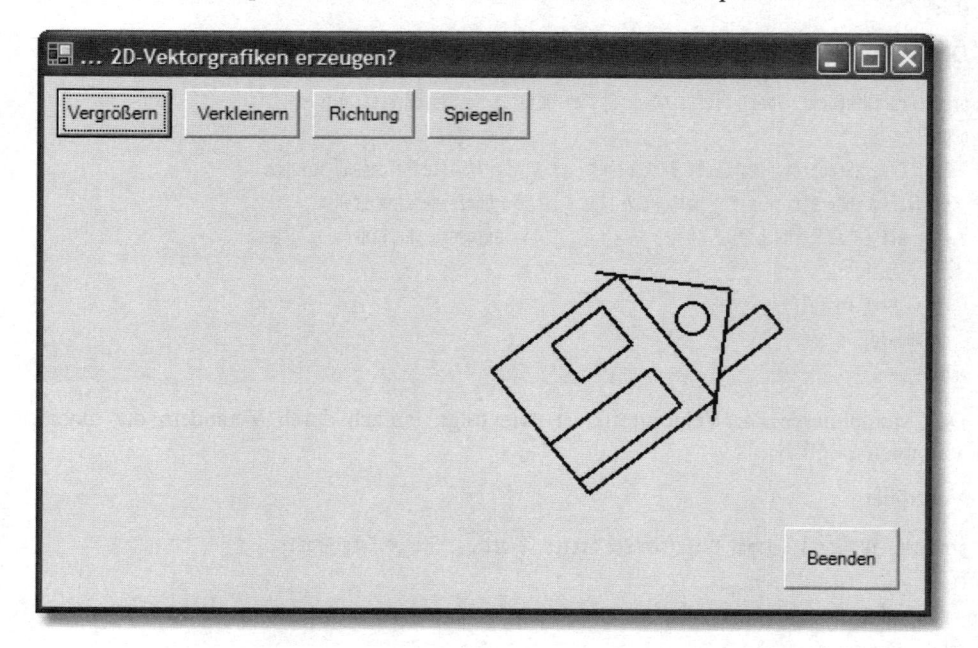

Bemerkungen

- Weitere Verbesserungen lassen sich erzielen, wenn für die Rechtecke eine eigene Prozedur (*dwr*) geschrieben wird, für die nur noch die Koordinaten der linken oberen und rechten unteren Ecke zu übergeben sind.

- Natürlich wäre es auch möglich, die Geometrie nicht direkt im Quelltext, sondern z.B. in einem Array zu speichern, was allerdings zusätzliche Eingabeprozeduren erforderlich macht.

- Dieses ist vor allem ein Lernrezept, das den Einsteiger mit einfachen Mitteln in die Grundlagen der 2D-Grafikprogrammierung einführen soll. Wer das Beispiel mit den Klassen des *System.Drawing.Drawing2D*-Namensraums programmieren möchte, wird im folgenden Rezept R 4.7 (Geometrische Transformationen durchführen) fündig.

R 4.7 Geometrische Transformationen durchführen

Der *System.Drawing.Drawing2D*-Namespace stellt leistungsfähige Klassen für die Manipulation von 2D-Vektorgrafiken bereit. In diesem Rezept wollen wir die *Matrix*-Klasse einsetzen, um das gleiche Problem wie im Vorgängerrezept R 4.6 (die Rotation eines Hauses) auf elegantere Weise zu lösen.

Oberfläche

Die Bedienoberfläche entspricht der des Vorgängerrezepts, lediglich auf die Schaltfläche "Spiegeln" wurde verzichtet.

Quellcode TWinForm1

Fügen Sie zur Typdeklaration von *TWinForm1* die Methode *drawHouse* hinzu:

```
type
  TWinForm1 = class(System.Windows.Forms.Form)
...
public
  constructor Create;
  procedure drawHouse;        // !
end;
...
```

Die globalen Variablen zur Steuerung der Grafik, sowie der benötigte Namensraum:

```
implementation
uses System.Drawing.Drawing2D;
...
var
  alf   : Single;             // Drehwinkel
```

```
mf      : Integer;              // Maßstabsfaktor
x0, y0 : Integer;               // absolute Bezugskoordinaten (Pixel)
dirFlg : Boolean;               // Richtungsflag
```

Beim Laden des Formulars werden die Bezugskoordinaten auf die Mitte von *WinForm1* gesetzt:

```
procedure TWinForm1.TWinForm1_Load(sender: System.Object; e: System.EventArgs);
begin
  x0 := Self.Size.Width div 2;  y0 := Self.Size.Height div 2;
  mf := 10;
end;
```

Die folgende Routine kapselt alle Zeichenoperationen:

```
procedure TWinForm1.drawHouse;
var g : Graphics;
    myPen : Pen;
    rotPunkt : PointF;
    mtrx : System.Drawing.Drawing2D.Matrix;
begin
  g := Self.CreateGraphics;
  myPen := Pen.Create(Color.Black, 2);
```

Die Rotation um den Punkt x0, y0 wird vorbereitet, dabei kommt die *RotateAt*-Methode der *Matrix*-Klasse zum Einsatz.

```
  rotPunkt := PointF.Create(x0, y0);
```

Die Matrix kapselt eine affine 3 x 3-Matrix, die die Umrechnungskoeffizienten für eine geometrische Transformation bereitstellt:

```
  mtrx := System.Drawing.Drawing2D.Matrix.Create();
  mtrx.RotateAt(alf, rotPunkt, MatrixOrder.Append);
```

Schließlich kann das Grafikobjekt transformiert werden:

```
  g.Transform := mtrx;
```

Die Zeichenoperationen können wie in Normalposition kodiert werden:

Frontseite:

```
  g.DrawRectangle(myPen, Rectangle.Create(x0, y0 - mf * 10, mf * 10, mf * 10));
```

Fenster:

```
  g.DrawRectangle(myPen, Rectangle.Create(x0 + mf * 1, y0 - mf * 8, mf * 3, mf * 4));
```

R 4.7 Geometrische Transformationen durchführen

Tür:

```
g.DrawRectangle(myPen, Rectangle.Create(x0 + mf * 6, y0 - mf * 8, mf * 3, mf * 8));
```

Dachgiebel:

```
g.DrawLine(myPen, x0 - mf * 1, y0 - mf * 9, x0 + mf * 5, y0 - mf * 15);
g.DrawLine(myPen, x0 + mf * 5, y0 - mf * 15, x0 + mf * 11, y0 - mf * 9);
```

Dachfenster:

```
g.DrawEllipse(myPen, Rectangle.Create(x0 + mf * 4, y0 - mf * 13, mf * 2, mf * 2));
end;
```

Die Bedienfunktionen entsprechen (fast) 100%-ig dem Vorgängerrezept.

Vergrößern:

```
procedure TWinForm1.Button1_Click(sender: System.Object; e: System.EventArgs);
begin
  mf := mf+1;
end;
```

Verkleinern:

```
procedure TWinForm1.Button2_Click(sender: System.Object; e: System.EventArgs);
begin
  mf := mf-1;
end;
```

Richtung ändern:

```
procedure TWinForm1.Button3_Click(sender: System.Object; e: System.EventArgs);
begin   dirFlg := Not dirFlg; end;
```

Im *Tick*-Event des Timers wird das Neuzeichnen ausgelöst:

```
procedure TWinForm1.Timer1_Tick(sender: System.Object; e: System.EventArgs);
begin
  Self.CreateGraphics.Clear(Self.BackColor);       // Zeichnung löschen
  if dirFlg then
    alf := alf + 2    // im Uhrzeigersinn drehen
  else
    alf := alf - 2;   // entgegen Uhrzeigersinn drehen
  drawHouse;
end;
```

Test

Es wird das gleiche Ergebnis wie im Vorgängerrezept erzielt, allerdings mit deutlich geringerem Programmieraufwand:

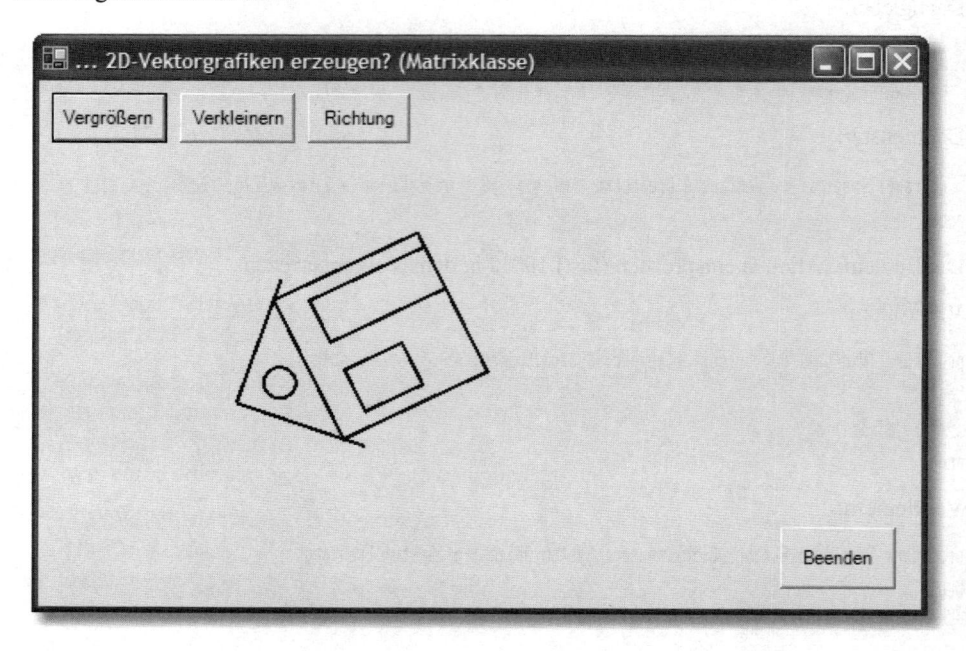

Bemerkungen

- Anstatt mit globalen Koordinaten könnten Sie es z.B. auch mit Seiten- oder Gerätekoordinaten versuchen, die durch entsprechende Transformationsmethoden (*TranslateTransform()*, *RotateTransform()*, *ScaleTransform()*) ermittelt werden.
- Zum Vergrößern bzw. Verkleinern kann alternativ die *PageScale*-Eigenschaft des *Graphics*-Objekts verwendet werden.

R 4.8 Einen Desktop-Screenshot realisieren

Etwas aufwändiger als ein Fenster-Screenshot ist ein echter Screenshot des gesamten Desktops. Voraussetzung ist, dass wir einen Handle bzw. ein DC für den Desktop erhalten. Dies ist mit Hilfe der API-Funktion *GetDC* kein Problem.

Oberfläche

Entwerfen Sie eine Windows Forms-Oberfläche entsprechend folgender Abbildung:

R 4.8 Einen Desktop-Screenshot realisieren

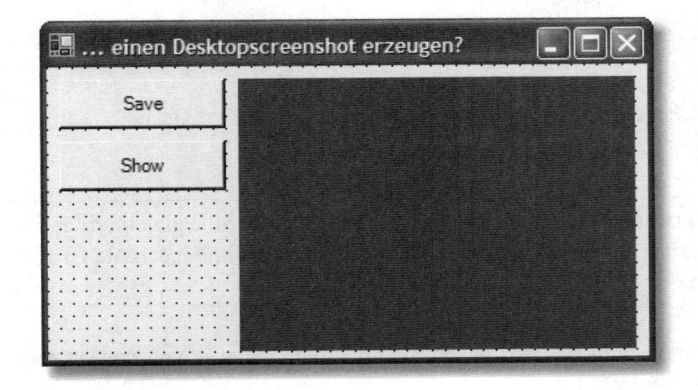

Quelltext TWinForm1

Zunächst binden wir die erforderlichen Namespaces ein:

```
uses Windows,
    System.Drawing.Imaging;
```

Hinweis: Mit der Unit *Windows* wird unser Projekt plattformabhängig, d.h., beim Compilieren erscheint eine entsprechende Warnung.

Die Routine zum Speichern des Screenshots in einer Datei:

```
procedure TWinForm1.Button1_Click(sender: System.Object; e: System.EventArgs);
var g2  : Graphics;
    dc1 : HDC;
    dc2 : IntPtr;
    img : Image;
begin
```

Erzeugen einer neuen Bitmap mit den Maßen und der Farbtiefe des aktuellen Fensters:

```
    img := system.Drawing.Bitmap.Create(Screen.PrimaryScreen.WorkingArea.Width,
                                Screen.PrimaryScreen.WorkingArea.Height);
    g2  := Graphics.FromImage(img);
```

Kopieren der Fenster-Bitmap in die eigene Bitmap:

```
    dc1 := GetDC(0);
    dc2 := g2.GetHdc();
    BitBlt(HDC(dc2), 0, 0, Screen.PrimaryScreen.WorkingArea.Width,
            Screen.PrimaryScreen.WorkingArea.Height, dc1, 0, 0, 13369376);
    ReleaseDC(0,dc1);
    g2.ReleaseHdc(dc2);
```

Speichern der Daten im PNG-Format:

```
img.Save('c:\Form1.png', System.Drawing.Imaging.ImageFormat.Png);
System.Windows.Forms.MessageBox.Show('Fenster-Screenshot gesichert', 'Info');
end;
```

Hinweis: Verwenden Sie für derartige Bitmaps (relativ große gleichfarbige Flächen, wenige Farben) das Platz sparende PNG-Format, das (im Gegensatz zu JPEG) verlustfrei ist.

Zur Anzeige in einer *PictureBox* gehen Sie prinzipiell genauso vor, weisen aber zum Schluss das Image der *PictureBox* zu:

```
procedure TWinForm1.Button2_Click(sender: System.Object; e: System.EventArgs);
var g2  : Graphics;
    dc1 : HDC;
    dc2 : IntPtr;
    img : Image;
begin
```

Erzeugen einer neuen Bitmap mit den Maßen und der Farbtiefe des aktuellen Fensters:

```
img := system.Drawing.Bitmap.Create(Screen.PrimaryScreen.WorkingArea.Width,
                            Screen.PrimaryScreen.WorkingArea.Height);
g2  := Graphics.FromImage(img);
```

Kopieren der Fenster-Bitmap in die eigene Bitmap:

```
dc1 := GetDC(0);
dc2 := g2.GetHdc();
BitBlt(HDC(dc2), 0, 0, Screen.PrimaryScreen.WorkingArea.Width,
                  Screen.PrimaryScreen.WorkingArea.Height, dc1, 0, 0, 13369376);
ReleaseDC(0,dc1);
g2.ReleaseHdc(dc2);
```

Anzeige:

```
PictureBox1.Image := img;
end;
```

Test

Starten Sie das Programm und probieren Sie beide Varianten aus:

R 4.9 Grafiken aus den Ressourcen laden

Nicht in jedem Fall möchten Sie, dass zu einem Programm Dutzende externer Dateien mitgegeben werden müssen. Soll beispielsweise der Formularhintergrund mit einer Bitmap gefüllt werden, bietet es sich doch an, diese gleich mit in die EXE zu compilieren.

Oberfläche

Erstellen Sie ein neues Windows Forms-Projekt, das lediglich aus der leeren *WinForm1* besteht. Ziehen Sie per Drag & Drop eine Bitmap oder eine andere Grafik (JPG, GIF, PNG etc.) direkt in das Fenster der Projektverwaltung:

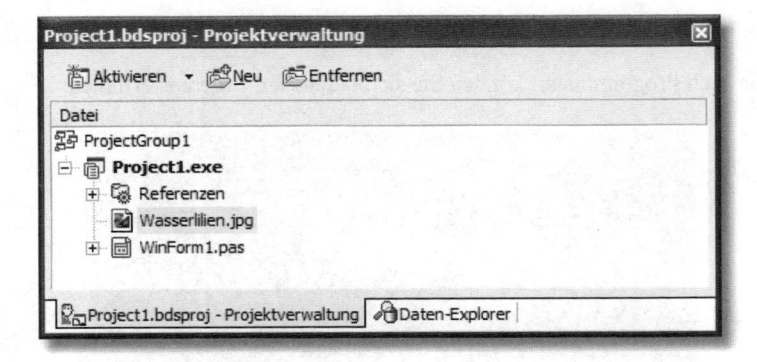

Auf diese Weise wird aus einer externen Datei eine in die EXE-Datei eingelagerte Ressource (einfacher geht es wohl kaum noch).

Quelltext TWinForm1

Einbinden der Namensräume:

```
uses System.Drawing.Imaging,
     System.Reflection;
```

Erstellen Sie zwei globale Variablen (das zu ladende Bild und ein *TextureBrush*):

```
var
  bmp : Image;
  myBrush : TextureBrush;
```

Zu Beginn können wir die Grafik aus den Ressourcen auslesen (per *Stream*) und dem *TextureBrush* zuweisen.

```
procedure TWinForm1.Create;
begin
  inherited Create;
  bmp := Bitmap.Create(Assembly.GetExecutingAssembly.GetManifestResourceStream('Wasserlilien.jpg'));
  myBrush := TextureBrush.Create(bmp);
end;
```

Hinweis: Achten Sie peinlichst auf die korrekte Schreibweise, Groß-/Kleinschreibung wird berücksichtigt!

Das Füllen des Fensterhintergrundes mit dem *Brush*:

```
procedure TWinForm1.TWinForm1_Paint(sender: System.Object; e: System.Windows.Forms.PaintEventArgs);
begin
  if not (myBrush = nil) then e.Graphics.FillRectangle(myBrush, ClientRectangle);
end;
```

Test

Unmittelbar nach Programmstart können Sie sich bereits am Ergebnis erfreuen:

5 Kleiner OOP-Crashkurs

Für den Newcomer – oder auch für den von der prozeduralen Programmierung kommenden Umsteiger – ist das Konzept der Objektorientierten Programmierung (OOP) ziemlich gewöhnungsbedürftig und mit zahlreichen neuen Begriffen und Regeln verbunden.

Diese Rezepte-Serie soll den Einstieg erleichtern, sie beinhaltet fünf Demoprogramme, die systematisch aufeinander aufbauen. Ziel ist eine verständliche Einführung in die Entwicklung eigener (benutzerdefinierter) Klassen unter Delphi, wobei schrittweise die folgenden zentralen Begriffe erklärt werden:

- Klassen und Objekte,
- Konstruktor und Destruktor,
- Read-Only-Eigenschaften,
- Ereignisse,
- Vererbung und Polymorphie.

Damit bei dieser trockenen Materie der Spaß nicht zu kurz kommt, soll das Ganze dann als Formel 1-Rennen in Szene gesetzt werden.

Hinweis: Die in diesem Kapitel vermittelten OOP-Grundlagenkenntnisse können Sie auch gut als Vorbereitung für das vorrangig praxisorientierte Kapitel 12 (Komponentenentwicklung) gebrauchen.

R 5.1 Klassen und Objekte verstehen

Wir wollen zunächst eine Klasse *TAuto* definieren, das ist gewissermaßen die "Konstruktionsvorschrift" für unsere Objekte. Später werden wir dann mit dieser Klasse zwei verschiedene Objekte (*Auto1*, *Auto2*) herstellen.

Oberfläche

Öffnen Sie eine neue Windows Forms-Anwendung. Im unteren Teil von *WinForm1* richten Sie drei "Cockpits" für die noch zu erzeugenden Auto-Objekte ein[1]. Unterhalb platzieren Sie in zwei Rahmen (*GroupBox1*, *GroupBox2*) jeweils zwei Schaltflächen (*Button1* ... *Button4*). Auch ein Zeitgeber-Control (*Timer1*) ist erforderlich (*Enabled = True*; *Interval=50*).

---

[1] In unserem Fall gehört das Cockpit nicht mit zum Auto-Objekt, es ist als separates Bedienpult zu verstehen, ähnlich wie bei einem ferngesteuerten Modell.

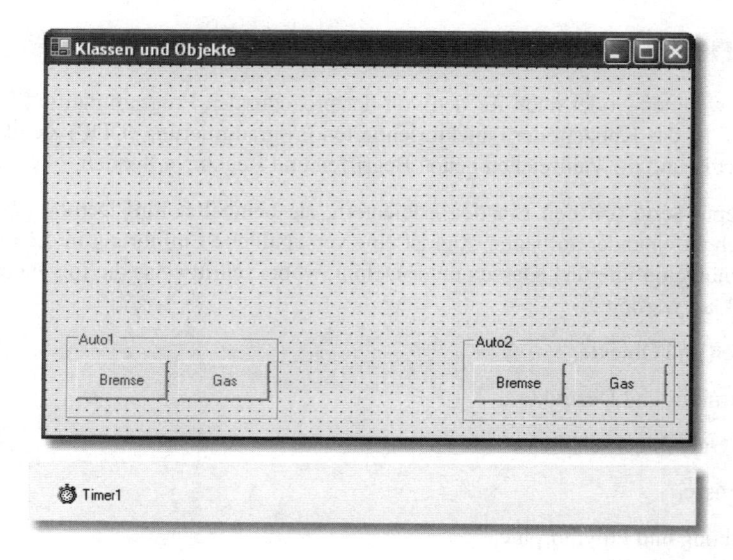

Klasse TAuto

Jetzt müssen wir definieren, wie unsere Auto-Objekte aussehen sollen (Eigenschaften) und wie sie funktionieren sollen (Methoden). Die entsprechende Klassendeklaration könnten wir zwar auch noch mit in der Unit *WinForm1* unterbringen, da wir aber wollen, dass die *TAuto*-Klasse zur allgemeinen Verfügung stehen soll, also später auch von beliebigen anderen Programmen benutzt werden kann, werden wir sie in einer separaten Unit anlegen.

Fügen Sie also über *Datei|Neu|Weitere...* eine neue Klasse hinzu. Sie heißt zwar standardmäßig *Class1,* wir werden Sie aber aus nahe liegenden Gründen auf den Namen *Auto* umtaufen.

Von dem vorbereiteteten Rahmencode der Unit können wir nicht viel verwenden, löschen Sie also alles Überflüssige, so dass letztendlich der im Folgenden abgedruckte Code übrigbleibt:

```
unit Auto;                  // stellt die TAuto-Klasse zur Verfügung
interface
uses System.Drawing;
```

Unsere neu zu definierende Klasse *TAuto* hat vier Eigenschaften (*x, y, va, farbe*) und drei Methoden (*Schneller, Bremsen, Zeichnen*):

```
type
  TAuto = class
    x: Integer;          // x-Position
    y: Integer;          // y-Position
    va: Single;          // aktuelle Geschwindigkeit
    farbe: Color;        // Lackierung
    procedure Schneller(dv:Single);    // erhöht va um dv
```

```
    procedure Bremsen(dv:Single);        // verringert va um dv
    procedure Zeichnen(g: Graphics; colr: Color);   // zeichnet Auto in Farbe colr
end;
```

Im *implementation*-Abschnitt müssen die drei Methoden definiert werden:

```
procedure TAuto.Schneller(dv:Single);   // erhöht va um dv
  begin
    va := va + dv;
    if va > 100 then va := 100       // Geschwindigkeitsbegrenzung
  end;

  procedure TAuto.Bremsen(dv:Single);   // verringert va um dv
  begin
    va := va - dv;
    if va <= 0 then va := 0          // Rückwärtsrollen verhindern
  end;

  procedure TAuto.Zeichnen(g: Graphics; colr: Color);   // zeichnet Auto in Farbe colr
  var b: Brush;
      p: Pen;
  begin
    b := SolidBrush.Create(colr);   p := Pen.Create(colr);
    with g do begin
      FillRectangle(b, x+10, y+5, 30, 20);      // linkes Hinterrad
      FillRectangle(b, x+10, y+66, 30, 20);     // rechtes Hinterrad
      FillRectangle(b, x+80, y+10, 30, 15);     // linkes Vorderrad
      FillRectangle(b, x+80, y+66, 30, 15);     // rechtes Vorderrad
      DrawLine(p, x+25, y+25, x+25, y+30);      // linke Hinterachse
      DrawLine(p, x+25, y+60, x+25, y+65);      // rechte Hinterachse
      DrawLine(p, x+95, y+20, x+95,y+35);       // linke Vorderachse
      DrawLine(p, x+95, y+55, x+95,y+65);       // rechte Vorderachse
      DrawLine(p, x, y+30, x+70,y+30);          // linke Karosserieseite
      DrawLine(p, x+70, y+30, x+110, y+40);
      DrawLine(p, x+110, y+40, x+110, y+50);    // vordere Stoßstange
      DrawLine(p, x+70, y+60, x, y+60);         // rechte Karosserieseite
      DrawLine(p, x+70, y+60, x+110, y+50);
      DrawLine(p, x, y+60, x, y+30);            // hintere Stoßstange
      FillEllipse(b, x+45,y+35, 20,20)          // Cockpit
    end
  end;
end.
```

Speichern Sie die fertige Unit unter ihrem neuen Namen *Auto.pas* ab.

Unit WinForm1

Nun zur Programmierung der Unit *WinForm1*, für die bereits die Oberfläche existiert. Zur *uses*-Klausel im *interface*-Abschnitt fügen wir die *Auto*-Unit hinzu, außerdem ergänzen wir den *private*-Abschnitt der Typdeklaration von *TWinForm1* um die Methode *anzeigen*:

```
unit WinForm1;

interface

uses
  System.Drawing, System.Collections, System.ComponentModel,
  System.Windows.Forms, System.Data,
  Auto;        // !

type
  TWinForm1 = class(System.Windows.Forms.Form)
  ...
  private
    procedure anzeigen(Auto: TAuto);    // !
  end;
```

Widmen wir uns nun dem *implementation*-Abschnitt:

```
implementation
```

Zunächst zu den Objektvariablen (den Autos), die erst deklariert werden müssen, bevor sie mittels *Create*-Methode tatsächlich erzeugt werden können (siehe weiter unten):

```
var Auto1, Auto2: TAuto;      // drei Auto-Objekte deklarieren
```

Auch die erforderlichen Grafikobjekte und die Parameter der Rennstrecke legen wir hier fest:

```
  g: Graphics;  p: Pen;
  xb: Integer = 1000;        // außerhalb des Sichtbereichs liegender Streckenabschnitt
  xm: Integer;               // Lage der Startlinie
```

Beim Laden von *WinForm1* werden die drei neuen Instanzen (Objekte) der *TAuto*-Klasse erzeugt:

```
constructor TWinForm1.Create;
begin
  ...
  Auto1 := TAuto.Create;
  Auto2 := TAuto.Create;
```

R 5.1 Klassen und Objekte verstehen

Eher nebensächlich sind das Erzeugen diverser Hilfsobjekte und das Berechnen der Startlinie:

```
g := Self.CreateGraphics;
p := Pen.Create(Color.White, 5);
xm := Convert.ToInt32(Self.Size.Width/2);   // Startlinie in Mitte
```

Schließlich werden die Eigenschaften jedes einzelnen Auto-Objekts auf die Anfangswerte eingestellt:

```
with Auto1 do          // der rote Ferrari
  begin
    x := xm-110;       // an Startlinie ausrichten
    y := 10;           // obere Fahrbahn
    farbe := Color.Red // rot
  end;
with Auto2 do          // der blaue BMW
  begin
    x := xm-110; y := 110; farbe := Color.Blue
  end;
end;
```

Nun programmieren wir die einzelnen Gas- und Bremspedale.

Für den roten Ferrari:

```
procedure TWinForm1.Button2_Click(sender: System.Object; e: System.EventArgs);
begin
  Auto1.Schneller(0.5);
end;
procedure TWinForm1.Button1_Click(sender: System.Object; e: System.EventArgs);
begin
  Auto1.Bremsen(1)
end;
```

Für den blauen BMW:

```
procedure TWinForm1.Button3_Click(sender: System.Object; e: System.EventArgs);
begin
  Auto2.Schneller(0.5);
end;

procedure TWinForm1.Button4_Click(sender: System.Object; e: System.EventArgs);
begin
  Auto2.Bremsen(1)
end;
```

Auch um die optische Anzeige der Autos müssen wir uns kümmern:

```
procedure TWinForm1.anzeigen(Auto:TAuto);        // Anzeigeroutine für ein TAuto-Objekt
begin
   Auto.Zeichnen(g, Self.BackColor);             // alte Position übermalen
   Auto.x := Auto.x + Convert.ToInt32(Auto.va);  // Verschieben der x-Position
   if Auto.x >= Self.Width then Auto.x := -xb;   // Rand erreicht
   Auto.Zeichnen(g, Auto.farbe)                  // an neuer Position zeichnen
end;
```

Übergabeparameter für obige Prozedur ist ein beliebiges Objekt vom Typ *TAuto*!

Für den periodischen Aufruf nach dem Prinzip "Flimmerkiste" ist der Timer zuständig:

```
procedure TWinForm1.Timer1_Tick(sender: System.Object; e: System.EventArgs);
begin
   g.DrawLine(p, xm, 10, xm, 200);    // Startlinie zeichnen
   anzeigen(Auto1);
   anzeigen(Auto2);
end;
```

Test

Nach Programmstart stehen die zwei bunten Flitzer exakt ausgerichtet an der Start-/Ziellinie. Stören Sie sich nicht am fehlenden Lenkrad, wagen Sie trotzdem ein kleines Rennen. Sie müssen dazu jedes Auto einzeln beschleunigen. Klicken Sie immer mehrmals hintereinander auf das Gaspedal[1]. Ebenso verhält es sich mit dem Bremsen, was ähnlich einer "Stotterbremsung" funktioniert[2]:

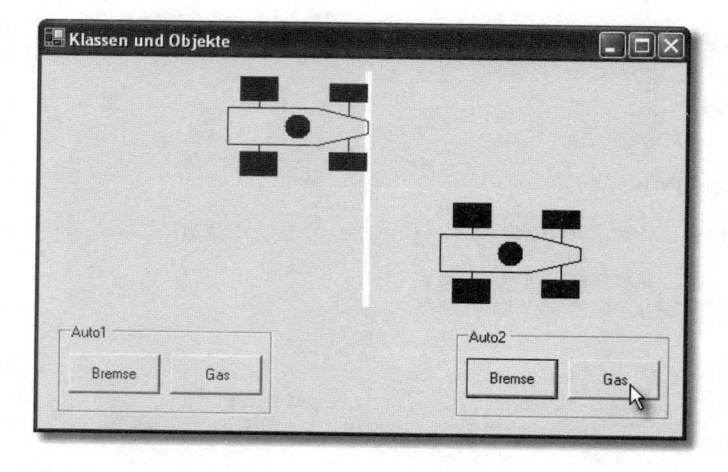

---

[1] Nicht die Schaltfläche dauerhaft niederdrücken, denn dann passiert ... nichts.
[2] Denken Sie an Glatteisgefahr!

Bemerkungen

- Wenn Sie den Methoden *Schneller* und *Bremsen* unterschiedliche Parameter übergeben, werden die Autos auch unterschiedlich auf Gas bzw. Bremse reagieren.

- Warum wird der Methode *Anzeigen* auch noch die Farbe (*colr*) als Parameter übergeben anstatt direkt auf das Feld *farbe* zuzugreifen? Der Grund ist rein technisch bedingt: Um das Auto an der alten Position zu löschen, muss es mit der Hintergrundfarbe des aufrufenden Formulars gezeichnet werden.

- Ein leichtes Flackern der Fahrzeuge ist aufgrund der verwendeten ungepufferten Vektorgrafiken normal. Eventuell ist durch Ändern der *Interval*-Eigenschaft des Timers eine bessere Darstellung zu erreichen.

R 5.2 Einen eigenen Konstruktor verwenden

Eine objektorientierte Sprache wie Delphi .NET realisiert das Erzeugen von Objekten mit so genannten Konstruktoren. Bei einem Konstruktor handelt es sich um eine spezielle Methode innerhalb der Klassendeklaration, die für das Erzeugen (und Initialisieren) des Objekts verantwortlich ist.

"Was für einen Konstruktor haben wir denn beim Vorgängerbeispiel eingesetzt?", werden Sie nun zu Recht fragen. Hier die Antwort: "Es war der von *TObject* ererbte *Create*-Konstruktor!"

Grund unserer Unzufriedenheit ist, dass der *Create*-Konstruktor alle Eigenschaften auf Nullwerte bzw. Leerstrings initialisiert hat. Anschließend mussten die Werte mühsam über einzelne Befehle zugewiesen werden.

Beispiel: aus dem Quelltext von Unit *WinForm1* des Vorgängerbeispiels

```
Auto1 := TAuto.Create;
with Auto1 do
 begin
  x := xm -100;  y := 10;
  farbe := Color.Red
end;
...
```

Lassen Sie es uns diesmal besser machen! Wir wollen unsere *TAuto*-Klasse mit einem "selbst gestrickten" Konstruktor nachrüsten!

Erweiterung der Klassendefinition "TAuto"

Wir öffnen die Unit *Auto.pas* des Vorgängerbeispiels und doktern ein wenig an der Klassendeklaration *TAuto* herum, indem wir den unterstrichenen Methodenkopf einfügen:

```
type TAuto = class
 ...
```

```
    constructor Create(xpos, ypos: Integer; colr: Color);
end;
```

Im *implementation*-Abschnitt ergänzen wir:

```
constructor TAuto.Create(xpos, ypos: Integer; colr: Color);
begin
    inherited Create;              // den von TObject geerbten Konstruktor aufrufen
    x := xpos; y := ypos;          // Objekt initialisieren
    farbe := colr;                 // ...
end;
```

Vereinfachen der Unit WinForm1

Wir öffnen nun *WinForm1.pas* und vereinfachen den Konstruktorcode des Formulars wie folgt:

```
constructor TWinForm1.Create;
begin
  inherited Create;
  InitializeComponent;
  xm := Convert.ToInt32(Self.Size.Width/2);
  Auto1 := TAuto.Create(xm-110, 10, Color.Red);    // !
  Auto2 := TAuto.Create(xm-110, 110, Color.Blue);  // !
  g := Self.CreateGraphics;
  p := Pen.Create(Color.White, 5);
end;
```

Dieser Quelltext ist doch jetzt wesentlich kürzer und übersichtlicher, oder?

Test

Wenn Sie das Programm starten, werden Sie keinerlei funktionellen Unterschied zum Vorgängerbeispiel feststellen. Der Vorteil liegt lediglich in der Vereinfachung des Quellcodes.

R 5.3 Read-Only-Eigenschaften programmieren

Mit den Eigenschaften *x, y, va* und *farbe* unserer *TAuto*-Klasse haben wir im Vorgängerbeispiel bereits erfolgreich gearbeitet, wozu also dann noch Eulen nach Athen tragen?

Die Antwort: Mit dem Deklarieren von Eigenschaften als öffentliche Felder von *TAuto* haben wir das Brett an der dünnsten Stelle gebohrt, denn dies ist nicht der sauberste und oft auch nicht der effektivste Weg – warum?

Die "hohe Kunst" der OOP verbietet das direkte Herumdoktern an Variablen und verlangt, dass diese durch Methoden zu kapseln sind, um sich dadurch einem kontrollierten Lese-/

R 5.3 Read-Only-Eigenschaften programmieren

Schreibzugriff zu unterwerfen. Delphi stellt dazu so genannte "Eigenschaftsprozeduren" (*Property-Procedures*) zur Verfügung.

Ziel dieses Rezepts ist das Ergänzen der Fahrzeug-Cockpits aus dem Vorgängerrezept um eine Tachometeranzeige. "Nichts einfacher als das!", werden Sie denken, denn man kann ja auf die Eigenschaft *va* (aktuelle Geschwindigkeit) auch direkt zugreifen. Doch gerade das macht die Sache so gefährlich – warum?

Jeder Fahrschulanfänger weiß, dass man bei einem realen Auto-Objekt die Eigenschaft "Geschwindigkeit" nicht direkt, sondern nur über die Methoden "Schneller" und "Bremsen" beeinflussen kann. Es gilt also, den Zugriff auf die Eigenschaft *va* als Read-Only zu deklarieren, um damit ein Schreiben zu verhindern. Dies erreicht man durch "Verstecken" von *va* im *private*-Abschnitt von *TAuto* und durch Einfügen einer speziellen *property-get*-Zugriffsmethode, die wir *tacho* nennen wollen.

Änderungen in der Klassendeklaration TAuto

Auch diesmal sind die Änderungen gegenüber dem Vorgängerrezept durch Unterstreichungen hervorgehoben:

```
type
  TAuto = class
    private              // privater Bereich
      va: Single;        // aktuelle Geschwindigkeit
      y: Integer;        // y-Position
    public               // öffentlicher Bereich
      x:Integer;         // x-Position
      farbe: Color;
      procedure Schneller(dv:Single);
      procedure Bremsen(dv:Single);
      procedure Zeichnen(g: Graphics; colr:Color);
      constructor Create(xpos, ypos: Integer; colr: Color);
      function tachoAblesen: Single;              // Zugriffsmethode!
      property tacho:Single read tachoAblesen;    // ReadOnly-Objekteigenschaft!
  end;
```

Im *implementation*-Abschnitt der Klasse *TAuto* muss der Lesezugriff definiert werden, wobei wir wilkürlich die Anzeige um den Faktor 10 "strecken":

```
function TAuto.tachoAblesen: Single;
  begin
    Result := 10 * va;
  end;
```

Geänderte Oberfläche

Beide Cockpits ergänzen wir durch Bezeichnungsfelder für die Tachoanzeige (*Label1* und *Label2*):

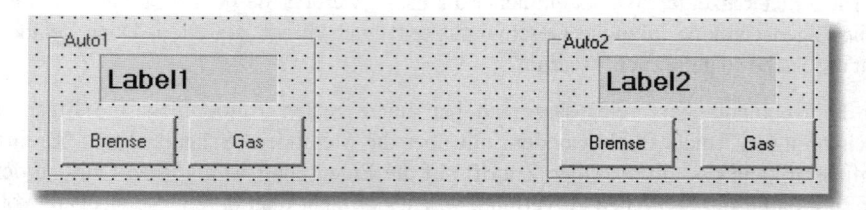

Modifizieren der Unit WinForm1

Auch in den folgenden Codeauszügen wird auf die entsprechenden Änderungen durch Unterstreichungen hingewiesen:

```
procedure TWinForm1.anzeigen(Auto:TAuto);
begin
   Auto.Zeichnen(g, Self.BackColor);
   Auto.x := Auto.x + Convert.ToInt32(Auto.tacho);
   if Auto.x >= Self.Width then Auto.x := -xb;
   Auto.Zeichnen(g, Auto.farbe)
end;

procedure TWinForm1.Timer1_Tick(sender: System.Object; e: System.EventArgs);
begin
   g.DrawLine(p, xm, 10, xm, 200);
   anzeigen(Auto1); anzeigen(Auto2);
   Label1.Text := (Auto1.tacho).ToString + 'km/h';   // Tachometer für Auto1
   Label2.Text := (Auto2.tacho).ToString + 'km/h';   // dto. für Auto2
end;
```

Test

Rotes und blaues Auto haben jetzt eine Geschwindigkeitsanzeige. Ansonsten sind bei der Bedienung keinerlei Unterschiede zum Vorgängerrezept festzustellen.

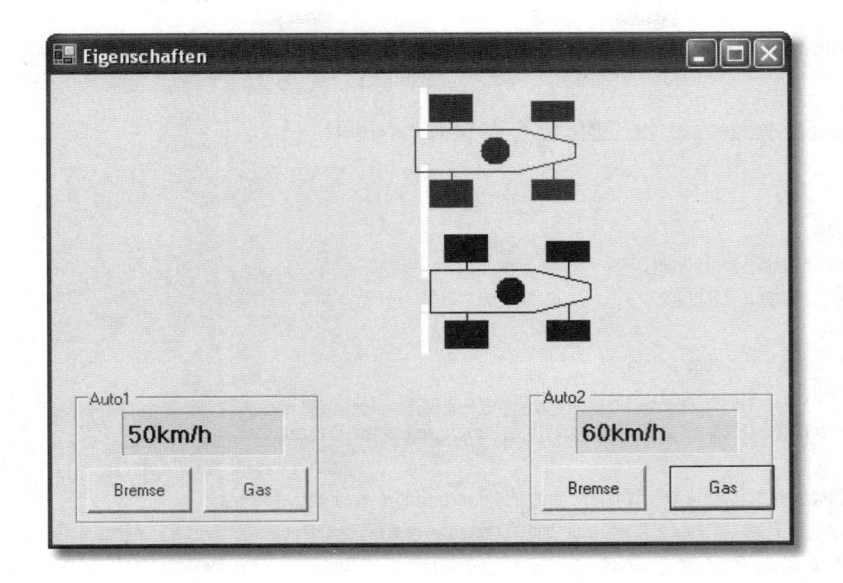

Bemerkungen

- Die Sichtbarkeitsattribute *public* und *private* innerhalb der Typdeklaration von *TAuto* legen fest, ob auf die nachfolgenden Klassenmitglieder von außerhalb (hier von *Win-Form1*) zugegriffen werden darf oder nicht.

- Wenn Sie in *WinFormt1* an irgendeiner Stelle eine Anweisung wie z.B.

    ```
    Auto1.tacho := 85;
    ```

    verwenden wollen, werden Sie durch eine Fehlermeldung darauf hingewiesen, dass es sich bei *tacho* um eine ReadOnly-Eigenschaft handelt.

R 5.4 Ereignisse programmieren

Da wir uns nun ausgiebig mit Eigenschaften und Methoden von Objekten herumgeschlagen haben, wollen wir auch die Dritten im Bunde – die Ereignisse – nicht vergessen. Ein Ereignis wird innerhalb einer Klasse definiert und ausgelöst und von einer anderen Klasse, dem Client, mit einer Ereignisbehandlungsmethode (Eventhandler) ausgewertet.

Modifizieren der Klasse TAuto

Grundlage einer jeden Ereignisdefinition ist ein Delegate (also ein Methodentyp), der den Typ des Eventhandlers beschreibt. Das Ereignis selbst wird ähnlich wie eine Eigenschaft deklariert[1].

---

[1] Man spricht deshalb auch von Ereigniseigenschaften.

Auch diesmal sind die wichtigsten Passagen durch Unterstreichungen hervorgehoben:

```
type
  TLichthupe = procedure(sender: TObject);     // Ereignis-Delegate!

  TAuto = class
    private
      va: Single; y: Integer;
      FLichthupe: TLichthupe;          // Ereignisfeld!
    public
      x:Integer; farbe: Color;
      procedure Schneller(dv:Single);   procedure Bremsen(dv:Single);
      procedure Zeichnen(g: Graphics; colr:Color); constructor Create(xpos,
                                                    ypos: Integer; colr: Color);
      function tachoAblesen: Single;   property tacho:Single read tachoAblesen;
      property OnLichthupe: TLichthupe add FLichthupe remove FLichthupe;   // Ereigniseigenschaft!
      procedure Lichthupe(g: Graphics; c1, c2: Color);              // ereignisauslösende Methode!
  end;

implementation
...
var z: Boolean = True;    // Merker für Lichthupe an/aus
```

Die folgende Methode simuliert das Aufblitzen des Lichtkegels beim Betätigen der Lichthupe und löst das Ereignis *OnLichthupe* aus:

```
procedure TAuto.Lichthupe(g: Graphics; c1, c2: Color);   // ereignisauslösende Methode
var b: Brush;
begin
  if z then
  begin
    b := SolidBrush.Create(c1);
    g.FillRectangle(b, x+111, y+40, 600, 10);        // Lichtblitz erzeugen
```

Das Ereignis feuert, falls mindestens ein Eventhandler zugeordnet (*assigned*) wurde:

```
    if assigned(FLichthupe) then FLichthupe(Self);
  end else
  begin
    b := SolidBrush.Create(c2);
    g.FillRectangle(b, x+111, y+40, 400, 10);
  end;
  z := not z;
end;
```

Modifizieren der Unit WinForm1

Zur Typdeklaration von *TWinForm1* ist der Eventhandler hinzuzufügen, wobei dessen Signatur exakt dem in der Unit *Auto* definierten Delegaten *TLichtHupe* entsprechen muss:

```
type
  TWinForm1 = class(System.Windows.Forms.Form)
  ...
  private
    procedure anzeigen(Auto: TAuto);
    procedure Auto_Lichthupe(a: TObject);      // Eventhandler!
    ...
  end;
implementation
...
constructor TWinForm1.Create;
begin
  ...
```

Beide Ereignisse werden hier mit dem Eventhandler *Auto_Lichthupe* verbunden:

```
  Include(Auto1.OnLichthupe, Self.Auto_Lichthupe);
  Include(Auto2.OnLichthupe, Self.Auto_Lichthupe);
end;
```

Um möglichst realitätsnah zu modellieren, soll ein Auto seine Geschwindigkeit von selbst verringern, wenn es von hinten angehupt wird:

```
procedure TWinForm1.Auto_Lichthupe(a: TObject);
var Auto: TAuto;
begin
  Auto := TAuto(a);              // Typecasting zwecks Feststellen des auslösenden Objekts
  if Auto = Auto1 then if Auto1.x < Auto2.x then Auto2.Bremsen(0.5);
  if Auto = Auto2 then if Auto2.x < Auto1.x then Auto1.Bremsen(0.5);
end;
```

Schließlich muss noch die Betätigung der Hupen eingebaut werden. Neben dem *Graphics*-Objekt (darauf wird der Lichtstrahl gezeichnet) werden die Farbe des Lichtstrahls und die Hintergrundfarbe des Formulars (zwecks Löschen des Lichtstrahls) übergeben:

```
procedure TWinForm1.Button5_Click(sender: System.Object; e: System.EventArgs);   // Auto1 gibt Lichthupe
begin
  Auto1.Lichthupe(g, Color.Yellow, Self.BackColor);
end;

procedure TWinForm1.Button6_Click(sender: System.Object; e: System.EventArgs);   // Auto2 gibt Lichthupe
```

```
begin
  Auto2.Lichthupe(g, Color.Yellow, Self.BackColor);
end;
```

Test

Sie können nun die Funktionsfähigkeit des implementierten Ereignismodells bei unterschiedlichen Überholmanövern ausprobieren. Das Betätigen der Lichthupe hat nur dann Erfolg, wenn das andere Auto vor Ihnen fährt.

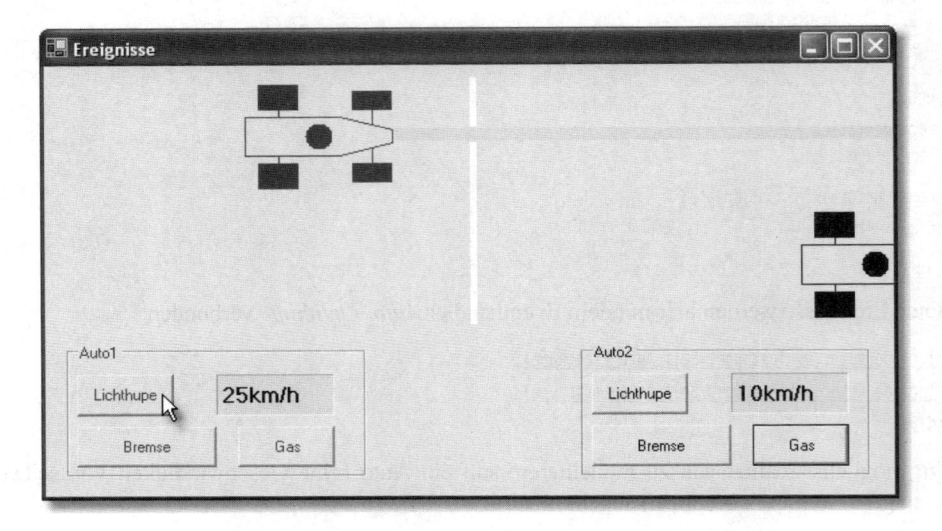

Bemerkungen

- Um den Programmieraufwand gering zu halten und um nicht vom Wesentlichen abzulenken, wurde kein Lichtkegel, sondern nur ein einfacher Lichtstrahl programmiert.
- Da das *OnLichthupe*-Ereignis ein Multicast-Event ist, können Sie mittels *Include*-Anweisung weitere Eventhandler mit dem Ereignis verbinden bzw. mit *Exclude* diese Verbindung wieder lösen.
- Mehr zur Ereignisverarbeitung unter Delphi.NET und dem damit zusammenhängenden Observer-Pattern finden Sie im Abschnitt 14.1 des Kapitels "OOP-Spezial".

R 5.5 Vererbung und Polymorphie verstehen

Die OOP unter Delphi gibt dem Programmierer noch weitaus mehr Trümpfe in die Hand, als wir sie bisher kennen gelernt haben. Nehmen wir spaßeshalber einmal an, dass auf unserer Rennstrecke nicht nur Autos, sondern auch Fahrräder unterwegs sind. Sicher wäre es möglich, eine neue Klasse *TFahrrad* zu definieren und dabei vom Prinzip her genauso vorzugehen, wie wir es bisher mit *TAuto* praktiziert haben.

R 5.5 Vererbung und Polymorphie verstehen

Sehr schnell werden Sie aber feststellen, dass sowohl Autos als auch Fahrräder gleich lautende Eigenschaften (*farbe*, *tacho*) oder Methoden (*Schneller*, *Bremsen*) haben. Klar ist, dass trotz gleichen Namens diese Member für jede Klasse unterschiedlich zu implementieren sind. Das nennt man dann Polymorphie.

Ganz deutlich wird die Polymorphie, wenn Sie sich die Methode *Zeichnen* der *TAuto*-Klasse aus den Vorgängerrezepten betrachten. Auch für eine *TFahrrad*-Klasse hätte diese Methode den gleichen Namen, müsste aber völlig anders implementiert werden.

All diese Probleme können wir mit Vererbung elegant, übersichtlich und zeitsparend programmieren, d.h., wir bilden eine abstrakte Klasse *TFahrzeug*[1], in die wir all die Eigenschaften und Methoden hinein packen, die für die Nachkommen *TAuto* und *TFahrrad* gleichermaßen von Interesse sind. Die anderen (speziellen) Eigenschaften und Methoden können später in den Unterklassen hinzugefügt werden.

Für diese Etappe brauchen wir außer der Formular-Unit *WinForm1* noch drei weitere Units: *Fahrzeug*, *Auto* und *Fahrrad*. Im Unterschied zu den Vorgängerrezepten werden wir in diesem abschließenden Rezept den Quellcode vollständig abdrucken.

Hinweis: Versuchen Sie, im Quelltext die Bedeutung der OOP-spezifischen Schlüsselwörter *virtual*, *override* und *inherited* zu verstehen!

Oberfläche

Zusätzlich zu den beiden Bedienpulten für die Autos ist auch ein Bedienpult für das Fahrrad erforderlich.

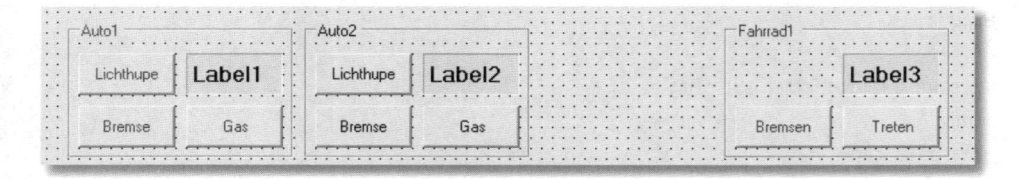

Klassendefinition TFahrzeug

Die mit *virtual* gekennzeichneten Methoden *Schneller*, *tachoAblesen* und *Zeichnen* sind virtuell, werden also in den abgeleiteten Klassen *TAuto* und *TFahrrad* überschrieben. Das zusätzlich hinzugefügte Schlüsselwort *abstract* bedeutet, dass die entsprechende Methode nicht in der Klasse *TFahrzeug* implementiert wird, sondern komplett in den abgeleiteten Klassen.

```
unit Fahrzeug;
```

---

[1] Von abstrakten Klassen werden keine Instanzen gebildet, sie sind nur dazu da, ihre Eigenschaften/Methoden an die Nachkommen weiterzugeben.

```
interface
uses System.Drawing;

type
  TFahrzeug = class
  protected
    y: Integer;   va: Single;
  public
    x:Integer;    farbe: Color;
    constructor Create(xpos, ypos: Integer; colr: Color);
    function tachoAblesen: Single; virtual; abstract;
    property tacho:Single read tachoAblesen;
    procedure Schneller(dv:Single); virtual;
    procedure Bremsen(dv:Single);
    procedure Zeichnen(g: Graphics; colr: Color); virtual; abstract;
end;

implementation

constructor TFahrzeug.Create(xpos, ypos: Integer; colr: Color);
begin
  inherited Create;
  x := xpos; y := ypos;
  va := 0; farbe := colr;
end;

procedure TFahrzeug.Schneller(dv:Single);
begin
   va := va + dv
end;

procedure TFahrzeug.Bremsen(dv:Single);
begin
   va := va - dv;
   if va < 0 then va := 0
end;
end.
```

Klassendefinition TAuto

Die Klasse *TAuto* erbt von *TFahrzeug*. d.h., ihr Code wird quasi durch den von *TAuto* erweitert. Ein eigener Konstruktor (*Create*) wird deshalb nicht benötigt.

R 5.5 Vererbung und Polymorphie verstehen

Wie wir später noch erkennen werden, erlaubt das Überschreiben der virtuellen Methoden der Basisklasse (Schlüsselwort *override*) polymorphes Verhalten.

Durch Voranstellen des *inherited*-Schlüsselworts vor *Schneller* wird die gleichnamige Methode der Basisklasse aufgerufen (entfällt bei den abstrakten virtuellen Methoden *tachoAblesen* und *Zeichnen*).

```
unit Auto;

interface
uses System.Drawing,
     Fahrzeug;
type

  TLichthupe = procedure(sender: TObject);

  TAuto = class(TFahrzeug)
    private
      FLichthupe: TLichthupe;
    public
      procedure Schneller(dv:Single); override;
      procedure Zeichnen(g: Graphics; colr:Color); override;
      function tachoAblesen: Single; override;
      property OnLichthupe: TLichthupe add FLichthupe remove FLichthupe;
      procedure Lichthupe(g: Graphics; c1, c2: Color);
  end;

implementation

var z: Boolean = True;

procedure TAuto.Lichthupe(g: Graphics; c1, c2: Color);
var b: Brush;
begin
  if z then begin
    b := SolidBrush.Create(c1);
    g.FillRectangle(b, x+111, y+40, 600, 10);
    if assigned(FLichthupe) then FLichthupe(Self);
  end else begin
    b := SolidBrush.Create(c2);
    g.FillRectangle(b, x+111, y+40, 400, 10);
  end; z := not z;
end;
```

```
  function TAuto.tachoAblesen: Single;
  begin    Result := 10 * va;   end;

  procedure TAuto.Schneller(dv:Single);
  begin
     inherited Schneller(dv);
     if va > 100 then va := 100
  end;

  procedure TAuto.Zeichnen(g: Graphics; colr: Color);
  var b: Brush;   p: Pen;
  begin
    b := SolidBrush.Create(colr);
    p := Pen.Create(colr);
    with g do begin
    FillRectangle(b, x+10, y+5, 30, 20); FillRectangle(b, x+10, y+66, 30, 20);
    FillRectangle(b, x+80, y+10, 30, 15); FillRectangle(b, x+80, y+66, 30, 15);
    DrawLine(p, x+25, y+25, x+25, y+30); DrawLine(p, x+25, y+60, x+25, y+65);
    DrawLine(p, x+95, y+20, x+95,y+35); DrawLine(p, x+95, y+55, x+95,y+65);
    DrawLine(p, x, y+30, x+70,y+30); DrawLine(p, x+110, y+40, x+110, y+50);
    DrawLine(p, x+70, y+30, x+110, y+40); DrawLine(p, x+70, y+60, x, y+60);
    DrawLine(p, x, y+60, x, y+30); DrawLine(p, x+70, y+60, x+110, y+50);
    FillEllipse(b, x+45,y+35, 20,20)
   end
  end;
end.
```

Klassendefinition TFahrrad

Auf zu *TAuto* völlig analoge Weise wird in der Unit *Fahrrad* eine eigene Klasse *TFahrrad* als Nachkomme von *TFahrzeug* definiert:

```
unit Fahrrad;
interface

uses System.Drawing,
     Fahrzeug;

type
  TFahrrad = class(TFahrzeug)
  private
  public
    procedure Schneller(dv:Single); override;
```

R 5.5 Vererbung und Polymorphie verstehen

```
    procedure Zeichnen(g: Graphics; colr:Color); override;
    function tachoAblesen: Single; override;
end;

implementation

procedure TFahrrad.Schneller;
 begin
 inherited Schneller(dv);
  if va > 50 then va := 50                 // Geschwindigkeitsbeschränkung
 end;

function TFahrrad.tachoAblesen: Single;
begin   Result := 20 * va;   end;

procedure TFahrrad.Zeichnen(g: Graphics; colr: Color);
   var b: Brush;      p: Pen;
    begin
      b := SolidBrush.Create(colr);
      p := Pen.Create(colr);
      with g do begin
        DrawLine(p, x, y+20, x+20, y+20);       // Hinterrad
        FillRectangle(b, x+20, y+11, 20, 18);   // Oberkörper
        FillEllipse(b, x+36,y+16,8,8);          // Kopf mit Helm
        DrawLine(p, x+40, y+11, x+50,y+11);     // linker Arm
        DrawLine(p, x+40, y+28, x+50,y+28);     // rechter Arm
        DrawLine(p, x+50, y+7, x+50,y+32);      // Lenker
        DrawLine(p, x+45, y+20, x+70,y+20)      // Vorderrad
      end
    end;
end.
```

Unit WinForm1

Nicht nur die Klassen *TAuto* und *TFahrrad* werden gebraucht, sondern auch die abstrakte Klasse *TFahrzeug* (letztere wegen der Prozedur *anzeigen*, siehe weiter unten). Deshalb sind alle drei Units einzubinden:

```
unit WinForm1;
interface
uses
  System.Drawing, System.Collections, System.ComponentModel,
  System.Windows.Forms, System.Data,
```

```
  Auto, Fahrrad, Fahrzeug;
type
  TWinForm1 = class(System.Windows.Forms.Form)
  ...
  private
    procedure anzeigen(fhzg: TFahrzeug);
    procedure Fahrrad_Lichthupe(a: TObject);
  public
    constructor Create;
  end;

implementation

var Auto1, Auto2: TAuto;
    Fahrrad1: TFahrrad;
    g: Graphics;
    p: Pen;
    xb: Integer = 1000;
    xm: Integer;

constructor TWinForm1.Create;
begin
  inherited Create;
  xm := Convert.ToInt32(Self.Size.Width/2);
  Auto1 := TAuto.Create(xm-110, 10, Color.Red);
  Auto2 := TAuto.Create(xm-110, 110, Color.Blue);
  g := Self.CreateGraphics;
  p := Pen.Create(Color.White, 5);
  Fahrrad1 := TFahrrad.Create(xm - 70, 230, Color.Green);
  Include(Auto1.OnLichthupe, Self.Fahrrad_Lichthupe);
  Include(Auto2.OnLichthupe, Self.Fahrrad_Lichthupe);
end;
```

Es folgt nun der Eventhandler für die Reaktion des Fahrrads auf die Lichthupe eines beliebigen Autos. Der Radfahrer "erschrickt" nur dann, wenn das Auto auf gleicher Höhe oder hinter ihm fährt.

```
procedure TWinForm1.Fahrrad_Lichthupe(a: TObject);
var Auto: TAuto;
begin
  Auto := TAuto(a);
  if Auto.x < Fahrrad1.x then Fahrrad1.Bremsen(0.5);
end;
```

R 5.5 Vererbung und Polymorphie verstehen

Die folgenden Methodenaufrufe spiegeln die einzelnen Bedienfunktionen der Fahrzeuge wider und erfolgen mit unterschiedlichen Werten der Übergabeparameter, weil natürlich ein Auto eine andere Beschleunigung und Bremsverzögerung hat als ein Fahrrad:

Rotes Auto:

```
procedure TWinForm1.Button2_Click(sender: System.Object; e: System.EventArgs);    // Gaspedal
begin  Auto1.Schneller(0.5); end;

procedure TWinForm1.Button1_Click(sender: System.Object; e: System.EventArgs);    // Bremspedal
begin  Auto1.Bremsen(1) end;

procedure TWinForm1.Button5_Click(sender: System.Object; e: System.EventArgs);    // Lichthupe
begin  Auto1.Lichthupe(g, Color.Yellow, Self.BackColor) end;
```

Blaues Auto:

```
procedure TWinForm1.Button3_Click(sender: System.Object; e: System.EventArgs);    // Gaspedal
begin  Auto2.Schneller(0.5); end;

procedure TWinForm1.Button4_Click(sender: System.Object; e: System.EventArgs);    // Bremspedal
begin  Auto2.Bremsen(1) end;

procedure TWinForm1.Button6_Click(sender: System.Object; e: System.EventArgs);    // Lichthupe
begin  Auto2.Lichthupe(g, Color.Yellow, Self.BackColor) end;
```

Rotes Fahrrad:

```
procedure TWinForm1.Button8_Click(sender: System.Object; e: System.EventArgs);    // Treten
begin  Fahrrad1.Schneller(0.1) end;

procedure TWinForm1.Button9_Click(sender: System.Object; e: System.EventArgs);    // Bremsen
begin  Fahrrad1.Bremsen(0.1) end;
```

Die folgende Prozedur hat es in sich, sie zeigt ein bestimmtes Fahrzeug auf dem Bildschirm an, egal ob ihr Übergabeparameter ein Fahrrad oder ein Auto ist (genau das versteht man unter Polymorphie!):

```
procedure TWinForm1.anzeigen(fhzg:TFahrzeug);
begin
   fhzg.Zeichnen(g, Self.BackColor);
   fhzg.x := fhzg.x + Convert.ToInt32(fhzg.tacho);
   if fhzg.x >= Self.Width then fhzg.x := -xb;
   fhzg.Zeichnen(g, fhzg.farbe)
end;
```

Der Rest dürfte Ihnen aus den Vorgängerrezepten bekannt vorkommen:

```
procedure TWinForm1.Timer1_Tick(sender: System.Object; e: System.EventArgs);
begin
  g.DrawLine(p, xm, 10, xm, 270);
  anzeigen(Auto1);
  anzeigen(Auto2);
  Label1.Text := (Auto1.tacho).ToString + 'km/h';
  Label2.Text := (Auto2.tacho).ToString + 'km/h';
  anzeigen(fahrrad1);
  Label3.Text := (Fahrrad1.tacho).ToString + 'km/h';
end;
end.
```

Test

Endlich ist es geschafft, und das ungleiche Rennen kann beginnen:

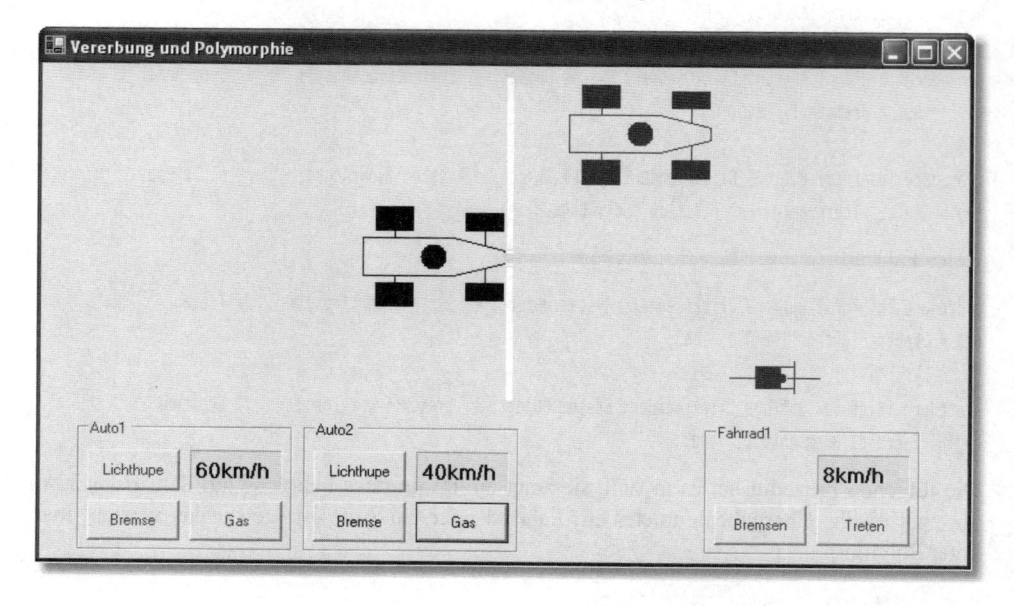

6 .NETte Neuigkeiten in Delphi

R 6.1   Strings addieren

In diesem Rezept sollen Sie sich davon überzeugen, was für ein gefährlicher Zeitfresser die einfache Stringaddition mittels + Operator ist und welch gewaltige Performancesteigerung man durch Verwendung eines *StringBuilder*-Objekts erreichen kann (siehe Abschnitt 2.2.5).

Oberfläche

Öffnen Sie eine neue Windows Forms-Anwendung und gestalten Sie die abgebildete Benutzerschnittstelle. Weisen Sie der *TrackBar* die Werte *Maximum = 50000, Minimum = 1000, SmallChange = 1000, LargeChange = 10000* zu.

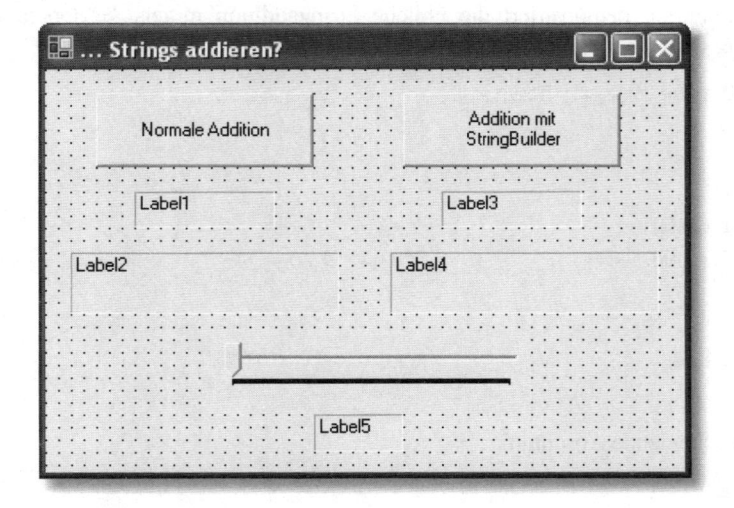

Unit StringAddition

Über das Menü *Datei|Neu|Weitere|Unit* fügen Sie zum Projekt eine Unit mit dem Namen *StringAddition* hinzu. Die Unit stellt zwei Testfunktionen bereit, welche die beiden Verfahren zur Stringaddition demonstrieren.

```
unit StringAddition;

interface
```

Als Rückgabewert jeder der beiden Funktionen dient ein benutzerdefinierter Datentyp *TResult*, dessen Felder den Ergebnisstring und die zur Addition benötigte Zeit (in Millisekunden) kapseln:

```
type TResult = record
  inhalt: System.String;
```

```
  zeit: System.Int32;
end;
```

Beide Testfunktionen addieren in einer Schleife, beginnend mit Eins, die ganzen Zahlen fortlaufend zu einem Teststring. Beim Aufruf wird jeder der Funktionen ein Parameter *nr* übergeben, der die Anzahl der Schleifendurchläufe (bzw. Additionsoperationen) festlegt:

```
function addNormal(nr:Integer): TResult;
function addMitStringBuilder(nr:Integer): TResult;


implementation
uses
   System.Text;          // für StringBuilder
```

Die erste Funktion demonstriert die übliche Stringaddition mittels "+"-Operator. Für die Zeitmessung wird die *TimSpan*-Klasse benutzt:

```
function addNormal(nr: Integer): TResult;
var
  str: System.String;
  i: System.Int32;
  t1, t2: System.DateTime;
  ts: System.TimeSpan;
  r: TResult;
begin
  t1 := DateTime.Now;
  str := '';
```

Hier der entscheidende Abschnitt:

```
  for i := 1 to nr do
     str := str + i.ToString + '+';
  r.inhalt := str;
```

Die Zeitmessung:

```
  t2 := DateTime.Now;
  ts := TimeSpan.Create(t2.Ticks - t1.Ticks);
  r.zeit := Convert.ToInt32(ts.TotalMilliseconds);
  Result := r;
end;
```

Analog ist die zweite Funktion aufgebaut, die zur Addition die *Append*-Methode der *String-Builder*-Klasse benutzt:

```
function addMitStringBuilder(nr: Integer): TResult;
var sb: StringBuilder;
```

R 6.1 Strings addieren

```
    i: System.Int32;
    t1, t2: System.DateTime;
    ts: System.TimeSpan;
    r: TResult;
begin
  t1 := DateTime.Now;
  sb := StringBuilder.Create;
  for i := 1 to nr do
  begin
    sb.Append (i.ToString + '+');
  end;
  r.inhalt := sb.ToString;
  t2 := DateTime.Now;
  ts := TimeSpan.Create(t2.Ticks - t1.Ticks);
  r.zeit := Convert.ToInt32(ts.TotalMilliseconds);
  Result := r;
end;
end.
```

Unit WinForm1

```
...
implementation

uses StringAddition;
...
constructor TWinForm1.Create;
begin
  ...
  Label5.Text := TrackBar1.Value.ToString;
end;
```

Normale Stringaddition:

```
procedure TWinForm1.Button1_Click(sender: System.Object; e: System.EventArgs);
var r: TResult;
    s: System.String;
begin
  Label1.Text := ''; Label2.Text := '';  Self.Refresh;
  r := addNormal(TrackBar1.Value);
  Label1.Text :=  r.zeit.ToString + ' ms';
  s := r.inhalt;
```

Da es sinnlos ist, einen tausende Zeichen langen String komplett in einem Label unterzubringen, beschränken wir uns hier auf die ersten und die letzten zwanzig Zeichen:

```
Label2.Text := s.SubString(0,20) + ' ... ' + s.SubString(s.Length-20, 20);
end;
```

Analog erfolgt der Zugriff auf die zweite Funktion (*StringBuilder*):

```
procedure TWinForm1.Button2_Click(sender: System.Object; e: System.EventArgs);
var r: TResult;
    s: System.String;

begin
  Label3.Text := ''; Label4.Text := '';  Self.Refresh;
  r := addMitStringBuilder(TrackBar1.Value);
  Label3.Text := r.zeit.ToString + ' ms';
  s := r.inhalt;
  Label4.Text := s.SubString(0,20) + ' ... ' + s.SubString(s.Length-20, 20);
end;
```

Die Anzeige der Anzahl der Schleifendurchläufe wird aktualisiert:

```
procedure TWinForm1.TrackBar1_ValueChanged(sender: System.Object; e: System.EventArgs);
begin
  Label5.Text := TrackBar1.Value.ToString
end;

end.
```

Test

Compilieren Sie das Programm und stellen Sie mit der TrackBar die gewünschte Anzahl von Additionen ein. Das Ergebnis dürfte auch den letzten Skeptiker überzeugen. Wie das abgebildete Beispiel zeigt, bringt hier bei 50000 Durchläufen die Verwendung eines StringBuilders einen Performancegewinn um den Faktor 1000! Allerdings wächst dieses Verhältnis nicht linear. Bei nur 20000 Durchläufen war das Verhältnis immerhin noch 16ms zu 6250ms zugunsten des StringBuilders (Pentium 2,6 GHz).

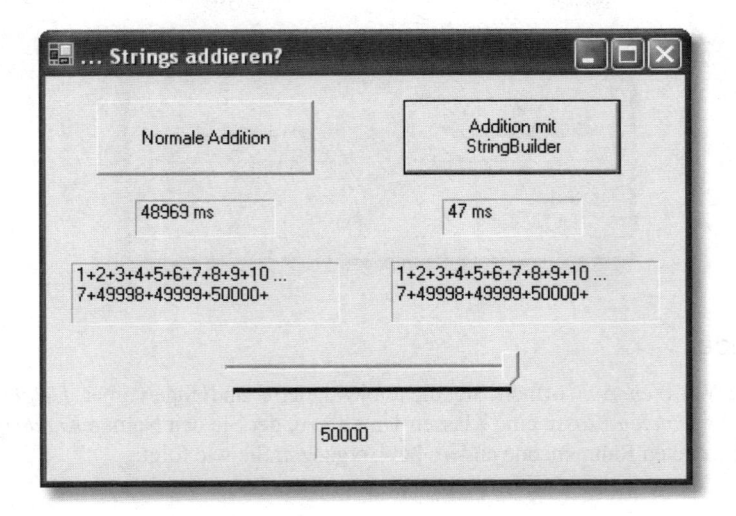

[Screenshot: "... Strings addieren?" Fenster mit Buttons "Normale Addition" (48969 ms) und "Addition mit StringBuilder" (47 ms), darunter jeweils Textfelder mit "1+2+3+4+5+6+7+8+9+10 ... 7+49998+49999+50000+", ein Schieberegler und das Feld "50000".]

Bemerkungen

- Bei der einfachen Stringaddition muss pro Addition stets eine Kopie des Strings im Speicher angelegt werden, selbst wenn nur ein einzelnes Zeichen hinzuzufügen ist. Das ist sehr zeit- und speicherplatzaufwändig.

- Werden, wie in unserem Beispiel, viele Additionen nacheinander ausgeführt, so kommen Sie kaum um die Verwendung eines StringBuilders umhin, wenn Sie Ihr Programm nicht total ausbremsen wollen.

- Jeder .NET-Code ist innerhalb einer Klasse verborgen. Um mit .NET kompatibel zu sein, wird die Unit *StringAddition* – wie jede andere Unit auch – hinter den Kulissen von Delphi .NET in eine Klasse verwandelt. Die beiden Funktionen werden dabei als statische Methoden dieser Klasse implementiert.

R 6.2 Auf geschützte Felder zugreifen

Bekanntlich sind die als *protected* gekennzeichneten Felder einer Klasse nur innerhalb dieser Klasse und in den daraus abgeleiteten Klassen sichtbar. Dieses Rezept zeigt Ihnen aber, dass unter Delphi .NET (genauso wie bei seinen Win32-Vorgängern) nach wie vor ein Hacker-Angriff auf die geschützen Felder einer Klasse möglich ist.

Oberfläche

Öffnen Sie eine neue Windows Forms-Anwendung und gestalten Sie die abgebildete Oberfläche:

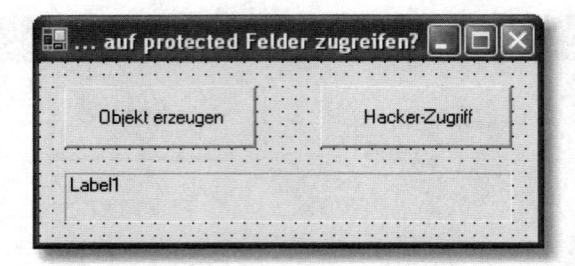

Unit Kunde

Über *Datei|Neu|Weitere...* öffnen Sie die Objektgalerie und fügen über *Delphi für .NET Projekte|Neue Dateien|Klasse* eine Klassen-Unit hinzu, der Sie den Namen *Kunde* geben. Den bereits vorbereiteten Rahmencode ändern bzw. ergänzen Sie wie folgt:

```
unit Kunde;

interface

type
  TKunde = class
  protected
    Kontostand: Currency;
  public
    Nachname: String;
    constructor Create(nn: String; ks: Currency);
  end;

implementation

constructor TKunde.Create(nn: String; ks: Currency);
begin
  inherited Create;
  Nachname := nn;
  Kontostand := ks;
end;

end.
```

Wie Sie sehen, verfügt die Klasse *CKunde* über ein geschütztes Feld *Kontostand*, das über den Konstruktor mit einem Anfangswert initialisiert wird. Das Feld *Nachname* ist hingegen öffentlich.

Unit WinForm1

```
unit WinForm1;

interface

uses  System.Drawing, System.Collections, System.ComponentModel, System.Windows.Forms, System.Data;

type
  TWinForm1 = class(System.Windows.Forms.Form)
  ...
  end;
...
implementation
```

Nach Einbinden der Klassen-Unit können wir eine öffentliche Variable *kunde* deklarieren:

```
uses Kunde;
...
var kunde: TKunde;
```

Das Objekt erzeugen:

```
procedure TWinForm1.Button1_Click(sender: System.Object; e: System.EventArgs);
begin
  kunde := TKunde.Create('Müller', 10000);
  Label1.Text := 'Der Kunde ' + kunde.Nachname +
                              ' wurde erzeugt, sein Kontostand ist geheim!';
end;
```

Die folgende Hacker-Attacke demonstriert, wie man – unter Benutzung der Referenz auf eine abgeleitete Klasse – trotzdem auf das *protected*-Feld zugreifen kann:

```
type THackKunde = class(TKunde);

procedure TWinForm1.Button2_Click(sender: System.Object; e: System.EventArgs);
var ks: Decimal;
begin
  try
```

Die folgende Anweisung verursacht aus nahe liegenden Gründen einen Compilerfehler:

```
  // ks := kunde.Kontostand;
```

```
[Fehler] WinForm1.pas(138): Auf protected-Symbol CKunde.Kontostand kann nicht zugegriffen werden
[Fataler Fehler] Project1.dpr(15): Verwendete Unit 'WinForm1.pas' kann nicht compiliert werden
```

Erfolgversprechend ist hingegen das folgende Typecasting, wobei das Objekt *kunde* in den Typ der abgeleiteten Klasse *THackKunde* verpackt wird. Der *Kontostand* wird sogar von der Intellisense angeboten!

```
ks := THackKunde(kunde).Kontostand;
    Label1.Text := 'Der Kontostand von ' + kunde.Nachname + ' beträgt ' + ks.ToString('c');
  except
    on ex: Exception do Label1.Text := ex.Message;
  end;
end;

end.
```

Test

Natürlich muss das Objekt erst erzeugt werden, ehe Sie die Hack-Attacke starten können:

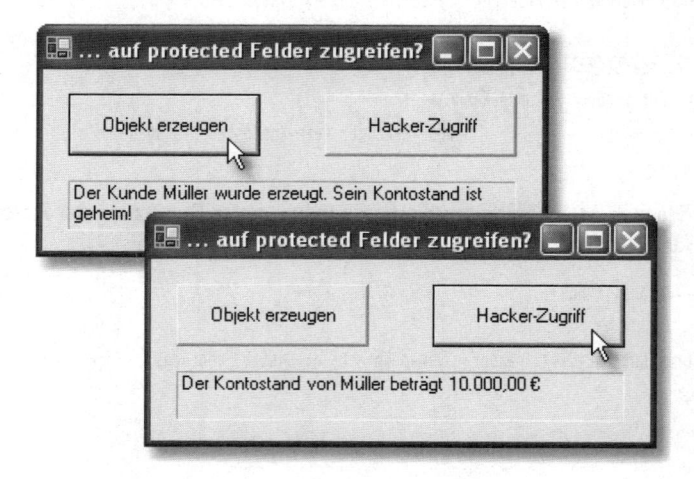

Wie Sie sehen, gelingt es mit dem gezeigten Trick problemlos, auf geschützte Felder zuzugreifen. Gnädigerweise funktioniert das unter .NET aber nur dann, wenn sich alles in der gleichen Assembly abspielt.

R 6.3 Klassen mit ClassHelper erweitern

Zu den umstrittenen "Neuerungen" von Delphi .NET zählen auch die so genannten *Class-Helper*, mit denen man die Funktionalität einer bereits vorhandenen Klasse erweitern kann (siehe Bemerkungen). Dieses Rezept demonstriert Ihnen lediglich das Prinzip. Ausgangsbasis sei eine bereits vorhandene Klasse *CKreis*, welche die Eigenschaften *Radius* und *Umfang* bereitstellt. Unser ClassHelper soll die Klasse um eine neue Eigenschaft *Flaeche* erweitern.

Oberfläche

Öffnen Sie eine neue Windows Forms-Anwendung und gestalten Sie die abgebildete Oberfläche:

Unit CKreis

```
unit uCKreis;
interface

type
  CKreis = class
  private
    radZ : Double;
    function GetRadius: String;
    procedure SetRadius(value: String);
    function GetUmfang: String;
    procedure SetUmfang(value: String);
  public
    constructor Create(rad : double);
    property Radius: String read GetRadius write SetRadius;
    property Umfang: String read GetUmfang write SetUmfang;
end;
```

Der ClassHelper für *CKreis* fügt die Eigenschaft *Flaeche* hinzu:

```
type
  CKreisHelper = class Helper for CKreis
  private
```

```
    function GetFlaeche: String;
    procedure SetFlaeche(value: String);
  public
    property Flaeche: String read GetFlaeche write SetFlaeche;
  end;

implementation

constructor CKreis.Create(rad: Double);
begin
  inherited Create;
  radZ := rad;
end;

function CKreis.GetRadius;
begin
  Result := radZ.ToString('#,#0.00');
end;

procedure CKreis.SetRadius(value: String);
begin
  try
    radZ := Convert.ToDouble(value);
  except
    radZ := 0
  end;
end;

function CKreis.GetUmfang;
begin
  Result := Double(2 * Math.PI * radZ).ToString('#,#0.00');
end;

procedure CKreis.SetUmfang(value: String);
begin
  try
    radZ := Convert.ToDouble(Value) / 2 / Math.PI;
  except
    radZ := 0;
  end;
end;
```

R 6.3 Klassen mit ClassHelper erweitern

Die Zugriffsmethoden des ClassHelpers werden auf gleiche Weise implementiert:

```
function CKreisHelper.GetFlaeche;
begin
   Result := Double(Math.PI * Math.Pow(radZ, 2)).ToString('#,#0.00');
end;

procedure CKreisHelper.SetFlaeche(value: String);
begin
   try
     radZ := Math.Sqrt(Convert.ToDouble(Value) / Math.PI);
   except
     radZ := 0;
   end;
end;

end.
```

Unit WinForm1

```
unit WinForm1;

interface

uses System.Drawing, System.Collections, System.ComponentModel, System.Windows.Forms, System.Data;

type
  TWinForm1 = class(System.Windows.Forms.Form)
  ...
implementation

uses uCKreis;

var Kreis1: CKreis = CKreis.Create(1);
...
procedure TWinForm1.TextBox1_KeyUp(sender: System.Object; e:
                                  System.Windows.Forms.KeyEventArgs);
begin
   Kreis1.Radius := TextBox1.Text;
   TextBox2.Text := Kreis1.Umfang;
   TextBox3.Text := Kreis1.Flaeche;
end;
```

```
procedure TWinForm1.TextBox2_KeyUp(sender: System.Object; e:
                                       System.Windows.Forms.KeyEventArgs);
begin
  Kreis1.Umfang := TextBox2.Text;
  TextBox1.Text := Kreis1.Radius;
  TextBox3.Text := Kreis1.Flaeche;
end;

procedure TWinForm1.TextBox3_KeyUp(sender: System.Object; e:
                                       System.Windows.Forms.KeyEventArgs);
begin
  Kreis1.Flaeche := TextBox3.Text;
  TextBox1.Text := Kreis1.Radius;
  TextBox2.Text := Kreis1.Umfang;
end;
end.
```

Test

Sie können die Werte in einem beliebigen Feld editieren, die Aktualisierung der übrigen beiden Felder erfolgt sofort:

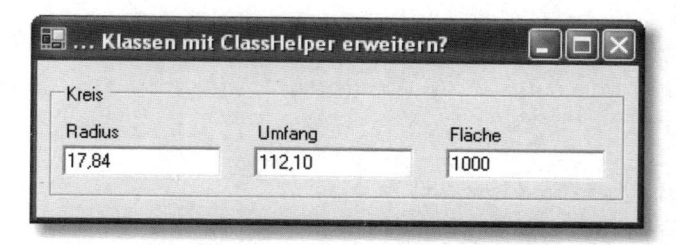

Bemerkungen

- Um zur Klasse *CKreis* eine weitere Eigenschaft *Flaeche* hinzuzufügen, gäbe es sicherlich eine einfachere Möglichkeit, indem man die Klassendeklaration von *CKreis* direkt ändert. In diesem Beispiel geht es aber um das Prinzip.
- Einen gewissen Nutzen bringt ein ClassHelper dann, wenn die zu erweiternde Klasse nur in Form einer Assembly vorliegt.
- Borland hat die ClassHelper sicherlich nicht freiwillig eingeführt (bekantlich ist multiple Vererbung unter .NET verpönt, und das mit Recht!), aber wie sonst sollte man die bereits vorhandenenDelphi-Klassen an die Klassen des .NET-Frameworks anpassen?

R 6.4 Arrayeigenschaften überladen

Neu in Delphi .NET ist die Möglichkeit des Überladens der Standard-Array-Eigenschaft einer Klasse. Damit können – quasi wie in C# – multiple Indexer ermöglicht werden.

Das vorliegende Rezept demonstriert den Zugriff auf eine ArrayList, die durch eine Klasse *CKunden* gekapselt ist, wobei der Index wahlweise vom Typ *Integer* als auch vom Typ *String* sein kann.

Oberfläche

Öffnen Sie eine neue Windows Forms-Anwendung.

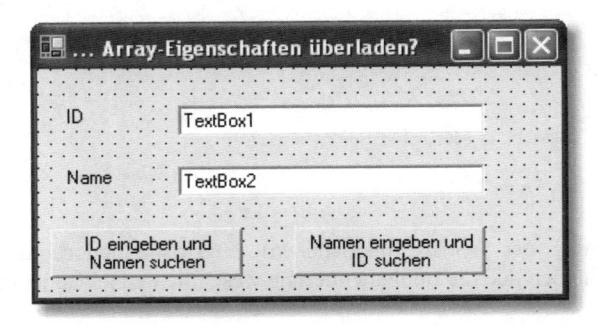

Unit Kunden

Fügen Sie zum Projekt über das Menü *Datei|Neu|Weitere|Klasse* eine Klassenunit hinzu, der Sie den Namen *Kunden* geben und die Sie mit einer einfachen Auflistungsklasse *CKunden* wie folgt ausstatten:

```
unit Kunden;

interface
uses System.Collections;
```

Um die Sache überschaubar zu halten, ermöglicht die überladene Array-Eigenschaft *Kunde* nur einen Lesezugriff. Indem wir beide Überladungen als Standardeigenschaften (Default) festlegen, kann der Name *Kunde* beim späteren Zugriff weggelassen werden, womit ein Zugriff quasi wie über einen Indexer nachgebildet wird:

```
type
  CKunden = class
  private
    kuListe: ArrayList;
    function getKu(id: Integer): string; overload;
    function getKu(name: string): Integer; overload;
  public
```

```
  constructor Create;
  property Kunde[id: Integer]: string read getKu; default;
  property Kunde[name: string]: Integer read getKu; default;
end;

implementation
```

Bereits im Konstruktor wird die ArrayList mit einigen Kunden gefüllt, was den späteren Test vereinfacht:

```
constructor CKunden.Create;
begin
  inherited Create;
  kuListe := ArrayList.Create;
  with kuListe do begin
    Add('Müller'); Add('Schultze'); Add('Meier'); Add('Krause');
  end;
end;
```

Die Implementierung der beiden (überladenen) Zugriffsmethoden, die sich durch die übergebenen Datentypen und die Implementierung wesentlich voneinander unterscheiden:

```
function CKunden.getKu(id: Integer): string;
begin
 try
  Result := kuListe[id - 1].ToString;
 except
  on ex: Exception do Result := 'Index außerhalb des Bereichs!';
 end
end;


function CKunden.getKu(name: string): Integer;
var ix: Integer;
begin
  kuListe.Sort;
  ix := kuListe.IndexOf(name);
  Result := ix;
end;
end.
```

Unit WinForm1

```
...
implementation
```

R 6.4 Arrayeigenschaften überladen

```
uses Kunden;
...
```

Die Kundenliste wird bereits im Konstruktor des Formulars erzeugt:

```
var Kunden: CKunden;

constructor TWinForm1.Create;
begin
  inherited Create;
  ...
  kunden := CKunden.Create;
end;
```

ID eingeben und Namen suchen:

```
procedure TWinForm1.Button1_Click(sender: System.Object; e: System.EventArgs);
var id: Integer;
begin
  try
    id := Convert.ToInt32(TextBox1.Text);
    TextBox2.Text := Kunden[id];         // Zugriff über Integer!
  except
    TextBox1.Text := 'Ungültiger Index!';
  end
end;
```

Namen eingeben und ID suchen:

```
procedure TWinForm1.Button2_Click(sender: System.Object; e: System.EventArgs);
var id: Integer;
begin
  id := Kunden[TextBox2.Text];           // Zugriff über String!
  if id < 0 then  TextBox1.Text := 'Name unbekannt!'
           else  TextBox1.Text := id.ToString;
end;
end.
```

Test

Sie können entweder eine ID eingeben und sich den zugehörigen Kunden anzeigen lassen oder umgekehrt vorgehen, also einen Kundennamen eingeben und die ID anzeigen lassen.

Bei ungültiger oder fehlerhafter ID oder bei Eingabe eines nicht vorhandenen Kundennamens erfolgen entsprechende Fehlermeldungen.

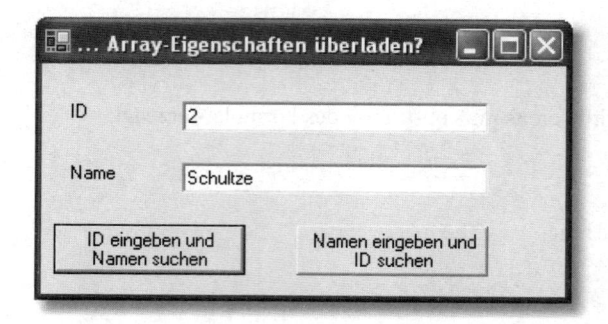

Um den Quellcode nicht unnötig aufzublähen, wird bei mehreren Kunden gleichen Namens immer nur der erste angezeigt. Durch Verwendung einer anderen überladenen Version der *IndexOf*-Methode der *ArrayList* kann aber auch die aufeinander folgende Anzeige mehrerer Kunden gleichen Namens erreicht werden.

R 6.5 Mit Interfaces arbeiten

Auch das Konzept der Schnittstellen (Interfaces) hat sich unter Delphi .NET deutlich geändert (siehe 2.2.13), da diese nun nicht mehr auf der COM-Technologie basieren.

Das vorliegende Rezept demonstriert, wie eine Klasse *CKreis* ein Interface *IKreis* implementiert und wie man sowohl mit Objektvariablen vom Typ *CKreis* als auch *IKreis* arbeiten kann.

Oberfläche

Öffnen Sie eine neue Windows Forms-Anwendung und bestücken Sie die Oberfläche des Startformulars entsprechend folgender Abbildung:

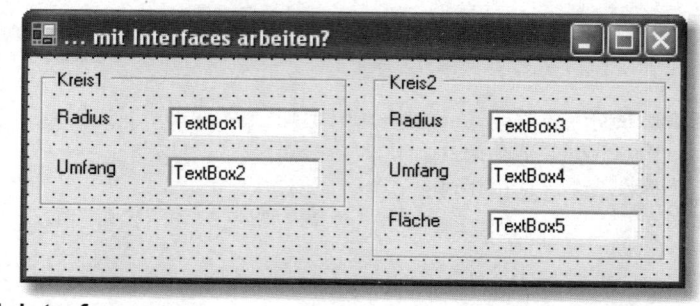

Unit KreisInterface

```
unit KreisInterface;

interface
```

Die Definition des Interface beschreibt eine Schnittstelle mit den Eigenschaften *Radius* und *Umfang* und den zugehörigen Zugriffsmethoden:

R 6.5 Mit Interfaces arbeiten

```
type IKreis = interface(IInterface)
    function get_Radius: String;
    procedure set_Radius(value: String);
    function get_Umfang: String;
    procedure set_Umfang(value: String);
    property Radius: String read get_Radius write set_Radius;
    property Umfang: String read get_Umfang write set_Umfang;
end;
```

Die Klasse *CKreis* implementiert das Interface und geht damit gewissermaßen die Verpflichtung ein, ausnahmslos alle in *IKreis* enthaltenen Eigenschaften und Methoden zu implementieren. Zusätzlich steuert die Klasse noch einen Konstruktor sowie die Eigenschaft *Flaeche* inkl. Zugriffsmethoden bei:

```
type CKreis = class(System.Object, IKreis)
  private
    radZ : Double;
  protected
    function get_Radius: String;
    procedure set_Radius(value: String);
    function get_Umfang: String;
    procedure set_Umfang(value: String);
    function get_Flaeche: String;            // Neu
    procedure set_Flaeche(value: String);    // Neu
  public
    constructor Create(rad : Double);        // Neu
    property Radius: String read get_Radius write set_Radius;
    property Umfang: String read get_Umfang write set_Umfang;
    property Flaeche: String read get_Flaeche write set_Flaeche;  // Neu
end;

implementation
```

Zunächst die Pflichtimplementierung des Interface:

```
function CKreis.get_Radius;
begin
  Result := radZ.ToString('#,#0.00');
end;

procedure CKreis.set_Radius(value: String);
begin
  try
    radZ := Convert.ToDouble(value);
```

```
    except
      radZ := 0
    end;
end;

function CKreis.get_Umfang;
begin
   Result := Double(2 * Math.PI * radZ).ToString('#,#0.00');
end;

procedure CKreis.set_Umfang(value: String);
begin
   try
     radZ := Convert.ToDouble(Value) / 2 / Math.PI;
   except
     radZ := 0;
   end;
end;
```

Nun die neuen Methoden:

```
constructor CKreis.Create(rad: Double);
begin
  inherited Create;
  radZ := rad;
end;

function CKreis.get_Flaeche;
begin
   Result := Double(Math.PI * Math.Pow(radZ, 2)).ToString('#,#0.00');
end;

procedure CKreis.set_Flaeche(value: String);
begin
   try
     radZ := Math.Sqrt(Convert.ToDouble(Value) / Math.PI);
   except
     radZ := 0;
   end;
end;
end.
```

R 6.5 Mit Interfaces arbeiten

Unit WinForm1

```
...
implementation
uses KreisInterface;
...
```

Im Konstruktor des Formulars werden zwei Objektvariablen auf unterschiedliche Weise erzeugt und initialisiert: *Kreis1* ist vom Typ des Interface *IKreis* und *Kreis2* vom Typ der Klasse *CKreis*. Während *Kreis1* nur die Eigenschaften *Radius* und *Umfang* bereitstellen kann, verfügt das Objekt *Kreis2* zusätzlich über die Eigenschaft *Flaeche* und außerdem über alle von *System.Object* alias *TObject* geerbten Member:

```
var Kreis1: IKreis;            // Referenz auf Interface
    Kreis2: CKreis;            // Referenz auf Klasse

constructor TWinForm1.Create;
begin
  inherited Create;
  ...
  Kreis1 := CKreis.Create(1) as IKreis;
  TextBox1.Text := Kreis1.Radius;
  TextBox2.Text := Kreis1.Umfang;

  Kreis2 := CKreis.Create(1);
  TextBox3.Text := Kreis2.Radius;
  TextBox4.Text := Kreis2.Umfang;
  TextBox5.Text := Kreis2.Flaeche;
end;
```

Objekt *Kreis1*:

```
procedure TWinForm1.TextBox1_KeyUp(sender: System.Object; e:
                                  System.Windows.Forms.KeyEventArgs);
begin
  Kreis1.Radius := TextBox1.Text;
  TextBox2.Text := Kreis1.Umfang;
end;

procedure TWinForm1.TextBox2_KeyUp(sender: System.Object; e:
                                  System.Windows.Forms.KeyEventArgs);
begin
  Kreis1.Umfang := TextBox2.Text;
  TextBox1.Text := Kreis1.Radius;
end;
```

Objekt *Kreis2*:

```
procedure TWinForm1.TextBox3_KeyUp(sender: System.Object; e: System.Windows.Forms.KeyEventArgs);
begin
  Kreis2.Radius := TextBox3.Text;
  TextBox4.Text := Kreis2.Umfang;
  TextBox5.Text := Kreis2.Flaeche;
end;

procedure TWinForm1.TextBox4_KeyUp(sender: System.Object; e: System.Windows.Forms.KeyEventArgs);
begin
  Kreis2.Umfang := TextBox4.Text;
  TextBox3.Text := Kreis2.Radius;
  TextBox5.Text := Kreis2.Flaeche;
end;

procedure TWinForm1.TextBox5_KeyUp(sender: System.Object; e: System.Windows.Forms.KeyEventArgs);
begin
  Kreis2.Flaeche := TextBox5.Text;
  TextBox3.Text := Kreis2.Radius;
  TextBox4.Text := Kreis2.Umfang;
end;
end.
```

Test

Beide Objekte sind natürlich völlig unabhängig voneinander zu verwenden. Sie können den Wert eines beliebigen Feldes ändern, die Aktualisierung der Anzeige erfolgt sofort.

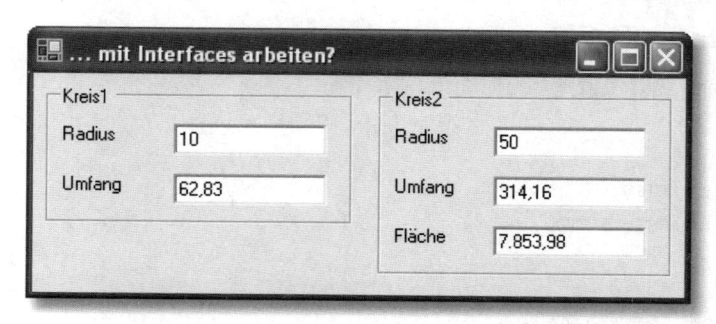

Bemerkungen

- Eine Interface- bzw. Schnittstellendeklaration ähnelt weitgehend einer Klassendeklaration, sie definiert (leere) Methoden- und Eigenschaftendeklarationen, die von einer Klasse implementiert werden können.

R 6.6 Überladene Operatoren einsetzen

- Ein Interface darf keine Felder, keine Sichtbarkeitsattribute (*public, private* ...) und keinen Konstruktur/Destruktor haben. Ebenfalls sinnlos sind Deklarationen mit *virtual, override, abstract* etc., weil Schnittstellen keine eigenen Methoden implementieren können.

- Eine Variable vom Typ des Interface kann ein Objekt referenzieren, dessen Klasse die betreffende Schnittstelle implementiert.

R 6.6 Überladene Operatoren einsetzen

Neu in Delphi .NET ist auch die Möglichkeit, überladene Operatoren einzusetzen. Das vorliegende Rezept demonstriert dies an einem Rechner für komplexe Zahlen.

Oberfläche

Öffnen Sie eine neue Windows Forms-Anwendung und bestücken Sie die Oberfläche des Startformulars entsprechend folgender Abbildung:

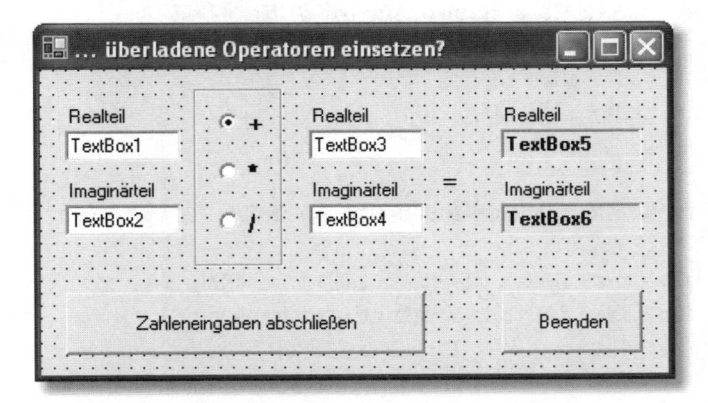

Unit Komplex

Über das Menü *Datei|Neu|Weitere...* öffnen Sie die Objektgalerie und fügen über *Delphi für .NET Projekt|Neue Dateien* eine neue Unit mit dem Namen *Komplex* hinzu.

```
unit Komplex;

interface
type TKomplex = record
    Re, Im: Double;
```

Die folgenden Operatorenüberladungen für die drei Operationen Addition, Multiplikation und Division werden durch die reservierten Wörter *class operator* eingeleitet und müssen die Namen *Add, Multiply* bzw. *Divide* erhalten:

```
    class operator Add (a, b: TKomplex): TKomplex;       // "+"
    class operator Multiply (a, b: TKomplex): TKomplex;  // "*"
    class operator Divide (a, b: TKomplex): TKomplex;    // "/"
end;
```

Für das tiefere Verständnis der Überladungsmethoden sind im Folgenden die mathematischen Grundlagen komplexer Zahlen unumgänglich. Ansonsten genügt es zu wissen, dass diese Methoden die jeweilige Operation für den DatenTyp *TKomplex* definieren:

```
implementation

class operator TKomplex.Add(a, b: TKomplex): TKomplex;     // für "+"
begin
   Result.Re := a.Re + b.Re;
   Result.Im := a.Im + b.Im;
end;

class operator TKomplex.Multiply(a, b: TKomplex): TKomplex;  // für "*"
begin
   Result.Re := a.Re * b.Re - a.Im * b.Im;
   Result.Im := a.Re * b.Im + a.Im * b.Re;
end;

class operator TKomplex.Divide(a, b: TKomplex): TKomplex;   // für "/"
begin
   Result.Re := (a.Re * b.Re + a.Im * b.Im) / (b.Re * b.Re + b.Im * b.Im);
   Result.Im := (a.Im * b.Re - a.Re * b.Im) / (b.Re * b.Re + b.Im * b.Im);
end;
end.
```

Unit WinForm1

```
...
implementation

uses Komplex;
...
```

Für unsere Berechnungen benötigen wir drei Variablen des Datentyps *TKomplex*, die bereits im Konstruktor von *TWinForm1* initialisiert und angezeigt werden:

```
var A, B, Z:  TKomplex;

constructor TWinForm1.Create;
begin
```

R 6.6 Überladene Operatoren einsetzen

```
  inherited Create;
  ...
  A.Re := 1; A.Im := 1;
  B.Re := 1; B.Im := 1;
  Verarbeitung;
  Anzeige;
end;
```

Hat der Benutzer die Operation ausgewählt und die Zahlen eingetippt, so wird jede Berechnung nach der altbekannten EVA-Reihenfolge durchgeführt (Eingabe, Verarbeitung, Ausgabe):

```
procedure TWinForm1.Button1_Click(sender: System.Object; e: System.EventArgs);
begin
  Eingabe;
  Verarbeitung;
  Anzeige;
end;
```

Ändert der Benutzer die Rechenoperation, so soll sofort das neue Ergebnis angezeigt werden. Alle drei RadioButtons benutzen zu diesem Zweck einen gemeinsamen Eventhandler, den Sie im Objektinspektor zuweisen:

```
procedure TWinForm1.RadioButton_CheckedChanged(sender: System.Object; e: System.EventArgs);
begin
  Verarbeitung;
  Anzeige;
end;
```

Die Eingabe-Methode konvertiert die Werte der Eingabemaske in die beiden Operanden:

```
procedure TWinForm1.Eingabe;
begin
  A.Re := Convert.ToDouble(TextBox1.Text);   A.Im := Convert.ToDouble(TextBox2.Text);
  B.Re := Convert.ToDouble(TextBox3.Text);   B.Im := Convert.ToDouble(TextBox4.Text);
end;
```

Die Verarbeitungsmethode führt die entsprechende Rechenoperation durch, wobei die überladenen Operatoren zur Anwendung kommen:

```
procedure TWinForm1.Verarbeitung;
begin
  if RadioButton1.Checked then Z := A + B;     // Addition
  if RadioButton2.Checked then Z := A * B;     // Multiplikation
  if RadioButton3.Checked then Z := A / B;     // Division
end;
```

Schließlich bringt die Anzeige-Methode das Rechenergebnis zur Ansicht:

```
procedure TWinForm1.Anzeige;
begin
    TextBox1.Text := A.Re.ToString; TextBox2.Text := A.Im.ToString;
    TextBox3.Text := B.Re.ToString; TextBox4.Text := B.Im.ToString;
    TextBox5.Text := Z.Re.ToString; TextBox6.Text := Z.Im.ToString;
end;
end.
```

Test

Wählen Sie zuerst die Operation aus und geben Sie dann die Werte für die beiden Operanden ein. Klicken Sie dann auf den Button.

Die Abbildung zeigt die Division *(1 + j) / (1 + j) = 1*.

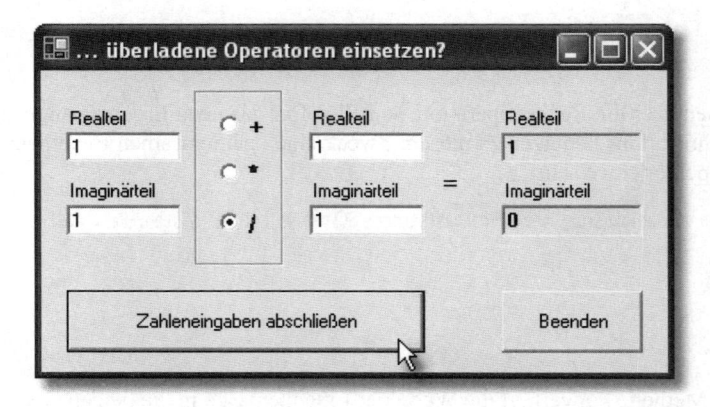

R 6.7 Den Garbage Collector verstehen

Der *Garbage Collector*[1] (GC) gehört zu den zentralen .NET-Features, er sorgt in unregelmäßigen Abständen dafür, dass nicht mehr benötigte Ressourcen aus dem Speicher entfernt werden. Kurz bevor der GC das Objekt vernichtet, ruft er die *Finalize*-Methode des Objekts auf, in der evtl. noch notwendige Aufräumarbeiten erledigt werden können.

Das vorliegende Demo-Rezept soll das Funktionsprinzip auf anschauliche Weise verdeutlichen.

---

[1] Müllsammler

Oberfläche

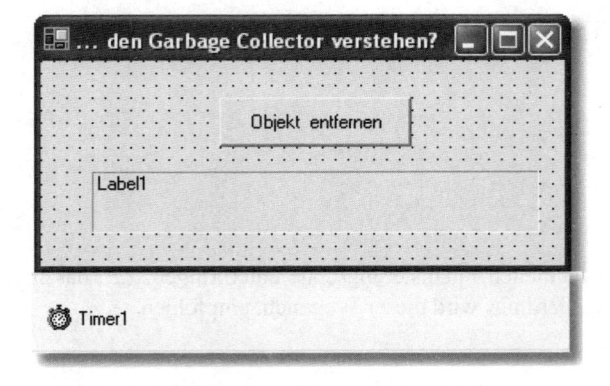

Setzen Sie die Interval-Eigenschaft des Timers auf 1000.

Unit Kunde

Da die Sichtbarkeit der *Finalize*-Methode auf *strict protected* begrenzt wird, ist ein Aufruf von außerhalb der Klasse nicht möglich.

```
unit Kunde;

interface

type
  TKunde = class
  strict protected
    procedure Finalize; override;
  private
    _name, _ort: System.String;
    _saldo: Decimal;
  public
    constructor Create(name, ort: System.String; saldo: Decimal);
    class var inMem: Boolean;        // Merker
  end;

implementation

constructor TKunde.Create(name, ort: System.String; saldo: Decimal);
begin
  inherited Create;
  _name := name; _ort := ort; _saldo := saldo;
```

```
    inMem := True;
end;
```

Ruft der Garbage Collector die *Finalize*-Methode auf, wird das Klassenfeld *inMem* auf *False* gesetzt:

```
procedure TKunde.Finalize;
begin
  try
    // ..............
```

Hier könnte man eventuellen Finalisierungscode unterbringen, z.B. das *saldo* des Kunden in einer Datei sichern, allerdings wird dieser Weg nicht empfohlen.

```
  finally
    inMem:= False;          // Kunden-Objekt ist nicht mehr im Speicher
    inherited Finalize;     // Basisklassenmethode aufrufen
  end
end;
end.
```

Unit TWinForm1

```
...
implementation
uses Kunde;
...
var kunde: TKunde;
    sek: System.Int32;

constructor TWinForm1.Create;
begin
  inherited Create;
  InitializeComponent;
  kunde := TKunde.Create('Müller', 'Berlin', 1000);
  sek := 0;
end;
```

Das Kunden-Objekt entfernen:

```
procedure TWinForm1.Button1_Click(sender: System.Object; e: System.EventArgs);
begin
  kunde := nil;
  Button1.Enabled := False;
  Timer1.Enabled := True;
end;
```

R 6.7 Den Garbage Collector verstehen

Im Sekundentakt befragt der Timer das *inMem*-Klassenfeld:

```
procedure TWinForm1.Timer1_Tick(sender: System.Object; e: System.EventArgs);
begin
  Inc(sek);
  if TKunde.inMem then
    Label1.Text := 'Objekt liegt bereits ' + sek.ToString + ' Sekunden ' +
                   'im Mülleimer und wartet auf Müllsammler!'
  else begin
    Label1.Text := ('Objekt wurde nach ' + sek.ToString + ' Sekunden ' +
                   'vom Müllsammler abgeholt!' + Environment.NewLine +
                   'Ein neues Objekt wurde erzeugt!');
    Timer1.Enabled := False;
    Button1.Enabled := True;
    kunde := TKunde.Create('Müller', 'Berlin', 1000);
    sek := 0;
  end;
end;
```

Test

Nach Programmstart klicken Sie den Button "Objekt entfernen" und wappnen sich in Geduld. Je nach Lust und Laune des Müllsammlers warten Sie etwa zwischen einer und fünf Minuten, bis der Mülleimer geleert wird. Danach können Sie mit einem neuen Objekt noch einmal von vorn beginnen und sich wundern, dass diesmal eine völlig andere Wartezeit herauskommt.

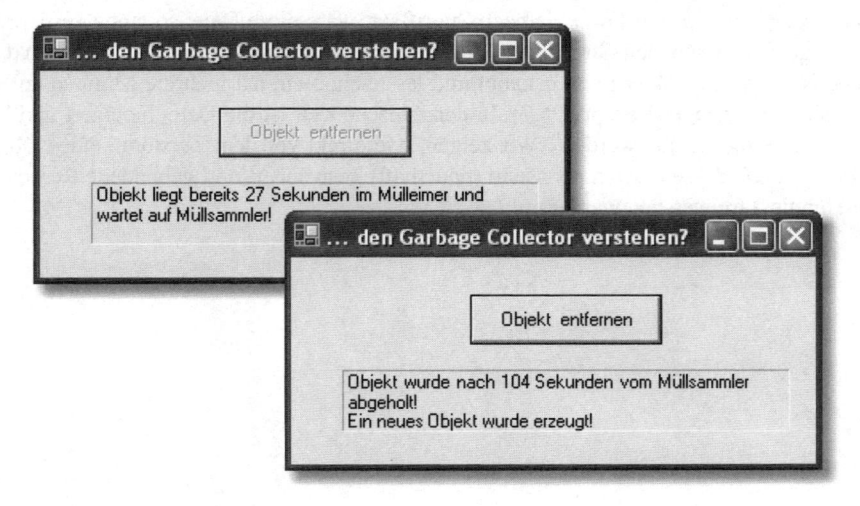

Bemerkungen

- Die .NET-Strategie der Garbage Collection wird kontrovers diskutiert, weil – wie Sie gesehen haben – der GC nicht gerade durch übermäßigen Arbeitseifer glänzt ("fauler GC").
- Die *Finalize*-Methode wird grundsätzlich nur vom Garbage Collector aufgerufen, also nicht per Code.
- Sie sollten eine *Finalize*-Methode nur für das Bereinigen nicht verwalteter Ressourcen implementieren. Implementieren Sie eine *Finalize*-Methode nicht für verwaltete Objekte, da der Garbage Collector verwaltete Ressourcen automatisch bereinigt.
- Aufgrund des rein zufälligen Zeitpunkts der Ausführung der *Finalize*-Methode und der relativ langen Wartezeit – in der wertvoller Speicherplatz blockiert wird – sollte man diese Methode nach Möglichkeit nicht zur Ausführung von Destruktorcode benutzen und stattdessen die *Dispose*-Methode des *IDisposable*-Interface verwenden.

R 6.8 Objekte und externe Ressourcen freigeben

Immer dann, wenn externe Ressourcen belegt werden, sollten diese auch schnellstmöglich wieder freigegeben werden. Hierbei stößt aber die in .NET integrierte Garbage Collection an gewisse konzeptionelle Grenzen. Es gibt keine Garantie dafür, dass die *Finalize*-Methode überhaupt jemals von der Laufzeitschicht aufgerufen wird. Also stellt sich die Frage: Wie kann ich die erforderlichen Aufräumarbeiten durchführen und garantieren, dass mein Aufräumcode tatsächlich aufgerufen wird?

In vorliegenden Rezept beziehen wir uns auf eine Textdatei *kunde.dat* als Instanz der Klasse *StreamReader* bzw. *StreamWriter*. Je nach Zugriffsart wäre diese Datei so lange gesperrt, bis die Garbage Collection den Stream aus dem Speicher entfernt. Der genaue Zeitpunkt der Freigabe ist dem Entwickler nicht bekannt und lässt schon einmal mehrere Minuten auf sich warten (siehe Vorgänger-Rezept R 6.7). In der Zwischenzeit ist die Datei blockiert und kann nicht anderweitig genutzt werden[1]. Wir zeigen, wie direkt vor dem Zerstören eines Objekts vom Typ *TKunde* dessen Daten persistent (dauerhaft) gespeichert und gebundene Ressourcen (Datei-Handles) freigegeben werden.

---

[1] Allerdings kann das Problem in der Praxis durch explizites Schließen der Datei mittels *Close*-Methode umgangen werden.

Oberfläche

Unit Kunde

```
unit Kunde;

interface
type
  TKunde = class
  strict protected
    destructor Destroy; override;
  private
    _name: System.String;  _saldo: Decimal;
  public
    function get_saldo: System.String;
    procedure set_saldo(val: System.String);
    constructor Create();overload;
    property name: System.String read _name write _name;
    property saldo: System.String read get_saldo write set_saldo;
  end;

implementation
uses System.Windows.Forms, System.IO;

const datname = 'kunde.dat';

function TKunde.get_saldo: System.String;
begin  Result := _saldo.ToString() end;

procedure TKunde.set_saldo(val: System.String);
begin _saldo := Convert.ToDecimal(val) end;
```

Beim Erzeugen des Objekts wird zunächst versucht, dessen Eigenschaften aus der Textdatei *kunde.dat* zu lesen:

```
constructor TKunde.Create();
var reader: StreamReader;
```

```
begin
  inherited Create;
  try
    reader := System.IO.File.OpenText(datname);
    name := reader.ReadLine; saldo := reader.ReadLine;
    reader.Close;                    // => IDisposable(reader).Dispose; !!!
  except
    MessageBox.Show('Datei ' + datName + ' ist noch nicht vorhanden!')
  end;
end;
```

Im Destruktorcode werden die Textdatei angelegt (falls nicht schon vorhanden), die Kundendaten gesichert und (implizit über *Close*) die *Dispose*-Methode aufgerufen:

```
destructor TKunde.Destroy;
var writer: StreamWriter;
begin
  try
    writer := System.IO.File.CreateText(datname);
    writer.WriteLine(name);
    writer.WriteLine(saldo);
    MessageBox.show('Saldo gesichert!')
  finally
    writer.Close;                    // => IDisposable (writer).Dispose(); !!!
      inherited Destroy;
  end
end;

end.
```

Hinweis: Die *Destroy*-Methode sollten Sie niemals direkt aufrufen, sondern dazu immer *Free* verwenden. *Free* überprüft, ob die Objekt-Referenz nicht bereits *nil* ist und ruft *Destroy* nur bei Bedarf auf.

Unit WinForm1

```
...
implementation
uses Kunde;
...
var kunde: TKunde;
```

R 6.8 Objekte und externe Ressourcen freigeben

Die Schaltfläche dient sowohl dem Hinzufügen als auch dem Entfernen des Kunden-Objekts:

```
procedure TWinForm1.Button1_Click(sender: System.Object; e: System.EventArgs);
begin
 if Button1.Text = 'Objekt entfernen' then begin
  kunde.name := TextBox1.Text;
  kunde.saldo := TextBox2.Text;
```

Das Objekt wird freigegeben. *Free* ruft dazu die *Destroy*-Methode des Objekts auf (falls dieses nicht bereits *nil* ist):

```
  kunde.Free;
  TextBox1.Text := '';
  TextBox2.Text := '0';
  Button1.Text := 'Objekt hinzufügen';
 end else
 begin
```

Ein neues Kunden-Objekt wird erzeugt und mit den gespeicherten Daten initialisiert:

```
  kunde := TKunde.Create();
  TextBox1.Text := kunde.name;
  TextBox2.Text := kunde.saldo;
  Button1.Text := 'Objekt entfernen'
 end
end;
```

Test

Nach Programmstart tragen Sie einen Namen und einen Saldo ein, klicken auf "Objekt hinzufügen" und anschließend auf "Objekt entfernen". Die Kundendaten werden automatisch gesichert, so dass sie beim nächsten Klick auf "Objekt hinzufügen" auch nach erneutem Programmstart wieder zur Verfügung stehen.

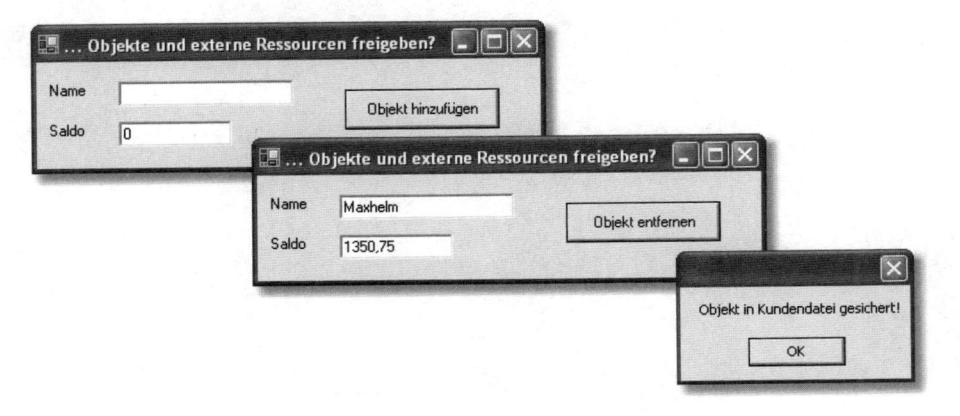

Bemerkungen

- Die *IDisposable*-Schnittstelle implementiert nur eine einzige Methode: *Dispose* (deutsch: beseitigen). *Dispose* erhält keine Parameter und liefert kein Ergebnis zurück.
- *Dispose* dient dazu, die von einem Objekt belegten Systemressourcen freizugeben, bevor der Garbage Collector das Objekt zerstört. Beispiele dafür sind Fenster-Handles oder GDI-Grafikobjekte. *Dispose* hat aber keinen Einfluss auf die Zerstörung des Objekts durch den Garbage Collector! Es wird lediglich für den Garbage Collector markiert, aber noch nicht aus dem Speicher entfernt. Wenn keine externen Ressourcen belegt werden, die schnell wieder freigegeben werden müssen, braucht man *IDisposable* nicht in eigenen Klassen zu implementieren.
- *Close* dient lediglich dem Komfort des Entwicklers und erleichtert die intuitive Nutzung, z.B.:

```
writer.Close;
```

ist identisch mit

```
IDisposable (writer).Dispose();
```

7 Dateien und Streams

R 7.1 Die Datei-Infos lesen

In diesem Rezept geht es vor allem um den Einsatz der (statischen) *File*-Klasse. Diverse Dateiinformationen, wie Erzeugungsdatum, letzter Zugriff, letzte Änderung und bestimmte Dateiattribute (Normal, Archiv, System, Verschlüsselt, ...), werden angezeigt.

Oberfläche

Neben einigen *Label*s, *TextBox*en und *CheckBox*en benutzen wir eine *MainMenu-* und eine *OpenFileDialog*-Komponente.

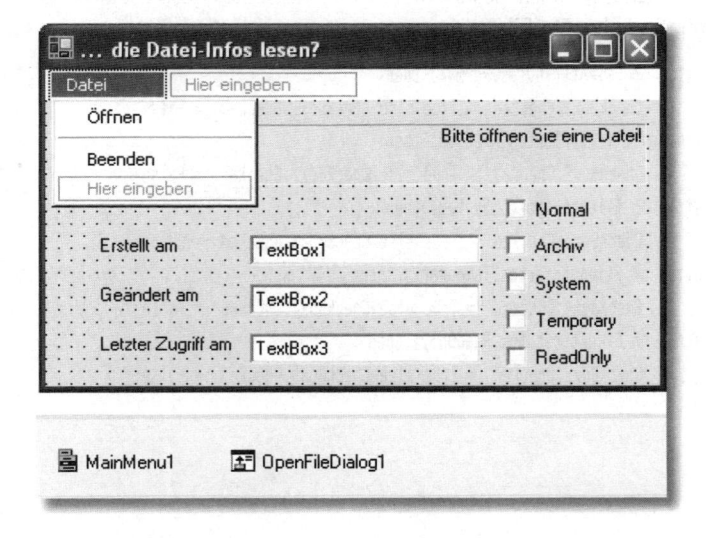

Das Erstellen der Menüleiste mit den beiden Einträgen und dem Trennstrich (-) ist kinderleicht und wird als bekannt vorausgesetzt (siehe Bemerkungen).

Quellcode TWinForm1

```
...
implementation
uses System.IO;
...
```

Datei öffnen:

```
procedure TWinForm1.MenuItem2_Click(sender: System.Object; e: System.EventArgs);
var datName: System.String;
    attbs: FileAttributes;
begin
```

```
if OpenFileDialog1.ShowDialog = System.Windows.Forms.DialogResult.OK then
begin
  datName := OpenFileDialog1.FileName;
  Label1.Text := datName;                      // Dateipfad anzeigen
  TextBox1.Text := System.IO.File.GetCreationTime(datName).ToString;
  TextBox2.Text := System.IO.File.GetLastAccessTime(datName).ToString;
  TextBox3.Text := System.IO.File.GetLastWriteTime(datName).ToString;
```

Die Dateiattribute lesen:

```
  attbs := System.IO.File.GetAttributes(datName);
```

Um das Vorhandensein eines bestimmten Datei-Attributes festzustellen, ist eine bitweise ODER-Verknüpfung durchzuführen:

```
  if attbs =(attbs or FileAttributes.Normal) then
             CheckBox1.Checked := True else checkBox1.Checked := False;
  if attbs=(attbs or FileAttributes.Archive) then
             CheckBox2.Checked := True else CheckBox2.Checked := False;
  if attbs =(attbs or FileAttributes.System) then
             CheckBox3.Checked := True else CheckBox3.Checked := False;
  if attbs =(attbs or FileAttributes.Temporary) then
             CheckBox4.Checked := True else CheckBox4.Checked := False;
  if attbs =(attbs or FileAttributes.ReadOnly) then
             CheckBox5.Checked := True else CheckBox5.Checked := False;
  end;
end;
```

Test

Öffnen Sie über das *Datei*-Menü eine beliebige Datei, so werden die gewünschten Informationen angezeigt:

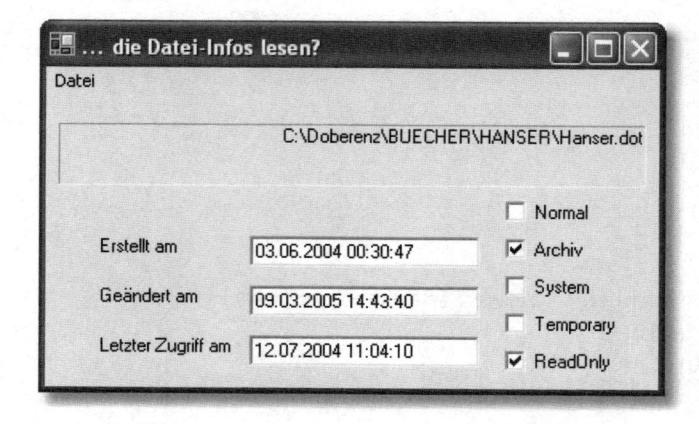

R 7.2 Alle Unterverzeichnisse auflisten

Dieses Rezept demonstriert, wie man mit der *GetDirectories*-Methode zu einem gegebenen Verzeichnis alle Unterverzeichnisse ermitteln und in einem *DirectoryInfo*-Array ablegen kann.

Oberfläche

Öffnen Sie eine neue Windows Forms-Anwendung. Das Startformular *WinForm1* und eine *ListBox* sollen genügen (siehe Laufzeitabbildung am Schluss).

Quellcode TWinForm1

```
implementation
uses System.IO;
...
```

Start:

```
procedure TWinForm1.Button1_Click(sender: System.Object; e: System.EventArgs);
var myDir: DirectoryInfo;
    myDirs: array of DirectoryInfo;      // Array zum Speichern der Unterverzeichnisse
    i: Integer;
begin
```

Ein neues *DirectoryInfo*-Objekt (wir legen uns auf die Root-Directory fest):

```
  myDir := DirectoryInfo.Create('c:/');
```

Alle Unterverzeichnisse ermitteln und im Array ablegen:

```
  myDirs := myDir.GetDirectories;
```

Alle Unterverzeichnisse durchlaufen und Verzeichnisnamen zur ListBox hinzufügen:

```
  for i := 0 to High(myDirs) do ListBox1.Items.Add(myDirs[i].Name);
end;
```

Test

Alle Unterverzeichnisse von *C:* werden aufgelistet:

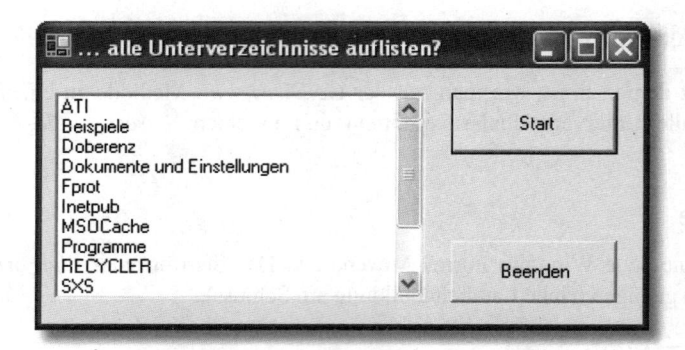

R 7.3 Eine Textdatei lesen und schreiben

Unter Benutzung der *StreamWriter-/StreamReader*-Klasse und der (statischen) *File*-Klasse kann bequem auf Textdateien zugegriffen werden. In diesem Rezept erzeugen wir eine einfache Textdatei und demonstrieren den Lese- und Schreibzugriff.

Oberfläche

Öffnen Sie eine neue Windows Forms-Anwendung. Eine auf *WinForm1* platzierte *TextBox* (*MultiLine = True*) und drei *Button*s sollen für unseren kleinen Test genügen (siehe Laufzeitabbildung am Schluss).

Quellcode TWinForm1

```
implementation
uses System.IO;
...
var datName: String;          // globale Variable für Dateipfad

constructor TWinForm1.Create;
begin
   ...
   datName := 'Beispiel.txt';  // Datei liegt im Projektverzeichnis!
end;
```

Das Abspeichern der Datei:

```
procedure TWinForm1.Button1_Click(sender: System.Object; e: System.EventArgs);
var writer: StreamWriter;
    i: Integer;
    s: String;
begin
```

R 7.3 Eine Textdatei lesen und schreiben

Die Datei wird zeilenweise überschrieben. Falls noch nicht vorhanden, wird sie neu angelegt:

```
  writer := &File.CreateText(datName);
  for i := 0 to High(TextBox1.Lines) do
  begin
    s := TextBox1.Lines[i];
    writer.WriteLine(s);
  end;
  writer.Close();
end;
```

Das Öffnen der Datei:

```
procedure TWinForm1.Button2_Click(sender: System.Object; e: System.EventArgs);
var reader: StreamReader;
    output: String;
begin
  output := '';
  TextBox1.Text := output;
  reader := &File.OpenText(datName);
```

Das Dateiende prüfen:

```
  while(reader.Peek > -1) do
  begin
```

Zeilenweises Einlesen:

```
    output := reader.ReadLine;
    TextBox1.Text := TextBox1.Text + output + Environment.NewLine;
  end;
  reader.Close();
end;
```

Die Anzeige löschen:

```
procedure TWinForm1.Button3_Click(sender: System.Object; e: System.EventArgs);
begin
  TextBox1.Clear;
end;
```

Test

Tippen Sie irgendetwas in die TextBox ein und speichern Sie es. Beenden Sie das Programm und starten Sie es erneut. Öffnen Sie die Datei.

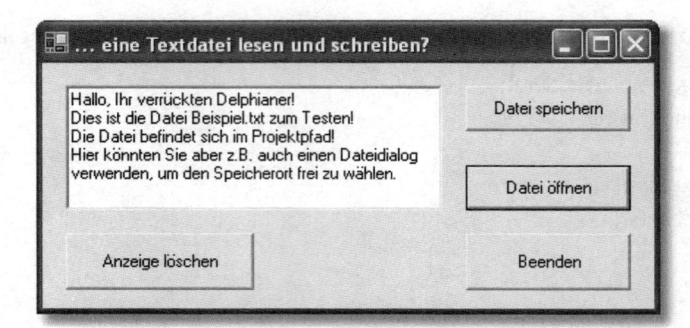

[Screenshot: ... eine Textdatei lesen und schreiben?]

Bemerkungen

- Die Datei *Beispiel.txt* entdecken Sie im Projektverzeichnis. Falls die Datei nicht vorhanden ist, wird eine Ausnahme ausgelöst.

- Das einigen .NET-Klassenbezeichnern vorangestellte "&" *(&String, &File)* verhindert Verwechslungen mit gleichlautenden Delphi-Schlüsselwörtern. Als Alternative müsste sonst der komplette Namespace vorangestellt werden (*System.String, System.IO.File*), was einen erhöhten Schreibaufwand bedeuten würde.

- Statt der (statischen) *File*-Klasse zum Erzeugen eines *StreamReader*/*StreamWriter*-Objekts könnten Sie auch die *FileInfo*-Klasse verwenden, was allerdings ein klein wenig aufwändiger wäre, da Sie erst eine Instanz dieser Klasse erzeugen müssten.

R 7.4 Auf eine Datei byteweise zugreifen

In diesem Rezept demonstrieren wir den Zugriff auf eine Binärdatei. Unter Benutzung von Datei-Dialogen werden wir eine Bitmap byteweise auslesen und in eine andere Datei kopieren. Zwar ließe sich das auch unter Verwendung der *Copy*-Methode der *File*-Klasse realisieren, wir aber wollen hier das Prinzip des byteweisen Zugriffs demonstrieren.

Oberfläche

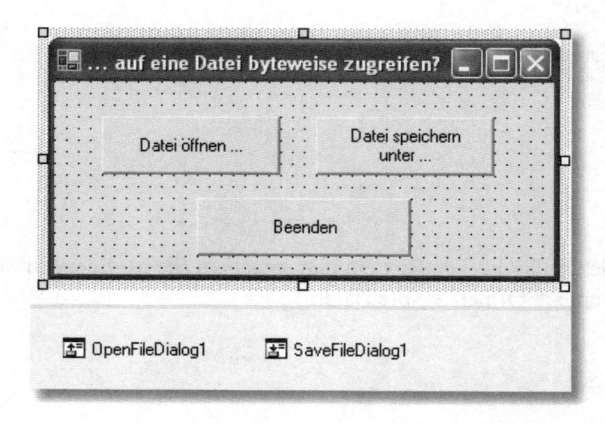

[Screenshot: ... auf eine Datei byteweise zugreifen?]

R 7.4 Auf eine Datei byteweise zugreifen

Hinweis: Vergessen Sie nicht, die beiden Dialog-Komponenten einzubinden!

Quellcode TWinForm1

```
implementation
uses System.IO;                    // !
...
var pfad_A,
    pfad_B: System.String;     // globale Variablen für Pfade von Quell- und Zieldatei
```

Der Button "Datei öffnen...":

```
procedure TWinForm1.Button1_Click(sender: System.Object; e: System.EventArgs);
begin
  with OpenFileDialog1 do
  begin
    InitialDirectory := Application.ExecutablePath;
    DefaultExt := 'bmp';
    Filter := 'Bilddateien (*.bmp)|*.bmp|Alle Dateien (*.*)|*.*';
    if ShowDialog() = System.Windows.Forms.DialogResult.OK then pfad_A := FileName;
  end;
end;
```

Der Button "Datei speichern unter ...":

```
procedure TWinForm1.Button2_Click(sender: System.Object; e: System.EventArgs);
var file_A, file_B: FileStream;
    reader: BinaryReader;
    writer: BinaryWriter;

begin
  if SaveFileDialog1.ShowDialog() = System.Windows.Forms.DialogResult.OK then begin
    pfad_B := SaveFileDialog1.FileName;
    file_A := FileStream.Create(pfad_A, FileMode.Open);
    reader := BinaryReader.Create(file_A);
    file_B := FileStream.Create(pfad_B, FileMode.OpenOrCreate);
    writer := BinaryWriter.Create(file_B);
```

Byteweises Lesen und Schreiben:

```
    while reader.PeekChar > -1 do  writer.Write(reader.ReadByte);
    writer.Close();
    reader.Close();
  end;
end;
```

Test

Hier passiert nichts Spektakuläres: Öffnen Sie einfach eine *.bmp*-Bilddatei und speichern Sie sie unter einem anderen Namen ab.

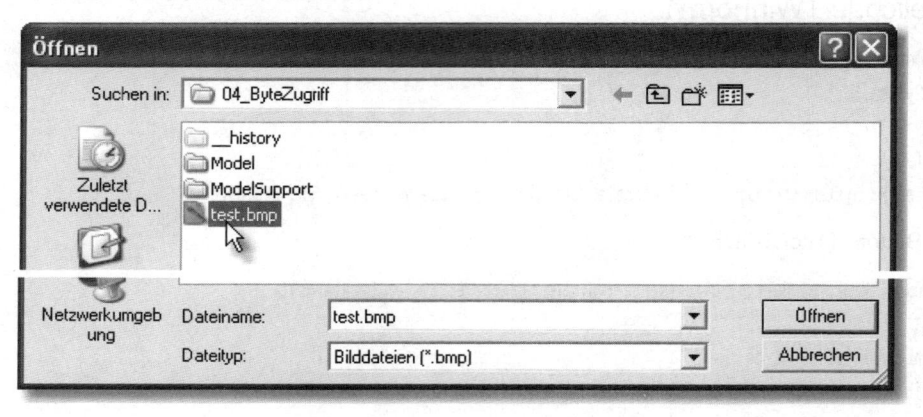

R 7.5   Eine sequenzielle Datei lesen und schreiben

In diesem Rezept wollen wir mehrere Record-Variablen (das sind gewissermaßen die Vorläufer der Objekte!) in einer Datei sichern und erweitern dazu das bereits in R 2.4 (Records in einem statischen Array speichern) entwickelte Programm zu einer kleinen Personaldatenbank.

Oberfläche

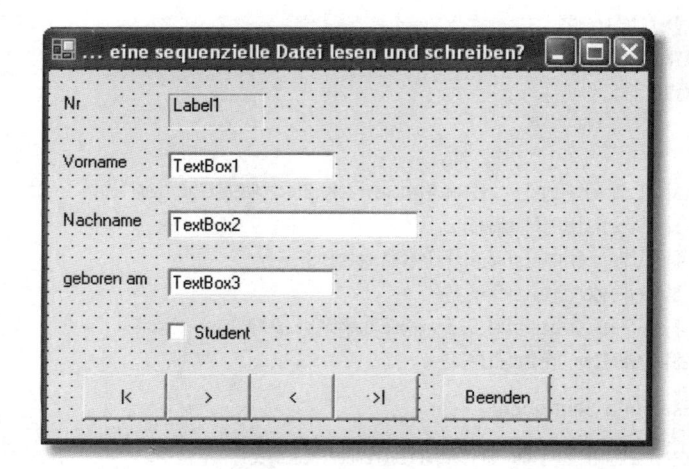

Auf Dateidialoge verzichten wir (die Personaldatei ist im Projektverzeichnis). Das Öffnen bzw. Abspeichern erfolgt automatisch beim Starten bzw. Beenden des Programms.

R 7.5 Eine sequenzielle Datei lesen und schreiben

Quellcode TWinForm1

Da sich der erste Teil des Quellcodes überwiegend auf das temporäre Speichern der Datensätze bezieht, werden diesbezügliche Erklärungen/Kommentare knapp gehalten. Andererseits wird auf die mit dem persistenten Speichern zusammenhängenden Neuerungen durch den Kommentar "// !" besonders hingewiesen:

```
type
  TWinForm1 = class(System.Windows.Forms.Form)
  ...
  strict protected
```

Die *OnClosed*-Methode der Basisklasse wird überschrieben, den Grund dafür erfahren Sie bei der späteren Implementierung:

```
    procedure OnClosed(e:System.EventArgs); override;    // !
    ...
  private
    procedure anzeigen;
    procedure speichern;
```

Zur Formularklasse kommen drei weitere Methoden hinzu:

```
    procedure initArray;        // !
    procedure readFile;         // !
    procedure writeFile;        // !
    ...
  end;
  ...
implementation
uses System.IO;                 // !
...
type Person = record
  vorname, nachname: System.String;
  geburt: System.DateTime;
  student: System.Boolean;
end;

const pmax = 10;                     // maximale Anzahl von Personen
var pListe: array[1..pmax] of Person; // Personenliste
    pos: Integer = 1;                // Position des Datensatzzeigers

constructor TWinForm1.Create;
begin
  ...
```

Bevor angezeigt wird, muss der Aufruf der Methoden *initArray* und *readFile* erfolgen:

```
  initArray;              // !
  readFile;               // !
  anzeigen;
end;

procedure TWinForm1.anzeigen;        // Array => Eingabemaske
begin
  with pListe[pos] do begin
    Label1.Text := pos.ToString;
    TextBox1.Text := vorName;
    TextBox2.Text := nachName;
    TextBox3.Text := geburt.ToShortDateString;
    CheckBox1.Checked := student;
  end;
end;

procedure TWinForm1.speichern;       // Eingabemaske => Array
begin
  with pListe[pos] do begin
    vorName := TextBox1.Text;
    nachName := TextBox2.Text;
    geburt := Convert.ToDateTime(TextBox3.Text);
    student := CheckBox1.Checked;
  end;
end;

procedure TWinForm1.Button4_Click(sender: System.Object; e: System.EventArgs);   // zum Anfang
begin
  speichern; pos:=1; anzeigen;
end;

procedure TWinForm1.Button1_Click(sender: System.Object; e: System.EventArgs);   // Vorwärts
begin
  if pos < pmax then begin
    speichern; Inc(pos); anzeigen;
  end;
end;

procedure TWinForm1.Button2_Click(sender: System.Object; e: System.EventArgs);   // Zurück
begin
```

R 7.5 Eine sequenzielle Datei lesen und schreiben

```
    if pos > 1 then begin
        speichern; Dec(pos); anzeigen;
      end;
end;

procedure TWinForm1.Button5_Click(sender: System.Object; e: System.EventArgs);   // zum Ende
begin
  speichern; pos := pmax; anzeigen;
end;
```

Der folgende Code bezieht sich ausschließlich auf die Dateiarbeit (persistentes Speichern der Datensätze):

```
var pfad: System.String = 'Personen.dat';          // Dateipfad im Anwendungsverzeichnis!
```

Die Initialisierung aller Array-Felder mit zulässigen Werten ist besonders dann erforderlich, wenn eine neue Datei angelegt wird:

```
procedure TWinForm1.initArray;
var i: Integer;
begin
  for i := 1 to High(pListe) do with pListe[i] do
  begin
   vorname := 'unbekannt';
   nachname := 'unbekannt';
   geburt := Convert.ToDateTime('1.1.0001');
   student := False;
  end;
end;
```

Die folgende Methode liest die Datei sequenziell und füllt deren Inhalt in das Array (falls die Datei nicht vorhanden ist, wird sie neu angelegt):

```
procedure TWinForm1.readFile;
var rStream: FileStream;
    binReader: BinaryReader;
    i: Integer;
begin
  rStream := FileStream.Create(pfad, FileMode.OpenOrCreate, FileAccess.Read);
  binReader := BinaryReader.Create(rStream);
  if rStream.Length > 0 then begin          // nicht bei neu erzeugter Datei
       for i := 1 to High(pListe) do with pListe[i] do begin
```

Von den zahlreichen Methoden des *BinaryReader* benutzen wir nur *ReadString* und *ReadBoolean*:

```
            vorName := binReader.ReadString;
            nachName := binReader.ReadString;
            geburt := Convert.ToDateTime(binReader.ReadString);
            student := binReader.ReadBoolean;
        end;
   end;
   binReader.Close;
   rStream.Close;
end;
```

Nun auf umgekehrtem Weg den Arrayinhalt (sequenziell) in die Datei schreiben:

```
procedure TWinForm1.writeFile;
var wStream: FileStream;
    binWriter: BinaryWriter;
    i: Integer;
begin
  wStream := FileStream.Create(pfad, FileMode.OpenOrCreate, FileAccess.Write);
  binWriter := BinaryWriter.Create(wStream);
  for i := 1 to High(pListe) do with binWriter do begin
```

Von den zahlreichen Überladungen der *Write*-Methode brauchen wir nur die für die Datentypen *String* und *Boolean*:

```
        Write(pListe[i].vorName);
        Write(pListe[i].nachName);
        Write(pListe[i].geburt.ToShortDateString);
        Write(pListe[i].student);
   end;
   binWriter.Flush;       // Puffer => Disk
   binWriter.Close;
   wStream.Close;
end;
```

Beim Schließen des Formulars wird das *Closing*-Event ausgelöst. Wir benutzen dieses Ereignis nicht direkt (kein Eventhandler!), sondern überschreiben stattdessen die *OnClosed*-Methode der Basisklasse, um den Arrayinhalt automatisch zu sichern:

```
procedure TWinForm1.OnClosed(e:System.EventArgs);
begin
  speichern;              // aktuellen Datensatz im Array abspeichern
  writeFile;              // kompletten Arrayinhalt in Datei abspeichern
  inherited OnClosed(e);  // Aufruf der Basisklassenmethode
end;
```

Test

Sie brauchen sich um das Öffnen und Speichern der Datei nicht zu kümmern. Falls noch keine Datei vorhanden ist, wird eine neue automatisch bei Programmstart angelegt. Beim Beenden des Programms wird der Inhalt automatisch gesichert.

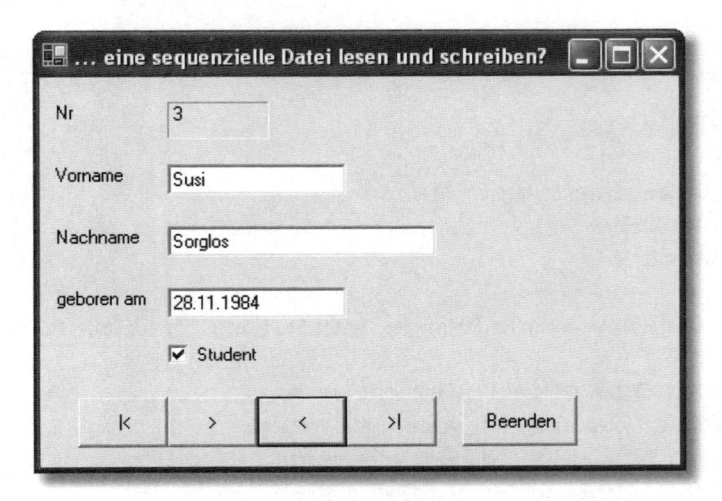

R 7.6 Serialisierte Objekte als Datei abspeichern

Dieses Rezept zeigt Ihnen, wie man komplette Objekte serialisieren und als Datei abspeichern kann.

Ausgangsbasis ist das Vorgängerrezept R 7.5 (Eine sequenzielle Datei lesen und schreiben). Während wir uns aber dort mittels *BinaryReader/BinaryWriter* umständlich um jeden einzelnen Datentyp kümmern mussten, ist dies bei Verwendung serialisierter Objekte nicht mehr erforderlich. Um das zu beweisen, realisieren wir das gleiche Programm, diesmal allerdings unter Verwendung serialisierter Objekte!

Oberfläche

Die Bedienoberfläche entspricht 100%ig dem Vorgängerrezept R 7.5!

Quellcode TPerson

Ergänzen Sie das Projekt um eine neue Klasse *TPerson*. Den Namen der Klassen-Unit ändern Sie in *Person*.

Hinweis: Das dem Klassenbezeichner vorangestellte *[Serializable]*-Attribut ist notwendige Voraussetzung für die spätere Serialisierung!

Da die Klasse sehr einfach ist (sie verfügt über einen eigenen Konstruktor und vier simple Eigenschaften), können wir auf weitere Erläuterungen verzichten:

```
unit Person;

interface

type
  [Serializable]TPerson = class
  private
    _vorName, _nachName: System.String;
    _geburt: System.DateTime;
    _student: System.Boolean;
  public
    constructor Create(vor, nach: System.String; geb: System.DateTime; st: System.Boolean);
  published
    property vorName: System.String read _vorName write _vorName;
    property nachName: System.String read _nachName write _nachName;
    property geburt: System.DateTime read _geburt write _geburt;
    property student: System.Boolean read _student write _student;
end;

implementation
constructor TPerson.Create;
begin
  inherited Create;
  _vorName := vor; _nachName := nach; _geburt := geb; _student := st;
end;

end.
```

Quellcode TWinForm1

Gegenüber dem Vorgängerrezept hat sich hier nicht viel geändert, wir heben deshalb nur die Besonderheiten hervor:

```
implementation
uses System.IO,
    System.Runtime.Serialization.Formatters.Binary,
    Person;                                       // Klassen-Unit einbinden!
...
const pmax = 10;
```

R 7.6 Serialisierte Objekte als Datei abspeichern

```
var pListe: array[1..pmax] of TPerson;    // Personenliste mit Objekten!
    pos: Integer = 1;
```

Die Initialisierungsroutine hat sich dank des überladenen Konstruktors vereinfacht:

```
procedure TWinForm1.initArray;
var i: Integer;
begin
  for i := 1 to High(pListe) do
    pListe[i] := TPerson.Create('unbekannt','unbekannt',Convert.ToDateTime('1.1.0001'), False);
end;
```

Nun kommen wir zum Wesentlichen, den Dateioperationen, die diesmal deutlich einfacher ausfallen als beim Vorgängerrezept:

Die Lesemethode:

```
procedure TWinForm1.readFile;
var rStream: FileStream;
    binReader: BinaryFormatter;
    i: Integer;
begin
  rStream := FileStream.Create(pfad, FileMode.OpenOrCreate, FileAccess.Read);
  binReader := BinaryFormatter.Create;
  if rStream.Length > 0 then
```

Jedes Objekt wird aus der Datei gelesen, deserialisiert und im Array abgespeichert. Dabei ist ein explizites Typecasting von *System.Object* in *CPerson* erforderlich:

```
    for i := 1 to High(pListe) do pListe[i] := TPerson(binReader.Deserialize(rStream));
  rStream.Close;
end;
```

Die Schreibmethode macht es umgekehrt:

```
procedure TWinForm1.writeFile;
var wStream: FileStream;
    binWriter: BinaryFormatter;
    i: Integer;
begin
  wStream := FileStream.Create(pfad, FileMode.OpenOrCreate, FileAccess.Write);
  binWriter := BinaryFormatter.Create;
```

Objekte serialisieren und in die Datei schreiben:

```
  for i := 1 to High(pListe) do binWriter.Serialize(wStream, pListe[i]);
  wStream.Close;
end;
```

Test

Es sind rein äußerlich keinerlei Änderungen gegenüber dem Vorgängerrezept feststellbar!

Bemerkungen

Obwohl der Code absolut das Gleiche leistet wie sein Vorgänger, wandeln wir diesmal auf den Höhen der OOP, denn

- der *record*-Datentyp wurde durch eine "richtige" Klasse abgelöst und
- durch die Objektserialisierung hat sich der dateispezifische Code vereinfacht.

R 7.7 Ein DataSet in einer XML-Datei speichern

In diesem Rezept wollen wir Ihnen einen kompfortablen Weg aufzeigen, wie Sie ein DataSet als XML-Datei speichern.

Oberfläche

Ein *DataGrid* und drei *Buttons* genügen uns.

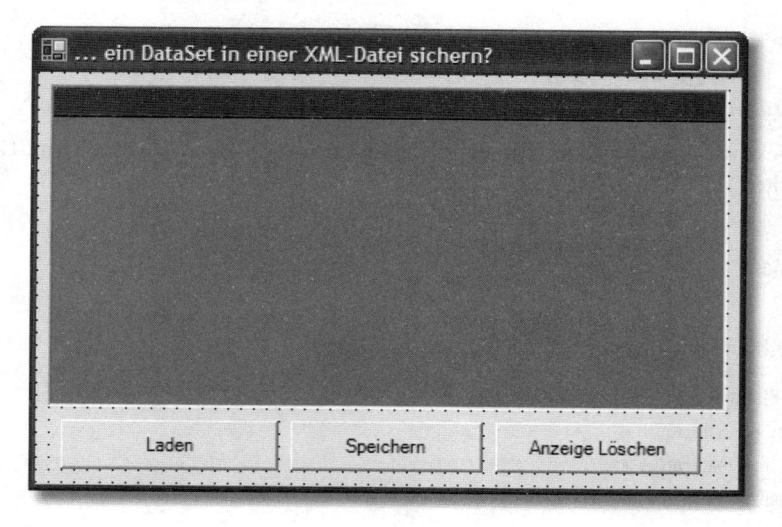

Quellcode TWinForm1

```
type
  TWinForm1 = class(System.Windows.Forms.Form)
  ...
  private
    ds : DataSet;
```

R 7.7 Ein DataSet in einer XML-Datei speichern

```
...
  end;
...
implementation
uses System.IO;
...
```

Der Code zum Erzeugen von *DataSet* und *DataTable*:

```
constructor TWinForm1.Create;
var dt : DataTable;
    col : DataColumn;
begin
  inherited Create;
  InitializeComponent;
  ds := DataSet.Create;
  dt := DataTable.Create('Bestellungen');
  ds.Tables.Add(dt);
```

Tabellenstruktur festlegen:

```
  with dt.Columns.Add('Nr', System.Type.GetType('System.Int32')) do begin
    AutoIncrement := True;
    AutoIncrementStep := 1;
  end;
  with dt.Columns.Add('EingangsDatum', System.Type.GetType('System.DateTime')) do begin
    AllowDBNull := False;
    DefaultValue := DateTime.Now;
  end;
  with dt.Columns.Add('KuNr', System.Type.GetType('System.Int32')) do AllowDBNull := False;
  with dt.Columns.Add('GesamtNetto', System.Type.GetType('System.Decimal')) do DefaultValue := 0;
  with  dt.Columns.Add('Bemerkung', System.Type.GetType('System.String')) do begin
    DefaultValue := '';
    MaxLength := 50;
  end;
  dataGrid1.DataSource := ds;        // DataGrid an DataTable anbinden
end;
```

Von XML-Datei laden:

```
procedure TWinForm1.Button1_Click(sender: System.Object; e: System.EventArgs);
begin
   ds.ReadXml('Test.xml');
end;
```

In XML-Datei abspeichern:

```
procedure TWinForm1.Button2_Click(sender: System.Object; e: System.EventArgs);
begin
  ds.WriteXml('Test.xml');
end;
```

Anzeige löschen:

```
procedure TWinForm1.Button3_Click(sender: System.Object; e: System.EventArgs);
begin
  ds.Clear;
end;
```

Test

Nach Programmstart sollten Sie zunächst einige Datensätze in das DataGrid eintragen. Sie können dann Datensätze editieren, mittels *Entf*-Taste löschen oder Änderungen mit *Esc* oder *Strg+Z* rückgängig machen.

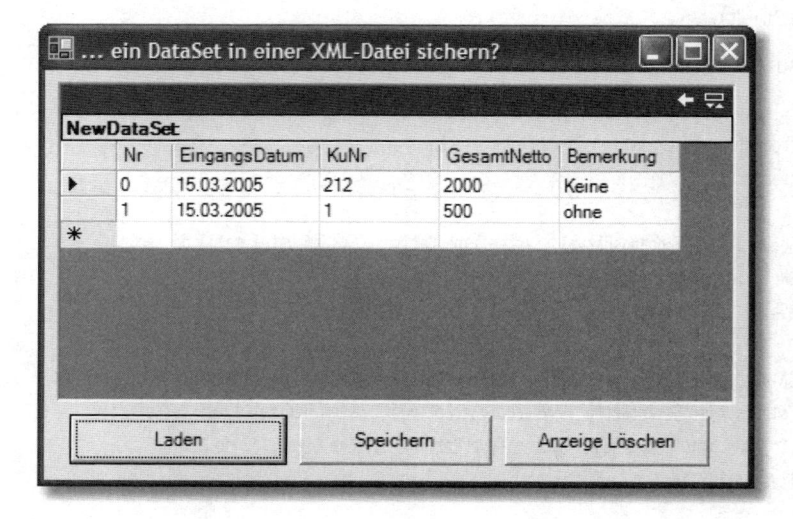

Die XML-Datei

Die erzeugte Datei *Test.xml* finden Sie im Projektverzeichnis. Durch Doppelklick können Sie den Inhalt im Internet Explorer sichtbar machen:

```
<?xml version="1.0" standalone="yes" ?>
- <NewDataSet>
  - <Bestellungen>
      <Nr>1</Nr>
      <EingangsDatum>2003-04-03T00:00:00.0000000+02:00</EingangsDatum>
      <KuNr>12</KuNr>
```

```
    <GesamtNetto>234.45</GesamtNetto>
    <Bemerkung>Scheck</Bemerkung>
  </Bestellungen>
- <Bestellungen>
    <Nr>2</Nr>
    <EingangsDatum>2003-04-09T12:54:00.7310000+02:00</EingangsDatum>
    <KuNr>26</KuNr>
    <GesamtNetto>12.05</GesamtNetto>
    <Bemerkung>Barzahlung</Bemerkung>
  </Bestellungen>
- <Bestellungen>
    <Nr>3</Nr>
    <EingangsDatum>2003-04-10T00:00:00.0000000+02:00</EingangsDatum>
    <KuNr>12</KuNr>
    <GesamtNetto>36.5</GesamtNetto>
    <Bemerkung />
  </Bestellungen>
</NewDataSet>
```

R 7.8 Durch XML-Dokumente navigieren

Welche Möglichkeiten, d.h. Methoden bzw. Eigenschaften, zur Navigation zwischen den einzelnen Knoten eines XML-Dokuments sich anbieten, zeigt die folgende Skizze (Ausgangspunkt ist der hervorgehobene Knoten):

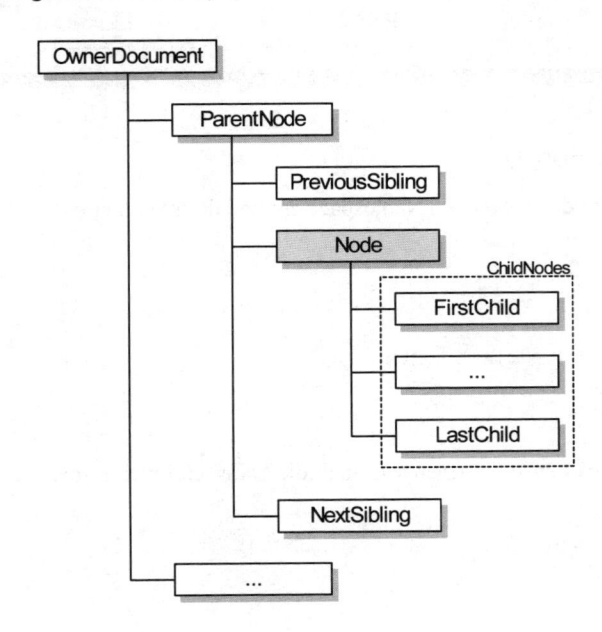

Wie Sie sehen, können Sie von jedem beliebigen Knoten aus auf den gesamten Baum zugreifen. Entweder Sie bewegen sich mit *PreviousSibling* bzw. *NextSibling* innerhalb einer Ebene, oder Sie wechseln mit *ParentNode* in die übergeordnete Ebene, um dort ebenfalls mit *PreviousSibling* bzw. *NextSibling* auf die einzelnen Knoten zuzugreifen. Möchten Sie die untergeordneten Elemente eines Knotens verarbeiten, können Sie zunächst mit *FirstChild* auf das erste untergeordnete Element zugreifen, um dann wiederum mit *PreviousSibling* bzw. *NextSibling* mit den weiteren Elementen der dann aktiven Ebene fortzufahren.

Unser kleines Test- und Probierprogramm hat die recht einfache Aufgabe, die Datei *Test7.xml* von der Festplatte zu laden. Nachfolgend soll, ausgehend vom Root-Element, die Navigation zwischen den einzelnen Baumknoten demonstriert werden. Dazu stellen entsprechende Tasten die jeweiligen Methoden zur Verfügung. Ist der Knoten gewechselt, wird die Bezeichnung angezeigt.

Oberfläche

Entwerfen Sie eine Oberfläche nach folgendem Vorbild:

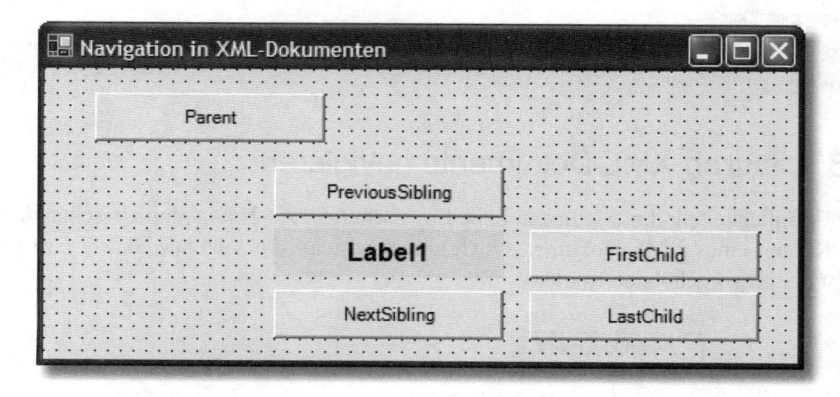

Quelltext TWinForm1

Zunächst binden wir den folgenden Namespace ein und definieren einige globale Variablen:

```
implementation
uses System.Xml;

var xmlDoc : XmlDocument = XmlDocument.Create;
    root   : XmlElement;
    node   : XmlNode;
```

Mit dem Öffnen des Fensters öffnen wir auch die Datei und weisen der Variablen *Node* den Root-Knoten zu:

```
constructor TWinForm1.Create;
begin
```

R 7.8 Durch XML-Dokumente navigieren

```
  inherited Create;
  InitializeComponent;
  try
    xmlDoc.Load('test7.xml');
    root := xmlDoc.DocumentElement;
    node := root;
    Label1.Text := node.Name;
  except
    MessageBox.Show('Datei nicht gefunden!');
  end;
end;
```

Wir wechseln zum Parent:

```
procedure TWinForm1.Button1_Click(sender: System.Object; e: System.EventArgs);
begin
  if (node.ParentNode <> nil) then begin
    node := node.ParentNode;
    Label1.Text := node.Name;
  end else
    MessageBox.Show('Kein Parent vorhanden!');
end;
```

Wir wechseln zum Vorgänger in der gleichen Baumebene:

```
procedure TWinForm1.Button2_Click(sender: System.Object; e: System.EventArgs);
begin
  if (node.PreviousSibling <> nil) then begin
    node := node.PreviousSibling;
    Label1.Text := node.Name;
  end else
    MessageBox.Show('Kein Vorgänger vorhanden!');
end;
```

Wir wechseln zum Nachfolger in der gleichen Baumebene:

```
procedure TWinForm1.Button3_Click(sender: System.Object; e: System.EventArgs);
begin
  if (node.NextSibling <> nil) then begin
    node := node.NextSibling;
    Label1.Text := node.Name;
  end else
    MessageBox.Show('Kein Nachfolger vorhanden!');
end;
```

Wir wechseln zum ersten Child-Knoten:

```
procedure TWinForm1.Button4_Click(sender: System.Object; e: System.EventArgs);
begin
  if (node.ChildNodes.Count > 0) then begin
    node := node.FirstChild;
    Label1.Text := node.Name;
  end else
    MessageBox.Show('Keine Untereinträge vorhanden!');
end;
```

Wir wechseln zum letzten Child-Knoten:

```
procedure TWinForm1.Button5_Click(sender: System.Object; e: System.EventArgs);
begin
  if (node.ChildNodes.Count > 0) then begin
    node := node.LastChild;
    Label1.Text := node.Name;
  end else
    MessageBox.Show('Keine Untereinträge vorhanden!');
end;
```

Test

Starten Sie das Programm und versuchen Sie, durch den XML-Baum zu navigieren. Die folgende Abbildung soll Ihnen dabei als Hilfestellung dienen:

```
- <WELT>
    <AFRIKA />
    <ANTARKTIS />
    <ASIEN />
    <AUSTRALIEN />
  - <EUROPA>
      <Fläche>10500000</Fläche>
      <Einwohner>718500000</Einwohner>
    - <Frankreich>
        <Fläche>343965</Fläche>
        <Einwohner>57800000</Einwohner>
      </Frankreich>
    - <Deutschland>
        <Fläche>356854</Fläche>
        <Einwohner>80767600</Einwohner>
      </Deutschland>
      <Italien />
      <Österreich />
      <Schweden />
      <Norwegen />
      <Polen />
    </EUROPA>
    <NORDAMERIKA />
    <SÜDAMERIKA />
  </WELT>
```

Das Programm in Aktion:

Hinweis: Beachten Sie, dass sich auch über "WELT" noch ein Objekt befindet!

Bemerkungen

- Sicher werden Ihre Versuche mit dem Programm durch Fehlermeldungen unterbrochen, wenn kein aktives Element bzw. kein gültiges Objekt mehr vorhanden ist. Wir haben absichtlich darauf verzichtet, alle eventuellen Fehlerfälle abzufangen, da Sie auf diese Weise viel schneller ein Gefühl für die Navigation innerhalb des XML-Baums bekommen.

- Mit <>*nil* oder mit *try-except* können Sie zusätzliche Fehlerprüfungen einführen.

R 7.9 XML-Daten in eine TreeView einlesen

Mit einem kleinen Beispielprogramm möchten wir Ihnen zeigen, wie Sie XML-Daten strukturiert in einer *TreeView*-Komponente anzeigen können. Das Programm lässt sich schnell und einfach an Ihre eigenen Erfordernisse anpassen, beispielsweise um den Unterschied zwischen den einzelnen Knotentypen darzustellen.

Oberfläche

Fügen Sie in ein Formular einen *Button* sowie eine *TreeView*-Komponente ein.

Quelltext TWinForm1

Binden Sie zunächst den folgenden Namespace und die Deklaration ein:

```
uses ... System.Data, System.Xml;

type TWinForm1 = class(System.Windows.Forms.Form)
```

```
...
private
  procedure ShowNode(parent : TreeNode; node : XmlNode);
...
end;
```

Mit dem Klick auf die Schaltfläche wird zunächst eine Instanz des *XMLDocument*-Objektes erzeugt und die Datei *daten.xml* geladen:

```
procedure TWinForm1.Button1_Click(sender: System.Object; e: System.EventArgs);
var xmlDoc : XmlDocument;

begin
  xmlDoc := XmlDocument.Create;
  try
    xmlDoc.Load('daten.xml');
  except
    MessageBox.Show('Datei nicht gefunden!');
    exit;
  end;
```

Gleichzeitig löschen wir die bisherigen Inhalte der *TreeView*-Komponente:

```
TreeView1.Nodes.Clear();
```

Die Prozedur *ShowNode* rufen wir mit folgenden Argumenten auf:

- Vorgängerknoten im Baum (*Nothing*, d.h. keiner) und
- Wurzelknoten der XML-Daten (*xmlDOC*).

```
ShowNode(nil, xmlDoc);
TreeView1.Nodes[0].ExpandAll();
end;
```

Hinweis: Übergeben Sie statt *xmlDOC* das Objekt *xmlDOC.DocumentElement*, beginnt die Baumansicht direkt mit dem ersten Knoten der XML-Daten, d.h. "WELT", anderenfalls mit der Datei selbst.

Die Prozedur zur Anzeige in der *TreeView*:

```
procedure TWinForm1.ShowNode(parent : TreeNode; node : XmlNode);
var Caption : string;
    tn      : TreeNode;
    n       : XmlNode;
begin
  Caption := '';
```

R 7.9 XML-Daten in eine TreeView einlesen

Wird kein gültiges DOM-Objekt übergeben, ist die Routine beendet:

```
if (node = nil) then Exit;
```

Die Beschriftung des Baumknotens festlegen:

```
if (node.NodeType = XmlNodeType.Document) then Caption := 'XML-Datei';
if (node.NodeType = XmlNodeType.Element) then Caption := node.Name;
if ((node.NodeType = XmlNodeType.CDATA)or(node.NodeType = XmlNodeType.Text)) then Caption := node.Value;
if (Caption = '') then Exit;
```

Hinweis: Je nach Knotentyp müssen wir andere Eigenschaften zur Bestimmung der Beschriftung auslesen.

Erzeugen eines neuen Baumknotens mit der gewählten Beschriftung:

```
if (parent = nil) then tn := TreeView1.Nodes.Add(Caption) else tn := parent.Nodes.Add(Caption);
```

Sollten Unterelemente vorhanden sein, rufen wir für jedes dieser Elemente die aktuelle Prozedur **rekursiv** auf:

```
if (node.ChildNodes <> nil) then
    for n in node.ChildNodes do ShowNode(tn, n);
end;
```

Test

Starten Sie das Programm und klicken Sie auf die Schaltfläche, um die Daten aus der Datei zu lesen.

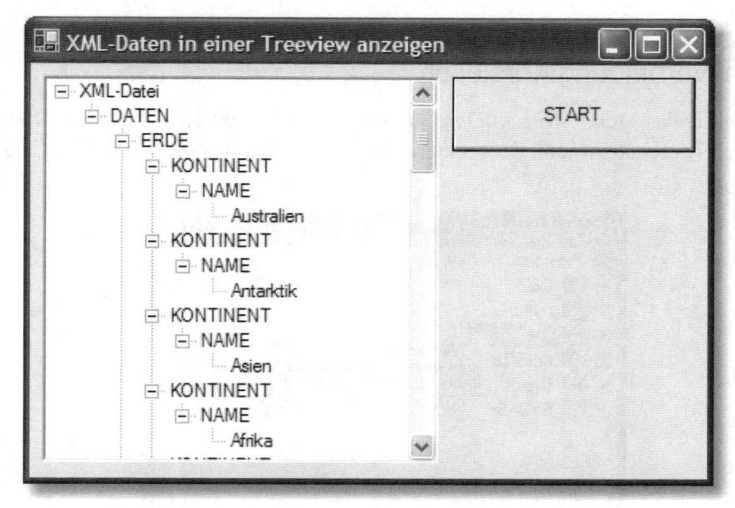

8 ADO.NET

R 8.1 Eine Datenbankverbindung mit dem Assistenten einrichten

Wir zeigen, wie Sie ein *Connection*-Objekt zu einer Access-Datenbank mit Hilfe des im Datenbank-Explorer integrierten Verbindungsassistenten erzeugen können.

Oberfläche

Öffnen Sie eine neue Windows Forms-Anwendung. Das Startformular *WinForm1* und zwei *Button*s (einer zum "Verbinden" mit der Datenbank, der andere zum "Beenden" des Programms) – das soll uns zunächst genügen.

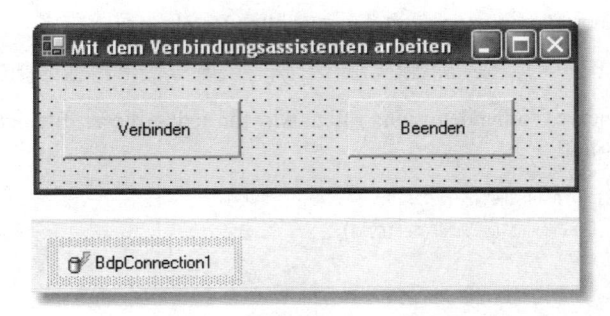

Hinweis: Kümmern Sie sich jetzt noch nicht um das *BdpConnection*-Objekt, es wird später automatisch durch den Verbindungsassistenten angelegt!

Datenbankverbindung herstellen

- Wählen Sie das Menü *Ansicht|Daten-Explorer* und selektieren Sie den *MSAccess*-Provider. Im Kontextmenü der rechten Maustaste wählen Sie *Neue Verbindung hinzufügen...*

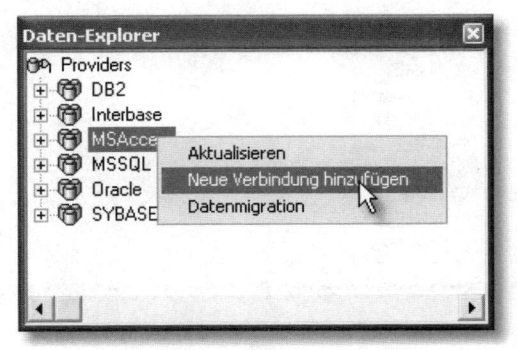

R 8.1 Eine Datenbankverbindung mit dem Assistenten einrichten

- Geben Sie der Verbindung einen aussagekräftigen Namen:

- Nach dem OK klicken Sie auf die neue Verbindung. Wählen Sie im Kontextmenü den Eintrag *Verbindung bearbeiten...*

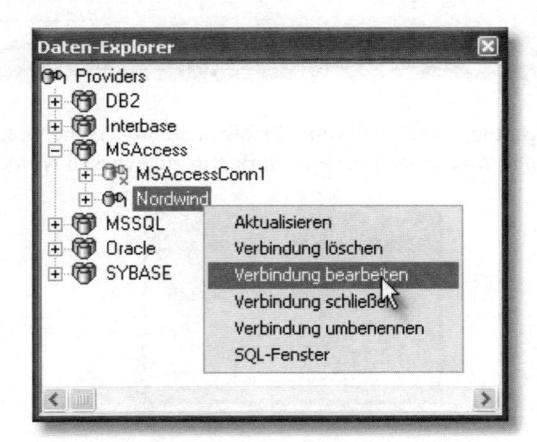

- Im Verbindungseditor wählen Sie den Namen der Datenbank aus. Für unser Beispiel ist das *Nordwind.mdb* (siehe Buch-CD).

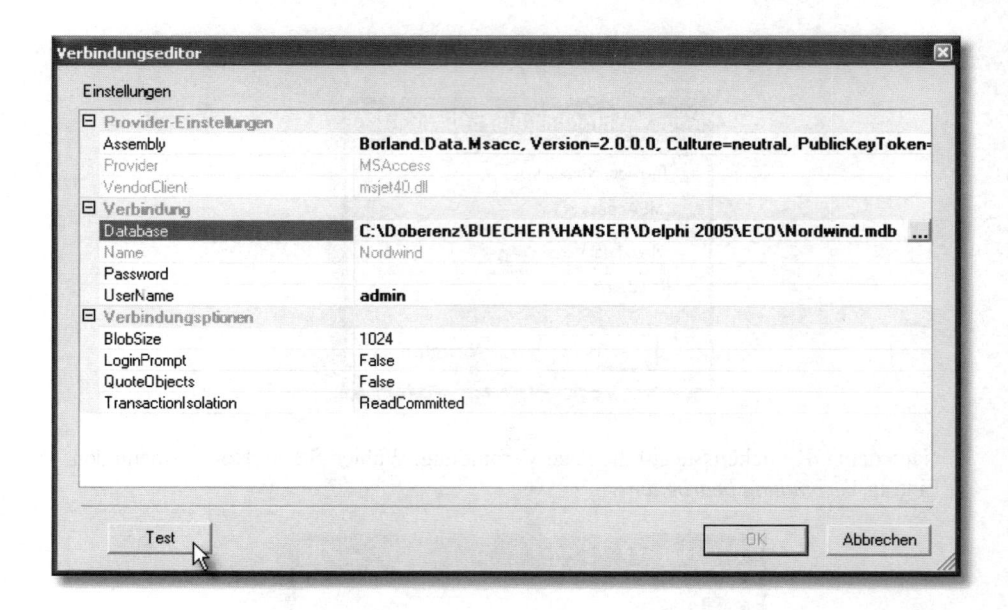

- Klicken Sie den Button "Test". Falls eine Erfolgsmeldung erscheint, können Sie sicher sein, dass die *ConnectionString*-Eigenschaft richtig zugewiesen wurde:

- Ziehen Sie vom Daten-Explorer die Datenbank per Drag & Drop auf *WinForm1*. Es wird ein *BdpConnection*-Objekt angelegt, das im Komponentenfach unterhalb des Formulars erscheint (siehe obige erste Abbildung).

- Öffnen Sie den Objektinspektor für *BdpConnection1* (F11). Im Eigenschaften-Fenster können Sie nun den *ConnectionString* bestaunen, er ist schier endlos lang und mit mehr oder weniger mysteriösen Einträgen reichlich bestückt. Über deren Bedeutung sollten Sie nur im Bedarfsfall grübeln (bzw. in der Hilfe nachschlagen), denn der Assistent wollte Sie von diesen lästigen Dingen ja eigentlich weitestgehend abschirmen.

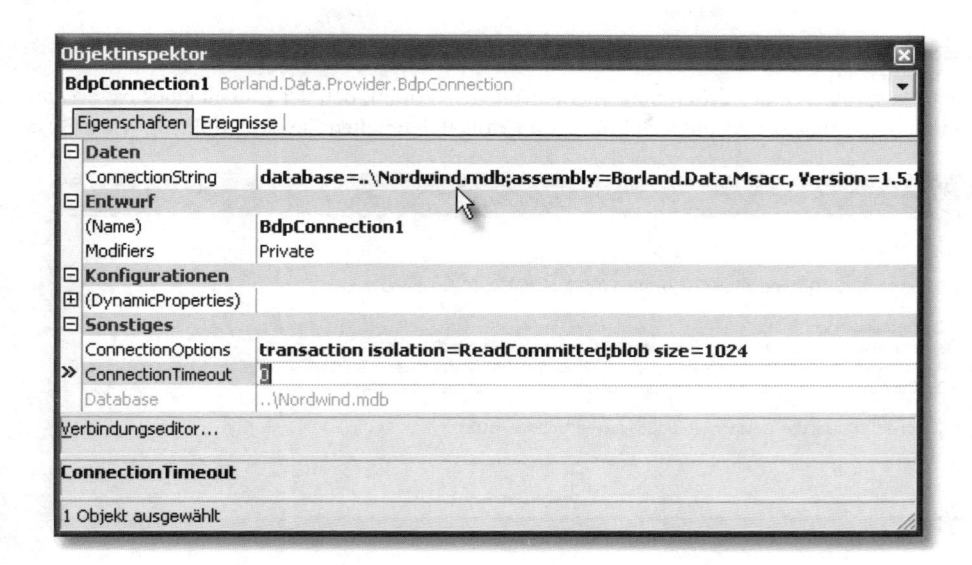

R 8.1 Eine Datenbankverbindung mit dem Assistenten einrichten

- Wie Sie obiger Abbildung entnehmen, haben wir es uns erlaubt, den Datenbankpfad im *ConnectionString* nachträglich in den relativen Pfad *..\Nordwind.mdb* zu verkürzen. Das bedeutet, dass der Standort der Datenbank eine Verzeichnisebene oberhalb des Projektverzeichnisses liegt. Durch den Wegfall eines absoluten Pfades dürfte das Beispiel auch auf anderen Rechnern ohne Probleme laufen. Da auch in allen anderen Beispielen dieses Kapitels, die *Nordwind.mdb* benutzen, der Datenbankpfad auf die gleiche Weise angegeben wird, können alle auf die gleiche Datenbank zugreifen.

Quellcode TWinForm1

Um die Verbindung zu testen, hinterlegen Sie das *Click*-Event des "Verbinden"-Buttons:

```
procedure TWinForm1.Button1_Click(sender: System.Object; e: System.EventArgs);
var CrLf: System.String;
begin
  CrLf := Environment.NewLine;
  try
    BdpConnection1.Open;
    MessageBox.Show('Die Verbindung wurde erfolgreich hergestellt!' + CrLf + CrLf +
                'Datenquelle: ' + BdpConnection1.DataBase + CrLf +CrLf +
                    'Connectionstring: ' + CrLf + BdpConnection1.ConnectionString + CrLf + CrLf +
                'Optionen: ' + BdpConnection1.ConnectionOptions);
  except
    on ex: Exception do MessageBox.Show(ex.Message, 'Fehler bei der Herstellung der Verbindung!');
  end;
  BdpConnection1.Close;
end;
```

Test

Beim Ausprobieren des Programms merken Sie den Vorteil, den der Einbau eines *try-except*-Fehlerauswertungsblocks mit sich bringt. Im Erfolgsfall erhalten Sie eine Meldung wie z.B.:

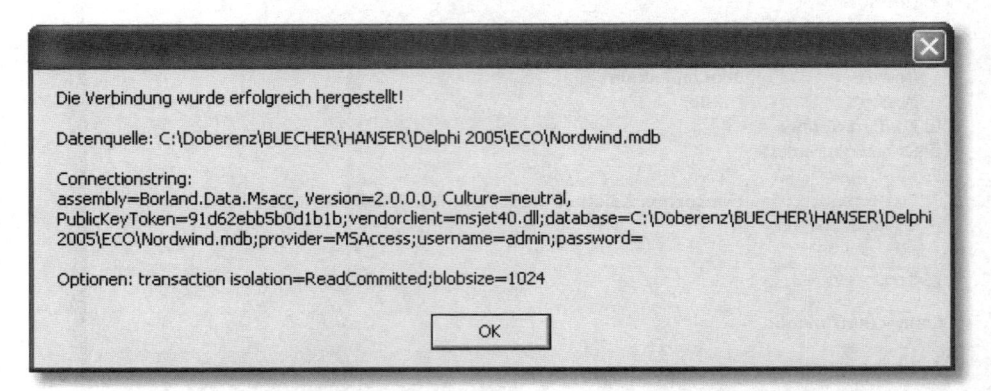

```
Die Verbindung wurde erfolgreich hergestellt!

Datenquelle: C:\Doberenz\BUECHER\HANSER\Delphi 2005\ECO\Nordwind.mdb

Connectionstring:
assembly=Borland.Data.Msacc, Version=2.0.0.0, Culture=neutral,
PublicKeyToken=91d62ebb5b0d1b1b;vendorclient=msjet40.dll;database=C:\Doberenz\BUECHER\HANSER\Delphi
2005\ECO\Nordwind.mdb;provider=MSAccess;username=admin;password=

Optionen: transaction isolation=ReadCommitted;blobsize=1024
```

Bei einem Fehlschlag erhalten Sie mehr oder weniger hilfreiche Hinweise:

```
Fehler bei der Herstellung der Verbindung!

Öffnen der Verbindung fehlgeschlagen. SQL State: 3024, SQL Error Code: -534578963
Datei 'C:\Doberenz\BUECHER\HANSER\Delphi 2005\REZEPTE\Datenbank\Nordwind.mdb' nicht gefunden.
```

In diesem Fall wurde der Standort der Datenbank nachträglich verschoben. Um die Meckerei abzustellen, müssen Sie erneut den Verbindungsassistenten bemühen.

Verbindung zum Microsoft SQL Server

Die Verbindung zum MS SQL Server kann auf prinzipiell gleiche Weise hergestellt werden, nur dass im Daten-Explorer der *MSSQL*-Provider auszuwählen ist. Im Verbindungseditor sind entsprechend andere Einträge vorzunehmen:

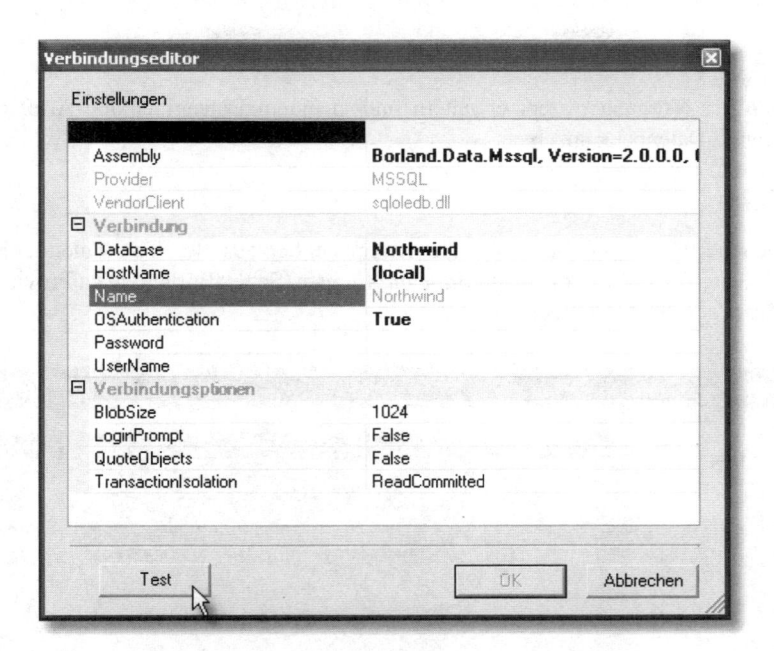

R 8.1 Eine Datenbankverbindung mit dem Assistenten einrichten

Die Einstellungen müssen Sie natürlich Ihren Gegebenheiten vor Ort anpassen. In obiger Abbildung verwenden Sie die Integrierte Windows-Sicherheit (*OSAuthentication=True*).

Hinweis: Den Daten-Explorer erreichen Sie auch über das Windows-Startmenü unter *Programme\Borland Delphi 2005\Datenbank-Explorer*.

Bemerkung

Wenn Sie beim Öffnen der Verbindung eine Fehlermeldung wie die folgende erhalten, so handelt es sich wahrscheinlich um ein noch unter Borland Delphi 8 erstelltes Projekt:

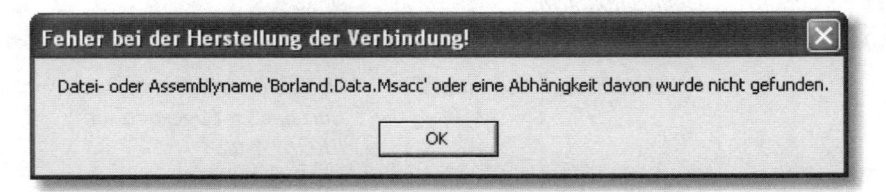

Hier liegen offensichtlich fehlerhafte Bibliotheksverweise vor[1].

---

[1] Dieses Problem hatten wir bei vielen unter Delphi 8 erstellten Projekten, die sich aufgrund von "in der Luft hängender" Verweise unter Delphi 2005 nicht compilieren ließen. Von Abwärtskompatibilität kann da wohl kaum die Rede sein.

R 8.2 Die Bdp-Komponenten benutzen

Wir wollen das Vorgängerrezept erweitern und in einem Datengitter alle Artikel aus der *Nordwind.mdb*-Datenbank anzeigen.

Oberfläche

Zur Bedienoberfläche kommen folgende Komponenten aus der Tool-Palette hinzu: ein *DataGrid* (Seite "Data Controls"), ein *BdpDataAdapter* (Seite "Borland Data Provider ") und ein *DataSet* (Seite "Data Components").

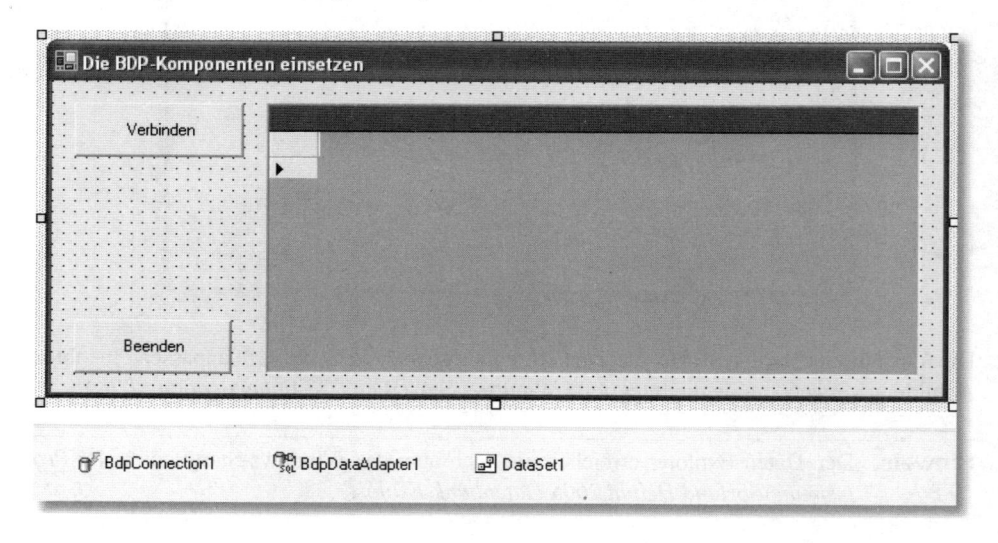

Im Objektinspektor werden die Komponenten miteinander verbunden (siehe folgende Tabelle):

Komponente	Eigenschaft	Wert
BdpConnection1	ConnectionString	siehe R 8.1
BdpDataAdapter1	Connection	*BdpConnection1*
	SelectCommand.CommandText	SELECT ArtikelName, Liefereinheit, Einzelpreis, Lagerbestand FROM Artikel
	DataSet	*DataSet1*
DataSet1	DataSetName	Artikel-Liste
DataGrid1	DataSource	*DataSet1*

Quellcode TWinForm1

Verbindung zur Datenbank herstellen und DataSet füllen:

R 8.2 Die Bdp-Komponenten benutzen

```
procedure TWinForm1.Button1_Click(sender: System.Object; e: System.EventArgs);
begin
  try
    BdpConnection1.Open;
    BdpDataAdapter1.Fill(DataSet1);
  except
    on ex: Exception do MessageBox.Show(ex.Message, 'Fehler');
  end;
  BdpConnection1.Close;
end;
```

Test

Alles scheint wunderbar zu funktionieren. Nachdem die Verbindung zu *Nordwind.mdb* hergestellt ist, lässt sich das DataGrid aufklappen:

Artikel-Liste:			
ArtikelName	Liefereinheit	Einzelpreis	Lagerbestand
Côte de Blaye	12 x 75-cl-Flaschen	2635	17
Thüringer Rostbratwurst	50 Beutel x 30 Würstchen	12379	0
Affenfleisch	1 Kiste a 20kg	985	0
Mishi Kobe Niku	18 x 500-g-Packungen	97	29
Sir Rodney's Marmalade	30 Geschenkkartons	81	40
Carnarvon Tigers	16-kg-Paket	625	42
Raclette Courdavault	5-kg-Packung	55	79

Unsere Freude über die schöne Tabellenansicht wird nach genauerem Hinsehen aber schnell getrübt: beim Einzelpreis fehlt das Komma! Leider lässt sich dieser Fehler nicht so ohne weiteres beheben. Stundenlanges erfolgloses Herumexperimentieren und Umfragen in Newsgroups führten schließlich zu der unfassbaren Erkenntnis:

Hinweis: Die BDP-Komponenten haben beim Zugriff auf Access bzw. den MS SQL Server ein grundsätzliches Problem mit Gleitkommazahlen!

Aufgrund dieses unglaublichen Defekts[1] haben wir in den folgenden Rezepten auf die BDP-Komponenten verzichtet und stattdessen die zuverlässig funktionierenden Microsoft .NET-Datenprovider benutzt.

---

[1] Das ist der Stand von März 2005. Es kann nur gehofft werden, dass das zweite Service Pack auch diesen Bug beseitigt hat.

R 8.3 Auf eine Access-Datenbank zugreifen

Hier wollen wir den OleDb-Zugriff auf die bekannte Beispieldatenbank *Nordwind.mdb* demonstrieren und dabei die wichtigsten ADO.NET-Objekte kennen lernen. Im Unterschied zu den Vorgängerrezepten verwenden wir nicht die Datenzugriffskomponenten der Tool-Palette und verzichten auch auf die Dienste des Verbindungsassistenten. Stattdessen erzeugen wir alle ADO.NET-Objekte per Code, wobei aus guten Gründen (siehe R 8.2) der Microsoft OleDb-Provider zum Einsatz kommt.

Ziel ist die Anzeige aller *Artikel*, geordnet nach ihrem Preis, in einer *ListBox*.

Oberfläche

Öffnen Sie ein neues Projekt vom Typ *Windows Forms-Anwendung* und platzieren Sie auf dem Startformular drei *Button*s und eine *ListBox* (siehe Laufzeitansicht am Schluss):

Quellcode TWinForm1

Zu Beginn des *implementation*-Abschnitts wird die Unit für die Klassenbibliothek des OleDb-Providers eingestellt:

```
uses System.Data.OleDb;
```

Auf globaler Ebene wird zunächst ein *DataSet*-Objekt referenziert:

```
var ds: DataSet;
```

Die Schaltfläche "Mit Access-Datenbank verbinden":

```
procedure TWinForm1.Button1_Click(sender: System.Object; e: System.EventArgs);
```

Zu Beginn deklarieren wir die für den OleDb-Datenbankzugriff typischen Variablen bzw. Objekte:

```
var connStr, selStr: System.String;
    conn: OleDbConnection;
    da: OleDbDataAdapter;
begin
```

Die Verbindungszeichenfolge:

```
    connStr := 'Provider=Microsoft.Jet.OLEDB.4.0; Data Source=..\Nordwind.mdb';
```

Hinweis: Der Standort der *Nordwind.mdb*-Datenbank befindet sich eine Verzeichnisebene oberhalb der Anwendung!

Das *Connection*-Objekt erzeugen:

```
    conn := OleDbConnection.Create(connStr);
```

R 8.3 Auf eine Access-Datenbank zugreifen

Ein leeres *DataSet*-Objekt erzeugen:

```
ds := DataSet.Create;
```

Die SQL-Abfrage definieren:

```
selStr := 'SELECT ArtikelName, Liefereinheit Einzelpreis ' +
          'FROM Kunden ORDER BY Einzelpreis DESC;
```

Ein *DataAdapter*- Objekt erzeugen:

```
da := OleDbDataAdapter.Create(selStr, conn);
```

Nun wird versucht, die Datenbankverbindung zu öffnen und das *DataSet* durch den *DataAdapter* zu füllen (den Namen der Tabelle im *DataSet*, hier "ArtikelListe", bestimmen Sie!):

```
try
    conn.Open;                         // kann entfallen (siehe Bemerkung)
    da.Fill(ds, 'ArtikelListe');
    conn.Close;                        // dto.
except
    on ex: Exception do MessageBox.Show(ex.Message);
end;
end;
```

Im zweiten Eventhandler ("Daten anzeigen") geht es "nur" noch darum, die *ListBox* aus dem (von der Datenquelle abgekoppelten) *DataSet* zu füllen.

```
procedure TWinForm1.Button2_Click(sender: System.Object; e: System.EventArgs);
var dt: DataTable;
    rw: DataRow;
    i: Integer;
    an, ep: System.String;
begin
    ListBox1.Items.Clear;
```

DataTable-Objekt aus der *Tables*-Collection des *DataSet* selektieren:

```
dt := ds.Tables['ArtikelListe'];
```

Alle Datensätze durchlaufen:

```
for i := 0 to dt.Rows.Count-1 do
begin
    rw := dt.Rows[i];
    an := rw['ArtikelName'].ToString;
    ep := Convert.ToDecimal(rw['Einzelpreis']).ToString('C');
```

```
      ListBox1.Items.Add(an + ' :   ' + ep);
   end;
end;
```

Test

Nach dem Compilieren klicken Sie auf die Schaltfläche "Mit Datenbank verbinden". Geht das ohne Fehlermeldung über die Bühne, so wird nicht nur die Verbindung hergestellt, sondern auch das *DataSet* angelegt und gefüllt. Ist das erledigt, wird die Verbindung automatisch wieder getrennt.

Wenn Sie nun auf "Daten anzeigen" klicken, arbeiten Sie nur noch mit dem *DataSet*, denn die Verbindung zur Datenquelle existiert längst nicht mehr. Im Ergebnis wird die Preisliste, beginnend mit den teuersten Artikeln, ausgegeben:

```
Zugriff auf Access-Datenbank (OleDb)

Côte de Blaye (12 x 75-cl-Flaschen) :  263,50 €
Thüringer Rostbratwurst (50 Beutel x 30 Würstchen) :  123,79 €
Affenfleisch (1 Kiste a 20kg) :  98,50 €
Mishi Kobe Niku (18 x 500-g-Packungen) :  97,00 €
Sir Rodney's Marmalade (30 Geschenkkartons) :  81,00 €
Carnarvon Tigers (16-kg-Paket) :  62,50 €
Raclette Courdavault (5-kg-Packung) :  55,00 €
Manjimup Dried Apples (50 x 300-g-Packungen) :  53,00 €
Tarte au sucre (48 Törtchen) :  49,30 €

       Mit Datenbank          Daten anzeigen           Beenden
         verbinden
```

Im Vergleich mit dem Vorgängerrezept R 8.2 (Bdp-Komponenten) gibt es keine Probleme bei der Anzeige des Preises.

Bemerkungen

- Einer der häufigsten Fehler beim Abtippen des Codes ist, dass Sie in der Verbindungszeichenfolge (*connStr*) das Leerzeichen innerhalb "Data Source" vergessen haben.

- Sicherlich werden Sie sich fragen, warum wir die zwei Schaltflächen "Mit Access-DB verbinden" und "Daten anzeigen" nicht zu einer einzigen zusammengefasst haben, denn das würde die Anwendung doch etwas vereinfachen. Wir aber wollten im Sinne eines Lerneffekts die beiden wesentlichen Etappen des ADO.NET-Datenzugriffs ganz bewusst gegenüberstellen:
    1. Die Verbindungsaufnahme mit der Datenquelle erfolgt nur noch zum Zweck der Datenübertragung in das *DataSet*.
    2. Die Arbeit mit den Daten (hier lediglich die Anzeige) wird in dem von der Datenquelle abgekoppelten *DataSet* durchgeführt.

- Wenn Sie die *Open*-Methode auf einem bereits geöffneten *Connection*-Objekt ausführen, wird ein Fehler ausgelöst. Hingegen verursacht der Aufruf von *Close* über einer bereits geschlossenen Verbindung keinen Fehler.

- Es ist kein Versehen der Autoren, wenn in einigen Beispielen das *Connection*-Objekt weder mit *Open* geöffnet, noch mit *Close* geschlossen wird. Gewissermaßen im Hintergrund können *Fill*- und *Update*-Methode eines *DataAdapter*-Objekts die Verbindung öffnen und auch wieder schließen.

R 8.4 Auf den Microsoft SQL Server zugreifen

Die wohl bekannteste Beispieldatenbank des Microsoft SQL Servers ist *Northwind*, das ist die englischsprachige Originalversion der Access-Datenbank *Nordwind.mdb*.

Ziel des vorliegenden Rezepts ist die Anzeige der Artikel und ihrer Preise in einer *ListBox* unter Benutzung des Datenproviders für den SQL Server.

Hinweis: Das Beispiel funktioniert nur, wenn der MS SQL Server bzw. die MSDE und die *Northwind*-Beispieldatenbank vorschriftsmäßig auf Ihrem PC installiert wurden (siehe 1.1.3)!

Oberfläche

Öffnen Sie eine neue Windows Forms-Anwendung und platzieren Sie auf dem Startformular *WinForm1* eine *ListBox* und drei *Button*s.

Quellcode TWinForm1

Sie werden feststellen, dass bis auf den Austausch der Klassen des *OleDb*-Providers durch die Klassen des *SqlClient*-Providers, die veränderte Verbindungszeichenfolge und die Verwendung der englischen Tabellen- und Spaltenbezeichner keine nennenswerten Unterschiede zum Rezept R 8.3 zu verzeichnen sind. Wir sparen uns deshalb weitere Erläuterungen und Kommentare.

```
uses System.Data.SqlClient;

var ds: DataSet;
```

Mit dem SQL Server verbinden:

```
procedure TWinForm1.Button1_Click(sender: System.Object; e: System.EventArgs);
var connStr, selStr: System.String;
    conn: SqlConnection;
    da: SqlDataAdapter;
begin
```

Verbindungszeichenfolge definieren:

```
connStr := 'Data Source=(local); Initial Catalog=Northwind; Integrated Security =True';
conn := SqlConnection.Create(connStr);          // Connection-Objekt erzeugen
ds := DataSet.Create;                            // leeres DataSet-Objekt erzeugen
selStr := 'SELECT ProductName, QuantityPerUnit, UnitPrice FROM Products ' +
          'ORDER BY UnitPrice DESC';             // SQL-Abfrage definieren
da := SqlDataAdapter.Create(selStr, conn);      // DataAdapter-Objekt erzeugen
try                    // Versuch, Datenbankverbindung zu öffnen und DataSet zu füllen
      conn.Open;
      da.Fill(ds, 'List of Products');
      conn.Close();
  except
      on ex: Exception do MessageBox.Show(ex.Message, 'Fehler');
  end
end;
```

Daten anzeigen:

```
procedure TWinForm1.Button2_Click(sender: System.Object; e: System.EventArgs);
var dt: DataTable;
    rw: DataRow;
    i: Integer;
    an, le, ep: System.String;
begin
   ListBox1.Items.Clear;
   dt := ds.Tables['List of Products'];     // DataTable-Objekt selektieren
   for i := 0 to dt.Rows.Count-1 do         // alle Datensätze durchlaufen
   begin
      rw := dt.Rows[i];
      an := rw['ProductName'].ToString;
      le := rw['QuantityPerUnit'].ToString;
      ep := Convert.ToDecimal(rw['UnitPrice']).ToString('C');
      ListBox1.Items.Add(an + ' (' + le + ') :     ' + ep);
   end;
end;
```

Test

Bevor Sie mit dem Test beginnen, sollten Sie sich vergewissern, dass der SQL Server gestartet ist.

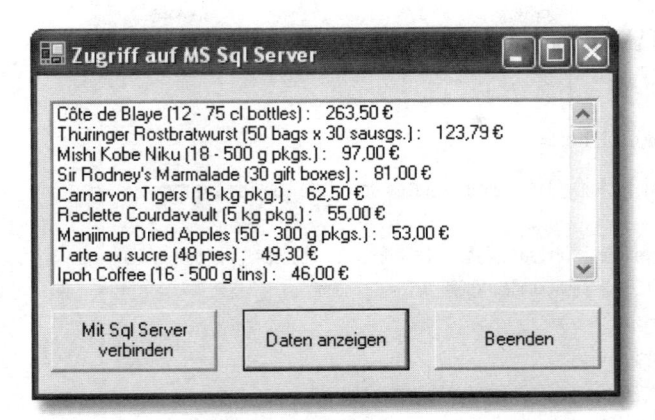

Bemerkungen

- Der manuelle Start des SQl Servers erfolgt am einfachsten über das Symbol 🖳 auf der Windows Taskleiste. Dahinter verbirgt sich der *SQL Server-Dienst-Manager* (*sqlmangr.exe*).
- Wenn die Timeout-Zeit (standardmäßig 30 Sekunden) verstrichen ist, ohne dass eine Verbindung zustande gekommen ist, erscheint eine Fehlermeldung:

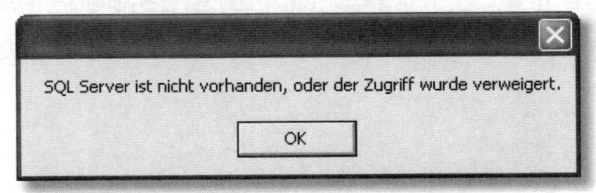

In diesem Fall sollten Sie die Verbindungszeichenfolge überprüfen (exakte Schreibweise des Namens des SQL Servers!) und gegebenenfalls die Sicherheitseinstellungen anpassen.

R 8.5 Den DataReader kennen lernen

Wenn Daten lediglich angezeigt, aber nicht bearbeitet werden müssen, lässt sich dies mit einem *DataReader* wesentlich einfacher und schneller realisieren als mit einem *DataSet*.

In diesem Rezept sollen für die Datenbank *Nordwind.mdb* alle Londoner Kunden mittels *OleDbDataReader* in einer *ListBox* angezeigt werden.

Oberfläche

Öffnen Sie eine neue Windows Forms-Anwendung und platzieren Sie auf *WinForm1* eine breite *ListBox* und zwei *Button*s.

Quellcode TWinForm1

uses System.Data.OleDb;   // !

Die "Start"-Schaltfläche:

```
procedure TWinForm1.Button1_Click(sender: System.Object; e: System.EventArgs);

const CONNSTR = 'Provider=Microsoft.Jet.OLEDB.4.0; Data Source=..\Nordwind.mdb';
      SQLSTR = 'SELECT * FROM Kunden WHERE Ort = "London"';

var conn: OleDbConnection;
    cmd: OleDbCommand;
    dr: OleDbDataReader;       // !
    str: System.String;        // Hilfsvariable für Zusammenbau einer Zeile

begin
  conn := OleDbConnection.Create(CONNSTR);
  cmd := OleDbCommand.Create(SQLSTR, conn);
  conn.Open();                            // Verbindung zur Datenbank wird geöffnet
  dr := cmd.ExecuteReader();              // DataReader-Objekt wird aus Command-Objekt erzeugt
```

Die folgende *while*-Schleife ist typisch für den *DataReader*, sie läuft so lange, bis gilt *dr.Read = False*:

```
  while dr.Read do
  begin
    str := '';
        str := str + dr['KundenCode'].ToString + ' - ';
        str := str + dr['Firma'].ToString + ' - ';
        str := str + dr['Kontaktperson'].ToString + ' - ';
        str := str + dr['Straße'].ToString + ' - ';
        str := str + dr['PLZ'].ToString + ' - ';
        str := str + dr['Ort'].ToString + ' - ';
        ListBox1.Items.Add(str);            // komplette Zeile zur ListBox hinzufügen
  end;
  dr.Close;
  conn.Close;
end;
```

Test

Nach Verbindungsaufnahme mit der Datenbank werden die Datensätze zeilenweise angezeigt:

R 8.6 Access-Auswahlabfragen abrufen

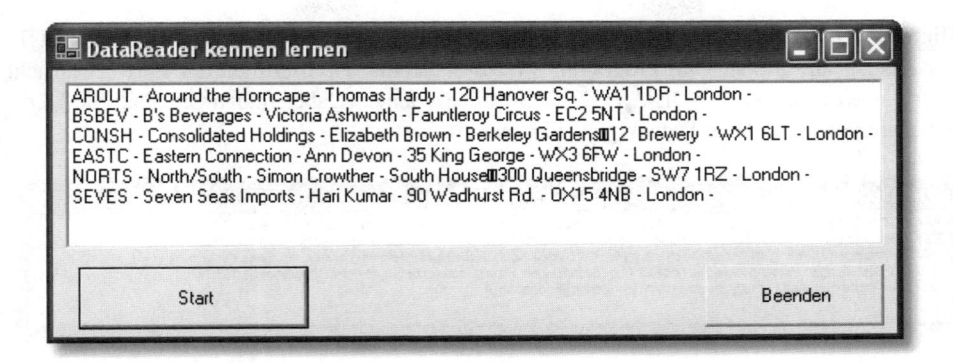

```
DataReader kennen lernen
AROUT - Around the Horncape - Thomas Hardy - 120 Hanover Sq. - WA1 1DP - London -
BSBEV - B's Beverages - Victoria Ashworth - Fauntleroy Circus - EC2 5NT - London -
CONSH - Consolidated Holdings - Elizabeth Brown - Berkeley Gardens 12  Brewery - WX1 6LT - London -
EASTC - Eastern Connection - Ann Devon - 35 King George - WX3 6FW - London -
NORTS - North/South - Simon Crowther - South House 300 Queensbridge - SW7 1RZ - London -
SEVES - Seven Seas Imports - Hari Kumar - 90 Wadhurst Rd. - OX15 4NB - London -

        Start                                         Beenden
```

Bemerkungen

- Die *Read*-Methode des *DataReader* eilt automatisch zum nächsten Datensatz weiter, bis *False* zurückgegeben wird. Ein Vorteil dieser Syntax ist, dass das Weiterbewegen quasi automatisch erfolgt.

- Wie Sie am Inhalt der Konstante CONNSTR erkennen, befindet sich die Datenbank *Nordwind.mdb* eine Ebene oberhalb des Projektverzeichnisses.

R 8.6 Access-Auswahlabfragen abrufen

Die in Access gespeicherten Auswahlabfragen kann man als Äquivalent der Stored Procedures des SQL Servers betrachten. Wenn Sie das Datenbankfenster von *Nordwind.mdb* öffnen, sehen Sie das stattliche Angebot an vorbereiteten Abfragen, die Sie natürlich auch selbst um weitere ergänzen können. Wir wollen im vorliegenden Rezept die Abfrage *Umsätze nach Jahr* testen:

```
Nordwind : Datenbank (Access 2000-Dateifor...
  Öffnen    Entwurf    Neu    X

        Objekte              Liste der aktuellen Artikel
          Tabellen           Personalumsätze nach Land
          Abfragen           Quartalsbestellungen
          Formulare          Quartalsbestellungen nach Artikeln
          Berichte           Rechnungen
          Seiten             Rechnungsfilter
          Makros             Umsätze nach Artikeln für 1997
          Module             Umsätze nach Jahr
          Gruppen            Umsätze nach Kategorie
                             Umsätze nach Kategorie für 1997
```

Hinter jeder Auswahlabfrage verbirgt sich in der Regel eine parametrisierte SQL-SELECT-Anweisung, die Sie sich im Programm *Microsoft Access* durch Öffnen der Entwurfsansicht über das Kontextmenü "SQL-Ansicht" anschauen können. Dabei finden Sie auch die Übergabeparameter und deren Datentypen leicht heraus:

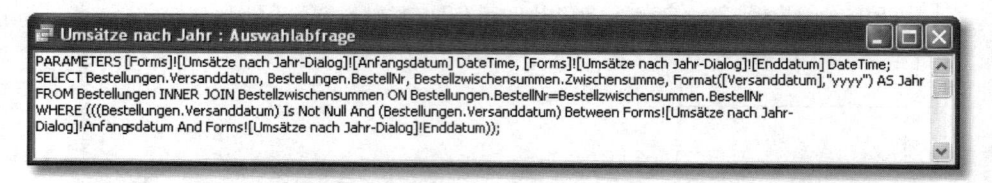

```
Umsätze nach Jahr : Auswahlabfrage
PARAMETERS [Forms]![Umsätze nach Jahr-Dialog]![Anfangsdatum] DateTime, [Forms]![Umsätze nach Jahr-Dialog]![Enddatum] DateTime;
SELECT Bestellungen.Versanddatum, Bestellungen.BestellNr, Bestellzwischensummen.Zwischensumme, Format([Versanddatum],"yyyy") AS Jahr
FROM Bestellungen INNER JOIN Bestellzwischensummen ON Bestellungen.BestellNr=Bestellzwischensummen.BestellNr
WHERE (((Bestellungen.Versanddatum) Is Not Null And (Bestellungen.Versanddatum) Between Forms![Umsätze nach Jahr-
Dialog]!Anfangsdatum And Forms![Umsätze nach Jahr-Dialog]!Enddatum));
```

Oberfläche

Auf *WinForm1* platzieren Sie ein *DataGrid*, zwei *TextBox*en und zwei *Button*s (siehe Laufzeitansicht am Schluss).

Quellcode TWinForm1

`uses System.Data.OleDb;`

Die Schaltfläche "Mit Access-DB verbinden":

```
procedure TWinForm1.Button1_Click(sender: System.Object; e: System.EventArgs);
const connStr = 'Provider=Microsoft.Jet.OLEDB.4.0; Data Source=..\Nordwind.mdb;';
var conn: OleDbConnection;
    cmd: OleDbCommand;
    prm1, prm2: OleDbParameter;
    da: OleDbDataAdapter;
    ds: DataSet;
begin
  conn := OleDbConnection.Create(connStr);
  cmd := OleDbCommand.Create('[Umsätze nach Jahr]', conn);        // in [ ] einschließen!!!
  cmd.CommandType := CommandType.StoredProcedure;
```

Es folgt die Definition der beiden Parameter und das Hinzufügen zur *Parameters*-Auflistung des *Command*-Objekts:

```
prm1 := OleDbParameter.Create('@Anfangsdatum', OleDbType.DBDate);   // !
prm1.Direction := ParameterDirection.Input;
prm1.Value := Convert.ToDateTime(TextBox1.Text);
cmd.Parameters.Add(prm1);
prm2 := OleDbParameter.Create('@Enddatum', OleDbType.DBDate);
prm2.Direction := ParameterDirection.Input;
prm2.Value := Convert.ToDateTime(TextBox2.Text);
cmd.Parameters.Add(prm2);
```

R 8.6 Access-Auswahlabfragen abrufen

Das *Command*-Objekt wird dem Konstruktur des *DataAdapter* übergeben. Nach dem Öffnen der Verbindung startet die Auswahlabfrage. Die zurückgegebenen Datensätze werden in einer im *DataSet* neu angelegten Tabelle unter einem von uns frei bestimmten Namen "Jahresumsätze" gespeichert:

```
da := OleDbDataAdapter.Create(cmd);
ds := DataSet.Create;
try
    conn.Open;
    da.Fill(ds, 'Jahresumsätze');
    conn.Close;
except
    on ex: Exception do MessageBox.Show(ex.ToString, 'Fehler');
end;
DataGrid1.SetDataBinding(ds, 'Jahresumsätze');
end;
```

Test

Nach Eingabe sinnvoller Datumswerte dürfte sich Ihnen ein Anblick entsprechend folgender Abbildung bieten:

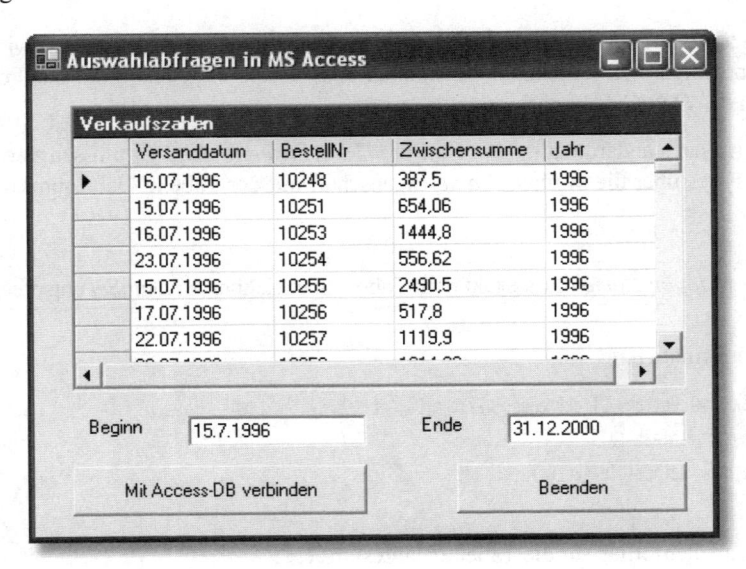

Versanddatum	BestellNr	Zwischensumme	Jahr
16.07.1996	10248	387,5	1996
15.07.1996	10251	654,06	1996
16.07.1996	10253	1444,8	1996
23.07.1996	10254	556,62	1996
15.07.1996	10255	2490,5	1996
17.07.1996	10256	517,8	1996
22.07.1996	10257	1119,9	1996

Beginn: 15.7.1996 Ende: 31.12.2000

R 8.7 Die Spalten im DataGrid formatieren

Verbinden Sie ein *DataGrid* durch Zuweisen seiner *DataSource*- und *DataMember*-Eigenschaft mit einer Datenquelle, so werden standardmäßig alle Spalten der Datenquelle angezeigt. Wollen Sie aber bestimmte Spalten unterdrücken oder deren formatierte Anzeige erzwingen, so lässt sich dies kaum auf die Schnelle erledigen.

Im Vorgängerrezept R 8.6 hatten wir unser *DataGrid* "quick and dirty" mit der Datenquelle verbunden, deshalb wurden alle Spalten ohne jede Formatierung angezeigt, was sich besonders bei der Spalte "Zwischensumme" negativ bemerkbar machte. Das vorliegende Rezept demonstriert, wie eine formatierte Darstellung der Einträge zu erreichen ist.

Sie müssen zunächst ein Tabellenformat (*DataGridTableStyle*) erzeugen und zu diesem für jede gewünschte Spalte ein Spaltenformat (*DataGridTextBoxColumn*) hinzufügen. Schließlich muss das fertige Tabellenformat zum *DataGrid* hinzugefügt werden.

Oberfläche

Im Vergleich zum Rezept R8.6 kann die Bedienoberfläche etwas vereinfacht werden, da beide für den Aufruf der Auswahlabfrage erforderlichen Datumswerte diesmal fest im Quellcode "verdrahtet" werden (siehe Laufzeitansicht am Schluss):

Quellcode

Der hinter *Button1* liegende Code entspricht dem Referenz-Beispiel R 8.6 und wird deshalb hier nicht nochmals wiedergekäut. Wir können uns deshalb vollständig auf das Formatieren der Spalten des *DataGrid* konzentrieren.

Ein *DataGrid* hat standardmäßig kein *DataGridTableStyle*-Objekt. Wir müssen also ein neues erzeugen und es über die *MappingName*-Eigenschaft mit der Tabelle "Jahresumsatz" verbinden.

Hinweis: *MappingName* muss exakt dem Tabellenbezeichner im *DataSet* entsprechen!

Die Spalten formatieren:

```
procedure TWinForm1.Button3_Click(sender: System.Object; e: System.EventArgs);
var ts1: DataGridTableStyle;
    dc1, dc2, dc3: DataGridTextBoxColumn;
begin
```

Ein neues Tabellenformat für die Tabelle "Jahresumsatz":

```
    ts1 := DataGridTableStyle.Create;              // neues Tabellenformat
    ts1.MappingName := DataGrid1.DataMember;       // ... für die Tabelle "Jahresumsatz"
```

Alternierende Farbe zwischen den Zeilen:

```
    ts1.AlternatingBackColor := System.Drawing.Color.Yellow;
```

R 8.7 Die Spalten im DataGrid formatieren

Wir beginnen mit der Formatierung der Währungsspalte:

```
dc1 := DataGridTextBoxColumn.Create;         // neues Spaltenformat
dc1.MappingName := 'Zwischensumme';          // ... für die Datenspalte "Zwischensumme"
dc1.HeaderText := 'Zwischensumme';           // Spaltenüberschrift
dc1.Format := 'c';                           // Währung (entsprechend Ländereinstellung)
dc1.Alignment := HorizontalAlignment.Right;  // rechtsbündig
```

Die Formatobjekte für die übrigen Spalten dürften selbsterklärend sein:

```
dc2 := DataGridTextBoxColumn.Create;         // neues Spaltenformat
dc2.MappingName := 'Versanddatum';           // ... für die Datenspalte "Versanddatum"
dc2.HeaderText := 'Datum';                   // Spaltenüberschrift
dc2.Format := 'm';                           // Monat
dc2.Alignment := HorizontalAlignment.Right;  // rechtsbündig
dc3 := DataGridTextBoxColumn.Create;         // neues Spaltenformat
dc3.MappingName := 'Jahr';                   // ... für die Datenspalte "Jahr"
dc3.HeaderText := 'Jahr';                    // Spaltenüberschrift
dc3.Width := 50;
```

Hinzufügen der Spaltenformate zum Tabellenformat (Reihenfolge von links nach rechts):

```
ts1.GridColumnStyles.Add(dc2);
ts1.GridColumnStyles.Add(dc3);
ts1.GridColumnStyles.Add(dc1);
```

Tabellenformat zum DataGrid hinzufügen:

```
DataGrid1.TableStyles.Add(ts1);
end;
```

Test

Nach dem Verbinden mit *Nordwind.mdb* erscheint zunächst die unformatierte Darstellung, aber dann erfreut Sie der folgende Anblick:

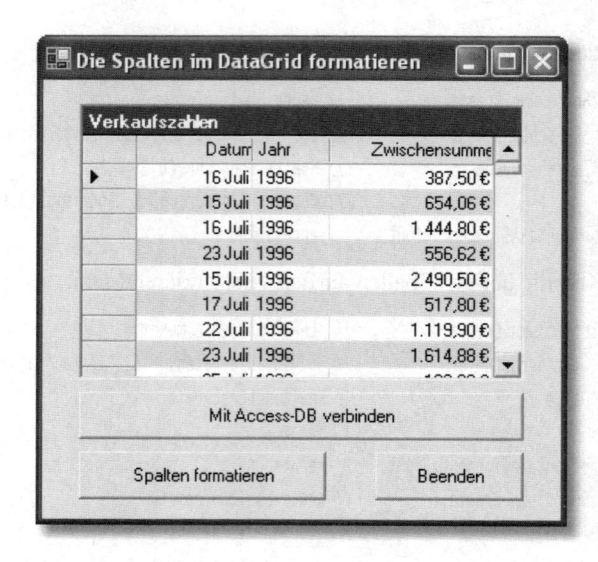

Bemerkungen

- Alle Spalten, zu denen kein *DataGridTextBoxColumn*-Objekt erstellt wurde, fehlen in der Anzeige.

- Die *AlternatingBackColor*-Eigenschaft des *DataGrid* lässt sich auch zur Entwurfszeit setzen.

- Sie können auch jeden anderen Code, in dem ein mit einem *DataSet* verbundenes *DataGrid* vorkommt, zum Ausprobieren verwenden.

R 8.8 Master-Detailbeziehungen im DataGrid anzeigen

Das *DataSet* beeindruckt durch seine Vielfalt und Komplexität, die auch das Verknüpfen mehrerer Tabellen erlaubt.

In diesem Rezept zeigen wir die durch eine Master-Detail-Relation verknüpften Tabellen "Kunden" und "Bestellungen" aus der *Nordwind*-Datenbank in einem *DataGrid* an.

Oberfläche

Platzieren Sie auf *WinForm1* ein *DataGrid* und zwei *Button*s.

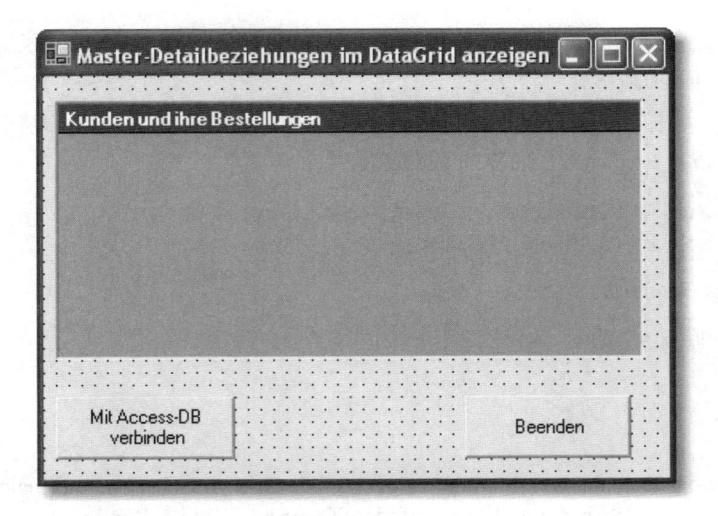

R 8.8 Master-Detailbeziehungen im DataGrid anzeigen

Quellcode TWinForm1

`uses System.Data.OleDb;`

Mit der Datenbank verbinden:

```
procedure TWinForm1.Button1_Click(sender: System.Object; e: System.EventArgs);
const CONNSTR = 'Provider=Microsoft.Jet.OLEDB.4.0; Data Source=..\Nordwind.mdb;' ;

var selStr: System.String;
   conn: OleDbConnection;
   da: OleDbDataAdapter;
   ds: DataSet;
begin
   conn := OleDbConnection.Create(connStr);
```

Die Tabelle "Kunden" wird in das *DataSet* geladen:

```
selStr := 'SELECT KundenCode, Firma, Kontaktperson, Telefon FROM Kunden';
da := OleDbDataAdapter.Create(SELSTR, conn);
ds := DataSet.Create;
conn.Open;
da.Fill(ds, 'Kunden');
```

Die Tabelle "Bestellungen" wird geladen:

```
selStr := 'SELECT Bestellungen.BestellNr, Bestellungen.KundenCode,' +
          ' Bestellungen.Bestelldatum, Bestellungen.Versanddatum' +
          ' FROM Kunden, Bestellungen' +
          ' WHERE Kunden.KundenCode = Bestellungen.KundenCode';
```

```
da := OleDbDataAdapter.Create(selStr, conn);
da.Fill(ds, 'Bestellungen');
conn.Close;
```

Die *DataRelation* wird zum *DataSet* hinzugefügt:

```
ds.Relations.Add('KundenBestellungen', ds.Tables['Kunden'].Columns['KundenCode'],
  ds.Tables['Bestellungen'].Columns['KundenCode']);
```

Anbinden des *DataGrid*:

```
DataGrid1.SetDataBinding(ds, 'Kunden');
end;
```

Test

Nach Aufbau der Datenbankverbindung zeigt das DataGrid zunächst eine normale Tabellendarstellung, die Sie aber durch Klick auf das Kreuzchen (linke Randspalte) expandieren können:

Nachdem Sie auf den Hotspot "KundenBestellungen" klicken (siehe obige Abbildung), erscheinen im DataGrid die gewünschten Detaildatensätze:

R 8.9 Mit der ComboBox zwei Tabellen verknüpfen

Auch eine *ComboBox* eignet sich gut zum Implementieren von Master-Detail-Beziehungen, so dass Sie in vielen Fällen auf das Hinzufügen von *DataRelation*-Objekten verzichten können.

Ziel dieses Rezepts ist die Verknüpfen der Tabellen *Bestellungen* (Mastertabelle) mit der Tabelle *Personal* (Detailtabelle) der Datenbank *Nordwind.mdb*.

Hinweis: Wir haben vorsorglich die Spalte "Position" der Tabelle *Personal* umbenannt in "Funktion", um Probleme mit dem SQL-Wort POSITION zu vermeiden.

Oberfläche

Öffnen Sie eine neue Windows Forms-Anwendung und gestalten Sie die abgebildete Benutzerschnittstelle:

Quellcode TWinForm1

```
type
  TWinForm1 = class(System.Windows.Forms.Form)
  ...
  private
    procedure bindControls;        // !
  ...
  end;

implementation
```

```
uses System.Data.OleDb;
...
```

Die benötigten globalen Variablen:

```
var conn: OleDbConnection;
    daBest, daPers: OleDbDataAdapter;
    ds: DataSet;
    bm: BindingManagerBase;
```

Die zahlreichen Anfangsaktivitäten werden am besten in den Konstruktor verlagert:

```
constructor TWinForm1.Create;

const CONNSTR = 'Provider=Microsoft.Jet.OLEDB.4.0; Data Source=..\Nordwind.mdb;';
      SELSTR_BEST = 'SELECT BestellNr, KundenCode, PersonalNr, Empfänger, Bestelldatum ' +
                    'FROM Bestellungen ORDER BY Bestelldatum';
      SELSTR_PERS = 'SELECT PersonalNr, Nachname, Vorname, Funktion ' +
                    'FROM Personal ORDER BY Nachname';
      UPDSTR = 'UPDATE Bestellungen SET Empfänger = ?, KundenCode = ?, Bestelldatum = ?, ' +
               'PersonalNr = ? WHERE BestellNr = ?';
      INSSTR = 'INSERT INTO Bestellungen (Empfänger, KundenCode, Bestelldatum, PersonalNr) ' +
               'VALUES(?, ?, ?, ?)';
      DELSTR = 'DELETE FROM Bestellungen WHERE BestellNr = ?';

var updCmd, insCmd, delCmd: OleDbCommand;
    updPrm, delPrm: OleDbParameter;

begin
  ...
  conn := OleDbConnection.Create(CONNSTR);
  daBest := OleDbDataAdapter.Create(SELSTR_BEST, conn);
```

Für das Zusammenbasteln der drei *Command*-Objekte der Mastertabelle ist einige Handarbeit erforderlich (auf den Einsatz eines *CommandBuilder* wollen wir hier verzichten).

UpdateCommand:

```
updCmd := OleDbCommand.Create(UPDSTR, conn);
updCmd.Parameters.Add('@p1', OleDbType.VarChar, 40, 'Empfänger');
updCmd.Parameters.Add('@p2', OleDbType.Char, 5, 'KundenCode');
updCmd.Parameters.Add('@p3', OleDbType.DBTimeStamp, 8, 'Bestelldatum');
updCmd.Parameters.Add('@p4', OleDbType.Integer, 4, 'PersonalNr');
updPrm := updCmd.Parameters.Add('@p5', OleDbType.Integer);
updPrm.SourceColumn := 'BestellNr';
```

R 8.9 Mit der ComboBox zwei Tabellen verknüpfen

```
  updPrm.SourceVersion := DataRowVersion.Original;
  daBest.UpdateCommand := updCmd;
```

InsertCommand:

```
  insCmd := OleDbCommand.Create(INSSTR, conn);
  insCmd.Parameters.Add('@p1', OleDbType.VarChar, 40, 'Empfänger');
  insCmd.Parameters.Add('@p2', OleDbType.Char, 5, 'KundenCode');
  insCmd.Parameters.Add('@p3', OleDbType.DBTimeStamp, 8, 'Bestelldatum');
  insCmd.Parameters.Add('@p4', OleDbType.Integer, 4, 'PersonalNr');
  daBest.InsertCommand := insCmd;
```

DeleteCommand:

```
  delCmd := OleDbCommand.Create(DELSTR, conn);
  delPrm := delCmd.Parameters.Add('@p1', OleDbType.Integer, 4, 'BestellNr');
  delPrm.SourceVersion := DataRowVersion.Original;
  daBest.DeleteCommand := delCmd;
```

Für die Detailtabelle genügt die *SelectCommand*-Eigenschaft, da hier nur eine Anzeige und keine Bearbeitung erforderlich ist (INSERT-, UPDATE- und DELETE-Befehle sind nicht auszuführen). Mit dem folgenden Konstruktor wird auch das *SelectCommand*-Objekt des *DataAdapter* erstellt:

```
  daPers := OleDbDataAdapter.Create(SELSTR_PERS, conn);
```

Nun aber geht es richtig los:

```
  ds := DataSet.Create;
  try                    // Ausführen der SQL-Abfrage (Anlegen und Füllen der Tabellen)
    conn.Open;
    daBest.Fill(ds, 'Bestellungen');
    daPers.Fill(ds, 'Personal');
    conn.Close;
    bindControls;        // Anbinden der Steuerelemente
  except
    on ex: Exception do MessageBox.Show(ex.Message, 'Fehler beim Öffnen der Datenbank');
  end;
end;
```

Es dient der Übersichtlichkeit, wenn wir hier eine eigene Methode zum Anbinden der Steuerelemente verwenden:

```
procedure TWinForm1.bindControls;
var dtBest, dtPers: DataTable;
begin
```

Anbinden der Hauptmaske an die Mastertabelle:

```
dtBest := ds.Tables['Bestellungen'];
Label1.DataBindings.Add('Text', dtBest, 'BestellNr');
TextBox1.DataBindings.Add('Text', dtBest, 'KundenCode');
TextBox2.DataBindings.Add('Text', dtBest, 'Bestelldatum');
TextBox3.DataBindings.Add('Text', dtBest, 'Empfänger');
```

Anbinden der Detaildaten:

```
dtPers := ds.Tables['Personal'];
```

Die beiden Tabellen mittels ComboBox verknüpfen:

```
ComboBox1.DataSource := dtPers;
ComboBox1.DisplayMember := 'Nachname';
ComboBox1.ValueMember := 'PersonalNr';
```

Anbinden an die Mastertabelle:

```
ComboBox1.DataBindings.Add('SelectedValue', dtBest, 'PersonalNr');
```

Weitere Detaildaten anzeigen:

```
Label6.DataBindings.Add('Text', dtPers, 'Vorname');
Label7.DataBindings.Add('Text', dtPers, 'PersonalNr');
Label8.DataBindings.Add('Text', dtPers, 'Funktion');
```

Nicht vergessen: Die Synchronisation aller Steuerelemente des Formulars mit der Master-Tabelle:

```
  bm := Self.BindingContext[dtBest];
end;
```

Nun zum Durchblättern der Datensätze.

Zum Anfang:

```
procedure TWinForm1.Button1_Click(sender: System.Object; e: System.EventArgs);    // |<
begin
  bm.Position := 0;
end;
```

Zurück:

```
procedure TWinForm1.Button2_Click(sender: System.Object; e: System.EventArgs);    // <
begin
  bm.Position := bm.Position - 1;
end;
```

R 8.9 Mit der ComboBox zwei Tabellen verknüpfen

Vorwärts:

```
procedure TWinForm1.Button3_Click(sender: System.Object; e: System.EventArgs);    // >
begin
  bm.Position := bm.Position + 1 ;
end;
```

Zum Ende:

```
procedure TWinForm1.Button4_Click(sender: System.Object; e: System.EventArgs);    // >|
begin
  bm.Position := bm.Count - 1;
end;
```

Es folgen die Methoden zum Manipulieren der Datensätze.

Neue Bestellung hinzufügen:

```
procedure TWinForm1.Button5_Click(sender: System.Object; e: System.EventArgs);    // Neu
begin
  bm.AddNew;
end;
```

Aktuelle Bestellung löschen:

```
procedure TWinForm1.Button6_Click(sender: System.Object; e: System.EventArgs);    // Löschen
begin
  bm.RemoveAt(bm.Position);
end;
```

Änderungen vom DataSet zurück in die Datenbank schreiben:

```
procedure TWinForm1.Button7_Click(sender: System.Object; e: System.EventArgs);    // Update
begin
  bm.EndCurrentEdit;
  try                    // geänderte Masterdaten vom DataSet in Datenbank übertragen
    conn.Open;
    daBest.Update(ds, 'Bestellungen');
    conn.Close;
  except
    on ex: Exception do MessageBox.Show(ex.Message, 'Fehler beim Aktualisieren');
  end;
end;
```

Die aktuelle Operation abbrechen:

```
procedure TWinForm1.Button8_Click(sender: System.Object; e: System.EventArgs);    // Abbrechen
begin
```

```
   bm.CancelCurrentEdit;
end;
```

Test

Obwohl auf eine Fehlerbehandlung verzichtet wurde, arbeitet die Anwendung dennoch relativ stabil.

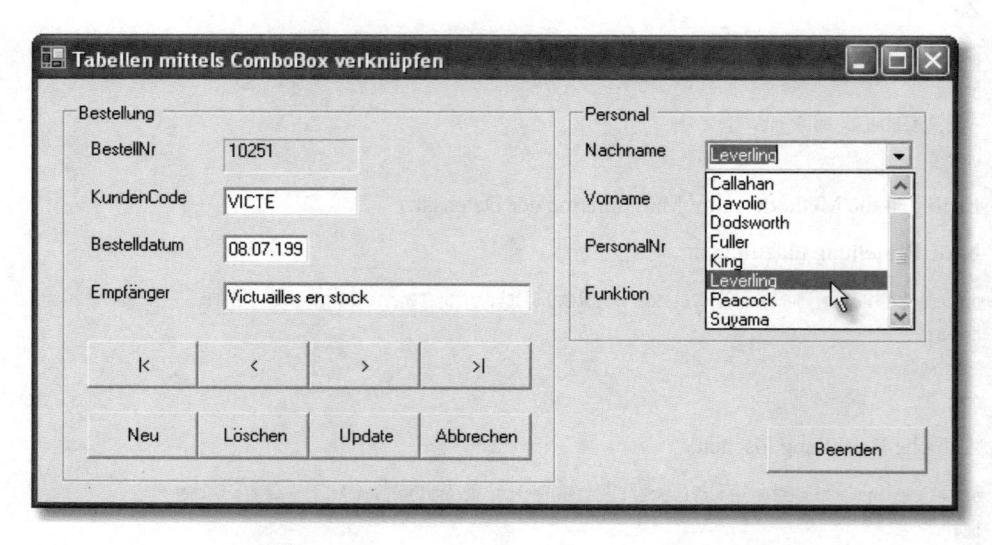

[Abbildung: Formular "Tabellen mittels ComboBox verknüpfen" mit Bestellung (BestellNr 10251, KundenCode VICTE, Bestelldatum 08.07.199, Empfänger Victuailles en stock) und Personal-Auswahlliste (Callahan, Davolio, Dodsworth, Fuller, King, Leverling, Peacock, Suyama)]

Die übrigen Felder der Detailtabelle werden nach jeder neuen Auswahl sofort aktualisiert:

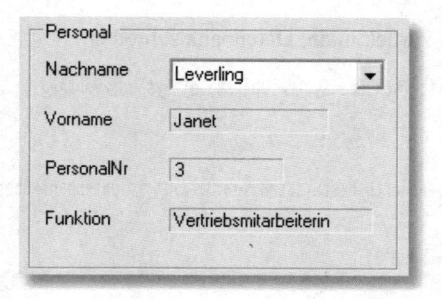

[Abbildung: Personal – Nachname: Leverling, Vorname: Janet, PersonalNr: 3, Funktion: Vertriebsmitarbeiterin]

R 8.10 Steuerelemente an die Datenquelle binden

Es liegt in der Natur von ADO.NET (strikte Trennung von Datenbank und Benutzerschnittstelle), dass die direkte Datenbindung von Steuerelementen an die Datenbank keinen rechten Sinn mehr ergibt. Vom (ach so bequemen) Prinzip der Bound Controls, wie es bis Delphi 7 praktiziert wurde, muss man sich deshalb unter .NET tränenden Auges verabschieden und stattdessen den steinigen Weg der *Binding*-Objekte beschreiten.

R 8.10 Steuerelemente an die Datenquelle binden

Das vorliegende Rezept demonstriert das Prinzip der Datenbindung. Außerdem lernen Sie, wie man dabei beliebig formatierte Ausgaben erzwingen kann. Gezeigt wird die Programmierung einer Datenbank-Eingabemaske mit Navigationsschaltflächen zum Vor- und Rückwärtsbewegen, zum Hinzufügen, Aktualisieren und Löschen!

> **Hinweis:** Damit es nicht zu langweilig wird, benutzen wir diesmal anstatt *Nordwind.mdb* die Datenbank *Firma.mdb*, die sich direkt im Projektverzeichnis befindet und in der wir ungehemmt ändern und löschen können.

Bedienoberfläche

Öffnen Sie eine neue Windows Forms-Anwendung. Über die Gestaltung des Eingabeformulars *WinForm1* informiert Sie die folgende Abbildung:

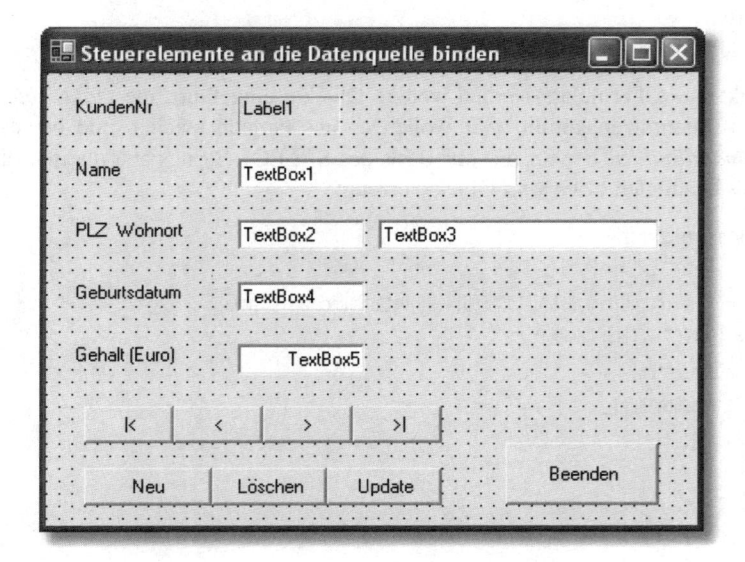

Quellcode TWinForm1

Zwecks formatierter Anzeige von Geburtsdatum und Gehalt sind pärchenweise die entsprechenden Formatierungsmethoden in der Klassendeklaration von *TWinForm1* zu definieren:

```
type
  TWinForm1 = class(System.Windows.Forms.Form)
  ...
  private
    procedure DateToDateString(sender: System.Object; e: ConvertEventArgs);   // !
    procedure DateStringToDate(sender: System.Object; e: ConvertEventArgs);   // !
```

```
    procedure DecToCurrString(sender: System.Object; e: ConvertEventArgs);    // !
    procedure CurrStringToDec(sender: System.Object; e: ConvertEventArgs);    // !
  ...
end;

implementation;
uses System.Data.OleDb;
...
```

Auf globaler Ebene deklarieren wir zunächst einige Objektreferenzen. Die (abstrakte) *BindingManagerBase*-Klasse dient der Verwaltung sämtlicher *Binding*-Objekte für eine bestimmte Datenquelle:

```
var  bm: BindingManagerBase;         // !
     dt: DataTable;
     da: OleDbDataAdapter;
```

Im Konstruktor des Formulars werden weitere Objekte eingeführt, die *DataTable* wird mit den Kunden-Datensätzen gefüllt. Wir wollen es uns einfach machen und benutzen einen *OleDbCommandBuilder*, der für uns auf Basis des SELECT-Strings automatisch die für den *DataAdapter* benötigten *Command*-Objekte erzeugt.

```
constructor TWinForm1.Create;

const CONNSTR = 'Provider=Microsoft.Jet.OLEDB.4.0; Data Source=Firma.mdb;' ;
      SELSTR  = 'SELECT * FROM Kunden';
var conn: OleDbConnection;
    cb: OleDbCommandBuilder;         // !
    b1, b2: Binding;                 // !

begin
  ...
  conn := OleDbConnection.Create(CONNSTR);
  da := OleDbDataAdapter.Create(SELSTR, conn);
```

Der *CommandBuilder* erzeugt *Insert-*, *Update-* und *DeleteCommand* automatisch auf Basis der *SelectCommand*-Eigenschaft des übergebenen *DataAdapter*-Objekts:

```
  cb := OleDbCommandBuilder.Create(da);
  da.SelectCommand := OleDbCommand.Create(SELSTR, conn);
```

Die Kunden-Tabelle wird erzeugt und gefüllt, wobei sie nur kurzzeitig mit der Datenbank verbunden ist:

```
  dt := DataTable.Create('Kunden');
  conn.Open;
```

R 8.10 Steuerelemente an die Datenquelle binden

```
da.Fill(dt);
conn.Close;
```

Nun werden die erforderlichen Datenbindungen der Steuerelemente eingerichtet. Datenbindungen für einfache Steuerelemente, wie *Label* und *TextBox*, werden durch Hinzufügen von *Binding*-Objekten zu einer *ControlBindingsCollection* erstellt.

Wird – wie bei den folgenden Steuerelementen – auf spezielle Formatierungen verzichtet, so ist das Anbinden der Eingabemaske an die *DataTable* pro Control mit einer Zeile Code erledigt:

```
Label1.DataBindings.Add('Text', dt, 'Nr');
TextBox1.DataBindings.Add('Text', dt, 'Nachname');
TextBox2.DataBindings.Add('Text', dt, 'PLZ');
TextBox3.DataBindings.Add('Text', dt, 'Ort');
```

Mit den beiden übrigen TextBoxen für *Geburtsdatum* und *Gehalt* könnten wir zwar ebenso verfahren, hätten dann aber wenig Freude an der Anzeige (lästige Sekunden, kein Euro-Symbol, ...). Da aber eine bestimmte Datums- bzw. Währungsformatierung gewünscht ist, sind separate *Binding*-Objekte unumgänglich. Deren *Format*-Event feuert immer dann, wenn das Steuerelement neue Daten anzeigen will, das *Parse*-Event dann, wenn das Steuerelement die Daten in die Datenquelle zurückschreiben muss.

Beginnen wir mit dem Anbinden der TextBox zur Anzeige des Geburtsdatums:

```
b1 := Binding.Create('Text', dt, 'Geburtstag');
```

Zuweisen der Ereignisse zu den Formatierungsmethoden (siehe unten):

```
include(b1.Format, Self.DateToDateString);
include(b1.Parse, Self.DateStringToDate);
TextBox4.DataBindings.Add(b1);
```

Die TextBox für das Gehalt wird auf analoge Weise angebunden:

```
b2 := Binding.Create('Text', dt, 'Gehalt');
```

Zuweisen der Ereignisse zu den Formatierungsmethoden (siehe unten):

```
include(b2.Format, Self.DecToCurrString);
include(b2.Parse, Self.CurrStringToDec);
TextBox5.DataBindings.Add(b2);
```

Wichtig ist das Zuweisen der *BindingContext*-Eigenschaft unseres Eingabeformulars zur *BindingManagerBase*, das dient der Synchronisation aller Steuerelemente des Formulars mit der DataTable:

```
bm := Self.BindingContext[dt];
end;
```

Offen ist noch die Implementierung der vier Eventhandler, die das "Wie" der Formatierungen bestimmen. Beginnen wir mit dem Geburtsdatum:

DataTable → Anzeige:

```
procedure TWinForm1.DateToDateString(sender: System.Object; e: ConvertEventArgs);
begin
   try
     e.Value := Convert.ToDateTime(e.Value).ToString('d.M.yyyy');
   except
   end;
end;
```

Anzeige → DataTable:

```
procedure TWinForm1.DateStringToDate(sender: System.Object; e: ConvertEventArgs);
begin
   e.Value := Convert.ToDateTime(e.Value);
end;
```

Die Formatierung des Gehalts als Währung:

DataTable → Anzeige:

```
procedure TWinForm1.DecToCurrString(sender: System.Object; e: ConvertEventArgs);
begin
  try
     e.Value := Convert.ToDecimal(e.Value).ToString('#,##0.00');
  except
  end;
end;
```

Anzeige → DataTable:

```
procedure TWinForm1.CurrStringToDec(sender: System.Object; e: ConvertEventArgs);
begin
   e.Value := Decimal.Parse(e.Value.ToString);
end;
```

Es folgen die Bewegungsmethoden zum Durchblättern der Datensätze.

Vorwärts:

```
procedure TWinForm1.Button3_Click(sender: System.Object; e: System.EventArgs);
begin
   bm.Position := bm.Position + 1;
end;
```

R 8.10 Steuerelemente an die Datenquelle binden

Zurück:

```
procedure TWinForm1.Button2_Click(sender: System.Object; e: System.EventArgs);
begin
   bm.Position := bm.Position - 1;
end;
```

Zum Anfang:

```
procedure TWinForm1.Button1_Click(sender: System.Object; e: System.EventArgs);
begin
   bm.Position := 0;
end;
```

Zum Ende:

```
procedure TWinForm1.Button4_Click(sender: System.Object; e: System.EventArgs);
begin
   bm.Position := bm.Count-1;
end;
```

Beim Hinzufügen eines neuen Datensatzes verlassen wir uns auf die vom *OleDbCommand-Builder* im Hintergrund erzeugte *InsertCommand*-Eigenschaft für den *OleDbDataAdapter*:

```
procedure TWinForm1.Button5_Click(sender: System.Object; e: System.EventArgs);
begin
   bm.AddNew;
end;
```

Analoges gilt für das Löschen eines Datensatzes:

```
procedure TWinForm1.Button6_Click(sender: System.Object; e: System.EventArgs);
begin
   bm.RemoveAt(bm.Position);
end;
```

Beim Aktualisieren (Update) werden alle an der DataTable vorgenommenen Änderungen in einem Schwung zurück in die Datenbank übertragen:

```
procedure TWinForm1.Button7_Click(sender: System.Object; e: System.EventArgs);
begin
   bm.EndCurrentEdit;
   da.Update(dt);
end;
```

Test

Erproben Sie alle Möglichkeiten, die Ihnen das Programm bietet! Da es um die Datenbank nicht schade ist, können Sie hier hemmungslos hinzufügen und löschen.

Weil der Primärschlüssel (*Nr*) des Kunden als Autowert von der Access-Datenbank-Engine vergeben wird, erscheint er nicht sofort nach dem Hinzufügen eines neuen Datensatzes, sondern erst nach vorübergehendem Schließen und Öffnen der Datenbankverbindung, was in unserem Fall ein Beenden und erneutes Starten des Programms bedeutet.

Hinweis: Vergessen Sie nicht, nach vorgenommenen Änderungen den "Update"-Button zu betätigen, anderenfalls werden die Änderungen zwar in die DataTable, nicht aber in die Datenbank übertragen!

Bemerkungen

- Die Methoden der *BindingManagerBase*-Klasse sind recht leistungsfähig. So ersetzt z.B. die Anweisung

```
bm.AddNew;
```

die Anweisungsfolge:

```
aRow := aTable.NewRow();
aTable.Rows.Add(aRow);
bm.Position := bm.Count;
```

Die Anweisung

```
bm.RemoveAt(cm.Position);
```

ersetzt

```
aRow := aTable.Rows(bm.Position);
```

```
aRow.Delete;
```

Ein Abbrechen des aktuellen Editiervorgangs ist möglich mit:

```
bm.CancelCurrentEdit();
```

- Da bei einer Datenbindung die Daten normalerweise in beiden Richtungen fließen – von der Datenquelle zum Steuerelement zwecks Anzeige und umgekehrt vom Steuerelement in die Datenquelle zwecks Eingabe – müssen zur Formatierung der Anzeige sowohl Eventhandler für das *Format*- als auch für das *Parse*-Ereignis des entsprechenden *Binding*-Objekts hinzugefügt werden.

- Handelt es sich nicht nur um eine, sondern um mehrere miteinander verknüpfte Tabellen, so ist der *CommandBuilder* leider mit seinem Latein am Ende und die *InsertCommand*-, *UpdateCommand*- und *DeleteCommand*-Objekte des *DataAdapter* müssen von Ihnen in Handarbeit ausprogrammiert werden.

- Statt der *BindingManagerBase*-Klasse könnten Sie auch die davon abgeleitete *CurrencyManager*-Klasse verwenden.

R 8.11 Bilder aus der Datenbank anzeigen

In der "Personal"-Tabelle der *Nordwind*-Datenbank ist eine Spalte "Foto" (*Text*-Datentyp) enthalten, in der die Dateinamen der entsprechenden Bitmaps abgelegt sind (*EmpID1.bmp*, *EmpID2.bmp*, ...).

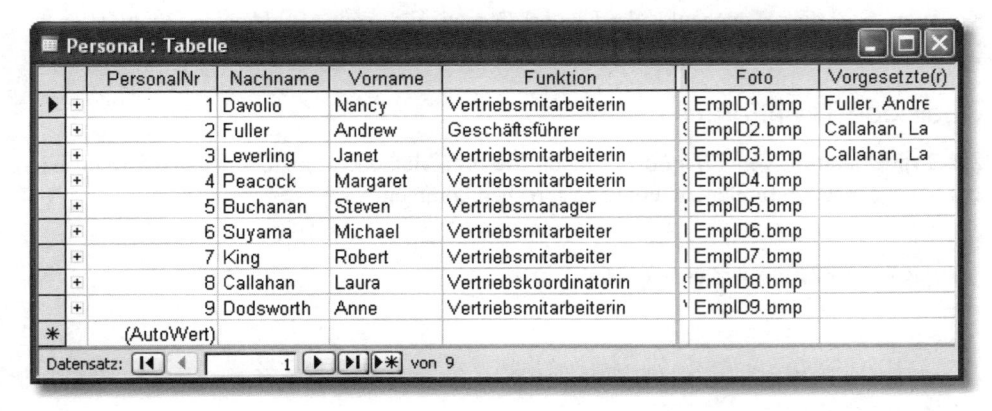

	PersonalNr	Nachname	Vorname	Funktion	Foto	Vorgesetzte(r)
+	1	Davolio	Nancy	Vertriebsmitarbeiterin	EmpID1.bmp	Fuller, Andre
+	2	Fuller	Andrew	Geschäftsführer	EmpID2.bmp	Callahan, La
+	3	Leverling	Janet	Vertriebsmitarbeiterin	EmpID3.bmp	Callahan, La
+	4	Peacock	Margaret	Vertriebsmitarbeiterin	EmpID4.bmp	
+	5	Buchanan	Steven	Vertriebsmanager	EmpID5.bmp	
+	6	Suyama	Michael	Vertriebsmitarbeiter	EmpID6.bmp	
+	7	King	Robert	Vertriebsmitarbeiter	EmpID7.bmp	
+	8	Callahan	Laura	Vertriebskoordinatorin	EmpID8.bmp	
+	9	Dodsworth	Anne	Vertriebsmitarbeiterin	EmpID9.bmp	
*	(AutoWert)					

Das vorliegende Rezept zeigt Ihnen, wie Sie diese Bilder in einer *PictureBox* darstellen können. Außerdem gibt es für den Einsteiger eine gute Wiederholung in Sachen "Kleines Einmaleins der Datenbindung", siehe

☞ R 8.10 Steuerelemente an die Datenquelle binden

Oberfläche

Öffnen Sie eine neue Windows Forms-Anwendung. Wie Sie der Abbildung entnehmen, brauchen Sie neben einigen *TextBox*en, *Label*s und *Button*s auch eine *PictureBox* mit *SizeMode = AutoSize* (die genauen Abmessungen spielen deshalb keine Rolle).

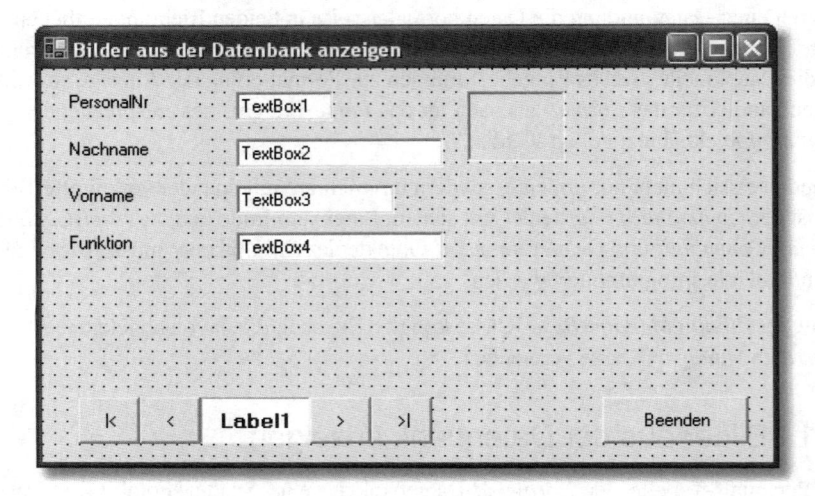

Vorbereitungen

Kopieren Sie die Datenbank *Nordwind.mdb* und die neun Bilddateien *EmpID1.bmp*, *EmpID2.bmp* ... *EmpID9.bmp* (sind auf der Buch-CD enthalten) in das Projektverzeichnis.

Quellcode TWinForm1

Zur Typdeklaration von *TWinForm1* fügen Sie drei Methoden hinzu, auf deren Zweck wir erst bei der späteren Implementierung zu sprechen kommen:

```
type
  TWinForm1 = class(System.Windows.Forms.Form)
  ...
  private
    procedure cm_PositionChanged(sender: System.Object; e: System.EventArgs);   // !
    procedure showPosition;       // !
    procedure showFoto;           // !
  end;

implementation
uses System.Data.OleDb,            // für Datenbankprovider
     System.IO;                    // für Dateizugriff
...
```

R 8.11 Bilder aus der Datenbank anzeigen

Der *CurrencyManager* (ein Abkömmling der *BindingManagerBase*-Klasse) verwaltet für das Formular die Datenbindung der Steuerelemente:

```
var cm: CurrencyManager;
```

Zu Beginn werden die Datenzugriffsobjekte erzeugt, die Datenbankabfrage durchgeführt, die *DataTable* gefüllt und die *TextBox*-Steuerelemente an die entsprechenden Spalten angebunden:

```
constructor TWinForm1.Create;
var conn: OleDbConnection;
    cmdSel: OleDbCommand;
    da: OleDbDataAdapter;
    dt: DataTable;
begin
    ...
    conn := OleDbConnection.Create('Provider=Microsoft.Jet.OLEDB.4.0; Data Source=..\Nordwind.mdb');
    cmdSel := OleDbCommand.Create('SELECT PersonalNr, Nachname, Vorname, Funktion, Foto FROM Personal',
                                   conn);
    da := OleDbDataAdapter.Create(cmdSel);
    dt := DataTable.Create('Personal');
    try
        conn.Open;
        da.Fill(dt);
    except
        on ex: Exception do MessageBox.Show(ex.Message, 'Fehler beim Öffnen der Datenbank!');
    end;
    conn.Close;
```

Die Textfelder anbinden:

```
TextBox1.DataBindings.Add('Text', dt, 'PersonalNr');
TextBox2.DataBindings.Add('Text', dt, 'Nachname');
TextBox3.DataBindings.Add('Text', dt, 'Vorname');
TextBox4.DataBindings.Add('Text', dt, 'Funktion');
```

Der *CurrencyManager* verwaltet den *BindingContext* des Formulars für die *DataTable dt*:

```
cm := CurrencyManager(Self.BindingContext[dt]);
```

Die Methodenaufrufe zum Anzeigen der Datensatzposition und zur Darstellung der Bitmaps:

```
showPosition;
showFoto;
```

Verbinden Sie das *PositionChanged*-Ereignis des *CurrencyManager* mit dem Eventhandler *cm_PositionChanged*:

```
   include(cm.PositionChanged, Self.cm_PositionChanged);
end;
```

Nun zum Implementieren der Methoden.

Beim Weiterblättern:

```
procedure TWinForm1.cm_PositionChanged(sender: System.Object; e: System.EventArgs);
begin
   showPosition;
   showFoto;
end;
```

Die Positionsanzeige:

```
procedure TWinForm1.showPosition;
begin
   Label1.Text := System.Object((cm.Position + 1)).ToString + ' von ' + cm.Count.ToString;
end;
```

Die folgende Methode bindet die PictureBox in "Handarbeit" an den Inhalt der entsprechenden Bilddatei:

```
procedure TWinForm1.showFoto;
var drv: DataRowView;
    pfad: System.String;
    fs: FileStream;
    bmp: Bitmap;

begin
  if not(PictureBox1.Image = nil) then PictureBox1.Image.Dispose;
```

Übergabe einer Sicht auf die aktuelle Zeile:

```
  drv := DataRowView(cm.Current);
```

Der Pfad zur Bilddatei:

```
  pfad := drv['Foto'].ToString;
```

Das Laden der Bilddatei:

```
  fs := FileStream.Create(pfad, FileMode.Open);
  bmp := Bitmap.Create(fs);
```

Die Anzeige des Bildes:

```
  PictureBox1.Image := bmp;
```

Die folgende Anweisung bitte nicht vergessen:

```
  fs.Close;
end;
```

Die vier Bewegungsmethoden sind leicht zu verstehen:

```
procedure TWinForm1.Button1_Click(sender: System.Object; e: System.EventArgs);    // zum Anfang
begin
  cm.Position := 0;
end;


procedure TWinForm1.Button2_Click(sender: System.Object; e: System.EventArgs);    // zurück
begin
  cm.Position := cm.Position - 1;
end;


procedure TWinForm1.Button3_Click(sender: System.Object; e: System.EventArgs);    // vorwärts
begin
  cm.Position := cm.Position + 1;
end;


procedure TWinForm1.Button4_Click(sender: System.Object; e: System.EventArgs);    // zum Ende
begin
   cm.Position := cm.Count -1;
end;
```

Beim Schließen des Formulars sollten die Bildressourcen wieder freigegeben werden:

```
procedure TWinForm1.TWinForm1_Closing(sender: System.Object; e: System.ComponentModel.CancelEventArgs);
begin
  if not (PictureBox1.Image = nil) then PictureBox1.Image.Dispose;
  // oder PictureBox1.Image.Free;
end;
```

Test

Haben Sie alles richtig gemacht, so dürfen Sie sich am Anblick von *Laura Callahan* (und ihrer netten Kolleginnen und Kollegen) erfreuen:

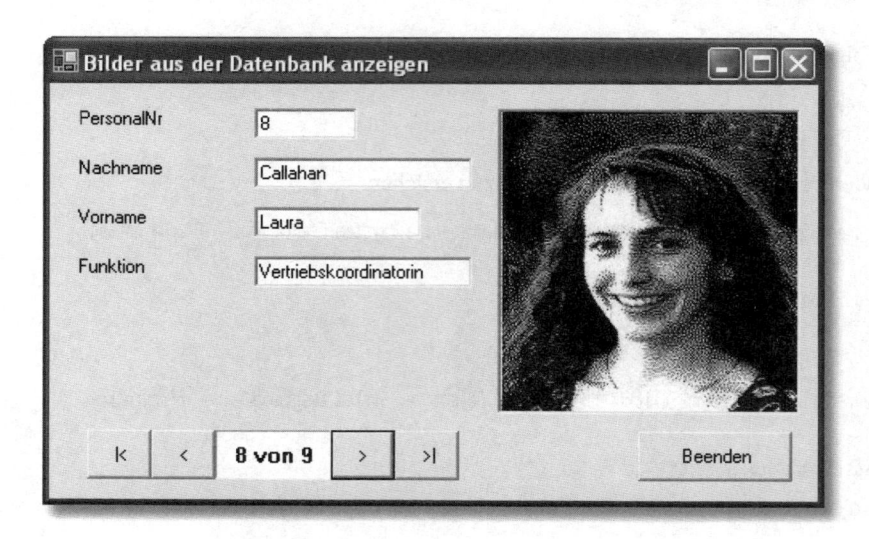

Bemerkungen

- Das Rezept zeigt Ihnen zwar, wie Sie Bildinformationen zur Anzeige bringen können, hat aber bei größeren Datenmengen den Nachteil, dass bei jedem Blättern das Bild erneut aus der Datei geladen werden muss, was ziemlich viel Zeit in Anspruch nehmen kann.

- Eine elegantere, aber auch wesentlich aufwändigere Lösung wäre der Einsatz von zwei über eine Master-Detail-Relation verknüpften *DataTable*-Objekten, wobei die Detailtabelle die Bilddaten nur bei Bedarf abruft und die Mastertabelle die restlichen Spalten verwaltet.

9 Drucken

R 9.1 Die verfügbaren Drucker ermitteln

Der notwendige Quelltext ist so kurz, dass es sich kaum lohnt, dafür ein extra Rezept zu schreiben.

Oberfläche

Erstellen Sie zunächst ein neues Windows Forms-Projekt. Auf das Startformular *WinForm1* setzen Sie eine *ListBox* und zwei *Button*s.

Quelltext TWinForm1

```
uses System.Drawing.Printing;
```

Füllen der ListBox:

```
procedure TWinForm1.Button1_Click(sender: System.Object; e: System.EventArgs);
var i : Integer;
begin
    for i := 0 to PrinterSettings.InstalledPrinters.Count-1 do
            ListBox1.Items.Add(PrinterSettings.InstalledPrinters[i].ToString);
end;
```

Test

Sofort nach dem Programmstart begrüßt Sie die Auflistung Ihrer Drucker:

R 9.2 Einen Drucker auswählen

Natürlich könnte man einen Standarddialog verwenden, um einen anderen als den Windows-Standarddrucker einzustellen. Wir aber wollen dies per Code erledigen und müssen deshalb in der *Printers*-Auflistung nach weiteren Alternativen Ausschau halten. Einen Lösungsvorschlag zeigt das vorliegende Rezept.

Oberfläche

Erstellen Sie zunächst ein neues Windows Forms-Projekt. Mehr als eine *ComboBox*, ein *Button* und eine *PrintDocument*-Komponente auf *WinForm1* sind nicht erforderlich.

Quelltext TWinForm1

Die Startaktivitäten:

```
constructor TWinForm1.Create;
var i : Integer;
begin
  ...
```

Füllen der ComboBox:

```
  for i := 0 to PrinterSettings.InstalledPrinters.Count-1 do
       ComboBox1.Items.Add(PrinterSettings.InstalledPrinters[i].ToString);
  ComboBox1.Text := PrintDocument1.PrinterSettings.PrinterName
end;
```

Die Druckerauswahl:

```
procedure TWinForm1.Button1_Click(sender: System.Object; e: System.EventArgs);
begin
  PrintDocument1.DefaultPageSettings.PrinterSettings.PrinterName := ComboBox1.Text;
  PrintDocument1.Print;
end;
```

Druck eines Rechtecks im *PrintPage*-Event:

```
procedure TWinForm1.PrintDocument1_PrintPage(sender: System.Object;
                                     e: System.Drawing.Printing.PrintPageEventArgs);
begin
  e.Graphics.PageUnit := GraphicsUnit.Millimeter;
  e.Graphics.FillRectangle(SolidBrush.Create(Color.Yellow), 30, 30, 100, 100);
end;
```

R 9.3 Die aktuellen Druckjobs abfragen

Test

Sofort nach Programmstart erscheint eine Liste der verfügbaren Drucker. Treffen Sie Ihre Auswahl und starten Sie den Probedruck:

R 9.3 Die aktuellen Druckjobs abfragen

Ja nach Drucker kann es interessant sein, vor dem Auslösen eines Druckauftrags Informationen über den Druckspooler zu erhalten (z.B. Papier-/Formularwechsel, oder ob noch Druckaufträge vorhanden sind, und wenn ja, wie viele Seiten noch zu drucken sind).

Das vorliegende Rezept zeigt eine Lösung unter Verwendung der *Windows Management Instrumentation* (WMI).

Oberfläche

Ein *WinForm*-Formular mit einer *ListBox* und zwei *Button*s sollen für unseren Test genügen. Zusätzlich binden Sie bitte eine Referenz auf die Assembly *System.Management* ein.

Quellcode TWinForm1

```
uses System.Management;
```

Mit dem Klick auf den Button geht schon die Fragerei los:

```
procedure TWinForm1.Button1_Click(sender: System.Object; e: System.EventArgs);
var PrintJobs : ManagementObjectCollection;
    PrintJob  : ManagementObjectCollection.ManagementObjectEnumerator;
    i         : Integer;
begin
```

Sicherheitshalber blenden wir die Sanduhr ein:

```
  Self.Cursor := Cursors.WaitCursor;
```

Eine Collection mit den gewünschten Informationen erzeugen:

```
  PrintJobs := ManagementObjectSearcher.Create('SELECT * FROM Win32_PrintJob').Get;
```

Den Enumerator abfragen:

```
PrintJob := PrintJobs.GetEnumerator;
```

Alle aktiven Printjobs mittels Enumerator durchlaufen und die Informationen in die ListBox einfügen:

```
while PrintJob.MoveNext do begin
  if PrintJob.Current['Caption'] <> nil then ListBox1.Items.Add('Caption :   ' +
                                    PrintJob.Current['Caption'].ToString);
  if PrintJob.Current['Description'] <> nil then ListBox1.Items.Add('Description :   ' +
                                    PrintJob.Current['Description'].ToString);
  if PrintJob.Current['Document'] <> nil then ListBox1.Items.Add('Document :   ' +
                                    PrintJob.Current['Document'].ToString);
  if PrintJob.Current['JobStatus'] <> nil then ListBox1.Items.Add('JobStatus :   ' +
                                    PrintJob.Current['JobStatus'].ToString);
  if PrintJob.Current['PagesPrinted'] <> nil then ListBox1.Items.Add('PagesPrinted :   ' +
                                    PrintJob.Current['PagesPrinted'].ToString);
  if PrintJob.Current['TotalPages'] <> nil then ListBox1.Items.Add('TotalPages :   ' +
                                    PrintJob.Current['TotalPages'].ToString);
  if PrintJob.Current['Size'] <> nil then ListBox1.Items.Add('Size :   ' +
                                    PrintJob.Current['Size'].ToString);
  if PrintJob.Current['Status'] <> nil then ListBox1.Items.Add('Status :   ' +
                                    PrintJob.Current['Status'].ToString);
  end;
  Self.Cursor := Cursors.Default;
end;
```

Hinweis: Da nicht alle Elemente ein Objekt/Wert zurückgeben, müssen wir vorher auf *nil* prüfen!

Test

Bevor Sie anfangen, sollten Sie den Drucker in den Wartezustand versetzen (*Systemsteuerung|Drucker auswählen|rechte Maustaste|Drucker anhalten*). Erzeugen Sie nun zum Beispiel mit Word oder Notepad ein Dokument, das Sie ausdrucken, d.h. an den Druckspooler schicken.

Jetzt können Sie auch unser Beispielprogramm starten. Nach einigen Sekunden (die WMIs sind nicht unbedingt die schnellsten) erscheinen die gewünschten Informationen auf dem Bildschirm:

R 9.3 Die aktuellen Druckjobs abfragen

Ergänzung

Unter Delphi 2005 kann man sich die Arbeit etwas vereinfachen:

```
procedure TWinForm1.Button1_Click(sender: System.Object; e: System.EventArgs);
var pj  : ManagementObject;
begin
  Self.Cursor := Cursors.WaitCursor;
  for pj in ManagementObjectSearcher.Create('SELECT * FROM Win32_PrintJob').Get do begin
    if pj['Caption'] <> nil then
       Listbox1.Items.Add('Caption :   ' + pj['Caption'].ToString);
    if pj['Description'] <> nil
       then Listbox1.Items.Add('Description :   ' + pj['Description'].ToString);
    if pj['Document'] <> nil then
       Listbox1.Items.Add('Document :   ' + pj['Document'].ToString);
    if pj['JobStatus'] <> nil then
       Listbox1.Items.Add('JobStatus :   ' + pj['JobStatus'].ToString);
    if pj['PagesPrinted'] <> nil then
       Listbox1.Items.Add('PagesPrinted :   ' + pj['PagesPrinted'].ToString);
    if pj['TotalPages'] <> nil then
       Listbox1.Items.Add('TotalPages :   ' + pj['TotalPages'].ToString);
    if pj['Size'] <> nil then
       Listbox1.Items.Add('Size :   ' + pj['Size'].ToString);
    if pj['Status'] <> nil then
       Listbox1.Items.Add('Status :   ' + pj['Status'].ToString);
  end;
  Self.Cursor := Cursors.Default;
end;
```

Bemerkungen

- Mit WMI können Sie Administratoren-Tools für die Verwaltung von Systemdaten erstellen, mit denen eine genauere Überwachung der Systemaktivitäten ermöglicht wird.
- Wenn Sie Windows ME, Windows 2000 oder Windows XP verwenden, ist WMI bereits installiert, anderenfalls müssen Sie WMI vom MSDN downloaden.
- Je nach Betriebssystem kann es zu unterschiedlichem Verhalten, insbesondere beim Setzen von Werten kommen. Volle Unterstützung bietet nur Windows XP.

R 9.4   Eine einfache Grafik drucken

Grundsätzlich erfolgt das Drucken unter .NET ereignisgesteuert. Zur Druckausgabe werden die aus GDI+ bekannten Grafikmethoden verwendet (*DrawLine* etc., siehe Grafikkapitel 5), die im *PagePrint*-Event eines *PrintDocument*-Objekts auf das von diesem bereitgestellte *Graphics*-Objekt zeichnen.

Das vorliegende Rezept will Ihnen anhand eines Kurzbeispiels das Grundkonzept der Druckausgabe über *PrintDocument* demonstrieren. Ziel ist die Ausgabe eines 10 x 10cm großen Rechtecks auf dem Standarddrucker.

Oberfläche

Ein *WinForm*-Formular, drei *Button*s, eine *PrintDocument*- und eine *PrintPreviewDialog*-Komponente sollen genügen.

Verbinden Sie im Objektinspektor die *Document*-Eigenschaft von *PrintPreviewDialog1* mit *PrintDocument1*.

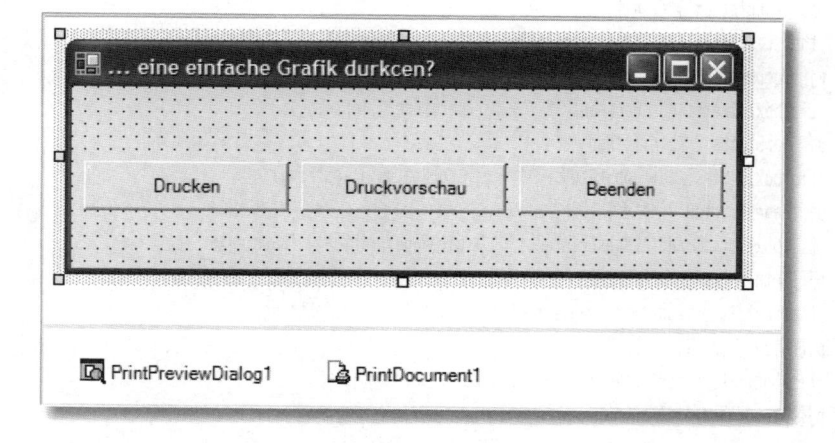

Quellcode TWinForm1

Jeder Druckvorgang benötigt ein *PrintDocument*-Objekt, dessen *Print*-Methode die *PagePrint*-Ereignisprozedur aufruft, in welcher der eigentliche Code zum Drucken einer Seite implementiert werden muss.

Die "Drucken"-Schaltfläche:

```
procedure TWinForm1.Button1_Click(sender: System.Object; e: System.EventArgs);
begin
  try
    PrintDocument1.Print;
  except
    MessageBox.Show('Fehler beim Drucken', 'Fehler')
  end;
end;
```

Der *PrintPage*-Eventhandler:

```
procedure TWinForm1.PrintDocument1_PrintPage(sender: System.Object;
                          e: System.Drawing.Printing.PrintPageEventArgs);
begin
  e.Graphics.PageUnit := GraphicsUnit.Millimeter;
  e.Graphics.FillRectangle(SolidBrush.Create(Color.Yellow), 30, 30, 100, 100);
end;
```

Die "Druckvorschau"-Schaltfläche:

```
procedure TWinForm1.Button2_Click(sender: System.Object; e: System.EventArgs);
begin
  PrintPreviewDialog1.ShowDialog;
end;
```

Test

Sie können den Druck sofort starten oder – falls Sie ein Blatt Papier sparen wollen – sich mit dem Druckvorschau-Fenster begnügen.

Hinweis: Das Vergrößern/Verkleinern der Druckvorschau erfolgt am einfachsten durch die manuelle Größenänderung des Formulars.

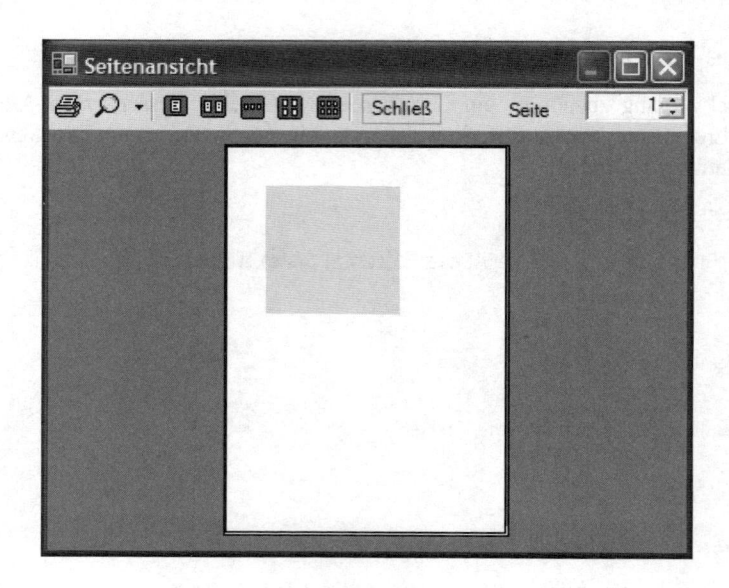

R 9.5 Den Inhalt einer TextBox ausdrucken

Wie Ihnen das Rezept

☞   R 9.4 Eine einfache Grafik drucken

verdeutlicht hat, ist das Zeichnen von Figuren mit den .NET-Druckfunktionen relativ einfach. Hingegen gestaltet sich die Ausgabe von Text (*DrawString*-Methode) ziemlich umständlich, da Sie sich um alle Details (Druckposition, Zeilenvorschub, Zeilenhöhe etc.) pixelgenau selbst kümmern müssen.

Das vorliegende Einsteiger-Rezept versucht mit Hilfe eines einfachen Beispiels, der Textausgabe ihren Schrecken zu nehmen.

Oberfläche

Öffnen Sie eine neue Windows Forms-Anwendung. Auf dem Startformular *WinForm1* platzieren Sie eine *TextBox* (*MultiLine = True*) und zwei *Button*s. Außerdem brauchen Sie noch eine *PrintDialog*- und eine *PrintDocument*-Komponente.
Verbinden Sie im Objektinspektor die *Document*-Eigenschaft von *PrintDialog1* mit *PrintDocument1*.

R 9.5 Den Inhalt einer TextBox ausdrucken

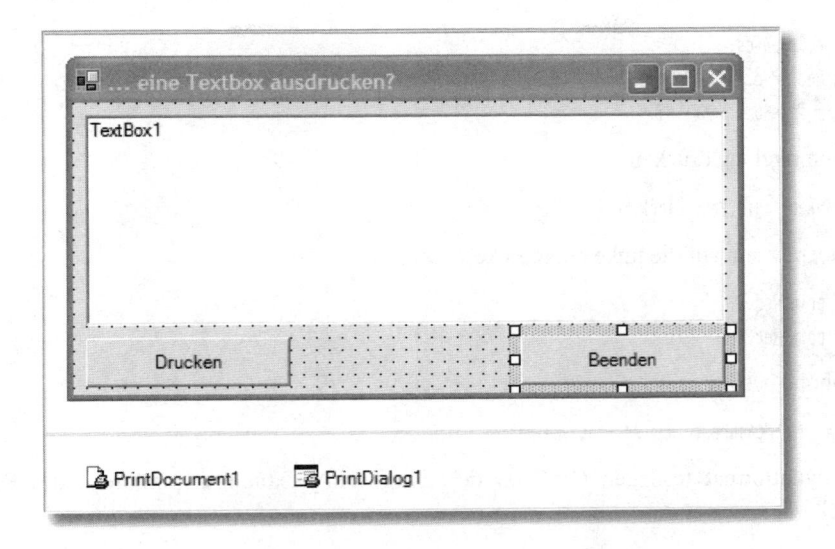

Quellcode TWinForm1

Die "Drucken"-Schaltfläche:

```
procedure TWinForm1.Button1_Click(sender: System.Object; e: System.EventArgs);
begin
  if PrintDialog1.ShowDialog = System.Windows.Forms.DialogResult.OK then
  try
    PrintDocument1.Print;
  except
    MessageBox.Show('Fehler beim Drucken', 'Fehler')
  end;
end;
```

Der obligatorische *PrintPage*-Eventhandler:

```
procedure TWinForm1.PrintDocument1_PrintPage(sender: System.Object;
                                    e: System.Drawing.Printing.PrintPageEventArgs);
var g : Graphics;
    printRec : Rectangle;
    fnt  : System.Drawing.Font;
    x, y : Single;
    lineH : Single;
    sf : StringFormat;
    i  : Integer;
    rectf : RectangleF;
begin
```

```
g := e.Graphics;
printRec := e.MarginBounds;
fnt := TextBox1.Font;
```

Seitenumrandung drucken:

```
g.DrawRectangle(Pens.Black, printRec);
```

Ausgabeposition auf die linke obere Ecke setzen:

```
x := printRec.X;
y := printRec.Y;
```

Zeilenhöhe bestimmen:

```
lineH := g.MeasureString('Ä', fnt).Height;
```

Das Layoutformat festlegen (*NoWrap* deaktiviert den Textumbruch während des Formatierens):

```
sf := StringFormat.Create(StringFormatFlags.NoWrap);
```

Alle Zeilen durchlaufen:

```
for i := 0 to Length(TextBox1.Lines) - 1 do begin
  rectf := RectangleF.Create(x, y, printRec.Width, lineH);
```

Zeile drucken:

```
  g.DrawString(TextBox1.Lines[i], fnt, Brushes.Black, rectf, sf);
  y := y + lineH;
  end;
end;
```

Test

Starten Sie das Programm, geben Sie etwas Text ein, und starten Sie dann den Druckvorgang.

Bemerkungen

- Das Programm funktioniert nur dann zufrieden stellend, wenn der Inhalt der TextBox auf eine einzige Druckseite passt. Anderenfalls ist eine Seitensteuerung zu implementieren, was einen deutlich größerer Aufwand erfordert.
- Zum Drucken können nur TrueType- oder OpenType-Schriften verwendet werden, leider keine PostScript-Schriften.

R 9.6 Eine Textdatei drucken

Jeder Druckvorgang benötigt ein *PrintDocument*-Objekt, dessen *Print*-Methode die *PrintPage*-Ereignisprozedur aufruft, in welcher der eigentliche Code zum Drucken einer Seite implementiert ist.

Im vorliegenden Rezept soll eine Textdatei auf dem Standarddrucker ausgegeben werden.

Oberfläche

Erstellen Sie zunächst ein neues Windows Forms-Projekt. Das Startformular *WinForm1* mit zwei *Button*s soll für unseren Test genügen.

Quellcode TWinForm1

Einbindung der Datei- und Druckoperationen:

```
uses
  System.Drawing, System.Collections, System.ComponentModel,
  System.Windows.Forms, System.Data, System.IO, System.Drawing.Printing;
```

Wir ergänzen die Klassendeklaration von *TWinForm1* um einige private Member:

```
type
  TWinForm1 = class(System.Windows.Forms.Form)
  ...
  private
    fnt    : &Font;
    reader : StreamReader;
```

Um Alternativen zu zeigen, wollen wir diesmal das *PrintDocument*-Objekt nicht von der Tool-Palette abziehen, sondern durch handgeschriebenen Code selbst erzeugen:

```
    doc    : PrintDocument;
    procedure doc_PrintPage(sender: System.Object; e : PrintPageEventArgs);
    ...
  end;
implementation
...
```

Die Startaktivitäten:

```
constructor TWinForm1.Create;
begin
  ...
```

Objekt erzeugen:

```
  fnt := System.Drawing.Font.Create('Arial', 12);
```

```
  doc := PrintDocument.Create;
```

Nicht vergessen dürfen wir auch das Anmelden der *PrintPage*-Ereignisbehandlung:

```
  Include(doc.PrintPage, doc_PrintPage);
end;
```

Drucken:

```
procedure TWinForm1.Button1_Click(sender: System.Object; e: System.EventArgs);
begin
  try
    reader := StreamReader.Create(Application.StartupPath + '\winform1.pas');
    // Lesezugriff auf Textdatei
    doc.Print;          // Druckvorgang starten
    reader.Close;
  except
    on e1 : Exception do MessageBox.Show(e1.Message);
  end;
end;
```

Das *PrintPage*-Ereignis (wird zu Beginn jeder Seite ausgelöst):

```
procedure TWinForm1.doc_PrintPage(sender: System.Object; e : PrintPageEventArgs);
var max, y, left, top : Single;
    i       : Integer;
    line    : String;
begin
  max  := 0;                      // Zeilen pro Seite
  y    := 0;                      // y-Position
  i    := 0;                      // Zeilenzähler
  left := e.MarginBounds.Left;    // linke Randbreite
  top  := e.MarginBounds.Top;     // obere Randbreite
  line := nil;                    // Zwischenspeicher für eine Zeile
```

Zeilenanzahl pro Seite ermitteln:

```
  max := e.MarginBounds.Height / fnt.GetHeight(e.Graphics);
```

Nacheinander jede Zeile der Seite drucken:

```
  while (i < max) do begin
    if (reader.Peek >= 0) then begin    // wenn Seitenende noch nicht erreicht ist
      line := reader.ReadLine;          // nächste Zeile aus Datei lesen
```

Neue vertikale Druckposition berechnen:

```
      y := top + i * fnt.GetHeight(e.Graphics);
```

Nächste Zeile drucken:

```
   e.Graphics.DrawString(line, fnt, Brushes.Black, left, y, StringFormat.Create());
   Inc(i);
  end
  else i := Round(max + 1);      // Abbruch erzwingen, wenn Seitenende erreicht ist
end;
```

Falls das Dateiende noch nicht erreicht ist, dann die nächste Seite drucken:

```
  e.HasMorePages := (line <> nil);
end;
```

Test

Klicken Sie auf die "Drucken"-Schaltfläche, und es wird nicht lange dauern, bis sich Ihr angeschlossener Standarddrucker in Bewegung setzt.

Hinweis: Es wird in unserem Beispiel vorausgesetzt, dass keine Zeile die Seitenbreite überschreitet!

Vorsicht Falle!

Achtung! Folgendes C#-Listing (oder in ähnlicher Form auch VB.NET) können Sie in Delphi.NET nicht auf die gleiche Weise implementieren:

```
line = reader.ReadLine();      // nächste Zeile aus Datei lesen
if (!(line == null))           // wenn Seitenende noch nicht erreicht ist
...
```

Hintergrund: Eine Leerzeile ist bei Borland *nil*, in der restlichen .NET-Welt aber ein Leerstring – ein kleiner aber feiner Unterschied!

Bemerkungen

- Die zu druckende Textdatei *WinForm1.pas* befindet sich in unserem Fall im Projektverzeichnis. Durch Verwenden eines Dateidialogs könnten Sie den Standort und den Dateinamen frei bestimmen.

- Der Quellcode lässt sich auf vielfältige Weise verbessern, z.B. durch Kontrolle der Seitenbreite oder durch Einfügen einer Druckvorschau, siehe z.B.

    ☞ R 9.5 Den Inhalt einer TextBox ausdrucken

R 9.7 Mit Word Formulare drucken

Das Textverarbeitungsprogramm *Word* können Sie zum idealen Reportgenerator umfunktionieren! Der Vorteil liegt auf der Hand: Der Report kann einfach durch jedermann editiert werden, denn die Daten laden wir erst zur Laufzeit in das vorhandene Formular.

Das vorliegende Beispiel geht in zwei Etappen vor:

- Erstellen des Reports als Word-Dokument,
- Zugriff auf das Word-Dokument von Delphi.NET aus.

Word-Dokument erstellen

In dieser ersten Etappe starten Sie *Microsoft Word* und gestalten den Report nach Ihren Wünschen. Fügen Sie als Platzhalter *Text-Formularfelder* (Symbolleiste *Formular*) ein. Auf diese Weise kann der Report entweder "von Hand" oder per Programm ausgefüllt werden. Falls die "Formular"-Symbolleiste nicht bereits angezeigt wird, klicken Sie auf das Menü *Ansicht|Symbolleisten|Formular*.

Über die Schaltfläche *Formularfeld-Optionen* (oder über rechte Maustaste "Eigenschaften") können Sie die Optionen für jedes Textformularfeld einstellen. Außer eventuell den Vorgabetext brauchen Sie im Allgemeinen nichts weiter zu ändern, denn jedes Textformularfeld erhält von Word bereits automatisch eine Textmarke (*Text1*, *Text2* ...) zugewiesen:

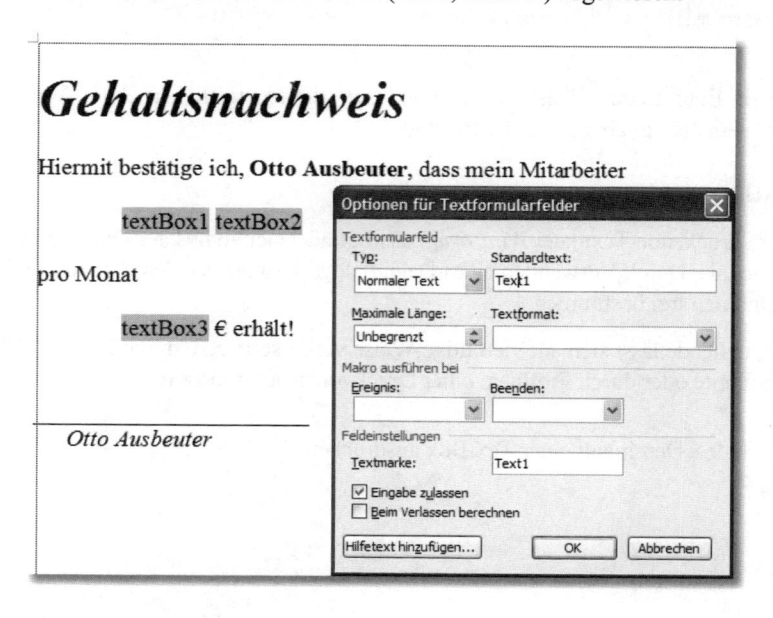

Hinweis: Speichern Sie das Dokument unter dem Namen *gehalt.doc* in das Delphi-Projektverzeichnis ab.

Oberfläche

Nun starten Sie Delphi.NET und erstellen eine neue Windows Forms-Anwendung. Der Aufbau der Oberfläche dürfte selbst erklärend sein:

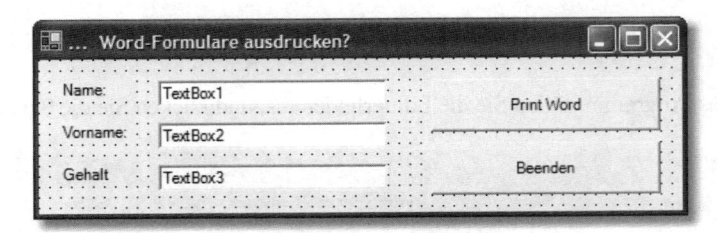

Unser "Report" ist nicht sehr anspruchsvoll, aber für einen kleinen Vorgeschmack auf die sich eröffnenden Möglichkeiten dürfte es ausreichen.

Quelltext TWinForm1

Die Einbindung der Interop-Assembly:

```
uses Microsoft.Office.Interop.Word, System.Reflection;
```

Der Zugriff auf das Word-Dokument wird, wie nicht anders zu erwarten, über OLE realisiert:

```
procedure TWinForm1.Button1_Click(sender: System.Object; e: System.EventArgs);
var wordapp : Microsoft.Office.Interop.Word.Application;
    n, o0, o1, o2,o3  : System.Object;
begin
  n := System.Reflection.Missing.Value;
  wordapp := Microsoft.Office.Interop.Word.Applicationclass.Create;
  if (wordapp = nil) then begin
    MessageBox.Show('Konnte keine Verbindung zu Word herstellen!');
    Exit;
  end;
  o0 := System.Windows.Forms.Application.StartupPath + '\gehalt.doc';
  o1 := 'Text1';
  o2 := 'Text2';
  o3 := 'Text3';
```

Nach dem Erzeugen einer Objektinstanz laden wir den gewünschten Report:

```
wordapp.Visible := True;
wordapp.Documents.Open( o0, n, n, n, n, n, n, n, n, n, n, n, n, n, n);
```

> **Hinweis:** Leider erfordert Delphi diese "irre" Form des Methodenaufrufs!

Nachfolgend können wir die Formularfelder füllen:

```
  wordapp.ActiveDocument.FormFields.Item[o1].Result := TextBox1.Text;
  wordapp.ActiveDocument.FormFields.Item[o2].Result := TextBox2.Text;
  wordapp.ActiveDocument.FormFields.Item[o3].Result := TextBox3.Text;
end;
```

Test

Starten Sie das Programm, füllen Sie die Editierfelder aus, und klicken Sie die Schaltfläche.

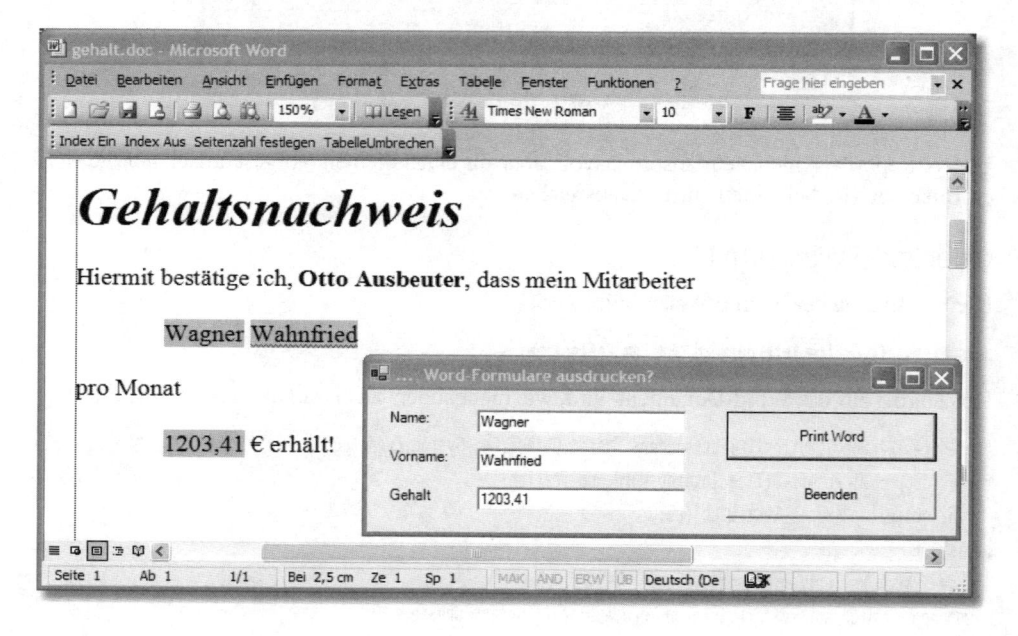

Bemerkungen

Durch Aufruf der *PrintOut*-Methode könnte man den Druck auch direkt aus dem Programm heraus starten. Welche Optionen dabei zur Verfügung stehen, zeigt ein Auszug aus der Word-Hilfe (wie unschwer zu erkennen ist, handelt es sich um alle Optionen der Dialogbox "Drucken"):

```
PrintOut (Background, Append, Range, OutputFileName, From, To, Item, Copies, Pages,
         PageType, PrintToFile, Collate, FileName, ActivePrinterMacGX, ManualDuplexPrint,
         PrintZoomColumn, PrintZoomRow, PrintZoomPaperWidth, PrintZoomPaperHeight)
```

Günstiger ist es allerdings, wenn der Endbenutzer den Druck selbst in die Hand nimmt (so kann z.B. auch der Drucker gewechselt werden).

R 9.8 Drucken mit Microsoft Access

Drucken über Access schlägt "zwei Fliegen mit einer Klappe". Zum einen können Sie die Daten in der Access-Datenbank speichern, zum anderen sind in dieser Datenbank auch die erforderlichen Berichte enthalten. Dritter Vorteil: Sie können den recht intuitiven Report-Generator von Access zum Berichtsentwurf einsetzen.

Referenzen einbinden

Zur Vereinfachung haben wir Ihnen die COM-Interop-Assemblies in das Projektverzeichnis kopiert, Sie können also direkt über den Menüpunkt *Projekt|Referenz hinzufügen* die folgenden Assemblies (Schaltfläche *Durchsuchen*) in Ihr Projekt einfügen:

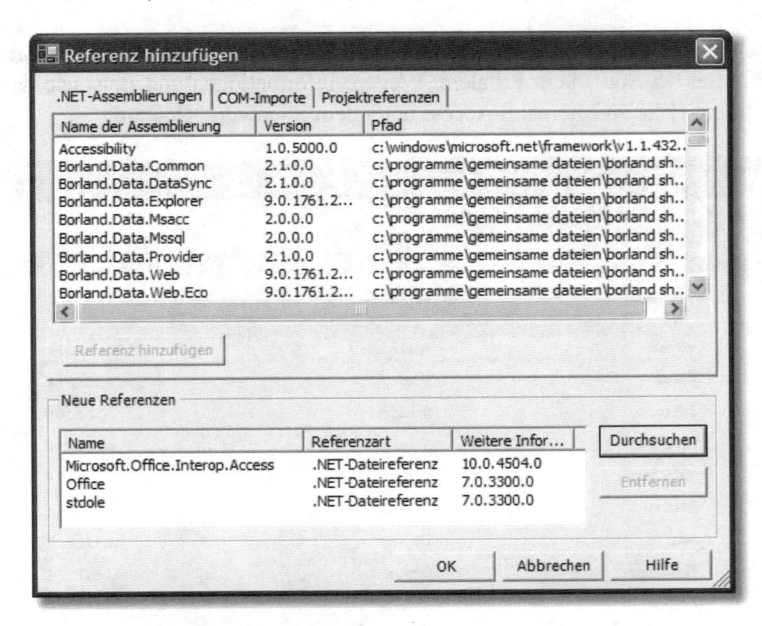

Quellcode TWinForm1

Einbinden der Assemblies:

```
uses Microsoft.Office.Interop.Access, System.Reflection;
```

Mit dem Öffnen des Formulars starten wir auch die Reportausgabe (nur als Vorschau):

```
procedure TWinForm1.TWinForm1_Load(sender: System.Object; e: System.EventArgs);
var myAccess : Microsoft.Office.Interop.Access.Application;
    n        : System.Object;
begin
  n := System.Reflection.Missing.Value;
  myAccess := Microsoft.Office.Interop.Access.ApplicationClass.Create;
```

Nach dem erfolgreichen Erstellen einer Access-Instanz über *ApplicationClass.Create* können wir schon mit Access arbeiten.

```
myAccess.OpenCurrentDatabase(System.Windows.Forms.Application.StartupPath + '\Test.mdb', false, '');
myAccess.Visible := True;
myAccess.DoCmd.OpenReport('Mitarbeiter',acView.acViewPreview, n,n,acwindowmode.acWindowNormal,n);
end;
```

Zunächst öffnen wir die gewünschte Datenbank, blenden die Oberfläche von Access ein und zeigen mittels *DoCmd*-Objekt den gewünschten Report an.

Syntax: `DoCmd.OpenReport(ReportName, View, FilterName, WhereCondition, WindowMode, OpenArgs)`

Wie Sie sehen, ist auch das Übergeben von Filtern oder Bedingungen (entspricht einer WHERE-Klausel bei SQL) kein Problem. Weitere Informationen und Beispiele dazu finden Sie in der Online-Hilfe zu Microsoft Access unter dem Stichwort "DoCmd".

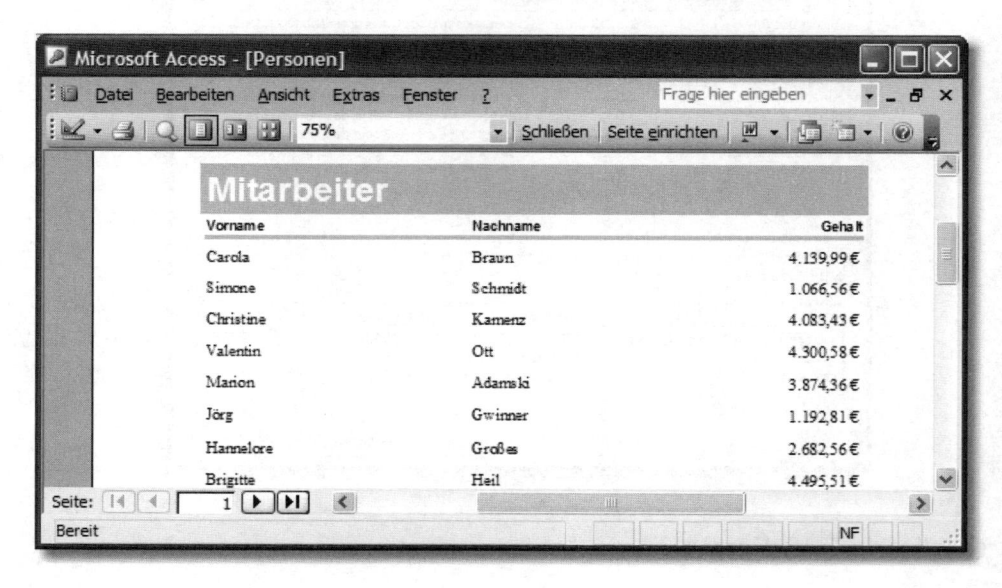

10 Tipps für den Crystal Report

R 10.1 Ein Deckblatt erzeugen

Setzen Sie die Berichtskopf-Eigenschaft *NewPageAfter* auf *True*.

Hinweis: Sie müssen auf den Kopf des Bereichs klicken, danach können Sie die Eigenschaften über das Eigenschaften-Fenster editieren. Über das Kontextmenü *Bereich formatieren* steht die Eigenschaft *NewPageAfter* nicht zur Verfügung.

Auf diese Weise wird auf dem ersten Blatt des Reports lediglich der Inhalt des Berichtskopfes wiedergegeben. Die Seite 2 fängt regulär mit dem Seitenkopf an. Gegebenenfalls können Sie auch die Seitenzahl mit der Eigenschaft *ResetPageNumberAfter* zurücksetzen.

R 10.2 Seitenzahlen, Druckdatum etc. einblenden

Verwenden Sie die Spezialfelder des Berichts:

- Seitenzahl-Feld
- Gesamtseitenanzahl-Feld
- Datensatznummer-Feld
- Gruppennummer-Feld
- Druckdatum-Feld
- Druckzeit-Feld
- Datendatum-Feld
- Datenzeit-Feld
- Datum der letzten Änderung
- Uhrzeit der letzten Änderung
- Berichttitel
- Berichtkommentar

R 10.3 Spaltensatz oder Etiketten drucken

Auch dieses Feature ist mit dem Crystal Report kein Problem, erstellen Sie einfach einen neuen Report und wählen Sie den Assistenten für Etiketten:

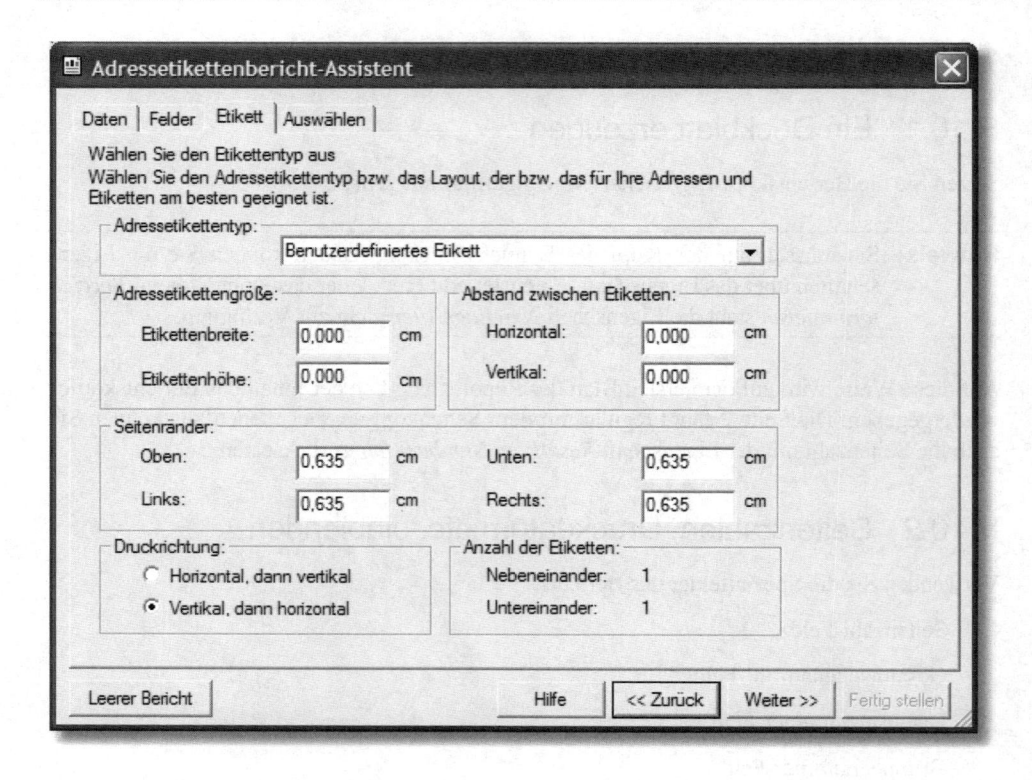

R 10.4 Die Seitenränder festlegen

Verwenden Sie das Designer-Kontextmenü: *Designer/Seite einrichten*. Im folgenden Dialogfeld lassen sich alle Seitenränder in Zentimetern festlegen:

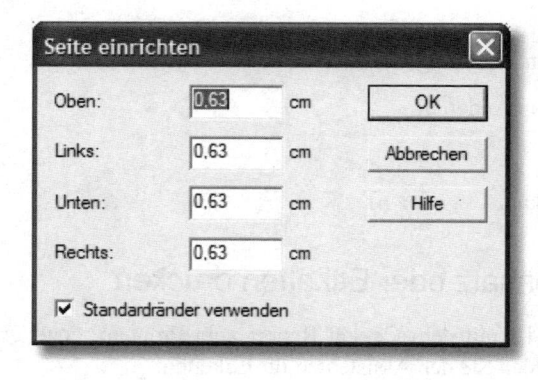

R 10.5 Einen Seitenumbruch erzwingen

Alle Berichtsabschnitte verfügen über die Eigenschaften *NewPageAfter* und *NewPageBefore*. Setzen Sie diese je nach Bedarf auf *True* oder *False*.

Die Verwendung von Seitenumbrüchen bietet sich insbesondere bei Gruppierungen an, wo jede Gruppe auf einer eigenen Seite platziert werden soll.

Hinweis: Beachten Sie, dass nicht jede Option in jedem Abschnitt sinnvoll ist. Ein Seitenumbruch nach dem Seitenkopf würde ein Dokument mit unendlich vielen Seiten erzeugen!

R 10.6 Die Position und Größe der Druckvorschau vorgeben

Ausgehend von der Philosophie der *CrystalReportViewer*-Komponente handelt es sich bei der Vorschau um ein ganz normales WinForm, das Sie bequem über *Location* positionieren können.

R 10.7 Querdruck auswählen

Verwenden Sie das Designer-Kontextmenü: *Designer/Druckereinrichtung*, um die Papierausrichtung festzulegen.

R 10.8 Summe, Anzahl, Mittelwerte etc. berechnen

Grundsätzlich müssen Sie zwei Fälle unterscheiden:
- Berechnungen über mehrere Datensätze (Berechnungen in Spalten),
- Berechnungen innerhalb eines Datensatzes (Berechnungen in Zeilen).

Variante 1 (Berechnungen in Spalten)

Markieren Sie den gewünschten Datensatz und klicken Sie auf das Summensymbol in der Symbolleiste. Im folgenden Dialogfeld müssen Sie nur noch die Berechnungsfunktion auswählen, das Ergebnisfeld wird dann in den Gruppenfuß eingefügt.

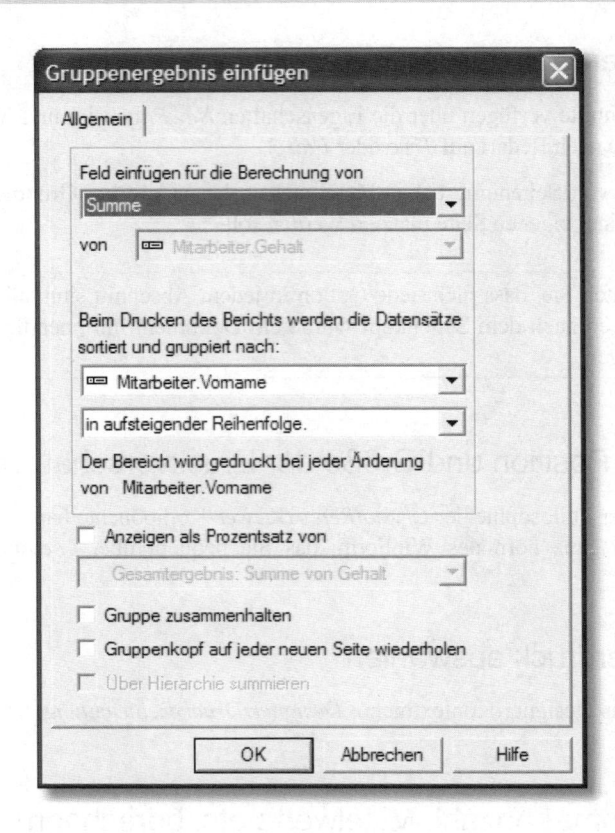

Möchten Sie hingegen eine Berechnung über alle Datensätze durchführen (Gesamtergebnis), verwenden Sie das Kontextmenü des gewünschten Feldelements (Gesamtergebnis einfügen).

Variante 2 (Zeilensummen)

Möchten Sie Berechnungen innerhalb eines Datensatzes durchführen, erzeugen Sie ein neues Formelfeld (Feld-Explorer), das Sie dann in den gewünschten Bereich einfügen können.

R 10.9 Farbliche und optische Formatierungen

Hier müssen wir zwischen zwei verschiedenen Varianten unterscheiden:

- Formatierung zur Entwurfszeit,
- Formatierung zur Laufzeit.

Während die erste Variante in ihrer Umsetzung nicht allzu schwierig sein dürfte (Kontextmenü des jeweiligen Elements), stellt die zweite Möglichkeit dem Programmierer ein mächtiges Werkzeug zur Verfügung: die bedingte Formatierung auf der Grundlage einer "Formel", d.h. eines Skripts.

Hinweis: Alternativ können Sie zur Laufzeit auch über das Objektmodell des Reports mit Delphi.NET auf alle Elemente zugreifen.

Beispiel: Farbänderung zur Laufzeit mit Delphi.NET-Anweisungen.

```
var rep : Report1;
begin
  rep := Report1.Create;
  (rep.Section5.ReportObjects['Field1'] as FieldObject).Color := Color.Aqua;
  crystalReportViewer1.ReportSource := rep;
end;
```

R 10.10 So ändern Sie das Layout eines Berichts

Klicken Sie mit der rechten Maustaste in den Bericht, und wählen Sie im Kontextmenü *Bericht/Berichtlayout-Assistent*:

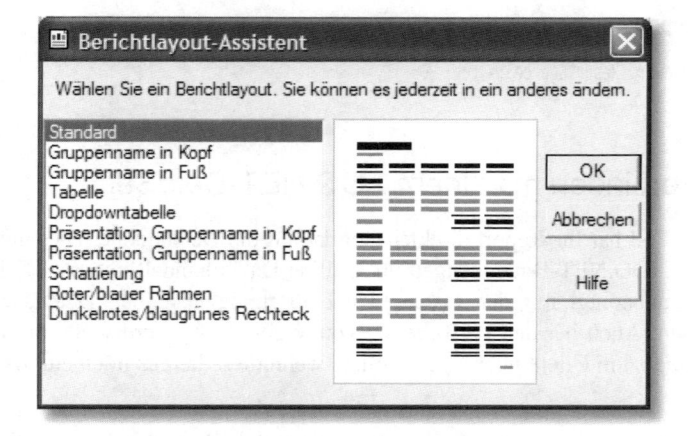

R 10.11 Datenbankpfad zur Laufzeit anpassen

Möchten Sie zur Laufzeit den Datenbankpfad anpassen, müssen Sie für alle im Bericht enthaltenen Tabellen die *ServerName*-Eigenschaft anpassen.

Beispiel:

```
uses CrystalDecisions.CrystalReports.Engine, Report2Unit;
...
var rep      : Report2;
    myTable  : TObject;
    logOnInfo : TableLogOnInfo;
```

```
begin
  rep := Report2.Create;
  for myTable in rep.Database.Tables do begin
    logOnInfo := TableLogOnInfo.Create;
    logOnInfo := TableLogOnInfo(
               CrystalDecisions.CrystalReports.Engine.Table(myTable).LogOnInfo.Clone());
```

Zuweisen eines neuen Pfades:

```
    logOnInfo.ConnectionInfo.ServerName := Application.StartupPath + '\Firma.mdb';
```

Hinweis: Wichtig ist die abschließende Übernahme der neuen Einstellungen mit *ApplyLogOnInfo*. Erst nach diesen Anpassungen kann der Report zum Beispiel einer Druckvorschau-Komponente zugewiesen werden.

```
    CrystalDecisions.CrystalReports.Engine.Table(myTable).ApplyLogOnInfo(logOnInfo);
  end;
```

Anzeige des Reports:

```
  CrystalReportViewer1.ReportSource := rep;
end;
```

R 10.12 Verbinden mit einem ADO.NET-DataSet

Nicht in jedem Fall hat Ihr Report direkten Zugriff auf die Datenquelle. Dies umso mehr, da es sich bei den ADO.NET-Datenmengen um Offline-Daten handelt, die zum Zeitpunkt Ihrer Anzeige nicht unbedingt mit den Daten in der zugrunde liegenden Datenquelle übereinstimmen müssen. Auch bei der Verwendung von Web-Clients werden Sie die Daten sicher nicht noch einmal zum Client übertragen wollen, wenn diese bereits in einem lokalen Dataset vorrätig sind.

Aus diesen Gründen wollen an dieser Stelle noch einmal die Datenbindung des Reports an ein ADO.NET-Dataset demonstrieren.

Laden von Daten in das Dataset

Fügen Sie zunächst eine *OleDbConnection* und einen *OleDbDataAdapter* in Ihr WinForm-Projekt ein. Verbinden Sie die *OleDbConnection*-Komponente über die *ConnectionString*-Eigenschaft mit der Datenbank *Firma.mdb*.

Legen Sie nun die *SelectCommand*-Eigenschaft für den *OleDbDataAdapter* fest (siehe folgende Abbildung):

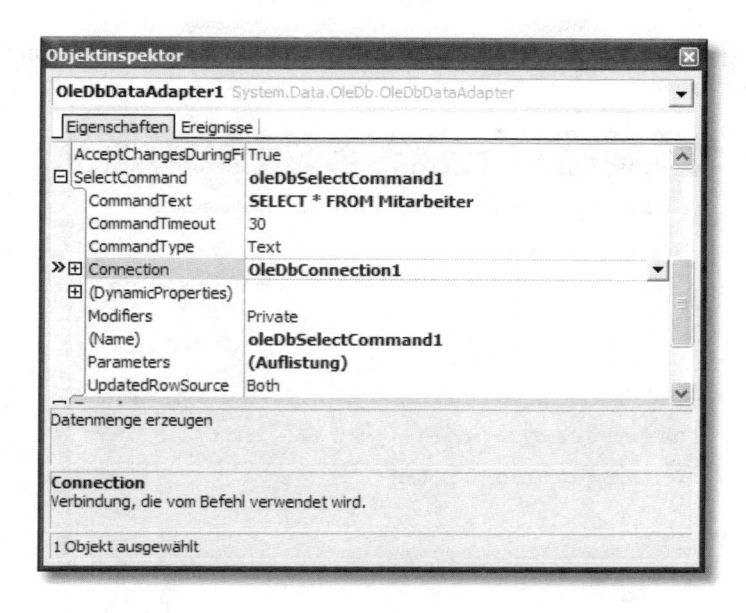

R 10.12 Verbinden mit einem ADO.NET-DataSet

*(Screenshot: Objektinspektor für OleDbDataAdapter1 mit Eigenschaften wie AcceptChangesDuringFi=True, SelectCommand=oleDbSelectCommand1, CommandText=SELECT * FROM Mitarbeiter, CommandTimeout=30, CommandType=Text, Connection=OleDbConnection1, Modifiers=Private, (Name)=oleDbSelectCommand1, Parameters=(Auflistung), UpdatedRowSource=Both. Unten: "Connection – Verbindung, die vom Befehl verwendet wird.")*

Um die Übersicht zu erhöhen, legen wir noch einen sinnvollen Tabellennamen über die *TableMappings*-Eigenschaft fest:

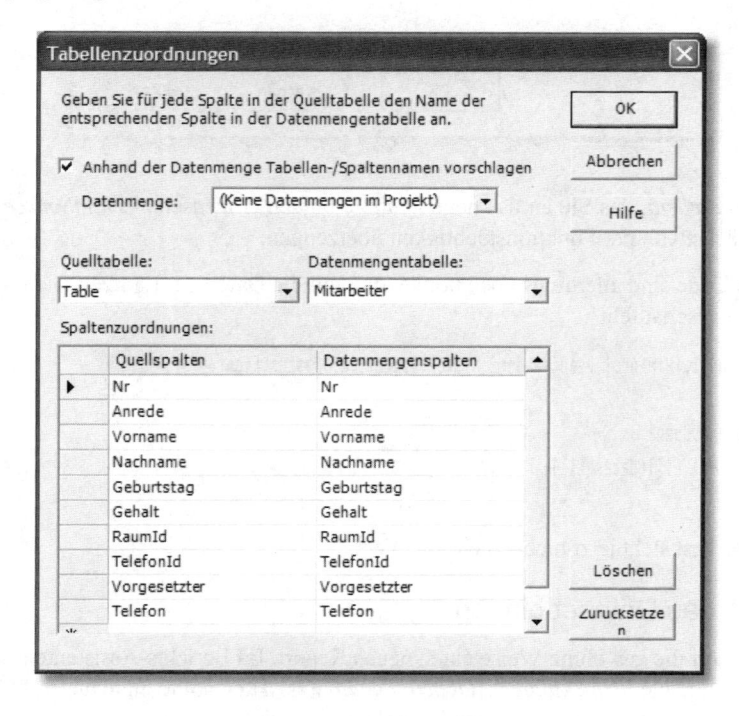

(Screenshot: Dialog "Tabellenzuordnungen". Datenmenge: (Keine Datenmengen im Projekt). Quelltabelle: Table, Datenmengentabelle: Mitarbeiter. Spaltenzuordnungen – Quellspalten / Datenmengenspalten: Nr/Nr, Anrede/Anrede, Vorname/Vorname, Nachname/Nachname, Geburtstag/Geburtstag, Gehalt/Gehalt, RaumId/RaumId, TelefonId/TelefonId, Vorgesetzter/Vorgesetzter, Telefon/Telefon. Buttons: OK, Abbrechen, Hilfe, Löschen, Zurücksetzen.)

Klicken Sie nun mit der rechten Maustaste auf den *OleDbDataAdapter*, um ein typisiertes Dataset zu erzeugen:

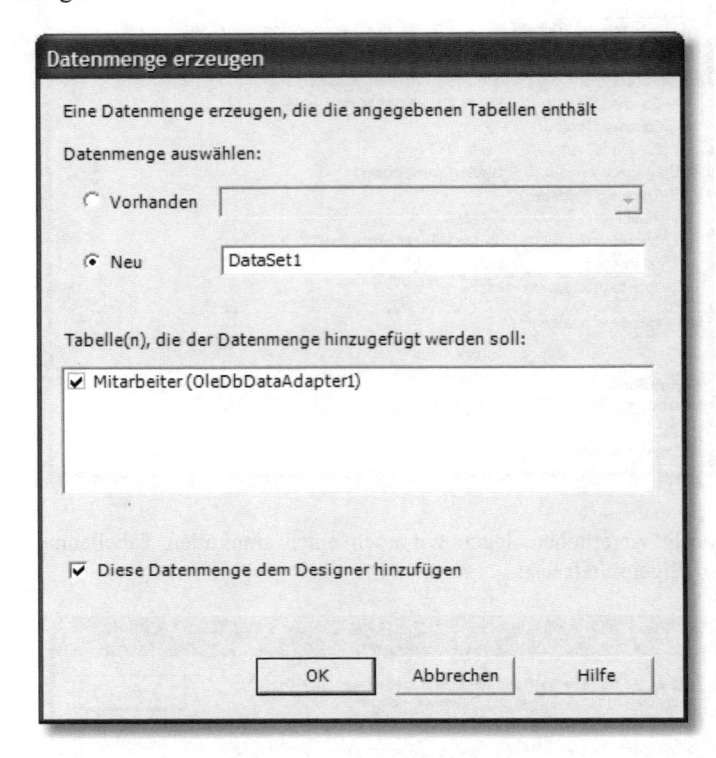

Datenmenge erzeugen

Eine Datenmenge erzeugen, die die angegebenen Tabellen enthält

Datenmenge auswählen:

○ Vorhanden

◉ Neu   DataSet1

Tabelle(n), die der Datenmenge hinzugefügt werden soll:

☑ Mitarbeiter (OleDbDataAdapter1)

☑ Diese Datenmenge dem Designer hinzufügen

[OK]   [Abbrechen]   [Hilfe]

Mit einem *DataGrid*, das Sie an das neue *DataSet* binden (Eigenschaft *DataSource*), können Sie sich zunächst von der Funktionstüchtigkeit überzeugen.

Zwei Zeilen Code sind allerdings noch notwendig, um die Daten zur Laufzeit auch wirklich in das Dataset zu "schaufeln":

```
procedure TWinForm1.TWinForm1_Load(sender: System.Object; e: System.EventArgs);
begin
  OleDbConnection1.Open;
  OleDbDataAdapter1.Fill(dataset11);
end;
```

Einem ersten Test steht jetzt nichts mehr im Wege.

Report an das Dataset binden

Erstellen Sie auf die gewohnte Weise einen neuen Report. Im Berichts-Assistenten wählen Sie aber als Datenquelle *Projektdaten|ADO.NET-DataSets*. Hier sollte nun unser DataSet mit allen enthaltenen Tabellen aus dem Delphi-Projekt angezeigt werden:

R 10.12 Verbinden mit einem ADO.NET-DataSet

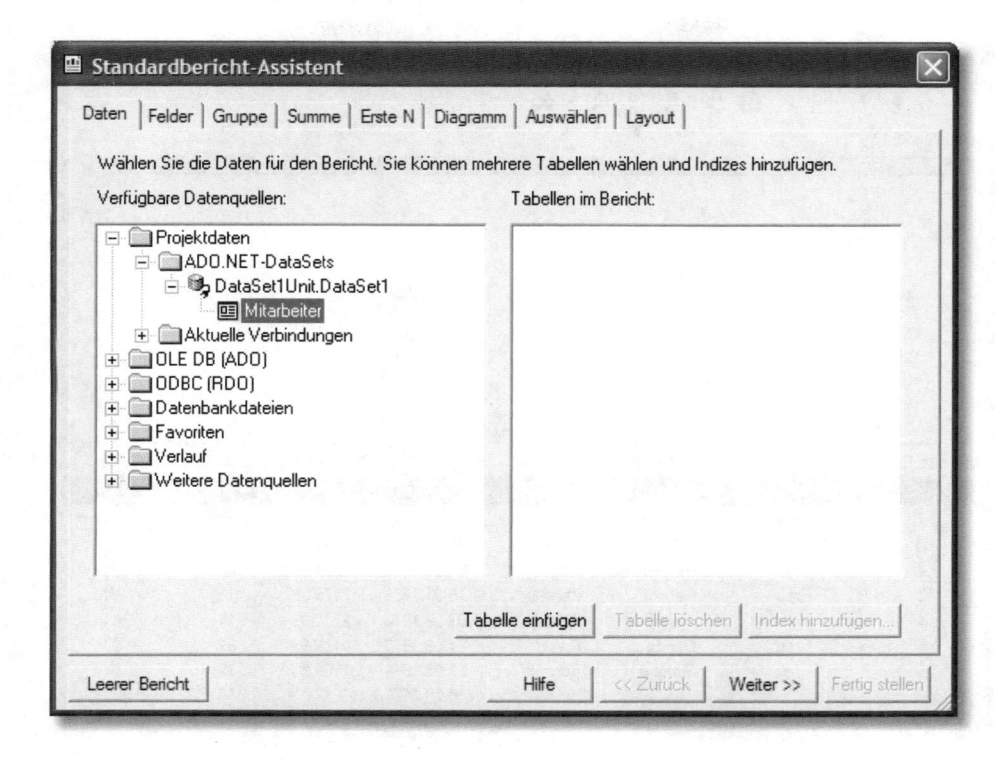

Fügen Sie die Tabelle *Mitarbeiter* in die Auswahl ein, wählen Sie nachfolgend einige Spalten aus, und erstellen Sie einen einfachen Bericht.

Für die Anzeige fügen Sie bitte noch eine *CrystalReportViewer*-Komponente in das Hauptformular ein. Das *Form_Load*-Ereignis erweitern wir um einige zusätzliche Anweisungen, um den Report auch mit der Druckvorschau zu verbinden:

```
uses report1unit;
...
procedure TWinForm1.TWinForm1_Load(sender: System.Object; e: System.EventArgs);
var rep : Report1;
begin
  OleDbConnection1.Open;
  OleDbDataAdapter1.Fill(dataset11);
  rep := Report1.Create;
  rep.SetDataSource(dataset11);
  CrystalReportViewer1.ReportSource := rep;
end;
```

Nach einem ersten Test scheint alles gut zu funktionieren, die im DataGrid angezeigten Daten sind auch im Report zu sehen.

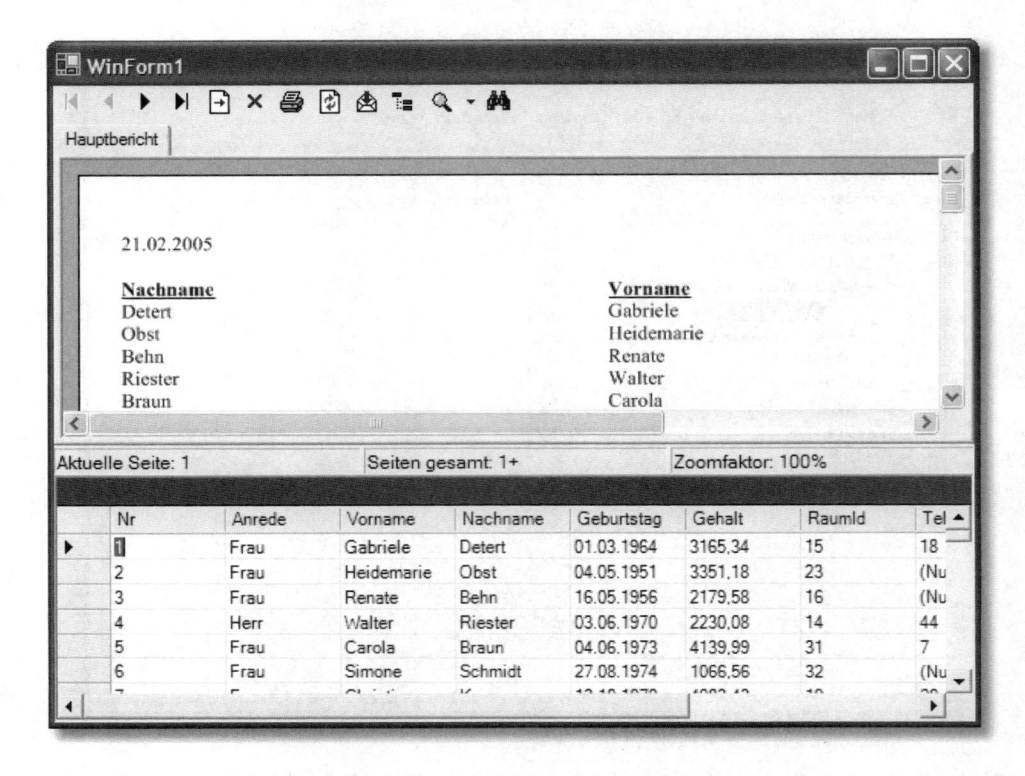

Doch was passiert, wenn Sie die Daten im DataGrid ändern? Versuchen Sie es ruhig einmal. Auch ein Klick auf den "Refresh"-Buttton der Druckvorschau zeigt keine Auswirkungen. Die Ursache: Der Report arbeitet weiter mit einer veralteten Kopie des DataSets!

Mit folgender Änderung verhelfen wir dem Report wieder zur Aktualität:

```
procedure TWinForm1.CrystalReportViewer1_ReportRefresh(source: System.Object;
                                  e: CrystalDecisions.Windows.Forms.ViewerEventArgs);
begin
  Report1(CrystalReportViewer1.ReportSource).SetDataSource(dataset11);
end;
```

Jeder Klick auf den "Refresh"-Button bewirkt jetzt ein Aktualisieren der zugrunde liegenden Datenmenge.

11 ASP.NET-Anwendungen

R 11.1 Verwenden des Cassini Web-Servers

Nicht jeder ASP.NET-Entwickler möchte sich gleich den Computer mit dem IIS "zustopfen", nur um ein paar Webseiten zu testen. Als Alternative für den "kleinen" Einstieg bietet sich *Cassini* an.

Dieser Beispielserver liegt im C#-Quellcode vor und wird zu Delphi.NET gleich mitgeliefert. Sie finden ihn im Verzeichnis:

```
C:\Programme\Borland\BDS\3.0\Demos\Cassini
```

Besser ist jedoch, Sie laden sich die aktuelle (und vor allem compilierte) Variante unter der folgenden Adresse herunter:

```
http://www.asp.net/Projects/Cassini/Download/
```

Starten Sie das Setup, und geben Sie einen Installationspfad vor.

Das Einzige, was jetzt noch fehlt, ist das Kopieren der *Cassini.dll* in den Global Assembly Cache (GAC). Suchen Sie dazu auf Ihrem PC die Anwendung *gacutil.exe*. Merken Sie sich den Pfad, und erweitern Sie die Datei *build.bat* im Installationsverzeichnis von Cassini um diese Pfadangabe[1]:

```
...
echo -----------------------------------------------------------------
echo Installing Cassini.dll into Global Assembly Cache ...
echo -----------------------------------------------------------------
"C:\Programme\Microsoft Visual Studio .NET 2003\SDK\v1.1\Bin\gacutil.exe" /i Cassini.dll
if errorlevel 1 goto problems
...
```

Rufen Sie nachfolgend *build.bat* auf, um die Installation im GAC vorzunehmen.

Im Cassini-Verzeichnis finden Sie die Anwendung *CassiniWebServer.exe*, mit der Sie den Server starten und auch konfigurieren können. Das Konfigurieren ist allerdings keine allzu aufwändige Prozedur, Sie müssen lediglich das Anwendungsverzeichnis, den Port[2] und das virtuelle Verzeichnis vorgeben.

Nach Klick auf "Start" erscheint am unteren Fensterrand ein Hyperlink auf das oben gewählte Verzeichnis. Danach wird Ihnen der Inhalt des Verzeichnisses im Internet Explorer angezeigt. Ist schon eine *WebForm1.aspx* vorhanden, können Sie diese durch Doppelklick starten. Beenden Sie jetzt jedoch den Cassini-Server wieder, Delphi startet diesen bei Bedarf selbst!

---

[1] Bei Ihnen kann die Pfadangabe abweichen.
[2] Beachten Sie, dass Sie einen freien Port wählen (der IIS nutzt Port 80)!

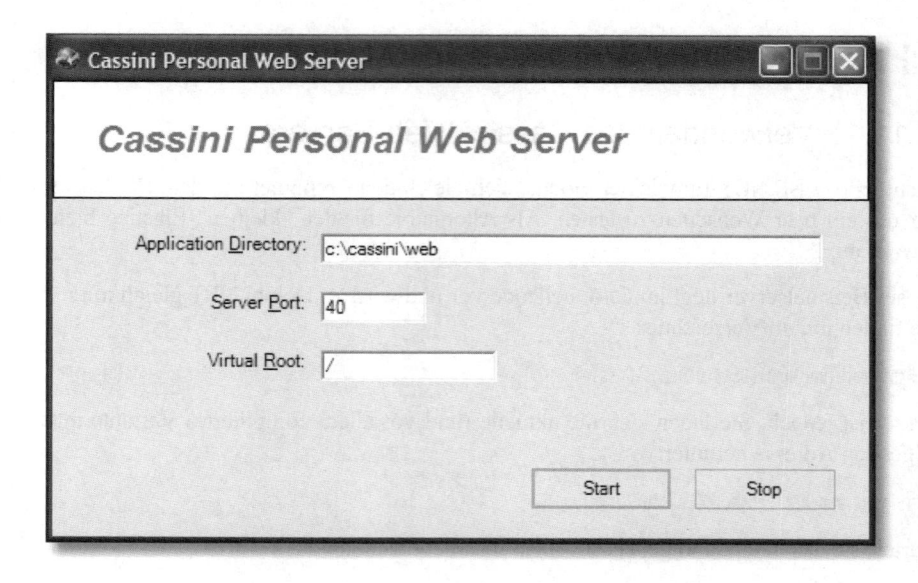

In Delphi.NET geben Sie beim Erzeugen einer ASP.NET-Anwendung jetzt den Cassini Web Server als Server an:

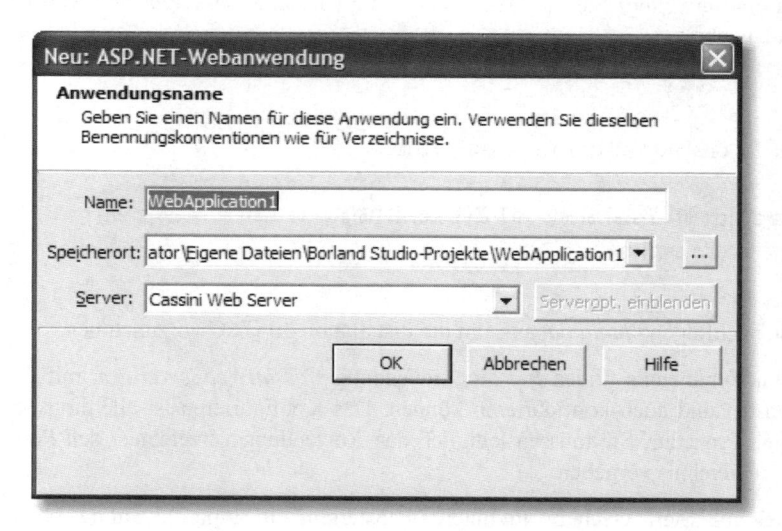

Hinweis: Beim ersten Aufruf werden Sie mit einer zusätzlichen Dialogbox konfrontiert, in der Sie Pfad und Port des Cassini-Servers eingeben.

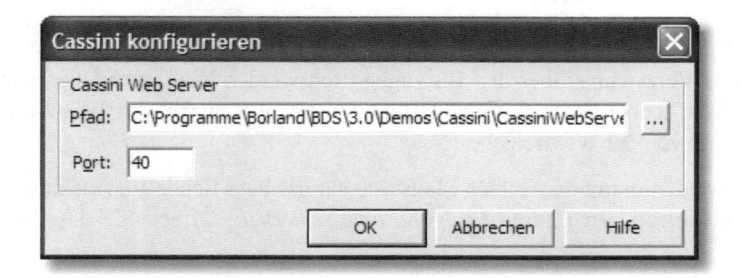

Nach diesen Vorarbeiten können Sie Ihre ASP.NET-Anwendung entwerfen, nach F9 startet Delphi.NET den Cassini-Webserver und lädt die festgelegte Startseite Ihres Projekts.

R 11.2 ASP.NET-Anwendung von CD installieren

Mit dem einfachen Kopieren eines ASP.NET-Anwendungsverzeichnisses auf einen anderen Computer haben Sie die betreffende Anwendung noch lange nicht installiert. Sie kommen nicht umhin, einige Anpassungen vorzunehmen. Speziell um dieses Thema geht es im vorliegenden Rezept.

Kopieren der Dateien

Der erste Schritt ist, wie sicher nicht anders zu erwarten, das Kopieren der Dateien von CD auf Festplatte. Wichtig ist in diesem Fall, dass Sie den eventuell vorhandenen Schreibschutz für das Verzeichnis aufheben (bei Windows XP geschieht dies automatisch). Normalerweise kopieren Sie den kompletten Projektordner in das Standardverzeichnis des IIS (*C:\Inetpub\ wwwroot*).

Sollten Sie der Versuchung erliegen, sofort das Beispiel testen zu wollen, werden Sie mit dieser (oder einer ähnlichen) Fehlermeldung konfrontiert:

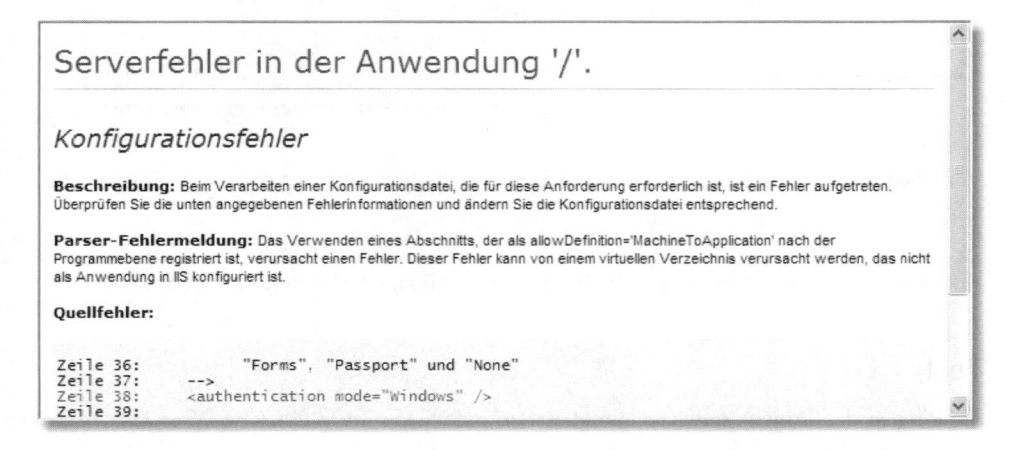

Aktivieren der Webfreigabe

Bevor auf das Verzeichnis über den IIS zugegriffen werden kann, muss dieses freigegeben werden. Hier ist jedoch nicht von der Datei-/Verzeichnisfreigabe von Windows die Rede, sondern speziell von der Webfreigabe.

Klicken Sie wiederum mit der rechten Maustaste auf das betreffende Verzeichnis, und wählen Sie im Kontextmenü den Eintrag *Freigabe und Sicherheit*. Öffnen Sie das Register *Webfreigabe*.

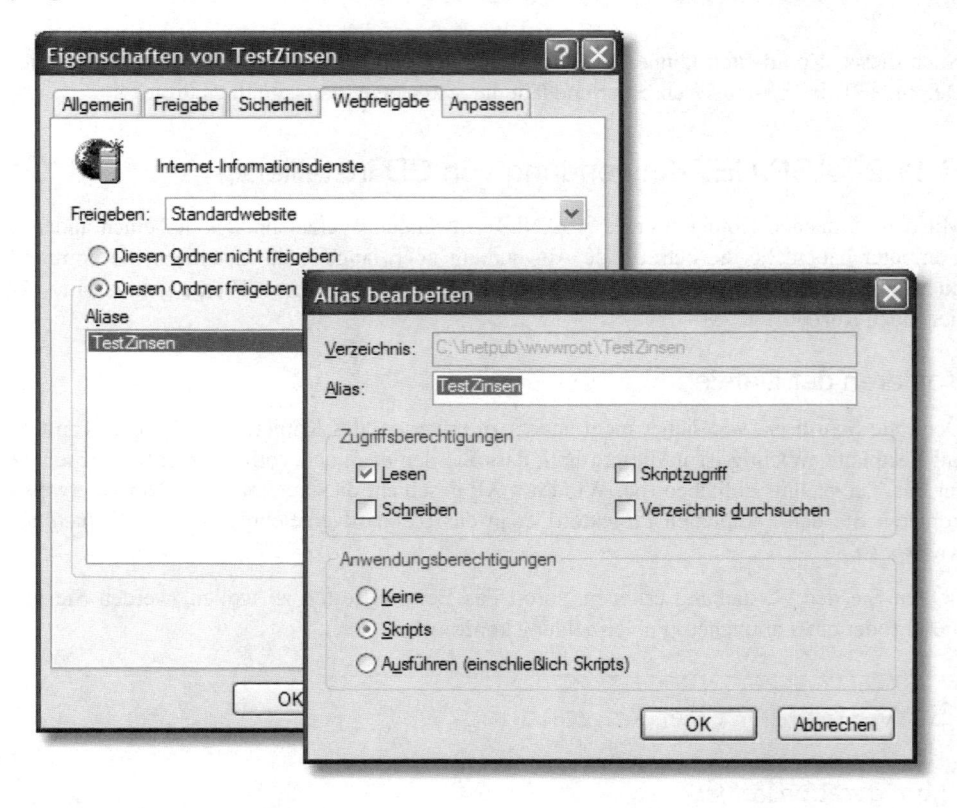

Vergeben Sie als Alias den Namen, den Sie auch für den späteren Webzugriff verwenden möchten.

Hinweis: Die voreingestellten Sicherheitsoptionen können Sie unverändert übernehmen.

Test

Sie können das Projekt entweder direkt testen, indem Sie im Internet Explorer *http://localhost/<Aliasname>/webform1.aspx* eingeben, oder Sie öffnen das Projekt unter Delphi.

R 11.3 ASP.NET-Projekte exportieren

Unter Delphi 2005 wird Ihnen ein neuer Assistent an die Seite gestellt, wenn es darum geht, ein fertiges ASP.NET-Projekt in ein anderes Freigabeverzeichnis (oder sogar auf einen anderen Webserver) zu transferieren. Dieses Vorgehen hat den Vorteil, dass Sie nicht immer das komplette Projekt per FTP-Programm übertragen müssen, der Assistent prüft, ob im Einzelfall eine Übertragung notwendig ist oder nicht. Doch der Reihe nach ...

Wählen Sie in der Projektverwaltung den Eintrag *Deployment* und öffnen Sie das zugehörige Kontextmenü.

Über *Neues ASP.NET-Deployment* erstellen Sie eine XML-Datei mit den Anweisungen, welche Dateien zu kopieren sind.

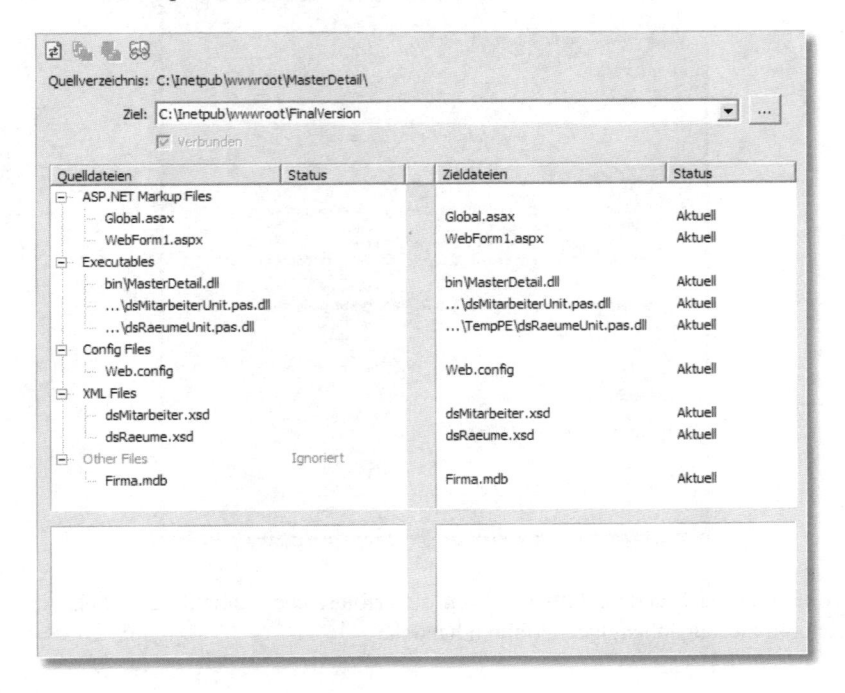

Wählen Sie zwischen den Optionen "Ordner" und "FTP". Bei "FTP" wird Ihnen eine Dialog mit den Optionen für Anmeldung, Servername etc. angezeigt. Doch leider wurde mal wieder vergessen, dass viele Nutzer per Proxy-Server ins Web gehen.

Nach erfolgreicher Anmeldung (bzw. nach der Auswahl eines neuen Zielverzeichnisses) kann der Transfer gestartet werden. Ändern Sie in Ihrem aktuellen Delphi-Projekt einige Dateien, können Sie den Assistenten erneut start und die Änderungen übertragen.

Möchten Sie zusätzliche Dateien übertragen, fügen Sie diese zunächst in Ihr Delphi-Projekt ein (Kontextmenüpunkt *Hinzufügen*), blenden diese nachfolgend im Deployment-Assistenten ein (Kontextmenü *Ignorierte Gruppen und Dateien anzeigen*) und entfernen die Option *Datei ignorieren* (Kontextmenü der jeweiligen Datei). So lassen sich beispielsweise auch Datenbanken oder zusätzliche XML-Daten auf den Server übertragen.

R 11.4 Doppelte Anmeldung verhindern

Arbeiten Sie mit *Forms Authentication* und werden mit Login-Formular (*aspx*) und zusätzlich dem Windows-Anmeldedialog belästigt, obwohl Sie in der *Web.config* eindeutig *Forms Authentication* gewählt haben, dann haben Sie vermutlich den IIS falsch konfiguriert.

Wichtig ist, dass in diesem Fall für Ihre Website die *Anonyme Anmeldung* eingeschaltet wird.

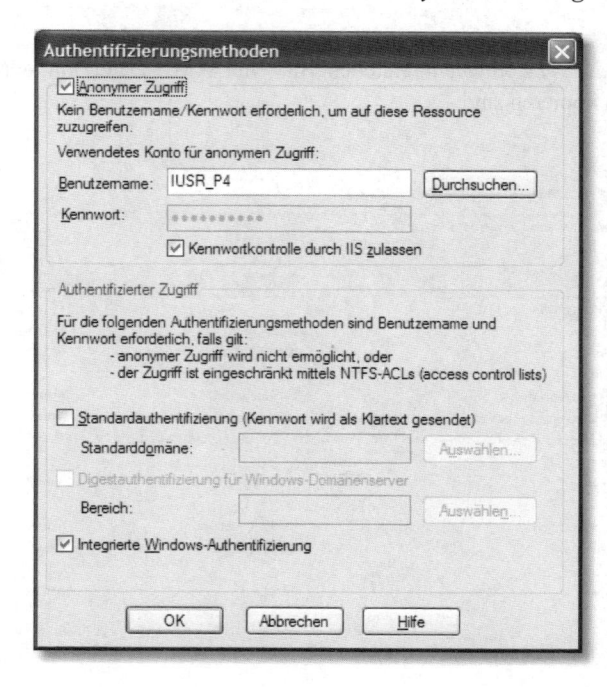

Der IIS kümmert sich anderenfalls nicht um die erfolgreiche Anmeldung mittels ASP.NET, da es sich um zwei unabhängige Verfahren handelt.

R 11.5 Probleme mit dem SQL Server-Login lösen

Wie schon mehrfach erwähnt, kann es im Zusammenhang mit dem MS SQL Server zu einem Login-Problem kommen, wenn Sie lediglich vertraute Verbindungen für den Zugriff nutzen. Die direkte Vorgabe eines Nutzernamens ist Ihnen damit nicht möglich, die Verbindung nutzt automatisch den ASPNET-Account des Systems. Da dieser Account standardmäßig keine Rechte an den Datenbanken besitzt, schlägt auch das Öffnen einer Connection fehl.

Ist dies der Fall, haben Sie drei Lösungsmöglichkeiten:

- Sie konfigurieren den SQL Server auch für gemischte Anmeldung (Name und Passwort können Sie jetzt beim Login per Connection-String vorgeben).
- Sie nutzen die Möglichkeiten der Impersonation, wie im ASP.NET-Kapitel 10 beschrieben.
- Sie geben dem Nutzer ASPNET die erforderlichen Rechte an der Datenbank.

Wer nur die MSDE-Version besitzt, wird bei der dritten Variante sicher zu Recht fragen, wie er denn vorgehen soll. Zum einen könnten Sie per OSQL (ein Kommandozeilentool) Ihre perfekten SQL-Kenntnisse ausspielen und sowohl den Nutzer erzeugen als auch die Rechte vergeben. Wesentlich einfacher geht es allerdings mit dem Programm *DbaMgr2000*, das Sie unter

http://www.asql.biz/DbaMgr.shtm

frei herunterladen können.

Die Funktionalität entspricht fast der des Enterprise-Managers von Microsoft, für unsere Zwecke genügt sie vollauf:

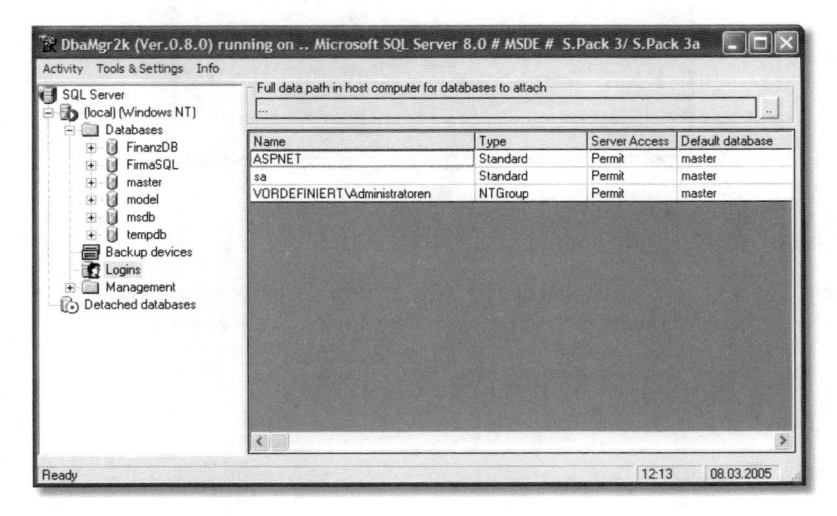

Über den Eintrag *Logins* können Sie den Nutzer ASPNET hinzufügen und mit den entsprechenden Rechten an der gewünschten Datenbank ausstatten.

12 OOP und Komponentenentwicklung

R 12.1 Eine einfache Klasse entwickeln

Die Grundlagen der Objektorientierten Programmierung (OOP) lernt man – anstatt mit trockener Theorie – am besten durch das unermüdliche Ausprobieren von Beispielen! In diesem absoluten Einsteiger-Rezept geht es vor allem um die Technik zum Erstellen einer einfachen Klasse innerhalb der Delphi.NET-Entwicklungsumgebung.

Eine Kunden-Klasse soll folgende Member haben:

- **Eigenschaften:** *Anrede, Name, PLZ, Ort, Stammkunde, Guthaben*
- **Methoden:** *Manipulieren des Guthabens, Ausgabe der kompletten Adresse*

Wir implementieren und testen die Klasse, indem wir ein Objekt instanziieren und benutzen!

Oberfläche

Öffnen Sie ein neues Windows Forms-Projekt. Auf das Startformular (*WinForm1*) platzieren Sie zwei *Label*s und zwei *Button*s.

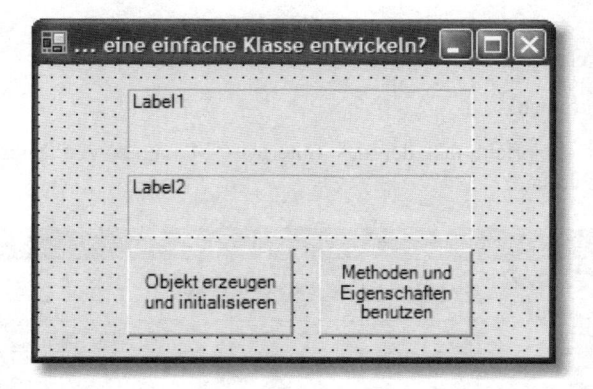

Klasse CKunde definieren

Nachdem Sie über den Menüpunkt *Datei|Neu|Weitere...* die Objektgalerie geöffnet haben, wählen Sie links unter *Delphi für .NET Projekte* den Eintrag *Neue Dateien*.

R 12.1 Eine einfache Klasse entwickeln

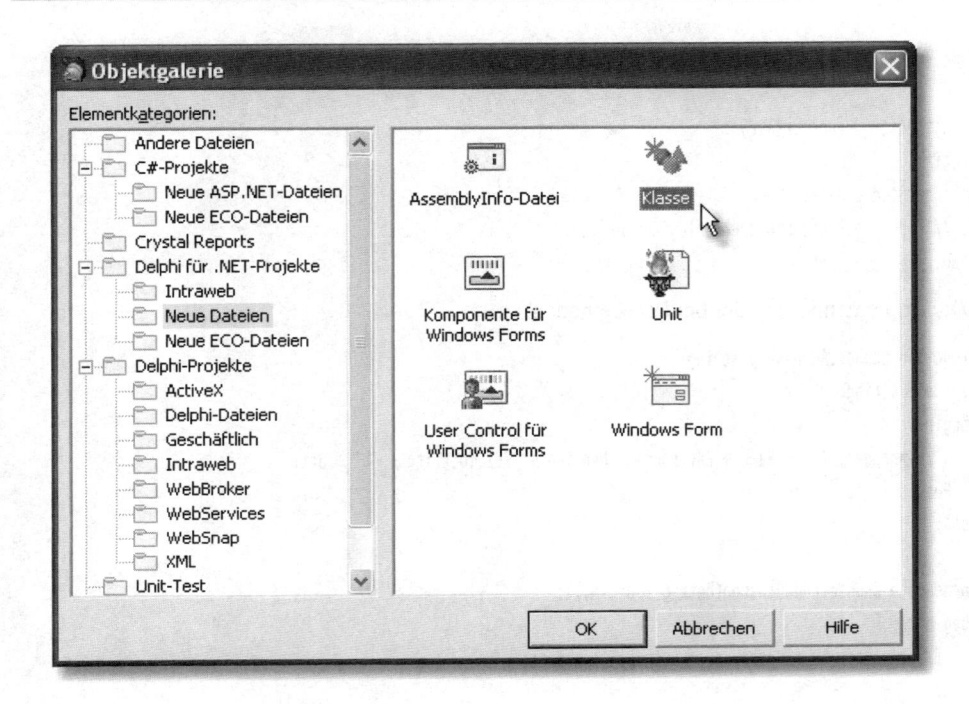

Klicken Sie dann rechts auf *Klasse* und geben Sie der neu erstellten Klasse den Namen *CKunde*.

Im Code-Fenster ist der Rahmencode für unsere Klasse vorbereitet. Tragen Sie die Implementierung der Klasse (ihre Eigenschaften und Methoden) ein:

```
unit uCKunden;
interface
type CKunde = class
  ...
  public
```

Die Eigenschaften:

```
Anrede : String;
Name : String;
PLZ : Integer;
Ort : String;
Stammkunde : Boolean;
Guthaben : Decimal;
constructor Create;
function Adresse : String;
procedure addGuthaben(betrag : Decimal);
end;
```

```
implementation

constructor CKunde.Create;
begin
  inherited Create;
  // TODO: Hier die Konstruktorlogik einfügen
end;
```

Die Implementierung der beiden Methoden:

```
function CKunde.Adresse : String;
var s : string;
begin
  s := Anrede + ' ' + Name + Environment.NewLine + PLZ.ToString + ' ' + Ort;
  Result := s;
end;


procedure CKunde.addGuthaben(betrag : Decimal);
begin
  if Stammkunde then Guthaben := Guthaben + betrag;
end;
end.
```

Hinweis: Den Rahmencode für die Implementierung der beiden Methoden erzeugt die Delphi-IDE automatisch, wenn Sie die Tastenkombination zur Klassenvervollständigung (*Strg+Shift+C*) benutzen!

Objekt erzeugen, initialisieren und benutzen

Wechseln Sie nun in das Code-Fenster von *WinForm1* und binden Sie die Unit *uCKunden* ein:

```
type
  TWinForm1 = class(System.Windows.Forms.Form)
...
implementation
uses uCKunden;
```

Deklarieren Sie auf Klassenebene eine Objektvariable *Kunde1*:

```
var Kunde1 : CKunde;
```

Bis jetzt existiert lediglich eine Objektreferenz (ein Zeiger auf eine Objektvariable), das Objekt selbst ist noch nicht da (es belegt noch keinen Speicherplatz)!

R 12.1 Eine einfache Klasse entwickeln

Der Button "Objekt erzeugen und initialisieren":

```
procedure TWinForm1.Button1_Click(sender: System.Object; e: System.EventArgs);
begin
```

Das neue Objekt wird als Instanz der Klasse *CKunde* mit dem *Create*-Konstruktor erzeugt:

```
Kunde1 := CKunde.Create;
```

Unser Objekt ist ein momentan noch "gesichtsloser" Kunde, wir werden ihn deshalb initialisieren, d.h., wir weisen seinen Eigenschaften konkrete Werte zu:

```
with Kunde1 do begin
  Anrede    := 'Herr';
  Name      := 'Müller';
  PLZ       := 12345;
  Ort       := 'Berlin';
  Stammkunde := True;
  end;
end;
```

Der Button "Methoden und Eigenschaften benutzen":

```
procedure TWinForm1.Button2_Click(sender: System.Object; e: System.EventArgs);
begin
  Label1.Text := Kunde1.Adresse;          // erste Methode aufrufen
  Kunde1.addGuthaben(50);                 // zweite Methode aufrufen
  Label2.Text := 'Guthaben ist ' + Kunde1.Guthaben.ToString('C');  // Eigenschaft lesen
end;
```

Unterstützung durch die Intellisense

Die Intellisense weist Sie z.B. auf alle verfügbaren Klassenmitglieder (Eigenschaften und Methoden) hin und ergänzt den Quellcode automatisch, wenn Sie auf den gewünschten Eintrag klicken:

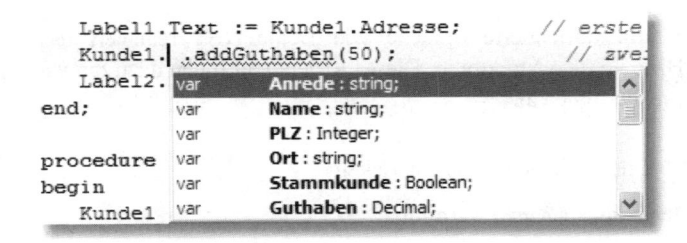

Test

Unmittelbar nach Programmstart betätigen Sie den linken Button und danach den rechten. Durch mehrmaliges Klicken auf den rechten Button wird sich das Guthaben des Kunden Müller in 50 €-Schritten erhöhen.

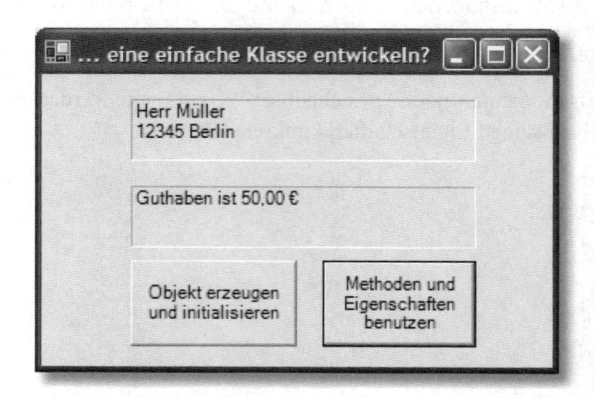

Bemerkungen

- Falls Sie zu voreilig gewesen sind und unmittelbar nach Programmstart den zweiten statt den ersten Button gedrückt haben, stürzt Ihnen das Programm mit einer Fehlermeldung ab ("Objektverweis wurde nicht auf eine Objektinstanz festgelegt.").
- In diesem einfachen Beispiel haben wir Eigenschaften "quick and dirty" als *public*-Variablen deklariert, was allerdings nicht die "feine Art" der Klassen-Programmierung ist. Der disziplinierte Entwickler verwendet stattdessen Zugriffsaccessoren (Eigenschaftenprozeduren), siehe

☞ R 12.6 Eigenschaften mit Zugriffsmethoden kapseln

R 12.2 Mit einem Konstruktor arbeiten

Eine "richtige" objektorientierte Sprache wie Delphi.NET realisiert das Erzeugen von Objekten mit Hilfe von Konstruktoren. Dieses Rezept soll Ihnen dazu die wichtigsten Grundlagen am Beispiel der Ihnen aus

☞ R 12.1 Eine einfache Klasse entwickeln

bereits bekannten Klasse *CKunde* vermitteln.

Oberfläche

Öffnen Sie eine neue Windows Forms-Anwendung. Das Startformular *WinForm1* und ein *Button* genügen.

R 12.2 Mit einem Konstruktor arbeiten

Quellcode CKunde

```
unit uCKunde;

interface

type
  CKunde = class
```

Wir ersetzen die *public*-Variablen des Vorgängerrezepts durch *private*-Variablen (Zustandsvariablen):

```
private
  { Private-Deklarationen }
  Anrede : String;
  Name : String;
  PLZ : Integer;
  Ort : String;
  Stammkunde : Boolean;
  Guthaben : Decimal;
```

Einen Konstruktor fügen Sie dem Klassenkörper als öffentliche Prozedur mit dem Namen *Create* hinzu. Als Parameter übergeben Sie die Werte für die Zustandsvariablen, die Sie initialisieren möchten.

Wie bei jeder anderen Methode, können Sie auch hier mehrere überladene Konstruktoren implementieren. Unserer Klasse *CKunde* werden wir zwei überladene Konstruktoren gönnen.

Der erste Konstruktor initialisiert zwei private Variablen:

```
public
  constructor Create(Anrede, Nachname : String); overload;
```

Der zweite Konstruktor initialisiert alle Variablen der Klasse. Um den Code etwas zu kürzen, wird für die ersten beiden Variablen der erste Konstruktor bemüht:

```
  constructor Create(Anrede, Nachname : String; PLZ : Integer;
                     Ort : String; Stammkunde : Boolean; Guthaben : Decimal); overload;
  function Adresse : String;
  procedure addGuthaben(betrag : Decimal);
end;
```

Nun zur Implementierung.

```
implementation

constructor CKunde.Create(Anrede, Nachname : String);
begin
```

```
  inherited Create;
  Anrede := Anrede;
  Name   := Nachname;
end;

constructor CKunde.Create(Anrede, Nachname : String; PLZ : Integer;
                          Ort : String; Stammkunde : Boolean; Guthaben : Decimal);
begin
  Self.Create(Anrede, Nachname);      // Aufruf des ersten Konstruktors!
  PLZ := PLZ;
  Ort := Ort;
  Stammkunde := Stammkunde;
  Guthaben   := Guthaben;
end;

function CKunde.Adresse : String;
var s : String;
begin
  s := Anrede + ' ' + Name + Environment.NewLine + PLZ.ToString + ' ' + Ort;
  Result := s;
end;

procedure CKunde.addGuthaben(betrag : Decimal);
begin
  if Stammkunde then Guthaben := Guthaben + betrag;
end;

end.
```

Quellcode TWinForm1

Hinweis: Nachdem Sie einer Klasse einen oder mehrere Konstruktoren hinzugefügt haben, sind Sie auch zur Benutzung von mindestens einem davon verpflichtet.

Wir werden zwei Objekte der oben deklarierten Klasse *CKunde* erzeugen und mit Anfangswerten initialisieren. Für jedes Objekt wird ein anderer überladener Konstruktor verwendet:

```
implementation
uses uCKunde;
...
procedure TWinForm1.Button1_Click(sender: System.Object; e: System.EventArgs);
var Kunde1, Kunde2, Kunde3 : CKunde;
```

```
begin
  try
    Kunde1 := CKunde.Create('Herr', 'Müller');
    Kunde2 := CKunde.Create('Frau', 'Hummel', 12345, 'Berlin', True, 100);
    MessageBox.Show('Zwei Kunden-Objekte erfolgreich erzeugt!');
  except
    on ex : Exception do MessageBox.Show('Sch ... Konstruktor!');
  end;
end;
```

Test

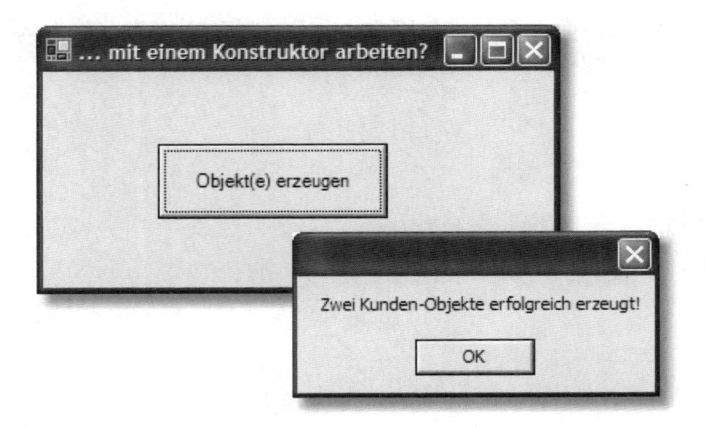

R 12.3 Ereignisse auslösen und benutzen

Nachdem Sie sich mit Eigenschaften und Methoden von Objekten etwas auskennen, sollten Sie auch die Dritten im Bunde, die Ereignisse, nicht vergessen. Wie Sie bereits ahnen, werden Ereignisse unter bestimmten Bedingungen vom Objekt ausgelöst und können dann in einer Ereignisbehandlungsroutine abgefangen und ausgewertet werden.

Zu unserer aus den Vorgängerrezepten bereits bekannten *CKunde*-Klasse soll ein Ereignis mit dem Namen *GuthabenLeer* hinzugefügt werden. Das Ereignis soll dann innerhalb der Methode *addGuthaben* "feuern", wenn das Guthaben den Wert von 10 € unterschreitet. Um den Code für den Benutzer der Klasse zu vereinfachen, haben wir den privaten Variablen Standardwerte zugewiesen.

Oberfläche

Auf das Startformular *WinForm1* platzieren Sie einen *Button*.

Quellcode CKunde

Erzeugen Sie auf mittlerweile bekannte Weise eine neue Klasse *CKunde* (bzw. Sie nehmen die Klasse aus dem Vorgängerrezept und ergänzen sie):

```
unit uCKunde;
interface
type
```

Der Delegate-Typ:

```
TGuthabenLeer = procedure(sender: System.Object; e: String);
```

Die Klasse:

```
CKunde = class
private
  Anrede : String;
  Name : String;
  PLZ : Integer;
  Ort : String;
  Stammkunde : Boolean;
  Guthaben : Decimal;
  fGuthabenLeer : TGuthabenLeer;
public
  constructor Create(Anrede, Nachname : String); overload;
  constructor Create(Anrede, Nachname : String; PLZ : Integer;
                  Ort : String; Stammkunde : Boolean; Guthaben : Decimal); overload;
  function Adresse : String;
  procedure addGuthaben(betrag : Decimal);
published
```

Definition des Events als so genannte *Ereigniseigenschaft*:

```
  property OnGuthabenLeer: TGuthabenLeer add fGuthabenLeer remove fGuthabenLeer;
end;
```

R 12.3 Ereignisse auslösen und benutzen

```
implementation
...
```

Initialisieren von Stammkunde und Guthaben:

```
constructor CKunde.Create(Anrede, Nachname : String);
begin
  inherited Create;
  Anrede := Anrede;
  Name   := Nachname;
  stammKunde := True;
  guthaben   := 100;
end;

procedure CKunde.addGuthaben(betrag : Decimal);
var msg : string;
begin
  if Stammkunde then Guthaben := Guthaben + betrag;
  if guthaben <= 10 then begin
    msg := 'Das Guthaben beträgt ' + guthaben.ToString('C') + '!';
```

Auslösen des Events, wenn mindestens ein Eventhandler angemeldet ist:

```
    if assigned(fGuthabenleer) then fGuthabenLeer(Self, msg);
  end;
end;
end.
```

Quellcode TWinForm1

```
implementation
uses uCKunde;
```

Das Objekt erzeugen wir gleich global:

```
var Kunde1 : CKunde = CKunde.Create('Herr','Müller');
```

Unser Eventhandler:

```
procedure OnGuthabenLeer(sender: System.Object; e: String);
begin
  Messagebox.Show(e, 'Warnung');
end;
```

Den Eventhandler an das Ereignis binden:

```
constructor TWinForm1.Create;
begin
```

```
...
  include(Kunde1.OnGuthabenLeer, OnGutHabenLeer);
end;
```

Bei jedem Klick auf den Button wird das Guthaben des Kunden um 10 € verringert:

```
procedure TWinForm1.Button1_Click(sender: System.Object; e: System.EventArgs);
begin
  kunde1.addGuthaben(-10);
end;
```

Test

Nachdem Sie den Button neunmal geklickt haben, feuert das Ereignis:

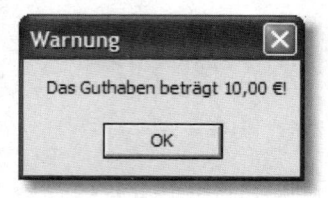

Bemerkungen

- Normalerweise sollten Ereignisse immer zwei Parameter an die aufrufende Instanz übergeben: eine Referenz auf das Objekt, welches das Ereignis ausgelöst hat, und ein Objekt der *EvenArgs*- oder einer davon abgeleiteten Klasse. Auf Letzteres haben wir verzichtet und stattdessen nur einen einfachen Meldungsstring übergeben.

- Die Ereignisdefinition wurde in diesem Rezept bewusst sehr einfach gehalten, um den Einsteiger nicht zu verwirren. So ist es – im Unterschied zum "alten" Delphi – durchaus möglich, mittels *include*-Befehl weitere Eventhandler an das *OnGuthabenLeer*-Ereignis zu binden, die dann nacheinander abgearbeitet werden. Mittels *exclude*-Befehl kann ein Eventhandler jederzeit wieder "abgekoppelt" werden. Wer sich intensiver mit dieser Thematik beschäftigen will, sei auf das Multicast-Ereignismodell von .NET verwiesen (siehe auch 14.1).

R 12.4 Vererbung verstehen und anwenden

Sie lernen in diesem einfachen Rezept, wie man unter Benutzung der UML (*Unified Modelling Language*) den Vererbungsmechanismus von Delphi.NET richtig einsetzt.

Das folgende UML-Klassendiagramm zeigt die Basisklasse *CKunde*, von der die Klassen *CPrivatKunde* und *CFirmenKunde* "erben". *CKunde* hat die Eigenschaften *Anrede*, *Nachname*, *StammKunde* (ja/nein) und *Guthaben* und die Methoden *Adresse()* und *addGuthaben()*

R 12.4 Vererbung verstehen und anwenden

(das Guthaben ist hier als Bonus zu verstehen, der dem Kunden in prozentualer Abhängigkeit von den getätigten Einkäufen gewährt wird).

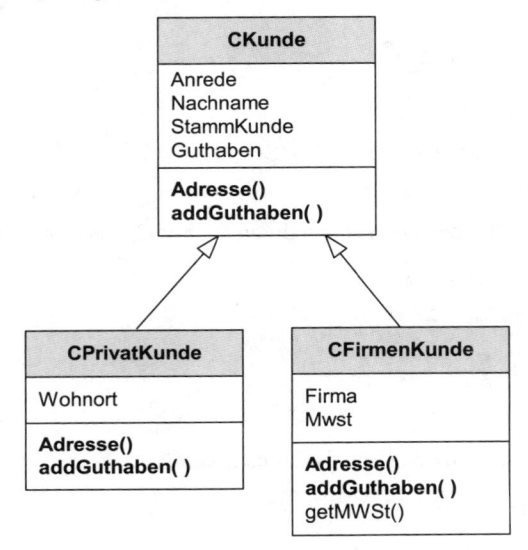

```
            ┌─────────────────┐
            │     CKunde      │
            ├─────────────────┤
            │ Anrede          │
            │ Nachname        │
            │ StammKunde      │
            │ Guthaben        │
            ├─────────────────┤
            │ Adresse()       │
            │ addGuthaben()   │
            └─────────────────┘
                  △      △
          ┌───────┘      └────────┐
┌──────────────────┐       ┌──────────────────┐
│   CPrivatKunde   │       │   CFirmenKunde   │
├──────────────────┤       ├──────────────────┤
│ Wohnort          │       │ Firma            │
│                  │       │ Mwst             │
├──────────────────┤       ├──────────────────┤
│ Adresse()        │       │ Adresse()        │
│ addGuthaben()    │       │ addGuthaben()    │
│                  │       │ getMWSt()        │
└──────────────────┘       └──────────────────┘
```

Die "geerbten" Methoden *Adresse* und *addGuthaben* sind überschrieben (so genanntes *Method-Overriding*), d.h., Adresse und Guthaben sollen für Privatkunden auf andere Weise als für Firmenkunden ermittelt werden. Nur die Klasse *CFirmenKunde* verfügt über eine eigene Methode *getMWSt()*, die einen Lesezugriff auf die Mehrwertsteuer ermöglichen soll.

Wir implementieren und testen die drei Klassen mit mehreren Objekten!

Basisklasse CKunde

Die Deklaration entspricht (fast) der einer normalen Klasse. Dass es sich um eine Basisklasse handelt, erkennt man eigentlich nur an dem *protected*-Feld und an den *virtual*-Methodendeklarationen.

```
unit uCKunde;
interface
type
  CKunde = class
```

Die privaten Felder:

```
private
  _anrede : String;
  _name   : String;
  _stammKunde : Boolean;
```

Durch den *protected*-Modifizierer für das *_guthaben*-Feld wird es möglich, dass auch die beiden Subklassen auf dieses Feld zugreifen können:

```
  protected
    _guthaben : Decimal;
  public
    constructor Create(ar, nn : String);      //overload;
```

Die Eigenschaften:

```
    property StammKunde : Boolean read _stammKunde write _stammkunde;
    property Guthaben : Decimal read _guthaben;
```

Die beiden virtuellen Methoden können nun durch die Subklassen überschrieben werden:

```
    function adresse() : String; virtual;
    procedure addGuthaben(betrag : Decimal); virtual;
  end;
```

implementation

Ein eigener Konstruktor ersetzt den Standardkonstruktor:

```
constructor CKunde.Create;
begin
  inherited Create;
  _anrede := ar;
  _name   := nn;
end;

function CKunde.adresse : String;
begin
  Result := _anrede + ' ' + _name;
end;

procedure CKunde.addGuthaben(betrag : Decimal);
begin
  if _stammKunde then _guthaben := _guthaben + betrag;
end;
end.
```

Subklasse CPrivatKunde

Die Klasse *CPrivatKunde* erbt zunächst alle Eigenschaften und Methoden der Basisklasse *CKunde*.

```
unit uCPrivatKunde;
interface
uses uCKunde;
```

R 12.4 Vererbung verstehen und anwenden

```
type
  CPrivatKunde = class(CKunde)    // Ableiten von der Basisklasse
  private
    _wohnort : string;
  public
    constructor Create(ar, nn, o : String);
    function adresse : String; override;
    procedure addGuthaben(br : Decimal); override;
  end;
```

Der Konstruktor ist unbedingt notwendig, weil auch die Basisklasse einen eigenen Konstruktor verwendet. Es wird das *inherited*-Schlüsselwort benutzt, um den Konstruktor der Basisklasse aufzurufen.

```
implementation
constructor CPrivatKunde.Create;
begin
  inherited Create(ar, nn);
  _wohnOrt := o;              // klassenspezifische Ergänzung
end;
```

Die folgende Methode wird so überschrieben, dass zusätzlich zu Anrede und Name (von der Basisklasse geerbt) noch der Wohnort des Privatkunden angezeigt wird. Das *override*-Schlüsselwort (in der Deklaration oben) bedeutet, dass hier die in der Basisklasse *CKunde* als *virtual* deklarierten Methoden überschrieben werden. Das erlaubt der Subklasse eine eigene Implementierung.

```
function CPrivatKunde.adresse() : String;
begin
  Result := (inherited adresse) + Environment.NewLine + _wohnOrt;
end;
```

Hinweis: Der Ausdruck *inherited adresse* ruft die Basisklassen-Methode auf und verwendet deren Rückgabewert.

Die zweite Methode wird komplett neu überschrieben. Ohne Rücksicht auf Stammkundschaft werden jedem Privatkunden 5% vom Rechnungsbetrag als Bonusguthaben angerechnet:

```
procedure CPrivatKunde.addGuthaben(br : Decimal);
begin
  _guthaben := _guthaben + 0.05 * br;
end;
end.
```

Subklasse CFirmenKunde

Die Subklasse *CFirmenKunde* unterscheidet sich wie folgt von der Klasse *CPrivatKunde*:

- Die *adresse()*-Methode liefert anstatt des Wohnorts den Namen der Firma des Kunden.
- Die *addGuthaben*()-Methode berechnet zunächst den Nettobetrag und addiert davon 1% zum Bonusguthaben. Damit nur Stammkunden in den Genuss dieser Vergünstigung kommen, wird dazu die gleichnamige Methode der Basisklasse aufgerufen.
- Die neu hinzugekommene "stinknormale" Methode *getMWSt*() erlaubt einen Lesezugriff auf die Mehrwertsteuer-Konstante.

```
unit uCFirmenkunde;

interface
uses uCKunde;

type
```

Erben von *CKunde*:

```
CFirmenkunde = class(CKunde)
 private
```

Neue interne Eigenschaften:

```
  _firma : String;
  const _mwst = 0.16;

 public
  constructor Create(ar, nn, frm : String);
  function mwst : Decimal;
  function adresse : String; override;
  procedure addGuthaben(br : Decimal); override;
 end;

implementation
```

Der neue Konstruktor:

```
constructor CFirmenkunde.Create;
begin
  inherited Create(ar, nn);    // ererbten Konstruktor aufrufen
  _firma := frm;
end;
```

Auf eine Konstante können wir nicht per Property zugreifen, deshalb als Methode:

```
function CFirmenkunde.mwst : Decimal;
begin
   Result := _mwst;
end;

function CFirmenkunde.adresse : String;
begin
   Result := (inherited adresse) + Environment.NewLine + _firma;
end;

procedure CFirmenkunde.addGuthaben(br : Decimal);
var netto : Decimal;
begin
   netto := br / (1 + _mwst);        // Netto berechnen
```

Aufruf der Basisklassen-Methode:

```
   inherited addGuthaben(netto * 0.01);       // 1% als Guthaben anrechnen
end;
end.
```

Testoberfläche

Um die Funktionsfähigkeit der Klassen zu testen, genügt die folgende Windows Forms-Benutzerschnittstelle:

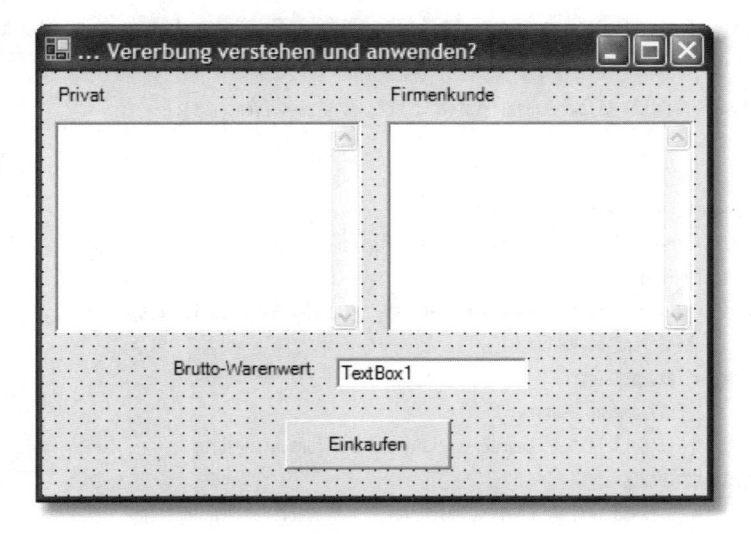

Quellcode TWinForm1

Für unseren kleinen Test genügen zwei Objekte (ein Privat- und ein Firmenkunde):

```
type
  TWinForm1 = class(System.Windows.Forms.Form)
...
implementation
uses uCKunde, uCPrivatkunde, uCFirmenkunde;

var Kunde1 : CPrivatkunde;
    Kunde2 : CFirmenkunde;
...
```

Beim Laden des Formulars werden die Konstruktoren aufgerufen. Die Ja-/Nein-Eigenschaft *stammKunde* muss allerdings extra zugewiesen werden:

```
constructor TWinForm1.Create;
begin
  inherited Create;
  InitializeComponent;
  Kunde1 := CPrivatkunde.Create('Herr','Krause','Leipzig');
  Kunde1.StammKunde := False;
  Kunde2 := CFirmenkunde.Create('Frau', 'Müller', 'Master Soft GmbH');
  Kunde2.StammKunde := True;
  TextBox1.Text := '100';
end;
```

Durch Klick auf den Button werden für jedes Objekt Eigenschaften und Methoden aufgerufen:

```
procedure TWinForm1.Button1_Click(sender: System.Object; e: System.EventArgs);
var brutto : Decimal;
begin
  brutto := Convert.ToDecimal(TextBox1.Text);
  TextBox2.Text := TextBox2.Text + Kunde1.Adresse + Environment.NewLine;
  Kunde1.addGuthaben(brutto);
  TextBox2.Text := TextBox2.Text + 'Bonusguthaben ist ' + Kunde1.Guthaben.ToString('C') +
                   Environment.NewLine;
  TextBox2.Text := TextBox2.Text + '-------------------------------------------' +
                   Environment.NewLine;
  TextBox3.Text := TextBox3.Text + Kunde2.Adresse() + Environment.NewLine;
  Kunde2.addGuthaben(brutto);
  TextBox3.Text := TextBox3.Text + 'Bonusguthaben ist ' + Kunde2.Guthaben.ToString('C') +
                   Environment.NewLine;
```

```
    TextBox3.Text := TextBox3.Text + '----------------------------------------' +
                     Environment.NewLine;
end;
```

Test

Klicken Sie wiederholt auf "Einkaufen" und verfolgen Sie die für beide Kunden unterschiedlichen Veränderungen des Bonusguthabens!

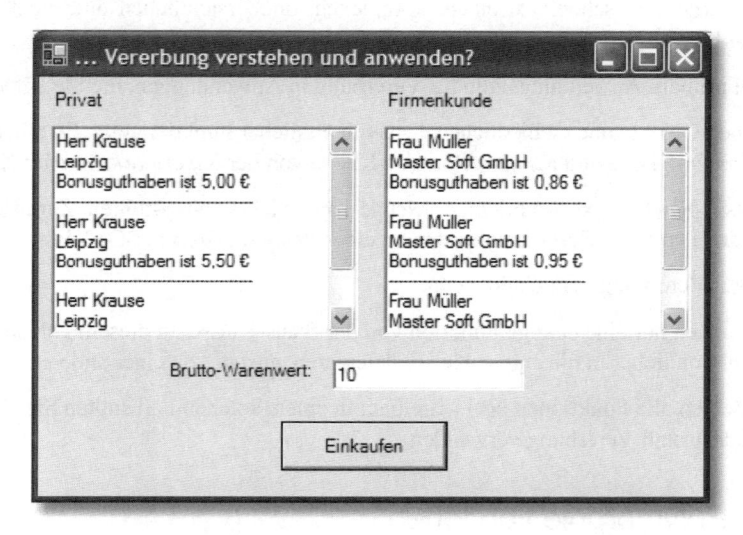

Dem Privatkunden Krause wurde ein Guthaben von 5€ (5% aus 100 €) zugebilligt (Stammkundschaft spielt bei Privatkunden keine Rolle, da die Methode *addGuthaben()* komplett überschrieben ist).

Frau Müller ist Firmenkundin und erhält nur deshalb, weil sie Stammkundin ist, ein mickriges Guthaben von 0,86€ (1% auf den Nettowert).

Bemerkungen

Wenn Sie mit Vererbung arbeiten, so sollten Sie folgende Dinge beachten:

Es gibt keine feste Beschränkung bezüglich der Stufenanzahl der Vererbungs-Hierarchie. Sie können die Hierarchie so tief wie nötig staffeln, die Eigenschaften/Methoden werden trotzdem durch alle Vererbungsstufen hindurchgereicht. Allgemein gilt, dass je weiter unten sich eine Klasse in der Hierarchie befindet, umso spezialisierter ist ihr Verhalten, z.B. eine Klasse *AldiKunden* die von einer *SupermarktKunden*-Klasse erbt und diese wiederum von der *Kunden*-Klasse.

Hinweis: Um die Komplexität zu minimieren und die Wartbarkeit des Codes zu vereinfachen, sollten Sie die Vererbungs-Hierarchie nicht tiefer als ca. vier Stufen staffeln.

Jede Klasse kann allerdings von nur einer Eltern-Klasse erben! So kann z.B. eine *AldiKunden*-Klasse nicht sowohl von einer allgemeinen *Kunden*-Klasse als auch von einer *Supermarkt-Kunden*-Klasse erben. Diese Einschränkung ist so in Ordnung, denn eine solche *multiple Vererbung* würde sehr schnell zu einem komplexen, unübersichtlichen und nicht mehr beherrschbaren Ungetüm entarten.

Es gibt zwei primäre Anwendungsfälle für Vererbung in Anwendungen, die Sie entwickeln:

- Sie haben Objekte unterschiedlichen Typs mit ähnlicher Funktionalität. So erben z.B. *AldiKunden*-Klasse und *KauflandKunden*-Klasse von der *SupermarktKunden*-Klasse.
- Sie haben gleiche Prozesse mit einer Menge von Objekten auszuführen. Zum Beispiel erbt jeder Typ eines Geschäftsobjekts von einer *Business Object* (BO)-Klasse.

Sie sollten auf Vererbung verzichten wenn:

- Sie brauchen nur eine einzige Funktion von der Basis-Klasse. In diesem Fall sollten Sie die Funktion lieber in die eigene Klasse delegieren, anstatt von einer anderen zu erben.
- Sie möchten alle Funktionen überschreiben. In einem solchen Fall sollten Sie ein *Interface* anstatt Vererbung verwenden.

R 12.5 Polymorphie verstehen

Vererbung ist stets untrennbar mit Polymorphie verbunden. In diesem Rezept lernen Sie die Vorzüge von Polymorphie noch deutlicher als in der Vorgängerübung kennen, weil sie dann besonders augenscheinlich zu Tage treten, wenn Objekte unterschiedlicher Klassenzugehörigkeit in Arrays oder Auflistungen gespeichert werden.

Ausgangsbasis sind die im Vorgängerrezept R 12.4 (Vererbung verstehen und anwenden) entwickelten Klassen *CKunde*, *CPrivatKunde* und *CFirmenKunde*.

Wir demonstrieren polymorphes Verhalten, indem wir Privat- und Firmenkunden gemeinsam in einem Array abspeichern.

Hinweis: Da die Klassenstruktur bereits vorhanden ist, sind Änderungen lediglich im Formularcode (bei Abspeicherung und Anzeige der Objektvariablen) vorzunehmen.

Oberfläche

Öffnen Sie eine neue Windows Forms-Anwendung und gestalten Sie für *WinForm1* die abgebildete Oberfläche:

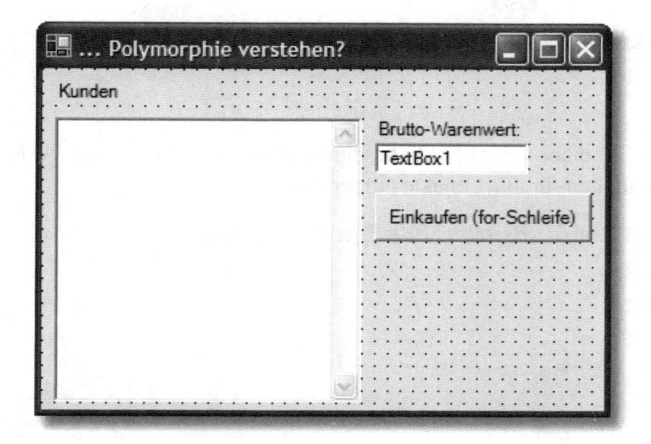

Quellcode TWinForm1

Aus den Subklassen *CPrivatKunde* und *CFirmenKunde* wollen wir insgesamt drei Objekte (*Kunde1, Kunde2, Kunde3*) instanziieren (ein Privatkunde, zwei Firmenkunden).

```
implementation

uses uCKunde, uCPrivatkunde, uCFirmenkunde;

var Kunde1       : CPrivatKunde;
    Kunde2, Kunde3 : CFirmenKunde;
    Kunden       : array[0..2] of CKunde;     // Array für 3 Objekte!
...
```

Beim Laden von *WinForm1* werden alle notwendigen Initialisierungen vorgenommen:

```
constructor TWinForm1.Create;
begin
...
  Kunde1 := CPrivatKunde.Create('Herr', 'Krause', 'Leipzig');
  Kunde1.StammKunde := False;
  Kunde2 := CFirmenKunde.Create('Frau', 'Müller', 'Master Soft GmbH');
  Kunde2.StammKunde := True;
  Kunde3 := CFirmenKunde.Create('Herr', 'Maus', 'Manfreds Internet AG');
  Kunde3.StammKunde := False;
```

Da das Array vom Typ der Basisklasse ist, kann es auch Objekte der Subklassen (Privat- und Firmenkunden) in wahlloser Reihenfolge aufnehmen:

```
Kunden[1] := Kunde1;
Kunden[0] := Kunde2;
```

```
  Kunden[2] := Kunde3;
  TextBox1.Text := '100';
end;
```

Das Array wird in einer *for-to*-Schleife durchlaufen und ausgelesen. Dabei werden die polymorphen Methoden für alle Objekte aufgerufen:

```
procedure TWinForm1.Button1_Click(sender: System.Object; e: System.EventArgs);
var brutto : Decimal;
     i     : Integer;
begin
  brutto := Convert.ToDecimal(TextBox1.Text);
  Label1.Text := '';
  for i := 0 to Length(Kunden) - 1 do begin
    Kunden[i].addGuthaben(brutto);
    TextBox2.Text := TextBox2.Text + Kunden[i].Adresse + Environment.NewLine +
                     Kunden[i].Guthaben.ToString('C') + Environment.NewLine;
  end;
  TextBox2.Text := TextBox2.Text + '-----------------------------' + Environment.NewLine;
end;
```

Obwohl im Array Objekte unterschiedlicher Klassenzugehörigkeit bunt durcheinander gewürfelt sind, "weiß" das Programm zur Laufzeit genau, welche Implementierung der Methoden *adresse()* und *addGuthaben()* jeweils für Privat- und für Firmenkunden die richtige ist (genau das versteht man unter Polymorphie!).

Test

Das Ergebnis beweist, dass Vererbung und Polymorphie tatsächlich untrennbar miteinander verbunden sind. Egal ob Privat- oder Firmenkunde – es werden immer die dazu passenden Methoden aufgerufen.

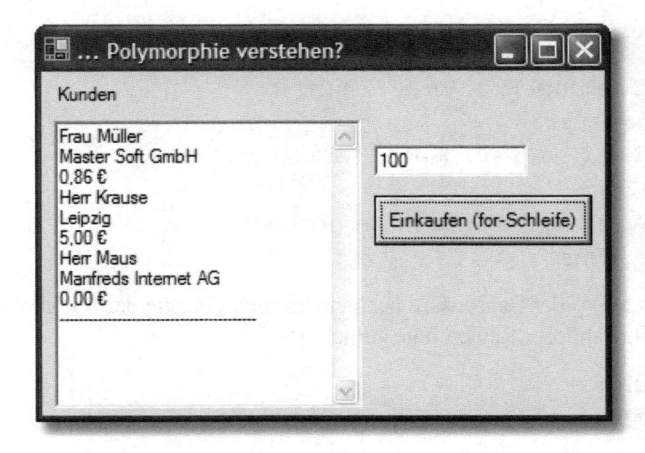

Bemerkungen

- Bis auf die unterschiedliche Anzeige entsprechen die Ergebnisse dem Vorgängerrezept R 12.4

- Frau Müller und Herr Maus sind jeweils Firmenkunden, davon erhält nur Frau Müller als Stammkundin ein mickriges Guthaben von 0,86 € (1% auf den Nettowert), während Herr Maus (kein Stammkunde) leer ausgeht.

R 12.6   Eigenschaften mit Zugriffsmethoden kapseln

Das Deklarieren von Eigenschaften als öffentliche Variablen der Klasse heißt immer, das Brett an der dünnsten Stelle zu bohren, siehe

☞   R12.1 Eine einfache Klasse programmieren

Der fortgeschrittene Programmierer verwendet stattdessen Eigenschaftsprozeduren (*property methods*), die einen kontrollierten Zugriff erlauben. Außerdem ermöglichen diese Methoden die Implementierung so genannter *berechneter Eigenschaften*, die aus den (privaten) Zustandsvariablen ermittelt werden.

Im vorliegenden Rezept handelt es sich um eine Klasse *CKreis* mit den Eigenschaften *Radius*, *Umfang* und *Fläche*. Diese Klasse liefert dem Lernenden ein ideales Beispiel für die Kapselung von Eigenschaften, denn sie speichert intern nur eine einzige Zustandsvariable *r*, aus der aber drei Eigenschaften abgeleitet werden.

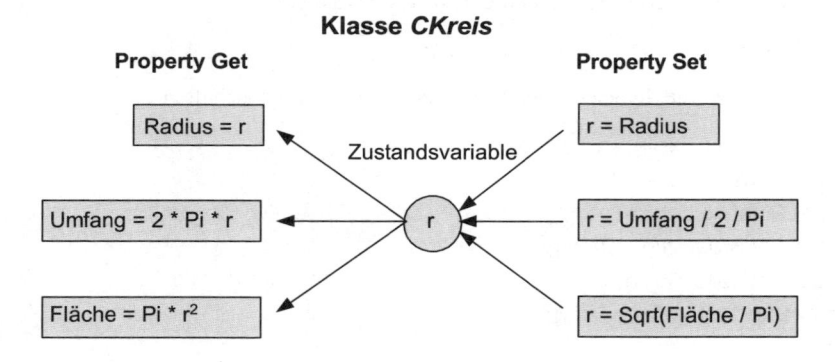

Klasse *CKreis*

Property Get		Property Set
Radius = r	Zustandsvariable	r = Radius
Umfang = 2 * Pi * r	r	r = Umfang / 2 / Pi
Fläche = Pi * r²		r = Sqrt(Fläche / Pi)

Oberfläche

Öffnen Sie eine neue Windows Forms-Anwendung. Um einen weiteren Vorteil der OOP zu demonstrieren, d.h., um ohne viel Mehraufwand beliebig viele Instanzen aus einer Klasse zu bilden, wollen wir mit zwei Objekten (*Kreis1* und *Kreis2*) arbeiten. Daraus ergibt sich die abgebildete Testoberfläche:

Quellcode CKreis

Die Klasse *CKreis* wird in der Unit *uCKreis* implementiert:

```
unit uCKreis;
interface
type
  CKreis = class
  private
```

Eine private Zustandsvariable speichert den Wert des Radius:

```
    radZ : Double;                    // Radiuszustand
```

Was jetzt folgt sind die diversen Zugriffsmethoden für die Eigenschaften:

```
    function GetRadius :String;
    procedure SetRadius(value : String);
    function GetUmfang :String;
    procedure SetUmfang(value : String);
    function GetFlaeche :String;
    procedure SetFlaeche(value : String);
  public
    constructor Create(rad : double);
```

Die Definitionen der drei Eigenschaften:

```
    property Radius : String read GetRadius write SetRadius;
    property Umfang : String read GetUmfang write SetUmfang;
    property Flaeche : String read GetFlaeche write SetFlaeche;
  end;
```

R 12.6 Eigenschaften mit Zugriffsmethoden kapseln 1255

Die Implementierung der ersten Eigenschaft:

```
function CKreis.GetRadius;                  // Lesezugriff
begin
  Result := radZ.ToString('#,#0.00');
end;

procedure CKreis.SetRadius(value : String);  // Schreibzugriff
begin
  try
    radZ := Convert.ToDouble(Value);
  except
    radZ := 0
  end;
end;
```

Die zweite Eigenschaft:

```
function CKreis.GetUmfang;                  // Lesezugriff
begin
  Result := Double(2 * Math.PI * radZ).ToString('#,#0.00');
end;

procedure CKreis.SetUmfang(Value : String);  // Schreibzugriff
begin
  try
    radZ := Convert.ToDouble(Value) / 2 / Math.PI;
  except
    radZ := 0;
  end;
end;
```

Die dritte Eigenschaft:

```
function CKreis.GetFlaeche;                 // Lesezugriff
begin
  Result := Double(Math.PI * Math.Pow(radZ, 2)).ToString('#,#0.00');
end;

procedure CKreis.SetFlaeche(Value : String); // Schreibzugriff
begin
  try
    radZ := Math.Sqrt(Convert.ToDouble(Value) / Math.PI);
  except
```

```
    radZ := 0;
  end;
end;
```

Der neue Konstruktor:

```
constructor CKreis.Create(rad : double);
begin
  inherited Create;
  radZ := rad;
end;
```

Quellcode TWinForm1

```
implementation
uses uCKreis;
```

Zwei Kreis-Objekte werden erzeugt:

```
var Kreis1 : CKreis = CKreis.Create(1.0);
    Kreis2 : CKreis = CKreis.Create(11.0);
    ...
```

Die folgenden Eventhandler sind einfach und übersichtlich, da die Objekte die inneren Funktionalitäten verbergen.

Den Radius ändern:

```
procedure TWinForm1.TextBox1_KeyUp(sender: System.Object; e: System.Windows.Forms.KeyEventArgs);
begin
  Kreis1.Radius := TextBox1.Text;
  TextBox2.Text := Kreis1.Umfang;
  TextBox3.Text := Kreis1.Flaeche;
end;
```

Den Umfang ändern:

```
procedure TWinForm1.TextBox2_KeyUp(sender: System.Object; e: System.Windows.Forms.KeyEventArgs);
begin
  Kreis1.Umfang := TextBox2.Text;
  TextBox1.Text := Kreis1.Radius;
  TextBox3.Text := Kreis1.Flaeche;
end;
```

Die Fläche ändern:

```
procedure TWinForm1.TextBox3_KeyUp(sender: System.Object; e: System.Windows.Forms.KeyEventArgs);
begin
```

R 12.6 Eigenschaften mit Zugriffsmethoden kapseln

```
    Kreis1.Flaeche := TextBox3.Text;
    TextBox1.Text := Kreis1.Radius;
    TextBox2.Text := Kreis1.Umfang;
end;
...
```

Test

Aufgrund der in der Klasse eingebauten Eingabeprüfung verursacht ein leerer Eingabewert keinen Fehler. Auf das Abfangen weiterer Eingaben, die sich nicht in einen numerischen Wert konvertieren lassen, wurde verzichtet.

Hinweis: Geben Sie als Dezimaltrennzeichen immer das Komma (,) ein, als Tausenderseparator dürfen Sie den Punkt (.) verwenden.

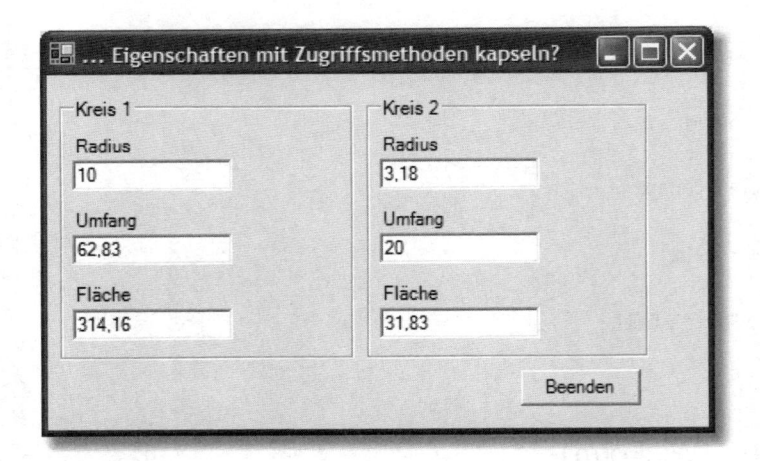

Bemerkungen

- Die Rückgabewerte der Eigenschaften sind hier vom *String*-Datentyp, um die Bedienoberfläche von den lästigen Konvertierungen *String* in *Double* (und umgekehrt) zu entlasten.

- Der Code für das zweite Objekt (*Kreis2*) ist völlig analog zu *Kreis1*, so dass hier auf die Wiedergabe verzichtet werden kann (siehe Buch-CD).

R 12.7 Mit statischen Eigenschaften arbeiten

Mitunter gibt es Eigenschaften, deren Werte für alle aus der Klasse instanziierten Objekte identisch sind und die deshalb nur einmal in der Klasse gespeichert zu werden brauchen. Diese Eigenschaften, die man auch als *Klasseneigenschaften* bezeichnet, werden mit den Schlüsselwörtern *class var* deklariert.

Oberfläche

Öffnen Sie eine neue Windows Forms-Anwendung und platzieren Sie auf das Startformular *WinForm1* einen *Button*!

Quellcode CKunde

Wir erweitern den Code der Klasse *CKunde* um eine Eigenschaft *Rabatt*, die für alle Kunden immer gleich groß sein soll.

```
type
  CKunde = class
  private
    _anrede : String;
    _name   : String;
    _stammKunde : Boolean;
  protected
    _guthaben : Decimal;
  public
    class var Rabatt : Double;
    ...
  end;
```

Quellcode TWinForm1

Hinweis: Statische Eigenschaften können benutzt werden, ohne dass dazu eine Objektvariable deklariert und ein Objekt instanziiert werden muss! Es genügt das Voranstellen des Klassenbezeichners.

```
implementation
uses uCkunde;
  ...
```

Zu Beginn soll für alle Kunden ein Rabatt von 10% eingestellt werden:

```
constructor TWinForm1.Create;
begin
  ...
```

```
  CKunde.Rabatt := 0.1;
end;
```

Der Aufruf der statischen Eigenschaft *Rabatt* benötigt kein Kunden-Objekt:

```
procedure TWinForm1.Button1_Click(sender: System.Object; e: System.EventArgs);
begin
  MessageBox.Show('Der Rabatt für alle Kunden beträgt ' +
                           Single(CKunde.Rabatt * 100).ToString + '%');
end;
```

Test

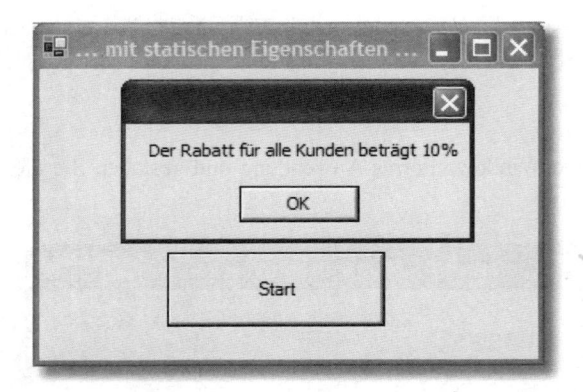

Bemerkungen

- Die Intellisense der Entwicklungsumgebung "kennt" auch die statischen Klassenmitglieder:

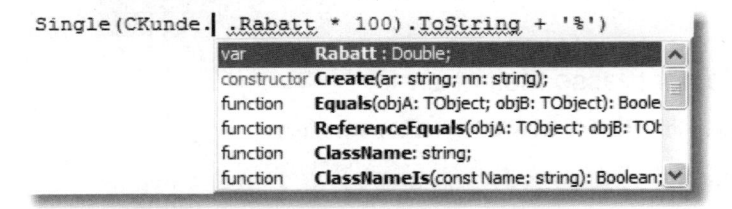

- Vielen Umsteigern, die aus der strukturierten Programmierung kommen, bereitet es Schwierigkeiten, auf ihre liebgewordenen globalen Variablen zu verzichten, mit denen sie Werte zwischen verschiedenen Programm-Modulen ausgetauscht haben. Genau hier bieten sich statische Eigenschaften als Ersatz an, die z.B. in einer extra für derlei Zwecke angelegten Klasse abgelegt werden könnten.

R 12.8 Statische Methoden kennenlernen

Genauso wie die im Vorgängerrezept R9.7 verwendeten *statischen Eigenschaften* können auch *statische bzw. Klassenmethoden* ohne Benutzung eines Objekts aufgerufen werden. Deshalb eignen sie sich z.B. auch gut für diverse Formelsammlungen (siehe *Math*-Klassenbibliothek). Auch kann man damit auf private statische Eigenschaften im Klassenkörper zugreifen.

Hinweis: Der Einsatz statischer Methoden für relativ einfache Aufgaben ist bequemer und ressourcenschonender als das Arbeiten mit Objekten, die Sie jedes Mal extra instanziieren müssten.

Wir demonstrieren das anhand einer Klasse, in die wir wahllos einige von uns häufig benötigte Berechnungsformeln verpacken wollen.

Oberfläche

Öffnen Sie eine neue Windows Forms-Anwendung und gestalten Sie die abgebildete Oberfläche:

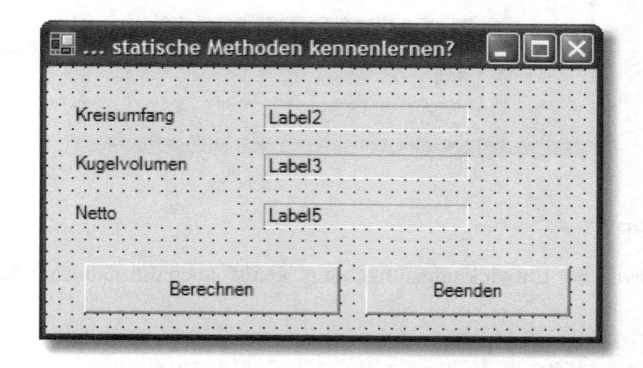

Quellcode der Klasse MeineFormeln

Fügen Sie dem Projekt eine Klasse *MeineFormeln* hinzu:

```
unit uMeineFormeln;
interface
type
  MeineFormeln = class
    ...
  public
    class function KreisUmfang(radius : Double) : Double; static;
    class function KugelVolumen(radius : Double) : Double; static;
    class function Netto(brutto,mwst : Decimal) : Decimal; static;
```

R 12.8 Statische Methoden kennenlernen

```
    end;

implementation

class function MeineFormeln.kreisUmfang(radius : Double) : Double;
begin
    Result := 2 * Math.PI * radius;
end;

class function MeineFormeln.KugelVolumen(radius : Double) : Double;
begin
    Result := 4 / 3 * Math.PI * Math.Pow(radius, 3);
end;

class function MeineFormeln.Netto(brutto,mwst : Decimal) : Decimal;
begin
    Result := brutto / (1 + mwst);
end;
end.
```

Quellcode TWinForm1

Der Zugriff von außerhalb ist absolut problemlos, weil man sich nicht um eine Objektvariable kümmern muss.

Hinweis: Im Unterschied zu VB.NET kann in Delphi.NET auch bei Klassenmethoden die *with*-Anweisung verwendet werden.

```
uses uMeineFormeln;
...
procedure TWinForm1.Button1_Click(sender: System.Object; e: System.EventArgs);
begin
    with MeineFormeln do begin
        Label2.Text := KreisUmfang(5.5).ToString('0.000');
    end;
    Label3.Text := MeineFormeln.KugelVolumen(5.5).ToString('0.000');
    Label5.Text := MeineFormeln.Netto(10, 0.16).ToString('C');
end;
```

Test

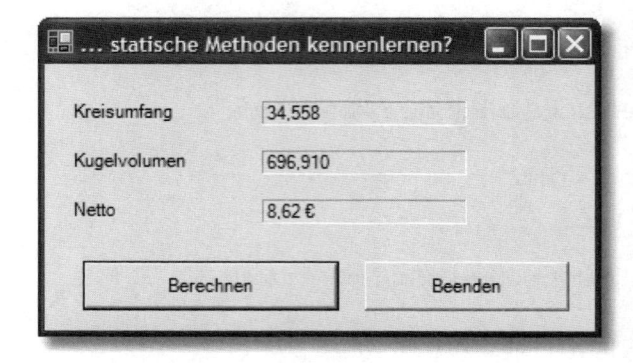

R 12.9 OOP beim Kartenspiel erlernen

Am Beispiel eines Skatspiels[1] soll das vorliegende Rezept Ihnen helfen, Ihre OOP-Grundlagen weiter auszubauen. Es wird gezeigt, wie die in einem Array abgespeicherten *Karten*-Objekte durch einen Konstruktor erzeugt werden, und selbst wiederum nach außen als Eigenschaften einer Klasse *Spiel* in Erscheinung treten.

Oberfläche

Öffnen Sie eine neue Windows Forms-Anwendung. Die Abbildung bedarf wohl keines weiteren Kommentars:

---

[1] Einer der Autoren möchte mit diesem Rezept auf seinen als "Wiege des Skatspiels" bekannten Heimatort verweisen (leider nicht "Wiege der OOP").

Quellcode der Klassen CKarte und CSpiel

Erzeugen Sie eine neue Klassen-Unit *uKlassen*, in der die Klassen *CKarte* und *CSpiel* gemeinsam untergebracht werden sollen.

```
unit uKlassen;

interface

type
  CKarte = class
  private
    { Private Declarations }
  public
    Farbe : String;
    Wert  : String;
    constructor Create(f, w : String);
  end;

  CSpiel = class
  private
    procedure CreateKarten(farbe : String; a : Integer);
  public
```

Die Klasse *CSpiel* benutzt 32 Instanzen der Klasse *CKarte*:

```
    Karten : array[0..32] of CKarte;
    constructor Create;
    procedure Mischen;
  end;
implementation

constructor CKarte.Create;
begin
  inherited Create;
  Farbe := f;
  Wert  := w;
end;
```

Der Konstruktor erzeugt und füllt das Spiel der Reihe nach mit allen 32 Karten:

```
constructor CSpiel.Create;
begin
  inherited Create;
  CreateKarten('Eichel', 1);
```

```
    CreateKarten('Grün', 9);
    CreateKarten('Rot', 17);
    CreateKarten('Schell', 25);
end;
```

Eine Hilfsmethode soll das Generieren der Karten vereinfachen:

```
procedure CSpiel.CreateKarten(farbe : String; a : Integer);
begin
  Karten[a]     := CKarte.Create(farbe, 'Sieben');
  Karten[a + 1] := CKarte.Create(farbe, 'Acht');
  Karten[a + 2] := CKarte.Create(farbe, 'Neun');
  Karten[a + 3] := CKarte.Create(farbe, 'Zehn');
  Karten[a + 4] := CKarte.Create(farbe, 'Bube');
  Karten[a + 5] := CKarte.Create(farbe, 'Dame');
  Karten[a + 6] := CKarte.Create(farbe, 'König');
  Karten[a + 7] := CKarte.Create(farbe, 'As');
end;
```

Eine Methode zum Mischen der Karten:

```
procedure CSpiel.Mischen;
var z, i : Integer;
    tmp  : CKarte;          // Zwischenspeicher für Kartentausch
    rnd  : System.Random;
begin
  rnd := System.Random.Create;    // Zufallsgenerator
  for i := 1 to Length(Karten) - 1 do begin  // alle Karten nacheinander durchgehen
    z := rnd.Next(1, Length(karten));        // Index einer zufälligen anderen Karte
    // die zufällige Karte mit der aktuellen Karte vertauschen:
    tmp := Karten[z];
    Karten[z] := Karten[i];
    Karten[i] := tmp;
  end;
end;
end.
```

Hinweis: Aus Gründen der Einfachheit wurde im obigen Klassencode auf Property-Accessoren verzichtet und der Index 0 der Arrays bleibt ungenutzt.

R 12.9 OOP beim Kartenspiel erlernen

Quellcode TWinForm1

```
uses uKlassen;
...
var spiel : CSpiel = CSpiel.Create;    // ein neues Kartenspiel wird erzeugt
```

Eine Hilfsroutine zum Löschen der Anzeige:

```
procedure TWinForm1.Loeschen;
begin
  ListBox1.Items.Clear();
  ListBox2.Items.Clear();
  ListBox3.Items.Clear();
  ListBox4.Items.Clear();
end;
```

Karten mischen:

```
procedure TWinForm1.Button1_Click(sender: System.Object; e: System.EventArgs);
begin
  loeschen;                    // alle Anzeigen löschen
  spiel.mischen;
end;
```

Karten austeilen:

```
procedure TWinForm1.Button2_Click(sender: System.Object; e: System.EventArgs);
var i : Integer;
begin
  loeschen;      // alle Anzeigen löschen
```

Die Karten für Müller:

```
  for i := 1 to 10 do ListBox1.Items.Add(spiel.Karten[i].Farbe + ' ' + spiel.Karten[i].Wert);
```

Die Karten für Meier:

```
  for i := 11 to 20 do ListBox2.Items.Add(spiel.Karten[i].Farbe + ' ' + spiel.Karten[i].Wert);
```

Die Karten für Schulze:

```
  for i := 21 to 30 do ListBox3.Items.Add(spiel.Karten[i].Farbe + ' ' + spiel.Karten[i].Wert);
```

Klar, dass die restlichen zwei Karten in den Skat gehören:

```
  for i := 31 to 32 do ListBox4.Items.Add(spiel.Karten[i].Farbe + ' ' + spiel.Karten[i].Wert);
end;
```

Test

Wenn Sie unmittelbar nach Programmstart auf die Schaltfläche "Karten austeilen" klicken, werden Sie von allen drei Spielern laute Protestrufe ernten, denn die Karten sind noch nicht gemischt:

Erst nach ein- oder mehrmaligem Klick auf die Schaltfläche "Karten mischen" hat die Gerechtigkeit ihren Einzug gehalten und der Zufall bestimmt, welches Blatt die Spieler Müller, Meier und Schulze erhalten:

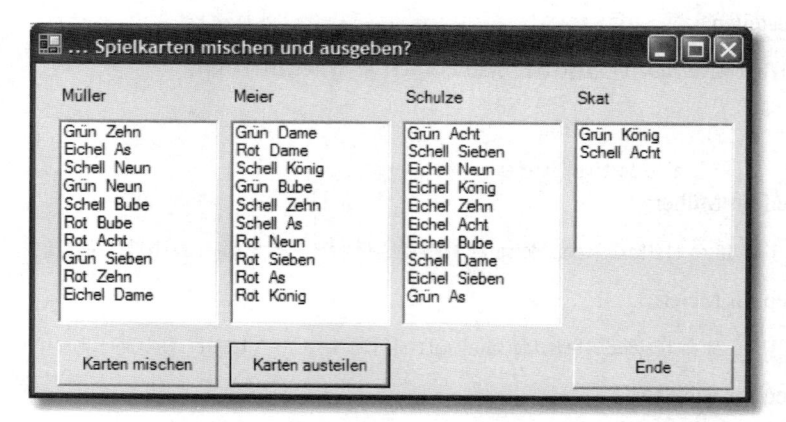

Bemerkungen

- Zum Verständnis des Rezepts ist die Kenntnis der Skatregeln keinesfalls Voraussetzung. Es reicht aus zu wissen, dass ein Skatspiel aus 32 Karten besteht und jeder der drei Spieler zu Beginn 10 Karten erhält. Die restlichen zwei Karten verbleiben im so genannten "Skat".

- Ein einfaches Rezept zum Umgang mit der *Random*-Klasse finden Sie in R 2.16 (Zufallszahlen erzeugen).

R 12.10 Aggregation oder Vererbung verwenden

Jeder "richtige" Programmierer hat den Ehrgeiz, mit möglichst wenig Schreibarbeit auszukommen und möglichst viel von seinem Code wiederverwenden zu können.

Voraussetzung dafür sind optimale Klassendiagramme, für die es unter dem Aspekt der Wiederverwendbarkeit/Vererbung von Code zwei wesentliche Beziehungen gibt:

- Aggregation/Komposition
- Vererbung

Ob wir von *Aggregation* oder *Komposition* sprechen ist in diesem Zusammenhang unerheblich, denn die *Komposition* stellt lediglich die stärkere Form der *Aggregation* dar.

Unter *Vererbung* ist hier genau genommen die *Implementierungsvererbung* gemeint, denn die unter .NET ebenfalls mögliche *Interfacevererbung* erspart keinerlei Schreibarbeit!

Hinweis: Sowohl Aggregation/Komposition als auch Vererbung verlangen eine spezifische Herangehensweise bei der Implementierung, die clientseitige Nutzung der Klasse ist aber identisch.

Im vorliegenden Lern-Rezept soll dies anhand einer kleinen Personalverwaltung demonstriert werden, wobei alle Personen in einer Auflistung gespeichert sind, welche die Funktionalität der leistungsfähigen *Hashtable*-Klasse nutzt.

In der folgenden Abbildung sind die Klassendiagramme beider Varianten gegenübergestellt.

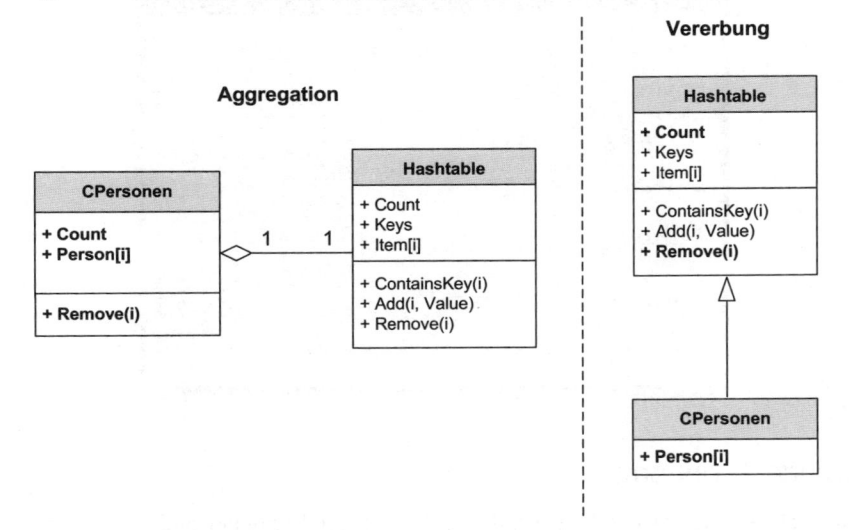

Die Klasse *CPersonen* soll über die Eigenschaft *Person[i]* einen indizierten Lese- und Schreibzugriff auf die Elemente der Auflistung bereitstellen, um damit die *Item*- und die *Add*-Methode von *Hashtable* zu kapseln. Eine weitere Eigenschaft ist *Count* (Gesamtzahl der abgespeicherten Personen). Die von *Hashtable* direkt geerbte *Remove*-Methode ermöglicht das Löschen einer bestimmten Person.

Bedienoberfläche

Öffnen Sie eine neue Windows Forms-Anwendung. Das abgebildete Hauptformular *WinForm1* bedarf wohl keiner besonderen Erläuterung:

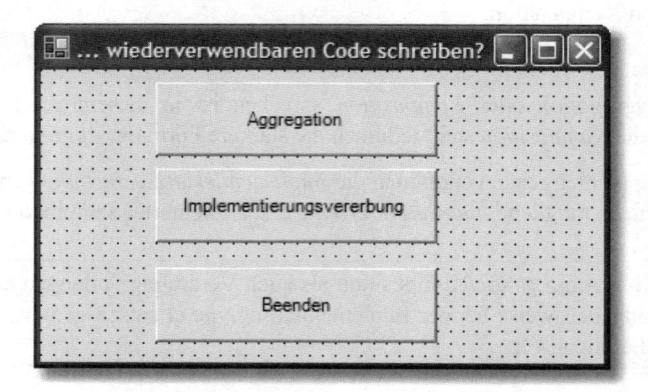

Fügen Sie dem Projekt zwei weitere Formulare (*WinForm10* und *WinForm20*) hinzu, die (bis auf die Beschriftung der Titelleiste) einen identischen Aufbau haben:

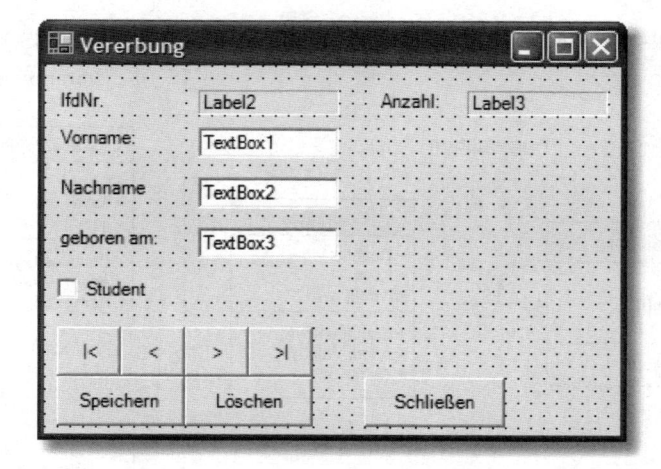

Quellcode TWinForm1

TWinForm1 hat lediglich die Aufgabe, die beiden anderen Formulare aufzurufen:

```
uses WinForm10, WinForm20;
```

R 12.10 Aggregation oder Vererbung verwenden

Aggregation:

```
procedure TWinForm1.Button1_Click(sender: System.Object; e: System.EventArgs);
var f1 : TWinForm10;
begin
  f1 := TWinForm10.Create;
  f1.Show;
end;
```

Implementierungsvererbung:

```
procedure TWinForm1.Button2_Click(sender: System.Object; e: System.EventArgs);
var f2 : TWinForm20;
begin
  f2 := TWinForm20.Create;
  f2.Show;
end;
```

Beenden:

```
procedure TWinForm1.Button3_Click(sender: System.Object; e: System.EventArgs);
begin
  Self.Close;
end;
```

Klasse CPerson

Um nicht vom Wesentlichen abzulenken, ist die Klasse primitiv gehalten:

```
unit uCPerson;
interface
uses System.Collections;

type
  CPerson = class
  public
    Vorname,
    Nachname : String;
    Geburt   : System.DateTime;
    Student  : Boolean;
  end;
```

Variante 1: Klasse CPersonen mit Aggregation

Innerhalb der Klasse *CPersonen* wird die Klasse *Hashtable* instanziiert:

```
CPersonen = class
private
  ht : System.Collections.Hashtable;    // Aggregation
  function get_Person(I: Integer): CPerson;
  function Get_Count: Integer;
  procedure set_Person(I: Integer; const Value: CPerson);
public
```

Für den indizierten Zugriff verwenden wir in Delphi eine Array-Eigenschaft:

```
  property Person[i: Integer] : CPerson read Get_Person write Set_Person; default;
  property Count : Integer read Get_Count;
  procedure Remove(i: Integer);
  constructor Create;
end;
...
```

Im Konstruktor erzeugen wir zunächst eine Instanz der *HashTable*:

```
constructor CPersonen.Create;
begin
  inherited Create;
  ht := System.Collections.Hashtable.Create;
end;
```

Anzahl der Elemente abrufen:

```
function CPersonen.get_Count: Integer;
begin
  Result := Self.ht.Count;
end;
```

Interface-Methoden für die Array-Eigenschaft *Person*:

```
function CPersonen.get_Person(I: Integer): CPerson;
begin
  if ht.Contains(TObject(i)) then
    Result := CPerson(ht[TObject(i)])
  else  Result := nil;
end;

procedure CPersonen.set_Person(i: Integer; const Value: CPerson);
begin
  if ht.ContainsKey(TObject(i)) then
    ht[TObject(i)] := Value
  else
```

```
    ht.Add(TObject(i), Value);
end;
```

Hinweis: Leider müssen wir in Delphi *Integer*-Parameter erst in *TObject* typisieren.

Das Entfernen von Einträgen in der *HashTable*:

```
procedure CPersoen.Remove(i:Integer);
begin
   ht.Remove(TObject(i));
end;
```

Clientcode TWinForm10

```
implementation
uses uCPerson;

var pListe : CPersonen = CPersonen.Create;
    person : CPerson;
    pos, pmax : Integer;
```

Laden:

```
constructor TWinForm10.Create;
begin
   ...
   anzeigeLoeschen;
   anzeigen;
end;
```

E/A-Routinen:

```
procedure TWinForm10.anzeigeLoeschen;
begin
   TextBox1.Text := '';
   TextBox2.Text := '';
   TextBox3.Text := '00:00:00';
   CheckBox1.Checked := False;
end;

procedure TWinForm10.anzeigen;
begin
   Label2.Text  := pos.ToString;
   Label3.Text  := pmax.ToString;
   person := pliste[pos];
```

```
  try
    TextBox1.Text := person.Vorname;
    TextBox2.Text := person.Nachname;
    TextBox3.Text := person.Geburt.ToString('dd.MM.yyyy');
    CheckBox1.Checked := person.Student;
  except
    anzeigeLoeschen;
  end;
end;
```

Nun zu den einzelnen Bedienfunktionen.

Vorwärts blättern:

```
procedure TWinForm10.Button3_Click(sender: System.Object; e: System.EventArgs);
begin
  Inc(pos);
  anzeigen;
end;
```

Rückwärts blättern:

```
procedure TWinForm10.Button2_Click(sender: System.Object; e: System.EventArgs);
begin
  Dec(pos);
  anzeigen;
end;
```

Zurück zum Anfang:

```
procedure TWinForm10.Button1_Click(sender: System.Object; e: System.EventArgs);
begin
  pos := 1;
  anzeigen;
end;
```

Zum letzten Datensatz:

```
procedure TWinForm10.Button4_Click(sender: System.Object; e: System.EventArgs);
begin
  pos := pmax;
  anzeigen;
end;
```

Aktuellen Datensatz speichern:

```
procedure TWinForm10.Button5_Click(sender: System.Object; e: System.EventArgs);
begin
```

R 12.10 Aggregation oder Vererbung verwenden

```
  person := CPerson.Create;
  person.Vorname  := TextBox1.Text;
  person.Nachname := TextBox2.Text;
  person.Geburt   := Convert.ToDateTime(TextBox3.Text);
  person.Student  := Checkbox1.Checked;
  pliste[pos]     := person;
  if pos > pmax then pmax := pos;
end;
```

Aktuellen Datensatz löschen:

```
procedure TWinForm10.Button6_Click(sender: System.Object; e: System.EventArgs);
begin
  pliste.Remove(pos);
  anzeigeloeschen;
end;
```

Test

Es können beliebig viele Personen eingegeben werden. Der zugeteilte Schlüsselwert entspricht der "lfdNr."-Anzeige.

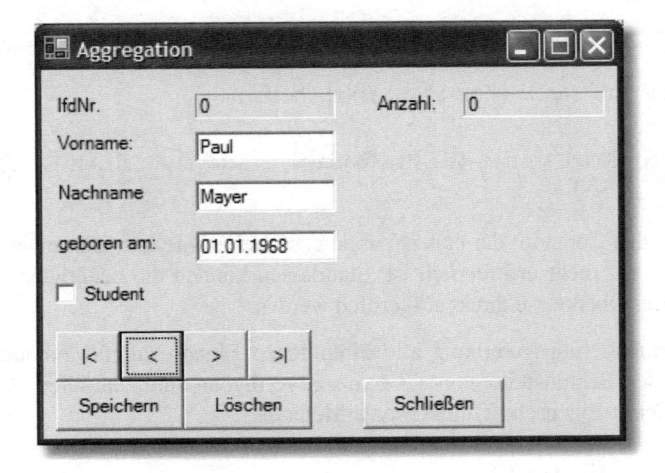

Hinweis: Das Abspeichern passiert nicht automatisch beim Weiterblättern, sondern Sie müssen zuvor die "Speichern" Schaltfläche klicken (ansonsten sind die Änderungen futsch)!

Es werden nur Personen abgespeichert, bei denen mindestens das Feld für den Vornamen ausgefüllt ist. Wenn unter dem Schlüssel bereits eine Person existiert, wird diese überschrieben, anderenfalls neu angelegt.

Hinweis: Im Label "Anzahl" sehen Sie die tatsächliche Länge der Auflistung, es werden also keine "leeren" Personen abgespeichert!

Variante 2: Klasse CPersonen mit Vererbung

Alternativ zur Aggregation können wir die Klasse *CPersonen2* auch so implementieren, dass die Eigenschaften/Methoden direkt von der Klasse *Hashtable* "geerbt" werden.

```
CPersonen2 = class(System.Collections.Hashtable)
private
  function get_Person(I: Integer): CPerson;
  procedure set_Person(I: Integer; const Value: CPerson);
public
  property Person[i:Integer] : CPerson read Get_Person write Set_Person; default;
end;

function CPersonen2.get_Person(I: Integer): CPerson;
begin
  if Self.Contains(TObject(i)) then  Result := CPerson(Self.Item[TObject(i)])
                                else  Result := nil;
end;

procedure CPersonen2.set_Person(i: Integer; const Value: CPerson);
begin
  if Self.ContainsKey(TObject(i)) then  Self.item[TObject(i)] := Value else  Self.Add(TObject(i), Value);
end;
```

Vergleichen Sie den Code mit der ersten Variante, so stellen Sie fest, dass eine Instanziierung von *Hashtable* nicht mehr erforderlich ist. Stattdessen können die benötigten Eigenschaften und Methoden der Oberklasse direkt aufgerufen werden.

Da dank Implementierungsvererbung alle öffentlichen Eigenschaften/Methoden von *Hashtable* auch in der Schnittstelle von *CPersonen* verfügbar sind, entfallen die Implementierungen von *Count*-Eigenschaft und *Remove*-Methode.

Clientcode TWinForm20

Es gibt gegenüber der ersten Variante (*WinForm10*) keinerlei Unterschiede, denn auch dieser Client "sieht" die gleiche Schnittstelle.

Test (Variante 2)

Das Ergebnis ist erwartungsgemäß identisch zur Variante 1.

R 12.11 Objekte serialisieren

Bemerkungen

- Wem dieses Rezept zu kompliziert ist, dem empfehlen wir zunächst

  ☞ R 12.4 Vererbung verstehen und anwenden

- Damit der mühsam eingegebene Personalbestand das Ausschalten des Rechners überlebt, ist das Abspeichern in eine Datei erforderlich, siehe dazu

  ☞ R12.11 Objekte serialisieren

R 12.11 Objekte serialisieren

Durch Serialisieren wird der Zustand eines Objekts in eine Bytefolge transformiert, womit die Voraussetzung zum (persistenten) Abspeichern des Objekts in eine Binärdatei vorliegt. Umgekehrt erlaubt es das Deserialisieren, aus einer Bytefolge wieder das ursprüngliche Objekt zu restaurieren.

Das .NET-Framework stellt für diese Zwecke einen binären Serialisierer zur Verfügung, der in der Klasse *System.Runtime.Serialization.Formatters.Binary.BinaryFormatter* implementiert ist.

In der vorliegenden Demo wollen wir die im Rezept

☞ R 12.10 Aggregation oder Vererbung verwenden

erstellte kleine Personalverwaltung mittels Serialisierung in eine Binärdatei auslagern.

Quellcode CPersonen

Im Folgenden erweitern wir unsere Klasse *CPersonen* um zwei Methoden, die das Serialisieren/Deserialisieren der eigenen Objektinstanz ermöglichen. *SaveToFile* wird als einfache Methode realisiert, *LoadFromFile* müssen wir als statische Klassenmethode implementieren. Doch bevor es soweit ist, müssen wir noch einige Namespaces in die Unit *uCPerson* einbinden:

```
unit uCPerson;

interface
uses System.Collections,
    System.Windows.Forms,
    System.IO,
    System.Runtime.Serialization.Formatters.Binary;
```

Alle Basisklassen (*CKunde*) und die Klasse *CKunden* müssen per Attribut serialisierbar gemacht werden:

```
type
 [Serializable]
 CPerson = class
 ...
 [Serializable]
 CPersonen = class
 public
   procedure SaveToFile;
   class function LoadFromFile: CPersonen; static;
 ...
```

Abspeichern des Objekts in eine Datei als Methode:

```
procedure CPersonen.SaveToFile;
var fs : FileStream;
    fileName : string;
    bf : BinaryFormatter;
begin
```

Dateiname bestimmen:

```
  fileName := Path.ChangeExtension(Application.ExecutablePath,'dat');
  try
```

Dateistream erzeugen:

```
    fs := FileStream.Create(filename, FileMode.Create);
    bf := BinaryFormatter.Create;
```

Mittels BinaryFormatter das Objekt serialisieren:

```
    bf.Serialize(fs, Self);
```

Hinweis: Wie Sie sehen, können Sie auch *Self* verwenden.

```
  finally
    fs.Close;
  end;
end;
```

Ebenso funktioniert das Laden des Objekts aus einer Datei, hier jedoch mittels statischer Methode (eine Instanz existiert ja zu diesem Zeitpunkt noch nicht):

```
class function CPersonen.LoadFromFile: CPersonen;
var fs : FileStream;
    fileName : string;
    bf : BinaryFormatter;
```

R 12.11 Objekte serialisieren

```
  cp : CPersonen;
begin
```

Dateiname bestimmen:

```
fileName := Path.ChangeExtension(Application.ExecutablePath,'dat');
```

Wenn eine Datei vorhanden ist:

```
if (System.IO.File.Exists(fileName)) then begin
  fs := FileStream.Create(fileName, FileMode.Open);
  try
    bf := BinaryFormatter.Create;
```
Objekt aus dem Stream extrahieren:
```
    cp := CPersonen(bf.Deserialize(fs));
  finally
    fs.Close;
  end;
```

Anderenfalls einfach ein neues (leeres) Objekt zurückgeben:

```
end else cp := CPersonen.Create;
Result := cp;
end;
```

Hinweis: Die Serialisierung eines Objekts ist nur dann möglich, wenn den am Objektmodell beteiligten Klassen das Attribut *[Serializable]* vorangestellt wurde.

Aufruf der Methoden

Die Änderungen in unserem Testprogramm betreffen lediglich den Konstruktor

```
constructor TWinForm10.Create;
begin
  ...
  pListe := CPersonen.LoadFromFile;
  anzeigeLoeschen;
  anzeigen;
end;
```

und das *Closing*-Ereignis:

```
procedure TWinForm10.TWinForm10_Closing(sender: System.Object; e: System.ComponentModel.CancelEventArgs);
begin
  pliste.SaveToFile;
end;
```

Test

Die komplette Personaldatei steht sofort nach Programmstart zur Verfügung und wird bei Beenden des Programms automatisch gesichert. Durch diese Vereinfachung konnten wir auf extra Bedienfunktionen, wie "Datei öffnen" und "Datei speichern", verzichten.

Bemerkungen

- Die erzeugte Binärdatei *Project1.dat* finden Sie im Projektordner.
- Sie können auch mehrere Objekte in einer Binärdatei speichern. Serialisieren Sie dazu in einen *System.IO.MemoryStream*, aus dem sich ein Byte-Array erzeugen lässt, das in ein eigenes Dateiformat gespeichert werden kann.
- Mit dem Attribut *[NonSerialized]* kann ein einzelnes Klassenmitglied von der Serialisierung ausgenommen werden.

R 12.12 Einen einfachen Taschenrechner entwickeln

Der Titel dieses Rezept ist wieder Mal ein typisches "Trojanisches Pferd", mit dem wir Ihnen weitere "trockene" Inhalte der OOP unterjubeln wollen. Konkret geht es um die so genannten *Zustandsvariablen* einer Klasse, die den internen Programmablauf eines "Taschenrechners" steuern.

Oberfläche

Öffnen Sie eine neue Windows Forms-Anwendung und gestalten Sie die Benutzerschnittstelle für einen Taschenrechner:

Quellcode TWinForm1

```
type
  TWinForm1 = class(System.Windows.Forms.Form)
    ...
  private
```

R 12.12 Einen einfachen Taschenrechner entwickeln

Die Bedeutung der folgenden drei Zustandsvariablen dürfte klar sein:

```
op   : Char;        // aktueller Operator  (+, - , *, /)
reg1 : String;      // erstes Register   (Operand)
reg2 : String;      // zweites Register  (Operand)
```

Wir wollen zur Steuerung des Programmablaufs eine spezielle Variable *state* benutzen, die den aktuellen Zustand speichert:

```
state : Byte;           // aktuelles Register (1 oder 2)
procedure Ergebnis;     // führt Rechenoperation aus
...
end;
```

Typisch für die nun folgenden Ereignisbehandlungen ist, dass die durchgeführten Aktionen vom Wert der Zustandsvariablen *state* abhängig sind.

```
constructor TWinForm1.Create;
begin
  ...
  state := 1;
  Label1.Text := '';
end;
```

Zur Eingabe einer Ziffer (0...9) benutzt der gesamte Ziffernblock eine gemeinsame Ereignisbehandlung:

```
procedure TWinForm1.Button9_Click(sender: System.Object; e: System.EventArgs);
var cmd : Button;
begin
  cmd := Button(sender);
  case state of
    1 : begin              // zum ersten Operanden hinzufügen:
          reg1 := reg1 + cmd.Text.Chars[0];
          Label1.Text := reg1;
        end;
    2 : begin              // zum zweiten Operanden hinzufügen:
          reg2 := reg2 + cmd.Text.Chars[0];
          Label1.Text := reg1 + ' ' + op + ' ' + reg2;
        end;
  end;
end;
```

Für die Eingabe des Operators (+, -, *, /) wird ähnlich verfahren:

```
procedure TWinForm1.Button15_Click(sender: System.Object; e: System.EventArgs);
var cmd : Button;
begin
  cmd := Button(sender);
  case state of
    1 : begin
          op    := cmd.Text.Chars[0];    // neuer Operand ...
          state := 2;                    // ... und Zustandswechsel
        end;
    2 : begin
          ergebnis;                      // erst Zwischenergebnis mit altem Operand ermitteln
          op := cmd.Text.Chars[0];       // ... dann neuer Operand
        end;
  end;
  Label1.Text := reg1.ToString + ' ' + op;
  reg2 := nil;                           // Reg2 löschen
end;
```

Die folgende Hilfsprozedur führt die Rechenoperation aus und speichert deren Ergebnis im Register *reg1*:

```
procedure TWinForm1.Ergebnis;
var r1, r2 : Double;
begin
  r1 := Convert.ToDouble(reg1);
  r2 := Convert.ToDouble(reg2);
  case op of
    '+' : reg1 := Double(r1 + r2).ToString;
    '-' : reg1 := Double(r1 - r2).ToString;
    '*' : reg1 := Double(r1 * r2).ToString;
    '/' : reg1 := Double(r1 / r2).ToString;
  end;
  reg2 := nil;     // löscht zweites Register
end;
```

Die Ergebnistaste (=):

```
procedure TWinForm1.Button19_Click(sender: System.Object; e: System.EventArgs);
begin
  if state = 2 then begin
    ergebnis();
    Label1.Text := Label1.Text + ' = ' + reg1;
```

```
      state := 1;
   end else begin
      Label1.Text := reg1;
      reg2 := nil;     // löscht zweites Register
   end;
end;
```
Letztes eingegebenes Zeichen löschen (CE):
```
procedure TWinForm1.Button13_Click(sender: System.Object; e: System.EventArgs);
begin
   case state of
      1 : if not(reg1 = nil) then begin
             reg1 := reg1.Remove(reg1.Length - 1, 1);
             Label1.Text := reg1;
          end;
      2 : if not(reg2 = nil) then begin
             reg2 := reg2.Remove(reg2.Length - 1, 1);
             Label1.Text := reg2;
          end;
   end;
end;
```
Alle Register und die Anzeige löschen und den Anfangszustand wieder herstellen:
```
procedure TWinForm1.Button14_Click(sender: System.Object; e: System.EventArgs);
begin
   reg1 := nil;
   reg2 := nil;
   Label1.Text := '';
   state := 1;
end;
```
Der Vorzeichenwechsel (+/-):
```
procedure TWinForm1.Button12_Click(sender: System.Object; e: System.EventArgs);
var r : Double;
begin
   case state of
      1 : begin
             r := -Convert.ToDouble(reg1);
             reg1 := r.ToString;
             Label1.Text := reg1;
          end;
      2 : begin
```

```
            r := -Convert.ToDouble(reg2);
            reg2 := r.ToString;
            Label1.Text := reg1 + ' ' + op + ' ' + reg2;
         end;
  end;
end;
```

Test

Der Vorzug gegenüber üblichen Taschenrechnern (oder auch dem bekannten im Windows-Zubehör enthaltenen Taschenrechner) ist, dass man den Rechenvorgang mitverfolgen kann, weil beide Operanden angezeigt werden.

Bemerkung

Einen wesentlich leistungsfähigeren Taschenrechner, der nach einem völlig anderen Prinzip arbeitet, finden Sie unter

☞   R 13.14 Formel-Rechner mit dem CodeDOM

R 12.13 Eine Klasse zur Matrizenrechnung entwickeln

In diesem Rezept soll am Beispiel einer Klasse *CMatrix* die grundlegende Vorgehensweise bei der Entwicklung einer etwas anspruchsvolleren Klasse erläutert werden.

Schwerpunktthemen sind:

- überladener Konstruktor,
- überladene Methoden,
- Eigenschaftsmethoden,

R 12.13 Eine Klasse zur Matrizenrechnung entwickeln

- Unterschied zwischen statischen Methoden und Instanzen-Methoden,
- Array-Eigenschaften als Standardeigenschaften verwenden.

Die Klasse *CMatrix* soll die Funktionalität zur Verfügung stellen, die Sie zur Ausführung von Matrizenoperationen benötigen (Addition, Multiplikation....).

Obwohl wir hier beispielhaft nur die Addition implementieren werden, kann die Klasse von Ihnen nach dem gezeigten Muster selbständig um weitere Matrizenoperationen erweitert werden (z.B. Multiplikation oder Inversion).

Hinweis: Wer sich nicht für Mathematik interessiert, kann das Beispiel trotzdem sehr gut verwenden, da der Schwerpunkt auf den verwendeten Programmiertechniken liegt!

Quellcode CMatrix

Öffnen Sie eine neue Windows Forms-Anwendung. Wir beginnen diesmal nicht mit dem Startformular (*WinForm1*), sondern erweitern zunächst über den Menüpunkt *Datei|Neu| Weitere...* das Projekt um eine neue Klasse mit dem Namen *CMatrix*. Diese Klasse verwaltet ein zweidimensionales Array aus *Double*-Zahlen. Die Zustandsvariablen *_rows* und *_cols* speichern die Anzahl der Zeilen und Spalten.

```
unit uCMatrix;

interface

type
  CMatrix = class
  private
    _rows, _cols : Integer;
    _array : array of array of Double;
    function  getCell(row, col: Integer): Double;
    procedure setCell(row, col: Integer; value : Double);
  public
    constructor Create; overload;
    constructor Create(r, c: Integer); overload;
```

Der Zugriff auf die (privaten) Zustandsvariablen *_rows* und *_cols* wird über die Eigenschaften *Rows* und *Cols* gekapselt.

```
property Rows : Integer read _rows write _rows;
property Cols : Integer read _cols write _cols;
```

Die *Cell*-Eigenschaft definieren wir als *Standardeigenschaft* der Klasse, so dass ein bequemer Zugriff quasi wie über einen Indexer möglich wird:

```
property Cell[row, col: Integer] : Double read getCell write setCell; default;
```

Die beiden Rechenmethoden:

```
  class function Add(A, B : CMatrix) : CMatrix; overload; static;
  function Add(A : CMatrix) : CMatrix; overload;
end;
```

Ein neues Array wird über den *Create*-Konstruktor instanziiert, der in zwei überladenen Versionen vorliegt. Falls Sie *Create* ohne Argument aufrufen, wird eine Matrix mit einem einzigen Element generiert, ansonsten mit den gewünschten Dimensionen.

```
constructor CMatrix.Create();
begin
  inherited Create;
  _rows := 1;
  _cols := 1;
  SetLength(_array, _rows, _cols);
end;


constructor CMatrix.Create(r, c: Integer);
begin
  inherited Create;
  _rows := r;
  _cols := c;
  SetLength(_array, _rows, _cols);
end;
```

Der Zugriff auf ein bestimmtes Matrizenelement wird über die *Cell*-Eigenschaft realisiert, die oben bereits als Standardeigenschaft definiert wurde:

```
function CMatrix.getCell(row:Integer; col:Integer): Double;
begin
  Result := _array[row,col];
end;


procedure CMatrix.setCell(row, col: Integer; value : Double);
begin
  _array[row,col] := value;
end;
```

Die *Add*-Methode akzeptiert entweder ein oder zwei *CMatrix*-Objekte als Parameter, falls Sie nur ein *CMatrix*-Objekt übergeben, wird die aktuelle Instanz von *CMatrix* als zweiter Operand verwendet.

Die erste Überladung der *Add*-Methode ist statisch, sie wird also nicht über einem *CMatrix*-Objekt, sondern direkt über der *CMatrix*-Klasse ausgeführt! Die Methode nimmt beide Operanden (*CMatrix*-Objekte) entgegen und liefert ein *CMatrix*-Objekt zurück.

```
class function CMatrix.Add(A, B : CMatrix) : CMatrix;
var row, col    : Integer;
    newMatrix   : CMatrix;
```

Die Funktion wird mit einer leeren "Verlegenheitsmatrix" (eine Zeile und eine Spalte) verlassen, wenn beide Operanden nicht die gleichen Dimensionen haben sollten:

```
begin
  if not ((A.Rows = B.Rows) And (A.Cols = B.Cols)) then begin
    Result := CMatrix.Create;
    Exit;
  end;
  newMatrix := CMatrix.Create(A.Rows, A.Cols);
  for row := 0 to A.Rows - 1 do
    for col := 0 to A.Cols - 1 do
      newMatrix[row, col] := A[row, col] + B[row, col];
  Result := newMatrix;
end;
```

Bei der zweiten Überladung handelt es sich um eine normale Instanzen-Methode, sie nimmt als Parameter nur ein einziges *CMatrix*-Objekt entgegen. Der zweite Operand ist die aktuelle *CMatrix*-Instanz, die diese Methode aufruft.

```
function CMatrix.Add(A : CMatrix) : CMatrix;
var row, col    : Integer;
    newMatrix   : CMatrix;
begin
  if not ((A.Rows = Self.Rows) And (A.Cols = Self.Cols)) then begin
    Result := CMatrix.Create;
    Exit;
  end;
  newMatrix := CMatrix.Create(A.Rows, A.Cols);
  for row := 0 to A.Rows - 1 do
    for col := 0 to A.Cols - 1 do
      newMatrix[row, col] := A[row, col] + Self[row, col];
  Result := newMatrix;
end;
```

Der Unterschied zwischen Static- und Instanzen-Methode wird Ihnen wahrscheinlich so richtig erst beim Sichten des Codes von *WinForm1* klar, wo beide Überladungen aufgerufen werden. Hier ein Vorgriff auf den Code von *WinForm1*:

```
var C : CMatrix;
...
   C := CMatrix.Add(A, B);        // Aufruf der Static-Methode
   C := A.Add(B);                 // Aufruf der Instanzen-Methode
```

Oberfläche

Auf *WinForm1* platzieren Sie drei *ListView*-Komponenten und drei *Button*s. Setzen Sie folgende zwei Eigenschaften für jede ListView: *View = Details* und *GridLines = True*.

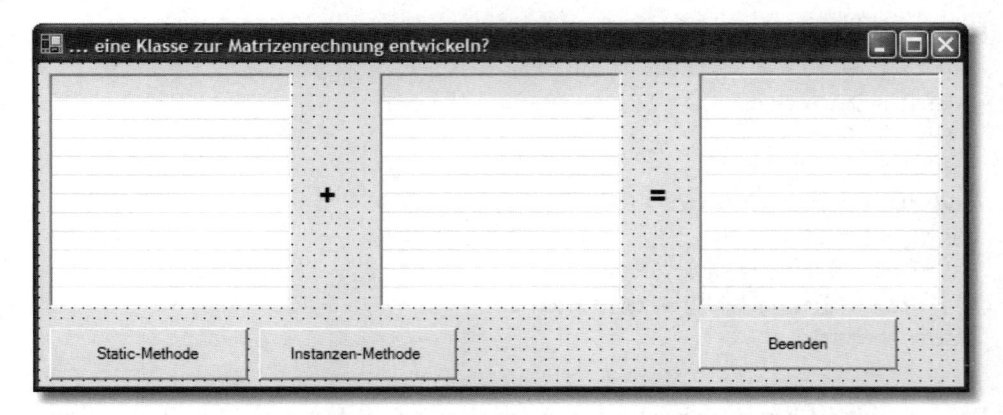

Quellcode TWinForm1

```
unit WinForm1;
interface
uses System.Drawing, System.Collections, System.ComponentModel,
     System.Windows.Forms, System.Data, ucMatrix;

type TWinForm1 = class(System.Windows.Forms.Form)
...
    private
        procedure showListView(M : CMatrix; lv : ListView);
...
```

Unser Beispiel verwendet Matrizen mit 9 Zeilen und 6 Spalten:

```
implementation
Const rows : Integer = 9;
      cols : Integer = 6;
```

Wir verwenden für beide *Button*s einen gemeinsamen Eventhandler:

```
procedure TWinForm1.Button1_Click(sender: System.Object; e: System.EventArgs);
var i, j : Integer;
```

R 12.13 Eine Klasse zur Matrizenrechnung entwickeln

```
    rnd   : System.Random;
    A, B, C : CMatrix;

begin
    rnd := System.Random.Create;
```

Die Matrix *A* instanziieren und mit Zufallszahlen füllen:

```
    A := CMatrix.Create(rows , cols);
    for i := 0 to A.Rows - 1 do
      for j := 0 to A.Cols - 1 do
        A[i, j] := rnd.Next(100);
```

Die Anzeige von *A* in der ersten *ListView*-Komponente:

```
    showListView(A, ListView1);
```

Gleiches geschieht mit Matrix *B*:

```
    B := CMatrix.Create(rows , cols);
    for i := 0 to B.Rows - 1 do
      for j := 0 to B.Cols - 1 do
        B[i, j] := rnd.Next(100);
    showListView(B, ListView2);
```

Die Resultierende Matrix *C* berechnen wir – in Abhängigkeit vom geklickten Button – mit der ersten oder mit der zweiten Überladung der *Add*-Methode.

Hinweis: Beide Überladungen der *Add*-Methode leisten absolut das Gleiche, nur die Aufruf-Syntax ist unterschiedlich!

```
    if Button(sender) = Button1 then
      C := CMatrix.Add(A, B)        // Aufruf Static-Methode
                        else
      C := A.Add(B);                // Aufruf Instanzen-Methode
    showListView(C, ListView3);
end;
```

Der Anzeigeroutine werden ein *CMatrix*-Objekt und eine *ListView*-Komponente übergeben:

```
procedure TWinForm1.showListView(M : CMatrix; lv : ListView);
var i, j : Integer;
    item : ListViewItem;
begin
  with lv do begin
    Clear();
```

Alle Spalten erzeugen und beschriften:

```
Columns.Add('', 20, HorizontalAlignment.Right);    // linke (leere) Randspalte
for j := 0 to M.Cols - 1 do      // für alle Spalten
```

Spaltennummerierung und Formatierung in Kopfzeile:

```
Columns.Add(j.ToString, 30, HorizontalAlignment.Right);
```

Alle Zeilen erzeugen, beschriften und Zellen füllen:

```
    for i := 0 to M.Rows - 1 do begin
      item := ListViewItem.Create(i.ToString);    // pro Zeile ein Item
      for j := 0 to M.Cols - 1 do
        item.SubItems.Add(M[i, j].ToString);      // alle Zellen der Matrix füllen
      lv.Items.Add(item);                         // Zeilen zur ListView hinzufügen
    end;
  end;
end;
```

Test

Nach Programmstart werden die beiden ersten Matrizen mit Zufallszahlen zwischen 0 und 100 gefüllt. Ob Sie dann *Button1* oder *Button2* klicken ist völlig egal, in beiden Fällen wird die resultierende Summenmatrix mit dem richtigen Ergebnis gefüllt:

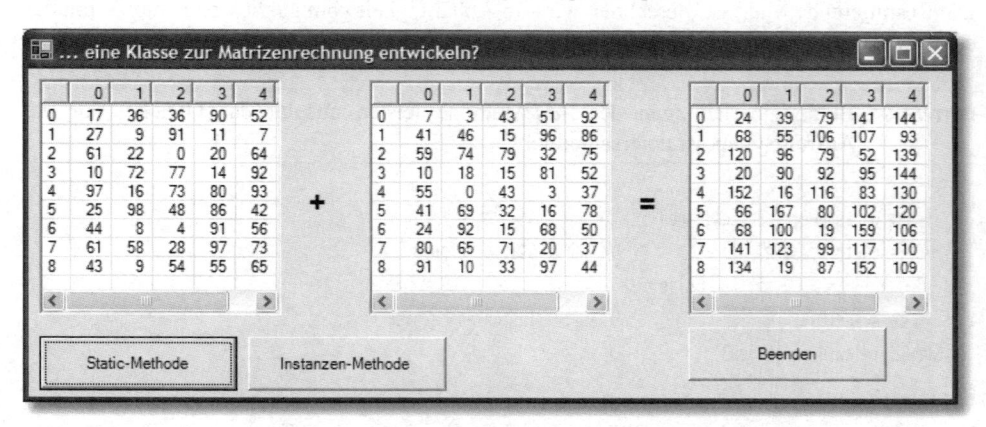

Bemerkung

Das Resultat einer Matrizenoperation ist immer eine neue Matrix, wenn allerdings beide Matrizen inkompatibel sind, wird eine leere Matrix zurückgegeben. Alternativ könnte in einem solchen Fall auch eine Ausnahme innerhalb der Methoden erzeugt werden.

R 12.14 Ein wieder verwendbares Formular erstellen

Das Prinzip der komponentenbasierten Entwicklung gehört zu den grundlegenden .NET-Konzepten. Für viele Programme lohnt sich z.B. das Anlegen einer wieder verwendbaren Komponente, welche die Grundfunktionalität eines einfachen Eingabeformulars kapselt. Von diesem Eingabeformular könnten die Formulare beliebiger anderer Programme "erben", so dass deren Programmierung sich vereinfacht, da man sich nur noch um die zusätzlichen Funktionalitäten kümmern muss.

Wir wollen die Vorgehensweise anhand eines wieder verwendbaren Eingabeformulars für den Zugriff auf die Kundendatei einer Firma demonstrieren,

Package anlegen

Öffnen Sie ein neues Projekt vom Typ Package (über *Datei|Neu|Weitere*) und geben Sie ihm den Namen *MyKundenForms:*

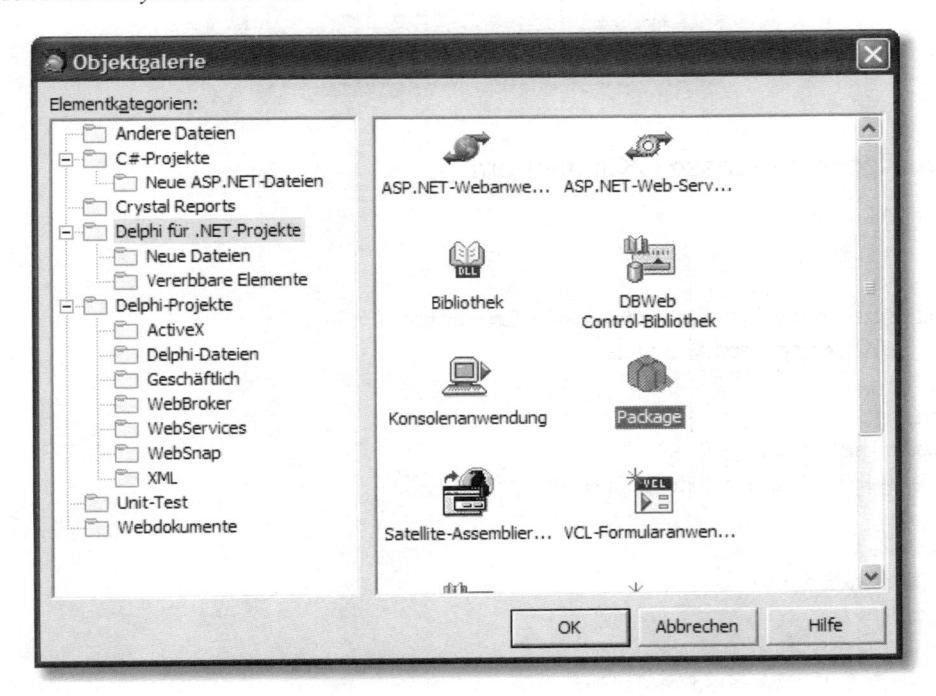

Wählen Sie dann den Menüpunkt *Datei|Neu|Weitere...|Windows Form* und geben Sie dem neuen Formular den Namen *CKundenForm*. Speichern Sie am besten gleich die Datei unter dem Namen *DOKO.Forms.pas* ab[1].

Oberfläche CKundenForm

Die vererbbare Klasse *CKundenForm* erhält vier *Label*s und vier *TextBox*en:

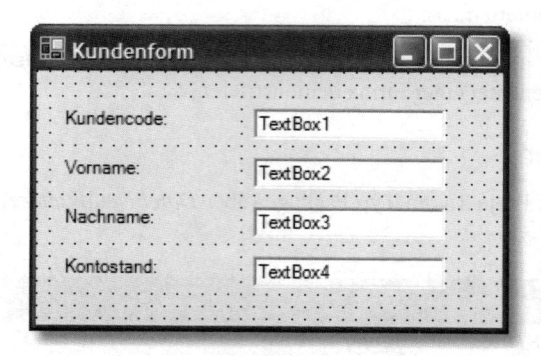

Quellcode für Klasse CKundenForm

```
unit DOKO.Forms;

interface
uses  System.Drawing, System.Collections, System.ComponentModel,
      System.Windows.Forms, System.Data;

type
  tsarr = array of string;
  CKundenForm = class(System.Windows.Forms.Form)
  ...
  private
    const tbCount = 4;
  public
    TextBox1: System.Windows.Forms.TextBox;
    TextBox2: System.Windows.Forms.TextBox;
    TextBox3: System.Windows.Forms.TextBox;
    TextBox4: System.Windows.Forms.TextBox;
    constructor Create;
```

---

[1] Sie können natürlich gern einen anderen Namen wählen, sollten diesen dann aber auch im folgenden Rezept für die Einbindung verwenden.

R 12.14 Ein wieder verwendbares Formular erstellen

```
    procedure clearTextBoxes;
    procedure setTextBoxes(values : Tsarr);
    function getTextBoxes : Tsarr;
  end;
```

Um später auf alle Komponenten zugreifen zu können, ändern wir die entsprechenden Zugriffsmodifizierer (*Modifiers*) für die Komponenten in *public*.

Die Klasse *CKundenForm* exportiert die Methoden *clearTextBoxes*, *setTextBoxes* und *getTextBoxes*, die das Löschen der Inhalte sowie deren einfache Ein- und Ausgabe ermöglichen, indem die Werte der Eingabemaske in "einem Schwung" als String-Array übergeben werden.

Im Klassenkörper ergänzen Sie folgende Funktionalität:

LÖSCHEN: Alle Steuerelemente des Formulars werden durchlaufen, ist eine TextBox dabei, so wird deren Inhalt gelöscht:

```
procedure CKundenForm.clearTextBoxes;
var i : Integer;
    c : System.Windows.Forms.Control;
begin
  for i := 0 to Controls.Count - 1 do begin
    c := Controls[i]; if c is TextBox then TextBox(c).Text := '';
  end;
end;
```

EINGABE: Ein String-Array mit fünf Feldern wird zurückgegeben, es ist mit den Inhalten der vier TextBoxen gefüllt:

```
function CKundenForm.getTextBoxes : Tsarr;
var values : Tsarr;
begin
  SetLength(values, tbCount);
  values[0] := TextBox1.Text;
  values[1] := TextBox2.Text;
  values[2] := TextBox3.Text;
  values[3] := TextBox4.Text;
  Result := values;
end;
```

AUSGABE: Die vier TextBoxen werden mit den Inhalten des übergebenen String-Arrays gefüllt. Am Anfang wird geprüft, ob das String-Array korrekte Länge hat, um in die TextBoxen zu passen:

```
procedure CKundenForm.setTextBoxes(values : Tsarr);
begin
  if Length(values) <> tbCount then raise ArgumentException.Create('Es müssen ' +
```

```
              Int32(tbCount).ToString + 'Strings im Array sein!')
  else begin
    TextBox1.Text := values[0];
    TextBox2.Text := values[1];
    TextBox3.Text := values[2];
    TextBox4.Text := values[3];
  end;
end;
```

Package compilieren

Nachdem Sie mit F9 compiliert haben, erschreckt Sie trotz erfolgreichen Abschlusses die Meldung:

> Fehler
> Ohne Angabe einer Host-Anwendung kann das Projekt nicht ausgeführt werden. Verwenden Sie das Dialogfeld Start|Parameter...

Keine Panik, die Assembly *MyKundenForms.dll* ist trotzdem im Projektverzeichnis zu finden und bereit, von anderen Anwendungen benutzt zu werden.

Hinweis: Verwenden Sie beim nächsten Mal *Strg+F9*, dann entfällt auch die Fehlermeldung.

Test

Die Funktionsfähigkeit der von uns erstellten Komponente testen wir in

☞ R 12.15 Von einem Formular erben

Bemerkungen

- Die von uns erzeugte Formular-Klasse verfügt über keine Start-Routine, dies braucht uns jedoch nicht zu interessieren, da diese bei einer Klassen-Bibliothek nicht erforderlich ist. Anders sieht es bei den Windows-Anwendungen aus, die die DLL später benutzen sollen. Diese müssen natürlich immer einen Einstiegspunkt haben (Hauptprozedur, die Sie in der Projektdatei finden).

- Falls Sie die Sichtbarkeit der Steuerelemente auf *private* belassen, erscheinen diese in späteren Entwurfsumgebungen, in denen Sie das Formular wieder verwenden wollen, wie "festgenagelt", Sie können also weder Eigenschaften ändern noch Eventhandler hinzufügen.

R 12.15 Von einem Formular erben

Der routinierte Programmierer beginnt nicht bei all seinen Projekten mit dem Stand null, sondern greift auf wieder verwendbare Komponenten zurück. In diesem Rezept wollen wir die Vorgehensweise demonstrieren und benutzen dabei auf das im Vorgängerrezept R 12.14 erzeugte und in der Klassenbibliothek *MyKundenForms.dll* abgespeicherte Eingabeformular.

Einbindung in Delphi.NET

Öffnen Sie ein neues Projekt als normale Windows Forms-Anwendung. Fügen Sie über den Menüpunkt *Projekt|Referenz hinzufügen* eine Referenz auf das in R 12.14 erstellte Package her.

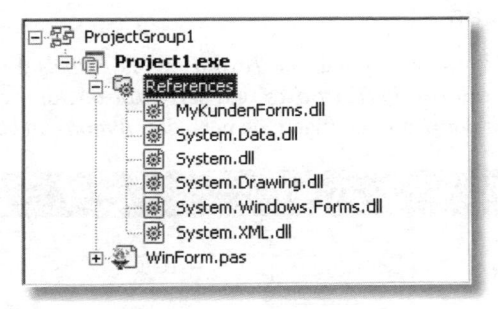

Nachfolgend öffnen Sie die Quellcodeansicht von *WinForm1* und fügen die Assembly *DOKO.Forms* ein.

```
unit WinForm1;

interface

uses System.Drawing, System.Collections, System.ComponentModel,
     System.Windows.Forms, System.Data, DOKO.Forms;
```

Im folgenden Schritt ändern wir kurzerhand die "Erbfolge" für *WinForm1* von

```
TWinForm1 = class(System.Windows.Forms.Form)
```

auf

```
TWinForm1 = class(DOKO.Forms.CKundenForm)
```

Ein Blick auf die Designansicht von *WinForm1* zeigt das Ergebnis. Die blauen Tags deuten auf die Herkunft des Formulars hin (wenn Sie mit der Maus draufzeigen, erscheint der Hint "Vererbtes Steuerelement"):

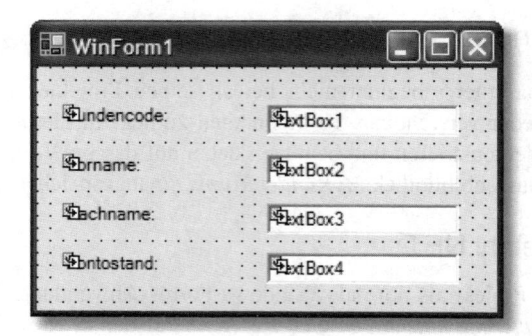

Oberfläche ergänzen

Wir haben von *KundenForm* ja nicht nur die *TextBox*en und *Label*s geerbt, sondern auch die drei Methoden *clearTextBoxes*, *getTextBoxes* und *setTextBoxes*, die wir jetzt testen wollen. Zoomen Sie deshalb das Form auf und fügen Sie noch drei *Button*s und eine *ListBox* hinzu:

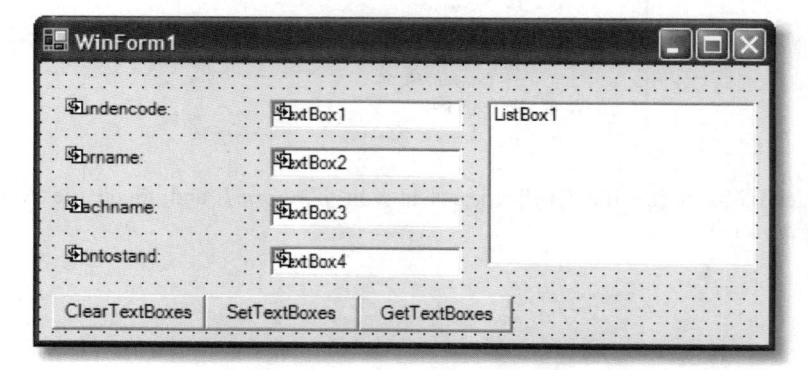

Quellcode TWinForm1

Hinweis: In der Vererbungshierarchie hat sich die Klasse *DOKO.Forms.CKundenForm* zwischen unser Formular und *Windows.Forms.Form* geschoben!

```
type
  TWinForm1 = class(DOKO.Forms.CKundenForm)
  ...
  private
    values : DOKO.Forms.tsarr;        // String-Array kapselt die Werte der Eingabemaske
  ...
```

R 12.15 Von einem Formular erben

Über die Schaltfläche "Löschen" testen wir die *clearTextBoxes*-Methode der Oberklasse:

```
procedure TWinForm1.Button1_Click(sender: System.Object; e: System.EventArgs);
begin
  Self.clearTextBoxes
end;
```

Die Schaltfläche "GetTextBoxes" dient zum Testen der geerbten *getTextBoxes*-Methode. Zur Kontrolle wird der zurückgegebene Inhalt des String-Arrays in der ListBox angezeigt:

```
procedure TWinForm1.Button3_Click(sender: System.Object; e: System.EventArgs);
var i : Integer;
begin
  values := Self.getTextBoxes;      // füllt String-Array
  for i := 0 to Length(values) - 1 do ListBox1.Items.Add(values[i]);
  if values[0] = '' then MessageBox.Show('Geben Sie einen Kunden-Code ein!');
end;
```

Schließlich testen wir über die "SetTextBoxes"-Schaltfläche die umgekehrte Richtung, d.h., die geerbte Methode *setTextBoxes*.

```
procedure TWinForm1.Button2_Click(sender: System.Object; e: System.EventArgs);
begin
  Self.setTextBoxes(values);      // füllt die TextBoxen
  ListBox1.Items.Clear();
end;
```

Test

Was Sie eingeben ist völlig Wurst, weil es sich hier nur um ein Testformular handelt, das noch nicht mit einer Datenquelle verbunden ist.

Zweckmäßigerweise betätigen Sie die Schaltflächen in der Reihenfolge,

- "GetTextBoxes" (der Inhalt der vier TextBoxen erscheint in der ListBox),
- "Löschen",
- "SetTextBoxes",

um sich davon zu überzeugen, dass die Anwendung ordnungsgemäß funktioniert. Am Ende dieses Zyklus muss die Eingabemaske wieder ihren anfänglichen Zustand aufweisen:

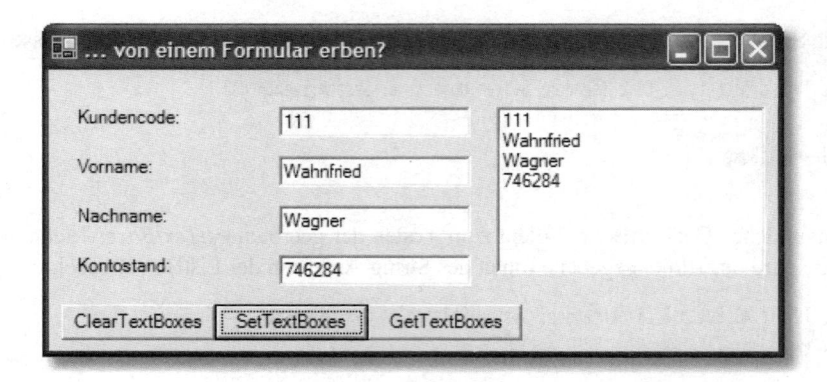

[Screenshot: Formular "... von einem Formular erben?" mit Feldern Kundencode: 111, Vorname: Wahnfried, Nachname: Wagner, Kontostand: 746284 und Buttons ClearTextBoxes, SetTextBoxes, GetTextBoxes]

Einbinden in VB.NET

Dass Sie mit Ihrer neuen Assembly (bzw. dem darin enthaltenen Formular) nicht nur Delphi.NET-Programmierer glücklich machen können, soll der folgende Abschnitt zeigen. Wir wollen das Package in VB.NET einbinden und ein VB.NET-Formular von unserem Delphi-Formular ableiten.

Starten Sie, wenn vorhanden, Visual Studio.NET und wählen Sie eine neue VB.NET-Windows-Anwendung als Projekttyp aus:

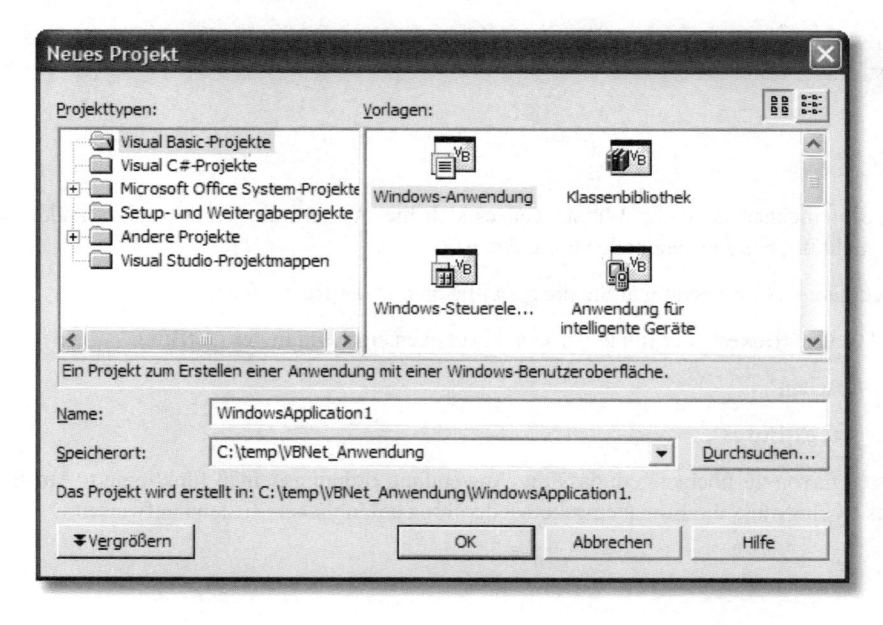

[Screenshot: Dialog "Neues Projekt" in Visual Studio.NET mit ausgewählter Vorlage Windows-Anwendung unter Visual Basic-Projekte, Name: WindowsApplication1, Speicherort: C:\temp\VBNet_Anwendung]

Im folgenden Schritt erstellen Sie über das Menü *Projekt|Verweis hinzufügen* eine Referenz auf unsere Assembly (Button "Durchsuchen..." verwenden):

R 12.15 Von einem Formular erben

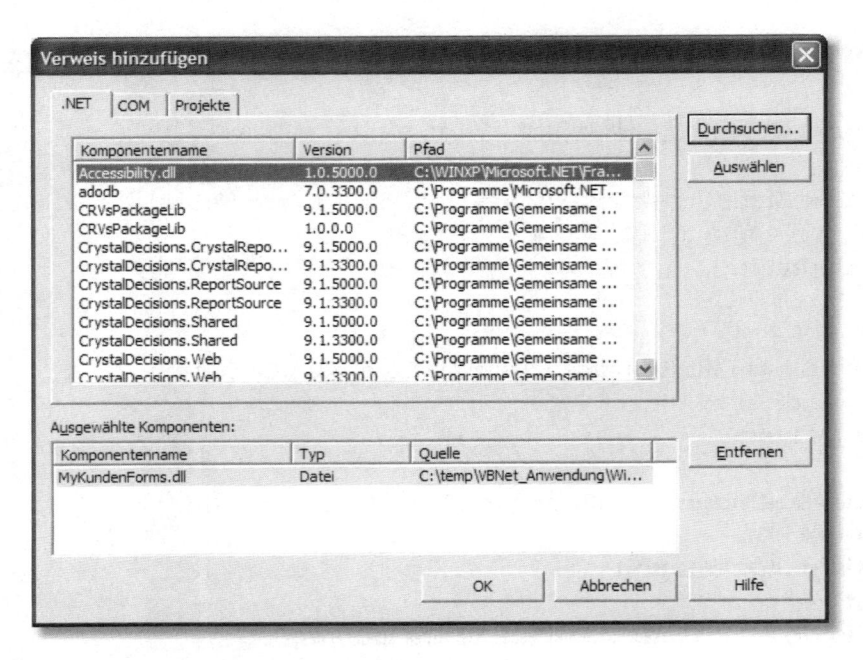

Ändern Sie nun die Deklaration von *Form1* von

```
Public Class Form1
  Inherits System.Windows.Forms.Form
```

in

```
Public Class Form1
  Inherits DOKO.CKundenForm
```

und Sie können auch in VB.NET mit dem geerbten Formular arbeiten. Die weitere Vorgehensweise unterscheidet sich nicht von der in Delphi.NET, Sie können ebenfalls die geerbten Methoden aufrufen (hier mit *Me.GetTextBoxes* etc.) oder neue Komponenten in die Oberfläche einfügen.

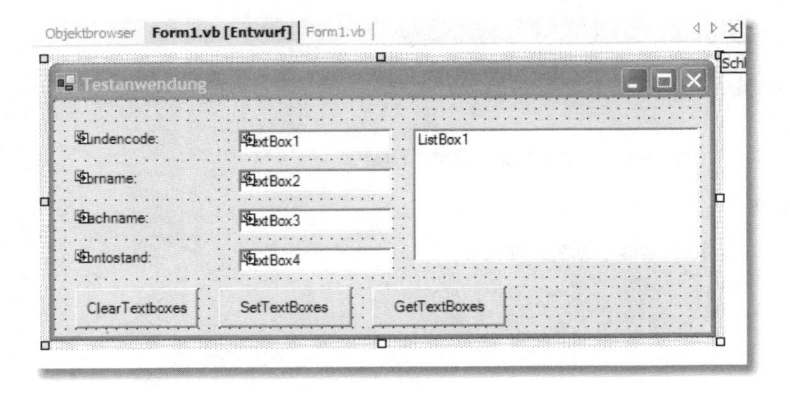

Der weitere Quelltext:

```vb
...
  Dim texte() As String = {"Zeile1", "Zeile2", "Zeile3", "Zeile4"}

  Private Sub Button1_Click(ByVal sender As System.Object, ByVal e As System.EventArgs) _
        Handles Button1.Click
    Me.clearTextBoxes()
  End Sub

  Private Sub Button3_Click(ByVal sender As System.Object, ByVal e As System.EventArgs) _
        Handles Button3.Click
    Dim i As Integer

    texte = Me.getTextBoxes      ' füllt String-Array
    For i = 0 To 3
      ListBox1.Items.Add(texte(i))
    Next
    If texte(0) = "" Then MessageBox.Show("Geben Sie einen Kunden-Code ein!")
  End Sub

  Private Sub Button2_Click(ByVal sender As System.Object, ByVal e As System.EventArgs) _
        Handles Button2.Click
    Me.setTextBoxes(texte)       ' füllt die Textboxen
    ListBox1.Items.Clear()
  End Sub
End Class
```

Einbinden in C#.NET

Die Vorgehensweise entspricht der in VB.NET, beachten Sie aber bei der Einbindung bzw. Ableitung folgende Änderungen:

Ableitung bisher:

```csharp
namespace WindowsApplication1
{
        public class Form1 : System.Windows.Forms.Form
```

Ableitung neu:

```csharp
        public class Form1 : DOKO.CKundenForm
```

Aufruf der Methoden mit:

```
this.getTextBoxes;
this.setTextBoxes;
this.clearTextBoxes;
```

Hinweis: Bei C# unbedingt die Groß-/Kleinschreibung beachten!

Bemerkungen

- Es hätte überhaupt keine Rolle gespielt, wenn Sie das Testprojekt statt in Delphi.NET in C#.NET geschrieben hätten, da man dem in der Assembly *MyKundenForms.dll* enthaltenen Formular nicht ansieht, in welcher Programmiersprache es entstanden ist. Genau dies entspricht der .NET-Grundphilosophie der sprachübergreifenden komponentenbasierten Entwicklung!

- Beim Testen kann es zum öfteren Hin- und Her zwischen dem Projekt des Mutterformulars und dem erbenden Projekt kommen. Achten Sie dabei im VS.NET-Projektexplorer immer auf das Vorhandensein des Verweises auf *FirmaLibrary* und ergänzen Sie ihn gegebenenfalls über das Kontextmenü *Verweis hinzufügen*....

Hinweis: Umsteiger von Delphi 8 aufgepasst: Bei der Einbindung in VB bzw. C# haben sich die Namespaces mit Delphi 2005 geändert (siehe Kapitel 12, Komponentenentwicklung).

R 12.16 Eine Farbauswahlbox-Komponente entwickeln

In diesem Rezept wollen wir Ihnen zeigen, wie einfach Sie unter Delphi.NET eigene Steuerelemente (Windows Forms, nicht VCL Forms!) entwickeln und zur Tool-Palette hinzufügen können.

Als Beispiel soll die uns bereits bestens bekannte *ComboBox* so modifiziert werden, dass später (ohne zusätzlichen Programmieraufwand) 16 Grundfarben angezeigt und über eine *SelectedColor*-Eigenschaft abgefragt werden können. Alternativ soll diese Information auch über ein Ereignis *SelectedColorChange* bereitgestellt werden.

Vorbereitungen

Öffnen Sie ein neues Projekt vom Typ "Package" und geben Sie ihm den Namen *FarbComboBox*. Erstellen Sie nachfolgend in diesem Package eine neue Komponente für Windows Forms (Menü *Datei|Neu|Weitere...|Komponente für Windows Forms*).

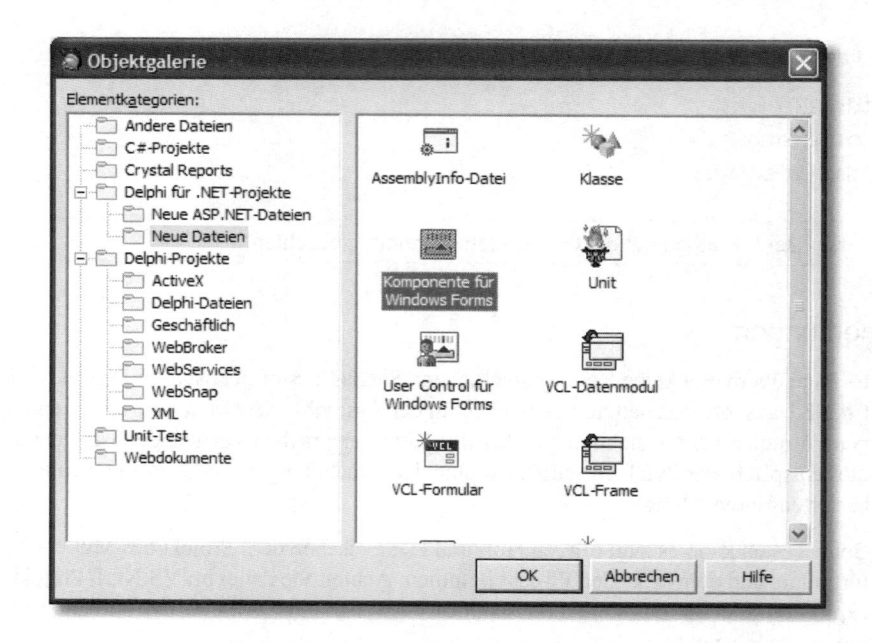

Quellcode CFarbComboBox

Wechseln Sie zur Codeansicht:

```
type
  TComponent = class(System.ComponentModel.Component)
...
```

Erster Schritt zur fertigen Komponente ist in der Regel das Ableiten von einer bereits vorhandenen. Ändern Sie deshalb den Code wie folgt:

```
type
  CFarbComboBox = class(System.Windows.Forms.ComboBox)
  ...
```

Hinweis: Ändern Sie auch im Projekt-Manager den Dateinamen *Component.pas* in *DOKO.Komponenten.Unit1.pas*.

Der weitere Ablauf: Zunächst erzeugen Sie eine *EventArgs*-Klasse für *TColorChange*:

```
unit DOKO.Komponenten;
interface

uses  System.Drawing, System.Windows.Forms,
      System.Collections, System.ComponentModel;
```

R 12.16 Eine Farbauswahlbox-Komponente entwickeln

```
type
  ColorChangeEventargs = class(EventArgs)
  private
    fColor : Color;
  published
    property SelectedColor : Color read fColor write fColor;
  end;

  TColorChange = procedure(sender : system.object; e : ColorChangeEventArgs);
```

Nun wieder zurück in die eigentlichen Klasse *CFarbComboBox*:

Festlegen des Standard-Events:

```
[DefaultEvent('SelectedColorChange')]
CFarbComboBox = class(System.Windows.Forms.ComboBox)
...
strict protected
```

Initialisieren der Komponente (Einträge hinzufügen):

```
  procedure InitLayout; override;
```

Einträge zeichnen:

```
  procedure OnDrawItem(e : DrawItemEventArgs); override;
```

Auf Änderungen reagieren (Ereignis auslösen):

```
  procedure OnSelectedIndexChanged(e : EventArgs); override;
private
```

Delegate:

```
  myColorChange : TColorChange;
```

Eigenschaften-Methoden:

```
  procedure SetColor(value: Color);
  function  GetColor: Color;
public
  constructor Create; overload;
  constructor Create(Container: System.ComponentModel.IContainer); overload;
```

Ein neues Ereignis:

```
  property SelectedColorChange: TColorChange add myColorChange remove myColorChange;
published
```

Eine neue Eigenschaft:

```
  property SelectedColor : Color read GetColor write SetColor;
end;
```

Die Eigenschaft *SelectedColor* wird über den gewählten Index in der ComboBox bestimmt:

```
function CFarbComboBox.GetColor: Color;
begin
  case Self.SelectedIndex of
    0 : Result := Color.Blue;
    1 : Result := Color.Red;
    2 : Result := Color.Green;
    3 : Result := Color.Cyan;
    4 : Result := Color.Yellow;
    5 : Result := Color.Lime;
    6 : Result := Color.DarkBlue;
    7 : Result := Color.DarkRed;
    8 : Result := Color.DarkGreen;
    9 : Result := Color.DarkCyan;
    10 : Result := Color.Maroon;
    11 : Result := Color.White;
    12 : Result := Color.LightGray;
    13 : Result := Color.DarkGray;
    14 : Result := Color.Gray;
    15 : Result := Color.Black;
    else Result := Color.White;
  end;
end;

procedure CFarbComboBox.SetColor(value: Color);
begin
  // hier können Sie sich betätigen ...
end;
```

Zum Eintragen der einzelnen Farbwerte überschreiben wir die Methode *InitLayout*:

```
procedure CFarbComboBox.InitLayout;
var i : Integer;
begin
  inherited InitLayout;
  Self.DrawMode      := System.Windows.Forms.DrawMode.OwnerDrawFixed;
  Self.DropDownStyle := System.Windows.Forms.ComboBoxStyle.DropDownList;
  Self.Items.Clear;
```

```
    for i := 1 to 16 do Self.Items.Add(i.ToString)
end;
```

Zum Zeichnen der einzelnen Einträge überschreiben wir die Methode *OnDrawItem*:

```
procedure CFarbComboBox.OnDrawItem(e : DrawItemEventArgs);
begin
  inherited OnDrawItem(e);
  case e.index of
    0 : e.Graphics.FillRectangle(Brushes.Blue, e.Bounds);
    1 : e.Graphics.FillRectangle(Brushes.Red, e.Bounds);
    2 : e.Graphics.FillRectangle(Brushes.Green, e.Bounds);
    3 : e.Graphics.FillRectangle(Brushes.Cyan, e.Bounds);
    4 : e.Graphics.FillRectangle(Brushes.Yellow, e.Bounds);
    5 : e.Graphics.FillRectangle(Brushes.Lime, e.Bounds);
    6 : e.Graphics.FillRectangle(Brushes.DarkBlue, e.Bounds);
    7 : e.Graphics.FillRectangle(Brushes.DarkRed, e.Bounds);
    8 : e.Graphics.FillRectangle(Brushes.DarkGreen, e.Bounds);
    9 : e.Graphics.FillRectangle(Brushes.DarkCyan, e.Bounds);
    10 : e.Graphics.FillRectangle(Brushes.Maroon, e.Bounds);
    11 : e.Graphics.FillRectangle(Brushes.White, e.Bounds);
    12 : e.Graphics.FillRectangle(Brushes.LightGray, e.Bounds);
    13 : e.Graphics.FillRectangle(Brushes.DarkGray, e.Bounds);
    14 : e.Graphics.FillRectangle(Brushes.Gray, e.Bounds);
    15 : e.Graphics.FillRectangle(Brushes.Black, e.Bounds);
  end;
end;
```

Zum Schluss bleibt nur noch das Auslösen des Ereignisses.

```
procedure CFarbComboBox.OnSelectedIndexChanged(e : EventArgs);
var args: ColorChangeEventArgs;
begin
  inherited OnSelectedIndexChanged(e);
```

Wir erzeugen und parametrieren eine neue Instanz von *ColorChangeEventArgs*:

```
  args := ColorChangeEventArgs.Create;
  args.SelectedColor := Self.SelectedColor;
```

Das Auslösen des Ereignisses:

```
  if assigned(myColorChange) then SelectedColorChange(Self, args);
end;
```

Damit können Sie schon einen ersten Klick auf die Taste F9 wagen. Im Erfolgsfall kommt zwar der Hinweis, dass Sie eine Host-Applikation benötigen, aber das sollte Sie nicht stören, die Assembly mit der neuen Komponente ist trotzdem erzeugt worden.

Einbinden der Komponente in Delphi.NET

Über den Menüpunkt *Komponenten|Installierte NET-Komponenten* können Sie jetzt die neu erzeugte Komponente der Delphi-IDE hinzufügen.

Im sich öffnenden Dialogfenster (es kann ein paar Sekunden dauern) wählen Sie den Button *Assemblierung auswählen*. Wählen Sie nun das neu erzeugte Package und in der Liste sollte jetzt auch *CFarbComboBox* auftauchen. Ab sofort können Sie mit dieser Komponente wie mit jeder anderen Komponente arbeiten. In die zukünftig erstellten Projekte wird automatisch ein Verweis auf die Assembly *FarbComboBox.dll* eingebunden, Sie brauchen sich also nicht explizit darum zu kümmern.

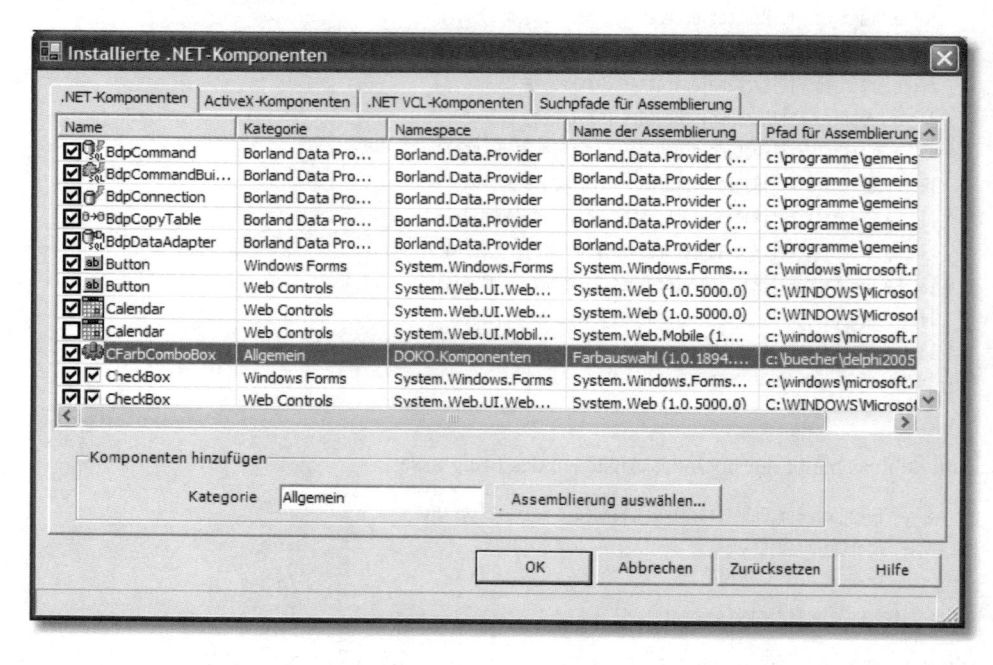

Einbinden in MS Visual Studio.NET

Wählen Sie das Menü *Extras|Toolbox anpassen* ... und dort die Seite ".NET Framework-Komponenten". Klicken Sie auf die "Durchsuchen"-Schaltfläche und wählen Sie die eben erzeugte Assembly *FarbComboBox.dll*:

R 12.16 Eine Farbauswahlbox-Komponente entwickeln

Klicken Sie auf die "OK"-Schaltfläche, um die Komponente in die Toolbox zu übernehmen. Achtung: Sie finden Ihr neues Steuerelement nicht auf der "Windows Forms"-Seite der Toolbox sonder auf der Seite "Allgemein"!

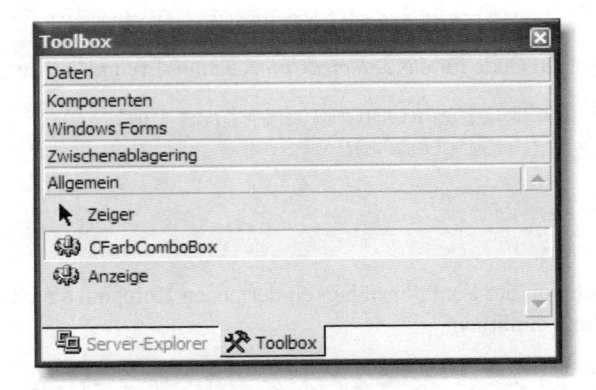

Falls Sie das neue Steuerelement zwar von der Toolbox abziehen können, es sich aber nicht auf dem Formular platzieren lässt (Meldung: "Fehlende Objektinstanz"), dann überprüfen Sie, ob der Verweis auf die Komponente im Projektmappen-Explorer zu sehen ist und fügen Sie ihn gegebenenfalls hinzu:

Testprogramm

Öffnen Sie in Delphi ein neues Windows Forms-Projekt und ziehen Sie die *FarbComboBox* auf das Formular.

```
uses
  System.Drawing, System.Collections, System.ComponentModel,
  System.Windows.Forms, System.Data, DOKO.Komponenten.Unit1;
```

Hinweis: Der "geniale" Borland Compiler fügt teilweise auch einen Verweis auf *DOKO.Komponenten* in die Unit ein. Löschen Sie diesen Unsinn ganz schnell wieder.

Fügen Sie den folgenden Code für das *SelectedColorChange*-Ereignis hinzu:

```
procedure TWinForm1.CFarbComboBox1_SelectedColorChange(sender: System.Object;
  e: DOKO.Komponenten.Unit1.ColorChangeEventargs);
begin
  Self.BackColor := e.SelectedColor;
end;
```

Jetzt können Sie sich von der Funktionsfähigkeit der neuen Komponente überzeugen und das Formular beliebig bunt einfärben:

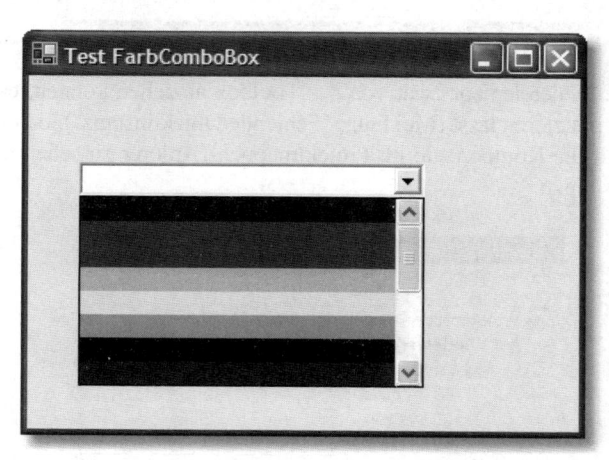

R 12.17 Eine Digitalanzeige-Komponente programmieren

In einigen Programmen wünscht man sich für die Ausgabe numerischer Werte eine Anzeige, die einen "technischen" Eindruck hinterlässt. Das könnte zum Beispiel heißen, dass statt eines Labels eine 7-Segment-Anzeige erscheint.

R 12.17 Eine Digitalanzeige-Komponente programmieren

Wir wollen in diesem Rezept eine Komponente zur 7-Segment-Anzeige eines bis zu zehnstelligen Integer-Wertes entwickeln. Die Anzahl der Segmente können Sie frei festlegen! Eine Größenänderung der Komponente entfällt, da die Abmessungen aus der Anzahl der Segmente bestimmt werden.

Für die Realisierung bieten sich zwei prinzipielle Varianten an:

- Einblenden von verschiedenen Bitmaps (Ziffern 0 ... 9),
- Zeichnen der Grafik über *Line*- oder *Polyline*-Befehle.

Während die erste Variante vom Aufwand her wesentlich einfacher ist, bietet Variante 2 den Vorteil, auch eine Skalierung des Steuerelements zuzulassen.

Wir haben uns aus notorischer Bequemlichkeit für Variante 1 entschieden, wer aber an der Realisierung der zweiten Variante interessiert ist, dürfte mit dem vorliegenden Steuerelementegerüst ebenfalls relativ schnell zum Ziel kommen.

Folgende Eigenschaften sind zu implementieren:

Eigenschaft	Beschreibung /Beispiel
Digits	... die Anzahl der Stellen (1 ... 10).
DisplayOn	... (*True/False*) entscheidet darüber, ob lediglich ein schwarzer Hintergrund angezeigt wird oder der aktuelle Wert.
Value	... der darzustellende Wert (Integer).

Hinweis: Methoden und Ereignisse werden wir bei diesem Steuerelement nicht benötigen.

Da im Vorgängerrezept

☞ R 12.16 Eine Farbauswahlbox-Komponente entwickeln

bereits die grundlegende Vorgehensweise bei der Entwicklung benutzerdefinierter Steuerelemente beschrieben wurde, werden sich die folgenden Ausführungen auf das Wesentliche beschränken.

Oberfläche

Eigentlich ist die Bezeichnung "Oberfläche" nicht ganz zutreffend, geht es doch lediglich darum, die benötigten Bitmaps zu erstellen. Zusätzlich könnten Sie auch ein neues Icon für die Tool-Palette entwerfen.

Speichern Sie die Bitmaps für die einzelnen Segmentzustände in den Dateien *0.bmp* ... *9.bmp* sowie in der Datei *leer.bmp* ab. Mit der letzten Bitmap wird die Anzeige initialisiert bzw. gelöscht.

Verfügen Sie noch über Borland Delphi 8 und nicht 2005, genügt es nicht, wenn Sie die o.g. Dateien einfach per Drag&Drop in die Projektverwaltung ziehen. Es bleibt nichts anderes übrig, als die Dateien per Quellcode einzubinden. Wie es geht, zeigen wir an gegebener Stelle.

Quelltext

Obwohl es sich um eine relativ triviale Komponente handelt, ist der Quellcode doch ziemlich "aufgequollen".

Im ersten Schritt erzeugen wir ein neues Package, das wir zum Beispiel *SiebenSegment-Anzeige.dll* nennen. Nachfolgend erstellen wir über den Menüpunkt *Datei|Neu|Weitere...| Komponente für Windows Forms* ein Grundgerüst für die neue Komponente und benennen die Unit in *DOKO.Komp.pas* um.

Die abzuleitende Klasse ändern wir in *System.Windows.Forms.Control*, den Namen der Komponente in *Anzeige*:

```
type
  Anzeige = class(System.Windows.Forms.Control)
```

Die Schnittstelle der Klasse:

```
strict protected
```

Überschreiben zum Anzeigen der Werte:

```
  procedure OnPaint(e : PaintEventArgs); override;
private
```

Ein paar interne Variablen:

```
  FDigits,
  FValue      : Integer;
  FOn         : Boolean;
  FOldDisplay : String;
```

Die Bitmaps für die Anzeige:

```
  FBmp        : array[0..10] of Image;
```

Schnittstellenmethoden:

```
  procedure SetDigits(value : Integer);
  procedure SetDisplayOn(value : Boolean);
  procedure SetValue(value : Integer);
public
  constructor Create; overload;
  constructor Create(Container: System.ComponentModel.IContainer); overload;
published
```

R 12.17 Eine Digitalanzeige-Komponente programmieren

Unsere Eigenschaften:

```
property Digits : Integer read FDigits write SetDigits;
property DisplayOn : Boolean read FOn write SetDisplayOn;
property Value : Integer read FValue write SetValue;
end;
```

Im *Image*-Array *FBmp* speichern wir die Bitmaps aus den Programmressourcen. So vereinfacht sich der Aufruf und die Ausführungsgeschwindigkeit wird gesteigert.

Einbinden zusätzlicher Namespaces:

```
implementation
uses System.Reflection, System.Globalization;
```

Und hier binden wir die Ressourcen, d.h. die Bitmaps, ein:

```
{$R 0.bmp}
{$R 1.bmp}
{$R 2.bmp}
{$R 3.bmp}
{$R 4.bmp}
{$R 5.bmp}
{$R 6.bmp}
{$R 7.bmp}
{$R 8.bmp}
{$R 9.bmp}
{$R LEER.bmp}
```

Hinweis: An dieser Stelle noch einmal der eindringliche Hinweis auf die korrekte Schreibweise der Ressourcennamen – genauso müssen Sie diese auch später abrufen!

Im Konstruktor wird neben diversen Statusvariablen auch die Default-Größe des Steuerelements festgelegt. Weiterhin laden wir die Bitmaps aus der Ressource:

```
constructor Anzeige.Create;
var i : Integer;
begin
  inherited Create;
  InitializeComponent;
```

Flackern der Anzeige verhindern und auf ein *Resize* reagieren:

```
SetStyle(ControlStyles.Opaque, True);
SetStyle(ControlStyles.ResizeRedraw, True);
FDigits := 10;
FOn    := True;
```

```
  FValue    := 0;
  Self.Height := 28;
  Self.Width  := FDigits * 14;
  for i := 0 to 9 do
    FBmp[i]  := Bitmap.Create(Assembly.GetExecutingAssembly.GetManifestResourceStream(i.ToString()
             + '.bmp'));
  FBmp[10]   := Bitmap.Create(Assembly.GetExecutingAssembly.GetManifestResourceStream('LEER.bmp'));
  FOldDisplay := '          ';
end;
```

Die Eigenschaft *Digits* (Stellen festlegen):

```
procedure Anzeige.SetDigits(value: Integer);
begin
  FDigits     := Value;
  Self.Width  := FDigits * 14;
  Self.Height := 28;
  Invalidate();
end;
```

Die Eigenschaft *DisplayOn*:

```
procedure Anzeige.SetDisplayOn(value: Boolean);
begin
  FOn := Value;
  if FOn then
```

Hier wird ein mit Leerzeichen aufgefüllter String erzeugt:

```
    FOldDisplay := System.String.Format('{0,10}', FValue)
  else
    FOldDisplay := '          ';
  Self.Invalidate
end;
```

Das Setzen des Anzeigewertes ist über die Eigenschaft *Value* möglich:

```
procedure Anzeige.SetValue(value: Integer);
begin
  FValue := Value;
  FOldDisplay := System.String.Format('{0,10}', FValue);
  Invalidate;
end;
```

Für den Refresh nach dem Verdecken oder zur erstmaligen Anzeige wird die Methode *OnPaint* überschrieben:

R 12.17 Eine Digitalanzeige-Komponente programmieren

```
procedure Anzeige.OnPaint(e : PaintEventArgs);
var i : Integer;
begin
  inherited OnPaint(e);
```

Zunächst korrigieren wir gegebenenfalls die Höhe bzw. Breite des Steuerelements (tritt auch nach einen *Resize* auf):

```
if Self.Height <> 28 then Self.Height := 28;
if Self.Width <> (FDigits * 14) then Self.Width := FDigits * 14;
```

Nachfolgend kümmern wir uns um das Einblenden der einzelnen Ziffern:

```
for i := 10 - FDigits to 9 do
  case Convert.ToChar(FOldDisplay.Substring(i, 1)) of
    ' ' : e.Graphics.DrawImageUnscaled(FBmp[10], 14 * (i - (10 - FDigits)), 0);
    '0' : e.Graphics.DrawImageUnscaled(FBmp[0], 14 * (i - (10 - FDigits)), 0);
    '1' : e.Graphics.DrawImageUnscaled(FBmp[1], 14 * (i - (10 - FDigits)), 0);
    '2' : e.Graphics.DrawImageUnscaled(FBmp[2], 14 * (i - (10 - FDigits)), 0);
    '3' : e.Graphics.DrawImageUnscaled(FBmp[3], 14 * (i - (10 - FDigits)), 0);
    '4' : e.Graphics.DrawImageUnscaled(FBmp[4], 14 * (i - (10 - FDigits)), 0);
    '5' : e.Graphics.DrawImageUnscaled(FBmp[5], 14 * (i - (10 - FDigits)), 0);
    '6' : e.Graphics.DrawImageUnscaled(FBmp[6], 14 * (i - (10 - FDigits)), 0);
    '7' : e.Graphics.DrawImageUnscaled(FBmp[7], 14 * (i - (10 - FDigits)), 0);
    '8' : e.Graphics.DrawImageUnscaled(FBmp[8], 14 * (i - (10 - FDigits)), 0);
    '9' : e.Graphics.DrawImageUnscaled(FBmp[9], 14 * (i - (10 - FDigits)), 0);
  end;
end;
```

Damit endet auch schon unser Quellcode für das Steuerelement.

Komponente einfügen

Sie können die Assembly mit *Strg+F9* compilieren. Die Komponente selbst können Sie über den Menüpunkt *Komponenten|Installierte NET-Komponenten* der Delphi-IDE bzw. der Tool-Palette hinzufügen.

Demoprogramm

Unser Testprogramm fällt diesmal etwas dürftig aus, wird allerdings völlig ausreichen, um die Funktionsweise des Steuerelements zu demonstrieren.

Erstellen Sie zunächst ein neues Windows Forms-Projekt und fügen Sie zwei neue Komponenten vom Typ *Anzeige* in das Startformular ein.

Um etwas Bewegung in die Anzeige zu bringen, verwenden wir einen *Timer*, der zyklisch den Wert der *Value*-Eigenschaft von *Anzeige1* und *Anzeige2* inkrementiert:

```
procedure TWinForm1.Timer1_Tick(sender: System.Object; e: System.EventArgs);
begin
    Anzeige1.Value := Anzeige1.Value + 2;
    Anzeige2.Value := Anzeige2.Value + 1;
end;
```

Test

Starten Sie das Programm und erfreuen Sie sich an Ihrer neuen Errungenschaft.

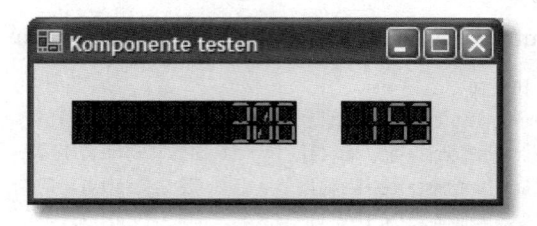

R 12.18 Eine Bitmap für die Tool-Palette zuweisen

Nachdem wir uns nun schon einige Zeit mit der Komponenten-Programmierung in Delphi.NET herumgeschlagen haben, kommt bei den Ästheten unter den Lesern sicher auch der Wunsch nach einer besseren Optik für die selbst erstellten Komponenten auf. Das freudlose Icon, dass standardmäßig eingeblendet wird, ist wenig informativ und sicher nicht jedermanns Sache.

Icon erstellen

Erzeugen Sie (oder kopieren Sie) zunächst eine 16x16 Pixel große Bitmap-Datei. Dazu können Sie zum Beispiel Windows-Bordmittel wie *MS Paint* verwenden[1].

Speichern Sie jetzt die Datei im Projektverzeichnis ab. Doch schon an dieser Stelle gilt es einige Konventionen einzuhalten. So leitet sich der Dateiname direkt von der Assembly und der betreffenden Komponentenklasse ab:

```
<Namespace[2]>.<Klassenname>.bmp
```

Für unser kleines Beispiel lautet der Name also *DOKO.TExtTextBox.bmp*.

---

[1] Unter *Bild|Attribute* können Sie zunächst die Bildgröße einstellen.
[2] Also den **links vom letzten Punkt** stehen Teil

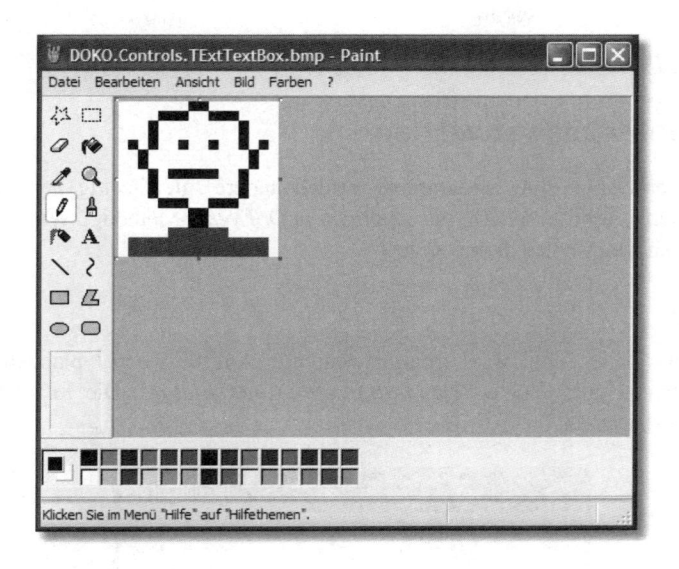

R 12.18 Eine Bitmap für die Tool-Palette zuweisen

Einbinden in die Assembly/Unit

Über die Direktive *{$R <dateiname>}* binden wir die gerade erzeugte Bitmap in unsere Assembly ein:

```
unit DOKO.Controls;

interface

uses  System.Drawing, System.Windows.Forms, System.Collections, System.ComponentModel;

{$R DOKO.TExtTextBox.bmp}
type
  TExtTextBox = class(System.Windows.Forms.TextBox)
...
```

Im Listing sehen Sie auch noch fett hervorgehoben, wie sich der Dateiname zusammensetzt.

Nach dem Compilieren und Einbinden in die Delphi-IDE sollte sich Ihnen etwa der folgende Anblick bieten:

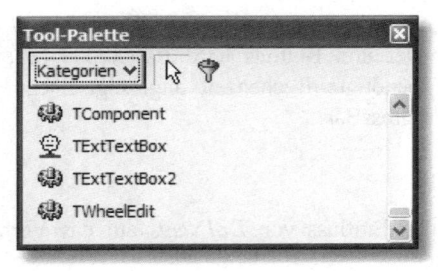

13 Techniken

R 13.1 DoEvents verwenden

Läuft ein rechenzeitintensives Programm, werden andere (gleichzeitig geöffnete) Anwendungen blockiert. Abhilfe schafft die *Application.DoEvents*-Methode. Wie Sie diese vernünftig einsetzen, zeigt Ihnen dieses Rezept.

Oberfläche

Öffnen Sie eine neue Windows Forms-Anwendung. Auf *WinForm1* platzieren Sie einige *Label*s, ein *Timer*-Control, eine *ProgressBar* sowie vier *Buttons*. Die folgende Abbildung zeigt die Entwurfsansicht:

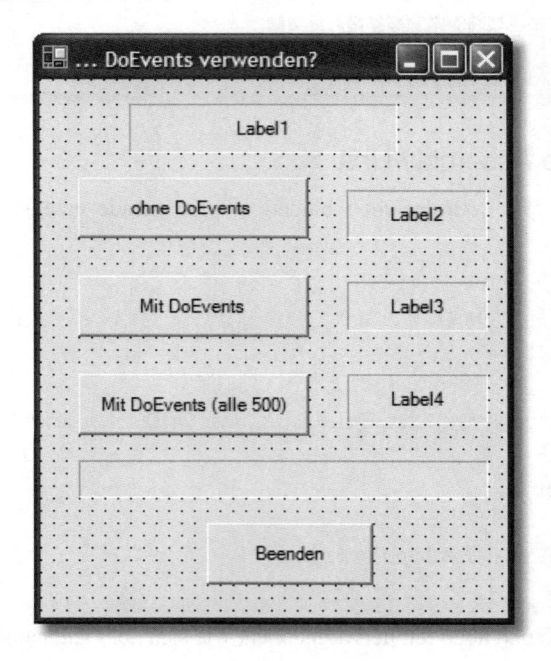

Stellen Sie die *Maximum*-Eigenschaft der *ProgressBar* auf 10000000 und die *Interval*-Eigenschaft des *Timer*s auf 500 (*Enabled = True*).

Mit dem Klick auf jeden der drei Buttons wird 10.000.000 Mal der Sinus eines Wertes berechnet und die dafür benötigte Rechenzeit angezeigt. Den Fortschritt innerhalb der Rechenschleife zeigt die ProgressBar.

Quelltext TWinForm1

Die "Uhr" (*Label1*) soll den Einfluss von *DoEvents* auf das Verhalten anderer Prozesse/-Anwendungen verdeutlichen:

R 13.1 DoEvents verwenden

```
procedure TWinForm1.Timer1_Tick(sender: System.Object; e: System.EventArgs);
begin
  Label1.Text := System.DateTime.Now.ToLongTimeString;
end;
```

Die erste Variante ermittelt die Sinus-Werte, ohne auf die eigene oder andere Anwendungen Rücksicht zu nehmen (die Uhr "steht"). Mit diesem "egoistischen" Verhalten wird die schnellste Ausführungszeit erkauft:

```
procedure TWinForm1.Button1_Click(sender: System.Object; e: System.EventArgs);
var a, von, bis : Double;
    x : Integer;
begin
  ProgressBar1.Value := 0;
  von := System.Environment.TickCount;
  for x := 1 to 10000000 do begin
    a := Math.Sin(x) + a;
    if x mod 500 = 0 then ProgressBar1.Value := x;
  end;
  bis := System.Environment.TickCount;
  Label2.Text := Double((bis - von) / 1000).ToString('0.00#') + ' s';
end;
```

Bei der zweiten Variante wird bei **jedem** Schleifendurchlauf die Rechenzeit für andere Anwendungen freigegeben. Die Uhr läuft jetzt zwar weiter, aber die Programmlaufzeit steigt drastisch an!

```
procedure TWinForm1.Button2_Click(sender: System.Object; e: System.EventArgs);
var a, von, bis : Double;
    x : Integer;
begin
  ProgressBar1.Value := 0;
  von := System.Environment.TickCount;
  for x := 1 to 10000000 do begin
    a := Math.Sin(x) + a;
    Application.DoEvents;
    if x mod 500 = 0 then ProgressBar1.Value := x;
  end;
  bis := System.Environment.TickCount;
  Label3.Text := Double((bis - von) / 1000).ToString('0.00#') + ' s';
end;
```

Dass man durch geschickte Zuteilung von Ressourcen an andere Anwendungen durchaus eine akzeptable Programmlaufzeit erreichen kann, beweist die letzte Variante. Die Ressourcen werden mit jedem 500ten Durchlauf freigegeben. Die Uhr kann genügend "Luft schnappen", um ihre Aufgabe auszuführen:

```
procedure TWinForm1.Button3_Click(sender: System.Object; e: System.EventArgs);
var a, von, bis : Double;
   x : Integer;
begin
  ProgressBar1.Value := 0;
  von := System.Environment.TickCount;
  for x := 1 to 10000000 do begin
    a := Math.Sin(x) + a;
    if x mod 500 = 0 then begin
       Application.DoEvents;
       ProgressBar1.Value := x;
    end;
  end;
  bis := System.Environment.TickCount;
  Label4.Text := Double((bis - von) / 1000).ToString('0.00#') + ' s';
end;
```

Test

Probieren Sie die drei Alternativen aus und beobachten Sie dabei die Uhr![1]

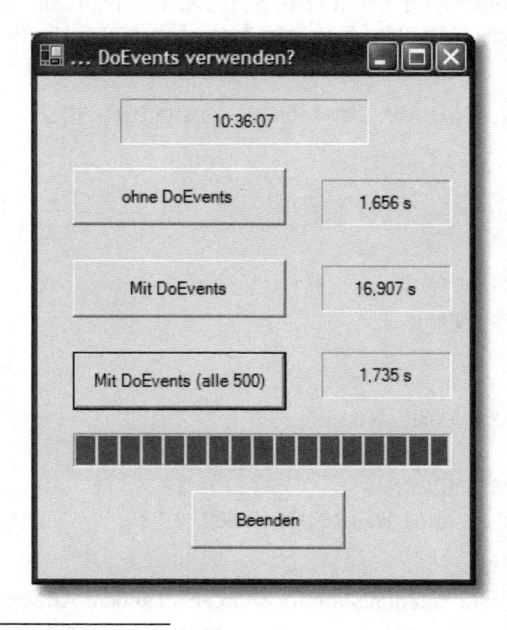

---

[1] Nicht böse sein, wenn Ihr Rechner langsamer ist ...

Bemerkungen

- Beim Gegenüberstellen der drei Varianten werden Sie merken, dass der Verzicht auf *DoEvents* (Variante 1) noch mit einem weiteren Nachteil behaftet ist: So ist es unmöglich, das Programm während des Schleifendurchlaufs zu beenden.

- Auf andere Realisierungsmöglichkeiten wird eingegangen in

  ☞   R 13.11 Multithreading verstehen

R 13.2 Eine Pause realisieren

Einen *Delay*-Befehl werden Sie unter Delphi.NET vergeblich suchen, und das ist auch gut so, schließlich ist Windows ein Multitasking-System.

Wir zeigen in diesem Rezept zwei Varianten, mit denen Sie sich helfen können:

- Sie verwenden eine Hilfsprozedur *delay(zeit)* mit einer *DoEvents*-Schleife. Die *DoEvents*-Anweisung ermöglicht es anderen Anwendungen (auch einem *Timer* oder weiterem Thread Ihrer Anwendung), ihre "Tätigkeit" fortzusetzen. Sollten Sie diese Anweisung weglassen, "steht" der Rechner für die angegebene Zeit.

- Alternativ können Sie auch die *Thread.Sleep*-Methode verwenden. Ihre Anwendung ist für einige Sekunden in den Tiefschlaf versetzt und benötigt überhaupt keine Rechenzeit mehr. Allerdings lässt sich die Anwendung nun nicht mehr bedienen, der gesamte Prozess, und dazu gehören auch alle Funktionen der Oberfläche, "schläft".

Oberfläche

Öffnen Sie eine neue Windows Forms-Anwendung. Das Startformular *WinForm1*, zwei *Button*s und eine *ListBox* für die Statusanzeige genügen:

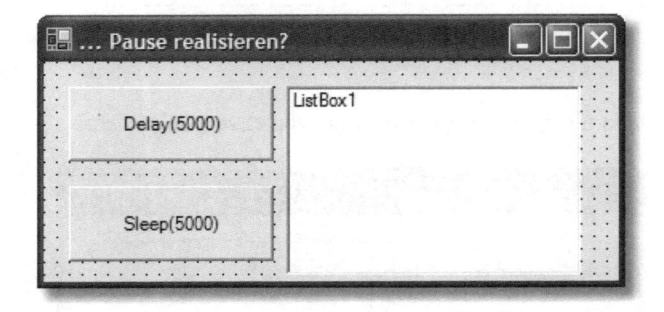

Quelltext TWinForm1

```
uses System.Threading;
```

Variante 1:

```
procedure delay(zeit : LongInt);
var zeit1 : LongInt;
begin
  zeit1 := System.Environment.TickCount;
  while ((System.Environment.TickCount - zeit1) < zeit) do
    Application.DoEvents();
end;

procedure TWinForm1.Button1_Click(sender: System.Object; e: System.EventArgs);
begin
  ListBox1.Items.Add('Start');
  delay(5000);
  ListBox1.Items.Add('Stop');
end;
```

Variante 2:

```
procedure TWinForm1.Button2_Click(sender: System.Object; e: System.EventArgs);
begin
  ListBox1.Items.Add('Start');
  Application.DoEvents;
  Thread.Sleep(5000);
  ListBox1.Items.Add('Stop');
end;
```

Hinweis: Das *Application.DoEvents* ist nötig, da sonst die Startmeldung nicht angezeigt wird.

Test

Beide Varianten liefern hier eine Zeitverzögerung von etwa 5 Sekunden:

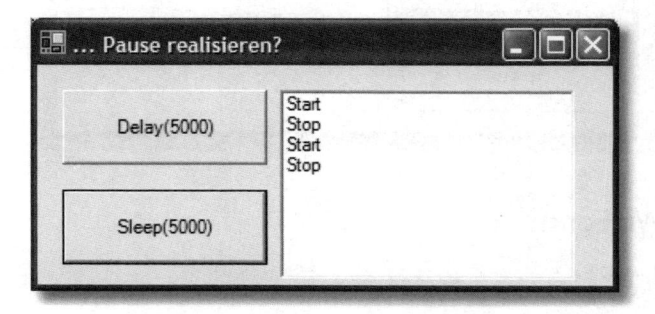

Bemerkung

Die *delay*-Prozedur nach Variante 1 ist vorzuziehen, da sie Ihrer Anwendung Gelegenheit gibt, notwendige Funktionen auszuführen. Lediglich der aktuelle Programmablauf (Ereignisprozedur etc.) ist unterbrochen, andere Ereignisse, z.B. *Timer* oder *MouseClick*, können weiterhin ausgelöst werden.

R 13.3 Die Zwischenablage überwachen

Wer hatte nicht schon einmal das Problem, mehrere Grafiken oder Textabschnitte über die Zwischenablage in eine andere Anwendung zu kopieren? Möchten Sie zum Beispiel eine Grafik aus einer Anwendung ausschneiden und als Datei speichern, müssen Sie mehr Tasten drücken, als Ihnen lieb ist.

Unser Beispielprogramm soll diesem Missstand abhelfen. Ändert sich der Zwischenablageinhalt, sichert das Programm die Daten auf der Festplatte. Voraussetzung ist allerdings, dass es sich um Texte (TXT) oder Bitmaps (BMP) handelt.

Gleichzeitig erfahren Sie, wie Sie mit Delphi.NET eine Windows-Botschaft abfangen und auswerten können (Ereignisprozeduren dieser Art sind nicht vordefiniert!).

Oberfläche

Den grundsätzlichen Aufbau der Oberfläche entnehmen Sie der folgenden Abbildung (eine *TextBox* mit *MultiLine=True* und eine *PictureBox*):

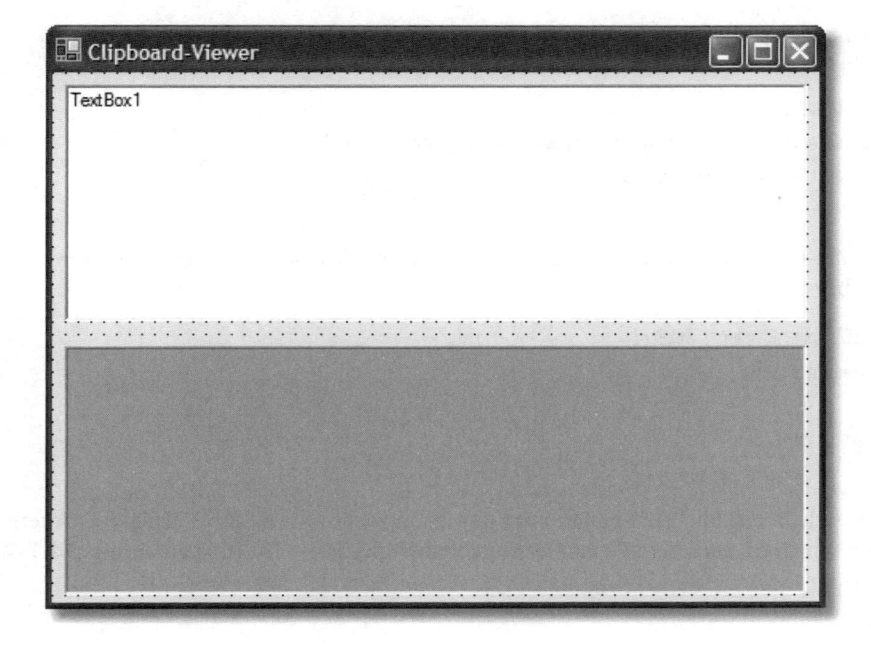

PictureBox und *TextBox* werden wir dafür verwenden, den Zwischenablageinhalt aufzunehmen. Mit den Objektmethoden lassen sich dann die Grafiken bzw. der Text speichern.

Quelltext TWinForm1

Das Hauptproblem dieser Anwendung besteht darin, eine Änderung des Zwischenablageinhalts zu registrieren. Eine Polling-Schleife und der dauernde Vergleich mit dem letzten Durchlauf dürften sich aus Performance-Gründen verbieten. Ein Blick in die .NET-Framework-Klassen hilft uns auch nicht weiter. Was uns bleibt ist die gute alte Windows-API, die Änderungen des Zwischenablageinhalts mit einer Windows-Botschaft anzeigt. Zwei Probleme bleiben allerdings bestehen:

- Wie erhalte ich diese Botschaft?
- Wie werte ich sie aus?

Die Lösung des ersten Problems besteht darin, sich in die Kette von Zwischenablagebetrachtern "einzuklinken", da nur diese die Botschaft *WM_DrawClipboard* erhalten. Problem Nummer zwei lösen wir mit einem eigenen Message-Handler durch Überschreiben der Fenster-Methode *WndProc*.

Ändern Sie dazu die Formulardeklaration wie folgt:

```
const WM_DRAWCLIPBOARD = $308;
    WM_CHANGECBCHAIN = $30D;

type
  TWinForm1 = class(System.Windows.Forms.Form)
  ...
  strict protected
    procedure WndProc(var m : System.Windows.Forms.Message); override;
    procedure Dispose(Disposing: Boolean); override;
  private
```

Im *private*-Abschnitt deklarieren wir eine Variable, um den nächsten Clipboard-Viewer in der Kette abzuspeichern:

```
    NextClipboardViewer : IntPtr;
    procedure Anzeige;
  public
    constructor Create;
  end;
```

Leider stehen uns die API-Funktionen nur über *windows.pas* zur Verfügung. Alternativ können wir diese auch selbst einbinden und dabei gleich die Datentypen an die .NET-Welt anpassen:

```
implementation
```

R 13.3 Die Zwischenablage überwachen

```
uses System.Runtime.InteropServices;

[DllImport('user32.dll', CharSet = CharSet.Auto, SetLastError = True,
EntryPoint = 'SetClipboardViewer')]
function SetClipboardViewer(hWndNewViewer: IntPtr): IntPtr; external;

[DllImport('user32.dll', CharSet = CharSet.Auto, SetLastError = True,
EntryPoint = 'ChangeClipboardChain')]
function ChangeClipboardChain(hWndRemove, hWndNewNext: IntPtr): LongBool; external;

[DllImport('user32.dll', CharSet = CharSet.Auto, SetLastError = True,
EntryPoint = 'SendMessage')]
function SendMessage(hWnd: IntPtr; Msg: LongWord; wParam: IntPtr; lParam: IntPtr): IntPtr; external;
```

Nach dem Programmstart ordnen wir das Programm in die Kette der Zwischenablagebetrachter ein und merken uns das Handle des nächsten Viewers:

```
constructor TWinForm1.Create;
begin
  inherited Create;
  InitializeComponent;
  nextClipboardViewer := SetClipboardViewer(Self.Handle);
end;
```

Dieses Handle benötigen wir beim Beenden des Programms, unser Programm muss aus der Kette entfernt werden:

```
procedure TWinForm1.Dispose(Disposing: Boolean);
begin
  if Disposing then
  begin
    ChangeClipboardChain(Self.Handle, nextClipboardViewer);
    if Components <> nil then
      Components.Dispose();
  end;
  inherited Dispose(Disposing);
end;
```

Die eigentliche Botschaftsbehandlung erfolgt in der überschriebenen Methode *WndProc*.

```
procedure TWinForm1.WndProc(var m : System.Windows.Forms.Message);
begin
  case m.Msg of
```

Wir picken uns die gewünschte Message heraus, reagieren auf die Änderung und reichen die Message weiter:

```
WM_DRAWCLIPBOARD : begin
                   Anzeige;
                   SendMessage(nextClipboardViewer, m.Msg, m.WParam, m.LParam);
                 end;
```

In diesem Zusammenhang tritt ein weiteres Problem auf, mit dem wir uns herumschlagen müssen: Wir haben zwar das Handle des nächsten Viewers in der Clipboard-Viewer-Kette gespeichert, was passiert aber, wenn sich dieses Fenster zwischenzeitlich von selbst aus der Kette ausklinkt?

In diesem Fall ist für uns die Message *WM_CHANGECBCHAIN* von Interesse, Übergabeparameter sind die Handle des entfernten und des folgenden Fensters in der Kette.

```
WM_CHANGECBCHAIN : begin
```

Nach dem Test, ob die Message für unsere Anwendung überhaupt interessant ist, wird gegebenenfalls das Handle des neuen Viewers gespeichert. Sollten sich weitere Fenster in der Betrachterkette befinden, reichen wir die Message weiter.

```
                   if m.WParam = nextClipboardViewer then
                     nextClipboardViewer := m.LParam
                   else
                     SendMessage(nextClipboardViewer, m.Msg, m.WParam, m.LParam);
                 end;
  end;
  inherited WndProc(m);
end;
```

Nach Änderung des Zwischenablageinhalts müssen wir prüfen, ob eines der beiden unterstützten Formate vorhanden ist. Wenn ja, übernehmen wir dieses in die Komponenten:

```
procedure TWinForm1.Anzeige;
begin
  if Clipboard.GetDataObject.GetDataPresent(DataFormats.Text) then Textbox1.Paste;
  if Clipboard.GetDataObject.GetDataPresent(DataFormats.Bitmap) then
         PictureBox1.Image := (Clipboard.GetDataObject.GetData(DataFormats.Bitmap) as Bitmap);
end;
```

Test

Starten Sie das Programm, kopieren Sie nun aus einer anderen Anwendung etwas in die Zwischenablage oder drücken Sie einfach *Alt+Print*.

R 13.4 Verwendung der Registry

Wie Sie die Funktionen für den Zugriff auf die Registry verwenden, zeigt dieses Rezept.

Oberfläche

Lediglich ein Windows Forms-Formular und drei *Button*s sind erforderlich:

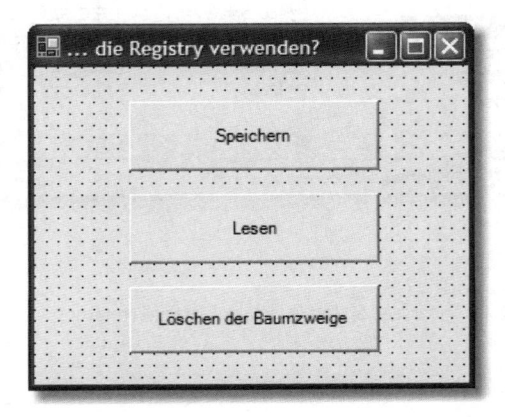

Quelltext TWinForm1

Einbinden des Namespace:

```
uses Microsoft.Win32;
```

Das Speichern der Werte:

```
procedure TWinForm1.Button1_Click(sender: System.Object; e: System.EventArgs);
var reg : RegistryKey;
    key : RegistryKey;
begin
```

Öffnen von *Software*:

```
  reg := Registry.CurrentUser.OpenSubKey('Software', True);
```

Erzeugen des neuen Untereintrags:

```
  key := reg.CreateSubKey('Doberenz_Kowalski');
```

Speichern von Werten:

```
  key.SetValue('Lizenz', '0815');
  key.SetValue('Key', '4711');
  key.SetValue('Preis', TObject(257));
  key.SetValue('Bezahlt', TObject(True));
end;
```

Das Ergebnis in der Registry:

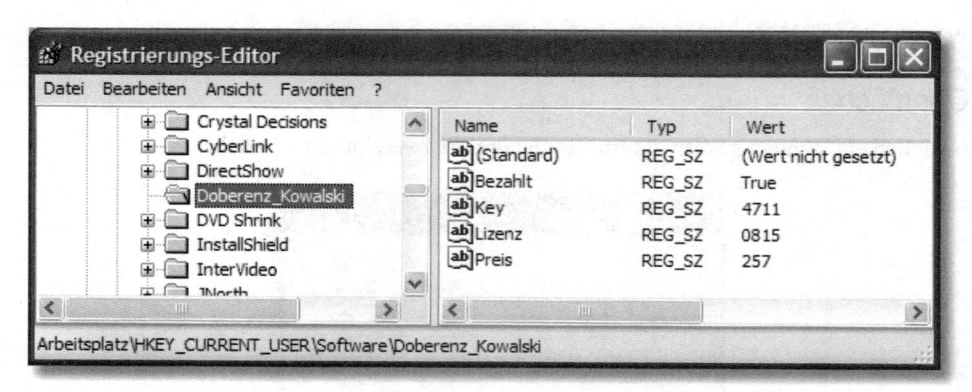

```
Registrierungs-Editor
Datei  Bearbeiten  Ansicht  Favoriten  ?

  Crystal Decisions       Name            Typ      Wert
  CyberLink               (Standard)      REG_SZ   (Wert nicht gesetzt)
  DirectShow              Bezahlt         REG_SZ   True
  Doberenz_Kowalski       Key             REG_SZ   4711
  DVD Shrink              Lizenz          REG_SZ   0815
  InstallShield           Preis           REG_SZ   257
  InterVideo
  JNorth

Arbeitsplatz\HKEY_CURRENT_USER\Software\Doberenz_Kowalski
```

Einlesen der Werte:

```
procedure TWinForm1.Button2_Click(sender: System.Object; e: System.EventArgs);
var reg : RegistryKey;
    wert : &Object;
```

Öffnen des Baumzweigs (Sie können auch gleich mehrere Keys angeben):

```
reg := Registry.CurrentUser.OpenSubKey('Software\Doberenz_Kowalski', False);
```

Auslesen zweier vorhandener Werte:

```
wert := reg.GetValue('Bezahlt');
MessageBox.Show(wert.ToString);
wert := reg.GetValue('Preis');
MessageBox.Show(wert.ToString);
```

Auslesen eines nicht vorhandenen Wertes (in diesem Fall wird der angegebene Defaultwert zurückgegeben)[1]:

```
wert := reg.GetValue('Verkauft', &Object(False));
MessageBox.Show(wert.ToString);
end;
```

Das Löschen eines Werts:

```
procedure TWinForm1.Button3_Click(sender: System.Object; e: System.EventArgs);
var reg : RegistryKey;
begin
  reg := Registry.CurrentUser.OpenSubKey('Software\Doberenz_Kowalski', True);
```

---

[1] Diese Option ist beim Abfragen von Programmeinstellungen nützlich, am Anfang werden Defaultwerte eingelesen, später kann der Nutzer diese ändern.

```
reg.DeleteValue('Lizenz');
reg.Close;
```

Das Löschen eines Baumzweigs:

```
Registry.CurrentUser.OpenSubKey('Software', True).DeleteSubKeyTree('Doberenz_Kowalski');
end;
```

Test

Starten Sie das Programm und testen Sie zunächst die beiden ersten Funktionen. Überprüfen Sie anschließend, ob die Werte auch korrekt in die Registry eingetragen wurden.

R 13.5 Selbstdefinierte Attribute und Reflection

Im Mittelpunkt dieses Beispiels steht die Entwicklung selbstdefinierter Attribute, die im Zusammenhang mit dem Reflection-Mechanismus mit zu den absoluten Highlights der .NET-Technologie gehören.

Attribute kann man zum Markieren von Typen bzw. Klassen oder auch von einzelnen Klassenelementen (Methoden, Felder) verwenden (siehe Kapitel 2, Abschnitt 2.1.5).

In unserem Beispiel sollen die Werte bestimmter Felder einer Klasse unter einem bestimmten Schlüssel in der Registry abgelegt werden. Die Markierung dieser Felder erfolgt mit einem benutzerdefinierten Feldattribut, das nach seiner Befragung die benötigten Informationen über den Registrierungsschlüssel liefert (Baumzweig, Schlüssel, Name). Die Benutzung eines Feldattributs erspart uns die sonst notwendige Auslagerung dieser Informationen in Konstanten oder in eine Ressourcendatei.

Der Zugriff auf die Windows-Registry soll lediglich einen konkreten Anwendungsfall verdeutlichen und könnte natürlich auch durch andere Zielstellungen ersetzt werden[1].

Unser Beispiel wird in folgenden Etappen realisiert:

- Definition einer Klasse für Feldattribute
- Verknüpfen des Attributs mit den Feldern einer Testklasse
- Befragung der Testklasse mittels Reflection
- Ablage der Feldinhalte in der Registry

Quellcode TRegKeyAttribute

Ein Attribut ist unter .NET nichts anderes als die Instanz einer von der Basisklasse *System.Attribute* abgeleiteten Klasse, deren Namen mit dem Suffix *Attribute* endet.

---

[1] Da alle .NET-Komponenten selbst beschreibend sind, sollte man von der (plattformabhängigen!) Windows-Registry nur noch in Ausnahmefällen Gebrauch machen.

Unsere Feldattributklasse *TRegKeyAttribute* soll die drei Eigenschaften *Hive* (Baumzweig), *Key* (Registrierungsschlüssel) und *ValName* (Name des Wertes) haben und zu deren Initialisierung einen Konstruktor benutzen. Um die Bedienung zu vereinfachen, werden die gängigen Baumzweige als Aufzählungstyp *TRegHives* bereitgestellt.

```
unit RegistryKeyAttribute;

interface

type
  TRegHives = (HKEY_CLASSES_ROOT,
               HKEY_LOCAL_MACHINE,
               HKEY_CURRENT_CONFIG,
               HKEY_CURRENT_USER,
               HKEY_USERS);

  TRegKeyAttribute = class(System.Attribute)
  protected
    _hive: TRegHives;
    _key: System.String;
    _valName: System.String;
  public
    constructor Create(rh: TRegHives; key, vn: System.String);
    property Hive: TRegHives read _hive write _hive;
    property Key: System.String read _key write _key;
    property ValName: System.String read _valName write _valName;
  end;

implementation

constructor TRegKeyAttribute.Create(rh: TRegHives; key, vn: System.String);
begin
  inherited Create;
  _hive := rh; _key := key; _valName := vn;
end;

end.
```

Verknüpfen des Attributs mit den Feldern einer Testklasse

Um ein bestimmtes Klassenelement mit einem Attribut zu verknüpfen, muss das Attribut in eckigen Klammern direkt vor das Klassenelement gesetzt werden. Die Syntax innerhalb der

R 13.5 Selbstdefinierte Attribute und Reflection

eckigen Klammern entspricht der Erstellung einer Klasseninstanz, denn hier wird hinter den Kulissen der in der *TRegKeyAttribute*-Klasse definierte Konstruktor aufgerufen.

Wir verwenden eine Klasse *TTestKlasse*, die lediglich drei öffentliche Felder (*feld1*, *feld2*, *feld3*) bereitstellt, von denen nur das erste und das letzte Feld mit dem Attribut *TRegKey-Attribute* verknüpft werden sollen.

Innerhalb der Verknüpfungsanweisung übergibt man dem Attribute-Konstruktor die Werte für *Hive*, *Key* und *ValName* um festzulegen, unter welchem Schlüssel der Wert des Feldes in der Registry zu speichern ist.

Hinweis: Beachten Sie, dass beim Bezeichner der Attribute-Klasse der Präfix weggelassen werden kann (in unserem Fall *TRegKey* anstatt von *TRegKeyAttributes*)!

```
unit TestKlasse;

interface
uses RegistryKeyAttribute;

type
  TTestKlasse = class
  public
   [TRegKey(TRegHives.HKEY_CURRENT_USER, 'Version', 'Versionsnummer')]
    feld1: Integer;

    feld2: Integer;    // dieses Feld ist nicht mit einem Attribut markiert!

   [TRegKey(TRegHives.HKEY_CURRENT_USER, 'Version', 'Firma')]
    feld3: System.String;

    constructor Create(vers:Integer; firma: System.String);
  end;

implementation

constructor TTestKlasse.Create(vers: Integer; firma: System.String);
begin
  inherited Create;
  feld1 := vers;
  feld2 := 'unwichtig';
  feld3 := firma;
end;
end.
```

Befragung der Testklasse TWinForm1

Die in Attributen enthaltenen Informationen (Metadaten) lassen sich zur Laufzeit – wie jede andere Art von Typinformationen – mittels Reflexion abfragen. Eine Instanziierung der Klasse (hier *TTestKlasse*) ist dazu nicht erforderlich, denn diese Informationen sind im so genannten Manifest der Klasse enthalten! Auf dieses kann per Reflexion auch dann zugegriffen werden, wenn die Klasse als separate Komponente (Assembly) vorliegt.

```
type
  TWinForm1 = class(System.Windows.Forms.Form)
  ...
implementation
uses TestKlasse, RegistryKeyAttribute, System.Reflection;
procedure TWinForm1.Button1_Click(sender: System.Object; e: System.EventArgs);
var typ: System.Type;
    fields: array of FieldInfo;
    attr: array of System.Object;
    rkAttr: TRegKeyAttribute;
    i: Integer;
    wert: System.Object;
begin
  typ := TypeOf(TTestKlasse);
  fields := typ.GetFields();
```

Es erfolgt nun die Befragung aller Felder der Klasse nach dem angehängten *TRegKey-Attribute*:

```
for i := 0 to High(fields) do
begin
```

Die *GetCustomAttributes*-Methode liefert pro Feld ein Objekt-Array, das entweder eine einzige Zelle mit der evtl. vorhandenen Instanz von *TRegKeyAttribute* speichert oder aber leer ist:

```
attr := fields[i].GetCustomAttributes(TypeOf(TRegKeyAttribute), False);
if Length(attr) > 0 then
begin
```

Bevor die Befragung des *TRegKeyAttribute* beginnen kann, muss es aus dem Datentyp *System.Object* rückverwandelt werden (Unboxing):

```
    rkAttr := TRegKeyAttribute(attr[0]);
```

Die Selbstauskunft der Komponente *TTestKlasse*:

```
    ListBox1.Items.Add('Der Wert von "' + fields[i].Name + '" soll im Zweig');
    ListBox1.Items.Add(rkAttr.Hive);
    ListBox1.Items.Add('unter dem Schlüssel "' + rkAttr.Key + '"');
```

R 13.5 Selbstdefinierte Attribute und Reflection

```
            ListBox1.Items.Add('als Wert von "' + rkAttr.ValName + '" gespeichert werden!');
            // ..... hier später den folgenden instanzenbezogenen Code einfügen:
            // wert := fields[i].GetValue(obj);
            // if wert <> nil then Registrieren(rkAttr, wert);
        end;
    end;
end;
```

Das Programm ist bereits lauffähig, das Ergebnis der Befragung zeigt, dass zwei Felder der Klasse mit dem Attribut markiert wurden und welche Absicht damit verfolgt wird:

```
Der Wert von "feld1" soll im Zweig
HKEY_CURRENT_USER
unter dem Schlüssel "Version"
als Wert von "Versionsnummer" gespeichert werden!

Der Wert von "feld3" soll im Zweig
HKEY_CURRENT_USER
unter dem Schlüssel "Version"
als Wert von "Firma" gespeichert werden!
```

Bis jetzt wurde keine Instanz unserer *TTestKlasse* benötigt, diese ist erst dann erforderlich, wenn wir tatsächlich mit den Befragungsergebnissen arbeiten wollen, d.h., die Inhalte der mit dem Attribut markierten Objektfelder in der Registry ablegen wollen (siehe nächster Abschnitt).

Ablage der Feldinhalte in der Registry

Um einen realen Anwendungsfall zu simulieren, benötigen wir ein Objekt *obj* als Instanz unserer Testklasse. Für den Zugriff auf die Windows-Registry ist der *Microsoft.Win32*-Namespace einzubinden:

```
....
implementation
uses ..., Microsoft.Win32
var obj: TTestKlasse;

constructor TWinForm1.Create;
begin
  inherited Create;
  InitializeComponent;
```

Das Testobjekt wird mit den Werten für *feld1* und *feld3* initialisiert, wie sie unter dem im Attribut festgelegten Schlüssel später in der Registry abgespeichert werden sollen:

```
  obj := TTestKlasse.Create(5, 'DataBook');
end;
```

Die *TWinForm1.Button1_Click*-Prozedur ergänzen wir um eine Objektvariable *wert*, der mittels *getValue* der Wert des *i*-ten Feldes von *obj* zugewiesen wird:

```
wert: System.Object;
...
```

Am Ende der Befragung eines Feldattributes (im obigen Quellcode auskommentiert) werden die folgenden zwei Anweisungen eingefügt, wobei die *GetValues*-Funktion den tatsächlichen Wert des Feldes liefert:

```
  wert := fields[i].GetValue(obj);
  if wert <> nil then Registrieren(rkAttr, wert);
  end;
...
```

Das Feldattribut *rkAttr* und der in der Registry zu speichernde Schlüsselwert werden der Methode *Registrieren* übergeben:

```
procedure TWinForm1.Registrieren(rkAttr: TRegKeyAttribute; w: System.Object);
var key: RegistryKey;
begin
```

Für alle Hauptzweige des Registry-Baums bietet die *Registry*-Klasse eigene Eigenschaften, die ein *RegistryKey*-Objekt zurückgeben:

```
  case rkAttr.Hive of
    TRegHives.HKEY_CLASSES_ROOT:    key := Registry.ClassesRoot;
    TRegHives.HKEY_CURRENT_USER:    key := Registry.CurrentUser;
    TRegHives.HKEY_LOCAL_MACHINE:   key := Registry.LocalMachine;
    TRegHives.HKEY_USERS:           key := Registry.Users;
    TRegHives.HKEY_CURRENT_CONFIG:  key := Registry.CurrentConfig;
  end;
  if not (key = nil) then
  begin
```

Schlüssel erzeugen:

```
    key := key.CreateSubKey(rkAttr.Key);
```

Wert eintragen:

```
    key.SetValue(rkAttr.ValName, w);
    ListBox1.Items.Add('Registrierung erfolgreich!')
  end else ListBox1.Items.Add('Registrierung fehlgeschlagen!');
  ListBox1.Items.Add(' ');
end;
```

Test

Unmittelbar nach dem positiven Ausgang der Befragung eines im Testobjekt gespeicherten Feldes wird der entsprechende Registry-Eintrag vorgenommen:

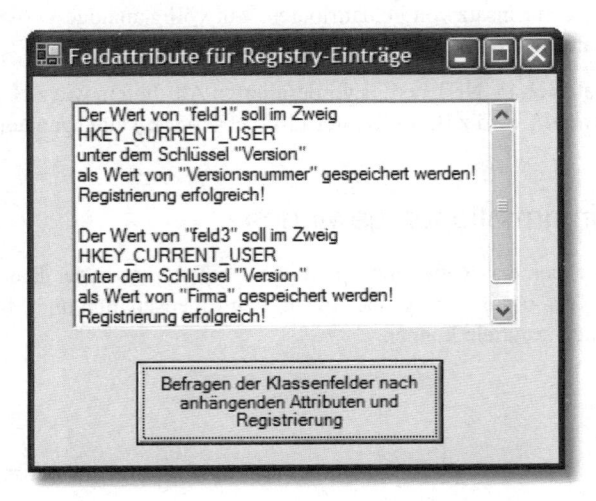

Feldattribute für Registry-Einträge

```
Der Wert von "feld1" soll im Zweig
HKEY_CURRENT_USER
unter dem Schlüssel "Version"
als Wert von "Versionsnummer" gespeichert werden!
Registrierung erfolgreich!

Der Wert von "feld3" soll im Zweig
HKEY_CURRENT_USER
unter dem Schlüssel "Version"
als Wert von "Firma" gespeichert werden!
Registrierung erfolgreich!
```

[Befragen der Klassenfelder nach anhängenden Attributen und Registrierung]

Wie der Blick in die Registry zeigt, wurde ein Schlüssel *Version* angelegt und beide in der Testklasse gespeicherten Werte (*DataBook* und *5*) unter den Namen *Firma* und *Versionsnummer* abgespeichert:

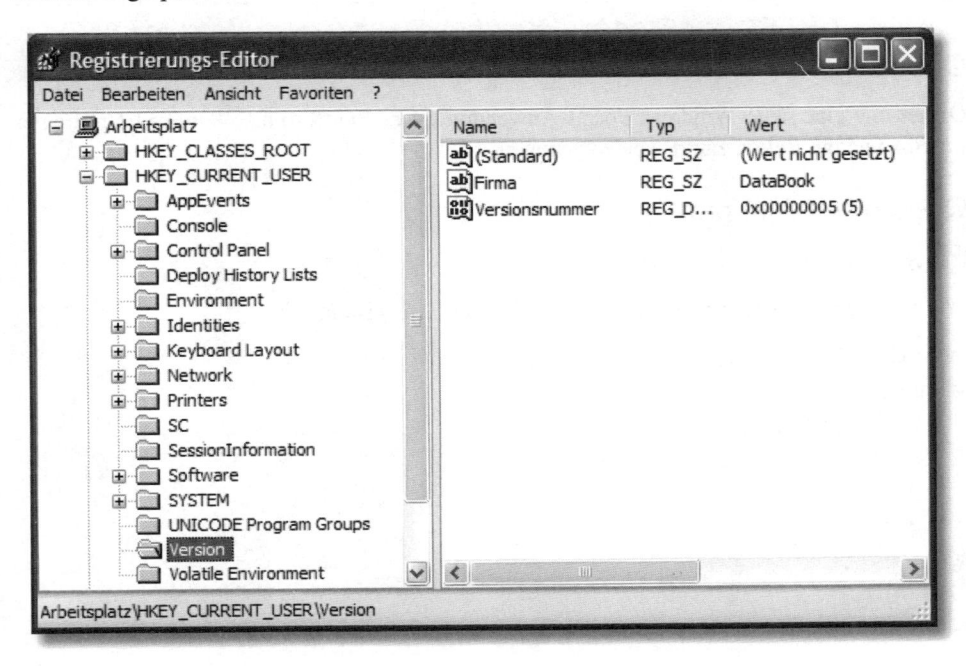

Registrierungs-Editor

Name	Typ	Wert
(Standard)	REG_SZ	(Wert nicht gesetzt)
Firma	REG_SZ	DataBook
Versionsnummer	REG_D...	0x00000005 (5)

Arbeitsplatz\HKEY_CURRENT_USER\Version

Bemerkungen

- Das Beispiel soll den Sinn benutzerdefinierter Attribute und die prinzipielle Vorgehensweise bei ihrer Erstellung und Anwendung verdeutlichen. Dabei bezieht es sich auf die Definition und den Einsatz von Feldattributen. Auf völlig analoge Weise lassen sich aber auch Klassenattribute oder Methodenattribute behandeln.
- Auf den Einsatz von in .NET bereits vordefinierten Attributen, wie z.B. *[Serializable]* oder *[WebMethod]*, wird z.B. im Kapitel 11 (Webservices) eingegangen.

R 13.6 Typinformationen gewinnen

Eine zentrale Rolle bei der Reflektion spielt die *GetType*-Methode. Das zurückgegebene Objekt der Klasse *Type* besitzt eine große Anzahl von Eigenschaften und Methoden, über die Sie Typinformationen ermitteln können.

Beispiel:

```
var tp : &Type;
begin
  tp := Self.GetType;
```

Hinweis: Deklarieren Sie eine Variable vom Typ *Type* müssen Sie ein "&" davor setzen, um Kollisionen mit dem reservierten Wort *Type* zu vermeiden.

Oberfläche

Öffnen Sie eine neue Windows Forms-Anwendung. Das Startformular *WinForm1* mit einer *ListBox* und ein *Button* zum Beenden genügen.

Quellcode TWinForm1

```
uses System.Reflection;
```

Wir erweitern einfach den Konstruktor um ein paar "Anweisungen":

```
constructor TWinForm1.Create;
var tp : &Type;
    p : array of PropertyInfo;
    m : array of MethodInfo;
    f : array of FieldInfo;
    i : Integer;
begin
  ...
```

R 13.6 Typinformationen gewinnen

Typinformationen vom Formular abrufen:

```
tp := Self.GetType;
ListBox1.Items.Clear;
```

Name in die ListBox eintragen:

```
ListBox1.Items.Add('      Typ = ' + tp.Name.ToString);
ListBox1.Items.Add('');
```

Alle Eigenschaften auflisten:

```
if tp.IsClass then begin
  ListBox1.Items.Add('------- Eigenschaften ------');
  p := tp.GetProperties;
  for i := 0 to Length(p) -1 do
      ListBox1.Items.Add('   - ' + p[i].Name.ToString);
  ListBox1.Items.Add('');
  ListBox1.Items.Add('-------- Methoden --------');
```

Alle Methoden auflisten:

```
  m := tp.GetMethods;
  for i := 0 to Length(m) -1 do
    if m[i].IsPublic and (Not m[i].IsSpecialName) then
       ListBox1.Items.Add('   - ' + m[i].Name.ToString)
    else
       ListBox1.Items.Add('   - ' + m[i].Name.ToString +
                  '   (not Public or SpecialName)');
  ListBox1.Items.Add('');
```

Alle Felder auflisten:

```
  ListBox1.Items.Add('-------- Felder --------');
  f := tp.GetFields;
  for i := 0 to Length(f)-1 do ListBox1.Items.Add('   - ' + f[i].Name.ToString);
 end;
end;
```

Test

```
Typinformationen gewinnen
- set_Anchor    (not Public or SpecialName)
- get_Anchor    (not Public or SpecialName)
- set_AllowDrop (not Public or SpecialName)
- get_AllowDrop (not Public or SpecialName)
- Dispose
- remove_Disposed (not Public or SpecialName)
- add_Disposed    (not Public or SpecialName)
- set_Site      (not Public or SpecialName)
- get_Site      (not Public or SpecialName)
- CreateObjRef
- InitializeLifetimeService
- GetLifetimeService
- GetHashCode
- Equals
- ToString
- get_AcceptButton (not Public or SpecialName)

               [ Beenden ]
```

Bemerkungen

- Methoden, die nicht *public* sind, werden in der *ListBox* speziell gekennzeichnet.
- Wenn Sie selbst Typen bzw. Klassen entwickeln, können Sie diese durch Zuordnen von Attributen beschreiben. Der Anwender kann die Attribute über Reflexion auslesen.

Ergänzung

Für alle glücklichen Besitzer von Delphi 2005 geht es nun dank "*for ... in ...*" auch etwas einfacher:

```
var tp : &Type;
    p  : PropertyInfo;
    m  : MethodInfo;
    f  : FieldInfo;
begin
  tp := Self.GetType;
  ListBox1.Items.Clear;
  ListBox1.Items.Add('     Typ = ' + tp.Name.ToString);
  ListBox1.Items.Add('');
  if tp.IsClass then begin
    ListBox1.Items.Add('------- Eigenschaften ------');
    for p in tp.GetProperties do ListBox1.Items.Add(' - ' + p.Name.ToString);
    ListBox1.Items.Add('');
    ListBox1.Items.Add('-------- Methoden --------');
```

```
    for m in tp.GetMethods do
      if m.IsPublic and (Not m.IsSpecialName) then
        ListBox1.Items.Add(' - ' + m.Name.ToString)
      else
        ListBox1.Items.Add(' - ' + m.Name.ToString +
                   ' (not Public or SpecialName)');
    ListBox1.Items.Add('');
    ListBox1.Items.Add('-------- Felder --------');
    for f in tp.GetFields do ListBox1.Items.Add(' - ' + f.Name.ToString);
  end;
end;
```

R 13.7 Kommandozeilenparameter an eine Anwendung übergeben

Oft möchte man bei Programmstart bestimmte Parameter an die Anwendung übergeben, um deren Verhalten z.B. benutzerabhängig zu steuern. Realisierbar ist dieser Wunsch mit den im Namspace *Borland.Delphi.System* enthaltenen Funktionen *ParamStr* und *ParamCount*, die seit Pascal-Urzeiten bekannt sind.

Syntax: function ParamStr(Index: Integer): string;

Syntax: function ParamCount(): Integer;

ParamStr liefert den in *Index* angegebenen Kommandozeilenparameter, *ParamCount* die Gesamtzahl der Parameter. Die einzelnen Parameter sind durch Leer- oder Tabulatorzeichen voneinander zu trennen. Sollen mehrere Wörter als ein Parameter übergeben werden, sind diese in Anführungszeichen einzuschließen. Falls der Wert von *Index* größer ist als *ParamCount*, wird ein leerer String zurück gegeben.

> **Hinweis:** *ParamStr(0)* gibt den Pfad und den Dateinamen des ausgeführten Programms zurück (z.B. *C:\Test\Projekt1.exe*).

In unserer kleinen Demo wollen wir zeigen, wie Kommandozeilenparameter übergeben und ausgewertet werden.

Oberfläche

Öffnen Sie eine neue Windows Forms-Anwendung und platzieren Sie auf dem Startformular eine breite *ListBox*.

Quellcode TWinForm1

Fügen Sie die fettgedruckten Anweisungen zum Konstruktorcode von *TWinForm1* hinzu:

```
constructor TWinForm1.Create;
var i: Integer;
begin
  inherited Create;
  InitializeComponent;
  for i:= 0 to ParamCount do
       ListBox1.Items.Add('Parameter ' + i.ToString + ' = ' + ParamStr(i));
end;
```

Test (über Delphi IDE)

Wählen Sie das Menü *Start|Parameter...* und tragen Sie die gewünschten Parameter (Anzahl spielt keine Rolle) ein:

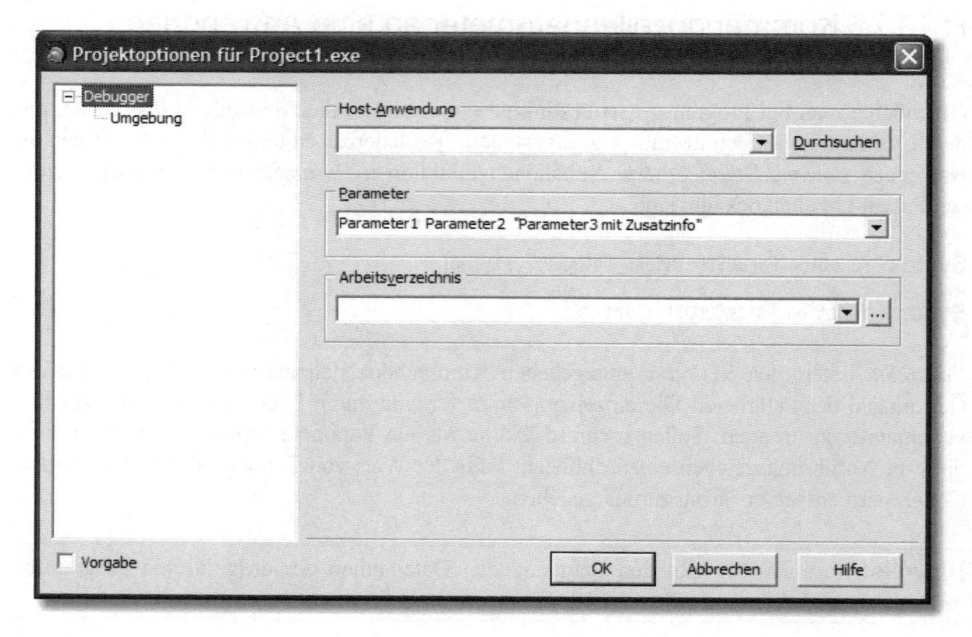

Das Ergebnis ist:

Test (über Windows-Startmenü)

Zum gleichen Ergebnis kommen Sie, wenn Sie das Programm über das Windows Startmenü (*Start|Ausführen...*) aufrufen. Achten Sie hier vor allem auf die richtige Schreibweise (Dateipfad in Ausführungszeichen!), z.B.:

```
"C:\ParameterUebergabe\Project1.exe" Parameter1 Parameter2 "Parameter3 mit Zusatzinfo"
```

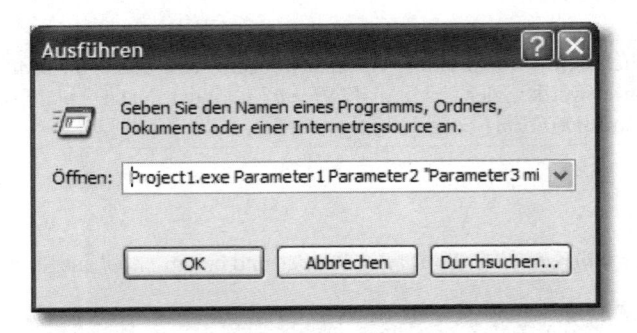

Hinweis: Auf die gleiche Weise könne Sie das Programm natürlich auch von der DOS-Eingabeaufforderung (*Start|Programme|Zubehör*) aus aufrufen.

Bemerkung

Alternativ können Sie auch per .NET-Klassen auf die Startparameter zugreifen:

```
var i : Integer;
    sa : array of String;
...
sa := Environment.GetCommandLineArgs;
for i := 0 to High(sa) do ListBox1.Items.Add(sa[i]);
```

R 13.8   Delegates und Callback verstehen

Dieses Rezept beleuchtet ein bemerkenswertes neues .NET-Feature: die Delegates. Warum man Sie braucht, soll zunächst allgemein erklärt werden:

Wenn ein *ObjektA* (Client) eine Methode von *ObjektB* (Server) aufruft, hat *ObjektB* normalerweise keine Kenntnis von *ObjektA*, da es nur die verlangte Methode auszuführen braucht und dann mit seiner Arbeit fertig ist. Was aber, wenn während der Abarbeitung der Methode *ObjektB* auf *ObjektA* zugreifen will? Da es diese und zahlreiche andere Aufgaben gibt, bei denen kein Weg an Zeigern vorbeiführt, wurden unter .NET Methodenzeiger in Objekte verpackt und heißen Delegates.

Der Client kann in Form einer Methodenadresse (gekapselt in einem *Delegate*-Objekt) dem Server von seiner Existenz in Kenntnis setzen. Bei Eintreffen einer bestimmten Bedingung kann der Server dann den Client "zurückrufen", also für einen Moment die Steuerung des Programmablaufs übernehmen und die übergebene Methodenadresse im Client aufrufen.

Das soll zunächst als Einführung genügen, denn wir wollen alles weitere am folgenden praktischen Beispiel erörtern:

> **Hinweis:** Ähnlich dem Prinzip eines "Kurzzeitweckers" soll von *WinForm1* aus ein *Timer* gestartet werden, der sich auf *WinForm2* befindet. Nach Ablauf der eingestellten Zeit soll *WinForm1* benachrichtigt werden.

Oberfläche

Das Startformular *WinForm1* wird mit zwei *Button*s und einem *Label* ausgestattet.

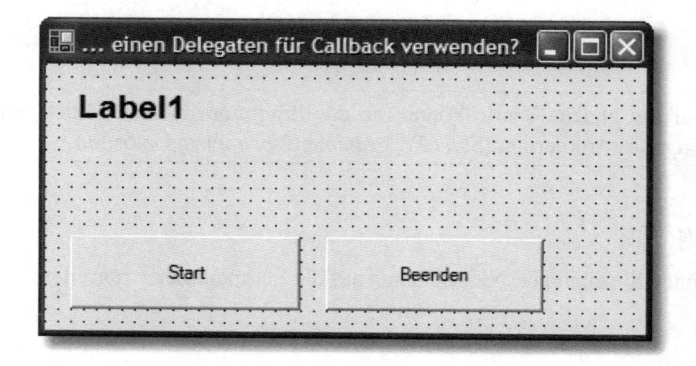

Über das Menü *Datei|Neu|Weitere|Windows Form.* ergänzen Sie die Anwendung um ein zweites Formular (*WinForm2*) mit einem *Timer* (*Interval = 1000*).

Lösungsvariante 1 (untypisierte Methodenzeiger)

Quellcode TWinForm1

```
type
TWinForm1 = class(System.Windows.Forms.Form)
  ...
  private
```

Die später aufzurufende Callback-Methode:

```
  procedure Info(s:string);         // !
  ...
  end;
```

R 13.8 Delegates und Callback verstehen

```
implementation
uses WinForm2;
...
```

Implementierung der Callback-Methode:

```
procedure TWinForm1.Info(s:string);
begin
   Label1.Text := s;
end;
```

Aufruf von *WinForm2* mit Übergabe des Delegaten:

```
procedure TWinForm1.Button1_Click(sender: System.Object; e: System.EventArgs);
var f : TWinForm2;
begin
   f := TWinForm2.Create;
   f.start(5, @Info1)
end;
```

Quellcode TWinForm2

```
type
  TWinForm2 = class(System.Windows.Forms.Form)
  ...
  private
```

Interne Statusvariable für die Zeitdauer:

```
    zeit : Integer;
```

Intern verwalteter Methodenzeiger:

```
    cb   : Delegate;
  public
  ...
```

Die Methode für die Übergabe von Timerzeit und Delegate:

```
    procedure start(t: Integer; callback : Delegate);
  end;

implementation
...
```

Hier speichern wir die Übergabewerte in den privaten Objekten/Variablen ab, zeigen das *WinForm2* an und starten den Timer:

```
procedure TWinForm2.start(t: Integer; callback : Delegate);
begin
  zeit := t;
  cb   := callback;
  Self.Show;
  Timer1.Enabled := True;
end;
```

Mit jedem Timer-Tick rufen wir folgenden Eventhandler auf:

```
procedure TWinForm2.Timer1_Tick(sender: System.Object; e: System.EventArgs);
begin
  Dec(zeit);
  if zeit = 0 then begin
    Timer1.Enabled := False;
```

Und hier wird der Callback ausgelöst:

```
    Invoke(cb,['Rückruf von Form2 - Die Zeit ist abgelaufen!']);
```

Hinweis: Parameter sind in einem Array ([*param1, param2* ...]) zu übergeben!

```
  end;
end;
```

Test

Compilieren Sie das Programm und klicken Sie auf den *Start*-Button, nach 5 Sekunden wird erwartungsgemäß die folgende Statusmeldung in *WinForm1* angezeigt:

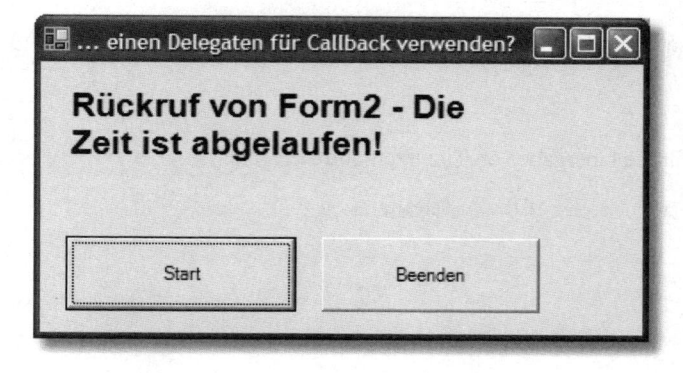

Probleme

Bisher funktioniert zwar alles einwandfrei, doch was passiert, wenn Sie der *Start*-Methode von *TWinForm2* einen falschen Delegate übergeben?

Testen Sie es ruhig einmal aus. Erzeugen Sie in *TWinForm1* eine zweite Methode *Info1*, der zwei *String*-Parameter zu übergeben sind:

```
type
  TWinForm1 = class(System.Windows.Forms.Form)
  ...
  private
    procedure Info(s:string);
    procedure Info1(s, s1: string);
  ...
procedure TWinForm1.Info1(s, s1: string);
begin
  Label1.Text := s + s1;
end;
```

Übergeben Sie jetzt diese Methode an die *Start*-Methode:

```
procedure TWinForm1.Button1_Click(sender: System.Object; e: System.EventArgs);
var f : TWinForm2;
begin
  f := TWinForm2.Create;
  f.start(5,@Info1);
end;
```

Nach dem Start werden Sie sicher mit der folgenden Meldung konfrontiert:

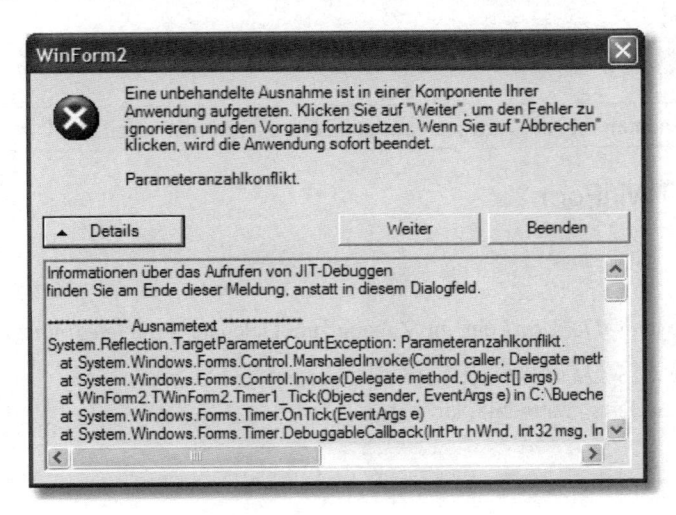

Wie nicht anders zu erwarten, kommt es zu einem Konflikt bei der Übergabe der Parameter. *Invoke* stellt in *WinForm2* nur einen Parameter zur Verfügung, erwartet werden aber zwei. Die Lösung ist eine Typisierung der Delegaten (siehe folgende Lösungsvariante).

Lösungsvariante 2 (Typisierter Zugriff)

Da der Compiler uns beim der ersten Variante nicht vor der fehlerhaften Zuweisung warnen konnte, werden wir in diesem Beispiel zunächst einen eigenen Typ deklarieren, der für etwas mehr Sicherheit beim Arbeiten mit Delegates sorgt.

Quellcode TWinForm1

```
type
  DelegInfo = procedure(s: String);

  TWinForm1 = class(System.Windows.Forms.Form)
  ...
  private
    procedure Info(s:string);              // !
  ...
  end;

implementation
...
procedure TWinForm1.Button1_Click(sender: System.Object; e: System.EventArgs);
var f : TWinForm2;
begin
  f := TWinForm2.Create;
  f.start(5,Info)
end;
```

Hinweis: Beachten Sie, dass wir jetzt auf den Adress-Operator verzichten!

Quellcode TWinForm2

```
unit WinForm2;
interface
```

Wir binden die Unit *WinForm1* ein, um Zugang zum Delegate-Typ *DelegInfo* zu erhalten:

```
uses  System.Drawing, System.Collections, System.ComponentModel,
      System.Windows.Forms, System.Data, WinForm1;

type
```

R 13.8 Delegates und Callback verstehen

```
TWinForm2 = class(System.Windows.Forms.Form)
...
private
  zeit : Integer;
  cb   : DelegInfo;
public
  ...
  procedure start(t: Integer; callback : DelegInfo);
end;

implementation
...
procedure TWinForm2.start(t: Integer; callback : DelegInfo);
begin
  zeit := t;
  cb   := callback;
  Self.Show;
  Timer1.Enabled := True;
end;

procedure TWinForm2.Timer1_Tick(sender: System.Object; e: System.EventArgs);
begin
  Dec(zeit);
  if zeit = 0 then begin
    Timer1.Enabled := False;
```

Jetzt müssen wir hier den Adress-Operator angeben:

```
    Invoke(@cb, ['Rückruf von Form2 - Die Zeit ist abgelaufen!']);
  end;
end;
```

Bemerkungen

- Eine Alternativ-Variante zum Callback-Funktionsaufruf ist das Benutzen von Ereignissen, siehe

    ☞ R 13.10 Delegates und Events verstehen

- Ein einfaches Beispiel für die Verwendung eines Delegaten als Funktionszeiger finden Sie unter

    ☞ R 2.15 Zahlen sortieren

- Bei Begriffen wie "Zeiger" oder "Pointer" müssten Sie als fortgeschrittener .NET-Programmierer eigentlich Verrat wittern, denn aus gutem Grund haben die Entwickler der .NET-Plattform[1] die Zeigertechnologie gemieden wie der Teufel das Weihwasser, war sie doch meist Ursache diverser Horrorszenarien (Speicherzugriffsfehler!), die zum Absturz laufender Programme führten. Befürchtungen dieser Art sind aber bei der typsicheren Delegate-Technologie absolut unbegründet!

R 13.9 Einen Multicast-Delegaten verwenden

Delegates sind Objekte, die genauso in einem Array verwaltet werden können wie jedes andere Objekt auch.

Das vorliegende Rezept zeigt, wie unter Verwendung der überladenen *Combine*-Methode mehrere *Delegate*-Objekte zu einem *Multicast*-Delegaten zusammengefasst werden können.

Genauso wie im Vorgängerrezept

☞ R 13.8 Delegates und Callback verstehen

soll ein "Kurzzeitwecker" realisiert werden, diesmal allerdings soll die Rückmeldung nicht nur in einem Label, sondern zusätzlich auch noch in der Titelleiste von *WinForm1* angezeigt werden.

Oberfläche

Die Oberfläche (*WinForm1* und *WinForm2*) entspricht exakt dem Vorgängerrezept.

Quellcode TWinForm1

Der Delegate-Typ:

```
type
  DelegInfo = procedure(s: String);
type
  TWinForm1 = class(System.Windows.Forms.Form)
  ...
  private
    procedure Info1(s: string);
    procedure Info2(s: string);
  ...

implementation

uses WinForm2;
```

---

[1] Auch die Schöpfer von Java hatten gute Gründe, auf Pointer zu verzichten!

...

```
procedure TWinForm1.Button1_Click(sender: System.Object; e: System.EventArgs);
var f     : TWinForm2;
    dlgArr : Delegate;
    a,b    : DelegInfo;

begin
```

Zuweisen der beiden Methodenzeiger:

```
a := info1;
b := info2;
```

Kombinieren zu einem Multicast Delegate:

```
dlgArr := Delegate.Combine(Delegate(@a),Delegate(@b));
f := TWinForm2.Create;
```

Übergabe an die *Start*-Methode von *WinForm2*:

```
  f.start(5,dlgArr)
end;
```

Die beiden aufzurufenden Methoden:

```
procedure TWinForm1.Info1(s: string);
begin
  Label1.Text := s;
end;


procedure TWinForm1.Info2(s:string);
begin
  Self.Text := s;
end;
```

Quellcode TWinForm2

Der Code der *TWinForm2*-Klasse entspricht exakt dem Vorgängerrezept, es macht also hier für den Server keinen Unterschied, ob ein Singlecast- oder ein Multicast-Delegat empfangen wurde.

Test

Bis auf den "feinen" Unterschied, dass die Rückmeldung nun auch in der Titelleiste erscheint, bleibt alles wie gehabt.

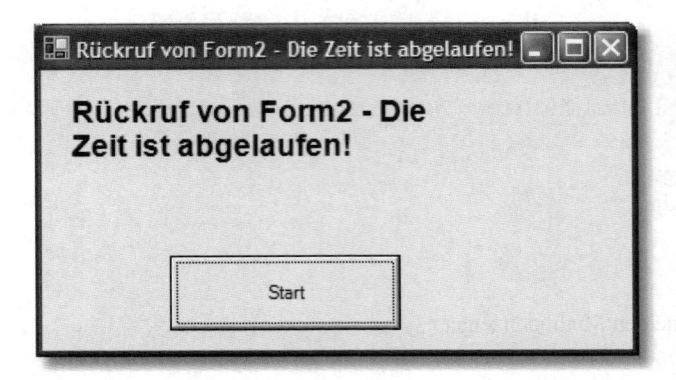

R 13.10 Delegates und Events verstehen

Das Delegate-Konzept zählt zu den fundamentalen Neuerungen der .NET-Technologie. Grob gesagt handelt es sich hier um typsichere Funktionszeiger, die zur Laufzeit als Parameter an andere Methoden übergeben werden können.

Spätestens nach Durcharbeiten des Rezepts

☞   R13.8 Delegates und Callback verstehen

müssten Ihnen die Analogien zur ereignisorientierten Programmierung in den Ohren klingen, denn ein im Server-Objekt ausgelöstes Ereignis macht ja bekanntlich auch nichts anderes, als unter bestimmten Umständen eine Methode im Client-Objekt aufzurufen.

Das vorliegende Rezept löst das gleiche "Kurzzeitwecker"-Problem wie die Vorgängerrezepte, diesmal aber mit einem Ereignis.

Oberfläche

Diese entspricht 100%ig dem Referenz-Rezept R 13.8!

Quellcode TWinForm2

Zuerst einen Methodenzeiger mit der Signatur des gewünschten Eventhandlers definieren:

```
type DelegInfo = procedure(s: String);
```

Dann das Ereignis mit dem Typ des Delegaten deklarieren:

```
TWinForm2 = class(System.Windows.Forms.Form)
...
private
  zeit    : Integer;
  fOnInfo : DelegInfo;
public
```

R 13.10 Delegates und Events verstehen

```
  ...
  procedure start(t: Integer);
published
  property OnInfo: DelegInfo add fOnInfo remove fOnInfo;
end;
```

Der weitere Code dürfte Ihnen bekannt vorkommen:

```
procedure TWinForm2.Timer1_Tick(sender: System.Object; e: System.EventArgs);
begin
  Dec(zeit);
  if zeit = 0 then begin
    Timer1.Enabled := False;
```

Ereignis auslösen, wenn eine Ereignismethode zugeordnet wurde:

```
    if assigned(fOnInfo) then fOnInfo('Rückruf von Form2: Die Zeit ist abgelaufen!');
  end;
end;
```

Die einzige öffentliche Methode der Klasse:

```
procedure TWinForm2.start(t: Integer);
begin
  zeit := t;
  Self.Show;
  Timer1.Enabled := True;
end;
```

Quellcode TWinForm1

```
implementation
uses WinForm2;
```

Die "Start"-Schaltfläche:

```
procedure TWinForm1.Button1_Click(sender: System.Object; e: System.EventArgs);
var f : TWinForm2;
begin
  f := TWinForm2.Create;
```

Ein Eventhandler wird fest an das Ereignis *f.OnInfo* gebunden:

```
  Include(f.OnInfo,Info1);
  f.start(2);
end;
```

Der Eventhandler:

```
procedure TWinForm1.Info1(s:string);
begin
  Label1.Text := s;
end;
```

Bemerkungen

Im Unterschied zum "alten" Delphi können nicht nur ein einziges, sondern beliebig viele Eventhandler an ein Ereignis gebunden werden (Multicast-Events).

Jedes Event basiert auf einem Delegaten. Wer es immer noch nicht glaubt, der sollte sich zum Beispiel mit dem .NET-Reflector etwas tiefere Einblicke in das compilierte Beispielprogramm verschaffen.

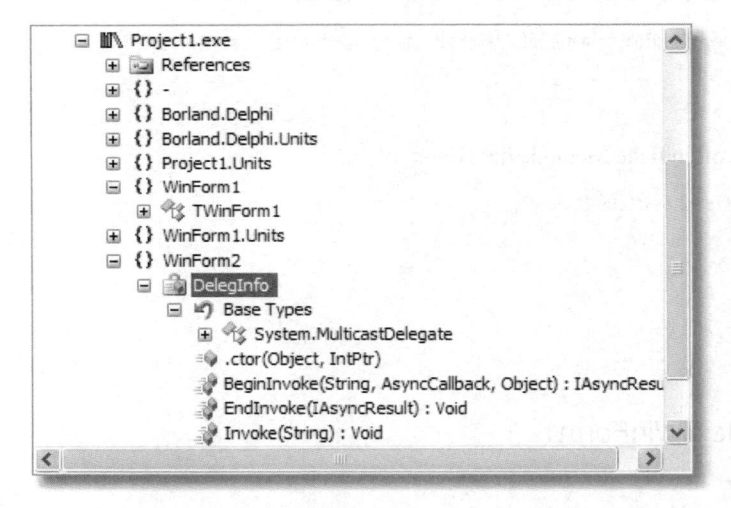

Wie Sie sehen, wird unser Methodenzeiger *DelegInfo* intern als *MulticastDelegate* abgebildet. Von Interesse ist sicher auch, was der Compiler aus unserem Button-Klick in *WinForm1* gemacht hat:

```
procedure TWinForm1.Button1_Click(sender: TObject; e: EventArgs);
var
    form1: TWinForm2;
begin
    form1 := TWinForm2.Create;
    form1.OnInfo += DelegInfo.Create(self,Info1);
    form1.start(2)
end;
```

R 13.11 Multithreading verstehen

Der eigentliche Auslöser des Events in *TWinForm2*:

```
procedure TWinForm2.Timer1_Tick(sender: TObject; e: EventArgs);
begin
    self.zeit--;
    if (self.zeit = 0) then
    begin
        self.Timer1.Enabled := false;
```

Hier erfolgt der Aufruf der zugeordneten Methode aus *TWinForm1*:

```
        if (self.fOnInfo <> nil) then
            self.fOnInfo.Invoke('Rückruf von Form2: Die Zeit ist abgelaufen!')
    end
end;
```

Spätestens jetzt sollte Ihnen das Delegate-Konzept und seine Bedeutung klar sein.

Hinweis: Noch detailliertere Informationen zum .NET-Ereignismodell erhalten Sie im Abschnitt 14.1 des "OOP-Spezial"-Kapitels!

R 13.11 Multithreading verstehen

Normale PCs mit einem Prozessor müssen ihre Zeit in Zeitscheiben aufteilen, um nach außen hin den Eindruck einer quasiparallelen Ausführung verschiedener Programme (Tasks) zu erwecken. Auch innerhalb einer Anwendung können verschiedene Prozesse quasi parallel bzw. asynchron abgearbeitet werden.

Ein Thread ist die kleinste Ausführungseinheit für einen Prozess. Jede laufende Anwendung erstellt mindestens einen Thread, dies trifft automatisch für jedes von Ihnen standardmäßig angelegte Projekt zu. Eine multithreadingfähige Anwendung sollte aber in der Lage sein, mehrere Threads nach Bedarf zu verwalten.

Wir unterscheiden drei Zustände eines Threads:

- laufend (Running),
- bereit (Ready, erhebt Anspruch auf Prozessorzeit),
- wartend (Waiting).

Unser Testprogramm sollte ziemlich zeitintensiv sein, da wir nur so die Notwendigkeit eines separaten Threads anschaulich demonstrieren können. Die Wahl ist auf einen Zufallsgenerator ("Würfelmaschine") gefallen, der solange "würfelt", bis eine vorgegebene Anzahl von Sechsen erreicht ist.

Anhand dieses Beispiels möchten wir in drei Etappen in die Thread-Problematik einführen:

- Die erste Etappe zeigt die herkömmliche Realisierung mit einem einzigen Thread, die unbefriedigend ist, weil sie so lange zum Blockieren anderer Prozesse führt, bis die Würfelmaschine mit ihrer Arbeit fertig ist.
- In der zweiten Etappe werden wir die Würfelmaschine in einen separaten Thread auslagern. Dadurch wird es möglich, dass wir in der Zwischenzeit normal mit unserem Programm weiterarbeiten können.
- Die dritte Etappe erreicht das gleiche Ziel ohne Thread-Objekt mit einem Delegaten, der einen asynchronen Methodenaufruf benutzt, um unsere Würfelmaschine in Gang zu setzen. Allerdings müssen wir hier bei der aktuellen Delphi 2005 Version (SP 1) einigen Aufwand treiben, da die gewünschte Methode nicht direkt zur Verfügung steht.

Oberfläche

Öffnen Sie eine neue Windows Forms-Anwendung und gestalten Sie auf *WinForm1* die abgebildete Oberfläche:

Die *ProgressBar* soll die aktuelle Anzahl der gewürfelten Sechsen anzeigen, in *Label4* wird mit Hilfe eines *Timer*s die aktuelle Zeit angezeigt – zur Verdeutlichung der Vordergrundaktivitäten der Anwendung.

Etappe 1: Quellcode TWinForm1 (quick and dirty)

Der interne Aufbau unserer Würfelmaschine soll uns nicht weiter interessieren, als "Zeitfresser" ist sie nur Mittel zum Zweck. Übergabeparameter ist die gewünschte Anzahl von Sechsen, Rückgabewert ist die Anzahl der dazu benötigten Versuche:

```
function TWinForm1.wuerfeln(n : Integer) : Integer;
var i, v, z : Integer;
    rnd     : System.Random;

begin
    rnd := System.Random.Create;
    v := 0;
    for i := 1 to n do begin        // n mal soll die 6 gewürfelt werden
```

R 13.11 Multithreading verstehen

```
    z := 0;
    repeat
      z := rnd.Next(1, 7);      // Zufallszahl zwischen 1 und 6 erzeugen
      Inc(v);                   // Versuchszähler erhöhen
    until z = 6;                // wiederhole solange bis eine 6 gewürfelt ist
    ProgressBar1.Value := i;    // Fortschrittsanzeige
  end;                          // die nächste 6 muss gewürfelt werden
  Result := v;                  // Rückgabe der Anzahl Versuche
end;
```

Die Zeitanzeige über den Timer:

```
procedure TWinForm1.Timer1_Tick(sender: System.Object; e: System.EventArgs);
begin
  Label4.Text := System.DateTime.Now.ToLongTimeString;
end;
```

Die "Start"-Schaltfläche:

```
procedure TWinForm1.Button1_Click(sender: System.Object; e: System.EventArgs);
var n : Integer;
begin
  n := Convert.ToInt32(TextBox1.Text);
```

Der Maximalwert der *ProgressBar* entspricht der von uns in die *TextBox* eingegebenen Zahl:

```
  ProgressBar1.Maximum := n;
  Label3.Text := '';
```

Der Aufruf der Funktion:

```
  Label3.Text := wuerfeln(n).ToString('#,###,###');
end;
```

Test

Geben Sie in die TextBox eine Zahl ein, die Ihnen einerseits genügend Zeit zum Experimentieren lässt und die Sie andererseits nicht zum Ziehen der Notbremse veranlasst. Für n = 1000000 dürften z.B. bei einem Pentium mit 2,6 GHz-Taktfrequenz ca. 20 Sekunden vergehen:

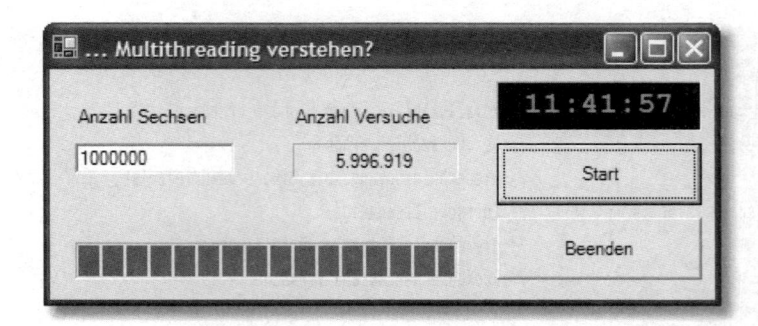

Wenn Sie in der Zwischenzeit zu einer anderen Anwendung wechseln und dann zurückkehren um sich vom Fortschritt der Berechnungen zu überzeugen, werden Sie mit einem merkwürdig leeren Fenster konfrontiert:

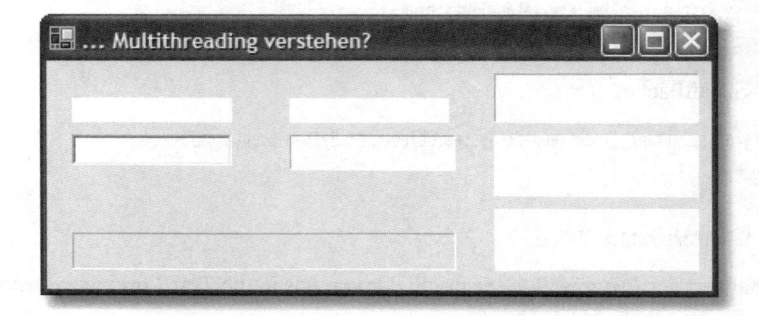

Die Ursache für dieses gespenstische Verhalten ist, dass unsere Anwendung nur in einem einzigen Thread läuft (UI-Thread). Während die Würfelmaschine in Betrieb ist kann nicht gleichzeitig das Fenster neu gezeichnet werden. Zwar erhält das Formular ein *Paint*-Ereignis, dieses kann aber erst dann die Darstellung aktualisieren, wenn die *Click*-Ereignisprozedur der "Start"-Schaltfläche abgearbeitet ist.

Etappe 2: Quellcode TWinForm1 (mit Thread-Objekt)

Zwecks Lösung des Problems muss die zeitintensive Funktion *würfeln* im Hintergrund ausgeführt werden, wozu ein zweiter Thread erforderlich ist[1].

Für die Arbeit mit Threads ist der *System.Threading*-Namensraum zu importieren:

```
uses
  System.Drawing, System.Collections, System.ComponentModel,
  System.Windows.Forms, System.Data, System.Threading;
```

---

[1] Ja wir wissen, durch Einfügen von *Application.DoEvents* in die Funktion *würfeln* ließe sich das Problem ebenfalls lösen, doch wir wollen ja hier das Prinzip von Threads erklären.

R 13.11 Multithreading verstehen

```
type
  TWinForm1 = class(System.Windows.Forms.Form)
  ...
  private
```

Aus programmtechnischen Gründen (die Einstiegsprozedur *starteWürfelThread* akzeptiert keine Argumente) müssen wir in den sauren Apfel von Zustandsvariablen beißen:

```
anzahlTreffer,
anzahlVersuche : Integer;
wuerfelThread  : Thread;
```

Eine zusätzliche Methode, die ohne Parameter und Rückgabewerte auskommt:

```
procedure starteWuerfelThread;
```

Die Funktion *würfeln* bleibt unverändert:

```
function wuerfeln(n : Integer) : Integer;
...
end;

implementation
...

function TWinForm1.wuerfeln(n : Integer) : Integer;
    ...          // siehe Etappe 1 !
end;
```

Die Einstiegsprozedur für den Thread (auf die soll der Thread-Delegate zeigen) akzeptiert leider keine Argumente:

```
procedure TWinForm1.StarteWuerfelThread();
begin
  anzahlVersuche := wuerfeln(anzahlTreffer);
  Label3.Text := anzahlVersuche.ToString('#,###,###');
end;
```

Die "Start"-Schaltfläche:

```
procedure TWinForm1.Button1_Click(sender: System.Object; e: System.EventArgs);
begin
  anzahlTreffer := Convert.ToInt32(TextBox1.Text);
  ProgressBar1.Maximum := anzahlTreffer;
  Label3.Text := '';
```

Ein Thread wird erzeugt, indem die Klasse *System.Threading.Thread* unter Übergabe eines Delegaten instanziiert wird. Der Delegate selbst wird vorher mit seiner Zieladresse – die Prozedur *starteWuerfelThread* – instanziiert:

```
wuerfelThread := Thread.Create( starteWuerfelThread);
wuerfelThread.Priority := ThreadPriority.Lowest;
```

Jetzt kann der Thread gestartet werden:

```
   wuerfelThread.Start;
end;
```

Test

Die Würfelorgie ist jetzt – dank des zweiten Threads – ohne Einschränkungen möglich. Ein vorübergehendes Verdecken des Fensters bleibt ohne Auswirkungen auf das Neuzeichnen der Oberfläche, auch können Sie das Programm bei laufender Würfelei über die "Beenden"-Schaltfläche verlassen.

Während der Programmabarbeitung sehen Sie sich einmal die CPU-Auslastung im Task-Manager an. Halten Sie den Hintergrund-Thread an und kontrollieren Sie, was passiert.

Bemerkung

Zusätzlich könnten Sie noch zwei Schaltflächen einfügen, mit denen Sie den Hintergrund-Thread anhalten und wieder starten. Die dazugehörigen Methodenaufrufe:

```
procedure TWinForm1.Button3_Click(sender: System.Object; e: System.EventArgs);   // Anhalten
begin
   wuerfelThread.Suspend;
end;


procedure TWinForm1.Button4_Click(sender: System.Object; e: System.EventArgs);   // Weitermachen
begin
   wuerfelThread.Resume;
end;
```

Etappe 3: Quellcode TWinForm1 (mit Delegate-Objekt)

Als Alternative zum Thread werden wir im folgenden Beispiel ein *Delegate*-Objekt einsetzen, dem wir Argumente übergeben können und das eine elegante Programmierung asynchroner Aufrufe ermöglicht.

```
interface
uses  System.Drawing, System.Collections, System.ComponentModel,
      System.Windows.Forms, System.Data, System.Reflection;
   ...
```

```
type
  TWinForm1 = class(System.Windows.Forms.Form)
  private
    myDeleg : Delegate;
  ...
```

Der Start:

```
procedure TWinForm1.Button1_Click(sender: System.Object; e: System.EventArgs);
begin
  anzahlTreffer := Convert.ToInt32(TextBox1.Text);
  ProgressBar1.Maximum := anzahlTreffer;
  Label3.Text := '';
```

Das *Delegate*-Objekt erhält die Adresse von *StarteWuerfeln*:

```
myDeleg := @StarteWuerfeln;
```

Hier holen wir uns über "sieben Ecken" die gewünschte Methode *BeginInvoke*, die in Delphi so nicht zur Verfügung steht:

```
myDeleg.GetType.GetMethod('BeginInvoke').Invoke(myDeleg, [nil,nil]);
end;
```

Bemerkungen

- Eigentlich sollte man ein Fenster niemals aus einem anderem als dem Thread, der das Fenster erzeugt hat, aufrufen. Dass unser Programm trotzdem funktioniert, ist auf die ziemlich robuste Fensterverwaltung von Windows XP zurückzuführen.

- Parameter an den Delegate können Sie mit dem Parameterarray (aktuell *[nil, nil]*) übergeben (z.B. *['Ein String', nil, nil]*).

R 13.12 Spieltrieb & Multithreading erleben

Nach einem Blick auf das Endergebnis dieses "Rezepts" werden Sie sicher erschüttert feststellen, dass die Autoren Ihrem Spieltrieb hoffnungslos erlegen sind. Doch wir wollen Ihnen eigentlich vermitteln wie Sie

- Objekte mit Threads verbinden,
- Threads initialisieren und parametrieren,
- Threads synchronisieren,
- Thread-Zustände auswerten,
- kritische Abschnitte sichern und
- Callback-Timer ververwenden.

Und last but not least soll dabei auch der Spaß nicht zu kurz kommen:

> **Hinweis:** Für alle Nörgler und Besserwisser: Überblättern Sie ganz schnell das Rezept, denn Sie haben ganz sicher eine wesentlich bessere Lösung parat und Sie haben sicher auch erkannt, dass Threads nicht die allerbeste Lösung für das Problem sind. Uns geht es jedoch um die Demonstration des Multithreading und nicht um eine superoptimale Realisierung.

Aufgabenstellung

Ausgehend von der Benutzereingabe sollen in einem Lager Kisten hinzugefügt werden. Diese werden von drei LKWs zu einem Schiff transportiert. Ist das Schiff mit fünf Kisten beladen, transportiert es diese weiter, löscht die Ladung und kehrt zurück, um erneut Kisten zu laden usw. Einzige Ausnahme: Ist mindestens eine Kiste an Bord und nach 10 Sekunden keine neue Ladung zu erwarten, legt das Schiff trotzdem ab. Ist das Schiff nicht da, müssen die LKWs natürlich am Hafen warten.

Ganz grob können wir das Problem zunächst auf drei Klassen aufteilen:

- LKWs (*TLKW*)
- Schiff (*TSchiff*)
- Lager-Controller (*TController*)

Jede Klasse verfügt über einen fest zugeordneten Thread, auf den wir auch von außen (*public*) zugreifen können.

> **Hinweis:** Wir werden darauf verzichten, Eigenschaften und enthaltene Objekte zu kapseln, so bleibt uns der Blick für das Wesentliche. Auch auf eine threadsichere Programmierung haben wir weitgehend verzichtet, womit wir auch keine Gewähr für die volle Funktionstüchtigkeit unter allen Umständen geben können (siehe dazu auch Abschnitt 13.6).

Oberfläche

In eine Windows Forms-Anwendung fügen Sie zwei *Panels*, einige *PictureBox*en sowie diverse *Labels* und *Buttons* entsprechend folgender Abbildung ein.

R 13.12 Spieltrieb & Multithreading erleben

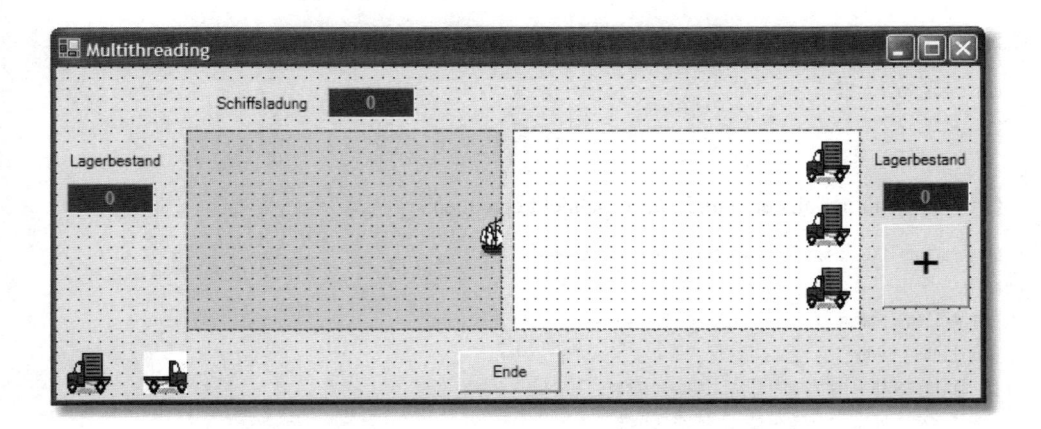

Hinweis: Achten Sie darauf, dass die "LKWs" und das "Schiff" direkt in die Panels eingefügt werden (Clientbereich) und nicht darüber liegen.

Die beiden PictureBoxen am linken unteren Fensterrand sind zur Laufzeit nicht sichtbar, sie verwalten lediglich die benötigten Bilder.

In den Labels wird der jeweilige Füllstand angezeigt, so behalten Sie immer die Übersicht.

Quelltext TLKW

Beginnen wir mit der Klasse *TLKW*. Neben seinem *Thread*-Objekt speichert die Klasse noch die zugeordnete *PictureBox*, d.h. das Bildchen. Die Zuordnung des Bildes erfolgt bereits mit dem Aufruf des Konstruktors.

Die Methode *Abtransport* wird später vom Controller ausgelöst, diese startet wiederum den Thread mit der Methode *Fahrt*.

```
TLKW = class
private
   nr : Integer;
   bild : PictureBox;
   imageHin : Image;
   imagerueck : Image;
   procedure Fahrt;
public
   TThread  : Thread;
   constructor Create(nr:Integer; bild : PictureBox);
   procedure Abtransport;
end;
...
implementation
```

Einige Konstanten für die Fahrgeschwindigkeit:

```
const LKW_voll = 30;
     LKW_leer = 20;
...
```

Grundzustand initialisieren und *Thread*-Objekt erzeugen:

```
constructor TLKW.Create(nr:Integer; bild : PictureBox);
begin
  inherited Create;
  Self.nr    := nr;
  self.imageHin   := image(f1.a1.Image.clone);
  self.imagerueck := image(f1.a2.Image.Clone);
  Self.bild := bild;
  Self.bild.Left := 280;
  Self.TThread := Thread.Create(Self.Fahrt);
end;
```

Hinweis: Kennen Sie dieses Beispiel bereits aus unserem Delphi 8-Grundlagenbuch, werden Sie vielleicht auch die kleine Erweiterung um die beiden Images *imageHin* und *imageRueck* bemerkt haben. Der Hintergrund: Auf Multiprozessor-Rechnern stürzte das Programm regelmäßig ab, da von verschiedenen LKW-Threads zeitgleich auf die Bilder zugegriffen wurde. Durch das Klonen (unbedingt nötig, da sonst nur eine Referenz gespeichert wird und das Problem wieder auftritt) und lokale Abspeichern der Grafiken umgehen wir dieses Ärgernis.

Ruft der Controller die Methode *Abtransport* auf, wird eine Kiste umgeladen (Lagerbestand verringert sich), die Änderung wird angezeigt und der Thread gestartet:

```
procedure TLKW.Abtransport;
begin
  dec(Controller.LagerBestand);
  f1.Label1.Text := Controller.LagerBestand.ToString;
  Self.TThread := Thread.Create(Self.Fahrt);
  Self.TThread.Start;
end;
```

Fahrt ist die eigentliche Thread-Routine:

```
procedure TLKW.Fahrt;
var posi : Integer;
begin
```

Initialisieren des Objekts:

```
Self.bild.Image := imageHin;
posi       := 280;
```

Die Fahrt beginnt:

```
while posi > 0 do begin
  Dec(posi,2);
```

Damit es nicht ganz so schnell geht, legen wir ein paar Pausen ein:

```
  Self.TThread.Sleep(LKW_voll);
  Self.bild.Left := posi;
end;
```

Ankunft im Hafen, wir warten auf das Schiff (bzw. auf die Beendigung des Threads):

```
if schiff.TThread.IsAlive then schiff.TThread.Join;
```

Ist der Thread des Schiffs aktiv[1], können wir davon ausgehen, dass das Schiff unterwegs ist, anderenfalls liegt es im Hafen, und wir können das Schiff beladen:

```
schiff.Beladen;
```

Rückfahrt (Bildwechsel und langsam nach rechts verschieben):

```
Self.bild.Image := imageRueck;
while posi < 280 do begin
  Inc(posi,2);
  Self.TThread.Sleep(LKW_leer);
  Self.bild.Left := posi;
end;
// Fahrtende
end;
```

Quelltext TSchiff

Das Schiff muss neben der reinen Fahrt (wie beim LKW) noch eine Zusatzaufgabe realisieren. Gemeint ist die Abfahrt bei mindestens einer Kiste und 10 Sekunden Inaktivität. Hier bietet sich ein *CallbackTimer* an.

```
TSchiff = class
private
```

---

[1] Um den Thread abfragen zu können, muss das Objekt auch vorhanden sein. Deshalb werden die Threads schon in den Konstruktoren der Objekte erzeugt.

Wie viele Kisten sind an Bord?

```
Ladung : Integer;
Bild : PictureBox;
```

Wie lange warten wir schon?

```
Wartezeit : Integer;
```

Die Routine für den Thread:

```
procedure Main;
```

Das Timerereignis:

```
procedure OnTimer(state : TObject);
public
```

Unser Timer:

```
Tim     : Timer;
```

Der zugeordnete Thread:

```
TThread : Thread;
constructor Create(nr:Integer; bild : PictureBox);
```

Starten des Threads:

```
procedure Transport;
```

Beladen durch den LKW:

```
procedure Beladen;
end;
...
implementation
...
```

Thread und *Timer* initialisieren:

```
constructor TSchiff.Create(nr:Integer; bild : PictureBox);
begin
  inherited Create;
  Self.bild := bild;
  Self.bild.Left := 200;
  Self.TThread   := Thread.Create(Self.main);
  Self.Tim       := Timer.Create(OnTimer, nil, 0, 1000); // jede Sekunde
  Self.wartezeit := 0;
end;
```

R 13.12 Spieltrieb & Multithreading erleben

Der *Timer* ist mal wieder abgelaufen:

```
procedure TSchiff.OnTimer(state : TObject);
begin
```

Absichern des Abschnitts, sonst kommen uns noch andere Threads in die Quere:

```
  Monitor.Enter(Self);
```

Ist der eigene Thread inaktiv (Hafen!) verlängert sich die Wartezeit:

```
  if not Self.TThread.IsAlive then Inc(Self.Wartezeit);
```

Ist die Wartezeit abgelaufen und mehr als eine Kiste vorhanden:

```
  if (Self.Wartezeit > 9)and(Self.Ladung > 0) then begin
```

Abfahrt:

```
    wartezeit := 0;
    Transport;
  end;
```

Der sichere Abschnitt wird verlassen:

```
  Monitor.Exit(Self);
end;
```

Die Hauptarbeit übernimmt die folgende Routine:

```
procedure TSchiff.Main;
var posi, i : Integer;
begin
  posi    := 200;
```

Nach links fahren:

```
  while posi > 0 do begin
    Dec(posi,2);
    Self.TThread.Sleep(100);
    Self.bild.Left := posi;
  end;
```

Im Hafen: Ladung löschen

```
  while Ladung > 0 do begin
    Self.TThread.Sleep(400);
    Dec(Ladung);
    f1.Label3.Text := Int32(Convert.ToInt32(f1.Label3.Text) + 1).ToString;
    f1.Label2.Text := Ladung.ToString;
  end;
```

Rückfahrt:

```
  while posi < 200 do begin
    Inc(posi,2);
    Self.TThread.Sleep(60);
    Self.bild.Left := posi;
  end;
  Self.wartezeit := 0;
end;
```

Starten des Threads:

```
procedure TSchiff.Transport;
begin
  Self.TThread := Thread.Create(Self.main);
  Self.TThread.Start;
end;
```

Das Schiff wird durch die LKWs "beladen":

```
procedure TSchiff.Beladen;
begin
  Monitor.Enter(self);
  Self.Wartezeit := 0;
  Ladung := Ladung + 1;
  f1.Label2.Text := Ladung.ToString;
```

Fünf Kisten an Bord, dann Abtransport:

```
  if Ladung = 5 then Self.Transport;
  Monitor.Exit(Self);
end;
```

Hinweis: Verzichten Sie auf das Sichern des Abschnitts, werden Sie später den visuellen Schwund von Kisten bemerken. Dies ist der Fall, wenn bereits LKWs am Hafen warten (*Join*). Alle LKW-Threads werden gleichzeitig freigegeben, es kommt zu Überschneidungen beim Aufruf der *Beladen*-Methode!

Quelltext TController

Hier haben wir es mit "Big Brother" zu tun. Unermüdlich, d.h. in einer Endlosschleife, wird der Lagerbestand überprüft und, wenn möglich, auf die LKWs verladen.

```
TController = class
private
   procedure main;
```

```
public
   LagerBestand : Integer;
   TThread      : Thread;
   constructor Create();
 end;

implementation
...
```

Das Objekt startet bereits im Konstruktor seinen Endlos-Thread:

```
constructor TController.Create;
begin
 inherited Create;
 Self.TThread := Thread.Create(Self.Main);
```

Wir sind nicht ganz so wichtig, deshalb etwas weniger Rechenzeit:

```
 Self.TThread.Priority := ThreadPriority.BelowNormal;
 Self.TThread.Start;
end;

procedure TController.Main;
var i : Integer;
begin
  i := 0;
```

Die Endlosschleife:

```
  while True do begin      // bis in alle Ewigkeit
```

Es ist was im Lager:

```
    while LagerBestand > 0 do begin
```

Einen der drei LKWs aussuchen[1]:

```
      if i > 2 then i := 0;
```

Ist der LKW nicht unterwegs (keine laufender Thread), dann beladen:

```
      if not LKWs[i].TThread.IsAlive then begin
        Self.TThread.Sleep(200);           // Ladezeit
        LKWs[i].AbTransport
      end else begin
```

---

[1] Bei den späteren Tests werden Sie feststellen, dass die LKWs durch diese Auswahl recht gleichmäßig belastet werden. Kein LKW ist im Dauereinsatz.

Sonst warten wir etwas (0,5 Sekunden) auf diesen LKW:

```
    LKWs[i].TThread.Join(500);
```

Ist er jetzt da, dann beladen:

```
        if not LKWs[i].TThread.IsAlive then begin
          Self.TThread.Sleep(200);  // Ladezeit
          LKWs[i].AbTransport;
        end;
      end;
    ;
    inc(i);
  end;
```

Hier "ruht" sich der Controller etwas aus:

```
    Self.TThread.Sleep(500);
  end;
end;
```

Wer aufmerksam war, hat sicher erkannt, dass wir es – abgesehen von der Oberfläche – bei obiger Routine mit dem Hauptprogramm zu tun haben. Der Controller wartet auf LKWs und belädt diese. Damit wird der gesamte Kreislauf immer wieder angestoßen, sobald Kisten vorhanden sind. Die Oberfläche unserer Anwendung agiert völlig unabhängig von diesen Hintergrundereignissen!

Quelltext TWinForm1

Wer hier noch viel Quellcode erwartet, den müssen wir leider enttäuschen. Außer dem Initialisieren der Objekte und dem Erhöhen des Lagerbestands bleiben keine Aufgaben übrig. Um alles andere kümmern sich die Objekte selbst.

```
var f1: TWinForm1;                  // das aktuelle Formular
    Controller : TController;
    LKWs       : array[0..2] of TLKW;
    Schiff     : TSchiff;

constructor TWinForm1.Create;
begin
  ...
  f1 := Self;
  LKWs[0]    := TLKW.Create(1,p1);
  LKWs[1]    := TLKW.Create(2,p2);
  LKWs[2]    := TLKW.Create(3,p3);
  Schiff     := TSchiff.Create(1,p4);
  Controller := TController.Create;
end;
```

R 13.12 Spieltrieb & Multithreading erleben

Hier greifen wir in das System ein und erhöhen den Lagerbestand. Andere Einflussmöglichkeiten haben wir nicht.

```
procedure TWinForm1.Button1_Click(sender: System.Object; e: System.EventArgs);
begin
  Inc(Controller.LagerBestand);
  Label1.Text := Controller.LagerBestand.ToString
end;
```

Programmende, d.h., alle Threads ihrem wohlverdienten Ende zuführen:

```
procedure TWinForm1.Button4_Click(sender: System.Object; e: System.EventArgs);
begin
  Controller.TThread.Abort;
  LKWs[0].TThread.Abort;
  LKWs[1].TThread.Abort;
  LKWs[2].TThread.Abort;
  Schiff.TThread.Abort;
  close;
end;
```

Test

Und jetzt geht's los. Starten Sie das Programm und fügen Sie reichlich Kisten hinzu.

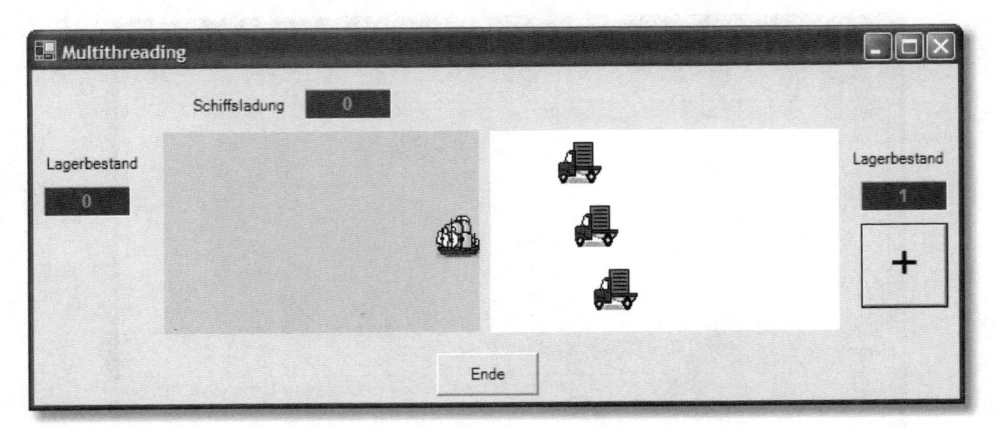

Prüfen Sie, ob auch der Timer funktioniert (nur eine Kiste versenden). Entfernen Sie ruhig einmal die *Monitor*-Objekte und lassen Sie mehrere LKWs am Hafen warten. Sehen Sie sich dabei die "Schiffsladung" an.

Bemerkungen

- Gleich vorweg: Threads sind **nicht** die ideale Lösung für obiges Problem, da zum einen das Programm schnell unübersichtlich wird und zum anderen reichlich Rechenzeit verschwendet wird.
- "Verbesserungen" und Erweiterungen sind natürlich immer möglich. Insbesondere der direkte Zugriff auf die jeweiligen Threads ist nicht empfehlenswert. Auch die Verwendung eines Thread-Pools (z.B. für die LKWs) wäre denkbar.
- Machen Sie die Aktualisierung der Oberfläche threadsicher, indem Sie die Zugriffe per *Invoke*-Methode realisieren!

R 13.13 Informationen zu laufenden Prozessen und Threads gewinnen

Das vorliegende Rezept demonstriert Ihnen nicht nur die Verwendung der *Process*- und *ProcessThread*-Objekte in Delphi.NET, sondern ist auch für den täglichen Gebrauch des Entwicklers durchaus von Nutzen.

Oberfläche

Öffnen Sie eine neue Windows-Forms Anwendung. Auf das Startformular *WinForm1* platzieren Sie zwei *ListView*-Komponenten (*View = Details*), zwei *Label* und einen *Button*.

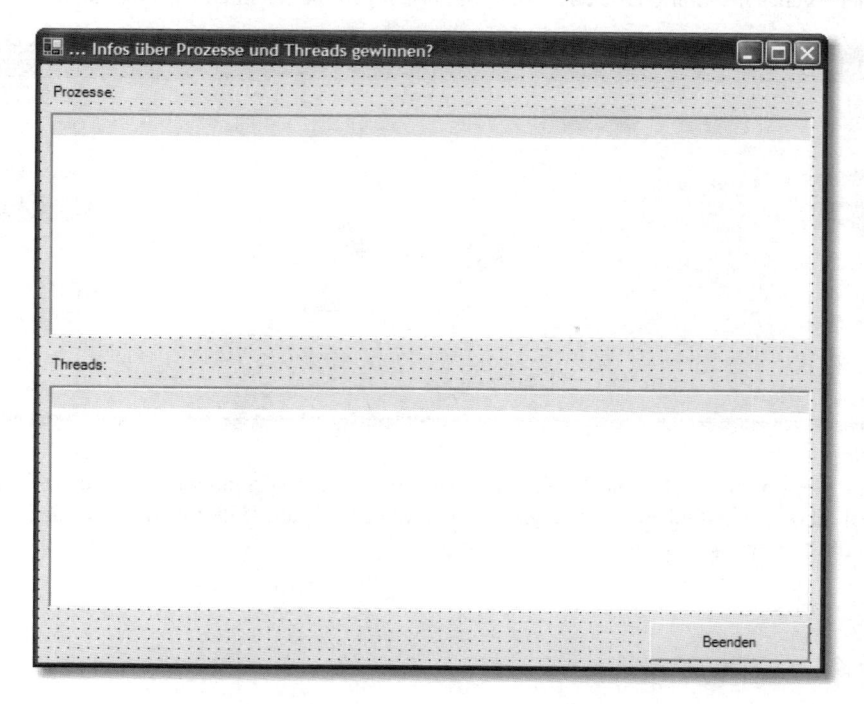

R 13.13 Informationen zu laufenden Prozessen und Threads gewinnen 1367

Quellcode TWinForm1

```
uses
  System.Drawing, System.Collections, System.ComponentModel,
  System.Windows.Forms, System.Data, System.Diagnostics;
type
  TWinForm1 = class(System.Windows.Forms.Form)
  ...
  private
```

Unsere Haupt-Referenz auf die *Process*-Klasse (*System.Diagnostics*-Namespace):

```
    ProcObj: Process;
    procedure enumProcs;
    procedure EnumThreads(ProcID : Integer);
    ...
  end;
```

Einige Ergänzungen im Konstruktor-Code:

```
constructor TWinForm1.Create;
begin
  ...
  ProcObj := Process.Create;
  with ListView1.Columns do begin
    Add('Base Name', 110, HorizontalAlignment.Left);
    Add('Modules', 70, HorizontalAlignment.Right);
    Add('Full Path', 150, HorizontalAlignment.Left);
    Add('PID', 40, HorizontalAlignment.Right);
    Add('CPU Time', 70, HorizontalAlignment.Right);
    Add('Mem Usage', 80, HorizontalAlignment.Right);
  end;
  with ListView2.Columns do begin
    Add('Thread ID', 85, HorizontalAlignment.Right);
    Add('State', 100, HorizontalAlignment.Right);
    Add('WaitReason', 258, HorizontalAlignment.Left);
    Add('CPU Time', 70, HorizontalAlignment.Right);
  end;
```

Der Aufruf der Haupt-Methode *enumProcs()*, die wir noch implementieren werden:

```
  enumProcs;
end;
```

Die folgende Methode ermittelt alle laufenden Prozesse:

```
procedure TWinForm1.enumProcs;
```

```
var i : Integer;
    s : String;
    lvItem : ListViewItem;
    allProcs : array of Process;        // ein Array!
    ts       : System.TimeSpan;
begin
```

Alle laufenden Prozesse besorgen:

```
allProcs := ProcObj.GetProcesses;
```

Alle Prozesse und ihre Beschreibung in die *ListView* ausgeben:

```
for i := 0 To Length(allProcs) - 1 do begin
  lvItem := ListView1.Items.Add(allProcs[i].ProcessName);
```

Alle Prozesse, in denen mindestens ein Modul läuft, vom Idle-Prozess trennen:

```
  try
    lvItem.SubItems.Add(allProcs[i].Modules.Count.ToString);
    lvItem.SubItems.Add(allProcs[i].MainModule.FileName);
  except
    lvItem.SubItems.Add('0');
    lvItem.SubItems.Add('0');
  end;
  lvItem.SubItems.Add(allProcs[i].Id.ToString);
```

Ein *TimeSpan*-Objekt besorgen:

```
    ts := allProcs[i].TotalProcessorTime;
```

Die Zeit formatieren:

```
    lvItem.SubItems.Add(s.Format('{0:00}', [ts.TotalHours]) + ':' +
                        s.Format('{0:00}', [ts.Minutes]) + ':' +
                        s.Format('{0:00}', [ts.Seconds]));
    lvItem.SubItems.Add(Integer(allProcs[i].WorkingSet div 1000).ToString + 'K');
    Label1.Text := 'Prozesse: ' + Integer(Length(allProcs)).ToString;
  end;
end;
```

Diese Methode ermittelt alle Threads zu einem laufenden Prozess:

```
procedure TWinForm1.EnumThreads(ProcID : Integer);
var aProc   : Process;
    aThread : ProcessThread;
    ts      : System.TimeSpan;
    s       : String;
```

R 13.13 Informationen zu laufenden Prozessen und Threads gewinnen 1369

```
    lvItem  : ListViewItem;
    i       : Integer;
begin
```

Den *ListView*-Inhalt löschen:

```
ListView2.Items.Clear;
```

Den Prozess referenzieren (mittels seiner ID):

```
aProc := aProc.GetProcessById(ProcID);
try
```

Anzeige der Anzahl von Threads:

```
    Label2.Text := 'Threads: ' + aProc.Threads.Count.ToString;
except
    Exit;
end;
```

Alle Threads des Prozesses durchlaufen:

```
for i := 0 to aProc.Threads.Count - 1 do begin
    aThread := aProc.Threads[i];
    lvItem  := ListView2.Items.Add(aThread.Id.ToString);
    case aThread.ThreadState of
        ThreadState.Initialized : lvItem.SubItems.Add('Initialized');
        ThreadState.Ready       : lvItem.SubItems.Add('Ready');
        ThreadState.Running     : lvItem.SubItems.Add('Running');
        ThreadState.Standby     : lvItem.SubItems.Add('Standby');
        ThreadState.Terminated  : lvItem.SubItems.Add('Terminated');
        ThreadState.Transition  : lvItem.SubItems.Add('In Transition');
        ThreadState.Unknown     : lvItem.SubItems.Add('Unkwown');
        ThreadState.Wait        : lvItem.SubItems.Add('Waiting');
    end;
```

Falls der Thread im Wartezustand ist, soll eine Info ausgegeben werden:

```
    if aThread.ThreadState = ThreadState.Wait then
        lvItem.SubItems.Add(ListReason(aThread.WaitReason))
    else
        lvItem.SubItems.Add('N/A');
```

Ein *TimeSpan*-Objekt abholen und die Zeit formatieren:

```
    ts := aThread.TotalProcessorTime;
    lvItem.SubItems.Add(s.Format('{0:00}', [ts.TotalHours]) + ':' +
          s.Format('{0:00}', [ts.Minutes]) + ':' + s.Format('{0:00}', [ts.Seconds]));
```

```
    end;
end;
```

Die folgende Funktion dechiffriert lediglich die *ThreadWaitReason*-Enumeration:

```
function ListReason(waitingReason : ThreadWaitReason): string;
begin
  case waitingReason of
    ThreadWaitReason.EventPairHigh    : result := 'Waiting For Event Pair High';
    ThreadWaitReason.EventPairLow     : result := 'Waiting For Event Pair Low';
    ThreadWaitReason.ExecutionDelay   : result := 'Execution Delay';
    ThreadWaitReason.FreePage         : result := 'Waiting For Free Virtual Memory Page';
    ThreadWaitReason.LpcReceive       : result := 'Waiting For A Local Proc. Call To Arrive';
    ThreadWaitReason.LpcReply         : result := 'Waiting For A Reply To A Local Proc. Call';
    ThreadWaitReason.PageIn           :
                      Result := 'Waiting For Virtual Mem. Page To Arrive In Memory';
    ThreadWaitReason.PageOut          :
                      Result := 'Waiting For Virtual Mem. Page To Write To Disk';
    ThreadWaitReason.Suspended        : result := 'Execution Suspended';
    ThreadWaitReason.SystemAllocation : result := 'Waiting For A System Allocation';
    ThreadWaitReason.Unknown          : result := 'Waiting For Unknown Reason';
    ThreadWaitReason.UserRequest      : result := 'Waiting For A User Request';
    ThreadWaitReason.VirtualMemory    : result := 'Waiting For Virtual Memory';
  end;
end;
```

Ein neuer Prozess wird angeklickt:

```
procedure TWinForm1.ListView1_SelectedIndexChanged(sender: System.Object; e: System.EventArgs);
begin
  try
    EnumThreads(Convert.toInt32(ListView1.SelectedItems[0].SubItems[3].Text))
  except end;
end;
```

Test

Nach Programmstart werden alle laufenden Prozesse oben aufgelistet. Klicken Sie auf einen Prozess, so werden die zugehörigen Threads angezeigt:

R 13.14 Formel-Rechner mit dem CodeDOM

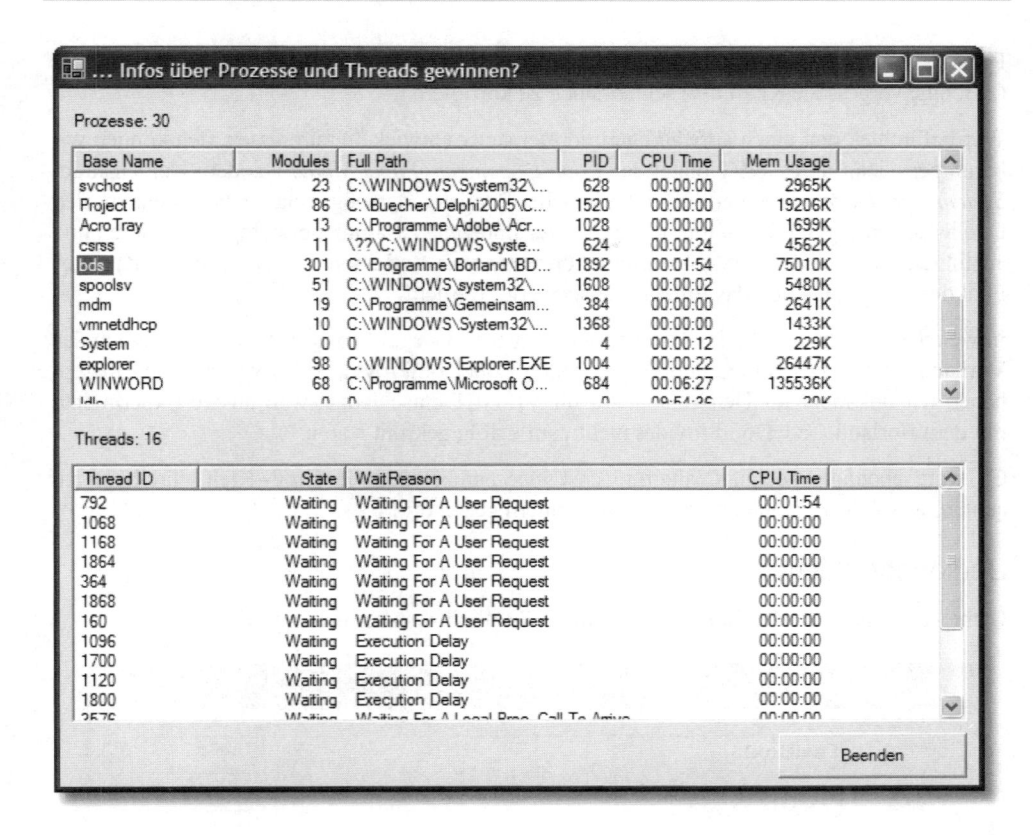

Hinweis: In der Abbildung erkennt man, dass insgesamt 30 Prozesse auf dem PC laufen und Delphi 2005, mit dem der Autor gerade arbeitet, hier 301 Module beansprucht und in 16 verschiedenen Threads läuft.

Bemerkungen

- Zu jedem Prozess gehört mindestens ein Modul (sonst "Idle").
- Zwecks Einstieg in die Thread-Problematik empfehlen wir

    ☞ R 13.11 Multithreading verstehen

R 13.14 Formel-Rechner mit dem CodeDOM

Wer hat ihn nicht schon einmal verflucht, den umständlichen Windows-Taschenrechner? Besonders wenn es darum geht, längere Ausdrücke zu berechnen, verliert man (insbesondere bei mehreren Klammerebenen) schnell den Überblick, da man nie die komplett eingegebene

Formel zu Gesicht bekommt, um vor dem Start der Berechnung eventuelle Eingabefehler (z.B. eine vergessene Klammer) schnell noch zu korrigieren.

Wer befürchtet, erst einen aufwändigen Formelparser entwickeln zu müssen, den können wir beruhigen, denn unter .NET bietet das *Code Document Object Model* aus dem Namensraum *System.CodeDOM* eine verblüffend einfache Realisierungsmöglichkeit: Wir können den Quellcode einer .NET-Programmiersprache zur Laufzeit "zusammenbasteln", compilieren und ausführen! Aus der erzeugten Assembly können mittels Reflexion die "zusammengebastelte" Funktion aufgerufen und das Ergebnis ausgewertet werden!

In welcher Sprache Sie die Funktion zusammenbauen ist egal, Voraussetzung ist lediglich das Vorhandensein eines zum Compiler passenden CodeDomProviders. Im vorliegenden Rezept haben wir uns nicht für Delphi, sondern für VB.NET entschieden, weil unsere Experimente mit dem Borland-CodeDomProvider nicht vom Erfolg gekrönt waren.

C# wäre ebenfalls geeignet, allerdings ist hier penibel auf die Groß-/Kleinschreibung zu achten, was Anlass zu mancherlei Eingabefehlern geben dürfte.

Bedienoberfläche

Öffnen Sie ein neues Delphi für .NET-Projekt als Windows Forms-Anwendung.

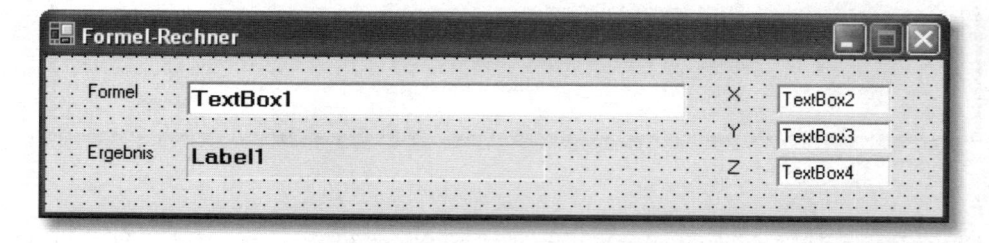

Bei der Gestaltung haben Sie viel Spielraum, so dass obige Abbildung lediglich als Vorschlag zu verstehen ist. Wir haben auf eine Ergebnis-Schaltfläche verzichtet, da wir die Berechnung durch einfaches Betätigen der Enter-Taste starten wollen. Außerdem gönnen wir uns noch drei weitere Textboxen für X, Y und Z, um auch Variablen in der Formel verwenden zu können. Um den Rechner praxistauglich zu machen, setzen Sie für das Formular *TopMost = True* und *MaximizeBox = False*.

Quellcode TCalculator

Öffnen Sie über das Menü *Datei|Neu|Weitere...* die Objektgalerie und wählen Sie links unter *Delphi für .NET Projekte* den Eintrag *Neue Dateien* und rechts das Symbol *Klasse* aus. Es öffnet sich das Skelett für eine neue Klassen-Unit, die Sie in *Calculator* umbenennen und die Sie unter dem Namen *Calculator.pas* abspeichern.

Die in der Unit enthaltene Klasse *TCalculator* stellt einzig die statische Methode *calculate* bereit, welcher der zu berechnende Ausdruck als String übergeben wird. Der Rückgabewert entspricht dem Ergebnis (*Double*).

R 13.14 Formel-Rechner mit dem CodeDOM

Die *calculate*-Methode erzeugt den Quellcode für ein gültiges VB.NET-Modul mit einer Klasse, die eine ganz einfache Funktion (ebenfalls mit dem Namen *calculate*) zur Berechnung dieses Ausdrucks kapselt. Der Code wird compiliert und ausgeführt. Um den Code dem VB.NET-Compiler zu übergeben, kommt das CodeDOM (*Code Document Object Model*) zum Einsatz, mit dem sich aus einer Anwendung heraus Programmcode erzeugen lässt. Nach dem Compilieren wird mittels Reflection auf die erzeugte Assembly zugegriffen und der Ausdruck berechnet.

```
unit Calculator;
interface
type
  TCalculator = class
    public
      class function calculate(expr: String): Double;      // statische Methode
end;

implementation
uses System.CodeDom.Compiler,  // Namespace für Code Document ObjectModel für Generieren von Programmcode
     Microsoft.VisualBasic,    // Namespace für VB-CodeProvider
     System.Reflection;

class function TCalculator.calculate(expr: String): Double;
```

Die Typen der folgenden Variablen stammen aus dem *System.CodeDom.Compiler* - Namespace:

```
var cdp: CodeDomProvider;        // Quellcode-Provider
    icc: ICodeCompiler;          // beliebiger .NET-Compiler
    opt: CompilerParameters;
    res: CompilerResults;        // Ergebnis des Compilierens
    cerr: CompilerError;         // Fehler beim Compilieren
```

Variablen aus dem *System.Reflection* - Namespace:

```
    ass: Assembly;               // vom Compiler erzeugte Assembly
    aClass: System.&Type;
    aMethod: MethodInfo;
```

Sonstige lokale Variablen:

```
    src: System.String;          // VB-Source-Code
    errors: System.String;
    obj, ret: System.&Object;

begin
  expr := expr.Trim();
```

```
if expr.Length = 0 then
begin
 Result := 0.0;
 Exit
end;
```

Wir erzeugen einen VB.NET-Code-Provider und den entsprechenden Compiler und stellen dessen Optionen ein:

```
cdp := VBCodeProvider.Create();
icc := cdp.CreateCompiler();
opt := CompilerParameters.Create(nil,'',False);
opt.CompilerOptions := '/reference:System.Windows.Forms.Dll';
opt.GenerateExecutable := False;
opt.GenerateInMemory := True;
```

Den zu compilierenden VB.NET-Quellcode müssen wir natürlich noch zeilenweise zusammenbauen, mittendrin findet sich unser zu berechnender Ausdruck. Durch die Anweisung *Imports System.Math* können wir mathematische Funktionen wie *Sin* ... auch ohne vorangestellten Namensraum schreiben. Das Voranstellen von *Return* kann in den Code eingebaut werden:

```
src := 'Imports System.Math' + Chr(13) +
       'Namespace Calculator' + Chr(13) +
         'Public Class CalculateIn' + Chr(13) +
           'Public Function calculate() As Double' + Chr(13) +
             'Return ' + expr + Chr(13) +              // der zu berechnende Ausdruck!
           'End Function' + Chr(13) +
         'End Class' + Chr(13) +
       'End Namespace' + Chr(13);
```

Endlich kann compiliert werden:

```
res := icc.CompileAssemblyFromSource(opt, src);
```

Die Fehlerauswertung:

```
if res.Errors.Count > 0 then
begin
 errors := '';
 for cerr in res.Errors do  errors := errors + cerr.ToString() + Chr(13);
 ass := nil;
 raise ApplicationException.Create(errors);
end;
```

R 13.14 Formel-Rechner mit dem CodeDOM

Die vom Compiler erzeugte Assembly wird mit dem *Reflection*-Mechanismus ausgewertet:

```
   ass := res.CompiledAssembly;
   aClass := ass.GetType('Calculator.CalculateIn');   // interne Klasse herausziehen und ...
   aMethod := aClass.GetMethod('calculate');          // die darin enthaltene Methode
   obj := Activator.CreateInstance(aClass);           // erstellt Instanz der internen Klasse
   ret := aMethod.Invoke(obj, nil);                   // Berechnung ausführen
   Result := Convert.ToDouble(ret);
end;
end.
```

Quelltext TWinForm1

```
type
  TWinForm1 = class(System.Windows.Forms.Form)
  ...
  private
    procedure berechnen;        // !
  ...
  end;

implementation
uses Calculator;
...
procedure TWinForm1.berechnen;
var ergebnis: Double;
    str: System.&String;
begin
    str := TextBox1.Text.ToUpper;     // Umwandlung in Großbuchstaben (nur wegen x, y, z erforderlich)
```

Der Einbau der Variablen X, Y, Z in den arithmetischen Ausdruck sieht zwar etwas gewöhnungsbedürftig aus, funktioniert aber:

```
    str := str.Replace('X', TextBox2.Text).Replace('Y', TextBox3.Text).Replace('Z', TextBox4.Text);
```

Eine Instanziierung der Klasse *TCalculator* kann entfallen, da lediglich ein statischer Methodenaufruf erfolgt. Aufgrund der vielen möglichen Compilerfehler bei Syntaxverstößen wird der entscheidende Methodenaufruf in einer Fehlerbehandlung gekapselt:

```
    try
      ergebnis := TCalculator.calculate(str);      // statische Methode!
```

Um das Dezimaltrennzeichen sowohl im Ein- als auch im Ausgabefeld einheitlich als Punkt darzustellen, wandeln wir im Ergebnisstring das Komma einfach in einen Punkt um:

```
    str := ergebnis.ToString();
    Label1.Text := str.Replace(',', '.');
  except
    on ex: ApplicationException do
    begin
      Label1.Text := '';
      MessageBox.Show(Self, ex.Message);
    end
  end;
end;
```

Alle vier Textboxen benutzen den folgenden gemeinsamen *KeyPress*-Eventhandler, er sorgt dafür, dass die Eingabe eines Kommas ignoriert wird (Dezimaltrennzeichen ist der Punkt) und dass die Berechnung mittels Enter-Taste gestartet wird:

```
procedure TWinForm.TextBox_KeyPress(sender: System.Object; e: System.Windows.Forms.KeyPressEventArgs);
begin
  if e.KeyChar = ',' then e.Handled := True
                     else
  if e.KeyChar = Chr(13) then   begin berechnen; e.Handled := True end;
end;
end.
```

Test

Geben Sie einen beliebig komplizierten bzw. verschachtelten arithmetischen Ausdruck ein (mit oder ohne Parameter x, y, z). Grundlage ist zwar die VB-Syntax, aber die Unterschiede zu Delphi sind minimal. Auch die Groß-/Kleinschreibung ist ohne Bedeutung.

Starten Sie die Berechnung mit der ENTER-Taste!

Das abgebildete Beispiel zeigt einen Ausdruck mit Wurzel (SQRT)-, Potenz(^)- und trigonometrischen (SIN) Operationen.

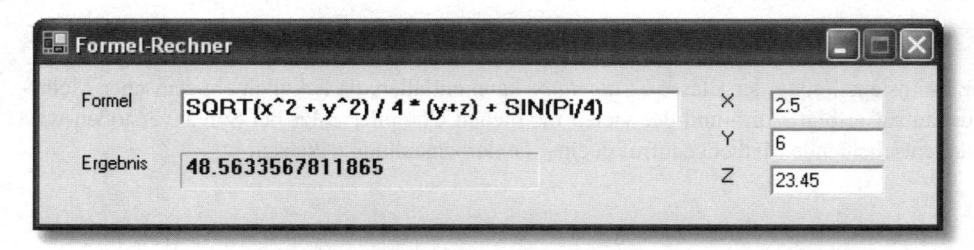

Bei syntaktischen Verstößen erfolgen in der Regel recht ausführliche Fehlermeldungen. Das Beispiel in der folgenden Abbildung zeigt was passiert, wenn versehentlich SQRT mit SQR ausgetauscht wurde:

> C:\DOKUME~1\Doberenz\LOKALE~1\Temp\wypzfy8i.0.vb(5,0) : error BC30819: "SQR" ist nicht deklariert. Diese Funktion wurde in die Klasse "System.Math" verschoben und heißt jetzt "Sqrt".

Bemerkungen

- Die Klasse *TCalculate* ist ausbaufähig, denn sie kann nicht nur einen einzigen Ausdruck, sondern auch einen kompletten Algorithmus berechnen, in dem weitere Funktionen aufgerufen werden können. In diesem Fall empfiehlt sich ein mehrzeiliges Textfeld, in das der VB-Code einzugeben ist. Vorher ist auf das Vorhandensein der *Return*-Anweisung zu prüfen, so dass diese nur im Bedarfsfall (wie in unserem Beispiel) per Programmcode hinzugefügt werden muss.

- Wollen Sie für den zu berechnenden Ausdruck nicht die VB-, sondern die C#- oder die Delphi-Syntax verwenden, muss natürlich ein anderer Quellcode "zusammengebaut" werden. Der Variablen *cdp* ist der entsprechende Codeprovider zuzuweisen. Alle anderen Befehle unterscheiden sich nicht.

- Durch die Aufteilung der Anwendung in wieder verwendbare Komponenten liegen auch ideale Voraussetzungen für die Entwicklung eines Benutzersteuerelements vor, dessen Funktionalität in der Klasse *TCalculate* gekapselt ist. Diese wird zweckmäßigerweise als DLL ausgelagert.

Hinweis: Versuchen Sie spaßeshalber einmal, einen Ausdruck wie im obigen Test in den "wissenschaftlichen" Windows-Taschenrechner einzugeben, spätestens dann dürften Ihnen die Vorzüge unseres Formel-Rechners einleuchten!

R 13.15 Ein externes Programm starten

Möchten Sie aus Ihrer Delphi.NET-Anwendung heraus andere Prozesse, d.h. Programme, starten, bieten sich Ihnen unter Benutzung des *System.Diagnostics*-Namespace zahlreiche Möglichkeiten und Optionen an. Das vorliegende Rezept soll Ihnen einen ersten schnellen Einstieg vermitteln.

Das Nachfolger- Rezept

☞ R 13.16 Ein anderes Programm starten und überwachen

erweitert die Möglichkeiten des Programms um eine gezielte Prozess-Steuerung.

Oberfläche

Erstellen Sie eine neue Windows Forms-Oberfläche entsprechend folgender Abbildung:

Über die *TextBox* sind zur Laufzeit Name und Pfad einer Anwendung einzugeben.

Quelltext TWinForm1

```
uses System.Diagnostics;
```

Mit dem Klick auf den Button soll folgender Code ausgeführt werden:

```
procedure TWinForm1.Button1_Click(sender: System.Object; e: System.EventArgs);
var proc : Process;
begin
```

Erzeugen eines *Process*-Objekts:

```
proc := Process.Create;
```

Parametrieren (welche Anwendung soll gestartet werden) und Aufrufen der Anwendung:

```
proc.StartInfo.FileName := TextBox1.Text;
proc.Start;
```

Hinweis: Diese Methode wartet nicht auf das Prozess-Ende, die Programmausführung wird direkt fortgesetzt.

Mit der folgenden Methode erreichen wir, dass unsere Anwendung so lange wartet, bis der Prozess beendet ist:

```
proc.WaitForExit;
MessageBox.Show('Fertig');
end;
```

Hinweis: Möchten Sie die Anwendung, bzw. den Prozess, asynchron starten, lassen Sie einfach die Methode *WaitForExit* weg.

Test

Geben Sie in die TextBox einen Anwendungsnamen (z.B. *Calc.exe*, *MSPaint.exe*, ...) ein und klicken Sie auf den "Start"-Button:

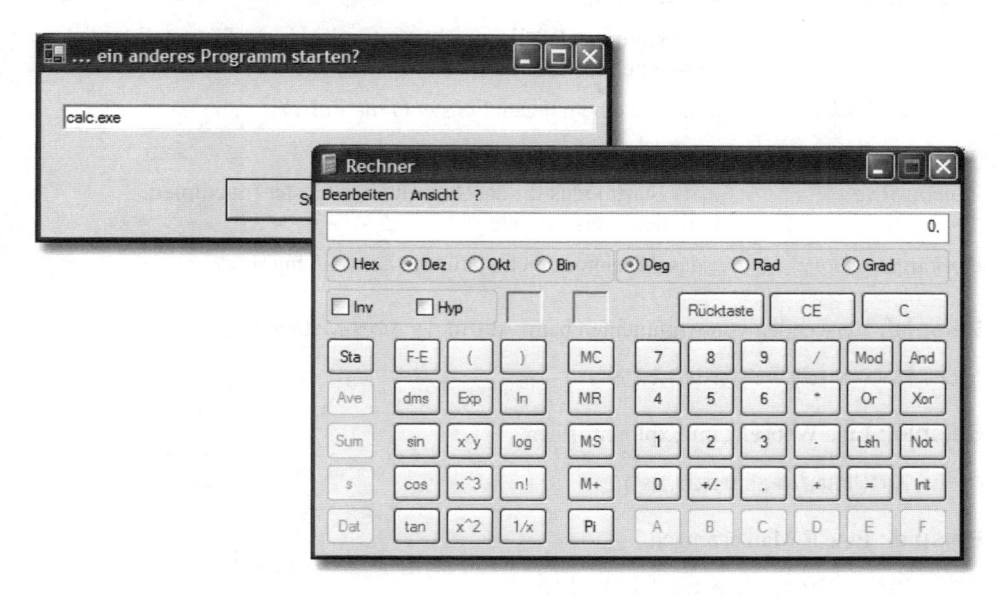

Hinweis: Die Messagebox mit der Meldung "Fertig" sollte erst dann angezeigt werden, wenn die aufgerufene Anwendung beendet ist.

Bemerkungen

Eine besonders einfache Variante bietet sich mit dem direkten Aufruf der statischen Methode *Start* an:

```
Process.Start('calc.exe');
```

Beachten Sie jedoch, dass Sie in diesem Fall nicht mit *WaitForExit* auf das Programmende warten können, für viele Anwendungszwecke reicht diese Verfahrensweise jedoch aus, siehe

☞ R13.19 Eine EMail versenden

Über die *StartInfo*-Eigenschaft können Sie unter anderem folgende Optionen für den zu startenden Prozess vorgeben:

Eigenschaft	Beschreibung
Arguments	... die Kommandozeilenparameter für den neuen Prozess (beispielsweise eine zu öffnende Datei)
CreateNoWindow	... Start in einem neuen Fenster (*True/False*)
FileName	... die eigentliche Anwendung
WindowStyle	... der Startmodus für das Anwendungsfenster (maximiert, minimiert, versteckt etc.)
WorkingDirectory	... das Arbeitsverzeichnis für die Anwendung

Beispiel: Verwenden von Argumenten beim Aufruf der *Start*-Methode

```
Process.Start('notepad.exe','c:\test.txt');
```

Beispiel: Eine Webseite im Explorer öffnen

```
Process.Start('http://www.microsoft.com');
```

Beispiel: Eine E-Mail erzeugen

```
Process.Start('mailto:max_musterman@nirgendwo.de');
```

R 13.16 Ein externes Programm starten und überwachen

Im Vorgängerrezept R 13.15 haben wir Ihnen bereits die grundsätzliche Methodik zum Starten von externen Anwendungen vorgestellt, Delphi.NET bietet jedoch auch die Möglichkeit, das Ende des Prozesses mit einem Ereignis zu überwachen. Der Vorteil: Sie können mit Ihrer Anwendung normal weiterarbeiten (beim synchronen Ausführen wird nicht einmal das Fenster aktualisiert) und dennoch auf das Prozessende reagieren.

Oberfläche

Öffnen Sie eine neue Windows Forms-Anwendung. Auf das Startformular *WinForm1* platzieren Sie eine *TextBox*, zwei *Button*s, ein *Label* und einen *Timer* (*Interval* = 500).

Quelltext TWinForm1

Unser *Process*-Objekt deklarieren wir jetzt als globale Variable mit der Möglichkeit, Ereignisse auszulösen:

```
uses System.Drawing, System.Collections, System.ComponentModel, System.Windows.Forms, System.Data,
    System.Diagnostics;
type
  TWinForm1 = class(System.Windows.Forms.Form)
    ...
  private
    proc : Process;
    procedure proc_Exited(sender : System.Object; e : System.EventArgs);
    ...
  end;
```

Das Instanziieren des *Process*-Objekts implementieren wir im Konstruktor von *TWinForm1*:

```
constructor TWinForm1.Create;
begin
  ...
  proc := Process.Create;        // !
end;
```

Mit Klick auf den "Start"-Button starten wir den *Timer*, ermöglichen das Auslösen des *Exited*-Events und starten den Prozess:

```
procedure TWinForm1.Button1_Click(sender: System.Object; e: System.EventArgs);
begin
  Timer1.Enabled           := True;
  proc.EnableRaisingEvents := True;
```

Zuweisen der Ereignisprozedur (Delegate):

```
  Include(proc.Exited, proc_Exited);
  proc.StartInfo.FileName := TextBox1.Text;
  proc.Start;
end;
```

Über den zweiten Button eröffnet sich Ihnen die Möglichkeit, die Anwendung ziemlich "brutal" zu beenden:

```
procedure TWinForm1.Button2_Click(sender: System.Object; e: System.EventArgs);
begin
  proc.Kill;
end;
```

Hinweis: Dies sollte aber nicht der Normalfall für das Beenden von Anwendungen sein!

Im *Timer_Tick*-Ereignis aktualisieren wir alle 500 ms den Statustext im *Label1* (die Laufzeit der aufgerufenen Anwendung):

```
procedure TWinForm1.Timer1_Tick(sender: System.Object; e: System.EventArgs);
begin
  Label1.Text := 'Laufzeit : ' + System.DateTime.Now.Subtract(proc.StartTime).ToString;
end;
```

Unsere Ereignis-Prozedur, die uns auf das Prozess-Ende aufmerksam macht:

```
procedure TWinForm1.proc_Exited(sender : System.Object; e : System.EventArgs);
begin
```

Wir berechnen ein letztes Mal die Laufzeit der Anwendung und stoppen den *Timer*:

```
  Label1.Text    := 'Laufzeit : ' + proc.ExitTime.Subtract(proc.StartTime).ToString;
  Timer1.Enabled := False;
end;
```

Test

Unmittelbar nach dem Start sollte bereits die Prozess-Laufzeit angezeigt werden:

R 13.17 Quellcode versionsabhängig compilieren

Leider (oder auch Gott sei Dank) wartet jede neue Delphi-Version mit einigen Änderungen auf, die einen uneingeschränkten Austausch der Quelltexte zwischen den einzelnen Versionen erschweren. Sei es eine geänderte Unit/Assembly oder auch nur der korrigierte Fehler in einer Deklaration.

Mit Hilfe von Compilerschaltern und bedingter Compilierung können Sie derartige Probleme lösen, auch wenn der Quelltext dadurch nicht gerade lesbarer wird.

Ausgehend von selbst definierten oder vordefinierten Symbolen können Sie mit Hilfe der folgenden Schalter

```
{$IF xxx}
  ...
{$ELSE}
  ...
{$ENDIF}
```

den Ablauf der Compilierung bestimmen. Einsatzgebiete wären zum Beispiel das wahlweise Compilieren als DLL oder EXE, eine 16- oder 32-Bit-Version etc.

Folgende Symbole sind vordefiniert:

Symbol	Beschreibung
VER130	Delphi 5
VER140	Delphi 6
VER150	Delphi 7
VER160	Delphi 8
VER170	**Delphi 2005**
MSWINDOWS, WIN32	32-Bit-Windows-Programm
CLR, CIL, MANAGEDCODE	.NET-Applikation
LINUX	Betriebssystem Linux
CPU386	CPU-Typ "Intel 386" oder besser
CONSOLE	Ein Konsolenprogramm, d.h. ohne GUI

Ein kleines Testprogramm zur Unterscheidung zwischen Delphi 8 und Delphi 2005 zeigt die Verwendung

Oberfläche

Entwerfen Sie eine simple Windows Forms Oberfläche nach folgendem Vorbild:

Quellcode TWinForm1

Fügen Sie folgende Ereignisprozedur hinzu:

```
procedure TWinForm1.Button1_Click(sender: System.Object; e: System.EventArgs);
{$IFDEF VER160}
   var i : integer;
{$ENDIF}
{$IFDEF VER170}
   var item : String;
{$ENDIF}

begin
  ListBox2.Items.Clear;
  {$IFDEF VER160}
  for i := 0 to Listbox1.SelectedItems.Count-1 do begin
    Listbox2.Items.add('[' + Listbox1.SelectedItems[i].ToString.ToUpper + ']');
  end;
  {$ENDIF}
  {$IFDEF VER170}
    for item in ListBox1.SelectedItems do ListBox2.Items.Add('[' + item.ToUpper + ']');
  {$ENDIF}
end;
```

Die fett hervorgehobenen Zeilen werden durch den Delphi 2005 Compiler verarbeitet, die unterstrichenen durch den Delphi 8 Compiler.

Wie Sie sehen, kann mit dem *for...in*-Konstrukt, das mit Delphi 2005 eingeführt wurde, gleich noch etwas Quellcode eingespart werden.

Test

Das Programm verhält sich in beiden Programmversionen (Delphi 8 und Delphi 2005) gleich, lediglich für den Programmierer ergeben sich Optimierungsmöglichkeiten.

R 13.18 Environment-Variablen auslesen

Auch im .NET-Zeitalter werden Sie nicht immer auf das Auslesen von Environment-Variablen verzichten können. Dieses Rezept zeigt, wie es geht.

Oberfläche

Nur eine Windows Forms-Anwendung mit einer *ListBox*.

Quelltext TWinForm1

Mit einen Enumerator geht es ganz einfach:

```
constructor TWinForm1.Create;
var dic : IDictionaryEnumerator;

begin
  inherited Create;
  InitializeComponent;
  dic := Environment.GetEnvironmentVariables.GetEnumerator;
  while dic.MoveNext do
     ListBox1.Items.Add(dic.Key.ToString + '='+ dic.Value.ToString);
end;
```

Über die Eigenschaft *Key* erhalten Sie Zugriff auf die Schlüssel, der eigentliche Wert findet sich in *Value*.

Test

R 13.19 Eine E-Mail versenden

Mit Hilfe der Anweisung "*mailto:*" ist es problemlos möglich, eine E-Mail mit Adressangabe, Betreffzeile und E-Mail-Text zu generieren, lediglich auf Dateianhänge müssen Sie verzichten. Aufgerufen wird die Anweisung mit Hilfe der *Start*-Methode eines *Process*-Objekts, siehe dazu

☞ R 13.15 Ein externes Programm starten

Hinweis: Das dort vorgestellte Programm können Sie für die folgenden Beispiele verwenden, Sie müssen jedoch die Zeile "*proc.WaitForExit()*" auskommentieren.

Folgende Varianten bieten sich an:

- Eine einfache E-Mail ohne Betreffzeile oder Body-Text.

    mailto:xyz@abc.com

- Eine E-Mail mit einer Betreffzeile ("Preisanfrage").

    mailto:xyz@abc.com?subject=Preisanfrage

- Eine E-Mail mit Adresse, Betreffzeile und zusätzlicher Kopie an die Adresse "hans@glueck.com".

    mailto:xyz@abc.com?subject=Preisanfrage&CC=hans@glueck.com

- Eine E-Mail mit Adresse, Betreffzeile sowie einem E-Mail-Text.

    mailto:abc@xyz.de?subject=Anfrage Preisliste&Body=Bitte senden Sie mir %0A die aktuellen Preislisten zu!

R 13.19 Eine E-Mail versenden

Wie Sie sehen, ist die Verwendung recht einfach. Es sind lediglich einige Grundregeln zu beachten:

- Die Betreffzeile (*subject*) ist mit einem Fragezeichen "?" von der Adressangabe zu trennen.
- Alle weiteren Optionen sind mit einem "&" voneinander zu trennen.
- Zeilenumbrüche in der Textangabe können Sie mit der Kombination "%0A" realisieren.
- Leerzeichen in der Adressangabe können Sie mit "%20" einfügen.

Test

Tragen Sie die obigen Anweisungen in das Programm

☞   R 13.15 Ein externes Programm starten

ein und klicken Sie auf den "Start"-Button.

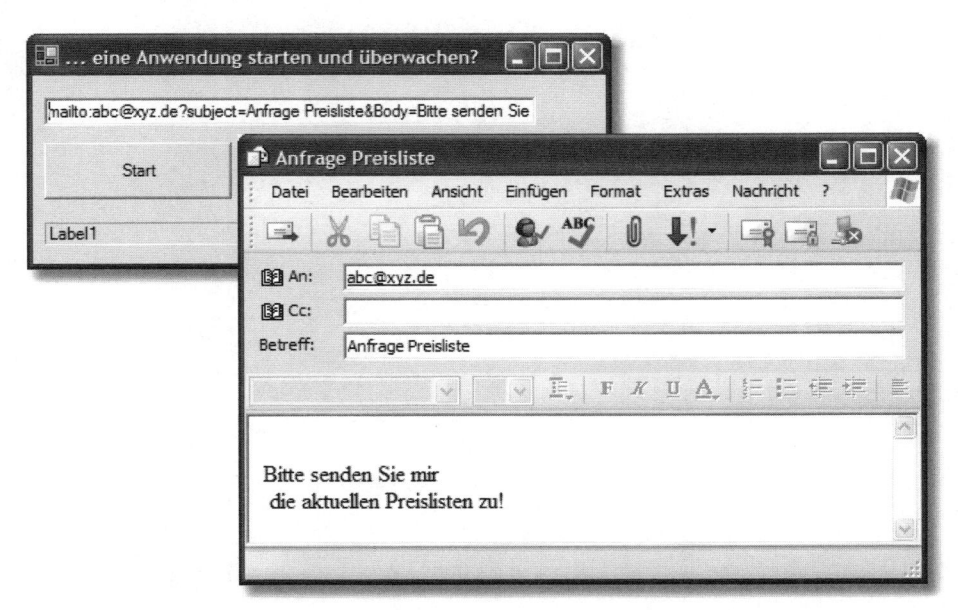

Anhang

Anhang

A Verzeichnis der Abkürzungen

Begriff	Bedeutung	Bemerkung
ADO	ActiveX Data Objects	ältere Datenzugriffstechnologie von Microsoft
ADO.NET		neue Datenzugriffstechnologie von Microsoft für .NET
ANSI	American National Standard Institute	US-amerikanische Standardisierungsbehörde
API	Application Programming Interface	allgemeine Schnittstelle für den Anwendungsprogrammierer
ASCII	American Standard Code for Information Interchange	klassisches Textformat
ASP	Active Server Pages	Webseiten mit serverseitig ausgeführten Skripten
BDP	Borland Data Provider	hauseigener Datenprovider von Borland
BLOB	Binary Large Object	binäres Objekt, z.B. Grafik
BO	Business Object	Geschäftsobjekt
CAO	Client Activated Objects	vom Client aktiviertes Objekt (.NET Remoting)
CGI	Common Gateway Interface	Möglichkeit für die Verarbeitung von Anfragen auf einem Webserver
CLI	Common Language Infrastructure	Standard für alle .NET-Programmiersprachen
COM	Common Object Model	allgemeines Objektmodell von Microsoft
CSV	Comma Separated Variables	durch bestimmte Zeichen getrennte Daten (meist Komma)
CTS	Common Type System	Datentypen, die von .NET unterstützt werden
DAO	Data Access Objects	klassische Datenzugriffsobjekte
DC	Device Context	Gerätekontext
DCOM	Distributed Component Object Model	auf mehrere Rechner verteiltes COM
DISCO	WebService Discovery	XML-Protokoll zum Aufsuchen von Webdiensten
DLL	Dynamic Link Library	Laufzeitbibliothek, die von mehreren Programmen benutzt werden kann
DQL	Data Query Language	Untermenge von SQL zur Datenabfrage
DDL	Data Definition Language	Untermenge von SQL zur Datendefinition
DML	Data Manipulation Language	Untermenge von SQL zur Datenmanipulation
DMO	Distributed Management Objects	Objekte z.B SQLDMO zum Administrieren des SQL Servers

Begriff	Bedeutung	Bemerkung
DNS	Domain Name Service	Umwandlung von Domain-Namen in IP-Adresse
DOM	Document Object Model	objektorientiertes Modell für den Zugriff auf strukturierte Dokumente
DSN	Data Source Name	Name einer Datenquelle
DTS	Data Transformation Services	SQL-Server-Dienst, zum Transformieren von Daten
ECO	Enterprise Core Objects	Framework für modellgestützte Entwicklung
ESD	Eco Space Designer	Entwicklungstool für ECO-Projekte
FCL	Framework Class Library	.NET-Klassenbibliothek
FSM	Finite State Machine	Endlicher Zustandsautomat
FTP	File Transfer Protocol	Internet-Protokoll für Dateitransfer
FQDN	Full Qualified Domain Name	Host-Name des Servers in URL
FSO	File System Objects	Objektmodell für Zugriff auf Laufwerke, Verzeichnisse und Dateien
GAC	Global Assembly Cache	allgemein zugänglicher Speicherbereich für Assemblies
GC	Garbage Collection	"Müllsammlung" (Freigabe von Objekten)
GDI	Graphical Device Interface	Grafikfunktionen der Windows API
GDI+		Grafikklassenbibliothek von .NET
GLS	Gleichungssystem	Begriff der numerischen Mathematik
GUI	Graphical User Interface	grafische Benutzerschnittstelle
GUID	Global Unique Identifier	eindeutiger Zufallswert (128 Bit) zur Kennzeichnung von Klassen
HTML	Hypertext Markup Language	Sprache zur Gestaltung statischer Webseiten
HTTP	Hypertext Transfer Protocol	Protokoll für Hypertextdokumente
ICMP	Internet Control Message Protocol	Nachrichtenprotokoll im Internet
ID	Identifier	Identifikationsschlüssel
IDC	Internet Database Connector	... enthält Infos zum Herstellen einer Verbindung bzw. Ausführen von SQL
IDE	Integrated Development Environment	Integrierte Entwicklungsumgebung
IE	Internet Explorer	... oder Internet Browser
IIS	Internet Information Server	... oder Internet Information Services
IL	Intermediate Language	Zwischencode von .NET
ISAM	Indexed Sequence Access Method	indexsequenzielle Zugriffsmethode

A Verzeichnis der Abkürzungen

Begriff	Bedeutung	Bemerkung
ISAPI	Internet Server API Interface	Web-Anwendung (DLL) für IIS und IE
Jet	Joint Engineers Technology	lokales Datenbanksystem von Microsoft
JIT	Just In Time	Compilieren zur Laufzeit
LAN	Local Area Network	lokales Rechnernetzwerk
MDAC	Microsoft Data Access Components	Datenzugriffskomponenten (ab Version 2.6), müssen auf Zielcomputer installiert sein
MIDAS	Multi-tier Distributed Application Services	ehemalige Bezeichnung für Technik verteilter Anwendungen
MS	Microsoft	Software-Gigant
MSDE	Microsoft Data Engine	abgerüstete SQL Server-Datenbank-Engine
MSDN	Microsoft Developers Network	eine (fast) unerschöpfliche Informationsquelle für den Windows-Programmierer
MSIL	Microsoft Intermediate Language	Zwischencode für .NET
MSXML	Microsoft XML Core Services	
OCL	Object Constraint Language	in ECO benutzte Beschreibungssprache
ODBC	Open Database Connectivity	allgemeine Datenbankschnittstelle
OLAP	On-Line Analytical Processing	
OLE	Object Linking and Embedding	Microsoft-Technologie zum Verknüpfen und Einbetten von Objekten
OLE DB		Schnittstelle für den universellen Datenzugriff
OOP	Object Oriented Programming	Objektorientierte Programmierung
PAP	Programmablaufplan	
POP3	Post Office Protocol Version 3	Posteingangsserver
PWS	Personal Web Server	abgerüstete Version des IIS
RAD	Rapid Application Development	schnelle Anwendungsentwicklung
RDBMS	Relational Database Management System	Relationales Datenbank-Management-System
RDS	Remote Data Services	Objektmodell für Datenverkehr mit Remote Server
RPC	Remote Procedure Call	Aufruf einer entfernten Methode
RTL	Runtime Library	Laufzeitbibliothek
SAO	Server Activated Object	vom Server aktiviertes Objekt (.NET Remoting)
SDK	Software Development Kit	Entwickler-Tools
SGML	Standard Generalized Markup Language	Regelwerk zur Definition von Auszeichnungssprachen für Dokumente

Begriff	Bedeutung	Bemerkung
SMTP	Simple Mail Transport Protocol	TCP/IP-Protokoll für die Übertragung von Nachrichten zwischen einzelnen Computern
SOAP	Simple Object Access Protocol	Protokoll zum XML-basierten Zugriff auf Objekte
SOM	Schema Object Model	zusätzliche APIs für den Zugriff auf XML Schema-Dokumente
SQL	Structured Query Language	Abfragesprache für Datenbanken
SSL	Secure Socket Layer	Sicherheitsprotokoll für Datenübertragung
TCP/IP	Transmission Control Protocol/ Internet Protocol	Netzwerkprotokoll zum Datentransfer, IP-Adresse ist 32-Bit-Zahl
UDL	Unified Data Link	standardisierte Datenverbindung
UDP	Unified Data Protocol	standardisiertes Datenprotokoll
UI	User Interface	Benutzerschnittstelle
UML	Unified Modelling Language	Sprache zur Beschreibung von Objektmodellen
UNC	Uniform Naming Convention	System zur Benennung von Dateien in vernetzten Umgebungen
URL	Uniform Resource Locator	Web-Adresse
VCL	Visual Component Library	Delphi-Klassenbibliothek
WMI	Windows Management Instrumentation	Klassen zur Windows-Administration
WSDL	Web Services Description Language	XML-basierte Beschreibungssprache für Webdienste
W3C	Consortium	Standard
WWW	World Wide Web	Teil des Internets
XML	Extensible Markup Language	universelle textbasierte Beschreibungssprache
XSD	XML Schema Definition Language	XML-Dialekt zur Beschreibung von Datenstrukturen
XSLT	Extensible Stylesheet Language Transformations	Technologie zum Transformieren der Struktur von XML-Dokumenten

B Die wichtigsten ADO.NET-Objekte

B.1 Das Connection-Objekt

Eigenschaften

Eigenschaft	Beschreibung
ConnectionString	Verbindungszeichenfolge zur Datenbank (Lese-/ Schreibzugriff)
ConnectionTimeout	Zeit (in Sek.) für Verbindungsversuch (Lesezugriff)
Database	Name der aktuellen Datenbank (Lesezugriff)
DataSource	Name der Datenbankdatei bzw. SQL Server-Instanz
PacketSize	Größe der Netzwerkpakete (in Byte, Lesezugriff)
Provider	Name des OleDb-Providers
ServerVersion	Version des Servers, mit dem Client verbunden ist (Lesezugriff)
State	aktueller Zustand der Verbindung (Lesezugriff)
WorkstationId	Zeichenfolge, die den Datenbank-Client bezeichnet (Lesezugriff)

Methoden

Methode	Beschreibung
BeginTransaction	Startet eine Datenbanktransaktion
ChangeDatabase	Wechselt die aktuelle Datenbank einer offenen Connection
Close	Schließt die Verbindung zur Datenquelle
CreateCommand	... erstellt ein der Connection zugeordnetes Command-Objekt
GetOleDbSchemaTable	Liefert Schemainformationen der Datenquelle
Open	Öffnet Datenbankverbindung entsprechend ConnectionString

Ereignisse

Ereignis	... wird ausgelöst durch ...
InfoMessage	Senden von Warnungen/Infos durch den Provider bzw. SQL Server
StateChange	Ändern des Zustandes der Verbindung

B.2 Das Command-Objekt

Eigenschaften

Eigenschaft	Beschreibung
CommandText	(Transact-)SQL-Anweisung oder gespeicherte Prozedur, die gegen die Datenquelle ausgeführt wird (Lese- /Schreibzugriff).
Command-Timeout	Zeit, die gewartet wird, bis Versuch einer Befehlsausführung beendet und Fehler generiert wird (Lese-/Schreibzugriff)
CommandType	Interpretation der CommandText-Eigenschaft (Lese-/Schreibzugriff)
Connection	Die von diesem Command-Objekt verwendete Connection (Lese-/Schreibzugriff)
Parameters	Die ParameterCollection des Command-Objekts
Transaction	Die Transaktion, in der das Command-Objekt ausgeführt wird (Lese-/Schreibzugriff)
UpdatedRowSource	Anwendung der Ergebnisse von Befehlen auf ein DataRow-Objekt (Both, FirstReturnedRecord, None, OutputParameters)

Methoden

Methode	Beschreibung
Cancel	Versucht, die Ausführung eines Command abzubrechen
CreateParameter	Erstellt neue Instanz eines Parameter-Objekts
Execute-NonQuery	Führt SQL-Befehl für Connection aus und liefert Anzahl Zeilen
ExecuteReader	Sendet CommandText an Connection und erstellt einen DataReader
ExecuteScalar	Führt Abfrage aus und gibt erste Spalte der ersten Zeile zurück
ExecuteXmlReader	Sendet CommandText an Connection und erstellt XmlReader
Prepare	Erstellt vorbereitete (oder compilierte) Version des Befehls
ResetCommandTimeout	Setzt CommandTimeout-Eigenschaft zurück auf Standardwert

B.3 Das Parameter-Objekt

Eigenschaften

Eigenschaft	Beschreibung
IsNullable	Parameter darf NULL-Werte annehmen (*True/False*; Lese-/Schreibzugriff)
DbType	generischer *DbType* des Parameters (Lese-/Schreibzugriff)
Direction	Anwendungsrichtung des Parameters (Input, InputOutput, Output, ReturnValue)
Offset	Offset für *Value*-Eigenschaft (Lese-/Schreibzugriff)
OleDbType	providerspezifischer *OleDbType* des Parameters (Lese-/Schreibzugriff)
ParameterName	Name des Parameters (Lese-/Schreibzugriff)
Precision	maximale Anzahl von Ziffern für *Value*-Eigenschaft (Lese-/Schreibzugriff)
Scale	Anzahl von Dezimalstellen in *Value*-Eigenschaft (Lese-/Schreibzugriff)
Size	max. Größe der Daten in Byte (Lese-/Schreibzugriff)
SourceColumn	Name der Quellspalte des *DataSet*, die zum Laden oder Zurückgeben der *Value*-Eigenschaft verwendet wird (Lese-/Schreibzugriff)
SourceVersion	*DataRowVersion* beim Laden der *Value*-Eigenschaft (*Current, Original, Proposed, Default*; Lese-/Schreibzugriff)
SqlDbType	providerspezifischer *SqlDbType* des Parameters (Lese-/Schreibzugriff)
Value	Wert des Parameters (Lese-/Schreibzugriff)

B.4 DataReader-Objekt

Eigenschaften

Eigenschaft	Beschreibung
Depth	Ruft einen Wert ab, der die Tiefe der Schachtelung für die aktuelle Zeile angibt.
FieldCount	Ruft die Anzahl der Spalten in der aktuellen Zeile ab.
IsClosed	Gibt an, ob der Datenreader geschlossen ist.
Item	Ruft den Wert einer Spalte im systemeigenen Format ab.
RecordsAffected	Ruft die Anzahl der durch die Ausführung der SQL-Anweisung geänderten, eingefügten oder gelöschten Zeilen ab.

Methoden

Methode	Beschreibung
Close	Schließt den *DataReader*
GetBoolean, GetDateTime, GetString, ...	Ruft Spalteninhalt als Wert eines bestimmten Datentyps ab (siehe Online-Hilfe)
GetSchemaTable	Liefert ein *DataTable*-Objekt mit den Spaltenmetadaten
GetValue	Ruft Spalteninhalt im systemeigenen Datenformat ab
IsDBNull	Gibt an, ob Spalte fehlende Werte enthält
NextResult	Setzt den *DataReader* beim Lesen der Ergebnisse von SQL-Batch-Anweisungen auf das nächste Ergebnis
Read	Setzt den *DataReader* auf den nächsten Datensatz

B.5 DataAdapter

Eigenschaften

Eigenschaft	Beschreibung
AcceptChanges-DuringFill	Bestimmt, ob *AcceptChanges* für eine *DataRow* nach dem Hinzufügen zu einer *DataTable* aufgerufen werden soll (Lese-/Schreibzugriff).
ContinueUpdate-OnError	Bestimmt, ob beim Auftreten eines Fehlers während der Aktualisierung von Zeilen eine Ausnahme ausgelöst oder die Zeile übersprungen werden soll (Lese-/Schreibzugriff).
DeleteCommand	SQL-Anweisung oder gespeicherte Prozedur zum Löschen von Datensätzen in der Datenquelle (Lese-/Schreibzugriff).
InsertCommand	SQL-Anweisung oder gespeicherte Prozedur zum Hinzufügen neuer Datensätze zur Datenquelle (Lese-/Schreibzugriff).
MissingMapping-Action	Bestimmt die auszuführende Aktion, wenn für eingehende Daten keine entsprechende Tabelle oder Spalte vorhanden ist.
MissingSchemaAction	Bestimmt, was geschehen soll, wenn kein Schema für eine Tabelle vorhanden ist oder keine Schlüsselspalte übertragen wurde.
SelectCommand	SQL-Anweisung oder gespeicherte Prozedur, um Datensätze in der Datenquelle auszuwählen (Lese-/Schreibzugriff).
TableMappings	Auflistung für die Masterzuordnung zwischen einer Quelltabelle und einer *DataTable*.
UpdateCommand	SQL-Anweisung oder gespeicherte Prozedur zum Aktualisieren von Datensätzen in der Datenquelle (Lese-/Schreibzugriff).

Methoden

Methode	Beschreibung
Fill()	Transportiert Zeilen aus der Datenquelle zum *DataSet*.
FillSchema()	Fügt einem *DataSet* eine *DataTable* hinzu und passt deren Schema dem Schema in der Datenquelle an.
GetFillParameters()	Liefert die Parameter, die vom Benutzer beim Ausführen einer SELECT-Anweisung festgelegt wurden.
Update()	Ruft für jede eingefügte, aktualisierte oder gelöschte Zeile im *DataSet* die INSERT-, UPDATE- bzw. DELETE-Anweisung auf.

Ereignisse

Ereignis	... wird ausgelöst, wenn ...
FillError	... während eines Füllvorgangs ein Fehler auftritt.
RowUpdated	... während der Ausführung von *Update* ein Aktualisierungsbefehl für die Datenquelle ausgeführt wurde.
RowUpdating	... während der Ausführung von *Update* ein Befehl für die Datenquelle ausgeführt werden soll.

B.6 CommandBuilder

Eigenschaften

Eigenschaft	Beschreibung
DataAdapter	Das *DataAdapter*-Objekt, für welches der *CommandBuilder* arbeitet
QuotePrefix	Das/die Anfangszeichen, die bei Namen für z.B. Tabellen oder Spalten anstatt Zeichen wie Leerzeichen verwendet werden sollen (Lese-/Schreibzugriff)
QuoteSuffix	wie *QuotePrefix*, aber für Endzeichen

Methoden

Methode	Beschreibung
DeriveParameters	Füllt die *Parameters*-Auflistung des *Command*-Objekts mit den Parameterinformationen auf.
GetDeleteCommand	Liefert das automatisch generierte *DeleteCommand*-Objekt, wenn eine Anwendung die *Update*-Methode für den *DataAdapter* aufruft.

Methode	Beschreibung
GetInsertCommand	Liefert das automatisch generierte *InsertCommand*-Objekt, wenn eine Anwendung die *Update*-Methode für den *DataAdapter* aufruft.
GetUpdateCommand	Liefert das automatisch generierte *UpdateCommand*-Objekt, wenn eine Anwendung die *Update*-Methode für den *DataAdapter* aufruft.
RefreshSchema	Aktualisiert die Schemainformationen der Datenbank, die zum Generieren von INSERT-, UPDATE- und DELETE-Anweisungen verwendet werden.

B.7 DataSet

Eigenschaften

Eigenschaft	Beschreibung
CaseSensitive	Schreibt oder setzt, ob Zeichenkettenvergleiche die Groß-/Kleinschreibung berücksichtigen sollen (*True*/**False**).
DataSetName	Liefert Namen des *DataSet*s.
DefaultViewManager	Liefert eine eigene Sicht auf die Daten unter Verwendung eines *DataViewManager*.
EnforceConstraints	Gibt an, ob Datenbankregeln bei Aktualisierungsaktionen gelten sollen (***True***/*False*).
ExtendedProperties	Ermöglicht Zugriff auf benutzerdefinierte Eigenschaften.
HasErrors	Gibt an, ob nach einer Aktion Fehler in Zeilen aufgetreten sind (*True*/*False*).
Namespace	Schreibt oder liest den Namensraum für die XML-Präsentation der Daten.
Relations	Liefert Auflistung von übergeordneten Beziehungen für Tabellen (*Nothing*, falls keine).
Tables	Liefert Auflistung der im *DataSet* enthaltenen Tabellen.

Methoden

Methode	Beschreibung
AcceptChanges()	Bestätigt alle Änderungen, die am *DataSet* vorgenommen wurden, und ruft in allen Tabellen *AcceptChanges* auf.
Clear()	Löscht den Inhalt des *DataSet*.
Clone()	Kopiert Struktur des *DataSet*s in ein neues, Daten werden nicht kopiert.
Copy()	Kopiert Struktur und Daten eines *DataSet*s in ein neues.

Methode	Beschreibung
GetChanges()	Liefert Kopie des *DataSet*s mit allen Änderungen, die seit dem Laden oder dem letzten Aufruf von *AcceptChanges*() vorgenommen wurden (Spezifizierung durch Übergabe von *DataRowState* wie *Added*, *Deleted*, *Detached*, *Modified*, *Unchanged*).
GetXml()	Liefert Zeichenkette mit der XML-Präsentation der Daten.
GetXmlSchema	Liefert Zeichenkette mit der XML-Präsentation des Schemas.
HasChanges()	Informiert, ob Änderungen durchgeführt wurden (*True/False*).
InferXmlSchema	Kopiert ein XML-Schema aus einem *XMLReader*, *TextReader* oder *Stream*.
Merge()	Führt zwei *DataSet*-Instanzen zusammen.
ReadXml()	Liest die übergebenen XML-Daten inklusive ihrem Schema ein.
ReadXmlSchema()	Liest das übergebene XML-Schema ein.
RejectChanges()	Verwirft alle Änderungen seit dem Laden oder dem letzten Aufruf von *AcceptChanges*(), ruft in allen Tabellen *RejectChanges*() auf.
Reset()	Regeneriert den ursprünglichen Zustand des *DataSet*.
WriteXml()	Schreibt XML-Daten inklusive ihrem Schema in einen *XMLWriter*, *TextWriter* oder *Stream*.
WriteXmlSchema()	Schreibt ein XML-Schema in einen *XMLWriter*, *TextWriter* oder *Stream*.

B.8 DataTable

Eigenschaften

Eigenschaft	Beschreibung
CaseSensitive	Schreibt oder setzt, ob Zeichenkettenvergleiche die Groß-/Kleinschreibung berücksichtigen sollen (*True/**False***).
ChildRelations	Liefert alle Detaildatenbeziehungen der Tabelle als Auflistung vom Typ *DataRelationCollection* (*Nothing*, falls keine).
Columns	Liefert alle Spalten der Tabelle als Auflistung vom Typ *DataColumnCollection* (*Nothing*, falls keine).
Constraints	Liefert alle Einschränkungen der Tabelle als Auflistung vom Typ *ConstraintCollection* (*Nothing*, falls keine).
DataSet	Gibt das der *DataTable* übergeordnete *DataSet* zurück.
DefaultView	Liefert ein *DataView*-Objekt mit einer benutzerdefinierten, sortierten oder gefilterten Sicht.

Eigenschaft	Beschreibung
DisplayExpression	Liest oder setzt Zeichenkette zur Kennzeichnung der *DataTable* in der Benutzeroberfläche.
ExtendedProperties	Liest Auflistung der benutzerdefinierten Informationen als *PropertyCollection*. Hinzufügen ist mittels *Add*-Methode möglich.
HasErrors	Liefert *True*, wenn in einer der Datenzeilen Fehler aufgetreten sind.
MinimumCapacity	Setzt oder liest die Anfangsgröße der Tabelle.
Namespace	Setzt oder liest den Namensraum der XML-Präsentation der *DataTable*.
ParentRelations	Liefert Auflistung der übergeordneten Beziehungen der *DataTable* (*Nothing*, falls keine).
PrimaryKey	Setzt oder liest ein *DataColumn*()-Array mit Primärschlüsselspalten der *DataTable*.
Rows	Liefert Auflistung der *DataRow*-Objekte der Tabelle (*Nothing*, falls keine).
TableName	Setzt oder liest den Namen der *DataTable*.

Methoden

Methode	Beschreibung
AcceptChanges()	Bestätigt alle Änderungen seit dem Laden der *DataTable* oder dem letzten Aufruf von *AcceptChanges*.
BeginInit()	Steuert die Initialisierung einer *DataTable*, wartet bis zum Aufruf von *EndEdit*, damit die *DataTable* nicht eher verwendet wird.
BeginLoadData()	Im Zusammenhang mit *EndLoadData* deaktiviert diese Methode Benachrichtigungen, Einschränkungen und Index-Aktualisierungen, während Daten geladen werden.
Clear()	Löscht alle Daten in der *DataTable*, alle Zeilen werden entfernt.
Clone()	Kopiert das Schema der *DataTable* inklusive aller Einschränkungen.
Copy()	Kopiert Struktur und Daten der *DataTable* in eine neue *DataTable*.
EndInit()	Beendet die Initialisierung der *DataTable* und gibt sie zur Verwendung frei.
EndLoadData()	Im Zusammenhang mit *BeginLoadData* aktiviert diese Methode Benachrichtigungen, Einschränkungen und Index-Aktualisierungen, nachdem Daten geladen wurden.
GetChanges()	Liefert Kopie aller an der *DataTable* vorgenommenen Änderungen seit dem Laden der *DataTable* oder dem letzten Aufruf von *AcceptChanges*.

Methode	Beschreibung
GetErrors()	Liefert Array von *DataRow*-Objekten mit allen fehlerhaften Zeilen.
ImportRow()	Kopiert eine *DataRow* in eine *DataTable*.
LoadDataRow()	Sucht und aktualisiert eine bestimmte Datenzeile, wird diese nicht gefunden, so wird neue Zeile mit den angegebenen Werten erstellt.
NewRow()	Erzeugt eine neue *DataRow* auf Grundlage des Tabellenschemas.
RejectChanges()	Verwirft alle Änderungen seit dem Laden der *DataTable* bzw. seit dem letzten Aufruf von *AcceptChanges*.
Reset()	Stellt den Originalzustand der *DataTable* wieder her.
Select()	Liefert ein *DataRow*-Array auf Basis eines übergebenen Ausdrucks.

Ereignisse

Ereignis	Tritt ein, ...
ColumnChanging	... wenn ein Wert in eine Spalte eingetragen wird.
ColumnChanged	... nachdem ein Wert in eine Spalte erfolgreich eingetragen wurde.
RowChanging	... wenn eine Zeile in der *DataTable* verändert wird.
RowChanged	... nachdem eine Zeile in der *DataTable* erfolgreich verändert wurde.
RowDeleting	... bevor eine Zeile in der *DataTable* als gelöscht markiert wird.
RowDeleted	... nachdem eine Zeile in der *DataTable* als gelöscht markiert wurde.

B.9 DataColumn

Eigenschaften

Eigenschaft	Beschreibung
AllowDBNull	Gibt an, ob der Wert *DBNull* für diese Spalte erlaubt ist (**True**/*False*).
AutoIncrement	Gibt an, ob der Spaltenwert automatisch inkrementiert wird.
AutoIncrementSeed	Startwert der Inkrementierung (falls *AutoIncrement = True*).
AutoIncrementStep	Schrittweite der Inkrementierung (falls *AutoIncrement = True*).
Caption	Die Überschrift der Spalte.
ColumnName	Der Name der Spalte.
DataType	Der Datentyp der Spalte.
DefaultValue	Der initiale Standardwert der Spalte.
Expression	Der Ausdruck, mit dem der Spalteninhalt berechnet wird.

Eigenschaft	Beschreibung
MaxLength	Die maximale Länge einer Zeichenketten-Spalte.
Ordinal	Die fortlaufende Spaltennummer.
ReadOnly	Nur Lesezugriff auf die Spalte (*True/False*).
Table	Liefert das zugehörige *DataTable*-Objekt.
Unique	Gibt an, ob die Spalte einen eindeutigen Wert erhalten muss.

B.10 DataRow

Eigenschaften

Eigenschaft	Beschreibung
HasErrors	Gibt an, ob die Zeile Fehler enthält.
Item	Ruft die Daten aus einer angegebenen Spalte ab oder legt diese fest.
ItemArray	Liefert alle Spalten als *Object()*-Array oder legt dieses fest.
RowError	Liefert einen eventuell in der Zeile vorhandenen Fehler.
RowState	Gibt den Zeilenstatus zurück (*Added*, *Deleted*, *Detached*, *Modified*, *Unchanged*).
Table	Liefert das zugehörige *DataTable*-Objekt.

Methoden

Methode	Beschreibung
AcceptChanges()	Bestätigt alle Änderungen seit dem Laden oder dem letztmaligen Aufruf der Methode.
BeginEdit()	Leitet den Änderungsmodus der Zeile ein.
CancelEdit()	Bricht den Änderungsmodus ab.
ClearErrors()	Löscht alle Fehler.
Delete()	Markiert die Zeile als gelöscht.
EndEdit()	Beendet den Änderungsmodus.
GetChildRows()	Liefert alle untergeordneten Zeilen in einem *DataRow()*-Array.
GetColumnError()	Liefert die Fehlerbeschreibung einer Spalte als Zeichenkette.
GetColumnsInError()	Ruft ein *DataColumn()*-Array mit Spalten ab, die Fehler enthalten.
GetParentRow()	Liefert unter Verwendung der angegebenen *DataRelation* das übergeordnete *DataRow*-Objekt.
GetParentRows()	Liefert ein *DataRow()*-Array mit den übergeordneten *DataRow*-Objekten.

B Die wichtigsten ADO.NET-Objekte

Methode	Beschreibung
HasVersion()	Gibt an, ob die angegebene *DataRowVersion* (*Current*, *Default*, *Original*, *Proposed*) vorhanden ist (*True/False*).
IsNull()	Gibt an, ob die angegebene Spalte einen NULL-Wert enthält.
RejectChanges()	Verwirft alle Änderungen, die seit dem letzten Aufruf von *AcceptChanges* an der Zeile vorgenommen wurden.
SetColumnError()	Setzt die Fehlerbeschreibung einer Spalte innerhalb der Zeile.
SetParentRow()	Setzt die übergeordnete *DataRow*.

B.11 DataView

Eigenschaften

Eigenschaft	Beschreibung
AllowDelete	Löschen von Datensätzen erlaubt (*True/False*, Lese-/Schreibzugriff)
AllowEdit	Editieren von Datensätzen erlaubt (*True/False*, Lese-/Schreibzugriff)
AllowNew	Hinzufügen von Datensätzen erlaubt (*True/False*, Lese-/Schreibzugriff)
ApplyDefaultSort	Sortieren nach Standardvorgabe (*True/False*, Lese-/Schreibzugriff)
Count	Anzahl Datensätze nach Anwenden von *RowFilter*/*RowStateFilter*
DataViewManager	Liefert *DataViewManager*, der mit *DataView* verbunden ist.
Item	Identifiziert eine Zeile in der Datentabelle (über Indexer)
RowFilter	Zeichenkette mit Filtervorschrift (Lese-/Schreibzugriff)
Sort	Spalten, nach denen sortiert werden soll, und Sortierfolge (Lese-/Schreibzugriff)
Table	Liest Namen der zugrunde liegenden *DataTable* (Schreibzugriff nur *Nothing*)

Methoden

Methode	Beschreibung
AddNew()	Fügt eine neue Datenzeile des Typs *DataRowView* hinzu.
BeginInit()	Erlaubt Steuerung, wann *DataView* initialisiert wird (siehe *EndInit()*).
Delete()	Löscht Datenzeile an im Argument angegebener Zeilenposition.
EndInit()	Liefert Ende der Initialisierung an und gibt *DataView* frei (siehe *BeginInit()*).
Find()	Liefert Zeilenposition einer gesuchten Datenzeile.
FindRows()	Liefert Zeilenposition mehrerer gesuchter Datenzeilen als Array.

C Northwind versus Nordwind

Hinweis: Die in *Nordwind* kursiv gesetzten Spaltenbezeichner sollten von Ihnen vorsichtshalber umbenannt werden, da der ADO.NET-*CommandBuilder* mit Satz- bzw. Sonderzeichen nicht klarkommt und *Position* als SQL-Wort interpretiert wird.

Customers		Kunden	
CustomerID	nchar(5)	Kunden-Code	Text(5)
CompanyName	nvarchar(40)	Firma	Text(40)
ContactName	nvarchar(30)	Kontaktperson	Text(30)
ContactTitel	nvarchar(30)	*Position*	Text(30)
Address	nvarchar(60)	Straße	Text(60)
City	nvarchar(15)	Ort	Text(15)
Region	nvarchar(15)	Region	Text(15)
PostalCode	nvarchar(10)	PLZ	Text(10)
Country	nvarchar(15)	Land	Text(15)
Phone	nvarchar(24)	Telefon	Text(24)
Fax	nvarchar(24)	Telefax	Text(24)

Orders		Bestellungen	
OrderID	int(4)	*Bestell-Nr*	AutoWert
CustomerID	nchar(5)	Kunden-Code	Text(5)
EmployeeID	int(4)	*Personal-Nr*	Zahl(Long Int)
OrderDate	datetime	Bestelldatum	Datum/Uhrzeit
RequiredDate	datetime	Lieferdatum	Datum/Uhrzeit
ShippedDate	datetime	Versanddatum	Datum/Uhrzeit
ShipVia	int(4)	*VersandÜber*	Zahl(Long Int)
Freight	money(8)	Frachtkosten	Währung
ShipName	nvarchar(40)	*Empfänger*	Text(40)
ShipAddress	nvarchar(60)	*Straße*	Text(60)
ShipCity	nvarchar(15)	*Ort*	Text(15)
ShipRegion	nvarchar(15)	Region	Text(15)
ShipPostalCode	nvarchar(10)	PLZ	Text(10)
ShipCountry	nvarchar(15)	Bestimmungsland	Text(15)

OrderDetails		**Bestelldetails**	
OrderID	int(4)	Bestell-Nr	Zahl (Long Int)
ProductID	int(4)	Artikel-Nr	Zahl (Long Int)
UnitPrice	money(8)	Einzelpreis	Währung
Quantity	smallint(2)	Anzahl	Zahl (Int)
Discount	real(4)	Rabatt	Single

Products		**Artikel**	
ProductID	int (4)	Artikel-Nr	AutoWert
ProductName	nvarchar (40)	Artikelname	Text (40)
SupplierID	int (4)	Lieferanten-Nr	Zahl (Long Int)
CategorieID	int (4)	Kategorie-Nr	Zahl (Long Int)
QuantityPerUnit	nvarchar (20)	Liefereinheit	Text (25)
UnitPrice	money (8)	Einzelpreis	Währung
UnitsInStock	smallint	Lagerbestand	Zahl (Int)
UnitsOnOrder	smallint	BestellteEinheiten	Zahl (Int)
ReorderLevel	smallint	Mindestbestand	Zahl (Int)
Discontinued	bit	Auslaufartikel	Ja/Nein

Categories		**Kategorien**	
CategorieID	int(4)	Kategorie-Nr	AutoWert
CategorieName	nvarchar(15)	Kategoriename	Text(20)
Description	ntext	Beschreibung	Memo
Picture	image	Abbildung	OLE-Objekt

Suppliers		**Lieferanten**	
SupplierID	int(4)	Lieferanten-Nr	AutoWert
CompanyName	nvarchar(40)	Firma	Text(40)
ContactName	nvarchar(30)	Kontaktperson	Text(30)
ContactTitle	nvarchar(30)	Position	Text(30)
Address	nvarchar(60)	Straße	Text(60)
City	nvarchar(15)	Ort	Text(15)
Region	nvarchar(15)	Region	Text(15)
PostalCode	nvarchar(10)	PLZ	Text(10)
Country	nvarchar(15)	Land	Text(15)
Phone	nvarchar(24)	Telefon	Text(24)
Fax	nvarchar(24)	Telefax	Text(24)
HomePage	ntext	Homepage	Hyperlink

Employees		Personal	
EmployeeID	int(4)	Personal-Nr	AutoWert
LastName	nvarchar(20)	Nachname	Text(20)
FirstName	nvarchar(10)	Vorname	Text(10)
Title	nvarchar(30)	Position	Text(30)
TitleOfCourtesy	nvarchar(25)	Anrede	Text(25)
BirthDate	datetime	Geburtsdatum	Datum/Uhrzeit
HireDate	datetime	Einstellung	Datum/Uhrzeit
Address	nvarchar(60)	Straße	Text(60)
City	nvarchar(15)	Ort	Text(15)
Region	nvarchar(15)	Region	Text(15)
PostalCode	nvarchar(10)	PLZ	Text(10)
Country	nvarchar(15)	Land	Text(15)
HomePhone	nvarchar(24)	Telefon privat	Text(24)
Extension	nvarchar(4)	Durchwahl Büro	Text(4)
PhotoPath	nvarchar(255)	Foto	Text(255)
Notes	ntext	Bemerkungen	Memo
ReportsTo	int(4)	Vorgesetzte(r)	Zahl (Long Int)

Shippers		Versandfirmen	
ShipperID	int(4)	Firmen-Nr	AutoWert
CompanyName	nvarchar(40)	Firma	Text(40)
Phone	nvarchar(24)	Telefon	Text(24)

Sales by Year		Umsätze nach Jahr	
@Beginning_Date	adDBTimeStamp	@Anfangsdatum	Datum/Uhrzeit
@Ending_Date	adDBTimeStamp	@Enddatum	Datum/Uhrzeit
ShippedDate	adDBTimeStamp	Versanddatum	Datum/Uhrzeit
OrderID	adInteger	Bestell-Nr	Zahl (Long Int)
Subtotal	adCurrency	Zwischensumme	Währung
Year	adVarWChar	Jahr	Datum/Uhrzeit

TenMostExpensiveProducts		Die zehn teuersten Artikel	
TenMostExpensiveProducts	adVarWChar	ZehnTeuersteArtikel	Text(10)
UnitPrice	adCurency	Einzelpreis	Währung

D ANSI-Tabelle

0		32	[space]	64	@	96	`
1		33	!	65	A	97	a
2		34	"	66	B	98	b
3		35	#	67	C	99	c
4		36	$	68	D	100	d
5		37	%	69	E	101	e
6		38	&	70	F	102	f
7		39	'	71	G	103	g
8	BS	40	(	72	H	104	h
9	TAB	41	)	73	I	105	i
10	LF	42	*	74	J	106	j
11		43	+	75	K	107	k
12		44	,	76	L	108	l
13	CR	45	-	77	M	109	m
14		46	.	78	N	110	n
15		47	/	79	O	111	o
16		48	0	80	P	112	p
17		49	1	81	Q	113	q
18		50	2	82	R	114	r
19		51	3	83	S	115	s
20		52	4	84	T	116	t
21		53	5	85	U	117	u
22		54	6	86	V	118	v
23		55	7	87	W	119	w
24		56	8	88	X	120	x
25		57	9	89	Y	121	y
26		58	:	90	Z	122	z
27		59	;	91	[	123	{
28		60	<	92	\	124		
29		61	=	93	]	125	}
30		62	>	94	^	126	~
31		63	?	95	_	127	

128	160	[space]	192	À	224	à
129	161	¡	193	Á	225	á
130	162	¢	194	Â	226	â
131	163	£	195	Ã	227	ã
132	164	¤	196	Ä	228	ä
133	165	¥	197	Å	229	å
134	166	¦	198	Æ	230	æ
135	167	§	199	Ç	231	ç
136	168	¨	200	È	232	è
137	169	©	201	É	233	é
138	170	ª	202	Ê	234	ê
139	171	«	203	Ë	235	ë
140	172	¬	204	Ì	236	ì
141	173	-	205	Í	237	í
142	174	®	206	Î	238	î
143	175	¯	207	Ï	239	ï
144	176	°	208	Ð	240	ð
145	177	±	209	Ñ	241	ñ
146	178	²	210	Ò	242	ò
147	179	³	211	Ó	243	ó
148	180	´	212	Ô	244	ô
149	181	µ	213	Õ	245	õ
150	182	¶	214	Ö	246	ö
151	183	·	215	×	247	÷
152	184	¸	216	Ø	248	ø
153	185	¹	217	Ù	249	ù
154	186	º	218	Ú	250	ú
155	187	»	219	Û	251	û
156	188	¼	220	Ü	252	ü
157	189	½	221	Ý	253	ý
158	190	¾	222	Þ	254	þ
159	191	¿	223	ß	255	ÿ

Index

!ATTLIST 378
!DOCTYPE 378
!ELEMENT 378
.NET-Koordinatensystem 248
.NET-Reflector 824, 1348
.NET-Reflection 817
.NET-Remoting 689
@ 1339
[Serializable] 1143, 1276
[WebMethod] 644
{$ELSE} 1383
{$ENDIF} 1383
{$IF } 1383
2D-Vektorgrafik 1063
7-Segmentanzeige 1306

A

Abbruchbedingung 772, 937
Abort 806
AcceptButton 179, 202
AcceptChanges 445, 469
AcceptRejectRule 459
AcceptsReturn 203
Access-Report drucken 1213
Access Control List 636
Access denied 673
ACL 636
AcquireRequestState 582
Activate 182, 183
Activator 819
ActiveControl 179, 232
ActiveForm 179, 232
ActiveLinkColor 201
ActiveMdiChild 179
add 746
AddDays 982
Added 465
AddYears 982

ADO.NET 407, 1164
Adress 417
AfterSelect 224
Aggregation 1267
AllowFullOpen 311
AllowPrintToFile 332
AllowQuit 231
AlternatingBackColor 1174
Anchor 168, 189, 208
Anchoring 187
and 129, 137
Anonyme Anmeldung 626
AnsiChar 99
AnsiString 99
Antialiasing 256
Appearance 206
AppendChild 396
AppendHeader 589
AppendText 371
AppendToLog 593
Application 231, 579, 786
    DoEvents 1314
    Run 184, 1027
ApplicationPath 586
Archive 363
ARGB 279
Arithmetische Operatoren 135
Array 129, 148, 918, 963
    dynamisches 152, 921
    mehrdimensionales 149, 155
    statisches 148
Array-Eigenschaften 738, 1111
Array-Konstanten 151
ArrayList 967, 1010, 1040
Array-Property 107
as 129
ASP.NET-Projektdateien 546
ASP.NET 531
    Anwendung installieren 1227

Datenbindung 603
E-Mail 623
Ereignis-Handler 560
Ereignisprogrammierung 556
Fehlerbehandlung 558, 596
Fehlerseiten 599
Formulare 563
Globale Variablen 564
Laufzeitfehler 597
Oberflächengestaltung 555
Projekt exportieren 1229
Projektaufbau 537
Tabellen 560
Textboxen 559
Voraussetzungen 536
ASP.NET-Webdienst 641
aspnet_wp.exe 686
ASPNET-Account 1231
ASPNET-Prozess 686
ASPX-Datei 548
Assemblies 88
Assemblies signieren 763
Assembly 758
  GetExecutingAssembly 818
  LoadFrom 817
Assembly laden 817
Assembly-Informationen 762
AssemblyKey-File 763
Assert 776
assigned 1088, 1347
Asynchrone Delegate-Aufrufe 816
Attribute 89, 379, 1325
Attributwerte 380
Aufzählungstypen 158, 733
Ausgabequalität 271
Ausschneiden 796
Auswahlabfragen 1171
Auswahlformeln 495
Auswahl-Listbox 722
AuthenticateRequest 581
Authentication 626
Authentifizierung 418

Authentifizierungsmethoden 674
Authorization 636
  URL 637
AuthorizeRequest 582
Automatische Impersonation 633
AutoScroll 179, 207
AutoSize 200
AutoZoom 336
Average 964

B

B2B 650
B2C 650
BackColor 168
BackgroundImage 179
Balkendiagramm 1054
Bänder 486
Basisklasse 1093, 1243
Basisklassenereignisse 1034
Basisklassenmethode 745, 1035, 1037, 1049
BdpConnection 608, 902
BdpDataAdapter 608, 1162
Bdp-Datenprovider 911
Bdp-Komponenten 1162
bedingte Formatierung 495
bedingte Kompilierung 1383
bedingte Verzweigungen 145
begin 129
BeginInvoke 816, 1355
BeginnTransaction 421
BeginPrint 317
BeginRequest 581
Benutzer ASPNET 683
Benutzerdefiniertes Steuerelement 718
Benutzersteuerelement 721
Berichtbereiche 486
Berichtsformeln 495
Berichtsfuß 488
Berichtskopf 487
Bezeichner 128
Beziehungen 410

Bézierkurven 263
Binärdateien 372
BinaryFormatter 368, 1145
BinaryReader 368, 1136
BinaryWriter 368, 1136
Binding 478, 1187
BindingContext 1043, 1187
BindingManagerBase 479
BitBlt 1073
Bitmap 1194
   Create 1051
   FromFile 243
   Save 1051
Bitweise Operationen 137
Blockstruktur 126
Bogenstück 266
Boolean 95, 132
Boolesche Operatoren 136
Borderstyle 242
BorderStyle 168, 200
Borland Daten Explorer 606
Bound Controls 1184
Boxing 96, 142
break 144
BringToFront 183
Browsable 729
Browser 586
Browser-Eigenschaften 585
Brush 284
Bubblesort 974
BufferOutput 588
Button 202, 224
Byte 95, 132
Byte-Array 954

C

C# 73
Callback 1337, 1340
CallbackTimer 1355, 1359
CancelButton 179, 202
CancelCurrentEdit 1184

CanDuplex 323
CAO 689
case 129, 145
Cassini 1225
Casting 101
Category 730
CausesValidation 168, 174, 996, 998
Change 174
ChangeClipboardChain 1321
Channels 691
Char 95, 132
Charset 589
CheckBox 205
Checked 191, 205, 206, 989
CheckedItems 211, 1004
CheckedListbox 211, 1003
CheckFileExists 230
CheckPathExits 230
CheckState 205, 1004
ChildNodes 394
class 1078
class constructor 743
class function 1260
Class Helpers 106
class operator 111
class procedure 105
class property 106, 743
class var 105, 1258
ClassesRoot 799
ClassHelper 1107, 1110
Class-Konstruktor 743
ClassLoader 87
ClearContent 589
ClearHeaders 589
ClearSelected 1002
ClearTypeGridFit 272
Click 171
Client Activated Objects 690
Client Side Activation 689
ClientSize 179
Clipboard 232, 795, 1319
Clipping 294, 296

Close 183
Closed 182
CloseView 522
Closing 182
CLR 84, 86, 1383
CLS 84
CMatrix 1282
Code Manager 87
CodeBehind 549
CodeDOM 1371
Codefenster 58
Collection 967
Color 282
ColorDialog 311
ComboBox 212, 1179
COM-Komponenten 88
Command 425
   CommandText 426
   CommandTimeout 427
   CommandType 427
   Connection 426
   Execute 425
   ExecuteNonQuery 429
   ExecuteReader 430
   ExecuteScalar 430
   Parameters 431
   Übersicht 1396
   UpdatedRowSource 428
CommandBuilder 447
   Übersicht 1399
CommandType 1172
COM-Marshaller 87
Commit 421
Common Language Runtime 86
Common Language Specification 85
Common Type System 86
CommonAppDataPath 231
CommonAppDataRegistry 231
CompanyName 231
Compare 950
CompareFieldValidator 570
CompareValidator 567

Compileranweisung 128
Compressed 363
Connect Timeout 417
Connection 413, 1164
   BeginTransaction 423
   ChangeDatabase 424
   Close 419, 424
   ConnectionString 421
   ConnectionTimeout 423
   CreateCommand 425
   DataSource 421
   Open 424
   Provider 422
   ServerVersion 422
   State 423
   Übersicht 1395
Connection Lifetime 417
ConnectionString 1156
CONSOLE 1383
const 134, 129, 918
Constraints 457
Container 722
Contains 177
ContentEncoding 589
ContentType 586, 589
Contextmenu 168
ContextMenu 179, 227, 1037
Continue 144
Control 170, 718
ControlBindingsCollection 478, 1187
ControlBox 179
Control-Matrix 1019
Controls 180, 582
   Add 1018
ControlToValidate 568
Convert 140, 929
Cookies 586, 589, 593
Copies 328
CPU386 1383
Create 103
CreateConstraints 462
CreateControl 183

Index

CreateDirectory 360
CreateElement 397
CreateGraphics 177, 183, 253, 1050
Create-Konstruktor 1235
CreateMeasurementGraphics 322, 324
CreateSubKey 800, 1323
CreateText 1134
Crystal Report 485
   ADO.NET-DataSet 1220
   Assistent 496
   bedingte Formatierung 512
   Berechnungen 510
   Datenbankpfad 1219
   Deckblatt 1215
   Designer 485, 499
   Ereignis 494
   Etiketten 1215
   Exportieren 526
   Farbliche Gestaltung 513
   Feld-Explorer 486
   Formatierungen 1218
   Gruppieren 501
   Layout 1219
   NewPageAfter 1215
   Parameterfelder 506
   Querdruck 1217
   Seitenränder 1216
   Seitenumbruch 1217
   SetDataSource 1223
   Sortieren 501
   Summe 1217
CrystalReportViewer 518
CTS 84
Currency 95
Current Language 417
CurrentConfig 799
CurrentRows 465
CurrentUser 799
Cursor 168, 180
CustomColors 311
CustomValidator 567, 574

D

DashCap 283
DashStyle 283
Data Source 414, 417
DataAdapter 436, 1165
   Command 436
   Fill 436, 437
   OnRowUpdated 444
   OnRowUpdating 444
   Übersicht 1398
   Update 439
Database 417
DataBind 584
DataBindings 477, 478, 1040
DataColumn 452, 455, 456, 464
   Übersicht 1403
DataGrid 227, 1044, 1174
   löschen 620
   Master-Detailbeziehungen 621
   sortieren 614
DataGridTableStyle 1174
DataGridTextBoxColumn 1174
DataHub 706
DataMember 1174
DataPort 712
DataReader 1169
   Create 433
   ExecuteReader 433
   FieldCount 435
   IsClosed 435
   Item 435
   Read 435
   Übersicht 1397
DataRelation 452, 458, 459, 1176
DataRow 452
   Übersicht 1404
DataRowCollection 462
DataRowVersion 469
DataSet 402, 403, 409, 410, 1164
   Clone 453
   Copy 453

Create 452
GetChanges 453
Objektmodell 451
Übersicht 1400
XML-Datei 1146
DataSource 403, 477, 1010, 1044, 1174, 1182
DataSync 706
DataTable 452, 455
    ColumnChanged 471
    ColumnChanging 471
    ColumnName 464
    Columns 463
    Delete 467
    Remove 467
    RowChanged 471
    RowChanging 471
    RowDeleted 471
    RowDeleting 471
    Rows 463
    RowState 468
    Select 464
    TableName 464
    Übersicht 1401
DataView 452, 472
    Create 472
    FindRows 474
    RowFilter 473
    Sort 473
    Übersicht 1405
Dateien 368
Dateioperationen 359
Dateiparameter 369
Dateiverknüpfungen 801
Datenanbindung 477
Datenbindung 1040
Datenexplorer 119
Datenkonsument 409
Datenpersistenz 891, 899
Datenprovider 409
Datentypen 94, 131
DateTime 982, 997

DateTimePicker 215, 984
Datumswerte 984
DblClick 171
DbType 432
DBWebDataGrid 611
DBWebDataSource 608, 611
DBWebNavigator 611
dccil 48
Deactivate 182
Debug 232, 770
    Write 776
    WriteIf 776
    WriteLineIf 776
Debug Machine 87
Debugger 767
Debug-Objekt 775
Decimal 132, 998
DecimalPlaces 217
default 1112, 1284
Default-Ereignis 750
Default-Property 731
Delay 1317
Delegate 745, 812, 866, 871, 974, 1240, 1337, 1346, 1354
    Combine 1345
DeleteCommand 437, 441, 449
Deleted 465
DeleteSubKey 800
DeleteSubKeyTree 800
DeleteValue 800
Delphi 2005
    Architect 39
    Enterprise 38
    Professional 38
Delphi.NET Compiler 47
DereferenceLinks 230
Description 730
Deserialisieren 1275
Design Pattern 849
Designer 57
Desktop 1072
DesktopBounds 180

DesktopLocation 180
Destroy 1128
Destruktor 744, 1083
Detailbereich 487
Dezimalpunkt 995
Dezimal-Trennzeichen 949
Diagramme 493
Dialoge 185, 792
DialogResult 180, 792
DiffGramm 665
Digitalanzeige 1306
Digitale Signatur 687
Direction 432
DirectionVertical 271
Directory 359, 360, 363
DirectoryInfo 359, 360, 361, 1133
DirectoryName 365
DisabledLinkColor 201
DISCO 651
DisplayGroupTree 519
DisplayMember 1010, 1182
DisplayMemberChanged 1013
DisplayToolbar 519
Dispose 1126
Disposed 585
Distribution 835
div 129, 989
do 129
Do ... Loop Until 939
Do Until ... Loop 938
Do... Loop While 938
Dock 168, 180, 188, 208, 209
Docking 187
DockPadding 180, 188
DockStyle 196
DOCTYPE 382
Document 316, 332
Document Object Model 388
Document Type Definition 378
DocumentName 327
Documents 338
DoDragDrop 177, 183, 1014

DoEvents 231, 1314, 1317
DOM 388
   Integration 390
Domain 593
DomainUpDown 217
DOM-Objekte 389
Double 95, 132, 923
downto 129, 944
Drag&Drop 1013
DragDrop 174
DragDropEffects 1014
DragOver 174
DrawArc 266
DrawBezier 263
DrawCurve 261
DrawEllipse 264
DrawIcon 273
DrawImage 274
DrawImageUnscaled 273
Drawing.Printing 1197
Drawing2D 1069
DrawLine 256, 1054
DrawLines 1054
DrawPie 264
DrawPolygon 260
DrawRectangle 258
DrawRectangles 260
DrawString 268, 1204, 1206
DrillDownOnGroup 522
DropDownButton 225
DropDownStyle 212
Druckaufträge 1199
Drucker 1197
Drucker auswählen 1198
Druckerdialog 525
Druckjobs 1199
Druckvorschau 336, 488, 1203
DSN 414
DTD 378
Duplex 328
Durchlaufzähler 773
Dynamische Impersonation 635

dynamisches Array 952
DynData 799

E

e.Button 171
e.HasMorePages 317
ECO 122, 883
ECO Space 884
Eigenschaften 725, 1232
Eigenschaften-Fenster 57, 168
Einbinden 760
Einfügen 796
Eingabereihenfolge 190
Einschränkung 457
Einzelschritt-Modus 774
Elemente 379
Ellipsen 264
else 129
E-Mail 528, 1386
EMF 243
EnableClientScript 568
Enabled 168
EnableDrillDown 519
EnableRaisingEvents 1381
EnableViewState 582
Encoding 954
Encrypted 363
end 129
EndCurrentEdit 1189
EndRequest 582
Enter 174, 810
Entwicklungsumgebung 53, 117
Entwurfsmodus 767
Enumeration 963, 967
Enumerator 1200
Environment 1337
   NewLine 954
e-Parameter 170
Equals 275, 951
Ereignis 1087
Ereignishandler 1241
Ereignismodell 108

Ereignisse 745, 1239
Error 404 602
Error-Handler 787
ErrorMessage 568
ErrorPage 582
EVA 142, 915
Event 866, 871
   auslösen 1241
   definieren 1240
Event Pattern 849, 876
EventArgs 745
Eventhandler 67, 1346
Events 745, 1346
except 129
Exception 787, 929
Exception-Klasse 789
ExceptionManager 87
exclude 870
ExecutablePath 231
Exists 364
exit 146, 231, 810, 1361
ExitThread 231
ExpandAll 1154
Expires 593
ExpiresAbsolute 589
export 129
ExportOptions 526
ExportReport 522
Expression 457
Extensible Markup Language 375
Extension 365

F

Farbauswahl 311
Farbauswahlbox 1299
Farben 279
Farbmixer 1058
FCL 46, 167
Fehlerbehandlung 418, 777, 940, 987
Fehlerklassen 780, 789
Fibonacci-Zahlenreihe 981
FieldInfo 1332

Index

File 359, 1128, 1131
File Authorization 636
FileAttributes 1132
FileInfo 359
FileMode 369
FileName 230
FilePath 586
FileShare 370
FileStream 368, 1145, 1194
FileSystemWatcher 359, 366
FillChar 116
FillEllipse 264
Fillmode 292
FillPolygon 260
FillRectangle 258
FillRectangles 260
FilterIndex 230
Filters 230
final 116
finalization 94
finalize 1123
finally 129
FindControl 584
FindForm 177
FlatStyle 202
Floor 986
Flush 589
Focus 177, 183
Font 168, 290, 1205
FontDialog 309
FontMustExist 310
FontStyle 290
for in do 121, 129, 143, 144
for next 938
ForeColor 168
ForeignKeyConstraint 458
Form 178, 185, 587
   Menu 1028
Format 215
Formatstrings 946
Formatters 691
FormBorderStyle 180

Formelfelder 489
Forms 232
Forms Authentication 626, 628
Formular erben 1293
forward 129
FPoint 275
FRectangle 276
Free 1128
FreeMem 116
FromArgb 285
FromARGB 280
FromFile 243
FromPage 331
FSize 276
FullName 365
function 129, 161
Funktionen überladen 961
Funktionsdiagramm 1054
Funktionszeiger 974

G

Garbage Collection 113
Garbage Collector 744, 1122
GC 1122
GDI+ 237
Geheimschlüssel 970
geometrische Transformation 1069
Gerätekoordinaten 252
GetAttributes 364, 1132
GetAvailableThreads 808
GetChildRows 461
GetCommandLineArgs 1337
GetContainerControl 177
GetCreationTime 364, 1132
GetCurrentDirectory 361
GetCurrentPageNumber 522
GetData 1015
GetDataObject 795
GetDataPresent 796, 1015
GetDC 322, 1072, 1073
GetDeviceCaps 321, 324
GetDirectories 361, 1133

GetElementsByTagName 398
GetEnvironmentVariables 1385
GetExecutingAssembly 823, 1076
GetFields 1333
GetFiles 361
GetHdc 1073
GetLastAccessTime 364, 1132
GetLastWriteTime 364, 1132
GetManifestResourceStream 823, 1076
GetMaxThreads 808
GetMem 116
GetMethod 816, 1355
GetMethods 1333
GetNextControl 183
GetObservers 853
GetPixel 255
GetPixels 298
GetProcesses 1368
GetProperties 1333
GetString 955
GetSubKeyNames 800
GetThumbnailImage 245
GetType 169, 177, 818, 1332
GetTypes 818
GetValueNames 800
Global.pas 547
Global.asax 656, 657
Globale Koordinaten 249
goto 129
Grafik
   Auflösung 244
   Dunkler 305
   Filter 309
   Graustufen 304
   Heller 305
   Invertieren 303
   Kontrast 307
   Pixelformat 245
   Skalieren 247
Grafik drucken 1202
Grafikkoordinaten 1052
Grafiktyp 244

Graphics 253, 1047
Graphics.FromImage 253
GroupBox 206, 207
Gruppenfuß 488
Gruppenkopf 487
Gruppennamenfelder 491
Gültigkeitsbereiche 133

H

Haltepunkte 772
Handle 168
HasControls 584
Hashtable 1267
HasKeys 593
HasVersion 469
HatchBrush 283, 285
Hauptformular 184
Height 232
Help 831
   ShowPopup 832
HelpButton 181
HelpContextId 831
HelpNameSpace 833
HelpProvider 227, 833
HelpRequested 174, 182
Hidden 363
Hide 177, 183
HideSelection 992
High 923
Hilfeprogrammierung 826
HorizontalResolution 244
HScrollBar 214
HTML 375
HTML Help Workshop 827
HTML-Hilfedateien 826
Hyperlinks 201

I

ICO 243
Icon 181, 278
IDataObjekt 795

Identifikation 631
IDictionaryEnumerator 1385
IDisposable 1126
IEnumerator 941
if then else 129, 145, 915
IInterface 1115
IIS 42
   Alternative 1225
Image 202, 242
   FromFile 243
ImageAlign 220
ImageFormat 244
ImageList 219, 1006, 1008
Images 1008
Images-Collection 219
ImageSize 219
Impersonation 633, 684
   Dynamisch 635
   Statisch 635
in 129
include 870, 1080, 1089, 1187, 1381
Indeterminate 205
Indexers 738
IndexOf 969, 992
inherited 103, 745, 1037, 1049, 1245
Init 585
initalization 94
Initial Catalog 417
Initialisierte Variablen 134
Inline 116
InnerException 788
InputStream 587
InsertCommand 437, 441, 448
Installation 37, 39, 42
InstalledPrinters 319, 1197
InstallShield 835
Instanzen-Klasse 366
Int16 95, 132
Int32 95, 132
Int64 95, 132
Integer 95, 132
Intellisense 70, 1235

Interface 110, 855
Interface-Assembly 693
Interfaces 1114
Internet Information Server 42
Interop-Assembly 1211
Interrupt 805
Interval 1314
IntPtr 1073, 1320
Invalidate 177, 183, 254
InvalidOperation 448
InvalidOperationException 989
Invoke 812, 817, 819, 1340
IObserver 855
IsAlive 807
IsAuthenticated 587
IsBackGround 807
IsClientConnected 589
IsCompleted 679
IsDefaultPrinter 319
IsMdiChild 181
IsMdiContainer 181, 196
IsMDIContainer 1028
IsPostBack 544, 582
IsPublic 1333
IsSecureConnection 587
IsSpecialName 1333
IsValid 582
Items 209, 1000
   Count 209
Iterationsschleife 978, 981

J

JIT-Compiler 83
Join 806, 951, 953
Just-in-Time-Compiler 83

K

Kalender 215
Kantenglättung 256
Kartenspiel 1262
kaufmännisch runden 986

KeyDown 172
KeyPress 172, 995
KeyPreview 173
KeyUp 172
Klassen 717, 1077, 1232
   Eigenschaften 1233
   Ereignisse 1239
   Methoden 1234
Klassendaten 105
Klassendiagramm 883, 894, 1242
Klasseneigenschaften 732
Klassenvervollständigung 1036, 1234
Kommandozeile 47
Kommandozeilenparameter 1335
Kommentare 128, 379
Kompilerschalter 1383
Komponenten 717
   Bitmap zuweisen 1312
Komponentenklasse 724
Konstanten 134
Konstruktor 102, 717, 720, 741, 1083, 1236, 1367
Konstruktor überladen 1237
Kontextmenü 801
Konvertieren 138
Kopieren 796
Kreise 264
Kreuztabellenberichte 514
kritische Abschnitte 1355
Kuchendiagramme 265

L

label 129, 200
Landscape 322
LargeChange 214
LargeImageList 220, 1008
Late Binding 819
Laufende Summe-Felder 492
Laufzeitmodus 767
Layout 182
LayoutMdi 198, 1030
Leave 174

Length 365
Library 758
Lifetime Leases 692
LinearGradientBrush 287
Lines 204
Linien 256
LinkBehavior 201
LinkColor 201
LinkLabel 201
Links.Add 201
LINUX 1383
ListBox 209, 999, 1164, 1197
   Add 1000
   DataSource 1010
   DisplayMember 1010
   DisplayMemberChanged 1013
   Items 1000
   MultiColumn 1003
   SelectionMode 1000
   Sorted 1000
   ValueMember 1013
   ValueMemberChanged 1013
ListView 220, 1006
ListViewItem 1007
Load 182
LoadControl 584
LoadXML 391
LocalMachine 799
LocalUserAppDataPath 231
Location 168, 181
LocationChanged 182
LockBits 298, 300
Locked 168
Login-Dialog 628
LogOnInfo 519
Long 95
LongWord 132

M

mailto: 1386
Main 185

Index

MainMenu 190, 1028
MANAGEDCODE 1383
MapPath 584
MappingName 1174
MarginBounds 1206, 1208
Margins 321, 326
Marshal 301
Master-Detailbeziehungen 1176
Math 978
   Floor 986
Matrix 957, 1282
Matrix-Klasse 1069
MatrixOrder 273
Matrizen 1288
Matrizenrechnung 1282
Mausereignisse 171
Max 214
MaxDropDownItems 212
MaximizeBox 181
MaximumCopies 328
MaximumPage 331
MaximumSize 181
MaxLength 203
MDI-Applikation 194, 1027
MDIChildActivated 182
MdiChildren 181, 199
MDIContainer 196
MdiParent 181, 197, 1030
MeanAritmetic 964
MeanGeometric 964
MeanMedian 964
MeasureString 269
Mengentypen 158
Menu 181
Menüeditor 1028
MenuItem 191, 1039
   DrawItem 192
   MeasureItem 192
   OwnerDraw 192
   Visible 192
MenuItems
   Add 193

Menüs 190
MessageBox 792
Metadaten 88, 410
Metasprache 375
Methoden 741, 1232
Methodenzeiger 1345
   untypisiert 1338
MethodInfo 1332
Microsoft Event-Pattern 871
Microsoft Intermediate Language Code 83
Microsoft Passport 628
Microsoft Word 348
Min 214
MinimizeBox 181
MinimumPage 331
MinimumSize 181
MinSize 209
Missing.Value 1211
Mittelwerte 963
mod 129, 989
Modal 181
modale Fenster 185
ModifiedCurrent 465
ModifiedOriginal 465
Modulo-Division 991
Monitor 810, 1361
Monitors 232
MonthCalender 215
MouseDown 171
MouseEnter 171
MouseLeave 171
MouseMove 171
MouseUp 171
Move 360
MoveTo 363
MS Word 1210
MSDE 40, 1167
MSIL-Code 83
MSWINDOWS 1383
Multicast Event 108
Multicast-Delegate 1344

Multicast-Event 867
MultiColumn 1003
MultiExtended 211
MultiLine 203, 992
Multiselect 230
MultiSimple 211
Multithreading 91, 803, 1349, 1355
Mutex 811

N

Name 168, 593
Namespace 87, 752
near 129
Neuheiten 92
New 156, 956
NewPageAfter 1217
NewPageBefore 1217
NewRow 462
NextSibling 394, 1150
nil 129, 921
Nordwind 1406
Normal 363
Northwind 1406, 904
Northwind-Datenbank 901
not 130
Notification-Sequenz 853
NotifyFilters 367
NotifyIcon 228
NotifyObservers 854
NumericUpDown 217, 971
Nur Lese-Eigenschaft 728

O

Object Constraint Language 883
Object Pascal 125
Object-Relational Mapping 900, 906
Objekt erzeugen 1234
Objekte 1077
Objekt-Eigenschaften 735
Objektinspektor 729
Objektserialisierung 1146

Observer Pattern 850
OCL 883
of 130
Offset 275
OLE 1211
OLE DB-Provider 1164
OLE-Automation 350
OleDbCommand 412, 1170, 1180
OleDBCommandBuilder 412
OleDbConnection 412, 414, 1164, 1170
OleDbDataAdapter 412, 1180
OleDbDataReader 412, 1169
OleDbParameter 1172, 1180
OleDBTransaction 412
OleDbType 432
on 130
OnMouseDown 1053
OnPaint 1047
OOP 91, 883, 1262
Opacity 181, 194
OpenFileDialog 229, 1136
OpenReport 1214
OpenSubKey 1323
OpenText 1134
Operatoren 111, 127, 134
  überladen 1119
Optionale Parameter 963, 967
or 130, 137
OriginalRows 465
OutputStream 589
overload 163, 961, 1111, 1237
override 1093, 1245
OwnedForms 181
Owner 181

P

Package 758
packed 130, 159
Packet Size 417
Page 582
Page_Error 600
Page_Load 564

Index

PageMargins 524
PagePrint 1202
PageScale 250, 1072
PageSetupDialog 326, 332
PageUnit 252, 325
Paging 612
Paint 174, 182, 253, 1047
PaintBox 238
Panel 207, 226
PAP 916
PaperKind 321
PaperName 320
PaperOrientation 524
PaperSize 524
Papersizes 320
PaperSource 524
ParamCount 1335
Parameter
   Übersicht 1397
Parameterfelder 490
ParameterFieldInfo 519
Parameterliste 160
Parameters 1172
Parameterübergabe 160
ParamStr 1335
Parent 195
ParentNode 1150
Parse 994
Pascal 81
Passport Authentication 628
Password 414
PasswordChar 205
Passwort 417
Path 291, 359, 361, 593
PathGradientBrush 288
Path-Umgebungsvariablen 47
Pause 1317
PChar 100
PDF 528
Pen 280
PenType 283
PerformanceData 799

Persistent 1275
PI 382
Picture.Image 242
PictureBox 207, 238, 241
Pinsel 284
Pixel 255
PixelFormat 245
PNG 1052
Point 275
   Equals 275
   Offset 275
PointF 262
PointToClient 183
PointToScreen 183
Polygon 260
PolyLine 258
Polymorphie 1091, 1250
Pooling 417
PopUp-Menüs 1037
Position 1189
PositionChanged 1043
Positionsmarken 126
PostRequestHandlerExecute 582
PreRender 585
PreRequestHandlerExecute 582
PreviousSibling 1150
Primärschlüssel 448, 456
PrimaryKey 456
PrimaryScreen
   WorkingArea 1073
Printdialog 325
PrintDialog 331
PrintDocument 315, 338, 1198, 1202, 1204
PrinterDuplex 524
PrinterName 325, 524
PrinterResolution 323
Printers 1198
PrinterSettings 332, 525, 1197
PrintPage 315, 317, 326
PrintPreviewDialog 316, 335
PrintRange 329

PrintReport 522
PrintToPrinter 523
Priority 807
private 103
procedure 130, 161, 923
Process 1366
   Create 1378
   Kill 1381
   Start 1378
   StartInfo 1378
   StartTime 1382
   WaitForExit 1378
Processing Instructions 378, 382
ProcessName 1368
ProcessThread 1366, 1368
ProductName 231
ProductVersion 231
program 130
Programm starten 1377
Programm überwachen 1380
Programmablaufplan 916
Programmressourcen 1075
Progressbar 218, 1315
Projektmappen-Explorer 55
Projekttyp 54
Prolog 378
Property 1253, 1347
PropertyInfo 1332
protected 103, 104, 1103
Protected 1243
Provider 414
Proxyklasse 668
Proxy-Klasse 652
Prozedurschritt 774
Prozesse 1366
Prozess-Steuerung 1377
public 104
published 104, 745
Pulse 810
PulseAll 810
PushButton 225
Pythagoras 1052

Q

QueryPageSettings 317, 325
QueryString 587
QueueUserWorkItem 809

R

RadioButton 206
raise 130, 788
raise Exception 987
Random 977
   Next 977
RangeValidator 567, 572
Rawformat 244
read 725, 915
ReadOnly 203, 363
Read-Only-Eigenschaften 1084
ReadXml 402, 1147
ReadXmlSchema 403
ReAllocMem 116
Rechtecke 258
record 130
Records 96, 146, 942
Rectangle 276
RectangleF 1205
RectangleToClient 183
RectangleToScreen 183
Redirect 589
Reference.map 667
Referenz hinzufügen 1293
Reflection 1325, 1332
   Missing.Value 1211
Reflectionaufrufe 816
Reflexion 88
Refresh 177, 183, 301
RefreshReport 522
REGEDIT.EXE 797
Region 294, 295
RegisterObserver 853
Registration-Sequenz 853
Registrierungsdatenbank 798
Registrierungseditor 797

Index

Registry 797, 799, 1323
RegistryKey 797, 799, 1323
RegularExpressionValidator 567, 573
RejectChanges 469
rekursiv 981
Relationen 410
ReleaseDC 1073
ReleaseRequestState 582
Remote Procedure Call 651
RemoteConnection 706
RemoteServer 706
remove 746
RemoveAt 1001, 1015, 1189
repeat 130, 143, 921
Reponse 588
Reportgenerator 1210
ReportRefresh 1224
ReportSource 500, 519
Request 579, 585
RequestType 587
RequiredFieldValidator 567, 569
Resize 174, 182
ResolveRequestCache 582
ResolveUrl 584
Response 579
Ressourcen freigeben 1126
Resume 805
Reverse 968
RichTextBox 226
Rollback 421
RotateFlip 246
RotateTransform 251, 272, 1072
Rotation 251
Round 986
RoundRect 267
Routinen überladen 163
RowState 440
RPC 651

S

SAO 689
Save 244
SaveFileDialog 229, 1136
SaveToFile 1276
Scale 177
ScaleTransform 250, 1072
Scan0 298, 300
Schemadaten 410
Schleifen 923
Schleifenanweisungen 143, 937
Schriftauswahl 309
Screen 232
ScrollBars 203
sealed 116
SearchForText 522
Secure 593
Security Engine 87
Segment 264
Seitenfuß 488
Seitenkoordinaten 249
Seitenkopf 487
Seitentransformation 252
Select 204
SelectAll 204
SelectCommand 437, 447
SelectedColor 1299
SelectedColorChange 1299
SelectedIndex 210, 212
SelectedIndexChanged 210, 213
SelectedIndices 1001
SelectedItem 210
SelectedItems 1001
SelectedText 204
SelectionLength 204, 992
SelectionMode 210, 211, 212, 1000
SelectionStart 204, 992
SelectNextControl 177, 183
SelectNodes 398
SelectSingleNode 395, 396, 398
Send 175
sender 169
SendKeys 175
SendMessage 1321
SendWait 175

Separator 225
Sequentielle Dateien 373
Sequenzdiagramm 852
serialisieren 373, 1143, 1275
Serialisierung 90
Serializable 373
Server 417, 579
Server Activated Objects 689
Server Side Activation 689
ServerVariables 587
Service.asmx 658
Session 564, 577, 579
   Beenden 579
    Ereignisse 579
    Variablen 578
set 130, 158
SetAttributes 364
SetBounds 177
SetClip 294
SetClipboardViewer 1321
SetCreationTime 364
SetCurrentDirectory 361
SetDataBinding 477
SetDataObject 795
SetLastAccessTime 364
SetLastWriteTime 364
SetLength 921
SetPixel 255
SetPixels 298
SetSelected 1002
SetSmoothingMode 257
Setup-Projekt 836
SetValue 1323
shl 130, 137
ShortInt 132
ShortString 99
Show 177, 183, 185
ShowDialog 183, 186, 309
ShowHelp 832
ShowInTaskbar 181
shr 130, 137
Simple Object Access Protocol 651

Single 95, 132
SingleCall 690
Singlecast Event 108, 867
Singleton 690
Sink Objects 692
Size 181, 209, 276
SizeMode 207, 241, 1024
Skalenteilung 1055
Skalieren 250, 274
Sleep 806
SmallChange 214
SmallImageList 1008
SmallInt 132
SmoothingModeHighQuality 257
SmoothingModeHighSpeed 257
SOAP 643, 651
SolidBrush 283, 285
SomePages 331
Sonderzeichen 380
Sort 968
Sorted 210, 212, 1000
Sortieralgorithmus 974
sortieren 967
SourceColumn 441
SourceVersion 441
Spezialfelder 491
Spline 261
Split 951, 953
Splitter 209
SQL Server-Login 1231
SQLCommand 412
SQLCommandBuilder 412
SqlConnection 416, 1167
SQLConnection 412
SQLDataAdapter 412
SQLDataReader 412
SqlDbType 432
SQL-Injection 632
SQLTransaction 412
Sqr 1052
Sqrt 978, 1052
Stammelement 380

Index

Standardargument 747
Standard-Eigenschaft 731
Standardereignisse 169
Standard-Namespace 755
StartCap 283
Startformular 551, 1022, 1026
StartInfo 1380
Startobjekt 184
StartPosition 181
Startseite 53
StartupPath 231
static 1260
Statische Eigenschaften 1258
Statische Impersonation 635
Statische Methode 1260
Statusleiste 226
Steuerelementefeld 1020
Stifte 280
StoredProcedure 428, 1172
Stream 823, 1076
StreamReader 368
Streams 368
StreamWriter 368, 1134
StretchImage 1024
strict private 103
strict protected 104, 1035, 1123
Stride 300
String 130, 132, 951
   Compare 950
   Equals 951
   IndexOf 992
Stringaddition 99
StringBuilder 99, 1099
StringFormat 271, 1206
Stringfunktionen 970
StringReader 368
Strings 98
Strings addieren 1099
StringWriter 368
StrToInt 927
Strukturvariable 146
SubKeyCount 800

Subklassen 1244
suchen 967
Suchformeln 496
SupportsColor 323
Suspend 805
System 95, 132, 363
   Diagnostics 770, 1377
   Environment 1315
   Management 1199
   Object 132
   Random 959
   Reflection 816
System.Array.CopyTo 957
System.Attribute 1325
System.Diagnostics 1367
System.Drawing 239
System.Drawing.Design 240
System.Drawing.Drawing2D 239
System.Drawing.Imaging 239
System.Drawing.Printing 240
System.Drawing.Text 240
System.IO 1128
System.Reflection 817
System.Threading 803, 1352
SystemBrushes 277
SystemColors 278
SystemIcons 278
SystemPens 277

T

TabControl 212
TabIndex 168
TableDirect 428
TabPages 213
TabStop 168
Tabulatorreihenfolge 190
Tabulatortaste 190
Tag 168
Tags 380
Taschenrechner 1278
Taskbar Notification Area 228

Tasks 1349
Tausender-Trennzeichen 949
Temporary 363
Text 168, 181, 203, 212
TextAlign 203, 995
TextAlignment 200
Textattribute 271
Textausgabe 268
TextBox 203
   HideSelection 992
   SelectionLength 992
   SelectionStart 992
   drucken 1204
Textdatei drucken 1207
Textdateien 370
Texteigenschaften 269
TextRenderingHint 257, 271, 331
TextureBrush 286
then 130
ThousandsSeparator 217
Thread 803, 1349, 1355
   Create 1354
   initialisieren 1355
   Priority 1354
   Resume 1354
   Start 1354
   Suspend 1354
   synchronisieren 1355
   ThreadState 1369
Thread Service 87
Thread.Sleep 1317
ThreadException 786
ThreadInteruppedException 805
Thread-Locking 809
Threadpool 807
Threads 1366
threadsicher 812
ThreadState 807
ThreadWaitReason 1370
Throw 782
Thumbnail 245
Tick 216

TickCount 1315
Ticks 982
Timer 216, 1064, 1314
Timerereignis 1360
Timer-Threads 815
TimeSpan 982, 1368
Title 230
to 130
TObjArray 956
TObject 132
ToDateTime 944, 1041
ToggleButton 225
Toolbar 224
Toolbox 56, 410
ToolTip 227
ToPage 331
TopLevel 1032
TopMost 181
Tortenstück 264
ToShortDateString 1041
ToString 100, 140, 918
TotalBytes 587
TotalMilliseconds 984
TotalProcessorTime 1368
Trackbar 218, 959
Transaktionen 420
TranslateTransform 249, 1054, 1072
Translation 249
TransparencyKey 181
Transparenz 194, 279
TreeView 221, 1153
try 130
TryEnter 810
try-except 779, 929, 987, 994, 1160
try-finally 784
type 130
Typecasting 138
Typkonvertierung 101, 139

U

Uhrzeit 215
UML 883, 1242

Index

Unboxing 142
Unchanged 465
Unchecked 205, 1004
Unified Modeling Language 1242
UniqueConstraint 458, 459
Unload 585
UnlockBits 301
UnregisterObserver 854
Unregistration-Sequenz 854
UNSAFECODE 100
Unterberichte 492
Unterbrechungsmodus 767
until 130
Update 1183, 1189
UpdateCommand 437, 440, 448
UpdateRequestCache 582
Url 587
URL Authorization 637
UseAntialias 335
User 414, 579
User ID 417
UserHostAddress 587
UserHostName 587
UserLanguages 587
Users 799
UTF16-Unicode 99

V

Validate 174, 584, 998
Validating-Event 996
ValidationSummary 567, 576
Validator 567
Validators 582
validieren 996
Value 214, 441, 593
ValueChanged 1061
ValueCount 800
ValueMember 1013, 1182
ValueMemberChanged 1013
Values 593
var 130
Variablen 131, 133, 923

VCL 934, 1026
VER 1383
Verbindungspooling 420
Vererbung 717, 1037, 1090, 1242, 1267
Vergleichsoperatoren 135
Verknüpfen 760
verschlüsseln 970
VerticalResolution 244
Verzeichnisoperationen 359
Verzeichnissicherheit 674
Verzweigungen 145
virtual 1245
Visible 168, 181
VisitedLinkColor 201
Vorfahrtyp 719
Vorschaugrafik 245
VScrollBar 214

W

Währungsrechner 64
Wait 810
WaitCallBack 808
Web.config 552, 630, 637, 656
Web Service Description Language 651
Web Service Discovery 651
Webdienst
   Grundlagen 650
   Methoden 675
   Sicherheit 686
   Testen 661
   Zugriffsrechte 682
Webdienstclient 647, 665
Webfreigabe 1228
Webmethode 643, 649
   testen 663
   überwachen 679
WebService 643
WebService.asmx 656
WebService.pas 656
Webverweis 666
while 130, 143

WideString 99
Width 232
WIN32 1383
Windows Authentication 627
Windows Forms-Anwendung 59, 927
Windows Management Instrumentation 1199
Windows-Botschaft 1319
Windows-Messages 750
WindowState 181
with 130, 148
WM_CHANGECBCHAIN 1322
WM_DrawClipboard 1320
WMF 243
WMI 1199
WndProc 751, 1320
Word 132
   ApplicationClass 353
Word 350
WordWrap 204
WorkingArea 1073
WParam 751
Wrapper-Klasse 812
write 725
Write 371, 589, 915
WriteFile 589
WriteXml 1148
WriteXmlSchema 402
WSDL 651

X

X.509-Zertifikat 687
XML 375, 408, 1146
   Auslesen 394
   DataSet speichern 1146
   Erzeugen 392
   Laden 390
XMLComment 389
XmlDataDocument 402
XMLDataDocument 402
XML-Daten 663
XMLDocument 389, 390, 402
XMLDocumentType 389
XML-Dokument 392, 1149
XmlElement 389, 1150
XMLNamedNodeMap 389
XmlNode 1150
XMLNode 389, 394
XMLNodeList 389
XMLParseError 389
XML-Parser 380
xor 130, 137
XOR-Mode 240
XPath 400
XSD-Schema
   Erstellen 386
XSD-Schemas 384

Z

Zeilenhöhe 1204
Zeilenlänge 125
Zeilenvorschub 1204
Zufallszahlen 959, 977
Zugriff verweigert 673
Zugriffsmethode 1085, 1253
Zugriffsmodifizierer 1291
Zustandsvariablen 1052
Zwischenablage 795, 1319

HANSER

Der Klassiker zu BD 7.

Doberenz / Kowalski
**Borland Delphi 7 –
Grundlagen und Profiwissen**
1024 Seiten. Mit CD.
ISBN 3-446-22316-9

Das Buch bietet Ihnen eine solide Einführung in die 32 Bit-Anwendungsentwicklung unter Windows sowie eine umfassende Darstellung fortgeschrittener Programmiertechniken bis hin zu kompletten Applikationen.

Delphi-Neulingen erleichtert der schrittweise Zugang zu allen wichtigen Themengebieten den Einstieg, während Profis eine Fülle von Insider-Informationen zur effizienten Programmierung mit Delphi erhalten. Jedes Kapitel wird mit einem Praxisteil abgeschlossen, der zahlreiche Programmierbeispiele mit Übungen, Tipps und Lösungen enthält.

Mehr Informationen zu diesem Buch und zu unserem Programm unter **www.hanser.de/computer**

HANSER

Von führenden Delphi-Köchen empfohlen.

Doberenz / Kowalski
Borland Delphi 7 – Kochbuch
1056 Seiten.
ISBN 3-446-22325-8

Auch diese Ausgabe liefert eine Vielzahl aktueller Tipps und How-To-Praxislösungen aus dem reichen Erfahrungsschatz der Autoren, die – thematisch angeordnet – nahezu alle Anwendungsbereiche abdecken. Die Neuauflage wurde unter Berücksichtigung der Neuerungen der Version 7 wie z.B. .NET-Interoperabilität und Rave Reports gründlich gestrafft und überarbeitet.

Einsteiger und Profis erhalten damit ein fundiertes, Zeit sparendes Nachschlagewerk, denn es dürfte wohl kaum ein Problem bei der täglichen Programmierarbeit geben, zu dem die rund 350 Rezepte nicht eine Lösung oder zumindest eine Anregung bieten.

Mehr Informationen zu diesem Buch und zu unserem Programm unter **www.hanser.de/computer**

HANSER

Ihr Intensivlehrgang!

Doberenz/Kowalski
Programmieren lernen in Borland Delphi 7
336 Seiten. Mit CD.
ISBN 3-446-22317-7

Dieses Buch wurde vornehmlich für das Selbststudium konzipiert, kann aber auch als Unterlage für Schulungen eingesetzt werden. Sein Inhalt entspricht dem eines einwöchigen Intensivlehrgangs und unterteilt sich in 14 Lektionen, die jeweils aus einem Grundlagen- und einem Übungsteil bestehen und überschaubare, leicht zu bewältigende Lerneinheiten bilden.

Hervorzuheben sind die sorgfältige Auswahl des Lehr- und Übungsmaterials nach dem Prinzip „soviel wie für den erfolgreichen Einstieg nötig" und die Vermittlung solider Grundlagen durch erfolgreiche Umsetzung im Sinne des „Learning by doing".

Mehr Informationen zu diesem Buch und zu unserem Programm unter **www.hanser.de/computer**

HANSER

Durch und durch.

Lorenz
ASP.NET – Grundlagen und Profiwissen
1008 Seiten. Mit CD.
ISBN 3-446-22552-8

Mit der neuen .NET Version 1.1 wurde ASP.NET an die veränderten Anforderungen von Windows Server 2003 angepasst. Neben den versionsbedingten Änderungen wurde dieses Standardwerk einer gründlichen Überarbeitung unterzogen, wobei eine noch stärkere Ausrichtung an den praxisbezogenen Bedürfnissen von Webprogrammierern im Vordergrund stand. Zudem bietet der Autor bereits einen ersten Einblick in ASP.NET 2.0. Damit informiert er den Leser auch in der Neuauflage aktuell und umfassend über den Einsatz von ASP.NET.

Basierend auf der Projekterfahrung des Autors, liefert das Buch sowohl das erforderliche Basiswissen als auch Praxistipps, um leistungsfähige Webanwendungen zu programmieren.

Mehr Informationen zu diesem Buch und zu unserem Programm unter **www.hanser.de/computer**

HANSER

Komplette Lösungen inklusive!

Lorenz
ASP.NET mit C#
Kochbuch
816 Seiten. Mit CD.
ISBN 3-446-22235-9

ASP.NET hat sich rasch etabliert. Jedoch fehlt es häufig noch an Praxiswissen und Erfahrungen um die Möglichkeiten. Hier setzt dieses Kochbuch an: Indem es konkrete Fragen aus Foren und Newsgroups aufgreift, behandelt es wirklich praxisrelevante Probleme und bietet Ihnen Rezepte zu deren Lösung, die Sie zeitsparend direkt in Projekte übernehmen können. Abgerundet wird dies durch Anwendungslösungen für eCommerce, Marketing und Community-Systeme sowie zahlreiche Tipps und Tricks.

Auf CD:
Quellcode aller Buchbeispiele · Tools & Demos · Das Buch als PDF

Mehr Informationen zu diesem Buch und zu unserem Programm
unter www.hanser.de/computer

HANSER

Ganz und gar.

Wanzke/Wanzke
ADO.NET –
Grundlagen und Profiwissen
784 Seiten. Mit CD.
ISBN 3-446-22157-3

Dieses Buch vermittelt exakt das Know-how, das Sie für die Erstellung windows-basierter Datenbankanwendungen benötigen. Es führt Sie in Konzepte und Komponenten von ADO.NET ein, unter Berücksichtigung von SQL, MS Access und SQL Server, XML, C# und VB.NET.

Schwerpunkt ist das schnelle und korrekte Anwenden in der Programmierpraxis. Anhand zahlreicher Beispiele lernen Sie wesentliche Techniken der ADO.NET-Programmierung kennen. Ergänzt werden diese durch eine komplexe Beispielanwendung, deren Erstellung und Erweiterung schrittweise beschrieben wird.

Mehr Informationen zu diesem Buch und zu unserem Programm
unter **www.hanser.de/computer**

HANSER

Besser entwickeln.

Oellers
.NET Softwareentwicklung
416 Seiten.
ISBN 3-446-22019-4

In diesem Buch erfahren Sie alles über Vorgehensweisen und Prozesse, um in .NET Software zu entwickeln. Dabei konzentriert sich der Autor auf die Objektorientierung als wichtigstes Paradigma.

Im Mittelpunkt stehen u.a. das Design der .NET-Klassenbibliotheken, UML zur Softwaremodellierung und Codegenerierung sowie .NET-Orchestration als Methode zur Systemintegration. Der Autor geht zudem auf die Aspekte im .NET-Framework ein, die den Entwicklungsprozess beeinflussen. Themen sind hier u.a. asynchrone Systeme, deklarative Programmierung mit Reflection und Generierung von Software mit dem CodeDOM, aber auch Qualitätssicherung und das Testen von Software.

Mehr Informationen zu diesem Buch und zu unserem Programm unter **www.hanser.de/computer**